Gynäkologische Zytodiagnostik

5. Auflage

Gynäkologische Zytodiagnostik

Lehrbuch und Atlas

Von Hans-Jürgen Soost
und Siegfried Baur

5., überarbeitete und erweiterte Auflage

Begründet von Horst Smolka
und Hans-Jürgen Soost

482, meist farbige
Abbildungen in
663 Einzeldarstellungen
43 Tabellen

1990
Georg Thieme Verlag Stuttgart · New York

Soost, H.-J., Prof. Dr. med.
ehem. Direktor des Instituts für Klinische Zytologie
der Technischen Universität München
Prinzregentenplatz 14
8000 München 80

Baur, S., Dr. med.
Oberarzt an der I. Frauenklinik und
Staatlichen Hebammenschule
der Universität München
Maisstraße 11
8000 München 2

1. Auflage 1956
2. Auflage 1965
3. Auflage 1971
Die 1.–3. Auflage erschien unter dem Titel „Grundriß und Atlas der gynäkologischen Zytodiagnostik“, von H. Smolka und H.-J. Soost
1. englische Auflage 1965
1. französische Auflage 1965
1. spanische Auflage 1966
1. italienische Auflage 1967
von H. Smolka und H.-J. Soost
4. Auflage 1980
2. spanische Auflage 1983
2. italienische Auflage 1985

CIP-Titelaufnahme der Deutschen Bibliothek

Soost, Hans-Jürgen:
Gynäkologische Zytodiagnostik : Lehrbuch und Atlas / von Hans-Jürgen Soost u. Siegfried Baur. Begr. von Horst Smolka u. Hans-Jürgen Soost. – 5., überarb. u. erw. Aufl. – Stuttgart ; New York : Thieme, 1990

NE: Baur, Siegfried; Smolka, Horst [Begr.]

Rüdigerstraße 14, D-7000 Stuttgart 30
Printed in Germany

Satz: Druckhaus Götz KG, D-7140 Ludwigsburg
(Linotype System 5 [202])
Druck: K. Grammlich, D-7401 Pliezhausen

ISBN 3-13-403105-1 2 3 4 5 6

Wichtiger Hinweis:

Wie jede Wissenschaft ist die Medizin ständigen Entwicklungen unterworfen. Forschung und klinische Erfahrung erweitern unsere Erkenntnisse, insbesondere was Behandlung und medikamentöse Therapie anbelangt. Soweit in diesem Werk eine Dosierung oder eine Applikation erwähnt wird, darf der Leser zwar darauf vertrauen, daß Autoren, Herausgeber und Verlag große Sorgfalt darauf verwandt haben, daß diese Angabe dem Wissensstand bei Fertigstellung des Werkes entspricht.

Für Angaben über Dosierungsanweisungen und Applikationsformen kann vom Verlag jedoch keine Gewähr übernommen werden. Jeder Benutzer ist angehalten, durch sorgfältige Prüfung der Beipackzettel der verwendeten Präparate und gegebenenfalls nach Konsultation eines Spezialisten festzustellen, ob die dort gegebene Empfehlung für Dosierungen oder die Beachtung von Kontraindikationen gegenüber der Angabe in diesem Buch abweicht. Eine solche Prüfung ist besonders wichtig bei selten verwendeten Präparaten oder solchen, die neu auf den Markt gebracht worden sind. Jede Dosierung oder Applikation erfolgt auf eigene Gefahr des Benutzers. Autoren und Verlag appellieren an jeden Benutzer, ihm etwa auffallende Ungenauigkeiten dem Verlag mitzuteilen.

Vorwort zur 5. Auflage

Nachdem seit Erscheinen der 4. Auflage 10 Jahre vergangen sind, wurde das Buch völlig überarbeitet. Neu hinzugekommen sind Abschnitte über die Genese des Zervixkarzinoms unter besonderer Berücksichtigung der HPV-Infektionen, über Histologie und Zytologie der Kondylome und über die Vulvazytologie. Unter Berücksichtigung der internationalen Diskussion über die Nomenklatur und Befundwiedergabe in der gynäkologischen Zytologie wurde im Kapitel über die „Zytologie maligner Tumoren und ihre Vorstufen" die von der Deutschen Gesellschaft für Zytologie im Dezember 1989 beschlossene „Münchner Nomenklatur II" ausführlich besprochen. Eine neue Darstellung erfuhren das Kapitel über „Materialgewinnung, Fixierung und Versand" und der Abschnitt über die „Leistungsfähigkeit der Zytodiagnostik" in der Krebsfrüherkennung. In den übrigen Kapiteln des Buches beschränken sich die Änderungen auf kleinere textliche Korrekturen und Ergänzungen. Die Literaturverzeichnisse wurden in allen Kapiteln auf den neuesten Stand gebracht.

Wir danken Frau R. Jebrouni für ihren unermüdlichen Einsatz beim Schreiben des Manuskripts und des Sachregisters, sowie Frau Dr. J. Kink und Herrn Kollegen H. Volkert für ihre Hilfe bei der Anfertigung neuer Bildvorlagen.

Nicht zuletzt gilt unser Dank dem Georg Thieme Verlag für die Unterstützung und das Entgegenkommen auch bei der Ausgestaltung der 5. Auflage des Buches.

München, im Sommer 1990

Hans-Jürgen Soost
Siegfried Baur

Vorwort zur 4. Auflage

Der „Grundriß und Atlas der gynäkologischen Zytodiagnostik", begründet von Smolka und Soost, ist nunmehr in seiner ersten Fassung 25 Jahre alt. Auch die letzte Neubearbeitung liegt annähernd 15 Jahre zurück. Bei Abfassung der jetzigen Neuauflage waren wir uns daher darüber im klaren, daß es angesichts der Fülle der seitdem gewonnenen neuen Erkenntnisse mit einigen Änderungen und Ergänzungen nicht getan wäre; das Buch bedurfte vielmehr einer völligen Neugestaltung.

Das Grundkonzept eines auf die Bedürfnisse der Praxis gerichteten Buches, das aber dennoch umfassende Informationen über alle Gebiete der gynäkologischen Zytologie einschließlich seiner histologischen Grundlagen bietet, sollte erhalten bleiben. Der Text des gesamten Buches wurde jedoch neu geschrieben. Von den Bildern aus früheren Auflagen fand ein Teil wieder Verwendung. Sie wurden durch zahlreiche neue Abbildungen ergänzt.

Im einzelnen wurden besonders die Kapitel über die zytologische Diagnostik der malignen Geschwülste und ihrer Vorstadien, über die entzündlichen und anderen gutartigen Erkrankungen sowie das Hormonkapitel erweitert. In einem eigenen Kapitel wurde die Diagnostik der Sexchromatine dargestellt. Neu hinzugefügt wurde ein Abschnitt über die Fruchtwasserzytologie.

Weggelassen haben wir dagegen das Kapitel über die Zytologie des Aszites. Eine umfassende Darstellung dieses Gebietes der Zytodiagnostik hätte eine eigene Monographie erfordert und den Rahmen dieses Buches gesprengt. Wir verzichteten ferner darauf, die Untersuchungen zur Mustererkennung und Zellbildanalyse mit dem Ziel eines automatischen Präscreening näher darzustellen, obwohl wir selbst auf diesem Gebiet seit längerer Zeit arbeiten, da die Ergebnisse für die praktische Diagnostik noch keine Bedeutung haben.

Wir haben einer Reihe von Kolleginnen und Kollegen für Rat und Hilfe bei den Arbeiten am Manuskript zu danken. Die histologischen Abbildungen wurden nach Schnitten angefertigt, die Herr Priv.-Doz. Dr. K. J. Lohe uns freundlicherweise zur Verfügung gestellt hat. Von mehreren Seiten wurden uns Präparate seltener zytologischer Befunde überlassen, worauf in den jeweiligen Legenden zu den Abbildungen hingewiesen ist.

Für die Beratung bei der Auswahl zahlreicher Bilder danken wir den Mitarbeitern des Instituts für Klinische Zytologie der TU München, Herrn Dr. Y. P. Clocuh, Frau Dr. H. Joswig-Priewe sowie Herrn Dr. U. Schenck. Einige neue Zeichnungen wurden in bewährter Weise von Frau I. Daxwanger und Fräulein G. Eckert erstellt.

Unser besonderer Dank gilt Frau Dr. C. Peters-Welte, die uns unermüdlich beim Lesen der Korrekturen geholfen und zusammen mit Frau M. Wild das Sachregister erstellt hat.

Bei der Anfertigung der Farbklischees ist Herr W. Sissl von der Firma Brend'amour mit großer Sachkenntnis auf alle unsere Wünsche eingegangen.

Nicht zuletzt gilt unser Dank dem Georg Thieme Verlag, seinem Inhaber Herrn Dr. h. c. Günther Hauff und seinen Mitarbeitern, die mit großer Geduld die Fertigstellung des Manuskripts abgewartet und uns bei den Arbeiten sowie der Ausgestaltung des Buches alle erdenkliche Hilfe gegeben haben.

Möge dieses Buch zur weiteren Verbreitung der Kenntnisse sowie zur Verbesserung der Qualität in der Zytodiagnostik beitragen.

München, im März 1980

Hans-Jürgen Soost
Siegfried Baur

Inhaltsverzeichnis

1 Historischer Überblick 1

2 Struktur und Funktion der Zelle 4

Aufbau einer Zelle 4
Teilung einer Zelle 6
Funktion einer Zelle (Hormonrezeptoren) 7

3 Materialgewinnung, Fixierung und Versand 10

Abstrichentnahme für die Krebsfrüherkennung 10
Abstrichentnahme für die hormonale Diagnostik 15
Spezielle Entnahmemethoden zur Entdeckung des Endometriumkarzinoms 16
Endouterine Aspiration 16
Endouterine Bürstenzytologie und Schwammbiopsie 16
Spülmethoden 18
Abschabetechniken 18
Vabra-Aspirator 20
Kritische Wertung der endouterinen Entnahmemethoden 20
Fixierung 20
Versand 22

4 Zellen eines normalen Vaginal- und Zervixabstrichs 28

Histologie und Zytologie des Plattenepithels von Vagina und Zervix 28
Histologie 28
Zytologie 29
Basalzellen 30
Parabasalzellen 30
Intermediärzellen 31
Superfizialzellen 32
Histologie und Zytologie der Endozervix 33
Histologie 33
Zytologie 35
Histologie und Zytologie des Endometriums 36
Histologie 36
Zytologie 37
Nichtepitheliale Zellen im Vaginalabstrich 42
Erythrozyten 42
Leukozyten 42
Lymphozyten 42
Plasmazellen 43
Histiozyten 43
Bindegewebs- und Muskelzellen 45
Spermien 45
Bestimmung von Zellindizes 47

5 Geschlechtschromatinbestimmung 52

X-Chromatin 52
Y-Chromatin 54
Technik der Präparateherstellung 55
Mundschleimhautabstriche 55
Präparate von Haarwurzelzellen 55
Kerngeschlechtsbestimmungen bei Neugeborenen 56
Klinische Anwendungsmöglichkeiten 56
Vorkommen und Häufigkeit der Geschlechtschromosomenaberrationen 56
Andere Einsatzmöglichkeiten der Geschlechtschromatinbestimmung 58

6 Hormonzytologie . . . 61

Normales Zellbild in den verschiedenen Lebensaltern . . . 61
Histologie des Vaginalepithels während der verschiedenen Lebensalter . . . 61
Zytologie von Neugeborenen bis zur Pubertät . . . 62
Zytologie der geschlechtsreifen Zeit . . . 64
Zyklusphasen . . . 65
Gesichtspunkte zur Zyklusdiagnostik . . . 65
Ovulationsterminbestimmung . . . 69
Zytologie im Klimakterium und im Senium . . . 70
Prämenopause . . . 71
Postmenopause und Senium . . . 71

Veränderungen des Vaginalepithels unter exogener Zufuhr von Hormonen und anderen Medikamenten . . . 75
Östrogenwirksame Substanzen . . . 75
Gestagenwirksame Substanzen . . . 80
Androgenwirksame Substanzen . . . 84
Vaginalzytologisches Bild unter hormonaler Kontrazeption . . . 89
Kombinationspräparate . . . 89
Sequenzpräparate . . . 90
Minipille . . . 91
Depotpräparate und andere hormonale Kontrazeptiva . . . 92
Klinische Anwendbarkeit . . . 92
Vaginalzytologische Veränderungen unter ovulationsauslösenden Medikamenten . . . 92
Clomiphen und ähnlich wirkende Medikamente . . . 92
Gonadotropine . . . 94
Sonstige das Vaginalepithel beeinflussende Hormone und Medikamente . . . 97

Vaginalzytologie bei endokrinologischen Störungen . . . 98
Kindheit . . . 98
Pubertas praecox, prämature Thelarche und Pubarche . . . 98
Geschlechtsreife Zeit . . . 99
Amenorrhöen . . . 99
Zyklusanomalien . . . 104
Nach der Menopause . . . 106

Klinische Wertigkeit und Befundwiedergabe . . . 107
Möglichkeiten und Grenzen der hormonalen Diagnostik . . . 107
Begrenzte Ausdrucksmöglichkeiten des Vaginalepithels . . . 107
Störungen des Zellbildes durch nichthormonale Faktoren . . . 107
Fehler bei der Abstrichentnahme und Herstellung der Präparate . . . 110
Wertigkeit der hormonalen zytologischen Diagnostik . . . 112
Hormonzytologische Diagnostik an anderen Organen . . . 113
Befundwiedergabe . . . 114
Beschreibung des Zellbildes . . . 114
Diagnostische Beurteilung . . . 117

7 Zytologie während der Schwangerschaft und im Wochenbett . . . 129

Schwangerschaft . . . 129
Histologie . . . 129
Zytologie der normalen Schwangerschaft . . . 129
Zytologie am Schwangerschaftsende . . . 131
Deziduazellen in Zervixabstrichen . . . 133
Zytologie beim drohenden Abort . . . 134
Wochenbett und Stillperiode . . . 138
Histologie . . . 138
Zytologie . . . 138
Fruchtwasserzytologie . . . 139
Einteilung und Beschreibung der Fruchtwasserzellen . . . 139
Plattenepithelzellen . . . 140
Amnionepithel . . . 141
Nichtepitheliale Zellen . . . 143
Klinische Anwendungsmöglichkeiten der Fruchtwasserzytologie . . . 143
Blasensprungdiagnostik . . . 143
Entnahmetechnik und Färbung . . . 143
Fetale Reifegradbestimmung . . . 144
Pränatale Diagnostik durch Amniozentese und Chorionbiopsie . . . 146

8 Entzündliche und andere gutartige Veränderungen im Zellbild . . . 151

Bakterien und sonstige Organismen in der Vagina . . . 151
Döderlein-Flora und bakterielle Zytolyse . . . 151
Besiedlung mit anderen Bakterien . . . 153
Leptothrix . . . 154
Chlamydien . . . 155
Trichomonas vaginalis . . . 156
Sproßpilze . . . 158
Toxoplasmose . . . 160
Virusinfektionen . . . 160
Sonstige im Vaginalabstrich nachweisbare Gebilde . . . 161
Zytomorphologische Veränderungen bei entzündlichen Erkrankungen . . . 161
Allgemeines Zellbild . . . 161

Veränderungen an Zellen des Platten- und Zylinderepithels . . . 162
Zellbilder bei speziellen Formen der Entzündung . . . 167
Gewebereparation und -regeneration . . . 172
Reservezellhyperplasie und Plattenepithelmetaplasie . . . 173
Histologie . . . 173
Zytologie der Reservezellhyperplasie . . . 175
Zytologie der Plattenepithelmetaplasie . . . 176
Zellbilder bei anderen gutartigen Veränderungen . . . 178
Ektopie, Ektropium . . . 178
Umwandlungszone der Ektozervix . . . 179
Erosio vera . . . 179
Ziliozytophthorie . . . 179
Zervixpolyp, Zervixpapillom . . . 180
Hyperkeratose, Parakeratose . . . 180
Folsäuremangel . . . 181
Zelldegeneration und Zelltod . . . 181

9 Zytologie maligner Tumoren und ihrer Vorstufen . . . 190

Grundlagen der zytologischen Malignitätsdiagnostik . . . 190
Erhöhter DNS-Gehalt der Kerne . . . 190
Vergrößerte Zellkerne . . . 193
Erhöhte Kern-Plasma-Relation . . . 195
Hyperchromasie der Zellkerne . . . 196
Unregelmäßige Form der Kerne . . . 198
Unregelmäßigkeiten der intranukleären Chromatinstruktur . . . 198
Vergrößerte Nukleoli . . . 201
Mehrkernigkeit . . . 202
Mitosen . . . 202
Anisonukleose und Polymorphie der Kerne . . . 203
Zellplasmaveränderungen . . . 203
Anzahl der atypischen Zellen und ihre Lagerung . . . 204
Tumordiathese . . . 204
Wertigkeit der zytologischen Malignitätskriterien . . . 204

Zur Genese des Zervixkarzinoms . . . 205
Entwicklung des Zervixkarzinoms . . . 205
Bedeutung der Human-Papilloma-Virus-(HPV-)Infektion für die Kanzerogenese . . . 206
Virologische Nachweismethoden . . . 207
Molekularbiologische HPV-Nachweismethoden . . . 207
Wertung der Befunde . . . 208

Histologie des Plattenepithelkarzinoms der Cervix uteri und seiner Vorstadien . . . 209
Einteilung histologischer Befunde . . . 209
Kondylome . . . 209
Kolposkopische Befunde bei Kondylomen . . . 210
Dysplasien . . . 210
Carcinomata in situ . . . 212
Plattenepithelkarzinome der Cervix uteri . . . 214

Zytologie von Kondylomen, Dysplasien, Carcinomata in situ und invasiven Plattenepithelkarzinomen der Cervix uteri . . . 217
Zytologie der Kondylome . . . 217
Zytologie der Dysplasien . . . 220
Zytologie der Carcinomata in situ . . . 227
Bedeutung des zytomorphologischen Nachweises von HVP-Infektionen . . . 232
Zytologie der invasiven Plattenepithelkarzinome . . . 233
Verhornendes Plattenepithelkarzinom . . . 238
Nicht verhornendes großzelliges Plattenepithelkarzinom . . . 238
Nicht verhornendes kleinzelliges Plattenepithelkarzinom . . . 239
Mikrokarzinom . . . 239
Differentialzytologische Hinweise für die zytologische Diagnostik des Plattenepithelkarzinoms der Cervix uteri und seiner Vorstadien . . . 240

Adenokarzinom der Endozervix und des Endometriums mit ihren Vorstufen . . . 242
Adenokarzinom der Endozervix und Adenocarcinoma in situ . . . 242
Histologie . . . 242
Zytologie . . . 242
Adenokarzinom des Endometriums und seine Vorstufen . . . 246
Histologie . . . 246
Zytologie der Vorstufen des Adenokarzinoms des Endometriums . . . 247
Zytologie des Endometriumkarzinoms . . . 249
Probleme der Materialgewinnung und diagnostische Treffsicherheit . . . 255
Zytologische Unterscheidungsmöglichkeiten verschiedener Tumorarten . . . 256
Adenokarzinom des Endometriums und der Endozervix . . . 256
Adenokarzinom und Plattenepithelkarzinom der Cervix uteri . . . 257
Endometriumkarzinom und Plattenepithelkarzinom der Cervix uteri . . . 257

Zytologie anderer maligner Geschwülste des Genitales . . . 258
Ovarialkarzinom . . . 258
Zytologische Untersuchung von Peritonealflüssigkeit und Ovarialtumorpunktaten . . . 260
Tubenkarzinom . . . 261
Zytologie der Uterus- und Vaginalsarkome sowie der malignen Lymphome . . . 262
Zytologie maligner Geschwülste in der Vagina . . . 264
Zytologie des Vulvakarzinoms . . . 266

Wiedergabe zytologischer Befunde und ihre Abklärung 276
Befundwiedergabe 276
Historische Entwicklung 276
Münchner Nomenklatur II 280
Darstellung der Befunde 282
Abklärung zytologischer Befunde 285
Die Rolle der Kolposkopie für die Abklärung positiver und unklarer zytologischer Befunde 288
Bedeutung der Differentialzytologie 289
Ursachen fehlender Übereinstimmung zwischen Zytologie und Histologie 290
Vorgehen bei fehlender Übereinstimmung zwischen Zytologie und Histologie 290
Schwierig zu beurteilende zytologische Befunde 291
Leistungsfähigkeit der Zytodiagnostik als Krebsfrüherkennungsmethode 298
Ergebnisse von Krebsfrüherkennungs- und Krebsvorsorgeuntersuchungen 298
Eigene Untersuchungen 299
Validität der Zytodiagnostik 305
Zur statistischen Methodik 305
Spezielle Probleme der statistischen Auswertung 307
Eigenes Validierungsverfahren und Ergebnisse 308
Gedanken zur zukünftigen Gestaltung von Vorsorgeuntersuchungsprogrammen 309

10 Zellveränderungen durch ionisierende Strahlen und Zytostatika 326

Biologische Grundlagen 326
Primäre Strahlenreaktion an normalen und pathologischen Zellen 326
Allgemeine Veränderungen der Zellmorphologie 326
Normale Zellen des Platten- und Zylinderepithels 327
Begleitzellbild 329
Tumorzellen 330
Zeitlicher Ablauf der zytologischen Veränderungen 332
Postradiale Dysplasie 333
Differentialdiagnostische Probleme 334
Strahlensensibilität 335
Folsäuremangel und Zytostatika 335

11 Tumorzellen im Blut 337

Anreicherungsmethoden 337
Diagnostische Kennzeichen 337
Ergebnisse 338
Klinische Konsequenzen 340

12 Zytologische Untersuchungen mit Phasenkontrast- und Interferenzkontrastmikroskop 342

Physikalische Grundlagen 343
Technik der Materialentnahme und Präparatherstellung 345
Morphologie der Bestandteile des Vaginalsekrets 345
Anwendungsbereiche der Phasenkontrast- und Interferenzkontrastmikroskopie 354

13 Organisation und Arbeitsweise eines zytologischen Laboratoriums 356

Technische Bearbeitung und Färbung 356
Grundsätzliches zur Fixierung und Färbung 356
Papanicolaou-Färbung 356
Praktische Hinweise zur Durchführung der Färbung 358
Eindecken der Präparate 359
Andere Färbungen 359
Verarbeitung von Flüssigkeiten und Sedimenten 361
Sedimentverarbeitung 361
Filtertechnik 361
Zellblocktechnik 361
Mikroskopische Auswertung der Präparate und Befundwiedergabe 361
Allgemeine Hinweise 361
Einsatz von Zytologieassistentinnen 362
Zytologische Befundformulare 363
Organisatorischer Arbeitsablauf, Dokumentation und Archivierung 363
Organisatorischer Arbeitsablauf und Dokumentation 363
Archivierung 363
Einsatz von konventionellen Methoden . 363
Einsatz von EDV-Methoden 366
Qualitätssicherung 366
Ausbildungsvoraussetzungen 367
Laboratoriumsinterne Qualitätssicherung . 367
Laboratoriumsexterne Qualitätssicherung . 368

14 Monographien über die gynäkologische Zytologie 370

Sachverzeichnis 371

1 Historischer Überblick

Die Entwicklung der klinischen Zytodiagnostik reicht mit ihren Wurzeln tief in die naturwissenschaftliche und medizinische Forschung des vorigen Jahrhunderts zurück. In diesem Zusammenhang sei an die Arbeiten des Botanikers Schleiden, des Entdeckers der Pflanzenzelle, erinnert, der in seiner Monographie „Phytogenesis" (1838) die Zelle zum Elementarorganismus der Pflanze machte (16). Angeregt durch gemeinsame mikroskopische Arbeiten, erschien ein Jahr später das Werk des Zoologen Schwann über „Mikroskopische Untersuchungen über die Übereinstimmung in der Struktur und dem Wachstum der Thiere und Pflanzen" (17). Das Jahr 1839 wurde damit zum Geburtsjahr der Zellehre. Beide Forscher waren damals an der Berliner Universität tätig. Schwann war ein Schüler des Anatomen, Physiologen und Pathologen der Berliner Universität, Johannes Müller. Er zeigte in seiner 1838 erschienenen Monographie „Über den feineren Bau und die Formen der krankhaften Geschwülste" zum erstenmal Tumoren, wie sie unter dem Mikroskop erscheinen (9). Rudolf Virchow, der schon als Student im Laboratorium von Johannes Müller arbeitete, wurde hier mit der Zellehre vertraut. Er veröffentlichte 1858 sein Buch über „Die Cellularpathologie in ihrer Begründung auf physiologische und pathologische Gewebelehre" (21).

Die erste Veröffentlichung über die mikroskopische Untersuchung menschlicher Körperflüssigkeiten stammt wahrscheinlich von Donné aus dem Jahre 1845, der über frische Abstriche von Kolostrum berichtete (2). 1847 erschien eine Monographie von Pouchet über die Ovulation mit der Beschreibung zytologischer Veränderungen im Vaginalsekret der Frau (15). 1850 veröffentlichte Gluge (5) einen Atlas der pathologischen Anatomie, in dem er seine damaligen Ansichten über die „Zellulartheorie" zusammenfaßte.

Es folgten dann in der Mitte des vorigen Jahrhunderts aus verschiedenen europäischen Ländern in weiteren zeitlichen Abständen zahlreiche Veröffentlichungen über die Zytodiagnostik der Lunge und des Respirationstraktes, des Magen-Darm-Traktes, des Harntraktes und anderer Organe. Papanicolaou hat in einem Übersichtsreferat (13) viele dieser Arbeiten erwähnt. Trotz zahlreicher darin enthaltener interessanter Befunde führten diese Untersuchungen jedoch nicht zur allgemeinen Anerkennung der Zytologie als diagnostische Methode.

Für die gynäkologische Diagnostik wurde in einer Monographie von Friedländer (4) über „Mikroskopische Technik" (1883) erwähnt: „Beim Uterus-Carcinom findet man in der Absonderung celluläre Elemente und selbst Gewebspartikel, welche von der carcinomatösen Ulceration stammen und aufgrund ihrer morphologischen Struktur helfen, die Diagnose zu erstellen."

Die entscheidende Entwicklung der modernen Zytodiagnostik wurde durch die Arbeiten von George N. Papanicolaou ausgelöst. Er wurde 1883 in Coumi, einem kleinen Ort auf der griechischen Insel Euböa, als Sohn eines Arztes geboren. Nach Abschluß des Medizinstudiums in Athen ging Papanicolaou vorübergehend nach München, wo er mit einer Arbeit über „Experimentelle Untersuchungen über die Fortpflanzungsverhältnisse der Daphniden" (10) den Doktor phil. erwarb.

1913 siedelte er in die USA über, die für ihn zur Stätte seines erfolgreichen Wirkens und zur zweiten Heimat wurden. Er war zunächst Assistent, später Assistenzprofessor und Professor für klinische Anatomie an der Cornell-University in New York. Im Alter von 79 Jahren starb er, herausgerissen mitten aus der Aufbauarbeit für ein neues Forschungsinstitut, das man ihm in Miami zur Verfügung gestellt hatte.

Ausgehend von tierexperimentellen Forschungen über den Vaginalzyklus beim Meerschweinchen (Stockard u. Papanicolaou) (19), beschäftigte Papanicolaou sich zunächst mit dem Einfluß der Hormone auf das Vaginalepithel der Frau. Diese Arbeiten fanden 1933 ihren Niederschlag in einer Monographie, „The Sexual Cycle in the Human Female as Revealed by Vaginal Smears" (12). Vorausgegangen war 1925 eine Veröffentlichung über das vaginale Zellbild während der Schwangerschaft. Es folgten zahlreiche weitere Arbeiten über die hormonale Zytologie von ihm und seinem Arbeitskreis.

Den ersten Hinweis auf den Wert der Zellabstrichuntersuchung für die Entdeckung von Uteruskarzinomen gab Papanicolaou 1928 auf der 3. Conference on Race Betterment in Battle Creek (Michigan) unter dem Titel „New Cancer Diagnosis" (11). Die Mitteilung blieb so gut wie unbeachtet, ebenso wie die fast zur gleichen Zeit unabhängig davon veröffentlichten Untersuchungen des Rumänen Babes.

George N. Papanicolaou (1883–1962)

Doktor Aurel Babes hatte bereits 1927 auf der Sitzung der Gesellschaft für Gynäkologie in Bukarest über seine Untersuchungen berichtet, die er im darauffolgenden Jahr in La Presse Médicale unter dem Titel „Diagnostic du Cancer du Col Utérine par les Frotties" veröffentlichte (1). Die Arbeit enthielt eine genaue Beschreibung und Abbildungen über die Charakteristika der Tumorzellen und ließ die Bedeutung der Abstrichtechnik für die Früherkennung des Zervixkarzinoms deutlich erkennen.

Die Untersuchungen von Babes wurden in Italien von O. Viana (20) aufgegriffen, der 1928 eine Arbeit über die Untersuchung einer kleinen Zahl von Zellabstrichen bei Portioveränderungen veröffentlichte, sich jedoch zurückhaltend äußerte.

Erst die berühmte Monographie von Papanicolaou, gemeinsam mit dem Gynäkologen Traut, „Diagnosis of Uterine Cancer by the Vaginal Smears" (14) aus dem Jahre 1943 eröffnete den Weg für eine Anerkennung und breitere Anwendung der Methode. Die Autoren konnten damals bereits über Zellabstrichuntersuchungen an 3014 Frauen berichten. Sie fanden beim Zervixkarzinom eine diagnostische Treffsicherheit von 98,4%, beim Korpuskarzinom von 90,7%. Unter den untersuchten Fällen befanden sich 127 Zervixkarzinome und 52 Korpuskarzinome, die histologisch gesichert werden konnten.

In den folgenden Jahren wurden die Untersuchungen zunächst in den USA, bald aber auch in zahlreichen anderen Ländern aufgegriffen. Die American Cancer Society konnte bereits 1948 aufgrund einer umfangreichen, aus 25 verschiedenen Quellen stammenden Statistik auf die Bedeutung der Methode für die Früherkennung von Genitalkarzinomen hinweisen und empfahl die Einrichtung weiterer zytologischer Untersuchungsstellen. Andererseits fehlte es nicht an skeptischer Beurteilung und teilweise sogar schroffer Ablehnung der neuen Methode. So standen besonders in Europa traditionelle Lehrmeinungen, wie die Ansicht der meisten Pathologen, daß eine Karzinomdiagnose ohne den Nachweis eines invasiven Wachstums nicht möglich sei, der Anerkennung der zytologischen Diagnostik im Wege.

Die unterschiedliche Entwicklung und Ausbreitung der zytologischen Diagnostik in den einzelnen Ländern wurde daher mehr oder weniger durch die Initiative von Einzelpersönlichkeiten bestimmt. In Deutschland, wie in zahlreichen anderen Ländern, waren es zunächst vorwiegend Gynäkologen, und es dauerte viele Jahre, bis die Zytologie auch seitens der Pathologen als eine weitere Dimension der morphologischen Diagnostik Anerkennung fand.

Es ist nicht möglich, all die zahlreichen Forscher zu nennen, die sich in der ganzen Welt in den letzten 40 Jahren um den Ausbau der zytologischen Diagnostik bis zum heutigen Stand unseres Wissens verdient gemacht haben. Doch sollen einige Ereignisse als Marksteine der Entwicklung in Erinnerung gerufen werden.

Im Jahre 1957 erschien der erste Band der Acta Cytologica, als deren Herausgeber G. L. Wied, Chicago, sich hervorragende Verdienste durch Förderung des Kontaktes und der gegenseitigen Verständigung unter den Zytologen der Welt erworben hat. Dazu hat auch wesentlich die Gründung der Internationalen Akademie für Zytologie, die im selben Jahre in Brüssel erfolgte, beigetragen. Von ihr wurden erstmalig 1962 in Wien und dann in Abständen von 3 Jahren in verschiedenen Teilen der Welt internationale Kongresse für Zytologie veranstaltet. 1960 wurde der Maurice-Goldblatt-Preis gestiftet, der jährlich einmal an Persönlichkeiten verliehen wird, die durch ihre Arbeiten in Forschung und angewandter Diagnostik in besonderem Maße zur Weiterentwicklung der Zytologie beigetragen haben.

In Europa zeichnete sich die zunehmende Aktivität auf dem Gebiet der Zytologie in den 60er Jahren durch die Gründung nationaler wissenschaftlicher Gesellschaften ab. So entstand 1960 die Deutsche Gesellschaft für Zytologie. Heute existieren fast in allen europäischen, ebenso wie in zahlreichen außereuropäischen Ländern, eigene wissenschaftliche Gesellschaften. Die Internationale Akademie für Zytologie dient ihnen als Dachorganisation. Außerdem wurde 1969 eine Förderation der Europäischen Gesellschaften für Zytologie gebildet.

Mit der Gründung nationaler wissenschaftlicher Gesellschaften wurden in zunehmendem Maße regionale und überregionale wissenschaftliche Tagungen und Fortbildungsveranstaltungen abgehalten. Die Thematik beschränkte sich dabei keineswegs auf die gynäkologische Zytologie. Angeregt durch die heute in der ganzen Welt anerkannten Erfolge der Zytodiagnostik bei der Früherkennung des Zervixkarzinoms, wurden Untersuchungen in der Exfoliativ- und Punktionszytologie auf alle Organgebiete ausgedehnt.

Durch Ausbildung von mehr und mehr Ärzten in der Zytologie und durch Errichtung von Schulen für Zytologieassistentinnen wurden Ende der 60er Jahre in der Bundesrepublik Deutschland ebenso wie in zahlreichen anderen Ländern, die Voraussetzungen für gynäkologische Krebsvorsorgeuntersuchungen an großen Bevölkerungsgruppen geschaffen.

Untersuchungen zur Mustererkennung und Zellbildanalyse, zurückgehend auf frühe Studien im Beginn der 50er Jahre (8), haben in den 70er und 80er Jahren in den USA, Japan, Schweden, England, der DDR und auch in der Bundesrepublik Deutschland zu umfangreichen Forschungsarbeiten mit dem Ziel der Entwicklung eines Präscreening-Automaten geführt. Diese Bemühungen müssen, nach dem gegenwärtigen Stand unserer Kenntnisse, vorerst als nicht realisierbar angesehen werden. Aus diesem Grunde wurden die Projekte in den meisten Ländern wieder eingestellt. Was aber geblieben ist, sind zahlreiche in diesem Zusammenhang gewonnene Erkenntnisse über die Möglichkeiten einer computerunterstützten Diagnostik in der konventionellen Zytologie (23). Es ist zu hoffen, daß dies in den kommenden Jahren in zunehmendem Maße eine Rolle bei der Objektivierung histologischer und zytologischer Befunde spielen wird.

Literatur

1 Babes, A.: Diagnostic du cancer du col utérine par les frottis. Presse méd. 36 (1928) 451; abstracted by Douglas, L. E.: Acta cytol. 11 (1967) 217

2 Donné, A.: Cours de Microscopie Complementaire des Etudes Mediales Anatomie Microscopique et Physiologie des Fluides de L'Economic. Bailliere, Paris 1845

3 Douglass, L. E.: Odorico Viana and his contribution to diagnostic cytology, Acta cytol. 14 (1970) 544

4 Friedländer, C.: Mikroskopische Technik. Fischer, Berlin 1883

5 Gluge, G.: Atlas der pathologischen Anatomie, 2. Bd. Mauke, Jena 1843–1850

6 Grunze, H., A. I. Spriggs: History of Clinical Cytology – a Selection of Documents. Giebeler, Darmstadt 1980

7 Koss, L. G.: George N. Papanicolaou (1883–1962). Acta cytol. 7 (1963) 143

8 Mellors, R. C., J. F. Kaene, G. N. Papanicolaou: Nucleid acid content of the squamous cancer cell. Science 116 (1952) 265

9 Müller, J.: Über den feineren Bau und die Formen der krankhaften Geschwülste. Reimer, Berlin 1838

10 Papanicolaou, G. N.: Experimentelle Untersuchungen über Fortpflanzungsverhältnisse der Daphniden. Inaug.-Diss., München 1911

11 Papanicolaou, G. N.: New Cancer Diagnosis. Proc. of the Third Race Betterment Conference, Battle Creek/Mich. Jan. 1928 (p. 528)

12 Papanicolaou, G. N.: The sexual cycle in the human female as revealed by vaginal smears. Amer. J. Anat. 52 (1933) 519

13 Papanicolaou, G. N.: Historical development of cytology as a tool in clinical medicine and in cancer research. Acta Int. Cancer 14 (1958) 249

14 Papanicolaou, G. N., H. F. Traut: Diagnosis of Uterine Cancer by the Vaginal Smears. Commonwealth Fund, New York 1943

15 Pouchet, F. A.: Théorie Positive de l'Ovulation Spontanée et de la Fécondation des Mammiféres et de l'Especée Humaine, Basée sur l'Observation de toute la Serie Animale. Baillière, Paris 1847

16 Schleiden, M. J.: Phytogenesis, 1838

17 Schwann, Th.: Mikroskopische Untersuchungen über die Übereinstimmung in der Struktur und dem Wachstum der Thiere und Pflanzen. Sandersche Buchhandlung, Berlin 1839

18 Soost, H.-J.: Entwicklung und gegenwärtiger Stand der Zytologie in Europa, Tl. 1 u. 2. Med. Klinik 72 (1977) 769 u. 821

19 Stockard, C. R., G. N. Papanicolaou: The existence of a typical oestrous cycle in the guinea pig with a study of its histological and physiological changes. Amer. J. Anat. 22 (1917) 225

20 Viana, O.: La diagnosi precocce del cancro uterino mediante lo strisco. La Clinica Ostetrica 30 (1928) 781

21 Virchow, R.: Die Cellularpathologie in ihrer Begründung auf physiologische und pathologische Gewebelehre. Hirschwald, Berlin 1858

22 Wied, G. L.: Pap test or Babes method. Acta cytol. 8 (1964) 173

23 Wied, G. L., P. H. Bartels, H. K. Dytsch, M. Bibbo: Rapid DNA evaluation in clinical diagnosis. Acta cytol. 27 (1983) 33

2 Struktur und Funktion der Zelle

Aufbau einer Zelle

Trotz ihrer verschiedenen Formen und Funktionen zeigen die meisten Zellen einen ähnlichen Bauplan. Sie besitzen alle ein Zytoplasma, das, von wenigen Ausnahmen abgesehen (z. B. reife Erythrozyten), einen Kern beinhaltet. In Abb. 2.**1** sind die wichtigsten morphologischen Strukturen einer Zelle schematisch dargestellt, die nur zum Teil lichtmikroskopisch, zumeist aber zytochemisch oder elektronenmikroskopisch erfaßbar sind.

Das **Zytoplasma** der einzelnen Körperzellen variiert in seiner Form und Größe je nach Organzugehörigkeit und Funktion. Es wird begrenzt von der Zellmembran und enthält in seinem Grundzytoplasma mannigfaltige, meist nur elektronenmikroskopisch sichtbare Strukturen, auch Organellen genannt, die einen charakteristischen Aufbau und hochspezifische Funktionen aufweisen.

Die *Zellmembran* stellt eine semipermeable Membran dar, bei deren Aufbau vor allem Proteine, Lipide und Kohlenhydrate beteiligt sind. Sie ist in erster Linie eine Schutz- und Austauschschranke gegenüber der Umwelt. Durch ihre Haftstellen, den *Desmosomen* und *Nexen,* sind die Zellen in der Lage, mit ihren Nachbarzellen Verbände zu bilden. Feine Membranausstülpungen *(Mikrovilli)* können die Zelloberfläche bei gesteigertem Stoffwechsel erheblich vergrößern.

Eine besondere Spezialisierung stellen die *Flimmerzellen* dar, die u. a. auch im Genitalbereich vorkommen. Sie können mit ihren Flimmerhaaren (Kinozilien) durch koordinierte Schlagbewegungen der Oberfläche aufliegende Substanzen in eine bestimmte Richtung transportieren. Die Einzelzilien zeigen einen charakteristischen Aufbau: 9 Doppelfilamente umgeben 2 zentrale Filamente (10, 24, 31, 36). Alle Zilien enden am sog. Basalkorn, dem Zentrum der Bewegungskoordination.

Das *Grundzytoplasma* macht volumenmäßig den größten Anteil des Zytoplasmas aus. Elektronenmikroskopisch bildet es eine homogene Struktur, in der sich die einzelnen Organellen und sonstige Zelleinschlüsse befinden. In fast jeder Zelle kommen folgende *Organellen* vor: endoplasmatisches Retikulum, Ribosomen, Golgi-Apparat und Mitochondrien.

Das *endoplasmatische Retikulum* besteht aus einem System von feinen Kanälchen und Bläschen, welches in der Regel das Zytoplasma durchsetzt. Es stellt eine Verbindung mit dem Kerninneren her und endet meist in dem Spalt der doppelten Zelloberflächenmembran. Seine wesentlichste Aufgabe besteht in einem ständigen intrazellulären Transport von Flüssigkeiten und Stoffwechselprodukten.

Dem endoplasmatischen Retikulum eng anliegend findet man einzeln oder in Gruppierungen *RNS-(Ribonukleinsäure-)haltige Granula,* die sich aber auch in freier Form im Zytoplasma befinden können. Sie verursachen die starke Affinität des Zytoplasmas zu basischen Farbstoffen. Ihre Hauptaufgabe ist die Beteiligung an der Proteinsynthese. Dabei hängt die Sequenz der an ihrer Oberfläche sich anordnenden Aminosäuren von der Information

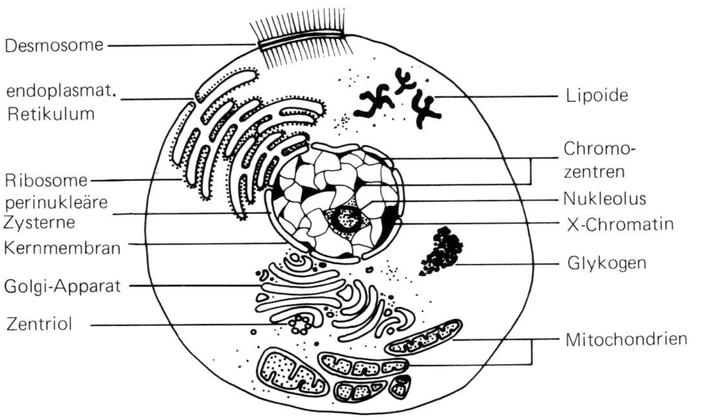

Abb. 2.**1** Schematische Darstellung der wichtigsten Bestandteile einer Zelle.

ab, welche die „Messenger-RNS" (m-RNS) vom genetischen Material des Kerns herbrachte.

Die *Mitochondrien* sind fadenartige Gebilde, die aus einer äußeren Doppelmembran und aus lamellären und tubulären Innenstrukturen bestehen. Sie enthalten die verschiedensten Enzyme des Zitronensäurezyklus, der Atmungskette und der oxidativen Phosphorylierung und stellen damit in der Hauptsache die Energieproduktionen der Zelle sicher (30).

Der *Golgi-Apparat* besteht ähnlich dem endoplasmatischen Retikulum aus einem System von Bläschen und Kanälchen, ist aber im Zytoplasma eng umschrieben, vorwiegend in Kernnähe, lokalisiert. Er hat enge Beziehungen zu der endokrinen und exokrinen Sekretproduktion, zur intrazellulären Fettresorption und -aufarbeitung sowie zum intrazellulären Wasserhaushalt (6).

Neben diesen obligatorischen Zellorganellen können noch eine Reihe anderer Bestandteile beobachtet werden. So sieht man in einem Teil der Zellen sog. *Zentrosome.* Ihre Aufgabe steht einerseits mit der mitotischen Zellteilung, andererseits mit den Geißel- und Wimpernbewegungen spezieller Zellen im Zusammenhang.

Unter *Paraplasma* versteht man alle im Grundzytoplasma enthaltenen Einlagerungen, wie z.B. Pigmente, Lipoide, Glykogen und Kristalle.

Alle diese eben geschilderten Bestandteile des Zytoplasmas sind meist nur elektronenoptisch zu erfassen und spielen deshalb in der klinischen Zytologie eine untergeordnete Rolle.

Ganz anders verhält es sich dagegen beim **Zellkern.** Ein Großteil seiner wichtigsten Strukturen kann bereits lichtmikroskopisch erkannt werden. Seinen bei Veränderungen des Zellstoffwechsels und der Zellfunktion auftretenden morphologischen Umstrukturierungen verdankt die angewandte Zytologie ihre großen Erfolge.

Die den Zellkern und das Zytoplasma trennende *Kernhülle* ist lichtmikroskopisch eigentlich nicht wahrnehmbar. Sie besteht aus 2 etwa 70–90 Å dikken Membranen, welche durch eine ca. 100–500 Å breite, sog. perinukleare Zysterne voneinander getrennt sind (11, 26, 32). Diese steht über die äußere Membran mit dem endoplasmatischen Retikulum in Verbindung. An der inneren Membran sind vor allem heterochromatische Chromosomenabschnitte fest verankert (7). Dieser Chromatinbesatz stellt die lichtmikroskopisch erkennbare „Kernmembran" dar.

Die Doppelmembran ist von zahlreichen *Poren* durchsetzt, deren Zahl und Weite in Abhängigkeit von der Zellfunktion stark variieren kann (12, 44). Der Transport von Stoffwechselprodukten vom Plasma zum Kern und umgekehrt durch die 300–1000 Å messenden Porenkomplexe scheint ab 125 Å an einen aktiven Transportmechanismus gebunden zu sein.

Unter *Karyoplasma* versteht man die ganze innerhalb der Kernmembran liegende Substanz, mit Ausnahme des Nukleolus. Es enthält als wesentlichsten Bestandteil das genetische Material in Form der *Chromosomen.* Bei ihnen handelt es sich um fadenförmige Strukturen aus Desoxyribonukleinsäuren (DNS), um die hochmolekulare Eiweißmoleküle, die sog. Histone, gelagert sind. In der *Interphase* (Ruhephase) des Zellkerns sind die Chromosomen in der lebenden Zelle nicht zu erkennen. Ihre Struktur ist so aufgequollen, daß sie den gleichen Refraktions-Index wie die Umgebung haben. Erst durch Dehydration und Fällung der Nukleoproteide, wie es z.B. durch Hinzufügung von Fixierungsmitteln der Fall ist, treten sichtbare Strukturen auf. Diese mit basischen Farbstoffen anfärbbaren Kernbestandteile nennt man *Chromatin.*

Die auch im Interphasenkern stärker spiralisierten und schwächer hydratisierten Chromosomenanteile färben sich dabei intensiver an und werden als *Heterochromatin* bezeichnet (15–17). Besonders große heterochromatische Verdichtungszonen werden als *Chromozentren* bezeichnet (4). Das *Euchromatin* ist die schwächer angefärbte Chromatinsubstanz. Es enthält die genetisch aktiven Anteile der Chromosomen (33).

Bei der *Kernstruktur,* wie sie sich lichtmikroskopisch darstellt, handelt es sich also um einen durch die Fixierung entstandenen Artefakt. Die diagnostische Verwertbarkeit ist aber dadurch gegeben, daß das dabei auftretende Heterochromatinmuster nicht rein zufällig entstanden ist, sondern unter gleichen Bedingungen stets ein charakteristisches spezies- und gewebsspezifisches Bild ergibt.

Neben dem Chromatinmuster sind die Nukleolen im allgemeinen die auffallendste Innenstruktur des Zellkerns. Ein *Nukleolus* enthält besondere biochemisch wohl charakterisierte Abschnitte (Nukleolarzonen) eines oder mehrerer Chromosomen, an deren DNS die Synthese *(Transskription)* der ribosomalen Ribonukleinsäure (r-RNS) erfolgt, die sich dort anreichert und sogleich an Eiweiß, vorwiegend Phosphorproteine, gebunden wird. Nach einem intranukleolären Umbau dieses Primärproduktes *(Transformation)* werden die Folgeprodukte (m-RNS) an das Zytoplasma abgegeben *(Transmission),* wo sie für den zellspezifischen Proteinstoffwechsel und andere Zelleistungen zur Verfügung stehen.

Die *Anzahl* und *Größe der einzelnen Nukleoli* hängt vorwiegend von der funktionellen Beanspruchung und der Anzahl der Chromosomen im Zellkern ab. Sowohl ein gesteigerter Stoffwechsel als auch eine Polyploidie können zu einer Vergrößerung des Gesamtvolumens der Kernkörperchen und zur Erhöhung ihrer Anzahl in einem Kern führen, indem neue Nukleolen an Chromosomenstrecken auftreten können, die sonst nicht an ihrer Bildung beteiligt sind (19, 27). Aber auch der einzelne Nukleolus kann stark an Umfang zunehmen, indem die in ihm enthaltenen r-RNS und Proteine in verstärktem

Maße synthetisiert werden oder indem eine Verschmelzung der Nukleoli mit gleichzeitiger Reduktion der Nukleolenzahl eintritt.

In der Papanicolaou-Färbung sind die Nukleolen von Chromozentren oft dadurch zu unterscheiden, daß sie einen rötlichvioletten Schimmer haben.

Ferner können im Zellkern sowohl lichtmikroskopisch als auch elektronenmikroskopisch unter normalen wie pathologischen Bedingungen die verschiedensten Kerneinschlüsse beobachtet werden, die in der gynäkologischen Zytologie aber nur vereinzelt, wie z. B. bei Viruserkrankungen, eine Rolle spielen.

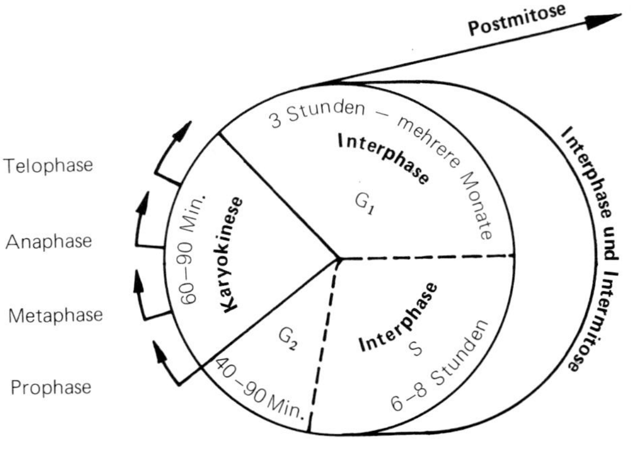

Abb. 2.2 Mitosezyklus.

Teilung einer Zelle

Zur Vermehrung seiner Zellen stehen dem Organismus 3 Teilungsformen zur Verfügung: die *Mitose* (indirekte Kernteilung), die *Amitose* (direkte Kernteilung) und die *Meiose* (Reduktionsteilung). Die **Mitose** ist die normale Form der Zellvermehrung. Wie aus Abb. 2.**2** hervorgeht, sind im *mitotischen Zellzyklus* vor allem *2 Hauptphasen* zu unterscheiden:

1. die Karyokinese mit der nachfolgenden Zytokinese (= mitotische Zell- und Kernteilung);
2. die Interphase.

Die komplizierten Vorgänge der *Karyokinese* laufen in relativ kurzer Zeit (60–90 Min.) über die bekannten Stadien ab: *Prophase, Metaphase, Anaphase* und *Telophase*. Nur so wird gewährleistet, daß das genetische Material exakt verdoppelt und anschließend auf die beiden Tochterzellen verteilt wird. Den Zeitraum vom Abschluß der Zellteilung bis zum Beginn der nächsten Karyokinese nennt man *Interphase*. Sie dient einmal zum Wachstum und zur Energiegewinnung für die Zelle *(G_1-Phase)*, zum anderen zur Verdoppelung ihres genetischen Materials *(S-Phase = DNS-Synthesezeit)* und zur unmittelbaren Vorbereitung der Mitose *(G_2-Phase)*. Während die G_1-Phase unterschiedlich lange dauern kann, sind die S- und G_2-Phase in den meisten Fällen relativ kurz und konstant. Bei allen rasch sich teilenden Zellen tritt nach der Zellteilung der Mitosezyklus sofort wieder in die Interphase ein. Es ist aber im allgemeinen mindestens eine Zeit von 14–16 Std. für einen ganzen Zellzyklus erforderlich.

Bei allen differenzierteren Zellen aber nehmen die interphasischen Reduplikationen nur einen geringen Anteil des Zellzyklus in Anspruch. Ansonsten stehen die Zellen für die spezifischen Leistungen ihrer übergeordneten Organe zur Verfügung. Diese Arbeitsphase zwischen 2 Karyokinesen nennt man auch „Intermitose" (5).

Viele Zellen, wie z. B. Mesenchymzellen oder Gefäßendothelien, sind schon so hoch spezialisiert, daß sie nur noch unter besonderen Bedingungen ihre Teilungsfähigkeit wieder erlangen können. Andere Zellen dagegen verlieren mit ihrer Differenzierung unwiederbringlich ihre Teilungspotenz und befinden sich damit in der „Postmitose".

Solche Zellen sind z. B. die Erythrozyten, Granulozyten und auch die differenzierten Plattenepithelien (Abb. 2.**3**). Man findet deshalb Mitosen im normalen Plattenepithel ausschließlich in den unteren undifferenzierten Schichten. Nur bei pathologischen Prozessen können sie auch bis in die oberen Epithelschichten hinauf beobachtet werden.

Die *Mitosefrequenz* wird von den unterschiedlichsten Einflüssen bestimmt, so unter anderem von der Abnützung und der Degeneration des Epithels, von Wundverhältnissen, Entzündungen und Blutungen und, im Bereich des weiblichen Genitales, auch von den Sexualhormonen. Die Östrogene wirken hier im allgemeinen proliferationsfördernd, die Gestagene dagegen proliferationshemmend.

Die **Amitose** ist weniger bei Proliferationsprozessen beteiligt, sondern ist Ausdruck von reaktiven Vorgängen bei intensiver funktioneller Zellbelastung. Es tritt dabei keine Spiralisation des genetischen Materials ein, weshalb sie sich größtenteils der Darstellbarkeit entzieht. Wenn die Zelldurchschnürung ausbleibt, sehen wir als Endprodukt zwei- oder mehrkernige Zellen. Nicht jede Mehrkernigkeit jedoch beruht auf einer amitotischen Teilung, sondern es kann sich hierbei auch um pathologische Mitosen handeln.

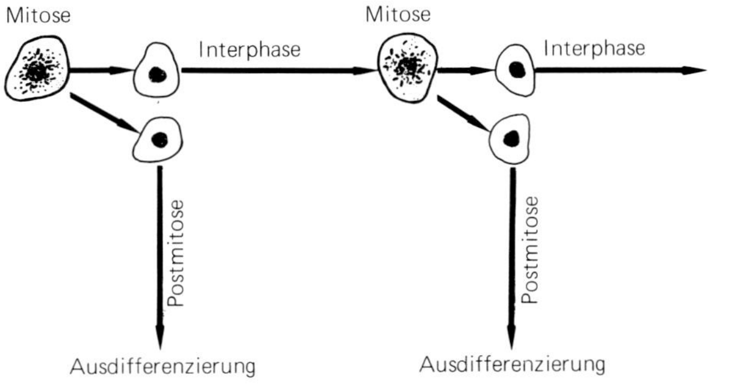

Abb. 2.3 Zellvermehrung und Ausdifferenzierung beim Plattenepithel.

Die **Meiose** ist eine ganz spezielle Form der Karyokinese, die einzig und allein zum Ziel hat, die übliche doppelte Chromosomenzahl einer Zelle auf den haploiden Chromosomensatz der Gameten zu reduzieren. Dies geschieht in der Regel durch die 1. und 2. Reifungsteilung (25).

Funktion einer Zelle (Hormonrezeptoren)

Neben der Aufgabe sich zu teilen, haben die Zellen je nach Organ und Differenzierungsgrad sich darauf spezialisiert, bestimmte Funktionen, wie z. B. die Produktion von Enzymen und Hormonen, zu übernehmen, die ihrerseits wiederum Informationen an ihre entsprechenden Erfolgsorgane weitergeben und dort zellspezifische Leistungen wie Wachstum und Differenzierung veranlassen.

Bei den Organen, die in der gynäkologischen Zytodiagnostik eine Rolle spielen, geschieht die Steuerung solcher biologischer Vorgänge einmal durch die Peptidhormone der Hypophyse, im wesentlichen aber durch die Steroidhormone der Gonaden.

Die Hormone treten mit der Zelle über spezifische Proteinmoleküle, die sog. *Hormonrezeptoren,* in Verbindung. Wir unterscheiden unter diesen 2 Typen: solche, die in die äußere Membran der Zelle eingebaut sind, und solche, die sich im Innern der Zelle befinden (Abb. 2.**4**).

Die ersteren werden *Membranrezeptoren* genannt, an die sich vor allem Hormone mit Proteincharakter anbinden, wie z. B. die hypophysären Proteohormone, Follitropin (FSH), Lutropin (LH) und Prolaktin. Nachweisbar sind die Rezeptorproteine in vielen Organen, bevorzugt jedoch in den Theka- und Granulosazellen des Ovars, wodurch die Steroidsynthese in Gang gesetzt wird. Sie sind größer als die Zellmembran, so daß sie diese sowohl nach außen, als auch nach innen überragen (25, 38). Der nach außen schauende Teil besitzt Haftstellen, sog. Binding sites, die so spezifisch sind, daß sie jeweils nur die Ankoppelung eines bestimmten Hormons erlauben.

Die Kapazität und Affinität dieser Rezeptoren sind großen Schwankungen unterworfen. So können die oben genannten Hypophysenhormone sowohl ihre eigenen als auch die Rezeptoren der anderen Hormone vermehren oder vermindern. Auch die gonadalen Steroidhormone wirken dabei synergistisch oder antagonistisch (23, 25, 38).

Nach der *Bindung des Hormons an den Rezeptor* erfährt dieser eine Gestaltveränderung (Transformation), die eine Vielzahl von Aktivitäten in der Zelle induziert, zu deren wichtigsten offensichtlich eine Änderung der intrazellulären Ionenkonzentrationen, speziell eine Erhöhung des ionisierten Calciums, und der Anstieg des zyklischen Adenosinmonophosphats (cAMP) gehören (25, 38, 45). Beide sog. „zweiten Boten" (second messenger) sind dann

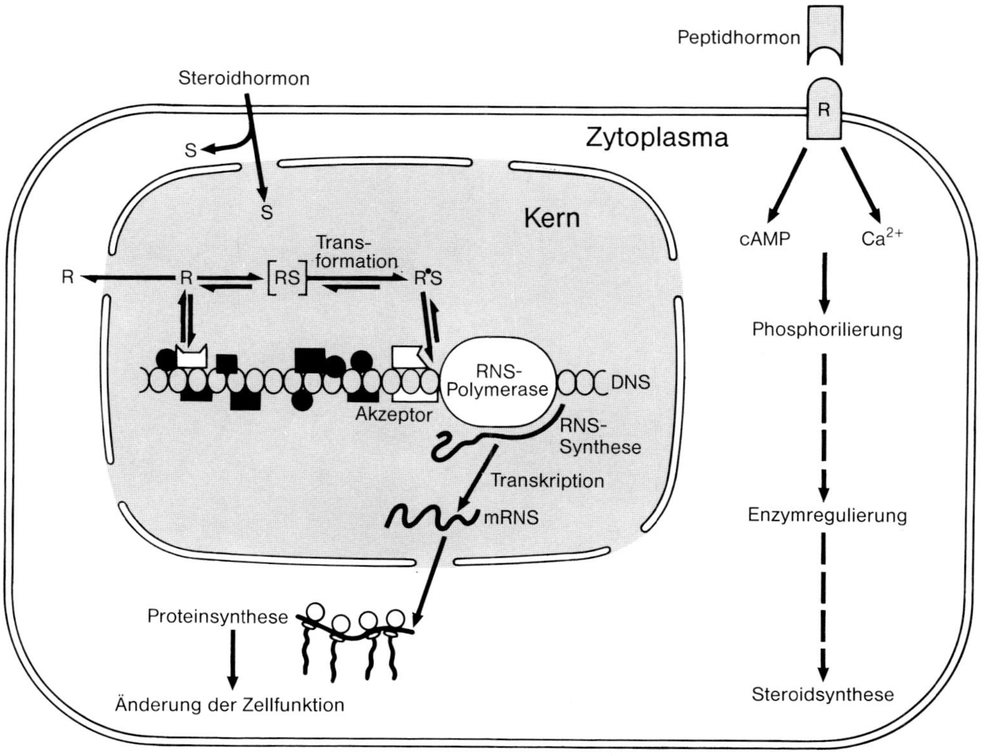

Abb. 2.**4** Schematische Darstellung der Interaktionen zwischen Hormonrezeptoren und Zelle (modifiziert nach *Walters* [40]).

weiterhin für eine Reihe von Enzymaktivitäten in der Zelle verantwortlich, die im Endeffekt zur gonadalen Steroidsynthese führen (37).

Die in die Blutbahn gelangten Steroidhormone liegen dort nur zu einem sehr geringen Teil in freier Form vor. Überwiegend sind sie an *Transportproteine* gebunden. Für die Östrogene und Androgene ist dies bevorzugt SHBG (sex hormone binding globulin), während das Progesteron sich mit dem Transcortin verbindet. Im allgemeinen besteht ein relativ konstantes Verhältnis, wobei der Anteil von freien Hormonen etwa 10% oder weniger beträgt. Nur das freie Hormon kann mit den Zellen des Erfolgsorgans in Verbindung treten. Wahrscheinlich diffundiert das Steroidhormon rein passiv durch die Zellmembran hindurch und lagert sich an die intrazellulären spezifischen Steroidrezeptoren an (Abb. 2.**4**).

Dieses *Eiweißmolekül (Steroidrezeptor)* besitzt eine relative Molekülmasse zwischen 75000 und 200000 und kann mit großer Spezifität und Affinität die Steroidhormone aufnehmen. Es genügt, wenn sie sich im Plasma etwa in einer Größenordnung von 0,1–10 nmol/l befinden. Dieser Rezeptor-Steroidhormon-Komplex erfährt dann durch Anlegen eines weiteren Makromoleküls ebenfalls eine sog. Transformation. Man nahm bisher an, daß diese Transformation im Zytoplasma stattfindet und daß erst dann dieser transformierte Rezeptor-Steroidhormon-Komplex in den Zellkern gelangt. Heute ist wohl sicher, daß diese Transformation erst im Kern geschieht (21, 25, 38, 40, 41). Dort lagert sich dann der transformierte Komplex mittels Nicht-Hormon-Proteinen (NHP), sog. spezifischen „Akzeptoren“, an einen bestimmten Abschnitt eines Chromosoms an (25, 35, 40). Die Folge ist eine innerhalb von 10 Min. durch RNS-Polymerase beginnende RNS-Synthese. Über eine durch Messenger-RNS (m-RNS) vermittelte Proteinsynthese in den Ribosomen wird die hormonale Information, wie z. B. Proliferations- oder Differenzierungsvorgänge, in den Zellen realisiert (34).

Drüsenzellen des *Endometriums* enthalten z. B. ca. 15 bis 20000 solcher Bindungsstellen pro Zytoplasma, wobei für das Wachstum nur ca. 1000–3000 Rezeptoren besetzt werden müssen. Dies geschieht sehr schnell. Nach Injektion von radioaktivem Östradiol findet man dieses schon innerhalb von 1–3 Min. im Zellkern (20). Um eine biologische Wirksamkeit, z. B. Proliferation des Endometriums, auszulösen, ist aber eine Mindestverweildauer des Östradiolrezeptorkomplexes im Kern von etwa 6 Std. erforderlich.

Die *Vagina* besitzt mindestens das 3- bis 4fache weniger an Östrogenrezeptoren als das Endometrium (2, 7, 42, 43). Ebenso sind hier die Progesteronrezeptoren in niedrigerer Konzentration vorhanden. Dies steht im Gegensatz zu der bekannten Tatsache, daß das Vaginalepithel gegenüber Östrogenen viel empfindlicher ist als das Endometrium. Bis heute ist dafür keine plausible Erklärung gefunden worden. Zum Teil hängt es wohl damit zusammen, daß die eigentlichen Proliferationsaktivitäten im Plattenepithel sich ja im wesentlichen nur in den basalen Schichten abspielen, also in einem zum Gesamtepithel relativ geringen Anteil, während im Uterus eine Vielzahl von Zellen sowohl des Epithels als auch des Stromas Östrogenrezeptoren besitzen und proliferative Eigenschaften zeigen.

Nicht ganz geklärt ist auch das *unterschiedliche Verhalten der verschiedenen Östrogene.* Wir wissen z. B. aus biologischen Tests, daß das Stärkeverhältnis von Östradiol (E_2) : Östriol (E_3) : Östron (E_1) etwa 10 : 1 : 1 ist. Diese biologischen Wirkungsunterschiede können nicht mit unterschiedlichen Affinitäten der verschiedenen Östrogene zu den Rezeptoren erklärt werden. Östradiol und Östriol zeigen nämlich in den ersten 3 Stunden das gleiche Verhalten in der Zelle. Der Unterschied liegt wohl aber darin, daß der Östriolrezeptorkomplex nur etwa 3 Stunden im Kern verweilt, während der Östradiolrezeptorkomplex über 6 Stunden dort verbleibt. Diese Zeit ist aber erforderlich, um in diesen Zellen biologische Proliferationsvorgänge anzukurbeln. Es wäre also besser, Östriol und andere biologisch „schwächere Östrogene“ nicht als schwache, sondern als kurz wirkende Östrogene zu bezeichnen.

Auch am Endometrium, an dem Östradiol im allgemeinen eindeutig einen höheren Wirkungseffekt als Östriol besitzt, verschwinden diese Unterschiede, wenn der Hormonspiegel konstant gleichgehalten wird. Dies ist z. B. bei lang andauernden Östrogentherapien der Fall, wo die Hormone im Fett gespeichert werden. Es wirkt als Depot und gibt bei entsprechendem Blutspiegelabfall kontinuierlich Östrogene wieder ab. Das gleiche ist der Fall, wenn die Präparate nicht injiziert, sondern in Depotform implantiert werden, so daß eben jener kontinuierliche Nachschub in den Kern garantiert wird.

Es ist also festzuhalten, daß bei den verschiedenen Östrogenen kein wesentlicher Unterschied in der Affinität zu den Rezeptoren zu bestehen scheint, wie es die unterschiedlichen biologischen Wirkungen erwarten ließen, sondern es handelt sich wohl in erster Linie um eine unterschiedlich lange Verweildauer des Östrogenrezeptorkomplexes im Kern.

Beim Progesteron und den synthetischen Gestagenen sind noch keine so genauen Kenntnisse über die Affinität des Rezeptors bekannt. Dagegen scheinen die Androgene tatsächlich unterschiedliche Affinitäten zu verschiedenen Rezeptoren zu besitzen (38).

Literatur

1 Aiman, J.: Age, Estrogen and the Endometrium. Clin. Obstet. Gynecol. 24 (1981) 193

2 Allen, Th. C., W. W. Leavitt: Regulation of estrogen-dependent and estrogen-independent levels of progesterone receptor in hamster vagina and uterus. J. Steroid Biochem. 19 (1983) 1047

3 Altmann, H.-W.: Der Intermitosekern. In Hirsch, G. Ch., H. Ruska, P. Sitte: Grundlagen der Cytologie. Fischer, Stuttgart 1973 (S. 135)

4 Baccarini, J.: Sulle cinesi vegetative del «Cynomorium coccineum L.» Nuovi Giorn. Bot. Ital. (N. S.) 15 (1908) 189

5 Baserga, R.: The cell cycle. New Engl. J. Med. 304 (1981) 453
6 Beams, H. W., R. G. Kessel: The Golgi apparatus: structure and function. Int. Rev. Cytol. 23 (1968) 209
7 Beams, H. W., S. Mueller: Effects of ultracentrifugation on the interphase nucleus of somatic cells with special reference to the nuclear envelopechromatin relationship. Z. Zellforsch. 108 (1970) 297
8 Bergink, E. W.: Östrogen-Rezeptor-Wechselwirkung und ihre klinische Bedeutung. Gynäkol. Rdsch. 22 (1982) 73
9 Cowdray, E. V.: Cells and their behaviour. In Anderson, A.: Pathology. Mosby, St. Louis 1953
10 Fawcett, D. W.: The Cell, Its Organelles and Inclusions. An Atlas of Fine Structure. Saunders, Philadelphia 1966
11 Franke, W. W.: On the universality of nuclear pore complex structures. Z. Zellforsch. 105 (1970) 405
12 Franke, W. W., U. Scheer: The ultrastructure of the nuclear envelope of amphibian oocytes: a reinvestigation. II. The immature oocyte and dynamic aspects. J. Ultrastruct. Res. 30 (1970) 317
13 Greene, G. L., N. B. Sobel, W. J. King, E. V. Jensen: Immunochemical studies of estrogen receptors. J. Steroid Biochem. 20 (1984) 51
14 Grundmann, E.: Allgemeine Cytologie. Thieme, Stuttgart 1964
15 Heitz, E.: Das Heterochromatin der Moose. Hb. Wiss. Bot. 69 (1928) 762
16 Heitz, E.: Heterochromatin, Chromozentren, Chromomeren. Ber. dtsch. Bot. Ges. 47 (1929) 274
17 Heitz, E.: Die Herkunft der Chromozentren. Dritter Beitrag zur Kenntnis der Beziehung zwischen Kernstruktur und qualitativer Verschiedenheit der Chromosomen in ihrer Längsrichtung. Planta (Berl.) 18 (1933) 571
18 Hostetter, J. R.: The cell. In Tweeddale, D. N., L. D. Dublilier: Cytopathology of Female Genital Tract Neoplasma. Year Book. Medical Publishers, Chikago 1972 (p. 30)
19 Jain, H. K.: Correlated synthetic activities of chromosomes. In Darlington, C. D., K. R. Lewis: Chromosomes Today. Oliver & Boyd, Edinburgh 1966 (p. 145)
20 Katzenellenbogen, B. S.: Dynamics of steroid hormone receptor action. Ann. Reo. Physiol. 42 (1980) 17
21 King, W. J., G. L. Greene: Monoclonal antibodies localize oestrogen receptor in the nuclei of target cells. Nature 307 (1984) 745
22 Kjärgaard, J., E. F. Poulsen: Scanning electron microscopy of cotton swab smears from ectocervix. Acta cytol. 21 (1977) 68
23 Klinga, K., M. Kaufmann: Hormonrezeptoren. In Runnebaum, B., T. Rabe: Gynäkologische Endokrinologie. Springer, Berlin 1987 (S. 29)
24 Koss, L. G.: Diagnostic Cytology and its Histopathologic Bases, 3. Aufl. Lippincott, Philadelphia 1979
25 Kuss, E.: Biochemie und Physiologie der Fortpflanzung. In Käser, O., V. Friedberg, K. G. Ober, K. Thomsen, J. Zander: Gynäkologie und Geburtshilfe, 2. Aufl. Bd. I, Tl. 1. Thieme, Stuttgart 1987 (S. 413)
26 La Cour, L. F., B. Wells: The nuclear pores of early meiotic prophase nuclei of plants. Z. Zellforsch. 123 (1972) 178
27 Levin, D. A.: Accessory nucleoli in microsporocytes of hybrid Phlox. Chromosoma 41 (1973) 313
28 Merriam, R. W.: Some dynamic aspects of the nuclear envelope. J. Cell Biol. 12 (1962) 79
29 Miles, Ch. P.: The chromosomes: structure, dynamics and pathology. In Koss, L. G.: Diagnostic Cytology. Lippincott, Philadelphia 1968
30 Palade, G.: An electron microscope study of mitochondrial structure. J. Histochem. 1 (1953) 188
31 Philipp, E.: Elektronenmikroskopische Untersuchungen über die Frühentwicklung des endocervikalen Epithels bei menschlichen Feten. Z. Gynäk. 97 (1975) 396
32 Roberts, K., D. H. Northcote: Ultrastructure of the nuclear envelope: structural aspects of the interphase nucleus of sycamore suspension culture cells. Micr. Acta (Stuttg.) 71 (1971) 102
33 Sandritter, W.: Funktionsstrukturen des Zellkerns. Schattauer, Stuttgart 1970
34 Soto, A. M., C. Sonnenschein: Cell Proliferation of estrogen-sensitive cells: The case for negative control. Endocr. Rev. 8 (1987) 44
35 Speroff, L.: Die Zelle denkt mit: Steroidhormone und Rezeptoren. Klinik Journal 8 (1983) 12
36 Stegner, H. E.: Gynäkologische Zytologie. Enke, Stuttgart 1973
37 Sutherland, E. W.: On the biological role of cyclic AMP. J. Amer. med. Ass. 214 (1970) 1281.
38 Taush, M., J. H. H. Thijssen, Tj. B. van Wimersma Greidanus: Pharmakologie der Hormone, 4. Aufl. Thieme, Stuttgart 1986
39 Vincent, W. S.: Structure and chemistry of nucleoli. Int. Rev. Cytol. 4 (1955) 269
40 Walters, M. R.: Steroid hormone receptors and the nucleus. Endocr. Rev. 6 (1985) 512
41 Welshons, W. V., M. E. Liebermann, J. Gorski: Nuclear of unoccupied oestrogen receptors. Nature 307 (1984) 747
42 Wiegerinck, M. A. H. M., J. Poortman, A. R. Agema, J. H. H. Thijssen: Estrogen receptors in human vaginal tissue. Maturitas 2 (1980) 59
43 Wiegerinck, M. A. H. M., J. Poortman, T. H. Donker, J. H. H. Thijssen: In vivo uptake an subcellular distribution of tritium-labeled estrogens in human endometrium, myometrium and vagina. J. clin. Endocrinol. 56 (1983) 76
44 Yasuzumi, G., Y. Nakai, I. Tsubo, M. Yasuda, T. Sugioka: The fine structure of nuclei as revealed by electron microscopy. IV. The intranuclear inclusion formation in Leydig cells of aging human testes. Exp. Cell Res. 45 (1967) 261
45 Zor, U.: Role of cytoskeletal organization in the regulation of adenylate cyclase-cyclic adenosine monophosphate by hormones. Endocr. Rev. 4 (1983) 1

3 Materialgewinnung, Fixierung und Versand

Eine der wichtigsten Voraussetzungen zur Erzielung guter zytologischer Diagnosen ist die richtige Durchführung der Materialgewinnung und Abstrichanfertigung. Nur bei exakter Entnahme und einwandfreier Fixierung des Zellmaterials sind zuverlässige Untersuchungsergebnisse zu erwarten.

Abstrichentnahme für die Krebsfrüherkennung

Die Abstrichentnahme sollte stets in Zusammenhang mit einer gynäkologischen Untersuchung erfolgen. Dabei sind Cervix uteri und Vagina mit Spekula darzustellen, damit die Abstrichentnahme direkt und unter Sicht des Auges vorgenommen werden kann.

Alle anderen Methoden der „blinden" Entnahme, wie z. B. die Ansaugung von Zellmaterial aus dem hinteren Scheidengewölbe mittels einer Glaspipette (Papanicolaou und Traut [149]), die Materialgewinnung mit Hilfe von Menstruationstampons (146, 199) bzw. mit einer speziellen „Zytopipette" zur Selbstentnahme durch die Frau (40, 202), haben sich nicht bewährt. Die Raten falsch-positiver, vor allem aber falsch-negativer Befunde sind bei Anwendung dieser Methoden erhöht. Es ist außerdem bekannt, daß mit dem bloßen Auge bereits erkennbare klinische Karzinome durch nekrotische Beläge an der Oberfläche falsch-negative zytologische Befunde aufweisen können. Diese Fälle würden bei der blinden Entnahme übersehen werden.

Die *Zellabstrichentnahme* sollte grundsätzlich *am Anfang der gynäkologischen Untersuchung* stehen. Die benutzten Spekula müssen ohne Gleitmittel und Desinfektionslösungen in die Vagina eingeführt werden, da sonst die Zellen in ihrer Struktur und Anfärbbarkeit verändert werden können. Zur besseren Gleitfähigkeit werden die Spekula höchstens mit physiologischer Kochsalzlösung befeuchtet.

Es dürfen keine intravaginalen Eingriffe, Vaginalduschen sowie lokale Anwendungen von Medikamenten in den Tagen vor der Abstrichentnahme vorgenommen werden (169–171). *Die Portiooberfläche darf vor der Abstrichentnahme nicht abgewischt werden.* Auch das Betupfen der Portio mit Essigsäure, wie es bei der erweiterten Kolposkopie üblich ist, sollte nicht vor der Abstrichentnahme erfolgen.

Eine optimale Gewinnung von Zellmaterial erfordert eine *möglichst direkte Entnahme vom Krankheitsort.* Die meisten Zervixkarzinome bzw. ihre Vorstadien entstehen an der Grenze zwischen Zylinder- und Plattenepithel, in der sog. Transformationszone. Diese befindet sich normalerweise in der Gegend des äußeren Muttermundes, verschiebt sich aber im Laufe des Lebens (Abb. 3.**1**). Bei Frauen im geschlechtsreifen Alter liegt sie, unter dem Einfluß der Hormone und besonders in der Schwangerschaft, häufig auf der Außenfläche der Portio. Infolge metaplastischer Umwandlungsprozesse zieht sich diese Grenze häufig in das äußere Drittel des Zervixkanals zurück, ein Vorgang, der bei älteren Frauen nach der Menopause infolge der Rückbildung des Genitales noch verstärkt wird. Abgesehen von den relativ seltenen Adenokarzinomen der Endozervix, sind auch 20–30% der vom metaplastischen Epithel bzw. der Reservezellhyperplasie ausgehenden Frühveränderungen überwiegend im Zervikalkanal lokalisiert. Dies muß bei der Abstrichentnahme berücksichtigt werden.

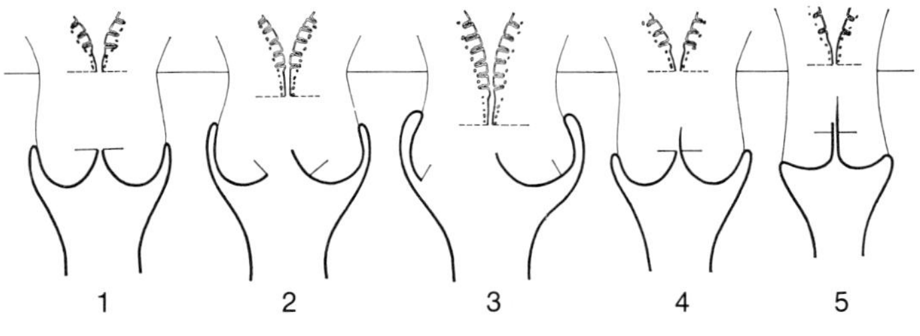

Abb. 3.**1** Anatomische Verhältnisse der Portio in verschiedenen Lebensaltern.

1 = Kindheit,
2 und 3 = Geschlechtsreife,
4 = Klimakterium,
5 = Senium.

Der jeweils linke Bildteil zeigt die Wanderung des konstant langen Zervixdrüsenfeldes und der rechte Bildteil die Auseinandersetzung mit dem „aufsteigenden" Plattenepithel. Der anatomische innere Muttermund ist durch die durchgehende, der histologische innere Muttermund durch die punktierte Linie markiert (nach *Ober* [140]).

Für die *Routinediagnostik* empfehlen wir, die Entnahme mit dem Watteträger vorzunehmen, weil dadurch die geringsten Läsionen gesetzt werden (Abb. 3.**2**). Zur Erhöhung der Sicherheit sollten grundsätzlich *zwei getrennte Abstriche* entnommen werden. Mit dem ersten Watteträger werden zunächst unter ziemlich kräftigem Druck die Portiooberfläche und die Gegend des äußeren Muttermundes abgestrichen. Dann geht man mit einem zweiten Watteträger so weit wie möglich in das äußere Drittel des Zervikalkanals ein. Die Entnahme von zwei getrennten Abstrichen erhöht nicht nur die Wahrscheinlichkeit, atypische Zellen zu gewinnen, sondern gibt in vielen Fällen auch einen Hinweis auf die Lokalisation des Krankheitsprozesses, was wiederum für die weitere diagnostische Abklärung von Nutzen ist.

Trotz des relativ geringen Durchmessers des Wattestäbchens kann es schwierig sein, Zellmaterial aus dem Zervikalkanal zu gewinnen, z. B. bei Narbenbildung nach Konisation, bei Nulliparae und besonders bei älteren Frauen. Gerade bei diesen ist aber die intrazervikale Abstrichentnahme aus den oben dargelegten Gründen (Verschiebung der Zylinder-Plattenepithel-Grenze in den Zervixkanal) besonders wichtig.

Die Zellabstriche werden in der Regel mit einem trockenen Wattetupfer entnommen. Obwohl (durch das Ansaugen der Flüssigkeit) ein großer Teil der abgeschilferten Zellen in dem Fasernetz der Watte hängen bleibt (172, 179, 204), gelingt es damit im allgemeinen, ausreichend gute Abstriche zu erzielen. Bei geringer Abschilferungstendenz (Vulva, trockene Vagina) empfiehlt es sich, die Watte vorsichtig mit physiologischer Kochsalzlösung zu befeuchten.

Die Holzstäbchen der Watteträger sollten 15–20 cm lang und kräftig sein, um damit bequem die Portio und den Zervikalkanal erreichen zu können. Die im Handel erhältlichen Watteträger sind leider oft zu kurz und zu schwach.

Die abgestrichenen Zellen werden nach der Entnahme auf einen gereinigten und fettfreien Objektträger aufgebracht und anschließend *sofort fixiert*. Es

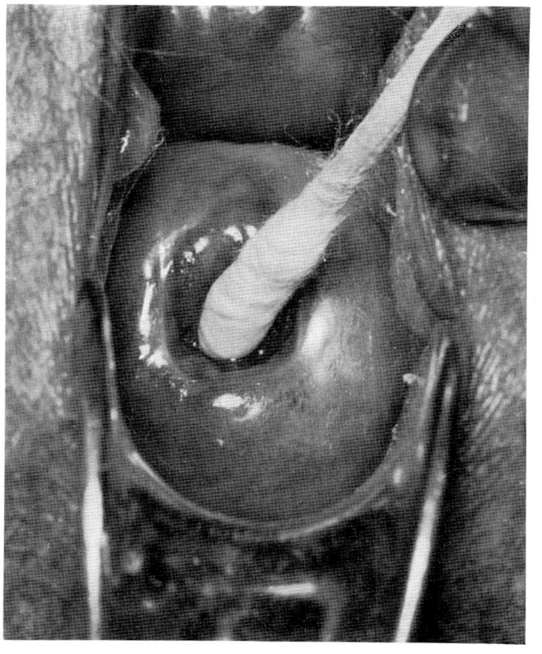

Abb. 3.**2** Abstrichentnahme mit dem Watteträger.

ist von größter Bedeutung, daß die Fixierung möglichst rasch erfolgt, so lange das Zellmaterial noch nicht angetrocknet ist. Bei feuchten Scheidenverhältnissen schützt der Schleim das Zellmaterial meist für kurze Zeit; bei trockenem Milieu aber, insbesondere nach der Menopause, treten die Antrocknungserscheinungen in Sekundenschnelle auf. Dadurch können Struktur und Anfärbbarkeit der Zellen so stark verändert werden, daß eine Diagnosestellung aus dem Abstrich schwierig und unmöglich wird.

Das Zellmaterial soll auf dem Objektträger möglichst gleichmäßig und in nicht zu dicker Schicht aufgetragen werden. Um artefizielle Zellveränderungen zu vermeiden, wird der Watteträger auf dem Objektträger abgerollt.

Als Objektträger eignen sich am besten solche mit mattiertem Endstück, die sich mit Bleistift beschriften lassen (Abb. 3.**3**). Normale Objektträger, die mit Diamantschrei-

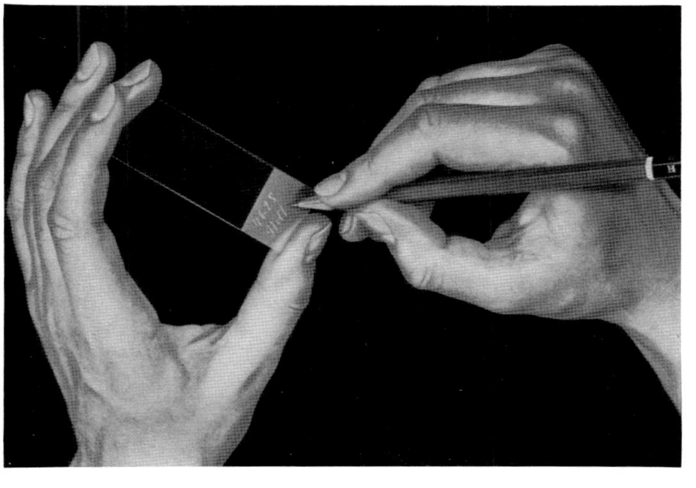

Abb. 3.**3** Beschriftung eines am Ende mattierten Objektträgers mit Bleistift.

ber oder beschrifteten Papier- oder Leukoplaststreifen markiert werden, sind nicht zu empfehlen, da ihre Kennzeichnung zu umständlich ist oder durch Ablösen der Streifen bzw. Verlöschen der Schriften in der Fixierungsflüssigkeit verlorengehen kann.

Für die Routinediagnostik genügt es im allgemeinen, das durch die Entnahme mit zwei Watteträgern (von Ekto- und Endozervix) getrennt gewonnene Zellmaterial auf einen Objektträger auszustreichen. Dabei ist es zweckmäßig, regelmäßig z. B. das Material von der Portio im endstückfernen und das Material aus dem Zervikalkanal mehr im endstücknahen Teil des Objektträgers aufzubringen.

Anstelle des Watteträgers kann für den zweiten Abstrich auch ein *Spatel* verwendet werden, *der an einem Ende konkav ausgeschnitten ist.* Der Spatel wird, wie in Abb. 3.**4** zu sehen ist, mit der Spitze in den Zervikalkanal eingeführt, und man schabt dann die Gegend des äußeren Muttermundes zirkulär oberflächlich ab, indem man den Spatel um 360 Grad dreht. Der Vorschlag stammt ursprünglich von Ayre (15), der dafür einen besonderen Spatel entwickelte. Man kann aber auch einen einfachen hölzernen Mundspatel verwenden, der an einem Ende konkav ausgestanzt ist. In den letzten Jahren wurden *verschiedene Formen von Plastikspateln* angeboten (155, 210, 219), die durch besondere Oberflächenstrukturen und unterschiedliche Gestalt den verschiedenen Größen und Formen der Portio angepaßt sind (Abb. 3.**5**).

Der Vorteil der Spatelentnahme besteht darin, daß z. B. bei zur Verhornung neigenden Prozessen mehr Zellen gerade aus der Gegend des äußeren Muttermundes gewonnen werden können. Auf der anderen Seite werden durch die Spatelentnahme oft leichte Blutungen ausgelöst, die sowohl für die Patientin als auch für den Zytologen unerfreulich sind. Sie machen sich besonders störend bemerkbar, wenn gleichzeitig eine Kolposkopie durchgeführt werden soll.

Besser als die Spatelentnahme erscheint uns für die *Gewinnung von intrazervikalem Zellmaterial* der Einsatz der nach Stormby entwickelten *Cyto-brush* geeignet. Es handelt sich um eine Einmal-Plastik-Bürste (Abb. 3.**6**), die sich leicht mit routierenden Bewegungen in den Zervikalkanal einführen läßt, da die an der Spitze spiralig angeordneten Nylonhaare sich auch engen Verhältnissen des Zervikalkanals anpassen können. Die Abstriche zeigen durchweg eine gute Zellausbeute mit optimal erhaltenen Zellen (102). Sowohl gegenüber dem Watteträger (64, 167, 209, 214) als auch gegenüber der Spatelentnahme (20, 214) sind deutlich bessere Ergebnisse zu erreichen. *Cyto-brush sollte für die Entnahme eines zweiten Abstriches immer dann eingesetzt werden, wenn Verdacht auf eine intrazervikal sitzende Läsion besteht,* vor allem aber bei älteren Frauen. Die Rate der falsch-negativen zytologischen Befunde in der Zervixzytologie wird dadurch sicher verringert werden können.

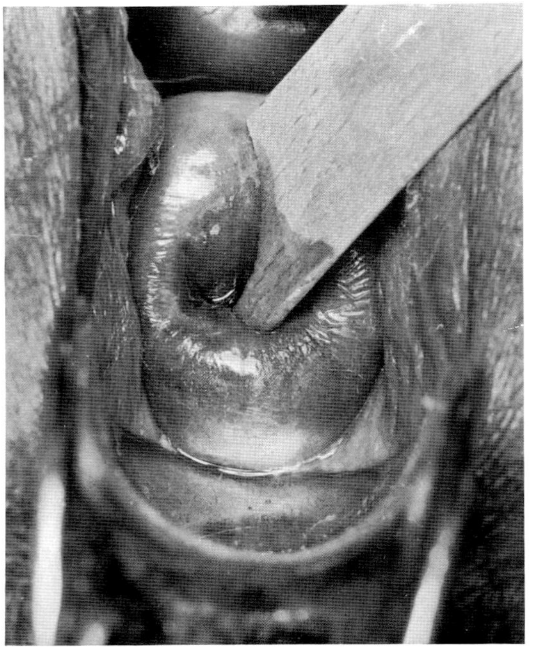

Abb. 3.**4** Abstrichentnahme mit einem konkav angeschnittenen Holzspatel.

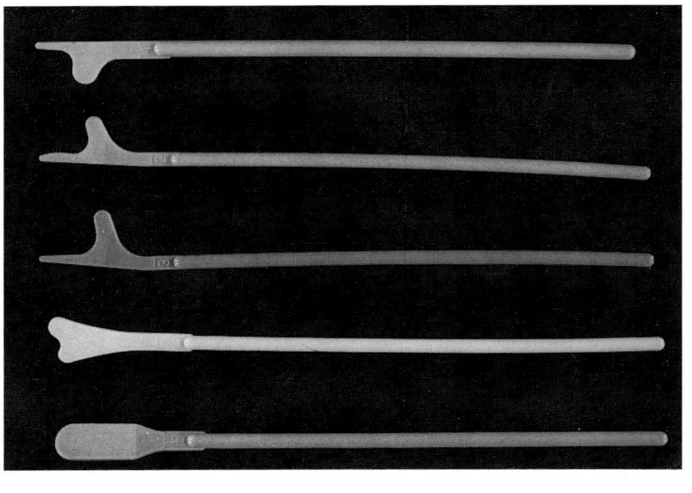

Abb. 3.**5** Plastikspatel nach *Szalley*, die den unterschiedlichen Formen des Muttermundes angepaßt sind.

Abb. 3.**6** Cyto-brush nach *Stormby*.

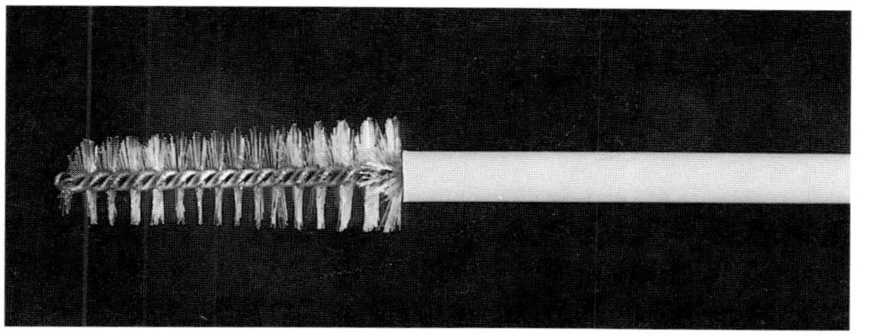

Die Zellbilder der sowohl mit Spatel als auch Cyto-brush gewonnenen Präparate zeigen gegenüber Watteträgerabstrichen gewisse Besonderheiten. Damit sollte der Zytologe vertraut sein, um zu vermeiden, daß es zu Fehldiagnosen durch Über- oder Unterbewertung bestimmter Zellbilder kommt. *Der Gynäkologe muß* daher auch *dem Zytologen in jedem Falle mitteilen, mit welcher Methode der Abstrich entnommen wurde.*

Während wir es in der Routinediagnostik für ausreichend halten, wenn das Material von zwei getrennt entnommenen Abstrichen auf *einem* Objektträger aufgebracht wird, empfehlen wir *bei Wiederholungsuntersuchungen nach unklaren oder positiven Befunden, das Zellmaterial auf zwei getrennte Objektträger aufzubringen.* Dadurch wird mehr Zellmaterial für die Beurteilung gewonnen. Der Zweitabstrich sollte je nach Lokalbefund mit Spatel oder Cyto-brush vorgenommen werden.

Bei *Verdacht auf Endometriumkarzinom* empfehlen wir zusätzlich einen Watteträgerabstrich aus dem hinteren Scheidengewölbe (vgl. S. 255), der auf einem eigenen Objektträger aufgebracht werden sollte. Das hintere Scheidengewölbe dient als „Schlammfänger" für Zellmaterial aus höheren Genitalabschnitten. Es gibt einige ältere Veröffentlichungen (67, 68, 70, 116, 223), nach denen die Chancen, Endometriumkarzinomzellen zu finden, hier größer sein sollen als in Zervixabstrichen.

Bei *Verdacht auf Vaginalkarzinom* müssen die Abstriche direkt mit dem Watteträger oder dem Spatel von der makroskopisch oder kolposkopisch verdächtigen Stelle entnommen werden.

Für die *Abstrichentnahme von der Vulva* empfehlen wir in Übereinstimmung mit Nauth (133) einen Watteträger, der möglichst maschinell gefertigt werden sollte, damit keine Hornzellen der Haut daran haften. Der Watteträger sollte mit 1 bis 2 Tropfen physiologischer Kochsalzlösung angefeuchtet sein, damit die Zellen von der meist trockenen Vulvaoberfläche besser haften. 1 bis 2 Tage vorher dürfen keine Salbenbehandlungen vorgenommen werden.

Von anderen Autoren (28, 44, 135) wurde empfohlen, zur Materialgewinnung die verdächtigen Stellen an der Vulva mit dem Holzspatel oder einem Skalpell kräftig abzukratzen oder auch einen Direktabklatsch der Vulva mit dem Objektträger vorzunehmen.

Bei sehr engen anatomischen Verhältnissen, wie z. B. bei intaktem Hymen oder in der Kindergynäkologie, sind Spezialspekula zu verwenden (45, 72, 81, 96, 97, 152, 188). Besonders geeignet dazu erscheint uns ein modifiziertes Huffman-Spekulum (92) (Abb. 3.**7**). Das in seinem Durchmesser gleichbleibende Röhrenspekulum wird zunächst mit einem Opturator eingeführt. Nach dessen Entfernung kann ein Faserlichtträger eingebracht werden, wodurch Abstriche und kleinere Eingriffe unter Sicht des Auges vorgenommen werden können (89, 93–95).

Von verschiedenen Seiten wurde die gezielte Entnahme der Zervixabstriche unter Sicht des Kolposkops vorgeschlagen. Dies ist ohne Zweifel ein großer Vorteil, schon weil die Portiooberfläche dadurch für die Abstrichentnahme gut ausgeleuchtet ist und man diskrete Veränderungen besser erkennt. Man darf sich jedoch bei der Abstrichentnahme nicht nur auf die kolposkopisch verdächtigen Bezirke beschränken.

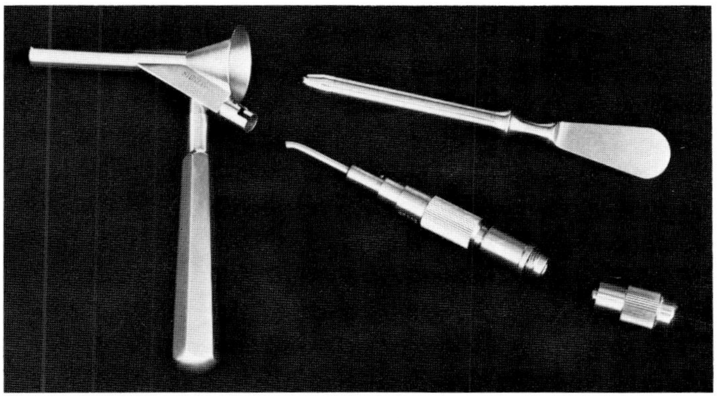

Abb. 3.**7** Huffman-Spekulum, modifiziert nach Huber. Links Röhrenspekulum, rechts oben Opturator, rechts unten Faserlichtträger.

Für die *Abstrichentnahme bei gleichzeitiger Kolposkopie* hat sich folgendes Vorgehen als zweckmäßig erwiesen:

1. Einstellung der Portio mit Spekula und Inspektion,
2. einfacher Kolposkopie,
3. Entnahme von zwei Watteträgerabstrichen,
4. erweiterte Kolposkopie (mit Essigsäure und wäßriger Lugolscher Lösung),
5. bei verdächtigen Befunden Entnahme eines zusätzlichen Zellabstrichs mit Spatel oder Cytobrush,
6. gynäkologische Tastuntersuchung.

Die *Zellabstrichuntersuchung* ist in bestimmten Situationen *eine Methode am untauglichen Objekt,* weil von diesen Abstrichen keine zuverlässigen Aussagen zu erwarten sind:

- *bei klinisch bereits erkennbaren Karzinomen,* da durch nekrotische Beläge an der Oberfläche des Tumors häufig mit falsch-negativen zytologischen Befunden zu rechnen ist,
- *bei starken Entzündungen im Bereich der Vagina* durch Kokken, Trichomonaden oder Pilze; in diesen Fällen ist es besser, nach vitalzytologischer Untersuchung eines ungefärbten Abstrichs im Phasenkontrastmikroskop, zunächst die Entzündung zu behandeln und dann den Abstrich für die Krebsfährtensuche zu entnehmen;
- *bei starken Blutungen in den ersten Tagen der Menstruation,* weil die Abstriche dann – außer Blut – meist nur wenig Zellmaterial enthalten. Anders ist es bei pathologischen Blutungen, wo es darum geht, evtl. verdächtiges Zellmaterial aus höheren Genitalabschnitten zu gewinnen.

Eine Beseitigung der Erythrozyten im Abstrich ist durch Zugabe von gleichen Teilen einer 3%igen Essigsäure zur Fixierungslösung möglich (24, 141, 158). Für die Routinediagnostik ist dies jedoch nicht zu empfehlen, da der Nachweis oder das Fehlen von Erythrozyten im Zellabstrich diagnostische Hinweise geben kann und die Überlagerung des Zellbildes mit Erythrozyten bei der Transparenz der Papanicolaou-Färbung im allgemeinen nicht allzu sehr stört.

Die *Bedeutung der richtigen Entnahme* des Zellmaterials und die Erkenntnis, daß falsch-negative Befunde offenbar überwiegend auf unsachgemäßen Entnahmen beruhen, ist besonders durch die Validierung der Ergebnisse zytologischer Untersuchungen in den letzten Jahren klar geworden (siehe auch Kap. 9).

Die gynäkologische Zytodiagnostik hat keineswegs eine Treffsicherheit von 95–97%, wie man nach den ersten Veröffentlichungen von Papanicolaou (145) lange Zeit angenommen hat. Anhand unseres eigenen Materials (s. S. 309) konnten wir für die Zervixzytologie eine *hohe Spezifität von 99,95%* nachweisen, aber eine *Sensitivität von nur 80%;* d. h., es ist mit einer Rate von 20% falsch-negativen zytologischen Befunden für das Zervixkarzinom und seiner Vorstadien zu rechnen. In der Literatur wurden Falschnegativraten angegeben, die zwischen 15 und 30% lagen, in Ausnahmefällen sogar bis zu 55% reichten (12, 15, 36, 38, 49, 50, 56, 57, 61, 66, 88, 108, 129, 139, 150, 151, 157, 177, 178, 182, 189).

Ursachen falsch-negativer zytologischer Befunde können sein:

1. *Fehler des Laboratoriums,* nämlich:
   - Screeningfehler (Übersehen atypischer Zellen durch die Zytologieassistentin),
   - Diagnosefehler (Fehlbeurteilung durch den Arzt),
2. *Fehler bei der Entnahme und Herstellung der Abstriche.*

Exakt nachprüfbar ist nur der Fehler des Laboratoriums. Zur Feststellung der Ursachen falsch-negativer Befunde haben wir aus unserem Material der Jahre 1975 bis 1980 die negativen zytologischen Vorbefunde von 31 histologisch nachgewiesenen Zervixkarzinomen und 68 Carcinomata in situ einer erneuten Durchsicht unterzogen (203, S. 80). Dabei fanden wir in einem Viertel der Fälle pathologische Zellen, die bei der Erstuntersuchung übersehen worden waren. Die atypischen Zellen zeigten allerdings in der Mehrzahl der Fälle einen geringeren Schweregrad, als es dem histologischen Befund entsprach. Meist waren es nur wenige Zellen leichter oder mäßiger Dysplasien. In drei Viertel der Fälle aber fanden wir auch bei erneuter Durchsicht der Abstriche keine atypischen Zellen. In allen diesen Fällen muß man davon ausgehen, daß es sich wahrscheinlich um Fehler der Entnahme handelte, wenn man von der vermutlich geringen Zahl schnell entstandener Karzinome und Carcinomata in situ absieht. Von anderen Autoren (12, 88, 100, 128, 129, 177, 178) wurde über ähnliche Befunde berichtet, wobei die Rate der auch bei der Kontrolle negativen Befunde zwischen 50 und 90% lag.

Die Ursache für die falsch-negativen Befunde kann darauf zurückzuführen sein, daß die *Entnahme am falschen Ort* erfolgte oder die *Abstriche mit zu geringem Druck* (zu oberflächlich) *entnommen* wurden. Natürlich ist im Einzelfall nicht auszuschließen, daß ein Tumor mit mangelnder Abschilferungstendenz vorliegt, es sich also um einen unvermeidbaren „methodischen" Fehler handelt.

Tatsächlich gibt es aber *zahlreiche Hinweise* dafür, *daß falsch-negative zytologische Befunde überwiegend durch die Abstrichentnahme bedingt sind.* In unserem Material (203, S. 80) waren den falsch-negativen zytologischen Befunden zum Teil bereits positive Befunde bei denselben Frauen vorausgegangen. In einer umfangreichen Studie (185) wurden bei gleichzeitiger Entnahme von zwei Abstrichen aus demselben Atypiebezirk in einem Drittel der Fälle voneinander abweichende Befunde erhoben. Über ähnliche Befunde wurden von anderen Seiten (11, 41, 190) berichtet, wobei entweder der erste oder der zweite Abstrich als negativ beurteilt wurde. In einer weiteren Studie (132) wurden von 100 histologisch nachgewiesenen Carcinomata in situ gleichzeitig

Abstriche von drei Stellen (Zervikalkanal, vordere und hintere Muttermundslippe) entnommen. Nur in 49% der Fälle waren alle drei Abstriche positiv oder verdächtig. Je kleiner die Carcinomata in situ waren, um so häufiger traten negative Befunde auf. Bei 25% der intrazervikal sitzenden Carcinomata in situ ergab auch der intrazervikale Abstrich einen negativen Befund! Andere Untersucher (33, 220) konnten deutliche Unterschiede in der Rate falsch-negativer Befunde in Abhängigkeit von der Person, welche die Abstriche entnommen hatte, feststellen.

Aber nicht nur falsch-negative, sondern auch zytologisch unterbewertete Befunde dürften in hohem Maße durch die Entnahme bedingt sein.

Nochmals sei daher betont: *Für die optimale Gewinnung des Zellmaterials sind von entscheidender Bedeutung*

- die *Wahl des richtigen Ortes* für die Abstrichentnahme,
- die *Verwendung des geeigneten Entnahmeinstruments,*
- die *Sorgfalt des Arztes* bei der Entnahme des Abstrichs.

Der den Abstrich entnehmende Arzt trägt eine hohe Verantwortung, insbesondere zur Vermeidung falsch-negativer Befunde. Junge Ärzte müssen in ihrer Ausbildungszeit richtig angeleitet werden.

Der *Zytologe kann* in den meisten Fällen zwar leicht *erkennen, ob sich genügend Zellmaterial auf dem Objektträger befindet und dieses gut fixiert bzw. gefärbt wurde.* Er kann sehen, ob die Beurteilung wegen starker Entzündung mit Leukozytenüberlagerungen oder wegen starker Blutbeimengungen eingeschränkt ist. *Ob der Abstrich jedoch von der richtigen Stelle bzw. technisch richtig entnommen wurde, ist für den Zytologen in der Regel nicht mit ausreichender Sicherheit erkennbar.*

Einen Hinweis auf den richtigen Ort der Entnahme gibt möglicherweise der *Nachweis endozervikaler Zellen,* worauf schon seit Jahren immer wieder hingewiesen wurde (15, 52, 59, 65, 165, 221). Die Zahl falsch-negativer Befunde ist bei Anwesenheit endozervikaler Zellen sicher geringer (52, 201, 221). Der Zytologe sollte daher in seinem Befund auf das Fehlen endozervikaler Zellen im Zervixabstrich in jedem Falle hinweisen. Das Vorhandensein endozervikaler Zellen im Abstrich schließt jedoch falsch-negative zytologische Befunde keineswegs aus (113, 201). So konnten wir (201) bei 40–50% der falsch-negativen Vorbefunde von Karzinomen und Carcinomata in situ in den letzten 24 Monaten vor Stellung der histologischen Diagnose (also in einer Zeit, in der die Abstriche mit hoher Wahrscheinlichkeit schon hätten positiv sein müssen) trotz Anwesenheit von endozervikalen und/oder metaplastischen Zellen keine atypischen Zellen finden. Nach anderen Untersuchungen (113) bestand kaum ein Unterschied in der Häufigkeit atypischer Folgebefunde zwischen Frauen mit oder ohne endozervikalen Zellen in negativen Vorbefunden.

Abstrichentnahme für die hormonale Diagnostik

Die hormonale Zytodiagnostik wird im allgemeinen am Zellmaterial aus der Vagina vorgenommen. Wegen der unterschiedlichen hormonalen Empfindlichkeit der einzelnen Vaginalabschnitte und ihrer verschiedenartigen Beeinflussung durch andere Faktoren sollten die Abstriche stets vom gleichen Ort entnommen werden (195). Dies ist besonders bei hormonalzytologischen Verlaufsbeobachtungen wichtig.

Als *Ort der Wahl* bietet sich hierfür das obere Drittel der *seitlichen Scheidenwand (seitliches Scheidengewölbe)* an (158, 195). Hier kommt die Wirkung der Ovarialhormone am besten zum Ausdruck und wird am wenigsten durch Entzündungen, Regenerationsprozesse, mechanische Reize usw. beeinflußt.

Für die Entnahme benutzt man am besten einen *Watteträger,* jedoch kann man ebenso gut dazu einen Spatel verwenden. Der Einwand, daß bei der Entnahme mit dem Watteträger keine in ihrem Zusammenhang naturgetreuens Bilder entstehen, besteht nicht zu Recht. Allerdings müssen die Abstriche zart entnommen werden, damit man wirklich nur oberflächliche Zellen und nicht solche aus den tieferen Epithelschichten gewinnt. Wenn die Scheidenwände sehr trocken sind, ist es zweckmäßig, die Watte vor der Entnahme mit etwas physiologischer Kochsalzlösung anzufeuchten.

Ferner ist in der Hormondiagnostik auch die Art und Weise, in der das gewonnene Material auf dem Objektträger ausgebreitet wird, von entscheidender Bedeutung. Der *Watteträger* muß unter leichtem Druck *auf dem Objektträger abgerollt* werden, damit eine gleichmäßige Materialverteilung erfolgt und künstliche Zellfaltelungen und Haufenbildungen vermieden werden.

Bei Kindern und Jugendlichen, bei denen nicht zufällig eine Vaginoskopie erforderlich ist, hat es sich sehr bewährt, Zellmaterial zu hormonzytologischen Untersuchungen mittels eines sterilen Plastikkatheters aus der Vagina zu entnehmen. Besonders geeignet ist dabei ein Einmalabsauggerät, wie man es bei Neugeborenen zum Absaugen des Rachenschleims benutzt. Das so entnommene Material hat gegenüber der Blindentnahme mit einem Watteträger den Vorteil, daß die viel höher aufgebauten Zellschichten aus dem äußeren Genitale nicht mit abgestrichen werden und somit kein zu hoher Zellaufbau vorgetäuscht wird (89, 95).

Spezielle Entnahmemethoden zur Entdeckung des Endometriumkarzinoms

Im Gegensatz zum Zervixkarzinom ist die Aufdeckung des Endometriumkarzinoms mit Hilfe der Zytologie in der Routineanwendung noch ein weitgehend ungelöstes Problem. Bei Bestehen eines Endometriumkarzinoms wurden Tumorzellen in normalen Zervixabstrichen nur in 20–70% der Fälle gefunden (69, 70, 85, 103, 217). In der symptomlosen Phase werden kaum mehr als 5% der Endometriumkarzinome zytologisch entdeckt.

Die zytomorphologische Diagnostik von Veränderungen an Endometriumzellen aus Vaginal- und Zervixabstrichen ist insbesondere deshalb schwierig, weil die Zellen bei ihrer Passage durch den Zervikalkanal degenerativen Veränderungen unterworfen sind und ihr Erhaltungszustand keine aussagekräftige Beurteilung mehr ermöglicht. Daher wurden zahlreiche Überlegungen und Versuche zur Verbesserung der Entnahmemethode gemacht.

Der sicherste Weg zur Materialgewinnung beim Endometriumkarzinom ist die direkte endouterine Entnahme. Hierfür wurden im Laufe der Jahre zahlreiche technische Methoden empfohlen.

Endouterine Aspiration

Zunächst wurde eine einfache, im Durchmesser 3 mm dünne *Metallkanüle* benutzt (29, 77, 78, 147, 164), die an der vorn verschlossenen Spitze eine seitliche Öffnung besaß. Mit Hilfe einer Spritze wurde dann das Material aspiriert und auf einen Objektträger ausgestrichen. Einige Untersucher benutzten anstatt der Metallkanüle einen dünnen Plastikschlauch (153, 192, 227).

Eine Modifikation des Aspirationsverfahrens wurde dadurch versucht, daß an einem *Plastikschlauch* eine *Redonflasche* angeschlossen wurde (Redovak) (156).

Eine weitere Entwicklung der Aspirationszytologie brachte der seit 1974 im Handel befindliche *Isaacs-Curity-Endometrium-Cell-Sampler* (ICECS) (55, 101, 119, 215). Das Gerät besteht aus einer 10 ml umfassenden Plastikspritze, einer 18 cm langen, stark perforierten Metallsonde und einer 7 cm langen, die Metallsonde umschließenden Plastikhülle. Während das Endometrium mit der Metallsonde systematisch abgestrichen wird, erfolgt gleichzeitig die Aspiration der Zellen. Das aspirierte Material kann dann direkt aus der Spritze auf den Objektträger aufgebracht werden.

Als eine weitere Modifikation der endouterinen Aspiration wurde die *„Pistolet"-Methode* angegeben (143, 230, 232). Die Autoren benutzten dazu eine Kanüle, eine Wegwerfspritze und den „Cameco"-Spezialhandgriff, wie er auch bei der Feinnadelbiopsie verwendet wird (Abb. 3.**8**). Die Metallkanüle ist 21,5 cm lang, biegsam mit abgerundetem Ende und mißt im Durchmesser 2 bzw. 3 mm. Etwa 5 mm vor dem Kanülenende befindet sich eine seitliche, 1,5 cm lange Öffnung. Die Kanüle wird auf einer Einmalspritze (20 ml) fixiert, die dann in den Handgriff der *Cameco-Spritze* eingesetzt wird. Man kann somit einen gleichmäßigen Sog mit einer Hand erzeugen. Die vordere Muttermundslippe wird mit einer Kugelzange gefaßt und die Kanüle in die Gebärmutter eingeführt. Es wird nun mit dem Pistolet solange ein negativer Druck ausgeübt, bis man das ganze Cavum uteri ausgetastet hat. Vor dem Rückzug der Kanüle wird der Sog durch Zurückgleitenlassen des Spritzenkolbens wieder aufgehoben.

Diese Methode erlaubt eine zytohistologische Diagnose. Deshalb werden Kanüle und Spritze nunmehr mit etwa 20 ml physiologischer Kochsalzlösung gespült. Größere Gewebspartikel werden herausgesucht und im Zellblockverfahren histologisch untersucht. Das übrige Material kann auf einen Objektträger zur zytologischen Untersuchung ausgestrichen werden. Die Ergebnisse sind ähnlich dem des ICECS (136, 143, 222, 230, 232).

Für alle vorstehend genannten Methoden gilt, daß sie eine relativ gute Akzeptanz bei den Patientinnen zeigten.

Endouterine Bürstenzytologie und Schwammbiopsie

Es wurde schon früh versucht, Zellmaterial aus dem Uteruskavum durch schabende Bewegungen mit *Zelluloseschwämmchen* (46) und rotierenden *Nylonbürstchen* (5, 21, 22) zu entnehmen (Abb. 3.**9**).

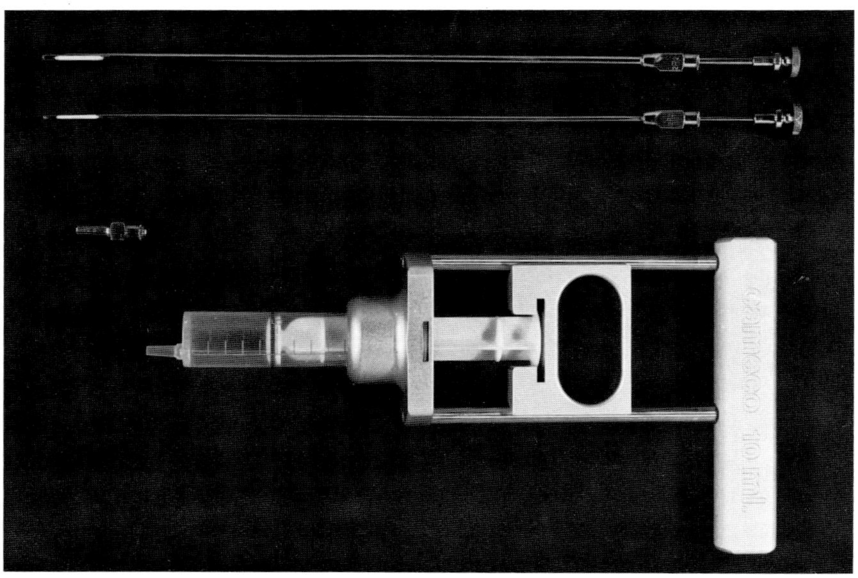

Abb. 3.**8** „Pistolet"-Methode nach Wyss.

Unten: Spezialhandgriff Cameco verwendbar mit einer Plastikspritze (20 ml).

Oben: Aspirationskanülen mit Luer-Ansatz und Knopfmandrin.

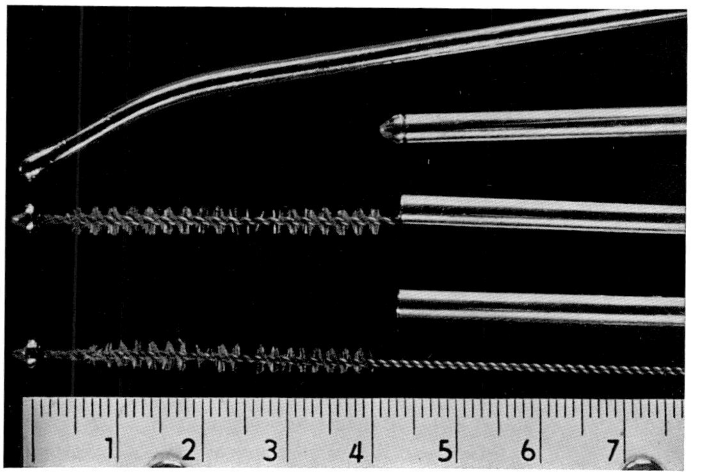

Abb. 3.**9** Nylonbürstchen zur endouterinen Zellgewinnung (nach *Boschann* [21]).

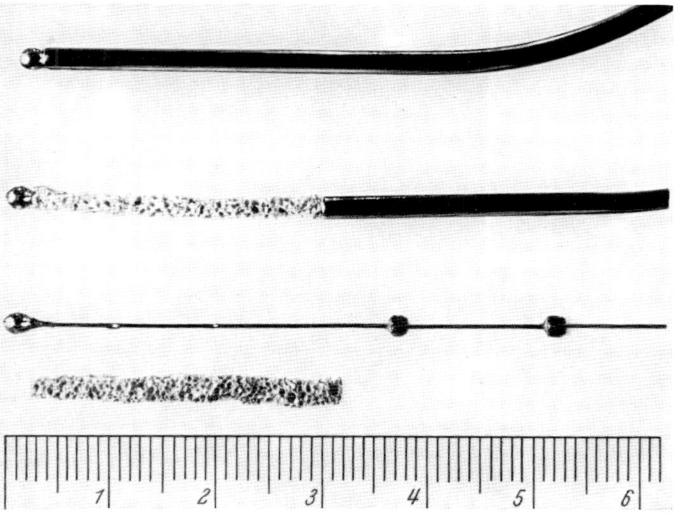

Abb. 3.**10** Instrument zur endouterinen Materialentnahme (nach *Soost* und *Burmeister* [198]).
Von oben nach unten: Führungsrohr mit zurückgezogenem Aspirationsrohr; Führungsrohr mit vorgeschobenem Aspirationsrohr und darüber gestülptem Nylonschwämmchen; Aspirationsrohr (ohne Nylonschwämmchen) mit mehreren Öffnungen, kugeligem Abschluß und Führungsköpfchen; auswechselbares Nylonschwämmchen.

Damit das endouterin gewonnene Zellmaterial beim Ein- und Ausführen des Entnahmeinstruments nicht mit allzuviel endozervikalen Zellen vermischt wurde, führte man es in einem Hohlrohr durch den Zervikalkanal hindurch, um es erst im Bereich des Uteruskavums aus der Umhüllung herauszuschieben. Solche Instrumente kamen in verschiedenen Modifikationen zur Anwendung, wobei die Bürstchen bzw. Schwämmchen und die Führungskanülen aus unterschiedlichem Material hergestellt wurden (18, 21–23, 27, 198). Die *Medhosa-Kanüle* stellt eine Modifikation der Bürstentechnik dar (107).

Eine Kombination von Aspiration und direkter Entnahme sollte in einem von uns früher entwickelten Gerät realisiert werden (198). Das Instrument (Abb. 3.**10**) besteht aus einem leicht gebogenen Führungsrohr in der Stärke von Hegar 3–4, an dem ein Handgriff befestigt ist. In dem Führungsrohr läuft ein zweites dünneres Hohlrohr, welches der Aspiration dient. An seinem Ende befinden sich auf einer Strecke von 3–4 cm mehrere Perforationsöffnungen. Über dieses Stück ist ein auswechselbarer Nylonschwamm gezogen. Das Aspirationsrohr endet in einem kugelförmigen Gebilde. Bei zurückgezogenem Aspirationsrohr wird das äußere Führungsrohr dadurch an der Spitze abgeschlossen. Am anderen Ende trägt das Aspirationsrohr ein Ansatzstück für eine Spritze. Auf einem Gewinde sitzt ferner an dem Aspirationsrohr eine Schraube, mit der eingestellt werden kann, wie weit das Schwämmchen in das Uteruskavum eingeführt werden soll. Um die Stabilität des Gerätes zu erhöhen, sind an dem Aspirationsrohr mehrere Führungskölbchen angebracht. Die Anwendung des Instrumentes erfolgt in der Weise, daß das Gerät geschlossen, d. h. mit zurückgezogenem Schwämmchen in den Zervikalkanal eingeführt wird. Hat die Spitze des Instrumentes den inneren Muttermund passiert, wird das Aspirationsrohr mit dem Schwämmchen in das Uteruskavum vorgeschoben und mehrmals rotiert. Mit Hilfe der angesetzten Spritze erfolgt die Aspiration des Zellmaterials. Nach Absetzen der Spritze und Zurückziehen des Schwämmchens in das äußere Führungsrohr wird dann das Gerät wieder aus dem Zervikalkanal entfernt. Man gewinnt auf diese Weise eine verhältnismäßig hohe Anzahl von Endometriumzellen ohne störende Beimischung größerer Blutmengen, da diese in das innere Hohlrohr gesogen werden, während die Zellen an der Oberfläche des Schwämmchens hängenbleiben.

Die vorstehend dargestellten Instrumente, in den 50er Jahren entwickelt, finden heute kaum mehr Anwendung.

Spülmethoden

Von anderen Autoren wurde versucht, durch Spülung des Uteruskavums mit physiologischer Kochsalzlösung Zellmaterial zu gewinnen (14, 25, 73, 127, 130, 144). Die Aufarbeitung der Spülflüssigkeit erfolgte durch Zentrifugieren, Filtertechniken und die sog. Thrombinblocktechnik. Der schwerwiegendste Einwand gegen diese Methode war die Vorstellung, daß unter dem positiven Druck der Spülflüssigkeit Karzinomzellen in die Tuben bzw. in die freie Bauchhöhle verschleppt werden könnten.

Um dies zu vermeiden, wurde ein Gerät entwickelt, das die Spülung der Gebärmutter unter negativem Druck ermöglicht, das sog. *„Jet-wash"-Verfahren* (47). Durch In-vivo- und In-vitro-Untersuchungen mit Röntgenkontrastmitteln und Farbstofflösungen glaubte man dann tatsächlich beweisen zu können, daß keine Spülflüssigkeit in die Tuben hineinkommt (110). Dem widerspricht jedoch eine Arbeit (119), bei der sich in 40% der überprüften Fälle Zellmaterial des Endometriums im aspirierten Douglas-Sekret fand, einmal sogar Tumorzellen eines Endometriumkarzinoms.

Das im Handel erhältliche Einmalgerät aus Plastik nach Gravlee besteht aus einer Spritze, einem Katheter und einem Fläschchen, das mit ca. 50 ml physiologischer Kochsalzlösung gefüllt wird (Abb. 3.**11**). Der Katheter enthält ein doppelläufiges Röhrensystem, das im Fläschchen beginnt und über die Spitze des Katheters zur Spritze zurückführt. Der Katheter ist an seinem Endteil an vielen Stellen perforiert. Ein verschiebbarer Gummipfropf dient zur Abdichtung des Zervixkanals. Nach Desinfektion der Portio und Bestimmung der Sondenlänge wird mit Hilfe des Gummipfropfes die Katheterspritze ca. 1 cm kürzer als die sondierte Uterusgröße eingestellt. Anschließend wird die vordere Muttermundlippe mit einer Kugelzange angehakt und der Katheter in den Uterus eingeführt. Durch Zurückziehen des Spritzenstempels wird im Uteruskavum ein negativer Druck erzeugt, worauf gleichzeitig die physiologische Kochsalzlösung aus dem Fläschchen angesaugt wird. Infolge der vielen Perforationsöffnungen wird im Uteruskavum durch die angesogene Flüssigkeit eine Wirbelbildung verursacht, die ein Auswaschen des Endometriums ermöglicht. Zugleich wird die nun mit Zellen vermengte Flüssigkeit durch den Katheter in die Spritze zurückgesaugt. Das so gewonnene Material kann nun auf die verschiedensten Arten sowohl zytologisch wie histologisch weiterverarbeitet werden. Soll das Material an ein weiterverarbeitendes Labor versandt werden, wird der Inhalt des Jet-wash-Röhrchens mit 95%igem Äthylalkohol aufgefüllt und durchgemischt (76, 227).

Die Resultate hängen, wie bei allen komplizierten Entnahmemethoden, nicht zuletzt von der Einarbeitung des klinischen Teams und des Zytologen ab. Während z. B. Gravlee bei seinen ersten 1481 Jet-wash-Fällen 397 (27%) unzureichende Resultate erhielt, waren es bei seinen letzten 100 Uterusspülungen nur noch 5% (69).

Abschabetechniken

Eine weitere Möglichkeit der direkten endouterinen Entnahme bietet die von Milan und Markley (39, 42, 63, 121, 125, 126) entwickelte sog. *Mi-Mark-Methode*. Das Instrumentarium (Abb. 3.**12**) besteht aus einem gebogenen Dila-

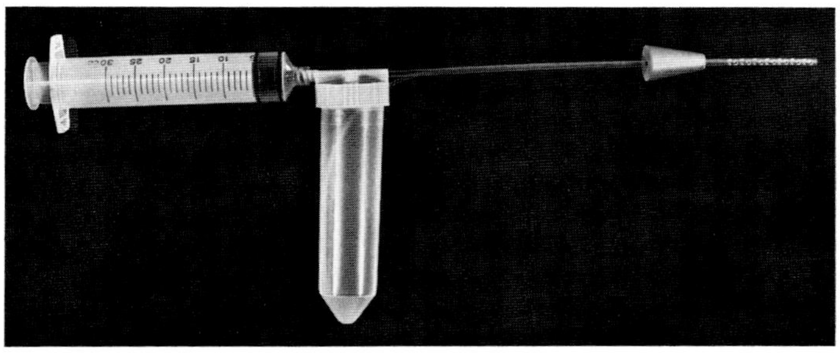

Abb. 3.**11** „Jet-wash"-Verfahren nach Gravlee. Plastikspritze mit einem am Endteil vielfach perforierten Katheter, auf dem ein verschiebbarer Gummipfropf zur Abdichtung des Zervikalkanals sitzt. Er beinhaltet ein doppelläufiges Rohrsystem, das von der Spritze zur Katheterspitze und von dort in ein Fläschchen zurückläuft, das mit physiologischer Kochsalzlösung gefüllt ist.

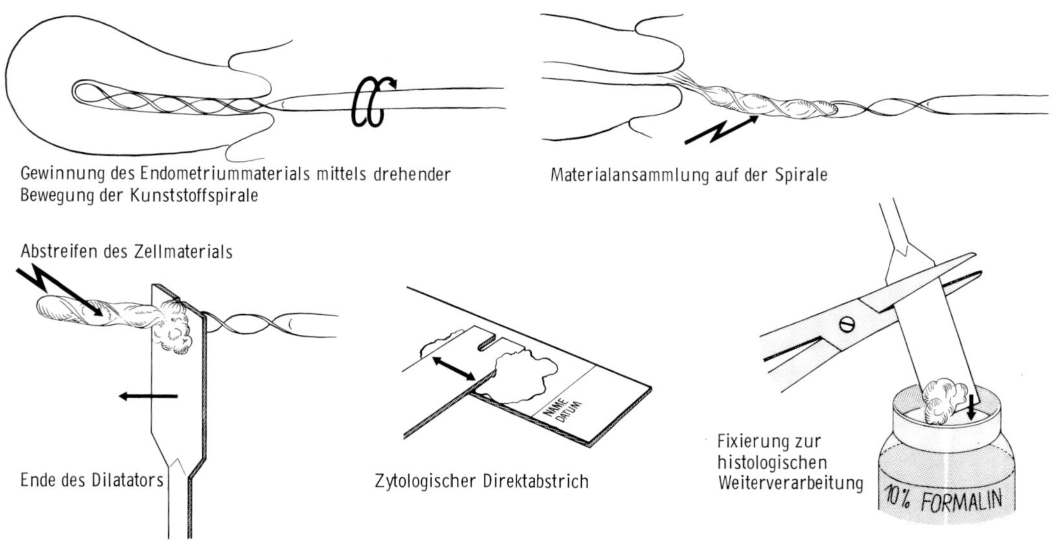

Abb. 3.**12** Instrumentarium und Technik zur intrauterinen Materialentnahme (nach *Milan* und *Markley* [125]).

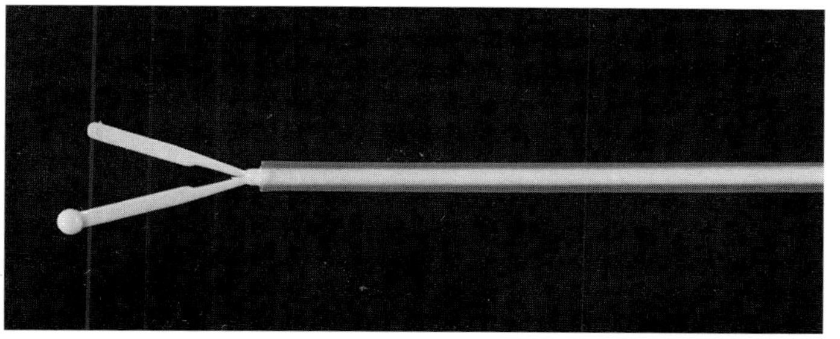

Abb. 3.**13** Prevical (Endocyte). Steriles Einmalgerät zur endouterinen Materialentnahme. Das distale Ende bilden zwei flache, 2 cm lange und 2 mm breite „Paddel".

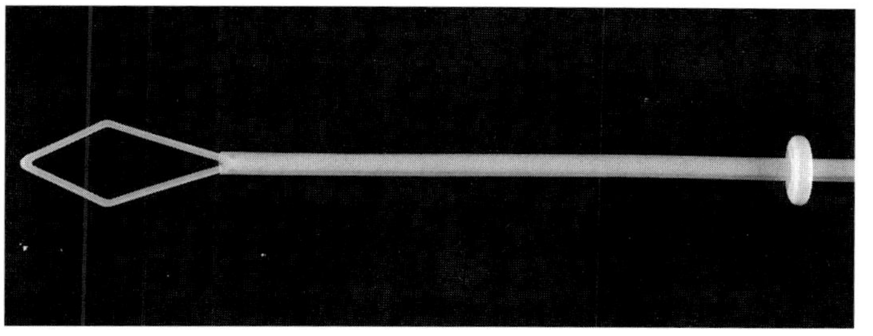

Abb. 3.**14** Accurette (Exploret-Fatol). Steriles Entnahmegerät zur endouterinen Materialentnahme. In geöffnetem Zustand besteht der Kopfteil aus einem trapezförmigen Plastikrahmen.

tator mit abgeflachtem und eingeschlitztem Ende und einer elastischen Kunststoffspirale. Nach der Dilatation des Zervixkanals wird diese unter drehender Bewegung in das Uteruskavum eingeführt und so Material von der Gebärmutterschleimhaut abgeschabt. Anschließend wird die Spirale durch den Schlitz des paddelartigen Endes des Dilatators gezogen und das abgeschabte Endometriumgewebe damit auf einen Objektträger ausgestrichen bzw. zur weiteren histologischen Verarbeitung in Formalin eingebracht.

Im Vergleich mit anderen Methoden fällt auf, daß dieses Verfahren etwas mehr Beschwerden bereitet, dafür aber meist in der Materialgewinnung ausgiebiger ist.

Bei dem *Prevical* (8, 54, 58, 184), auch unter *Endocyte* (34, 233) im Handel (Abb. 3.**13**), handelt es sich um ein aus Kunststoff angefertigtes steriles Einmalgerät, bestehend aus einem Stab (21,5 cm Länge) mit umgebender Applikatorhülse (16 cm Länge, 3,5 mm Durchmesser), die zum Einführen dient. Das distale Ende des Stabes trägt 2 flache, 2 cm lange und 2 mm breite „Paddel", die innerhalb der Hülse gestreckt nebeneinander liegen. Eines ist am Ende kugelig verdickt, um ein schonendes Einführen zu garantieren und eine Perforation der Uteruswand zu vermeiden. Das Gerät wird geschlossen bis zum Fundus geschoben. Durch Zurückziehen der Hülse werden beide Paddel im Uteruskavum freigegeben und nehmen eine Spreizstellung ein. Wenn man das Gerät axial rotiert, streifen die Paddel an der Uterusinnenfläche entlang und sammeln durch Abschaben Endometriumzellen.

Ein ähnliches Gerät ist der *Histiozyt* (71). Der Applikator besitzt ein Gewinde, das die Penetration in den Zervikalkanal erleichtern soll, ansonsten befinden sich in ihm auch zwei schaufelartige Blätter, die sich nach Zurückziehen des Applikators im Uteruskavum entfalten und auf dieselbe Weise Material gewinnen.

Nach dem gleichen Prinzip arbeiten die Geräte *Explored-Fatol* (32) (auch *Accurette* [184] genannt) (Abb. 3.**14**), *Endoscann* (82, 186) und *Abradul* (9, 180) (Abb. 3.**15**).

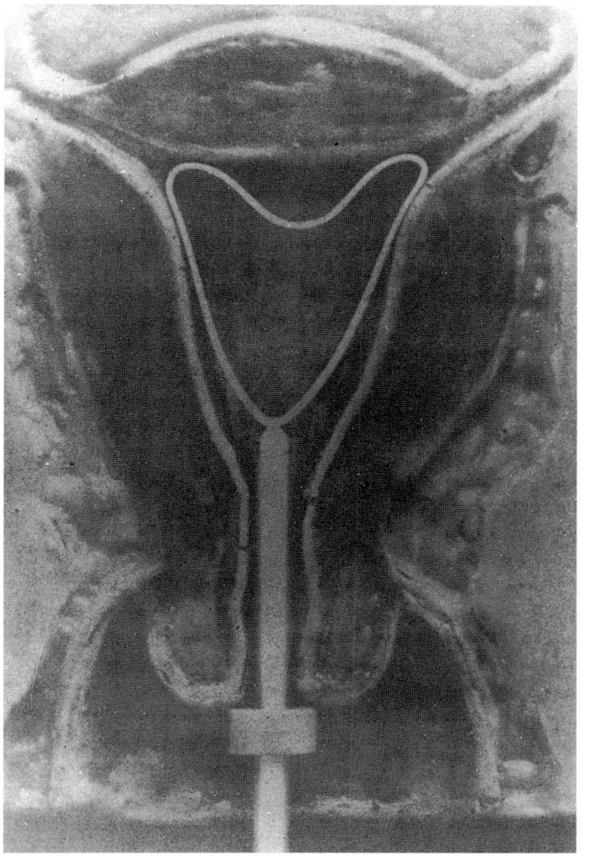

Abb. 3.**15** Abradul in Anwendungsposition; Frontalschnitt durch den Uterus (nach [9]).

Vabra-Aspirator

Der *Vabra-Aspirator* (71, 80, 104–106) besteht aus einer Metallkanüle, die mit einer Materialsammelkammer aus Plastik verbunden ist (Abb. 3.**16**), die wiederum über einen Verbindungsschlauch an eine Vakuumpumpe angeschlossen wird. Die Kanüle hat einen Durchmesser von 3 mm. An ihrem distalen Ende ist sie leicht abgewinkelt und trägt eine Aspirationsöffnung von 1,5 auf 16 mm unmittelbar hinter dem abgerundeten distalen Ende. Das aspirierte Material gelangt in die Plastikkammer, wo es an einem feinmaschigen Zylinder aufgefangen wird. Die Flüssigkeit passiert das Maschennetz und wird in eine Vakuumflasche abgeleitet.

Die Saugkürettage mit dem Vabra-Aspirator erlaubt eine fast vollständige Entfernung des Endometriums (71, 80). Aus dem so gewonnenen Zellmaterial können zytologische Präparate hergestellt werden. In der Regel wird es jedoch zur histologischen Weiterverarbeitung nach der Paraffinblocktechnik mit einer Fixierungsflüssigkeit versetzt.

Kritische Wertung der endouterinen Entnahmemethoden

Bei allen endouterinen Materialentnahmen, gleich welcher Methode man sich bedient, wurde über relativ hohe Treffsicherheitsraten berichtet (Tab. 3.**1**). Sie lagen bei nahezu 90%, für die Vakuumkürette sogar bei 97%. Daß Mi-Mark und Accurette deutlich darunter liegen, mag vielleicht auf die relativ kleine Zahl untersuchter Frauen zurückzuführen sein. Bei der Wertung der Ergebnisse ist jedoch zu bedenken, daß es sich in den meisten Fällen nicht um Untersuchungen handelt, die unter Screeningbedingungen durchgeführt wurden, sondern bei Frauen mit Symptomen. Teilweise erfolgte die Entnahme sogar in Narkose vor der anschließenden Kürettage.

In 10 bis 20% der Fälle konnte das Uteruskavum nicht erreicht bzw. nur ungenügend Material daraus gewonnen werden. Der größte Teil der Frauen gab bei der Einführung der Geräte leichte, aber erträgliche Schmerzen an. 10–40% der Frauen empfanden die Entnahme als sehr unangenehm. Nur 10% der Frauen hatten keinerlei Beschwerden.

Unter Berücksichtigung von diagnostischer Treffsicherheit, Akzeptanz und Preiswürdigkeit (Tab. 3.**2**) erscheinen uns Pistolet und Prevical noch am brauchbarsten.

Alle Empfehlungen für den Einsatz der Instrumente zur endouterinen Entnahme von Zellmaterial können nur für das Screening asymptomatischer Frauen gelten. Klimakterische Patientinnen mit Blutungsanomalien müssen ebenso wie Frauen mit postmenopausalen Blutungen, wie bisher üblich, a priori einer fraktionierten Abrasio zugeführt werden.

Fixierung

Für alle Färbungen, die keine luftgetrockneten Präparate erlauben, insbesondere für die Papanicolaou- und Shorr-Färbung, muß das auf den Objektträger aufgebrachte Untersuchungsmaterial unverzüglich in einer alkoholischen Lösung fixiert werden.

Die von Papanicolaou empfohlene Fixierungslösung entspricht einem Gemisch aus gleichen Teilen von *96%igem Äthylalkohol und Diäthyläther.* Man erzielt damit ausgezeichnete Fixierungsergebnisse. Ihr Nachteil besteht in der schnellen Verdunstung der Ätherkomponente und der Explosivität des Gemisches.

Man ist deshalb weitgehend auf die Fixierung zytologischer Präparate mit reinem Alkohol übergegangen. Hierzu wird *96%iger Äthylalkohol* oder *99%iger Isopropylalkohol* verwendet. Aus Kostengründen wird der Äthylalkohol vergällt. Als Vergällungsmittel hat sich Äthyl-

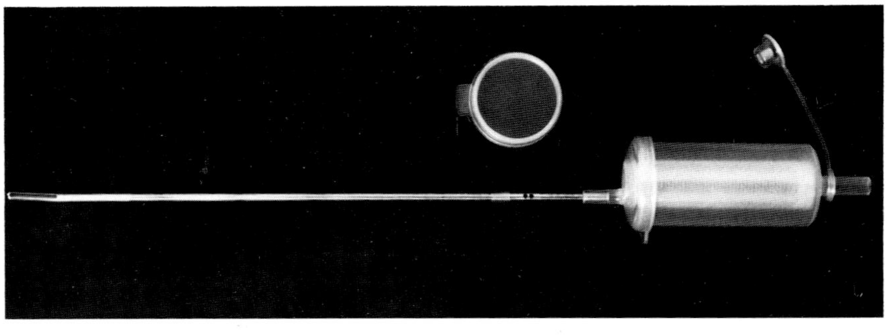

Abb. 3.**16** Vabra-Aspirator zur diagnostischen Saugbiopsie nach *Jensen.*

Tabelle 3.**1** Trefferraten verschiedener endouteriner Entnahmetechniken anhand der verfügbaren Literatur (229).

Methode	Zahl der Studien	Patientinnenzahl	Endometriumkarzinome	durch die Methode entdeckt	durchschnittl. Treffsicherheit
Endouterine Aspiration	10	12480	331	293	88,5%
Bürstentechnik	5	1354	278	243	87,4%
Jet-wash	8	2258	90	78	86,7%
Vakuumkürettage	9	1135	40	39	97,5%
Mi-Mark	2	1101	34	26	76,5%
Accurette	1	99	9	7	77,7%
Prevical	2	231	17	15	88,2%

Tabelle 3.**2** Beurteilung einzelner Geräte zur endouterinen Materialgewinnung unter den Gesichtspunkten von Preiswürdigkeit und klinischer Praktikabilität (229).

Instrument	Preis	Handhabung	Einführungsmöglichkeit	Komplikationsanfälligkeit	Kontamination mit Endozervixzellen	Treffsicherheit
Pistolet etc.	+	+	+	–	–	+
Bürste	+	+	(+)	–	–	+
Jet wash	–	–	(+)	–	–	–
Vakuumkürette	–	+	+	–	(+)	+
Mi-Mark	(+)	(+)	(+)	(+)	+	+*
Accurette	+	(+)	(+)	(+)	(+)	(+)*
Prevical	+	+	+	–	–	+*

+ = günstig/gut/hoch; (+) = weniger günstig/gut/hoch; – = ungünstig/gering; * = nur bedingte Aussage wegen zu kleiner Fallzahlen

methylketon sehr bewährt. Mit Toluol oder Paridin vergällte Alkohole dagegen eignen sich nicht für die Papanicolaou-Färbung.

Die in der pharmazeutischen und chemischen Industrie heute weitverbreiteten Polyäthylenglykole zeigen in ihrer wäßrigen (138) oder alkoholischen Lösung (115) ausreichende Fixierungseigenschaften und schützen das Zellmaterial gleichzeitig durch einen Filmüberzug. Sie sind weder flüchtig noch bei normalen Temperaturen brennbar.

Nachteilig ist es, daß die ganze Lösung vor dem Färbevorgang vollständig abgelöst werden muß, da sonst von den Zellen die Farbe nicht richtig angenommen wird! Dazu ist eine Vorbehandlung mit undestilliertem Wasser und 50%igem Alkohol erforderlich. Die Präparate können dann bei Beginn der Färbung gleich in die Harris-Hämatoxylinstufe gebracht werden und brauchen nicht die absteigende Alkoholreihe zu durchlaufen (vgl. auch S. 357).

Als Gefäße für die *Fixierungslösung* eignen sich am besten *Küvetten,* die an der Innenwand eine Rippung aufweisen, damit die Präparate sich mit der Schichtseite nicht berühren (Abb. 3.**17**). Wegen der Flüssigkeitsverdunstung muß immer wieder rechtzeitig Fixierungslösung nachgefüllt werden. Die Küvetten sollen mit einem dicht schließenden Deckel versehen sein und müssen bei einem Äther-Alkohol-Gemisch die Aufschrift *„feuergefährlich"* tragen.

Die Fixierung des Zellmaterials muß, wie schon erwähnt, möglichst rasch erfolgen, solange das Präparat noch feucht ist. Sie ist normalerweise nach *10–20 Min.* beendet. Das Präparat kann dann dem Färbevorgang unterworfen werden. *Es schadet jedoch nicht, wenn die Präparate 8 bis 10 Tage in der Fixierungslösung stehenbleiben,* so daß es bei geringerem Präparateanfall in der Praxis ohne weiteres möglich ist, sie zu sammeln und nur einmal wöchentlich an das zytologische Laboratorium zu senden.

Im Laufe der letzten Jahre wurden verschiedene *Fixierungssprays* herausgebracht, z. B. Merkofix (E. Merck, Darmstadt), Spray-Cyte (Clay-Adams, New York, USA), Pro-Fix (Scientific Products, Evanston, USA). Es handelt sich dabei meist um ein Gemisch aus Polyäthylenglykol und Äthylen- oder Isopropylalkohol mit den oben erwähnten Vor- und Nachteilen.

Unmittelbar nach dem Aufbringen des Materials auf den Objektträger wird es eingesprüht, wobei die Spraydose in einem Abstand von etwa 30 cm vom Präparat entfernt gehalten werden soll (Abb. 3.**18**). Die Lösung ist in etwa 10 Minuten getrocknet, und die Präparate sind dann versandfertig. Dieses Vorgehen kommt vor allem für Ärzte in Frage, die nur gelegentlich Zellabstriche entnehmen, so daß sich das Aufstellen einer Fixierungslösung in der Sprechstunde nicht lohnt.

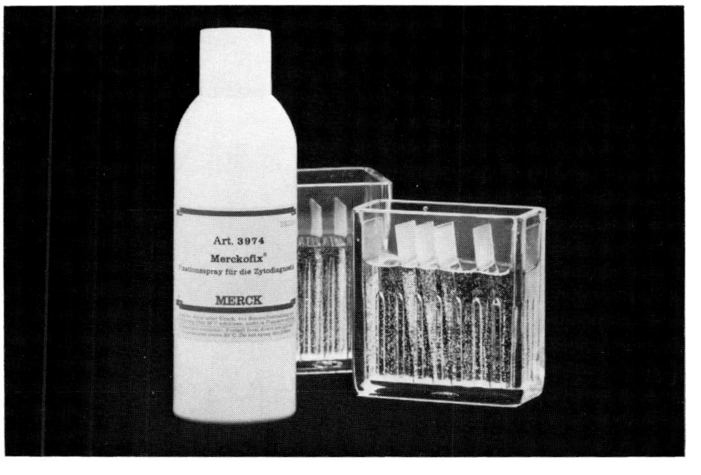

Abb. 3.**17** Fixierungsmöglichkeiten. Mit Fixierungslösung gefüllte und an der Innenseite gerippte Küvetten und ein Fixierungsspray.

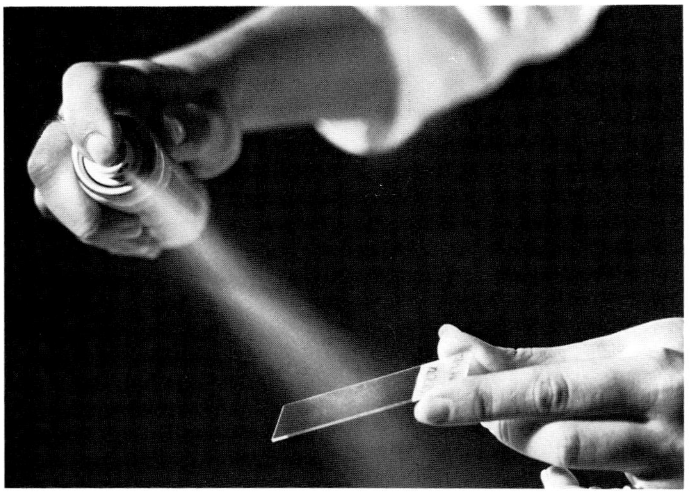

Abb. 3.**18** Fixierung des Zellmaterials auf dem Objektträger mit einem Spray.

Die Benutzung der Sprays verdient ferner den Vorzug bei relativ flüssigem und dadurch schlecht auf dem Objektträger haftenden Untersuchungsmaterial, wie z. B. Sedimenten. Zellverluste, die bei Einbringen des Objektträgers in eine Fixierungslösung auftreten können, lassen sich dadurch vermeiden.

Auf der anderen Seite sollen gerade die Fixierungssprays das Auftreten *falsch-positiver Präparate* begünstigen (51, 170). Die während des Färbevorgangs von anderen Objektträgern abgelösten und in den Färbeflüssigkeiten suspendierten Zellen legen sich anscheinend besonders gerne an die sich ebenfalls in Lösung befindlichen Reste solcher Fixierungssprays, die sich wiederum auf andere Objektträger auflagern. Dadurch ist in vermehrtem Maße die *Möglichkeit der Zellübertragung von einem Objektträger auf einen anderen* gegeben, was bei pathologischen Zellen natürlich zu falsch-positiven Ergebnissen führen kann.

Versand

In der *Klinik* werden die Präparate im allgemeinen in den Fixierungsgefäßen in das Laboratorium gebracht. Für den *Versand* werden die Objektträger kurz vorher aus der Flüssigkeit herausgenommen und können nunmehr nach Lufttrocknung verpackt werden.

Es sind heute eine Reihe von *Versandmappen* und *-behältern* aus *Pappe* oder *Kunststoff* für unterschiedliche Präparatezahlen auf dem Markt, die gut für diese Zwecke geeignet sind (Abb. 3.**19**). Am sichersten gegen Bruch ist der Versand in kleinen Holzkassetten; doch haben sie den Nachteil, daß darin gewöhnlich nur eine beschränkte Zahl von Präparaten untergebracht werden kann. Wir bevorzugen seit vielen Jahren Plastikmappen.

Das früher übliche Eindecken der Präparate mit Glycerin und einem zweiten Objektträger hat sich als überflüssig erwiesen. Wichtig ist nur, daß die mit dem Material beschichtete Objektträgerseite keinen mechanischen Schädigungen ausgesetzt ist (200).

Gleichzeitig mit dem Untersuchungsmaterial muß der behandelnde Arzt dem Zytologen *über die Patientin ausreichende Informationen* übermitteln, die dieser für die Deutung des Befundes benötigt. Hierzu gehören neben Name, Vorname und Alter der Patientin eine Angabe über die Art der Abstrichentnahme und die zu beantwortende Fragestellung, ferner die Mitteilung der klinischen Diagnose, insbesondere des Portiobefundes, und, falls eine Kolposkopie gemacht wurde, selbstverständlich auch Angaben darüber. Mitteilungen über die letzte

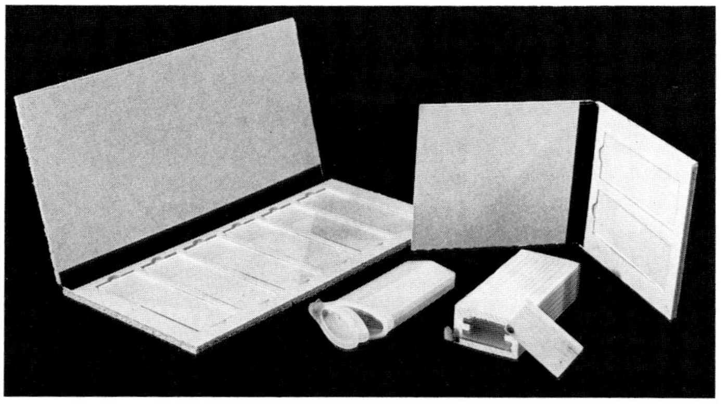

Abb. 3.**19** Versand- und Transportbehälter für zytologische Abstrichpräparate.

Oben: Pappmäppchen unterschiedlicher Größe.

Unten: Plastikbehälter und Holzkästchen.

Regelblutung, gegebenenfalls über Blutungsstörungen, durchgeführte Hormonbehandlungen und vorausgegangene Operationen sind ebenso wichtig. Ferner muß angegeben sein, ob bzw. wann die Patientin eine Behandlung mit ionisierenden Strahlen durchgemacht hat, ob sie mit Zystostatika behandelt wurde oder ein Intrauterinpessar trägt.

Literatur

1 Abate, S. D., C. L. Edwards, F. Vellios: A comparative study of the endometrial jet-washing technic and endometrial biopsy. Amer. J. clin. Pathol. 58 (1972) 118

2 Abramson, D., S. G. Driscoll: Endometrial aspiration biopsy. Obstet. and Gynecol. 27 (1966) 381

3 Attwood, M. E., C. B. J. Woodmann, D. Luesley, J. A. Jordan: Previous cytology in patients with invasive carcinoma of the cervix. Acta cytol. 29 (1985) 108

4 Ayre, J. E.: The vaginal smear. Precancer cell studies using a modified technique. Amer. J. Obstet. Gynecol. 58 (1949) 1205

5 Ayre, J. E.: Rotating endometrial brush. New technic for the diagnosis of fundal carcinoma. Obstet. and Gynecol. 5 (1955) 137

6 Ayre, J. E.: A new device for detecting carcinoma of the uterus. Acta cytol. 14 (1970) 111

7 Ayre, J. E., E. Dakin: Cervical cytology tests in cancer diagnosis. Glycerine technique for mailing. Canad. med. Ass. J. 54 (1946) 489

8 Bachet, W., P. Brunner, J. Dodenhöft, E. Strobel: Diagnostische Treffsicherheit der Endometrium-Zytologie mit Prevical. Geburtsh. u. Frauenheilk. 43 (1983) 11

9 Bachmayer, H., W. Gusek, G. Gnann: Endometriumzytologie mit dem neuen Gerät Abradul. Geburtsh. u. Frauenheilk. 44 (1984) 25

10 Barnett, J. M.: Suction curettage on unanesthetized outpatients. Obstet. and Gynecol. 42 (1973) 672

11 Bayer-Pietsch, E., U. Sperl: Vergleich des Zellgehalts in zwei gleichzeitig angefertigten Zervixabstrichen. Geburtsh. u. Frauenheilk. 40 (1980) 985

12 Bayrle, W.: Kritische Betrachtungen zur Rate der „falsch-negativen" Befunde in der gynäkologischen Zytologie. Geburtsh. u. Frauenheilk. 10 (1977) 864

13 Beilby, J. O. W., R. Bowne, J. Guilleband, S. T. Steele: Paired cervical smears: A method of reducing the false-negative rate in population screening. Obstet. and Gynecol. 60 (1982) 46

14 Benz, J. J., G. Szalmay, B. Benz-Baumann, L. Jochum, M. Litschgi, H. Müller: Spülzytologie des Cavum uteri und Aussagewert. Gynäkol. Rdsch. 14 (1974) 143

15 Berkowitz, R. S., R. L. Ehrmann, R. Lavizzo-Mourey, R. C. Knapp: Invasive cervical carcinoma in young women. Gynecol. Oncol. 8 (1979) 311

16 Bibbo, M., F. Reale, et al.: Assessment at three sampling technics to detect endometrial cancer and its precursors. Acta cytol. 23 (1979) 353

17 Bibbo, M., D. R. Shanklin, G. L. Wied: Endometrial cytology on jet wash material. J. reprod. Med. 8 (1972) 90

18 Bickenbach, W., H.-J. Soost: Advantages and disadvantages of intrauterine brush technique for endometrial cytology. Acta cytol. 2 (1958) 575

19 Blumenfeld, W., E. A. Holly, D. L. Mansur, E. B. Ling: Histiocytes and the detection of endometrial adenocarcinoma. Acta cytol. 29 (1985) 317

20 Boon, M. E., J. J. M. Alons-van Kordelaar, P. E. M. Rietveld-Scheffers: Consequences of the introduction of combined spatula an cytobrush sampling for cervical cytology. Acta cytol. 30 (1986) 264

21 Boschann, H. W.: Cytologie des Cavumaspirats bei gut- und bösartigen Erkrankungen. Arch. Gynäkol. 189 (1957) 376

22 Boschann, H. W.: Advantages and disadvantages of intrauterine brush technique for endometrial cytology. Acta cytol. 2 (1958) 572

23 Boschann, H. W.: Should one routinely perform intrauterine smears? Acta cytol. 2 (1958) 591

24 Boschann, H. W.: Gynäkologische Zytodiagnostik für Klinik und Praxis, 2. Aufl. de Gruyter, Berlin 1973

25 Boutselis, J. G., J. C. Ullery: Cannula for obtaining endometrial material for cytologic study. Obstet. and Gynecol. 20 (1962) 265

26 Bredahl, E., F. Koch, G. Stakemann: Cancer detection by cervical scraping, vaginal pool smears and irrigation smear. A comparative study. Acta cytol. 9 (1965) 189

27 Butler, E. B., P. B. Monahan, D. W. Warrell: Kuper brush in the diagnosis of endometrial lesions. Lancet 1971/II, 1390

28 Carter, B. L., A. Kaufmann, W. Kenneth Cuyler: Smear preparations in the diagnosis of vulvar carcinoma. Surg. Gynecol. Obstet. 91 (1950) 600–604

29 Cary, W. H.: A method of obtaining endometrial smear for study of the cellular content. Amer. J. Obstet. Gynecol. 46 (1943) 422

30 Christopherson, W. M., W. M. Mendez, J. E. Parker, F. E. Lundin, E. M. Almja: Carcinoma of the endometrium: A study of changing rates over a 15-year period. Cancer (Philad.) 127 (1971) 1005

31 Chu-Chen, K., P. Vassilakos, F. Degnin: Curetage exploratens par aspiration sans narcose. Gynécol. prat. 23 (1972) 5

32 Clocuh, Y., C. Peters-Welte, F. Fischbach, P. Krieglsteiner: Ergebnisse zytologischer Untersuchungen von direkt entnommenem Zellmaterial aus dem Uteruskavum mit der Exploret-Fatol. Geburtsh. u. Frauenheilk. 42 (1983) 39

33 Cobb, C. J.: Suggested Approaches to reporting benign cervical Smears that lack endocervical columnar cells. Acta cytol. 30 (1986) 317

34 Cohen, J.: La cytologie endomêtriale par grattage. Intérêt de l'endocyte dans le dépistage du cancer de l'endomêtre. Rev. franc. Gynécol. 73 (1978) 413

35 Cohen, C. J., S. B. Gusberg, D. Koffler: Histologic screening for endometrial cancer. Gynecol. Oncol. 2 (1974) 279

36 Coppleson, L. W., B. Brown: Estimation of the screening error rate from the observed detection rates in repeated cervical cytology. Amer. J. Obstet. Gynecol. 119 (1974) 953

37 Costa, M. M., N. Einhorn, K. Sjövall, E. Ryde, M. Nasiell, V. Roger, K. Jarborn, G. Lindqvist: Endometrial carcinoma diagnosed by the gynoscann method. Acta obstet. gynecol. scand 65 (1986) 473

38 Creasman, W. T., F. Rutledge: Carcinoma in situ of the cervix: An analysis of 861 patients. Obstet. and Gynecol. 39 (1972) 373

39 Crow, J., H. Gordon, E. Hudson: An assessment to the Mi-Mark endometrial sampling technique. J. clin. Pathol. 33 (1980) 72

40 Davis, H. J.: The irrigation smear, a cytological method for mass population screening by mail. Amer. J. Obstet. Gynecol. 84 (1962) 1017

41 Davis, J. R., W. M. Hindman, S. H. Paplanus, D. C. Trego, J. L. Wiens, T. N. Suciu: Value of Duplicate Smears in Cervical Cytology. Acta cytol. 25 (1981) 533

42 De Arcos, M., A. Perez Falo: Endometrial cytology with the Milan-Markley technique with a risk group. Proger. Obstet. Gynecol. 22/2 (1979) 69

43 Denis, R., J. M. Barnett, S. E. Forbes: Diagnostic section curettage. Obstet. and Gynecol. 42 (1973) 301

44 Dennerstein, G. J.: The cytology of the vulva. J. Obstet. Gynaecol. Brit. Emp. 75 (1968) 603

45 Dewhurst, Ch. J.: Vaginal speculum for children. Lancet 1964/II, 393

46 Diamond, B., N. Mitchell, E. Blum: An evaluation of surface sponge biopsy in a cancer detection clinic with special reference to the use of an endometrial sponge biopsy forceps. Amer. J. Obstet. Gynecol. 63 (1952) 668

47 Dowling, E. A., L. C. Gravlee: Endometrial cancer diagnosis: A new clinical technique using a jet washer. Ala. J. med. Sci 1 (1964) 412

48 Dowling, E. A., L. C. Cravlee, K. E. Hutchins: A new technique for the detection of adenocarcinoma of the endometrium. Acta cytol. 13 (1969) 496

49 Dunn jr., J. E., P. L. Martin: Morphogenesis of cervical cancer. Cancer. (Philad.) 20 (1967) 1889

50 Dunn jr., J. E., P. L. Martin: Morphogenesis of cervical cancer. Findings from San Diego County Cytology Registry. Cancer. (Philad.) 20 (1967) 1899

51 Durfee, G. R.: Cytologic techniques. In Koss, L. G.: Diagnostic Cytology and its Histopathologic Bases, 2. Aufl. Lippincott, Philadelphia 1968 (p. 597)

52 Elias, A., G. Linthorst, B. Bekker, P. G. Vooijs: The significance of endocervical cells in the diagnosis of cervical epithelial changes. Acta cytol. 27 (1983) 225

53 Engeler, V., R. Wyss, R. Koehler: Die Aspirationscurettage als diagnostischer und therapeutischer Eingriff. Schweiz. Rdsch. Med. 45 (1972) 1384

54 Feichter, G. E., P. F. Tauber: Zytologische Endometrium-Diagnostik mit Prevical. Fortschr. Med. 99 (1981) 24

55 Feichter, G. E., P. F. Tauber, J. Landowski: Clinical experience with a new endometrial cell sampling kit (ICECS) in the early detection of endometrial cancer. Acta cytol. 26 (1982) 141

56 Fidler, H. K., D. A. Boyes, A. J. Worth: Cervical cancer detection in British Columbia. J. Obstet. Gynaecol. Brit. Emp. 75 (1968) 392

57 Figge, D. C., J. L. Bennington, A. J. Schweid: Cervical cancer after initial negative and atypical vaginal cytology. Amer. J. Obstet. Gynecol. 108 (1970) 422

58 Fischbach, F., H. P. Krieglsteiner, W. Loos, P. Assonitis, M. Schwarz, G. Steuer: Treffsicherheit und Praktikabilität der Prevical Curette zur Früherkennung des Endometriumkarzinoms. Geburtsh. u. Frauenheilk. 43 (1983) 611

59 Frost, J. K.: Diagnostic accuracy of cervical smears. Obstet. gynecol. Surv. 24 (1969) 893

60 Gay, J. D., L. M. Danos, J. R. Goellner: Analysis of false-negative cervical cytology at the Mayo clinic during a four-year period. Acta cytol. 28 (1984) 652

61 Gay, J. D., L. D. Donaldson, J. R. Goellner: False-negative results in cervical Cytologic Studies. Acta cytol. 29 (1985) 1043

62 Genton, C., V. Engeler: Die Aspirationscurettage. 4. Arbeitstagung für Zytologie, Wengen, März 1975

63 Ginsberg, N., R. Padleckas, G. Javaheri: Diagnostic reliability of Mi-Mark-Helix technique in endometrial neoplasia. Obstet. and Gynecol. 2 (1983) 225

64 Glenthöj, A., E. Bostofte, F. Rank: Brush cytology from the uterine cervix. Acta obstet. gynecol. scand. 65 (1986) 689

65 Gondos, B., D. Marshall, D. R. Ostergard: Endocervical cells in cervical smears. Amer. J. Obstet. Gynecol. 112 (1972) 833

66 Graaf van der, Y.: Screening for Cervical Cancer. The Nijmegen Project. Diss. 1987

67 Graham, R. M.: The value of the vaginal smear to the gynecologist. J. Obstet. Gynaecol. Brit. Emp. 60 (1953) 483

68 Graham, R. M.: Symposium on techniques for endometrial cytological examination. Acta cytol. 2 (1958) 579

69 Gravlee, L. C.: Jet-irrigation method for a diagnosis of endometrial adenocarcinoma: Its principle and accuracy. Obstet. and Gynecol. 34 (1969) 168

70 von Haam, E.: Symposium on techniques for endometrial cytological examination. Acta cytol. 2 (1958) 580

71 Haller, U., F. Kubli, G. Bräuning, H. Müller, A Bastano y Almendral: Die diagnostische Aspirationskürettage. Geburtsh. u. Frauenheilk. 33 (1973) 1

72 Hammond, D. O.: A new pediatric gynecologic examining instrument for use in diagnosis of pediatric vaginitis. Amer. J. Obstet. Gynecol. 80 (1960) 85

73 Hammond, D. O., D. L. Sechinger, L. Le Drew: Endometrial cellular study: A new method using membrane filtration. Acta cytol. 11 (1967) 181

74 Hansen, P. K., J. Junge, H. Roed, W. Fischer-Rasmussen, K. Hojgaard: Endoscann cell sampling for cytological assessment of endometrial pathology. Acta obstet. gynecol. scand. 65 (1986) 397

75 Haour, P.: Advantages and disadvantages of intrauterine aspiration technique for endometrial cytology. Acta cytol. 2 (1958) 566

76 Harris, M. J., M. Bibbo, Ch. Rao, G. L. Wied: Cytopreparatory technique for the endometrial jet wash specimens. Acta cytol. 16 (1972) 508

77 Hecht, E. L.: The value of the endometrial smear in the detection of malignancy. N. Y. St. J. Med. 52 (1952) 2745

78 Hecht, E. L.: The endometrial aspiration smear research status and clinical value. Amer. J. Obstet. Gynecol. 71 (1956) 819

79 Heckmann, U.: Die Endometriumbiopsie in der Sprechstunde. Med. Welt 26 (1975) 1172

80 Heckmann, U.: Die Endometriumbiopsie in der Sprechstunde. Med. Welt 26 (1975) 1172

81 Heinz, M., S. Hoyme: Gynäkologie des Kindes- und Jugendalters, 2. Aufl. Enke, Stuttgart 1974

82 Heinzl, S., M. Hendry, S. Gobat, A. Zehnder: Endometrium-Zytologie mit Endoscan. Gynäkol. Rdsch. 26 (1986) 26

83 Held, E.: Das Korpuskarzinom heute. 4. Arbeitstagung für Zytologie, Wengen, März 1975

84 Hibbard, L. T., Ch. E. Schwinn: Diagnosis by endometrial jet washings. Amer. J. Obstet. Gynecol. 111 (1971) 1039

85 Hilgarth, M.: Frühdiagnose des Korpuskarzinoms. Dtsch. Ärztebl. 72 (1975) 737

86 Hilgarth, M., R. Arbogast, F. J. Kaltenbach: Jet-wash Technik für zytologische Frühdiagnose des Korpuskarzinoms. Geburtsh. u. Frauenheilk. 33 (1973) 994

87 Hilgarth, M., K. Schumann: Zur Methodik der endozervikalen Zytodiagnostik. Geburtsh. u. Frauenheilk. 31 (1971) 677

88 Hilgarth, M., R. Schultz: Ursachen und Ausmaß falsch negativer Befunde in der gynäkologischen Krebsvorsorge. Der Frauenarzt 5 (1981) 324

89 Hiersche, H.-D., S. Baur: Gynäkologische Probleme von der Kindheit bis zur Pubertät. In Käser, O., V. Friedberg, K. G. Ober, K. Thomsen, J. Zander: Gynäkologie und Geburtshilfe, Bd. I, 1. u. 2. Aufl. Thieme, Stuttgart 1987 (6.34)

90 Holt, E. M.: Out-patient diagnostic curettage. J. Obstet. Gynaecol. Brit. Emp. 77 (1970) 1043

91 Hopman, D. C., S. C. Werch: A cytologic clearing technic for endometrial diagnosis. Obstet. and Gynecol. 11 (1958) 267

92 Huber, A.: Ein neues Vaginoskop für die Kindergynäkologie. Geburtsh. u. Frauenheilk. 31 (1971) 1117

93 Huber, A.: Gynäkologische Probleme bei Kindern und Jugendlichen (Klinik und Praxis). Gynäkologe 6 (1973) 35

94 Huber, A., H. D. Hiersche: Praxis der Gynäkologie im Kindes- und Jugendalter. Thieme, Stuttgart 1977

95 Huber, A., H.-D. Hiersche: Praxis der Gynäkologie im Kindes- und Jugendalter, 2. Aufl. Thieme, Stuttgart 1986

96 Huffman, J. W.: The Gynecology of Childhood and Adolescence. Saunders, Philadelphia 1968

97 Huffman, J. W.: Gynäkologie des Kindes. Urban & Schwarzenberg, München 1975

98 Husain, O. N. A.: Diagnostic errors in cytology. In Jordan, J. A., F. Sharp, A. Singer: Preclinical Neoplasia of the Cervix. Royal College of Obstet. and Gynecol, London 1982 (p. 111)

99 Husain, O. A. N.: Screening for Endometrial Cancer. Acta cytol. 30 (1986) 319

100 Husain, O. A. N., E. B. Buttler, M. D. Evans, J. E. Mac Gregor, R. Yule: Quality control in cervical cytology. J. clin. Pathol. 27 (1974) 935

101 Isaacs, J. H., R. W. Wilhoitte: Aspiration cytology of the endometrium: Office and hospital sampling procedures. Obstet. and Gynecol. 118 (1974) 679

102 Jahn, K., H. G. Bender, E. Proche: Praktische Anwendung der Cyto-Brush in der gynäkologischen Zytologie. Gynäkol. Prax. 11 (1987) 97

103 Jameson, M. H.: A clinical appraisal of techniques for obtaining fresh cells for endometrial cytologyn. N. Z. med. J. 60 (1961) 316

104 Jensen, J. G.: Vacuum curettage. Out-patient curettage without anesthesia. A report fo 350 cases. Dan. med. Bull. 17 (1970) 199

105 Jensen, J. G.: Three years experience of vacuum curettage. Acta obstet. gynecol. scand., Suppl. 9 (1971) 52

106 Jensen, J. A., J. G. Jensen: Abrasio mucosae uteri e aspiratione. Ugeskr. Læg. 130 (1968) 2124

107 Jiñenez-Ayala, M., E. Vilaplana, C. Beccero de Bengoa, M. Zomeño, S. Moreno, M. Granados: Endometrial and endocervical brushing techniques with a Medhosa Cannula. Acta cytol. 19 (1975) 557

108 Jones, H. W.: Editorial Comment. Obstet. gynecol. Surv. 25 (1970) 177

109 Jordan, M. J., G. Bader: New cannula for obtaining endometrial material for cytologic study. Obstet. and Gynecol. 8 (1956) 611

110 Kanbour, A., B. Klionsky, J. Dym: The Gravlee jet washer: Evaluation of the reflex into the fallopian tubes. Acta cytol. 16 (1972) 199

111 Kattner, W.: Gibt es zytologische Kriterien für den richtig entnommenen Abstrich an der Portio uteri? Gemeinsame Tagung der Schweizerischen-Österreichischen und Deutschen Gesellschaft für Zytologie, 15.–16. März, Wengen 1975

112 Kern, G.: Carcinoma in situ. Vorstadium des Gebärmutterhalskrebses. Grundlagen und Praxis. Springer, Berlin 1964

113 Kivlahan, C., E. Ingram: Papanicolaou smears without endocervical cells. Are they inadequate? Acta cytol. 30 (1986) 258

114 Knogler, W., J. C. Huber, E. Gitsch: Kombiniertes histologisches und zytologisches Screening beim Endometriumkarzinom. Gynäkol. Rdsch. 23 (1983) 148

115 Koss, L. G.: Diagnostic Cytology and its Histopathologic Bases, 3. Aufl. Lippincott, Philadelphia 1979
116 Koss, L. G., R. G. Durfee: Cytologic diagnosis of endometrial carcinoma, results of ten years of experience. Acta cytol. (1962) 519
117 Koss, L., K. Schreiber, H. Moussouris, S. Oberlander: Endometrial carcinoma and its percursors: Detection and screening. Clin. Obstet. Gynaecol. 25 (1982) 49
118 Koss, L., K. Schreiber, S. Oberlander, M. Moukhtai, H. Levine, H. Moussouris: Screening of asymptomatic women for endometrial cancer. Obstet. and Gynecol. 57 (1981) 681
119 Landowski, J., B. Caniels, W. Hammans: Probleme zur Früherkennung des Korpuskarzinoms mit einer kritischen Prüfung von Jet-wash und Curity-Technik. Geburtsh. u. Frauenheilk, 42 (1982) 387
120 Linden, M., V. Roger: Diagnosis of endometrial carcinoma using the Mi-Mark-Helix sampling. Acta obstet. gynecol. scand. 61 (1982) 227
121 Markley, R. L.: Zytologie and Histologie des Endometriums mit der Milan-Markley-Technik. 5. Arbeitstagung für klinische Zytologie, Flims, März 1977
122 Marsan, C., A. Sicard: Le cyto-diagnostic du cancer du corps uterin par aspiration endometriale. Presse méd. 68 (1960) 799
123 Meisels, A.: Superiority of the V-C-E smear. Acta cytol. 13 (1969) 1
124 Mestwerdt, M., D. Kranzfelder: Neue diagnostische Möglichkeiten beim Endometriumkarzinom und seinen Vorstufen. Der Gynäkologe 16 (1983) 87
125 Milan, A. R., R. L. Markley: Endometrial cytology by a new technique. Obstet. and Gynecol. 42 (1973) 469
126 Milan, A. R., R. L. Markley, R. S. Fisher, C. M. Linthicum, B. Witherspoon, A. G. Eidschun: Endometrial cytology. Using the Milan-Markley technic. Obstet. and Gynecol. 48 (1976) 111
127 Miller, N. F.: Carcinoma of the endometrium. Some facts, figures and fancies. Obstet. and Gynecol. 15 (1960) 579
128 Möbius, G., P. Bomke, J. Geiling: Versager der Früherkennung des Zervixkarzinoms. Z. klin. Med. 42 (1987) 1505–1508
129 Morell, N. D., J. R. Taylor, R. N. Snyder, H. K. Ziel, A. Saltz, S. Willie: False-negative cytology rates in patients in whom invasive cervical cancer subsequently developed. Obstet. and Gynecol. 60 (1982) 41
130 Morton, D. G., J. G. Moore, N. Chang: Lavage of the endometrial cavity as an aid in the diagnosis of carcinoma of the uterine corpus. J. int. Coll. Surgns 31 (1959) 570
131 Naujoks, H.: Vorsorge und Früherkennung, Genitalorgane. In Schmidt-Matthiesen, H.: Spezielle Gynäkologische Onkologie, Bd. I, Klinik der Frauenheilkunde und Geburtshilfe Bd. II, 2. Aufl. Urban & Schwarzenberg, München 1986 (S. 4)
132 Naujoks, H., G. Leppien, R. Rogosaroff-Fricke: Negativer zytologischer Abstrich bei carcinoma in situ der cervix uteri. Geburtsh. u. Frauenheilk. 36 (1976) 570
133 Nauth, H. F.: Vulva-Zytologie. Thieme, Stuttgart 1986
134 Neis, K. J., M. Bitsch, N. K. Schöndorf: Zur Treffsicherheit der Vaginalzytologie beim Adenokarzinom des Endometrium. Geburtsh. u. Frauenheilk. 44 (1984) 291
135 Ng, A. B. P., J. W. Reagan: Vaginal and vulvar disease. In Wied, G. L., L. G. Koss, J. W. Reagan: Compendium on Diagnostic Cytology, 3. Aufl. Tutorials of Cytology, Chicago 1974 (p. 18)
136 Niklasson, O., R. Johansson, N. Stormby: Screening of endometrial carcinoma by Jet-Wash and endouterine aspiration cytology. Acta obstet. gynecol. scand. 60 (1981) 125
137 Nuovo, M. V.: Advantages and disadvantages of intrauterine aspiration technique for endometrial cytology. Acta cytol. 2 (1958) 570
138 Nusch, W.: Eine neue Fixierungsmethode zytologischer Präparate. Geburtsh. u. Frauenheilk. 25 (1965) 1037
139 Nyirjesy, I.: Atypical or suspicious cervical smears. J. Amer. med. Ass. 222 (1972) 691
140 Ober, K. G., P. Schneppenheim, H. Hamperl, C. Kaufmann: Die Epithelgrenzen im Bereich des Isthmus uteri. Arch. Gynäkol. 190 (1958) 346
141 Olsen, M., G. A. Bourgois: A technique for hemolysing erythrocytes and erythrocytic debris in the bloody vaginal smear. J. Lab. clin. Med. 36 (1950) 766
142 Oppenheim, A., E. L. Hecht: The endometrial aspiration technique in a cancer detection and prevention center. Acta cytol. 10 (1966) 296
143 Ortner, A., J. Klammer, A. Bichler, G. Weiser, W. Kalkschmid, W. Geir: Prüfung von zwei Methoden (Pistolet und Jet washing) zur Gewebegewinnung aus dem Cavum uteri. Geburtsh. u. Frauenheilk. 38 (1978) 88
144 Pacifico, E., M. Miraglia, F. Miraglia: Diagnosis of endometrial carcinoma and its precursors by means of cytologic examination of Jet-washing material. Acta cytol. 26 (1982) 630
145 Papanicolaou, G. N., H. F. Traut: Diagnosis of Uterine Cancer by the Vaginal Smear. Commonwealth Fund, New York 1943
146 Papanicolaou, G. N.: Cytological evaluation of smears prepared by the tampon method for the detection carcinoma of the uterine cervix. Cancer (Philad.) 7 (1954) 1185
147 Papanicolaou, G. N., A. A. Marchetti: The use of endocervical and endometrial smears in the diagnosis of cancer and of other conditions of the uterus. Amer. J. Obstet. Gynecol. 46 (1943) 421
148 Papanicolaou, G. N., H. F. Traut: The diagnostic value of vaginal smears in carcinoma of the uterus. Amer. J. Obstet. Gynecol. 42 (1941) 193
149 Papanicolaou, G. N., H. F. Traut: Diagnosis of Uterine Cancer by the Vaginal Smear. Commonwealth Fund, New York 1943
150 Pedersen, E., K. Hoeg, P. Kolstad: Mass screening for cancer of the uterine cervix in Ostfold County, Norway. Acta obstet. gynecol. scand. 50 (1971) 69
151 Pedersen, E., K. Hoeg, P. Kolstad: Mass screening of cancer of the uterine cervix in Ostfold County, Norway: an experiment. Second report of the Norwegian Cancer-Society. Acta obstet. gynecol. scand., Suppl. 11, 1971
152 Peter, R., K. Vesely: Kindergynäkologie. VEB Thieme, Leipzig 1966
153 Peters, H., K. Sunderam, S. Israel: Diagnostic cytologique de l'adenocarcinome. The cellular detection of adenocarcinoma. Acta Un. int. Cancer. 14 (1958) 380
154 Petrillo, De A. D., Ph. J. Di Saia, Ch. P. Morrow, D. E. Townsend: Gravlee Jet washer effectiveness as performed by obstetric gynecologic paramedical personnel. Amer. J. Obstet. Gynecol. 117 (1973) 371
155 Pistofides, G. A.: The multispatula: A new dimension in sampling the cervix. Lancet 1984/I, 1214
156 Poppendiek, G. K., H. Bayer: Die Aspirationszytologie des Endometriums. Eine Methode zur Früherkennung des Corpuskarzinoms. Geburtsh. u. Frauenhlk. 41 (1981) 188
157 Prendiville, W., J. Guillebaud, P. Bamford, J. Beilby, S. J. Steele: Carcinoma of cervix with recent normal Papanicolaou tests. Lancet 1980/II, 853
158 Pundel, J. P.: Les frottis vaginaux endocriniens. Masson, Paris 1952
159 Pundel, J. P., C. Lichtfus: Modifications de la coloration cytologique des frottis vaginaux à l'hématoxyline-Shorr. Gynaecologia (Basel) 144 (1957) 58
160 Rascoe, R. R.: Endometrial aspiration smear in diagnosis of malignancy of the uterine corpus. Amer. J. Obstet. Gynecol. 87 (1963) 921
161 Rascoe, R. R.: Endometrial aspiration smear in diagnosis of malignancy of the uterine corpus. Amer. J. Obstet. Gynecol. 87 (1963) 921
162 Reagan, J. W., A. B. P. Ng: The Cells of Uterine Adenocarcinoma. 2. Aufl., Karger, Basel 1973
163 Reagan, J. W.: Can screening for endometrial cancer be justified? Acta cytol. 24 (1980) 87
164 Reagan, J. W., R. L. Sommerville: A cellular study of uterine aspirations. Amer. J. Obstet. Gynecol. 68 (1954) 781
165 Richart, R. M., H. W. Vaillant: Influence of cell collection techniques upon cytological diagnosis. Cancer 18 (1965) 1474
166 Rodrigues, M. A., A. Rubin, L. G. Koss, J. Harris: Evaluation of endometrial Jet wash technic (Gravlee) in 303 patients in a community hospital. Obstet. and Gynecol. 43 (1974) 392
167 Ros, E., M. Jimenez Ayala, E. Vilaplana, F. Saiz-Paardo, L. Lorite, M. C. Carcia Andrade, E. Navarro, C. Rodriquez: New technique for endocervical sampling with Stormby's brush: Preliminary results. Citologia 3 (1983) 9
168 Roszkowski, J., J. Kierski, K. Widy, J. Szamborski: Cytographic examination of the uterine endocervix. Acta cytol. 11 (1967) 28
169 Rubio, C. A.: The false negative smear. Amer. J. Obstet. Gynecol. 119 (1974) 273
170 Rubio, C. A.: The false positive smear. Acta cytol. 19 (1975) 212

171 Rubio, C. A., B. Lagerlöf: Who is responsible for the false negative smear? Acta cytol. 19 (1975) 319
172 Rubio, C. A.: The false negative smear: II. The trapping effect of collecting instruments. Obstet. and Gynecol. 49 (1977) 576
173 Rubio, C. A.: False negatives in cervical cytology: Can they be avoided? Acta cytol. 25 (1981) 199
174 Rubio, C. A., K. Berglund, Y. Kock, A. Zetterberg: Studies on the distribution of abnormal cells in cytologic preparations. III. Making the smear with a plastic spatula. Amer. J. Obstet. Gynecol. 137 (1980) 843
175 Rubio, C. A., Y. Kock, K. Berglund: Studies on the distribution of abnormal cells in cytologic preparations. I. Making the smear with a wooden spatula. Acta cytol. 24 (1980) 49
176 Rubio, C. A., Y. Kock, K. Berglund, P. Thomassen: Studies on the distribution of abnormal cells in cytologic preparations: II. Making the smear with the cotton swab applicator. Gynecol. Oncol. 9 (1980) 127
177 Rylander, E.: Cervical cancer in women belonging to a cytologically screening population. Acta obstet. gynecol. scand. 55 (1976) 361
178 Rylander, E.: Negative smears in women developing invasive cancer. Acta obstet. gynecol. scand. 56 (1977) 115
179 Schlüter, G., M. Hilgarth, H. Naujoks: Exaktere Zervixzytologie mit neueren Abstrich- und Präparationstechnik. Diagnostik 17 (1984) 27
180 Schmid, R., L. Gerstner, E. Picha: Exfoliativzytologie des Endometriums. Möglichkeiten und Grenzen der Methode. Gynäkol. Rdsch. 23 (1983) 146
181 Schneider, M. L.: Zytologische Untersuchungen des Endometriums mit Hilfe der Jet-wash-Technik. Dtsch. med. Wschr. 101 (1976) 153
182 Schneider, M. L.: Zervixkarzinom trotz Vorsorge. Klinische und histomorphologische Untersuchung an 255 Zervixkarzinomen der Jahre 1974 bis 1980 zur Frage eines zweiten, aggressiv wachsenden Karzinomtyps. Geburtsh. u. Frauenheilk. 45 (1985) 610
183 Schneider, M. L.: Möglichkeiten und Grenzen eines zytologischen Früherkennungsprogrammes beim Endometriumkarzinom. Geburtsh. u. Frauenheilk. 45 (1985) 831
184 Schneider, M. L., P. Czekelius: Die diagnostische Treffsicherheit der intrakavitären Entnahmetechnik mit Prevical und Accurette. Arch. Gynecol. 235 (1983) 190
185 Sedlis, A., A. T. Walters, H. Balin, A. Hontz, L. Lo Scuito: Evaluation of two simultaneously obtained cervical cytological smears: A comparison study. Acta cytol. 18 (1974) 291
186 Segedal, E., O. Iversen: Endoscann. A new endometrial cell sampler. Brit. J. Obstet. Gynecol. 90 (1983) 266
187 Selvaggi, S.: Previous Cytology in Patients with invasive Carcinoma of the cervix. Acta cytol. 30 (1986) 318
188 Sersiron, D.: Diagnostic et traitment des leucorrhoes de la petite fille avant la puberté: difficulté et erreurs possibles. Gynécol. prat. 13 (1962) 93
189 Shen, J.-T., R. H. Nalide, J. B. Schlaerth, C. P. Morrow: Efficacy of Cotton-tipped applicatory for obtaining cells from the uterine cervix for Papanicolaou Smears. Acta cytol. 28 (1984) 541
190 Shulman, J., A. Hontz, A. Sedlis, A. Walters, H. Balin, L. SoScuito: The pap smear: Take two. J. Obstet. Gynaecol. 121 (1975) 1024
191 Simon, T. R., G. R. Durfee, A. Ricci: The value of the vaginal aspiration smear as compared with the cervical swab smear in the detection of in situ carcinoma of the cervix and adenocarcinoma of the fundus. Transaction of the third Annual Meeting of the Inter-Society Cytology Council, Nov. 1955
192 Smith, E.: Plastic tube aspiration of the endometrium. Obstet. and Gynecol. 16 (1960) 375
193 So-Bosita, J. L., T. B. Lebherz, O. M. Blair: Endometrial jet washer. Obstet. and Gynecol. 36 (1970) 287
194 Soost, H.-J.: Die Bedeutung des Ortes der Entnahme für die cytologische Krebsfährtensuche. Krebsarzt 13 (1958) 408
195 Soost, H.-J.: Comparative studies on the degree of proliferation of the vaginal and ectocervical epithelium in the hormonal evaluation of a patient by means of exfoliative cytology. Acta cytol. 4 (1960) 199
196 Soost, H.-J.: Was leistet die gynäkologische Cytodiagnostik in der Krebsfährtensuche und in welchem Umfang kann der in der Praxis tätige Arzt sich ihrer bedienen? Herausgegeben von der Arbeitsgemeinschaft für Krebserkennung und Krebsbekämpfung in Bayern. München 1960
197 Soost, H.-J.: Möglichkeiten der Früherkennung des Endometriumkarzinoms. Geburtsh. u. Frauenheilk. 42 (1982) 899
198 Soost, H.-J., K. Burmeister: Beitrag zur Technik der Zellgewinnung aus dem Cavum uteri. Geburtsh. und Frauenheilk. 20 (1960) 181
199 Soost, H.-J., R. Nevin: Die Tamponentnahme in der gynäkologischen Krebsfährtensuche. Medizinische 38 (1959) 1754
200 Soost, H.-J., R. Pichlmayr: Vergleichende Untersuchungen über Fixierungsmöglichkeiten und den Versand zytologischer Präparate. Münch. med. Wschr. 101 (1959) 1368
201 Soost, H.-J., W. Kattner: Gibt es zytologische Kriterien für den richtig entnommenen Abstrich an der Cervix uteri? Geburtsh. u. Frauenheilk. 36 (1976) 47
202 Soost, H.-J., H. Hagmann, H. Ziemann, K. Liebermeister: Vergleichende Untersuchungen zwischen Pipetten- und Direktentnahmemethoden zur zytologischen Krebsfährtensuche. Geburtsh. u. Frauenheilk. 27 (1967) 632
203 Soost, H.-J., unter Mitarbeit von H. J. Lange, W. Lehmacher, B. Ruffing-Kullmann: Ergebnisse zytologischer Krebsfrüherkennungs- und Vorsorgeuntersuchungen bei der Frau – eine 10 Jahresstudie. (Wissenschaftliche Reihe des Zentralinstituts für die Kassenärztliche Versorgung, Bd. 37) Deutscher Ärzte-Verlag Köln 1987
204 Soost, H.-J., D. Neugebauer, K. Otto, U. Schenk: Materialgewinnung und Präparation für ein automatisches Präscreening des Zervixkarzinoms. Tumor-Diagn. 2 (1981) 35
205 Soyka, E.: Ein einfaches Instrument für die Entnahme von Scheidensekret bei Mädchen. Gynäkol. Prax. 4 (1980) 481
206 Statement: Conclusions of study group on Standards of Adequacy of Cytological Examinations of the Female Genital Tract. Acta cytol. 17 (1973) 560
207 Stock, R. J., A. I. Thurmond, A. Passmore: A comparison between the Accu-Pap Device and the Extended-Tip Wooden Agre Spatula for cervical cytology sampling. Acta cytol. 32 (1988) 307
208 Stoll, P., J. Jäger, G. Dallenbach-Hellweg: Gynäkologische Zytologie. Springer, Berlin 1968
209 Stormby, N., C. A. Rubio: Studies on the distribution of abnormal in cytological smears: VII. Cervical brush versus conventional cotton swab applicator. Pers. Mitteilung 1989
210 Szalay, K.: Zervix-Zytologie. Magyar Tavirati Iroda (Ungarische Nachrichtenagentur) 1987
211 Takahashi, M.: Color Atlas of Cancer Cytology. Thieme, Stuttgart 1971
212 Terzano, G.: Advantages and disadvantages of intrauterine aspiration technique for endometrial cytology. Acta cytol. 2 (1958) 567
213 Tigge, R. M., J. L. Bennington, A. L. Schweid: Cervical cancer after initial negative and atypical vaginal cytology. Amer. J. Obstet. Gynecol. 108 (1970) 422
214 Trimbos, J. B., N. P. W. Arentz: The efficiency of the cytobrush versus the cotton Swab in the collection of endocervical cells in cervical smears. Acta cytol. 30 (1986) 261
215 Veneti, S., K. Kyrkou, Ch. Kiltas, A. Perides: Efficacy of the Isaacs-Endometrial-Cell-Sampler in the cytologic detection of endometrial abnormities. Acta Cytol. 28 (1984) 546
216 Twiggs, L. B., Ph. J. Di Saia, C. P. Morrow, D. E. Townsend, Ch. E. Schwinn: Gravlee jet irrigator. Efficacy in diagnosis of endometrial neoplasia. J. Amer. med. Ass. 235 (1976) 2748
217 Underwood, P. B., M. P. Kellert, E. E. McKee, A. Clark: The Gravlee Jet washer: Can it replace the diagnostic curettage? Amer. J. Obstet. Gynecol. 117 (1973) 201
218 Vassilakos, P., R. Wyss, D. Wenger, G. Riotton: Endometrial cytohistology by aspiration technique and by Gravlee-jet-washer: A comparative study. Obstet. and Gynecol. 45 (1975) 320
219 Vooijs, G. P.: Biometrically designed Spatula for cervical scraping. Acta cytol. 31 (1987) 82
220 Vooijs, G. P., A. Elias, Y. van der Graaf, M. Poelen-van de Berg: The influence of sample takers on the cellular composition of cervical smears. Acta cytol. 30 (1986) 251
221 Vooijs, G. P., A. Elias, Y. van der Graaf, S. Veling: Relationship between the diagnosis of epithelial abnormalities and the composition of cervical smears. Acta cytol. 29 (1985) 323
222 Voupala, S., A. Kauppila, M. Mikkonen, F. Stenbäck: Screening of asymptomatic postmenopausal women for gynecological malignancies with special reference to endometrial sampling methods. Arch. Gynecol. 231 (1982) 119
223 Wachtel, E. G.: Symposium on techniques for endometrial cytological examination. Acta cytol. 2 (1958) 580

224 Wachtel, E. G.: Exfoliative Cytology in Gynaecological Practice. Butterworth, London 1964
225 Wied, G. L.: Importance of the site from which vaginal cytologic smears are taken. Amer. J. clin. Pathol. 25 (1955) 742
226 Wied, G. L., G. F. Bahr: Vaginal, cervical and endocervical cytologic smears on a single slide. Obstet. and Gynecol. 14 (1959) 362
227 Wied, G. L., M. Bibbo, M. J. Harris: Jet-wash-Technik am Endometrium. 1. Fortbildungstagung für Klinische Zytologie, München, Oktober 1972
228 Winer, M. L., S. A. Gunn, J. E. Ayre: Cytodiagnosis of endometrium. New simple office procedure. Obstet. and Gynecol. 5 (1955) 279
229 Wolf, A., J. Roch: Techniken der intrauterinen Materialgewinnung. In Soost, H.-J., A. Wolf: Referateband 7. Fortbildungstagung für Klinische Zytologie. München 1983 (S. 36)
230 Wyss, R.: Die Früherfassung des Endometriumkarzinoms. 5. Arbeitstagung für klinische Zytologie. Flims, März 1977
231 Wyss, R., P. Vassilakos, G. Riotton: Verschiedene Methoden der Früherfassung endometrialer Veränderungen. Beschreibung einer neuen Aspirationsmethode mit „Pistolet". 4. Arbeitstagung für klinische Zytologie, Wengen, März 1975
232 Wyss, R., P. Vassilakos, G. Riotton: Zur Früherfassung endometrialer Veränderungen: eine neue Aspirationsmethode mit Pistolet. Geburtsh. u. Frauenheilk. 35 (1975) 846
233 Yazigi, R., J. Sanchez, J. Durate, J. Vermi: Cytologic detection of endometrial carcinoma by the Endocyte-technique. Gynecol. Oncol. 16 (1983) 346

4 Zellen eines normalen Vaginal- und Zervixabstrichs

Im Gegensatz zur histologischen Untersuchungstechnik, die meist nur die Entnahme eines verhältnismäßig kleinen Gewebebezirks erlaubt, ist es mit dem zytologischen Abstrich in der Regel möglich, ausgedehntere Oberflächenregionen unter Verzicht auf die Beurteilung des Gewebszusammenhanges zu erfassen.

Bei der mikroskopischen Betrachtung der aus dem Gewebsverband herausgelösten freiliegenden Zellen fällt auf, daß sie in Form und Größe deutlich vom histologischen Erscheinungsbild abweichen. Vor allem erscheinen sowohl der Kern als auch das Zytoplasma durch Abflachung auf dem Objektträger größer. Deshalb sind Feinheiten der Zellmorphologie besser zu erkennen, so daß gerade die zytologische Betrachtungsweise in vieler Hinsicht eine wertvolle Ergänzung zur Histologie bedeutet. Auf der anderen Seite kann es sich als diagnostischer Nachteil erweisen, wenn die im Vaginalabstrich vorkommenden Zellen sich in unterschiedlichem Degenerationszustand befinden. Zum Teil sind nämlich die in Exfoliation begriffenen oberflächlichen Zellen schon abgestorben bzw. werden durch die Einflüsse des Vaginalmilieus schnell geschädigt (97).

Neben Epithelien aus den verschiedensten Genitalbereichen lassen sich auch stets nichtepitheliale Bestandteile erkennen, die einen Hinweis auf die augenblickliche biologische und physiologische Situation im Vaginalraum gestatten. Es bedarf daher auch bei Beherrschung der histologischen Grundlagen einer eingehenden Beschäftigung mit den zytologischen Erscheinungsbildern der im Vaginalabstrich vorkommenden Zelltypen, um sie jederzeit in ihre morphologischen Variationsbreiten richtig einzuordnen.

Histologie und Zytologie sind schon von ihrem Ansatzpunkt her keine konkurrierenden Methoden, sondern bringen erst durch ihre gegenseitige Ergänzung das optimale Ergebnis für den Patienten. Deshalb ist es heute für den Histologen selbstverständlich geworden, immer mehr zytologische Kriterien mit in seine diagnostischen Überlegungen einzubeziehen, ebenso wie es für den Zytopathologen unumgänglich ist, sich stets an der zugehörigen Histologie zu orientieren.

Histologie und Zytologie des Plattenepithels von Vagina und Zervix

Histologie

Das Epithel des Vaginalraumes ist normalerweise ein nicht verhornendes vielschichtiges Plattenepithel. Die Höhe des Aufbaues hängt von den verschiedenen hormonalen Einflüssen ab. Während das atrophische Epithel ohne jeglichen Hormoneinfluß nur 6–10 Zellagen aufweist, sind bei dem hochaufgebauten Vaginalepithel der geschlechtsreifen Frau bis zu 50 Zellagen übereinander zu erkennen (121).

Die Interzellularräume werden nach oben zu immer enger. Die in den untersten Zellschichten reichlich ausgebildeten speziellen Haftplatten, die Desmosomen, gewährleisten einen festen Zellverband. Sie erscheinen aber bereits in den mittleren Schichten gestreckter und schmäler, bis sie schließlich in den obersten Zellagen nur noch kurz und ungleichmäßig angeordnet sind. Somit erhalten die Zellen die Möglichkeit, sich aus dem Zellverband loszulösen (Desquamation).

Im wesentlichen kann man histologisch 3 Schichten unterscheiden: Stratum basale, Stratum spinosum und Stratum superficiale (Abb. 4.**1**).

Die unterste Lage stellt das *Stratum basale* dar, das unter normalen Verhältnissen nur aus einer Reihe von kubischen bis zylindrischen Zellen besteht. In der Zytologie werden sie als Basalzellen bezeichnet.

Es folgt darauf das *Stratum spinosum profundum*, das aus mehreren Lagen rundlich-ovaler bis leicht polygonaler Zellen aufgebaut ist, deren Zellgrenzen manchmal etwas undeutlich voneinander abgetrennt sind. Die relativ großen und hellen Kerne lassen häufig einen Nukleolus erkennen. Aus dieser Schicht stammen die Parabasalzellen. Während bei einem völlig normalen Plattenepithelaufbau die hier deutlich ausgebildeten Desmosomen lichtmikroskopisch nicht zu sehen sind, können diese bei Differenzierungsstörungen des Epithels durch die Verbreiterung der Interzellularspalten markant in Erscheinung treten (Stachelzellschicht).

Stratum basale und Stratum spinosum profundum werden zusammen auch als *Stratum germinativum* bezeichnet. Nach der Zahl der Mitosen und der autoradiographisch festgestellten DNS-synthetisierenden Zellen (27, 28, 74, 95) spricht viel für die

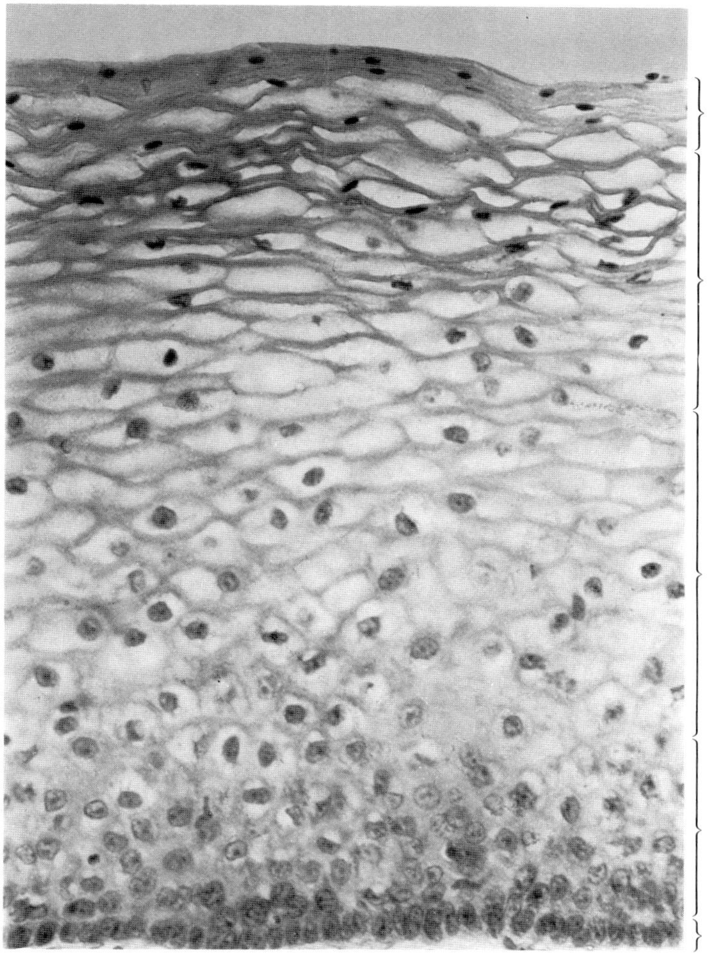

Abb. 4.1 Aufbau des Vaginalepithels der geschlechtsreifen Frau mit seinen histologischen und zytologischen Bezeichnungen (Obj. 25 ×, Ok. 10 ×).

Wahrscheinlichkeit, daß den Basalzellen mehr die Rolle von Reservezellen zukommt, während die eigentliche Erneuerung des Epithels von den Parabasalzellen ausgeht (12, 98). Bei völligem Fehlen von Hormoneinflüssen besteht das Epithel nur aus diesen beiden Schichten.

Die anschließende Schicht mit etwas größeren und breiteren Zellen wird als *Stratum spinosum superficiale* bezeichnet, dem die kleinen Intermediärzellen zugeordnet werden können.

Die oberste histologisch erkennbare Zone, das *Stratum superficiale,* stellt das spezifische Differenzierungsprodukt des Portio- bzw. Vaginalepithels dar. Während man zytologisch anhand von Größe und Form des Zelleibes und der Kerne auch in dieser Schicht unterschiedliche Reifegrade erkennen kann (große Intermediärzellen und Superfizialzellen), ist dies histologisch sehr viel schwieriger. Man spricht deshalb besser rein deskriptiv von einer Wabenzellschicht (35, 36) oder von einer Clear-Zone (31). Diese charakteristische Struktur kommt dadurch zustande, daß die Zellen einen polygonal gestalteten ellipsoiden oder rautenähnlichen Zelleib aufweisen, der durch das vor allem im Zentrum reichlich enthaltene Glykogen hell erscheint und sich mit seinem betonten Zellrand deutlich von den Nachbarzellen abgrenzt.

Eine weitere Unterteilung des normal geschichteten Plattenepithels erscheint nicht gerechtfertigt. Für eine sog. intraepitheliale Verhornungszone (21, 22, 77) findet sich zytologisch kein Korrelat. Genauso ist jede Tendenz zur Verhornung des Plattenepithels (Stratum corneum) im Vaginalraum als eine Abweichung von der Norm aufzufassen.

Zytologie

Seit Papanicolaou unterscheidet man im wesentlichen 4 verschiedene Zellgruppen des Vaginalepithels:

- Basalzellen,
- Parabasalzellen,
- Intermediärzellen,
- Superfizialzellen.

Diese unterschiedlichen Zellen stellen Differenzierungsstufen ein und derselben Plattenepithelart dar. Ihre Abgrenzung geschieht durch Form und Größe des Zelleibes und des Kerns, durch die Anfärbbarkeit des Zytoplasmas und durch die Veränderungen des Chromatingerüstes.

Ganz allgemein kann gesagt werden, daß die *Zellgröße* von den unteren Schichten *nach oben hin zunimmt* und die Kerngröße abnimmt, so daß eine ständige *Verschiebung der Kernplasmarelation* vorhanden ist. In den tiefsten Schichten, bei den Basalzellen, beträgt der Anteil des Kerns an der Gesamtzelle etwa 40%, während er in den obersten Schichten nur noch 4–10% der Gesamtfläche ausmacht (32, 115).

In der Papanicolaou-Färbung nimmt das Zytoplasma der ausgereiften Zellen des Plattenepithels eine eosinophile, d. h. rosa bis hellrote Farbe an. Die übrigen Zellen des Plattenepithels, wie Parabasalzellen und kleine Intermediärzellen sowie ein Teil der großen Intermediärzellen und auch einzelne Superfizialzellen, färben sich zyanophil, d. h. hellblau bis grünlich, manchmal gering ins Violette gehend. Von amphophiler Anfärbung spricht man, wenn das Plasma einer Zelle teils zyanophile, teils eosinophile Tönungen aufweist.

Das Chromatingerüst der Kerne, das in den untersten Schichten eine feine netzartige Struktur erkennen läßt, verdichtet sich nach oben hin zunehmend, bis in den ausgereiftesten Zellen nur noch eine einheitliche strukturlose Chromatinmasse vorhanden ist. Durch das Hämatoxylin der Papanicolaou-Färbung nehmen die Kerne eine graublaue bis violette, manchmal auch schwarzbraune Tönung an. Die Nukleoli können einen rötlichen Schimmer zeigen.

Die Übergänge zwischen den einzelnen Zellformen sind fließend. Ihre Abgrenzung ist im allgemeinen nur unter Berücksichtigung eines subjektiven Ermessensspielraumes möglich. Als Grundlage für die Unterscheidung sind die Definitionen anzusehen, die 1957 von der Internationalen Akademie für Zytologie aufgrund eines schriftlichen Symposiums aufgestellt wurden (116). Wenn auch damals nicht für alle Zellbeschreibungen eine vollständige Übereinstimmung erzielt werden konnte, so leisteten diese Empfehlungen doch einen wesentlichen Beitrag zu der heute gebräuchlichen Nomenklatur.

Basalzellen

Die Basalzellen stammen aus dem Stratum basale und sind mit 12–20 µm die kleinsten Zellen des Vaginalepithels (Abb. 4.**2**). Sie haben im losgelösten Zustand ihre zylindrische Form verloren und zeigen einen runden bis ovalen Zelleib. Das Zytoplasma weist bei der Papanicolaoufärbung die kräftigste zyanophile Färbung von allen Zellen auf. Der 8–10 µm große, bläschenförmige Kern liegt zentral und nimmt über ⅓ der Zellfläche ein. Die Chromatinstruktur ist fein granuliert, aber kräftig angefärbt. Da das Plattenepithel auch bei stärkster Atrophie nie bis zur letzten Epithelreihe abgebaut ist, kommen die Basalzellen normalerweise im zytologischen Abstrich nicht vor. Ihr Erscheinen ist also stets ein Hinweis auf eine Verletzung des Epithels.

Parabasalzellen

Die ebenfalls meist runden bis ovalen Parabasalzellen (Abb. 4.**2**) werden dem Stratum spinosum profundum zugeordnet. Ihre Größe variiert zwischen 15 und 30 µm Durchmesser. Das dichte *Zytoplasma* färbt sich zyanophil an, etwas heller als das der Basalzellen, aber kräftiger als das der Intermediärzellen. Eosinophile oder amphophile Anfärbung ist stets ein Hinweis auf Entzündung, Degeneration oder Antrocknung. Gelegentlich ist eine feine, mitunter auch gröbere Vakuolisierung des Plasmas zu beobachten. Die Zellgrenzen sind bei den gut erhaltenen Zellen scharf und deutlich. Man findet jedoch auch Zellen mit unscharfer Begrenzung und feinen dendritischen Plasmaausläufern. Der 9–10 µm große, rundlich-ovale *Kern* liegt zentral und besitzt eine feine, netzartige Strukturierung mit gelegentlich erkennbarem Nukleolus.

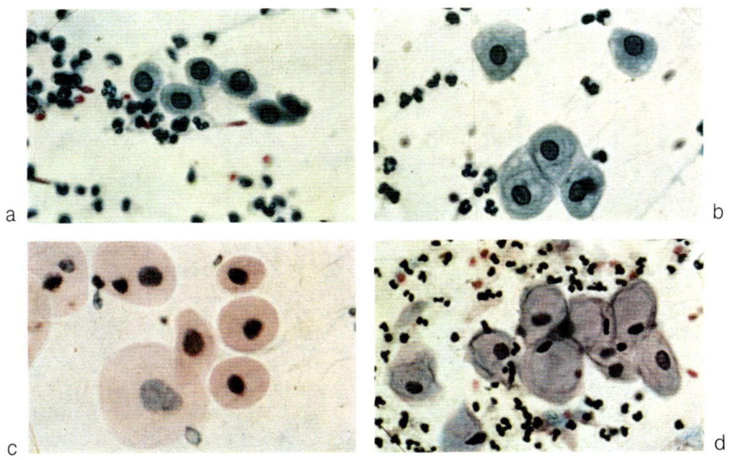

Abb. 4.**2a–d** Basal- und Parabasalzellen.

a Gruppe von Basalzellen.

b Parabasalzellen mit feiner Vakuolisierung des Zytoplasmas.

c Parabasalzellen eines atrophischen Ausstrichbildes mit Pseudoeosinophilie und teilweise beginnender Autolyse.

d Parabasalzellen vom Post-partum-Typ (alle Abb. Obj. 40×, Ok. 10×).

Die Parabasalzellen enthalten noch kein Glykogen und können somit durch die Döderlein-Bakterien nicht der bakteriellen Zytolyse unterworfen werden. Dagegen sind sie gegenüber dem sonstigen, sie umgebenden Vaginalmilieu außerordentlich wenig widerstandsfähig und verfallen schnell der *degenerativen Autolyse*. Das Zytoplasma erscheint dann gedunsen mit unklaren Zellgrenzen und färbt sich nur schwach graubläulich oder rötlich an. Eine ähnlich verwaschene und schlecht angefärbte Struktur lassen dann in der Regel auch die Kerne erkennen. Bei beginnender Degeneration können diese jedoch gelegentlich auch verkleinert, deformiert und hyperchromatisch sein.

Parabasalzellen beherrschen in *atrophischen Ausstrichen* der Kindheit und nach der Menopause das Bild, können aber auch bei ausgeprägter Ovarialinsuffizienz in wechselnder Anzahl vorgefunden werden. Bei Frauen in der geschlechtsreifen Zeit sieht man sie nur selten. Sie stammen dann meist von Epithelläsionen mit Bloßlegung der tieferen Schichten.

Eine besondere Form der Parabasalzellen findet man in der Wochenbettperiode. Bei diesen sog. *Post-partum-Zellen* (Abb. 4.**2d**) ist die Mannigfaltigkeit in Form und Größe noch stärker ausgeprägt als bei den übrigen Parabasalzellen. Die Zellränder weisen meist auffallende Plasmaverdichtung auf. Das fein vakuolisierte Plasma kann öfters ein schaumiges Aussehen annehmen. Die Kerne liegen vielfach randständig und zeigen eine gewisse Anisonukleose und Pyknose. Das gehäufte Auftreten dieser Zellen zu diesem Zeitpunkt erklärt sich sowohl aus der endokrinen Wochenbettsituation als auch aus der Tatsache zahlreicher Epithelverletzungen unter der Geburt.

Intermediärzellen

Als Intermediärzellen werden alle Plattenepithelzellen mit einem *bläschenförmigen Kern* bezeichnet, die einerseits einen höheren Differenzierungsgrad als die Parabasalzellen darstellen, andererseits noch nicht den Superfizialzellen zugeordnet werden können. Dabei ist die Abgrenzung in den Übergangsbereichen zu den Parabasalzellen wesentlich ungenauer als zu den Superfizialzellen mit ihrem pyknotischen Kern. Neben der Verschiebung der Kern-Plasma-Relation ist die Änderung der Zellform entscheidend. In dem Moment, in dem der Zelleib die rundlich-ovale Form verliert und länglich, polygonal und flacher wird, sollte man die Zelle den Intermediärzellen zurechnen. Wie aus Abb. 4.**1** zu ersehen ist, nehmen die Intermediärzellen den weitaus größten Anteil am hoch aufgebauten Plattenepithel ein.

Wir unterscheiden im Zellabstrich zwischen *kleinen Intermediärzellen,* die vom Stratum spinosum superficiale, und den *großen Intermediärzellen,* die vom unteren Anteil des Stratum superficiale stammen (111, 116). Trotz der nicht immer scharfen Abgrenzungsmöglichkeit beider Zellformen sind wir mit einer Reihe anderer Autoren der Meinung (9, 66, 115, 134), daß mit dieser Unterteilung die verschiedenen hormonellen Einflüsse zytologisch wesentlich präziser zum Ausdruck gebracht werden können als ohne diese Differenzierung.

Für das Studium der älteren Literatur sei darauf hingewiesen, daß früher entsprechend dem Vorschlag von Papanicolaou und Traut (82) nur die kleinen Intermediärzellen als Intermediärzellen bezeichnet wurden, während man die großen Intermediärzellen der unteren Schicht der Oberflächenzone des Epithels zugerechnet hat.

Die *kleinen Intermediärzellen* (Abb. 4.**3**) haben eine länglich-ovale, meist polygonale Form mit einem Durchmesser zwischen 25 und 40 µm. Ihr Zytoplasma färbt sich zyanophil an und erscheint heller und transparenter als das der Parabasalzellen, in der Regel aber dichter und kräftiger als das der höher differenzierten Formen der großen Intermediärzellen. Vereinzelt sieht man eine zarte Vakuolisierung des Zytoplasmas. Die Zellränder sind meist leicht gefaltet und eingerollt. Durch biochemische Methoden läßt sich eine mehr oder minder starke Glykogeneinlagerung nachweisen. Dies ist auch der Grund, weshalb diese Zellen durch die Döderlein-Bakterien zersetzt werden können. Der bläschenför-

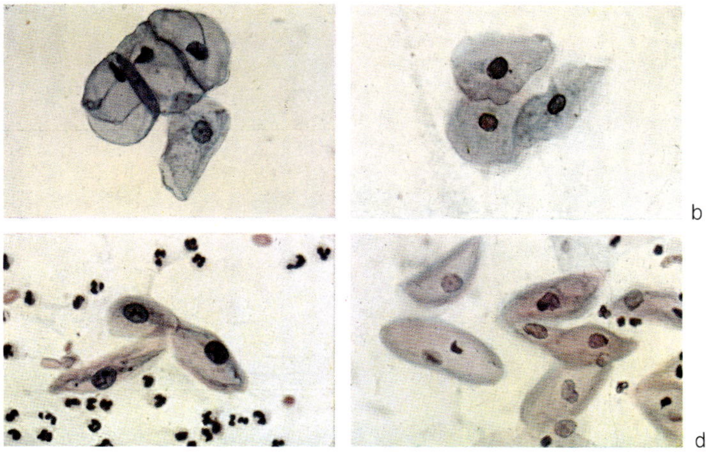

a b c d

Abb. 4.**3a–d** Kleine Intermediärzellen.

a u. **b** Verschiedene Formen kleiner Intermediärzellen.

c Intermediärzellen vom Navikularzelltyp außerhalb der Schwangerschaft.

d Intermediärzellen vom Navikularzelltyp während der Schwangerschaft (alle Abb. Obj. 40 ×, Ok. 10 ×).

mige Kern ist rundlich-oval und mißt im Durchmesser 7–9 µm. Seine Chromatinstruktur erscheint netzförmig oder fein granuliert. Die Lage im Zelleib ist sehr variabel, zentral bis peripher.

Unter den kleinen Intermediärzellen findet man noch einen morphologisch besonders charakteristischen Zelltyp, die sog. *Navikularzellen* (Abb. 4.**3c** u. **d**). Den Namen verdanken sie ihrer kahnartigen Form. Die Zellränder erscheinen verdichtet und setzen sich meist deutlich von dem sonst sehr transparenten Zytoplasma ab. Der oft länglich gestreckte Kern liegt gerne etwas exzentrisch. Obwohl diese Zellformen seit ihrer Beschreibung durch Papanicolaou (76) als charakteristische Schwangerschaftszellen gelten, kommen sie auch bei allen anderen hormonalen Zuständen vor, die einen Aufbau des Epithels bis zu den Intermediärzellschichten bedingen, z. B. unter Gestageneinfluß, bei mittlerem Follikelhormonmangel, bei androgener Hormonwirkung usw. (89, 115, 117, 124).

Die *großen Intermediärzellen* (Abb. 4.**4**) haben einen Durchmesser von 40–60 µm und ähneln in Form und Größe den Superfizialzellen. Das Zytoplasma färbt sich bei der Mehrzahl der Zellen zyanophil und ist noch transparenter als bei den kleinen Intermediärzellen. Es kann aber auch eosinophil sein. Die Zellränder sind meist leicht gefaltet, können jedoch bei guter Östrogenwirkung völlig flach ausgebreitet sein. Der Zellkern mißt 6–7 µm und läßt eine feine Chromatinstruktur erkennen.

Die großen Intermediärzellen sind der vorherrschende Zelltyp bei der geschlechtsreifen Frau, außer in der unmittelbar präovulatorischen Phase. Auch bei leichten hormonalen Insuffizienzen, wie z. B. bei den meisten sekundären Amenorrhöen oder in der ersten Zeit der Postmenopause, sind sie in der Überzahl vorhanden. Bei stärkeren endokrinen Störungen verschwinden sie immer mehr zugunsten der kleinen Intermediärzellen.

Superfizialzellen

Die Superfizialzellen stammen aus den obersten Schichten des Stratum superficiale. In Größe und Form gleichen sie den großen Intermediärzellen, unterscheiden sich von diesen aber durch den pyknotischen Kern (Abb. 4.**5**).

Dieser kleine, weniger als 6 µm messende *pyknotische Kern* ist das charakteristische Merkmal der Superfizialzellen. In der Papanicolaou-Färbung erscheint er dunkel bis tiefschwarz ohne erkennbare Struktur und leuchtet bei der Betrachtung im Phasenkontrastmikroskop (Abb. 4.**34**) hellrot auf. Durch die Retraktion des Kerns bildet sich gelegentlich ein heller perinuklearer Hof. In Übergangsformen von den großen Intermediärzellen zu den Superfizialzellen kommen sog. *präpyknotische Kerne* vor, deren Strukturen noch nicht völlig verdichtet, sondern noch teilweise erkennbar sind. Diese Zellen werden noch zu den großen Intermediärzellen gerechnet.

Der *Zelleib* der Superfizialzellen ist sehr dünn und transparent und weist oft eine fibrillenartige Zeichnung auf, die auch bei rasterelektronischen Aufnahmen sehr deutlich zum Ausdruck kommt (34, 38, 60, 61, 69, 131).

Bei alleiniger Östrogenwirkung sind die Zellen flach ausgebreitet und besitzen einen scharf begrenzten Rand. Sonst sieht man die Zellränder wohl wegen des dünnen Zelleibes leicht eingeschlagen.

Bei optimaler Östrogenwirkung erfolgt ein Umschlag von der zyanophilen zur eosinophilen *Anfärbbarkeit des Zytoplasmas.* Etwa gleichzeitig werden die Kerne pyknotisch, häufig aber auch schon vorher oder erst danach. Superfizialzellen mit eosinophylem Zytoplasma stellen den höchsten Grad der Differenzierung des unverhornten Plattenepithels dar. Die Zellen enthalten entsprechend der Anfärbbarkeit des Zytoplasmas manchmal *rot oder blau* bis *bräunlich angefärbte Granula* (Abb. 4.**5c**), die sich im allgemeinen mehr um den Zellkern herumgruppieren. Es handelt sich hierbei entweder um Lipidgranula, die hormonabhängig in ihrer Zahl und Größe

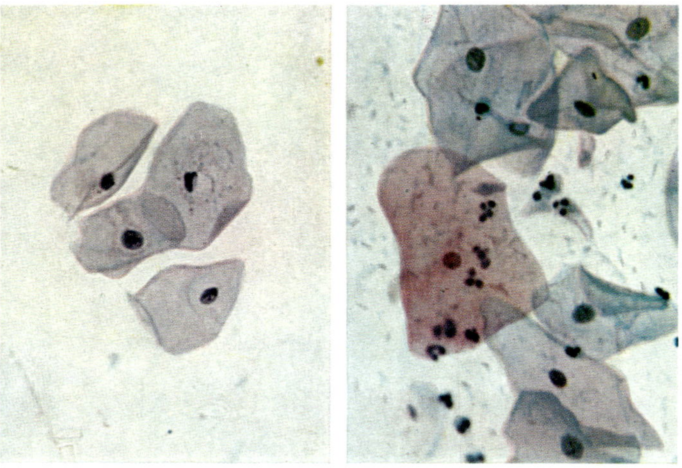

a b

Abb. 4.**4** Große Intermediärzellen. Verschiedene Formen großer Intermediärzellen mit zyanophiler und eosinophiler Anfärbung, die Zellränder sind meist gefaltet (Obj. 40 ×, Ok. 10 ×).

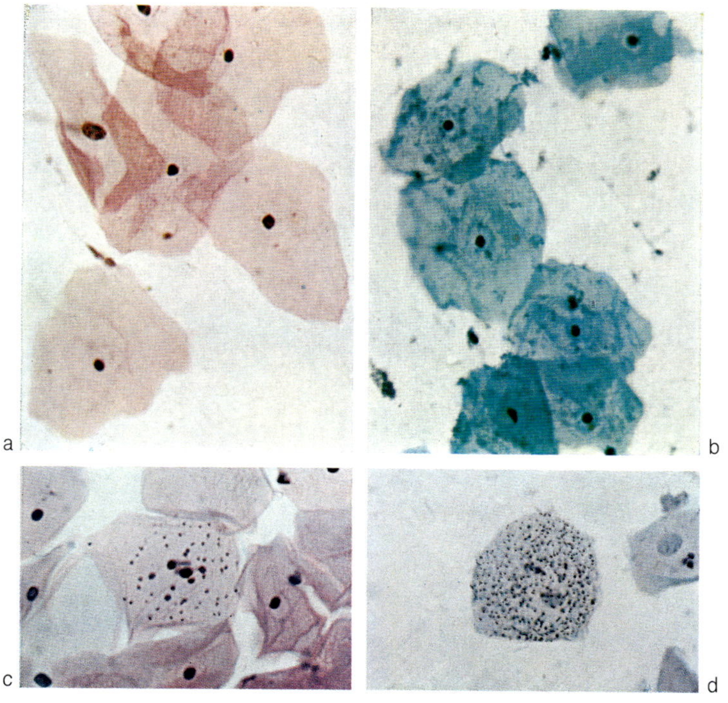

Abb. 4.**5a–d** Superfizialzellen.

a Eosinophile Superfizialzellen.

b Zyanophile Superfizialzellen.

c Braunschwarze Granula in eosinophiler Superfizialzelle.

d Intermediärzelle mit Blutpigmentgranula (alle Abb. Obj. 40 ×, Ok. 10 ×).

variieren (25, 64), oder um größere RNS-Komplexe (47). Sie sind nicht mit den selteneren *Blutpigmentgranula* mancher Zellen zu verwechseln, die gleichmäßig über die Zellen verteilt sind und sich mit der Berliner-Blau-Reaktion nachweisen lassen (Abb. 4.**5d**).

Die Superfizialzellen sind infolge ihres Keratingerüstes relativ widerstandsfähig gegen Umwelteinflüsse und neigen nicht so schnell zur Degeneration. Sie können auch nicht von den Döderlein-Bakterien angegriffen werden.

Physiologischerweise beherrschen die Superfizialzellen nur um die Zeit der Ovulation das zytologische Abstrichbild. In geringer Zahl treten sie bei Frauen im geschlechtsreifen Alter fast während des ganzen Zyklus auf. Ansonsten findet man sie in der Überzahl z. B. noch bei östrogenproduzierenden Tumoren oder bei exogener Östrogenapplikation.

Gelegentlich kommen im Abstrich Zellen vor, die nur einen zart angedeuteten Kern oder auch gar keinen mehr aufweisen. Ihr Zytoplasma ist meist zart rosa, orange oder gelb angefärbt (Abb. 8.**63**). Diese *präkeratotischen Zellen* oder Hornschollen stammen von Verhornungsprozessen, die auf mechanische, chemische, entzündliche oder pathologische Differenzierungsstörungen zurückzuführen sind und in diesem Bereich des Genitales nicht als normal angesehen werden können.

Histologie und Zytologie der Endozervix

Histologie

Die Zervixschleimhaut kleidet den Zervikalkanal aus. Die äußere Begrenzung gegenüber dem Plattenepithel ist normalerweise scharf (Abb. 4.**6**), während der Übergang zum Endometrium etwas fließender, jedoch ebenfalls deutlich ist. Die jeweiligen Epithelarten treffen nicht immer genau am äußeren oder inneren Muttermund aufeinander, sondern die Grenzen können sich in den verschiedenen Lebensabschnitten der Frau unter hormonalen und mechanischen Einflüssen verschieben (Abb. 2.**3**). Während der hormonalen Ruhephasen der Kindheit und des höheren Lebensalters ist das Drüsenfeld mehr nach oben verschoben, so daß die Plattenepithel-Drüsenepithel-Grenze in die unteren Abschnitte des Zervikalkanals fällt. In der geschlechtsreifen Zeit dagegen ist diese Grenze in der Regel am äußeren Muttermund oder auf die Portiooberfläche verlagert. Die Gesamtausdehnung der Zervixschleimhaut bleibt aber in allen Fällen ziemlich konstant.

Die Zervixschleimhaut setzt sich histologisch aus einem Stroma und dem darüberliegenden einreihigen Zylinderepithel zusammen. Bei dem Epithel können zwei verschiedene Zelltypen unterschieden werden: *sekretorische Zellen* und *Flimmerzellen* (Abb. 4.**7**).

Die in der Überzahl vorhandenen sekretorischen Zellen kommen im isthmusnahen Abschnitt überwiegend in niedrigzylindrischer Form, in der Portionähe dagegen mehr in hochzylindrischer Form

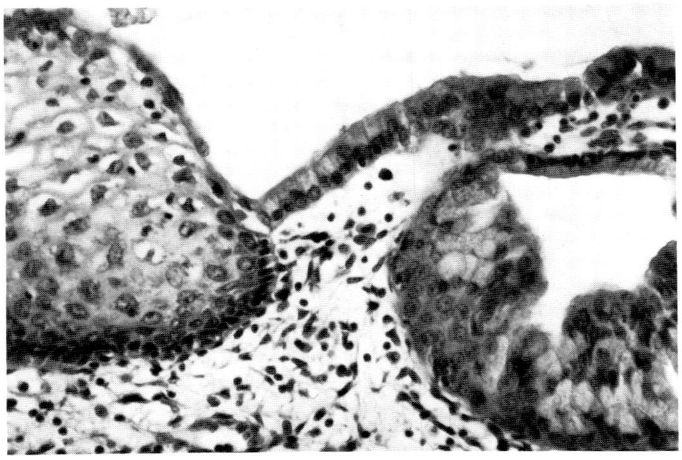

Abb. 4.**6** Grenze zwischen Plattenepithel und endozervikalem Zylinderepithel (in das Bindegewebe eingelagert eine schräg angeschnittene Zervixdrüse) (Obj. 25 ×, Ok. 10 ×).

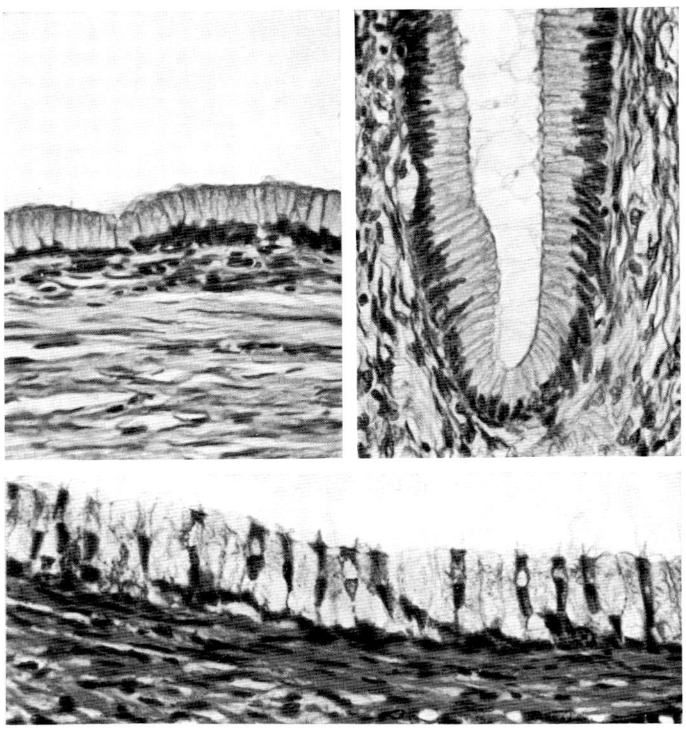

a b c

Abb. 4.**7a–c** Endozervikales Zylinderepithel im histologischen Schnitt.

a Sekretorische und zilientragende Zylinderzellen an der Oberfläche des Zervikalkanals.

b Sekretorische Zylinderzellen in einem endozervikalen Drüsenschlauch.

c Sekretorisches Epithel und Flimmerzellen nebeneinander in einem endozervikalen Drüsenschlauch (alle Abb. Obj. 40 ×, Ok. 10 ×).

vor (45). Die zilientragenden Zellen sind einzeln oder in kleinen Gruppen über den gesamten Zervikalkanal verstreut. Diese morphologischen Variationen sind nicht so sehr in einer unterschiedlichen hormonalen Beeinflußbarkeit dieser Schleimhautabschnitte zu sehen, sondern vielmehr als verschiedene Funktionszustände bei der Sekretabgabe zu deuten, die ganz asynchron verläuft, so daß selbst benachbarte Zellen sich deutlich voneinander unterscheiden (114).

In ihrem Enzymmuster und in den Schleimmengen weist die Zervixschleimhaut ganz eindeutig zyklusabhängige Schwankungen auf (55, 85, 105, 125). Dagegen können, bis auf wenige Ausnahmen (82, 130), die meisten Autoren an ihr kein überzeugendes morphologisches Korrelat des Zyklus finden (24, 44, 45, 72, 107, 120). Die einzigen morphologischen Unterschiede bestehen darin, daß in der ersten Zyklushälfte das Lumen der Drüsenschläuche relativ eng ist und die Zellen eine gleichmäßige Höhe besitzen. Das in dieser Zeit reichlich produzierte wäßrige Sekret wird in der postovulatorischen Phase in der Menge deutlich reduziert, aber dafür sehr zäh, so daß die Drüsenschläuche auseinandergedrängt werden und sehr weit erscheinen. Die Zellbegrenzungen sind dann ungleichmäßig und unscharf. Unter einer lang andauernden exogenen Gestagenapplikation kommt es oft zu einer adenomatösen Hyperplasie der Zervixschleimhaut, die weit über das aus der Gravidität bekannte Ausmaß hinausgeht (19, 59).

Zytologie

Zellen des zervikalen Zylinderepithels können von den Wandungen des Zervikalkanals, aus den meist stark verzweigten Drüsengängen der Endozervix oder von ektopischen Zylinderepithelbezirken der Portio stammen. Ihre Form und Größe geben keinen sicheren Hinweis auf den genauen Ort ihrer Herkunft im Bereich der Zervix. Es lassen sich im allgemeinen zwei Zylinderzellarten unterscheiden: die stets in überwiegender Zahl vorhandenen sekretorischen Zellen und die vereinzelt auftretenden Flimmerzellen.

Die *sekretorischen Zellen* (Abb. 4.**8** u. 4.**9**) zeigen eine große Variabilität in ihrer morphologischen Erscheinung. Sie können eine langgestreckte schlauch- oder tütenförmige Gestalt bis hin zu kurzen plumpen becherähnlichen Formen aufweisen.

Das Zytoplasma erscheint in der Papanicolaou-Färbung zart gelblich bis bläulich und fein vakuolisiert. Der granulär strukturierte Kern liegt im proximalen Teil des Zellkörpers oder ganz basal, wobei er durch den Sekretdruck eine nach oben abgeflachte Form annehmen kann. Im Verband sehen die Zellen in der Seitenansicht palisadenförmig, in der Aufsicht durch ihre polygonale Begrenzung honigwabenförmig aus (Abb. 4.**8c** u. 4.**22a**).

Die *Flimmerzellen* (Abb. 4.**10**) weichen in ihrer Form und Größe nicht wesentlich von den sekretorischen Zellen ab. Sie sind in der Regel etwas länglicher und zeigen keine so starke morphologische Variationsbreite. Der Zelleib ist fast immer becher- oder kegelförmig. Die breite Oberseite trägt etwa 20 durch die Papanicolaou-Färbung rot angefärbte Flimmerhärchen (Zilien). Unter diesen sieht man einen etwas dickeren, rötlich gefärbten Saum. Häufig gibt dieser den einzigen Hinweis auf die Flimmerzellen, da die Zilien rasch degenerieren. Das Zytoplasma ist meist zyanophil und weist in der distalen Zellhälfte um den Kern herum einen fein- bis grobblasig strukturierten Bezirk auf. Bei starker Ausprägung der Vakuolisation kann diese auch die proximale Seite des Kerns umgreifen. Als ein differentialdiagnostisches Merkmal gegenüber den sekretorischen Zellen kann der Kern dienen, der bei den Flimmerzellen vorwiegend in der Zellmitte gelegen ist und eine ausgeprägte granuläre, manchmal sogar etwas klumpige Struktur hat. Die Kerne beider Zell-

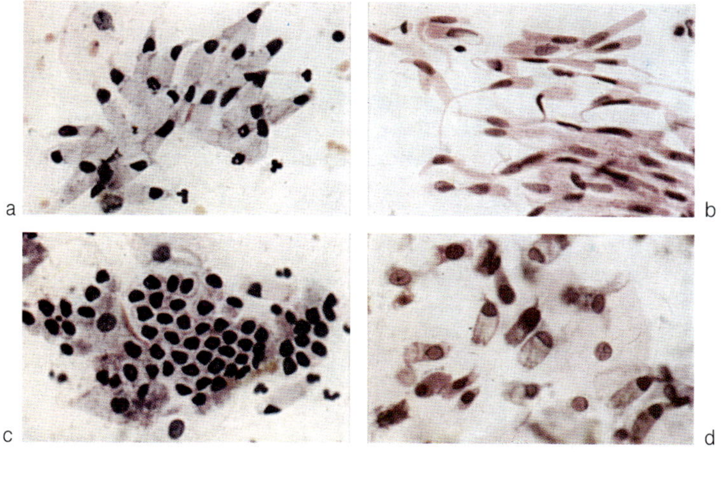

Abb. 4.**8a–d** Variationsformen der endozervikalen Drüsenepithelien.

a Tütenähnliche Formen in Seitenansicht.

b Langgestreckte schlauchähnliche Formen mit länglichen Kernen in Seitenansicht.

c Vorwiegend noch im Verband liegende endozervikale Drüsenepithelien in der Aufsicht.

d Kurze becherähnliche Formen in Seitenansicht (alle Abb. Obj. 40 ×, Ok. 10 ×).

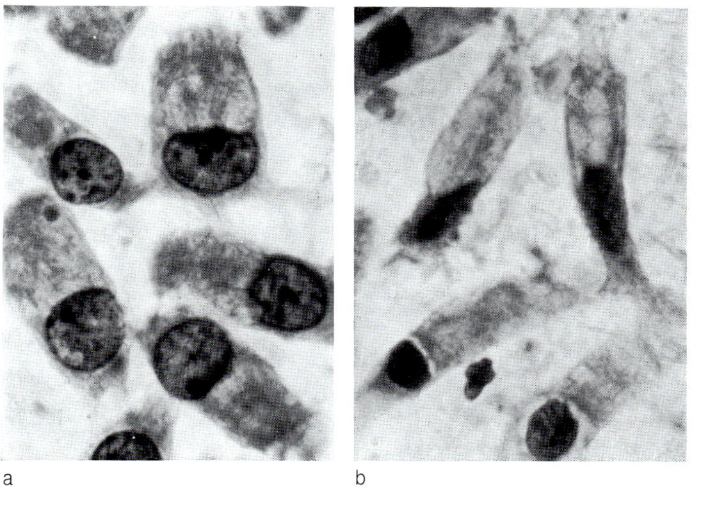

Abb. 4.**9a** u. **b** Sekretorische endozervikale Zylinderzellen.

a Kurze und dicke Formen.

b Langgestreckte Formen (beide Abb. Obj. Öl 90 ×, Ok. 10 ×).

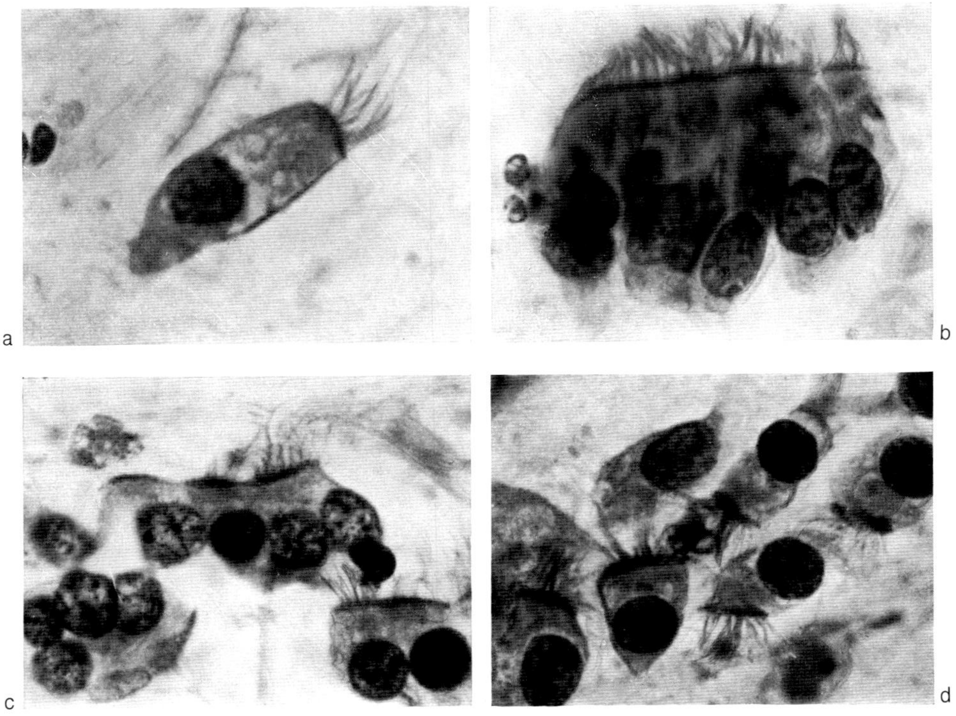

Abb. 4.**10a–d** Flimmerzellen des endozervikalen Zylinderepithels in verschiedenen Variationen (alle Abb. Obj. Öl 90×, Ok. 10×).

arten besitzen ein oder mehrere Nukleolen, von denen sich das an dem Kernrand gelegene X-Chromatin meist unterscheiden läßt.

Die viel diskutierte Frage, ob diese beiden Zelltypen zwei nebeneinander vorkommende selbständige Drüsenepithelien sind oder ob eine gegenseitige Umwandlung möglich ist, kann nicht sicher beantwortet werden. Aufgrund lichtmikroskopischer wie ultrastruktureller Untersuchungen scheint jedoch die Möglichkeit des Übergangs von zilientragenden Zellen in sezernierende Zellen relativ gesichert zu sein (11, 109, 110, 113, 114, 123). Auch die umgekehrte Bildung einer Flimmerzelle aus einer sezernierenden Zelle wird für möglich gehalten (86).

Da das einschichtige Zylinderepithel der Zervixschleimhaut sich nicht spontan abschilfert, findet man normalerweise bei zart entnommenen Abstrichen fast nur Drüsenepithelien, die schon mehr oder minder stark einer degenerativen Autolyse unterworfen sind (s. S. 164ff). Vor allem das Zytoplasma ist wegen der schnellen Degeneration meist nicht mehr vorhanden, während die nackten Zellkerne sich in den unterschiedlichsten Degenerationsphasen befinden. Optimal erhaltene Zylinderepithelzellen im zytologischen Abstrich lassen sich praktisch nur durch Verletzung des Epithels bei etwas kräftigen Watteträger- oder Spatelabstrichen erzielen.

Histologie und Zytologie des Endometriums

Histologie

Das Endometrium setzt sich aus einer epithelialen und mesenchymalen Komponente zusammen. Das einschichtige Zylinderepithel kleidet sowohl die Oberfläche des Uteruskavums *(Oberflächenepithel)* als auch die in das Stroma sich senkenden Drüsenschläuche *(Drüsenepithel)* aus. Wie bei der Zervixschleimhaut können auch hier sekretorische Zellen und Flimmerzellen unterschieden werden, von denen jede konstant 11 Flimmerhärchen besitzt (41). Morphologische Unterschiede im Bereich der Uterusschleimhaut sind kaum faßbar, dagegen können durch histochemische Methoden funktionelle Verschiedenheiten nachgewiesen werden (10, 57, 101, 103).

Das *Stroma des Endometriums* besteht aus einem pluripotenten Mesenchym (43, 101). Es unterliegt unter hormonellen Einflüssen charakteristischen strukturellen Veränderungen, so daß daraus ebenso wie aus dem Strukturwandel der Drüsenschläuche Rückschlüsse auf den Zyklus bzw. auf eine bestimmte hormonale Situation gezogen werden können.

Während der geschlechtsreifen Zeit lassen sich hauptsächlich 2 verschiedene Phasen im Zyklus unterscheiden. Einmal die *Proliferationsphase* der ersten Zyklushälfte und zum anderen die *Sekretionsphase* der zweiten Zyklushälfte (Abb. 4.**11** u. 4.**12**).

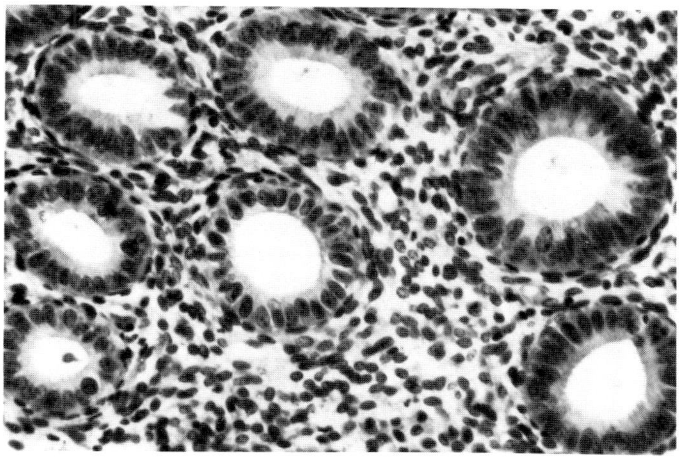

Abb. 4.**11** Typischer Aufbau des Endometriums in der frühen Proliferationsphase. Quer getroffene tubuläre Drüsen (Obj. 25 ×, Ok. 10 ×).

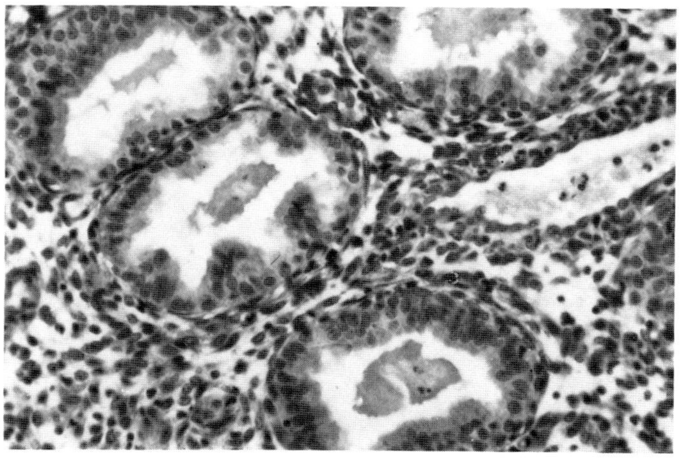

Abb. 4.**12** Typischer Aufbau des Endometriums in der mittleren Sekretionsphase. Lebhafte Sekretion in die Drüsenlichtungen (Obj. 25 ×, Ok. 10 ×).

Die Veränderungen sind teilweise so charakteristisch, daß vor allem in der zweiten Zyklushälfte mit Hilfe histologischer Kriterien eine fast auf den Tag genaue Diagnose des Zyklustermins gegeben werden kann (18, 68, 73, 87).

Zytologie

In Zervix- und Vaginalabstrichen finden sich unter physiologischen Bedingungen selten Endometriumzellen, da diese nur bei uterinen Blutungen abgeschilfert werden. Außerdem befinden sie sich dann kaum noch in gutem Erhaltungszustand. Frische Endometriumzellen lassen sich deshalb nur bei Direktentnahme aus dem Uteruskavum gewinnen (5, 6, 13, 62, 122, 132, 133).

Zytologisch sind bei den Endometriumzellen die Epithel- und Stromazellen voneinander zu unterscheiden (8, 18, 20, 94, 112).

Bei den *Epithelzellen* dominieren die sekretorischen Drüsenzellen, vor allem in den Drüsenschläuchen, während bei dem das Uteruskavum auskleidenden Oberflächenepithel die Flimmerzellen in stärkerem Maße vertreten sind. Andere im Drüsenepithel vorkommende Epithelzellen wie z. B. „helle Zellen“ oder sog. „peg cells“ (18, 94) sind ihrer Herkunft nach nicht sicher bestimmt und lassen sich zytologisch auch nicht von den oben genannten Zellen differenzieren.

Die Epithelzellen zeigen nur in der Seitenansicht ihre typische Zylinderform. Gelegentlich sind dann auch noch Zilien erkennbar. In der Aufsicht sind sie klein und polygonal. Vor allem bei Direktabstrichen bilden die Epithelzellen größere Verbände in wabenartiger Formation. In der *Proliferationsphase* (Abb. 4.**13**) ist das Zytoplasma etwas schmäler, so daß die Kerne dichter beieinander liegen, während sie in vergleichbaren Verbänden aus der *Sekretionsphase* (Abb. 4.**14**), bedingt durch die größere Höhe und Breite der Zellen, weiter voneinander entfernt sind. Auch bemerkt man hier eine stärkere Verdichtung des Zellplasmas an den Zellrändern (1, 2, 4).

Die Kerne der Epithelzellen sind rund oder oval, einheitlich in der Größe und zeigen in gutem Erhaltungszustand eine fein gekörnte Chromatinstruktur, manchmal mit einem bis mehreren kleinen Chromozentren (Abb. 4.**15**). Die Kerngröße zeigt statistisch keine signifikanten Variationen während des Zyklus. In der Sekretionsphase sind allerdings Degenerationserscheinungen mit Schrumpfung der

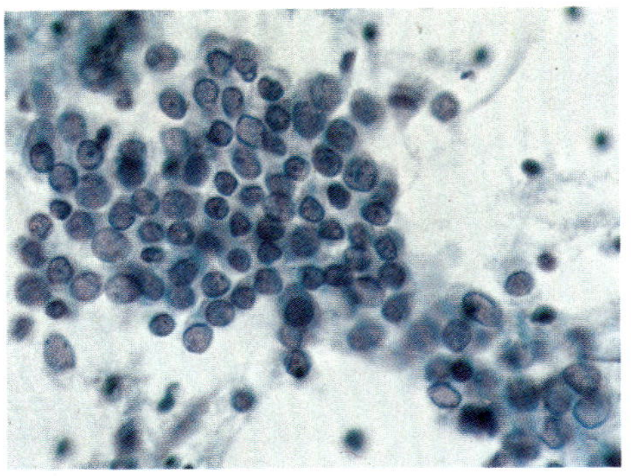

Abb. 4.**13** Epithelzellen des Endometriums in der Proliferationsphase. Direktentnahme aus dem Uteruskavum. Die Zellen haben einen schmalen Zytoplasmasaum, die Kerne sind rund bis oval und weisen eine feine Chromatinstruktur auf (Obj. 40×, Ok. 10×).

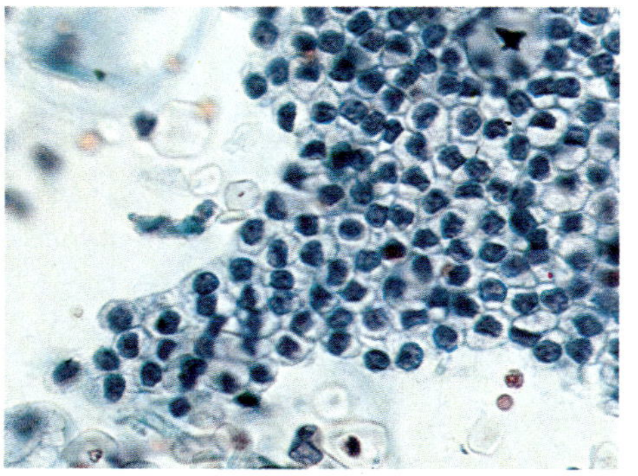

Abb. 4.**14** Epithelzellenverband des Endometriums in der Aufsicht während der Luteinphase. Direktentnahme aus dem Uteruskavum. Die Zellen sind etwas zytoplasmareicher, haben betonte Zellränder, und an den Zellkernen sind beginnende Degenerationserscheinungen erkennbar (Obj. 40×, Ok. 10×).

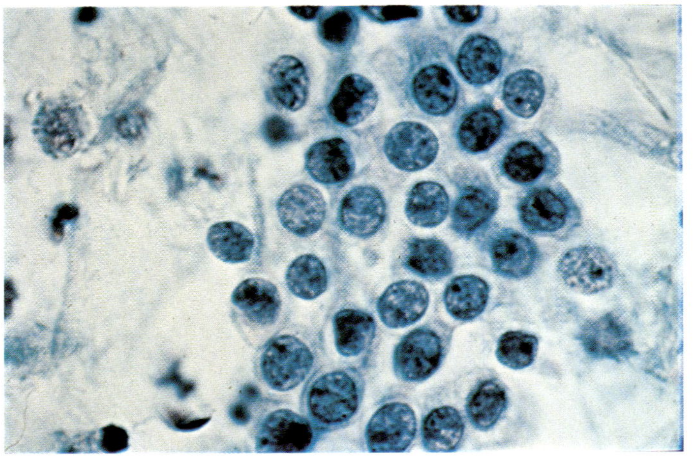

Abb. 4.**15** Epithelzellen des Endometriums in stärkerer Vergrößerung. Direktentnahme aus dem Uteruskavum. Körnige Kernchromatinstruktur mit Nukleoli und Chromozentren (Obj. Öl 100×, Ok. 10×).

Kerne und Eindellung der Kernränder nicht selten (Abb. 4.**14**).

Die *Stromazellen* des Endometriums bieten ein etwas variationsreicheres Bild. Zu Beginn des Zyklus findet man aus den *unteren Schichten* stammende undifferenzierte spindelige oder polygonale Zellen, deren Zytoplasmaausläufer oftmals miteinander noch verbunden sind (Abb. 4.**16**). Das meist spärliche Zytoplasma zeigt eine zart zyanophile Anfärbung und neigt zu einer feinen Vakuolisation. Die ovalen bis länglichen Kerne sind zunächst sehr chromatinreich und lockern sich gegen Ende der Proliferationsphase etwas auf. Zu diesem Zeitpunkt nehmen auch die Stromazellen aus den *oberen Schichten* an Größe zu (Abb. 4.**17**). Im Laufe der Sekretionsphase kommt es dann zu einer deutlichen Differenzierung der endometrialen Stromazellen. Einerseits werden die *prädezidualen Zellen* größer und runden sich ab. Das Zytoplasma zeigt durch Speicherung von Glykogen, Glykoproteiden und Lipoiden ein schaumiges bis grob vakuolisiertes Aussehen. Die Zellgrenzen sind meist deutlich ausgeprägt (Abb. 4.**18**). Andererseits entwickeln sich durch Abrundung und Verkleinerung anderer Stromazellen die sog. *Körnchenzellen*. Es handelt sich dabei um kleine runde Zellen mit nierenförmigem oder segmentiertem, meist pyknotischem Kern. Das Zytoplasma ist hell und enthält eosinophile Granula.

In der Geschlechtsreife sind bei Direktentnahme die Kerne der Stromazellen mit 46,2 μm^2 durchschnittlich etwas größer als die von Epithelzellen mit 40,7 μm^2. Nach der Menopause sind Epithel- und Stromazellkerne mit 36,8 μm^2 gleich groß (8, 9). Die spontan abgeschilferten Endometriumzellen haben dagegen im Durchschnitt nur ¾ so große Kerne.

Gelegentlich beobachtet man metaplasiezellähnliche sog. *oxyphile Zellen*. Sie sind von runder, ovaler oder polygonaler Form, und ihr Zytoplasma ist eosinophil. Die Zellkerne sind etwas größer als von normalen Endometriumzellen, können kleine Nukleoli enthalten und liegen oft exzentrisch. Vermutlich handelt es sich dabei um metaplastische Zellen, die vom Zylinderepithel oder von unreifen Stromazellen ausgehen (94). Sie haben Ähnlichkeit mit

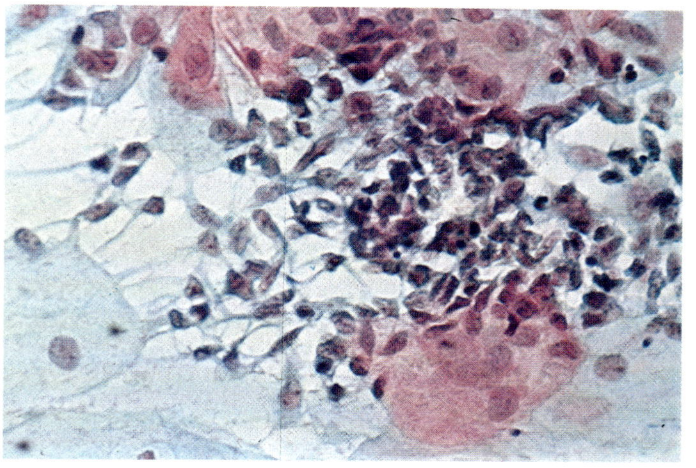

Abb. 4.**16** Stromazellen aus den tieferen Schichten des Endometriums. Direktentnahme aus dem Uteruskavum. Spindelige bis polygonale Zellen mit spärlichem Zytoplasma. Lockere Chromatinstruktur der Kerne (Obj. 63 ×, Ok. 10 ×).

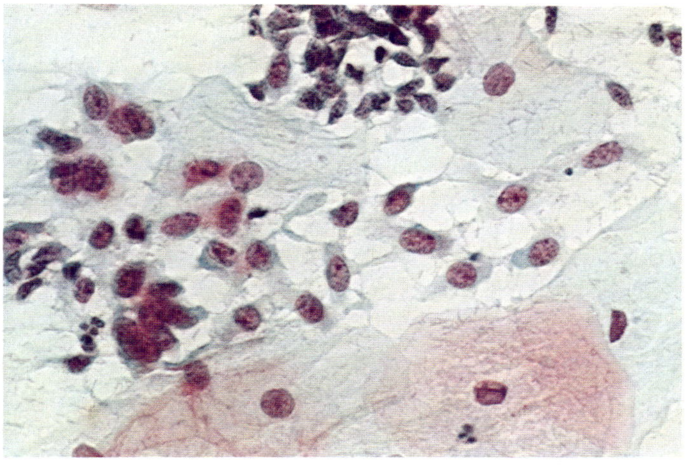

Abb. 4.**17** Stromazellen aus den oberen Schichten des Endometriums. Direktentnahme aus dem Uteruskavum. Die Zellen sind im Gegensatz zu den Stromazellen aus den tieferen Schichten (oberer Bildrand) deutlich größer und auch von einheitlicherer Form. Die Kerne haben meist einen betonten Nukleolus (Obj. 63 ×, Ok. 10 ×).

unreifen metaplastischen Zellen aus dem Zervikalkanal und sind, wenn sie spontan abgeschilfert werden, von diesen nicht eindeutig zu unterscheiden.

Da neben den Epithel- und Stromazellen auch viele Histiozyten, Lymphozyten und Plasmazellen den Abstrich bereichern, die sich meist auch ortsständig entwickelt haben dürften, entsteht ein recht polymorphes Bild (Abb. 4.**19**). Eine sichere Unterscheidung der verschiedenen Zellen voneinander ist vielfach nicht möglich.

Bei Direktabstrichen gewinnt man oft auch ganze Drüsenschläuche, die relativ leicht aus dem weichen Stromagewebe herausgelöst werden und im Ausstrichpräparat stark geschlängelte Haufen bilden (Abb. 4.**20**).

Spontan abgeschilferte Zellen vom Endometrium finden sich in einem Portioabstrich am ehesten natürlich bei Blutungen (16, 33). Meist sind die Zellen aber nach der Wanderung durch den Zervikalkanal schon so stark degeneriert, daß es nicht möglich ist, feinere Differenzierungen vorzuneh-

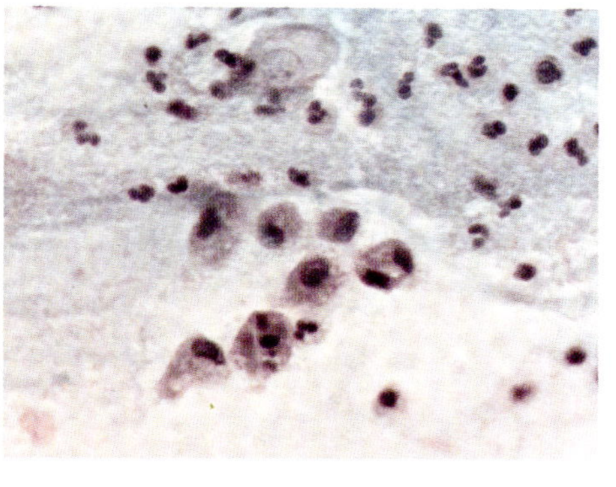

Abb. 4.**18** Prädeziduale Stromazellen und Körnchenzellen des Endometriums aus der Luteinphase. Spontanabschilferung (Obj. 63 ×, Ok. 10 ×).

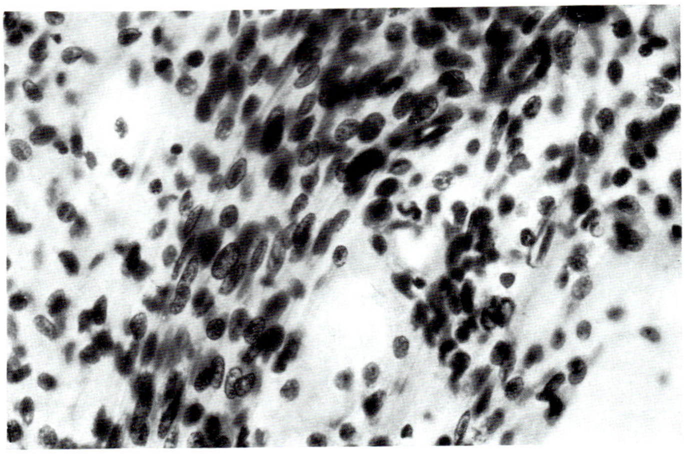

Abb. 4.**19** Endometriale Stromazellen in ihrer morphologischen Vielfalt, die eine sichere Klassifizierung der Einzelzellen zum Teil unmöglich macht. Direktentnahme aus dem Uteruskavum (Obj. Öl 40 ×, Ok. 10 ×).

Abb. 4.**20** Endometriale Drüsenschläuche. Direktentnahme aus dem Uteruskavum (Obj. 10 ×, Ok. 10 ×).

men. Sie fallen dann als dichte Haufen dunkel gefärbter Kerne auf, deren Zytoplasmasaum nur am Rande der Zellhaufen erkennbar ist.

In der *Differentialdiagnose gegenüber endozervikalen Zellen* ist zu beachten, daß die letzteren zytoplasmareicher und größer sind und bei Aufsicht im Verband schärfere Zellgrenzen erkennen lassen. Verbände von Endometriumzellen wirken dagegen dichter und unregelmäßiger, wobei die gröber granulierten Kerne im allgemeinen dunkler in Erscheinung treten (Abb. 4.**21** u. 4.**22**). Bei schon eingetretener Degeneration ist eine sichere Unterscheidung nicht möglich. Ebenso können einzeln liegende Endometriumzellen häufig nicht von anderen Zellen ähnlicher Morphologie, wie z. B. Reservezellen, großen Lymphozyten oder kleinen Histiozyten, sicher unterschieden werden.

Bei der gesunden Frau im geschlechtsreifen Alter erfolgt die spontane *Abschilferung von Endometriumzellen* hauptsächlich *während der Menstruation* und unmittelbar danach (s. auch Kap. 9, Abb. 9.**109**). Im typischen Fall sind die Endometriumzellen dann begleitet von massenhaft kleinen Histiozyten und Stromazellen (Abb. 4.**23**, 4.**24**). Papanicolaou nannte dieses Erscheinungsbild „Exodus" (80, 81). Während das Auftreten spontan abgeschilferter Endometriumzellen bis zur späten Follikelphase im allgemeinen noch als physiologisch angesehen werden kann (49, 54, 70, 118, 121), bedarf dies in der zweiten Zyklushälfte oder nach der Menopause einer besonderen Beachtung. Zellen von hochdifferenzierten Endometriumkarzinomen unterscheiden sich nämlich in ihrem Aussehen kaum von solchen bei gutartigen Endometriumveränderungen.

Eine hormonale Diagnostik ist an den aus dem Verband herausgelösten Endometriumzellen, selbst wenn sie durch Direktabnahme gewonnen wurden und gut erhalten sind, nicht möglich, weil die durch hormonale Einflüsse bedingten Veränderungen an der Einzelzelle morphologisch zu wenig ausgeprägt sind.

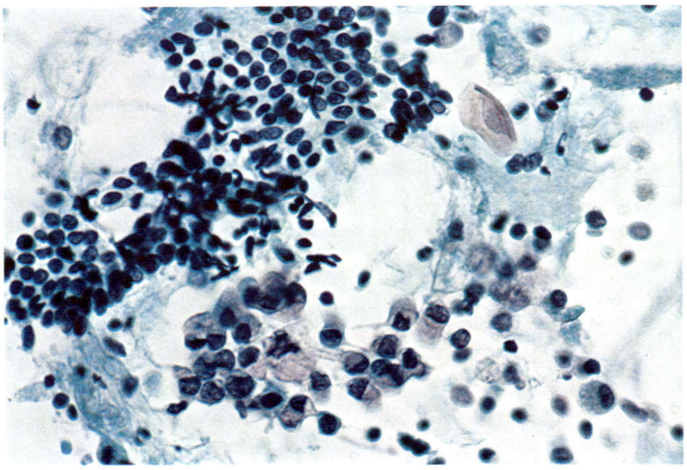

Abb. 4.**21** Zellhaufen mit endometrialen Drüsenepithelien neben endozervikalen Drüsenepithelien. Man erkennt deutlich die zytoplasmareicheren und größeren endozervikalen Zellen gegenüber den wesentlich kleineren Endometriumzellen mit stärker hyperchromatischen Kernen. Auffallend ist vor allem auch der Unterschied in der Kerngröße zwischen beiden Zellformen (Obj. 40 ×, Ok. 10 ×).

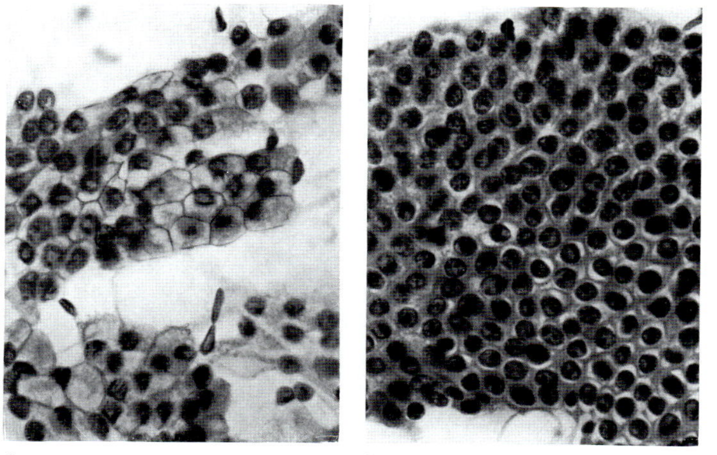

a b

Abb. 4.**22a** u. **b** Vergleichsbild zur Differentialdiagnose endozervikaler und endometrialer Drüsenepithelien in der Aufsicht.

a Zytoplasmareichere endozervikale Drüsenepithelien; die Kerne sind etwas aufgelockerter.

b Plasmaärmere endometriale Drüsenepithelverbände mit chromatindichteren Kernen (beide Abb. Obj. Öl 40 ×, Ok. 10 ×).

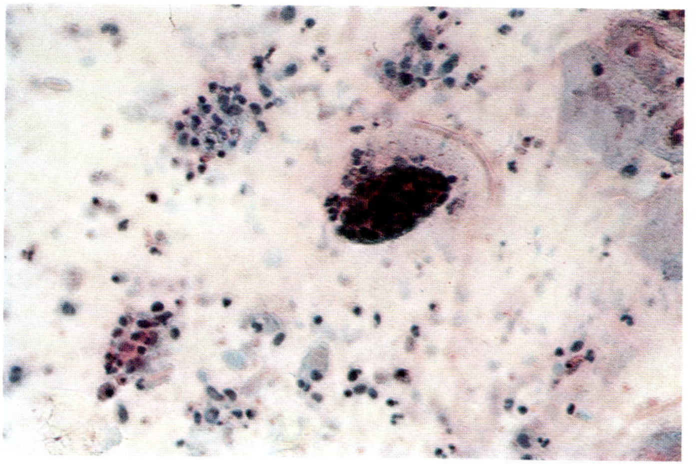

Abb. 4.**23** Exodus. Spontan abgeschilferte Endometriumzellhaufen in der ersten Zyklushälfte. In der Umgebung einzeln liegende Endometriumzellen, Histiozyten und Lymphozyten (Obj. 25 ×, Ok. 10 ×).

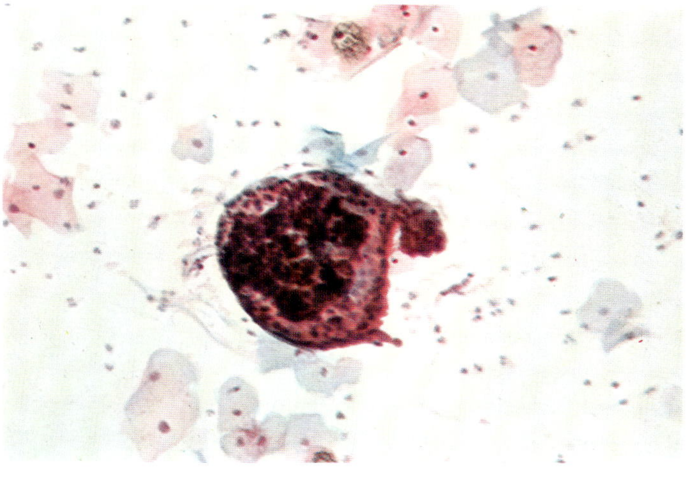

Abb. 4.**24** Exodus. Spontan abgeschilferter größerer Endometriumzellhaufen von kugelförmiger Gestalt (Obj. 25 ×, Ok. 10 ×).

Nichtepitheliale Zellen im Vaginalabstrich

In Vaginal- und Zervixabstrichen kommen neben den eben beschriebenen epithelialen Elementen und Mikroorganismen (Kap. 8) noch eine Reihe weiterer Zellen vor, deren Morphologie zum größten Teil aus der Hämatologie bekannt ist. Sie sollen dennoch hier besprochen werden, weil sie sich mit der in der gynäkologischen Zytologie üblichen Papanicolaou-Färbung etwas anders darstellen als mit hämatologischen Färbemethoden.

Erythrozyten

Blutbeimengungen im zytologischen Abstrich sind relativ häufig. Als Blutungsquelle kommen die verschiedensten Ursachen in Frage, die hier nicht näher aufgeführt werden müssen.

Die frischen, aus der Blutbahn ausgetretenen Erythrozyten erscheinen als runde bis ovale kernlose Scheiben mit einem Durchmesser von etwa 7 μm. Die bikonkave Form mit der zentralen Eindellung kommt beim Spiel mit der Mikrometerschraube gelegentlich zur Darstellung. Ansonsten weisen die Erythrozyten wie im strömenden Blut keine starre Zellform auf, sondern sind nach allen Richtungen hin verformbar (100). Sie haben bei der Papanicolaou-Färbung eine leuchtend rote Farbe. Allerdings verlieren sie sehr schnell die Neigung zur Eosinophilie. Bei Erythrozytenhaufen sieht man immer wieder, wie zuerst die außen liegenden Zellen sich grünlich anfärben. Die Erythrozyten, die nicht aus frischen Blutungen stammen, sind meist infolge ihrer relativ raschen Degeneration in schlecht erhaltenem Zustand. Ihre grünlichen bis fast farblosen, unscharf begrenzten Zellreste lassen sich zuweilen schwer von anderen Elementen, wie z. B. Zelldetritus oder schlecht erhaltenen Trichomonaden, unterscheiden. Leichtere bis mittlere Blutbeimengungen stören im allgemeinen die Zytodiagnostik nicht. Sie können sogar in Verbindung mit den erhobenen Befunden und der Anamnese ein Hinweis für die Diagnose sein. Ist jedoch die Blutung zu stark, so kann die zytologische Aussagekraft eines Abstrichs erheblich eingeschränkt werden.

Leukozyten

Die Leukozyten spielen für den Schutzmechanismus des weiblichen Genitales eine wesentliche Rolle und lassen sich deshalb im Vaginalraum schon unter physiologischen Bedingungen stets in wechselnder Anzahl nachweisen. Bei entzündlichen Prozessen oder karzinomatösem Gewebszerfall können sie das zytologische Abstrichbild so beherrschen, daß die Beurteilung der anderen Zellelemente durch die Überlagerung sehr erschwert wird.

Gut erhaltene Leukozyten sind vorwiegend im akuten Entzündungsprozeß zu finden. Sie sind fast doppelt so groß wie die Erythrozyten, aber durch die Alkoholfixierung etwa um ein Fünftel kleiner als in den Blutbildfärbungen. Der bei jugendlichen Zellformen noch stabförmige Kern wird mit zunehmender Ausreifung in mehrere Segmente aufgeteilt, die durch schmale Brücken miteinander in Verbindung bleiben. Das Zytoplasma ist sehr transparent und färbt sich bei der Papanicolaou-Färbung in zart blauen bis grünen Tönungen an. Oft ist jedoch kaum eine Anfärbbarkeit nachzuweisen, so daß nur der Zellrand angedeutet zu sehen ist.

Gelegentlich sieht man eine stärkere Vakuolisierung des Zytoplasmas und auch phagozytierte Elemente. Die von den Blutbildfärbungen her bekannten kleinen Granula das Zytoplasmas kommen meist nicht zur Darstellung, so daß auch die Unterscheidung in neutrophile, eosinophile und basophile Leukozyten nur selten möglich ist. Lediglich bei lokalen Prozessen mit starker Vermehrung der eosinophilen Leukozyten fallen diese bei stärkerer Vergrößerung auf. Das Zytoplasma ist dann von leicht gelblicher Tönung, und man sieht darin schwach angefärbte rötliche Granula.

Bei der kurzen, oft nur wenige Stunden betragenden Lebensdauer der Leukozyten lassen sich die verschiedensten Formen der Degeneration im Vaginalabstrich nachweisen. Zuerst löst sich der Zelleib auf, dann wird die Chromatinstruktur der Kerne verwaschen, und schließlich sieht man nur noch homogen angefärbte, in Auflösung befindliche Kerntrümmer, die durch die Ausstrichtechnik zu knäueloder fadenartigen Gebilden ausgezogen werden können und in vielen Abstrichen dem zytologischen Bild ein charakteristisches Aussehen verleihen. Bei nicht schnell genug fixierten Präparaten kann der Zelleib durch die Lufttrocknung enorm aufgebläht sein und ein Vielfaches seiner Zellgröße annehmen.

Lymphozyten

Nicht so häufig wie die polymorphkernigen Leukozyten erscheinen Lymphozyten im Vaginalabstrich. Sie spielen aber als Substrat der zellständigen Antikörper bei lokalen immunologischen Abwehrreaktionen eine zentrale Rolle. Aufgrund ihrer Größe kann man kleine und große Lymphozyten unterscheiden.

Die *kleinen,* 5–8 μm messenden Lymphozyten wirken meist als „nacktkernige" Zellen, da sie nur einen ganz schmalen zyanophilen Zytoplasmasaum besitzen. Auffallend ist der dunkelviolett gefärbte chromatindichte Kern, in dem keine Nukleoli erkennbar sind. Er ist rund, auch oval, gelegentlich mit leichten Einbuchtungen versehen. Die *großen,* bis 16 μm messenden Lymphozyten haben ein ebenfalls zyanophiles Zytoplasma. Der runde, zentral liegende Kern erscheint in seiner mäßig groben Chromatinstruktur etwas aufgelockerter.

Physiologischerweise kommen Lymphozyten im Vaginalabstrich höchstens bei der Menstruation und kurz danach vor. Sie stammen dann wohl von dem lymphatischen Apparat, der im endometrialen Stroma häufig gut entwickelt ist (84, 91, 92, 106).

Ansonsten treten sie vor allem bei allergischen lokalen Abwehrreaktionen auf. Die Einzelzellen können differentialdiagnostische Schwierigkeiten sowohl mit normalen als auch mit pathologischen Endometriumzellen bieten.

Plasmazellen

Die Plasmazellen sind in zytologischen Abstrichen noch seltener als Lymphozyten zu sehen. Ihr Plasma ist zyanophil angefärbt, mitunter leicht schaumig und zeigt eine gute Zellbegrenzung. Der Zellkern liegt meist exzentrisch und weist eine charakteristische Radspeichenstruktur auf, womit die Unterscheidung von den Histiozyten erleichtert wird. In der Regel ist ein deutlicher Aufhellungsbezirk um den Kern herum zu sehen. Gemeinsam mit Leukozyten, Lymphozyten und Histiozyten treten die Plasmazellen gerne in kleinen Gruppen auf.

Histiozyten

Histiozyten kommen sehr häufig in Vaginal- und Zervixabstrichen vor. Besonders bei chronischen lokalen Entzündungsprozessen treten sie in großer Anzahl in Erscheinung, da sie mit ihren phagozytierenden Eigenschaften an der Ingangsetzung immunologischer Prozesse und an Aufräumarbeiten des Organismus beteiligt sind. Wegen ihrer Größe zählt man sie mit den Monozyten (Blutmakrophagen), den Retikulumzellen und den Retikuloendothelien zu den *Makrophagen.* Ihre Herkunft ist noch nicht ganz geklärt. Zum größten Teil dürften sie sich auf bestimmte Reize hin, wohl aus undifferenzierten Fibroblasten des Bindegewebes (ruhende Wanderzellen), entwickeln und nach ihrer Loslösung aus ihrer festen Verbindung durch aktive amöboide Fortbewegungen durchs Gewebe wandern.

Die Histiozyten sind in ihrer Größe und Form außerordentlich variabel (Abb. 4.**25** u. 4.**26**). Man unterscheidet deshalb auch zwischen *kleinen* und *großen* Histiozyten. Der deutlich strukturierte Kern kann eine runde, bohnen- oder nierenartige Form aufweisen. Seine Lage im Zytoplasma ist verschieden, häufig exzentrisch. Das Chromatin kann locker und fein granuliert sein, in anderen Fällen jedoch auch recht unregelmäßige grobe Verdichtungen aufweisen. Die gesteigerte Stoffwechselleistung findet in den oft prominenten und in der Mehrzahl vorhandenen Nukleolen und Chromozentren ihren Ausdruck.

Auch das Zytoplasma zeigt in seiner Erscheinungsform große Unterschiede. Die *kleinen* rundlichen bis ovalen *Histiozyten* sind nur geringgradig größer als Leukozyten. Sie färben sich mit der Papanicolaou-Färbung graublau bis grünlich an, und können gelegentlich eosinophil sein. Durch eine feine Vakuolisierung erhält das Zytoplasma ein charakteristisches schaumiges Aussehen. Die Zellgrenzen sind oft schwach oder gar nicht zu erkennen. Die *großen Histiozyten* können auch längliche, bizarre oder polygonale Formen annehmen. In ihrem Zytoplasma finden sich oft große Vakuolen, die Leukozyten, Lymphozyten und Zelldetritus als phagozytierte Bestandteile beinhalten.

Im Vaginalabstrich liegen die Histiozyten einzeln oder in lockerer Anordnung, zumeist mit Leukozyten in Schleimstraßen vergesellschaftet. Gelegentlich können sie jedoch auch in verbandähnlichen Formationen auftreten (Abb. 4.**27**). Hierbei ist dann besonders schön die große Variationsbreite dieser

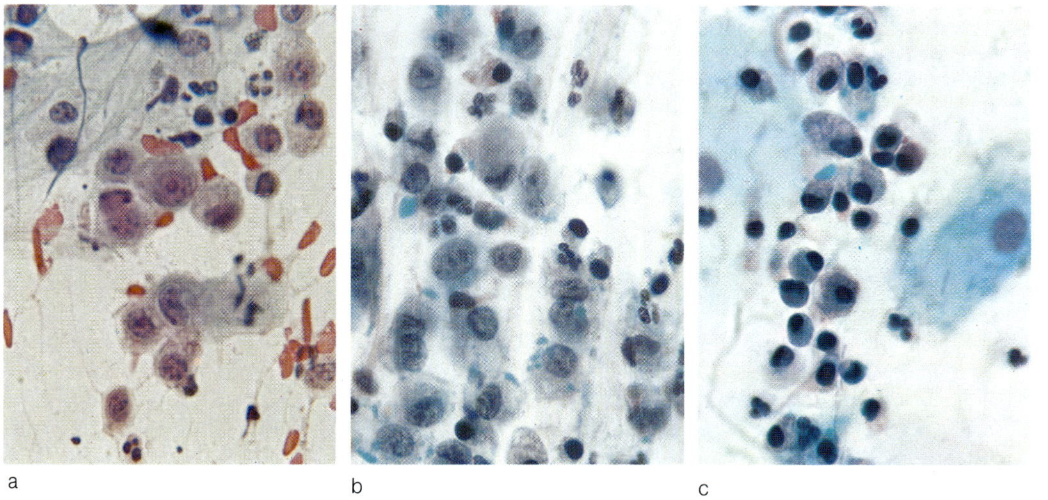

a b c

Abb. 4.**25 a–c** *Variationsformen der Histiozyten.* **a** Einige große Histiozyten mit schaumigem Zytoplasma. Die Kerne liegen meist exzentrisch und können als Zeichen der gesteigerten Stoffwechselleistung sehr betonte Nukleoli aufweisen. **b** Neben typischen Histiozyten mit fein granulierter Chromatinstruktur sieht man auch einige kleinere degenerativ veränderte Histiozyten mit pyknotischem Kern. **c** Meist degenerativ veränderte Histiozyten in größerer Anzahl (alle Abb. Obj. 63 ×, Ok. 10 ×).

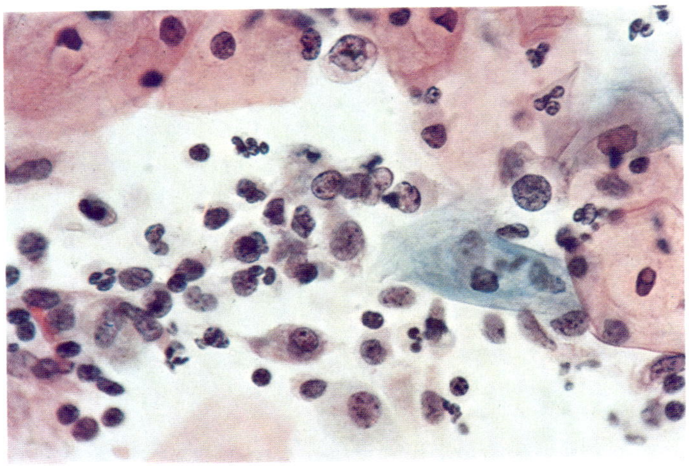

Abb. 4.**26** Charakteristische Anordnung meist kleinerer Histiozyten in lockerer Gruppenformation (Obj. 63 ×, Ok. 10 ×).

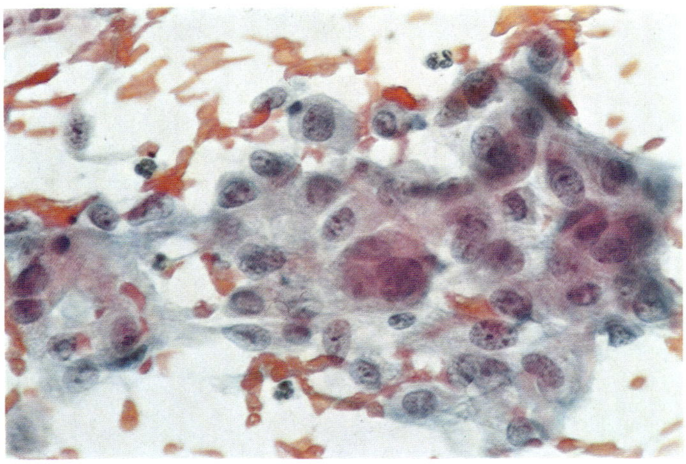

Abb. 4.**27** Synzytium von histiozytären Zellen mit aktiven Kernen, die sich durch auffallende Nukleoli und Chromozentren auszeichnen (Obj. 63 ×, Ok. 10 ×).

Zellen zu beobachten. Immer wieder findet man im Vaginalabstrich auch Histiozyten, die sich in Mitose befinden (Abb. 4.**28a**). Nicht selten sind die Histiozyten zwei- und mehrkernig (Abb. 4.**28b**, 4.**29**). Sogar Riesenzellen mit bis zu 50 Kernen und mehr können entstehen und zwar sowohl durch Endomitose als auch durch Verschmelzung mehrerer Einzelzellen. Die Kerne entsprechen weitgehend den normalen Histiozyten. Die runden und nierenförmigen Kerne sind relativ uniform und können kranzartig oder in Haufen angeordnet sein. Das Zytoplasma ist meist vakuolisiert und kann phagozytierte Bestandteile beinhalten.

Physiologischerweise findet man Histiozyten im Vaginalabstrich vorwiegend bei der *menstruellen Endometriumabstoßung* und in den ersten Tagen danach (Exodus). Sie dürften zum größten Teil aus den tieferen Schichten des Endometriums stammen (30, 39, 71, 78, 79). Ansonsten treten die Histiozyten vorwiegend bei Entzündungen und bei Prozessen auf, wo es nekrotisierendes Gewebe zu beseitigen gilt. Dies ist z. B. der Fall post partum, post abortum, bei nekrotisierenden Tumoren und nach Bestrahlungen sowie nach Konisationen und anderen operativen Eingriffen. Hierbei sind auch häufig histiozytäre Riesenzellen zu beobachten.

Durch ihr polymorphes Erscheinungsbild können die Histiozyten manchmal gegenüber anderen zellulären Bestandteilen des Vaginalabstriches *differentialdiagnostische Schwierigkeiten* bereiten. Auch in gut erhaltenem Zustand ist ihre Unterscheidung von Reservezellen, einzeln liegenden Endometriumzellen oder undifferenzierten Karzinomzellen, vor allem vom Drüsenzelltyp, nicht immer eindeutig möglich. Erst recht wird dies bei technisch schlechten Abstrichen und degenerativen Veränderungen der Fall sein.

Die Abgrenzung fällt dann insbesondere gegenüber solchen Zellen schwer, die ebenfalls leicht einer schnellen Degeneration unterworfen sind, wie z. B. endozervikale Drüsenepithelzellen oder auch Parabasalzellen. Man muß die Umgebung dann sehr genau nach besser erhaltenen Zellen absuchen und sich fragen, welche Kriterien für oder gegen das Vorliegen von Histiozyten sprechen.

Die Differentialdiagnose bei den *histiozytären Riesenzellen* gegenüber anderen Riesenzellen ist in der Regel nicht so schwierig. Die typische Struktur

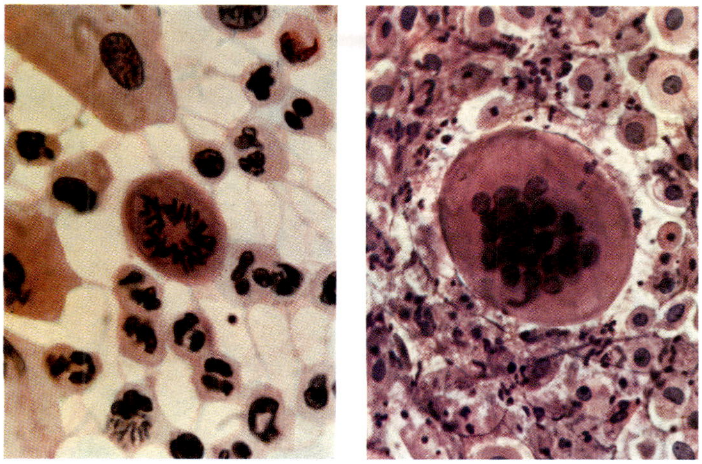

a b

Abb. 4.**28**

a Mitose eines Histiozyten (Obj. Öl 100 ×, Ok. 10 ×).

b Histiozytäre Riesenzelle (Obj. 40 ×, Ok. 10 ×).

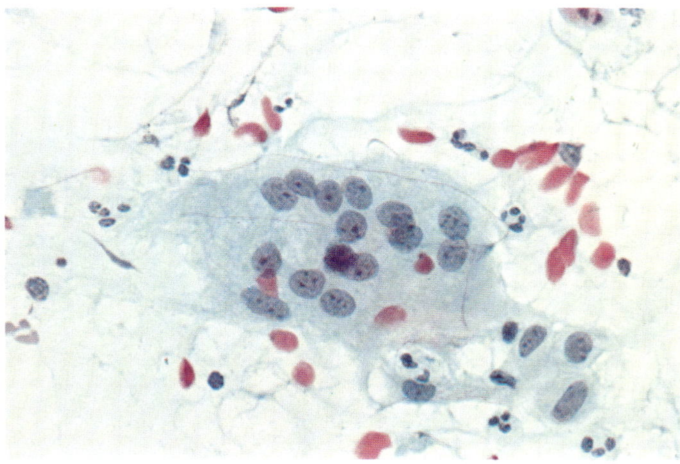

Abb. 4.**29** Histiozytäre Riesenzelle mit zahlreichen ovalen Kernen, die auffallende Nukleoli bzw. Chromozentren haben. Die Zelle ist wahrscheinlich durch Zusammenfließen des Plasmas entstanden (Obj. 40 ×, Ok. 10 ×).

und Form der Kerne, vakuolisiertes Zytoplasma und evtl. Phagozytose führen einen meist zur richtigen Diagnose. Beim Synzytiotrophoblasten ist das Plasma nicht schaumig vakuolisiert, sondern relativ dicht. Die Langhansschen Riesenzellen weisen meist eine typische ring- bis hufeisenförmige Anordnung der Kerne auf (4, 75). Im atrophischen Abstrich können Pseudoriesenzellen auch durch Parabasalzellen entstehen, deren Plasma durch Degeneration und Autolyse konfluiert (108). Die Kerne sind dann in der Regel ebenfalls nicht mehr gut erhalten und zeigen eine homogene Struktur. Die karzinomatösen Riesenzellen (nicht häufig) sind durch ihre polymorphen und atypischen Kerne im allgemeinen leicht erkennbar.

Bindegewebs- und Muskelzellen

Gut erhaltene Muskel- oder Bindegewebszellen kommen im Zervix- und Vaginalabstrich sehr selten vor. Man muß sie jedoch kennen, um Fehldeutungen insbesondere mit malignen Spindelzellen zu vermeiden. Wenn sie vorkommen, treten sie eher in Haufen und weniger isoliert auf (Abb. 4.**30**). Der Zelleib ist lang ausgezogen, spindelig, und das Zytoplasma färbt sich sehr zart an. Der Kern ist ebenfalls spindelförmig und kann in der Länge sehr variieren. Seine Chromatinstruktur erscheint bei starker Vergrößerung relativ grob, aber im Vergleich zu atypischen Spindelzellen, die von einem Plattenepithelkarzinom stammen, doch gleichmäßig verteilt.

Diese Zellen finden sich im allgemeinen nur dann, wenn im Bereich der Vagina oder der Portio frische Epithelverletzungen bestehen. Gelegentlich erscheinen diese Zellen auch bei nekrotisierenden Fibromen oder Myomen der Zervix (70).

Spermien

Spermien werden im zytologischen Abstrich relativ häufig gefunden. Zu ihrer Darstellung eignet sich die Papanicolaou-Färbung ausgezeichnet, so daß sie auch in der Andrologie zur morphologischen Untersuchung des Spermiogramms Eingang in die Routinediagnostik gefunden hat (48, 51, 99). Ihr Aussehen unterscheidet sich im frischen Zustand nicht von den aus dem Ejakulat bekannten Formen (Abb. 4.**31** und 4.**32**). Bei schwacher Vergrößerung fallen meist nur

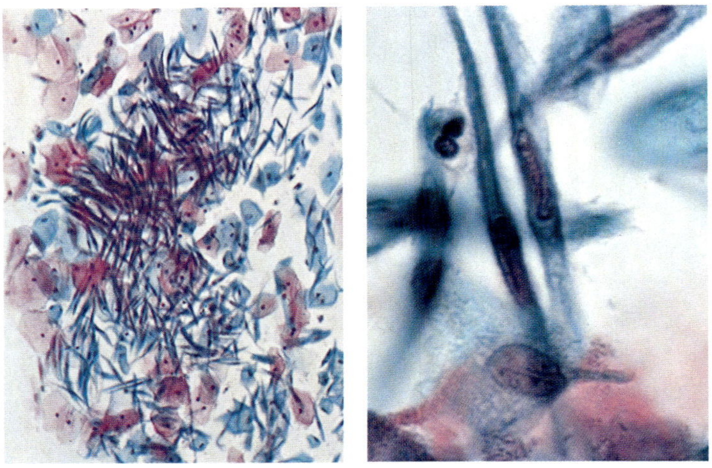

a b

Abb. 4.**30a** u. **b** Fibrozyten

a Zahlreiche Fibrozyten, wirbelartig gelagert, über normale Superfizial- und Intermediärzellen, von einer Patientin mit einer frischen Ulzeration an der Portio. Die Fibrozyten sind extrem schmal und langgezogen und haben schmale, lange Kerne (Obj. 25 ×, Ok. 10 ×).

b In starker Vergrößerung sieht man die schmalen Zellen mit den langgestreckten, aber nicht hyperchromatischen Kernen (Obj. Öl 100 ×, Ok. 10 ×).

die Köpfe der Spermien als kleine, dunkle Punkte auf; erst bei stärkerer Vergrößerung sieht man auch die zarten ausgestreckten oder geschlängelten Schwänze. Meist treten sie in fischzugartigen Formationen innerhalb des Zervikalschleimes auf. Ist der Schwanzteil abgefallen, so sind nur noch die Köpfe in mehr oder minder gut erhaltenem Zustand zu sehen.

Der Nachweis von Spermien kann unter Umständen bei forensischen Fragen Bedeutung erlangen. Man sollte dann bei entsprechender Anamnese mindestens 2 Abstriche machen, einen aus dem Sekret des hinteren Scheidengewölbes und einen aus dem Zervikalkanal.

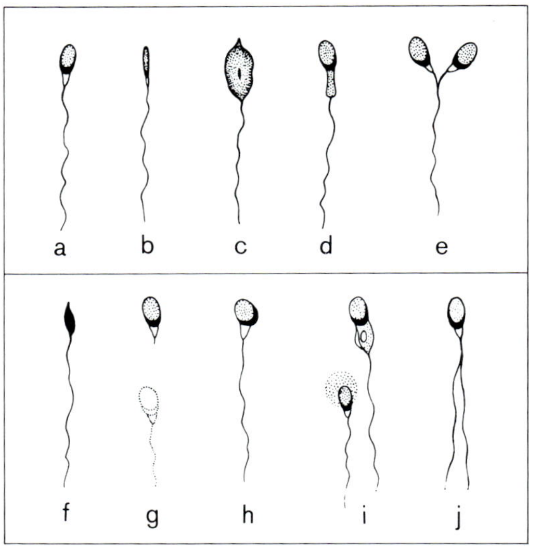

Abb. 4.**31** Spermien. Verschiedene pathologische Spermatozoenformen im Ejakulat im Vergleich zur Normalform (aus *Schirren* [99]). a = normal, b = verjüngter Kopf, c = Riesenkopf, d = Mittelteil verändert, e = Doppelkopf, f = deformierter Kopf, g = Phantom, h = abaxial implantiert, i = Zytoplasmaausstoßung, j = Doppelschwanz.

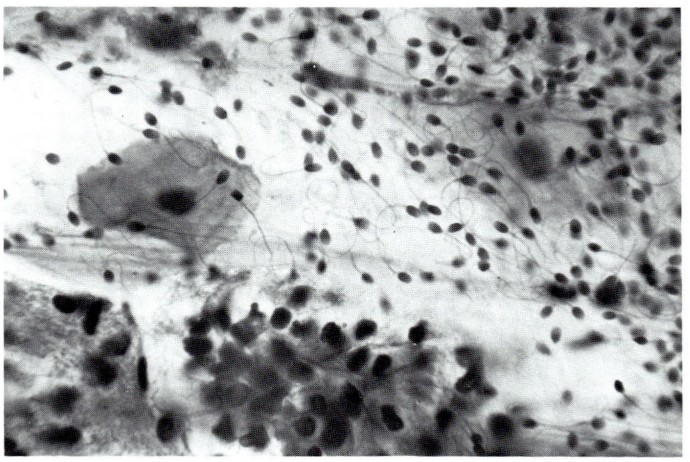

Abb. 4.**32** Massenhaft Spermien in einer Schleimstraße. Unten endozervikale Zellen, links eine Intermediärzelle (Obj. 40 ×, Ok. 10 ×).

Bestimmung von Zellindizes

Für eine möglichst objektive Wiedergabe zytologischer Befunde hinsichtlich der Zusammensetzung des Zellbildes kann es notwendig sein, Indizes bestimmter Zellmerkmale in Abstrichen zu ermitteln. Da diese Indizes in den folgenden Kapiteln über die hormonale Zytologie immer wieder bei Zellbildbeschreibungen Verwendung finden werden, soll ihre Bestimmungsmethode an dieser Stelle besprochen werden.

Für die Charakterisierung des Grades der Follikelhormonwirkung werden besonders der Karyopyknose-Index und der Eosinophilie-Index herangezogen.

Karyopyknose-Index (KPI): Er gibt den Prozentsatz der Zellen mit pyknotischen Kernen (Superfizialzellen) unter allen differenzierten Plattenepithelzellen wieder, unabhängig von der Zytoplasmafärbung. Parabasalzellen bleiben unberücksichtigt (Abb. 4.**33**).

Die *Bestimmung des Karyopyknose-Index* kann nach 3 verschiedenen Methoden erfolgen:

1. Die in der Praxis am meisten geübte Methode ist die subjektive Abschätzung der völlig pyknotischen, kleinen Zellkerne (88, 93, 96).
2. Eine weitere Möglichkeit ist die direkte Messung der Kerne. Dabei wird im allgemeinen ein Kerndurchmesser von 6 µm als oberster Grenzwert gewählt (90), andere betrachten nur Kerne von höchstens 5 µm als pyknotisch (26).
3. Schließlich kann die Bestimmung auch mit dem Phasenkontrastmikroskop erfolgen (63, 126). Dabei leuchten die pyknotischen Kerne nach Papanicolaou- oder Shorr-Hämatoxylinfärbung beim Spielen mit der Mikrometerschraube hellrot auf.

Wir bestimmten an 60 Präparaten den KPI nach 4 Kriterien (111). Dabei ergaben sich folgende Mittelwerte für die Indizes:

- „geschätzt" (Obj. 40 ×, Ok. 8 ×) = 50%;
- gemessen nach 5 µm (Obj. Ölimm. 100 ×, Ok. 8 ×) = 50%;
- gemessen nach 6 µm (Obj. Ölimm. 100 ×, Ok. 8 ×) = 62%;
- Phasenkontrastmikroskop (Obj. 40 ×, Ok. 8 ×) = 31%.

Ein konstantes Verhältnis zwischen den nach verschiedenen Methoden festgestellten Indizes bestand nicht. Die nach dem Phasenkontrastverfahren bestimmten Indizes lagen jedoch, wenn wir nur die Kerne als pyknotisch werteten, die klar hellrot aufleuchten, ohne dabei einen dunklen Schatten im Kerngrund zu lassen, in allen Präparaten am niedrigsten. Der „geschätzte" KPI stimmte etwa mit dem nach 5 µm gemessenen überein, während der nach 6 µm gemessene höher lag.

Die Kerngrößen, bei den mit dem Phasenkontrastverfahren bestimmten Indizes betrugen zu 4,5% = 3 µm, zu 64,2% = 4 µm, zu 30% = 5 µm. Bei den anderen Methoden überwogen die Kerne mit dem Durchmesser von 5 µm.

Pundel u. Lichtfus (90) fanden in ähnlichen Vergleichsuntersuchungen eine Übereinstimmung zwischen den mit den Phasenkontrastmikroskop bestimmten und dennach 6 µm gemessenen Indizes, während die Bestimmungen nach 5 µm deutlich unter diesen Werten lagen. Die Unterschiede zwischen den Ergebnissen von Pundel u. Lichtfus und unseren eigenen sind vermutlich auf die Anwendung verschiedener Färbungen bzw. auf die unterschiedliche Intensität der Kernfärbungen zurückzuführen. Die erstgenannten Autoren bedienten sich der Shorr-Hämatoxylinfärbung. Wir gebrauchten die Papanicolaou-Färbung. Unter Anwendung der Shorr-Hämatoxylinfärbung erzielten wir ähnliche Ergebnisse wie Pundel u. Lichtfus.

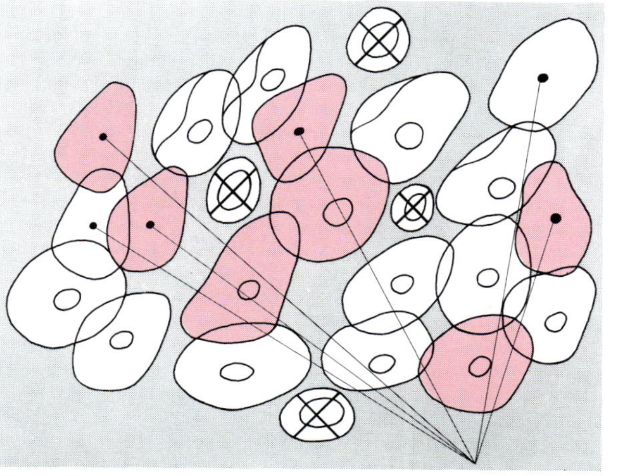

Abb. 4.**33** Bestimmung des Karyopyknose-Index (nach *Wied*).

Unserer Ansicht nach sollte die Bestimmung des Karyopyknose-Index in der Regel mit Hilfe des Phasenkontrastmikroskops durchgeführt werden. Diese Untersuchung ist relativ einfach, schnell durchführbar und ergibt einen objektiven Standard (Abb. 4.**34**).

Das biologische Phänomen der Kernpyknose wird dadurch am besten erfaßt, sicherer als mit der Abschätzung durch das normale Lichtmikroskop. Eine exakte Messung der pyknotischen Kerne ist für den klinischen Gebrauch zu aufwendig. Da die Bestimmung des KPI mit jeder der genannten Methoden, nicht zuletzt auch in Abhängigkeit vom Färbeverfahren, voneinander abweichende Werte ergeben kann, ist es stets notwendig, Angaben darüber zu machen, nach welcher Methode der Index ermittelt wurde. Sonst sind die Werte nicht vergleichbar.

Weitere Indizes sind:

Eosinophilie-Index (EI): Er gibt den Prozentsatz der eosinophil angefärbten Zellen unter allen differenzierten Plattenepithelzellen wieder. Die im Abstrich vorkommenden Parabasalzellen bleiben unberücksichtigt (Abb. 4.**35**).

Der Eosinophilie-Index ist für die Beschreibung hormonaler Zustandsbilder weit weniger brauchbar als der Karyopyknose- oder der Reifungs-Index, weil die eosinophile Anfärbung unabhängig von der Differenzierung der Zellen auch durch andere Einflüsse hervorgerufen werden kann. Man spricht dann von *Pseudoeosinophilie*. In der Haupt-

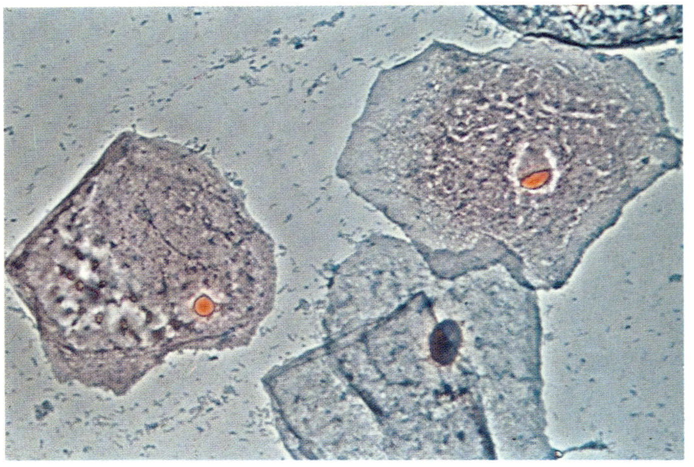

Abb. 4.**34** Betrachtung eines nach Papanicolaou gefärbten Abstriches mit rot aufleuchtenden pyknotischen Kernen im Phasenkontrastmikroskop (Obj. 63 ×, Ok. 10 ×).

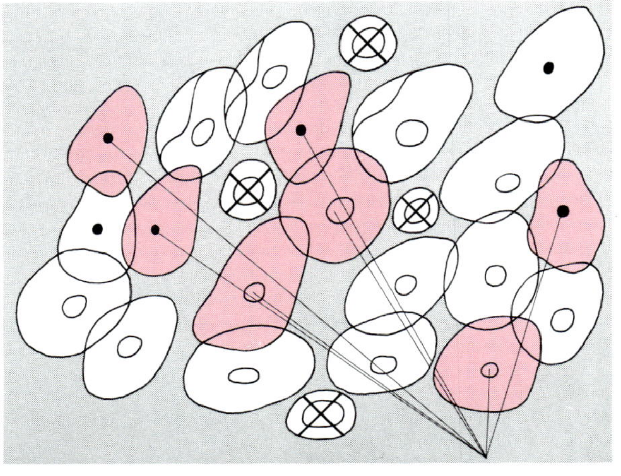

Abb. 4.**35** Bestimmung des Eosinophilie-Index (nach *Wied*).

sache sind dies Entzündungen im Vaginalraum, schlecht fixierte und angetrocknete Präparate oder eine zu starke Haufenbildung.

Reifungs-Index (maturation index = MI): Er zeigt das Verhältnis zwischen Parabasalzellen, kleinen Intermediärzellen, großen Intermediärzellen und Superfizialzellen auf und wird folgendermaßen wiedergegeben: z. B. 0/10/70/20. Das bedeutet: 0% Parabasalzellen, 10% kleine Intermediärzellen, 70% große Intermediärzellen und 20% Superfizialzellen.

Unseres Erachtens ist dieser Reifungs-Index einer der brauchbarsten Indizes, da mit ihm in sehr kurzer Form die Verteilung der einzelnen Zellschichten dokumentiert werden kann. Er gibt dadurch eine sehr viel umfassendere Information als der häufiger angewandte Karyopyknose-Index und Eosinophilie-Index, ohne deshalb wesentlich aufwendiger zu sein.

Reifewert (maturation value = MV): Aus dem Reifungs-Index kann der sog. Reifewert errechnet werden, indem man den Prozentanteil der einzelnen Zellformen mit einem bestimmten numerischen Faktor (Tab. 4.**1**) multipliziert und die Ergebnisse dann addiert (66). Die Ergebnisse liegen zwischen 0 und 1.0.

Dieser Reifewert stellt eine Modifikation des ursprünglichen „Östrogenwertes" dar und eignet sich vor allem bei Verlaufsbeobachtungen über einen längeren Zeitraum hinweg zu einer kurvenmäßigen Aufzeichnung des Proliferationsgrades auch schon bei sehr niedrig aufgebautem Vaginalepithel. Die sonst üblichen Dokumentationen mit dem Karyopyknose-Index sind ja nur dann anwendbar, wenn der Epithelaufbau die Höhe der Superfizialzellen erreicht hat.

Wir halten die in Tab. 4.**1** links stehende differenzierte Berechnung des Reifungswertes mit 5 verschiedenen Zelltypen für zweckmäßiger (66), als die von anderer Seite später für den internationalen Gebrauch empfohlene, bei der nur noch drei Zellarten unterschieden wurden (67).

Superfizialzell-Index (SI): Er gibt den Prozentsatz der Superfizialzellen unter allen anderen Plattenepithelzellen ohne Berücksichtigung der Zytoplasmaanfärbung wieder (Abb. 4.**36**). Bei Fehlen von Parabasalzellen ist er also identisch mit dem Karyopyknose-Index.

Kornifikations-Index (KI): Man versteht darunter den Prozentsatz der eosinophil gefärbten Superfizialzellen unter allen anderen Plattenepithelzellen.

Tabelle 4.**1** Bestimmung des Reifewerts. Numerische Faktoren, mit denen die einzelnen Zellformen multipliziert werden. Links die differenziertere Form mit 5 verschiedenen Zelltypen, rechts die einfache Form mit 3 Zelltypen.

Eosinophile Superfizialzellen	1,0	1,0 Superfizialzellen
Zyanophile Superfizialzellen	0,8	
Große Intermediärzellen	0,6	0,5 Intermediärzellen
Kleine Intermediärzellen	0,5	
Parabasalzellen	0,0	0,0 Parabasalzellen

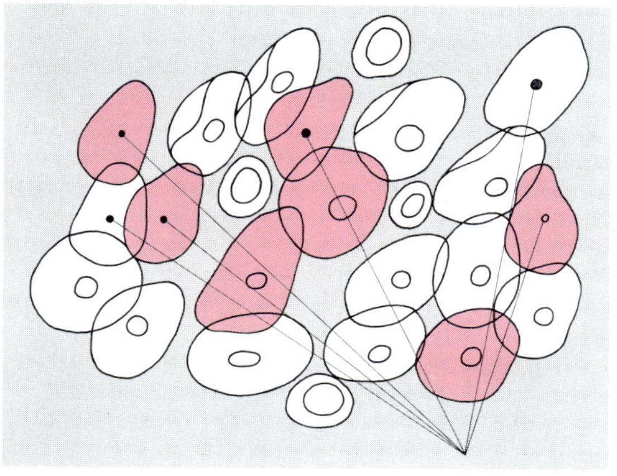

Abb. 4.**36** Bestimmung des Superfizialzell-Index (nach *Wied*).

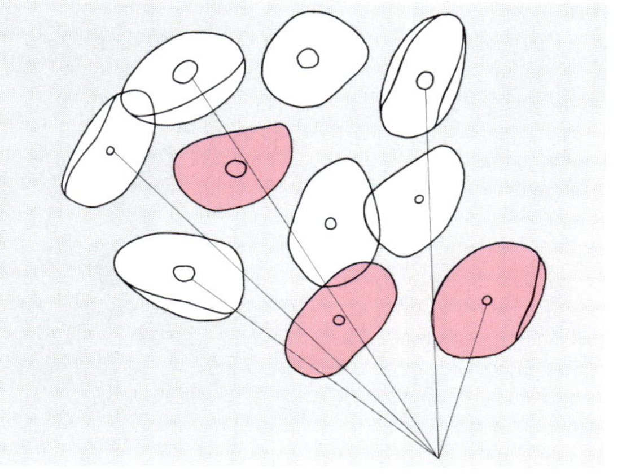

Abb. 4.**37** Bestimmung des Zellfaltungs-Index (nach *Wied*).

Zellfaltungs-Index (folded cell index = FI): Er ergibt sich aus dem Prozentsatz der gefalteten Superfizialzellen und Intermediärzellen zu den flach ausgebreiteten Zellen dieser Schichten ohne Berücksichtigung evtl. vorhandener Parabasalzellen (Abb. 4.**37**).

Zellhaufenbildungs-Index (crowded cell index = CI): Dieser stellt den Prozentsatz der Superfizial- und Intermediärzellen dar, die in Haufen von vier und mehr Zellen auftreten, im Gegensatz zu den anderen Zellen dieser Schichten, die entweder einzeln oder in Haufen von weniger als vier Zellen liegen. Evtl. vorhandene Parabasalzellen werden nicht berücksichtigt (Abb. 4.**38**).

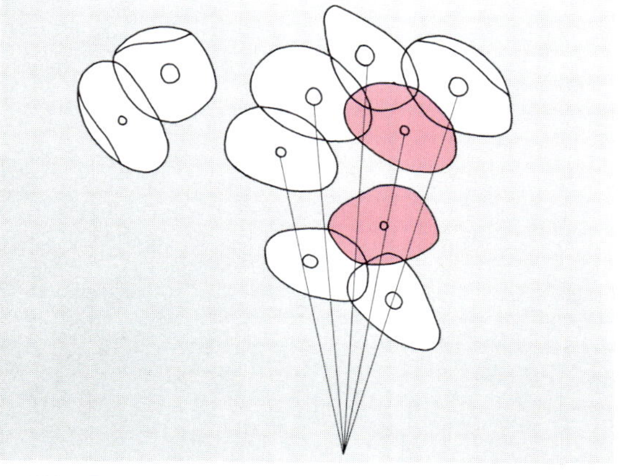

Abb. 4.**38** Bestimmung des Zellhaufenbildungs-Index (nach *Wied*).

Literatur

1 Affandi, M. Z., V. Doctor, K. Jhaveri: The endocervical smear as a simple and quick method for the determination of ovulation. Acta cytol. 29 (1985) 638

2 Affandi, M. Z., V. Doctor, S. S. Rao: Detection of ovulation by single endometrial aspiration smear. Acta cytol. 25 (1981) 157

3 Affandi, M. Z., R. Joseph, S. R. Munshi, V. Doctor: Determination of ovulation: Single endometrial aspiration smear, serial vaginal cytology and plasma progesterone estimation. Int. Obstet Gynecol. 21 (1983) 395

4 Angrish, K., K. Verma: Cytologic detection of tuberculosis of the uterine cervix. Acta cytol. 25 (1981) 160

5 Bamford, D. S., E. W. Hall, M. R. Newmann: The Isaacs endometrial cell sampler. Acta cytol. 28 (1984) 101

6 Boon, M. E., M. L. Tabbers-Boumeester: Gynaecological Cytology: Millan, London 1980

7 Boschann, H.·W.: Cytomorphology of normal endometrium. Acta cytol. 2 (1958) 505

8 Boschann, H. W.: Cytometry on normal and abnormal endometrial cells. Acta cytol. 2 (1958) 520

9 Boschann, H. W.: Gynäkologische Zytodiagnostik für Klinik und Praxis. 2. Aufl. de Gruyter, Berlin 1973

10 Bremer, E., K. G. Ober, J. Zander: Histochemische Untersuchungen über das Verhalten der Nucleinsäuren im Endometrium. Arch. Gynäkol. 181 (1951) 96

11 De Brux, J. A., H. Wenner-Mangen: Cytological changes of the endocervical epithelium as a result of the physiological presence, deficiency or absence of endogenous estrogen stimulation. Acta cytol. 4 (1960) 42

12 Burghardt, E.: Histologische Frühdiagnose des Zervixkrebses. Thieme, Stuttgart 1972

13 Cavallero, C.: Citopatologia e Citodiagnostica. Marrapese-Gemi, Rom 1976

14 Coleman, D. V.: A case of tuberculosis of the cervix. Acta cytol. 13 (1969) 104

15 Comenares, R. F., Z. M. Naib: Significance of lymphocytic pools in the routine smear. Obstet. and Gynecol. 26 (1965) 909

16 Couture, M. L., M. Freund, A. Sedlis: The normal exfoliative cytology of menstrual blood. Acta cytol. 23 (1979) 85

17 Dallenbach, F. D., G. Dallenbach-Hellweg: Immunohistologische Untersuchungen zur Lokalisation des Relaxins in menschlicher Plazenta und Dezidua. Virchows Arch. pathol. Anat. 337 (1964) 301

18 Dallenbach-Hellweg, G.: Endometrium. Springer, Berlin 1969

19 Dallenbach-Hellweg, G.: Morphologische Beobachtungen über die Auswirkungen und Nebenwirkungen weiblicher Sexualhormone und von Stoffen mit ähnlicher Wirkung. Gynäkol. Prax. 1 (1977) 41

20 Dallenbach-Hellweg, G., M. Jäger: Der Vergleich cytologischer und histologischer Befunde am normalen und carcinomatösen Endometrium. 5. Tagung der Schweizerischen Gesellschaft für klinische Zytologie, gemeinsam mit der Deutschen Gesellschaft für

Zytologie und der Österreichischen Gesellschaft für angewandte Zytologie 27.–29. März 1969, Sils-Maria
21 Dierks, K.: Der normale menstruelle Zyklus der menschlichen Vaginalschleimhaut. Arch. Gynäkol. 130 (1927) 46
22 Dierks, K.: Experimentelle Untersuchungen an menschlicher Vaginalschleimhaut. Arch. Gynäkol. 138 (1929) 111
23 Dubin, C. F., K. H. Staisch: Amniocentesis and fetal-maternal-blood. A review of the literature. Obstet. gynecol. Sur. 37 (1982) 272
24 Duperroy, G.: Morphological study of the endocervical mucosa in relation to the menstrual cycle and to leucorrhea. Gynaecologia (Basel) 131 (1951) 73
25 Ebner, H.: Zytotopochemie: Möglichkeiten und Grenzen der Anwendung histochemischer Reaktionen in der Zytologie. In Runge, H.: Beiträge zur Krebsforschung, Bd. IV; Gynäkologische Zytologie. Steinkopff, Dresden 1954 (S. 77)
26 Ferin, J., R. Demol: Etude comparée des différentes techniques d'examen des frottis vaginaux au point de vue hormonal. Ann. Endocrinol. 13 (1952) 527
27 Fettig, O., W. Oehlert: Autoradiographische Untersuchungen der DNS- und Eiweiß-Neubildung im gynäkologischen Untersuchungsmaterial. Arch. Gynäkol. 199 (1964) 649
28 Fettig, O., R. Sievers: H^3-Index und mittlere Generationszeit des menschlichen Portiokarzinoms und seiner Vorstufen. Autoradiographische Untersuchungen mit H^3-Thymidin. Beitr. path. Anat. 133 (1966) 83
29 Feyrter, F.: Über den zelligen Bestand des Stromas der menschlichen Corpusmucosa. Arch. Gynäkol. 190 (1957) 47
30 Feyrter, F., R. Klima: Zur Frage der sog. monozytären Rundzellen in der menschlichen Corpusmucosa. Virchows Arch. pathol. Anat. 331 (1958) 45
31 Fluhmann, C. F.: The Cervix Uteri and its Diseases. Saunders, Philadelphia 1966
32 Floraker, A. G.: An analysis of nuclear size and nuclear: cytoplasmic ratio in the histological diagnosis of intraepithelial carcinoma of the cervix uteri. Cancer (Philad.) 5 (1954) 884
33 Freund, M., A. Sedeis: A method for the collection and examination of the exfoliative cytology of the human female reproductive tract from menstrual blood flow. Acta cytol. 21 (1977) 497
34 Friedlander, S.: A new method for detecting changes in the surface of human exfoliated cervical cells with the scanning electron microscope. Acta cytol. 13 (1969) 288
35 Glatthaar, E.: Studien über die Morphogenese des Plattenepithelkarzinoms der Portio vaginalis uteri. Karger, Basel 1950
36 Glatthaar, E.: Kolposkopie. In Seitz, L., A. I. Amreich: Biologie und Pathologie des Weibes, Bd. III. Urban & Schwarzenberg, München 1955 (S. 911)
37 Gould, P. R., R. A. Arter, J. M. Papadimitriou: Scanning electron microscopic observations on subcolumnar basal cells of the human-cervical mucous membrane. Acta cytol. 28 (1984) 514
38 Hafez, E. S. E.: Structural and ultrastructural parameters of the uterine cervix. Obstet. gynecol. Surv. 37 (1982) 507
39 Graham, R. M.: The small histiocyte: Its morphology and significance. Acta cytol. (1961) 77
40 Hamperl, H.: Über die endometrialen Granulozyten (endometriale Körnchenzellen). Klin. Wschr. 32 (1954) 665
41 Hando, T., D. M. Okado, L. Zamboni: Atypical cilia in human endometrium. J. Cell. Biol. 39 (1968) 475
42 Hellweg, G.: Über endometriale Körnchenzellen (endometrial Granulozyten). Arch. Gynäkol. 185 (1954) 150
43 Hellweg, G.: Über körnchenhaltige Zellen im menschlichen und tierischem Endometrium (endometriale Körnchenzellen, metachromasierende Zellen). Z. Zellforsch. 49 (1959) 555
44 Hiersche, H. D., J. Inthraphuvasak: Karyometrische Studien am cervicalen Drüsenfeld. Arch. Gynäkol. 215 (1973) 233
45 Hiersche, H. D., R. Wagner: Die Struktur des cervikalen Drüsenfeldes im menschlichen Uterus (eine rasterelektronenmikroskopische Studie). Arch. Gynäkol. 216 (1974) 23
46 Hilgarth, M., L. Szalay: Farbatlas der gynäkologischen Zytodiagnostik. Marseille, München 1986
47 Hoffmann, H., E. J. Marti, M. E. Frank: Apparent nuclear origin of certain cytoplasmic granules in squamous epithelial cells. Acta cytol. 10 (1966) 146
48 Holstein, A. F., C. G. Schirren, C. Schirren, J. Mauß: Rundköpfige Spermatozoen: eine Ursache der Infertilität des Mannes. Dtsch. med. Wschr. 98 (1973) 61
49 Hughes, H. E., T. C. Dodds: Handbook of Diagnostic Cytology. Livingstone, Edinburgh 1968
50 Ikle, F., Y. J. Shu: Color Atlas of Uterine Cancer Cytology. The People's Medical Publisting House. Beijing, St. Gallen-Appenzell 1985
51 Kaden, R.: Zur Einfrierbarkeit von Humansperma. Sexualmedizin 2 (1973) 185
52 Kobayashi, T. K., T. Fujimoto, H. Okamoto, M. Yuasa, J. Sawaragi: Association of mast cells with vaginal trichomoniasis in endocervical smears. Acta cytol. 27 (1983) 133
53 Kobilkova, J., L. Mikulikova, K. Smetana: Nucleoli in vaginal cells of hyperestrogenic and hypoestrogenic women. Acta cytol. 29 (1985) 642
54 Koss, L. G.: Diagnostic Cytology and its Histopathologic Bases. 3. Aufl. Lippincott, Philadelphia 1979
55 Langrad, E., S. N. Pedersen: LDH isoenzyme patterns in the nonmalignant and malignant uterine cervix. Cancer (Philad.) 23 (1969) 1171
56 Lennert, K.: Wertigkeit vom Schnitt und Ausstrich. Vhdlg. d. Dt. Ges. f. Inn. Med. Bd. 78. Bergmann, München 1972, (S. 196)
57 Lewin, E.: Histochemische Untersuchungen an Uterusschleimhäuten. Z. Geburtsh. Gynäkol. 157 (1961) 19
58 Liŭ, W., M. J. Barrow, M. F. Spitler, A. F. Kochis: Normal exfoliation of endometrial cells in premenopausal women. Acta cytol. 7 (1963) 211
59 Link, M., P. Kemnitz: Zur Frage des zervikalen Zyklus anhand morphologischer Untersuchungen in der Schwangerschaft unter besonderer Beachtung der „subzylindrischen Vakuolisierung". Zbl. Gynäkol. 98 (1976) 671
60 Llanes, A. T., C. B. Farre, A. Ferenczy, R. M. Richart: Scanning electron microscopy of normal exfoliated squamous cervical cells. Acta cytol. 17 (1973) 507
61 Ludwig, H., H. Metzger: The Human Female Reproductive Tract. Springer, Berlin 1976
62 Lüdinghausen v. M., P. Anastasiadis: Anatomic basis of endometrial cytology. Acta cytol. 28 (1984) 555
63 Luksch, F.: Which criterion is used for the determination of karyopyknosis? In: Symposium on Hormonal Cytology. Acta cytol. 12 (1968) 98
64 Masin, F., M. Masin: Lipid patterns in cervical and vaginal cells under hormonal stimulus. Acta cytol. 8 (1964) 263
65 McLennan, C. E., A. H. Rudell: Extent of endometrial cells shedding during normal menstruation. Obstet. and Gynecol. 26 (1965) 605
66 Meisels, A.: Computed cytohormonal findings in 3307 healthy women. Acta cytol. 9 (1965) 328
67 Meisels, A.: The maturation value. Acta cytol. 11 (1967) 249
68 Moricard, R.: Critères morphologiques utérins et vaginaux de l'exploration cytohormonale dans la phase lutéale. In: Colloques sur la fonction luteale. Masson, Paris 1954 (p.185)
69 Murphy, J. F., J. M. Allen, J. A. Jordan, A. E. Williams: Exfoliated cervical cell (man.). In Hafez, E. S. E.: Scanning Elektron Microscopic. Atlas of Mammalian Reproduktion. Thieme, Stuttgart 1975 (p. 242)
70 Naib, Z. M.: Exfoliative Cytopathology, 2. ed. Little, Brown, Boston 1976
71 Nasiell, M.: Histiocytes and histologic reactions in vaginal cytology. Cancer (Philad.) 14 (1961) 1223
72 Nogales, F., J. Botella: Untersuchungen über den Cyclus der Cervikalschleimhaut. Arch. Gynäkol. 189 (1957) 272
73 Noyes, R. W., A. T. Hartig, J. Rode: Dating the endometrial biopsy. Fertil. and Steril. 1 (1950) 3
74 Oehlert, W.: Regeneration, Hyperplasie und Cancerisierung am Beispiel der epithelialen Wechselgewebe. In Altmann, H.-W.: Handbuch der allgemeinen Pathologie, Bd. VI/2. Springer, Berlin 1969 (S. 244)
75 Padubidri, V., L. Baujal, P. Prakash, K. Chandra: The detection of endometrial tuberculosis in cases of infertility by uterine aspiration cytology. Acta cytol. 24 (1980) 319
76 Papanicolaou, G. N.: Diagnosis of early human pregnancy by the vaginal smear method. Proc. Soc. exp. Biol. (N. Y.) 22 (1925) 436
77 Papanicolaou, G. N.: The sexual cycle in the human female as revealed by vaginal smears. Amer. J. Anat. 52 (1933) 519
78 Papanicolaou, G. N.: Observations on the origin of histiocytes in secretions of the female genital tract. Anat. Rec. 112 (1952) 69

79 Papanicolaou, G. N.: Observations on the origin and specific function of the histiocytes in the female genital tract. Fertil. and Steril. 4 (1953) 472

80 Papanicolaou, G. N., F. V. Maddi: Observations on behavior of human endometrial cells in tissue culture. Amer. J. Obstet. Gynecol. 76 (1958) 601

81 Papanicolaou, G. N., F. V. Maddi: Further observations on behavior of human endometrial cells in tissue culture. Amer. J. Obstet. Gynecol. 78 (1959) 156

82 Papanicolaou, G. N., H. F. Traut: Diagnosis of uterine cancer by the vaginal smear. Commenwlth. Fund. New York, 1943

83 Papanicolaou, G. N., H. Traut, A. Marchetti: The Epithelia of Woman's Reproductive Organs. Commonwealth Fund, New York 1948

84 Payan, H., J. Daino, M. Kisk: Lymphoid follicles in endometrium. Obstet. and Gynecol. 23 (1964) 570

85 Pfleiderer, A.: Enzyme-histochemical studies on the cycle in the endocervix and on the isthmus. Arch. Gynäkol. 216 (1974) 317

86 Philipp, E.: Elektronenmikroskopische Untersuchungen über die Transformation sekretorischer Zylinderzellen zu Flimmerzellen im Epithel der menschlichen Cervix uteri (zugleich ein Beitrag zu Fragen nach Funktionswandel hochdifferenzierter Zellen). VII. Adademische Tagung deutschsprechender Hochschullehrer in der Gynäkologie und Geburtshilfe. München 18.–21. 6. 1975

87 Philipp, E., R. Renaud, R. Gandar: Le cycle endométrial normal biphasique. Rev. franç. Gynécol. 60 (1965) 405

88 Pundel, J. P.: Du rapport entre l'indice acidophilique et karyopyknotique des frottis vaginaux en fonction de l'activité oestrogénique. Acta clin. belg. 5 (1950) 66

89 Pundel, J. P.: Précis de Colpocytologie Hormonale. Masson, Paris 1966

90 Pundel, J. P., C. Lichtfus: La pycnose nucléare des cellules vaginales. Etude critique des differents critères. Nécessité d'une définition précise et standardisée. Bull. Soc. roy. Gynécol. Obstét. 26 (1956) 630

91 Rahn, J.: Zur nosologischen Bewertung der Infiltrate des menschlichen Endometriums. Gegenbaurs morph. Jb. 111 (1968) 605

92 Rahn, J., J. Uebel: Rundzelleninfiltrate des Endometriums und ihre nosologische Bewertung. Zbl. Gynäkol. 87 (1965) 737

93 Rauscher, H.: Die funktionelle Diagnostik aus dem Vaginalabstrich. In Antoine, T.: Klinische Fortschritte: Gynäkologie. Urban & Schwarzenberg, Wien 1954

94 Reagan, J. W., A. B. P. Ng: The Cells of Uterine Adenocarcinoma. 2. Aufl. Karger, Basel 1973

95 Richart, R. M.: A radioautographic analysis of cellular proliferation in dysplasia and carcinoma in situ of the uterine cervix. Amer. J. Obstet. Gynecol. 86 (1963) 925

96 Roth, O. A.: Das Kolpopyknogramm als Kontrollmethode der Follikelhormonwirkung. Zbl. Gynäkol. 74 (1952) 1489

97 Rubio, C. A., A. Sigurdson, J. Zajicek: Viability tests in exfoliated cells from vaginal and oral epithelia. Acta cytol. 17 (1973) 32

98 Schellhas, H. F.: Cell renewal in the human cervix uteri. Amer. J. Obstet. Gynecol. 104 (1969) 617

99 Schirren, C.: Praktische Andrologie. Hartmann, Berlin 1971

100 Schmid-Schönbein, H.: Normale Fließeigenschaften des Blutes und deren krankhafte Veränderungen. Schweiz. med. Wschr. 101 (1971) 1766

101 Schmidt-Matthiesen, H.: Das normale menschliche Endometrium. Thieme, Stuttgart 1963

102 Schmidt-Matthiesen, H.: Die fibrinolytische Aktivität von Endometrium und Myometrium, Dezidua und Plazenta, Kollum- und Korpuskarzinom. Physiologie, Pathologie und klinisch-therapeutische Konsequenzen. Fortschr. Geburtsh. Gynäkol. 31 (1967)

103 Schmidt-Matthiesen, H.: Endometrium und Nidation beim Menschen. Z. Geburtsh. Gynäkol. 168 (1968) 113

104 Schneider, M. L., V. Schneider: Atlas der gynäkologischen Differentialzytologie, 2. Auflg. Schattauer, Stuttgart 1981

105 Schumacher, G. F. B., M. J. Pearl: Alpha-antitrypsin in cervical mucus. Fertil. and Steril. 19 (1968) 91

106 Sen, D. K., H. Fox: The lymphoid tissue of the endometrium. Gynaecologia (Basel) 163 (1967) 371

107 Shettles, L. B.: Der Zervikalzyklus beim Menschen. Geburtsh. u. Frauenheilk. 12 (1952) 1

108 Smolka, H.: Über multinukleäre Pseudoriesenzellen in Vaginalabstrichen. Zbl. Gynäkol. 78 (1956) 1769

109 Smolka, H.: Cytomorphologische Untersuchungen am normalen und pathologisch veränderten Cylinderepithel der Cervix uteri. Habil.-Schr., Kiel 1959

110 Smolka, H.: Cervicale Zellelemente im Vaginalinhalt und ihre differentialdiagnostische Bedeutung in der cytologischen Abstrichbeurteilung. Arch. Gynäkol. 195 (1960) 53

111 Soost, H.-J.: Remarks on the new cytological nomenclature with special consideration given to the determination of the karyopyknotic index. Acta cytol. 3 (1959) 177

112 Soost, H.-J.: Zur Zytodiagnostik des Endometriumkarzinoms. Fortschr. Med. 94 (1976) 291

113 Stegner, H. E.: Gynäkologische Zytologie. Enke, Stuttgart 1973

114 Stegner, H. E., R. Beltermann: Die Elektronenmikroskopie des Cervixdrüsenepithels und der sog. Reservezellen. Arch. Gynäkol. 107 (1969) 480

115 Stoll, P., J. Jaeger, G. Dallenbach-Hellweg: Gynäkologische Cytologie. Springer, Berlin 1968

116 Symposium on Cytologic Terminology. Acta cytol. 2 (1958) 26

117 Symposium on Hormonal Cytology. Acta cytol 12 (1968) 87

118 Takahashi, M.: Color Atlas of Cancer Cytology. 2. Aufl. Thieme, Stuttgart 1981

119 Taylor, R. S.: Nippling of endocervical cell nuclei. Acta cytol. 28 (1984) 86

120 Topkins, P.: The histologic appearance of the endocevix during the menstrual cycle. Amer. J. Obstet. Gynecol. 58 (1949) 654

121 Tweeddale, D. N., L. D. Dubilier: Cytopathology of Female Genitale Tract Neoplasms. Year Book Medical Publishers, Chikago 1972

122 Veneti, S. Z., K. A. Kyrkou, C. N. Kittas, A. T. Perides: Efficacy of the Isaacs endometrial cell sampler in the cytologic detection of endometrial abnormalities. Acta cytol. 28 (1984) 546

123 Verhage, H. G., M. L. Bareither, R. C. Jaffe, M. Akbar: Cyclic changes in ciliation, secretion and cell height of the oviductal epithelium in women. Amer. J. Anat. 156 (1979) 505

124 Wachtel, E. G.: Exfoliative Cytology in Gynaecological Practice. Butterworths, London 1964

125 Walther, G., H. D. Hiersche: Enzym-histochemische Studien am cervicalen Drüsenfeld des Uterus. Arch. Gynäkol. 213 (1972) 187

126 Wied, G. L.: Suggested standard for karyopyknosis. Fertl. and Steril. 6 (1955) 61

127 Wied, G. L.: Importance of the site from which vaginal cytologic smears are taken. Amer. J. clin. Pathol. 25 (1955) 742

128 Wied, G. L.: The cytologic indices for hormonal assement. In: Symposiom on Hormonal Cytology. Acta cytol. 12 (1968) 87

129 Wied, G. L., J. R. del Sol, A. M. Dargan: Progestational and androgenic substances on the highly proliferated vaginal epithelium of surgical castrates. Amer. J. Obstet. Gynecol. 75 (1958) 98

130 Witt, H.-J.: Über die Kerngrößenbestimmungen während des weiblichen Zyklus. Geburts. und Frauenheilk. 22 (1962) 473

131 Williams, A. E., J. A. Jordan, J. M. Allen, F. Murphy: The surface ultrastructure of normal and metaplastic cervical epithelia and of carcinoma in situ. Cancer Res. 33 (1973) 504

132 Wolfson, W. L.: Cytopathology of the Endometrium. In Surgical Pathology of the Endometrium. Lippincot, Philadelphia 1981 (p. 244)

133 Wolfson, W. L.: Histologic and cytologic correlation of endometrial wreaths. Acta cytol. 27 (1983) 63

134 Zinser, H.-K.: Die Cytodiagnostik in der Gynäkologie, 2. Aufl. VEB Fischer, Jena 1957

5 Geschlechtschromatinbestimmung

Durch die Darstellung des X-Chromatins (X-Körperchen, X-body, Sexchromatin, Barrsches Körperchen) und des Y-Chromatins (Y-Körperchen, Y-body, F-body) an den Zellkernen ist es möglich, sowohl das Geschlecht eines Individuums mit großer Sicherheit zu bestimmen als auch Hinweise für gewisse Abnormitäten im Bereich der Geschlechtschromosomen zu erhalten.

X-Chromatin

Barr und Bertram fanden 1949 (14, 15) an den Kernen des N. hypoglossus von weiblichen Katzen in 30–40% neben dem Nukleolus ein zweites, kleineres, basophiles Kernkörperchen, das zunächst als *Nukleolus-Satellit* bezeichnet wurde und den Kernen männlicher Tiere fehlte. In den nachfolgenden Jahren konnte das Vorkommen solcher geschlechtsspezifischer Kernkörperchen bei zahlreichen Tierarten und beim Menschen bestätigt werden. Das sog. *X-Chromatin* lag aber meist unmittelbar der Kernmembran an.

Von Anfang an wurde das Auftreten des X-Chromatins in *Beziehung zu den X-Chromosomen* gebracht. 1959 hat Ohno dann nachgewiesen, daß es in weiblichen Zellkernen allein vom zweiten X-Chromosom (89, 91), genauer gesagt, nur vom heterochromatischen Anteil des zweiten X-Chromosoms (37, 110) gebildet wird.

Nach Ansicht von Stewart (132) und Lyon (75, 76) übernimmt beim weiblichen Individuum ein X-Chromosom schon in einem sehr frühen Embryonalstadium offensichtlich rein willkürlich die genetisch führende Rolle, während das zweite X-Chromosom durch Kondensation in seinem größten Anteil heterochromatisiert und somit genetisch weitgehend inaktiviert wird (9). Das früheste Auftreten eines X-Chromatins konnte bisher 10 bzw. 18 Tage nach der Ovulation beobachtet werden (78, 92).

Das *X-Chromatin* ist der *spät replizierende heterochromatische Bestandteil des zweiten X-Chromosoms*, das in einem großen Teil der Interphasenkerne bei weiblichen Individuen zur Darstellung gelangt. Es erscheint meist als ein *flach konvexes* oder *rundliches, gelegentlich auch dreizipfelig ausgezogenes Gebilde*, das *der Innenseite der Kernhülle breit anliegt* (Abb. 5.**1**, 5.**2a**). Manchmal scheint es auch zweigeteilt zu sein. Sein *Längsdurchmesser* beträgt 1,2–1,7 μm. Um Verwechslungen mit anderen Chromatinverdichtungen auszuschließen, sollte man sich streng an diese Definition halten (Abb. 5.**2b**).

Das X-Chromatin ist nicht in allen Zellen gleichzeitig nachweisbar. Je nach Zellart und technischer Aufarbeitung schwankt der *Prozentsatz der X-Chromatin-positiven Zellkerne beim weiblichen Geschlecht zwischen 20 und 90%*. Gewebe mit aufgelockerten Kernstrukturen neigen zu höherer X-Chromatin-Frequenz als solche mit dichten Zellkernen, da in diesen das X-Chromatin nicht so sicher von anderen Chromatinverdichtungen unterschieden werden kann.

Beim *männlichen Geschlecht* wird das eine X-Chromosom nie heterochromatisiert, so daß kein X-Chromatin nachweisbar wird. Allerdings *können geschlechtsunspezifische Chromatinverdichtungen*, die der Kernmembran anliegen oder dorthin projiziert werden, vereinzelt ein *X-Chromatin vortäuschen*.

Nach unseren Erfahrungen können in der Routinediagnostik folgende Prozentsätze von X-Chromatin-positiven Zellkernen bei 100 ausgezählten Zellen als normal angesehen werden:

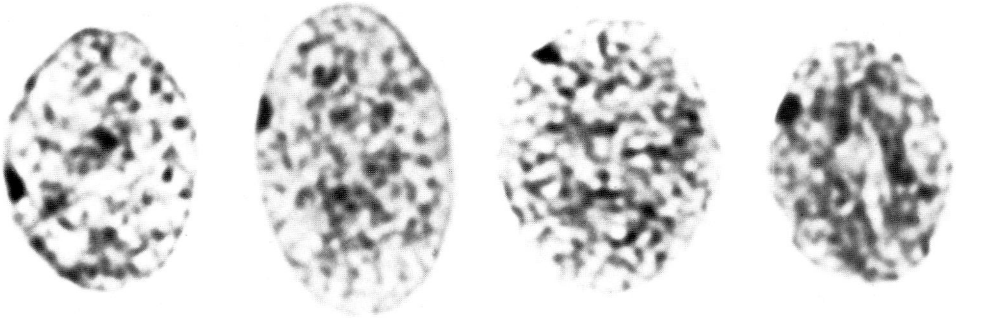

Abb. 5.**1** Verschiedene Formen des X-Chromatins in Zellkernen der Mundschleimhaut (Klingerfärbung) – (Obj. Öl 100 ×, Ok. 10 ×).

Mundschleimhaut:
Weibliches Individuum: 20% und mehr,
männliches Individuum: 0–4%.

Haarwurzelzellen:
Weibliches Individuum: 25% und mehr,
männliches Individuum: 0–1%.

Eihautpräparate:
Weibliches Individuum: 40–90%,
männliches Individuum: 0–4%.

Bei Personen mit dazwischenliegenden Werten sollten Kontrollabstriche vorgenommen werden und die Auszählung an 200–500 Zellkernen erfolgen. Bei gleichbleibenden niedrigen X-Chromatinwerten (zwischen 4 und 20 bzw. 25%) ist eine Chromosomenanalyse angezeigt. Es lassen sich nämlich in vermehrtem Maße hierbei *Mosaikstrukturen und Teilverluste der X-Chromosomen* im Sinne einer Deletion (nicht endständiger Teilverlust) oder Defizienz (endständiger Teilverlust) nachweisen.

Bei Anomalien von X-Chromosomen wird immer das abnorme X-Chromosom inaktiviert. Zusatz (Isochromosom) oder Zerstörung (Defizienz Deletion) von genetischem Material an einem X-Gonosom äußert sich deshalb meist auch durch entsprechende Größenvariationen des X-Chromatins (10, 11, 69, 135) (Abb. 5.**2c**). Aber auch bei ein und demselben Individuum können die X-Chromatine gewissen Größenschwankungen unterworfen sein, vor allem in verschiedenen Gewebearten. So sind sie z. B. in Mundschleimhautabstrichen flacher und länger und deshalb nicht so prominent wie beim Vaginalepithel (22, 49, 127).

Sind bei Aberrationen der Geschlechtschromosomenzahl mehr als zwei X-Chromosome vorhanden, so werden alle überzähligen X-Chromosome ebenfalls in der Interphase kondensiert und genetisch inaktiviert (Abb. 5.**2d**). Es kann deshalb folgender Leitsatz aufgestellt werden:

Die Zahl der in einem Kern darstellbaren X-Chromatine entspricht der Anzahl der in dem Kern enthaltenen X-Chromosomen minus 1.

Bei der Interpretation der Ergebnisse müssen aber noch eine Reihe weiterer *Faktoren* berücksichtigt werden, *welche die Größe und die Anzahl der X-Chromatine beeinflussen* können. Neben der Subjektivität der Untersucher, bei denen die ausgezählten X-Chromatine an ein und demselben Präparat oft erheblichen Schwankungen unterworfen sind (26), spielen möglicherweise auch *hormonale Einflüsse* eine Rolle (144). Östrogene sollen im allgemeinen die Anzahl erhöhen (33, 34), während Gestagene (33), Cortison (136) und Prednisolon (121) zu niedrigeren X-Chromatinwerten führen. Bei Androgenen konnte, von einer Ausnahme abgesehen (33), kein Nachweis stärkerer Schwankungen erbracht werden (67, 86, 97, 143, 147).

Durch hormonale Faktoren dürften wohl auch *Änderungen der X-Chromatin-Frequenz in verschiedenen Lebensabschnitten* zu erklären sein. So ist die Anzahl der X-Chromatine in der Mundschleimhaut weiblicher Neugeborener in den ersten 2–5 Tagen deutlich niedriger als im späteren Leben (34, 38, 41, 44, 55, 96, 125, 135, 141). Damit übereinstimmend fand man auch bei *Wöchnerinnen* in den ersten Tagen post partum eine Reduktion der X-Chromatin-positiven Zellen, während sonst in der *Gravidität keine größeren Schwankungen beobachtet wurden* (29).

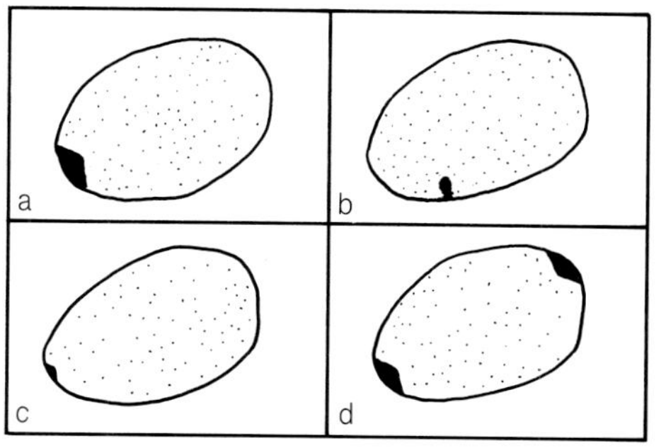

Abb. 5.**2** Schematische Darstellung von Variationen des X-Chromatins.

a Normales Barrsches Körperchen.

b Kernfaltung, vorgetäuschtes X-Chromatin. Solche Kerne sollten nicht zur Beurteilung herangezogen werden.

c Ausgesprochen kleines X-Chromatin bei Deletion eines X-Chromosoms.

d Darstellung zweier X-Chromatine bei 47,XXX-Chromosomen.

Während eine Reihe von Autoren keine signifikanten Unterschiede im Verlaufe des *Menstruationszyklus* fanden (20, 25, 36, 101, 134), haben andere solche nachgewiesen (21, 32, 35, 105). Dabei ist besonders ein Abfall zwischen dem 8. und dem 12. Zyklustag von einigen Autoren übereinstimmend beobachtet worden (1, 50, 73, 114).

Inwieweit bestimmte Krankheiten, insbesondere Infektionen und Streßsituationen (142), das Vorkommen des X-Chromatins beeinflussen können, wurde oft diskutiert, aber noch nicht eindeutig geklärt (64, 100).

Dagegen scheinen Antibiotika (98, 126) und Chemikalien (101), die mit der Mundschleimhaut in Berührung kommen, Größe und Anzahl der X-Chromatine zu verringern.

Davidson u. Smith (30) fanden 1954 an polymorphkernigen neutrophilen Leukozyten weiblicher Personen trommelschlegelförmige Anhänge (Abb. 5.**3a**), sog. *Drumsticks,* die ihrer Herkunft, ihrer diagnostischen Aussage und ihrem chemischen Aufbau nach dem X-Chromatin entsprechen. Es sind scharf konturierte, intensiv angefärbte, etwa 1,4 µm breite und 2 µm lange Gebilde, die durch eine dünne fadenförmige Brücke mit einem Kernsegment verbunden sind. Man muß diese sehr genau von anderen morphologisch ähnlichen, aber unspezifischen Kernanhängseln unterscheiden (Abb. 5.**3c, d, e**). Lediglich bei den „sessile nodules" (Abb. 5.**3b**) läßt sich der Beginn der Drumsticksausstülpung bei noch fehlender Brückenbildung nachweisen (31, 70). Die Zahl der gefundenen Drumsticks ist bei normalen Frauen mit 2–4% sehr niedrig, so

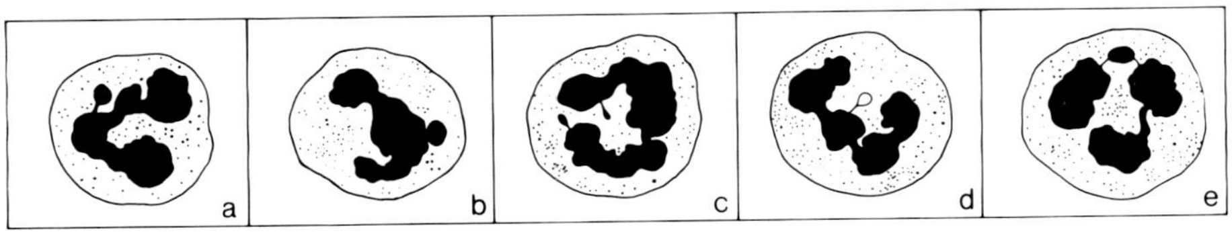

Abb. 5.3 Schematische Darstellung des Drumsticks und der anderen differentialdiagnostisch wichtigen Kernanhangsgebilde bei polymorphkernigen Leukozyten.

a Drumstick. **b** Sessile nodules, entsprechen in Form und Größe den Drumsticks, sitzen dem Kernsegment aber noch auf. **c** Small club, kleine Stäbchen mit einer geringen endständigen Anschwellung, dem Drumstick morphologisch sehr ähnlich, jedoch meist viel kleiner (unter 1 µm) und multipel auftretend, weniger dicht und unscharf konturiert. Häufiger bei männlichen Individuen vorkommend. **d** Racket, entspricht der Größe nach etwa den Drumsticks, zeigt aber wegen ihrer zentralen Aufhellung eine tennisschlägerartige Form. **e** Minor lobe, kleine Kernsegmente, die mit Drumsticks verwechselt werden können, wenn man nicht auf ihre oft zarten Segmentverbindungen achtet.

daß man mindestens 500, bei Verdacht auf Anomalien bzw. bei Mosaikstrukturen sogar 1000–2000 Zellen auszählen muß. Die Methode eignet sich deshalb kaum für zytogenetische Routineuntersuchungen. Dagegen kann sie bei gewissen Indikationen durchaus eine nützliche Ergänzung darstellen, wie z. B. bei Verdacht auf chromosomale Mosaiken in verschiedenen Geweben oder bei niedrigen X-Chromatin-Zahlen Neugeborener. Die Zahl der Drumsticks ist bei weiblichen Neugeborenen im Gegensatz zum X-Chromatin nämlich höher als später und nimmt im Verlauf des 1. Lebensjahres kontinuierlich ab (51, 71, 95, 117).

Y-Chromatin

Caspersson u. Mitarb. gelang es 1969 nach entsprechenden Vorarbeiten erstmals, jedes Chromosomenpaar für sich zu charakterisieren, indem sie mit verschiedensten Acridinfarbstoffen typische Bandmuster fanden (24).

Der Farbstoff bindet sich offensichtlich an das Guanin-Cytosin-Nukleotid der DNS und hat eine besonders starke Affinität zum Heterochromatin sowohl der Autosomen als auch der Geschlechtschromosomen. Dabei fluoresziert vor allem der distale Teil des Y-Chromosoms so stark, daß dieser sich nicht nur in der Metaphase, sondern auch in der Interphase deutlich von der schwächeren Fluoreszenz des übrigen Zellkerns abhebt.

Während das X-Chromatin bei fast allen weiblichen Säugetierarten zu finden ist, konnte das Y-Chromatin bisher nur beim Menschen, Gorilla und Schimpansen nachgewiesen werden (146).

Das *Y-Chromatin* stellt einen ca. *0,25–1 µm großen runden, stark fluoreszierenden Punkt im Zellkern* dar (Abb. 5.**4**, 5.**5a**). Daneben treten auch Normvariationen in Form von 2 bzw. 3 eng beieinanderliegenden Punkten auf (Abb. 5.**5b** u. **c**), sog. *Duplex- und Triplexformen* (27, 94, 102, 107). Dies wird vor allem bei großen Y-Chromosomen beobachtet (82, 130).

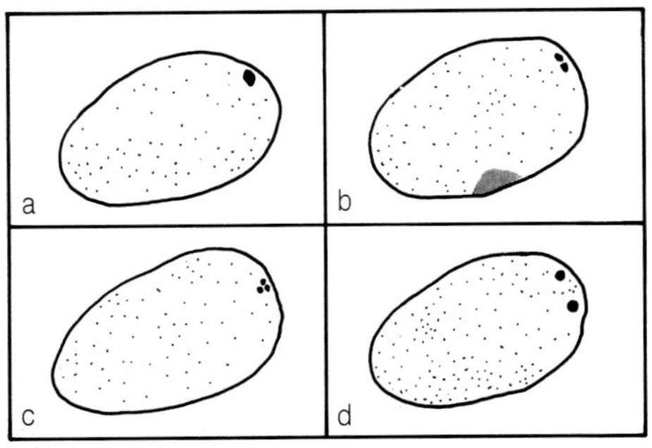

Abb. 5.5 Schematische Darstellung von Variationen des Y-Chromatins.

a Normales Y-Chromatin.

b 2geteiltes Y-Chromatin (Duplexform) und X-Chromatin bei 47,XXY.

c 3geteiltes Y-Chromatin (Triplexform).

d 2 Y-Chromatine bei 47,XYY.

Vielleicht spielt auch eine gewisse Trennung bei der Präparation eine Rolle (118). Die verschiedenen Gewebe zeigen eine unterschiedliche Häufigkeit dieser Befunde. In Lymphozyten, Amnionzellen und Fibroblastenkulturen ist der Prozentsatz der gespaltenen Y-Chromatine mit durchschnittlich 3% niedrig. Dagegen liegt in Mundschleimhautabstrichen, vor allem aber in Haarwurzelpräparaten der Durchschnitt zwischen 10 und 20% und kann im Einzelfall bis 60% ansteigen (118). Die Triplexformen werden in weniger als 1% beobachtet (53).

Wenn 2 Y-Chromosomen in einem Zellkern vorhanden sind, stellen sich auch *2 Y-Chromatine*

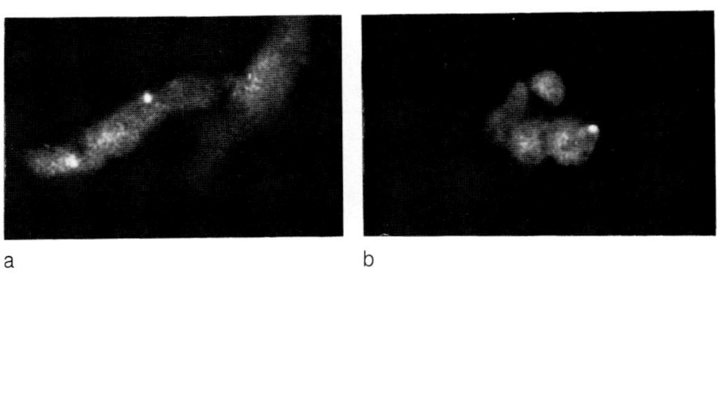
a b

Abb. 5.4 Y-Chromatindarstellung.

a In Haarwurzelzellen.

b In einem segmentkernigen Leukozyten (Obj. Öl 100 ×, Ok. 10 ×).

dar, allerdings nur in einem Teil der Zellen (53, 63, 86, 94, 140). Um Verwechslungen mit Duplexformen auszuschließen, sollten nur dann 2 Y-Chromatine diagnostiziert werden, wenn diese mindestens 2–4 µm auseinanderliegen (Abb. 5.**5d**).

Bei der Bestimmung des Y-Chromatins müssen einige *Möglichkeiten der Fehldiagnose* in Erwägung gezogen werden. So kann bei starker Anlagerung von Bakterien wegen der Fluoreszenz derselben die Auswertung sehr erschwert werden (94). Häufiger können auch stärker fluoreszierende Autosomenabschnitte das Vorhandensein eines Y-Chromosoms vortäuschen (107). Solche fluoreszierenden Chromosomenabschnitte wurden bisher an den Chromosomen A3 (44, 115) und B4, an den D-Chromosomen (23, 118) und an den G-Chromosomen (23) beobachtet. In der Regel sind diese fluoreszierenden Chromosomenabschnitte nicht so leuchtend wie die Y-Chromatine, aber Verwechslungsmöglichkeiten sind durchaus gegeben. Auch über Y-autosomale Translokationen wurde schon berichtet (42, 88).

Andererseits kann eine Fluoreszenz auch bei Vorhandensein eines Y-Chromosoms fehlen (19, 44). Man beobachtete dabei meist besonders kleine Y-Chromosomen, so daß eine Deletion des fluoreszierenden Y-Chromosomenanteils angenommen werden kann (138). Solche kleinen Y-Chromosomen sollen bei Männern etwa in der Häufigkeit von 1:200 bis 1:300 vorkommen (28). Umgekehrt können besonders große Y-Chromatine bei großen Y-Chromosomen gefunden werden (53), wobei offensichtlich nur der fluoreszierende heterochromatische Anteil des Y-Chromosoms variiert (116).

In locker strukturierten weiblichen Zellkernen gelingt auch die Darstellung des X-Chromatins, das nicht so stark fluoresziert wie das Y-Chromatin. Es ist auch wesentlich größer, liegt meist randständig und ist nicht so scharf konturiert (46, 83, 84) (Abb. 5.**5b**).

Der *Prozentsatz der Y-Chromatin aufweisenden Kerne* bei männlichen Individuen unterliegt ähnlich wie beim X-Chromatin je nach Gewebe und Verarbeitungstechnik stärkeren Schwankungen. In der *Mundschleimhaut* sind im allgemeinen *50–90%* der Kerne positiv. Bei Mundschleimhautpräparaten Neugeborener scheint der Prozentsatz etwas niedriger zu liegen (44). In *Haarwurzelzellen* ist das Y-Chromatin in *20–70%* (113) und bei *Eihautpräparaten* in *60–90%* nachweisbar.

Um Fehlbestimmungen des Kerngeschlechts zu vermeiden, müssen gewisse Grundsätze eingehalten werden. Stets sollte neben der fluoreszenzoptischen Darstellung des Y-Chromatins auch das X-Chromatin mit den herkömmlichen Kernfärbemethoden gesucht werden. Nur so kann weitgehend sichergestellt werden, daß vermeintliche Y-Chromatine nicht anderen Chromosomenabschnitten angehören bzw. daß gewisse numerische Chromosomenaberrationen, wie z.B. das Klinefelter-Syndrom, aufgedeckt werden.

Technik der Präparateherstellung

Zur Darstellung des X- und Y-Chromatins eignen sich die Interphasenkerne der meisten Gewebe. In der klinischen Praxis haben sich jedoch zur Materialgewinnung nur einige wenige Entnahmestellen durchgesetzt.

Mundschleimhautabstriche

Seit die Arbeitsgruppen um Moore (80) und Marberger (77) unabhängig voneinander über die Möglichkeit der zellkernmorphologischen Geschlechtserkennung an der Mundschleimhaut berichtet haben, wurde diese Methode wegen ihrer Einfachheit und Treffsicherheit überwiegend bevorzugt.

Mit Hilfe eines Holzspatels werden von der Innenseite beider Wangen kräftige Abstriche entnommen. Es ist empfehlenswert, jeweils den ersten Abstrich zu verwerfen und mit dem besser erhaltenen Material der tiefer gelegenen Zellen dann von jeder Seite 1–2 Ausstriche anzufertigen. Der Holzspatel wird dabei flach über einen vorher beschrifteten Objektträger gezogen, der dann ohne Verzögerung in eine Fixierungslösung gebracht wird. Wie für die gynäkologischen Abstrichpräparate aus der Vagina ist hierfür am besten ein 95%iger Äthylalkohol geeignet. Durch Ansäuerung mit konzentrierter Essigsäure bis zu einem Mischungsverhältnis von höchstens 1 Teil Essigsäure + 3 Teilen Äthylalkohol kann eine mäßige Vergröberung der Kernstruktur mit besserem Hervortreten des Y-Chromatins erzielt werden. Bei zu starker Ansäuerung oder Belassung des Präparates über 24 Stunden in diesem Fixierungsgemisch tritt allerdings eine unerwünschte Verklumpung der Kernstruktur ein, so daß das X-Chromatin nicht mehr deutlich von anderen Chromatinverdichtungen unterschieden werden kann.

Die fixierten Präparate können luftgetrocknet versandt oder der weiteren Verarbeitung zugeführt werden. Abstriche von anderen Stellen, wie z.B. Vagina oder Urethra, werden in gleichem Sinne behandelt.

Präparate von Haarwurzelzellen

Besonders gern wird die Beurteilung der Geschlechtschromatine an den Haarwurzelzellen vorgenommen (113), da hierbei meist gut erhaltenes Material vorgefunden wird, das ohne störende Bakterienflora eine optimale Darstellung auch des *Y-Chromatins* erlaubt.

Man sucht sich am Hinterkopf oder an der Schläfenseite einige kräftige Haare aus und entfernt sie durch Auszupfen. Bei Betrachtung mit bloßem Auge kann man erkennen, ob die Haarwurzel gut erhalten und mitentfernt wurde. Diese wird dann für 1–3 Minuten in eine 30%ige Essigsäurelösung gehalten und quillt auf. Das Zellmaterial läßt sich anschließend leicht auf einen vorbereiteten Objektträger bringen, indem man das Haar in 2–4 Streifen über diesen hinwegzieht. Die Präparate werden dann in Alkohol fixiert. Die für die Y-Bestimmung vorgesehenen Objektträger können auch luftgetrocknet werden.

Kerngeschlechtsbestimmungen bei Neugeborenen

Die Bestimmung des Kerngeschlechts von Neugeborenen erfolgt am besten an *Eihautpräparaten* (Abb. 5.**6**). Der geschlossene Zellverband des einschichtigen Amnionepithels erleichtert dabei die Auszählung. Bei Beeinträchtigung der Kernstruktur dieses Epithels durch mechanisch-chemische Einflüsse oder Austrocknungserscheinungen sind meist die Zellen des darunterliegenden Bindegewebes noch einwandfrei erhalten (65, 66).

Nicht ganz so gut eignen sich Mundschleimhaut- (44) und Nabelschnurabstriche (45). Vor allem die dabei gefundenen X-Chromatin-Werte sind so niedrig, daß sie kaum eine Chance zur Aufdeckung von strukturellen Anomalien und Mosaikformen bieten.

Bei der Verarbeitung der Eihäute hat sich nach unseren Erfahrungen *folgendes Vorgehen* bewährt: Die dünne durchsichtige Amnionepithelschicht läßt sich gut von der übrigen Eihaut abziehen und wird glatt über einen Objektträger gezogen. Die Ränder werden überstehend abgeschnitten, so daß sie auf der Rückseite des Objektträgers angedrückt werden können. Die Fixierung geschieht in üblicher Weise in 95%igem Äthylalkohol für 1–2 Tage. Nach der Färbung können dann die Reste auf der Rückseite mit einem Rasiermesser abgeschnitten werden.

Die Eihäute werden am günstigsten im frischen Zustand verarbeitet. Sie können jedoch auch ohne wesentliche Beeinträchtigung der Präparatqualität im Kühlschrank für einen Tag, tiefgefroren sogar bis zu 8 Tagen aufbewahrt werden.

Die Herstellung, Fixierung und Färbung von Präparaten zur Drumsticksbestimmung ist identisch mit der Anfertigung eines Differentialblutausstriches.

Die wichtigsten Färbungen der X- und Y-Chromatine werden in Kap. 13 näher beschrieben.

Klinische Anwendungsmöglichkeiten

Die Bestimmung des X- und Y-Chromatins an den Zellkernen stellt eine einfache Methode dar, mit der man auffällige Befunde von numerischen und strukturellen Aberrationen der Geschlechtschromosomen herausfinden (81) und sie einer Chromosomenanalyse zuführen kann (Tab. 5.**1**). Dabei können Mosaikstrukturen höchstens vermutet, aber nicht diagnostiziert werden. Die Untersuchungen bieten in gewisser Weise aber auch eine Ergänzung zur Zellkultur, da bei Mosaikstrukturen die Zellinien der einzelnen Organe nicht identisch sein müssen und die Diskrepanz zwischen Chromosomenbefund und Kerngeschlecht manchmal einen Hinweis dafür liefern kann.

Vorkommen und Häufigkeit der Geschlechtschromosomenaberrationen

Die Häufigkeit der gonosomalen Aberrationen kann nur geschätzt werden, da Chromosomenanalysen an einer repräsentativen Bevölkerungszahl bisher nur in beschränktem Umfang möglich waren (56). Gewisse Anhaltspunkte könnten aber *Kerngeschlechtsbestimmungen an* größeren Reihen von *Neugeborenen* und an bestimmten Patientengruppen ergeben, bei denen in erhöhtem Maße mit Normabweichungen gerechnet werden muß.

In der Bundesrepublik Deutschland werden jährlich etwa 2000–3000 Kinder geboren, die numerische gonosomale Aberration aufweisen (79, 85, 86). Da diese Kinder somatisch meist unauffällig sind, könnten sie nur durch Screeningmethoden erfaßt werden. Für die Betroffenen läge die Bedeutung einer Früherkennung vor allem darin, daß bei fehlender oder mangelhafter Gonadenaktivität (z. B. Turner-Syndrom, Klinefelter-Syndrom) um den Zeitpunkt der Pubertät eine hormonelle Substitution erfolgen und daß die intellektuell, psychisch und

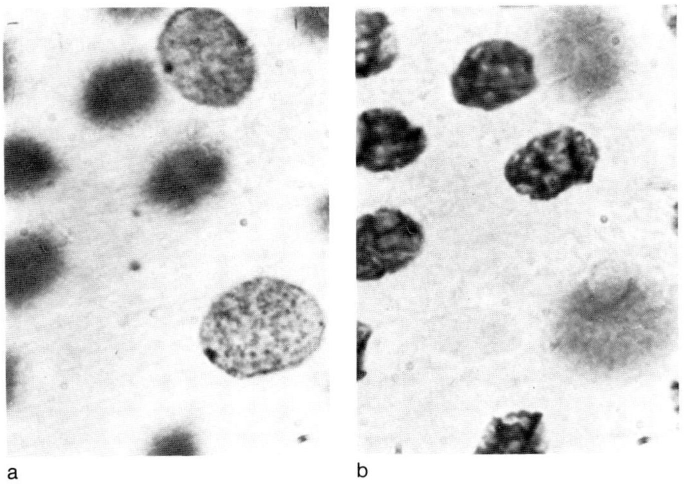

a b

Abb. 5.**6a** u. **b** X-Chromatindarstellung in Eihäuten.

a Im Bindegewebe.

b In dem darüber liegenden Amnionepithel (gleiche Stelle), das degenerativ verändert ist, so daß die X-Chromatine nicht zu erkennen sind (Obj. Öl 100×, Ok. 10×).

Tabelle 5.1 Geschlechtschromatinverteilung und relative Häufigkeit der Störungen im Geno- und Phänotyp ohne Mosaikstrukturen.

X-Chromatin	Y-Chromatin	Genotyp	Proband	Häufigkeit
		45,X0	Turner-Syndrom	1 : 3000–6000
		46,XY	eusomer Mann	
			reine Gonadendysgenesie (männlich)	selten
			testikuläre Feminisierung	1 : 20000–50000
			männliches Turner-Syndrom	1 : 50000
			testikulärer Hermaphroditismus	1 : 15000
			Oviduktpersistenz des Mannes	selten
		47,XYY	YY-Syndrom	1 : 700–900
		46,XX	eusome Frau	
			reine Gonadendysgenesie (weiblich)	selten
			ovarieller Hermaphroditismus	sehr selten
			ovariell testikulärer Hermaphroditismus	sehr selten
		47,XXY	Klinefelter-Syndrom	1 : 500–700
		48,XXYY*		sehr selten
		47,XXX	Triplo-X-Syndrom	1 : 1500
		48,XXXY	Klinefelter-Tetrasomie	sehr selten
		49,XXXYY*		sehr selten
		48,XXXX	Tetra-X-Syndrom	sehr selten
		49,XXXXY	Klinefelter-Pentasomie	sehr selten
		48,XXXXX	Penta-X-Syndrom	extrem selten

* Bei der Eingruppierung dieser Anomalien ist man sich nicht im klaren, ob man sie als Variante des Klinefelter- oder des XY-Syndroms ansehen soll.

sozial häufig auffälligen Individuen rechtzeitig durch geeignete Maßnahmen geführt werden könnten.

Dem Gynäkologen begegnen diese Störungen vorwiegend in der Hormon- und Sterilitätssprechstunde in Form der *Intersexualität, der primären* und *sekundären Amenorrhö* und der *Fertilitätsstörungen* des Ehemannes. Die Bedeutung der Kerngeschlechtsdiagnostik liegt vor allem in ihrer Anwendung als Screeningmethode zur Erfassung von Gonosomenaberrationen bei bestimmten Bevölkerungsgruppen wie z. B. bei Anstaltsinsassen oder Großwüchsigen, wo solche in vermehrtem Maße anzutreffen sind. Eine besondere Anwendung hat sie seit den 60er Jahren im Hochleistungssport gefunden. Um bei sportlichen Großereignissen wie Weltmeisterschaften und Olympiaden als Frau starten zu können, muß sowohl der Nachweis eines X-Chromatins als auch der Nachweis eines fehlenden Y-Chromatins erbracht werden (86).

Die bei der Intersexualität häufig vorgefundene zwittrige Gestaltung des äußeren Genitales erschwert oft schon bei der Geburt die eindeutige Zuordnung des Neugeborenen zu einem bestimmten Geschlecht. Die Kerngeschlechtsbestimmung ermöglicht in den meisten Fällen eine sofortige Entscheidung, die dann durch die nachfolgende Chromosomenanalyse noch untermauert werden muß.

Bei Patientinnen mit *primärer Amenorrhö* ist grundsätzlich auf Geschlechtschromatine zu untersuchen, da in 35–50% der Fälle Anomalien der Geschlechtschromosomen gefunden werden (7, 57, 100, 137, 145). Es ist dabei eine Unterscheidung von 3 Hauptgruppen möglich:

1. X- und Y-Chromatin negativ (45,X): Turner-Syndrom.
2. X-Chromatin negativ, Y-Chromatin positiv (46,XY): testikuläre Feminisierung mit morphologisch nachweisbarem Hodengewebe oder reine Gonadendysgenesie mit fehlenden Gonaden.
3. X-Chromatin positiv, Y-Chromatin negativ (46, XX): reine Gonadendysgenesie, ovarielle Hypoplasie, Mayer-Rokitansky-Kuester-Syndrom, AGS-Syndrom, primäre Hypophyseninsuffizienz und andere Mißbildungen wie Hymenalatresie oder Scheidenaplasie.

Bei ca. 10% der Triplo-X-Frauen (47, XXX) ist mit einer primären Amenorrhö zu rechnen.

Bei Frauen mit *sekundärer Amenorrhö und Oligomenorrhö* dürften in einem Teil der Fälle neben den numerischen Chromosomenaberrationen (Triplo-X-Syndrom, X-Polysomien) auch strukturelle Veränderungen eine Rolle spielen, die vor allem durch zu große bzw. zu kleine X-Chromatine auffallen.

Gonosomalen Aberrationen bei Männern begegnet der Gynäkologe vorwiegend in seiner Sterilitätssprechstunde. Vor allem das Klinefelter-Syndrom (47, XXY) und in geringerem Maße auch das YY-Syndrom (47, XYY) spielen hier eine besondere Rolle. Ansonsten bieten die Neugeborenen und Knaben keine somatischen Auffälligkeiten (40, 67, 68, 104, 112).

Andere Einsatzmöglichkeiten der Geschlechtschromatinbestimmung

In zahlreichen Arbeiten wurde das Auftreten des X-Chromatins, vereinzelt auch des Y-Chromatins (8, 74) in Tumorgeweben behandelt. Neben den Ovarialtumoren (129, 139), den Karzinomen der Zervix (5, 6, 87, 103, 122, 139) und des Corpus uteri (123, 139) hat man vor allem die Mammatumoren untersucht (43, 47, 48, 60, 61, 80). In der Regel entspricht das Kerngeschlecht dem Tumorträger. Als Ausdruck der Polyploidie der Tumorzellen können dabei aber 2 und mehr X-Chromatine in einem Kern gefunden werden (4, 6, 7, 87). Auf der anderen Seite hat sich gezeigt, daß die zunehmende Entdifferenzierung eines Tumors im allgemeinen auch mit einem Verlust der auszählbaren X-Chromatine einhergeht.

Ob die damit oft festgestellte schlechtere Prognose dieser Patientinnen hinsichtlich ihrer Überlebensrate nur mit dem undifferenzierten Tumortyp zusammenhängt oder ob hier vielleicht noch andere Ursachen eine Rolle spielen, wie z. B. Reaktivierung des zweiten X-Chromosoms, ist bis heute noch völlig unklar. Ebenso konnte die Hoffnung nicht bestätigt werden, daß bei Trägerinnen von chromatinnegativen Tumoren therapeutische Konsequenzen in Form einer gegengeschlechtlichen Hormonbehandlung sinnvoll seien (3, 4, 61, 122, 123, 129).

Auch niedrige X-Chromatin-Befunde in Mundschleimhautabstrichen als diagnostischer Hinweis bei Patientinnen mit Brustkrebs (131) konnten von anderen Untersuchern nicht verifiziert werden (120, 128).

Bei einer Reihe weiterer Fragestellungen findet die Bestimmung der Geschlechtschromatine heute eine sinnvolle Anwendung, u. a. im Bereich der Gerichtsmedizin und bei der pränatalen Geschlechtsbestimmung.

Aufbauend auf die Darstellungsmöglichkeiten der X- und Y-tragenden Spermien (12, 39, 63, 59, 93, 108, 109, 133), sind ferner Trennungsmethoden entwickelt worden, die sogar eine gezielte Geschlechtsauswahl bei der Befruchtung nicht mehr ganz utopisch erscheinen lassen.

Literatur

1 Ashkenazi, Y. E., B. Goldman, A. Dotan: Rhythmic variation of sexchromatin and glucose-6-phosphatedehydrogenase activity in human oral mucosa during the menstrual cycle. Acta cytol. 19 (1975) 62

2 Atkin, N. B.: The chromosomal changes in malignancy: An assessment of their possible prognostic significance. Brit. J. Radiol. 37 (1964) 213

3 Atkin, N. B.: Nuclear size in carcinoma of the cervix: Its relation to DNA content and to prognosis. Cancer (Philad.) 17 (1964) 1391

4 Atkin, N. B.: Die chromosomale Basis von Sexchromatinabweichungen in menschlichen Tumoren. Wien. klin. Wschr. 76 (1964) 859

5 Atkin, N. B.: Sex chromatin abnormalities in carcinoma of the cervix uteri. Acta cytol. 10 (1966) 392

6 Atkin, N. B.: Triple sex chromatin, and other sex chromatin anormalies, in tumors of females. Brit. J. Cancer 11 (1967) 40

7 Atkin, N. B.: Variant nuclear types in gynecologic tumors: Observations on squashes and smears. Acta cytol. 13 (1969) 569

8 Atkin, N. B.: Y-bodies and similar fluorescent chromocentres in human tumors including teratomata. Brit. J. Cancer 28 (1973) 183

9 Austin, C. R.: Sex-chromatin in embryonic and fetal tissue. Acta cytol. 6 (1962) 61

10 Bamford, S. B., C. M. Cassin, B. S. Mitchell: Sex chromatin determinations in selected cases of developmental sex abnormalities with an assessment of results. Acta cytol. 7 (1963) 151

11 Bamford, S. B., G. W. Mitchell, C. M. Cassin, A. Corman, B. French: Further observations on neutrophil appendages in sex chromosome aberrations. Acta cytol. 10 (1966) 323

12 Barlow, P., C. G. Vosa: The Y chromosome in human spermatozoa. Nature (Lond.) 226 (1970) 961

13 Barr, M. L.: Sexual dimorphism in interphase nuclei. Amer. J. hum. Genet. 12 (1960) 118

14 Barr, M. L., E. G. Bertram: A morphological distinction between neurones of the male and female, and the behaviour of the nucleolar satellite during accelerated nucleoprotein synthesis. Nature (Lond.) 163 (1949) 676

15 Barr, M. L., E. G. Bertram, H. A. Lindsay: The morphology of the nerve cell nucleus, according to sex. Anat. Rec. 107 (1950) 283

16 Barr, M. L., F. R. Sergovich, D. H. Carr, E. L. Shaver: The triplo-X female: an appraisal based on a study of 12 cases and a review of the literature. Canad. med. Ass. J. 101 (1969) 247

17 Bjøro, K.: Primary amenorrhoea. Acta obstet. gynecol. scand. 4 (1965) 44

18 Blanco de del Campo, M. S., O. E. G. Ramirez: Fluctuations of the sex chromatin during the menstrual cycle. Acta cytol 9 (1965) 251

19 Borgaonker, D. S., D. H. Hollander: Quinacrine fluorescence of the human Y chromosome. Nature (Lond.) 230 (1971) 52

20 Brainerd, T., C. Mercer, C. P. Miles: Absence of correlation between sex chromatin incidence and menstrual cycle. Acta cytol. 9 (1965) 440

21 Caratzalo, A.: Sex appendages, arneth formula and menstrual cycle. Cytogenetics 2 (1963) 15

22 Carpentier, P. J.: Evaluation of sex chromatin in smears from the reproductive and urinary tracts. Acta cytol. 6 (1962) 25

23 Caspersson, T., L. Zech, C. Johannson: Differential binding of alkylating fluorochromes in human chromosomes. Exp. Cell Res. 60 (1970) 315

24 Caspersson, T., L. Zech, J. E. Modert, G. E. Foley, U. Wagh, E. Simonsson: Chemical differentiation with fluorescent alkylating agents in Vicia faba metaphase chromosomes. Exp. Cell Res. 58 (1969) 128

25 Ceci, G. P., A. Sarnella: La chromatina di Barr ed il ciclo menstruale. Riv. ital. Ginec. 50 (1966) 593

26 Chu, E. W., R. A. Malmgren, E. Kazan: Variability of sex chromatin counts. Acta cytol. 13 (1969) 72

27 Conen, P. E., P. K. Lewin, D. V. Vakil: Rapid Y chromosome identification in human blood smears. Canad. med. Ass. J.104 (1971) 925

28 Court-Brown, W. M., K. E. Buckton, P. A. Jacobs, M. Tough, E. V. Kuenssberg, I. D. E. Knox: Chromosome studies on adults. Eugen Lab. Mem. (Lond.) XLN (1966) 91

29 Curtis, D. J.: Sex chromatin frequency in buccal mucosal tissue: the normal female population. Cytogenetics 8 (1969) 20

30 Davidson, W. M., D. R. Smith: A morphological sex difference in the polymorphnuclear neutrophil leukocytes. Brit. med. J. 1954/II 6
31 Dihlmann, W.: Zur Frage geschlechtsspezifischer Kernstrukturen in den Lymphozyten. Acta haematol. 22 (1959) 345
32 Dömötri, J.: Sexchromatinuntersuchung von Scheiden- und Mundschleimhautabstrichen mit dem Phasenkontrastmikroskop. Zbl. Gynäkol. 86 (1964) 1119
33 Dokumov, S. J., S. A. Spasov: Sex chromatin and sex hormones. Amer. J. Obstet. Gynecol. 97 (1967) 714
34 Dokumov, S. J., S. A. Spasov:h Kern-Sexchromatinkörper und östrogene Aktivität. Z. Gynäkol. Geburtsh. 169 (1968) 85
35 Dokumov, S. J., S. A. Spasov: Sex chromatin pattern and menstrual cycle. Acta cytol. 12 (1968) 131
36 Dolan, S. B. E.: Sex chromatin incidence and the human menstrual cycle. Acta cytol. 12 (1968) 128
37 Eberle, P.: Die Chromosomenstruktur des Menschen in Mitosis und Meiosis. Fischer, Stuttgart 1966
38 Eidenbenz, R.: The sex chromatin body in the newborn. Biol. Neonat. 7 (1964) 95
39 Ericsson, R. J., C. N. Lagevin, M. Nishino: Isolation of fractions rich in human Y-sperm. Nature (Lond.) 246 (1973) 421
40 Ferguson-Smith, M. A.: Prenatal chromosome analysis and its impact on the birth incidence of chromosome disorders. Brit. med. Bull. 39 (1983) 355
41 Fraser, S. D., F. S. Guido, F. J. Farrell: Buccal smears in the newborn female. J. Pediat. 65 (1964) 222
42 Fründ, S., T. Koshe-Westphal, S. Fuchs-Mecke, E. Passarge: Quinacrine mustard fluorescence of a second Y-chromosome. Hum. Genet. 14 (1972) 133
43 Ghosh, S. N., P. N. Shah: Prognosis and incidence of sex chromatin in breast cancer. A preliminary report. Acta cytol 19 (1975) 58
44 Golob, E., P. Wagenbichler: Geschlechtschromatin und Fluoreszenzkörperchen in Mundschleimhautabstrichen von 100 Neugeborenen. Geburtsh. u. Frauenheilk. 33 (1973) 86
45 Greensher, A., R. Gersh, D. Peakman, A. Robinson: Screening of newborn infants for abnormalities of the Y-chromosome. J. Pediat. 79 (1971) 305
46 Greensher, A., R. Gersh, D. Peakman, A. Robinson: Fluorescence of the Y and the Barr body in human interphase cells. Lancet 1971/I, 920
47 Gropp, H., B. Hein, U. Wolf: Kerngröße und Sexchromatinhäufigkeit beim Mammakarzinom. Dtsch. Geschwulstforsch. 68 (1966) 123
48 Gropp, H., U. Wolf, F. Pera: Sex chromatin und Chromosomenstatus beim Mamma-Carcinom. Dtsch. med. Wschr. 15 (1965) 637
49 Guard, H. R.: A new technic for differential staining of the sex chromatin and the determination of its incidence in exfoliated vaginal epithelial cells. Amer. J. clin. Pathol. 32 (1959) 145
50 Hagy, G. W., M. M. Brodrick: Variation of sex chromatin in human oral mucosa during the menstrual cycle. Acta cytol. 16 (1972) 314
51 v. Harnack, G. A., H. N. Strietzel: Die Altersabhängigkeit der geschlechtsbedingten Leukozytenmerkmale. Klin. Wschr. 34 (1956) 401
52 Heinz, M., S. Hoyme: Gynäkologie des Kindes- und Jugendalters. VEB Thieme, Leipzig 1972
53 Hellweg-Fründ, S., T. Koshe-Westphal, S. Fuchs-Mecke, E. Passarge: Fluoreszenzmikroskopische Identifizierung von Anomalien des Y-chromosoms. Dtsch. med. Wschr. 92 (1972) 1650
54 Holzmann, K.: Genetische und endokrinologische Störungen bei weiblichen Neugeborenen und Jugendlichen. Gynäkologe 6 (1973) 14
55 Hsu, L. Y. F., H. P. Klinger, J. Weiss: Influence of nuclear selection criteria on sex chromatin frequency in oral mucosal cells of newborn females. Cytogenetics 6 (1967) 371
56 Jacobs, P.-A., M. M. S. Ratcliffe: A cytogenetic survey of 11680 newborn infants. Ann. hum. Genet. 37 (1974) 359
57 Jacobs, P.-A., D. G. Harnden, K. E. Buchton, W. M. Court-Brown, M. J. King, J. A. McBride, T. N. McGregor, N. Mac Lean: Cytogenetic studies in primary amenorrhoea. Lancet 1961/I, 1183
58 James, J.: The „sex chromatin“ and the nuclei acids. Exp. Cell. Res. 21 (1960) 205
59 Kaiser, R., K. H. Broer, P. Citoler, B. Leister: Nachweis Y-Chromatin-positiver Spermien im Zervixsekret beim in-vitro-Penetrationstest. Geburtsh. u. Frauenheilk. 34 (1974) 426
60 Kallenberger, A.: Geschlechtschromatin bei Mammakarzinomen. Schweiz. med. Wschr. 94 (1964) 1450
61 Kallenberger, A., A. Hagmann, W. Meier-Ruge, C. Descoendres: Beziehungen zwischen Sexchromatinvorkommen, Kerngröße und DNS-Werten in Mammatumoren und ihre Bedeutung für die Überlebenszeit. Schweiz. med. Wschr. 97 (1967) 678
62 Khudr, G., K. Benirschke, D. Brooks, J. S. Rakoff: XO-XY mosaicism and non fluorescent Y chromosome. Obstet. and Gynecol. 42 (1973) 421
63 Klasen, M., H. Schmid: An improved method for Y-body identification and confirmation of a high incidence of YY sperm nuclei. Hum. Genet. 58 (1981) 56
64 Kleint, W., S. Kotte: Die Häufigkeit geschlechtsspezifischer Kernanhänge bei Kindern im akuten Infekt und in der Rekonvaleszenz. Kinderärztl. Prax. 32 (1964) 289
65 Klinger, H. P.: The sex chromatin in fetal and maternal portious of the human placenta. Acta anat. 30 (1957) 371
66 Klinger, H. P.: Abnormal content of Desoxyribonuclei acid and sex chromatin number in the nuclei of a human amnion. Proc. congen. Hum. Chrom. Abnorm. London 37 (1961)
67 Knörr, K., H. Knörr-Gärtner, W. Jonatha: Pränatale Diagnostik kongenitaler Anomalien. In Käser, O., V. Friedberg, K. G. Ober, K. Thomson, J. Zander: Gynäkologie und Geburtshilfe, Bd. I, Tl. 1. Thieme, Stuttgart 1987 (S. 3.30)
68 Knörr-Gärtner, H. K. Knörr: Genetische Beratung aus geburtshilflich-gynäkologischer Sicht. In Käser, O., V. Friedberg, K. G. Ober, K. Thomsen, J. Zander: Gynäkologie und Geburtshilfe, Bd. I, Tl. 1, Thieme, Stuttgart 1987 (S. 3.1)
69 Köbberling, J.: Geschlechtsunterschiede im Kernchromatin neutrophiler Granulocyten. Hum. Genet. 2 (1966) 207
70 Kosenow, W.: Derzeitige Methoden zur Bestimmung des chromosomalen Geschlechts. Kinderärztl. Prax. 25 (1957) 410
71 Kosenow, W., Z. Scupin: Geschlechtsbestimmung auf Grund morphologischer Leukozytenmerkmale. Klin. Wschr. 34 (1956) 51
72 Lang, N.: Die Gonadendysgenesie als Sterilitätsursache. Gynäkologe 5 (1972) 20
73 Levij, I. S., R. Carel: Variations in the incidence of sex chromatin – a reappraisal. Acta cytol. 12 (1968) 352
74 Litton, L. E., D. H. Hollander, D. S. Borgaonkar, J. A. Frost: Y-chromatin of interphase cancer cells, a preliminary study. Acta cytol. 16 (1972) 404
75 Lyon, M. F.: Gene action in the X-chromosome of the mouse (Mus musculus L.). Nature (Lond.) 190 (1961) 372
76 Lyon, M. F.: Sex chromatin and gene action in the X-chromosome of mammalas. In Moore, K. L.: The Sex Chromatin. Saunders, Philadelphia 1966 (p. 370)
77 Marberger, E., R. A. Boccabella, W. O. Nelson: Oral smear as a method of chromosomal sex detection. Proc. Soc. exp. Biol. (N. Y.) 89 (1955) 488
78 Miller, O. J., B. B. Mukherjec. S. Bader, A. C. Christakos: Autoradiographic studies of X-chromosome duplication in an XO-X-isochromosome mosaic human female. Nature (Lond.) 200 (1963) 918
79 Milunsky, A.: Genetic Disorders and the Fetus, 2. Aufl. Plenum Press, New York 1986
80 Moore, K. L., M. L. Barr: Smears from the oral mucosa in the detection of chromosomal sex. Lancet 1955/II, 57
81 Moore, K. L.: Embryologie, 2. Aufl. Schattauer Verlag, Stuttgart 1985
82 Morillo-Cucci, G., J. German: Fluorescent study of variant and frankly abnormal human Y-chromosome. Amer. J. hum. Genet. 22 (1970) 229
83 Mukherjee, A. B., P. Y. Blattner, H. M. Nitwosky: Sex-chromatin fluorescence in human amniotic-fluid cells. Lancet 1971/II, 709
84 Mukherjee, A. B., P. Y. Blattner, H. M. Nitowsky: Quinacrine mustard fluorescence of sex chromatin in human amniotic-fluid cell cultures. Nature (Lond.) 235 (1972) 226
85 Murken, J.: Pränatale Diagnostik und Therapie, 2. Aufl. Enke, Stuttgart 1987
86 Murken, J., H. Cleve: Humangenetik, 3. Aufl. Enke, Stuttgart 1984
87 Naujoks, H.: Sex chromatin in exfoliated cells of cervical carcinoma in situ. Acta cytol. 13 (1969) 634
88 Noel, B., J. Emerit, J. M. Luciani, B. Quack: A familial Y-autosome translocation in man. Clin. Genet. 62 (1971) 1

89 Ohno, S.: The origin of the sex chromatin body. Acta. cytol. 7 (1963) 147
90 Ohno, S., S. Makino: The single-X nature of sex chromatin in man. Lancet 1961/I, 78
91 Ohne, S., W. D. Kaplan, R. Kinosita: Formation of the sex chromatin by a single X-chromosome in liver cells of Rattus norvegiens. Exp. Cell. Res. 18 (1959) 415
92 Park, W. W.: The occurence of sex chromatin in early human and macaque embryos. J. Anat. (Lond.) 91 (1957) 369
93 Pawlowitzki, I. H., H. G. Bosse: Y chromosomes associated with vacuoles in human spermatozoa. Hum. Genet. 13 (1971) 338
94 Pearson, P. L., M. Bobrow, C. G. Vosa: Technique for identiying Y-chromosomes in human interphase nuclei. Nature (Lond.) 226 (1970) 78
95 Peiper, K., J. Dehme: Die Abhängigkeit geschlechtsgebundener Leukozytenmerkmale bei Feten und Frühgeborenen von der Reife. Klin. Wschr. 34 (1956) 1067
96 Pelz, L., W. Mieler: Klinische Zytogenetik, 2. Aufl. VEB Fischer, Jena 1972
97 Pfeifer, G. W.: Do androgens influence the nuclear sexing or polymorphic sexing? Acta cytol. 6 (1962) 122
98 Pfeifer, G. W.: Morphologische und funktionelle Kriterien des Sex-Chromatins. Arch. Gynäkol. 198 (1963) 397
99 Pfeiffer, R. A.: Pränatale Zytogenetik. Geburtsh. u. Frauenheilk. 43 (1983) 517
100 Philip, J., V. Sele, J. Trolle: Primary amenorrhea. A study of 101 cases. Fertil. and Steril. 16 (1965) 795
101 Platt, L. J., E. W. Kailin: Buccal X-chromatin frequency in numerous diseases. Acta cytol. 13 (1969) 700
102 Polani, P. E., D. E. Mutton: Y-fluorescence of interphase nuclei especially circulating lymphocytes. Brit. med. J. 1971/I, 138
103 Rahn, J., M. Spieckermann, H. U. Wahn: Beziehungen des Geschlechtschromatins zu den Hinselmann-Stadien und zum Karzinom der Portio uteri. Zbl. Gynäkol. 94 (1972) 1146
104 Rehder, H., A. Gropp: Pathologische Anatomie der Geschlechtsentwicklung. In Tolksdorf, M., J. Spranger: Klinische Genetik in der Pädiatrie, 3. Symposium in Kiel. Wissenschaftl. Information Milupa AG 5 (1982) 255
105 Riesenberg, D. E., H. J. van Peenen, W. V. Miller, M. E. Schmidt, F. V. Lucas: Further evidence for cyclic activation of the heterochromatic X-chromosome in human females. Amer. J. Obstet. Gynecol. 97 (1967) 91
106 Robinson, J. A.: Y chromosome fluorescence in buccal mucosa cells: a study on a newborn population. Ann. hum. Genet. 35 (1971) 61
107 Robinson, J. A., K. E. Buchton: Quinacrine fluorescence of variant and abnormal human Y chromosomes. Chromosoma (Berl.) 35 (1971) 342
108 Rohde, W., T. Porstmann, G. Dörner: Migration of Y-bearing human spermatoza in cervical mucus. J. Reprod. Fertil. 35 (1973) 167
109 Rohde, W., T. Porstmann, S. Prehn, G. Dörner: Zur Frage der partiellen Trennung von X- und Y-tragenden Spermien beim Menschen. Zbl. Gynäkol. 97 (1975) 408
110 Sandritter, W.: Funktionsstrukturen des Zellkerns. Eu- und Heterochromatin. Med. Welt (N. F.) 21 (1970) 1
111 Sarto, E. G., E. Therman: Replication and inactivation of a dicentric X formed by telomeric fusion. Amer. J. Obstet. Gynecol. 136 (1980) 904
112 Schindler, A. E., W. Haberlandt: Die Intersexualität. Pathologische Entwicklung des Geschlechts und intersexuelle Syndrome. In Käser, O., V. Friedberg, K. G. Ober, K. Thomsen, J. Zander: Gynäkologie und Geburtshilfe, Bd. I, Tl. 1. Thieme, Stuttgart 1987 (S. 2.25)
113 Schmid, W.: Sex chromatin in hair roots. Cytogenetics 6 (1967) 342
114 Schmidt, M. E., W. V. Miller, H. J. van Peenen, F. V. Lucas: Changes in sex chromatin pattern during the menstrual cycle. Amer. J. Obstet. Gynecol. 94 (1966) 422
115 Schnedl, W.: Unterschiedliche Fluoreszenzen der beiden homologen Chromosomen Nr. 3 beim Menschen. Hum. Genet. 12 (1971) 59
116 Schnedl, W.: Fluoreszenzuntersuchungen über die Längenvariabilität des Y-Chromosoms beim Menschen. Hum. Genet. 12 (1971) 188
117 Schwarzacher, H. G., U. Wolf: Methoden in der medizinischen Cytogenetik. Springer, Berlin 1970
118 Schwinger, E., F. Pera: On the splitting of the Y-fluorescent body in man. Hum. Genet. 14 (1972) 107
119 Schwinger, E., H. Weitzel: Pränatale Geschlechtsdiagnostik an Amnionepithelzellen mittels Fluoreszenzmikroskopie. Geburtsh. u. Frauenheilk. 32 (1972) 30
120 Seshardri, R., P. N. Shah, M. B. Trivedi: Sex chromatin patterns in buccal smears in breast cancer in Indian women. Acta cytol. 14 (1970) 3
121 Shetty, K. T., M. L. Sharma, K. M. Wahal: Sex chromatin in prednisone treated-children. Brit. med. J. 1966/II, 84
122 Siracky, J.: Sex-chromatin in cancer of the uterine cervix. Acta cytol. 11 (1967) 486
123 Siracky, J.: Sex-chromatin in gynecologic cancer: Incidence and limitation of its clinical interpretation. Acta cytol. 16 (1972) 105
124 Sirlin, S., L. Y. F. Hsu, J. Thornton: Effects of exogenous androgen treatment on X-chromatin. Acta cytol. 23 (1979) 490
125 Smith, D. W., P. M. Marden, M. J. McDonald, M. Spechhard: Lower incidence of sex chromatin in buccal smears of newborn females. Pediatrics 30 (1962) 707
126 Sohval, A. R., W. G. B. Casselman: Alteration in size of nuclear sex chromatin masses (Barr Body) induced by antibiotics. Lancet 1961/II, 1386
127 Soost, H. J.: Are there differences in the sex chromatin content in cells from different organs in the same individual? Acta cytol. 6 (1962) 139
128 Soost, H. J., K. Knote: Sex-chromatin in female breast cancer. Lancet 1967/II, 570
129 Spechter, H. J., O. Ruff, A. Barthelheimer: Untersuchungen über das Vorkommen von Barr'schen Chromatinkörperchen in Ovarialtumoren. Geburtsh. u. Frauenheilk. 22 (1962) 61
130 Sperling, K., I. Lademann: Large human Y-chromosome with two fluorescent bands. Clin. Genet. 2 (1971) 352
131 Stanley, M. A., D. A. Bigham, R. J. Cox, J. A. Kirkland, L. J. Opit: Sex-chromatin anomalies in female patients with breast carcinoma. Lancet 1966/I, 690
132 Stewart, J. S. S.: Genetic mechanism in human intersexes. Lancet 1960/I, 825
133 Sumner, A. T., J. A. Robinson, H. J. Evans: Distinguishing between X, Y and YY-bearing human spermatozoa by fluorescence and DNA content. Nature New Biol. 229 (1971) 231
134 Sutter, W. A.: Über das Geschlechtschromatin des Mundhöhlenepithels unter Berücksichtigung von Lebensalter und Menstruationszyklus. Acta anat. 43 (1960) 204
135 Taft, P. D., K. P. Datal, J. W., McArthur, J. Worcester: Sex chromatin body size and its relations to X-chromosome structure. Cytogenetics 4 (1965) 87
136 Taylor, A. J.: Sex chromatin in the newborn. Lancet 1963/I, 912
137 Thorburn, M. J., U. N. Pothak: Cytogenetic and clinical observations on West Indian patients with primary amenorrhea. Int. J. Gynaecol. Obstet. 8 (1970) 43
138 Tishler, P. V., M. Lamborot-Manzur, L. Atkins: Polymorphism of the human Y chromosome: Fluorescence microscopie studies on the sites of morphologic variation. Clin. Genet. 3 (1972) 116
139 Trebbin, H.: Die Häufigkeit der Barr'schen Zellkernkörper bei Karzinomen des weiblichen Genitale. Geburtsh. u. Frauenheilk. 28 (1968) 193
140 Vakil, D. V., P. K. Lewin, P. E. Conen: Value of fluorescent Y chromosome and sex chromatin tests. Acta cytol. 17 (1973) 220
141 Wegmann, T. G., D. W. Smith: Lower incidence of sex chromatin in newborn females delivered by caesarian section. Pediatrics 34 (1964) 419
142 Weste, S. M., J. S. Barnelt, O. M. Garson, A. G. Baikie: Variations in the frequency and form of sex chromatin in females with burns. Lancet 1967/I, 745
143 Wolf-Heidegger, G.: Über das Geschlechtschromatin. Verh. anat. Ges. 3 (1958) 3
144 von Yamana, K.: Geschlechtschromatin unter verschiedenen endokrinen Funktionen. Klinische und tierexperimentelle Untersuchungen. Endokrinologie 47 (1964) 63
145 Zander, J., K. Holzmann: Störungen des menstruellen Zyklus und ihrer Behandlung. In Käser, O., V. Friedberg, K. G. Ober, K. Thomsen, J. Zander: Gynäkologie und Geburtshilfe. Thieme, Stuttgart 1969 (S. 315)
146 Zankl, H.: Zytogenetische Geschlechtsbestimmung. Sexualmedizin 4 (1975) 10
147 Zsifkovits, S., C. Mehes, C. Jobst: Effect of sexual maturation and castration in the sex chromatin pattern in the male rat. Nature (Lond.) 184 (1959) 1239

6 Hormonzytologie

Normales Zellbild in den verschiedenen Lebensaltern

Histologie des Vaginalepithels während der verschiedenen Lebensalter

Die Betrachtung des Vaginalepithels im histologischen Schnitt zeigt in den einzelnen Lebensphasen deutliche Unterschiede (Abb. 6.**1**).

Beim *neugeborenen Mädchen* ist das Plattenepithel der Vagina ähnlich aufgebaut wie bei der Mutter am Ende der Gravidität. Charakteristisch ist die breite Wabenzellschicht, die aus voluminösen glykogenreichen Zellen besteht. Aber bald nach der Geburt beginnt das Vaginalepithel sich unter starker Desquamation abzuflachen, und die Papillen des Bindegewebsstromas werden niedriger.

In der *Kindheit,* etwa vom 2.–3. Lebensmonat an, zeigt sich dann ein nur noch aus wenigen Zellschichten bestehendes atrophisches Bild. Dieses bleibt bis zum Beginn der Pubertät unverändert.

Im allgemeinen nimmt das Vaginalepithel schon kurz vor Beginn der Ausbildung der sekundären Geschlechtsmerkmale allmählich wieder an Höhe zu und erreicht seine volle Ausbildung nach der Menarche.

Im *geschlechtsreifen Alter* besteht das Plattenepithel aus etwa 35–50 Zellschichten. Es zeigt zyklische Veränderungen, die aber nicht so charakteristisch ausgeprägt sind wie am Endometrium (Abb. 6.**2**). Noch während der Menses beginnt eine verstärkte Proliferation, wobei die Plattenepithelschicht bis zur Zyklusmitte sowohl durch Vermehrung der Zellagen als auch durch Vergrößerung der Einzelzellen zunimmt. Mit dem Einsetzen der Corpus-luteum-Phase im Anschluß an die Ovulation treten am Vaginalepithel regressive Veränderungen auf. Die oberflächliche Schicht nimmt durch Turgorverlust und Desquamation der Zellen allmählich wieder ab und zeigt bis zur prämenstruellen Phase nur noch einen mittleren Aufbau. Das Bindegewebsstroma weist dagegen kaum Veränderungen auf. Lediglich in der Proliferationsphase sieht man eine stärkere Vaskularisation, die in der zweiten Zyklushälfte wieder abnimmt.

Nach der *Menopause* nehmen die Zellagen mit dem Nachlassen der Ovarialfunktion wieder ab. Die Zellen werden kleiner, und schließlich entwickelt sich im Senium ein völlig atrophisches Epithel, welches nur noch aus wenigen parabasalen und basalen Zellschichten besteht. Mit der Atrophie des Vaginalepithels kommt es unter Abflachung der Papillen auch zu Rückbildungsvorgängen des Bindegewebsstromas.

Diese Entwicklung kann individuell sehr verschieden schnell vor sich gehen. Mitunter besteht nach der Menopause noch über Jahre hinweg ein relativ hoch aufgebautes Vaginalepithel. In anderen Fällen hat sich bereits nach Monaten eine unterschiedlich ausgeprägte Atrophie eingestellt.

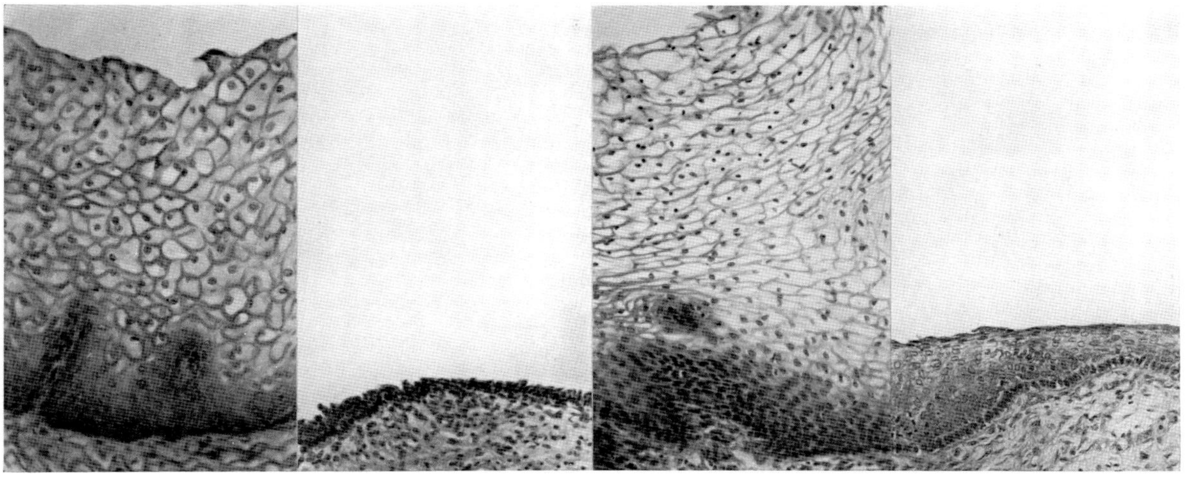

Abb. 6.**1** Histologischer Aufbau des Vaginalepithels während verschiedener Lebensphasen (Obj. 20×, Ok. 10×).

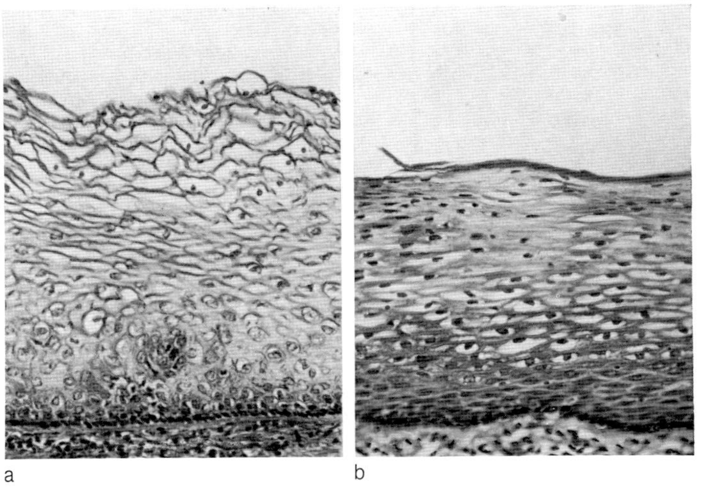

a b

Abb. 6.**2a** u. **b** Unterschiedlicher histologischer Aufbau des Vaginalepithels während der zwei Zyklusphasen.

a Späte Follikelphase (12. Zyklustag). Hoher Aufbau des Vaginalepithels bis zu der Superfizialzellschicht.

b Mittlere Luteinphase (21. Zyklustag). Die oberflächlichen Zellschichten sind abgeschilfert worden, und das Vaginalepithel zeigt nur noch einen mittleren Aufbau (Obj. 20 ×, Ok. 10 ×).

Zytologie von Neugeborenen bis zur Pubertät

Die typischen zytologischen Bilder von Vaginalabstrichen in der Neugeborenenperiode sind schon vor über 50 Jahren beschrieben (2, 3, 124, 355, 356, 546) und durch spätere Untersuchungen im wesentlichen bestätigt worden (31, 46, 73, 101, 111, 306, 333, 453).

In den *ersten Lebenstagen* eines neugeborenen Mädchens findet sich ein ähnlicher Vaginalepithelaufbau wie bei der Mutter am Ende der Gravidität (Abb. 6.**3**). Große und kleine, vorwiegend zyanophile Intermediärzellen, die mehr oder minder stark gefaltet sind und zur Haufenbildung neigen, beherrschen das Bild. Das Zytoplasma ist sehr zart und erhält durch seinen Glykogenreichtum um die oftmals exzentrisch liegenden Kerne einen navikularzellähnlichen Ausdruck. Eosinophilie- und Karyopyknose-Index liegen in der Regel unter 20%. Charakteristisch ist ferner, daß Bakterien, Leukozyten und andere sonst vorkommende Zellelemente vollkommen fehlen.

Diese treten dann aber in Abstrichbildern des 3.–7. Lebenstages immer mehr in Erscheinung. Je nach der Zusammensetzung der Darmflora besiedeln Döderleinsche Stäbchen oder andere Bakterien die Vagina. Die Navikularzellen verschwinden allmählich, und kleine, leicht gefaltete, mehr isoliert liegende Intermediärzellen nehmen zu.

Das in dieser Zeit vereinzelt beschriebene Auftreten von Superfizialzellen (176, 333) und Hornschollen (453) kann kaum hormonell erklärt werden. Eher ist anzunehmen, daß diese Zellen vom äußeren Genitale eingeschleppt wurden.

Um den 6. Tag herum beobachtet man bei etwa 25% der Mädchen das Erscheinen von Erythrozyten im zytologischen Abstrich (157, 182, 191, 214, 453). Sie sind der Hinweis für eine stattfindende kleine Abbruchblutung der Gebärmutterschleimhaut, insbesondere im Zervikalbereich.

Ab dem 7. Tag beginnt sich im Ausstrich ein deutlicher Wandel abzuzeichnen. Unter reichlicher Desquamation treten neben den kleinen Intermediärzellen jetzt auch Parabasalzellen auf, die im Laufe der zweiten Woche mehr und mehr das Bild beherrschen (Abb. 6.**4**). Spätestens am Ende der 3. Woche ist in der Regel ein weitgehend atrophischer Zustand erreicht (Abb. 6.**5**).

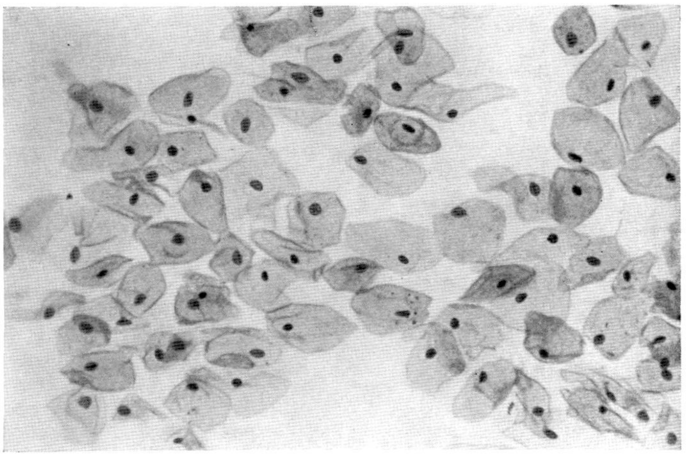

Abb. 6.**3** Vaginales Zellbild am 1. Lebenstag. Völlig sauberer Abstrich ohne Begleitflora (Obj. 20 ×, Ok. 10 ×).

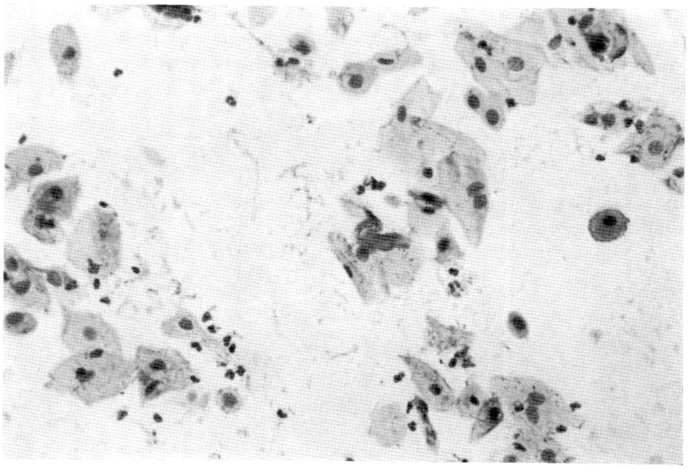

Abb. 6.**4** Vaginales Zellbild am 7. Tag nach der Geburt. Erstes Auftreten von Parabasalzellen. Leukozyten und Bakterien bereits vorhanden (Obj. 20 ×, Ok. 10 ×).

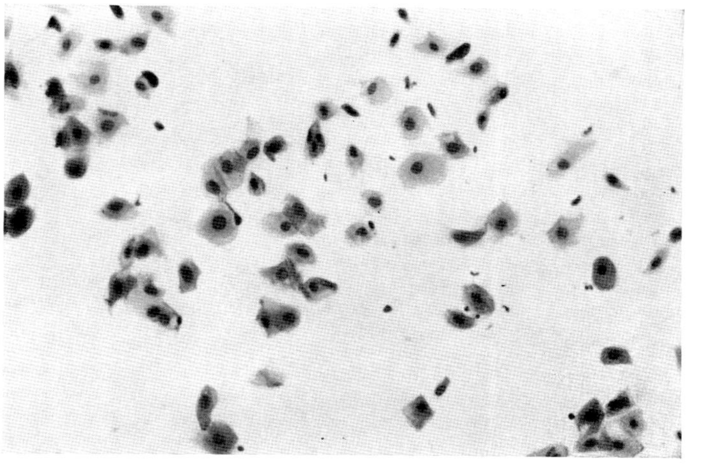

Abb. 6.**5** Atrophisches Zellbild bei 2 Monate altem Kind. Ausschließlich Parabasal- und einzelne sehr kleine Intermediärzellen. Das Zellbild macht einen sehr sauberen Eindruck, und die Parabasalzellen sind relativ zytoplasmareich, im Gegensatz zu den Zellen in Abb. 6.**6** (Obj. 20 ×, Ok. 10 ×).

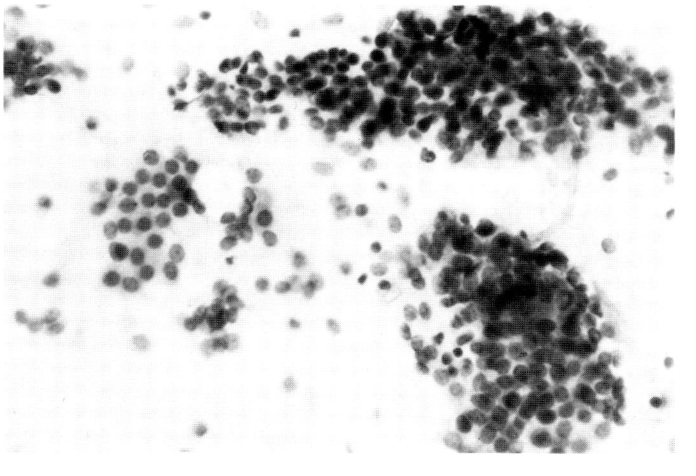

Abb. 6.**6** Vaginales Zellbild während der Kindheit. Sauberes atrophisches Abstrichbild bei einem 6jährigen Mädchen. Die Parabasalzellen zeigen nur sehr schmale Zytoplasmasäume und liegen meist zu großen Haufen zusammen (Obj. 25 ×, Ok. 10 ×).

Während der ganzen *Kindheit* zeigt der Vaginalabstrich dann ein unverändert gleiches Aussehen. Meist findet man große zusammenhängende Zellkohäsionen, wobei die einzelnen Zellen sehr klein, aber auffallend gut erhalten sind (Abb. 6.**6**). Besonders am Rande der Zellhaufen sind die Zellgrenzen oft noch gut zu erkennen. Diese Abstrichbilder unterscheiden sich auch durch ihren relativ sauberen Hintergrund ohne größere Leukozyten- und Bakterienbeimengungen von Abstrichen ähnlichen Proliferationsgrades nach der Menopause, in denen meist entzündliche und degenerative Veränderungen vorherrschen.

Eine erhöhte Östrogenproduktion, die gelegentlich bei Mädchen in den ersten zwei Lebensjahren mit Spitzenwerten im 3. und 4. Monat hormonanalytisch nachgewiesen

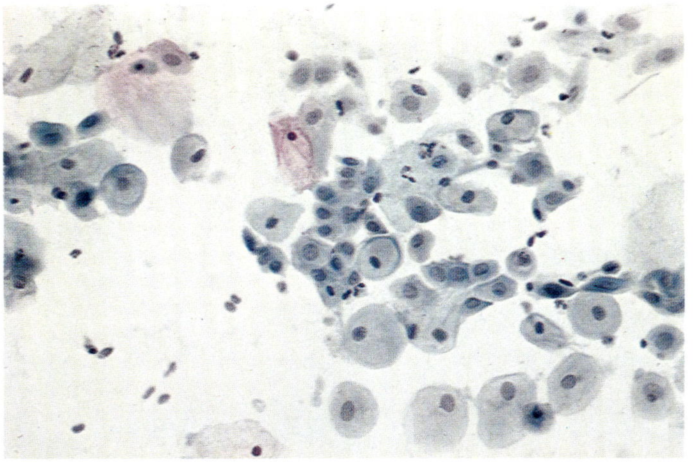

Abb. 6.**7** Vaginales Zellbild in der Prämenarche. Mischbild, von den Parabasalzellen bis zu den eosinophilen Superfizialzellen (Obj. 25 ×, Ok. 10 ×).

wurde (33), kann sich auch im zytologischen Abstrichbild bemerkbar machen. Die Parabasalzellen sind dann im Gegensatz zur späteren Kindheit relativ zytoplasmareich, und es werden in unterschiedlich hohem Ausmaß kleine Intermediärzellen beobachtet (Abb. 6.**58**). Klinisch zeigen diese Kinder manchmal dann das Bild der sog. prämaturen Thelarche (s. S. 98). Bei Frühgeburten bleibt über die 3. Lebenswoche hinaus eine erhöhte Proliferationstendenz noch über längere Zeit bestehen, die mit den Besonderheiten der Steroidsynthese bei der Nebennierenrindenentwicklung (20, 96, 176, 208, 446, 485) und mit der Insuffizienz einiger Leberfunktionen erklärt wird (31, 98, 438).

Um das 8. Lebensjahr herum zeigen sich mit Beginn der *Prämenarche* dann die ersten proliferativen Veränderungen im Vaginalepithel. In dem bis dahin atrophischen Zellbild werden zunächst kleine, später auch große Intermediärzellen und Superfizialzellen sichtbar. Das Auftreten der verschiedenen Zelltypen nebeneinander ähnelt sehr dem Mischbild nach der Menopause (Abb. 6.**7**). Nach zwei bis drei Jahren können schon rhythmische Veränderungen am Vaginalepithel beobachtet werden. Zeitweise überwiegen dann Zellen aus den oberen Schichten, später wieder kleine Intermediär- und Parabasalzellen (455). Die Länge dieser sog. Zyklen ist sehr variabel und unregelmäßig. Mit sich nähernder Menarche wird die Proliferation immer höher, und die Parabasalzellen verschwinden schließlich ganz.

Zum Zeitpunkt der *Menarche,* die ungefähr vier Jahre nach den ersten vaginalzytologischen Veränderungen zu erwarten ist, beherrschen große Intermediärzellen und Superfizialzellen das Bild.

In den nächsten 3–4 Jahren der *Postmenarche* werden infolge der Labilität der Zyklen unterschiedliche Abstrichbilder beobachtet (455), die ein Ausdruck der allmählich sich einspielenden Ovarialfunktion sind. Das allgemeine Charakteristikum ist, von wenigen Ausnahmen abgesehen, die fehlende oder ungenügende Luteinisierung in der zweiten Zyklushälfte. Über 90% der Zyklen weisen unmittelbar nach der Menarche noch keine ausgeprägte Corpus-luteum-Hormon-Phase auf (103, 455).

Der Aufbau des zytologischen Bildes in der ersten Zyklushälfte variiert stärker. Bei etwa 45% findet man vorwiegend große Intermediär- und Superfizialzellen, wobei die Proliferationshöhe zur Zyklusmitte hin zwar zunimmt, danach jedoch wieder eine absinkende Tendenz aufweist, ohne daß ein Umschlag in ein gestagenbetontes Bild erfolgen würde. Zeichen einer Östrogeninsuffizienz bestehen bei etwa 20% der Fälle. Hierbei erscheinen neben den großen Intermediärzellen in höherer Anzahl auch kleine Intermediärzellen, während Superfizialzellen auch um die Zyklusmitte kaum in Erscheinung treten. Etwa 30% der Mädchen haben in dieser Zeit mit einzeln liegenden, flach ausgebreiteten und eosinophilen Superfizialzellen einen hohen Vaginalepithelaufbau, der auch in der zweiten Zyklushälfte im wesentlichen bestehen bleibt. Diese hormonzytologischen Bilder korrespondieren gut mit hormonanalytischen Ergebnissen (33, 203, 415).

Zytologie der geschlechtsreifen Zeit

In Vaginalabstrichen von Frauen im geschlechtsreifen Alter herrschen normalerweise die großen Intermediärzellen und Superfizialzellen vor. Die parabasalen Zellen fehlen völlig, die kleinen Intermediärzellen können in bestimmten Zyklusphasen in mäßiger Anzahl auftreten. Obwohl im histologischen Aufbau des Vaginalepithels in diesem Zeitraum keine ausgeprägten proliferativen Veränderungen festzustellen sind, macht das zytologische Zellbild während eines ovulatorischen Zyklus doch so charakteristische Veränderungen durch, daß dabei typische Phasen unterschieden werden können. Die Zuordnung geschieht durch folgende Kriterien: Anteil der einzelnen Zelltypen, Anteil der eosinophil gefärbten Zellen, unterschiedliche Ausprägung der Zellfaltung, Haufenbildung und Zellabschilferung, evtl. auch Anzahl der Leukozyten und Histiozyten bei sonst fehlenden Anzeichen einer Entzündung.

Zyklusphasen

Die schon 1933 von Papanicolaou (340) sehr zutreffend beschriebenen und von späteren Untersuchern im wesentlichen bestätigten Veränderungen (8, 84, 272, 312, 370, 380, 386, 469, 509, 560) lassen sich in eine Follikelphase und eine Luteinphase aufteilen, die wiederum jeweils 3 verschiedene Ausbildungsgrade erkennen lassen.

Frühe Follikelphase (5.–8. Tag)

In der frühen Follikelphase (Abb. 6.**8**) finden sich im Ausstrich vor allem große zyanophile Intermediärzellen. Kleine Intermediärzellen können ebenfalls vorhanden sein, übersteigen jedoch in einem Normalzyklus selten die 30%-Grenze. Die Superfizialzellen bewegen sich durchschnittlich zwischen 10 und 20%, dies gilt in etwa auch für die eosinophilen Zellen. Die Plattenepithelzellen liegen teils einzeln, teils in kleineren Gruppen und zeigen eine leichte bis mittlere Faltung. Leukozyten, aber auch Histiozyten können in größerer Anzahl vorhanden sein.

Mittlere Follikelphase (9.–11. Tag)

In der mittleren Follikelphase (Abb. 6.**9**) sind die kleinen Intermediärzellen weitgehend verschwunden zugunsten eines weiteren Anstieges der Superfizialzellen mit durchschnittlich 20–50%. Die Zellfaltung ist geringer geworden. Auch die Tendenz zur isolierten Lagerung wird deutlicher erkennbar. Der Eosinophilie-Index steigt laufend an. Die Leukozyten sind wesentlich weniger und Histiozyten kaum mehr zu finden.

Späte Follikelphase (präovulatorische Phase) (12.–14. Tag)

In der präovulatorischen Phase (Abb. 6.**10**) kommen nur noch große Intermediärzellen und Superfizialzellen vor. Die letzteren werden mit einem durchschnittlichen Anstieg auf 40–70% zum vorherrschenden Typ. Auch der Eosinophilie-Index übersteigt meistens die 50%-Grenze. Die Zellen erscheinen sehr groß, zeigen kaum noch eine Faltung und sind unmittelbar präovulatorisch ganz flach ausgebreitet. Sowohl die zyanophile als auch die eosinophile Anfärbbarkeit erscheinen sehr zart, und das Plasma ist transparent. Es treten in vermehrtem Maße Plasmagranula auf. Der Hintergrund ist sauber und kann fast völlig leukozytenfrei sein.

Frühe Luteinphase (postovulatorische Phase) (15.–19. Tag)

Der Ovulation folgen deutliche Veränderungen im Zellbild (Abb. 6.**11**). Als erstes bemerkt man meist schon 24 Stunden nach der Ovulation eine wieder beginnende Einrollung der Zellränder. Der Karyopyknose-Index stagniert bzw. zeigt schon wieder abfallende Tendenz, während der Eosinophilie-Index sogar gegenüber den Vortagen gelegentlich noch etwas höher werden kann. Die abgeschilferten Zellen liegen in der Mehrzahl zwar noch immer isoliert, zeigen jedoch wieder eine vermehrte Neigung zur Zusammenlagerung. Ab dem 2. und 3. postovulatorischen Tag treten dann die Charakteristika der Luteinphase – zunehmende Einrollung, Faltung der Zellränder, Zusammenlagerung und Gruppenbildung der Zellen – deutlicher in den Vordergrund. Karyopyknose- und Eosinophilie-Index sinken kontinuierlich weiter ab.

Mittlere Luteinphase (20.–24. Tag)

In der mittleren Luteinphase (Abb. 6.**12**) ist die Depression des Zellbildes am deutlichsten. Karyopyknose-Index und Eosinophilie-Index bewegen sich meist unter 10% und überschreiten selten die 20%-Grenze. Es erscheinen in erhöhtem Maße wieder kleine Intermediärzellen. Sehr ausgeprägt sind die Zellfaltung und Haufenbildung im Zusammenhang mit einer starken Abschilferungsquote. Die Leukozyten sind wieder zahlreicher geworden. Bei Anwesenheit von Döderlein-Bakterien kann es in dieser Zeit zu einer ausgeprägten bakteriellen Zytolyse kommen, obwohl diese auch in der Follikelphase gefunden werden kann.

Späte Luteinphase (prämenstruelle Phase) (25.–28. Tag)

In der prämenstruellen Phase ist das Zellbild gegenüber dem vorigen Zyklusabschnitt im großen und ganzen unverändert. Oft wird jedoch ein geringgradiger Anstieg von Karyopyknose- und Eosinophilie-Index beobachtet, und die Zellfaltung scheint etwas weniger ausgeprägt zu sein.

Menstruationsphase (1.–4. Tag)

Während der Menstruationsphase (Abb. 6.**13**) ist das zytologische Abstrichbild überdeckt von reichlich vorhandenem Blut. Die dazwischen aufgefundenen Intermediär- und Superfizialzellen liegen mehr oder minder isoliert oder in kleinen Gruppen und sind überwiegend zyanophil. Häufig findet man in dieser Zeit Epithel- und Stromazellen des Endometriums, die einzeln, in Haufen oder in Azinusformation abgeschilfert sein können, sowie Histiozyten, Leukozyten und Schleim.

Gesichtspunkte zur Zyklusdiagnostik

Zählt man den Karyopyknose- und den Eosinophilie-Index der differenzierten Plattenepithelzellen an den einzelnen Zyklustagen aus und trägt die Werte in eine Kurve ein, so ergibt sich über den vierwöchigen Zyklus hinweg eine typische Verlaufsform. In Abb. 6.**14** sind die Ergebnisse dargestellt, wie sie an 68 normalen Zyklen von 59 Frauen ermittelt wurden

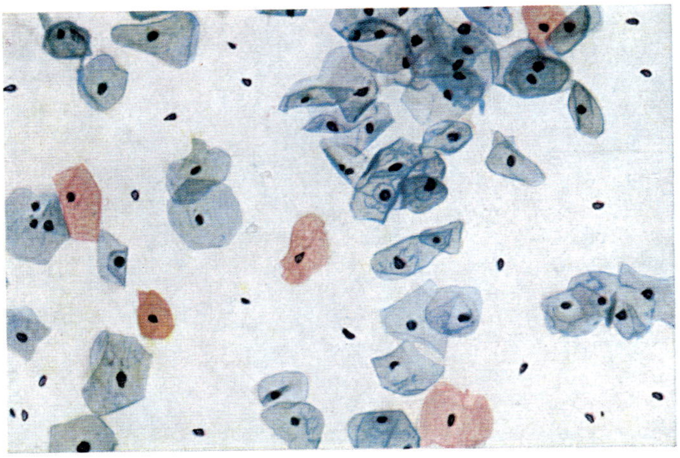

Abb. 6.**8** Frühe Follikelphase: Vorwiegend zyanophile große und kleine Intermediärzellen, die meist leicht gefaltet sind und einzeln oder in kleineren Haufen liegen. Einzelne Leukozyten (Obj. 20 ×, Ok. 10 ×).

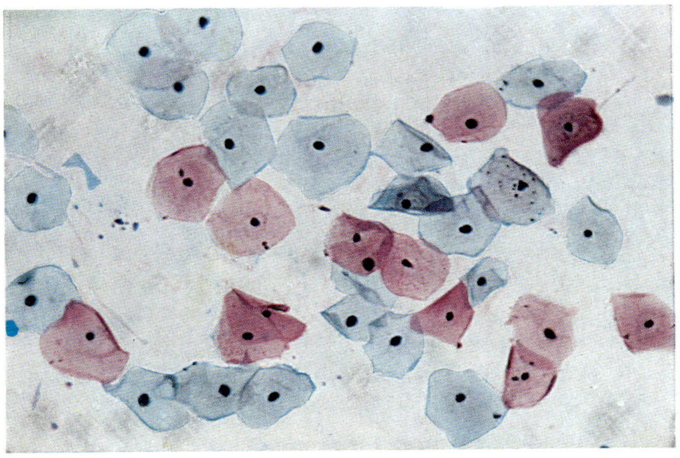

Abb. 6.**9** Mittlere Follikelphase. Fast ausschließlich große Intermediär- und Superfizialzellen, die in vermehrtem Maß eosinophil angefärbt sind. Die Zellen sind im allgemeinen nur noch leicht gefaltet und liegen einzeln (Obj. 20 ×, Ok. 10 ×).

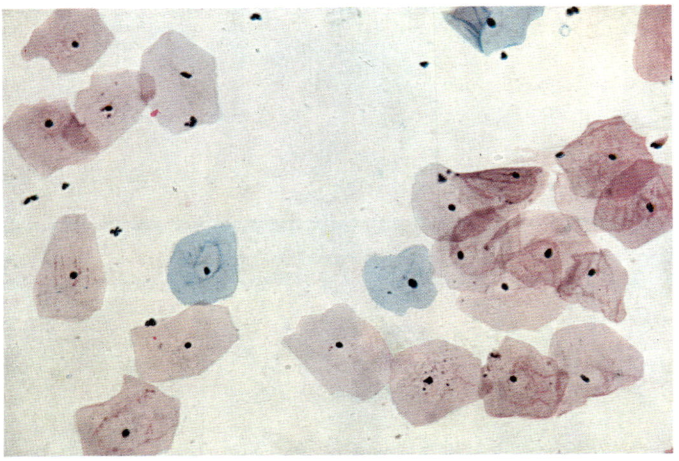

Abb. 6.**10** Späte Follikelphase (präovulatorische Phase). Vorwiegend eosinophil angefärbte Superfizialzellen mit transparentem, flach ausgebreitetem Zytoplasma und einzeln liegenden Zellen. Sehr sauberes Bild mit nur wenigen Leukozyten (Obj. 20 ×, Ok. 10 ×).

(370, 373). Sowohl der Karyopyknose- als auch der Eosinophilie-Index zeigen ein deutliches Maximum um den 14.–15. Zyklustag. Bedingt durch individuelle Schwankungen in der Hormonlage, kann sowohl die Höhe der Kurve als auch die Breite des Gipfels gewisse Unterschiede aufweisen. Im Prinzip zeigen die Kurven aber stets denselben Verlauf. Dies wurde auch durch zahlreiche andere Untersuchungen bestätigt (102, 237, 308, 469).

Vergleicht man nun diese Veränderung des vaginalen Epithels mit den für den Zyklus wichtigsten Hormonkonzentrationen (Abb. 6.**15**), so ergibt sich für die erste Zyklushälfte eine weitgehende Übereinstimmung mit den Östrogenwerten, nur daß diese

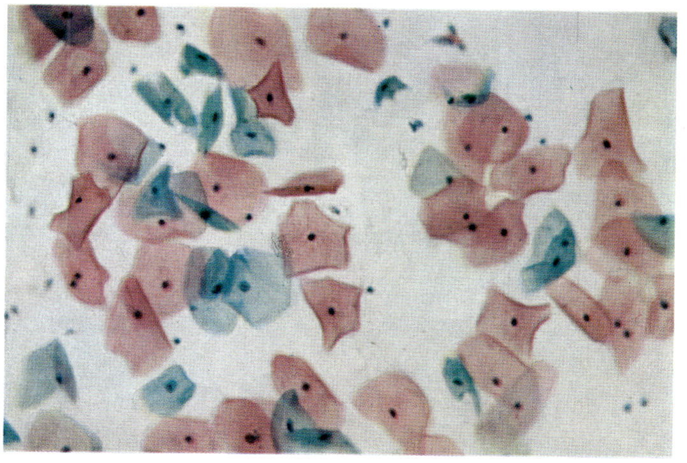

Abb. 6.**11** Frühe Luteinphase (postovulatorische Phase). Beginnende Einrollung und Faltung der eosinophilen und zyanophilen Superfizial- und Intermediärzellen. Beginnende Neigung zur Zellzusammenlagerung. Nur spärliche, aber wieder etwas vermehrte Leukozytenbeimengung (Obj. 20 ×, Ok. 10 ×).

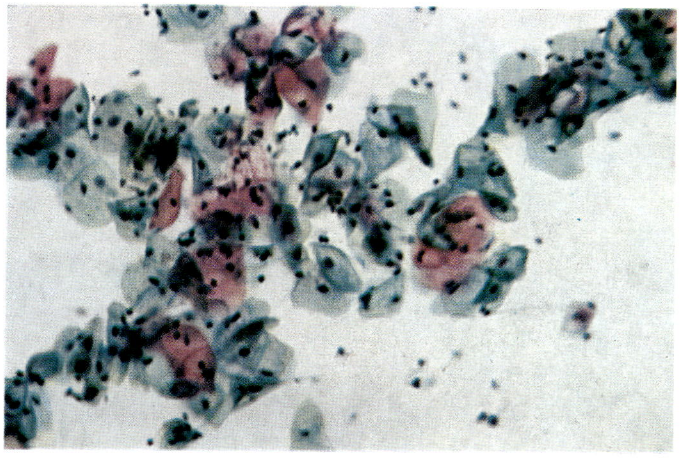

Abb. 6.**12** Mittlere Luteinphase. Vorwiegend große und kleine Intermediärzellen, überwiegend zyanophil mit deutlicher Faltung der Zellen und typischer Haufenbildung. Leukozyten zahlreicher (Obj. 20 ×, Ok. 10 ×).

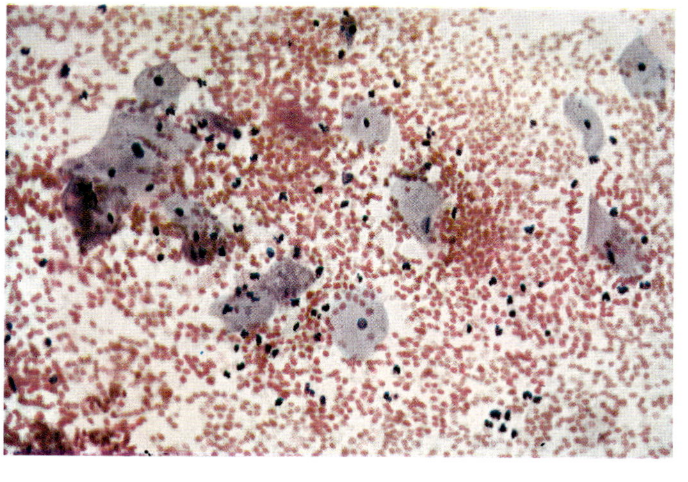

Abb. 6.**13** Menstruationsphase. Vorwiegend zyanophile große und kleine Intermediärzellen und vereinzelt Superfizialzellen, reichlich Blut (Obj. 20 ×, Ok. 10 ×).

den zytologischen Indizes um etwa 1–2 Tage vorausgehen (229, 249, 271, 532, 534). Diese Latenzzeit benötigen die Steroidhormone offensichtlich, um sich am Vaginalepithel manifestieren zu können. In der zweiten Zyklushälfte wirken sowohl Östrogene als auch Gestagene auf das Vaginalepithel ein.

Die Luteinisierung des herangereiften Follikels und die Progesteronsekretion beginnt schon kurz vor der Ovulation (249, 268, 331, 494). Dadurch ist es möglich, daß die ersten zytologischen Zeichen der Luteinphase, nämlich beginnende Faltung und Einrollung der Zellränder, schon in den ersten 24 Stunden nach der Ovulation zu verzeichnen sind (387).

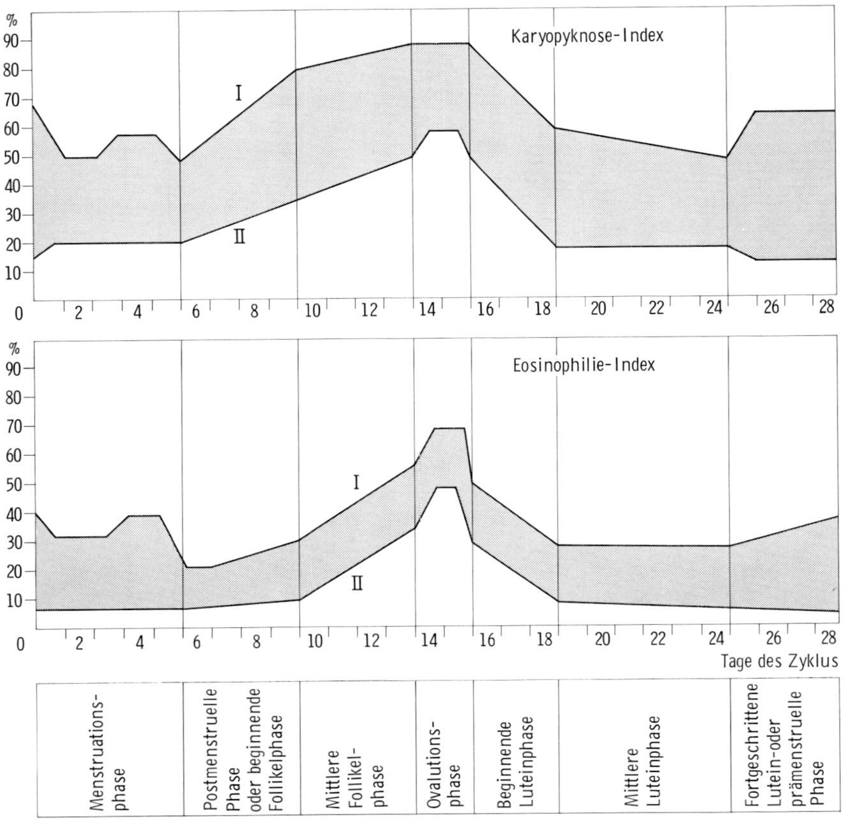

Abb. 6.**14** Karyopyknose- und Eosinophilie-Index im Verlaufe des normalen 28tägigen Zyklus. Normbereich: I = Maximum, II = Minimum (nach *Pundel* [373]).

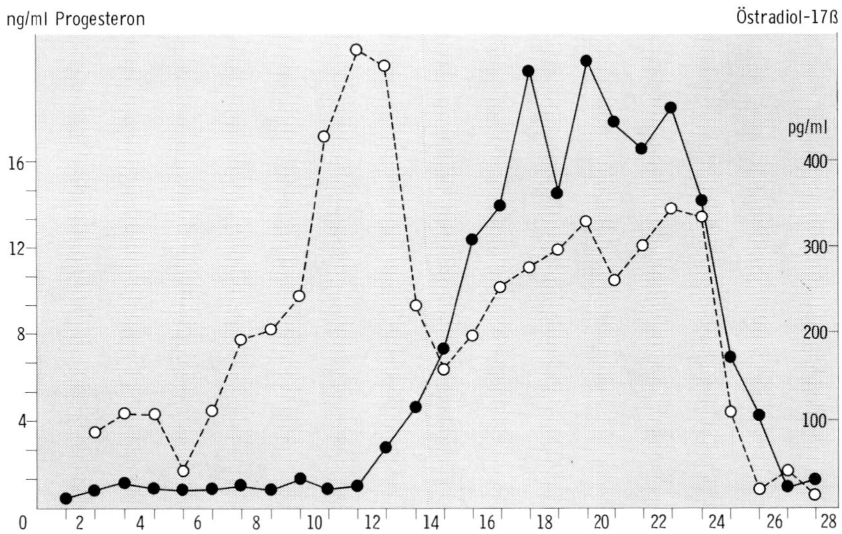

Abb. 6.**15** Östradiol- (--o--) und Progesteronkonzentrationen (–•–) im Serum während eines Zyklus (nach *Nocke* [330]).

Zu diesem Zeitpunkt kann der Eosinophilie-Index in manchen Fällen gerade erst seinen höchsten Wert erreichen, um dann aber spätestens am nächsten Tag steil abzufallen. Im weiteren Verlauf der zweiten Zyklushälfte kommt es dann nach einem vorübergehenden steilen Abfall des Östrogengipfels um die Zeit der Ovulation herum, parallel zu dem nun ansteigenden Progesteronspiegel, auch zu einem erneuten Anstieg der Östrogene. Wenn trotzdem ein zweiter Anstieg des Karyopyknose- und des Eosinophilie-Index im Vaginalabstrich ausbleibt und sogar die Proliferation in der zweiten Zyklushälfte absinkt, so ist dies vorwiegend durch die gleichzeitige starke desquamierende Wirkung des Progesterons bedingt. Unmittelbar vor der Menstruation fallen beide Hormonspiegel gleichzeitig ab.

Obwohl bei kontinuierlichen Verlaufskontrollen die einzelnen Zyklusphasen in den Vaginalabstrichen sehr charakteristisch zum Ausdruck kommen, ist es – auch bei Kenntnis der Regelanamnese – nicht immer möglich, aus einer einmaligen Untersuchung eine Diagnose der Zyklusphase mit Sicherheit zu stellen.

Dies hat folgende Gründe:

- Der Menstruationszyklus weist bekannterweise individuelle Unterschiede in der Länge auf. Deshalb kann z. B. beim 21tägigen Rhythmus das typische zytologische Bild des 14. Tages schon am 8. oder 9. Tag gefunden werden, ohne daß eine Hyperfollikulinie vorliegen muß. Beim verlängerten Zyklus dagegen kann bei sonst völlig normalen Verhältnissen am 14. Tag des Zyklus noch ein Bild vorhanden sein, wie es normalerweise am 10. Tag zu beobachten ist.
- Die Proliferationshöhe des Vaginalepithels ist individuell verschieden, und die Ausreifung zum präovulatorischen Bild kann auch bei gleicher Zykluslänge verschieden schnell erfolgen.
- Bei einem einmaligen zytologischen Abstrich in der zweiten Zyklushälfte ist ein Corpus-luteum-Hormon-Einfluß nur dann mit Sicherheit anzunehmen, wenn die charakteristischen Zeichen, wie Faltung und Haufenbildung der abgeschilferten Zellen, deutlich ausgeprägt sind. Weniger deutlich ausgeprägte Luteinphasenbilder sind nicht sicher von solchen der frühen Follikelphase zu unterscheiden.

So wurde z. B. bei 234 Frauen mit normalem 28tägigen Zyklus ohne Kenntnis der klinischen Daten bei einmaliger Untersuchung nur in 71% eine richtige Diagnose gestellt. In 18 Fällen wurden frühe Follikelphase und Luteinphase miteinander verwechselt, in 18 Fällen später Luteinphase wurde fälschlich eine Schwangerschaft diagnostiziert. 29mal war wegen zu starken Fluors überhaupt keine Diagnose möglich (8).

Abgesehen von der Kenntnis der Regelanamnese, erfordert die hormonale Beurteilung von Zellabstrichen in der Geschlechtsreife also in der Regel die Entnahme von Serienabstrichen, wobei die Entnahme mindestens 2- bis 3tägig, um den Zeitpunkt der zu erwartenden Ovulation in täglichen Abständen, erfolgen sollte. Die Treffsicherheit beträgt dann über 90% (401, 469).

Ähnliche zyklische Veränderungen können bei der Frau auch am Plattenepithel anderer Organe beobachtet werden, so z. B. an der Schleimhaut der Mundhöhle (55, 102, 153, 380, 408, 435, 540, 562), am Beginn des Verdauungstraktes, im Larynx, Pharynx und Ösophagus (114, 180, 350) und an den unteren Harnwegen (91, 308, 309, 501). Die Unterschiede in den einzelnen Zyklusphasen sind an den meisten Entnahmestellen aber nur schwach ausgeprägt, so daß sie zu einer hormonalen Zytodiagnostik im allgemeinen nicht herangezogen werden können. Am deutlichsten werden die Proliferationsschwankungen noch vom Blasenepithel wiedergegeben (Abb. 6.**16**).

Interessant ist, daß auch am verhornenden Plattenepithel der Vulva gewisse zyklische Veränderungen zu beobachten sind. So konnte bei Abstrichen an der Innenseite der kleinen Labien eine eindeutige zyklische Veränderung des Parakeratose-Index festgestellt werden (323).

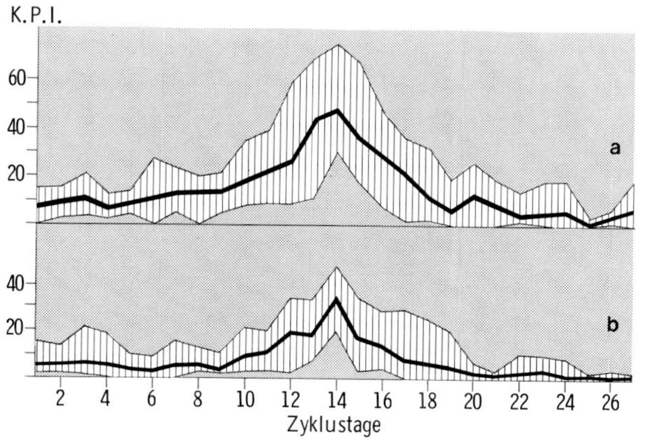

Abb. 6.**16a** u. **b** Zyklisches Verhalten der eosinophilen Superfizialzellen.

a Im Vaginalabstrich.

b Im Urozytogramm bei 12 biphasischen Zyklen. Mit der erfaßten Fläche werden die Streubreiten angegeben. Die dick ausgezogene Linie stellt den Mittelwert dar (nach *O'Morchoe* [308]).

Ovulationsterminbestimmung

Mit aufwendigen täglichen Bestimmungen von hormonalen und sonographischen Parametern ist es heute möglich, in den meisten Fällen auch in einem Spontanzyklus sowohl den präovulatorischen Zeitraum zu erfassen als auch eine stattgefundene Ovulation zu diagnostizieren (129, 130, 131, 155, 156, 425). Trotzdem erweisen sich weiterhin gerade hormonzytologische Serienabstriche als eine einfache und relativ zuverlässige Zusatzmethode.

Der Beginn der *präovulatorischen Phase* manifestiert sich im zytologischen Abstrich durch eine deutliche und rasche Veränderung des Bildes. Während in der frühen und mittleren Follikelphase eine langsame und allmähliche Anhebung von Karyopyknose- und Eosinophilie-Index zu beobachten ist, zeigen diese Werte unmittelbar vor der Ovulation ähnlich dem präovulatorischen Östrogen-Peak einen kurzzeitigen, aber steilen Anstieg. Zur gleichen Zeit beginnen die Zellen sich ganz flach auszubreiten und einzeln zu liegen. Da nachgewiesen werden konnte (386, 388), daß die Ovulation 2–3, maximal 4 Tage nach dem Beginn dieser präovulatorischen Phase zu erwarten ist und dieser Zeitraum eine überraschend individuelle Konstanz aufweist, läßt sich der mutmaßliche Ovulationstermin in der überwiegenden Zahl der Fälle ziemlich begrenzen.

Auch der Anfang der *postovulatorischen Phase* wird durch zytologische Serienuntersuchungen sehr früh erfaßt. Die erfolgte Ovulation kann im allgemeinen 12–24 Stunden vor dem Zeitpunkt vermutet werden, an dem sich die im präovulatorischen Zeitraum völlig ausgebreiteten Zellen wieder einzurollen beginnen.

Der Karyopyknose-Index ist am ersten Tag oft noch gleichbleibend, während der Eosinophilie-Index unter Umständen an diesem Tag erst seine höchste Ausprägung erfährt. In den nächsten Tagen bildet sich dann immer deutlicher das charakteristische Bild der Luteinphase aus. Die Exaktheit dieser zytologischen Befunde wird durch den Vergleich mit anderen klinischen Methoden unterstrichen.

So besteht z. B. zum Zeitpunkt der präovulatorischen Phase eine weitgehende Parallelität zwischen dem zytologischen Bild und den Veränderungen des Zervixschleims, wobei sich für die Routineuntersuchung vor allem die Spinnbarkeit (79) und das Farnkrautphänomen (Abb. 6.**17**) bewährt haben, das übrigens erstmals 1946 von Papanicolaou angegeben wurde (342). In der Regel fällt die beste Spinnbarkeit mit der höchsten präovulatorischen Ausdifferenzierung des Vaginalepithels zusammen. In etwa 20% kann die maximale Spinnbarkeit einen Tag später eintreten, während sie nur selten vor dem vaginalzytologischen Höhepunkt erreicht wird (386).

Das Alter der Gelbkörper, die am ersten Tag der regressiven Veränderungen am Vaginalepithel durch Laparotomie gewonnen wurden, war teils auf weniger als 12 Std., maximal aber auf 24 Std. zu begrenzen. Allerdings können diese postovulatorischen zytologischen Veränderungen nicht als sicherer Beweis eines geplatzten Follikels angesehen werden. Auch bei der sog. hämorrhagischen Atresie finden sich ähnliche Kurvenverläufe. Bei der Follikelpersistenz dagegen bleiben der Karyopyknose- und Eosinophilie-Index über den präovulatorischen Zeitraum hinaus fast gleichbleibend bestehen, und die nach einiger Zeit meist eintretende Faltung der Zellränder ist weniger ausgeprägt.

Die retrograde Festlegung der Ovulation mittels der Basaltemperaturkurve ist dagegen meist weniger exakt möglich. Vergleichende Untersuchungen am Ovar haben ergeben (68, 386), daß der Ovulationstermin durchschnittlich zwei Tage vor dem Temperaturanstieg anzunehmen ist. Dabei muß eine Schwankungsbreite von ± 2 Tagen einkalkuliert werden. Der Anstieg kann also sowohl am letzten Tag der präovulatorischen Phase als auch erst 4, ja sogar 6 Tage später sein. Hinzu kommt, daß die Basaltemperaturkurve hinsichtlich ihres biphasischen Verlaufes oft nur sehr schwer zu interpretieren ist (56). So konnten bei 14 von 225 Frauen, die während eines Zyklus mit gemessener Basaltemperatur schwanger wurden, überhaupt keine Kriterien erkannt werden, die für eine Gestageneinwirkung sprachen (283).

Vergleichende Untersuchungen am Endometrium haben gezeigt, daß die ersten regressiven Veränderungen am Vaginalepithel und am Zervixschleim etwa 24 Std. nach einer erfolgten Ovulation zu beobachten sind (388).

Aufgrund dieser Vergleiche wurde es für berechtigt gehalten, die *Ovulationszeit* anhand der Veränderungen des Vaginalepithels und des Zervixschleims folgendermaßen zu umgrenzen: Bei gleichzeitigem Abfall der präovulatorischen Veränderungen am Vaginalepithel und am Zervixschleim ist die Ovulation mit größter Wahrscheinlichkeit innerhalb der vergangenen 24 Std. erfolgt. Vor Auftreten der Abfallzeichen wurde dagegen niemals ein gesprungener Follikel am Ovar gefunden. Bei ungleichmäßigem Abfall hat die Ovulation mit größter Wahrscheinlichkeit frühestens im Verlauf des letzten Tages der präovulatorischen Phase begonnen und muß spätestens 36 Std. nach jener Untersuchung, an der letztmalig die Zeichen der präovulatorischen Phase im zytologischen Abstrich und Zervixschleim gefunden wurden, beendet gewesen sein (388).

Zytologie im Klimakterium und im Senium

Unter Klimakterium ist bei der Frau jener Lebensabschnitt zu verstehen, in dem die Funktion der Ovarien infolge eines physiologischen Alterungsprozesses kontinuierlich und meist langsam nachläßt, bis sie schließlich nur noch eine minimale hormonale Basisausscheidung aufweist. Solange noch Menstruationsblutungen vorhanden sind, spricht man von der Prämenopause, nach dem Sistieren von der Postmenopause. Das Senium beginnt bei Erreichung der maximalen Regression. Die Dauer der einzelnen klimakterischen Phasen ist sehr verschieden. Sie können in nur wenigen Monaten, aber auch erst in 15–20 Jahren durchlaufen sein. Demzufolge werden bei den Frauen in diesem Alter auch die unterschiedlichsten zytologischen Abstrichbilder gefunden.

Abb. 6.**17** Farnkrautphänomen durch Kristallisation des Zervixschleimes in der präovulatorischen Phase (Obj. 63 ×, Ok. 10 ×).

Prämenopause

Die zytologischen Abstrichbilder des Vaginalepithels in diesem Lebensabschnitt sind ähnlich wie in der Postmenarche vorwiegend durch das Fehlen oder die Insuffizienz der Corpus-luteum-Phase und durch einen unterschiedlich hohen Östrogeneinfluß gekennzeichnet. Die dadurch entstehenden normo-, hypo- oder hyperöstrogenen Bilder werden auf S. 64 beschrieben.

Postmenopause und Senium

Nach der Menopause kann der Rückgang der Hormonproduktion von seiten der Ovarien unterschiedlich schnell vonstatten gehen. In Einzelfällen wurde schon nach einem halben Jahr ein weitgehend atrophisches Epithel nachgewiesen, während bei anderen Frauen bis ins hohe Alter eine leicht- bis mittelgradige Proliferation bestehen bleibt. Im allgemeinen jedoch ist die maximale Regression 10–15 Jahre nach der Menopause erreicht.

Trotz aller Mannigfaltigkeit der zytologischen Abstrichbilder in diesem Alter, lassen diese sich im wesentlichen in 3 Hauptgruppen einteilen: hoch, mittel und niedrig proliferierte Abstrichtypen.

Zellbilder bei hoher Proliferation

Diese Zellbilder, die meist zu Beginn der Postmenopause auftreten, ähneln noch sehr denen, die man auch während der Prämenopause findet (Abb. 6.**18**). Vorherrschend sind die großen Intermediärzellen, die eine leichte Faltung der Zellränder aufweisen und überwiegend einzeln oder in kleinen Gruppen zusammenliegen. Gelegentlich können auch eine ausgeprägtere Faltung und Haufenbildung vorhanden sein, die an einen Gestageneinfluß erinnern. Papanicolaou sprach deshalb auch von einem „prämenstruellem Abstrichtyp" (340, 341). Der Karyopyknose-Index kann bis 15% und höher sein, der Eosinophilie-Index ist im allgemeinen etwas niedriger. Infolge des reichlichen Glykogengehaltes der Zellen wird oft eine ausgeprägte Döderlein-Zytolyse beobachtet.

Zellbilder bei mittlerer Proliferation

Mit weiterer Abnahme der Östrogene verschwinden die Superfizialzellen schließlich fast ganz, und es treten neben den großen Intermediärzellen die kleinen Intermediärzellen und vereinzelt auch schon die Parabasalzellen in den Vordergrund.

Papanicolaou (340) nannte ein bestimmtes Zellbild, bei dem fast ausschließlich große und kleine Intermediärzellen vorhanden sind, „crowded menopausal type". Superfizialzellen kommen dabei nur vereinzelt vor. Die Zellen liegen unterschiedlich stark gefaltet in kleineren Gruppen zusammen (Abb. 6.**19**). Bei Vorhandensein von Döderlein-Bakterien kann auch eine Zytolyse stattfinden.

Bei stärkerem Östrogenmangel treten die großen Intermediärzellen zugunsten der kleineren Intermediärzellen in den Hintergrund, und es können vereinzelt schon Parabasalzellen auftreten. Das Zytoplasma ist zart zyanophil und transparent. Die Kerne sind bläschenförmig, hell, mit zartem Chromatinmuster. Die Abstriche machen meist einen sauberen Eindruck. Wegen der Ähnlichkeit mit androgenbeeinflußten Zellbildern wurde für diese Abstriche auch der Begriff des „androgenen Proliferationstyps" geprägt (524), obwohl es sicher schwierig ist, den androgenen Einfluß gegenüber dem Östrogenmangel genauer abzugrenzen (Abb. 6.**20**).

Gelegentlich findet man auch Abstrichbilder, die Zellen aller Schichten von den Parabasalzellen bis zu den Superfizialzellen nebeneinander aufzeigen, wobei in der Regel die tieferen Schichten überwiegen (Abb. 6.**21**). Sie werden als „Mischtyp" der Postmenopause bezeichnet (273).

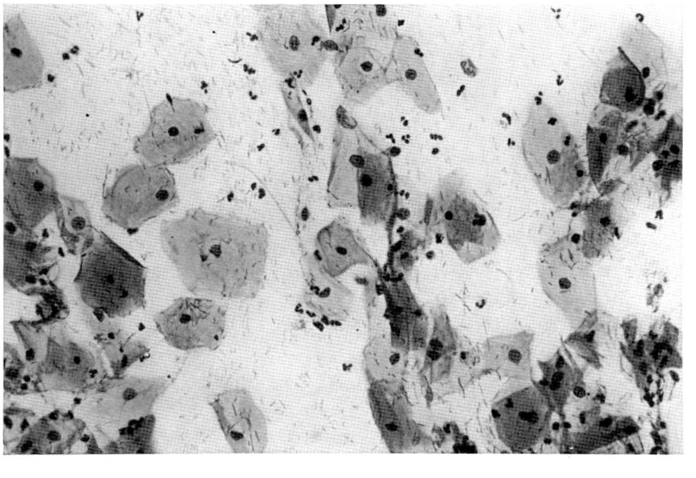

Abb. 6.**18** Hohe Proliferation des Vaginalepithels nach der Menopause. Vorwiegend einzeln liegende große Intermediärzellen, die teilweise flach, teils leicht gefaltet sind (Obj. 20 ×, Ok. 10 ×).

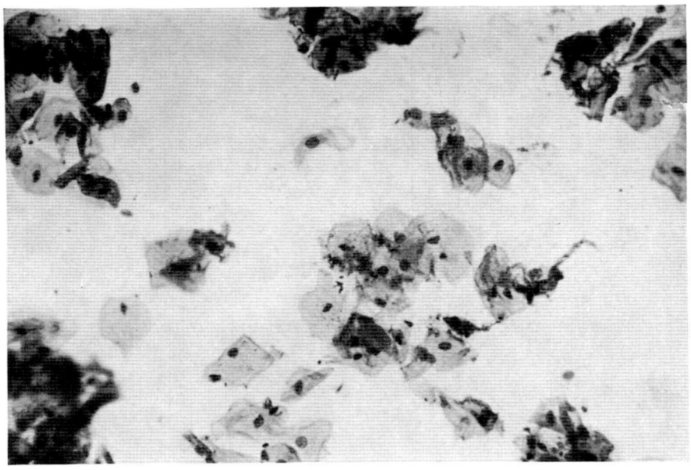

Abb. 6.**19** Vaginalabstrich vom sog. „crowded menopausal type" nach Papanicolaou. Die fast ausschließlich vorhandenen großen und kleinen Intermediärzellen sind leicht bis mäßig gefaltet und neigen zur Haufenbildung (Obj. 20×, Ok. 10×).

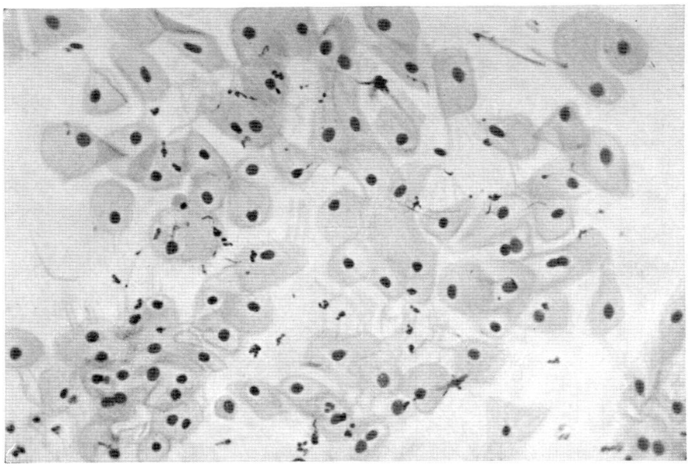

Abb. 6.**20** Vaginalabstrich nach der Menopause vom sog. „androgenen Zelltyp". Große und kleine Intermediärzellen, wobei die letzteren sich meist in der Überzahl befinden. Die Zellen liegen mehr einzeln nebeneinander und zeigen ein transparentes zyanophiles Plasma. Das Zellbild insgesamt macht in der Regel einen sauberen Eindruck (Obj. 20×, Ok. 10×).

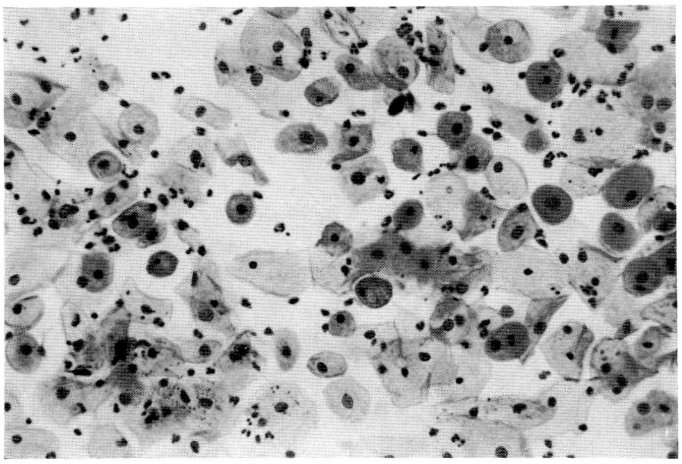

Abb. 6.**21** Vaginalabstrich nach der Menopause vom sog. „Mischtyp". Neben den Intermediärzellen und ganz vereinzelten Superfizialzellen sind auch Parabasalzellen in unterschiedlicher Anzahl vorhanden (Obj. 20×, Ok. 10×).

Zellbilder bei niedriger oder fehlender Proliferation

Wenn die Produktion der Östrogene und Androgene bis auf eine gewisse Basisfunktion reduziert ist, wird ähnlich wie in der Kindheit ein atrophischer Abstrich vorgefunden. Die Parabasalzellen werden neben den kleinen Intermediärzellen zum vorherrschenden Zelltyp. In gut erhaltenen Abstrichen liegen die Zellen relativ dicht, aber einzeln nebeneinander. Ihre Größe kann stärkeren Variationen unterworfen sein, und das Zytoplasma zeigt eine einheitlich zyanophile Anfärbung. Die Kerne sind bläschenförmig und ebenfalls von unterschiedlicher Größe (Abb. 6.**22**).

Meist jedoch sind die atrophischen Abstrichbilder infolge der häufig vergesellschafteten Entzündung durch degenerative Veränderungen geprägt. Das Zytoplasma ist aufgedunsen, zeigt eine schwa-

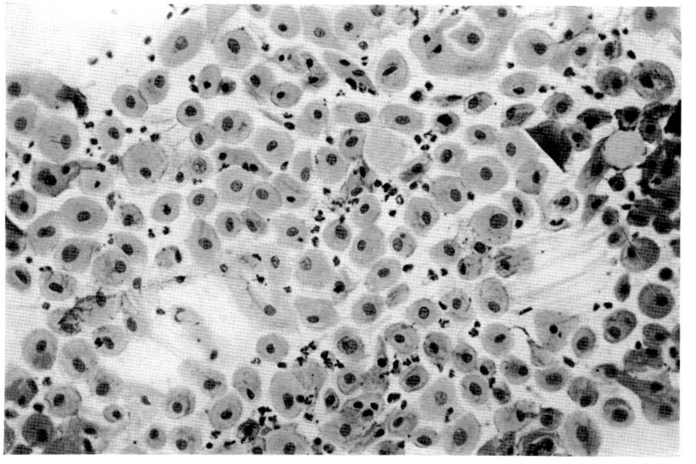

Abb. 6.**22** Weitgehend atrophisches Zellbild nach der Menopause. Überwiegend Parabasalzellen, daneben kleine Intermediärzellen. Die Zellen liegen einzeln nebeneinander. Das Zytoplasma ist stärker zyanophil angefärbt. Die bläschenförmigen Kerne zeigen eine feine Chromatinstruktur (Obj. 20 ×, Ok. 10 ×).

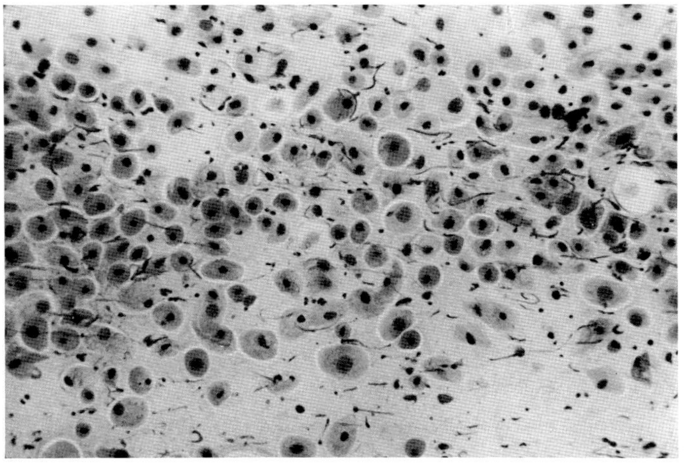

Abb. 6.**23** Völlig atrophischer Vaginalabstrich nach der Menopause. Ausschließlich Parabasalzellen von wechselnder Größe, vereinzelt auch Basalzellen. Das Zytoplasma ist oft nur flau angefärbt, auch die Zellgrenzen sind nicht immer deutlich zu erkennen. Die Kerne sind zum Teil pyknotisch. Reichlich Leukozyten und Zelldetritus (Obj. 20 ×, Ok. 10 ×).

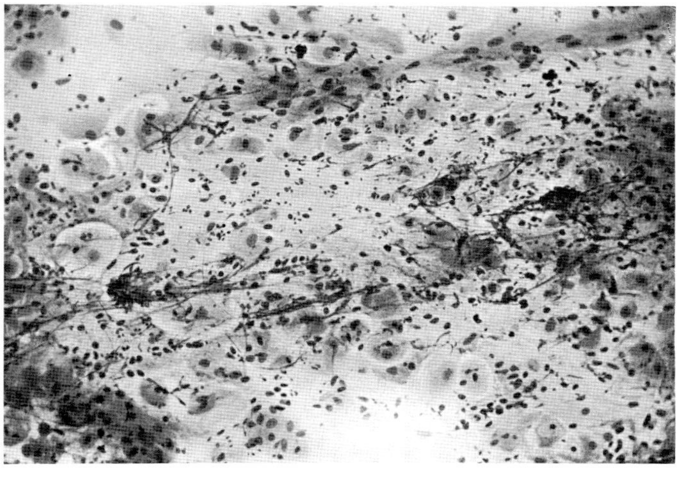

Abb. 6.**24** Atrophisches Zellbild nach der Menopause mit starker Autolyseerscheinung. Einzelheiten der Zellform und Chromatinstruktur sind nicht mehr zu erkennen. Die völlig autolytischen Zellkerne und Leukozyten bilden dunkle fadenförmige Gebilde. Der Hintergrund ist sehr unsauber, schmutzig und trüb (Obj. 20 ×, Ok. 10 ×).

che Anfärbbarkeit und verwaschene Zellgrenzen. Die Kerne sind vergrößert und hypochromatisch oder auch geschrumpft, entrundet und hyperchromatisch (Abb. 6.**23**). Der Hintergrund macht durch den Zelldetritus, die Entzündungszellen und die Mischflora oft einen schmutzig-verwaschenen Eindruck. Peitschenschnurartige oder fadenförmige Ausziehungen stark autolytisch veränderter Kerne oder Leukozyten können dem atrophischen Zellabstrich ein charakteristisches Aussehen verleihen (Abb. 6.**24**).

Vereinzelt findet man nach der Menopause Abstrichbilder, in denen sehr kleine polygonale Zellen vorherrschen, die sich vielfach eosinophil anfärben. Sie besitzen einen kleinen pyknotischen Kern und werden als Ausdruck eines Epidermisierungsversu-

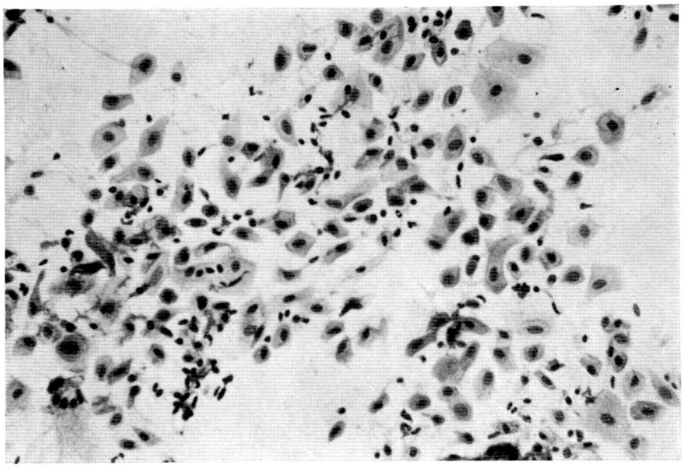

Abb. 6.**25** Vaginalabstrich nach der Menopause mit zum Teil polygonal und bizarr geformten kleinen Intermediär- und Parabasalzellen. Das Zytoplasma kann stark zyanophil, aber auch eosinophil gefärbt sein (Obj. 20 ×, Ok. 10 ×).

ches des atrophischen Epithels, wie z. B. bei Descensus vaginae, gedeutet (Abb. 6.**25**).

Künstliche Menopause

Bei vaginalzytologischen Verlaufsbeobachtungen von Frauen mit künstlicher Menopause bestehen nur geringgradige Unterschiede zu den Veränderungen nach natürlicher Menopause. Aus eigenen Untersuchungen (35, 537, 541) und denen anderer Autoren (24, 181, 312, 313, 371, 406, 539) kann folgende etwas abweichende Tendenz aufgezeigt werden.

In den ersten Jahren nach einer Röntgenkastration liegt der Proliferationsgrad des Vaginalepithels bei jungen Frauen etwas höher, bei älteren Frauen etwas niedriger im Vergleich zu Frauen mit natürlicher Menopause. Nach 5–10 Jahren halten sich dann die mittelhoch proliferierten und atrophischen Bilder ungefähr die Waage. Hochproliferierte Bilder kommen praktisch nicht mehr vor. In den späteren Jahren kommt es bei 70–80% der Frauen zu einer weitgehenden Atrophie, während die übrigen auch weiterhin eine mittlere Proliferation des Vaginalepithels aufweisen. Ähnliche Tendenzen sind auch bei ovarektomierten Frauen festzustellen, nur daß hier die niedrigproliferierten Bilder schneller erreicht werden.

Bedeutung der verschiedenen Abstrichbilder

Bei längerer Beobachtung lassen sich im Einzelfall alle Übergänge von einem Abstrichtyp in den anderen erkennen. Die Entwicklung bis zum atrophischen Ausstrichbild geht sehr verschieden schnell vor sich und kann bei jeder Stufe stehen bleiben. Schon wenige Monate nach der Menopause kann ein atrophischer Zustand erreicht sein, während auf der anderen Seite noch im hohen Alter vereinzelt eine gute Proliferation vorhanden ist.

Wir fanden unter 1000 von uns untersuchten Frauen in der Postmenopause 91 mit einer hohen, 588 mit einer mittleren Proliferation und 321 mit einer weitgehenden Atrophie (35) (Abb. 6.**26**). Diese Ergebnisse entsprechen auch denen anderer Untersucher (70, 300, 315, 471).

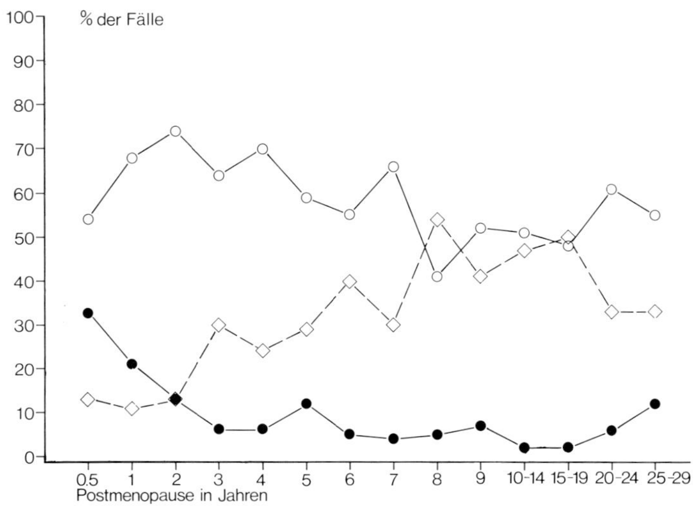

Abb. 6.**26**

Häufigkeit verschiedener Zellbilder im Verlauf der Postmenopause.

● Hohe Proliferation,
○ mittlere Proliferation,
◇ niedrige Proliferation (Atrophie).

Eine Zuordnung bestimmter Abstrichbilder zu den oft geklagten klimakterischen Beschwerden kann im allgemeinen nicht hergestellt werden (248, 297, 315, 371, 522, 557). Es scheinen davon jedoch vorwiegend solche Frauen betroffen zu sein, die ein mittelhoch proliferiertes Epithel aufweisen, weniger solche, die ein hoch aufgebautes oder atrophisches Abstrichbild haben.

So ließen sich bei fast allen 300 zytologisch untersuchten Patientinnen mit klimakterischen Beschwerden Zeichen einer Proliferation nachweisen, selbst bei Patientinnen, bei denen eine Röntgenkastration oder Ovarektomie jahrelang zurücklag. 221 zeigten einen mittelproliferierten Typ mit großen und kleinen Intermediärzellen, 65 noch einen deutlich östrogenen Effekt bis zu einem Karyopyknose-Index von 30%, und 14 wiesen im Abstrich schon Parabasalzellen auf. In keinem Fall fand sich ein völlig atrophischer Ausstrich.

Von 300 Patientinnen mit atrophischem Ausstrich dagegen, die keineswegs nur den senilen Altersgruppen angehörten, klagten 294 nicht über Ausfallserscheinungen, während bei 6 Frauen die Angaben unklar waren (522).

Noch nicht exakt untersucht wurde die Frage, ob eine enge Korrelation zwischen den gefundenen Bildern und dem allgemeinen Alterungsprozeß besteht. Die Tatsache, daß der Ausfall der Östrogene in der Postmenopause und nach der Kastration eine Beziehung zu anderen endokrinen Organen und zu gewissen degenerativen Veränderungen aufzeigt, ist ebenso bekannt wie die Besserung der Beschwerden durch Substitution mit Östrogenen (109, 226, 257). Wieweit das Vaginalepithel aber ein Indikator für eine sinnvolle Östrogensubstitution der alternden Frau sein kann, bedarf noch weiterer Klärung (89, 276).

Ursachen der unterschiedlichen Postmenopausebilder

Wie vorher gerade dargestellt, werden in etwa 30% aller Vaginalabstriche völlig atrophische Zellbilder vorgefunden. In Übereinstimmung damit sind morphologische Befunde, bei denen ein „völlig altersatrophisches Ovar" ebenfalls nur in 25% der Fälle vorhanden ist (14). Bei den übrigen Fällen entwikkelt sich eine individuell sehr unterschiedlich ausgeprägte Stromahyperplasie, wobei offensichtlich die Stromazellen die Produktion von Steroidhormonen und ihren Vorstufen bis ins höhere Lebensalter hinein übernehmen können. Neben dem Ovar kommt nach der Menopause besonders noch die Nebennierenrinde als Östrogenquelle in Betracht. Es kann heute als ziemlich sicher angenommen werden, daß nur ein kleiner Teil dieser „ovariellen" und „adrenalen" Östrogene in den jeweiligen Organen selbst gebildet wird. Der größere Anteil entsteht durch Aromatisierung der in diesen Organen produzierten Androgene, und zwar in Organen wie Muskulatur, Leber, Niere und vor allem im Fettgewebe. Bei hormonanalytischen Untersuchungen besteht deshalb auch eine gute Korrelation zwischen Plasmaöstrogenen, Vaginalzytologie und Körpergewicht (12, 21, 311, 429). Im Gegensatz zur Prämenopause dominiert nach der Menopause bei der Östrogensynthese vorwiegend das Östron (99, 212, 280), das kontinuierlich und azyklisch ausgeschüttet wird.

Veränderungen des Vaginalepithels unter exogener Zufuhr von Hormonen und anderen Medikamenten

Im vorangegangenen Kapitel konnten die vielfältigen Veränderungen am Vaginalepithel erkannt werden, die unter physiologischen Bedingungen bei den verschiedenen hormonalen Situationen in den einzelnen Lebensabschnitten auftreten. Es soll im folgenden die Wirkung der exogen zugeführten Hormone und Medikamente beschrieben werden, die in der Lage sind, das vaginale Zellbild zu beeinflussen.

Dabei interessieren zunächst vor allem die 3 Gruppen der Sexualhormone: *Östrogene, Gestagene* und *Androgene.* Ferner gibt es eine Reihe *weiterer Hormone* und *Medikamente,* die das Vaginalepithel entweder direkt verändern (z. B. Clomiphen) oder indirekt über das Ovar (z. B. Gonadotropine) oder die Nebennierenrinde (z. B. ACTH) bzw. deren Effekt überhaupt noch nicht geklärt ist (z. B. Digitalispräparate).

Ganz allgemein kann gesagt werden, daß durch die genannten Hormone und Medikamente im wesentlichen folgende *Wirkungseffekte am Plattenepithel der Vagina* beobachtet werden:

- Proliferation und Differenzierung eines zunächst atrophischen oder niedrig aufgebauten Plattenepithels (östrogener Effekt),
- Verminderung oder Herabsetzung des Proliferations- und/oder Differenzierungsgrades eines vorher aufgebauten Plattenepithels (antiöstrogener Effekt),
- verstärkte Abschilferung der Zellen, Turgorverlust mit erhöhter Faltungstendenz und Neigung zur Haufenbildung (gestagener Effekt).

Östrogenwirksame Substanzen

Das Plattenepithel der Vagina ist der empfindlichste Indikator für die morphologische Testung östrogener Substanzen. Es kommt dabei zu einer *Proliferation* des atrophischen *Vaginalepithels* bis zu seiner *höchsten Differenzierung* (Abb. 6.**27**).

Die natürlichen wie auch die meisten synthetischen Östrogene gehören zur Gruppe der sog. Steroide. Ihre spezifi-

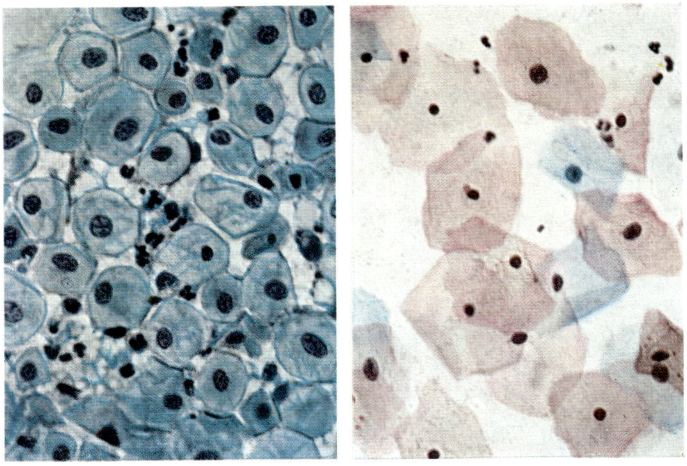

a b

Abb. 6.**27a** u. **b**

a Atrophisches Zellbild mit vorwiegend Parabasalzellen vor der Hormonbehandlung.

b Gleicher Fall wie a nach Verabreichung von 20 mg Östradiolbenzoat i.m.

Überwiegend eosinophile Superfizialzellen und große Intermediärzellen (Obj. 40 ×, Ok. 10 ×).

sche Wirkung, auch kleinster Mengen, an bestimmten Organen wie Vagina, Uterus oder Mamma erklärt sich durch das Vorhandensein *spezifischer Rezeptoren* in den Zellen dieser Organe (205, 206). Ein zytoplasmatisches Eiweißmakromolekül (Rezeptor) verbindet sich mit den Östrogenen an der Zellmembran und transportiert diese sofort zum Zellkern, wo sie nach wenigen Minuten nachgewiesen werden konnten (41, 85, 205, 206, 475). Dort beginnt die Einwirkung auf die DNS, die zu Proliferationsvorgängen führt.

Die synthetischen Östrogene unterscheiden sich nach unseren heutigen Kenntnissen in der Wirkung im wesentlichen quantitativ von den natürlichen Östrogenen. Das gilt auch für die Nichtsteroide wie z. B. das Stilböstrol. Sie werden an das Rezeptoreiweiß gebunden wie das Östradiol und haben die gleiche Verteilung im Organismus (482).

Wie anhand von zytologischen Serienabstrichen (Abb. 6.**28**–6.**31**) zu beobachten ist, zeigt sich *schon bei minimalen Östrogendosen* am zweiten Applikationstag eine *beginnende Proliferation.* Die Parabasalzellen nehmen ab und werden zunächst durch kleine Intermediärzellen ersetzt. Im weiteren Verlauf einer Östrogenapplikation treten immer mehr große zyanophile, später auch eosinophile Intermediärzellen auf, und schließlich gewinnen die Superfizialzellen die Oberhand. Im allgemeinen ist mit zunehmender Ausreifung auch eine Verminderung des Leukozytengehaltes, also eine Säuberung des Bildes zu sehen.

In einem Teil der Fälle entwickelt sich das atrophische Zellbild nicht über ein einheitliches Intermediärzellbild bis zur höchsten Differenzierung, sondern es kommt vorübergehend zu einem Mischbild, das Zellen aus allen Schichten des Vaginalepithels in unterschiedlicher Verteilung enthält.

Das *typische Ausstrichbild der voll ausgeprägten reinen Östrogenwirkung* ist durch zahlreiche, flach ausgebreitete und einzeln liegende Superfizialzellen und große Intermediärzellen gekennzeichnet (Abb. 6.**27** u. 6.**31**). Der Prozentsatz der Superfizialzellen liegt in der Regel zwischen 40 und 60%, der Eosinophilie-Index in ähnlicher Höhe. Die Parabasalzellen fehlen stets. Ein solches Zellbild ist als *spezifisch* für eine östrogene Hormonwirkung anzusehen. Nur unter dem Einfluß von Östrogenen sind eine Proliferation und Ausreifung des Vaginalepithels bis zu dieser Höhe und in dieser Form möglich.

Ist aber einmal die maximale Proliferation am Vaginalepithel erreicht, so hat das Epithel keine

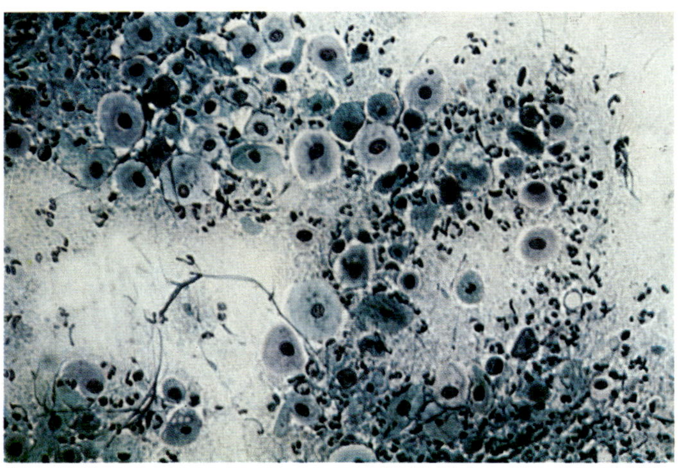

Abb. 6.**28** Atrophisches Zellbild vor Hormonbehandlung. Ausschließlich Parabasalzellen. Leukozyten und Detritus (Obj. 20 ×, Ok. 10 ×).

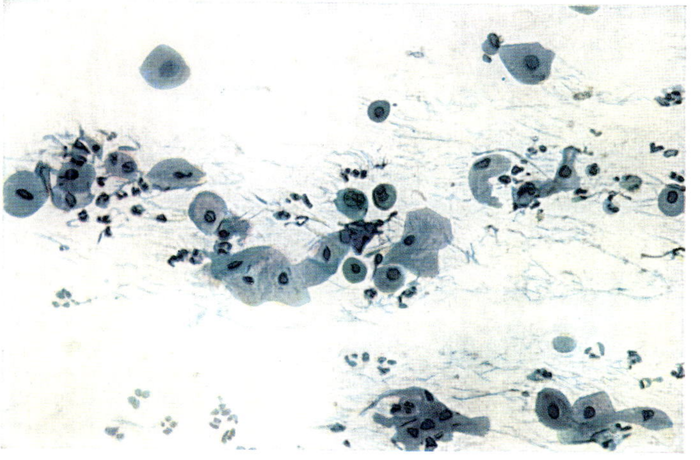

Abb. 6.**29** Abstrichbild nach 2tägiger Östrogenbehandlung (0,1 mg Methylöstradiol täglich). Die Parabasalzellen nehmen zugunsten von kleinen Intermediärzellen ab (Obj. 16×, Ok. 12,5×).

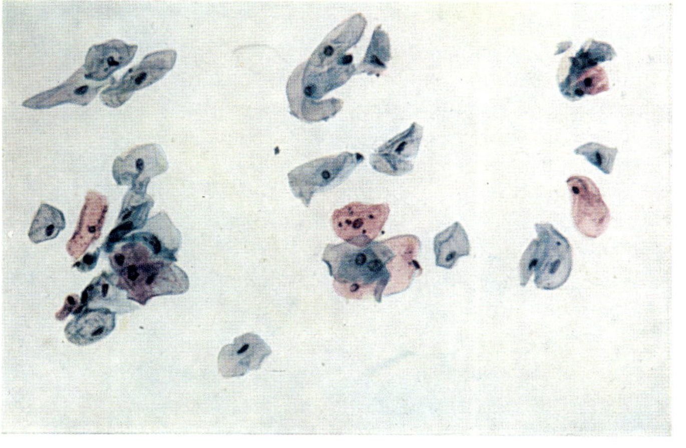

Abb. 6.**30** Abstrichbild nach 6tägiger Östrogenbehandlung (0,1 mg Methylöstradiol täglich). Die Parabasalzellen sind völlig verschwunden. Überwiegend handelt es sich jetzt um kleine und große Intermediärzellen, vereinzelt schon Superfizialzellen. Einige Zellen sind eosinophil angefärbt (Obj. 16×, Ok. 12,5×).

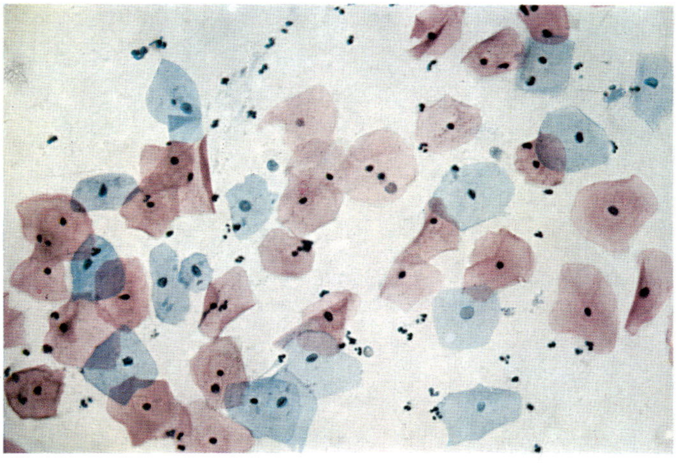

Abb. 6.**31** Abstrichbild nach 14tägiger Östrogenbehandlung (0,1 mg Methylöstradiol täglich). Überwiegend eosinophil angefärbte Superfizialzellen und große Intermediärzellen, nur ganz vereinzelt kleine Intermediärzellen (Obj. 16×, Ok. 12,5×).

weitere Ausdrucksmöglichkeiten mehr, auch wenn die Hormondosis um ein Vielfaches erhöht wird.

Die Wirkung schwacher oder niedrigdosierter Östrogene beim Menschen kann am Vaginalepithel am besten durch die sog. *Aufbaudosis des Vaginalepithels* getestet werden. Um eine weitgehende Standardisierung bei diesen Untersuchungen zu erreichen, sollten nur Frauen nach Ovarektomie oder in der Postmenopause herangezogen werden, deren Vaginalabstrich völlig atrophisch ist. Um Unterschiede in der individuellen Reaktionsweise und in der endogenen hormonalen Grundlage auszugleichen, schlug Teter (489) vor, als Standard bei einer bestimmten Frau denjenigen Superfizialzell-Index zu nehmen, der nach 10tägiger Behandlung mit 0,1 mg Mestranol tgl. erreicht worden ist.

Zur Ermittlung der Aufbaudosis einer bestimmten östrogenwirksamen Substanz ist es also erforderlich, in 1- bis 2tägigen Abständen Vaginalabstriche vorzunehmen und die jeweils erreichte Proliferationshöhe mit Hilfe einiger Indizes zu registrieren.

Wie aus Tab. 6.**1** zu ersehen ist, werden Veränderungen im Aufbau des Epithels rasch am Maturations-Index (MI) erkannt. Um die Veränderungen aber mit einem Blick erfassen und auch kurvenähnlich dokumentieren zu können, sind andere Aufzeichnungen notwendig.

Hierzu eignet sich bei niedrigdosierten oder schwachen Östrogenen am besten der Maturationswert (MV), während die Veränderungen eines schon höher aufgebauten Vaginalepithels sich besser durch die Bestimmung des Karyopyknose-Index (KPI) und des Eosinophilie-Index (EI) verfolgen lassen. Bei mittleren bis höheren Östrogendosierungen zeigen die beiden letztgenannten Indizes in der Regel einen parallelen Verlauf, wobei der Eosinophilie-Index meist unter dem Karyopyknose-Index bleibt.

Da die Wirkungsschwelle des Karyopyknose-Index niedriger als die des Eosinophilie-Index ist, können aber auch sehr unterschiedliche Verläufe vorkommen. So kann bei niedrigen, über längere Zeit gegebenen Östrogengaben der Karyopyknose-Index schon beachtliche Werte erreichen (ca. 80%), während der Eosinophilie-Index sich noch nicht über 10% erhoben hat (379).

Beim Abklingen einer Östrogenwirkung fällt der Eosinophilie-Index ebenfalls meist schneller ab als der Karyopyknose-Index.

Ganz allgemein kann man sagen, daß der Vaginalepithelaufbau jeglichen Differenzierungsgrades mit dem Reifungswert aufgezeichnet werden kann, meist jedoch einen relativ flachen Verlauf bietet, während der Karyopyknose-Index erst ab einer gewissen Reizschwelle, dann aber deutlich und prägnant hervortritt (Tab. 6.**1**).

Ist der maximale Vaginalepithelaufbau erreicht, können stärkere Östrogene oder höhere Hormondosen nur noch an der sog. *Proliferationsdosis des Endometriums* getestet werden. Im allgemeinen ist diese etwa um das 2- bis 4fache höher als die Aufbaudosis des Vaginalepithels. Ob diese Relation bei einigen, vor allem schwach wirksamen Östrogenen verschoben ist, wie manche klinischen Untersuchungen vermuten lassen, oder ob es sich hierbei letztlich doch nur um Dosierungsfragen handelt, ist noch nicht ganz geklärt (88, 167, 174, 242, 255, 334, 366, 367).

Die Stärke, Dauer und Geschwindigkeit des Vaginalepithelaufbaus hängen sowohl von der Dosierung als auch von der biologischen Aktivität der Substanzen, ihrer chemischen Bindungen und von der Applikationsart ab. Aus Tab. 6.**2** sind die Aufbau- und Proliferationsdosen der wichtigsten Östrogene zu entnehmen. Man erkennt daraus, daß Östradiol von den 3 wichtigsten natürlichen Östrogenen die stärkste Wirksamkeit auf das Vaginalepithel ausübt, während Östron und Östriol je nach Applikationsart bis zum 30- bis 40fachen schwächer sind.

Bei Verabfolgung sehr niedriger Östrogenmengen über längere Zeit kommt es entweder zu vorübergehender Proliferation bis zur Schicht der Intermediärzellen, die bald wieder abfällt, oder es bildet sich schließlich nach 2–3 Wochen doch noch ein östrogenes Bild mit einem unterschiedlichen Prozentsatz von Superfizialzellen aus. Es gelingt jedenfalls nur schwer, mit Östrogenen allein über längere Zeit ein Zellbild von mittlerer Proliferation aufrechtzuerhalten.

Bei ausreichender Hormonmenge beträgt die Zeit der Ausdifferenzierung vom völlig atrophischen Epithel bis zum maximalen Aufbau 7–10 Tage. Diese Zeitdauer kann auch durch höchste Tagesdosen kaum verkürzt werden. Die einmal erreichte maximale Aufbauhöhe bleibt durch gleichbleibende Dosen über eine längere Zeit erhalten. Häufig beobachtet man dann nach 3–4 Wochen, daß Karyopyknose- und Eosinophilie-Index etwas abfallen und die Zellen zu leichter Zellfaltung neigen. Die Zellen

Tabelle 6.**1** Entwicklung des Vaginalepithelaufbaus mittels Reifungs-Index (MI), Superfizialzell-Index (SI) und Reifungswert (MV) bei 10tägiger Verabreichung unterschiedlicher Mestranoldosen (MEE) (nach *Teter* [489]).

mg/tgl.	Zytol. Index	Vor der Behandlung	Behandlungsdauer 2–3	4–5	6–7	8–9	10 Tage
MEE 0,025	MI	36–64–0	14–86–0	2–94–4	0–87–13	0–87–13	0–84–16
	SI	0	0	4	13	13	16
	MV	32	43	51	56,5	56,5	58
MEE 0,05	MI	35–65–0	8–90–2	2–87–11	0–81–19	1–75–25	0–70–30
	SI	0	2	11	19	25	30
	MV	32,5	47	54,5	59,5	62,5	65,5
MEE 0,1	MI	20–80–0	5–89–6	0–75–25	0–58–42	0–46–54	0–42–58
	SI	0	6	25	42	54	58
	MV	40	50,5	62,5	71	77	79
MEE 0,15	MI	30–70–0	2–93–5	0–72–28	0–50–50	0–40–60	0–28–72
	SI	0	5	28	50	60	72
	MV	35	51,5	64	75	80	86

Tabelle 6.**2** Aufbaudosis des Vaginalepithels und Proliferationsdosis des Endometriums bei verschiedenen Östrogenen und Applikationsformen. Wegen der meist nicht standardisierten Versuchsbedingungen und den unterschiedlichen Definitionen der Aufbau- und Proliferationsdosis sind die Zahlen nur als ungefähre Orientierungswerte zu betrachten.

Hormone	Aufbaudosis des Vaginalepithels	Proliferationsdosis des Endometriums
Oral		
17-Äthinylöstradiol (EE)	0,35– 0,5 mg	0,6– 1,0 mg
Mestranol (MEE)	0,4 – 0,6 mg	0,8– 1,2 mg
Quinöstrol	0,5 – 0,8 mg	1,5– 2,0 mg
Östronsulfat	20 mg	40 – 60 mg
Equilinsulfat	20 mg	40 – 60 mg
Konjugierte Östrogene	15 –20 mg	25 – 80 mg
Östradiolvalerianat	30 –40 mg	50 – 80 mg
Östriol	40 u. mehr mg	200 –400 mg
17-Östradiol	60 u. mehr mg	
Parenteral		
Diäthylstilböstrol-dipropionat i. m.	7,5 mg	15 – 25 mg
Östradiolbenzoat	15 mg	20 – 30 mg
Depotpräparate		
Östradiolvalerianat	10 mg	20 mg
Dimethoxy-diäthylstilben	12 mg	15 – 25 mg

bleiben aber eindeutig isoliert und neigen nicht zur Haufenbildung (Abb. 6.**32**). Es ist nicht ganz klar, ob es sich dabei um eine abnehmende Empfindlichkeit der Rezeptoren handelt oder ob andere Einflüsse hier eine Rolle spielen.

Nach einer *kurzfristigen Östrogentherapie* dauert es in der Regel 12–16 Tage, bis die frühere Ausgangslage wieder erreicht ist (Abb. 6.**33**) (489, 523). Bei Beendigung einer *längeren Östrogenapplikation* kann jedoch ein Zellbild von mittlerer Höhe über Wochen, ja Monate bestehen bleiben, bis es schließlich wieder endgültig seine atrophische Ausgangslage erreicht hat. Auch dieser Effekt ist nicht ganz geklärt; er könnte damit zusammenhängen, daß im Verlaufe der längeren Östrogentherapie die Östrogene im Fettgewebe zunächst gespeichert und später langsam wieder abgegeben werden.

Besonders wirksam auf das Vaginalepithel ist die lokale Anwendung der Östrogene (166, 172, 258, 292). Schon mit Nanogrammen ist ein optimaler Aufbau des Vaginalepithels zu erzielen, weil die Steroidhormone ohne Metabolisierung und Bindung an Eiweißkomplexe unmittelbar an die Zellen herankommen. Der übrige Teil wird entgegen oft üblichen Vorstellungen unter Umgehung der Magen-Leber-Passage schnell und fast vollständig resorbiert. Um gleich hohe Plasmaspiegel wie bei der oralen Verabreichung zu erzielen, sind wesentlich geringere Dosen notwendig. Vor allem das Östradiol wird nicht zu Östron metabolisiert, sondern weist 30- bis 40fach höhere Plasmaspiegel auf (258).

Ähnliches gilt auch für die rektale, sublinguale und intranasale Applikation (15, 258, 394). Selbst durch eine künstlich angelegte Vagina ist eine gute Resorption feststellbar (536).

Neben individuell schwankenden Empfindlichkeiten des Vaginalepithels gibt es bestimmte Zu-

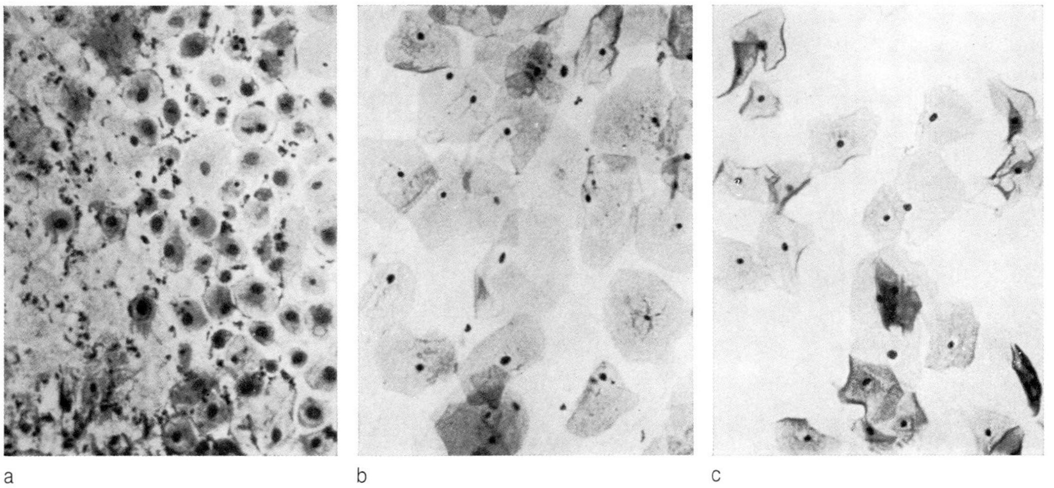

a b c

Abb. 6.**32a–c** Vaginalepithelaufbau bei lang anhaltendem Östrogendepot mittels eines Stilbenimplantates. **a** Atrophisches Zellbild vor der Behandlung. **b** Hochaufgebautes Zellbild mit vorwiegend Superfizialzellen, 2 Wochen nach Implantation von 25 mg Diäthyldioxystilben. **c** 4 Wochen nach der Implantation ist der Aufbau immer noch sehr hoch, die Zellen sind jedoch nicht mehr so flach ausgebreitet und transparent, sondern neigen in vermehrtem Maße zur Zellfaltung (alle 3 Bilder vom gleichen Fall, Obj. 20 ×, Ok. 10 ×).

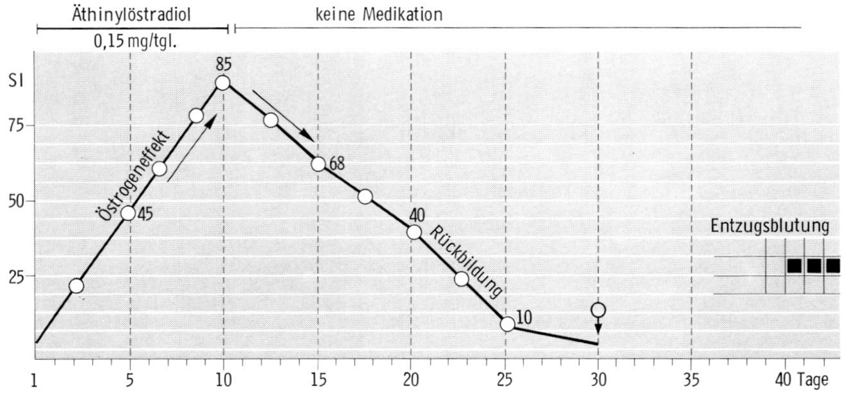

Abb. 6.**33** Verlauf des Superfizialzell-Index nach Verabreichung von 0,15 mg Äthinylöstradiol täglich über 10 Tage. Das Vaginalepithel hat sich 20 Tage nach Beendigung der Applikation weitgehend wieder zurückgebildet. Die Abbruchblutung trat 29 Tage nach Beendigung der Hormongabe auf (nach *Teter* [489]).

stände, bei denen eine Östrogenverabreichung einen geringeren Effekt am Vaginalepithel hervorruft. So wird z. B. in den ersten drei Monaten nach einer Strahlenbehandlung eine über längere Zeit bestehende schlechte Ansprechbarkeit des Vaginalepithels auf Östrogene beobachtet (284, 359). Auch die Resorption ist deutlich vermindert (17, 149). Ebenso zeigt das Epithel in den ersten 10 Tagen post partum selbst nach höheren Östrogengaben keine Proliferationstendenz (223). Schon während der normalen Gravidität ändert sich das typische Schwangerschaftszellbild bei oral und parenteral verabreichten Östrogenen nicht, während bei lokaler Applikation ein höherer Zellaufbau erreicht werden kann (377).

Aber nicht nur das unverhornte Plattenepithel, sondern auch die verhornte intakte Haut zeigt die Möglichkeit einer erheblichen Resorption von Steroidhormonen. Nach einer Stunde sind etwa 10% von radioaktiv markiertem Äthinylöstradiol durch die klinisch gesunde Haut penetriert, nach 24 Stunden etwa 20%. Bedenkt man die hohen Östrogendosen in hormonhaltigen Salben und die oft lange Anwendungszeit, so sind die Auswirkungen an den Erfolgsorganen wie Vagina und Endometrium verständlich. Das Vaginalepithel zeigt nach längerer Anwendung einen Aufbau bis zu einem Superfizialzell-Index von 30–40% (253, 258). Dabei übt die Epidermis eine gewisse Depotwirkung aus. Die Östrogene werden im Stratum corneum gebunden, z. T. metabolisiert und dann protrahiert abgegeben (240, 258, 474).

Gestagenwirksame Substanzen

Gestagene Substanzen zeigen am Vaginalepithel nicht so charakteristische Veränderungen wie die Östrogene. Auch sind die physiologischerweise auftretenden typischen gestagenbeeinflußten Zellbilder, z. B. in der zweiten Zyklushälfte oder in der Schwangerschaft, stets das Resultat einer gleichzeitigen Östrogen- und Gestageneinwirkung.

Das wichtigste im Organismus vorkommende Gestagen ist das *Progesteron.* Die anderen Gestagene sind wohl eher als schwächer wirksame Metaboliten aufzufassen (550–552, 555, 556). Seine Wirkung auf das Vaginalepithel besteht darin, daß die Zellen sich in vermehrtem Maße abschilfern (Desquamation), ihre Ränder sich deutlich falten bzw. einrollen und eine ausgesprochene Neigung zur Zusammenlagerung zu beobachten ist. Die Folge ist eine Herabsetzung des vorher durch die reine Östrogenwirkung deutlich erhöhten Proliferationsgrades, wobei es jedoch physiologischerweise nie zum Auftreten von Parabasalzellen kommt.

Die in der Medizin heute fast ausschließlich zur Anwendung kommenden Gestagene sind synthetischer Natur. Es handelt sich um körperfremde Stoffe, die künstliche Derivate der körpereigenen Steroidhormone und ihrer Metaboliten darstellen. Dabei läßt sich von ihrer chemischen Bezeichnung her oft nur sehr bedingt auf ihre biologische Aktivität schließen, da diese durch geringgradige Veränderungen des Moleküls sowohl in quantitativer als auch in qualitativer Hinsicht sich grundlegend verändern kann. Im Gegensatz zu den synthetischen Östrogenen zeigen sie sehr vielfältige, ja zum Teil sogar widersprüchliche Partialwirkungen (Tab. 6.**3**). Ein und dieselbe Substanz kann östrogene, antiöstrogene, gestagene und androgene Wirkungseffekte beinhalten, die an der Reaktion des Vaginalepithels nicht auseinandergehalten werden können. Auch wissen wir noch wenig über den Stoffwechsel dieser Substanzen. Es ist deshalb noch weitgehend unbekannt, inwieweit einzelne Partialwirkungen der Gestagene der Substanz selbst zuzuschreiben sind oder durch ihre Metaboliten hervorgerufen werden.

Aus diesen Gründen kann nur die proliferationsfördernde oder proliferationshemmende Grundtendenz einer gestagenen Substanz am Vaginalepithel dargestellt werden, indem man diese einmal auf ein atrophisches, das andere Mal auf ein hoch aufgebautes Plattenepithel einwirken läßt. Beide Male aber erhält man nur den Summationseffekt der verschiedenen in einer Substanz enthaltenen Partialwirkungen, die auf eine bestimmte vorgegebene hormonale Situation treffen. Dabei können natürlich besonders dominierende Eigenschaften einer gestagenen Substanz, wie z. B. östrogener, antiöstrogener oder androgener Effekt, sich im zytologischen Bild durchaus andeuten.

Eine Proliferation am **atrophischen Vaginalepithel** ist nur mit einem Teil der Gestagene zu erreichen, wobei die 19-Nortestosteron-Derivate eine

Tabelle 6.**3** Die wichtigsten Gestagene mit ihren Partialfunktionen. 0 = keine Wirkung, + = leichter, ++ = mittlerer, +++ = starker Effekt.

Substanz	Östrogen-effekt	Antiöstro-geneffekt	Androgen-effekt	Antiandro-geneffekt	Transfor-mationsdosis in mg	Menstrua-tionsver-schiebung (n/Tage)	Hemmung der Gonado-tropine
Norethisteron (Norethindron)	+	++	+	0	5–15	++	++
Norethisteronacetat (Norethindronacetat)	+	++	+	0	4–7,5	++	++
Äthinodioldiacetat	+ (+)	+	+	0	10–15	1–2	++
3-Desoxynorethisteron (Lynöstrenol)	(+)	+	+	0	35–70	5–10	+
Norethynodrel	++	(+)	0	0	150–200	14	+++
Levonorgestrel	0	+++	++	0	4–6	0,25–1,0	++
Desogestrel	0	+++	(+)	0	0,4–2,5	0,25	++
Norgestimat	0	++	(+)	0	5–10	5	++
Gestoden	0	++	(+)	0	2–3	0,2	++
Medroxyprogesteron-acetat	0	++	(+)	0	40–80	20–30	++
Megestrolacetat	0	+	0	(+)	35–70	5–10	+
Cyproteronacetat	0	++	0	+++	20–40	4–10	+
Chlormadinonacetat	0	(+)	0	+ (+)	20–30	4	+
17-α-Hydroxyproge-steron	0	0	0	0	250–500	–	0
Progesteron	(+)	(+)	0	0	200	–	(+)
Dydrogesteron	(+)	(+)	0	0	150	20	0

stärkere Wirkung als die 17-α-Hydroxyprogesterone zeigen (Tab. 6.**3**). Die Wirkung setzt meist schon am zweiten Tag ein, wobei vorwiegend kleine Intermediärzellen allmählich die Parabasalzellen ersetzen. Der Aufbau erreicht bei ausreichender Dosierung in 6–8 Tagen seine höchste Ausprägung. Dabei wird höchstens die Schicht der großen Intermediärzellen erreicht. Superfizialzellen kommen ohne endogene oder exogene Östrogenstimulierung kaum vor. Gleichzeitig weisen die Intermediärzellen zunächst eine leichte Faltung der Zellränder auf, die sich nur langsam verstärkt und nach etwa 8 Tagen unterschiedlich stark ausgeprägt sein kann. Die Zellen liegen einzeln oder in leichter Haufenbildung und gehen erst nach 6–8 Tagen und nach Erreichung einer gewissen Proliferationshöhe in größere Zellkohäsionen über. Der vorher oft etwas schmutzige Hintergrund mit Zelldetritus und vermehrten Leukozyten klärt sich ab dem 3. Tag meist etwas auf und erscheint nach 5–7 Tagen recht klar, wenn nicht eine stärkere bakterielle Mischflora oder auch die Ansiedlung von Döderleinschen Bakterien mit bakterieller Zytolyse das Zellbild beeinflussen.

Auch mit einer längeren Gestagenapplikation ist keine höhere Proliferation zu erreichen. Bei einem Zellaufbau bis zu den großen Intermediärzellen kann sogar nach 8–10 Tagen der Aufbau infolge der jetzt verstärkt einsetzenden Desquamation der Zellen wieder absinken (Tab. 6.**4**). Verabreicht man aber einem mit Gestagenen vorbehandelten Vaginalepithel auch nur sehr geringe Dosen von Östrogenen, so kommt es zunächst zu einem schnellen und

Tabelle 6.**4** Verlauf des Reifungs-Index (MI) und grob qualitative Beurteilung der Zellfaltung und Haufenbildung bei einer 50jährigen Frau in der Postmenopause, die täglich 5 mg Äthinodioldiacetat erhielt (nach *Heber* [171])

Behandlungstage	MI	Zell-faltung	Haufen-bildung
vor der Behandlung	5–93–2	–	–
1. Tag	3–94–3	+	–
2. Tag	4–89–7	+	–
3. Tag	2–87–11	+	–
4. Tag	1–89–10	+	–
5. Tag	1–85–14	++	–
6. Tag	1–72–27	++	–
9. Tag	0–94–6	+++	+++

relativ hohen Zellaufbau, wobei auch Superfizialzellen und eosinophile Zellen der oberen Schichten auftreten. Östrogene und Gestagene wirken hier offensichtlich synergistisch. Sehr bald kommt es jedoch zu einer verstärkten Desquamation, und das typische Bild der Luteinphase mit zahlreichen gefalteten und meist noch in dichten Haufen liegenden Zellen entwickelt sich.

Vom Progesteron ist nur vereinzelt und bei relativ hoher Dosierung bis zu 1200 mg i. m. von einer geringen Proliferation berichtet worden (379, 412, 513).

Wir gaben 20 mg Progesteron i. v. und stellten danach in Fällen, bei denen 65 mg Progesteron in Depotform keinerlei Veränderungen des atrophischen Zellbildes hervorriefen, innerhalb von 24 Std. eine deutliche Prolifera-

a

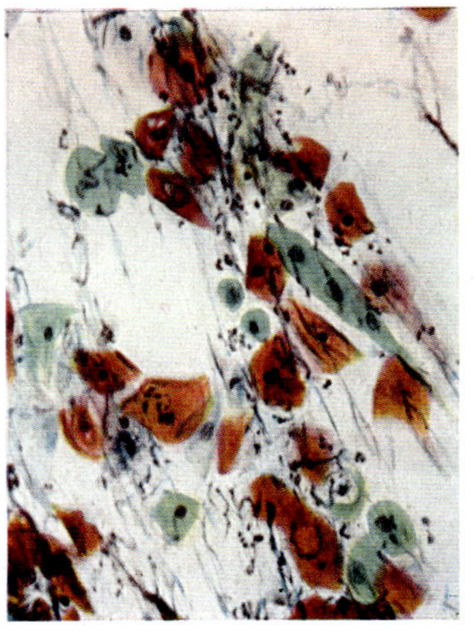
b

Abb. 6.**34a** u. **b** Aufbau eines atrophischen Vaginalepithels nach Progesterongaben (Hämatoxylin-Shorr-Färbung).

a Weitgehend atrophisches Epithel vor der Behandlung.

b Mittlerer bis hoher Zellaufbau nach Verabreichung von 20 mg Progesteron i.v. (beide Abb. Obj. 20 ×, Ok. 10 ×).

tion bis in die Zone der großen Intermediärzellen fest (Abb. 6.**34**).

Bei einer Dosierung von 200–300 mg Hydroxyprogesteroncapronat wurde von einigen Autoren ebenfalls ein gewisser Aufbau bis zu den Intermediärzellen beobachtet (49, 95, 378), während dies von anderen nicht in allen Fällen bestätigt werden konnte (171, 352, 526).

Die meisten Nortestosterone haben am atrophischen Vaginalepithel einen geringen proliferativen Effekt. So konnte nach Gaben von 150 mg Äthinylnortestosteron (tgl. 15 mg) eine Umwandlung des atrophischen Abstrichbildes in den „crowded type" beobachtet werden, während 50 mg Äthinylnortestosteron (tgl. 10 mg) noch keine Wirkung zeigten (512). Auch mit Äthinodioldiacetat und Norethisteron war eine proliferative Wirkung zu erzielen, im Gegensatz zu Allyleostrenol (171) und Norgestrel (Tab. 6.**5**). Nach Injektion von 100 mg Norönanthattestosteron in öliger Lösung konnte nur eine schwache Proliferation festgestellt werden. Nach Injektion von 300 mg wurde der Effekt kaum stärker (50).

Verabreicht man gestagene Substanzen einer Patientin mit einem **leicht bis mittelhoch aufgebauten Vaginalepithel,** so kann man je nach Substanz 2 verschiedene Reaktionen beobachten. Hat das Gestagen eine östrogene Teilwirkung, so kommt es zunächst zu einem weiteren Aufbau des Epithels bis zu den großen Intermediärzellen und Superfizialzellen. Nach 6–8 Tagen treten dann die typische Faltung und Haufenbildung, verbunden mit einer starken Desquamation, auf. Fehlt jedoch eine stärkere östrogene Komponente, so kann das Bild in wenigen Tagen weitgehend atrophisch werden (171).

Bei einem **hoch aufgebauten rein östrogenen Zellbild** läßt sich mit allen Gestagenen ein charakteristisches Bild erzeugen. Schon 24–48 Std. nach Beginn der Medikation beginnt der Karyopyknose- und Eosinophilie-Index zu sinken und die Zellen rollen sich stärker ein (77, 278, 449, 509, 529). Die vermehrt abgestoßenen Zellen liegen schließlich meist in dichten Haufen (Abb. 6.**35** u. 6.**36**). Bei vorher sauberen und klaren Ausstrichen kann es zum Auftreten von Leukozyten oder auch zur Ansiedlung einer reichlichen Döderlein-Flora mit bakterieller Zytolyse kommen.

Am charakteristischsten ist dieser „gestagene Effekt" am Vaginalepithel bei den *Progesteronderivaten* ausgeprägt.

Je höher die Dosierung des Gestagens aber ist, um so stärker tritt der typische Gestageneffekt in den Vordergrund. Abb. 6.**37** zeigt den durchschnittlichen Verlauf des Karyopyknose-, des Zellfaltungs- und des Haufenbildungs-Index von 6 Frauen zwischen 28

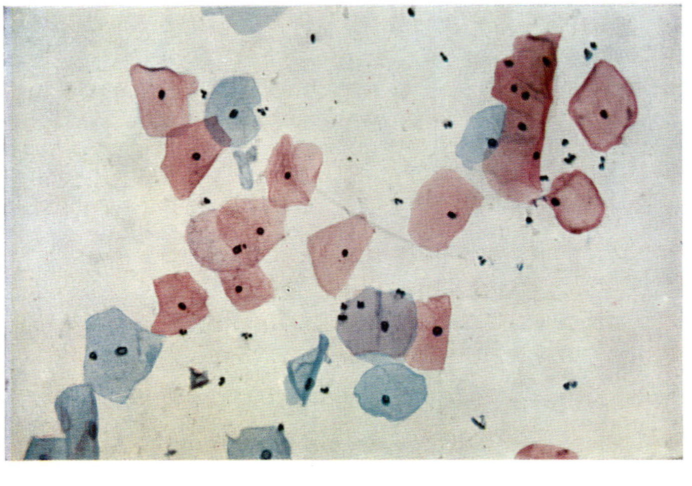

Abb. 6.**35** Hoher Epithelaufbau bei reiner Östrogenwirkung. Überwiegend eosinophile Superfizialzellen, die einzeln liegen und teils flach, teils leicht gefaltet sind (Obj. 20 ×, Ok. 10 ×).

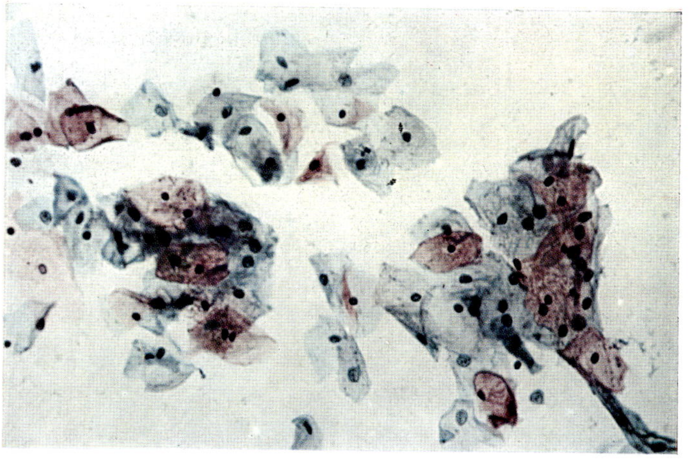

Abb. 6.**36** Gleicher Fall wie Abb. 6.**35**. 3 Tage nach Verabreichung von 125 mg Progesterondepot zeigt sich nur noch ein mittlerer Zellaufbau. Die Eosinophilie ist stark in den Hintergrund getreten. Die Zellen sind leicht bis mäßig gefaltet und zeigen eine ausgesprochene Neigung zur Haufenbildung (Obj. 20 ×, Ok. 10 ×).

und 53 Jahren unter künstlicher Hormonzufuhr. Bei allen waren die Ovarien operativ entfernt worden. Die Frauen erhielten während 30 Tagen je 1 mg Diäthylstilbestrol oral täglich und am 14. Tag eine einmalige Dosis von 17-α-Hydroxyprogesteroncapronat in unterschiedlicher Dosierung.

Eine quantitative Wertung der Progesteronwirkung durch die Erstellung eines Faltungs- und Haufenbildungs-Index ist im Einzelfall relativ aufwendig. Im allgemeinen genügt es deshalb, eine grob qualitative Beurteilung abzugeben, z. B.:

- keine Zellfaltung vorhanden,
+ Zellfaltung leicht,
+ +mittel oder
+ + + stark ausgeprägt.

Auch die *Nortestosteronderivate* zeigen einen deutlichen Effekt auf das hoch aufgebaute Vaginalepithel. Schon am 4.–5. Tag sind die Superfizialzellen zugunsten der Intermediärzellen verdrängt. Die Zellen erscheinen an den Rändern leicht gefaltet und neigen zur Lagerung in kleinen Gruppen mit durchschnittlich 3–6 Zellen, lassen aber keine so ausgeprägte Haufenbildung erkennen wie unter Progesteron. Bei längerer und ausreichender Dosierung können dann die kleinen Intermediärzellen immer stärker in den Vordergrund kommen.

Die verschiedenen Gestagene können sowohl am künstlich aufgebauten Vaginalepithel als auch bei der geschlechtsreifen Frau auf ihre *antiöstrogenen Eigenschaften* getestet werden. In Tab. 6.**5** sieht man z. B. die unterschiedliche Reduktion des Karyopyknose-Index bei Frauen, die am Anfang des Zyklus 0,05 mg/Tag Äthinylöstradiol und schließlich

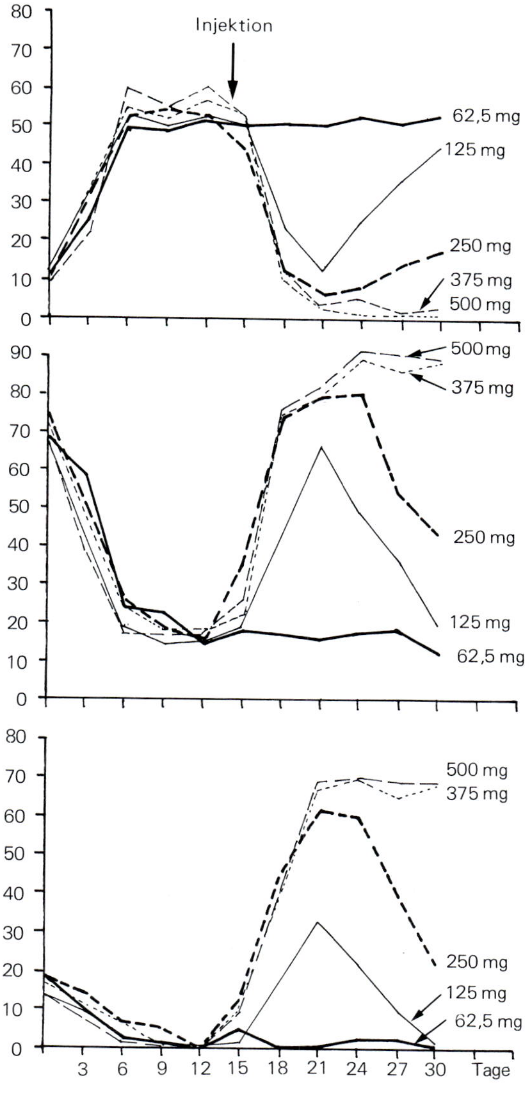

Abb. 6.**37** Durchschnittlicher Verlauf des Karyopyknose-, Faltungs- und Haufenbildungs-Index bei 6 Frauen mit beidseitiger Ovarektomie nach 30tägiger Behandlung mit 1 mg Diäthylstilbestrol und einer einmaligen Injektion am 14. Tag von 17-Hydroxyprogesteroncapronat in verschiedener Dosierung (nach *Wied* [529]). ▶

Tabelle 6.**5** Reduktion des Karyopyknose-Index bei Frauen, die in der geschlechtsreifen Zeit über 3 Wochen 0,05 mg Äthinylöstradiol (E.E) tgl. und anschließend 1 Woche 0,05 mg Äthinylöstradiol zusammen mit verschiedenen Gestagenen erhielten (nach *Heber* [171]).

Gestagen-dosis	Patien-ten-zahl	Karyopyknose-Index nach 0,05 mg E.E.	0,05 E.E. + Gestagen	Prozent der KPI-Reduk-tion
Äthynodiol-diacetat 0,5 mg	136	38,5 ± 19,9	18,1 ± 15,5	52,9
Äthynodiol-diacetat 1,0 mg	80	37,5 ± 21,4	11,2 ± 10,6	70,1
Megestrol-acetat 4,0 mg	90	35,0 ± 18,9	13,7 ± 11,0	60,1
D-Norgestrel 0,25 mg	46	32,6 ± 20,3	7,2 ± 6,5	77,9
Norethiste-ron 1,0 mg	8	45,3 ± 23,5	19,6 ± 19,3	56,7

zusätzlich Gestagene verschiedener Art und Dosierungen erhielten. Die Proliferation kann bei Substanzen mit starker antiöstrogener Wirkung sehr niedrig werden, so daß vorwiegend die kleinen Intermediärzellen das Bild beherrschen. Die Zellen liegen dann teils einzeln, teils in kleinen Gruppen. Das Zytoplasma macht eher einen etwas schmutzigen, schlecht angefärbten graugrünlichen Eindruck, und die Zellgrenzen scheinen schlecht erhalten und in beginnender Degeneration zu sein.

Wenn es sich um Gestagene mit einem deutlichen *androgenen Effekt* (bei nicht übermäßig antiöstrogenem Effekt) handelt, wie z. B. das Norethisteron, so gleicht das Zellbild eher der Testosteronwirkung. Das Zellbild ist sauber, die vorwiegend kleinen Intermediärzellen zeigen ein transparentes klares blaugrünes Zytoplasma (171).

Wie unterschiedlich die *Reaktionen des Vaginalepithels* auch *bei gleichbleibender Gestagendosierung* je nach der endogenen Hormonlage sind, sieht man an folgendem Versuch (Abb. 6.**38**): 6 Frauen mit regelmäßigen Zyklen wurde vom 5.–25. Zyklustag jeweils 0,25 mg D-Norgestrel täglich verabreicht. Dabei kam es bei 4 Frauen schon im 1. Zyklus zu einer massiven Einschränkung sämtlicher östrogenrezeptorabhängiger Funktionen einschließlich der Gonadotropin- und Östrogenproduktion, während bei 2 Frauen nur eine mäßige Beeinflussung dieser Parameter beobachtet wurde, die vor allem den präovulatorischen Gipfel betraf.

Die Beurteilung einer Wirkung am Vaginalepithel ist also bei den Gestagenen sehr viel schwieriger und komplexer als bei den Östrogenen. Es gibt *keine absolut spezifische Reaktionsweise*. Die reichliche Abstoßung gefalteter, in großen Haufen liegenden und miteinander verklumpten Zellen ist zwar in der Regel für den Geübten als typisch für eine Gestagenwirkung bei gleichzeitigem Östrogeneinfluß zu erkennen. Eine genaue Aussage erlaubt jedoch meist nur die Kenntnis der Anamnese. Auch beim Abklingen einer isolierten Östrogenwirkung ohne Gestageneinfluß können die Vaginalabstriche ähnliche Bilder mit abfallenden Indizes und Auftreten von gefalteten Zellen bieten. In diesem Fall bleiben die Zellen jedoch vorwiegend isoliert und bilden kleine Haufen von nur wenigen Zellen. Im Gegensatz zu den Östrogenen ist bei den Gestagenen das Endometrium das empfindlichere Gewebssubstrat als das Vaginalepithel. Die biologische Testung geschieht deshalb auch klassischerweise daran.

Androgenwirksame Substanzen

Auf die Einwirkung *androgener Substanzen* reagiert das Vaginalepithel ähnlich wie auf Gestagene. Bei atrophischen Funktionszuständen wird das Plattenepithel bis zu der Intermediärzellschicht aufgebaut (Abb. 6.**39**), während bei hohem Zellaufbau bis zu den Superfizialzellen ein deutlicher „antiöstrogener" Effekt auftritt. Ähnlich wie bei den Östrogenen ist der Wirkungseffekt aller Androgene relativ einheitlich und nicht so komplex wie bei den Gestagenen.

Bei Androgenen handelt es sich wie bei den anderen Sexualhormonen um Steroidhormone. Ihre Biosynthese läuft bei der Frau im wesentlichen im Ovar und in der Nebennierenrinde ab (503). Der „östrogene" Effekt der Androgene bei der Frau beruht auf der Umwandlung eines geringen Teils der C_{19}-Steroide in Östrogene. Die Metabolisierung geht dabei offensichtlich vorwiegend in der Peripherie vor sich (13, 18, 69). Bei exogen zugeführten Androgenen liegt die Konversionsrate unter 1% (363). Bedenkt man jedoch die dabei verabreichten hohen Androgendosen, so sind die anfallenden Östrogenmengen immer noch sehr beträchtlich.

Bei Frauen mit **atrophischem Vaginalepithel** ist in den meisten Fällen nach der Applikation von androgen wirksamen Substanzen eine unterschiedlich starke Proliferation zu beobachten. Unter ausreichender Dosierung sind nach 2–3 Tagen die ersten Veränderungen zu erkennen. Es treten immer mehr kleine, später auch große Intermediärzellen in Erscheinung, bis nach 7–9 Tagen das Proliferationsmaximum erreicht ist. Zum Teil handelt es sich dann um Mischbilder mit vorwiegend Parabasalzellen und kleinen Intermediärzellen, ansonsten zeigt sich ein mittlerer Epithelaufbau, der fast ausschließlich aus Intermediärzellen besteht. Das Auftreten von Superfizialzellen kommt selten vor.

Das ausnahmslos zyanophil angefärbte Plasma der Zellen erscheint sehr blaß und transparent (Abb. 6.**40** u. 6.**41**). Die Zellränder der Intermediärzellen sind fast immer leicht, manchmal auch stärker gefaltet. Die Zellen liegen in der Mehrzahl in Gruppen angeordnet, wobei die Einzelzelle jedoch in der Regel isoliert bleibt. Zum Teil lagern sie sich jedoch auch zu leichten Haufen von durchschnittlich 3–6 Zellen zusammen. Die Zahl der Leukozyten wird in der Regel geringer, und das zytologische Bild macht

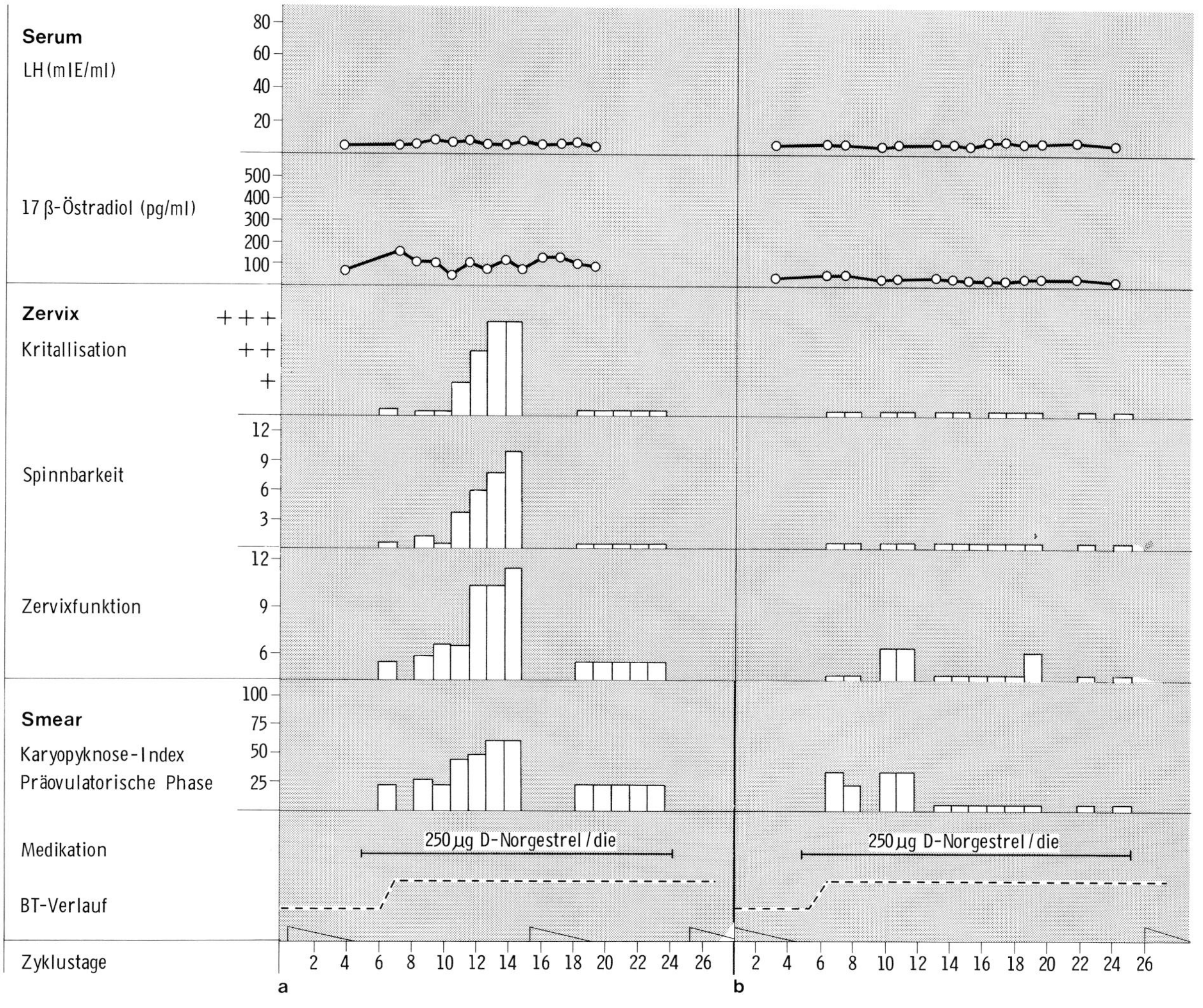

Abb. 6.**38a** u. **b** Unterschiedliche Beeinflussung der Hormonwerte, Zervixfaktoren und des Vaginalepithels bei 6 Frauen in der geschlechtsreifen Zeit, denen vom 5.–25. Zyklustag jeweils 0,25 mg D-Norgestrel verabreicht wurden.
a Durchschnittliche Werte der verschiedenen Parameter bei 2 Frauen mit geringem Einfluß des Gestagens auf das Vaginalepithel. **b** Durchschnittliche Werte der verschiedenen Parameter bei 4 Frauen mit starker Beeinflussung des Vaginalepithels (nach *Schneider* u. Mitarb. [430]).

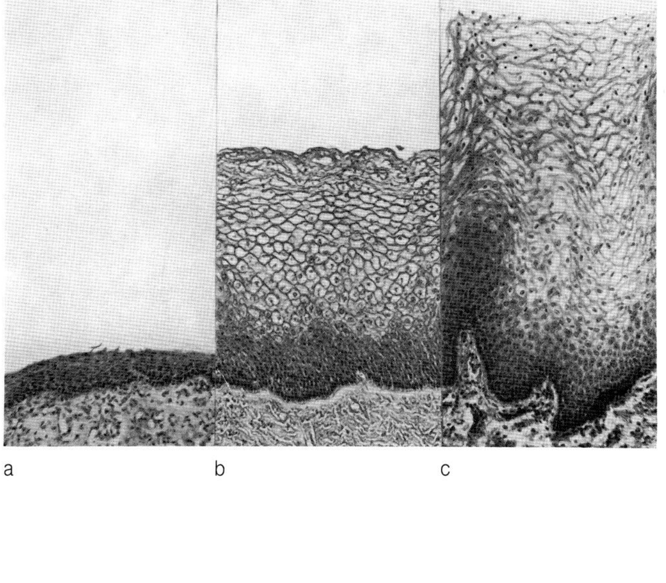

Abb. 6.**39a–c** Unterschiedlicher histologischer Aufbau des Vaginalepithels nach Verabreichung von Androgenen und Östrogenen.

a Atrophisches Epithel vor Hormonbehandlung.

b Proliferation bis zu den mittleren Schichten nach parenteraler Zufuhr von androgenen Hormonen.

c Hohe Epithelproliferation nach Verabreichung von Östrogenen (alle Abb. Obj. 6 ×, Ok. 10 ×).

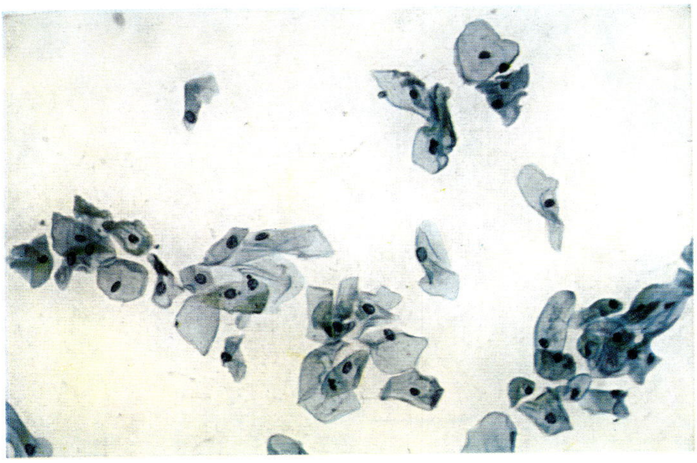

Abb. 6.**40** Androgenes Zellbild nach Verabreichung von 3 × 25 mg Testosteronpropionat i.m. Die ausschließlich kleinen und großen Intermediärzellen zeigen ein sehr transparentes zyanophiles Plasma. Die Zellen sind meist deutlich gefaltet und liegen einzeln oder neigen zu leichter Haufenbildung (Obj. 20 ×, Ok. 10 ×).

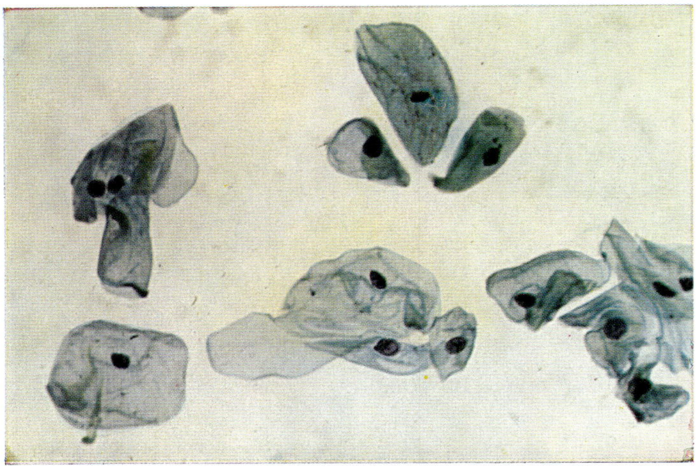

Abb. 6.**41** Androgenes Zellbild am 8. Tag nach Injektion von 150 mg Testosteronkaprinoylacetat und 25 mg Testosteronpropionat i.m. Stärkere Vergrößerung (Obj. 40 ×, Ok. 10 ×).

einen sauberen Eindruck. Döderlein-Bakterien können sich vermehren und eine bakterielle Zytolyse hervorrufen. Bei niedrig aufgebautem Epithel stellt sich in großen Parabasalzellen deutlich ein Endo- und Ektoplasma dar (301).

Der maximal erreichbare Vaginalepithelaufbau ist *in Abhängigkeit von der Grundsubstanz, der Dosierung* und der *Applikationsform* sehr unterschiedlich, wie aus Abb. 6.**42** zu ersehen ist. Während mit Äthinylandrostendiol fast ein östrogenähnliches Bild erzielt werden kann, zeigen Nortesteronänanthat und Dehydroandrosteronönanthat die schwächste proliferative Wirkung. Nur selten verschwinden bei ihnen auch bei maximaler Dosierung die Parabasalzellen ganz aus dem Bild. Das typische „androgene" Bild mit fehlenden Parabasalzellen und höchstens vereinzelten Superfizialzellen konnte mit Testosteron, Methyltestosteron, Testosteronpropionat, Testosteronisobutyrat, Testosteronänanthat und Testosteroncyclopentylpropionat ausgelöst werden.

Auch die androgenen Substanzen entwickeln bei *lokaler Verabreichung am* Vaginalepithel ihre stärkste Wirkung. Bei Untersuchungen mit verschiedenen Applikationsformen konnte dabei ein Verhältnis von lokaler, parenteraler, bukkaler und oraler Testosterondosis von 1 : 10 : 60 : 120 gefunden werden (47).

Eine beachtliche Resorption ist ähnlich wie bei den Östrogenen auch über die intakte Epidermis möglich. Im Gegensatz zur oralen Applikation kommt es dabei wegen der fehlenden Inaktivierung in der Leber zu hohen Testosteronspiegeln im Blut. Vor allem die Skrotalhaut weist eine vielfach höhere Resorptionsquote für Steroide auf als die übrige Epidermis. Ob dies in demselben Ausmaß auch für die Vulva zutrifft, ist noch unklar (5, 76, 515).

Ferner ist mit wiederholten Injektionen von kleineren Dosen ein stärkerer Effekt zu erzielen als mit einer einmaligen höheren Testosteronapplikation. So wurde mit folgenden Testosteronpropionatdosen dieselbe Proliferationshöhe am Vaginalepithel erzielt (47):

einmalige Injektion	=	75 mg Testosteronpropionat i.m.
an 3 Tagen je 10 mg	=	30 mg Testosteronpropionat i.m.
an 4 Tagen je 5 mg	=	20 mg Testosteronpropionat i.m.
an 6 Tagen je 2,5 mg	=	15 mg Testosteronpropionat i.m.

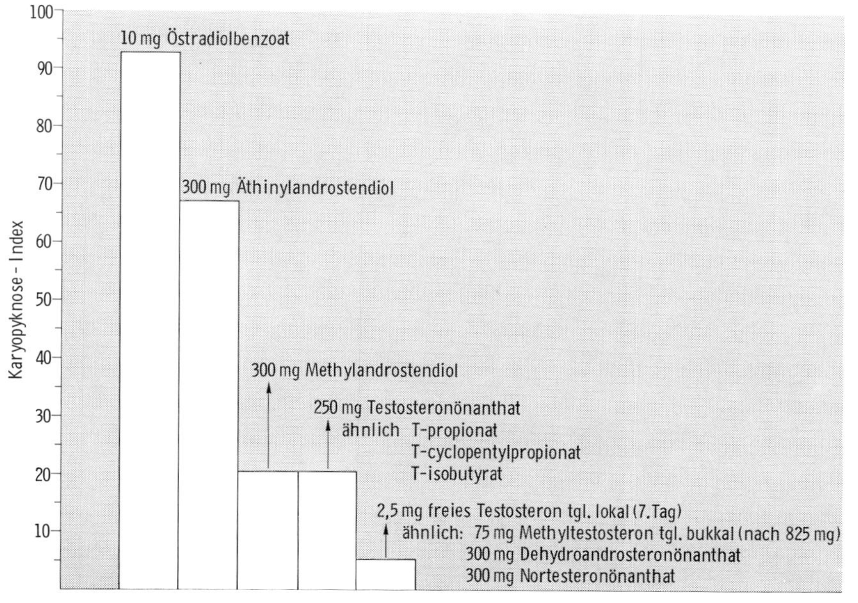

Abb. 6.**42** Unterschiedlicher Vaginalepithelaufbau bei verschiedenen Androgenen im Vergleich zu Östradiolbenzoat (Maximalwerte) (aus *Boschann* [47]).

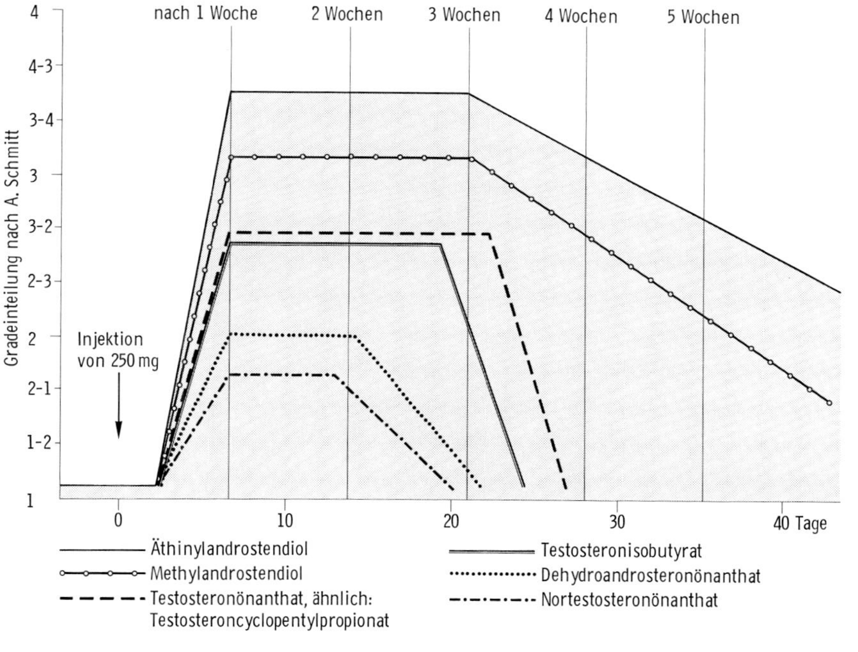

Abb. 6.**43** Unterschiedlicher Vaginalepithelaufbau und Wirkungsdauer nach einmaliger Injektion von 250 mg verschiedener Androgene (aus *Boschann* [47]).

Auch für die Wirkungsdauer spielen Grundstruktur, Dosierung und Veresterung der Hormonsubstanzen eine wesentliche Rolle. Aus Abb. 6.**43** geht hervor, daß mit einer einmalig verabreichten gleich hoch dosierten Menge verschiedener Androgene mit unterschiedlicher Veresterung nicht nur die erzielte Aufbauhöhe stark variiert, sondern daß vor allem auch die Zeitdauer, bis die ursprüngliche Proliferationshöhe wieder erreicht ist, beträchtliche Differenzen aufweist. Die Wirkungsdauer läßt sich aber auch mit der Erhöhung der Dosis ein und derselben Substanz verlängern. Bei 50 mg Äthinylandrostendiol ist der Ausgangswert der Vaginalepithelproliferation nach durchschnittlich 21 Tagen, bei 100 mg nach 30–54 Tagen und bei 300 mg nach 62–98 Tagen wieder erreicht (47).

Bei reiner Androgenwirkung kommt es nur in Ausnahmefällen zu einem Auftreten von Superfizialzellen. Führt man jedoch Patientinnen mit androgenem Zellbild Östrogene zu, so vollzieht sich rasch ein weiterer Aufbau des Epithels (Abb. 6.**44**). Je nach der Dosierung können große Intermediärzellen und Superfizialzellen das Ausstrichbild beherrschen und eosinophile Zellen auftauchen. Die Zellen werden flacher und isolierter.

Verabreicht man einer Frau mit atrophischem Zellbild gleichzeitig Androgene und Östrogene, so hängt die Reaktion im wesentlichen vom Verhältnis

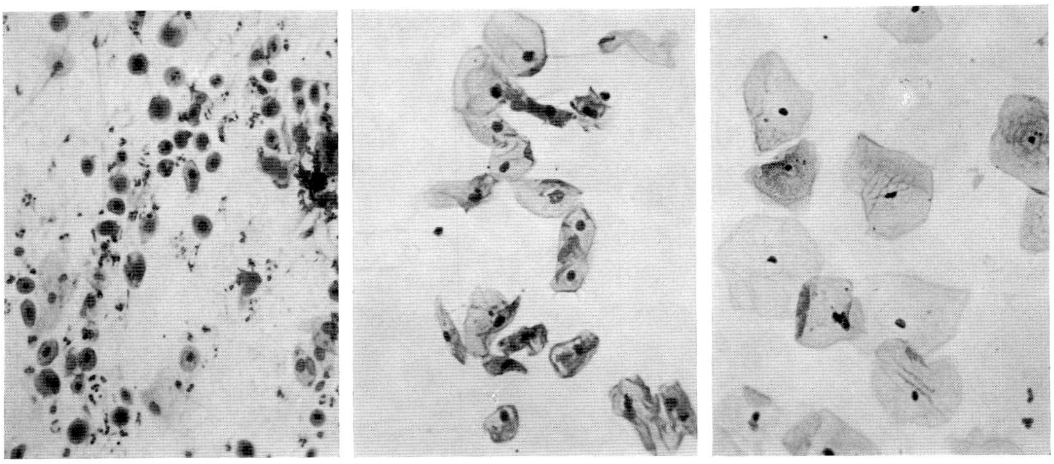

a b c

Abb. 6.**44a–c** Zytologische Abstrichbilder der gleichen Patientin nach alleiniger Verabreichung von Androgenen und anschließender Applikation von Östrogenen.
a Atrophisches Zellbild vor der Behandlung. **b** Androgenes Zellbild nach der Applikation von 50 mg Testosteronpropionat i.m. **c** Östrogenes Zellbild mit einzeln liegenden großen Intermediärzellen und Superfizialzellen nach zusätzlicher Gabe von 20 mg Östradiolbenzoat i.m. (alle Abb. Obj. 20 ×, Ok. 10 ×).

dieser beiden Hormone zueinander ab (Abb. 6.**45**). Bei einer östrogen–androgenen Relation von über 1:20 überwiegt der antiöstrogene Effekt des Androgens, und es kommt zu keinem hohen Vaginalepithelaufbau. Bei einer Verschiebung der Relation in Richtung 1:10 tritt der Östrogeneffekt immer deutlicher in den Vordergrund, bis der Ausstrich bei

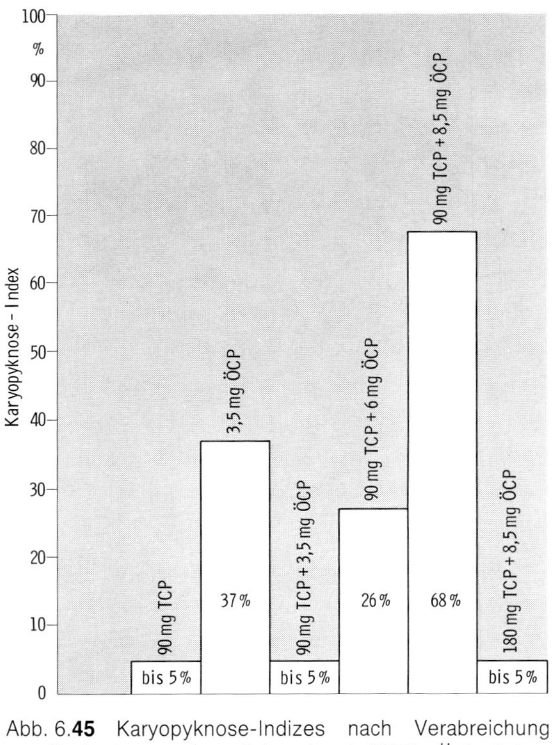

Abb. 6.**45** Karyopyknose-Indizes nach Verabreichung von Testosteroncyclopentylpropionat (TCP), Östradiolcyclopentylpropionat (ÖCP) und der Kombination dieser Substanzen (aus *Boschann* [47]).

einem Verhältnis von 1:1 vorwiegend östrogenen Charakter aufweist.

Bei einem vorher schon *mittelhoch proliferierten Vaginalepithel* ruft eine Androgenapplikation im allgemeinen keine wesentliche Änderung hervor (525). Es kann lediglich je nach der Dosierung eine leichte Verschiebung zu den großen Intermediärzellen stattfinden, wenn vorher überwiegend kleine Intermediärzellen vorhanden waren. Umgekehrt können die vor der Androgenverabreichung vorherrschenden großen Intermediärzellen bei stärkerer Dosierung zugunsten der kleinen Intermediärzellen und vereinzelten Parabasalzellen abnehmen. Bei Frauen mit einem **hoch aufgebauten Vaginalepithel** in der geschlechtsreifen Zeit oder nach künstlicher Östrogenzufuhr bewirken die Androgene einen ähnlichen „antiöstrogenen“ Effekt wie die Gestagene (Abb. 6.**46**). Unter schwachen oder niedrigdosierten Androgenen vermindert sich zunächst vor allem die Zahl der eosinophilen Zellen. Bei länger dauernder Einwirkung oder bei höheren Androgendosen nehmen dann alsbald auch die Superfizialzellen ab. Es tritt eine zunehmende Faltung der Zellränder auf. Die Zellen bleiben teils einzeln, teils ordnen sie sich in kleinen Gruppen und Haufen an, wobei die Zusammenlagerung, die Faltung und auch die Desquamation nicht die Ausprägung wie bei dem typischen Gestagenbild erreichen. Auch haben wir keine atrophischen Zellbilder gesehen, wie einzelne Autoren dies gelegentlich beschreiben (128, 344), wohl aber Mischbilder mit vereinzelten Parabasalzellen.

So trifft man unabhängig von der hormonalen Ausgangslage bei genügend hoher Dosierung androgenwirksamer Substanzen immer wieder das gleiche zytologische Abstrichbild an. Es handelt sich dabei vorwiegend um kleine, aber auch große Intermediärzellen, deren Zytoplasma eine zyanophile transpa-

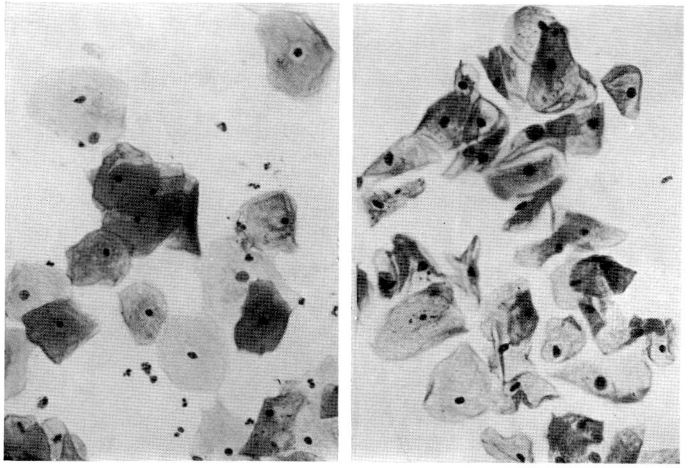

a b

Abb. 6.**46a** u. **b** Beeinflussung eines zunächst nur mit Östrogenen hoch aufgebauten Vaginalepithels durch die zusätzliche Verabreichung von Testosteron.

a Östrogenes Zellbild mit vorwiegend einzeln liegenden flachen Superfizialzellen.

b Vorwiegend große und kleine Intermediärzellen, nur noch vereinzelt Superfizialzellen mit Faltungstendenz und Neigung zu Haufenbildung nach zusätzlicher Verabreichung von 250 mg Testosteronpropionat i.m. (beide Abb. Obj. 20×, Ok. 10×).

rente Anfärbung aufzeigt. Die Zellen liegen einzeln oder in kleinen Gruppen angeordnet, und die Zellränder sind betont gut erhalten, meist leicht umgeschlagen. Parabasalzellen oder Superfizialzellen kommen nur vereinzelt vor.

Vaginalzytologisches Bild unter hormonaler Kontrazeption

Die in den vergangenen Kapiteln behandelten Hormone finden heute in verschiedener Zusammensetzung bei der hormonalen Kontrazeption ihre verbreitetste Anwendung. Je nach der Zusammensetzung der Präparate kommen dabei verschiedene charakteristische vaginalzytologische Veränderungen vor.

Kombinationspräparate

Die klassische, 1956 von Pincus (357) eingeführte „Pille" ist ein *Östrogen-Progestagen-Gemisch,* das in der Regel ab dem 5. Zyklustag in gleichbleibender Dosierung an den darauffolgenden 20–22 Tagen eingenommen wird. Die verschiedenen heute gebräuchlichen Präparate unterscheiden sich hauptsächlich durch den Gestagenanteil, während als Östrogene nur Äthinylöstradiol oder Mestranol enthalten sind.

Schon am 2.–3. Behandlungstag setzt ein verstärkter Gestageneffekt mit zunehmender Faltung der Zellränder und Neigung zur Haufenbildung der Zellen ein (319, 389), während im normalen unbeeinflußten Zyklus gerade um diese Zeit die umgekehrte Entwicklung zu beobachten ist. Der Epithelaufbau liegt im allgemeinen während des ganzen Zyklus deutlich unter dem eines normalen Vergleichszyklus. Insbesondere der steile präovulatorische Anstieg des Karyopyknose-Index entfällt ganz oder wird nur angedeutet (Abb. 6.**47**) (58, 113, 216–218, 277, 278, 298, 389, 430, 459, 462). In der zweiten Zyklushälfte bleibt der Aufbau fast unverändert und erreicht dabei etwa die Höhe des normalen Zyklus bzw. kann vereinzelt sogar etwas darüber liegen. Ähnlich ist der Verlauf des Eosinophilie-Index.

Diese Veränderungen sind bei allen Kombinationspräparaten festzustellen, und zwar im allgemeinen schon ab dem ersten Einnahmezyklus. Je wirksamer jedoch die gestagene Substanz ist, um so öfter wird im Verlauf der nächsten Monate der Aufbau des Vaginalepithels weiter abnehmen, um sich schließlich auf ein bestimmtes Niveau einzupendeln.

Ganz vereinzelt findet man Frauen, die unter bestimmten Kombinationspräparaten eine ausgeprägte Proliferationshemmung des Vaginalepithels aufweisen. Es resultieren daraus vaginalzytologische Abstrichbilder, wie man sie sonst unter physiologischen Bedingungen kaum findet. Hervorstechendes Merkmal ist die ausgeprägte Zellarmut. Es treten dabei fast ausschließlich kleine Intermediärzellen und Parabasalzellen auf. Ihre Zellgrenzen stellen sich unscharf und verwaschen dar und sind in den Zellhaufen oftmals nicht mehr recht zu erkennen. Das Zytoplasma macht einen homogenen degenerativ veränderten Eindruck und färbt sich blaß-blaugrünlich an. Die Kerne weisen ebenfalls degenerative Veränderungen auf (Abb. 6.**48**). Diese weitgehend atrophischen Zellbilder sind allerdings relativ selten (44, 281, 299, 436, 511). Interessanterweise werden sie gelegentlich schon im ersten Behandlungszyklus beobachtet (281, 299). In Einzelfällen konnte bei späteren Kontrollen nach mehrjähriger ununterbrochener Einnahme desselben Ovulationshemmers dann wieder ein etwas höherer Epithelaufbau festgestellt werden (436).

Bisher interpretierte man den erniedrigten Epithelaufbau unter Ovulationshemmern als Ausdruck einer Östrogenverarmung des Organismus, wie verminderte Östrogenplasmaspiegel und herabgesetzte Östrogenausscheidungen im Urin auch zu bestätigen schienen. Neuere Untersuchungen mit einem höchst empfindlichen Parameter für Östrogene, der Transcortinbindungskapazität für Cortisol im Plasma, deuten jedoch darauf hin, daß unter der Pille keine Östrogenverarmung eintritt, sondern im Gegenteil sogar eine Erhöhung der östrogenaktiven Substanzen im Organismus festzustellen ist (440). Die synthetischen Östrogene

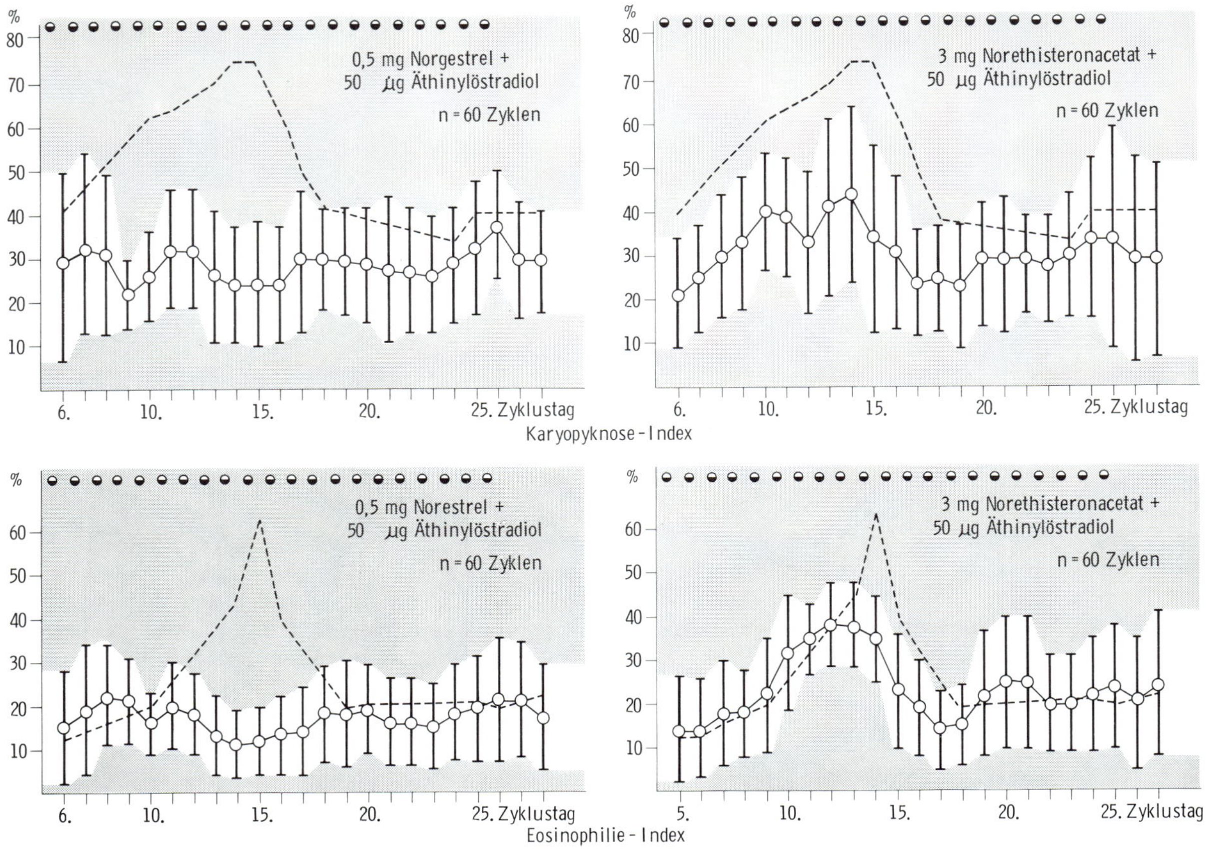

Abb. 6.**47** Durchschnittlicher Karyopyknose- und Eosinophilie-Index (–o–o–) mit ihren Streubreiten bei 2 Kombinationspräparaten mit gleichbleibenden Östrogenanteilen und verschieden potenten gestagenen Stoffen während 60 Zyklen. -----. Karyopyknose- und Eosinophilie-Index im unbehandelten Zyklus (aus *Kaiser* [216]).

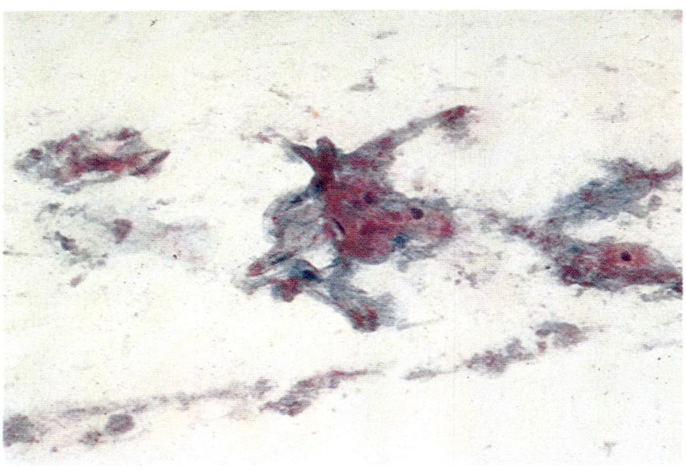

Abb. 6.**48** Zellbild nach längerer Einnahme einer gestagenbetonten Pille. Verwaschene Zellgrenzen bei einem relativ niedrig proliferierten Epithel. Zelldetritus (Obj. 25 ×, Ok. 10 ×).

scheinen aber eine andere Verstoffwechselung als die natürlichen Östrogene zu haben, so daß die dabei entstehenden Metaboliten mit den bisher angewandten Methoden offensichtlich nicht erfaßt werden. Es ist deshalb anzunehmen, daß der niedrige Epithelaufbau unter der Pille seine Ursache eher in dem starken „antiöstrogenen" Effekt der Gestagenkomponente an den peripheren Rezeptoren hat als an einer östrogenen Minderversorgung des Organismus.

Sequenzpräparate

Unter der Anwendung von *Zweiphasenpräparaten* zeigt das Vaginalepithel einen *dem normalen Zyklus sehr ähnlichen Aufbau* (Abb. 6.**49**) (216, 278, 291, 310, 346, 389). Von Behandlungsbeginn an liegen die Karyopyknose- und Eosinophilie-Indizes im Bereich eines physiologischen biphasischen Zyklus bzw. können die Normalwerte sogar geringgradig übersteigen. Häufig beobachtet man dann nach 3–4 Tagen schon eine schnelle Zunahme der Superfizialzellen auf präovulatorische Werte. Der Eosinophilie-Index nimmt einen ähnlichen Verlauf, ohne jedoch die Spitzenwerte eines normalen Zyklus zu erreichen. Auch sonst kommt es nicht zur vollen Ausprägung des typischen präovulatorischen Bildes.

Nach Hinzutreten der gestagenen Komponente fallen dann Karyopyknose- und Eosinophilie-Index wieder etwas ab. Die Zellen beginnen sich stärker einzurollen und zeigen Neigung zur Haufenbildung. Um die Zyklusmitte ist schon das charakteristische Erscheinungsbild einer Gestagenphase erreicht. Im wesentlichen bleibt dieses dann bis zum Ende des Zyklus bestehen.

Minipille

Die Beeinflussung des vaginalzytologischen Bildes unter der Dauerapplikation von niedrigdosierten Gestagendosen in Form der Minipille hängt natürlich von der biologischen Aktivität und Dosierung der Gestagensubstanzen ab. Im allgemeinen kommt es jedoch *nur zu geringgradigen Veränderungen des Zellbildes.*

Mit einer Beeinträchtigung der Proliferationshöhe des Vaginalepithels ist vor allem in den ersten Anwendungsmonaten zu rechnen, wie Vaginalabstriche von Frauen mit einer täglichen Einnahme von 0,5 mg Lynestrenol ergaben (225) (Abb. 6.**50**). Dagegen ist später wieder ein vom normalen biphasischen Zyklus nur unwesentlich abweichender Verlauf zu beobachten. Auch bei 20 mg Retroprogesteron, 0,25 mg Äthinodioldiacetat oder 0,6 mg Clogestone wurden keine wesentlichen Abweichungen vom normalen Zyklus beobachtet (549). Ebenso wiesen mit Norethisteron behandelte Frauen dem physiologischen Verlauf angepaßte Abstrichserien auf (113). Ein etwas verfrüht einsetzender Gestageneffekt wurde bei täglicher Applikation von 0,5 mg Chlormadinonacetat verzeichnet (389). Im übrigen war der präovulatorische Anstieg des Karyopyknose-Index erhalten, wenn auch nicht so ausgeprägt wie im unbehandelten Zyklus (36, 278, 389). In der zweiten Zyklushälfte lag der Karyopyknose-Index teilweise sogar etwas über der Norm, während der Gestageneffekt sehr schwankend war.

Ein stärkerer antiöstrogener Effekt war dagegen bei 0,25 und 0,5 mg Megestrolacetat (262), bei 0,5 mg Norgestrienone (549) und bei 0,03 mg D-Norgestrel täglich (228, 419) zu sehen.

Entsprechend den meist nur geringgradigen Abweichungen des vaginalzytologischen Bildes von der Norm treten unter der Minipille auch in 30–70% der Fälle noch Ovulationen auf. Dies wird ebenfalls durch hormonanalytische Untersuchungen bestätigt, wo alle Übergänge vom funktionell unauffälligen ovulatorischen bis zum komplett anovulatori-

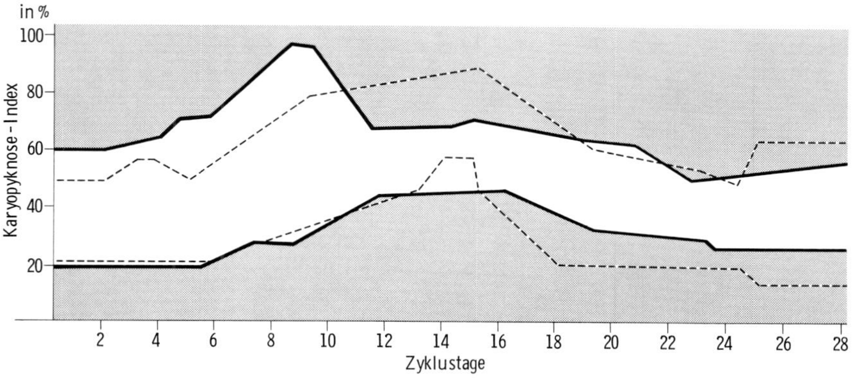

Abb. 6.**49** Die Streubreiten des Karyopyknose-Index (—) unter einem Zweiphasenpräparat (Ovanon) im Vergleich zum unbehandelten Zyklus (---) (aus *Loch* [278]).

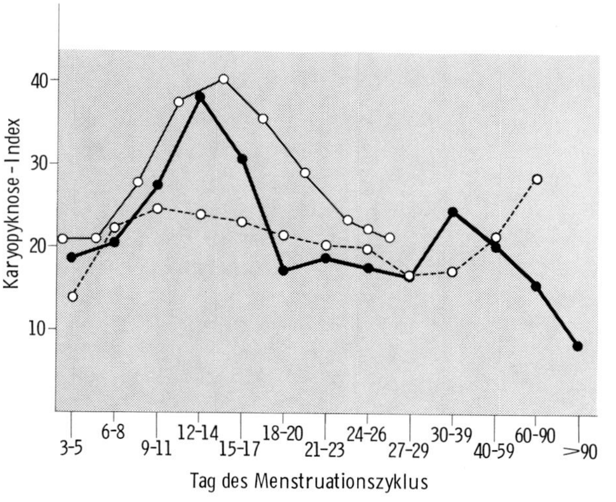

Abb. 6.**50** Unterschiedliche Beeinflussung des Karyopyknose-Index bei kurzer und länger dauernder Behandlung mit der Minipille. o–o Kontrollgruppe, o-------o bis 3 Monate Behandlungsdauer, •—• über 3 Monate Behandlungsdauer. Durchschnittswerte von 482 täglich mit 0,5 mg Lynestrenol behandelter Frauen (aus *Kauraniemi* [225]).

schen Zyklus vorkommen (97, 163, 252, 304, 430, 531). Der oftmals hohe Epithelaufbau findet seine Bestätigung darin, daß bei Corpus-luteum-Insuffizienzen bzw. anovulatorischen Zyklen oftmals relativ hohe Östrogenproduktionen nachweisbar sind (163, 252). Auf der anderen Seite kann ein niedrig proliferiertes Vaginalepithel ein Hinweis auf ein noch stärker beeinträchtigtes Endometrium sein, das selbst bei so niedrigen Gestagendosen zuweilen atrophisch angetroffen wird (362).

Depotpräparate und andere hormonale Kontrazeptiva

Die unter Medroxyprogesteronacetat oder Äthinylnortestosteronönanthat gefundenen zytologischen Abstriche sind sehr variabel. Zunächst reduzieren sich deutlich die Superfizialzellen (487, 548). Die einzelnen Zyklusphasen sind aber im allgemeinen noch ersichtlich, wenn auch der präovulatorische Anstieg weitgehend wegfällt. Auch werden die Zellen nie ganz ausgebreitet und flach, sondern weisen meist eine mehr oder minder ausgeprägte Zellfaltung auf. Nach mehrmonatiger Anwendung stellen sich oft sehr niedrig proliferierte Vaginalzellbilder ein (109, 424).

Bei einem *Einmonatspräparat mit Östrogenen und Gestagenen* konnte 8–10 Tage nach der Injektion ein Karyopyknose-Index bis zu 80% festgestellt werden (410). Die Östrogenphase dauerte im allgemeinen bis zum 20. Tag, woran sich nur eine kurze Gestagenphase anschloß. Der Karyopyknose-Index sank jedoch nach längerer Anwendung immer mehr bis auf Werte zwischen 10 und 30% ab und zeigte schließlich keine stärkeren zyklischen Schwankungen mehr.

Bei der früher geübten *postkoitalen Kontrazeption* mit 5 × 5 mg Äthinylöstradiol (274) ist in den ersten Tagen nach der Anwendung ein maximaler Epithelaufbau mit einem Karyopyknose-Index von 90–95% festzustellen. Die Zellen sind sehr groß, jedoch oft nicht ganz ausgebreitet. Allmählich sinken der Eosinophilie- und Karyopyknose-Index etwas ab, die Faltung der Zellen wird deutlicher, während die Haufenbildung meist nicht sehr ausgeprägt wirkt. Bis zum nächsten Zyklus sind diese Veränderungen dann weitgehend abgeklungen.

Klinische Anwendbarkeit

Es wird immer wieder die Frage gestellt, ob aus den vaginalzytologischen Befunden unter der Pille Hinweise für die weitere Verordnung erhalten werden könnten. Bis heute liegen aber außer Einzelbeobachtungen keine größeren Untersuchungsreihen vor, die eine klare Stellungnahme dazu erlauben würden. Es muß insbesondere bezweifelt werden, ob aus der Reaktion der peripheren Hormonrezeptoren im Bereich der Vagina auch Rückschlüsse auf die zentrale Auswirkung der Pille gezogen werden können. Dagegen hat sich gezeigt, daß bei sehr niedrig proliferiertem Vaginalepithel in der Regel mit einer noch ausgeprägteren Atrophie des Endometriums gerechnet werden muß (57, 158, 213, 462). Deshalb dürfte es wohl berechtigt sein, bei solchen stark von der Norm abweichenden Veränderungen die Pille ab- oder umzusetzen (213, 319, 511).

Als weitere Anwendungsmöglichkeit der Vaginalzytologie bietet es sich an, den nach dem Absetzen wieder in Gang kommenden Zyklus mit Hilfe von Abstrichserien zu beobachten. So zeigte sich bei 209 Patientinnen nach Einnahme verschiedenster Ovulationshemmer, daß 84% im posttherapeutischen Zyklus wieder einen normofollikulinen ovulatorischen Verlauf, 8,6% eine verspätete Ovulation und 7,2% einen noch deutlich erniedrigten Zellaufbau aufwiesen (57). Karyopyknose- und Eosinophilie-Index sind jedoch auch beim biphasischen Zyklus oftmals noch nicht so hoch wie vor der hormonalen Kontrazeption (459).

Vaginalzytologische Veränderungen unter ovulationsauslösenden Medikamenten

Zur medikamentösen Auslösung einer Ovulation kommen heute im wesentlichen folgende Möglichkeiten in Frage:

- synthetische, nicht körpereigene Medikamente wie z. B. Clomiphen,
- Substitution von Gonadotropinen,
- Substitution von LH-RH („luteinising hormone-releasing hormone“).

Clomiphen und ähnlich wirkende Medikamente

Das schon am längsten (146, 148) und wohl auch am meisten verwendete Präparat dieser Art ist das *Clomiphen.* Es zeigt am Vaginalepithel einen zweifachen Wirkungseffekt. Während der Applikation tritt seine direkt an den peripheren Rezeptoren sich abspielende antiöstrogene Eigenschaft deutlich hervor. Nach der erfolgreichen Verabreichung kann man eine indirekte, das Ovar stimulierende Wirkung in Form der typischen prä- und postovulatorischen Vaginalepithelveränderungen verfolgen. Die charakteristischen zytologischen Veränderungen unter Clomiphenbehandlung sind aus Abb. 6.**51a–d** zu ersehen. Übereinstimmend wird berichtet, daß schon am 2.–3. Behandlungstag der antiöstrogene Effekt am Vaginalepithel beobachtet wird (4, 37, 59, 239, 314, 337, 496). Der Tiefpunkt ist am Ende der Behandlung oder kurz danach erreicht. In der Regel ist der Abfall des Karyopyknose-Index und des Reifungs-Index um so deutlicher ausgeprägt, je höher vorher das Epithel aufgebaut war. Dabei können kleine Intermediärzellen und Parabasalzellen das zytologische Bild beherrschen. In den meisten Fällen bleibt der antiöstrogene Effekt einige Tage über die Applikation hinaus bestehen. Erst nach einer durchschnittlichen Phase von 5–8 Tagen zeigt sich in etwa 75% der Fälle am Vaginalepithel eine 3–4 Tage dauernde präovulatorische Phase, die in fast 90% von einer unterschiedlich ausgeprägten Gestagenphase mit Haufenbildung und Faltung der Zellen

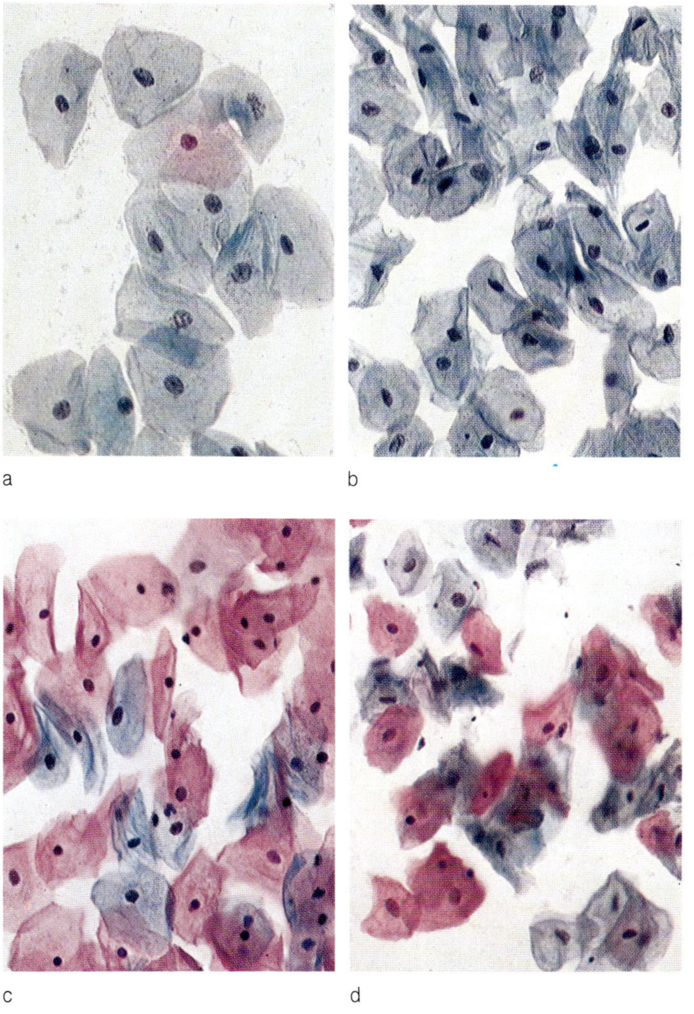

Abb. 6.**51 a–d** Vaginales Zellbild unter einer Clomiphenbehandlung.

a Vor der Behandlung: Relativ guter Zellaufbau mit vorwiegend großen Intermediärzellen und Superfizialzellen, vereinzelt auch kleine Intermediärzellen.

b Deutlicher „antiöstrogener" Effekt einen Tag nach Beendigung der Clomiphenmedikation. Überwiegend kleine Intermediärzellen.

c Abstrichbild 7 Tage später, präovulatorische Situation, mit hohem Karyopyknose- und Eosinophilie-Index.
Die Zellen sind meist nicht ganz so flach und transparent wie im physiologischen Zyklus.

d Weitere 4 Tage später, Umschlag nach erfolgter Ovulation. Verstärkte Zellfaltung und Neigung zur Haufenbildung mit Rückgang des Karyopyknose- und Eosinophilie-Index (alle Abb. Obj. 25 ×, Ok. 10 ×).

abgelöst wird und damit die stattgehabte Ovulation anzeigt. Auffallend ist lediglich, daß in vielen Fällen die Zellen auch in der präovulatorischen Phase nicht ganz so isoliert und ausgebreitet liegen wie im normalen Zyklus (4, 59).

Das Clomiphen und die anderen ähnlich wirkenden Ovulationsauslöser sind ihrer chemischen Herkunft nach östrogener oder progestativer Art, kommen aber in dieser Form im Organismus nicht vor. Das Clomiphen z. B. ähnelt in seinem chemischen Aufbau den synthetischen nichtsteroiden Östrogenen. Durch seine Affinität zu den Östrogenrezeptoren hat es sowohl einen schwachen östrogenen als auch einen antiöstrogenen Effekt. In einem mittleren Dosisbereich von 50–200 mg/die verdrängt es nämlich die Östrogene aus ihren Rezeptorbindungen. Die Folge ist eine vermehrte Freisetzung von Gonadotropin-Releasing-Faktoren im Hypothalamus, die wiederum die Hypophyse zu verstärkter Gonadotropinfreisetzung stimulieren. Vor allem Verschiebungen im FSH-LH-Quotienten dürften für die Auslösung der Ovulation eine Rolle spielen.

Auf der anderen Seite macht sich an den peripheren Rezeptoren ein antiöstrogener Effekt bemerkbar, der sowohl das Vaginalepithel (42, 108, 188, 224, 238, 402, 416, 439) als auch das Endometrium (234, 517) betrifft, obwohl die Östrogene sowohl im Plasma als auch im Urin ständig steigen.

Die Kumulationsneigung dieser Substanz erklärt auch den manchmal noch länger über die Einnahme hinaus nachzuweisenden antiöstrogenen Effekt am Vaginalepithel. So konnte gezeigt werden, daß nach 5 Tagen erst etwa 50% davon im Stuhl ausgeschieden (210, 433) und der Rest durch die Rezirkulation über den enterohepatischen Kreislauf langsam in den folgenden 6 Wochen eliminiert wurde (518).

Der Haupteinsatz des Clomiphens beschränkt sich derzeit auf die eugonadotropinen anovulatorischen Zyklusstörungen, bei denen im wesentlichen nur eine funktionelle Störung des Regelkreises Hypothalamus – Hypophyse – Ovar vorliegt. Dabei konnten in einer größeren Untersuchungsserie bei 328 Patientinnen grundsätzlich *6 verschiedene Reaktionsformen am Vaginalepithel* beobachtet werden, die eine wesentliche Aussage über den Therapieerfolg bzw. über evtl. zusätzlich notwendige Behandlungsmaßnahmen erlauben, zumal die Reaktion des Vaginalepithels bei ein und derselben Patientin sich auch bei den Wiederholungen recht konstant reproduzieren läßt (314).

Den vaginalzytologischen Verlaufstyp I wiesen bei einer Clomiphenbehandlung mit 100 mg an 4 aufeinanderfolgen-

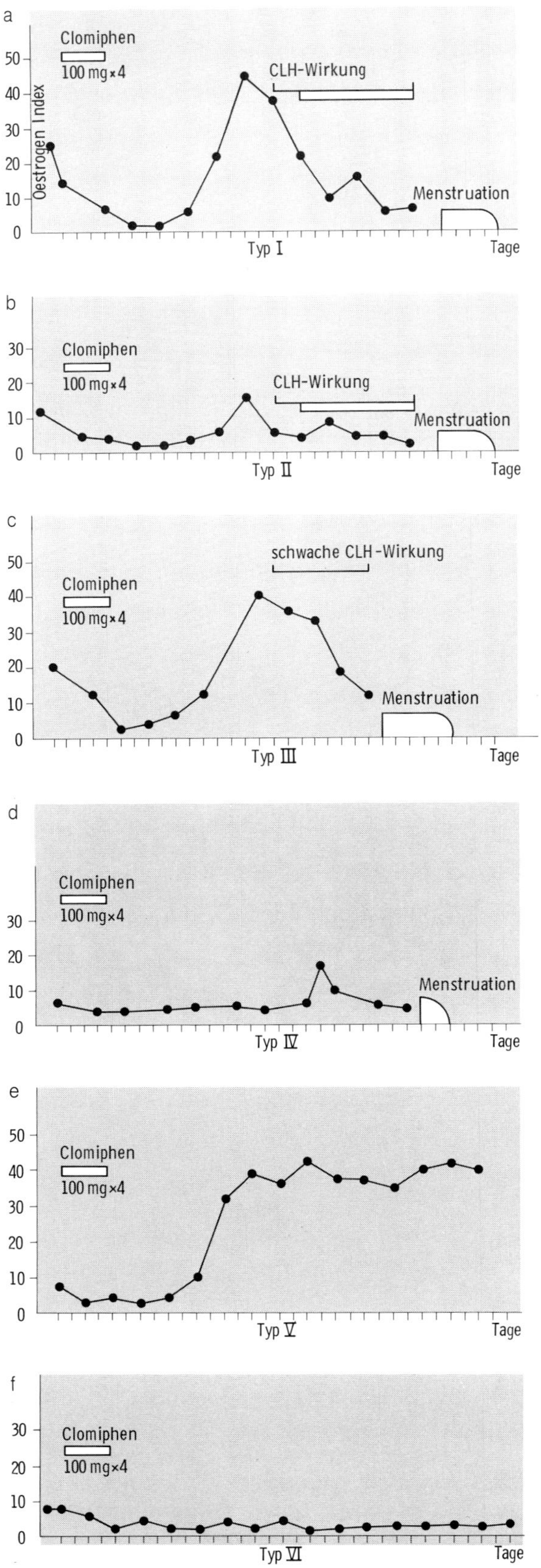

Abb. 6.**52a–f** Die 6 verschiedenen Reaktionsformen des Vaginalepithels bei mit Clomiphen behandelten Frauen (aus *Murray* u. Mitarb. [314]).

den Tagen 116 Frauen (35%) auf. Nach einer vorübergehenden Depression des Bildes folgte ein dem physiologischen Zyklus sehr ähnlicher präovulatorischer Anstieg mit anschließender ausgeprägter gestagener Reaktion (Abb. 6.**52a**). 73% dieser Frauen wurden unter der Behandlung schwanger; das waren über 95% aller unter Clomiphen entstandenen Graviditäten.

50 Frauen (15%) zeigten den Typ II, bei dem zwar eine ausreichende postovulatorische Reaktion beobachtet werden konnte, die präovulatorische Phase dagegen an Hand der Zellindizes eindeutige Zeichen einer Insuffizienz aufwies (Abb. 6.**52b**).

Die in dieser Gruppe nur geringe Schwangerschaftsrate von 8% unter der Behandlung dürfte wohl zu einem großen Teil auf den fehlenden oder insuffizienten Östrogeneffekt an den peripheren Rezeptoren zurückzuführen sein. Interessanterweise sind in dieser Gruppe während der 3 anschließenden unbehandelten Zyklen 32 Graviditäten entstanden.

Die am Vaginalepithel beobachteten Reaktionsformen III–V zeichneten sich durch eindeutige Zeichen einer fehlenden oder mangelhaften Luteinphase aus. Unter der Behandlung trat keine einzige Gravidität ein.

Von 52 Frauen (16%) mit einer typischen päovulatorischen Reaktion, aber einer schwachen oder verkürzten Luteinphase (Abb. 6.**52c**) ließen sich dann durch zusätzliche HCG-Stimulierungen noch 24 Schwangerschaften erzielen. Der richtige Zeitpunkt für die Injektion kann in der Regel gut durch die präovulatorische Veränderung des Vaginalepithels herausgefunden werden.

Bei den 15 Frauen (4,5%), die neben der fehlenden Gestagenphase auch noch Zeichen der präovulatorischen Insuffizienz zeigten (Abb. 6.**52d**), war der Erfolg wesentlich schlechter. Nur 1 von 6 zusätzlich mit HCG behandelten Patientinnen wurde schwanger.

12 Patientinnen (3,6%) reagierten auf die Clomiphenbehandlung mit einem guten Anstieg des östrogenen Index. Es blieb dann aber wohl infolge einer Follikelpersistenz der Umschlag in die gestagene Phase aus (Abb. 6.**52e**). Eine zusätzliche Gonadotrophinbehandlung bei 6 Frauen dieser Gruppe erbrachte auch nur eine Schwangerschaft.

Ein Viertel aller mit Clomiphen behandelten Frauen zeigte überhaupt keine Reaktion am Vaginalepithel (Abb. 6.**52f**).

Mit den Substanzen Cyclophenyl, Epimestrol und Trengeston liegen wenig zytologische Verlaufsbeobachtungen vor (22, 80, 415, 427, 479, 481, 496). Ihre Wirkung scheint eher geringer zu sein, wobei jedoch interessanterweise der Antiöstrogeneffekt des Clomiphens weitgehend zu fehlen scheint.

Gonadotropine

Die Gonadotropine zeigen im Gegensatz zum Clomiphen keine direkte Wirkung auf das Vaginalepithel. Der therapeutische Erfolg ist abhängig vom Vorhandensein eines normal funktionierenden Ovars und läßt sich nur indirekt über die Wirkung des stimulierten Ovars am Vaginalepithel ablesen.

Die Behandlung mit Gonadotropinen ist im wesentlichen eine Substitutionstherapie, d. h., sie ist bei Frauen mit erniedrigter Gonadotropinproduktion angezeigt. Neben den Hormonanalysen kann auch der prätherapeutische vaginalzytologische

Abstrich als Orientierungsrahmen mit zur Auswahl der für die Therapie geeigneten Patientinnen herangezogen werden. Bei Überwiegen der großen Intermediärzellen und der Superfizialzellen liegt meist eine normogonadotrope Ausscheidung vor, so daß hier zunächst die clomiphenähnlichen Präparate zum Einsatz kommen sollten. Je stärker jedoch die kleinen Intermediärzellen in den Vordergrund treten, um so mehr kann mit einer hypogonadotropen Ausschüttung gerechnet werden. Bei Überwiegen von kleinen Intermediärzellen und Parabasalzellen sind ausgeprägte hypogonadotrope oder auch hypergonadotrope Zustände vorhanden. Bei letzteren sind die Abstriche meist weitgehend atrophisch, und eine Therapie ist wegen der nicht weiter stimulierbaren Ovarien sinnlos.

Während der Gonadotropinbehandlung können bei zytologischen Verlaufsbeobachtungen im wesentlichen 3 Phasen unterschieden werden.

1. Anlaufphase: 2–4 Tage nach Beginn der Behandlung mit gewöhnlich 2 Ampullen HMG (= Human-Menopausal-Gonadotropin) sieht man am Reifungs-Index meist schon eine Veränderung im Gegensatz zum Karyopyknose-Index und Eosinophilie-Index. Vor allem bei prätherapeutisch sehr niedrigem Epithelaufbau verschwinden die Parabasalzellen und kleine Intermediärzellen zugunsten der großen Intermediärzellen. Die Zellen werden flacher und weniger stark gefaltet (Abb. 6.**53a** u. **b**). Dagegen ist bei prätherapeutisch relativ hohem Vaginalepithelaufbau in den ersten Tagen gelegentlich sogar ein geringes Absinken des Karyopyknose- und Eosinophilie-Index festzustellen.

Die weitere Reaktion des Vaginalepithels in den nächsten Tagen kann sehr unterschiedlich verlaufen. Aus den täglich kontrollierten Veränderungen können oft hilfreiche Schlüsse für die Höhe der Dosierung und für die Dauer der Therapie gewonnen werden. Wenn nach 5–7 Tagen noch keine wesentliche Reaktion zustande gekommen ist, wird die Dosis erhöht. Umgekehrt kann bei zu prompter und zu starker Epithelproliferation die Dosis evtl. reduziert werden.

2. Präovulatorische Phase: Nach 7–8 Behandlungstagen kommt es dann bei optimaler Dosierung zu einem raschen und deutlichen Anstieg des Karyopyknose- und Eosinophilie-Index. Die Zellen werden groß und flach ausgebreitet und liegen einzeln, so wie man es von der präovulatorischen Situation des normalen Zyklus her kennt (Abb. 6.**53c**). Am Ende dieser 2–5 Tage dauernden Phase, in der die volle Follikelreifung zu vermuten ist, wird dann durch zusätzliche Injektion von durchschnittlich 15000–25000 IE HCG (Human-Chorion-Gonadotropin) über einen Zeitraum von 2–3 Tagen hinweg die Ovulation auszulösen versucht. Wenn der präovulatorische Anstieg sehr rasch

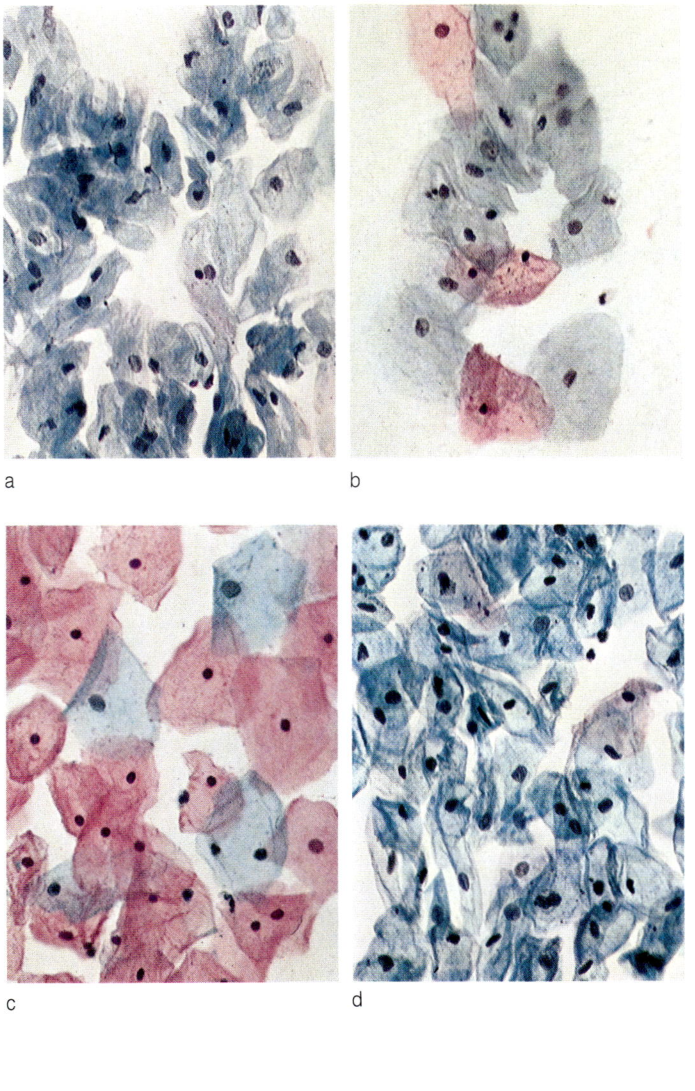

Abb. 6.**53a–d** Vaginalzytologische Veränderungen unter einer Gonadotropinkur.

a Niedriger mittlerer Epithelaufbau mit vorwiegend kleinen Intermediärzellen vor der Behandlung.

b Deutlich höherer Aufbau 5 Tage nach Behandlungsbeginn.

c Präovulatorische Situation 6 Tage später mit deutlichem Anstieg des Karyopyknose- und Eosinophilie-Index.

d 4 Tage später deutlicher Umschlag in die Luteinphase mit starker Faltung und Neigung zur Haufenbildung (alle Abb. Obj. 25×, Ok. 10×).

erfolgte, also z. B. innerhalb von 2 Tagen von relativ niedrigen Karyopyknose-Index-Werten auf über 40–50%, so kann schon ab dem 3. Tag HCG verabreicht werden. Erfolgt der Anstieg langsamer, so muß die präovulatorische Phase etwas ausgedehnt oder gegebenenfalls die Dosis kurzfristig erhöht werden. Es ist aber besonders darauf zu achten, ob das Zellbild außer dem Anstieg der Östrogen-Indizes auch die sonstigen typischen präovulatorischen Veränderungen aufzeigt, die vor allem in einer abnehmenden Faltung und ausgesprochenen Tendenz zur Einzellagerung bestehen. Beobachtet man dagegen in dieser Phase schon eine vorzeitige Tendenz der Zellen zu stärkerer Faltung oder Haufenbildung, so muß man mit einer weiteren Dosiserhöhung sehr vorsichtig sein, auch wenn der Aufbau noch nicht optimal ist, stagniert oder sich sogar rückläufig verhält.

Hormonanalytische Untersuchungen haben gezeigt, daß mit solchen vaginalzytologischen Bildern häufig hohe Östrogenausscheidungen verbunden sind (Abb. 6.**54**) (42). Gerade die Diskrepanz zwischen dem zu Beginn des Zyklus meist schon gut aufgebauten vaginalzytologischen Bild und der ausbleibenden typischen präovulatorischen Phase kann auf die Gefahr einer Überstimulierung durch eine vorzeitige Auslösung der Luteinisierung hinweisen, so daß u. U. die Stimulationsbehandlung abgebrochen werden sollte (535).

3. Postovulatorische Phase: Die Ovulation tritt gewöhnlich in den ersten Tagen der HCG-Verabreichung ein. Dies macht sich zytologisch sofort in dem vom normalen Zyklus bekannten typischen zytologischen Gestageneffekt bemerkbar. Der Eosinophilie- und Karyopyknose-Index beginnen kontinuierlich abzusinken, und die Faltung und Haufenbildung der Zellen nehmen stark zu (Abb. 6.**53d**). Auch in den Fällen, bei denen infolge eines pathologischen Ovarialstoffwechsels die präovulatorische Phase nicht typisch ausgeprägt war, wird der Umschlag in die Gestagenphase zytologisch meist sehr deutlich angezeigt.

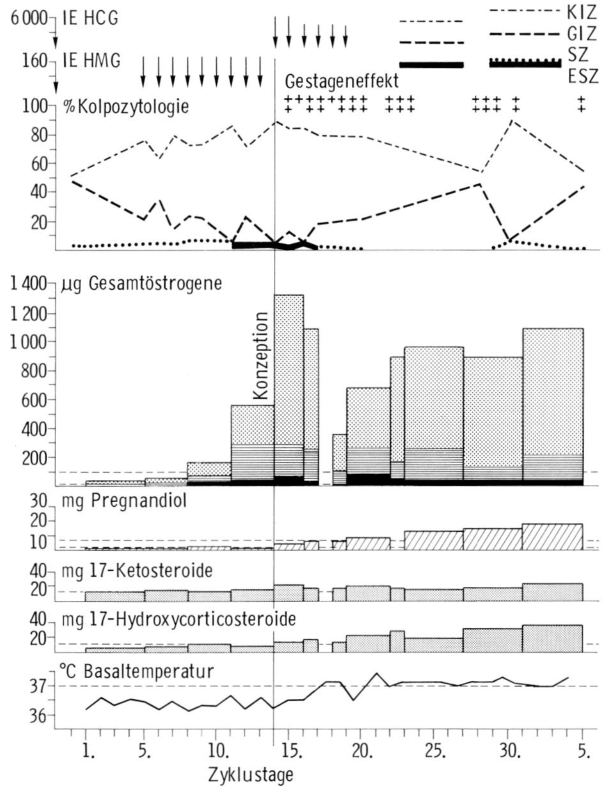

Abb. 6.**54** Vaginalzytologie, Hormonausscheidung und Basaltemperaturkurvenverlauf bei einer Patientin mit primärer Amenorrhö und polyzystischen Ovarien mit erhöhter 17-Ketosteroid-Ausscheidung nach HMG/HCG-Behandlung. Trotz massiver Östrogenerhöhung tritt am Vaginalepithel kein präovulatorischer Anstieg ein. Nach der Ovulation kommt allerdings der Gestageneffekt sehr deutlich zum Ausdruck. Die Patientin zeigte eine deutliche Überstimulierung der Ovarien und wurde in diesem Behandlungszyklus schwanger (aus *Boquoi* [42]).

Andere Anwendungsmöglichkeiten

Die Gonadotropine können auch zu diagnostischen Zwecken herangezogen werden. Es ist z. B. möglich, aus der Reaktion des Vaginalepithels nach einer Gonadotropinstimulierung zwischen ovarieller oder dienzephal-hypophysärer Störung zu unterscheiden (Abb. 6.**55**). Aus der Dynamik des Zytogramms, d. h. aus der Geschwindigkeit, mit der sich das Zellbild verändert, und der Dauer der Veränderungen lassen sich auch Hinweise für eine pathologische Ovarialfunktion erhalten. So zeigt sich z. B. bei Frauen mit polyzystischen Ovarien infolge der Hypersensibilität ein wesentlich höherer und schnellerer Anstieg des Karyopyknose-Index (244).

Ohne vorausgegangene FSH-Behandlung bewirkt HCG allein bei amenorrhoischen oder oligomenorrhoischen Frauen keinen signifikanten Anstieg der Östrogenausscheidung oder Östrogenproduktion und zeigt dementsprechend auch keine vaginalzytologische Veränderung (90). Bei exogener Zufuhr von HCG in aufsteigender Dosierung im Anschluß an die Ovulation entsprechen dagegen die hormonzytologischen Veränderungen weitgehend dem einer Frühgravidität (126).

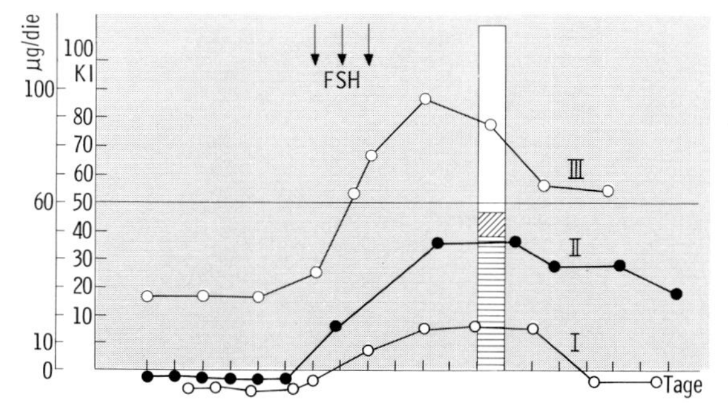

Abb. 6.**55** Unterschiedliche Verlaufskurven von Karyopyknose-Index und Östrogenausscheidung bei Frauen mit sekundärer Amenorrhö nach Verabreichung von 3 × 200 E Folistiman (FSH) an 3 hintereinander folgenden Tagen.

Kurve I: flache Anstiegskurve des Karyopyknose-Index bei Ovarialinsuffizienz.
Gesamtöstrogenausscheidung pro Tag.
Kurve II: normaler Anstieg des Karyopyknose-Index bei hypophysärem Tumor.
Gesamtöstrogenausscheidung pro Tag.
Kurve III: erhöhter Anstieg des Karyopyknose-Index bei polyzystischen Ovarien.
Gesamtöstrogenausscheidung pro Tag (nach *Kučera* [244]).

Sonstige das Vaginalepithel beeinflussende Hormone und Medikamente

Eine Reihe weiterer Hormone und Medikamente lassen am Vaginalepithel einen direkten oder indirekten Einfluß erkennen. So ist z. B. mit *Desoxycorticosteron (DOCA)* ein gestagenähnlicher Wirkungseffekt zu erzielen (220, 305, 544), der allerdings 2- bis 3mal schwächer ist als mit Progesteron.

Bei endokrinologischen Störungen anderer Organe, die den Steroidstoffwechsel des Ovars beeinflussen, lassen sich durch Substitution oder Bremsung der entsprechenden Hormone vaginalzytologische Veränderungen erkennen, wie z. B. durch Verabreichung von Schilddrüsenhormonen oder des Prolaktinhemmers Pravidel. Dies gilt auch für das synthetisch herstellbare Releasing-Hormon der Gonadotropine (LH-RH) (127, 418), das insbesondere die Freisetzung des LH im Hypophysenvorderlappen herbeizuführen scheint. Bei seiner Applikation, mit der die Möglichkeit einer genaueren Differenzierung des sekundären Hypogonadismus in hypothalamische und hypophysäre Formen (152, 227, 398, 454) und eine bessere Einengung der künstlich ausgelösten Ovulation gegeben ist (134, 316), kann die Stimulation des Ovars am Vaginalepithel gut abgelesen werden (134).

Der Physiologie besonders angepaßte Abläufe beobachtet man bei seiner pulsativen Applikationsart (235, 249, 271, 535). Umgekehrt führt eine hochdosierte Behandlung mit LH-RH-Analoga (LH-RH_A) zu einer Blockierung der Gonadotropinausschüttung der Hypophyse. Je nach Dosierung wird schnell eine starke Suppression der Östrogenproduktion erreicht, so daß es in einem hohen Prozentsatz zur weitgehenden Atrophie des Vaginalepithels kommt (24).

Über eine andere Substanz mit deutlichem Einfluß auf das Vaginalepithel wird neuerdings im Zusammenhang mit der Behandlung des McCune-Albright-Syndroms berichtet. Da hierbei meist keine erhöhten Gonadotropine festgestellt werden, ist eine entsprechende Bremsung auch nicht erfolgversprechend. Dagegen erreicht man mit einer die Östrogensynthese blockierenden Substanz vom Typ der Aromataseinhibitoren Testolactone eine weitgehende Besserung der klinischen Symptomatik mit Atrophie des Vaginalepithels (118, 122, 123).

Ähnlich ist über die antigonadotrope Wirkung eines Isoxazolderivats des 17α-Äthinyltestosterons (Danazol) die Bremsung des Ovars deutlich am Vaginalepithel zu verfolgen. Schon wenige Tage nach Behandlungsbeginn fällt die Proliferation des Vaginalepithels deutlich ab, es wird aber nie ganz atrophisch (100, 138).

Mehrere Mitteilungen liegen darüber vor, daß eine längere Einnahme von *Herzglykosiden* bei Frauen nach der Menopause zu einem relativ gut aufgebauten Vaginalepithel führen kann (60, 61, 75, 325, 473, 506). Am vaginalzytologischen Bild zeigen sich bei solchen Frauen meist zyanophile Intermediärzellen, die relativ groß sind und nur eine geringe Faltung aufweisen. Sie haben die Tendenz, einzeln zu liegen. Auch Superfizialzellen können vereinzelt vorkommen (Abb. 6.**56**). Über den Wirkungsmechanismus ist bis heute noch nichts Genaueres bekannt.

Auch eine lokale Beeinflussung der hormonalen Ansprechbarkeit der peripheren Rezeptoren durch andere Stoffe scheint möglich zu sein. So wurde nach Applikation von *Histamin* während 10 Tagen eine Proliferation des Vaginalepithels bis zur Intermediärzellschicht beobachtet (72). Es wurde über ähnliche Reaktionen von Acethylcholin berichtet. Nach Vorbehandlung der Vagina mit den beiden eben genannten Pharmaka brauchte man nur 1/10 der üblichen Dosis von Östrogenen, um einen Zellaufbau bis zu einer bestimmten Höhe hervorzurufen (351). Auf der anderen Seite soll z. B. Vitamin A einen antiöstrogenen Effekt auf das Vaginalepithel ausüben (422).

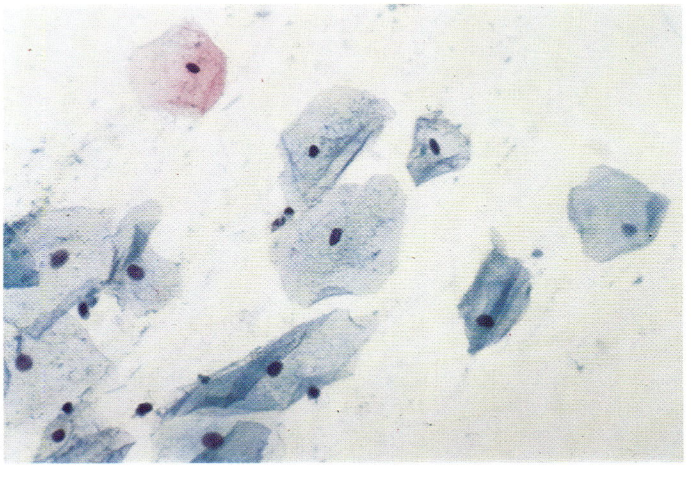

Abb. 6.**56** Zellbild bei einer 76jährigen Frau nach 4 Jahren Digitalisbehandlung. Vorwiegend große und kleine Intermediärzellen, z. T. leicht gefaltet, z. T. flach ausgebreitet, vereinzelt sogar Superfizialzellen (Obj. 25 ×, Ok. 10 ×).

Vaginalzytologie bei endokrinologischen Störungen

Kindheit

Spätestens vom 2. Lebensmonat an bis zu Beginn der Prämenarche, die physiologischerweise frühestens um das 8. Lebensjahr herum einsetzt, liegt bei den Mädchen ein rein atrophisches Vaginalzellbild vor. Jede vorzeitige Aktivität der Sexualhormone ruft eine sofort erkennbare zytologische Veränderung hervor, meist bevor die Erhöhung der Hormone analytisch angezeigt wird (195). Es sollte deshalb beim Verdacht einer vorzeitigen sexuellen Reifung, wie z. B. der Entwicklung der Brust oder Schambehaarung, bei allen vaginalen Blutungen oder ungewöhnlicher Fluorbildung eine kindergynäkologische Untersuchung mit einer hormonzytologischen Abstrichentnahme veranlaßt werden.

Pubertas praecox, prämature Thelarche und Pubarche

Das Vaginalepithel zeigt bei der *Pubertas praecox vera,* ähnlich wie in der normalen Prämenarche, einen unterschiedlich hohen Aufbau. Der Grad der Proliferation des Plattenepithels geht dabei meist parallel mit der Entwicklung der sekundären Geschlechtsmerkmale. Wir fanden bei 49 von 50 Mädchen mit einer Pubertas praecox (189) einen Aufbau bis zu den großen Intermediärzellen, bei 39 sogar bis zu den Superfizialzellen vor. Auf der anderen Seite fehlten die Parabasalzellen schon bei 34 Mädchen. Erwartungsgemäß entsprach der vaginalzytologische Aufbau bei Mädchen mit vaginalen Blutungen auch dem der geschlechtsreifen Zeit (Abb. 6.**57a**).

Bei der *Pseudopubertas praecox* laufen die einzelnen Entwicklungsstufen im allgemeinen viel schneller ab als bei der idiopathischen Pubertas praecox vera. Man findet deshalb in der Mehrzahl der Fälle auch ein hoch aufgebautes Vaginalepithel, wobei Karyopyknose- und Eosinophilie-Index über 50% betragen können. Die Zellen liegen meist einzeln, flach ausgebreitet oder leicht gefaltet.

Hormonzytologische Verlaufsbeobachtungen erlauben ferner eine gute Kontrolle der therapeutischen Maßnahmen mit Cyproteronacetat (178, 382) (Abb. 6.**57a–c**) oder LH-RH-Analoga (39, 83, 251, 282, 290, 336, 432).

In welchem Maße die Proliferationshemmung am Vaginalepithel auch ein Erfolgsmaßstab für die anderen Parameter der sexuellen Frühreife wie z. B. die Entwicklung der sekundären Geschlechtsmerkmale oder der Knochenreife bzw. des Längenwachstums darstellt, kann noch nicht exakt beantwortet werden.

Bei der Pseudopubertas praecox sieht man nach der operativen Entfernung von hormonproduzierenden Tumoren in wenigen Wochen wieder die Entwicklung eines atrophischen Abstrichs. Eine besonders sorgfältige vaginalzytologische Überwachung ist dagegen bei ausgeschälten Follikelzysten oder nach einseitigen Ovarektomien angezeigt. Nicht in allen Fällen kommt es hierbei wieder zu einer Atrophie des Vaginalepithels. Rezidive lassen sich zytologisch sehr frühzeitig erkennen.

Bei der *prämaturen Thelarche* sind in Vaginalabstrichen in der Mehrzahl keine Zeichen einer Epithelproliferation zu erkennen. Bei den übrigen Kin-

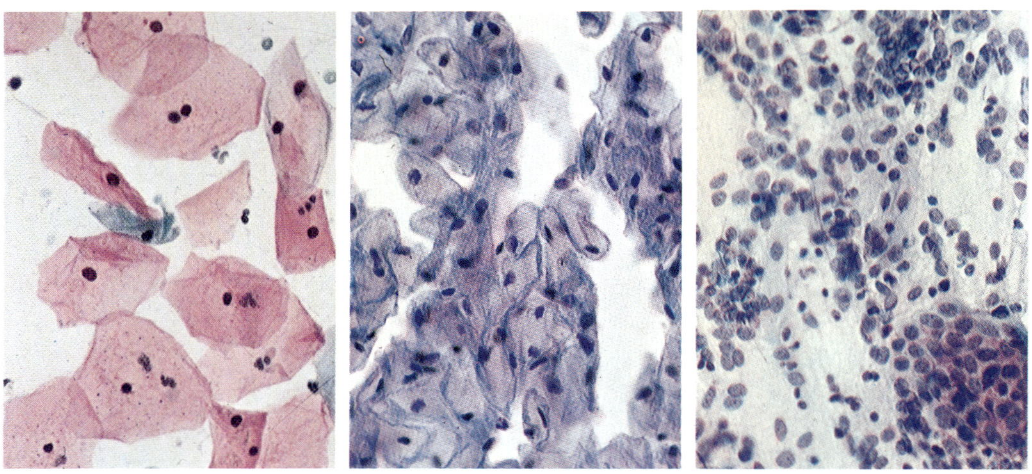

a b c

Abb. 6.**57a–c** Veränderungen des Vaginalepithels unter einer Cyproteronacetatbehandlung bei Pubertas praecox. **a** Sehr hoher Epithelaufbau vor der Behandlung. **b** Deutlich erniedrigter Epithelaufbau mit vorwiegend kleinen Intermediärzellen, 9 Monate nach Beginn einer Cyproteronacetatbehandlung mit 4 Tbl. Androcur täglich. **c** Atrophisches Zellbild bei dem gleichen Fall nach 23monatiger Behandlung (alle Abb. Obj. 25×, Ok. 10×).

dern ist zwar eine unterschiedlich hohe Östrogeneinwirkung nachweisbar, die aber meist nicht so ausgeprägt ist wie bei der Pubertas praecox vera (Abb. 6.**58**).

Bei unseren Untersuchungen (189) zeigten 48 von 84 Mädchen mit einer vorzeitigen Brustentwicklung ein dem vorpubertären Alter entsprechendes atrophisches zytologisches Bild mit mindestens 80% Parabasalzellen. Bei den übrigen 36 mit einem unterschiedlich hohen Östrogeneinfluß enthielten 33 Abstriche noch Parabasalzellen.

Im Gegensatz zur Pubertas praecox vera entwickelten sich diese zunächst hoch aufgebauten Zellbilder im allgemeinen über Monate langsam wieder zurück. Zytologische Verlaufsbeobachtungen, z. T. über mehrere Jahre, zeigten öfters zyklische Verläufe, wobei Schwankungen vom atrophischen Bild bis zum Auftreten von Superfizialzellen mit erneuter Rückbildung bis zur völligen Atrophie beobachtet wurden.

Die *prämature Pubarche* geht meist mit einem leichten, gerade eben beginnenden Epithelaufbau einher. 10 von 11 Mädchen, die nach Ausschluß eines adrenogenitalen Syndroms bzw. eines hormonproduzierenden Tumors als erstes Zeichen der Frühreife eine beginnende Schambehaarung vor dem 8. Lebensjahr aufwiesen, zeigten im Vaginalabstrich zwischen 20 und 60% Intermediärzellen auf. Nur in einem Fall war der Epithelaufbau mit 85% Parabasalzellen niedriger.

Außer in der Neugeborenenzeit sind **vaginale Blutungen** in der Kindheit stets ein bemerkenswerter Vorfall. In den meisten Fällen ist ein atrophisches Epithel vorhanden. Das massiv entzündliche Begleitbild mit Erythrozyten und Leukozyten legt dann die Diagnose einer hämorrhagischen Kolpitis nahe (Abb. 6.**59**). Bei hormonaler Ursache findet man immer ein hoch aufgebautes Vaginalepithel wie in der geschlechtsreifen Zeit.

Differentialdiagnostisch sollte auch an die Möglichkeit einer hormonalmedikamentösen Ursache gedacht werden. Als solche kommen z. B. in Frage: unbemerktes Einnehmen von Hormontabletten, langfristiges Einschmieren mit Östrogensalben, z. B. bei einer Vulvovaginitis, oder Anwendung von östrogenhaltigen Kosmetika oder Haarwässern (112, 144, 243, 250, 295, 383).

Geschlechtsreife Zeit

Die vaginalzytologischen Veränderungen bei hormonalbedingten Krankheitsbildern in der geschlechtsreifen Zeit sind meist nicht so augenfällig wie in der Kindheit. In der Mehrzahl handelt es sich um mittelhoch proliferierte Abstrichbilder, die erst durch eine genaue Anamnese oder zytologische Abstrichserien richtig interpretiert werden können.

Amenorrhöen

Vom klinischen Standpunkt aus unterscheidet man eine primäre und eine sekundäre Amenorrhö. Ihre Ursachen sind sehr verschieden (196, 222, 423, 535). Während man bei 100 Frauen mit primärer Amenorrhö in 37% Chromosomenanomalien und andere Intersexualformen, in 19% lokale Mißbildungen, in 17% ovarielle Hypoplasien und nur in 14% eine zentrale Ursache fand, machte die letztere bei 500 Frauen mit sekundärer Amenorrhö immerhin 78% aus (215).

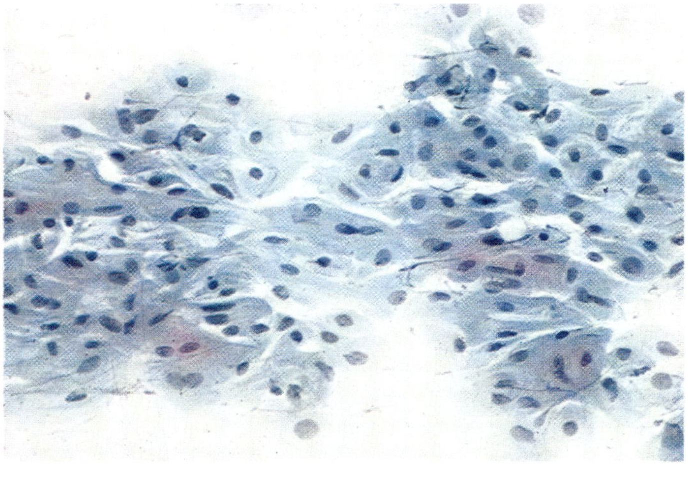

Abb. 6.**58** Zellbild bei einem 22 Monate alten Mädchen mit prämaturer Thelarche. Geringgradiger Epithelaufbau, neben Parabasalzellen auch schon in vermehrtem Maße kleine Intermediärzellen (Obj. 25 ×, Ok. 10 ×).

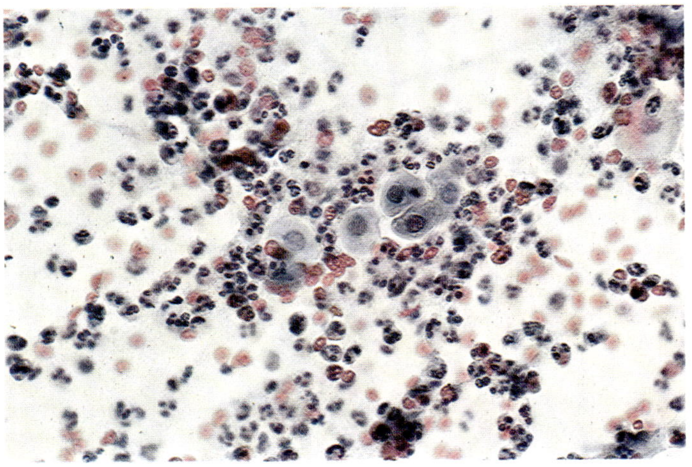

Abb. 6.**59** Zellbild bei einem 4jährigen Mädchen mit genitaler Blutung infolge einer schweren Kolpitis. Parabasalzellen mit Erythrozyten und massenhaft Leukozyten (Obj. 25 ×, Ok. 10 ×).

Primäre Amenorrhö

Von primärer Amenorrhö spricht man dann, wenn mit Vollendung des 18. Lebensjahres noch keine spontane Menstruationsblutung stattgefunden hat (215, 407). Neben einer eingehenden gynäkologischen Untersuchung auf evtl. Mißbildungen sind hier die Bestimmung der X- und Y-Chromatine und ein vaginalzytologischer Abstrich stets sehr hilfreich. Im übrigen sind dann zur weiteren Diagnostik Hormonanalysen, Schilddrüsenfunktionsbestimmungen, Sonographie, Laparotomien und genetische Untersuchungen unerläßlich.

In Tab. 6.**6** sind die Hauptursachen der primären Amenorrhöen mit ihren vorherrschenden zytologischen Abstrichbildern und anderen diagnostischen klinischen Kriterien zusammengestellt (307, 478).

Völlig atrophische Zellbilder finden sich immer bei den Gonadendysgenesien und meist auch beim Turner-Syndrom (Abb. 6.**60** u. 6.**61**). Die Mosaikformen zeigen dagegen oft einen unterschiedlich hohen Zellaufbau (1). Nur selten sind bei einem 45,XO-Typ Östrogene nachzuweisen und als Rarität sogar Graviditäten bekannt (275, 328). Bei der *Hypophysen-* und *Ovarialinsuffizienz* sind die vagi-

Tabelle 6.**6** Vorherrschende zytologische Abstrichbilder bei den verschiedenen Ursachen der primären Amenorrhö und ihre Beziehung zu dabei vorgefundenen Gonaden, Gonadotropinausscheidung und Geschlechtschromatinen.

Vorherrschender zytologischer Abstrichtyp	Ursache	Ovarien	Gonadotropine	Kernchromatin	
Atrophisches Zellbild	Gonaden-dysgenesie	fehlen	vermehrt	+	∅
	Turner-Syndrom	fehlen	vermehrt	∅	∅
Atrophisch bis mittlere Proliferation	Hypophysen-insuffizienz	unterent-wickelt	fehlen oder vermindert	+	∅
	Ovarialinsuffi-zienz	unterent-wickelt	oberer Norm-bereich oder vermehrt	+	∅
mittlere Proliferation	Stein-Leven-thal-Syndrom	große polyzysti-sche „graue" Ovarien	meist normal	+	∅
	AGS-Syndrom	normal bis leicht unterentwickelt	normal bis leicht vermindert	+	∅
Hohe Proliferation	testikuläre Feminisierung	fehlen (Hodengewebe)	normal	∅	+
Normaler biphasischer Zyklus	Genital-mißbildung	normal	normal	+	∅

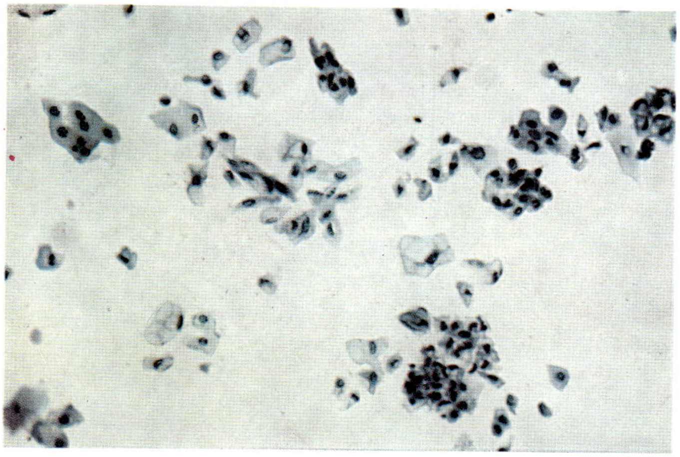

Abb. 6.**60** Zellbild bei einer 17jährigen Patientin mit einer primären Amenorrhö bei Gonadendysgenesie. Ausschließlich Parabasalzellen und in geringem Maße kleine Intermediärzellen (Obj. 20×, Ok. 10×).

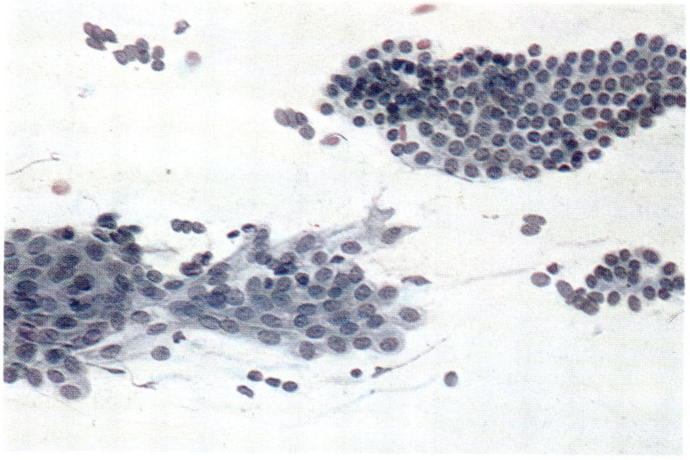

Abb. 6.**61** Zellbild bei einer 15jährigen Patientin mit primärer Amenorrhö und Turner-Syndrom. Vollkommen atrophisches Epithel (Obj. 25×, Ok. 10×).

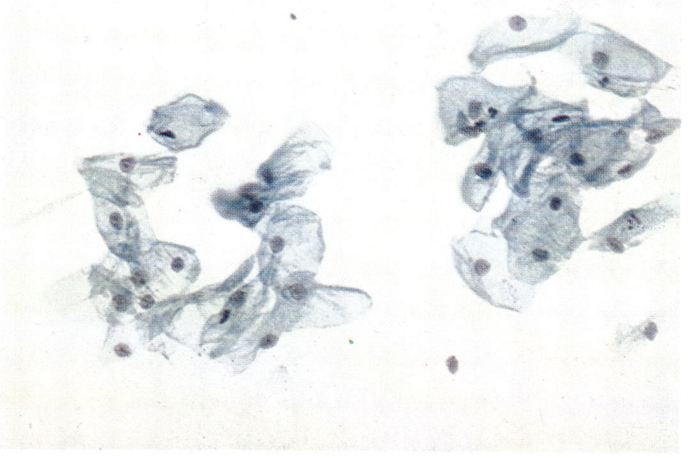

Abb. 6.**62** Zellbild bei einer 19jährigen Patientin mit Stein-Leventhal-Syndrom. Vorwiegend zyanophile, kleine und große Intermediärzellen mit leichter Faltung, teils einzeln liegend oder mit geringgradiger Neigung zur Haufenbildung (Obj. 25×, Ok. 10×).

nalzytologischen Abstriche variabel. Je nach dem Schweregrad der Störung kann das Vaginalepithel einerseits vollkommen atrophisch sein, in anderen Fällen einen fast normalen Aufbau zeigen. Das *Stein-Leventhal-Syndrom* mit primärer Amenorrhö weist fast immer einen mittleren Zellaufbau auf (Abb. 6.**62**). Bei der *testikulären Feminisierung* ist meist eine sehr hohe Epithelproliferation mit vorwiegend Superfizialzellen vorhanden, zumindest beherrschen die großen Intermediärzellen das Bild. Parabasalzellen fehlen stets (Abb. 6.**63**). Lediglich bei der seltenen inkompletten testikulären Feminisierung ist der Zellaufbau sehr niedrig (183).

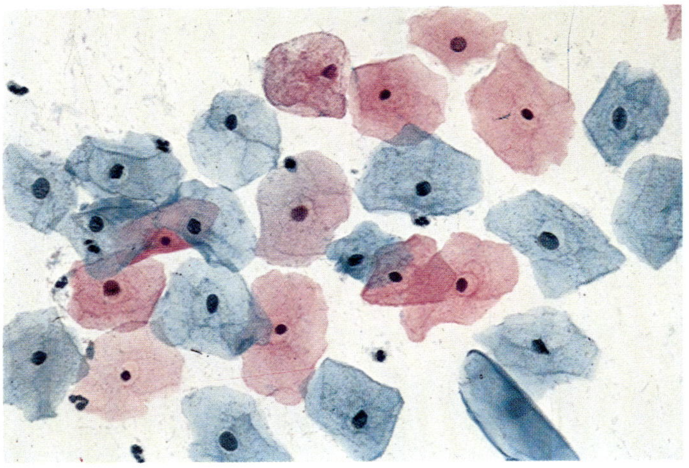

Abb. 6.**63** Zellbild bei einer 18jährigen Patientin mit primärer Amenorrhö bei testikulärer Feminisierung. Guter Aufbau des Vaginalepithels mit vorwiegend großen Intermediärzellen und Superfizialzellen nach medikamentöser Beseitigung der Döderlein-Zytolyse (Obj. 25 ×, Ok. 10 ×).

Sekundäre Amenorrhö

Als sekundäre Amenorrhö bezeichnet man das Ausbleiben der Regelblutung über mehr als 3 Monate, wenn vorher spontane Blutungen bestanden haben (215, 354).

Mit Hilfe der Vaginalzytologie eine Aussage über die Ursache der sekundären Amenorrhö zu treffen, ist meist recht schwierig, da es sich in der überwiegenden Mehrzahl der Fälle um Zellbilder von mittlerer Proliferation handelt, die einen Sammeltopf der verschiedensten Hormoneinflüsse darstellen. Nur relativ wenige sind atrophisch oder zeigen eine über die Norm hinausgehende Proliferation an.

Atrophisches Zellbild. Im Vordergrund dieses seltenen Abstrichtyps bei der sekundären Amenorrhö stehen Störungen der Hypophyse. Der hypogonadotrope Zustand kann bedingt sein durch eine schwere idiopathische Hypophyseninsuffizienz oder eine weitgehende Zerstörung des Hypophysengewebes durch Tumoren (z. B. Forbes-Albright-Syndrom oder Kraniopharyngeome) oder durch eine postpartale Hypophysennekrose wie beim klassischen Sheehan-Syndrom (444).

Auch schwere Formen einer zentralen hypothalamischen Regulationsstörung, sei es psychogener oder funktioneller Art, können zu hypogonadotropen Zuständen mit völliger Ovarialinaktivität führen (38, 215, 498, 555). Am bekanntesten sind diese Bilder bei der sog. Notstandsamenorrhö (495) oder der Anorexia nervosa (493, 561) (Abb. 6.**64**). Auch bei funktionellen hypothalamischen Amenorrhöen mit erhöhtem Prolaktinspiegel, vor allem bei dem post partum auftretenden sog. Chiari-Frommelt-Syndrom, können die Vaginalabstriche fast nur Parabasalzellen enthalten. Dagegen sind atrophische Abstriche bei sekundären Amenorrhöen mit ovarieller Ursache sehr selten.

Mittelhoch aufgebautes Zellbild. Der Aufbau des Vaginalepithels besteht in diesen Fällen überwiegend aus kleinen und großen Intermediärzellen. Sie sind meist zyanophil und zeigen geringgradige Neigung zur Faltung und Haufenbildung. Dabei kommen alle Übergangsbilder zum atrophischen wie auch zum normofollikulären Zellbild vor. Kontrollabstriche über einen längeren Zeitraum sind wichtig, da nur dadurch festgestellt werden kann, ob es sich um gleichbleibende azyklische Proliferationen oder um zyklische Veränderungen handelt.

Die Mehrzahl der sekundären Amenorrhöen mit diesen zytologischen Bildern wird durch psychische Alterationen hervorgerufen (463). Aber auch körperliche Streßsituationen sind bekanntermaßen gelegentlich dafür verantwortlich. Vor allem bei amenorrhoischen Leistungssportlerin-

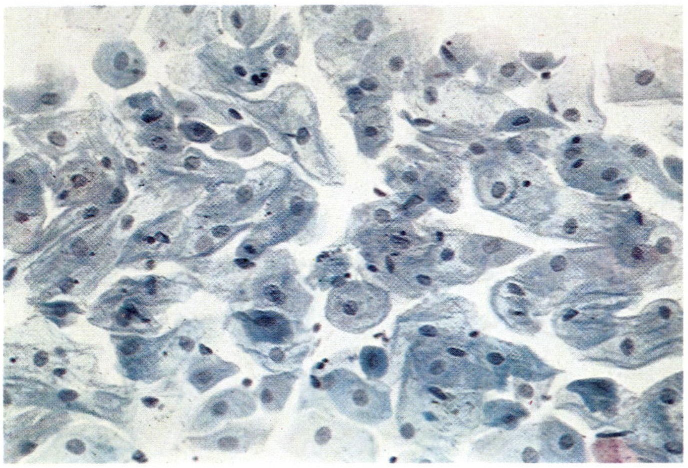

Abb. 6.**64** Zellbild bei einer 26jährigen Patientin mit sekundärer Amenorrhö bei Anorexia nervosa. Deutlich erniedrigter Zellaufbau mit Parabasalzellen und kleinen Intermediärzellen (Obj. 25 ×, Ok. 10 ×).

nen sind mittelproliferierte Bilder mit androgenem Einschlag festzustellen, die dann oft auch mit erhöhten Testosteronwerten einhergehen (335, 542, 543).

Auch bei den *funktionellen hypothalamischen Amenorrhöen* wie der postpartalen Amenorrhö, dem Chiari-Frommelt-Syndrom oder dem Argonz-del-Castillo-Syndrom sehen wir häufig diesen mittleren Zellaufbau. Gelegentlich können auch entzündliche, traumatische oder tumoröse Prozesse in Hypothalamus oder Hypophyse ursächlich dafür verantwortlich sein.

Sekundäre Amenorrhöen mit einem mittelhoch aufgebauten Vaginalepithel sind auch häufig mit *endokrinen Erkrankungen anderer Organe* wie z. B. dem adrenogenitalen Syndrom, Morbus Cushing, Morbus Addison, Hypo- und Hyperthyreosen und dem Diabetes mellitus vergesellschaftet.

Ferner können exogene Hormonzufuhren (z. B. Cortisonpräparate, Schilddrüsenhormone oder Sexualhormone) und andere Medikamente den dienzephal-hypophysär-ovariellen Reglermechanismus stören. Inwieweit hierzu auch die sog. Post-pill-Amenorrhöen zu zählen sind, ist noch nicht ganz klargestellt (9, 158, 247, 391, 450, 502). Man neigt heute jedoch mehr dazu, in diesen Fällen andere Grundkonstellationen zu erkennen, wie z. B. die juvenile Hyperandrogenämie (502) (Abb. 6.**65**).

Ein Teil der mittelhoch proliferierten Bilder bei der sekundären Amenorrhö beruht auf einer *primären ovariellen Ursache.* So können z. B. Ovarialhypoplasien, vorzeitige Atrophien des Ovars (Klimax praecox) oder sog. polyzystische Ovarien ursächlich dafür in Frage kommen. Häufig verbergen sich dahinter allerdings auch *chromosomal bedingte Aberrationen* (349). XO/XX-Mosaikformen des Turner-Syndroms z. B. bewirken je nach Überwiegen der XX-Zell-Linie einen sehr unterschiedlichen Vaginalepithelaufbau. Auch Deletionen, Fragmente oder Isochromosome eines X-Chromosoms werden bei den sekundären Amenorrhöen häufiger gefunden.

Unter den *Ovarialtumoren* kann vor allem das sehr seltene Arrhenoblastom (94, 154, 385) entsprechende Vaginalepithelproliferationen verursachen.

Man findet dabei oft eigenartige Abstrichbilder, bei denen ein hoher Prozentsatz von Superfizialzellen neben einem hohen Prozentsatz von Parabasalzellen bei fehlenden entzündlichen Erscheinungen zu beobachten ist. Dies wird durch die gleichzeitige Einwirkung von Östrogenen und Androgenen erklärt, wie es auch experimentell demonstriert werden konnte (379, 503). Ähnliche Abstriche können auch bei anderen Prozessen mit vermehrten androgen wirksamen Substanzen, wie z. B. Nebennierenrindentumoren, adrenogenitales Syndrom oder Stein-Leventhal-Syndrom, gefunden werden.

Normales Zellbild. Sekundäre Amenorrhöen mit normalen vaginalzytologischen Bildern (Abb. 6.**66**)

Abb. 6.**65** Zellbild bei einer 32jährigen Patientin mit sekundärer Amenorrhö nach Pilleneinnahme. Guter mittlerer Epithelaufbau mit überwiegend großen Intermediärzellen (Obj. 25 ×, Ok. 10 ×).

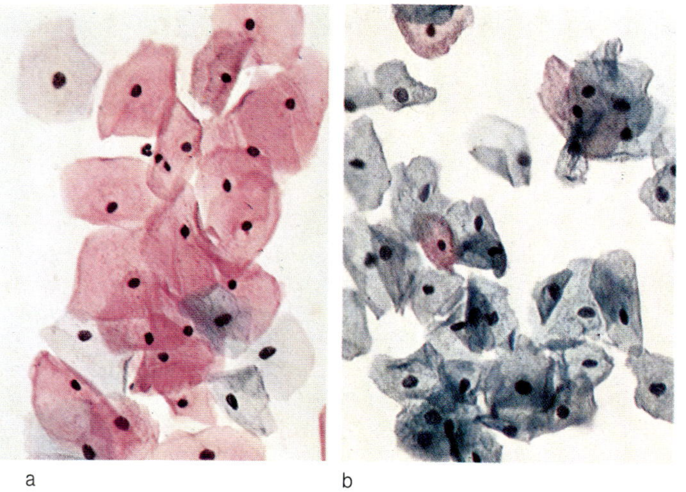

a b

Abb. 6.**66a** u. **b** Zellbild bei einer 33jährigen Patientin mit zyklischer sekundärer Amenorrhö (uterine Amenorrhö).

a Follikelphase, vorwiegend flach ausgebreitete große Intermediär- und Superfizialzellen.

b Luteinphase, die Zellen sind deutlich gefaltet und zeigen eine Neigung zu Haufenbildung (beide Abb. Obj. 25 ×, Ok. 10 ×).

wie bei regelmäßig menstruierenden Frauen, haben eine uterine Ursache. Meist besteht eine Atresie des Uteruskavums oder des Zervikalkanals durch vorausgegangene Entzündungen und Verletzungen bei Geburten, Kürettagen, Konisationen usw.

Hyperfollikulines Zellbild. Amenorrhöen bei ausgesprochen östrogenbetonten Zellbildern finden sich sowohl bei den seltenen hormonproduzierenden Theka- und Granulosazelltumoren als auch bei persistierenden Follikelzysten.

Zyklusanomalien

Biphasischer Zyklus

Regelmäßige Verkürzungen oder Verlängerungen des Menstruationszyklus kommen relativ häufig vor und bieten auch im vaginalzytologischen Abstrich keine grundsätzlichen Besonderheiten. Da in der Regel die Proliferationsphase verändert ist, entwickelt sich beim verkürzten Zyklus das typische präovulatorische Bild gegenüber einem 28tägigen Zyklus vorzeitiger, während es beim verlängerten Zyklus erst später eintritt.

Bei pathologischen Insuffizienzerscheinungen beobachtet man im wesentlichen zwei verschiedene Verlaufsserien. In einem Teil der Fälle sind die Follikel- und präovulatorische Phase noch völlig normal. Der Umschlag in das gestagene Bild erfolgt auch zeitgerecht, entwickelt sich aber nur sehr langsam und schwach. Zunächst fällt nur der Eosinophilie-Index ab, und die Zellen weisen eine leichte Faltung auf. Der Karyopyknose-Index bleibt noch hoch oder zeigt nur einen unwesentlichen Abfall.

Nach 5–6 Tagen neigt ein Teil der Zellen etwas vermehrt zur Haufenbildung, während andere weiterhin isoliert und nur leicht gefaltet bleiben. Der Karyopyknose-Index fällt dann im Laufe der Zeit oder auch erst prämenstruell deutlicher ab.

In den anderen Fällen ist auch die präovulatorische Phase zusätzlich insuffizient ausgeprägt. Man findet dann in der ersten Zyklushälfte einen hohen Anteil kleiner Intermediärzellen, die erst unmittelbar vor der Ovulation verschwinden. Der Karyopyknose- und Eosinophilie-Index erreicht keine hohen Werte, und die Zellen erscheinen nicht so groß und flach ausgebreitet. Es kommt zwar um die Ovulationszeit herum zu einem Umschlag in eine gestagene Phase, in der die Zellen zur Haufenbildung neigen, jedoch sind auch diese Veränderungen nicht sehr ausgeprägt.

Hormonanalysen bestätigen bei der insuffizienten oder verkürzten Corpus-luteum-Phase die erniedrigten Progesteronkonzentrationen. In vielen dieser Zyklen wurde tatsächlich auch ein verlangsamter Anstieg der Östrogene um den Ovulationstag herum festgestellt (445).

Relativ selten entsteht eine *Corpus-luteum-Persistenz* mit verstärkter und verlängerter Progesteronbildung. Sie führt zu verzögerten Regelblutungen, in Extremfällen zum Bild der Scheinschwangerschaft. Das Zellbild entspricht dem einer normalen Sekretionsphase. Im allgemeinen dürfte es sich bei diesen Bildern doch eher um Frühschwangerschaften bzw. um Frühaborte handeln. Die Differentialdiagnose ist aus dem zytologischen Bild allein nicht zu stellen.

Monophasischer Zyklus

Der monophasische Zyklus kann durch eine mangelhafte Ausreifung oder durch fehlende Ruptur eines Tertiärfollikels bedingt sein. Im vaginalzytologischen Abstrich findet man je nach Ursache, Grad der Follikelinsuffizienz und Zeitpunkt der Entnahme sehr unterschiedliche Zellbilder, die sich im wesentlichen in 3 verschiedene Gruppen untergliedern lassen: hypo-, normo- und hyperfollikuliner Typ.

Beim **hypofollikulinen Typ** zeigen sich vor allem am Anfang des Zyklus kleine und große Intermediärzellen, vereinzelt auch Superfizialzellen. Das Plasma ist meist zyanophil, und die Zellen zeigen leichte bis mittlere Faltungen und Haufenbildungen. Zur Zyklusmitte hin heben der Karyopyknose- und Eosinophilie-Index sich dann kurzfristig etwas an, erreichen aber nie die Höhe der normalen präovulatorischen Phase. Die kleinen Intermediärzellen nehmen zwar um diesen Zeitpunkt herum etwas ab, verschwinden aber meist nicht ganz. Ebenso lagern die Zellen sich nicht so isoliert und ausgebreitet auf dem Objektträger. Später nehmen die Zellfaltungen meistens auch wieder etwas zu, die einzelnen Zellen bleiben aber isoliert oder bilden nur kleinere Haufen. Sehr häufig findet man bei diesen Bildern Blutungsstörungen im Sinne der Oligo- und Hypomenorrhö. Aber auch alle anderen Blutungsanomalien können dabei vorkommen.

Beim **normofollikulinen Typ** besteht ein normales präovulatorisches Abstrichbild mit vorwiegend Superfizialzellen und großen Intermediärzellen, die relativ flach ausgebreitet sind und über den Ovulationstermin hinaus einen hohen Eosinophilie-Index aufweisen. Dabei kann von der zweiten Zyklushälfte an wegen der langsam abfallenden Follikelhormonwirkung die Proliferationshöhe etwas abnehmen, und die Zellen weisen eine leichte Faltung der Ränder auf. Die Zyklen sind meist normal lang oder leicht verkürzt.

Bei gewissen Funktionsstörungen des anovulatorischen Zyklus findet man ein sehr charakteristisches zytologisches Abstrichbild vom **hyperfollikulinen Typ** (27, 317, 318, 372, 379, 400) (Abb. 6.**67**). Es setzt sich ausschließlich aus großen Intermediärzellen und Superfizialzellen zusammen. Die Zellen liegen isoliert und flach ausgebreitet, und ihr Zytoplasma weist überwiegend eine zart blaßrosa Färbung auf. Mitunter erkennt man darin kleine dunkle Granula. Die Ausstriche machen fast immer einen klaren, sauberen Eindruck.

Die Ursache ist eine *Follikelpersistenz* über einen längeren Zeitraum hinweg ohne nachfolgende Ovulation und Corpus-luteum-Bildung. Die klinische Folge ist meist ein verlängerter Zyklus mit

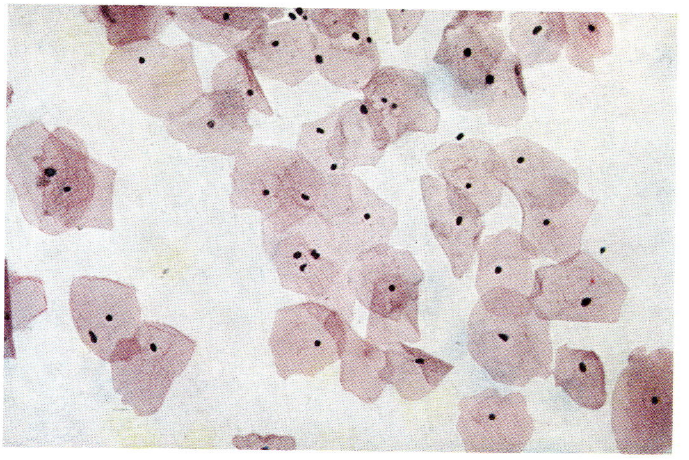

Abb. 6.**67** Hochaufgebautes Zellbild bei glandulär-zystischer Hyperplasie des Endometriums. Fast ausschließlich eosinophile Superfizialzellen mit zartem, transparentem Zytoplasma. Die Zellen sind meist flach oder nur leicht gefaltet und liegen im wesentlichen einzeln (Obj. 20 ×, Ok. 10 ×).

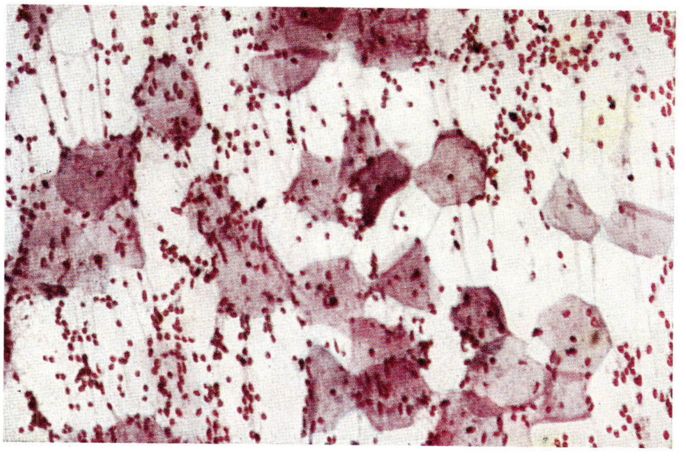

Abb. 6.**68** Weiterhin hoch aufgebautes Zellbild während der Blutungsphase bei einer glandulär-zystischen Hyperplasie des Endometriums (Obj. 20 ×, Ok. 10 ×).

anschließender verstärkter Dauerblutung, wie sie vor allem bei den juvenilen und klimakterischen Blutungsstörungen vorkommen. Am Endometrium findet sich bei diesen vaginalzytologischen Bildern in der Regel eine glandulär-zystische Hyperplasie.

Aber nicht immer muß dies der Fall sein. Abradiert man z. B. erst nach längerer Blutung, so kann das Endometrium infolge weitgehender Abstoßung funktionslos erscheinen, obwohl im Vaginalabstrich weiterhin die Zeichen einer deutlichen Östrogeneinwirkung vorhanden sind (379, 469) (Abb. 6.**68**).

Umgekehrt ist die Entwicklung einer glandulär-zystischen Hyperplasie aber nicht unbedingt an einen erhöhten Östrogenspiegel gebunden. Es kann vielmehr auch bei normo- oder gar hypofollikulinen Zellbildern zur Entstehung einer glandulär-zystischen Hyperplasie kommen, wenn die Östrogene nur lange genug ohne Unterbrechung auf das Endometrium einwirken.

Schließlich können bei der glandulär-zystischen Hyperplasie auch typische Zeichen der Gestagenphase im Vaginalabstrich beobachtet werden (379, 470) (Abb. 6.**69**). Nach etwas längerem Bestehen einer Hyperfollikulinie tritt schließlich ein Abfall des Karyopyknose- und Eosinophilie-Index mit gleichzeitig stärkerer Zellfaltung und Haufenbildung ein.

In einigen solchen Fällen mit scheinbarem Widerspruch zwischen Endometriumbefund und Vaginalepithel konnte an den Ovarien ein Corpus luteum gefunden werden (379). Dies läßt darauf schließen, daß es sich möglicherweise um unterschwellige Progesteronwirkungen handelt, die an den empfindlichen Vaginalepithel bereits zu Regressionsvorgängen führten, für eine Transformation des Endometriums aber noch nicht ausreichten. Bei genauer Durchsicht des Kürettagematerials in Stufenschnitten bei ähnlich gelagerten Fällen gelang es dann auch, innerhalb der proliferierenden Schleimhaut einzelne einwandfrei sekretorisch umgewandelte Drüsen zu finden (468).

Die Mannigfaltigkeit der beschriebenen Funktionsabläufe weist auf die Schwierigkeiten hin, welche einer Erkennung der glandulär-zystischen Hyperplasie durch einen einzigen Vaginalabstrich oft entgegenstehen. Das Fehlen eines typischen hyperfollikulinen Zellbildes spricht nicht unbedingt gegen das Vorliegen einer glandulär-zystischen Hyperplasie. Die oftmals scheinbare Diskrepanz zwischen Endometriumbefund und Vaginalzytologie stellt sich vielmehr bei genauer Betrachtung als eine erweiterte Analysemöglichkeit der jeweils abgelaufenen und aktuell zugrundeliegenden Hormonlagen dar.

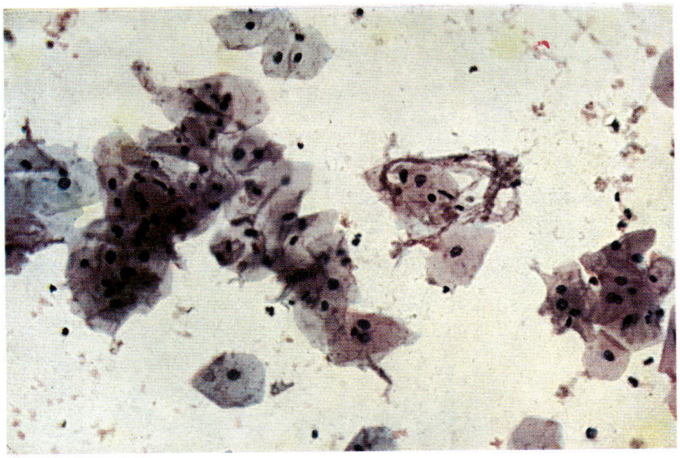

Abb. 6.**69** Zellbild bei glandulär-zystischer Hyperplasie des Endometriums mit den typischen Zeichen der Luteinphase.
Die Zellen neigen zur Haufenbildung und sind leicht bis mäßig gefaltet (Obj. 20 ×, Ok. 10 ×).

Nach der Menopause

Wie auf S. 72 ff dargestellt, kommen nach der Menopause die unterschiedlichsten Abstrichbilder vor. Ganz allgemein kann man sagen, daß mit zunehmendem Alter auch die Proliferation des Vaginalepithels weiter abnimmt. *Hyperfollikuline Bilder* bedürfen deshalb bei der alternden Frau besonderer Beachtung. Sie können durch hormonbildende Ovarialtumoren verursacht sein.

Im Vordergrund stehen die *Granulosazelltumoren* (11, 62, 211, 392). Selten ist der Karyopyknose-Index dabei unter 30% und kann Werte bis fast 100% erreichen.

Die *Thekazelltumoren* gehen in der Regel mit einem Epithelaufbau bis zur mittleren Höhe einher, und nur in etwa einem Drittel der Fälle werden auch Superfizialzellen gefunden, die im Einzelfall allerdings überwiegen können (116, 211). Gelegentlich können auch *Sertoli-Leydig-Zelltumoren* einen hohen Östrogeneffekt am Vaginalepithel hervorrufen (115, 484). Auch andere epitheliale Tumoren können durch die Mitreaktion der Stromazellen in hohem Maße erhöhte Östrogenwerte aufweisen (399).

Weiterhin wird von manchen Autoren (59, 70, 151, 302, 509) das Auftreten einer erhöhten Epithelproliferation nach der Menopause als Hinweis auf das mögliche Vorliegen eines Endometriumkarzinoms angesehen.

Jeder über das durchschnittliche physiologische Maß hinausgehende Vaginalepithelaufbau bei Frauen nach der Menopause bedarf einer sorgfältigen Suche nach evtl. Ursachen. Neben *Streßsituationen* (424), *Medikamenten (s. Digitalispräparate), bestimmten einseitigen Ernährungsgewohnheiten usw. sollte vor allem nach kaschierten Quellen exogen zugeführter Hormone* gesucht werden (z. B. Geriatriepräparate, Schönheitscremes usw.), die den Patientinnen als Hormonträger meist nicht bekannt sind (112, 243, 295).

Klinische Wertigkeit und Befundwiedergabe

Möglichkeiten und Grenzen der hormonalen Diagnostik

Um die zytologische Hormondiagnostik richtig einsetzen und brauchbare klinische Schlüsse daraus ziehen zu können, muß man sich stets ihrer Grenzen bewußt sein. Sie sind gegeben durch

- die begrenzte Zahl von Reaktionsmöglichkeiten des Vaginalepithels unterschiedlichen hormonalen Reizen gegenüber,
- Störungen des Zellbildes durch eine Reihe nichthormonaler Einflüsse,
- Fehler bei der Abstrichentnahme und Herstellung der Präparate.

Begrenzte Ausdrucksmöglichkeiten des Vaginalepithels

Die begrenzten Ausdrucksmöglichkeiten des Vaginalepithels machen es erforderlich, daß zur richtigen Interpretation des vaginalzytologischen Bildes ausreichend anamnestische Daten zur Verfügung stehen. Es gibt nur *zwei Abstrichbilder, die für eine bestimmte hormonale Situation typisch sind* und eindeutig, auch ohne Kenntnis von Anamnese und klinischem Befund, diagnostiziert werden können:

- das *atrophische Zellbild bei völligem Ovarialhormonmangel,*
- das *voll ausgeprägte Zellbild der Follikelhormonwirkung.*

Alle anderen Zellbilder mit überwiegend mittlerer Proliferation des Epithels können sowohl durch Follikelhormonmangel verschiedenen Grades als auch durch Androgen- oder Progesteroneinfluß bzw. durch die gleichzeitige Wirkung mehrerer Hormone bedingt sein.

Bei *gleichzeitiger Wirkung verschiedener Hormone* hängt das Abstrichbild von ihrem Verhältnis zueinander ab. Je nachdem, welches Hormon überwiegt, wird sich ein östrogenes, androgenes oder gestagenes Zellbild zeigen. So können z. B. bei starker Östrogenwirkung auch hohe Testosterongaben das östrogenbetonte zytologische Bild kaum verändern, während wesentlich niedrigere Androgengaben bei schwächerer Östrogenbasis ein deutlich androgenes Bild erzeugen. Die *hormonale Zytodiagnostik* ist also *im wesentlichen ein qualitativer Test.* Die Reaktion des Vaginalepithels stellt kein absolutes Maß für die produzierte Hormonmenge dar, sondern ist nur ein *Ausdruck für das relative Vorherrschen der einen oder anderen Hormonwirkung.* Wenn am Ende der Gravidität z. B. die Gesamtöstrogene etwa bis zum 1000fachen ihrer physiologischen Spitzenwerte ansteigen, zeigt sich am Vaginalabstrich nur eine mittlere Proliferationshöhe, da die ebenfalls bis zum 100fachen vermehrten Gestagene die Östrogenwirkung überdecken.

Ausreichende Daten zur Regelanamnese und die Kenntnis der klinischen Befunde sind unerläßlich zur richtigen Deutung des zytologischen Befundes. Trotzdem ist bei einmaliger Untersuchung oft keine klare diagnostische Festlegung möglich, so daß Verlaufskontrollen mit mehreren Abstrichen notwendig sind.

Die zytologische *Kontrolle einer Hormontherapie* ist im allgemeinen wesentlich *leichter und sicherer möglich* als die zytologische Bestimmung der Hormonausgangslage. Insbesondere bei Serienabstrichen und Kenntnis der inzwischen erfolgten Hormonapplikation lassen sich auch feinere Veränderungen, die im Einzelabstrich noch nichts Sicheres besagen, zur Auswertung heranziehen. Aus der Art und Schnelligkeit, in der unter einer verabreichten Hormondosis eine Umstellung von der Ausgangslage auf das typische zu erwartende Zellbild erfolgt, lassen sich gewisse Rückschlüsse auf noch vorhandene gleichsinnige oder gegenregulatorische körpereigene Hormonwirkungen ziehen.

Die *quantitative Beurteilung einer Hormonwirkung* ist lediglich bei Hormontestungen möglich, die unter standardisierten Bedingungen erfolgen. Dies gilt vor allem für die östrogene Wirksamkeit eines Hormons am völlig atrophischen Vaginalepithel, aber auch für die „antiöstrogene" Wirkung eines Hormons am zuvor mit Östrogenen künstlich aufgebauten Vaginalepithel. Um Täuschungen durch eine individuell unterschiedliche Reaktionsweise oder noch unterschwellige körpereigene Hormonwirkungen auszuschließen, sollte man für exakt wissenschaftliche Untersuchungen zum Vergleich eine Vorprüfung mit einem in seiner Wirkung bekannten Standardhormon bei derselben Patientin einschalten (489).

Störungen des Zellbildes durch nichthormonale Faktoren

Für die exakte Bestimmung der Proliferationshöhe ist ein möglichst ungestörtes Vaginalmilieu erforderlich. Eine Döderlein-Flora mit *bakterieller Zytolyse* kann die hormonzytologische Auswertung ebenso erschweren wie entzündliche Veränderungen oder andere störende Faktoren. Bei der durch Döderlein-Bakterien bewirkten bakteriellen Zytolyse (s. S. 152) sieht man im vaginalen Abstrichbild zahlreiche in Auflösung befindliche Epithelzellen. Mitunter sind nur die Zellränder betroffen, die dann unklar und verwaschen aussehen. In anderen Ausstrichen wiederum beobachtet man eine fast völlige Zerstörung des Zellplasmas, und es ergeben sich die typischen Bilder mit vorwiegend freiliegenden Zellkernen (Abb. 6.**70** u. 6.**71,** 8.**1**–8.**4**). Eine hormonale Diagnostik ist dann nur noch sehr beschränkt möglich.

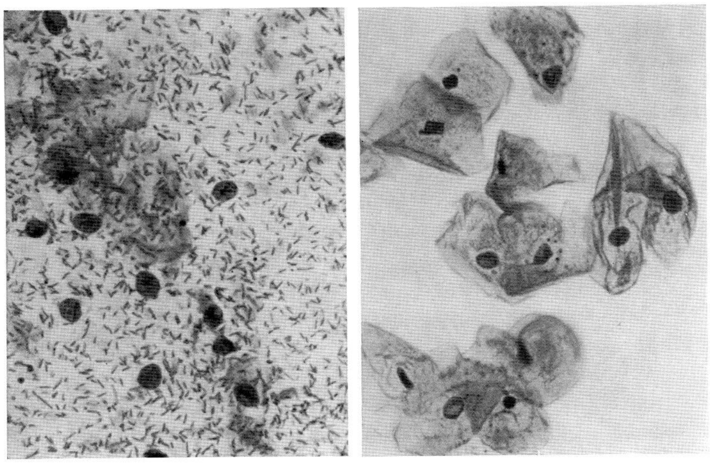

a b

Abb. 6.**70 a** u. **b**

a Zellbild mit starker bakterieller Zytolyse.

b Gleicher Fall nach vaginaler Applikation von Antibiotika. Das Abstrichbild macht jetzt einen sauberen Eindruck. Der Aufbau des Vaginalepithels ist deutlich zu erkennen, und die Zellen sind den einzelnen Zelltypen zuzuordnen (beide Abb. Obj. 40 ×, Ok. 10 ×).

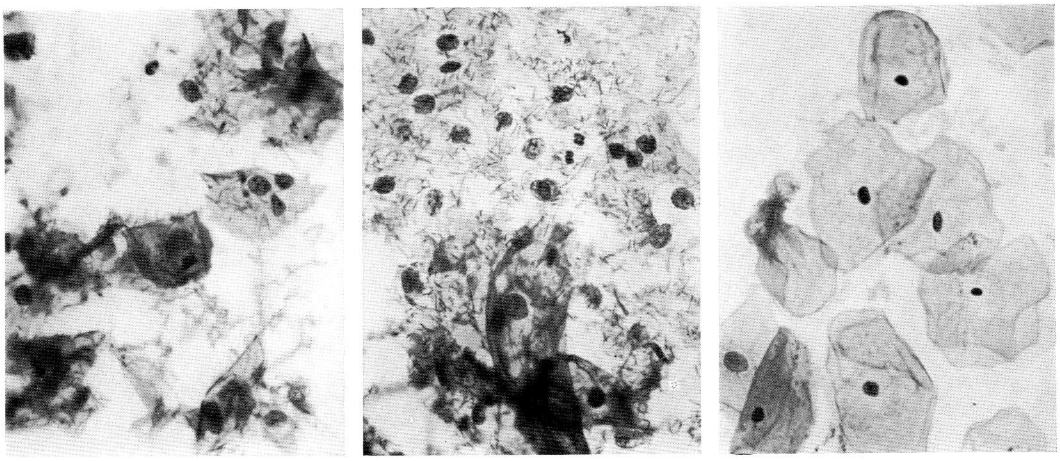

a b c

Abb. 6.**71 a–c**

a Intermediärzellen mit Zytolyseerscheinungen bei Döderlein-Flora. **b** Gleicher Fall nach Östrogenbehandlung. Die Zytolyse hat sich unter Vermehrung der Döderlein-Bakterien noch verstärkt und geht schneller vor sich, als das Epithel proliferieren kann. **c** Gleicher Fall nach lokaler Antibiotikaanwendung. Durch Hemmung bzw. Vernichtung der Döderlein-Bakterien ist das Epithel auf die Östrogenbehandlung hin jetzt ausgereift und zeigt große Intermediär- und Superfizialzellen im Ausstrich (alle Abb. Obj. 40 ×, Ok. 10 ×).

Die Döderlein-Bakterien können sich nur in der Scheide ansiedeln, wenn *ausreichende Lebensbedingungen* für sie vorhanden sind, d. h., wenn das Vaginalepithel mindestens bis zur Höhe der glykogenreichen Intermediärzellschicht aufgebaut ist. Eine bakterielle Zytolyse findet man daher bevorzugt in der Pubertät, in den ersten Jahren nach der Menopause, in der Luteinphase des normalen Zyklus oder in der Schwangerschaft. Sie ist aber grundsätzlich auch bei jeder anderen Hormonlage möglich, außer bei völlig fehlender Ovarialhormonwirkung.

In atrophischen Abstrichen sieht man *nie* eine *bakterielle Zytolyse,* weil die Döderlein-Keime infolge der Glykogenarmut der basalen Zellen keinen ausreichenden Nährboden finden. Beim hochproliferierten Epithel der Follikelphase oder bei Hyperfollikulinie kommt es im allgemeinen nicht zur Zytolyse, weil das Plasma der eosinophilen Superfizialzellen von den Döderlein-Keimen nicht angegriffen wird. Eine bakterielle Zytolyse tritt ferner nicht ein, wenn in der Vagina zu schwach saure bzw. alkalische pH-Werte bestehen oder Fremdkeime dominieren, die das Wachstum der Döderlein-Bakterien stören und ihre Vermehrung hemmen.

Um sich bei bakterieller Zytolyse ein genaueres Bild über die Hormonlage machen zu können, muß man die *Döderlein-Flora vorübergehend beseitigen.* Dies gelingt ohne weiteres durch Einbringen von Antibiotika oder Sulfonamiden in die Vagina (Abb. 6.**70**). Bei erneuter Abstrichentnahme drei Tage später findet sich dann regelmäßig ein klares, sauberes Zellbild, das eine sichere hormonale Diagnose erlaubt. Die Vegetation der Vaginalbakterien setzt meist bereits nach wenigen Tagen wieder ein.

Ohne Beseitigung der bakteriellen Zytolyse läßt sich aus solchen Abstrichen *nur die Aussage* machen, daß mit Sicherheit *kein stärkerer Follikelhormonmangel* vorliegt. Sonst aber ist jede andere Hormonlage denkbar.

Es kann sogar bei bakterieller Zytolyse eine erhöhte Follikelhormonwirkung vorliegen. Mitunter wird sich nach Östrogenzufuhr anstelle der zu erwartenden Ausreifung des Epithels die Zytolyse erst zeigen bzw. noch stärker in Erscheinung treten, da die Döderlein-Keime das Epithel an der Oberfläche der Vaginalhaut schneller zytolysieren, als das Epithel zu proliferieren in der Lage ist (Abb. 6.**71**). Führt man einer Patientin in dieser Situation ein Antibiotikum intravaginal zu, so wird das Vaginalepithel in kürzester Zeit bis in die Superfizialzellschicht aufgebaut sein. Andererseits kann auch die *Besiedelung mit pathogenen Keimen* sowie eine *Trichomonadeninfektion* die hormonale Beurteilung der Abstriche stören (Kap. 8). Durch die *pseudoeosinophile Anfärbung des Plasmas der Epithelzellen* infolge des nach der alkalischen Seite verschobenen pH-Wertes wird vielfach eine erhöhte Follikelhormonwirkung vorgetäuscht. Schon bei relativ geringgradigen Entzündungen sollte daher der Eosinophilie-Index als Kriterium für die hormonale Beurteilung nicht verwertet werden.

Eine Pseudoeosinophilie kann auch durch Blut- und Schleimüberlagerung von Epithelzellen auftreten (Abb. 6.**72**).

Der Karyopyknose-Index kann bei ausgeprägter *Kokkenflora* auf Werte über 80% und mehr ansteigen und dadurch *eine erhöhte Follikelhormonwirkung vortäuschen* (Abb. 6.**73** u. 8.**5**). Die Abstriche bieten ein charakteristisches Aussehen. Sie sind gewöhnlich mit einem dichten Bakterienrasen übersät und leukozytenarm. Die Ursache des erhöhten Karyopyknose-Index ist ungeklärt. Möglicherweise liegt eine durch die Bakterienflora bedingte, entzündlich-degenerative Pyknose der Kerne von Intermediärzellen vor.

Umgekehrt finden sich *bei Entzündungen oft* neben den Superfizial- und großen Intermediärzellen *zahlreiche Zellen aus den tiefen Schichten des Epithels,* ohne daß ein Follikelhormonmangel vorliegt (Abb. 6.**74**). Die Zellen werden durch die leichte Verletzlichkeit des Epithels bei Entzündungen, Erosio vera oder Pessarulzera aus den tiefen Schichten

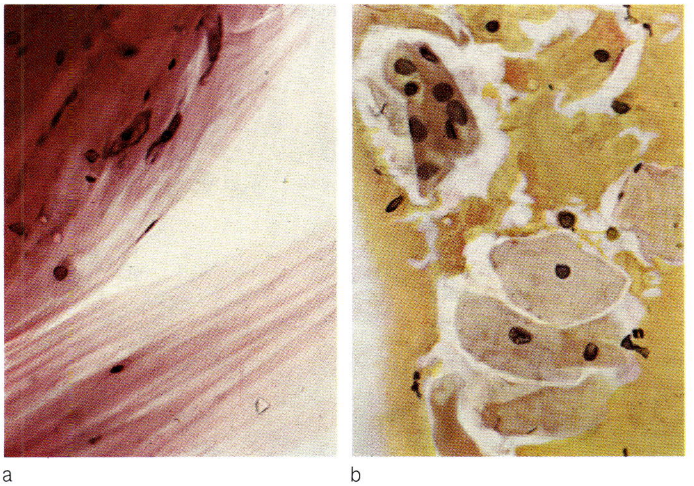

Abb. 6.**72a** u. **b**

a Rotgefärbte Schleimfahnen im Vaginalabstrich. Die darin sichtbaren Epithelzellen weisen eine Pseudoeosinophilie auf (Obj. 20 ×, Ok. 10 ×).

b Pseudoeosinophilie der Epithelzellen durch zerfallenes Blut (Obj. 40 ×, Ok. 10 ×).

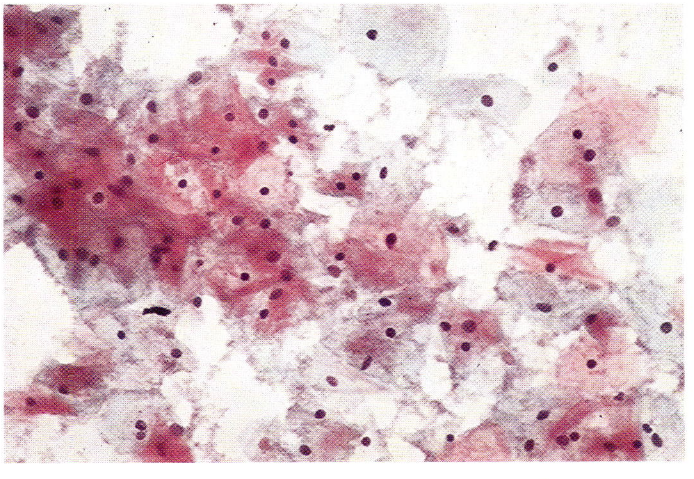

Abb. 6.**73** Erhöhter Karyopyknose-Index und Pseudoeosinophilie bei starker Kokkenflora ohne Leukozytose (Obj. 25 ×, Ok. 10 ×).

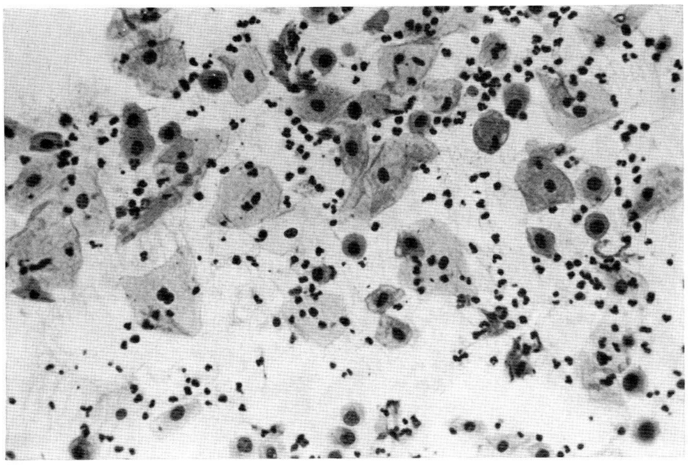

Abb. 6.**74** Vaginalabstrich mit zahlreichen parabasalen und basalen Zellen innerhalb eines sonst hochproliferierten Zellbildes. Sie haben sich bei Verletzungen aus den tiefen Schichten des Epithels gelöst und sind in diesem Falle kein Zeichen einer funktionellen Atrophie (Obj. 20 ×, Ok. 10 ×).

des Plattenepithels oder von Metaplasiebezirken abgestoßen. Man muß sich davor hüten, aus solchen Befunden fälschlich auf eine Hypofollikulinie zu schließen. Als typisch für diese Abstriche gilt, daß neben den Zellen der oberen und der tiefen Schichten Übergangszellen aus den mittleren Epithelschichten weitgehend fehlen.

Fehler bei der Abstrichentnahme und Herstellung der Präparate

Eine weitere Voraussetzung für die optimale Beurteilungsfähigkeit zytologischer Abstriche sind die sorgfältige Abstrichentnahme und Präparateherstellung.

Wegen der unterschiedlichen hormonalen Empfindlichkeit der einzelnen Vaginalabschnitte gilt als *Ort der Wahl* für die Materialentnahme *bei der hormonalen Diagnostik das obere Drittel der seitlichen Scheidenwand.*

Hier kommen die typischen Merkmale der Steroidhormonwirkung im Vaginalabstrich am deutlichsten zum Ausdruck und werden am wenigsten von nichthormonalen Faktoren beeinflußt. Die Zellen breiten sich z. B. erst bei sehr hoher und ausschließlicher Östrogenwirkung, wie es physiologischerweise in der unmittelbaren präovulatorischen Situation der Fall ist, ganz flach aus und liegen einzeln. Auch manifestieren sich hier die Zeichen der Progesteronwirkung mit Faltung und Haufenbildung der Zellen am ausgeprägtesten.

In *Abstrichen von der Portio* zeigt sich bei vorhandener Östrogenaktivität oft ein höherer epithelialer Proliferationsgrad, insbesondere was die Anzahl der ausgereiften Superfizialzellen betrifft, als in den Abstrichen von der seitlichen Scheidenwand (Abb. 6.**75**). Dies läßt sich auch histologisch belegen (347). Die von der Portio entnommenen Zellen neigen mehr dazu, sich auszubreiten und zu isolieren, schon bevor eine optimale Östrogenwirkung vorhanden ist. Bei schwacher oder beginnender Gestagenwirkung fehlen die charakteristischen Auswirkungen

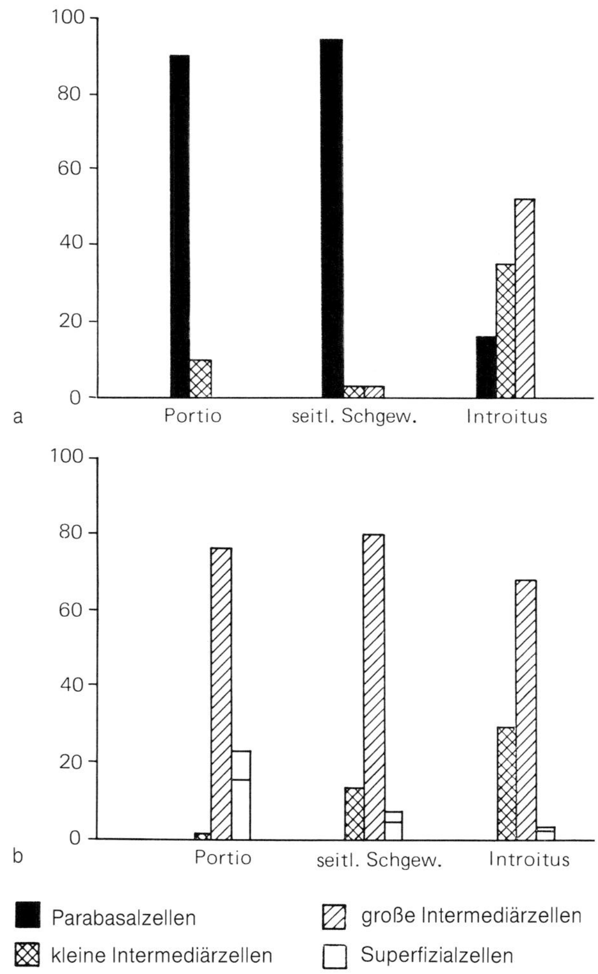

Abb. 6.**75a** u. **b** Graphische Darstellung der Zellindizes der an verschiedenen Stellen gleichzeitig entnommenen Abstriche bei einer 56jährigen Patientin, 7 Jahre nach der Menopause.

a Vor FH-Gabe.

b Am 7. Tag nach Gabe von 2,5 mg Methylöstradiol.
(Der Anteil der eosinophilen unter den Superfizialzellen ist in der Säule der Superfizialzellen mit einem Querstrich eingezeichnet.)

auf das Zellmaterial oft ganz oder kommen nur angedeutet zum Ausdruck. Abstriche von der Portio sind ferner für die hormonale Diagnostik wenig geeignet, weil sie auch bei guter Östrogenwirkung basale und parabasale Zellen enthalten können. Diese meist von einer winzigen Erosio vera oder von Regenerationsprozessen stammenden Epithelien lassen leicht fälschlicherweise eine zu niedrige Proliferationshöhe diagnostizieren. Außerdem können Schleim und autolytisches Zellmaterial aus dem Zervikalkanal die Beurteilung sehr erschweren.

Bei Frauen mit atrophischem Vaginalepithel zeigen *Abstriche vom äußeren Drittel der Vagina* eine höhere Proliferation. Diese ist nicht hormonal bedingt, sondern durch äußere, wohl vorwiegend mechanische Reize verursacht. Die Sensibilität gegenüber Steroidhormonen ist in diesem Bereich sogar herabgesetzt, wie aus Abb. 6.**76** hervorgeht. Einzelne Superfizialzellen und Hornschollen bei sonst atrophischen Abstrichen sind meist vom äußeren Genitale eingeschleppt und dürfen nicht zu Fehlinterpretationen führen.

Im allgemeinen ist zwar eine *grobe Orientierung über die Hormonlage* von jeder Stelle im Bereich der Vagina möglich, insbesondere auch aus Abstrichen vom hinteren Scheidengewölbe. Für eine *genaue hormonale Diagnostik* mit Berücksichtigung verschiedener Grade der Follikelhormonwirkung, von Corpus-luteum-Hormon- und Androgeneinflüssen ist es jedoch notwendig, sich an eine exakte Entnahmetechnik zu halten, um Täuschungen durch Entnahme des Materials von verschiedenen Stellen zu vermeiden.

Auch für eine *Beurteilung der Zellfaltung und Haufenbildung* ist eine sachgemäße Materialübertragung auf den Objektträger von großer Wichtigkeit. Durch zu dicke Abstriche oder wiederholte Ausbreitungsversuche an derselben Stelle des Objektträgers werden leicht artefizielle Haufenbildungen der Zellen hervorgerufen, die dann irrtümlich als Progesteronwirkung gedeutet werden (Abb. 6.**77**). An diese Fehlermöglichkeit sollte man vor allem denken, wenn im gleichen Abstrich an der einen Stelle Zellkomplexe gefunden werden, die gefaltet sind und

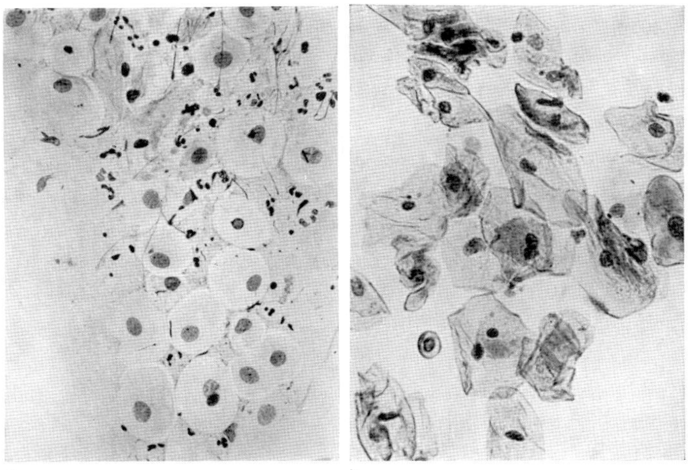

a b

Abb. 6.**76a** u. **b** Zellbilder von einer 63jährigen Frau, 12 Jahre nach der Menopause.

a Abstrich von der Portio, fast ausschließlich Parabasalzellen.

b Abstrich vom äußeren Drittel der Vagina, fast ausschließlich große und kleine Intermediärzellen, ganz vereinzelt Parabasalzellen (beide Abb. Obj. 25 ×, Ok. 10 ×).

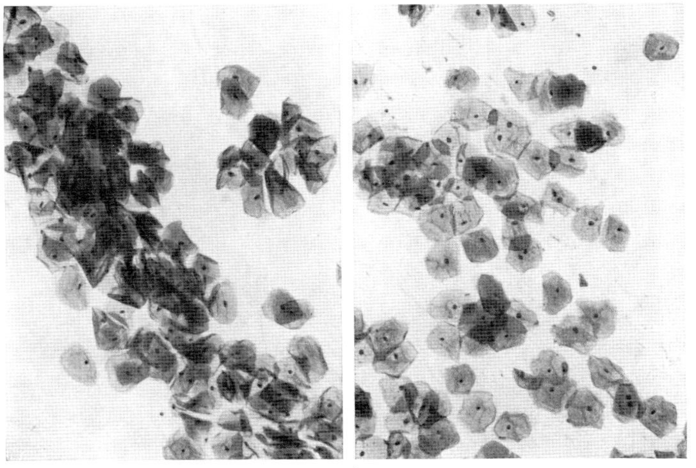

a b

Abb. 6.**77a** u. **b** Pseudoprogesteronwirkung durch unsachgemäße Abstrichtechnik.

a Vorgetäuschte Haufenbildung und Zellfaltung im Vaginalabstrich durch ungleichmäßige Materialausbreitung.

b Gute gleichmäßige Verteilung der Zellen ohne Haufenbildung bei gleichem Abstrichmaterial wie im linken Bild (beide Abb. Obj. 10 ×, Ok. 10 ×).

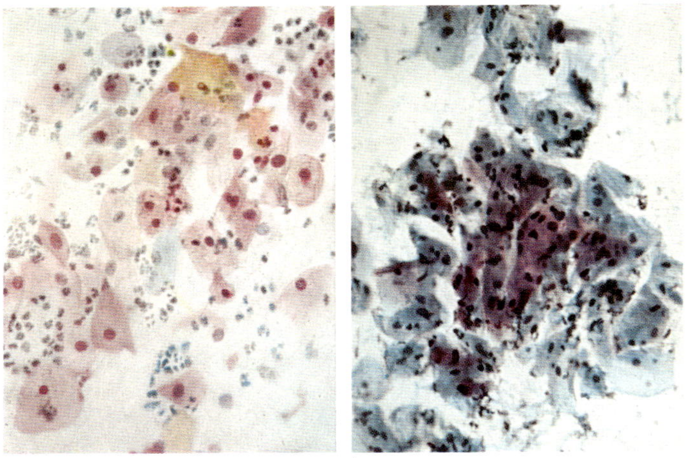

a b

Abb. 6.**78a** u. **b** Pseudoeosinophilie.
a Pseudoeosinophilie durch Austrocknung. Die Zellen sehen bei der rötlichen Tönung blaß und verschwommen aus.

b Pseudoeosinophilie im Zentrum eines Zellhaufens durch Färbefehler bzw. durch unzureichende Säureentfernung nach Differenzierung (beide Abb. Obj. 20 ×, Ok. 10 ×).

eingerollte Ränder zeigen, während an anderen Stellen des Präparates die Zellen flach ausgebreitet liegen.

Abstriche, in denen eine *Austrocknung des Zellmaterials vor der Fixierung* (Abb. 6.**78a**) eingetreten war, fallen schon bei schwacher Vergrößerung durch ihre mangelhafte Färbung auf. Ähnlich wie bei der Entzündung kommt es zu einer Pseudoeosinophilie. Die Präparate machen im ganzen einen blassen Eindruck. Die Kerne wie auch das Zytoplasma erscheinen gedunsen und weisen Deformierungen auf. Diese Bilder ähneln sehr den bei der degenerativen Autolyse beschriebenen. Vielfach werden von den Veränderungen nicht die ganzen Präparate betroffen, sondern nur dünne Stellen der Ausstriche oder die Ränder von Zellhaufen, welche Austrocknungserscheinungen mehr ausgesetzt sind.

Durch *Rehydrierung* der vor der Fixierung luftgetrockneten Abstriche und erneute Färbung läßt sich die Pseudoeosinophilie leicht beseitigen. Dadurch werden jedoch nicht die strukturellen Veränderungen an den Kernen reversibel, auf deren Beurteilung es besonders bei der zytologischen Karzinomdiagnostik ankommt.

Eine falsche Eosinophilie kann weiterhin durch *fehlerhafte Färbung* (Abb. 6.**78b**) zustande kommen. Dabei erscheinen die Zellen vorwiegend im Zentrum von Zellhaufen einheitlich „eosinophil" gefärbt, während sie in den Randpartien eine deutliche zyanophile Tingierung zeigen können. Die Ursache ist eine Überfärbung mit den Plasmafarbstoffen bzw. ein ungenügendes Auswaschen derselben. Von gleicher Wichtigkeit ist die gründliche Entfernung der Säure der Differenzierungsstufe, die bei anschließend unzureichendem Bläuen zur Rotfärbung der Zellen beiträgt.

Wertigkeit der hormonalen zytologischen Diagnostik

Bei der Diskussion um die Aussagekraft der hormonalen Zytodiagnostik stellt sich natürlich die entscheidende Frage ihrer Wertigkeit im Vergleich zu anderen im klinischen Bereich einsetzbaren Methoden, wie z. B. Endometriumdiagnostik, Basaltemperaturkurven, Zervixfaktoren und Hormonanalysen.

Vergleicht man die Reaktionsweise des Vaginalepithels mit der des Endometriums, so stellen sich folgende Unterschiede heraus. Das *Vaginalepithel* ist *für hormonale Reize empfindlicher* und spricht somit auch auf niedrigere Hormondosen rascher an *als das Endometrium.* Das gilt sowohl für den *proliferationsfördernden Effekt östrogenwirksamer* als auch für den *Luteinisierungseffekt gestagener Substanzen* (470, 563). Des weiteren spiegelt das *Vaginalepithel* infolge der fortlaufenden Abschilferung oberflächlicher Zellagen jeweils die *augenblickliche hormonale Situation* wider, während das *Endometrium* die *Summation aller hormonalen Einflüsse* wiedergibt, die *seit der letzten Blutung* darauf eingewirkt haben. Die Tatsache, daß ein mittelhoch aufgebautes Vaginalepithel das eine Mal mit einem atrophischen Endometrium, das andere Mal mit einer glandulär-zystischen Hyperlasie vergesellschaftet sein kann, ist kein Zeichen für divergierende Befunde, sondern gibt eine *nähere Analyse der hormonalen Situation.* Das erste Mal reicht die östrogene Stimulation zwar für einen entsprechenden Vaginalepithelaufbau aus, ist für die Proliferation des Endometriums aber noch nicht stark genug. Im zweiten Fall ist anzunehmen, daß eine relativ hohe und lange Östrogeneinwirkung vorausgegangen ist, der dann aber ein schneller Östrogenabfall folgte.

Die Feststellung der *prä- oder postovulatorischen Phase* durch vaginalzytologische Kontrollabstriche wurde bereits besprochen (s. S. 69). Die Interpretation der *Basaltemperaturkurve* kann erhebliche Schwierigkeiten bereiten, so daß eine treffsichere Aussage nur in etwa zwei Drittel der Fälle möglich ist (54, 298). Selbst bei einmaliger Untersuchung ohne Kenntnis der klinischen Daten aber ist in der zytologischen Zyklusdiagnostik mit etwa 70–80% richtigen Diagnosen zu rechnen (8, 54, 470). Bei Serienuntersuchungen steigt die Sicherheit bis 90% und darüber an (84, 139, 387, 396, 401, 469).

Bei *Bestimmung des präovulatorischen Zeitraumes* geht der Anstieg des Karyopyknose- und Eosinophilie-Index etwa zu 80% parallel mit den Zervixfaktoren einher. In den übrigen Fällen können teils die Hormonzytologie, teils die Zervixfaktoren die bessere Aussagekraft haben. Vor allem nach operativen Eingriffen an der Portio ist das Zervixdrüsenfeld häufig so beeinträchtigt, daß kaum Zervixschleim vorhanden ist.

Im allgemeinen beginnt der charakteristische präovulatorische Anstieg von Karyopyknose- und Eosinophilie-Index mit einer *Östrogenausscheidung* von 20γ täglich, einem Grenzwert, bei dem auch die Zervixfaktoren positiv zu werden beginnen. Während bei diesen aber von etwa 40γ/Tag an keine weitere Zunahme mehr zu erwarten ist, ist die maximale Reaktionsfähigkeit des Vaginalepithels erst bei einer Östrogenausscheidung von etwa 80γ/Tag erreicht (200).

Der *Vergleich zwischen hormonanalytischen Untersuchungen und Vaginalepithelaufbau* kann völlig divergierende Ergebnisse zeigen. Unter einer Clomiphenbehandlung z. B. kommt es zu einer Stimulierung des Ovariums mit Anstieg des Östrogenspiegels, während das Vaginalepithel in gleichem Maße unter dieser Therapie eine Proliferationshemmung zeigt. Ebenso kann unter einer gestagenbetonten Pille eine weitgehende Atrophie am Vaginalepithel eintreten, obwohl hormonanalytische Untersuchungen zeigen, daß im Organismus kein Östrogendefizit gegenüber dem normalen Zyklus eingetreten ist. Auch unterscheidet sich das vaginalzytologische Bild einer zweiten Zyklushälfte nur wenig von dem der Schwangerschaft, obwohl die Östrogene um ein Tausendfaches und die Gestagene um ein Hundertfaches höher sind als im normalen Zyklus.

Es ist also *nicht zulässig, aus einer quantitativen Hormonanalyse in Serum oder Urin Rückschlüsse auf die Wirkungseffekte an den peripheren Hormonrezeptoren zu ziehen. Hormonanalysen und Vaginalzytologie sind dabei jedoch oft als ergänzende Methoden zu betrachten,* da keine, für sich allein angewandt, den Sachverhalt im Organismus immer richtig wiedergeben kann.

Durch die chemische Verwandtschaft der Steroidhormone ist ihre Verstoffwechselung sehr komplex. Nur zum Teil sind uns die Metabolisierungen bekannt, am wenigsten bei den heute in der Medizin verwandten synthetischen Präparaten. Viele Abbauprodukte haben keinen Steroidcharakter mehr und sind deshalb nur zum Teil nachweisbar. So sind z. B. bei Injektionen einer bestimmten radioaktiven Menge Östrogene zu 80% im Urin erfaßbar, aber nur etwa 30% davon können in Form der bekannten Metaboliten analysiert werden (499).

Hormonzytologische Diagnostik an anderen Organen

Nicht nur in der Vagina, sondern auch an anderen Stellen des Körpers ist das unverhornte Plattenepithel einer gewissen Beeinflussung von seiten der Sexualhormone unterworfen. Es wurde deshalb immer wieder versucht, unter Umgehung der gynäkologischen Untersuchung, Plattenepithelmaterial für die zytologische Hormondiagnostik zu gewinnen. Als Materialentnahmestellen wurden vor allem die Mundhöhle (23, 102, 103, 153, 207, 379, 417), die Labien (71, 324, 497), die Urethra (92, 409, 441, 451, 452) und die Blase (Urin) (19, 91, 165, 266, 267, 296, 308, 309, 343, 347) benützt.

Mundhöhle: Das Plattenepithel der Wangenschleimhaut und der Gingiva zeigt von all den eben erwähnten Entnahmestellen die geringste Beeinflußbarkeit von seiten der Steroidhormone. Völlig atrophische Abstriche mit vorwiegend Basal- und Parabasalzellen sind bei der Mundhöhlenzytologie außerordentlich selten und werden meist nur in Verbindung mit einer massiven Entzündung gefunden (6). Sonst sieht man höchstens Mischbilder, bei denen alle Zelltypen von den Parabasalzellen bis zu den Superfizialzellen vertreten sind, selbst wenn der Vaginalabstrich derselben Frau völlig atrophisch ist (23).

Werden bei solchen Befunden Östrogene verabreicht, verschwinden die Parabasalzellen ganz, und es erfolgt ein Anstieg der großen Intermediär- und Superfizialzellen. Bei stärkerer und längerer Östrogenapplikation treten sogar in vermehrtem Maße Hornschollen auf (230, 345, 492, 562). Umgekehrt findet man ein Absinken des Karyopyknose-Index und eine Zunahme der kleinen Intermediärzellen bei Östrogenverminderungen (z. B. Menopause) oder bei längerer Einwirkung von proliferationshemmenden Gestagenen (z. B. Schwangerschaft und Pille).

Die Beobachtungen einiger Autoren, daß das Plattenepithel der Mundhöhle während des Menstruationszyklus dem Vaginalepithel ähnliche Veränderungen des Karyopyknose- und Eosinophilie-Index aufweist (408, 435, 562) oder doch zumindest gewisse rhythmische Schwankungen erkennen läßt (55, 153, 380), konnte von anderen Autoren nicht bestätigt werden (5, 40, 102, 339). Sicher ist der typische Gestageneffekt mit Faltung und Haufenbildung hier an diesem Plattenepithel nicht zu erkennen. Für hormonzytologische Untersuchungen haben deshalb Abstriche von der Mundschleimhaut im allgemeinen keine Bedeutung. Von zahnärztlicher Seite könnte höchstens gelegentlich die Frage interessieren, wie sehr verschiedene Hormonapplikationen den Aufbau der Gingiva beeinflussen.

Labienabstrich: Gelegentlich wurde über zyklische Veränderungen im Bereich der Vulva berichtet (71, 324, 497). Bei Abstrichen von der Innenseite der kleinen Labien zeigen sich zyklische Schwankungen des Parakeratose-Index, die mit dem Eosinophilie- und Karyopyknose-Index der Vagina eine gewisse Korrelation aufweisen.

Urethralabstrich: Zur Materialgewinnung geht man mit einem dünnen, mit physiologischer Kochsalzlösung angefeuchteten Watteträger unter drehenden Bewegungen in die Urethra hinein und streicht anschließend das Zellmaterial auf einen Objektträger aus. Die Methode wird gerne bei speziellen Fragen der Urologie (z. B. Harninkontinenz, Urethritis, Reizblase) angewandt. Man kann damit einen guten Überblick über die Östrogenaktivität, vor allem bei Frauen nach der Menopause, erhalten. Der Vorteil ist, daß es sich meist um saubere, nicht durch entzündliche oder bakterielle Einflüsse gestörte Abstriche handelt. Auf der anderen Seite dürfen die inhomogenen Abstrichbilder einen nicht zu Fehldeutungen veranlassen, da neben den Plattenepithelien in unterschiedlichem Maße stets auch die kleineren Zellen des Übergangsepithels vorhanden sind, so daß im Vergleich zur vaginalen Hormonzytologie die Proliferationsgrade meist niedriger erscheinen (108). Eine Östrogentherapie bewirkt bei Harninkontinenz meistens auch eine positive subjektive Besserung (409, 411, 510), obwohl sich diese objektiv mit urodynamischen Messungen nicht so einfach verifizieren läßt (184, 405, 441).

Urinsediment: Die zytologischen Präparate werden von dem spontan gelassenen Urin durch Sedimentation hergestellt. Der Vorteil dieser Methode ist, daß die Gewinnung des Materials auf recht einfache Weise und ohne Belästigung der Patienten geschehen kann, was vor allem in der Kindergynäkologie (31, 81, 448) und bei Verlaufskontrollen in der Spätschwangerschaft, wo das Plattenepithel infolge der enormen Hormonproduktion besonders desquamiert, von Nutzen ist (10, 141, 142, 263, 264, 267, 268).

Der Nachteil besteht darin, daß die Epithelien den zytolytischen Einflüssen des Urins ausgesetzt sind und daß das Reaktionsvermögen dieses Plattenepithels auf geringe Hormonschwankungen nicht so fein ausgeprägt ist wie an der Vaginalwand.

Befundwiedergabe

Die Wiedergabe zytologischer Befunde in der hormonalen Diagnostik erfordert

- eine möglichst objektive Beschreibung des Zellbildes und
- eine abschließende diagnostische Beurteilung bzw. gutachtliche Stellungnahme.

Beschreibung des Zellbildes

Die Objektivierung hormonaler zytologischer Befunde ist schwierig. Zahlreiche Schemata zur Wiedergabe der Befunde wurden empfohlen.

Für wissenschaftliche Arbeiten besteht die exakteste Möglichkeit der Befundwiedergabe in der *Angabe von Indizes,* deren Bestimmung bereits in Kap. 4 ausführlich besprochen wurde. Die umfassendste Information bietet sicher der *Maturations-Index.* Er ist vergleichbar mit der Auszählung eines Differentialblutbildes und gibt über die Häufigkeit aller im Abstrich vorkommenden Zellformen des Plattenepithels Auskunft.

Weniger informativ, aber für die Bestimmung des Grades der Follikelhormonwirkung vielfach ausreichend, ist die Angabe des *Karyopyknose-Index,* ergänzt durch den *Eosinophilie-Index.*

Die Angabe von Indizes erweckt allzu leicht den Eindruck einer objektivierbaren Wiedergabe hormonaler Befunde, was in Wirklichkeit nicht möglich ist; denn die meisten Indizes lassen sich nicht exakt mit bestimmten Hormonlagen korrelieren und umgekehrt. Außerdem erfordert die Auszählung von Indizes einen nicht unerheblichen Zeitaufwand. Wir selbst wenden die Bestimmung der Indizes zur Befundbeschreibung daher nur in speziellen Fällen hormonaler Diagnostik an, insbesondere, wenn es um Verlaufsbeobachtungen geht und selbstverständlich auch für wissenschaftliche Publikationen, in denen es auf eine Vergleichbarkeit der Befunde zwischen verschiedenen Arbeitsgruppen ankommt. Hierfür ist es jedoch notwendig, auch den Modus der Indexbestimmung, insbesondere beim Karyopyknose-Index anzugeben.

In der *Routinediagnostik,* vor allem wenn es nur darum geht, bei der Karzinomdiagnostik die Hormonlage als Nebenbefund anzugeben, beschränken wir uns auf eine grobe *Abschätzung des Proliferationsgrades sowie der Zellfaltung und Haufenbildung.*

Hierfür hat sich die *Bestimmung des Proliferationsgrades nach Schmitt* (Abb. 6.**79** u. 6.**81**) in der Praxis sehr bewährt (52). Dabei wird der Anteil der einzelnen Zellen nicht ausgezählt, sondern nur geschätzt. Mit „Grad 1" wird ein aus Parabasalzellen bestehendes, völlig atrophisches Zellbild bezeichnet, mit „Grad 2" ein Zellbild mit überwiegend kleinen Intermediärzellen, mit „Grad 3" ein solches mit überwiegend großen Intermediärzellen und mit „Grad 4" ein Abstrich, der nur Superfizialzellen mit vorwiegend eosinophiler Färbung enthält. Abstriche, die Zellen aus verschiedenen Epithelschichten enthalten, werden beispielsweise mit den Ziffern 2–3 oder 4–3 bezeichnet, wobei die erstgenannte Ziffer jeweils der überwiegenden Zellart entspricht. Kommt eine Zellart nur in einem relativ geringen Prozentsatz vor, so hat es sich in der Praxis bewährt, dies durch eine Klammer anzudeuten, z. B. 3–4–(2).

Eine zweckmäßige Ergänzung zur Bestimmung des Proliferationsgrades nach Schmitt stellt die Anwendung des *Schemas nach Wied zur Wiedergabe von Faltung und Haufenbildung* der Zellen dar (Abb. 6.**80**). Dabei bedeutet A, daß 100% der Zellen flach ausgebreitet liegen. Bei E sind alle Zellen gefaltet. C besagt, daß 50% der Zellen flach ausgebreitet und 50% gefaltet sind. B und D stellen weitere Zwischengrade dar. Im gleichen Sinne wird mit den kleinen Buchstaben a–e zum Ausdruck gebracht, ob die Zellen einzeln oder in Haufen liegen.

Allein die Angabe von Indizes – gleichgültig ob diese durch Auszählung oder Schätzung ermittelt wurden – genügt jedoch nicht für eine umfassende Dokumentation des Befundes. Hierzu gehören auch Angaben über die vorhandene Bakterienflora, ob eine bakterielle Zytolyse oder degenerative Autolyse vorliegt, und ob Hinweise gegeben sind, daß der Abstrich nicht richtig entnommen oder fixiert wurde bzw. die Beurteilungsmöglichkeit beeinträchtigt ist.

Es sei daran erinnert, daß eine stärkere bakterielle Zytolyse weder den Proliferationsgrad noch Zellfaltung und Haufenbildung im Abstrich sicher beurteilen läßt, Entzündungen durch Pseudoeosinophilie eine zu hohe oder durch Auftreten von Zellen aus den tiefen Schichten eine zu niedrige Hormonlage vortäuschen können, durch Kokkenflora ein

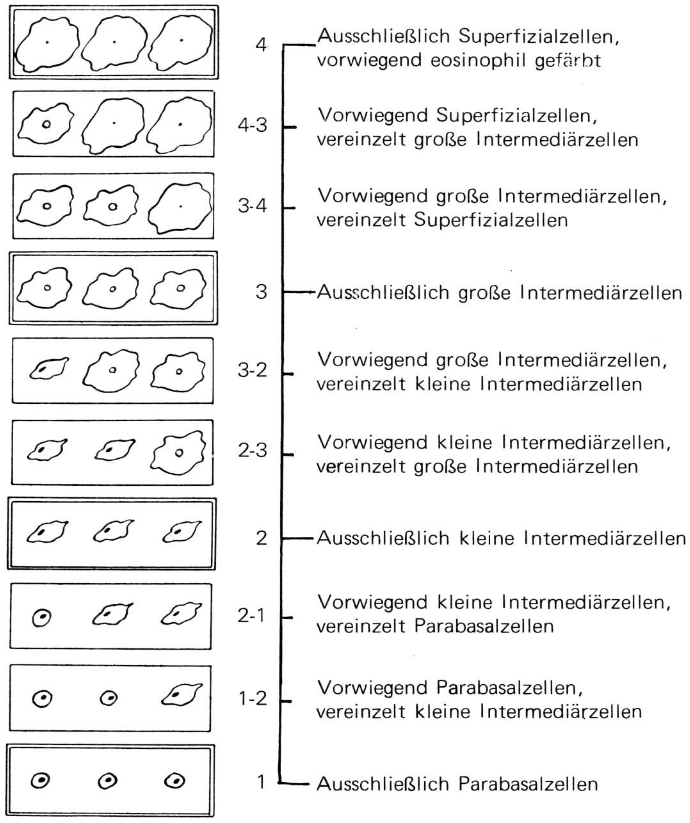

Abb. 6.**79** Schema zur Einteilung des Proliferationsgrades am Vaginalepithel nach *Schmitt* (Erläuterung im Text).

erhöhter Karyopyknose-Index hervorgerufen werden kann usw.

Schließlich soll aus der Befundbeschreibung hervorgehen, ob Hinweise dafür vorliegen, daß eine artefizielle Überlagerung und/oder Zellfaltung, eine Pseudoeosinophilie durch Antrocknung, Entnahme an falscher Stelle, z. B. aus dem Zervikalkanal, oder eine Verschleppung von Zellen aus dem Introitusbereich vorliegen.

A	100% flache Zellen	
B	75% flache Zellen	25% gefaltete Zellen
C	50% flache Zellen	50% gefaltete Zellen
D	25% flache Zellen	75% gefaltete Zellen
E	100% gefaltete Zellen	

a	100% einzeln liegende Zellen	
b	75% einzeln liegende Zellen	25% in Haufen liegende Zellen
c	50% einzeln liegende Zellen	50% in Haufen liegende Zellen
d	25% einzeln liegende Zellen	75% in Haufen liegende Zellen
e	100% in Haufen liegende Zellen	

Abb. 6.**80** Schema zur Registrierung von Faltung und Haufenbildung der Vaginalepithelzellen nach *Wied.*

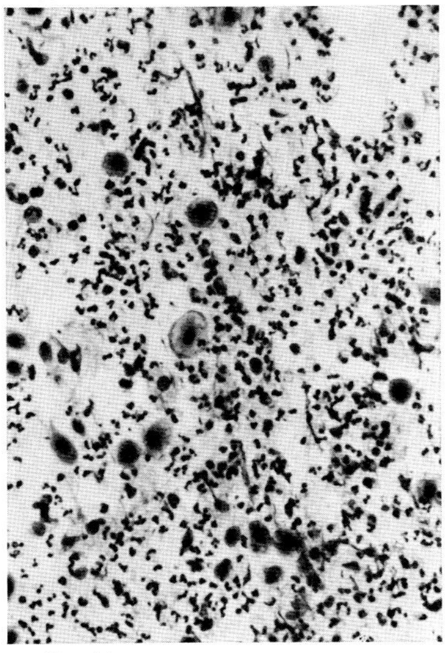

a Grad 1

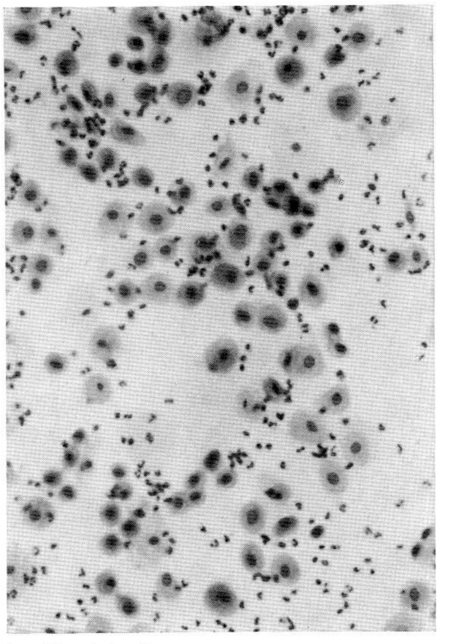

b Grad 1–2

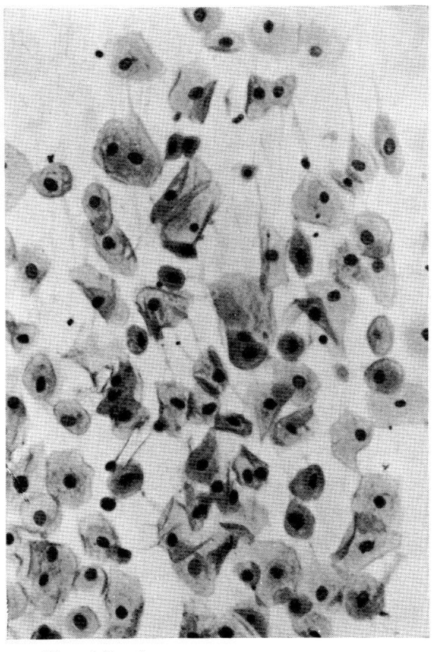

c Grad 2–1

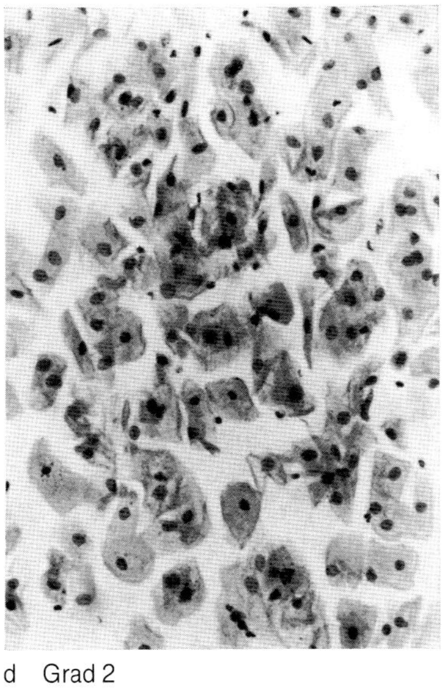

d Grad 2

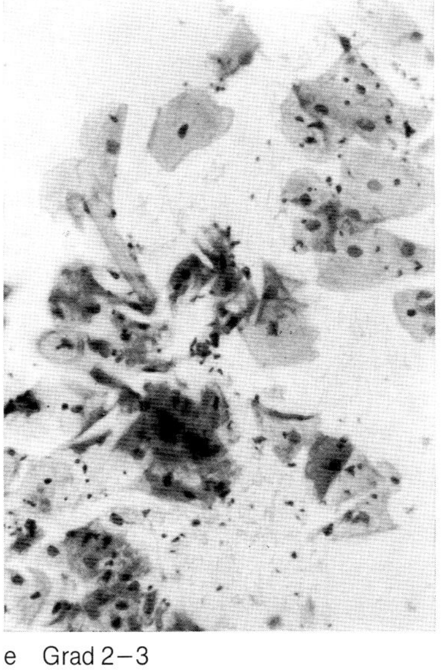

e Grad 2–3

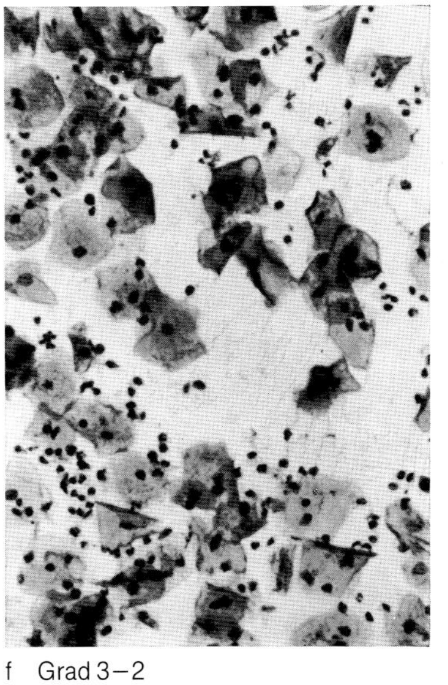

f Grad 3–2

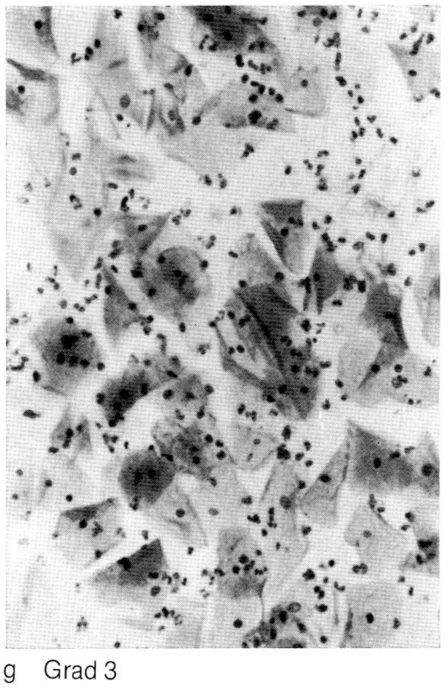

g Grad 3

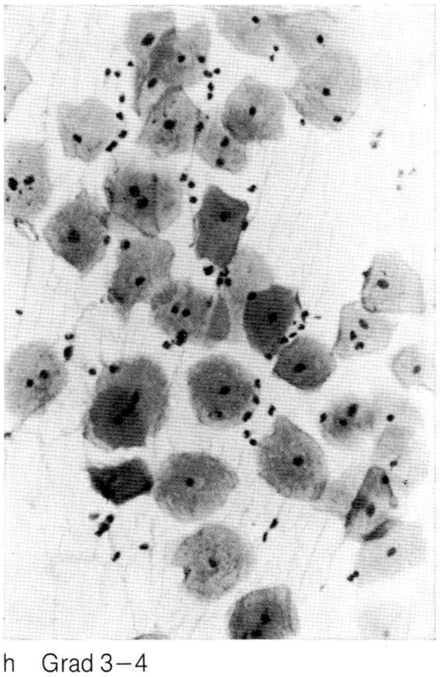

h Grad 3–4

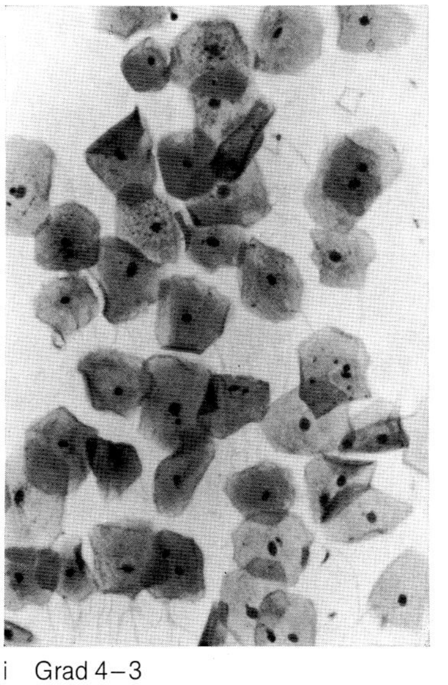

i Grad 4–3

Abb. 6.**81 a–i** Einteilung des Proliferationsgrades am Vaginalepithel für die funktionelle Zytodiagnostik nach *Schmitt*.

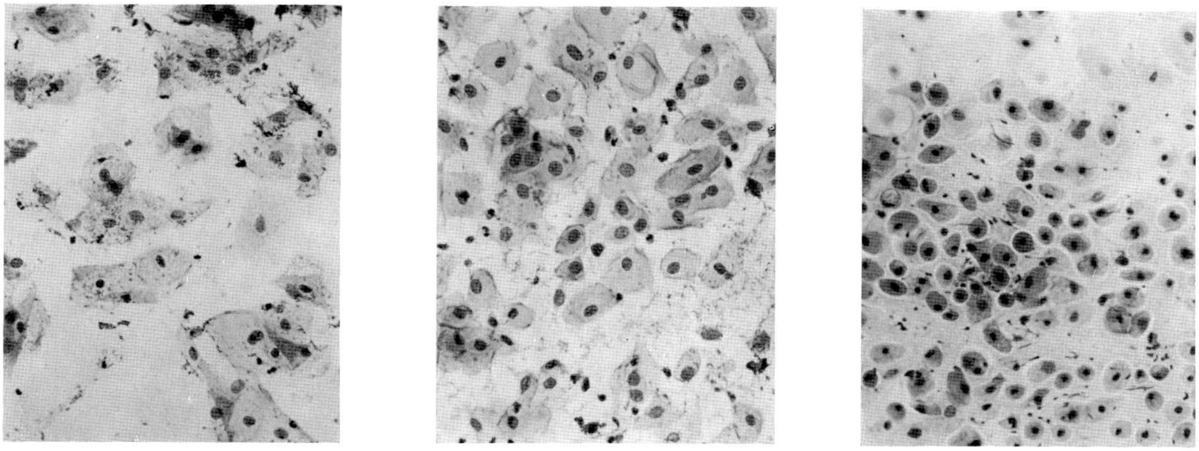

a b c

Abb. 6.**82 a–c** Verschiedene Grade des Follikelhormonmangels

a Leichter Follikelhormonmangel: Ausstriche mit vorwiegend zyanophilen großen und wenig kleinen Intermediärzellen. Eosinophile Superfizialzellen nur ganz vereinzelt oder gar nicht.

b Mittlerer FH-Mangel: Vorherrschend kleine Intermediärzellen. Daneben parabasale Zellen in größerer Zahl. Zyanophile große Intermediärzellen nur vereinzelt.

c Schwerer FH-Mangel: Ausstriche mit überwiegend parabasalen und evtl. vereinzelt basalen Zellen. Intermediärzellen bisweilen in geringer Zahl. Superfizialzellen fehlen stets (alle Bilder Obj. 20 ×, Ok. 10 ×).

Diagnostische Beurteilung

Die abschließende gutachtliche Stellungnahme soll eine *klare, auch für den zytologisch nicht erfahrenen Arzt verständliche Beurteilung des Zellbildes in Worten und die zytohormonale Diagnose* enthalten. Dies ist auf zweierlei Weise möglich:

- Es kann vom Zellbild bei *guter oder überhöhter Follikelhormonwirkung,* von *Follikelhormonmangel leichten, mittleren* oder *schweren Grades* (wobei das letztere einem weitgehend atrophischen Zellbild entspricht), von *deutlich* oder *weniger gut ausgeprägten* Zeichen einer *Corpus-luteum-Hormonwirkung,* von einem *androgenen Zellbild* usw. gesprochen werden. Beispiele für verschiedene Grade des Follikelhormonmangels sind in Abb. 6.**82** wiedergegeben. Wegen der übrigen Zellbilder sei auf die zurückliegenden Kapitel verwiesen.
- Es können, besonders bei Frauen im geschlechtsreifen Alter, die *Zellbilder mit den normalen Befunden im regelmäßigen Zyklus der gesunden Frau verglichen* werden. Wenn also ein am 10. Zyklustag entnommener Abstrich dem Zellbild vom 5.–6. Zyklustag entspricht, so ist dies ein Zeichen eines gewissen Follikelhormonmangels. Sind am 18. Zyklustag die Zeichen einer hohen Follikelhormonwirkung erkennbar wie in der präovulatorischen Phase, so muß daraus geschlossen werden, daß eine Ovulation noch nicht erfolgt ist. Ein Zellbild mit den Zeichen der Corpus-luteum-Hormonwirkung wäre am gleichen Tag zyklusgerecht. In ähnlicher Weise lassen sich *Korrelationen zu den normalen Befunden vor und nach der Geschlechtsreife* herstellen.

Eine derartige Befundbeschreibung ermöglicht sehr feine Nuancierungen. *Unerläßlich ist* dabei jedoch *die genaue Kenntnis von klinischem Befund, Alter, Anamnese einschließlich evtl. vorausgegangener Hormontherapie.* Ohne dieses Wissen ist eine hormonale Diagnostik aus Vaginalabstrichen nicht möglich, *da gleiche oder ähnliche Zellbilder, je nach klinischem Befund und Anamnese, u. U. verschiedene Deutungen erfahren müssen.*

Schließlich sollte der hormonzytologische Befund – soweit notwendig – Hinweise auf die im Einzelfall gegebenen Grenzen der Beurteilung und differentialdiagnostischen Möglichkeiten enthalten.

Literatur

1 Albert, P. J., J. Gille, M. Schmidt: Seltener Fall einer Gonadendysgenesie mit 45, X-46, X, Ring X Mosaik-Kasuistik. Geburtsh. u. Frauenheilk,. 46 (1986) 473

2 Alexiu, M.: Über die Physiologie der Vaginalschleimhaut bei Neugeborenen. Arch. Gynäkol. 167 (1938) 240

3 Alexiu, M., K. Herrnberger: Untersuchungen des Vaginalinhaltes bei Neugeborenen und Säuglingen. Zbl. Gynäkol. 62 (1938) 9

4 Altmann, P., M. Schütz, J. Spona: Das Verhalten peripherer Östrogenrezeptoren unter Clomiphentherapie. Zbl. Gynäkol. 96 (1974) 148

5 Andermatt, O.: Das Oberflächenbild der Mundschleimhaut während des Menstruationszyklus. Diss., Zürich 1950

6 Anderson, W. R., J. Belding, E. Pixley: Oral cytology. A hormonal evaluation. Acta cytol. 13 (1969) 81

7 Apostolakis, M., G. Bettendorf, K.D. Voigt: Klinisch-experimentelle Studien mit menschlichem hypophysärem Gonadotropin. Acta endocrinol. (Kbh.) 41 (1962) 14

8 Arnoldt, E., O. A. Roth: Grenzen und Möglichkeiten der zytohormonalen Diagnostik aus dem Vaginalsekret im Rahmen einer gynäkologischen Sprechstunde bei einmaliger Untersuchung. Geburtsh. u. Frauenheilk. 12 (1952) 1110

9 Archer, D. F., R. L. Thomas: The fallacy of the postpill amenorrhea syndrome. Clin. Obstet. Gynecol. 24 (1981) 943

10 Arrighi, A., G. Terzano: Urinary cytology during pregnancy. Acta cytol. 3 (1959) 298

11 Augustin, J., A. Horsky: Vaginal cytology in ovarian granulosa cell tumors. Čs. Gynecol. 31 (1966) 661

12 Badawy, S. Z. A., L. J. Elliott, A. Elbadawi: Plasma levels of estrone and estradiol-17 in postmenopausal women. Brit. J. Obstet. Gynaecol. 86 (1979) 56

13 Bahner, F.: Klinik der Androgene. In Eichler, O., A. Farah, H. Herken, A. D. Welch: Handbuch der experimentellen Pharmakologie, Bd. XXXV/2, Androgene II and Antiandrogene. Springer, Berlin 1974

14 Bals-Pratsch, M., U. A. Knuth, Y.-D. Yoon, E. Nieschlag: Transdermal testosterone substitution therapy for male hypogonadism. Lancet 1986/II, 943

15 Bardin, C. W., W. C. Hembree, M. B. Lipsett: Suppression of testosterone and androstenedione production rates with dexamethasone in women with idiopathic hirsutism and polycystic ovaries. J. clin. Endocrinol. 28 (1968) 1300

16 Bässler, R.: Pathologie der weiblichen Genital- und Mammatumoren im Kindesalter und Adoleszenz. Gynäkologe 6 (1975) 49

17 Bartl, W., G. Breitenecker, P. Kameter, G. Tatra: Die Absorptionsfähigkeit der bestrahlten und unbestrahlten Vagina für konjuginale Östrogene. Geburtsh. u. Frauenheilk. 40 (1980) 319

18 Basdevant, A., J. Raison, B. DeLigniéres, B. Guy-Grand: Métabolisme des hormones sexuelles et tissue adipeux. J. Gynécol. Obstét. Biol. Réprod.d 15 (1986) 147

19 Baur, S.: Ergebnisse zytologischer Untersuchungen an Mädchen in der Kindheit und Pubertät. Tagung der Mittelrheinischen Gesellschaft für Gynäkologie, Strassburg 1973

20 Beck, H., G. Zimmerer: Zur Frage der Sexualhormonwirkung auf die Vaginalschleimhaut bei ruhender Ovarialtätigkeit. Zbl. Gynäkol. 78 (1956) 161

21 Benjamin, F., S. Deutsch: Immunoreactive plasma estrogens and vaginal hormone cytology in postmenopausal women. Int. J. Gynecol. Obstet. 17 (1980) 546

22 Benz, J. J., M. Litschgi: Epimestrol – eine ovulationsauslösende Substanz. Geburtsh. u. Frauenheilk. 35 (1975) 194

23 Bercovici, B., S. Gron, S. Pisanty: Vaginal and oral cytology of the menopause. Acta cytol. 29 (1985) 805

24 Berger, J., M. Keller: Östrogenwirkung in der Menopause. Gynaecologia 137 (1954) 250

25 Berlingiori, D., E. Schiatti: Sulle modificazioni citologice progestative dello striscio vaginale. Arch. Obstet. Ginecol. 67 (1962) 487

26 Bertred, P. V., Coleman, J. R., A. G. Crooke, M. C. Mac Naughton, J. H. Mills: Human ovarian response to gonadotropins with different rations of follicle-stimulating hormone. Luteinizierung hormone assessed by different parameters. J. Endocrinol. 53 (1972) 231

27 Besserer, G.: Das cytologische Bild des Scheidenabstriches bei der glandulär-cystischen Hyperplasie. Arch. Gynäkol. 180 (1951) 74

28 Bettendorf, G.: Ovarian stimulation in hypohysectomized patients by human Gonadotropins. Proc. V. World Congress Fertil. Steril. Int. Congr. Ser. 133. Excerpta Medica Foundation, Amsterdam 1966 (S. 46)

29 Bettendorf, G., M. Breckwoldt, P. J. Czygan: Klinisch experimentelle Untersuchungen mit Clomiphen. Geburtsh. u. Frauenheilk. 25 (1965) 673

30 Bettendorf, G., M. Breckwoldt, K. Knörr, H. E. Stegner: Gravidität nach Hypophysektomie und Behandlung mit hypophysärem Humangonadotropin. Dtsch. med. Wschr. 89 (1964) 1952

31 Bettmann, H. K., C. J. Meyer: Studies of urocytograms and urinary excretion of estriol and pregnanediol in new born infants. Acta cytol. 10 (1966) 266

32 Bibbo, M., G. L. Wied: Hormonal cytology. In Wied, G. L., G. Koss, J. W. Reagan, J. Zajicek: Compendium on Diagnostic Cytology. International Academy of Cytology, Chicago/Ill. 1972 (p. 73)

33 Bidlingmaier, F., M. Wagner-Barnack, O. Butenandt, D. Knörr: Plasma estrogens in childhood and puberty under physiologic and pathologic conditions. Pediat. Ress. 7 (1973) 901

34 Bierich, J. R.: Pubertas praecox and pubertas tarda. In Kracht, J.: Endokrinologie der Entwicklung und Reifung. 16. Symposion der Deutschen Gesellschaft für Endokrinologie. J. Kracht. Springer, Berlin 1970 (S. 183)

35 Bimler, P.: Cytologische Untersuchungen der Hormonlage bei Frauen nach natürlicher Menopause. Inaug.-Diss., München 1963

36 Binkiewicz, B.: Effect of different doses of chlormadinon on vaginal epithelium, endometrium and cervical mucus. Endokrinol. pol. 21 (1970) 163

37 Bishop, P. M. F.: Clomiphene. Brit. med. Bull. 26 (1970) 22

38 Blobel, R.: Die zentrale Regelung der Ovarialfunktion. Gynäkologe 1 (1969) 100

39 Boepple, P. A., M. J. Mansfield, M. E. Wiermann, C. R. Rudlin, H. H. Bode, J. F. Crigler jr., J. D. Crawford, W. F. Crowley jr.: Use of a potent long-acting agonist of gonadotropin-releasing hormone in the treatment of precocious puberty. Endocr. Rev. 7 (1986) 24

40 Böhme, I.: Das Oberflächenbild der Mundschleimhaut und seine Differenzierung im zyklischen Ablauf. Diss., Leipzig 1953

41 Bolt, H. M.: Die Bedeutung der Östrogen-Rezeptoren in der Pharmakotherapie des Mammakarzinoms. Münch. med. Wschr. 117 (1975) 117

42 Boquoi, E., J. Hammerstein: Vergleichende vaginalzytologische und hormonanalytische Untersuchungen bei zyklusgestörten Frauen unter ovulationsauslösender Behandlung. 3. Tagung der deutschen Gesellschaft für angewandte Zytologie, Mannheim 1967

43 Boquoi, E., J. Hammerstein: Discrepancies between colpocytology and urinary steroid hormone excretion in women treated with clomiphene citrate or gonadotropins for anovulatory sterility. Acta cytol. 13 (1969) 332

44 Boquoi, E., J. E. Müller: Ein Beitrag zur Frage der Wirkung von sogenannten Ovulationshemmern auf das Epithel von Cervix uteri und Vagina. Zbl. Gynäkol. 89 (1967) 1318

45 Boquoi, E., K. J. Staisch: Vaginalzytologische Untersuchungen zur Dosis-Wirkungsbeziehung konjugierter Östrogene (Presomen) bei Frauen in der Postmenopause. Geburtsh. u. Frauenheilk. 28 (1968) 1132

46 Da Bormida, G.: L'esame citologico dello striscio vaginale: la formula e l'indice colpocitologici nella neonata. Amer. Obstet. Ginecol. 74 (1952) 944

47 Boschann, H.-W.: Cytologische Untersuchungen über die Wirkung von Androgenen am atrophischen Vaginalepithel in Abhängigkeit von Dosierung und Applikationsart. Arch. Gynäkol. 187 (1955) 39

48 Boschann, H.-W.: Klinische Erfahrungen mit 17-alpha-oxy-Progesteron-17-carponat. Geburtsh. u. Frauenheilk. 15 (1955) 1070

49 Boschann, H. W.: The effect of progesterons on the atrophic epithelium. Acta cytol. 6 (1962) 232

50 Boschann, H. W., S. Kur: Über die Wirkung des 17-Aethinyl-19-Nortestosteronoenanthats, eines neuen Gestagens mit Depotcharakter auf das menschliche Endometrium und das atrophische Vaginalepithel. Geburtsh. u. Frauenheilk. 17 (1957) 928

51 Bossi, E., R. P. Zurbrügg: Behandlung der Pubertas praecox mit dem Antiandrogen Cyproteronacetat. Klin. Wschr. 51 (1973) 774

52 Bossi, E., R. P. Zurbrügg, E. E. Joss: Improvent of adult height prognosis in precocious puberty by cyproterone acetate. Acta paediat. scand. 62 (1973) 405

53 Botella-Llusiá, J.: Endocrinology of Women. Saunders, Philadelphia 1973 (p. 899)
54 Botella-Llusiá, J., S. Dexeus: Symposium International sobre la Endoscopia Ginecologica, Palermo, Nov. 1964; zit. nach J. Botella-Llusiá (44)
55 Brandenburg, W., R. Grulens: Vergleichende exfoliative Cytologie der Mundschleimhaut bei Mann und Frau. Ärztl. Wschr. 9 (1956) 195
56 Bregulla, K., P. Hiltl: Ovarialfunktion und Körpertemperatur am Abend. Geburtsh. u. Frauenheilk. 33 (1973) 636
57 Breinl, H.: Kontrolle der Ovarialfunktion mittels hormoneller Zytodiagnostik. In König, P. A., V. Probst: Funktion und Pathologie des Ovariums. Enke, Stuttgart 1971
58 Breinl, H., W. Warnecke: Langzeitbehandlung mit Ovulationshemmern. Med. Klin. 62 (1967) 1835
59 Breinl, H., H. Schmidt-Elmendorff, E. Kaiser: Funktionszytologische und hormonchemische Befunde unter Behandlung mit Gonadotropinen und mit Clomiphen. 3. Tagung der Deutschen Gesellschaft für angewandte Zytologie, Mannheim 1967
60 Britsch, Ch. J., H. A. Azar: Estrogen effect in exfoliated vaginal cells following treatment with digitalis. Amer. J. Obstet. Gynecol. 85 (1963) 989
61 Brumori, J. L.: Effect of digitalis on the vaginal epithelium of elderly women. Riv. ital. Ginecol. 49 (1965) 261
62 de Brux, J. A.: The value of exfoliative cytology in the diagnosis of hormone producing tumors. Acta cytol. 4 (1960) 106
63 Buchholz, R.: Der Anteil des Progesterons an der Steuerung der inkretorischen und generativen Ovarialfunktion. In Junkmann, K.: Handbuch der experimentellen Pharmakologie, Bd. XXII/2: Gestagene. Springer, Berlin 1969 (S. 720)
64 Bucks, D. A., H. J. Maibach, R. H. Guy: Percutaneous absorption of steroids: effects of repeated application. J. pharm. Sci. 74 (1985) 1337
65 Burckhardt, D., J. S. Ladne: Östrogenähnliche Wirkung von Digitalis. Schweiz. med. Wschr. 98 (1968) 1250
66 Burckhardt, D., C. A. Vera, J. S. Ladue: Effect of digitalis on urinary pituitary gonadotropin excretion. A study in postmenopausal women. Ann. intern. Med. 68 (1968) 1069
67 Burnier, A. M., P. L. Martin, S. S. C. Yen, P. Brooks: Sublingual absorption of micronited 17β-estradiol. Amer. J. Obstet. Gynecol. 140 (1981) 146
68 Buxton, C. L., E. T. Engle: Time of ovulation. Amer. J. Obstet. Gynecol. 60 (1950) 539
69 Cameron, E. H. D., A. H. Baillie, J. K. Grant, J. A. Milne, J. Thomson: Transformation in vitro of 7-^{3}H-dehydroepiandrosterone to ^{3}H-testosterone by skin from men. J. clin. Endocrinol. 35 (1966) 19
70 Cassano, Ph. A., P. E. Saigo, S. I. Hajdu: Comparison of the cytohormonal status of postmenopausal women with cancer to age-matched controls. Acta cytol. 30 (1986) 93
71 Castillo del, E. B., E. A. Videla: Cellular cycle of the labia minora. Acta cytol. 10 (1966) 236
72 Cazzola, D.: Entzündliche Prozesse und Reaktionsfähigkeit der Vaginalschleimhaut. Zbl. Gynäkol. 78 (1956) 27
73 Cetroni, M. B.: La citologia vaginale delle neonate. Clin. Ginecol. 1 (1959) 9
74 Chang, R. J., H. L. Judd: The ovary after menopause. Clin. Obstet. Gynecol. 24 (1981) 181
75 Charles, D., L. van Leeuwen, J. H. Turner: Significance of cornified cells in the vaginal smear of postmenopausal women. Amer. J. Obstet. Gynecol. 94 (1966) 527
76 Chetkowski, R. J., D. R. Meldrum, K. A. Steingold, D. Randle, J. K. Lu, P. Eggena, J. M. Hershman, N. K. Alkjaersig, A. P. Fletcher, H. L. Judd: Biological effects of transdermal estradiol. New Engl. J. Med. 314 (1986) 1615
77 Chiaffitelli, H. S. de, S. Dominguez: Vaginal cytology in patients treated with steroid combinations. Acta cytol. 14 (1970) 344
78 Cirkel, U., K.-W. Schweppe, H. Ochs, H. I. G. Schneider: Metabolische Effekte und allgemeine Nebenwirkungen bei Endometriosebehandlung mit einem LH-RH-Agonisten. Geburtsh. u. Frauenheilk. 47 (1987) 154
79 Clift, A. F.: Observations on certain rheological properties of human cervical secretion. Proc. roy. Soc. Med. 39 (1945) 1
80 Cohen, J., D. Krulik: L'induction de l-ovulation par le cyclophenyl. In Moricard, R., J. Ferin: L'ovulation. Masson, Paris 1969
81 Collet-Solberg, P. R., M. M. Grumbach: A simplified procedure for evaluating estrogenic effects and the sex chromatin pattern in exfoliated cells in urine. Studies in premature thelarche and gynecomastia of adolescence. J. Pediat. 66 (1965) 883
82 Corral, J., J. Calderon, J. W. Goldzieher: Induction of ovulation and term pregnancy in a hypophysectomized women. Obstet. and Gynecol. 39 (1972) 397
83 Crowley, W. F., F. Comite, W. Vale, J. Rivier, D. L. Loriaux, G. B. Cutler: Therapeutic use of pituitary desensitization with a long-acting LH-RH agonist: a potential new treatment for idiopathic precocious puberty. J. clin. Endocrinol. 52 (1981) 370
84 Cunderlik, V.: Die Bestimmung des Ovulationstermins aus dem vaginalen Zyklus der Frau. Zbl. Gynäkol. 75 (1953) 224
85 Dallenbach, F. D.: Beziehungen zwischen Östrogenen und Karzinogenese. Fortschr. Med. 89 (1971) 626
86 Dallenbach-Hellweg, G.: Endometrium. Springer, Berlin 1969
87 Dapunt, O.: Das klimakterische Syndrom. Zbl. Gynäkol. 89 (1967) 300
88 Dapunt, O., H. J. Födisch: Die Wirkung von Östriol auf Uterus und Vagina der Frau. Geburtsh. u. Frauenheilk. 28 (1968) 1142
89 Dapunt, O., K. O. Schmid: Östrogene im Klimakterium und Senium und ihr Endometriumseffekt. Z. Geburtsh. Gynäkol. 167 (1967) 241
90 Dässler, C. C., R. Steinhoff: Untersuchungen zur Stimulierung der Ovarien durch gonadotrope Hormone. Zbl. Gynäkol. 87 (1965) 449
91 Del Castillo, E. B., J. Argonz, C. Galli-Mainini: Cytological cycle of the urinary sediment and its parallelism with the vaginal cycle. J. clin. Endocrinol. 8 (1948) 76
92 Del Castillo, E. B., J. Argonz, C. Galli-Mainini: Smears from the female urethra and their relationship to smears of the urinary sediment. J. clin. Endocrinol. 9 (1949) 1362
93 Del Castillo, E. B., E. A. Gidela, L. F. Schenoni: Ciclo celutar de Descamacion de los Pequenos Labios. Medicina (B. Aires) 25 (1965) 61
94 Delima, G. R., C. D. Guariniori-Netto, L. C. Mattosinho-Franca, A. Altenfelder: Arrhenoblastoma of the right ovary. Report of a case. Obstet. and Gynecol. 27 (1966) 107
95 Del Sol, J. R., C. Rohrbach: The effect of progestogens on the atrophic epithelium. Acta cytol. 6 (1962) 231
96 Dhom, G.: Morphologie der Entwicklung und Reifung endokriner Organe. In Kracht, J.: Endokrinologie der Entwicklung und Reifung. 16. Symposion der Deutschen Gesellschaft für Endokrinologie. Springer, Berlin 1970 (S. 21)
97 Diczfalusy, E., U. Goebelsmann, E. Johannisson, K. G. Tillinger, L. Wide: Pituitary and ovarian function in women on continuous low dose progestogens; effect of chlormadinone acetate and norethisterone. Acta endocrinol. (Kbh.) 62 (1969) 679
98 Diczfalusy, F., K. G. Tillinger, A. Westmann: Studies on oestrogen metabolism of exogenous oestradiol-17 beta. Acta endocrinol. (Kbh.) 26 (1957) 313
99 Distler, W., M. Graf: Neurochemische und endokrine Veränderungen in der Prä- und Postmenopause. Gynäkologe 19 (1986) 202
100 Dmowski, W. P., M. R. Cohen: Treatment of endometriosis with an antigonadotropin, Danazol. Obstet. and Gynecol. 46 (1975) 147
101 Dokumov, S. J.: The hormonal crisis of the newborn female Gynaecologia 150 (1960) 157
102 Dokumov, S. J., S. A. Spasov: A comparison of oral and vaginal smears in women with normal menstrual cycles. Acta cytol. 14 (1970) 31
103 Döring, G. K.: Untersuchung des Zervixschleims. In Käser, O., V. Friedberg, K. G. Ober, K. Thomsen, J. Zander: Gynäkologie und Geburtshilfe, Bd. I. Thieme, Stuttgart 1969 (S. 841)
104 Dykova, H., F. Havranek, M. Tichy, J. Pokorná: Die ungleichmäßige Reaktivität der Gebärmutterschleimhaut auf ovarielle Hormone. Arch. Gynäkol. 199 (1964) 340
105 Edgren, R. A., R. C. Jones, D. L. Peterson: A biological classification of progestional agents. Fertil. and Steril. 18 (1967) 238
106 Edgren, R. A., D. L. Peterson, R. C. Jones, C. L. Nagra, H. Smith, G. A. Hughes: Biological effects of synthetic gonanes. Recent Progr. Horm. Res. 22 (1966) 305
107 Efstradiades, M., E. Tamvakopoulou, B. Papatheodorou, M. Batrinos: Postmenopausal vaginal cytohormonal pattern in 597 healthy women and 301 patients with genital cancer. Acta cytol. 26 (1982) 126

108 Eisenfeld, A. J., J. Axelrod: Evidence for estradiol binding sites in the hypothalamus – effect of drugs. Biochem. Pharmacol. 16 (1967) 1781

109 El-Habshy, M. A., D. R. Mishell, D. L. Moyer: Effects of supplementary oral estrogen on longacting injectable progestogen contraception. Obstet. and Gynecol. 35 (1970) 51

110 Elsner, P., H. Tischer: Cytologische Veränderungen des Scheidenepithels bei kontrasexueller Hormontherapie weiblicher Genitalkarzinome. Gynaecologia 136 (1953) 208

111 Elstein, M.: Vaginal cytology of the newborn. J. Obstet. Gynaecol. Brit. Cwlth. 70 (1963) 1050

112 Emons, G., K. Diedrich, D. Krebs, R. Knuppen: Postmenopauseblutung nach Anwendung eines östrogenhaltigen Haarwassers – begleitende endokrine Veränderungen. Geburtsh. u. Frauenheilk. 44 (1984) 460

113 Feldmann, H. U., R. Rupek, D. Tenhaeff: Kontrazeption mit täglichen Mikro-Dosen Norethisteron. Fortschr. Med. 91 (1973) 495

114 Fendel, K.: On the problem of cyclic-related changes of the pharyngeal mucosa in the cytological picture. Arch. Ohr.-, Nas.- u. Kehlk.-Heilk. 179 (1962) 315

115 Fentanes des Torres, E.: Feminization in tumors of Sertoli-Leydig cells. Acta cytol. 18 (1974) 187

116 Fentanes de Torres, E.: Cytologic changes in an ovarian thecoma. Acta cytol. 20 (1976) 104

117 Férin, F.: Effects of 19-nor-steroidal progestogens on the vaginal smears of normally menstruation women. Acta cytol. 6 (1962) 305

118 Feuillan, P. P., C. M. Foster, O. H. Pescovitz, K. D. Hench, Th. Shawker, A. Dwyer, J. D. Malley, K. Barnes, B. L. Loriaux, G. B. Cutler: Treatment of precocious puberty in the McCune-Albright syndrome with the aromatase inhibitor Testolactone. New Engl. J. Med. 315 (1986) 1115

119 Figueroa, Casas. P. R., O. A. Arcangeli, G. M. Arrue Gowland, A. R. Badano, R. R. Berli, E. C. Bonofiglio: Effect of clomiphene citrate upon parameters of ovulation in patients selectively operated upon during drug administration. Amer. J. Obstet. Gynecol. 106 (1970) 828

120 Fischer, R.: Die Cytologie des Vaginalsekrets unter der Anertan-Behandlung Karzinom-Kranker. Zbl. Gynäkol. 73 (1951) 1640

121 Foley, M., B. Law, J. Davies, K. Fotherby: Clinical trial and laboratory investigation of a low-dose progestogen-only contraceptive-exlution. Int. J. Fertil. 18 (1973) 246

122 Foster, C. M., F. Comite, O. H. Pescovitz, J. L. Ross, D. L. Loriaux, G. B. Cutler jr.: Variable response to a long-acting agonist of luteinizing hormone releasing hormone in girls with McCune-Albright syndrome. J. clin. Endocrinol. 59 (1984) 801

123 Foster, C. M., O. H. Pescovitz, F. Comite, et al.: Testolactone treatment of precocious puberty in McCune-Albright syndrome. Acta endocrinol. (Kbh.) 109 (1985) 254

124 Fraenkel, L., G. N. Papanicolaou: Growth, desquamation and involution of the vaginal epithelium of fetuses and children, with an consideration of the related hormonal factors. Amer. J. Anat. 62 (1938) 427

125 Gambrell, R. D., R. B. Greenblatt, V. B. Makesh: Inappropriate secretion of LH in the Stein-Leventhal-syndrome. Obstet. and Gynecol. 42 (1973) 429

126 Geiger, W., R. Kaiser: Klinische Beobachtungen bei HCG-Pseudograviditäten. Arch. Gynäkol. 210 (1971) 28

127 Geiger, R., W. König, H. Wissmann, K. Geiser, F. Enzmann: Synthesis and characterisation of a decapeptide having LH-RH/FSH-RH activity. Biochem. biophys. Res. Commun. 45 (1971) 767

128 Geist, S. H., U. J. Salmon, J. A. Gaines, R. T. Walter: The biologia effects of androgen (testosterone propionate) in women. J. Amer. med. Ass. 111 (1940) 1539

129 Geisthövel, F., U. Skubsch, G. Zabel, H. Schillinger, M. Breckwoldt: Ultrasonographic and hormonal studies in physiological and insufficient menstrual cycles. Fertil. and Steril. 39 (1983) 277

130 Geisthövel, F., G. Zabel, U. Skubsch, H. Schillinger, M. Breckwoldt: Sonographic and hormonal studies of hyperandrogenaemic ovarian insufficiency. Acta endocrinol., Suppl. 149 (1983) 134

131 Geisthövel, F., W. Klosa, B. Rabold, H. Schillinger, M. Breckwoldt: Sonographische Kriterien der Ovarialfunktion in physiologischen Menstruationszyklen. Geburtsh. u. Frauenheilk. 44 (1984) 225

132 Geisthövel, F., R. Bliefert, H. Geyer, M. Breckwoldt, J. Sandow: Stimulation der Ovarialfunktion mit Gonadotropinen nach Suppression der endogenen Gonadotropin-Sekretion durch Bauchinfusion des LH-RH-Analogon Buserelin. Geburtsh. u. Frauenheilk. 47 (1987) 240

133 Gemzell, C.: Induction of ovulation in patients following removal of a pituitary adenoma. Amer. J. Obstet. Gynecol. 117 (1973) 955

134 Gigon, U., H. Keller, O. Stamm: Einfluß eines synthetischen Gonadotropin Releasing-Hormons, auf die Ausscheidung des leuteinisierenden Hormons (LH) und der Totalöstrogene bei sekundären Amenorrhoen. Gynäkol. Rdsch. 13 (1973) 297

135 Gigon, U., O. Stamm, H. Werder: Die Bedeutung der getimten Ovulationsinduktion mittels HCG oder synthetischen LH-RH in der Sterilitätsbehandlung. Geburtsh. u. Frauenheilk. 33 (1973) 567

136 Gigon, U., D. Zarro, O. Stamm: Die LH-Ausscheidung bei sekundären Amenorrhoen. Z. Geburtsh. Gynäkol. 175 (1971) 113

137 Gitsch, E., E. Seibert: Die glanduläre Hyperplasie des Endometriums im Spiegel der Cytologie des Scheidenepithels. Z. Geburtsh. Gynäkol. 140 (1954) 266

138 Goebel, R.: Danazol: Ein neues synthetisches Antigonadotropin – Behandlungsergebnisse bei Endometriose, Mastopathie und langjähriger Ehesterilität. Geburtsh. u. Frauenheilk. 38 (1978) 932

139 Goldhan, A., M. N. Grody, W. H. Masters: The vaginal smears and an ovulatory index. Fertil. and Steril. 3 (1952) 376

140 Goldzieher, J. W.: Polycystic ovarian disease: In: Clinical Obstetrics and Gynecology. Harper & Row, New York 1973 (p. 82)

141 Gonzales, P. R. G.: El urocitograma y colpocitograma como criterio en la induccion del parto. Rev. Obstet. Ginecol. 21 (1961) 47

142 Gonzales, R. M.: Urinary cytology during pregnancy. Acta cytol. 3 (1959) 298

143 Gordon, H. W., A. M. Rywlin, H. Sussman, P. Marvan: The effect of digitalis therapy on the vaginal cytology in postmenopausal females. Negative results in a pilot study. Amer. J. Obstet. Gynecol. 94 (1966) 524

144 Gottswinter, J. M., et al.: Medikamentös bedingte Gynäkomastie durch östrogenhaltiges Haarwasser. Med. Klin. 79 (1984) 181

145 Gräf, K. J., J. Brotherton, F. Neumann: Clinical uses of antiandrogens. In Eichler, O., A. Farah, H. Herken, A. D. Welch: Handbuch der experimentellen Pharmakologie, Bd. XXXV/2: Androgens II and Antiandrogens. Springer, Berlin 1974 (S. 485)

146 Greenblatt, R. B.: Chemical induction of ovulation. Fertil. and Steril. 12 (1961) 402

147 Greenblatt, R. B.: Progestional agents in clinical practice. Med. Sci. 18 (1967) 37

148 Greenblatt, R. B., W. E. Barfield, E. C. Jungck, A. W. Ray: Induction of ovulation with MRL-41. J. Amer. med. Ass. 168 (1961) 101

149 Greenberg, H., L. L. Penney, M. L. Smith: Transvaginal absorption of estrogens through irridated mucosa. Gynecol. Oncol. 17 (1984) 301

150 Groeber, W. R.: Ovarian tumors during infancy and childhood. Amer. J. Obstet. Gynecol. 86 (1963) 1027

151 Grönroos, M., J. Tyrkkö, P. K. Siiteri, T. Salmi, M. Haataja, R. Paul: Cytolysis and karyopyknosis in postmenopausal vaginal smears as markers of endometrial cancer, diabetes and obesity. Acta cytol. 30 (1986) 628

152 Groot-Wassink, K., U. Herrmann, W. Rohde, G. Ittrich: Möglichkeiten der klinischen Anwendung von synthetischen LH-Releasing-Hormon in der Gynäkologie. Zbl. Gynäkol. 95 (1973) 1010

153 Guiard, E.: Étude des frottis de la muceause buccalle. Variations experimentales. Ann. Endocrinol. (Paris) 5 (1954) 771

154 Gupta, P. K.: Cytohormonal studies in Arrhenoblastoma. Acta cytol. 16 (1972) 1

155 Hackelöer, B. J., S. Nitschke, E. Daume, G. Sturm, R. Buchholz: Ultraschalldarstellung von Ovarveränderungen bei Gonadotropinstimulierung. Geburtsh. u. Frauenheilk. 37 (1977) 185

156 Hackelöer, B. J., F. Fleming, H. P. Robinson, A. H. Adam, J. R. T. Couts: Correlation of ultrasonic and endocrinologic assessment of human follicular development. Amer. J. Obstet. Gynecol. 135 (1979) 122

157 Halban, J.: Schwangerschaftsreaktionen foetaler Organe und ihre puerperale Involution. Zbl. Gynäkol. (1904)

158 Halbert, D. R., C. D. Christian: Amenorrhea following oral contraceptives. Obstet. and Gynecol. 34 (1969) 161

159 Haller, U.: Die Steuerung des Menstruationszyklus. Gynäkol. Rdsch., Suppl. 1 (1986) 1

160 Hamilton, W.: Clinical Paediatric Endocrinology. Butterworth, London 1972 (p. 36, 178)
161 Hammerstein, J.: Theoretische Grundlagen der hormonalen Kontrazeption. Med. Klin. 65 (1970) 1279
162 Hammerstein, J.: Neue Entwicklungen in der Gestagentherapie. In Kracht, J.: Haut als endokrines Erfolgsorgan. Gestagene. Geriatrische Endokrinologie des Mannes. 17. Symposion der Deutschen Gesellschaft für Endokrinologie. Springer, Berlin 1971 (S. 101)
163 Hammerstein, J.: Neuere Verfahren der hormonalen Contrazeption. Gynäkologe 5 (1972) 120
164 Hanker, J. P., U. Cirkel, U. A. Knuth, H. P. G. Schneider: Hormonelle Steuerung des Menstruationszyklus der Frau. In: Mall-Haefeli, Hormonale Kontrazeption: Eine Standortbestimmung. Karger, Basel 1983 (S. 1)
165 Haour, P.: Aspect de l'urocytogramme chez l'homme. Arch. Anat. pathol. 12 (1964) 87
166 Haspels, A. A., L. Michele, P. M. Kicovic: Endocrinological and clinical investigation in postmenopausal women following administration of vaginal cream containing estriol. Maturitas 3C (1984) 321
167 Haskins, A. L., E. P. Moszkowski, V. P. Whitelock: The estrogenic potential of estriol. Amer. J. Obstet. Gynecol. 102 (1968) 665
168 Hausamen, T. U., U. Peters: Gynäkomastrie durch Digitalis? Dtsch. med. Wschr. 103 (1978) 14
169 Hauser, G. A.: Rückbildung der Fortpflanzungsfunktionen im Klimakterium und in der Menopause. In Käser, O., V. Friedberg, K. G. Ober, K. Thomson, J. Zander: Gynäkologie und Geburtshilfe, Bd. I. Thieme, Stuttgart 1969 (S. 784)
170 Hausmann, L., K. G. Goebel, R. Buchholz: Turner-Syndrom mit Menstruation. Zbl. Gynäkol. 93 (1971) 1737
171 Heber, K. R.: The effect of progesterons on vaginal cytology. Acta cytol. 19 (1975) 103
172 Heimer, G., D. Englund: Estriol: absorption after long-term vaginal treatment and gastrointestinal absorption as influenced by a meal. Acta obstet. gynecol. scand. 63 (1984) 563
173 Heinen, G.: Die differenzierte Anwendung von Kombinations- und Sequentialpräparaten in der hormonalen Ovulationshemmung. Prakt. Arzt 7 (1970) 1159
174 Heinen, G., P. Siegel: Die Wirkung von konjugierten Östrogenen auf die Vaginal- und Uterusschleimhaut. Dtsch. med. Wschr. 91 (1966) 1553
175 Heinrich, U., J. Gerhard: Intersexualität. In Runnebaum, B., T. Rabe: Gynäkologische Endokrinologie. Springer, Berlin 1987
176 Heinz, M., S. Hoyme: Gynäkologie des Kindes- und Jugendalters, 2. Aufl. Enke, Stuttgart 1974
177 Helge, H.: Frühreife. Mschr. Kinderheilk. 121 (1973) 636
178 Helge, H., S. Korth-Schütz: Klinische Anwendung von Cyproteronacetat bei Kindern. Gynäkologe 13 (1980) 44
179 Helge, H., B. Weber, J. Hammerstein, F. Neumann: Idiopathic precocious puberty: indication for therapeutic use of cyproteronacetate, an antigonadotropic and antiandrogenic substance? Acta paediat. Scand. 58 (1969) 672
180 Henderson, J. D.: Zyklusschwankungen bei der Frau. J. clin. Endocrinol. 16 (1956) 905
181 Herrmann, U.: Der cytologische Abstrichtyp bei Frauen mit klimakterischen Beschwerden. Gynaecologia 144 (1957) 3093
182 Hiersche, H. D.: Funktionelle Morphologie des fetalen und kindlichen cervikalen Drüsenfeldes. Habil.-Schr., Mainz 1969
183 Hiersche, H.-D., R. Wagner: Die inkomplette testikuläre Feminisierung. Geburtsh. u. Frauenheilk. 43 (1983) 250
184 Hilton, P., S. L. Stanton: The use of intravaginal estrogen cream in genuine stress incontinence. Brit. J. Obstet. Gynaecol. 90 (1983) 940
185 Hofmann, P., R. Häffele, Chr. Buchholz: Zur oestrogenen Wirksamkeit von Herzglykosiden. Fortschr. Med. 93 (1975) 1274
186 Hofmann, P., R. Häffele, D. Weiss: Tierexperimente zur Frage der östrogenen Wirkung von Digitalisglykosiden. 79. Tagung der Norddeutschen Gesellschaft für Gynäkologie, Timmendorfer Strand 1974
187 Hogaard, K., H. M. Henriksen, L. Hogaard, J. B. Lauritzen, A. Loft: Superficial eosinophilic squamous epithelial cells in vaginal smears from postmenopausal women. Acta obstet. gynecol. scand. 61 (1982) 429
188 Holtkamp, D. E., R. E. Staples, J. G. Greslin, R. H. Davis: Pharmacodynamics of clomiphene in animals. Internat. Congr. Ser. 133. Excerpta Medica Foundation, Amsterdam 1966 (p. 68)
189 Holzmann, G.: Die Vaginalzytologie und andere diagnostische Parameter bei endokrinologischen Problemen in der Kindergynäkologie. Inaug.-Diss., München 1982
190 Horton, R., J. Neisler: Plasma androgens in patients with polycystic ovary syndrome. J. clin. Endocrinol. 28 (1968) 479
191 Huber, A., S. Michael, K. Feik: Funktionelle Veränderungen am fetalen und kindlichen Endometrium. Arch. Gynäkol. 211 (1971) 583
192 Huber, H., G. Besserer: Über den cytologischen Nachweis oestrogener Funktion bei alten Frauen mit gut- und bösartigen Proliferationen am Genitalsystem. Geburtsh. u. Frauenheilk. 12 (1952) 708
193 Huffman, J. W.: The Gynecology of Childhood and Adolescence. Saunders, Philadelphia 1968
194 Huffman, J. W.: Gynecologic endocrine disorders in childhood and adolescence. Clin. Obstet. Gynecol. 51 (1973) 16
195 Huffman, J. W.: Gynäkologie des Kindes. Urban & Schwarzenberg, München 1975
196 Hull, M. G. R., U. A. Knuth, M. A. F. Murray, H. S. Jacobs: The practical value of the progestogen challenge test, serum estradiol estimation or clinical examination in assessment of the estrogen state and response to Clomiphene in amenorrhoea. Brit. J. Obstet. Gynaecol. 86 (1979) 149
197 Husslein, H., E. Schüller: Die Dysfunktion der Nebennierenrinde und ihre gynäkologischen Aspekte. Arch. Gynäkol. 187 (1956) 353
198 Ingersoll, F. M., J. W. Mc Arthur: Longitudinal studies of gonadotropin excretion in the Stein-Leventhal-syndrome. Amer. J. Obstet. Gynecol. 77 (1959) 795
199 Insler, V., J. Eichenbrenner, B. Lunenfeld: Comparison of reproductive per formance of various groups of anovulatory patients treated with human gonadotropins. In Bettendorf, G., V. Insler: Clinical Application of Human Gonadotropins. Thieme, Stuttgart 1970 (p. 50)
200 Insler, V., M. Herzl, E. Eden, D. Serr, B. Lunenfeld: Comparison of various methods used in monitoring gonadotropic therapy. In Bettendorf, G., V. Insler: Clinical Application of Human Gonadotropins. Thieme, Stuttgart 1970 (p. 87)
201 Jaffe, R. B., A. R. Midgley: Current status of human gonadotropin radioimmunoassay. Obstet. gynecol. Surv. 24 (1969) 200
202 Jaluvka, V., E. Kratzsch: Hormonaktivität einiger Brenner-Tumoren. Gynäkol. Rdsch. 22 (1982) 1
203 Jenner, M. R., R. R. Kelch, S. J. Kaplan, M. M. Grumbach: Hormonal changes in puberty. IV. Plasma estradiol, LH, and FSH in prepubertal children, pubertal females and in precocious puberty, premature thelarche, hypogonadism and in a child with feminizing ovarian tumor. J. clin. Endocrinol. 34 (1972) 521
204 Jenny, J.: Grenzen und Möglichkeiten der hormonalen Zytodiagnostik. 2. Arbeitstagung für klinische Cytologie, Wengen 1971
205 Jensen, E. V., E. R. de Sombre, P. W. Jungblut, W. E. Stumpf, L. J. Roth: Biochemical and autoradiographic studies of H^3-estradiol localization. In Roth, L. J., W. E. Stumpf: Autoradiography of Diffusible Substances. Academic Press, New York 1969 (p. 81)
206 Jensen, E. V., T. Suzuki, M. Numata, S. Smith, E. R. de Sombre: Estrogen-binding substances of target tissues. Steroids 13 (1969) 417
207 Jiskin, D., R. Moulton: A comparison of oral and vaginal epithelial smears. J. clin. Endocrinol. 8 (1948) 146
208 Johanisson, E.: The foetal adrenal cortex in the human. Its ultrastructure at different stages of development and in different functional states. Acta endocrinol. (Kbh), Suppl. 130 (1968) 58
209 Johansson, E. D. B.: Plasma levels of progesterone and oestradiol after injections of 17α-hydroxyprogesterone carpoate eleving the luteal phase of the normal menstrual cycle. Acta obstet. gynecol. scand. 52 (1973) 37
210 Johnson, J. E., C. A. Bunde, M. T. Hoehenga: Clinical experiences with clomid. Presented at the 13th ammal meeting of the Pac. Coast Fert. Soc. at Las Vegas 1965
211 Johnston, W. W., W. R. Goldstone, M. S. Montgomery: Clinicopathologic studies in feminizing tumors of the ovary. III. The role of genital cytology. Acta cytol. 15 (1971) 334
212 Judd, H. L., I. M. Shamonki, A. M. Frumar, L. D. Lagasse: Origin of serum estradiol in postmenopausal women. Obstet. and Gynecol. 59 (1982) 680
213 Jurczok, F.: Hormonelle Zytodiagnostik und differenzierte Anwendung von Ovulationshemmern. Schlesw.-Holstein. Ärztebl. 11 (1971)

214 Kaiser, R.: Die Reaktion des fetalen und mütterlichen Endometriums auf die Hormone der Plazenta. Arch. Gynäkol. 198 (1963) 128
215 Kaiser, R.: Amenorrhoe. Gynäkologe 1 (1969) 104
216 Kaiser, R.: Gestagenanwendung bei Genital- und Mammatumoren. Thieme, Stuttgart 1973
217 Kaiser, R.: Krebsgefahr durch hormonale Kontrazeption? Therapiewoche 23 (1973) 490
218 Kaiser, R.: Ovulationshemmer als Proliferationshemmer. Geburtsh. u. Frauenheilk. 33 (1973) 23
219 Kaiser, R.: Hormonale Behandlung von Zyklusstörungen, 5. Aufl. Thieme, Stuttgart 1975
220 Kaiser, R., J. Conrad: Die Wirkungen des Desoxycorticosterons auf die Genitalfunktion der Frau. Dtsch. med. Wschr. 81 (1956) 1744
221 Kaiser, R., E. Daume, N. Lang: Ovulationsauslösung mit Clomiphen und Gonadotropinen. Münch. med. Wschr. 47 (1968) 2741
222 Kallio, H.: Cytogenetic and clinical study on 100 cases of primary amenorrhea. Acta obstet. gynecol. scand., Suppl. 24 (1973)
223 Kamnitzer, M. B.: Effect of administered estrogens on the vaginal epithelium during pregnancy and the post partum periode. Acta cytol. 3 (1959) 240
224 Kato, J., T. Kobayaski, C. A. Villee: Effect of clomiphene on the uptake of estradiol by the anterior hypothalamus and hypophysis. Endokrinology 82 (1968) 1049
225 Kauraniemi, T.: The effect of treatment with a low-dose progestagen (Lynestrenol) on hormonal cytology. Int. J. Gynaecol. Obstet 14 (1976) 261
226 van Keep, P. A., Ch. Lauritzen: Ageing and estrogens. In Marörs, M.: Frontiers of Hormone Research. Karger, Basel 1973
227 Keller, P. J., C. Gerber, F. Balmelli, H. G. Kopp, Y. Fliersheim: Diagnostische und therapeutische Verwendung von synthetischen LH-Releasing-Hormon. Schweiz. med. Wschr. 104 (1974) 1269
228 von Kesserü, I., A. Larranaga, H. Hurtado, G. Benavides: Fertilitätskontrolle durch kontinuierliche Verabreichung von 0,03 mg D-Norgestrel. Med. Mitt. Schering 1 (1972) 10
229 Kiesel, K., T. Rabe, B. Runnebaum: Physiologie des menstruellen Zyklus. In Runnebaum, B., T. Rabe: Gynäkologische Endokrinologie. Springer, Berlin 1987 (S. 119)
230 King, O. H.: Exfoliative cytologic changes associated with benign and malignant intra-oral lesions. Unpublished Ph. D. thesis, University of Tennessee 1965
231 Kirschner, M. A., J. B. Jacobs: Combined ovarian and adrenal vein catheterization to determine the site (s) of androgen overproduction in hirsute women. J. clin. Endocrinol. 33 (1971) 199
232 Kistner, R. W.: Induction of ovulation with clomiphene citrate. In Behrman, S. J., W. Kistner. Churchill: Progress in Infertility. London 1968 (p. 407)
233 Kistner, R. W.: The Use of Progestins in Obstetrics and Gynecology. Year Book Medical Publishers, Chikago 1969
234 Kistner, R. W., J. L. Lewis, G. J. Steiner: The effects of clomiphene citrate (Clomid) on endometrial hyperplasia in the premenopausal female. Cancer (Philad.) 19 (1966) 115
235 Knobil, E.: The neuroendocrine control of the menstrual cycle. Recent Prog. Horm. Res. 36 (1980) 53
236 Knörr, K.: Erfolgreiche Sterilitätsbehandlung mit Humangonadotropinen nach Hypophysektomie. Med. Welt (N. F.) 18 (1967) 3128
237 Kobilková, J.: Cytologic study of the level of estrogen during the reproductive age. Acta cytol. 11 (1967) 497
238 Kobilková, J., B. Budinská, M. Burdová: Einwirkung von Clomidzitrat im zytologischen Bild bei Endokrinopathien. 1. Europ. Symp. Zytologie, Prag 1970
239 Kobilková, J., M. Burdová, B. Budinská: The effect of clomid in the biologic picture in endocrinopathics. Acta cytol. 15 (1971) 192
240 Kolb, K. H., P. E. Schulze: Über die kutane Penetration von Sexualsteroidhormonen. Symp. Dtsch. Ges. Endokrin. 17:49 Springer, Berlin 1971
241 Korte, W.: Die Morphologie des alternden Ovars. Gynäkologe 2 (1970) 107
242 Kraus, H., G. Heinen, M. Mootz: Zum Problem der Proliferationsdosis und Schwellendosis von konjugierten Oestrogenen. Geburtsh. u. Frauenheilk. 31 (1971) 669
243 Krause, W., K. H. Schröder: Einfluß östradiolhaltiger Externa auf den Hormonhaushalt. Arch. Derm. 270 (1981) 245
244 Kučera, F., W. Wodrig, R. Lober: Beitrag zur differentialdiagnostischen Untersuchung der sekundären, hypohormonellen Amenorrhoe mit Folistiman. Zbl. Gynäkol. 87 (1965) 887
245 Küchmeister, H., L. Weissbecker, K. Heinrich: Ein neues synthetisches Glucocorticoid in orientierender klinischer Sicht. Klin. Wschr. 33 (1955) 978
246 Kuhl, H.: Hormonsubstitution durch Injektionspräparate und Hautimplantate. Gynäkologe 19 (1986) 241
247 Kunz, J., P. J. Keller: Sekundäre Amenorrhoe nach Ovulationshemmern. Schweiz. med. Wschr. 104 (1974) 923
248 Kupperman, H. S., M. H. G. Blatt, H. Wiesbaden, W. Filler: Comparative clinical evalution of estrogen preparations by the menopausal and amenorrhoeal indices. J. clin. Endocrinol. 13 (1953) 88
249 Kuss, E.: Biochemie und Physiologie der Fortpflanzung. In Käser, O., V. Friedberg, K. G. Ober, K. Thomsen, J. Zander: Gynäkologie und Geburtshilfe Bd. I/1. Thieme, Stuttgart 1987 (4.13)
250 Landolt, R., G. Mürselt: Vorzeitige Pubertätsmerkmale als Folge unbeabsichtigter Östrogenverabreichung. Schweiz. Med. Wschr. 98 (1968) 638
251 Laron, Z., R. Kauli, Z. Ben-Zeev, A. M. Comaru-Schally, A. V. Schally: D-TRP^6-analogue of luteinizing hormone releasing hormone in combination with cyproterone acetate to treat precocious puberty. Lancet 1981/I, 955
252 Larsson-Cohn, U., E. D. B. Johansson, L. Wide, C. Gemzell: Effect of continuous daily administration of 0,5 mg of norethindrone on the plasma levels of progesterone and on the urinary excretion of luteinizing hormone, pregnanediol and total oestrogens. Acta endocrinol. (Kbh) 63 (1970) 216
253 Laufer, L. R., J. L. de Fazio, J. K. H. Lu, D. R. Medldrum, P. Eggena, M. P. Sambhi, J. M. Hershman, H. L. Judel: Estrogen replacement therapy by transdermal estradiol administration. Amer. J. Obstet. Gynecol. 146 (1983) 533
254 Lauritzen, Ch.: Polycystische Ovarien. Gynäkologe 1 (1969) 122
255 Lauritzen, Ch.: Oestrogenaktivität von 17 α-Oestradiol, Equilin, Equilenin und ihren Sulfokonjugaten im Tierversuch und beim Menschen. In Kracht, J.: Oestrogene, Hypophysentumoren. Springer, Berlin 1969 (S. 142)
256 Lauritzen, Ch.: Akzeleration und Krankheit. Pubertas praecox und Pseudopubertas praecox beim Mädchen. Sexualmedizin 2 (1973) 64
257 Lauritzen, Ch.: Die Therapie des Klimakteriums. Therapiewoche 45 (1974) 5198
258 Lauritzen, C.: Die Behandlung der klimakterischen Beschwerden durch vaginale, rektale und transdermale Östrogensubstitution. Gynäkologe 19 (1986) 248
259 Lauritzen, C.: Normale Entwicklung von der Kindheit zur Pubertät. In Käser, O., V. Friedberg, K. G. Ober, K. Thomsen, J. Zander: Gynäkologie und Geburtshilfe, Bd. I/1, 2. Aufl. Thieme, Stuttgart 1987 (6.1)
260 Lauritzen, C.: Störungen und Anomalien der Pubertätsentwicklung. In Käser, O., V. Friedberg, K. G. Ober, K. Thomsen, J. Zander: Gynäkologie und Geburtshilfe, Bd. I/1, 2. Aufl. Thieme, Stuttgart 1987 (6.14)
261 Lauritzen, C., W. D. Lehmann: Besonderheiten der Wirkungen der einzelnen Gestagene auf Morphologie und Funktion des Genitaltraktes. A. Beim Menschen. In Junkmann, K.: Handbuch der experimentellen Pharmakologie, Bd. XXII/2. Springer, Berlin 1969 (S. 1)
262 Lebech, P. E., P. A. Svendsen, E. Östergaard, F. Koch: The effects of small doses of megestrol acetate on the cervical mucus. Acta obstet. gynecol. scand. 48, Suppl. 3 (1969) 22
263 Leblanc, J.: Contribution á l'étude des urocytogrammes au terme de la grossesse. Bull. Soc. roy. belge Gynécol. Obstét. 33 (1963) 233
264 Leblanc, J., W. Rawyler, P. Lederrey: L'urocytogramme au terme de la grossesse. In Exp. I Kongres Exfoliative Cytology. Wien 1961
265 Lehman, F., Ch. Neale, G. Bettendorf: Ovarian response during gonadotropin therapy meatured by plasma progesterone, 17α-Hydroxyprogesterone and plasma-estrogens, p. 113. In Bettendorf, G., V. Insler: Clinical Application of Human Gonadotropins. Thieme, Stuttgart 1970
266 Lencioni, L. J.: Comparative and statistical study of vaginal and urinary sediment smears. J. clin. Endocrinol. 13 (1953) 263
267 Lencioni, L. J.: El urocitograma, 2. Aufl. Editorial Medica Panamericana, Buenos Aires 1963
268 Lencioni, L. J., L. A. Martinez Amezaga, V. S. Lo Bianco: Urocytogram and pregnancy. Acta cytol. 13 (1969) 279
269 Leyendecker, G., B. A. Barry, B. Leffek, W. Nocke: Untersuchungen zur Refraktärzeit des cyclischen Sexualzentrums. Acta endocrinol, Suppl. 152 (1971) 5

270 Leyendecker, G., Sh. Wardlaw, B. A. Barry, B. Leffekt, E. Jost, W. Nocke: Untersuchungen zur Aktivierung des cyclischen Sexualzentrums durch exogene Steroide („positiver Feedback-Mechanismus"). Acta endocrinol. (Kbh.), Suppl. 152 (1971) 4
271 Leyendecker, G., L. Wildt, M. Hansmann: Pregnancies following (pulsatile) administration of Gn-RH by means of a portable pump („Zyklomat") – a new approach to the treatment of infertility in hypothalamic amenorrhea. J. clin. Endocrinol. 51 (1980) 1214
272 Lichtwitz, A., M. Fitoussi: Les frottis vaginaux et les autres méthodes d'exploration ovarienne. Sem. Hôp. Paris 23 (1947) 687
273 Limburg, H.: Die Bedeutung spontaner Östrogenbildung in der Menopause. Arch. Gynäkol. 180 (1951) 260
274 Linhorst, G., A. A. Haspels, R. Andriesse: Der Effekt der Morning-after-Pille auf das Zervixepithel. Gesellschaft zur Bekämpfung der Krebskrankheiten Nordrhein-Westfalen 1973 (S. 850)
275 Lisker, R., R. Jimenez, R. Larrea, O. Mutchinick, L. Ruz, J. M. Medina, G. Perez-Palacios: Cytogenetic and endocrine studies in a 45,X female subject with spontaneous sexual development. Amer. J. Obstet. Gynecol. 133 (1979) 149
276 Liu, W.: Continued estrogen throughout menopause. Acta cytol. 9 (1965) 400
277 Liu, W., L. Koebel, J. Strupp, H. Prisby: Cytologic changes following the use of oral contraceptives. Obstet. and Gynecol. 30 (1967) 228
278 Loch, E. G., D. Tenhaeff, H. Lohmeyer: Die zytohormonale Diagnostik bei verschiedenen oralen Kontrazeptiva. Geburtsh. Gynäkol. 172 (1970) 261
279 Longcope, C.: Metabolism of estrogens by human skin. In Mauvais-Jarvis, P., C. F. H. Vickers, J. Weppieere: Percutaneous Absorption of steroids. Academic Press, New York 1980 (S. 89)
280 Longcope, C., R. Hunter, C. Franz: Steroid secretion by the postmenopausal ovary. Amer. J. Obstet. Gynecol. 138 (1980) 564
281 Loskant, G., G. Heinen: Zytologische und kolposkopische Befunde vor und nach Verabreichung von Ovulationshemmern. Zbl. Gynäkol. 90 (1968) 609
282 Luder, S. A., F. J. Holland, D. C. Costigan, M. R. Jenner, G. Wielgosz, A. T. A. Fazekas: Intranasal and subcutaneous treatment of central precocious puberty in both sexes with a long-action analogue of luteinizing hormone-releasing hormone. J. clin. Endocrinol. 58 (1984) 966
283 Lübke, F.: Problematik der Basaltemperaturmessung. Jahrestag. Dtsch. Ges. Stud. Steril. Fertil., Freiburg 1973
284 Luksch, F.: Is there a condition known or is there a time period known in which the vaginal epithelium does not response with marked proliferation to administered estrogen? Acta cytol. 2 (1958) 381
285 Lunenfeld, B., V. Insler, E. Rabau: Die Prinzipien der Gonadotropin-Therapie. Acta endocrinol. (Kbh.), Suppl. 148 (1970) 52
286 Luukkainen, T., A. Adlercreutz, R. Vihko, G. Bettendorf: Plasma and urinary steroid in hypophysectomized women during treatment with Gonadotropins. In Bettendorf, G., V. Insler: Clinical Application of Human Gonadotropins. Thieme, Stuttgart 1970 (p. 134)
287 Mahesh, V. B., R. B. Greenblatt: Isolation of dehydroepiandrosterone and 17α-hydroxy-^{5}-pregnenolone from the polycystic ovaries of the Stein-Leventhal-syndrome. J. clin. Endocrinol. 22 (1962) 441
288 Mahesh, V. B., R. B. Greenblatt: Steroid secretion in the normal polycystic ovary. Recent Progr. Hormone Es. 20 (1964) 341
289 Mancuso, S., S. Dell'Acqua, P. Domini, E. Menini, A. Bompiani: Disappearance rate, urinary excretion and effect on ovarian steroidogenesis of highly purified urinary FSH, administered to a hypophysectomized women. In Bettendorf, G., V. Insler: Clinical Application of Human Gonadotropins. Thieme, Stuttgart 1970 (p. 151)
290 Mansfield, M. J., D. E. Beardsworth, J. A. Loughlin, J. D. Crawford, H. H. Bode, J. Rivier, W. Vale, D. C. Kushner, J. F. Crigler jr., W. F. Crowley jr.: Long-term treatment of central precocious puberty with a longacting analogue of luteinizing hormon-releasing hormone: effects on somatic growth and skeletal maturation. New Engl. J. Med. 309 (1983) 1286
291 Maqueo, M., C. Becerra, H. Mungnia, J. W. Goldzieher: Endometrial histology and vaginal cytology during oral contraception with sequential estrogen and progestin. Amer. J. Obstet. Gynecol. 90 (1964) 395
292 Martin, P. L., S. S. Yen, A. M. Burnier, H. Hermann: Systemic absorption and sustained effect of vaginal estrogen creams. J. Amer. Med. Ass. 242 (1979) 2699
293 Marty, J. P., M. Janne, N. Hajo, J. Wepierre: Percutaneous absorption of estradiol and progesterone – pharmakokinetic studies. In Mauvais-Jarvis, P., C. F. H. Vickers, J. Wepierre: Percutaneous Absorption of Steroids. Academic Press, New York 1980 (S. 204)
294 Mattsson, L. A., G. Cullberg: Vaginal absorption of two estriol preparations. A comparative study in postmenopausal women. Acta obstet. gynecol. scand. 62 (1983) 396
295 Maurer, C., H. B. von Seebach, G. Loskant: Uterine Blutung im Senium nach Langzeitanwendung östrogenhaltigen Haarwassers. Dtsch. Med. Wschr. 108 (1983) 1097
296 McCallin, P. F., E. S. Taylor, R. W. Whitehead: A study of the changes in the cytology of the urinary sediment during the menstrual cycle and pregnancy. Amer. J. Obstet. Gynecol. 60 (1950) 64
297 McLaren, H. C.: The normal menopause. Obstet. Gynaecol. Brit. Emp. 48 (1941) 1
298 Mehring, W.: Die Wirkung von Östrogen-Gestagen-Kombinationspräparaten auf das Vaginalepithel. Ber. 1. Tag. Dtsch. Gesell. f. Angew. Zytol. Mueller, München 1964
299 Mehring, W.: Einfluß der Ovulationshemmer auf Vaginalbild und Portioepithel. Med. Klin. 60 (1965) 2016
300 Meisels, A.: The menopause: A cytohormonal study. Acta cytol. 10 (1966) 49
301 Meisels, A.: Hormonal cytology. In Wied, G. L., L. G. Koss, J. W. Reagan, J. Zajicek: Compendium on Diagnostic Cytology. International Academy of Cytology, Chikago 1972 (p. 84)
302 Meisels, A.: Das Endometriumkarzinom. 2. Fortbildungstagung für klinische Zytologie, München 1973 (S. 245)
303 Methfessel, H. D.: Genital-Tumoren im Mädchenalter. Dtsch. Gesundh.-Wes. 28 (1973) 269
304 Moghissi, K. S., F. N. Syner, L. C. McBride: Contraceptive mechanism of microdose norethindrone. Obstet. and Gynecol. 41 (1973) 585
305 Montalvo, L.: Accion de la desocycorticosterona sobre el epithelio vaginal de la mujer castrade. Acta ginecol. 4 (1953) 243
306 Montalvo, L., Y. C. C. Glocker: Biologia vaginal infantil. Acta ginecol. 2 (1951) 183
307 Montalvo-Ruiz, L.: What are the hormonal cell patterns usually found in cases of primary amenorrhea. In: Symposium on Hormonal Cytology. Acta cytol. 12 (1968) 114
308 O'Morchoe, P. J., C. C. C. O'Morchoe: Urinary cytology in reproductive endocrinology. Amer. J. Obstet. Gynecol. 99 (1967) 479
309 O'Morchoe, P. J., C. C. C. O'Morchoe: Method for urinary cytology in endocrine assessment. Acta cytol. 11 (1967) 145
310 Moyer, D. L.: Vaginal cytohormonal effects of long-term cyclic administration of synthetic progestins. Fertil. and Steril. 15 (1964) 164
311 Morse, A. R., J. D. Hutton, H. S. Jacobs, M. A. F. Murray, V. H. T. James: Relation between the Karyopyknotic Index and plasma estrogen concentrations after the menopause. Brit. J. Obstet. Gynaecol. 86 (1979) 981
312 Murray, E., K. Herrnberger: Vaginalcyclus bei ovariell gestörten und kastrierten Frauen. Arch. Gynäkol. 166 (1938) 216
313 Murray, E., K. Herrnberger: Über den funktionellen Zustand der Scheidenschleimhaut nach operativen Eingriffen am Genitale. Arch. Gynäkol. 167 (1938) 167
314 Murray, M., F. Osmond-Clarke: Pregnancy results following treatment with clomiphene citrate. J. Obstet. Gynaecol. Brit. Cwlth. 78 (1971) 1108
315 Muth, H.: Über die östrogene Funktion in der Menopause unter besonderer Berücksichtigung pathologischer Veränderungen des inneren Genitale. Geburtsh. u. Frauenheilk. 15 (1955) 839
316 Nabano, R., T. Mizuno, F. Kozsuji, K. Katayama, M. Washio, S. Tojo: „Triggering" of ovulation after infusion of synthetic luteinizing hormone releasing factor (LRF). Acta obstet. gynecol. scand. 52 (1973) 269
317 Narik, G., A. Rockenschaub: Die Formen des Hyperöstrinismus und deren Behandlung mit Gelbkörperhormon. Zbl. Gynäkol. 73 (1951) 1607
318 Narik, G., A. Rockenschaub: Der Hypoöstrinismus. Zbl. Gynäkol. 73 (1951) 1613
319 Naujoks, H.: Hormonale Zytologie nach Einnahme von Ovulationshemmern. 1. Forb. klin. Zytologie 1972 (S. 59)
320 Naujoks, H., H. U. Anton: Vaginalzytologische und hormonanalytische Befunde beim adrenogenitalen Syndrom. Geburtsh. u. Frauenheilk. 20 (1960) 156

321 Naujoks, H., H. D. Taubert, O. Jürgensen: Vaginal cytology during HMG medication. In Bettendorf, G., V. Insler: Clinical Application of Human Gonadotropins. Thieme, Stuttgart 1970 (p. 68)
322 Nauth, H. F.: Quantitative und qualitative Strukturanalyse der normalen, benignen, präkanzerösen und malignen Vulvaläsionen exfolierter Zellen. Geburtsh. u. Frauenheilk. 44 (1984) 485
323 Nauth, H. F., M. Haas: Zytologische und histologische Untersuchungen zur Hormonabhängigkeit der Haut des äußeren weiblichen Genitale. Geburtsh. u. Frauenheilk. 44 (1984) 451
324 Nauth, H. F.: Vulva-Zytologie. Thieme, Stuttgart 1986
325 Navab, A., L. G. Koss, J. S. La Due: Estrogen-like activity of digitalis. Its effect on this squamous epithelium of the female genital tract. J. Amer. med. Ass. 194 (1965) 30
326 Neumann, F.: Chemische Konstitution und pharmakologische Wirkung. In Junkmann, K.: Handbuch der experimentellen Pharmakologie, Bd. XXII/1. Springer, Berlin 1969 (S. 680)
327 Neumann, F., W. Elger, R. R. Sallock: Besonderheiten der Wirkungen der einzelnen Gestagene auf Morphologie und Funktion des Genitaltraktes bei Säugetieren. In Junkmann, K.: Handbuch der experimentellen Pharmakologie, Bd. XXII/2. Springer, Berlin 1969 (S. 50)
328 Nielsen, J., I. Sillesen, K. B. Hansen: Fertility in women with Turner's syndrome. Case report and review of literature. Brit. J. Obstet. Gynaecol. 86 (1979) 833
329 Nocke, W., G. Leyendecker: Die endokrinen Funktionen von Hypothalamus, Hypophysenvorderlappen und Ovar während der Prä- und Postmenopause. Gynäkologe 2 (1970) 113
330 Nocke, W., G. Leyendecker: Neue Erkenntisse über die endokrine Physiologie des menstruellen Cyclus. Gynäkologe 5 (1972) 39
331 Nocke, W., G. Leyendecker, V. Patt, B. Leffek: Persistenz des cyclischen Sexualzentrums bei einer XY-Gonadendysgenesie. Acta endocrinol. (Kbh.), Suppl. 152 (1971) 54
332 Nyklíček, O.: Die Scheidenzytologie des Entbindungstages. III. Mitteilung: Vergleich der Scheidenzytologie mit der Zytologie aus dem Harnsediment. Zbl. Gynäkol. 85 (1963) 1869
333 Ohlenroth, G.: Das zytologische Abstrichbild bei Neugeborenen. Zbl. Gynäkol. 44 (1967) 1609
334 Ohlenroth, G., U. Steffen, D. Mönkemeier: Proliferative Wirkung des Östriols am Endometrium corporis uteri: Vergleich mit 17β-Östradiol. Gynäkol. Rdsch. 13 (1973) 155
335 Olian, P., L. B. Augestad, K. Molne, S. Oseid, A. Aakvaag: Menstrual dysfunction in Norwegian top athletes. Acta obstet. gynecol. scand. 63 (1984) 693
336 Ortner, A., J. Glatzl, E. Karpellus: Clinical and endocrinologic study of precocious puberty in girls. Arch. Gynecol. 240 (1987) 81
337 Osmond-Clarke, F., M. Murray, P. M. F. Bishop: The induction of ovulation with clomiphene and its assessment by biological methods. J. Obstet. Gynaecol. Brit. Cwth. 75 (1968) 531
338 Overbeck, G. A.: Stoffwechsel und Wirkung der synthetischen Gestagene. In Kracht, J.: Haut als endokrines Erfolgsorgan. Gestagene, Geriatrische Endokrinologie des Mannes. 17. Symposion der Deutschen Gesellschaft für Endokrinologie. Springer, Berlin 1971 (S. 85)
339 Pannhorst, R., K. Tsuchwitz: Orale Zytologie. Proceedings of the 21st Meeting of the German Society of Alimentary and Metabolic Diseases. 21 Tagung, Hamburg 1961. Gastroenterologia, (Suppl.) 97 (1962) 164
340 Papanicolaou, G. N.: The existence of a „post menopause" rhythms in women, as indicated by the study of vaginal smears. Anat. Rec. 55 (1933) 71
341 Papanicolaou, G. N.: On the continuation of sexual rhythms in a women after menopause. Anat. Rec. 64 (1936) 37
342 Papanicolaou, G. N.: General survey of a vaginal smear and its use in research and diagnosis. Amer. J. Obstet. Gynecol. 51 (1946) 316
343 Papanicolaou, G. N.: Diagnosis of pregnancy by cytologic criteria in catheterized urine. Proc. Soc. exp. Biol. (N. Y.) 67 (1948) 247
344 Papanicolaou, G. N., H. S. Ripley, E. Shorr: Suppressive action of testosterone propionate on menstruation on its effect on vaginal smears. Endocrinology 24 (1939) 339
345 Papic, M., I. Glickman: Keratinization of the human gingiva in the menstrual cycle and menopause. Oral Surg. 3 (1950) 500
346 Parkinson, R. W.: Evaluation of a new sequential contraceptive agent. Obstet and Gynecol. 28 (1966) 239
347 Paterson, M. E. L., J. Allen, J. A. Jordan: Effects of the climacteric and sequential mestranol and norethisterone on the cervix and genital tract. Brit. J. Obstet. Gynaecol. 89 (1982) 657
348 Prader, A.: Pathologische Pubertät. Monatsschr. Kinderheilk. 131 (1983) 333
349 Pelz, L., W. Mieler: Klinische Zytogenetik. VEB Fischer, Jena 1972
350 Perello, J., J. Cornas: Exfoliative cytology of the larynx during the female genitale cycle. Acta oto-rino-laring. ibero-amer. 11 (1960) 301
351 Perrault, M., F. Kirsch: zit. nach B. v. Rütte (327)
352 Pescetto, G., D. Pecorari: Cytological findings in a woman treated with 7g of 17-alpha-hydroxyprogesterone caproate. Acta cytol. 7 (1963) 329
353 Peters, H.: Vergleichende zytologische Untersuchung am Vaginal- und Portioepithel in Bezug auf Hormonsensitivität. Zbl. Gynäkol. 80 (1958) 1049
354 Petterson, F., H. Fries, S. J. Niblins: Epidemiology of secondary amenorrhea. Amer. J. Obstet. Gynecol. 117 (1973) 80
355 Philipp, E.: Schwangerschaftsveränderungen beim Neugeborenen. Klin. Wschr. 17 (1938) 797
356 Philipp, E.: Die Schwangerschaftsveränderungen der Genitalorgane beim weiblichen Neugeborenen. Zbl. Gynäkol. 62 (1938) 1
357 Pincus, G., J. Rode, G.-R. Garcia, E. Rice-Luchay, M. Panigna, J. Rodriguez: Fertility control with oral medication. Amer. J. Obstet. Gynecol. 75 (1958) 1333
358 Pinto, R. M., C. H. Viggiano, N. B. Zunino, E. A. Videla, E. B. Del Castillo: Comparative study of colpocytogram, urocytogram and lymphocytogram (labia minora smear) in pregnancy. Acta cytol. 12 (1968) 75
359 Pitkin, R. M., J. T. Bradbury: The effect of topical estrogen on irradiated vaginal epithelium. Amer. J. Obstet. Gynecol. 92 (1965) 175
360 Plotz, E. J., M. Wiener, A. A. Stein, B. D. Hahn: Enzymatic activities related to steroid genesis in postmenopausal ovaries with and without endometrial carcinoma. Amer. J. Obstet. Gynecol. 99 (1967) 182
361 Poliak, A., G. E. S. Jones, B. Goldberg, D. Salomon, J. Woodruff. Effect of human chorionic gonadotropin on postmenopausal women. Amer. J. Obstet. Gynecol. 101 (1968) 731
362 Potenza, L., O. Pulido, G. Rojas: Zur Wirkung von D-Norgestrel auf die Struktur des menschlichen Endometriums. Med. Mitt. Schering 1 (1972) 20
363 Prill, H. J., Ch. Lauritzen: Das Klimakterium. In Döderlein, G., K.-H. Wulf: Klinik der Frauenheilkunde und Geburtshilfe, Bd. VII. Urban & Schwarzenberg, München 1970 (S. 341)
364 Procopé, B. J.: Studies of the urinary excretion, biological effects and origin of oestrogens in post-menopausal woman. Acta endocrinol. (Kbh.), Suppl. 135 (1968)
365 Procopé, B. J., H. Adlercreutz: Studies on the influence of age on oestrogens in post-menopausal women with atrophic endometrium and normal liver function. Acta endocrinol. (Kbh.) 62 (1969) 461
366 Puck, A.: Die Wirkung von Oestriol bei Dysmenorrhoe, Entzündungen im weiblichen Genitale, Pruritus und Beschwerden der Klimax. Münch. med. Wschr. 99 (1957) 1505
367 Puck, A., W. Komp: Vergleichende Untersuchungen mit dem Östriol und dem Östradiol. Geburtsh. u. Frauenheilk. 20 (1960) 132
368 Puck, A., W. Korte, A. K. A. Hübner: Die Wirkung des Östriols auf Corpus uteri, Cervix uteri und Vagina der Frau. Dtsch. med. Wschr. 82 (1957) 1864
369 Pundel, J. P.: Action de la testostérone administrée à doses massives sur la cytologie vaginale chez la femme. C. R. Soc. Biol. (Paris) 143 (1949) 1600
370 Pundel, J. P.: Du rapport entre l'indice acidophilique et karyopycnotiques des frottis vaginaux en fonction de l'activité oestrogenique. Acta clin. belg. 5 (1950) 66
371 Pundel, J. P.: Ètude comparative par le frottis vaginal et la biopsie de l'endomètre de l'action du radium appliqué par voie intra-utérine ou vaginale chez la femme. Ann. Endocrinol. 12 (1951) 235
372 Pundel, J. P.: Le diagnostic de l'hyperfolliculine par les frottis vaginaux. Gynécol. prat. 3 (1952) 237
373 Pundel, J. P.: Les frottis vaginaux endocriniens. Masson, Paris 1952
374 Pundel, J. P.: Les réactions vaginales androgéniques et leur utilité pratique de diagnostic. Bull. méd. 66 (1952) 365
375 Pundel, J. P.: Les frottis androgéniques. Bull. Soc. roy. belge. Gynécol. Obstét. 25 (1955) 34
376 Pundel, J. P.: Die androgenen Abstrichbilder. Arch. Gynäkol. 188 (1957) 577

377 Pundel, J. P.: Effect of administered estrogens on the vaginal epithelium during pregnancy and the post partum period. Acta cytol. 3 (1959) 241

378 Pundel, J. P.: The effect of progesterons on the atrophic epithelium. Acta cytol. 6 (1962) 233

379 Pundel, J. P.: Précis de Colpocytologie Hormonale. Masson, Paris 1966

380 Pundel, J. P.: Les Frottis Endocriniens. Masson, Paris 1967

381 Rager, K., R. Huenges, D. Gupta, J. R. Bierich: Einfluß von Cyproteronacetat auf die körperliche Entwicklung und die Steroidausscheidung bei Pubertas praecox. Klin. Wschr. 51 (1973) 774

382 Rager, K., R. Huenges, D. Gupta, J. R. Bierich: The treatment of precocious puberty with cyproterone acetate. Acta endocrinol. 74 (1973) 399

383 Raimondo, C. V., A. C. Roach, C. K. Meador: Gynecomastia from exposure to vaginal estrogen cream. New Engl. J. Med. 302 (1980) 1089

384 Rakoff, A. E.: The effect of administered androgens in normally menstruating women. Acta cytol. 1 (1957) 92

385 Rakoff, A. E.: The vaginal cytology of gynecologic endocrinopathies. Acta cytol. 5 (1961) 153

386 Rauscher, H.: Vergleichende Untersuchungen über das Verhalten des Vaginalabstriches, der Zervixfunktion und der Basaltemperatur in zweiphasischen Zyklen. Geburtsh. u. Frauenheilk. 14 (1954) 327

387 Rauscher, H.: Ovulationszeit und Konzeptionsoptimum im Lichte vergleichender Untersuchungen von Basaltemperatur, Vaginalabstrich, Cervix, Endometrium und Ovar. Arch. Gynäkol. 189 (1957) 268

388 Rauscher, H.: Bild und Bedeutung der im Vaginalabstrich erfaßbaren präovulatorischen Phase des Zyklus. Arch. Gynäkol. 195 (1962) 49

389 Reyniak, J. V.: Cytohormonal findings in patient using various forms of contraception. Acta cytol. 13 (1969) 315

390 Reyniak, J. V.: Psychopharmaka für die Frau. Sexualmedizin 2 (1973) 544

391 Rey-Stocker, I., M.-M. Zufferey, M.-T. Lemarchand, M. Rais: Sensibilität der Hypophyse, der Gonaden und der Schilddrüse beim jungen Mädchen vor und nach kombinierter oraler Kontrazeption. Gynäkol. Rdsch. 20 (1980) 135

392 De Ridder, G., K. H. Bigalke: Fall eines Mayer-Rokitansky-Küster-Syndroms in Kombination mit Granulosa-Zelltumor. Geburtsh. u. Frauenheilk. 34 (1974) 579

393 Rifka, S. M., J. C. Pita jr., D. L. Loriaux: Mechanism of interaction of digitalis with estradiol binding sites in rat uteri. Endocrinology 99 (1976) 1091

394 Rigg, L. A., B. Milanes, B. Villanueva, S. S. Yen: Efficacy of intravaginal and intranasal administration of micronized estradiol-17β. J. clin. Endocrinol. 45 (1977) 1261

395 Rigg, L. A., H. Hermann, S. S. Yen: Absorption of estrogens from vaginal creams. New Engl. J. Med. 298 (1978) 195

396 Rilay, G. M., E. Dontas, B. Gill: Use of serial vaginal smears in detecting time of ovulation. Fertil. and Steril. 6 (1955) 86

397 Rindt, W.: Gestagenpotenzen in der hormonalen Kontrazeption. Geburtsh. u. Frauenheilk. 33 (1973) 640

398 Römmler, A., S. Baumgarten, J. Hammerstein: Doppelstimulierung der Hypophyse mit synthetischen LH-Releasinghormonen an drei aufeinanderfolgenden Tagen bei Männern sowie menstruierenden und amenorrhoischen Frauen. Geburtsh. u. Frauenheilk. 34 (1974) 842

399 Rome, R. M., D. W. Fortune, M. A. Quinn, J. B. Brown: Functioning ovarian tumors in postmenopausal women. Obstet. and Gynecol. 57 (1981) 705

400 Roth, O. A.: Das Kolpopyknogramm als Kontrollmethode der Follikelhormonwirkung. Zbl. Gynäkol. 74 (1952) 1489

401 Roth, O. A.: Symposion Cytologie 1953, Heidelberg; zit. nach P. Stoll u. J. Jaeger (374). In Gynäkologische Zytologie (Symposium Heidelberg, 28. 2. und 1. 3. 1953). Th. Steinkopff. Dresden 1954

402 Roy, S., R. B. Greenblatt, V. B. Mahesh: Effects of clomiphene on the physiology of reproduction in the rat. II. Its oestrogenic and antioestrogenic actions. Acta endocrinol. (Kbh.) 47 (1964) 657

403 Roy, S., V. B. Mahesh, R. B. Greenblatt: Effects of clomiphene on the physiology of reproduction in the rat. III. Inhibition of uptake of radioactive oestradiol by the uterus and the pituitary gland of immature rat. Acta endocrinol. (Kbh.) 47 (1964) 669

404 Rudel, H. W.: Pharmacology of oral contraceptives. Clin. Obstet. Gynecol. 11 (1968) 632

405 Rud, T.: The effects of estrogens and gestagens on the urethral pressure profile in urinary continent and stress incontinent women. Acta obstet. gynecol. scand. 59 (1980) 265

406 Ruff, O., H. J. Spechter: Funktionell-cytologische Untersuchungen am Vaginalepithel bestrahlter Krebspatientinnen. Geburtsh. u. Frauenheilk. 20 (1960) 864

407 Runnebaum, B., T. Rabe: Pathophysiologie des menstruellen Zyklus. In Runnebaum, B., T. Rabe: Gynäkologische Endokrinologie. Springer, Berlin 1987 (S. 151)

408 Russel, P. B.: Oral smears compared with vaginal smears. S. Afr. med. J. 40 (1947) 561

409 von Rütte, B.: Die Reizblase der Frau. Enke, Stuttgart 1970

410 Sammour, M. B., M. Abd El Hafiz: The remote changes in the endometrial histology and the cervicovaginal cytology with the long acting hormonal contraceptive. Fertil. and Steril. 21 (1970) 464

411 Samsioe, G., I. Jansson, D. Mellström, A. Svanborg: Occurrence, nature and treatment of urinary incontinence in a 70-year-old female population. Maturitas 7 (1985) 335

412 Sannicandro, G.: Azione del progesterone sintetico salla mucosa vaginale humana. Atti Soc. ital. Ostet. 35 (1939) 26

413 Sannicandro, G.: L'azione del testosterone sintetico sull'epitelio vaginale delle donne castrate. Atti Soc, ital. Ostet. 36 (1940) 23

414 Sannicandro, G.: Biologia della vagina. Hunnitas Nova. Rom 1946

415 Sas, M., B. Resch: Der Schwangerschaftsverlauf nach epimestrol-induzierten Ovulationen. Geburtsh. u. Frauenheilk. 33 (1973) 506

416 Saunders, P., R. W. Taylor, M. G. Brush, R. J. B. King: The uptake of (6,7-^{3}H)-oestradiol in vivo after intravenous and intraluminal adiministration and after the exhibition of some antioestrogenic substances. Internat. Congr. Ser. 210. Excerpta Medica Foundation, Amsterdam 1970 (p. 149)

417 Schäldgen, W.: Über auffällige Konstrukturen bei der „oralen Cytodiagnostik". Arch. klin. exp. Derm. 204 (1957) 340

418 Schally, A. V., A. Drimura, A. J. Kastin, H. Matsuo, Y. Baba, T. W. Redding, R. M. G. Nair, L. Bebeljuh, W. F. White: Gonadotropin-releasing hormone: One polypeptide regulates secretion of luteinizing and folliclestimulating hormones. Science 173 (1971) 1036

419 Scharff, H. J.: Klinische Erfahrungen mit Mikrolut. Med. Mitt. Schering 1 (1972) 2

420 Schindler, A. E., F. Gläser, A. Ebert, H. Kurt, E. Friedrich: Zur Ätiologie des Korpuscarzinoms. Arch. Gynäkol. 214 (1973) 280

421 Schlösser, W.: Neue therapeutische Möglichkeiten durch die Einführung von Androgenen per vaginam. Med. Klin. 49 (1954) 1113

422 Schlösser, W., L. Röwe: Über die antioestrogene Wirksamkeit von Vitamin A. Med. Klin. 50 (1955) 1020

423 Schmid-Tannwald, J., G. A. Hauser: Frauen ohne Scheide. Sexualmedizin 2 (1973) 370

424 Schmidt, A. L. C., A. P. L. Christiaans: An oestrogenic effect as a component of the stress syndrome. Acta endocrinol. (Kbh.) 46 (1964) 421–439

425 Schmidt, W., J. Hendrik: Ultraschalldiagnostik in Gynäkologie und Geburtshilfe. In Runnebaum, B., T. Rabe: Gynäkologische Endokrinologie. Springer, Berlin 1987 (S. 95)

426 Schmidt-Elmendorff, H.: Control of gonadotropin therapy in anovulatory women. In Bettendorf, G., V. Insler: Clinical Application of Human Gonadotropins. Thieme, Stuttgart 1970 (p. 74)

427 Schmidt-Elmendorff, H., E. Kaiser. W. Gerteis: Erfahrungen mit dem Ovulationsauslöser Sexovid (F 6066). Tagung der Mittelrheinischen Gesellschaft für Geburtshilfe und Gynäkologie und der Bayer. Gesellschaft für Geburtshilfe und Frauenheilkunde, Würzburg 1968

428 Schmitt, A.: Eine Gradeinteilung für die funktionelle Zytodiagnostik in der Gynäkologie. Geburtsh. u. Frauenheilk. 13 (1953) 593

429 Schneider, V., E. Friedrich, A. E. Schindler: Hormonal cytology: a correlation with plasma estradiol, measured by radioimmunoassay. Acta cytol. 21 (1977) 37

430 Schneider, W., J. Spona, K. Matt: Effekt der Teilkomponenten eines Antikonzeptivums auf die Zyklusfunktion. Med. Klin. 68 (1973) 510

431 Schneider, W. H. F.: Zur Prüfung des Wirkungsgrades hormonaler Kontrazeptiva. Med. Mitt. Schering 3 (1973) 2

432 Schönberger, W., W. Grimm, R. König, P. Neumann, H. Adenauer: Long-term treatment of precocious puberty with an intranasal spray of the LH-RH analogue Buserelin. Abstract from 22nd

Annual Meting of European Society for Paediatric Endocrinology (1983) Abstract No. 27
433 Schreiber, E., J. E. Johnson, E. J. Plotz, M. Wiemer: Studies with C14 labelled clomiphene citrate. Clin. Res. 14 (1966) 287
434 Schreiner, P., J. Siracky: Estrogenic effect in vaginal smears in cancer of the uterine cervix. Neoplasma 25 (1987) 637
435 Schreus, H. Th., W. Dorner, W. Schöldgen: Ein Beitrag zur zyklischen Allgemeinwirkung der Hormone. Hautarzt 2 (1953) 59
436 Schulte, E.: Zytologische Kontrolluntersuchungen bei Ovulationshemmereinnahme. Zbl. Gynäkol. 93 (1971) 1363
437 Schultheiss, F.: Gynäkomastie als Digitalisnebenwirkung. Hippokrates (Stuttg.) 33 (1962) 803
438 Schulz, K.-D.: Wirkungsmechanismus von Clomiphen im weiblichen Organismus. Geburtsh. u. Frauenheilk. 32 (1972) 483
439 Schulz, K. D., B. Haselmayer, F. Hölzel: The influence of clomid and its isomers on dimethylbenz-anthracene – induced rat mammary tumours. In: Basis Actions of Sex Steroids on Target Organs. Karger, Basel 1971 (p. 273)
440 Schwartz, U., J. Hammerstein: The oestrogenic potency of various contraceptive steroids as determined by their effects on Transcortin binding capacity. Acta endocrinol. (Kbh.) 76 (1974) 159
441 Schwenzer, Th., C. Buth, W. Degen, K. Jahn: Besteht ein Zusammenhang zwischen Proliferationsgrad des Vaginal- und Urethralepithels und der Häufigkeit der Streßinkontinenz? Ein Beitrag zur Östrogentherapie bei Streßinkontinenz. Geburtsh. u. Frauenheilk. 47 (1987) 158
442 Schwenk, A.: Physiologie und Pathologie der Pubertät. In Opitz, H., F. Schmid: Handbuch der Kinderheilkunde, Bd. I/1. Springer, Berlin 1971
443 Sharf, M., G. Graff, T. Kuzminsky: Combined therapy with Quinestrol and clomiphene in functional sterility. Obstet. and Gynecol. 37 (1971) 260
444 Sheehan, H. L., J. P. Stanfield: The pathogenesis of post-partum necrosis of the anterior lobe of the pituitary gland. Acta endocrinol. (Kbh.) 37 (1961) 479
445 Sherman, B., St. G. Koreman: Measurement of plasma LH, FSH, estradiol and progesterone in disorders of the human menstrual cycle: The short luteal phase. J. clin. Endocrinol. 38 (1974) 89
446 Shirley, J. M., B. A. Cooke: Metabolism of dehydroepiandrosterone by separated zones of the human foetal and newborn adrenal cortex. J. Endocrinol. 44 (1969) 411
447 Silver, H. K.: Cytology of urinary sediment in childhood. Pediatrics 26 (1960) 255
448 Silver, H. K., R. L. Kirchner: Cytologic study of urinary sediment in the evaluation of hormone production in childhood. Pediatrics 38 (1966) 886
449 Skiftis, T.: Scheiden-zytologische Untersuchungen über Beginn und Verlauf des Wirkungseintrittes von Ovulationshemmern. Med. Bild 11 (1968) 129
450 Smiljanic, N., S. Ciglar, J. Bistricki: Amenorrhea following oral contraception. Acta obstet. gynecol. scand. 59 (1980) 261
451 Smith, P.: Age changes in the female urethra. Brit. J. Urol. 44 (1972) 667
452 Smith, P.: The urethral syndrome – role of estrogens in the therapy. In v. Pasetto, N.: The Menopause und Postmenopause. MTP-Press, Lancaster 1980
453 Smolka, H., L. Kosch: Über zytologische Veränderungen am Vaginalepithel des Neugeborenen. Geburtsh. u. Frauenheilk. 14 (1954) 337
454 Solbach, H. G., W. Wiegelmann, H. K. Kley, H. Zimmermann, H. L. Krüskemper: Die diagnostische Bedeutung des synthetischen LH-RH (Luteinisierungshormon-Releasinghormon) für die Überprüfung der gonadotropen Funktion des Hypophysenvorderlappens. Dtsch. med. Wschr. 98 (1973) 2114
455 Sonek, M.: Vaginal cytology during puberty. Acta cytol. 11 (1967) 41
456 Sora, P.: Correlation studies on vaginal, urethral, oral smears and smears from the urinary sediment during normal pregnancy. Acta cytol. 3 (1959) 305
457 Spain, D. M.: The Complications of Modern Medical Practice. Grune & Stratton, New York 1963
458 Spona, J., J. Huber, J. B. Schmidt: Inhibierung der Ovulation mit 35 µg Athinylöstradiol und 2 mg Cyproteronazetat (Diane 35). Geburtsh. u. Frauenheilk. 46 (1986) 435
459 Spona, J., W. Schneider, K. Matt: Auswirkungen eines Antikonzeptivums auf die periphere und zentrale Zyklusfunktion. Med. Klin. 68 (1973) 505
460 Staemmler, H.-J.: Fibel der gynäkologischen Endokrinologie, 2. Aufl. Thieme, Stuttgart 1969
461 Stahl, N. L., C. R. Teeslink, R. B. Greenblatt: Ovarian, adrenal and peripheral testosterone levels in the polycystic ovary syndrome. Amer. J. Obstet. Gynecol. 117 (1973) 194
462 Starup, J.: Endometrial histology and vaginal cytology during oral contraception. Acta obstet. gynecol. scand. 46 (1967) 419
463 Stauber, M., E. Boquoi: Die biographische Analyse als Methode zur Erkennung psychisch bedingter funktioneller Störungen am Beispiel der sekundären Amenorrhoe. Geburtsh. u. Frauenheilk. 31 (1971) 1094
464 Stoffer, S. S., N. S. Jiang: Digoxin-estradiol-17β-interaction: A study of uterotropic effects in rats. Endocrinology 90 (1972) 843
465 Stoffer, S. S., N. S. Jiang, T. R. Grossbach, K. M. Hynes: Digoxin-17β-Estradiol-6,7^{3}H interaction: In vivo and in vitro studies on rat uterine tissue. Endocrinology 93 (1973) 1219
466 Stolecke, H.: Prämature Thelarche und Gynäkomastie. Med. Welt (N. F.) 22 (1971) 1801
467 Stolecke, H.: Endokrinologie des Kindes- und Jugendalters. Springer, Berlin 1982
468 Stoll, P., J. Jaeger: Histologie and Zytologie als Hilfsmittel der gynäkologischen Funktionsdiagnostik. Geburtsh. u. Frauenheilk. 14 (1954) 322
469 Stoll, P., J. Jaeger, G. Dallenbach-Hellweg: Gynäkologische Zytologie. Springer, Berlin 1968
470 Stoll, P., O. Ledermair: Histologie und Zytologie in der gynäkologischen Funktionsdiagnostik. Gynaecologia 145 (1958) 270
471 Stoll, P., O. Ledermair: Funktionelle Zytologie in der Menopause. Geburtsh. u. Frauenheilk. 20 (1960) 263
472 Stoll, P., H. Muth: Die Bedeutung des Vaginalsmears in der Differentialdiagnose gutartiger gynäkologischer Erkrankungen. Geburtsh. u. Frauenheilk. 12 (1952) 424
473 Stone, D. F., A. Sedlis, M. L. Stone, W. V. Turkel: Estrogen-like effects in the vaginal smears of postmenopausal women. Acta cytol. 11 (1967) 349
474 Strecker, J. R., C. Lauritzen, T. Nebelung, K. Musch: Climacteric symptoms, estrogens and gonadotropines in plasma and urine after application of estradiol ointment on the abdominal skin of oophorectomized women. In Mauvais-Marvis, P., C. F. H. Vickers, J. Wepierre: Percutaneous Absorption of Steroids. Academic Press, New York 1980 (S. 267)
475 Stumpf, W. E.: Localization of hormones by autoradiography and other histochemical techniques – a critical review. J. Histochem. Cytochem. 18 (1970) 21
476 Symposium: Androgenic Effect on Vaginal Epithelial Cells. Acta cytol. 1 (1957) 70
477 Symposium on Effects of Endogenous Estrogens on the Vaginal Epithelium: Vaginal smears in the menopause. Acta cytol. (1960) 146
478 Symposium on Hormonal Cytology. Acta cytol. 12 (1968) 87
479 Szontágh, F. E., M. Sas, A. Traub: The effectiveness of the epimestrol treatment of functional sterility by double-blind examination. 3rd European Congress on Sterility, No. 296 Athens 1972
480 Tatra, G., W. Nissel: Zur Frage der östrogenen Wirksamkeit von Herzglykosiden. Wien. med. Wschr. 24 (1969) 460
481 Taubert, H.-D.: Die medikamentöse Auslösung der Ovulation mit Clomiphen. Gynäkologe 1 (1969) 139
482 Tausk, M.: Pharmakologie der Hormone. Thieme, Stuttgart 1970; 2. Aufl. 1973
483 Taymor, M. L., R. Barnard: Luteinizing hormone excretion in the polycystic ovary syndrome. Fertil. and Steril. 13 (1962) 6
484 Teilum, G.: Estrogen-producing sertoli cell tumors (androblastoma tubulare lipoides) of the human testis an ovary. Homologous ovarian and testicular tumors. J. clin. Endocrinol. 9 (1949) 301
485 Teller, W.: Besonderheiten des Steroidstoffwechsels beim menschlichen Fetus und Neugeborenen. In Kracht, J.: Endokrinologie der Entwicklung und Reifung. 16. Symposion der Deutschen Gesellschaft für Endokrinologie. Springer, Berlin 1970 (S. 95)
486 Temine-Morhange, A.: Puberté féminine précoce. Gynécol. prat. 22 (1971) 419
487 Tenhaeff, D., R. Petry, Th. Senge, J.-G. Rausch-Stroomann: Zur 3-Monats-Kontrazeption mit Norethisteronänanthat. Med. Welt (N. F.) 22 (1971) 1551

488 Terzano, G.: How should one describe cytologic patterns? In: Symposium on Hormonal Cytology. Acty cytol. 12 (1968) 106
489 Teter, J.: The use of selected cytologic indices for evaluation of estrogenicity of synthetic compounds. Acta cytol. 16 (1972) 366
490 Teter, J., R. Stupnicki: A comparative study of the estrogenic potential of two synthetic estrogenes (Mestranol) and Ethinylestradiol). Acta cytol. 15 (1971) 167
491 Thamdrup, E.: Precosious Sexual Development. Thomas, Springfield/Ill. 1961
492 Thimonen, S., P. E. B. Calonius, Y. Sakai: Exfoliated oral cells as indicators of estrogen stimulation, Odont. T. 72 (1964) 324
493 Thomä, H.: Anorexia nervosa. Huber, Bern 1961
494 Thomas, K., R. Walckiers, J. Ferin: Biphasic pattern of LH midcycle discharge. J. clin. Endocrinol. 30 (1970) 269
495 Tietze, K.: Zur Genese und Prognose der Notstandsamenorrhoe. Zbl. Gynäkol. 70 (1948) 377
496 Tojo, S., K. Hayashi, E. Mawa: Stimulation of ovulation with F-6066 Cyclofunil: Bis-(p-acetooxyphenyl)-Cyclohexylidene methane. Acta obstet. gynecol. scand. 52 (1973) 335
497 Tozzini, R., A. J. Sobrero, E. Hoovis: Vulvar cytology. Acta cytol. 15 (1971) 57
498 Tscherne, E.: Menstruation und Menstruationsstörungen. In Schwalm, H., G. Döderlein: Klinik der Frauenheilkunde und Geburtshilfe, Bd. VI. Urban & Schwarzenberg, München 1967 (S. 157)
499 Ufer, J.: Hormontherapie in der Frauenheilkunde, 4. Aufl. de Gruyter, Berlin 1972
500 Videla, E. A., E. B. del Castillo: Comparative study of cellular smears from the labia minora and the vagina in menopause. Acta cytol. 13 (1969) 534
501 Vincze, L. O., P. D. Taft, J. M. Mac Arthur: A study of cornification in vaginal buccal and urinary sediment smears. J. clin Endocrinol. 19 (1959) 281
502 Vitisha-Binstorfer, E., J. C. Huber, J. Spona, E. Gitsch: Endokrines Profil bei Patientinnen mit Post-Pillen-Amenorrhoe. Geburtsh. u. Frauenheilk. 47 (1987) 414
503 Vos, H. E.: Das Vorkommen der androgenen Wirksamkeit. In Eichler, O., A. Farah, H. Herken, A. D. Welch: Handbuch der experimentellen Pharmakologie, Bd. XXXV/I. Springer, Berlin 1973
504 Voss, H. E.: Biologische Auswertung der Androgene. In Eichler, O., A. Farah, H. Herken, A. D. Welch: Handbuch der experimentellen Pharmakologie, Bd. XXXV/2. Springer, Berlin 1974 (S. 81)
505 De Waard, F., E. A. Baanders van Halewijn: Cross-sectional data on estrogenic smears in a postmenopausal population. Acta cytol. 13 (1969) 675
506 De Waard, F., A. G. Oettle: A propos des facteurs exogènes et endogènes, dans les états oestrogèniques postmenopausiques. Arch. Anat. pathol. 15 (1967) 26
507 Wachtel, E.: The cytology of amenorrhea. Acta cytol. 10 (1966) 56
508 Wachtel, E.: Which hormonal cell pattern are usually found in cases of secondary amenorrhea. In: Symposium on Hormonal Cytology. Acta cytol. 12 (1968) 115
509 Wachtel, E.: Exfoliative Cytology in Gynaecological Practice, 2. Aufl. Butterworth, London 1969
510 Walter, St., H. Wolf, H. Barlebo, H. K. Jensen: Urinary incontinence in postmenopausal women treated with estrogens. Urol. Int. 33 (1978) 135
511 Walz, W.: Möglichkeiten der zytologischen Diagnostik außerhalb der Krebsfrüherkennung. Frauenarzt 14 (1973) 28
512 Waschke, G.: Beitrag zum Äthylnortestosteron- und Äthinylnortestosteron-Effekt bei verschiedenen Zyklusstörungen. Zbl. Gynäkol. 79 (1957) 1199
513 De Watteville, H., L. Danon: L'influence des hormones génitales sur la biologie du vagin. J. Genève 1948
514 Weaver, J. B., J. F. Pearson: Influence of digitalis on time of onset and duration of labour in women with cardiac disease. Brit. med. J. 1974/III, 519
515 Werder, K.: Transdermale Testosteronsubstitution vorteilhaft. Fortbd. Med. 105 (1987) 8
516 Wesel, S., J. Etienne, M. C. Lestienne: Clinical, cytological and biological study of the intravaginal administration of estriol (Ortho-Gynest) in postmenopausal patients. Maturitas 3C (1984) 271
517 Whitelaw, M. J.: The induction of ovulation with clomiphene citrate individual patient variation, dosage, response and toxiety. Presented at the Calif. Med. Ass. Meeting, Los Angeles 1964
518 Whitelaw, M. J.: Clomiphene citrate: experience with 217 patients. Fertil. and Steril. 17 (1966) 584
519 Whitelaw, M. J., C. F. Kaiman, L. R. Grams: The significance of the high ovulation rate versus the low pregnancy rate with clomid. Amer. J. Obstet. Gynecol. 107 (1970) 865
520 Wied, G. L.: Beitrag zur androgenen Hormonwirkung auf das Vaginalepithel und das Epithel der Blase. Ärztl. Wschr. 7 (1952) 844
521 Wied, G. L.: Erfahrungen bei der Behandlung von Klimakterikerinnen mit Östrogen-Androgen-Gemischen. Ärztl. Wschr. 8 (1953) 712
522 Wied, G. L.: Der zytologische Ausstrichtyp der Patientinnen mit klimakterischen Ausfallbeschwerden. Zbl. Gynäkol. 75 (1953) 75
523 Wied, G. L.: Oestradiol-valerianat und Oestradiol-undecylat. Zwei neue protrahiert wirkende Oestrogene. Wirkungsvergleich mit Oestradiol-benzoat. Geburtsh. u. Frauenheilk. 14 (1954) 45
524 Wied, G. L.: Zytologie der Gravidität und der Menopause. Bakteriell bedingte Veränderungen mit zytologischen Ausstrich. In Runge, H.: Gynäkologische Zytologie. Steinkopff, Dresden 1954
525 Wied, G. L., M. Bibbo: Hormonale Zytologie. 1. Fortbildungstagung für klinische Zytologie, München 1972
526 Wied, G. L., E. M. Davis: Synergism and antagonism of sex steroids as determined on the vaginal epithelial cells. Ann. N. Y. Acad. Sci. 83 (1959) 207
527 Wied, G. L., C. M. Keebler: Vaginal cytology of female children. Ann. N. Y. Acad. Sci. 142 (1967) 646
528 Wied, G. L., G. Suchowsky: Über die protrahierte Wirkung von Testosteronestern bei der Frau. Geburtsh. u. Frauenheilk. 14 (1954) 645
529 Wied, G. L., J. R. Del Sol, A. M. Dargan: Progestational and androgenic substances tested on the highly proliferated vaginal epithelium of surgical castrates. I. Progestational Substances. Amer. J. Obstet. Gynecol. 75 (1958) 98
530 Van de Wiele, R. L., J. Bogumil, J. Dyrenfurth, M. Ferin, R. Jewele-Wicz, M. Warren, T. Rizkallah, G. Mikhail: Mechanisms regulating the menstrual cycle in women. Recent Progr. Horm. Res. 26 (1970) 63
531 Wiese, J.: Ovarian functions during treatment with lynoestrenol 0,5 mg daily. Acta endocrinol. (Kbh.) 78 (1975) 325
532 Wildt, L., G. Leyendecker: Die endokrine Kontrolle des menstruellen Zyklus. Gynäkologe 14 (1981) 64
533 Wildt, L., K. Dietrich, H. van der Ven, S. Al Hasani, H. Hübner, R. Klasen: Ovarian hyperstimulation for in-vitro fertilization controlled by GnRH agonist administered in combination with human menopausal gonadotropines. Human Reproduction 1 (1986) 15
534 Wildt, L.: Die endokrine Kontrolle der Ovarialfunktion und die Pathophysiologie endokriner Ovarialfunktionsstörungen. In Dietrich, K.: Neue Wege in Diagnostik und Therapie der weiblichen Sterilität. Bücherei des Frauenarztes 25 (1987) 1
535 Wildt, L., K. Dietrich: Neue Wege in der Behandlung ovarieller Funktionsstörungen; Tl. II. In Dietrich, K.: Neue Wege in Diagnostik und Therapie der weiblichen Sterilität. Bücherei des Frauenarztes 25 (1987) 41
536 Willensen, W. N., J. L. Mastboom, C. M. Thomas, R. Rolland: Absorption of 17β-estradiol in a neovagina constructed form the peritoneum. Europ. J. Obstet. Gynecol. 19 (1985) 247
537 Wimmer, G.: Funktionell-cytologische Untersuchungen über die Follikelhormonwirkung am Vaginalepithel bestrahlter Collum-Karzinom-Patientinnen. Inaug.-Diss., München 1963
538 le Winn, E. B.: Gynecomastia during digitalis therapy: Report of eight additional cases with liver-function studies. New Engl. J. Med. 248 (1953) 316
539 Winter, G., P. Potts: Vergleichende morphologische Untersuchungen am Endometrium und am Vaginalepithel nach Röntgenkastration. Arch. Gynäkol. 187 (1955) 282
540 Witt, H.: Zyklische Kerngrößen und Schwankungen im Mundepithelabstrich der Frau. Zbl. Gynäkol. 83 (1961) 1589
541 Wolff, H. G.: Funktionell-cytologische Untersuchungen am Vaginalepithel von Frauen, die wegen eines Karzinoms des Corpus uteri bestrahlt oder operiert worden waren. Inaug.-Diss., München 1963
542 Wurster, K. G., E. Keller: Endokrine Regulation und Frauenhochleistungssport. Springer, Berlin 1985
543 Wurster, K. G.: Einfluß von Leistungssport auf das endokrine System der Frau. Springer, Berlin 1986
544 Yahoubov, H., L. Marinov: Influence de la cortisone sur l'epithelium vaginal et la glaire cervicale chez la femme. Gynécol. et Obstét. 60 (1961) 413

545 Yen, S., P. Vela, J. Rankin: Inappropriate secretion of FSH and LH in polycystic ovarian disease. J. clin. Endocrinol. 30 (1970) 435
546 Zaharescu-Karaman, N., M. Alexiu, A. Ursu: Der Sexual-Scheidencyclus der Neugeborenen während der „Genitalkrise". Arch. Gynäkol. 165 (1937) 116
547 Zanartu, J.: Fertility control with long-acting injectable steroids. Obstet. and Gynecol. 28 (1966) 513
548 Zanartu, J., C. Navarro: Fertility inhibition by an injectable progestagen acting for 3 months. Obstet. and Gynecol. 31 (1968) 627
549 Zanartu, J., A. Dubancens, C. Oberti, R. Rodriques-Bravo, M. Garcia-Huidobro: Low-dosage oral progesterons to control fertility. Obstet. and Gynecol. 43 (1974) 87
550 Zander, J.: Steroids in the human ovary. J. biol. Chem. 232 (1958) 117
551 Zander, J.: Sources of endogenous progesterone. Acta cytol. 6 (1962) 211
552 Zander, J.: Diskussionsbemerkung zu: E. J. Plotz. Metabolism of progestins. Acta cytol. 6 (1962) 214
553 Zander, J.: Behandlung der monophasischen Zyklusanomalien mit Clomiphen. Tagung der Mittelrheinischen Gesellschaft für Geburtshilfe und Gynäkologie und der Bayer. Gesellschaft für Geburtshilfe und Frauenheilkunde, Würzburg 1968
554 Zander, J., G. Buntru: Stimulierung der Ovarialfunktion durch Clomiphen (MRL-41) bei Frauen ohne natürliche Ovulation. Geburtsh. u. Frauenheilk. 23 (1963) 871
555 Zander, J., K. Holzmann: Störungen des menstruellen Zyklus und ihre Behandlung. In Käser, O., V. Friedberg, K. O. Ober, K. Thomsen, J. Zander: Gynäkologie und Geburtshilfe, Bd. I. Thieme, Stuttgart 1969 (S. 315)
556 Zander, J., B. Runnebaum: Physiologie und Pathophysiologie der Corpus-luteum-Funktion bei der Frau. In Kracht, J.: Haut als endokrines Erfolgsorgan. Gestagene. Geriatrische Endokrinologie des Mannes. 17. Symposion der Deutschen Gesellschaft für Endokrinologie. Springer, Berlin 1971 (S. 57)
557 Zander, J., B. Runnebaum, K. Holzmann: Bedeutung der Hormonbestimmungen in Gynäkologie und Geburtshilfe. Münch. med. Wschr. 113 (1971) 762
558 Zander, J., T. R. Forbes, A. M. Münstermann, R. Neher: $♀^4$-3-hetopregnene-20β-ol and $♀^4$-3-hetopregnence 20 α-ol, two naturally occuring metabolites of progesterone. Isolation identification, biologic activity and concentration in human tissue. J. clin. Endocrinol. 18 (1958) 537
559 Zander, J., F. Leidenberger, K. Holzmann, B. Runnebaum, G. Buntru, J. Winkhaus, D. Heinrichs: Weitere klinische Erfahrungen bei der Behandlung monophasischer Zyklusanomalien mit Clomiphen (Dyneric). Geburtsh. u. Frauenheilk. 30 (1970) 493
560 Zinser, H.-K.: Die Cytodiagnostik in der Gynäkologie, 2. Aufl. VEB Fischer, Jena 1957
561 Ziolleo, H. K.: Hintergründe der Pubertätsmagersucht. Mat. Med. Nordmark 27 (1975) 343
562 Zsikin, D. E., R. A. Moulton: A comparison of oral and vaginal epithelial smears. J. clin. Endocrinol. 8 (1948) 146
563 Zondek, B., R. Toaff, S. Rozin: Cyclic changes in the vaginal but not in the uterine mucosa of amenorrheic women induced by single injection of oestrone and progesterone precipitates. J. clin. Endocrinol. 10 (1950) 615

7 Zytologie während der Schwangerschaft und im Wochenbett

Schwangerschaft

Histologie

Im Vergleich zum normalen Zyklus sind am Plattenepithel der Vagina in der Gravidität histologisch deutliche Veränderungen zu erkennen (Abb. 7.**1**). An dem hypertrophierten Epithel steht neben der Verbreiterung der Parabasalzellschicht im Vordergrund die Dickenzunahme der aufgelockerten Intermediärzellschicht, wobei insbesondere das Volumen der glykogenreichen Zellen auffällt. Die oberflächliche Zellschicht zeigt dagegen eine vermehrte Desquamation und ist sehr dünn.

Dieses Bild wird durch die typischen Hormonveränderungen in der Gravidität hervorgerufen. Während die Pregnandiolausscheidung sich im ersten Trimenon noch nicht wesentlich über die Höhe der Luteinphase hinaus bewegt, ist sie am Ende der Gravidität auf den 20- bis 40fachen Wert angestiegen. Die Gesamtöstrogene dagegen überschreiten schon bald nach dem Ausbleiben der Menstruation die Ausscheidungsquantität der zweiten Zyklushälfte und steigen in den folgenden Monaten auf das 800- bis 1000fache des Zyklusoptimums an.

Das begrenzte Reaktionsvermögen des Vaginalepithels auf die stark erhöhte Östrogen- und Gestagenproduktion während der Gravidität ist aber schon bald erreicht, so daß etwa vom 2.–3. Monat bis kurz vor der Geburt der morphologische Aufbau im wesentlichen unverändert bleibt.

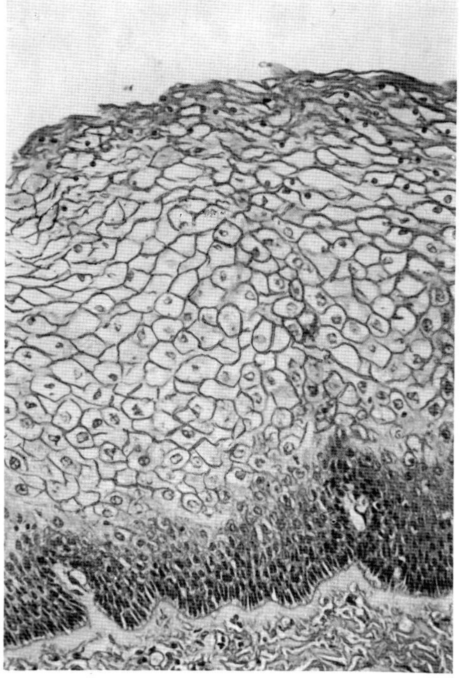

Abb. 7.**1** Histologischer Schnitt durch das Vaginalepithel bei einer fortgeschrittenen Schwangerschaft. Es fällt die Ausdehnung der aus voluminösen Zellen bestehenden Intermediärzellschicht auf (Obj. 10×, Ok. 10×).

Zytologie der normalen Schwangerschaft

Während einer normalen Schwangerschaft weist der zytologische Abstrich vorwiegend Intermediärzellen auf. Diese zeigen meist deutliche Zellbegrenzungen, wobei der Rand durch das vom Glykogen verdrängte Plasma oft etwas verdickt und gefaltet ist (164). Dadurch nimmt ein Teil der Zellen eine kahnartige Form an, weshalb Papanicolaou (149) sie auch *Navikularzellen* nannte (Abb. 7.**2**). Seither gelten diese als typische Schwangerschaftszellen. Dies ist aber nur insofern richtig, als dieser Zelltyp in der Gravidität vermehrt gefunden wird. Ansonsten kommen Navikularzellen auch bei anderen hormonalen Situationen vor, die einen mittleren Zellaufbau bewirken. Der Kern ist etwas exzentrisch gelegen, bläschenförmig, bisweilen auch etwas geschrumpft und spindelig. Die Ausstriche sind infolge der verstärkten Desquamation sehr zellreich, und die zyanophilen Intermediärzellen lagern in Gruppen zusammen (Abb. 7.**6**).

Dieses für die Schwangerschaft charakteristische *Zellbild vom Navikulartyp* (Abb. 7.**2**) findet man in seiner ausgeprägten Form in 60–70% aller Vaginalabstriche etwa von der 10.–12. Schwangerschaftswoche an (25, 82, 98, 208, 229). Eosinophilie- und Karyopyknose-Index liegen dabei meist unter 10%.

Vorher liegen die Zellen oft noch einzeln oder in kleineren Gruppen. Die Navikularzellen sind noch nicht so ausgeprägt und zahlreich, und die Mittelwerte des Eosinophilie- und Karyopyknose-Index schwanken zwischen 20 und 30%. Auch werden in dieser Zeit noch rhythmische Schwankungen der Proliferationshöhe in 14- bis 28tägigen Intervallen beobachtet (167).

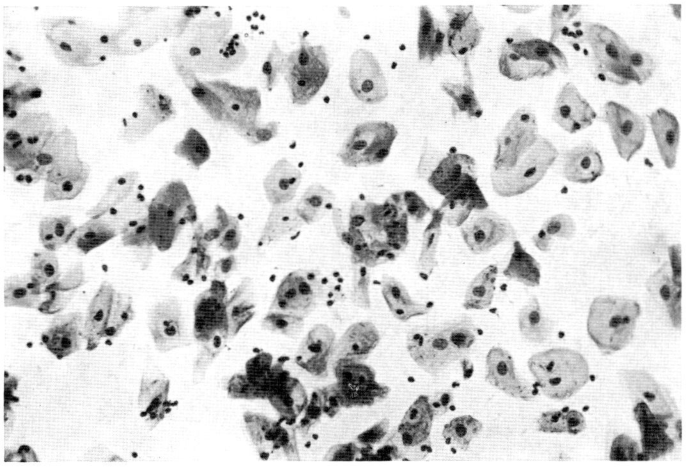

Abb. 7.**2** Zellbild vom „Navikulartyp" der Schwangerschaft. Fast ausschließlich Intermediärzellen mit typischer Faltung (Obj. 20 ×, Ok. 10 ×).

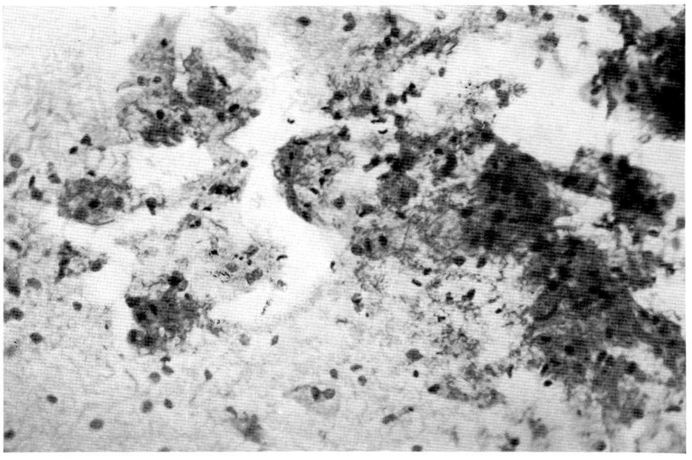

Abb. 7.**3** Zellbild vom „Zytolysetyp" der Schwangerschaft. Teils in Auflösung begriffene Plattenepithelzellen, teils schon freiliegende Zellkerne bei ausgeprägter Döderlein-Vaginalflora (Obj. 20 ×, Ok. 10 ×).

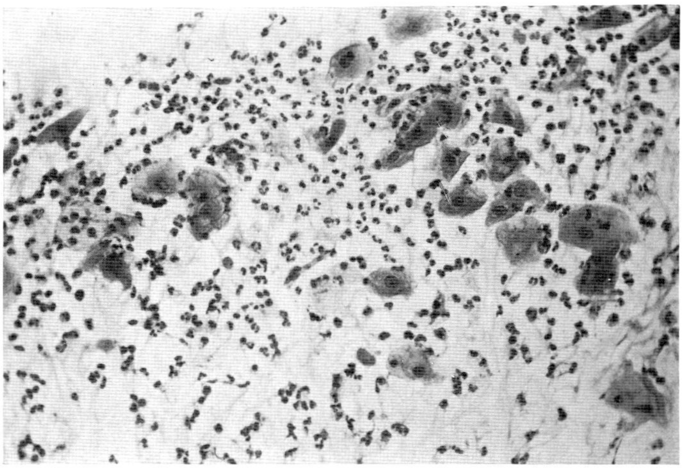

Abb. 7.**4** Zellbild vom „entzündlichen Typ" der Schwangerschaft. Neben den entzündlich veränderten Intermediärzellen sind reichlich Leukozyten, vereinzelt Trichomonaden und Mischflora vorhanden (Obj. 20 ×, Ok. 10 ×).

Da in den späteren Schwangerschaftsmonaten fast ausschließlich glykogenreiche Intermediärzellen vorhanden sind, bieten diese für die Existenz der Döderlein-Bakterien eine ideale Voraussetzung. Es ist deshalb nicht verwunderlich, daß mit dem durch diese Bakterien herbeigeführten *Zytolysetyp* bei etwa 15% der Schwangeren zu rechnen ist (Abb. 7.**3**).

In einem geringen Teil der Fälle kann das Ausstrichbild durch eine Infektion beeinflußt sein. Bei diesem sog. *entzündlichen Typ* (Abb. 7.**4**) findet man neben zahlreichen Leukozyten und Bakterien die typischen entzündlichen Zellveränderungen wie verwaschene Zellgrenzen, Kernvergrößerungen, Chromatinvergröberungen und einen erhöhten Karyopyknose- und Eosinophilie-Index. In der Regel stellt

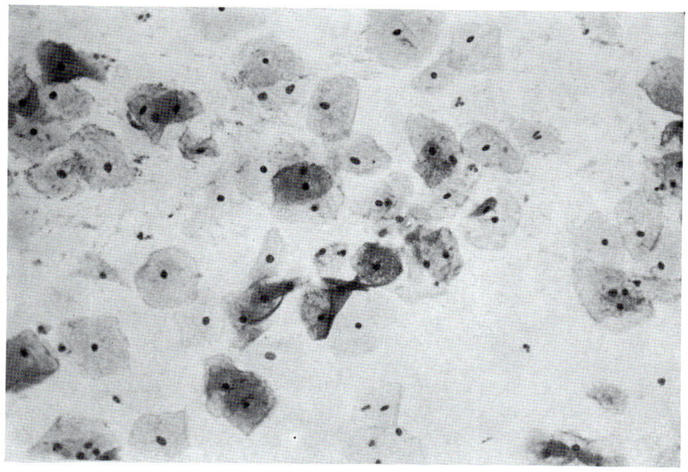

Abb. 7.**5** Zellbild vom „östrogenen Typ" der Schwangerschaft mit ausgebreiteten Superfizialzellen (Obj. 20 ×, Ok. 10 ×).

sich aber auch hier nach Behandlung und Abklingen der entzündlichen Erscheinungen der Navikularzelltyp wieder her.

In etwa 10% der Schwangerschaftsabstriche zeigen sich neben den Intermediärzellen in erhöhtem Maße Superfizialzellen. Auch die Zellfaltung ist dabei meist nicht so stark ausgeprägt. Dieser *östrogene Typ* (Abb. 7.**5**) findet sich , wie vorher schon erwähnt, vorwiegend in der Frühgravidität und bei gestörter Schwangerschaft. Er kann gelegentlich aber auch während der ganzen Schwangerschaft beobachtet werden ohne Zeichen einer hormonalen Insuffizienz oder einer Gefährdung des Kindes. Der Grund für dieses Abweichen des Vaginalepithels ist nicht bekannt.

Mit der Zytologie allein ist normalerweise eine *sichere Schwangerschaftsdiagnostik nicht möglich.* Insbesondere entfällt die Zytologie als Methode der Schwangerschaftsfrühdiagnostik. Charakteristisch für die Schwangerschaft ist es jedoch, daß nach der Verabfolgung von hohen Östrogendosen keine Zunahme des Karyopyknose- und Eosinophilie-Index erfolgt. Dieses unterschiedliche Reaktionsvermögen des Vaginalepithels bei einer Schwangeren gegenüber einer Nichtschwangeren wird von einigen Autoren als sicheres Zeichen einer intakten Gravidität angesehen (164, 167, 230).

Zytologie am Schwangerschaftsende

Am Ende der Schwangerschaft, etwa ab der 38. Woche, können typische Veränderungen des Vaginalzellbildes beobachtet werden, mit denen sich zahlreiche Autoren beschäftigt haben (1, 15, 18, 42, 72, 84, 88, 104–106, 109, 117, 124, 126, 138, 143, 146, 148, 162–164, 174, 176, 201, 204, 206, 211, 217, 232 u. a.). Obwohl die Zellbilder von den einzelnen Arbeitsgruppen unterschiedlich unterteilt und bezeichnet wurden, besteht über den Ablauf der Veränderungen grundsätzlich Übereinstimmung.

Wir unterscheiden *vier verschiedene Abstrichtypen:*

- Abstrichtyp *vor dem Termin*
  Es handelt sich hier um das navikulare Schwangerschaftsbild, wie es typischerweise etwa vom 3. Monat an besteht (Abb. 7.**6**). Zyanophile Navikularzellen beherrschen das Bild, die meist in größerer Anzahl (10 und mehr) in Haufen zusammen gelagert sind und mehr oder minder deutliche Faltung aufzeigen. Das Bild ist meist sauber, der Karyopyknose- und Eosinophilie-Index sehr niedrig.

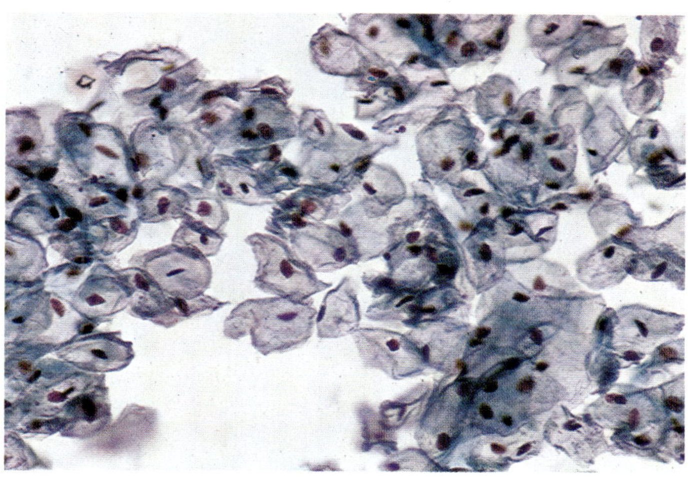

Abb. 7.**6** Zellbild „Vor dem Termin". Überwiegend Intermediärzellen, die in größerer und kleinerer Haufenbildung zusammen gelagert und deren Ränder deutlich eingerollt sind (Obj. 20 ×, Ok. 10 ×).
(Die Abb. 7.**6**–7.**9** wurden nach Hämatoxylin-Shorr gefärbt.)

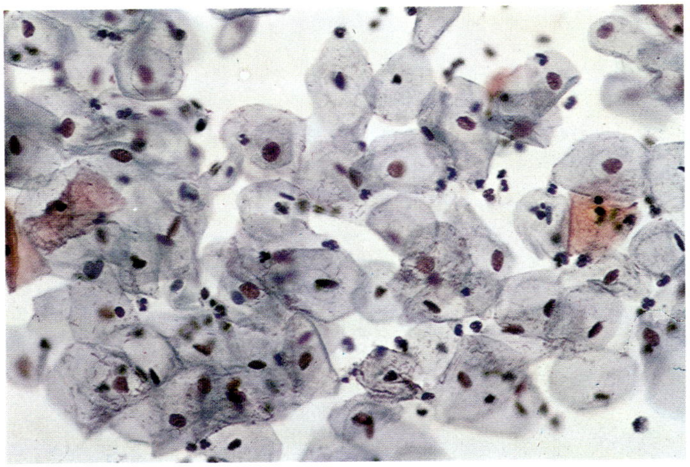

Abb. 7.**7** Zellbild „Nahe am Termin". Die Zellen liegen mehr einzeln. Die Haufenbildung ist nicht mehr so stark ausgeprägt. Anstieg des Eosinophilie- und Superfizialzell-Index (Obj. 20 ×, Ok. 10 ×).

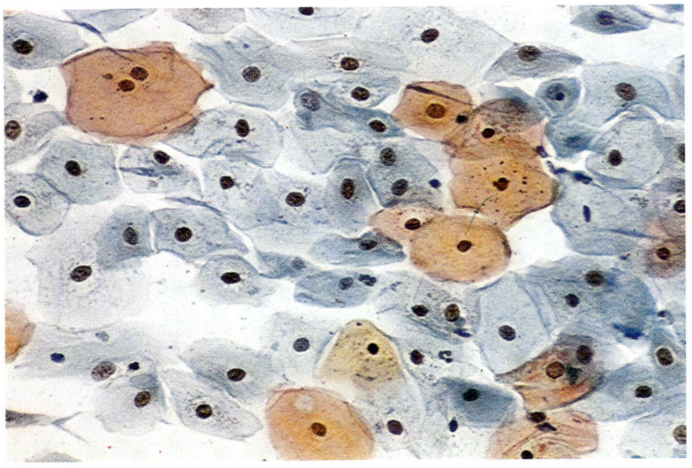

Abb. 7.**8** Zellbild „Am Termin". Die Zellen sind jetzt meist einzeln gelagert, sind relativ flach und zeigen nur noch geringe Faltung. Der Eosinophilie- und Karyopyknose-Index ist weiter angestiegen (Obj. 20 ×, Ok. 10 ×).

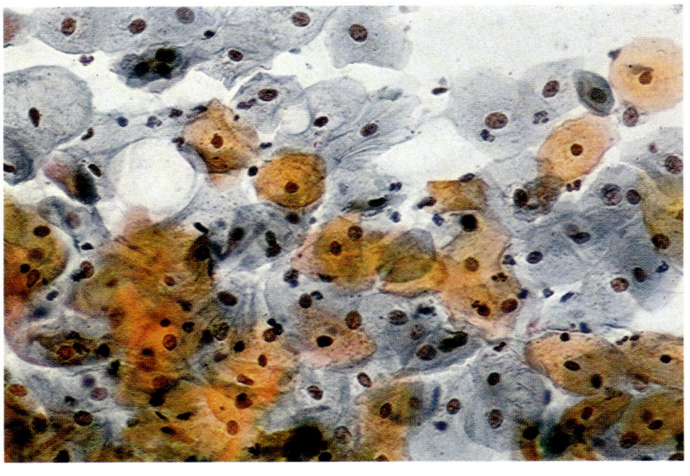

Abb. 7.**9** Zellbild „Nach dem Termin". Neben den meist einzeln liegenden Superfizial- und Intermediärzellen zeigen sich parabasalzellähnliche Plattenepithelien, die eine dichte Plasmafärbung und betonte Zellränder aufweisen. Sog. „Postpartum-Zellen" (Obj. 20 ×, Ok. 10 ×).

– Abstrichtyp *nahe am Termin*
  Bei Annäherung an den Geburtstermin, frühestens etwa ab der 38. Woche, beginnt sich das Zellbild langsam zu verändern (Abb. 7.**7**). Die typischen Navikularzellformen nehmen laufend ab, und es treten jetzt fast schon in gleicher Anzahl große Intermediärzellen auf, deren Ränder aber noch weitgehend gefaltet sind. Die Haufenbildung nimmt laufend ab, und die Zellen zeigen eine Tendenz zur Einzellagerung. Karyopyknose- und Eosinophilie-Index steigen leicht an, überschreiten aber selten die 10%-Grenze.
– Abstrichtyp *am Termin*
  Dies ist der am meisten gefundene Abstrichtyp zur Zeit der Spontangeburt (Abb. 7.**8**). Die Navikularzellen sind weitgehend verschwunden, es über-

wiegen große zyanophile, sich flach ausbreitende Intermediärzellen mit hellem, transparentem Zytoplasma. Superfizialzellen treten jetzt immer mehr in den Vordergrund. Der Eosinophilie-Index zeigt ansteigende Tendenz. Die Zellen weisen nur noch geringe Faltungen auf, sie liegen vorwiegend einzeln.

– Abstrichtyp *nach dem Termin*
Hier sind die Merkmale des Schwangerschaftsabstriches völlig verlorengegangen (Abb. 7.**9**). Die Navikularzellen sind nicht mehr vorhanden, und die Faltung und Haufenbildung sind weitgehend aufgehoben. Der Eosinophilie-Index steigt bis 30% und der Karyopyknose-Index gar bis 50% und darüber an. Daneben kommt es auch teilweise zum Auftreten von Parabasalzellen.

Welche Bedeutung haben diese Abstrichbilder für die Praxis?

Mit der Vaginalzytologie ist eine *Abschätzung des zu erwartenden Geburtstermins bei Frauen mit unklaren Geburtsterminen* möglich. Dabei ergibt sich zytologisch nach Angabe der meisten Autoren in etwa 90% eine richtige Voraussage (41, 42, 82, 105, 124, 125, 161–163, 200, 201, 237).

Es erscheint deshalb gerechtfertigt, bei Terminunklarheiten und dem Vorliegen eines „Abstrichs vor dem Termin" weiter abzuwarten und die Entwicklung der vaginalzytologischen Veränderungen zu verfolgen. Bei einem zytologischen Befund „am Termin" dagegen sollte möglichst mit der Geburt nicht länger als 6 Tage abgewartet werden. Bei einem Abstrich „nach dem Termin" muß mit etwa 50% und mehr überreifen Kindern gerechnet werden. Es ist dabei zu bedenken, daß der Befund „am Termin" nicht unbedingt in den Befund „nach dem Termin" übergehen muß (108, 238). Mit einer Gefährdung des Kindes ist daher auch schon zu rechnen, wenn der Abstrich „am Termin" über längere Zeit fortbesteht.

Sehr hilfreich ist die Anwendung der Vaginalzytologie am Ende der Gravidität auch bei der Fragestellung, mit welchen *Erfolgsaussichten* eine *medikamentöse Geburtseinleitung* unternommen werden kann.

Eine genaue *Korrelation zwischen Reifegrad* bzw. Übertragung der Feten *und zytologischem Befund* ist nach Ansicht zahlreicher Autoren (15, 41, 82, 108, 143, 190, 201, 236) nicht ohne weiteres möglich. Doch konnte bei zytologischem Bild „am Termin" oder „nach dem Termin" die Geburt eines unreifen Kindes mit 98%iger Sicherheit ausgeschlossen werden, während mit der gleichen Wahrscheinlichkeit beim Befund „vor dem Termin" kein überreifes Kind geboren wurde (41).

Tritt eine *Veränderung des Vaginalzellbildes schon vor der 38. Schwangerschaftswoche* auf, so ist dies nach Ansicht mehrerer Autoren ein Anzeichen für eine Plazentainsuffizienz (48, 113–115, 127, 168, 238). Besonders gehäuft wird dies natürlich bei Erkrankungen angetroffen, die bekannterweise mit einer *Plazentainsuffizienz* einhergehen, wie z. B. Gestosen, Diabetes mellitus usw. Es ist dann wichtig, laufende Kontrolluntersuchungen durchzuführen, um einen eventuellen Anstieg von Karyopyknose- und Eosinophilie-Index rechtzeitig zu erfassen.

Das zusätzliche Auftreten von Parabasalzellen ohne stärkere entzündliche Erscheinungen ist ein besonders bedrohliches Zeichen. So findet man bei *intrauterinem Fruchttod* vorwiegend regressive Abstrichbilder mit Parabasalzellen (48, 121, 238). Diese bleiben oft aber nur wenige Tage bestehen und nehmen dann bald wieder einen höheren Reifegrad an, so daß bei länger zurückliegendem intrauterinem Fruchttod nicht unbedingt – wie vielleicht zu erwarten – stark regressive Abstrichbilder gefunden werden müssen. Insgesamt gesehen, hat die Vaginalzytologie bei der Gefährdung des Fetus während der Gravidität jedoch keine wesentliche Aussagefunktion, zumal hierfür heute bessere Überwachungsmöglichkeiten zur Verfügung stehen.

Deziduazellen in Zervixabstrichen

Relativ selten, bei 10–15% der Frauen mit normalem Schwangerschaftsverlauf, treten *Deziduazellen* in Zervixabstrichen auf (70, 129, 186). Es handelt sich um *dezidual umgewandelte Stromazellen* aus der Cervix uteri, die unmittelbar unter dem Drüsenepithel liegen.

Die polygonalen Zellen (Abb. 7.**10** u. 7.**11a, b**) findet man in den Abstrichen in lockeren Verbänden oder einzeln liegend, meist mit reichlich Leukozyten vergesellschaftet. Sie zeigen beachtliche Unterschiede in Größe und Form. Auch spindelige Zellen kommen vor. Ihr transparentes Zytoplasma färbt sich überwiegend zyanophil oder amphophil, gelegentlich auch eosinophil, und ist unterschiedlich stark vakuolisiert. Die Kerne sind relativ groß, oval bis leicht entrundet und besitzen eine feine, aufgelockerte Chromatinstruktur. Die meist deutlich erkennbaren Nukleoli sind manchmal enorm vergrößert. Die Zellen erinnern daher oft an Zellen aus Regenerationsepithel. Degenerativ veränderte Deziduazellen können relativ dunkel angefärbte Kerne aufweisen und sind dann schwierig zu beurteilen. Mitunter findet man auch freiliegende, vergrößerte Kerne von Deziduazellen in Schwangerschaftsabstrichen. Sie dürfen nicht mit atypischen Zellen verwechselt werden, wovor jedoch meist das blasse Aussehen der Zellen bzw. der Zellkerne bewahrt.

Extrem selten treten Deziduazellen mit hyperchromatischen Kernen und vergrößerten Nukleoli in Zervixabstrichen von Schwangeren auf (vgl. Kap. 9, Abb. 9.**160**), die Anlaß zur Verwechslung mit Zellen eines invasiven Karzinoms geben können.

Bei einer *Extrauteringravidität* können im Abstrich aus dem Zervikalkanal Zellen beobachtet werden, die mit dem bekannten Arias-Stella-Phänomen des Endometriums in Verbindung gebracht werden (6, 8, 15, 95, 96, 170, 198).

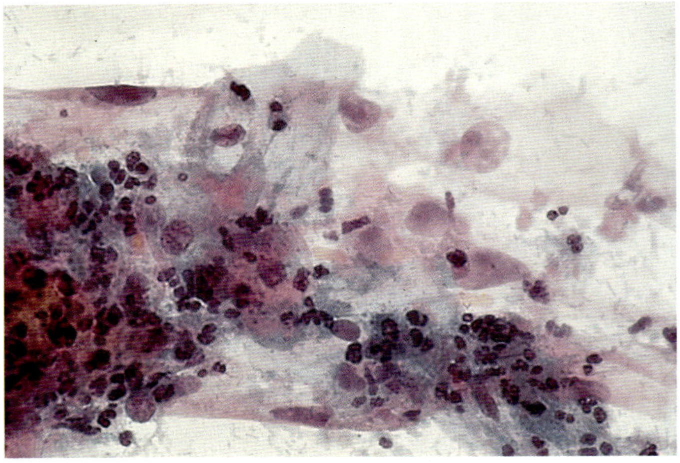

Abb. 7.**10** Zellbild bei einer 29jährigen Frau in der 22. Schwangerschaftswoche. Die vergrößerten, blassen Kerne mit angedeuteten Nukleoli stammen von dezidual umgewandelten Zellen aus dem Zervixbindegewebe. Die Reste des blassen Zytoplasmas sind an manchen Zellen kaum noch zu erkennen. Gleichen Ursprungs sind auch die langgestreckten Zellen am oberen und unteren Bildrand. Cave: Deziduazellen in Abstrichen von Schwangeren dürfen nicht mit atypischen Zellen verwechselt werden (Obj. 40 ×, Ok. 10 ×).

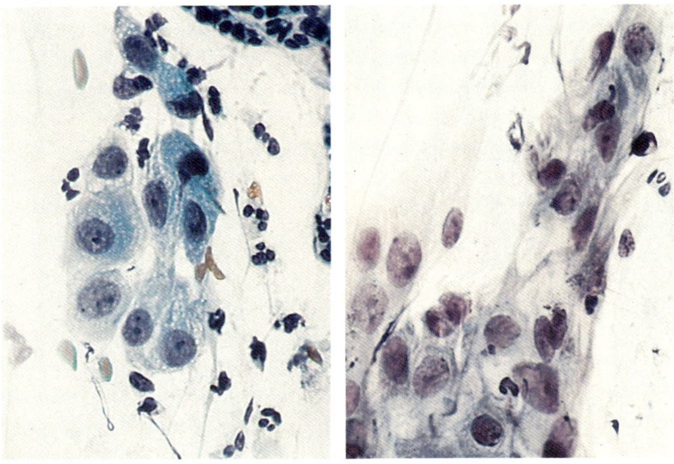

a b

Abb. 7.**11 a** Ein lockerer Verband von Deziduazellen aus dem Zervixstroma, gekennzeichnet durch die relativ großen, ovalen Kerne mit deutlichen Nukleoli und dem weitläufigen, aufgelockerten, unscharf begrenzten Zytoplasma. Abstrich von einer 33jährigen Frau in der 24. Schwangerschaftswoche (Obj. 40 ×, Ok. 10 ×).

b Eine Gruppe von Deziduazellen aus dem Zervixstroma mit relativ großen Kernen und teils deutlich vergrößerten Nukleoli. Das Zytoplasma hat sich weitgehend aufgelöst. Abstrich von einer 31jährigen Frau in der 32. Schwangerschaftswoche (Obj. 40 ×, Ok. 10 ×).

Zytologie beim drohenden Abort

Während hormonale Fehlleistungen in den allerersten Schwangerschaftswochen am Vaginalepithel nicht eindeutig angezeigt werden, manifestieren sich diese zwischen der 8. und 12. Schwangerschaftswoche nach Ansicht vieler Autoren in charakteristischer Weise (3, 17, 75, 87, 164, 175, 209, 229). Vor allem das Sistieren des Vaginalzellbildes aus den ersten Schwangerschaftswochen, viel mehr aber noch eine zunehmende Änderung des Bildes in Richtung einer Östrogenbetonung, weisen auf eine mögliche hormonale Störung hin (Abb. 7.**12a** u. **b**). Entscheidend sind auch hier Verlaufskontrollen. Tritt bei klinischer Symptomfreiheit nur ein verzögerter Wechsel zum Navikularzelltyp ein, so ist eine Gefährdung der Gravidität nicht sehr wahrscheinlich. Verschiebt sich dagegen der zelluläre Reifegrad durch weiteres Auftreten von Superfizialzellen und erscheinen die Intermediärzellen größer und flacher ausgebreitet bzw. nimmt die Tendenz zur Haufenbildung ab, so ist eine hormonale Störung in Betracht zu ziehen.

Erst recht treffen solche Überlegungen bei dem klinischen Bild des Abortus imminens zu. Anhand des zytologischen Abstrichbildes läßt sich nach Ansicht mancher Autoren eine prospektive Diagnose der bedrohten Schwangerschaft stellen. Ein Navikularzellbild bei einer Schwangerschaft mit Blutungen läßt auf eine nichthormonale Ursache schließen. Bei zeitgerechter Entwicklung in der Sonographie ist die Prognose als günstig anzusehen. Unter anderem ist dabei allerdings auch an ein artifizielles Geschehen zu denken (93).

Bei einem erhöhten Karyopyknose-Index bis 50% und einem Eosinophilie-Index bis 40% ist eine hormale Störung sehr wahrscheinlich, wenn auch hier gelegentlich noch Spontanremissionen vorkommen (223, 224) (Abb. 7.**12b** u. **c**). Bei höheren Karyopyknose- und Eosinophilie-Werten ist die Prognose hinsichtlich der Erhaltung der Schwangerschaft schon wesentlich schlechter (Abb. 7.**12d**).

Diese hormonzytologischen Beobachtungen decken sich weitgehend mit hormonanalytischen Befunden. Bei 90% der Frauen mit Spontanaborten lassen sich pathologische hormonale Veränderungen diagnostizieren, z. T. schon 1–3 Wochen, bevor der Abort klinisch in Erscheinung tritt (177).

Dagegen weisen 90% der Frauen mit einem Abortus iminens, aber ungestörtem weiteren

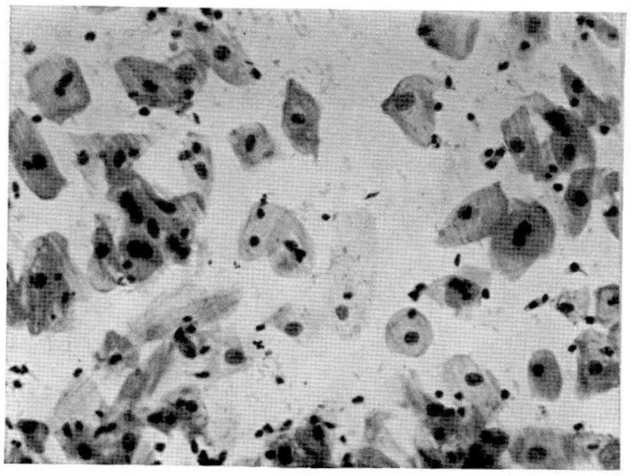

a

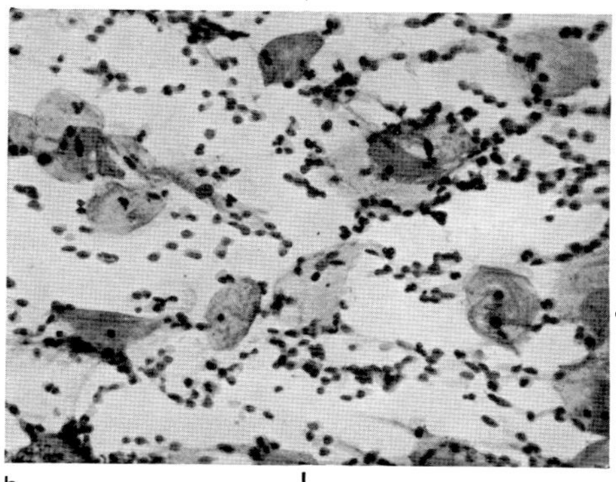

b

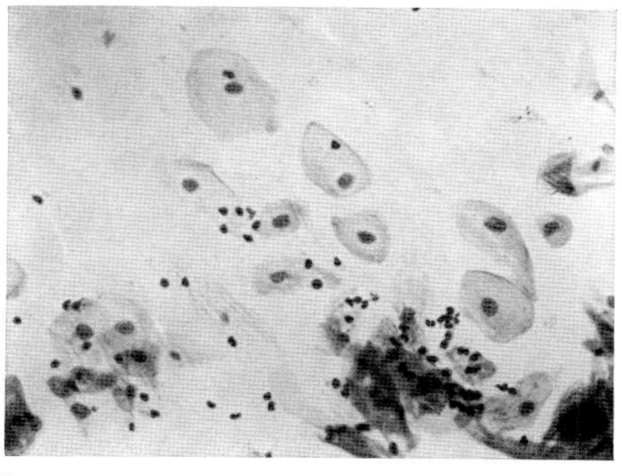

c

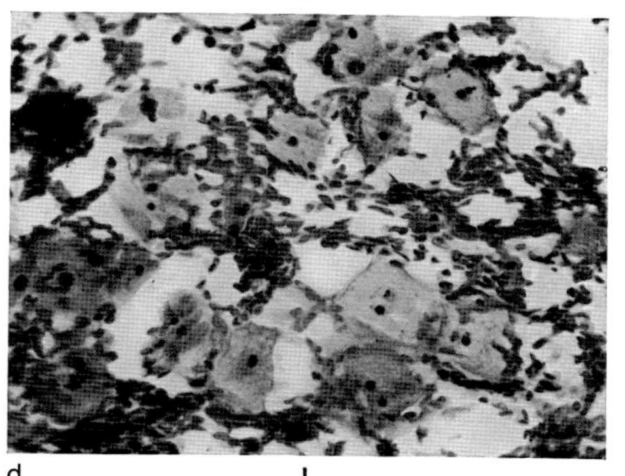

d

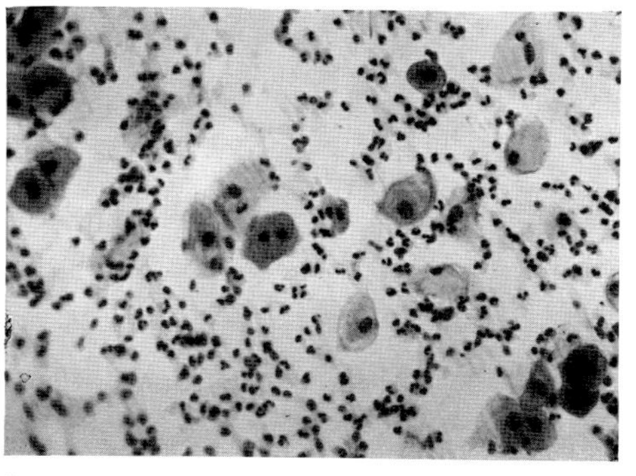

e

Abb. 7.**12a–e** Zellbilder bei bedrohter Frühschwangerschaft.

a Normales Navikularzellbild der Schwangerschaft.

b Abstrich bei drohendem Abort mit beginnender Ausprägung eines östrogenen Zellbildes. Einzelne Superfizialzellen, zahlreiche Erythrozyten sowie Leukozyten.

c Das Zellbild hat sich wieder in den „Navikulartyp" verwandelt, keine Erythrozyten mehr. Es darf angenommen werden, daß die Schwangerschaft sich wieder stabilisiert hat.

d Ausgeprägt östrogenes Zellbild bei drohendem Abort mit schlechter Prognose hinsichtlich der Erhaltung der Schwangerschaft. Vorwiegend eosinophile Superfizialzellen. Massenhaft frische Erythrozyten.

e Das Schwangerschaftsprodukt ist zugrundegegangen, was sich im vaginalen Abstrich in einer Regression des östrogenen Zellbildes zum „Post-partum-Typ" mit vorwiegend parabasalen Zellen kundtut (alle Bilder bei Obj. 20 ×, Ok. 10 ×).

Schwangerschaftsverlauf normale Hormonwerte auf (28). Über den Sinn einer hormonalen Therapie bei Abortus imminens bestehen in der Literatur unterschiedliche Meinungen (48). Es sind jedoch Hinweise vorhanden, daß bei einer im Ultraschall nachgewiesenen intakten und zeitgerecht entwickelten Schwangerschaft und einem fehlenden Navikularzellbild nach der 8. SSW eine Progesteronsubstitution durchaus sinnvoll ist (28, 85). Bei einem günstigen prognostischen Verlauf ist dann zu erwarten, daß die erhöhten Karyopyknose- und Eosinophilie-Indizes vier Tage nach Behandlungsbeginn deutlich abgesunken sind und im weiteren Verlauf sich dem normalen Schwangerschaftszellbild angleichen. Frühere Arbeiten zeigen solche Verläufe unabhängig von der Art der Hormonsubstitution, sowohl bei Progesterongaben (230), erhöhten Östrogenen (87, 164, 167) als auch bei Kombinationspräparaten (223, 224).

Besteht das östrogene Ausstrichbild trotz der Hormonbehandlung weiter oder prägt es sich sogar noch deutlicher aus, so muß eine irreversible Störung der Gravidität angenommen werden. Dies trifft besonders zu, wenn bei einem unbehandelten Abortus imminens eine Regression des östrogenen Zellbildes erfolgt. Man sieht dabei im Ausstrich mehr oder weniger zahlreiche parabasalzellähnliche Epithelien, wie sie im Abschnitt über das Wochenbett als „Post partum-Zellen" beschrieben werden (Abb. 7.**12e**). Dieses Bild bleibt meist nur wenige Tage bestehen und nimmt dann bald wieder einen höheren Reifegrad an.

Bei einem *beginnenden Abort* kann man im Vaginalabstrich aus dem Uterus stammende *trophoblastische Elemente* nachweisen. Man findet zwischen den reichlich vorhandenen Erythrozyten Zellverbände, die meist ein helles, etwas schaumiges Zytoplasma und deutlich strukturierte Kerne mit auffallender Anisonukleose und Polymorphie zeigen. Diese Zellkomplexe gehören dem Langhansschen Epithel an (Abb. 7.**13**). Gelegentlich findet man auch synzytiale Elemente (Abb. 7.**14**). Sie besitzen ein dunkleres, oft fein vakuolisiertes Zytoplasma und haben zahlreiche gleich große, runde oder ovale Kerne.

Beim *Abortus incompletus* treten meist größere aufgelockerte Verbände von Synzytiotrophoblastzellen mit starken regenerativen Veränderungen auf (Abb. 7.**15** u. 7.**16**).

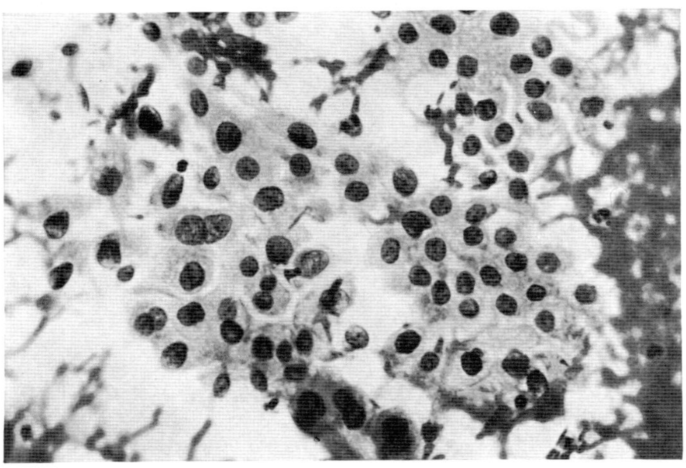

Abb. 7.**13** Zellkomplex des Langhansschen Epithels (Trophoblast) im Vaginalabstrich bei inkomplettem Abort. Helles, lockeres Zytoplasma, oft ohne klare Zellbegrenzung. Auffallende Anisonukleosen und zum Teil Polymorphie der Kerne (Obj. 20 ×, Ok. 10 ×).

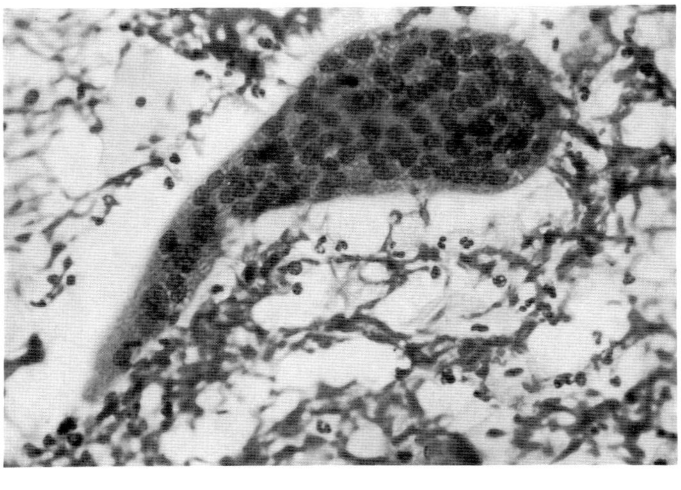

Abb. 7.**14** Synzytiales Zellprodukt des Trophoblasten im Vaginalabstrich beim inkompletten Abort, umgeben von Erythrozytenmassen und Leukozyten in geringerer Zahl. Das dunkle, fein vakuolisierte Plasma des Synzytiums enthält zahlreiche runde oder ovale Kerne von meist gleicher Größe (Obj. 40 ×, Ok. 10 ×).

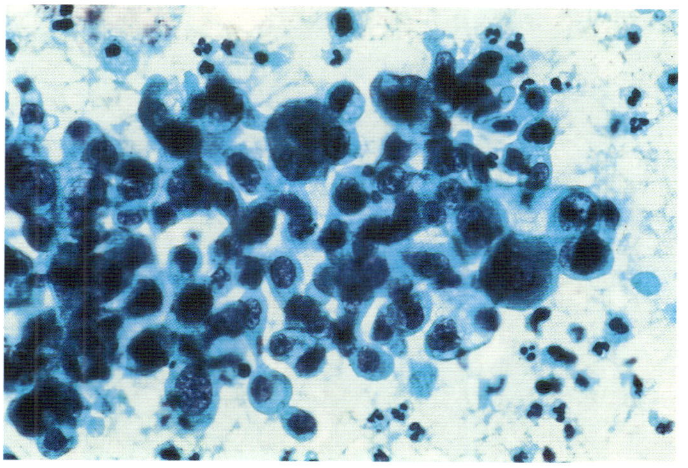

Abb. 7.**15** Synzytiotrophoblastzellen in aufgelockertem Verband bei Abortus incompletus. Die vergrößerten, hyperchromatischen, teils völlig pyknotischen und unregelmäßig geformten Kerne sind von wenig Plasma umgeben, das sich in Auflösung befindet (Obj. 40 ×, Ok. 10 ×).

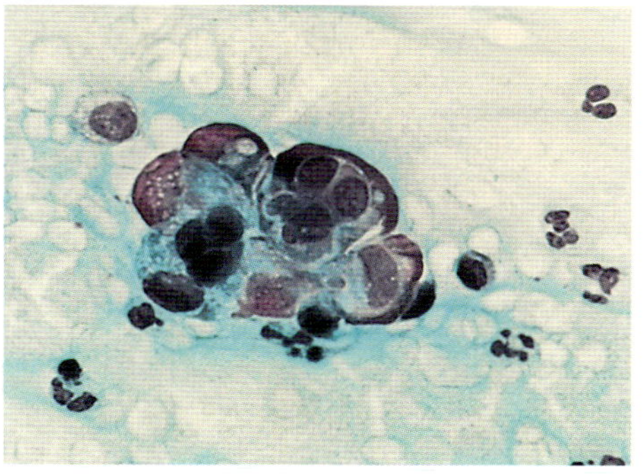

Abb. 7.**16** Stark degenerativ veränderte Synzytiotrophoblastzellen in papillärer Lagerung bei Abortus incompletus (Obj. 40 ×, Ok. 10 ×).

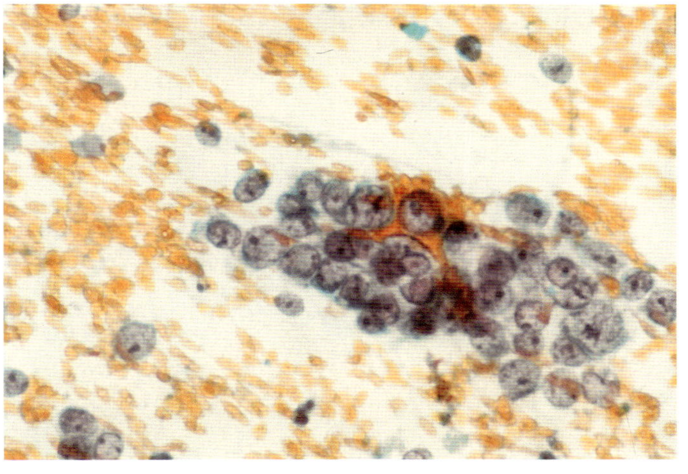

Abb. 7.**17** Zellen einer Blasenmole (hydantiforme Mole) bei einer 25jährigen Frau 6 Wochen post abortum. Die bläschenförmigen Kerne der Zellen liegen in größeren Gruppen oder einzeln. Sie fallen durch ihr relativ helles Chromatin und die prominenten Nukleoli auf. Deutliche Anisonukleose (Obj. 40 ×, Ok. 10 ×). (Fall von Frau Dr. H. Joswig-Priewe, Landshut.)

Bei *der Blasenmole* (Abb. 7.**17**) liegen die Zellen in größeren Gruppen oder einzeln. Die unterschiedlich großen Kerne fallen durch ihr relativ helles Chromatin und prominente Nuklei auf.

Wochenbett und Stillperiode

Histologie

Nach der Entbindung wird das Vaginalepithel infolge des raschen Abbaus der Plazentahormone und der noch ruhiggestellten Ovarien wieder flacher. Vor allem bei längerem Stillen kommt es meist zu einer weitgehenden Atrophie. Erst allmählich nach einer unterschiedlich langen Zeit stellt sich wieder eine zunehmende Proliferationstendenz des Plattenepithels der Vagina ein.

Zytologie

Nach dem Partus kommt es zu einem schnellen Wechsel des gesamten Zellbildes. Während der ersten Wochenbettage enthalten die Abstriche reichlich Blut, dem zahlreiche Leukozyten sowie Schleim beigemengt sind. In den folgenden Tagen erscheinen in zunehmendem Maße Histiozyten. Im epithelialen Zellbild werden die eventuell noch vorhandenen Navikularzellen durch große und kleine Intermediärzellen ersetzt. Das Zytoplasma zeigt in vermehrtem Maße Vakuolisierungen und weist bei der Färbung bisweilen rötliche bis violette Tönungen auf. Die Kerne erscheinen in noch stärkerem Maße als in der Gravidität langgestreckt und geschrumpft, sie liegen oft exzentrisch.

Zwischen dem 5. und 7. Wochenbettag treten dann bei etwa der Hälfte der Frauen sog. „Post-partum-Zellen" auf (Abb. 7.**18**–7.**20**). Im Gegensatz zu den normalen Parabasalzellen enthalten sie reichlich Glykogen und bekommen daher ein charakteristisches Aussehen. Die Zytoplasmaränder der verschieden großen, rundlichen oder ovalen Zellen sind auffallend verdickt. Das Zytoplasma ist meist zyanophil, zur Peripherie hin relativ stark angefärbt, kann jedoch auch eosinophil erscheinen. Die teils bläschenförmigen, teils pyknotischen Kerne sind vielfach peripher gelagert.

Nach 10–14 Tagen verändert sich dann bei der nicht stillenden Frau langsam der Abstrich. Die anfangs in reichlichen Mengen anwesenden Erythrozyten und Leukozyten nehmen ab, während Histiozyten noch über einen längeren Zeitraum hinweg in größerer Anzahl gefunden werden. Die „Post-partum-Zellen" verlieren ihr markantes Aussehen und

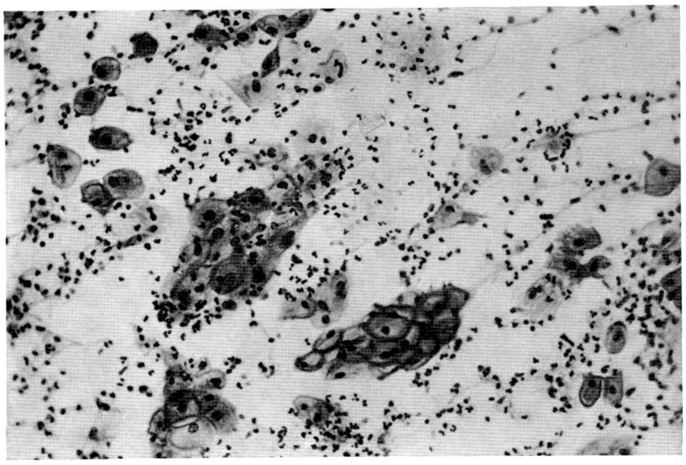

Abb. 7.**18** Zellbild während des Wochenbettes. Vereinzelt noch Navikularzellhaufen mit betonten Zellrändern, daneben Parabasalzellen vom „Post-partum-Typ". Zahlreiche Leukozyten und Histiozyten (Obj. 20 ×, Ok. 10 ×).

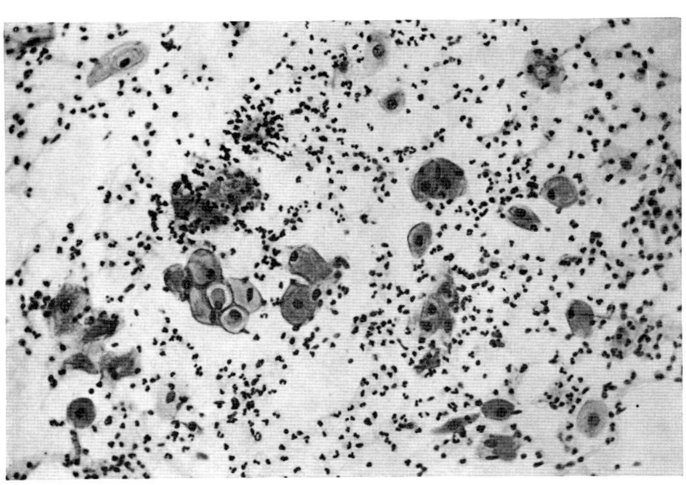

Abb. 7.**19** Zellbild während des Wochenbettes. Einzelne oder teils in kleinen Verbänden liegende „Post-partum-Zellen". Reichlich Leukozyten, Histiozyten und Zelldetritus (Obj. 20 ×, Ok. 10 ×).

nähern sich morphologisch wieder mehr den normalen Parabasalzellen, wobei das Zytoplasma schwächer angefärbt und fein vakuolisiert ist. Mit zunehmender Ovarialtätigkeit baut sich das Epithel wieder bis zur normalen Höhe auf. Die Parabasalzellen verschwinden in der Regel spätestens nach der dritten Woche.

Bei der stillenden Frau besteht der niedrige Aufbau des Epithels, sog. *Laktationsabstrich,* üblicherweise 6–8 Wochen (Abb. 7.**21**).

Fruchtwasserzytologie

Einteilung und Beschreibung der Fruchtwasserzellen

Die im Fruchtwasser enthaltenen Zellen unterscheiden sich sowohl in quantitativer als auch in qualitativer Hinsicht in den verschiedenen Schwangerschaftsabschnitten. In den ersten zwölf Schwangerschaftswochen werden im Fruchtwasser nur ganz vereinzelt Zellen nachgewiesen (67, 81). Anschließend steigt die Zellzahl allmählich an, wobei die größte Zunahme zwischen der 20. und 30. Woche zu verzeichnen ist (31). Von der 30. Schwangerschaftswoche an sind keine wesentlichen Veränderungen mehr in der Gesamtzahl der im Fruchtwasser suspendierten Zellen festzustellen, aber es kommt zu einer weiteren Veränderung in der prozentualen Zusammensetzung der einzelnen Zelltypen (Abb. 7.**22**).

Wie vergleichende Untersuchungen zwischen Fruchtwasserausstrichen und Direktabstrichen von verschiedenen fetalen Geweben ergeben haben, stammt der Hauptteil der Zellen von der Haut des Fetus und vom Amnion (35, 77, 78, 147, 205, 216–218). Auch die Schleimhäute des Mundes und der oberen Verdauungswege, der Respirationstrakt, die ableitenden Harnwege und die Genitalien schilfern Zellen ab. Ihr Anteil an der Gesamtzahl dürfte jedoch keine große Rolle spielen. Aufgrund von morphologischen Merkmalen ist eine genaue Zuordnung der im Fruchtwasser befindlichen Zellen hinsichtlich ihrer Herkunft nicht in allen Fällen möglich (51).

Die Darstellung kann mit allen in der zytologischen Praxis gebräuchlichen Färbemethoden geschehen. Am geeignetsten sind die Färbungen nach

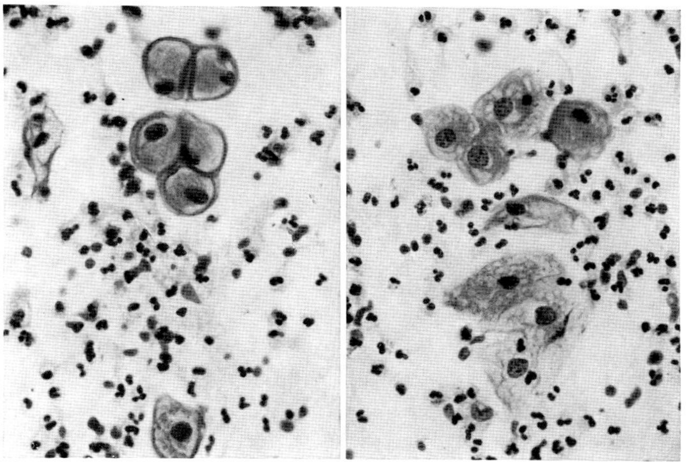

a b

Abb. 7.**20a** u. **b** Post-partum-Zellen in stärkerer Vergrößerung.

a Parabasalzellähnliche Epithelien mit deutlich verdichtetem Plasmarand. Der Kern liegt meist etwas exzentrisch.

b Ovale bis polygonal gestaltete „Post-partum-Zellen" mit hellem, schaumig vakuolisiertem Zytoplasma (Obj. 40 ×, Ok. 10 ×).

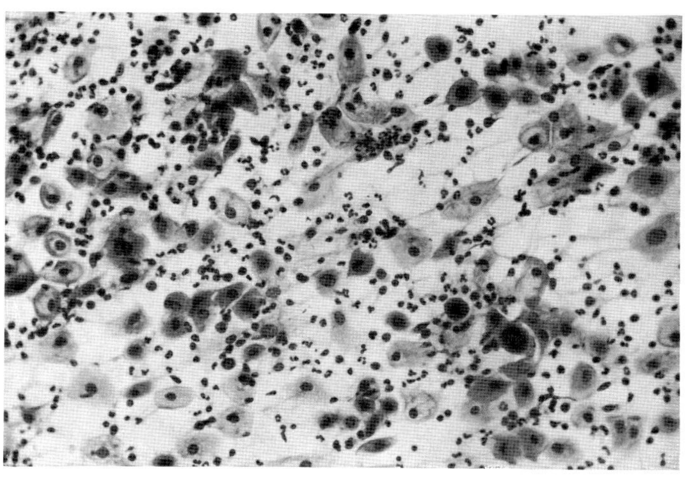

Abb. 7.**21** Vaginales Abstrichbild während der Stillzeit („Laktationsabstrich"). Vorwiegend Parabasalzellen und zum geringeren Teil auch kleine Intermediärzellen. Massenhaft Leukozyten (Obj. 20 ×, Ok. 10 ×).

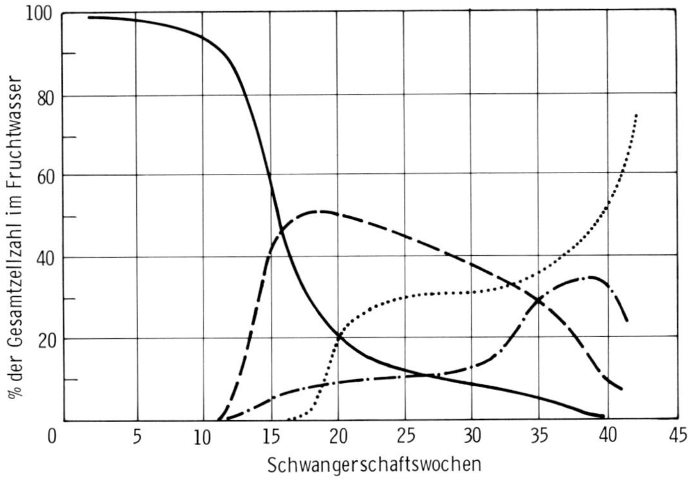

Abb. 7.**22** Graphische Darstellung der prozentualen Verteilung der einzelnen Zellformen im Fruchtwasser in den verschiedenen Schwangerschaftswochen,
· · · · · · kernlose Schollen,
– · – · – Superfizialzellen,
– – – – Intermediärzellen,
——— Amnionzellen,
(in geringem Umfang auch Urothelzellen und Parabasalzellen).

Papanicolaou (12, 35, 166, 188, 205, 216), nach Harris-Shorr (50, 79, 205) und mit den Farbstoffen Pinacyanol (11, 77) und Nilblausulphat (12, 29, 92).

Plattenepithelzellen

Kernlose Schollen: Es handelt sich um durchschnittlich etwa 50 µm große, unregelmäßig geformte Zellen. Sie haben keine Kerne mehr, jedoch ist an deren Stelle oftmals ein heller Hof erkennbar, wie bei den präkeratotischen Zellen der Vagina (Abb. 7.**23**).

Erstmals kann man das Auftreten dieser kernlosen Hornschollen etwa zwischen der 16. und 18. Schwangerschaftswoche beobachten. Sie sind zu diesem Zeitpunkt noch sehr dünn und transparent und von unterschiedlichster Größe. Von der 20.–22. Schwangerschaftswoche an tritt eine deutliche Vermehrung dieser kernlosen Schollen auf, deren Anteil an den Gesamtzellen des Fruchtwassers in den nächsten Wochen mit durchschnittlich 20–40% relativ konstant bleibt (205), wenn auch die von den einzelnen Untersuchern angegebenen Werte erheblichen Schwankungen unterworfen sind (23, 51). Etwa um die 36. Schwangerschaftswoche herum ist nochmals ein charakteristischer Anstieg zu verzeichnen, auf etwa 30–50%, der in den Spitzenwerten jedoch bis 90% reichen kann (50). Die Zellen werden dann auch etwa dicker, und die Ränder falten sich, so daß sie eine ausgesprochen polygonale Form aufweisen. Außerdem neigen gegen Ende der Gravidität diese Zellen zur Haufenbildung.

Mit den von der Vaginalzytologie her bekannten Färbungen nach Papanicolaou und nach Shorr stellen sich die kernlosen Schollen in schwach bläulichen bis gelblich-orange-rosa Tönen dar. Die eosinophile Anfärbung weist in beiden Färbungen eine deutliche Dominanz gegenüber der zyanophilen auf. Mit der Pinacyanol- und der Nilblausulphatfärbung (s. S. 143) werden die kernlosen Schollen meist in hellblauen transparenten Tönungen dargestellt, wobei vor allem bei der letzteren die Zellen oft kaum angefärbt erscheinen.

Ein Teil der kernlosen Schollen färbt sich mit der Nilblausulphatfärbung aber in charakteristischer Weise orange bis tiefrot an. Diese lipidbeladenen Zellen werden deshalb *orange fat cells* oder einfach „Fettzellen" genannt. Ihr erstes Auftreten wird kurz vor der 30. Schwangerschaftswoche registriert, und ihr Anteil an den Gesamtzellen des Fruchtwassers macht bis zur 34. Schwangerschaftswoche in der Regel nicht mehr als 1–2% aus. In der 34.–36. Schwangerschaftswoche liegt ihr Anteil meist zwischen 1 und 10%, von der 36. Schwangerschaftswoche an erfolgt eine weitere Zunahme der Fettzellen, bis ihr Anteil unter den kernlosen Schollen in der 40. Schwangerschaftswoche mehr als 50% ausmacht.

Die kernlosen Schollen im Fruchtwasser stammen von der Hautoberfläche des Fetus. Ihr Auftreten hängt aufs engste mit der fetalen Entwicklung der Haut zusammen.

Zunächst besteht die Haut nur aus einer zweifachen Zellage, dem Periderm und dem Epiderm. Bis etwa zur 18. Schwangerschaftswoche bleibt die Haut unverhornt. Erst danach bildet sich allmählich ein Stratum corneum aus, das gegen die 28.–30. Schwangerschaftswoche weitgehend abgeschlossen ist (4, 20, 110, 133, 135, 155, 213). Zwischen der 20. und 30. Schwangerschaftswoche entwickeln sich auch die Hautanhangsgebilde wie Lanugohaare und Talgdrüsen. Die Vermischung der Epidermisschuppen mit den Lanugohaaren und den Abschilferungen der Hauttalgdrüsen ergibt dann einen weißlichgelben Belag, die sog. Vernix caseosa, die um die 32.–34. Schwangerschaftswoche ihre größte Dicke erfährt und dan allmählich und von der 38. Schwangerschaftswoche an plötzlich sehr stark abnimmt.

Bei den „Fettzellen" handelt es sich um degenerierte fetale Epidermiszellen, die mit Fettpartikeln, wohl vorwiegend aus den Talgdrüsen stammend, beladen sind (51), also um Zellen aus der Vernix caseosa, und nicht, wie ursprünglich angenommen, um abgeschilferte Talgdrüsenzellen (61).

Superfizialzellen: Diese Zellen unterscheiden sich nicht von den Plattenepithelzellen gleichen Differenzierungsgrades aus dem Vaginalraum. Es sind ca.

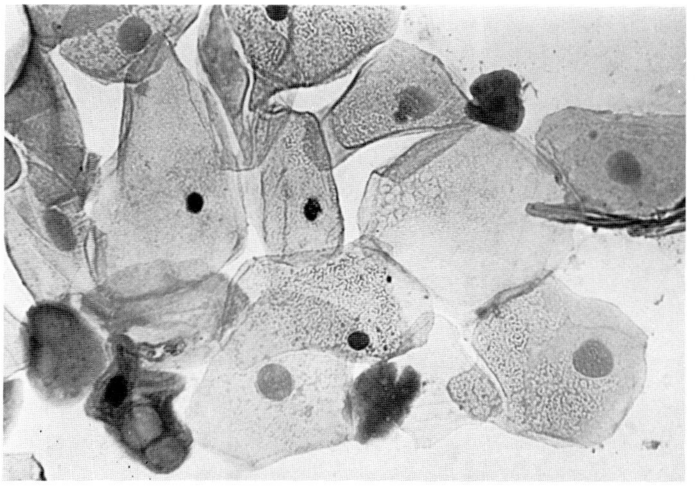

Abb. 7.**23** Plattenepithelzellen im Fruchtwasser. Hornschollen, Superfizialzellen und Intermediärzellen nach Papanicolaou gefärbt (Obj. 45 ×, Ok. 10 ×).

50 µm große polygonale Zellen, die flach ausgebreitete oder gefaltete Ränder aufweisen. Das Zytoplasma ist überwiegend eosinophil angefärbt. Nicht selten enthält es Einschlüsse von dunklen Pigment- oder Lipidgranula. Die Kerne sind pyknotisch, ohne erkennbare Struktur und im Durchmesser nicht größer als 6 µm (Abb. 7.**23**).

Die Superfizialzellen sind schon im ersten Schwangerschaftsdrittel ab der 12.–15. Schwangerschaftswoche nachzuweisen und zeigen von der 20.–25. Schwangerschaftswoche an einen steten Anstieg bis etwa zur 30%-Grenze in der 34.–36. Schwangerschaftswoche (51, 205). In den letzten Schwangerschaftswochen stellen sie zusammen mit den kernlosen Schollen etwa 90% der im Fruchtwasser enthaltenen Zellen dar. Sie stammen von der Haut, der Mundhöhle und der Vagina des Fetus.

Intermediärzellen: Auch diese Zellen sind sowohl in der Größe als auch in der Struktur mit denen des Vaginalepithels vergleichbar. Sie färben sich zyanophil an. Der Kern ist bläschenförmig und zeigt das typische Chromatinmuster der Plattenepithelzellen (Abb. 7.**23**).

Zwischen der 20. und 35. Schwangerschaftswoche können die Intermediärzellen 30–50% der gesamten Fruchtwasserzellen ausmachen. Nach der 36. Schwangerschaftswoche sinkt ihr Anteil rasch ab und liegt meist unter 10%. Sie stammen ebenso wie die Superfizialzellen von der Haut, der Mundhöhle und dem Urogenitaltrakt des Fetus.

Amnionepithel

Weitere immer wieder im Fruchtwasser gefundene Zelltypen sind *Epithelien von den Eihäuten und von der Nabelschnur.* Die Zellgröße ist mit einem Durchmesser von 15–35 µm starken Variationen unterworfen (Abb. 7.**24** u. 7.**25**) (35).

Die kleineren Formen ähneln den Basalzellen, während die großen Zellen großen Parabasalzellen gleichen. Das meist intensiv zyanophil angefärbte

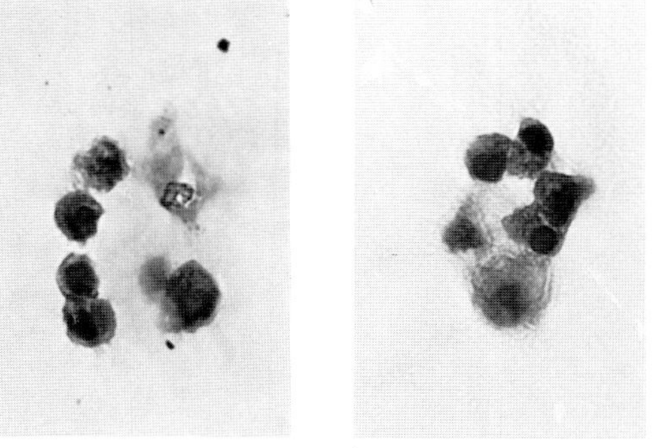

a b

Abb. 7.**24a** u. **b** Kleine Formen von Amnionepithelzellen im Fruchtwasser in unterschiedlichem Degenerationszustand (Obj. 45 ×, Ok. 10 ×).

Zytoplasma bildet bei den kleineren Formen nur einen schmalen Saum. Bei den parabasalzellähnlichen Zellen ist das Zytoplasma oft vakuolisiert. Die Zellränder erscheinen dabei verdickt und intensiver angefärbt. Der runde bis ovale Kern ist relativ groß, liegt zentral oder auch exzentrisch und weist gelegentlich prominente Nukleoli auf. Ab der 30. Schwangerschaftswoche, vorwiegend gegen Ende der Gravidität, lassen sich vereinzelt auch hohe Zylinderepithelzellen finden (217, 218) (Abb. 7.**26**).

Teilweise treten diese Amnionzellen völlig isoliert auf. In der Regel jedoch sind sie in größeren Gruppen zusammengelagert, wobei sie beetartig mit gut erkennbaren Zellgrenzen nebeneinander liegen. Manchmal bilden sie auch synzytiumähnliche Formationen mit verwaschenen Zellgrenzen (Abb. 7.**27**).

Die *Amnionzellen* sind schon in den ersten Schwangerschaftswochen im Fruchtwasser nachzuweisen. Ihr Anteil beträgt bis zur 32. Schwangerschaftswoche zwischen 10 und 20%. Sie nehmen dann jedoch sehr rasch ab und werden in den späteren Schwangerschaftswochen nur noch vereinzelt gefunden (23, 51, 205, 216).

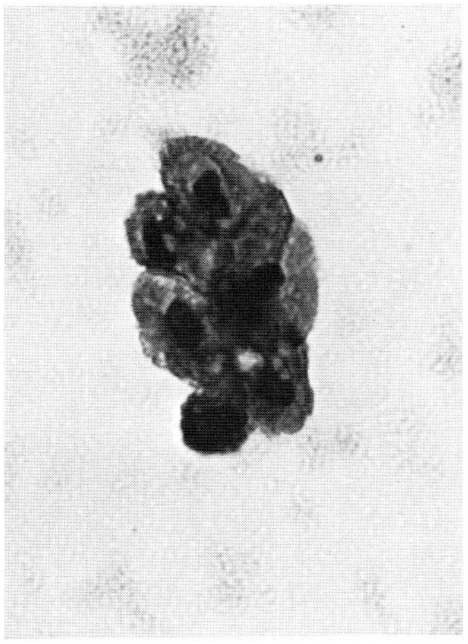
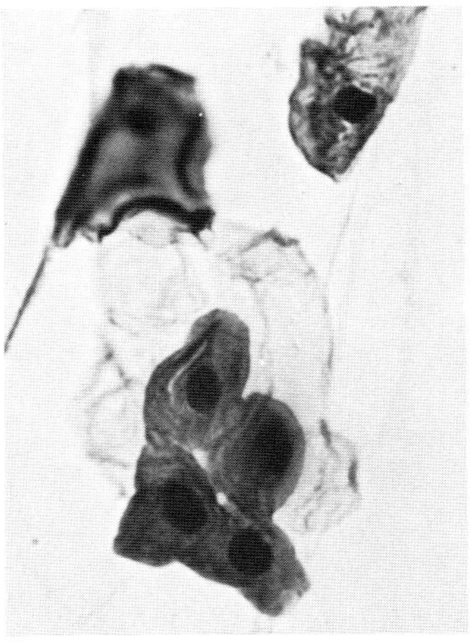

a b

Abb. 7.**25a** u. **b** Amnionepithel und Urothel.

a Große Formen von Amnionepithelzellen im Fruchtwasser. Das Zytoplasma ist vakuolisiert, und die Kerne zeigen degenerative Veränderungen.

b Ähnliche Zellformen mit etwas dichterem Zytoplasma. Die Zellen stammen wahrscheinlich vom Urothel ab (beides Obj. 40×, Ok. 10×).

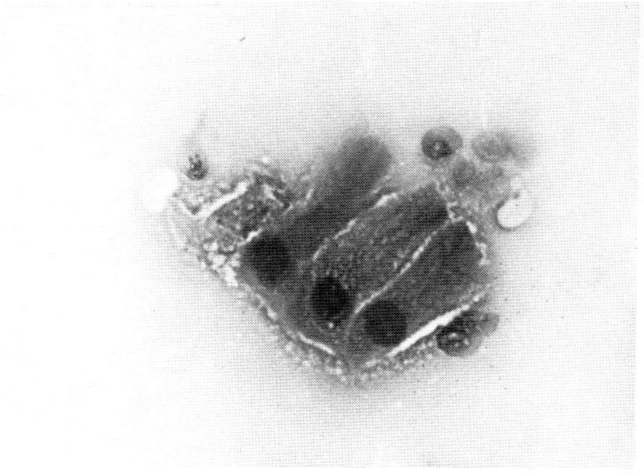

Abb. 7.**26** Hochzylindrisches Amnionepithel. Direktabstrich von einer Plazenta am Ende der Gravidität (Obj. 45×, Ok. 10×).

Vergleichende Untersuchungen an Direktabstrichen und an histologischen Präparaten haben gezeigt, daß alle diese sehr unterschiedlichen Amnionzellformen tatsächlich von den Eihäuten und von der Nabelschnur stammen (35, 206, 215–218). Nach der 30. Schwangerschaftswoche entwickelt sich das ursprünglich kubische Amnionepithel, das offensichtlich nur noch selten desquamiert.

Gelegentlich wurde die Ansicht vertreten, daß die parabasalzellähnlichen Zellen auch von der Haut, von der Mundhöhle und vor allem vom Urogenitaltrakt des Fetus abstammen (76–78). Möglicherweise schilfern in der ersten Schwangerschaftshälfte Vagina und Mundhöhe auch Parabasalzellen ab.

Später jedoch ist das Plattenepithel dieser Abschnitte differenzierungsfähig und zeigt einen höheren Zellaufbau. Dagegen dürfte ein Teil dieser Zellen sicherlich vom Urothel kommen, da die bei Direktabstrichen von der Blase gewonnenen Zellen den oben beschriebenen sehr ähnlich sehen. Allerdings spricht die Tatsache, daß diese Zellen gegen Ende der Gravidität fast nicht mehr vorhanden sind, obwohl die fetale Urinproduktion stark zunimmt (69), für die Annahme, daß die ableitenden Harnwege nur einen geringen Anteil dieser Zelltypen liefern. Eine sichere Unterscheidung aufgrund von morphologischen Kriterien ist in den meisten Fällen nicht möglich.

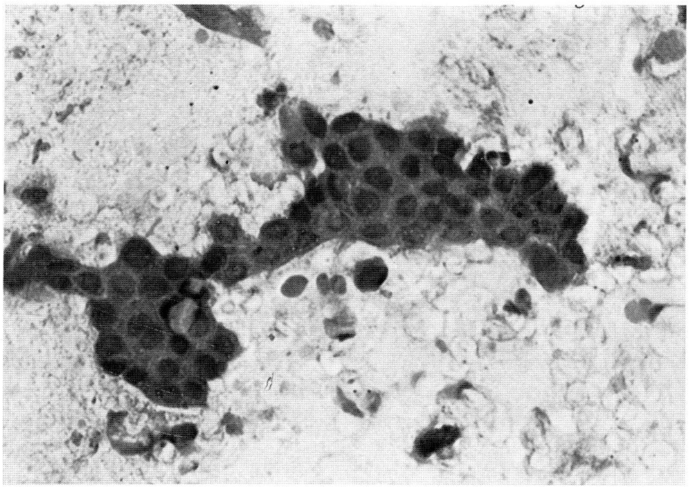

Abb. 7.**27** Niedrigzylindrisches Amnionepithel in synzytialem Epithelverband. Direktabstrich von Nabelschnur und Plazenta in der 33. Schwangerschaftswoche (Obj. 45×, Ok. 10×).

Nichtepitheliale Zellen

Gelegentlich finden sich in größerer Anzahl Histiozyten und Makrophagen mit meist schaumigem Zytoplasma und inkorporierten Bestandteilen im Fruchtwasser. Auch Leukozyten, Lymphozyten und Bakterien können ohne erkennbare Ursache vorhanden sein. Allerdings zeigen sich diese Zellelemente in vermehrtem Maße auch beim intrauterinen Fruchttod. Meist ist dann ein Ansteigen der Amnionzellen und Intermediärzellen in Verbindung mit einer verstärkten Zelldegeneration zu beobachten.

Klinische Anwendungsmöglichkeiten der Fruchtwasserzytologie

Durch den mikroskopischen Nachweis fetaler Zellelemente können im klinischen Bereich verschiedene diagnostische Maßnahmen vorgenommen werden:

1. Diagnose des Blasensprungs,
2. fetale Reifegradbestimmung,
3. pränatale Diagnostik.

Blasensprungdiagnostik

1942 wurde erstmals versucht, durch den Nachweis von kindlichen Epidermiszellen im Scheidensekret der Mutter (26) einen stattgefundenen Blasensprung zu beweisen. Allerdings ist mit der damals angewandten Shorr-Färbung, ebenso wie mit der später bevorzugten Papanicolaou-Färbung, eine deutliche Abgrenzung der kindlichen Epidermiszellen von den Hornschollen der Mutter (Leukoplakie im Genitalbereich, äußeres Genitale) nicht immer möglich. Dagegen scheint dies besser mit anderen Farbstoffen wie z. B. Methylenblau (100), Pinacyanolchlorid (11) und Nilblausulphat (92) zu gelingen.

Entnahmetechnik und Färbung

Um Verunreinigungen von seiten der Mutter zu vermeiden, sollte man nach Möglichkeit die Vagina mit Spekula entfalten und dann mit einer Öse oder einem Holzspatel Material aus dem Scheidensekret oder besser noch aus dem Zervikalkanal entnehmen. Die weitere Verarbeitung richtet sich nach der jeweiligen Färbemethode.

Methylenblaufärbung: Ein Tropfen des Scheidensekrets wird mit einem Tropfen Sublimat (1:1000) vermischt und auf einem Objektträger ausgestrichen. Nach Lufttrocknen wird der Objektträger eine Minute mit einer Methylenblaulösung beschichtet. Man sieht dann unter dem Mikroskop blaue, gelbe und weiße (farblose) Hornschollen, wobei angeblich nur die *weißen Epithelschuppen von fetaler Seite* stammen sollen und somit beweisend für einen Blasensprung sind (Abb. 7.**28**).

Pinacyanolfärbung: Das aus der Vagina entnommene Material wird ebenfalls auf einem Objektträger ausgestrichen und anschließend wie die Karzinomabstriche aus dem Vaginalbereich 10 Minuten lang in eine Fixierungslösung, wie z. B. 95%iger Alkohol, gebracht. Anschließend wird der Objektträger 20 Sekunden mit der Farblösung (0,25%ige Pinacyanollösung in 50%igem Methylalkohol) überschichtet und hernach mit Leitungswasser abgespült. Die *fetalen Epidermiszellen* erscheinen dann *hellblau bis farblos,* während die Hornschollen, die von der Mutter stammen, intensiv blau angefärbt sind.

Nilblausulphatfärbung: Das auf einen Objektträger gebrachte Material aus dem Vaginalraum wird mit einigen Tropfen einer 0,01%igen wäßrigen Nilblausulphatlösung vermischt. Nach einer 3- bis 5minütigen Einwirkungszeit wird der Objektträger mit einem Deckglas abgedeckt und unter dem Mikroskop betrachtet. Die mit Fettpartikeln beladenen *Epidermiszellen des Fetus* färben sich dabei *tieforange bis rot* an, während die übrigen Hornschollen, gerade auch die von der Mutter, immer blau angefärbt erscheinen (Abb. 7.**29**). Vergleichende

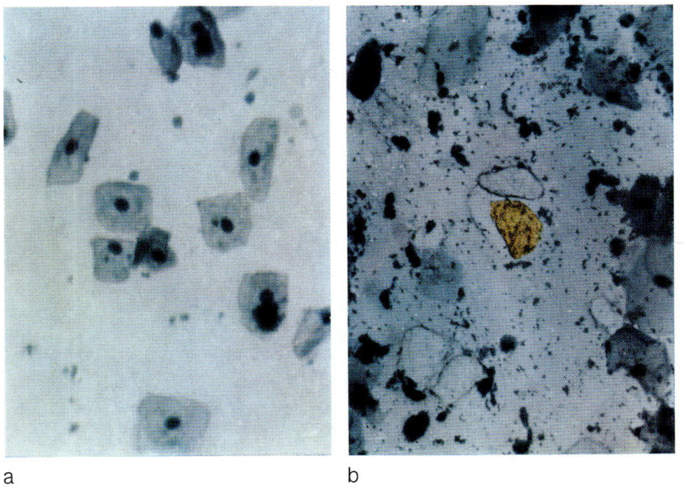

a b

Abb. 7.**28a** u. **b** Vaginalabstrich zur zytologischen Blasensprungdiagnostik (Methylenblaufärbung).

a Ausstrichbild mit blau gefärbten mütterlichen Epithelzellen vor dem Blasensprung.

b Ausstrichbildung nach dem Blasensprung mit weißen (Mitte und links unten), gelben und blauen Epithelschuppen (beide Abb. Obj. 20 ×, Ok. 10 ×).

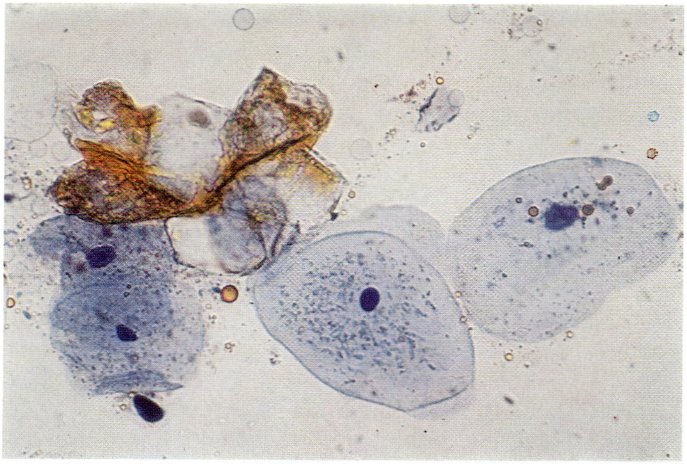

Abb. 7.**29** Vaginalabstrich zur zytologischen Blasensprungdiagnostik (Nilblausulphatfärbung): Orange angefärbte Epidermiszellen des Fetus neben blau angefärbten Epithelien, die auch von der Mutter stammen können (Obj. 45 ×, Ok. 10 ×).

Untersuchungen mit verschiedenen Nilblaulösungen haben gezeigt, daß Färbungen mit Nilblauhydrochlorid eine noch bessere Differenzierung der Zellen erlauben (128).

Die Ergebnisse mit den verschiedenen Färbemethoden zeigen keine großen Unterschiede. Die Treffsicherheit liegt in der Regel bei 90% und darüber. Eine wichtige Rolle spielen neben der richtigen Entnahmetechnik auch der zeitliche Abstand vom Blasensprung und die abgegangene Fruchtwassermenge. Schon 12–15 Stunden nach einem Blasensprung steigt die Rate der falsch-negativen Resultate über 10% an (219, 231).

Fetale Reifegradbestimmung

In etwa 15–20% der Schwangerschaften ist mit Unklarheiten hinsichtlich des erwarteten Geburtstermins zu rechnen.

Von der 37. Schwangerschaftswoche an, gerade zu einem Zeitpunkt also, an dem im allgemeinen ein für das postnatale Leben entscheidender fetaler Reifezustand erreicht wird, treten auch *deutliche Verschiebungen in der Zusammensetzung der Fruchtwasserzellen* auf. Vor allem die Anzahl der kernlosen Schollen und der *„Fettzellen“* beginnt zu diesem Zeitpunkt plötzlich anzusteigen (Abb. 7.**30**). Als erste haben Gordon und Brosens (29, 30, 61) mit der Nilblausulphatfärbung auf die Zusammenhänge zwischen Gestationsalter und „Fettzell“-Zahl im Fruchtwasser hingewiesen. In der Zwischenzeit sind zahlreiche weitere Arbeiten dazu erschienen (9, 12, 14, 22, 37, 46, 47, 86, 97, 99, 103, 160, 166, 173, 189, 194, 195, 217). Wenn auch die einzelnen Ergebnisse schwer miteinander exakt zu vergleichen sind, da die Autoren meist unterschiedliche Vergleichsmaßstäbe wählten, so sind daraus doch folgende grundsätzliche Richtlinien zu entnehmen: Bei einer *Schwangerschaftsdauer von 36 Wochen oder weniger* sind im Fruchtwasser nur in 0–7% der Fälle mehr als 10% „Fettzellen“ enthalten. Ab der 37. Woche steigt die

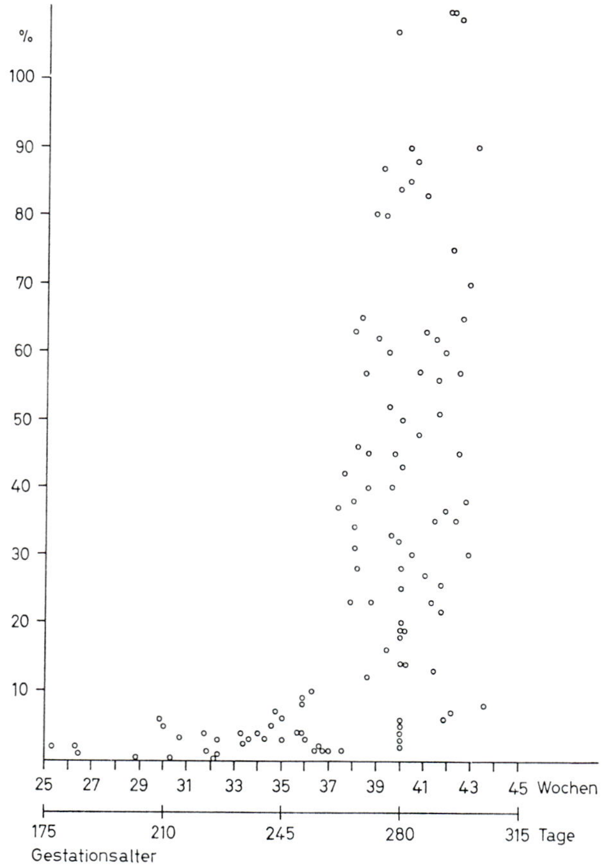

Abb. 7.**30** Steiler Anstieg der Fettzellen im Fruchtwasser ab der 37. Schwangerschaftswoche (aus *Kunz* [99]).

Tabelle 7.**1** Anzahl (in Klammern die Prozentsätze) der falsch-positiven und falsch-negativen Resultate bei der Bestimmung des Gestationsalters (vor oder nach der 36. Schwangerschaftswoche) mit verschiedenen Parametern (Ultraschall, Bilirubingehalt des Fruchtwassers, Fettzellen, Kreatinin und L/S-Quotient bzw. Schaumtest) (nach *Janniruberto* [83]).

	Anzahl d. Patienten	falsch-positiv < 36. Woche	falsch-negativ > 36. Woche	insgesamt
Bip. Durchmesser > 8,7 cm	168	23 (13,7%)		32 (9,2%)
Bip. Durchmesser < 8,7 cm	174		9 (5,1%)	
Δ OD 450 nm ≧ 0	113	20 (17,7%)		64 (22,3%)
Δ OD 450 nm < 0	175		44 (25,1%)	
Fettzellen > 10%	76	1 (1,3%)		56 (20,5%)
Fettzellen < 10%	199		55 (27,6%)	
Kreatinin > 1,8 mg%	131	18 (13,7%)		40 (14,2%)
Kreatinin < 1,8 mg%	150		22 (14,6%)	
L/S-Quot. > 2 oder Schaumtest positiv	168	24 (14,2%)		38 (10,8%)
L/S-Quot. < 2 oder Schaumtest int. oder negativ	181		14 (7,7%)	

„Fettzell"-Zahl dann deutlich an, so daß zu diesem Zeitpunkt 60–80% der Fälle, in der 38. Schwangerschaftswoche 80–90% und *ab der 39. Schwangerschaftswoche* 90–100% aller Fälle mehr als 10% „Fettzellen" enthalten.

Dabei ist besonders die relativ niedrige Anzahl von falsch-positiven Ergebnissen auch im Vergleich zu anderen Bestimmungsmethoden (Tab. 7.**1**) zu beachten. Das heißt also, daß bei einem Anteil von *10% oder mehr „Fettzellen"* mit großer Wahrscheinlichkeit angenommen werden kann, daß *mindestens die 37. Schwangerschaftswoche* erreicht ist. Dagegen sind die vielen falsch-negativen Ergebnisse ab der 37. Schwangerschaftswoche ein offensichtlicher Nachteil dieser Methode.

Dies kann zum Teil dadurch erklärt werden, daß die kernlosen Schollen zu diesem Zeitpunkt zu großen Zellzusammenballungen neigen, so daß die Auszählung der einzelnen Zellen dann nicht mehr möglich ist, zumal die intensive orangerote Färbung bei der Nilblausulphatfärbung die Zellgrenzen weitgehend verdeckt. Es wird deshalb auch darauf hingewiesen, daß die frei im Fruchtwasser befindlichen Fetttropfen genauso bedeutsam sind wie die rot gefärbten Zellen (194).

Gerade aus diesem Grunde halten einige Autoren die Darstellung der fetalen Epidermisschuppen mittels der Harris-Shorr- oder der Papanicolaou-Färbung bei dieser Fragestellung für geeigneter (50, 76, 79, 110, 166, 216). Die Beziehung zwischen durchschnittlichem Anteil an kernlosen Schollen und Gestationsalter ist in Tab. 7.**2** dargestellt.

Diese zytologischen Methoden wurden von einigen Autoren dadurch modifiziert, daß die Epidermisschuppen in Zählkammern ausgezählt wurden. In einer Neubauer-Zählkammer wurden am Termin etwa 1000 orange gefärbte Zellen pro mm^3, vor der 36. Schwangerschaftswoche dagegen keine gezählt (9). Bei Zählung mit einer Thoma-Zählkammer sprechen Zellzahlen von durchschnittlich 272 pro mm^3 für eine Schwangerschaft am Termin (216).

Von Bedeutung scheint noch die Tatsache zu sein, daß pathologische Schwangerschaften (EPH-Gestose, Mangelgeburten, Diabetes mellitus usw.) die Quote der abgeschilferten Zellen nicht beeinflussen (9, 14, 30, 79, 154, 173, 194, 195). Auch bei Zwillingsschwangerschaften wird in beiden Fruchtblasen dieselbe Zahl von „Fettzellen" gefunden (194). Lediglich beim Hydramnion ist die Zellzahl niedriger. Vergleichende Untersuchungen mit anderen Parametern, mit denen das Gestationsalter bestimmt werden kann, haben gezeigt, daß alle

Tabelle 7.**2** Durchschnittlicher prozentualer Anteil der eosinophilen Hornschollen an der Gesamtzahl der im Fruchtwasser vorhandenen Zellelemente bei der Harris-Shorr-Färbung in den letzten Schwangerschaftswochen (nach *Fennefrohn* [35]).

Reifegrad (Tragzeit)	Zytologie Kernlose Schollen in %
unreif (unter 36 Wochen)	0 bis 1
fast reif (37. bis 41. Woche)	30 bis 50
sicher reif (39. bis 42. Woche)	über 50
überreif (40. bis 44. Woche)	über 90

Methoden eine erhebliche Anzahl von falsch-positiven und falsch-negativen Ergebnissen haben. Die Fruchtwasserzytologie weist dabei die niedrigsten falsch-positiven Resultate auf (73, 83). Manche Untersucher haben deshalb auch die veschiedenen Methoden miteinander kombiniert und regelrechte Reife-Indizes aufgestellt (83, 144, 156, 165, 227).

Pränatale Diagnostik durch Amniozentese und Chorionbiopsie

An den mit diesen Methoden gewonnenen fetalen Zellelementen sind weitere zytologische Aussagen zu machen.

Am einfachsten und bekanntesten ist die *Vorhersage des kindlichen Geschlechts.* Eine sichere Diagnose erlaubt nur die Darstellung der Geschlechtschromosomen an kultivierten Zellen (81, 130, 191, 207). Der Aufwand hierfür ist jedoch groß und vor allem zeitraubend. Schneller erhält man ein verläufiges Ergebnis durch die einfache Bestimung der X- und Y-Chromatine in den fetalen Zellen.

Nach Herstellung von dünnen Zellausstrichen aus Fruchtwassersedimenten erfolgt die weitere technische Verarbeitung entsprechend den Färbemethoden (s. S. 55). Es sollte dann an mindestens 100–200 gut erhaltenen Zellen mit bläschenförmigen Kernen (Intermediärzellen, Urothelien oder Amnionzellen) die Auszählung der X- und Y-Chromatine vorgenommen werden.

Für das X-Chromatin beträgt die *Treffsicherheit* im allgemeinen zwischen 95 und 100% bei gut erhaltenem Zellmaterial, wobei jeweils in 15–40% der Zellen X-Chromatine nachgewiesen werden konnten. Beim Y-Chromatin sind die Fehldiagnosen noch seltener.

Bei *Mißbildungen des Neuralrohres,* wie z.B. Anenzephalus und Spina-bifida-Fällen, können neben den bekannten Zellelementen im Fruchtwasser besondere Epithelien beobachtet werden (62–65, 69, 181). Die kleinen, 5 bis 10 μ großen Zellen liegen meist in beetartiger Anordnung vor. Das Zytoplasma bildet nur einen schmalen Saum. Die Kerne sind hyperchromatisch und ohne erkennbare Chromatinstruktur. Gleichzeitig findet man dabei 20 bis 40 μ große Makrophagen, deren schaumiges Zytoplasma große Mengen von Fetteinschlüssen enthält. Die normalen, in fast jedem Fruchtwasser vorkommenden Makrophagen sind dagegen höchstens 25 μ groß und beinhalten nur feinvakuolisiertes Fett (39).

Bestimmte *Viruserkrankungen,* wie z.B. Zytomegalie oder Herpes simplex, können bei intrauteriner Infektion an den fetalen Zellen dieselben charakteristischen Veränderungen hervorrufen, wie wir sie aus dem Vaginalabstrich kennen (24, 68, 234) (s. S. 170f).

Literatur

1 Abrams, R. Y., J. Abrams: Vaginal cytology during the final weeks of pregnancy. Acta cytol. 6 (1962) 359

2 Adams, Ch., B. Kilpatrick, G. Kabacy, G. Fialko, K. W. Dumars: Fetal sex determination. Acta cytol. 17 (1973) 233

3 Aeppli, H., U. Hermann: Störung der Schwangerschaft im cytologischen Bild. Exp. scientif. Internat. Gynaek. Kongr., Genf 1954

4 Agorastos, Th., T. Bär, E. I. Grussendorf, B. Liedtke, G. Lamberti: Zur Feinmorphologie der Fruchtwasserzellen. A. Nichtvitale Zellen. Teil I: Periderm-Zellen. Z. Geburtsh. u. Perinat. 185 (1981) 111

5 Agorastos, Th., T. Bär, E. I. Grussendorf, B. Liedtke, G. Lamberti: Zur Feinmorphologie der Fruchtwasserzellen. A. Nichtvitale Zellen. Teil II: Keratinozyten. Z. Geburtsh. Perinatol. 185 (1981) 178

6 Albukerk, J.: False-positive cytology in the ectopic pregnancy. New Eng. J. Med. 291 (1974) 1142

7 Albukerk, J., C. A. Gnecco: Atypical cytology in the tubal pregnancy. J. reprod. Med. 19 (1977) 273

8 Amarose, A. D., A. J. Wallingford, E. J. Plotz: Prediction of fetal sex from cytologic examination of amniotic fluid. New Engl. J. Med. 275 (1968) 715

9 Anderson, A. B. M., A. D. Griffiths: Estimation of duration of gestation by amniotic fluid cytology. J. Obstet. Gynaecol. Brit. Cwlth. 75 (1968) 300

10 Arendzen, J. H., H. J. Huisjes: A simple method for prenatal determination of sex. Acta cytol. 15 (1971) 316

11 Averette, H. E., B. C. Hopman, J. H. Ferguson: Cytodiagnosis of ruptured fetal membranes. Amer. J. Obstet Gynecol. 87 (1963) 226

12 Bamezai, R.: Cell indices in amniotic fluid as indicators of gestational age: with comparison of two stains. Acta cytol. 27 (1983) 380

13 Bandmann, J. H., R. Breit: Klinefelter's Syndrom. Springer, Berlin 1984

14 Barnett, H. R., M. Nevin: The value of the Nile Blue test in estimating fetal maturity in normal and complicated pregnancies. J. Obstet. Gynaecol. Brit. Emp. 77 (1970) 151

15 Beißwenger, R.-J., C. Grumbrecht, W. Drüner: Zur Diagnostik der übertragenen Schwangerschaft. Geburtsh. u. Frauenheilk. 30 (1970) 1088

16 Bennett, M. J., H. H. B. Morris, D. A. Davey: The influence of fetal sex upon liquor cytology as a means of estimating gestational age. J. Obstet. Gynaecol. Brit. Emp. 79 (1972) 340

17 Benson, R. C., H. F. Traut: The vaginal smear as a diagnostic and prognostic aid in abortion. J. clin. Endocrinol. 10 (1950) 675

18 Bercovici, B., Y. Diamant, W. Z. Polishuk: A simple evaluation of vaginal cytology in third trimester pregnancy complications. Acta cytol. 17 (1973) 67

19 Bergström, S.: Ultrastructure of cell detachment from the human fetus in early pregnancy. Acta obstet. gynecol. scand. 59 (1980) 169

20 Bergström, S., O. Tydén, B. A. Nilsson: Light and electron microscopic correlation of human amniotic fluid cells in late pregnancy. Obstet. and Gynecol. 59 (1982) 176

21 Birch, H. W., C. G. Collins: Atypical changes of genital epithelium associated with ectopic pregnancy. Amer. J. Obstet. Gynecol. 81 (1961) 1198

22 Bishop, E. H., S. Corson: Estimation of fetal maturity by cytologic examination of amniotic fluid. Amer. J. Obstet. Gynecol. 102 (1968) 654

23 Bishop, E. H., F. T. Pollock: Fetal exfoliative cytology. Obstet. and Gynecol. 35 (1970) 909

24 Block, B. S. B., D. M. Goodner: False-positive amniotic fluid cytology in a parturient with active genital herpes infection at term. Obstet. and Gynecol. 54 (1979) 658

25 Boon, M. E., M. L. Tabbers-Bonmeester: Gynaecological Cytology. Macmillan Press, London 1980

26 Bourgeois, G.: The identification of fetal squamous and the diagnosis of ruptured membranes by vaginal smear. Amer. J. Obstet. Gynecol. 44 (1942) 80

27 Brambati, B., G. Simoni, S. Fabro: Chorionic Villus Sampling. Dekker, New York 1986

28 Breinl, H., R. Pharkhondeh: Der klinische Wert der Zytologie für die Differentialdiagnose des vorzeitigen Blasensprungs. Z. Geburtsh. Gynäkol. 168 (1968) 73

29 Brosens, J., H. Gordon: The cytological diagnosis of ruptured fetal membranes using nile blue sulphate staining. J. Obstet. Gynaecol. Brit. Emp. 72 (1965) 342
30 Brosens, J., H. Gordon: The estimation of maturity by cytological examination of the liquor amnii- J. Obstet. Gynaecol. Brit. Emp. 73 (1966) 88
31 Brusis, E., B. Nitsch, H. Wengeler: Fruchtwasser und Amnion. In Schwalm, H., G. Döderlein: Klinik der Frauenheilkunde und Geburtshilfe, Bd. IV. Urban & Schwarzenberg, München 1975
32 Bühler, E., G. Stalder: Probleme der pränatalen Chromosomen-Diagnostik. In Murken, J. D.: Genetische Familienberatung und pränatale Genetik. Lehmann, München 1972
33 Carvalho, G. J., M. Pierce: Cytologic indentification of ectopic pregnancy and missed abortion. Cancer Cytol. 11 (1971) 31
34 Cavallero, C.: Citopatologia e citodiagnostica. Marrapese – Demi, Rom 1976
35 Casadei, R., G. D'-Ablaing, B. J. Kaplan, C. P. Schwinn: A cytologic study of amniotic fluid. Acta cytol. 17 (1973) 289
36 Cervenka, J., R. J. Gorlin, R. P. Bendel: Prenatal sex determination-detection of „YBody". Gynecol. Obstet. 37 (1971) 912
37 Chan, W. H., J. Willis, J. Woods: The value of the nile blue sulphate stain in the cytology of the liquor amnii. J. Obstet. Gynaecol. Brit. Emp. 76 (1969) 193
38 de la Chapelle, A., J. Schräder: Possible assessment of fetal sex in man from cells in the maternal circulation. Acta pathol. microbiol. scand. A 79 (1971) 211
39 Chapman, P. A., W. K. Blenkinsopp, B. V. Lewis: The detection of neural tube closure defects by exfoliative cytology of amniotic fluid. Acta cytol. 25 (1981) 367
40 Danos, M., N. D. Holmquist: Cytologic evaluation of decidual cells: a report of two cases with false abnormal cytology. Acta cytol. 11 (1967) 325
41 Dehnhard, F., H. Breinl, J. Schüssler: Vaginalzytologie am Ende der Gravidität. Z. Geburth. Perinat. 179 (1975) 301
42 Dehnhard, F., W. Ardet, H. Breinl, E. Weiger: Zytodiagnostik bei der übertragenen Schwangerschaft. Geburtsh. u. Frauenheilk. 33 (1973) 111
43 Dewhurst, C. J.: Diagnosis of sex before birth. Lancet 1956/I, 471
44 Dörner, G., W. Rohde, G. Baumgarten: Die Bestimmung des genetischen Geschlechts durch fluoreszenzmikroskopischen Nachweis des Y-Chromosoms in Fruchtwasserzellen. Acta biol. med. germ. 26 (1973) 1095
45 Doran, T. A., J. A. Ford, L. C. Allen, P. Y. Wong, R. J. Benzie: Amniotic fluid lecithin/sphingomyelin ratio, palmitic acid, palmitic acid/stearic acid ratio, total cortisol, creatinine, and percentage of lipid-positive cells in assessment of fetal maturity and fetal pulmonary maturity: A comparison. Amer. J. Obstet. Gynecol. 133 (1979) 302
46 Doshi, N. S., A. H. Ansaki: Amniotic fluid cytology for assessment of fetal maturity. Ohio St. med. J. 68 (1972) 363
47 Eitel, L., K. Sörensen, J. Schneider: Untersuchungen von Fruchtwasserzellen zur Beurteilung der fetalen Reife. Zbl. Gynäkol. 93 (1971) 558
48 Engelhorn, A., R. Rosenblatt, S. Sabeti, H. de Watteville: Vergleichende Untersuchung der Östrogen- und Pregnandiol-Ausscheidung sowie des Vaginalabstrichs am Ende der Schwangerschaft im Zusammenhang mit dem Zustand der Frucht. Schweiz. Z. Gynäkol. u. Geburtsh. 1 (1970) 27
49 Engelhorn, A., R. Rosenblatt, M. Ruffieux, S. Sabeti, H. de Watteville: Vergleichende Untersuchungen der Östrogen- und Pregnandiol-Ausscheidung sowie des Vaginalabstriches am Ende der Schwangerschaft im Zusammenhang mit dem Zustand der Frucht. Vortrag a. d. 4. Tagung der Dtsch. Ges. für angewandte Zytologie gemeinsam mit der Österreichischen Gesellschaft für angewandte Zytologie, Mannheim 1967
50 Fennefrohn, B.: Bedeutung zytologischer und spektrophotometrischer Fruchtwasseranalysen für die Feststellung des kindlichen Reifegrades. Zbl. Gynäkol. 92 (1970) 1257
51 Floyd, W. S., P. A. Goodman, A. Wilson: Amniotic fluid filtration and cytology. Obstet. and Gynecol. 34 (1969) 584
52 Framptom, J., S. G. Clayton: Clinical and laboratory tests in cases of postmaturity. J. Obstet. Gynaecol. Emp. 75 (1968) 42
53 Friedman, M. L., T. W. McElin: Diagnosis of ruptured fetal membranes. Amer. J. Obstet. Gynecol. 104 (1969) 544
54 Fuchs, F., P. Riis: Antenatal sex determination. Nature (Lond.) 177 (1956) 330
55 Gall, S. A., W. V. Spellacy: Cytologic diagnosis of ruptured membranes. Obstet. and Gynecol. 24 (1964) 732
56 Gariepy, G., R. Vaulelair: Study of ruptured fetal membranes by nile blue sulfate staining. Acta cytol. 13 (1969) 154
57 George, K. P.: Quinacrine mustard – A selective fluorescent stain for the Y-chromosome in human tissues for routine cytogenetic screening. Stain Technol. 46 (1971) 34
58 Gerhard, J., B. Runnebaum: Hormone load tests in the first half of pregnancy, a diagnostic and therapeutic approach. Biol. Res. Pregn. Perinatol. 5 (1984) 157
59 Golob, E., E. Kunze-Mühl: Der fötomaternelle Lymphozytenübertritt und seine eventuelle Bedeutung für die pränatale Geschlechtsdiagnose. Z. Geburtsh. Gynäkol. 175 (1971) 132
60 González, Ramos, M.: Urinary cytology during pregnancy. Acta cytol. 3 (1959) 298
61 Gordon, H., I. Brosens: Cytology of amniotic fluid: A new test for fetal maturity. Obstet. and Gynecol. 30 (1967) 652
62 Gosden, C. M., D. J. H. Brock: Morphology of rapidly adhering amniotic-fluid cells as an aid to the diagnosis of neural-tube defects. Lancet 1977/I, 919
63 Gosden, C. M., D. J. H. Brock, P. Eason: The origin of the rapidly adhering cells found in amniotic fluids from fetuses with neural tube defects. Clin. Genet. 12 (1977) 193
64 Gosden, C. M., P. Eason, A. Fotheringham, A. Ross, C. Bowden, L. Barron, S. Brown, D. J. H. Brock: Amniotic fluid cell morphology and alphafetoprotein in the early antenatal diagnosis of congenital abnormalities. In Murken, J.-D., S. Stengel-Rutkowski, E. Schwinger: Prenatal Diagnosis. Enke, Stuttgart 1979 (S. 100)
65 Gosden, C. M., Z. Papp, A. Ross: Neural cell morphology in amniotic fluid from fetuses with neural tube defects. In Murken, J.-D., S. Stengel-Rutkowski, E. Schwinger: Prenatal Diagnosis. Enke, Stuttgart 1979 (S. 110)
66 de Grouchy, J., C. Trebuchet: Transfusion foeto-maternale de lymphocytes sanguins et détection du sexe du foetus. Ann. Génét. 14 (1971) 133
67 Hahnemann, N.: Possibility of culturing foetal cells at early stages of pregnancy. Clin. Genet. 3 (1972) 286
68 Hain, J., N. Doshi, J. H. Harger: Ascending transcervical herpes simplex infection with intact fetal membranes. Obstet. and Gynecol. 56 (1980) 106
69 Harrod, M. J. E., J. M. Friedmann, J. Jimenez, R. Santos-Ramos, J. B. Byrne, V. G. Dev, A. G. Weinberg: Rapidly adhering amniotic-fluid cells and prenatal diagnosis of neural-tube defects. Lancet 1979/II, 99
70 Hilgarth, M., L. Szalay: Farbatlas der gynäkologischen Zytodiagnostik. Marseille-Verlag, München 1986
71 Hay, D. M.: A comparison of vaginal cytology an urinary excretion of pregnanediol and oestriol in the management of pregnancy. J. Obstet. Gynecol. 75 (1968) 833
72 Hindman, W. M., R. R. Schwalenberg, T. D. Efstation: A study of vaginal smears in late pregnancy and pregnancy at term. Acta cytol. 6 (1962) 365
73 Hinselmann, M., M. Ramzin, M. Köller, E. Dreher, R. Mendt: Vergleichende Wertung von vier Methoden zur Bestimmung der fetalen Reife. Gynäk. Rdsch. 14 (1974) 238
74 Hopman, B. C.: Vaginal cytology after rupture of fetal membranes. Acta cytol. 3 (1959) 264
75 Hughes, H. E., J. A. Loraine, E. T. Bell: Cytological observations, cervical mucus „ferning" and hormone assays in early pregnancy. Amer. J. Obstet. Gynecol. 90 (1964) 1297
76 Huisjes, H. J.: Cytology features of liquor amnii. Acta cytol. 12 (1968) 42
77 Huisjes, H. J.: Origin of the cells in the liquor amnii. Amer. J. Obstet. Gynecol. 106 (1970) 1222
78 Huisjes, H. J.: Cytology of the amniotic fluid and its clinical applications. In Fairweather, D. V. I., K. A. B. Eskes: Amniotic Fluid. Excerpta Medica Foundation, Amsterdam 1973
79 Huisjes, H. J., J. H. Arendzen: Estimation of fetal maturity by cytologic evaluation of liquor amnii. Obstet. and Gynecol. 35 (1970) 725
80 Jacobs, P. A., P. G. Smith: Practical and theoretical implications of fetal maternal lymphocyte transfer. Lancet 1969/II, 745
81 Jacobsen, C. B., R. H. Barter: Intrauterine diagnosis and management of genetic defects. Amer. J. Obstet. Gynecol. 99 (1967) 796

82 Jaeger, J.: Zytodiagnostik während und am Ende der Schwangerschaft. Ber. 1. Tg. Dtsch. Ges. angew. Zytolog. Müller, München 1963 (S. 105)
83 Janniruberto, A., F. Destro, A. Capozzi, F. Zisa, G. Cubesi, S. Parisi: Determination of fetal maturity and of development of the fetal lungs by means of combined methods. J. perinat. Med. 3 (1975) 105
84 Jenny, J.: Das zytologische Bild bei Fällen von amnestischer Übertragung. Gynaecologia 151 (1961) 174
85 Jones, G. S.: The luteal phase defect. Fertil. and Steril. 27 (1976) 351
86 Jøring, K.: Maturity determination in the last trimester of pregnancy. Int. J. Gynecol. Obstet. 8 (1970) 58
87 Kamnitzer, M. B.: Effect of administered estrogens on the vaginal epithelium during pregnancy and the post partum period. Acta cytol. 3 (1959) 240
88 Kamnitzer, M. B.: In symposium on vaginal cytology as prognostic method in pregnancy disorders. Acta cytol. 3 (1969) 235
89 Kardos, F., J. Tamasi: Neues Verfahren zur Erkennung des Blasensprungs. Magy. Nöor. Lap. 18 (1955) 286
90 Keymer, E., E. Silva-Inzenza, W. E. Coufts: Contribution to the antenatal determination of sex. Amer. J. Obstet. Gynecol. 74 (1957) 1098
91 Khudr, G., G. Benirschke: Fluorescence of the Y-chromosome: a rapid test to determine fetal sex. Amer. J. Obstet. Gynecol. 110 (1971) 1091
92 Kittrich, M.: Zytodiagnostik des Fruchtwasserabflusses mit Hilfe von Nilblau. Geburtsh. u. Frauenheilk. 23 (1963) 156
93 Klein, H., H. Baumann: Die vaginal-cytologische Diagnose des provozierten Abortes. Dtsch. Z. ges. gerichtl. Med. 44 (1955) 538
94 Klinger, H. P., O. J. Miller: Prenatal sex chromatin and chromosome analysis. In Adamsons, K.: Diagnosis and Treatment of Fetal Disorders. Springer, New York 1968 (p. 72)
95 Kobayashi, T. K., M. Yuasa, T. Fujimoto, M. Fukada, K. Harami, K. Hayashi: Cytologic findings in postpartum and postabortal smears. Acta cytol. 24 (1980) 328
96 Kobayashi, T. K., T. Fujimoto, H. Okamato, K. Harami, M. Yuasa: Cytologic evaluation of atypical cells in cervicovaginal smears from women with tubal pregnancies. Acta cytol. 27 (1983) 28
97 Köller, M.: Fruchtwasseruntersuchungen am Ende der Schwangerschaft. 1. Die Bedeutung der cytologischen Fruchtwasseranalyse bei der Bestimmung des fetalen Reifegrades. Gynäkologe 6 (1973) 195
98 Koller, A., J. Artner: Der Scheidenabstrich als diagnostisches Hilfsmittel zur Früherkennung von Schwangerschaftsstörungen. Wien. Klin. Wschr. 65 (1953) 489
99 Kunz, J.: Bestimmung des Gestationsalters mittels Nilblausulfatfärbung einer Fruchtwasserprobe. Gynäk. Rdsch. 14 (1974) 205
100 Langreder, W.: Zur Zytologie des Fruchtwassers. Z. Geburts. Gynäkol. 136 (1952) 136
101 Langreder, W.: Der Blasensprungnachweis und seine Probleme. Gynaecologia 145 (1958) 237
102 László, J., M. Gaál, P. Bösze: Geschlechtsbestimmung des intrauterinen Fötus durch den Nachweis des fluoreszierenden Y-Körpers in den Amnionzellen Zbl. Gynäkol. 94 (1972) 1534
103 Lee, W., M. Bell, M. J. Novy: Pulmonary lamellar bodies in human amniotic fluid: Their relationship to fetal age and the lecithin/sphingomyelin ratio. Amer. J. Obstet. Gynecol. 136 (1980) 60
104 Leeton, J.: Vaginal cytohormonal studies in late abnormal pregnancy. Acta cytol. 11 (1967) 410
105 Lemberg-Siegfried, S., O. Stamm: Der Vaginalabstrich am Schwangerschaftsende und seine diagnostische Verwendung zur Bestimmung des Geburtstermines. Geburtsh. u. Frauenheilk. 10 (1955) 885
106 Lemberg-Siegfried, S., O. Stamm, H. de Watteville: La frottis vaginal aux differents stades de la grossesse normale et pathologique. Presse méd. 63 (1955) 1558
107 Lencioni, J. L., L. A. Martinez-Amézaga, V. S. Lo Bianco: Urocytogramm and pregnancy. I. Methods and normal values. Acty cytol. 13 (1969) 279
108 Ley, L., A., Lois, J. Schmitz: Zytologische Untersuchung an übertragenen Schwangerschaften. Zbl. Gynäkol. 83 (1961) 1749
109 Lichtfuss, C.: In symposium on vaginal cytology at the end of pregnancy. Acta cytol. 3 (1959) 247
110 Lind, T., F. M. Parkin, G. A. Cheyne: Biochemical and cytological changes in liquor amnii with advancing gestation. J. Obstet. Gynaecol. Brit. Cwlth. 76 (1969) 673
111 Linuma, K., Y. Nakagome: Fluorescence of Barr body in human amniotic fluid cells. Lancet 1973/I, 436
112 Liu, D. T. Y., E. M. Symonds, M. S. Golbus: Chorion Villus Sampling. Chapman and Hall, London 1987
113 Lo Bianco, V. S., L. J. Lencioni, L. A. Martínez Amézaga, M. R. Oberti de Viale: El urocitograma en el polihidramnios. Sem. méd. (B. Aires) 121 (1962) 1817
114 Lo Bianco, V. S., L. J. Lencioni, L. A. Matínez Amézaga, J. C. Bertolini, M. R. Oberti de Viale: Urocitograma y gestosis hipertensiva. Sem. méd. (B. Aires) 121 (1962) 1967
115 LoBianco, V. S., L. J. Lencioni, L. A. Martínez Amézaga, J. C. Bertolini, M. R. Oberti de Viale, C. Alonso: El urocitograma como indice de insuficiencia placentaria. II. En embarazadas diabéticas. Obstet. Ginecol. lat.-amer. 20 (1962) 313
116 Loewit, K., D. Egg, K. Voigt, H. Kensch: Fetale Geschlechtsbestimmung aus der mütterlichen Testosteronausscheidung in der Frühschwangeschaft. Dtsch. med. Wschr. 99 (1974) 1656
117 Luz, N. P.: In Symposium on Vaginal Cytology at the End of Pregnancy. Acta cytol. 3 (1959) 251
118 MacRae, D. J., J. B. Irani, R. G. Bowler, P. L. Longhurst: A comparison between vaginal cytology and urinary hormone excretion during pregnancy. Obstet. and Gynecol. 71 (1964) 586
119 Majewski, F., L. Bier, R. A. Pfeiffer: Fluoreszenzmikroskopischer Nachweis des menschlichen Y-Chromosoms in Interphasezellkernen durch Acridinderivate. Klin. Wschr. 49 (1971) 814
120 Mälzer, G.: Diagnostik und Therapie der sog. Übertragung im Vergleich zu typischen histologischen Plazentabefunden. Z. Geburtsh. Gynäkol. 172 (1970) 25
121 Martínez Amézaga, L. A., L. J. Lencioni, V. S. Lo Bianco, M. R. Oberti de Viale: E urocitograma en la muerte fetal intrauterina. Sem. méd. (B. Aires) 123 (1963) 301
122 McCallin, P.-F., E. S. Taylor, R. W. Whitehead: A study of the changes in the cytology of the urinary sediment during the menstural cycle and pregnancy. Amer. J. Obstet. Gynecol. 60 (1950) 64
123 McLennan, M. T., C. E. McLennan: Hormonal patterns in vaginal smears from puerperal women. Acta cytol. 19 (1975) 431
124 Miklaw, H.: Die zytologische Bestimmung des Geburtstermines. Zbl. Gynäkol. 83 (1961) 1759
125 Misley, E., J. Tivador, G. Y. Kasza: Anwendung kolpozytologischer Untersuchungen zur Bestimmung des Geburtstermins. Zbl. Gynäkol. 97 (1975) 1287
126 Misra, S., Y. P. Do Rosario, P. Heera: The place of vaginal cytology in toxaemia of pregnancy. J. Obstet. Gynaecol. India 19 (1969) 443
127 Mon, R. B., L. J. Lencioni, V. S. Lo Bianco, L. A. Martínez Amézaga, J. C. Bertolini, M. R. Oberti de Viale, C. Alonso: El urocitograma como indice de insuficiencia placentaria. III. En embarazadas con isoinmunización por el factor Rh. Proc. 11th. Argent. Congr. Obstet. Gynecol. 2 (1961) 678
128 Morrison, J. C., W. D. Whybrew, E. T. Bucovac, W. L. Wiser, S. A. Fish: Nile blue and fetal maturity. Obstet. and Gynecol. 49 (1977) 38
129 Murad, T. M., K. Terhart, A. Flint: Atypical cells in pregnancy and postpartum smears. Acta cytol. 25 (1981) 623
130 Murken, J.: Pränatale Diagnostik und Therapie, 2. Aufl. Enke, Stuttgart 1987
131 Naib, Z. M.: Single trophoblastic cells as a source of error in the interpretation of routine vaginal smears. Cancer 14 (1961) 1183
132 Nelson, M. M.: Antenatal diagnosis of fetal sex by cytoplasmatic staining of cells in amniotic fluid. J. Obstet. Gynaecol. Brit. Emp. 80 (1973) 340
133 Nessmann, C., F. Baverel: Le développement de la peau chez l'embryon et le foetus humains. J. Gynaecol. Obstét. Biol. Reprod. 1 (1972) 527
134 Neuhaus, L.: Einfaches und schnelles Verfahren zum Fruchtwassernachweis nach Blasensprung. Geburtsh. u. Frauenheilk. 16 (1956) 856
135 Nieland, M. L., T. H. Parmley, J. D. Woodruff: Ultrastructural observations on amniotic fluid cells. Amer. J. Obstet. Gynecol. 108 (1970) 128
136 Nöldeke, R.: Ein Beitrag zur Fruchtblasensprungdiagnostik. Zbl. Gynäkol. 79 (1957) 1153

137 Nyklíček,O.: Die Zytologie der Spätschwangerschaft und Geburt und ihre Beziehung zur Schwangerschaftsübertragung. Zbl. Gynäkol. 80 (1958) 259
138 Nyklíček, O.: In symposium on vaginal cytology at the end of pregnancy. Acta cytol. 3 (1959) 258
139 Nyklíček, O.: The significance of parabasal cells in the vaginal smear in prolonged pregnancy. Acta cytol. 7 (1963) 131
140 Nyklíček, O.: Vaginal cytology as a test of placental activity. Acta cytol. 12 (1968) 2
141 Nyklíček, O.: Vaginal cytology and amnioscopy in prolonged pregnancies. Acta cytol. 16 (1972) 48
142 Nyklíček, O., M. Pospiuil: Das terminale Gefäßbild des Scheidenepithels und seine Beziehungen zur Schwangerschaftszytologie. 4. Tagung d. Dtsch. Gesellschaft. f. angew. Zytologie gem. mit der Österreichischen Gesellschaft für angewandte Zytologie, Mannheim 1967
143 Ohlenroth, G., G. Severin: Unsere Erfahrungen mit der Zytodiagnostik bei der Übertragung. Geburtsh. u. Frauenheilk. 27 (1967) 869
144 O'Leary, J. A., A. A. Bezjian: Amniotic fluid fetal maturity score. Obstet. and Gynecol. 38 (1971) 375
145 Ortner, A., H. Gant, B. Reisigl, W. Geir: Zytologie am Schwangerschaftsende – statistische Auswertung der Zellbilder im Bezug zur zytologischen Diagnose und zu den Harnoestrogenen. Vortrag 4th European Congress on Cytology, Lyubljana 1974
146 Osmond-Clarke, F., M. Murray, C. Wood: Endocrine cytology in pregnancy cytological changes before normal and premature labor. J. Obstet. Gynaec. Brit. Cwlth 71 (1964) 231
147 Ota, D. M.: The use of histidase for the study of amniotic cell origin and histidinemia. Amer. J. Obstet. Gynecol. 117 (1973) 567
148 Palliez, R., M. Dellecour, J. C. Monnier, F. Begueri: Etude colpocytologique dans les grossesses prolongées. Gynécol. et Obstét. 67 (1968) 437
149 Papanicolaou, G. N.: Diagnosis of early human pregnancy by the vaginal smear method. Proc. Soc. exp. Biol. (N. Y.) 22 (1925) 436
150 Papanicolaou, G. N.: Diagnosis of pregnancy by cytologie criteria in catherizer urine. Proc. Soc. exp. Biol. (N. Y.) 67 (1948) 247
151 Papanicolaou, G. N., A. Marchetti: Epithelia of Woman's Reproductive Organs: A Correlative Study of Cyclic Changes. Commonwealth Fund, New York 1948
152 Papp, Z., S. Gardo, G. Herpay, A. Arvay: Prenatal sex determination by amniocentesis. Obstet. and Gynecol. 36 (1970) 329
153 Parlein, F. M., G. A. Cheyne: Biochemical and cytological changes in liquor amnii with advancing gestation. J. Obstet. Gynaecol. Brit. Cwlth. 76 (1969) 673
154 Parmley, T., E. Miller: Fetal maturity and amniotic fluid analysis. Amer. J. Obstet. Gynecol. 105 (1969) 354
155 Parmley, T. H., A. E. Seeds: Fetal skin permeability to isotopic water (THO) in early pregnancy. Amer. J. Obstet. Gynecol. 108 (1970) 128
156 Perkins, R. P.: Antenatal assessment of fetal maturity. Obstet. gynecol. Surv. 29 (1974) 369
157 Polani, P. E., D. E. Mutton: Y-Fluorescence of interphase nuclei. Especially circulating lymphocytes. Brit. med. J. 1971/I, 138
158 Philipp, E.: Zur Diagnose des vorzeitigen Blasensprungs. Zbl. Gynäkol. 53 (1929) 1618
159 Pinto, R. M., C. H. Viggiano, N. B. Zunino: Urocitograma. Prueba de sobrecarga de estrogenos y fecha probable del parto. Evaluación de la capacidad functional feto placentaria. Rev. Soc. Obstet. Ginecol. 42 (1963) 275
160 Piukovich, I., M. Farkas, K. Muráti: Die Bedeutung der zytologischen Untersuchung des Fruchtwassers bei der Bestimmung des Reifegrades des Fetus. Zbl. Gynäkol. 92 (1970) 155
161 Pundel, J. P.: In: Symposium on Incidence of Cytolysis in Vaginal Smears During Pregnancy. Acta cytol. 3 (1959) 219
162 Pundel, J. P.: In: Symposium on Vaginal Cytology at the End of Pregnancy. Acta cytol. 3 (1959) 253
163 Pundel, J.: Zytodiagnostik der übertragenen Schwangerschaft. Ber. 1. Tg. Dtsch. Ges. angew. Zytolog. Müller, München 1964, 77
164 Pundel, J. P., F. v. Meensel: Gestation et Cytologie Vaginale, 2. Aufl. Masson, Paris 1966
165 Rauchfuss, R., M.-S. Liedtke: Methodik einer kombinierten antenatalen Reifediagnostik. Zbl. Gynäkol. 98 (1976) 774
166 Rauchfuss, R., G. Widmaier: Zur Bestimmung der fetalen Reife mit Hilfe der Fruchtwasserzytologie. Zbl. Gynäkol. 93 (1971) 745
167 Rauscher, H.: Die bedrohte Schwangerschaft: Symptomatik der bedrohten Schwangerschaft. Arch. Gynäkol. 204 (1967) 77
168 de Rezende, J., D. Castellar, J. M. Barcellos, J. C. Nahoum, P. Belfort: Vaginal cytology study of placental insufficiency. Acta cytol. 14 (1970) 78
169 Riss, P., F. Fuchs: Antenatal determination of foetal sex. Lancet 1960/II, 180
170 Roach, W. R., A. M. Guderian, J. I. Brewer: Endometrial gland cell atypism in the presence of trophoblast. Amer. J. Obstet. Gynecol. 79 (1980) 680
171 Rogall, H., H. K. Zinser: Pränatale Geschlechtsdiagnostik durch Nachweis des Y-chromatins in Leukozyten des Schwangerenblutes. Geburtsh. u. Frauenheilk. 33 (1973) 277
172 Rook, A., L. Y. Hsu, M. Gertner, K. Hirschkorn: Identification of Y and Y chromosomes in amniotic fluid cells. Nature (Lond.) 230
173 Rosborg, J., E. B. Kristensen, H. Trautner: Estimation of fetal maturity by amniotic fluid cytology. Acta obstet. gynecol. scand. 49 (1970) 285
174 Rosenblatt, R.: La cytologie vaginale au cours des deuxième et troisième des grossesses et son rôle dans le dépistage prècoce de la souffrance foetale. Soc. Suisse, Gyn. Ass. Ann. Gstaad 168 (1969) 393
175 Roth, O. A.: Über die klinische Brauchbarkeit des Vaginalsmears zur Diagnose und Prognose von Aborten. Gynaecologia 131 (1951) 19
176 Ruiz, M. L.: In: Symposium on Vaginal Cytology at the End of Pregnancy. Acta cytol. 3 (1959) 252
177 Runnebaum, B., J. Gerhard: Diagnostische und prognostische Bedeutung von Hormonbestimmungen in der ersten Schwangerschaftshälfte. Gynäkologe 16 (1983) 155
178 Sachs, L., M. Danon: Antenatal identifications of heriditary disorders. Lancet 1956/I, 1013
179 Saggau, H.: Ein zytologischer Beitrag zum geburtshilflichen Problem der Übertragung. Mat. Medica, Nordmark 20 (1968) 79
180 Said, S., E. D. B. Johannson, C. Gemzell: Return of ovulation during the post partum period. Acta obstet. gynecol. scand. 63 (1974) 63
181 Sarkar, S., H. C. Chang, R. P. Porreco, O. W. Jones: Neural origin of cells in amniotic fluid. Amer. J. Obstet. Gynecol. 136 (1980) 67
182 Schill, W.-B.: Diagnostik und Therapie von Fertilitätsstörungen des Mannes. In Runnebaum, B., T. Rabe: Gynäkologische Endokrinologie. Springer, Berlin 1987 (S. 439)
183 Schindler, A. M., E. Graf, R. Martin-Du-Pan: Prenatal diagnosis of fetal lymphocytes in the maternal blood. Obstet. and Gynecol. 40 (1972) 340
184 Schmid, M., J. Schmidtke: Genetische Aspekte der männlichen Infertilität. Notabene Medici 7 (1983) 555
185 Schneider, V.: Die zytologische Diagnostik des Blasensprungs. Med. Welt (N. F.) 23 (1972) 1943
186 Schneider, V., L. A. Barnes: Ectopic decidual reaction of the uterine cervix. Frequency and cytologic presentation. Acta cytol. 25 (1981) 616
187 Schörder, J., A. de la Chapelle: Fetal lymphocytes in the maternal blood. Blood 39 (1972) 153
188 Schrage, R., H.-R. Bögelspacher, K.-G. Wurster: Amniotic fluid cells in the second trimester of pregnancy. Acta cytol. 26 (1982) 407
189 Schrodt, U., G. Stranz: Erfahrungen mit dem Nilblau-Sulfat-Test bei der Bestimmung des fetalen Reifegrades. Zbl. Gynäkol. 100 (1978) 779
190 Schüssling, G., H. Radzuweit: Zur Übertragung in der Schwangerschaft. Zbl. Gynäkol. 90 (1968) 1704
191 Schwinger, E., H. Weitzel: Pränatale Geschlechtsdiagnostik an Amnionepithelzellen mittels Fluoreszenzmikroskopie. Geburtsh. u. Frauenheilk. 32 (1972) 20
192 Sen, D. K., F. A. Langley: Vaginal cytology as a monitor of fetal wellbeing in early pregnancy. Acta cytol. 16 (1972) 116
193 See, D. M., L. Sachs, M. Danon: The diagnosis of sex before birth using cells from the amniotic fluid. Bull. Res. Coun. Israel 5B (1955) 137
194 Sharma, S. D., R. R. Trussell: The value of amniotic fluid examination in the assessment of fetal maturity. J. Obstet. Gynaecol. Brit. Emp. 77 (1970) 215
195 Sharp, F.: Estimation of fetal maturity by amniotic fluid exfoliative cytology. J. Obstet. Gynaecol. Brit. Emp. 75 (1968) 812

196 Shettles, L. B.: Nuclear morphology of cells in human amniotic fluid in relation to sex infant. Amer. J. Obstet. Gynecol. 71 (1956) 834
197 Shettles, L. B.: Use of the Y-chromosome in prenatal sex determination. Nature (Lond.) 230 (1971) 52
198 Shrago, S. S.: The Arias-Stella reaction: A case report of a cytologic presentation. Acta cytol. 21 (1977) 310
199 Sinka, R., M. Carlton: The volume and composition of amniotic fluid in early pregnancy. J. Obstet. Gynaecol. Brit. Cwlth. 77 (1970) 211
200 Slunsky, R.: Der diagnostische Wert der Scheidenzytologie für die Bestimmung des Geburtstermines. Zbl. Gynäkol. 174 (1971) 299
201 Soost, H.-J., H. Schmidt: Vergleichende Untersuchungen zwischen Zytologie, Amnioskopie, Portiobefund und Kindsreife bei amnestisch übertragenen Schwangerschaften. Ber. 1. Tg. Dtsch. Ges. angew. Zytologie. Müller, München 1964 (S. 121)
202 Soule, D. S.: I. Cytological prediction of the fate of early pregnancy. Acta cytol. 8 (1964) 364
203 Soule, D. S.: II. Vaginal smear during labor. Acta cytol. 8 (1964) 368
204 Spira, H., D. J. MacRae: Some observations on exfoliative vaginal cytology in pregnancy. J. Obstet. Gynaecol. Cwlth Brit. 67 (1960) 597
205 Sredl, R.: Die Cytologie des Fruchtwassers. Inaug.-Diss., München 1972
206 Steinhoff, R.: Zur Diagnostik des Geburtstermins aus dem Scheidenabstrich. Zbl. Gynäkol. 40 (1965) 1370
207 Stelle, M. L., W. R. Breg: Chromosome analysis of human amniotic fluid cells. Lancet 1966/I, 383
208 Stoll, P.: Zelluläre Differenzierungsstufen im Vaginalsekret und ihre Bedeutung für die gynäkologische Cytologie. Zbl. Gynäkol. 141 (1954) 130
209 Stoll, P., H. Muth: Die Bedeutung des Vaginalsmears in der Differentialdiagnose gutartiger gynäkologischer Erkrankungen. Geburtsh. u. Frauenheilk. 12 (1952) 424
210 Stoll, P., L. Riehm: Morphologische Besonderheiten des Kollumkarzinoms in der Gestationsperiode. Zbl. Gynäkol. 138 (1953) 190
211 Stoll, P., J. Jaeger, G. Dallenbach-Hellweg: Gynäkologische Cytologie. Springer, Berlin 1968
212 Szczepanik, E.: Einfache Methode der pränatalen Geschlechtsbestimmung. Arch. Gynäkol. 214 (1973) 332
213 Tydén, O., S. Bergström, B. A. Nilsson: Origin of amniotic fluid cells in mid-timester pregnancies. Brit. J. Obstet. Gynaecol. 88 (1981) 278
214 Valenti, C., C. C. Lin, A. Baum, M. Massobrio, A. Carbonara: Prenatal sex determination. Amer. J. Obstet. Gynecol. 112 (1972) 112
215 Van Leeuwen, L., H. Jacoby, D. Charles: Exfoliative cytology of amniotic fluid. Acta cytol. 9 (1965) 442
216 Votta, R. A., C. Bobrow de Gagneten, O. Parada, M. Giuletti: Cytologic study of amniotic fluid in pregnancy. Amer. J. Obstet. Gynecol. 102 (1968) 571
217 Wachtel, E. G.: Exfoliative Cytology in Gynaecological Practice, 2. Aufl. Butterworth, London 1969
218 Wachtel, E.: Zytologie des Fruchtwassers. Fortschr. Med. 92 (1973) 209
219 Wagner, D., F. Jost, H. Stegmann: Vergleichende Untersuchungen zur mikroskopischen Blasensprungdiagnostik. Ther. Umsch. 19 (1962) 291
220 Walker, S., N. M. Gregson, B. M. Hibbard: Nuclear sex and antenatal diagnosis of Klinefelter's syndrom. Lancet 1971/II, 430
221 Walknowska, J., F. A. Conte, M. M. Grumbach: Practical and theoretical implications of fetal lymphocyte transfer. Lancet 1969/I, 1119
222 Waschke, G.: Die Extrauteringravidität im Vaginalabstrich. Zbl. Gynäkol. 78 (1956) 96
223 Wedding, H.: Zytologische Verlaufbeobachtung bei gestörter Gravidität mit und ohne Gestagentherapie. 4. Tagung der Deutschen Gesellschaft für angewandte Zytologie, Mannheim 1967
224 Wedding, H.: Die zytologische Überwachung der Gravidität. Vortrag vor der gemeinsamen Tagung der Bayer. und der Oberrheinischen Gesellschaft für Geburtshilfe und Gynäkologie, Baden-Baden 1970
225 Weitzel, H., E. Schwinger: Der heutige Stand der pränatalen Geschlechtsdiagnostik. Z. Geburtsh. Perinatol. 178 (1974) 149
226 Weitzel, H., F. Paulußen, W. Schwinger, J. Schneider: Pränatale Geschlechtsdiagnostik, Kerngeschlechtsbestimmung an Amnionzellen und Placentagewebe. Fortschr. Med. 90 (1972) 933
227 White, C. A., D. E. Doorenbos, J. T. Bradbury: Role of chemical and cytologic analysis of amniotic fluid in determination of fetal maturity. Amer. J. Obstet. Gynecol. 104 (1969) 664
228 Wied, G. L.: Über die cytologische Urinsedimentuntersuchungen kurz ante partum. Zbl. Gynäkol. 75 (1951) 1075
229 Wied, G. L.: Zytologie der Gravidität und der Menopause. Bakteriell bedingte Veränderungen im cytologischen Abstrich. In Runge, H.: Gynaecologische Zytologie. Dresden 1954 (S. 24)
230 Wied, G. L.: The effect of physiological sex hormones on the vaginal epithelium of patients with initiative ovaries. Acta cytol. 1 (1957) 75
231 Wiederholt, M.: Methoden zur Bestimmung des Blasensprungs. Inaug.-Diss., München 1961
232 Wood, C., F. Osmond-Clarke, M. Murray: Vaginal cytology in pregnancy. J. Obstet. Gynaecol. Cwlth Brit. 68 (1961) 778
233 Zarro, D., U. Gigon, O. Stamm: Die Risikoschwangerschaft: Ihre Überwachung durch Kolpozytogramm, Östriolbestimmung und externe Kardiotokographie. Perinat. Med. 3 (1972) 46
234 Zervoudakis, J. A., F. Silverman, L. B. Senterfit, M. J. Strongin, S. Read, L. L. Cederqvist: Herpes simplex in the amniotic fluid of an unaffected fetus. Obstet. Gynecol. 55 (1980) 16S
235 Židovský, J.: Beitrag zur Zytodiagnostik des Geburtstermins und der verlängerten Schwangerschaft. Zbl. Gynäkol. 82 (1960) 513
236 Židovský, J.: The significance of parabasal („postnatal") cells in the vaginal smear in prolonged pregnancy. Acta cytol. 5 (1961) 393
237 Židovský, J.: Die zytologische Bestimmung des Geburtstermins. Zbl. Gynäkol. 1065 (1962) 84
238 Židovský, J., B. Vedra, J. Mares, S. Horska: Rechtzeitige Zytodiagnostik der Gefährdung des Kindes bei potentiell bedrohten Schwangerschaften. 4. Tagung d. Dtsch. Gesellschaft für angew. Zytologie gem. mit d. Österreichischen Gesellschaft für angew. Zytologie, Mannheim 1967
239 Zimmerer, G., H. Volk: Über die Brauchbarkeit des „differenzierten Schuppentests" zur Blasensprungdiagnostik im Vergleich zu den sonstigen Nachweisverfahren. Geburtsh. u. Frauenheilk. 14 (1954) 363

8 Entzündliche und andere gutartige Veränderungen im Zellbild

Entzündliche und andere gutartige Prozesse im Genitalbereich beeinflussen das Zellbild. Die Kenntnis dieser Veränderungen ist wichtig, weil dadurch sowohl die zytologische Diagnostik auf hormonalem Gebiet als auch die Malignitiätsdiagnostik beeinträchtigt werden können. So stellt vor allem die Abgrenzung entzündlich bedingter Veränderungen von atypischen und karzinomatösen Epithelprozessen ein tägliches Problem des Zytopathologen dar. Art und Ausmaß der morphologischen Veränderungen hängen einerseits von der *Art der Infektionserreger,* andererseits von dem *Sitz der Entzündung* im Bereich der Vagina, der Ektozervix, der Endozervix oder höherer Genitalabschnitte ab.

In den folgenden Ausführungen werden zunächst die in Vaginal- und Zervixabstrichen vorkommenden Bakterien und Mikroorganismen dargestellt, wobei besonders ihr Erscheinungsbild in fixierten und nach Papanicolaou gefärbten Präparaten Berücksichtigung findet. Es folgt dann die Besprechung der durch entzündliche Erkrankungen verursachten zytomorphologischen Veränderungen des epithelialen Zellbildes sowie der häufig damit einhergehenden regenerativen, metaplastischen und degenerativen Prozesse. In einem weiteren Abschnitt werden die Zellbildveränderungen bei einigen anderen gutartigen Erkrankungen im Bereich von Zervix und Vagina, wie Ektopie, Leukoplakie, Zervixpolyp, Condylomata acuminata, Papillom der Zervix, Folsäuremangel usw., beschrieben.

Bakterien und sonstige Organismen in der Vagina

Döderlein-Flora und bakterielle Zytolyse

Bei Frauen im geschlechtsreifen Alter findet sich idealerweise eine reine Döderlein-Flora (Abb. 8.**1**). Die *Döderlein-Vaginalbakterien* (Synonyme: Bacillus vaginalis crassus, Bacterium bifidum, Lactobacillus acidofilus, Milchsäurestäbchen) sind unbewegliche, fakultativ anaerobe, grampositive Stäbchen ohne Sporenbildung. Ihre Länge ist variabel. Es kommen kurze Formen bis zu langen fadenartigen Stäbchen vor (Abb. 8.**2**).

Bei den Döderlein-Stäbchen handelt es sich um eine heterologe Gruppe von Bakterien (95), von denen etwa 70% (Lactobacillus acidofilus) zur *Hydrolyse* von Glykogen befähigt sind. Das Glykogen des Zellplasmas wird fermentativ zu Maltose und Dextrose abgebaut. Aus diesen einfachen Zuckern erfolgt unter Mitwirkung der Döderlein-Bakterien die Bildung von Milchsäure. Dadurch wird in der Vagina ein pH von 4–4,5 geschaffen, in dem die meisten pathogenen Keime nicht leben können. Die Döderlein-Flora sorgt somit für die Selbstreinigung der Scheide und stellt den wichtigsten Schutz des

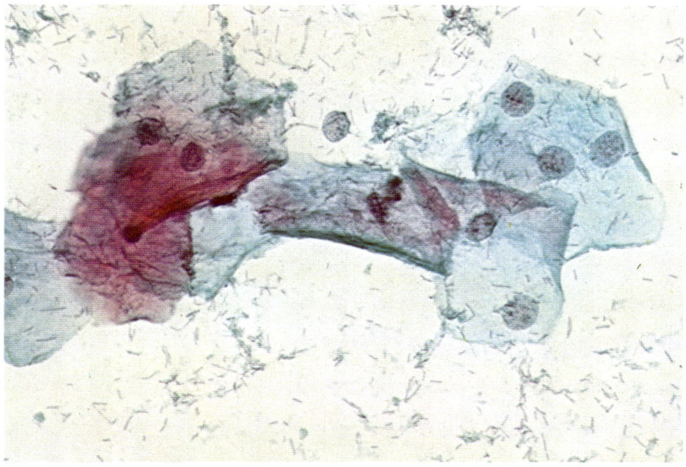

Abb. 8.**1** Vaginalabstrich mit überwiegend großen Intermediärzellen. Zahlreiche Döderlein-Bakterien. Geringe bakterielle Zytolyse. Ein freiliegender Zellkern (Obj. 40×, Ok. 10×).

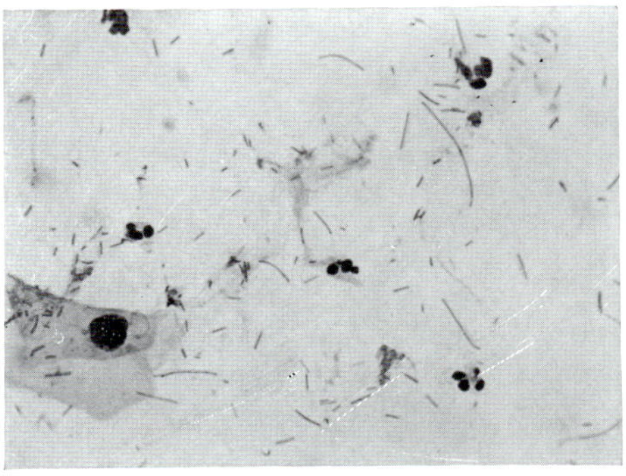

Abb. 8.**2** Neben kurzen Wuchsformen auffallend lange Döderleinsche Vaginalbakterien (Obj. 40 ×, Ok. 10 ×).

weiblichen Genitales gegen Infektionen mit Fremdkeimen dar.

Morphologisch zeigen sich bei Anwesenheit von Döderlein-Vaginalbakterien aber meist Auflösungserscheinungen am Plasma der glykogenhaltigen Zellen des Plattenepithels (Abb. 8.**3**). Es kommt zur *bakteriellen Zytolyse* (144). Das Ausmaß der Zellauflösung kann sehr verschieden sein. Mitunter werden nur die Zellränder der Intermediärzellen davon betroffen, die dann unklar und verwaschen aussehen. In anderen Abstrichen wiederum beobachtet man eine völlige Zerstörung des Zellplasmas, und es ergeben sich die typischen Bilder mit vorwiegend freiliegenden Zellkernen (Abb. 8.**4**). Dazwischen befinden sich Zelltrümmer und einzelne noch gut erhaltene Epithelzellen. Die Vaginalbakterien sind gewöhnlich in mehr oder minder großer Zahl über den ganzen Abstrich verteilt. Im Gegensatz zur degenerativen Autolyse (s. S. 181ff) bleiben die Zellkerne von der bakteriellen Zytolyse stets unberührt. Strukturelle Einzelheiten sind an den freiliegenden Kernen sogar oft besonders deutlich zu erkennen. Die bakterielle Zytolyse ist ein *physiologischer Vorgang*. Sie kann durch intravaginale Gabe von bakteriostatisch oder bakterizid wirkenden Medikamenten oder auch durch Spülungen mit destilliertem Wasser gehemmt werden.

Die Möglichkeiten der *hormonalen zytologischen Diagnostik* werden durch die bakterielle Zytolyse stark eingeschränkt (s. S. 107f).

In der *Malignitätsdiagnostik* dagegen kann der Nachweis von Döderlein-Bakterien gelegentlich eine Hilfe bieten, da diese bei fortgeschrittenen Zervixkarzinomen praktisch nicht vorkommen. Sind atypische Zellveränderungen in einem Abstrich vorhanden, so spricht die gleichzeitige Anwesenheit von Döderlein-Bakterien eher für eine intraepitheliale Veränderung als für ein invasives Karzinom.

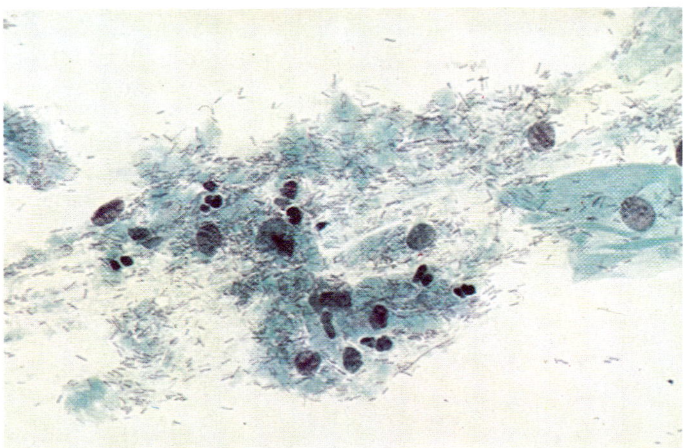

Abb. 8.**3** Vaginalabstrich mit ausgeprägter bakterieller Zytolyse. Zahlreiche Döderlein-Bakterien. An den Plattenepithelzellen, die alle aus der Intermediärzellschicht stammen, ist das Zellplasma weitgehend aufgelöst. Die Kerne von Intermediärzellen liegen frei oder inmitten schlecht erhaltener Zellplasmareste. Am rechten Rand noch eine gut erhaltene Intermediärzelle. Einige schlecht erhaltene polymorphkernige Leukozyten (Obj. 40 ×, Ok. 10 ×).

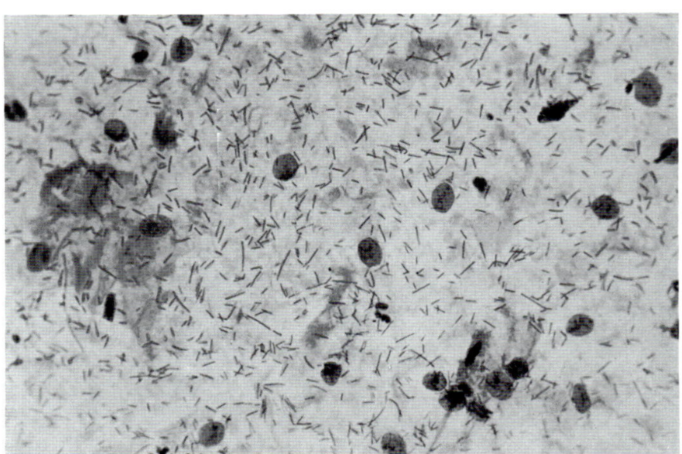

Abb. 8.**4** Vaginalabstrich mit fast vollständiger bakterieller Zytolyse. Der Abstrich ist übersät mit Döderlein-Bakterien. Von den Zellen des Plattenepithels sind fast nur noch die freiliegenden Kerne von Intermediärzellen übrig. Dabei fällt auf, daß die freiliegenden Kerne in ihrer Struktur hervorragend erhalten sind. Nur einige wenige Zellkerne, möglicherweise von präpyknotischen Zellen, zeigen eine leichte Schrumpfung (Obj. 40 ×, Ok. 10 ×).

Besiedlung mit anderen Bakterien

Bakterielle Mischflora. Die physiologisch idealerweise vorhandene Besiedelung der Vagina mit Döderlein-Bakterien ist nur bei 20–30% der Frauen (8, 87, 117) zu finden. Bei der Mehrzahl der Frauen, sowohl im geschlechtsreifen Alter als auch später, wird die Döderlein-Flora durch andere Bakterien ersetzt. Es handelt sich meist um eine *bakterielle Mischflora,* bei der sich Staphylokokken, Streptokokken, Enterokokken, Sarzine, Escherichia coli, Koryne-Bakterien oder andere Bakterien nachweisen lassen. Sie kommen in sehr unterschiedlicher Zahl vor, mit oder ohne Döderlein-Bakterien vergesellschaftet.

An einem größeren klinischen Krankengut (78) wurden in 24% Döderlein-Bakterien (Lactobacillus acidofilus), in 49% pathogene Keime, in 27% keine Keime kulturell nachgewiesen. Bei 29% der Frauen lagen vorwiegend anaerobe Keime vor.

Der Nachweis einer bakteriellen Mischflora in der Vagina ist jedoch noch *keineswegs als pathologisch zu betrachten.* Für viele Frauen im geschlechtsreifen Alter ist es offenbar ein völlig normaler Befund, bei dem weder Fluor noch sonstige Beschwerden auftreten müssen. Die in die Vagina eingeschleppten Keime verlieren wahrscheinlich ihre Pathogenität und nehmen saprophytären Charakter an. Erst unter prädisponierenden Faktoren, z. B. bei jungen Mädchen in der Pubertät und bei Frauen nach der Menopause mit niedrig aufgebautem Vaginalepithel, in der Schwangerschaft oder unter der Geburt, kommt es häufiger zu krankhaften Beschwerden.

Der Gehalt der Abstriche an Leukozyten, Lymphozyten, Histiozyten und Plasmazellen kann bei ausschließlich vaginaler Infektion sehr unterschiedlich sein. Sie können reichlich vorkommen oder auch ganz fehlen.

Im Gegensatz zur Döderlein-Flora sind Kokken- oder bakterielle Mischflora *nicht an eine bestimmte Hormonlage* mit glykogenhaltigen Plattenepithelzellen der Intermediärschicht gebunden. Es tritt keine bakterielle Zytolyse ein. Die Zellen bleiben in ihrer Form im wesentlichen erhalten. Es können sich jedoch infolge bakteriell-toxischer Einflüsse Veränderungen an Zellplasma und den Zellkernen zeigen. Oft tritt in entzündlichem Milieu eine pseudoeosinophile Anfärbung des Plasmas der Zellen auf, von der auch die normalerweise zyanophilen Zellen der parabasalen und tiefen intermediären Schichten des Plattenepithels betroffen sind.

Eine differentialdiagnostische *Unterscheidung verschiedener Bakterienarten* ist in den nach Papanicolaou gefärbten zytologischen Abstrichen nicht möglich. Hierfür sind vielmehr kulturelle Untersuchungen und Spezialfärbungen nötig. Die Papanicolaou-Färbung ist in den in der Bakteriologie üblichen Färbungen unterlegen. Es gelingt aber mit ihrer Hilfe, ebenso wie aus ungefärbten Vitalpräparaten, im allgemeinen doch eine für die klinischen Bedürfnisse nützliche Diagnose zu stellen, d. h. mit ausreichender Sicherheit zumindest eine Unterscheidung zwischen normaler Döderlein-Flora und bakterieller Mischflora bzw. Kokkenflora zu treffen und das Ausmaß der Entzündung abzuschätzen.

Kokken und kokkenartige Bakterien. Bei reiner *Kokken- und kokkenartiger Flora* (Abb. 8.**5**) ist oft der ganze Abstrich massiv mit Bakterien übersät. Der Untergrund des Präparates erscheint dadurch fein granuliert. Die Abstriche zeigen häufig, keineswegs aber immer, eine Pseudoeosinophilie.

Oft ist mit einer massiven Kokkenflora ein erhöhter Karyopyknose-Index (bis zu 80%) verbunden, der eine erhöhte Follikelhormonwirkung vortäuscht und wohl durch degenerative Einflüsse an den Zellkernen bedingt sein dürfte. Dieser erhöhte Karyopyknose-Index kann mit und ohne gleichzeitige Pseudoeosinophilie auftreten.

Kokken- und kokkenartige Bakterien kommen häufig im Zusammenhang mit Trichomonaden- und Leptothrixinfektionen vor.

Die Diagnose von *Gonokokken* durch Nachweis intra- und extrazellulär gelegener Diplokokken ist mit den für die zytologische Untersuchung übli-

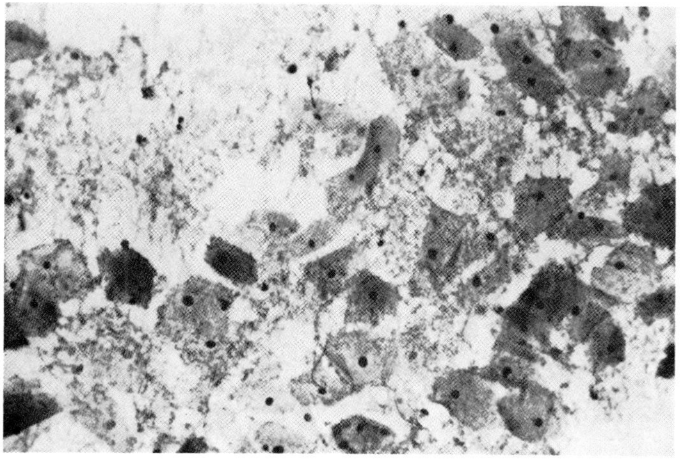

Abb. 8.**5** Vaginalabstrich mit Kokkenflora. Das epitheliale Zellbild ist rasenartig von Bakterien übersät, wobei die Kokken sowohl die Zellen überlagern als auch dazwischen liegen. Die hoch ausgereiften Plattenepithelzellen zeigen, wahrscheinlich überwiegend durch entzündlich-degenerative Einflüsse bedingt, fast ausschließlich pyknotische Kerne, so daß eine übermäßig hohe Follikelhormonwirkung vorgetäuscht wird (Obj. 20 ×, Ok. 10 ×).

chen Färbemethoden nicht sicher möglich. Wenn paarweise angeordnete Kokken intrazellulär nachgewiesen werden können, so gelingt dies eher in metaplastischen Zellen (56) als in polymorphkernigen Leukozyten. Doch ist auch dies nicht als Beweis für eine Gonokokkeninfektion anzusehen. Bei klinischem Verdacht auf Gonorrhö ist daher eine Gramfärbung oder eine kulturelle Untersuchung notwendig.

Gardnerella vaginalis. Eine besondere Form bakterieller vaginaler Infektion stellt die mit Gardnerella vaginalis (Haemophilus vaginalis) dar (43). Die Abstriche fallen durch sog. *Clue cells* (Schlüsselzellen) auf, deren Oberfläche dicht mit zahlreichen kurzen, pleomorphen Stäbchenbakterien bedeckt ist (Abb. 8.**6**). Manche Zellen sind nur teilweise befallen. Es finden sich ferner im Hintergrund Klumpen kleiner Stäbchen, die für die Infektion charakteristisch und von zusätzlichem diagnostischem Wert sind. Die Abstriche sind meist auffallend leukozytenarm.

Gardnerella-vaginalis-Bakterien gehören zur Gruppe der Koryne-Bakterien. Es handelt sich um einen typischen *Mischinfektionserreger* (79). Traten in den nach Papanicolaou gefärbten Präparaten „clue cells" auf, so wurde Gardnerella vaginalis in 87% kulturell nachgewiesen (83). In einem Viertel der Fälle waren nebenbei andere Infektionserreger, vorwiegend Streptokokken, nachweisbar.

Obwohl gelegentlich bakterielle Organismen wie Kokken und Diphtheroide den Epithelzellen in gleicher Weise anhaften (Abb. 8.**7**) und dadurch „clue cells" der Gardnerellainfektion nachahmen, ist eine Unterscheidung in der Regel möglich.

Die Infektion mit Gardnerella vaginalis wird als häufige Ursache therapieresistenten Fluors angesehen (34, 79). Sie tritt vorwiegend im geschlechtsreifen Alter auf, nach der Menopause nur unter Öströgentherapie (42).

Leptothrix

Verhältnismäßig selten findet man Leptothrix (Actinomyces) in Vaginalabstrichen (Abb. 8.**8**). Es handelt sich um dünne Fadenbakterien, die wie Haare aussehen, oft gebogen sind oder Schlingen bilden (7, 20). Die Fäden sind zuerst dünn und werden mit zunehmendem Alter dicker. Sie sind im allgemeinen unverzweigt, liegen einzeln, können aber gelegentlich auch myzelartig in dichten Haufen vorkommen. Sie bilden keine Sporen.

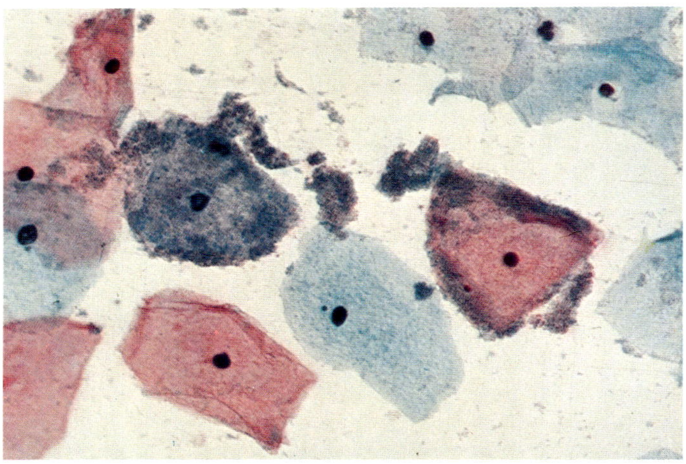

Abb. 8.**6** Vaginalabstrich mit Gardnerella vaginalis. In der Mitte zwei „clue cells", die dicht von Bakterien überlagert sind. Daneben weitere typische Ansammlungen von Gardnerella-Bakterien (Obj. 40 ×, Ok. 10 ×).

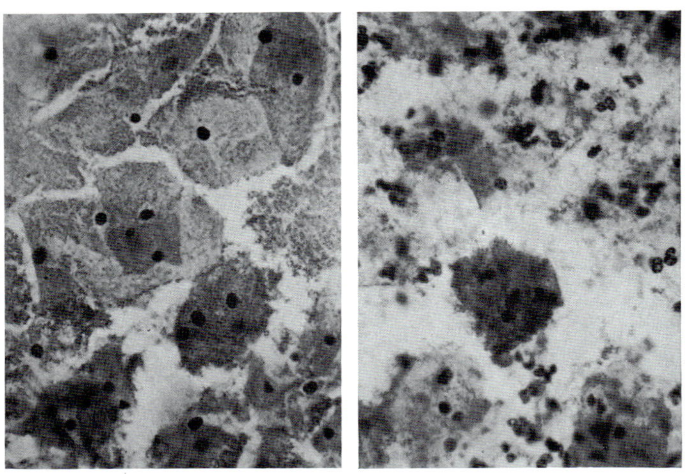

a b

Abb. 8.**7a** u. **b** Vaginalabstrich mit Kokkenflora.

a Die Bakterienmassen haben sich durch den Fixierungs- und Färbungsvorgang wallartig von den Epithelzellen abgesetzt.

b Durch massenhafte Überlagerung mit Kokken wird hier eine falsche „clue cell" vorgetäuscht. Kein Gardnerella vaginalis, sondern Kokkenflora (Obj. 40 ×, Ok. 10 ×).

Abb. 8.**8** Leptothrix (Actinomyces) im Vaginalabstrich. Die langen Fadenbakterien sehen wie Haare aus. Scheinbare Verzweigungen kommen durch vereinzelte Aneinanderlagerungen der Fäden zustande (Obj. 40 ×, Ok. 10 ×).

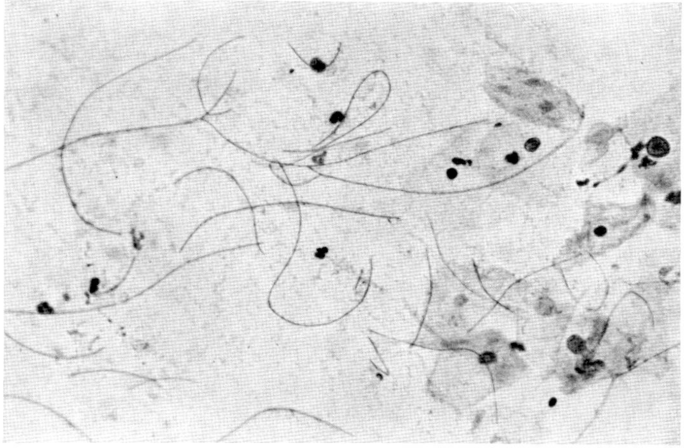

Leptothrix tritt unabhängig von der Hormonlage auf, sowohl im geschlechtsreifen Alter als auch nach der Menopause. Beeinträchtigungen des vaginalen Zellbildes durch Leptothrix sind nicht bekannt, insbesondere zeigt sich auch keine Zytolyse wie bei Döderlein-Flora. Der Fadenpilz ist oft mit einer Trichomonaden- und Kokkeninfektion vergesellschaftet. Unter diesen Umständen findet man auch Zellveränderungen und entzündliche Exsudate im Abstrich. Als Krankheitserreger hat Leptothrix keine Bedeutung.

Bestimmte Formen von *Leptothrix (Lactobacillus)* mit feineren und kürzeren Fäden sind morphologisch nicht von Döderlein-Bakterien, einigen anderen Arten von Koryne-Bakterien und Listerien zu unterscheiden (7). Sie können nur kulturell oder biochemisch diagnostiziert werden.

Chlamydien

Chlamydien sind Bakterien, die aber wie Viren und Rickettsien streng intrazellulär leben, da sie energiereiche Verbindungen nicht selbst synthetisieren. Sie enthalten DNS und RNS und sind von einer Zellmembran umgeben. Neben dem Erreger der Ornithose bzw. Psittakose (Chlamydia psittaci) spielt beim Menschen die Spezies Chlamydia trachomatis mit ihren zahlreichen verschiedenen Serountertypen eine große Rolle.

Bekannt sind die Chlamydien vor allem als Verursacher des Lymphogranuloma inguinale (Serotyp L_1-L_3) und des zur Blindheit führenden ägyptischen Trachoms (Serotyp A–C). Im Urogenitalbereich gelang in den letzten fünfzehn Jahren der Nachweis des Keims mit seinen Serountertypen D–K in zunehmendem Maße, so daß die Chlamydieninfektion heute als die häufigste Geschlechtskrankheit angesehen wird.

Die Kultivierung der Mikroorganismen ist schwierig und aufwendig, da sie nicht wie andere Bakterien auf künstlichem Nährboden wachsen. Als obligate Zellparasiten benötigen sie zu ihrer Vermehrung Zellkulturen. Ein großer Fortschritt in der Diagnostik bedeutete deshalb die Markierung der Chlamydienantigene mit fluoreszierenden monoklonalen Antikörpern, die auch bei direkten Zellausstrichen anwendbar sind.

Die Chlamydien (Abb. 8.**9**) können nicht in die Zellen eines ausgereiften Plattenepithels eindringen, sondern befallen nur unreife Metaplasiezellen, Drüsenepithelien und Urothelien. Voraussetzung für

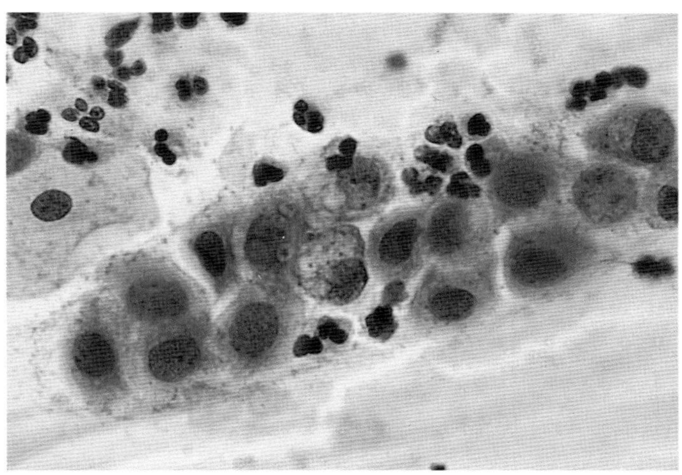

Abb. 8.**9** Chlamydieninfektion: Eine Gruppe unreifer metaplastischer Zellen. In einigen Zellen zahlreiche Vakuolen im Zytoplasma mit typischen Einschlußkörperchen (Obj. 63 ×, Ok. 10 ×).

ihre Diagnostik im Urogenitalbereich ist deshalb die Gewinnung von gut erhaltenem Zellmaterial aus Endozervix und Urethra. Die Abstriche müssen unter leichtem Druck des Watteträgers oder noch besser der Cyto-brush entnommen werden.

Die Bakterien sind lichtmikroskopisch gerade noch wahrnehmbar. Während des Entwicklungszyklus kommt es zu charakteristischen intrazytoplasmatischen Einschlüssen. Um die verschiedenen zytomorphologischen Erscheinungen der Chlamydieninfektion besser verstehen zu können, soll der Vermehrungszyklus hier kurz schematisch dargestellt werden (Abb. 8.**10**) (96, 123):

1. Die infektiöse Form, nämlich das ca. 250 nm große Elementarkörperchen, wird in einem Prozeß von 2–5 Stunden Dauer durch Endozytose in die Wirtszelle aufgenommen. Um den Elementarkörper bildet sich dann eine Vakuole aus, die während des ganzen Entwicklungszyklus bestehen bleibt.
2. In den nächsten 20 Stunden wird das Elementarkörperchen zum nichtinfektiösen ca. 500–1000 nm großen Retikularkörper (Initialkörper) umgestaltet. Dabei lockern sich äußere Membran und dicht gepackte DNS auf, so daß eine retikuläre Struktur entsteht.
3. Dieser Retikularkörper vermehrt sich nun während der nächsten 30–40 Stunden ständig innerhalb der Vakuole durch Zweiteilung.
4. Die so entstehenden zahlreichen Retikularkörper erfahren während weiterer 30 Stunden wiederum eine Verdichtung und einen Volumenverlust und reifen so erneut zu infektiösen Elementarkörperchen heran.
5. Diese werden etwa 72 Stunden nach Zellbefall durch Zerstörung der Wirtszelle freigesetzt und können ihren Zyklus von neuem beginnen.

Diese einzelnen Stadien im Vermehrungszyklus der Chlamydien sind auch als charakteristische Veränderungen an den Zellen des Portioabstrichs beschrieben worden (1, 10, 11, 32, 33, 45, 49, 59, 99, 123). Dabei sind in der Initialphase einer Infektion mit der Papanicolaou-Färbung die Elementarkörperchen als feine intrazelluläre Einschlüsse mit einem zyanophilen kokkenartigen Mittelpunkt zu erkennen. Sie lagern meist randständig einzeln oder in kleinen Haufen. Im Stadium des Retikularkörpers erscheint die zyanophile Struktur etwas größer und nicht mehr so kompakt. Später imponieren vor allem die unterschiedlich großen, meist perinukleär gelagerten Vakuolen, wobei der zusätzliche Nachweis der oft zahlreich darin gelagerten Einschlußkörperchen wichtig ist (49). Die Umrandung der Vakuole ist meist sehr dünn oder überhaupt nicht zu sehen. Die Schwierigkeit liegt allerdings darin, chlamydienbedingte Vakuolen von anderen unspezifischen Zellerscheinungen zu unterscheiden. Je auffälliger, größer, leerer und mit einem deutlicheren Rand versehen eine Vakuole sich präsentiert, um so wahrscheinlicher beruht sie auf entzündlich degenerativen oder phagozytierenden Reaktionen. Auch die darin gelagerten kokkenartigen Einschlußkörperchen stellen keine sicheren zytologischen Kriterien für eine Chlamydieninfektion dar (11, 31, 49, 131).

Mit 30% und mehr falsch-positiven und falsch-negativen Befunden sind die beschriebenen zytomorphologischen Veränderungen zu unspezifisch, um die Frage nach einer möglichen Chlamydieninfektion mittels der Papanicolaou-Abstriche beantworten zu können (31, 32, 45, 84, 113, 125, 130, 131). Wenn man allerdings bei optimalen Materialbedingungen chlamydienverdächtige Kriterien zu erkennen glaubt, so sollte man diesen Hinweis doch an den Kliniker weitergeben, damit dieser mit geeigneten Methoden eine Klärung herbeiführen kann (10, 11, 16, 110, 123).

Anzumerken wäre noch, daß eine Reihe von Autoren (1, 18, 28, 52, 54, 63, 106, 120, 135, 141) bei nachgewiesener Chlamydieninfektion überdurchschnittlich häufig unklare und suspekte zytologische Befunde fanden.

In diesem Zusammenhang sei schließlich auf die Einschlußkörperchenkonjunktivitis der Neugeborenen hingewiesen. Sie geht von einer bei der Mutter oft symptomlos verlaufenden Chlamydieninfektion aus und wird unter der Geburt auf das Kind übertragen (33, 99).

Trichomonas vaginalis

Die Infektion mit Trichomonas vaginalis bzw. urogenitalis gehörte bis vor einigen Jahren zu den häufigsten Ursachen vaginalen Fluors. 20–40% aller

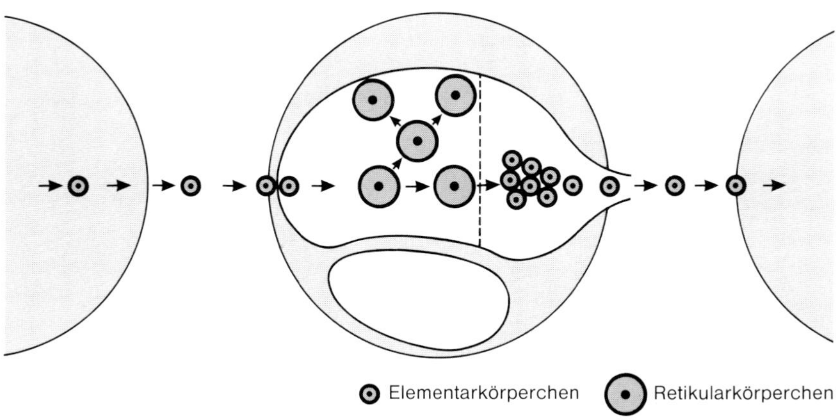

Abb. 8.**10** Schematische Darstellung des Entwicklungszyklus der Chlamydien (modifiziert nach Moulder [96]).

Fluorpatientinnen hatten Trichomonaden. Bei 5–10% aller erwachsenen Frauen ließen sich Trichomonaden nachweisen. Ein Fünftel von ihnen hatte Beschwerden (66). Die Übertragung erfolgt fast ausschließlich durch Geschlechtsverkehr.

Bei den Trichomonaden handelt es sich um zu den Protozoen gehörende Flagellaten. Neben Trichomonas vaginalis bzw. urogenitalis gibt es *Trichomonas buccalis* und *intestinalis*. Jede der drei Arten kann nur in ihrem spezifischen Milieu leben und sich entwickeln. Trichomonas intestinalis kann in der Vagina nicht existieren, ebenso wenig wie Trichomonas vaginalis sich im Darm entwickeln kann (66).

Die *Form der Trichomonaden* ist oval bis birnenartig (Abb. 8.**11**). Sie besitzen einen Kern und an einem Ende zwei Basalkörner. Aus dem einen entspringen vier lange, zu lebhaftem Schlagen befähigte Geißeln. Von dem anderen aus erstreckt sich eine undulierende Membran bis in die Gegend des hinteren Zellendes. Ein Achsenstab, aus feinsten Fibrillen bestehend, durchzieht den Zelleib in der Längsrichtung. Die Fortpflanzung der Flagellaten geschieht durch Zwei- oder Mehrfachteilung (36).

Während die Trichomonaden im *Nativpräparat* als rundliche bis ovale Gebilde, meist etwas größer als Leukozyten, durch ihre lebhaften Bewegungen und den Geißelschlag leicht zu erkennen sind (s. S. 348), macht der schlechte Erhaltungszustand der Trichomonaden im fixierten, nach Papanicolaou gefärbten Abstrichpräparat die Diagnose oft schwierig. In der *Papanicolaou-Färbung* erscheinen die Trichomonaden unförmiger, meist als blaßgraue bis grünliche Tupfen. Ihr Durchmesser beträgt 8–45 µm (Abb. 8.**12** –8.**14**). Kleine Formen treten vorwiegend im akuten Stadium der Vermehrung, größere Formen in der Ruhephase auf. Oft erscheinen sie jedoch nur als schattenhafte, auseinanderfließende Gebilde mit unscharfer Begrenzung. Geißeln sind nur äußerst selten zu erkennen, da sie meist durch Fixierung und Färbung verlorengehen. Der Kern ist, wenn überhaupt, nur angedeutet als längliches, an den Enden zugespitztes, exzentrisch gelegenes und zart zyanophiles Gebilde zu sehen. Das Zellplasma kann einige auffallende rötliche Granula enthalten und ist gelegentlich fein vakuolisiert (Abb. 8.**13b**).

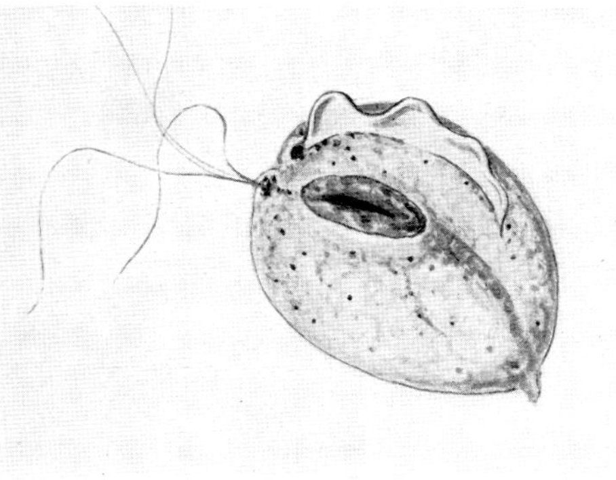

Abb. 8.**11** Trichomonas vaginalis (schematische Zeichnung) mit langgestrecktem Kern, Achsenstab, undulierender Membran und vier Geißeln.

Der Nachweis von Trichomonaden in den nach Papanicolaou gefärbten Präparaten ist oft unsicher. Die Trichomonaden können bei schlechtem Erhaltungszustand wegen ihrer blassen Anfärbung leicht übersehen oder mit degenerierten Histiozyten, freiliegenden Kernen von in Auflösung begriffenen endozervikalen und parabasalen Zellen, schlecht erhaltenen Leukozyten oder gar Zelldetritus und Schleimpartikeln verwechselt werden. Bei der Beurteilung der Abstriche sollte daher darauf geachtet werden, ob wenigstens an einzelnen Gebilden eine Andeutung des Kernes oder die erwähnten rötlichen Granula zu sehen sind. Nur dann kann die Diagnose einigermaßen sicher gestellt werden.

Trichomonaden kommen meistens zusammen mit Kokken oder bakterieller Mischflora vor. Die gleichzeitige Anwesenheit der Döderlein-Stäbchen ist selten, aber durchaus möglich. Ebenfalls können Pilze zusammen mit Trichomonaden vorkommen.

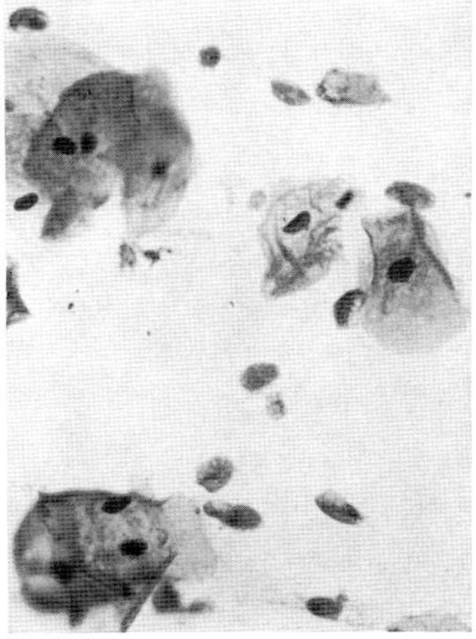

a

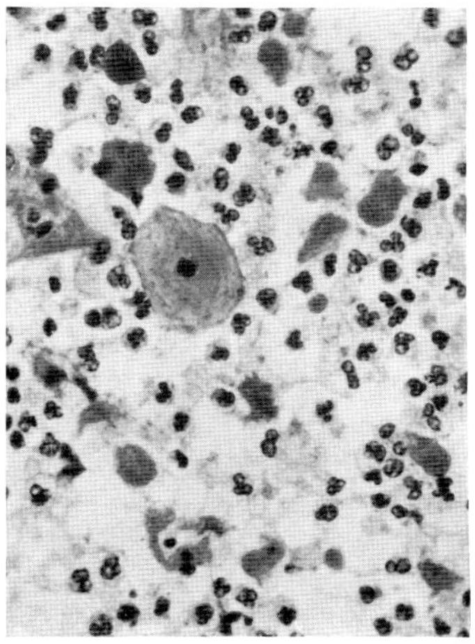

b

Abb. 8.**12a** u. **b** Trichomonaden variabler Form und Größe in fixierten und gefärbten Präparaten.

a Ausschließlich Epithelzellen und Trichomonaden.

b Vereinzelt Epithelzellen. Zahlreiche Trichomonaden und Leukozyten, reichlich Bakterien einer Mischflora (Obj. 40 ×, Ok. 10 ×).

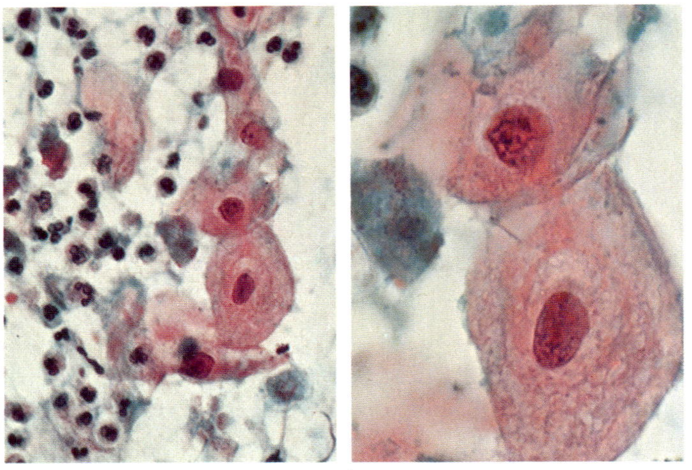

a b

Abb. 8.**13a** u. **b** **a** Vaginalabstrich mit reichlich Trichomonaden im Übersichtsbild. Die Trichomonaden erscheinen als unregelmäßig geformte, graublaue bis rötlich tingierte Tupfen, etwas größer als die gleichzeitig vorhandenen polymorphkernigen Leukozyten (Obj. 40×, Ok. 10×).

b Der Ausschnitt aus dem Bild in stärkerer Vergrößerung zeigt zwei Epithelzellen und eine Trichomonade. Man sieht in der Trichomonade den Kern angedeutet sowie eine unregelmäßige rötliche Körnelung. Dadurch ist eine Unterscheidung von freiliegenden autolytischen Zellkernen möglich. Geißeln sind auch bei starker Vergrößerung nicht zu erkennen (Obj. Öl 100×, Ok. 10×).

Beachte in beiden Bildhälften die durch die Trichomonadeninfektion verursachten Veränderungen an den Epithelzellen, die leichte Vergrößerung und Unregelmäßigkeit der Zellkerne mit unregelmäßiger Verteilung des Chromatins, das teilweise dem inneren Rand der Kernhülle angelagert ist. Das eosinophile Zellplasma hat eine verwaschene Zeichnung mit angedeuteten perinukleären hellen Höfen.

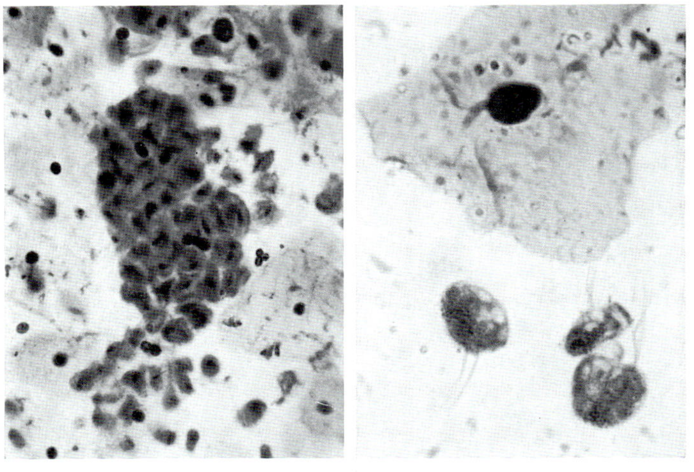

a b

Abb. 8.**14a** u. **b**

a Ansammlung zahlreicher jugendlicher Trichomonaden (Vermehrungsvorgang?), umgeben von Epithelzellen (Obj. 40×, Ok. 10×).

b Trichomonaden bei starker Vergrößerung. Strukturelle Einzelheiten und Geißeln sind angedeutet zu erkennen. Oben eine Superfizialzelle (Obj. Öl 100×, Ok. 10×).

Sproßpilze

Vaginale Pilzinfektionen (122, 137), die in den letzten Jahren zunehmend häufiger geworden sind, werden zu 80% durch Candida albicans (Monilia, Soor), selten durch Torulopsis glabrata oder andere Pilzformen hervorgerufen (70).

Candida albicans gehört zu den Hefen und vermehrt sich durch Sprossung. Die verlängerten Sprosse bilden Pseudomyzelien (Abb. 8.**15**), d.h., das Protoplasma setzt sich nicht wie in echten Myzelien kontinuierlich zwischen dem Hauptstamm und den Abzweigungen fort.

In Vaginalabstrichen finden sich Pseudomyzelien und Sproßzellen. Die Pseudomyzelien bestehen aus verschieden langen, bambusartig segmentierten, doppelkonturierten, schlauchförmigen Gebilden von verschiedener Dicke, die vielfach verzweigt sind. Oft bilden sie dichte Geflechte und tragen Sproßzellen.

Bei den isolierten Sproßzellen (Konidien), die neben den Pilzgeflechten, aber auch ohne diese in den Abstrichen vorkommen können, handelt es sich um runde oder ovale Gebilde von 4–6 µm Länge. Sie sind oft durch eine sproßartige Ausstülpung der Zellmembran an einem Ende charakterisiert, so daß sie als in der Längsrichtung aneinandergekettete Doppelgebilde erscheinen.

Bei *phasenkontrastmikroskopischer Betrachtung* in *ungefärbten, nicht fixierten Präparaten* sind Pilzfäden und -geflechte meist ohne Schwierigkeiten zu erkennen. Einzeln liegende Sproßzellen dagegen können leicht übersehen werden (s. S. 349). Sie leuchten relativ hell auf.

In der *Papanicolaou-Färbung* lassen sich Pilzinfektionen oft nicht so eindeutig nachweisen, da Pseudomyzelien und Sporen durch den Fixierungs- und Färbevorgang schrumpfen bzw. zerstört werden.

Meist sind sie als hellbraune Gebilde nur undeutlich erkennbar (Abb. 8.**16**–8.**18**).

Bei *Torulopsis glabrata* findet man fast ausschließlich Sproßzellen und Sporen (Abb. 8.**19** u. 8.**20**), die in der Regel einzeln angeordnet liegen. Sie reproduzieren sich multilateral. Eine Pseudomyzelbildung ist höchstens angedeutet zu erkennen. In der Papanicolaou-Färbung erscheinen sie blaßgrau.

Eine genaue Identifizierung einzelner Pilzformen ist zytologisch, auch bei phasenkontrastmikroskopischer Betrachtung der Präparate, nicht möglich, sondern kann nur durch kulturelle Untersuchung erfolgen.

Obwohl es auch bei Pilzinfektionen zu Kernchromatinveränderungen, perinukleärer Hofbildung und Vakuolisation im Zellplasma epithelialer Zellen kommen kann (57), sind diese Erscheinungen sehr viel seltener und weniger ausgeprägt als bei Trichomonadeninfektionen. Sehr häufig kommt Candida albicans bei reiner Döderlein-Flora mit bakterieller Zytolyse vor.

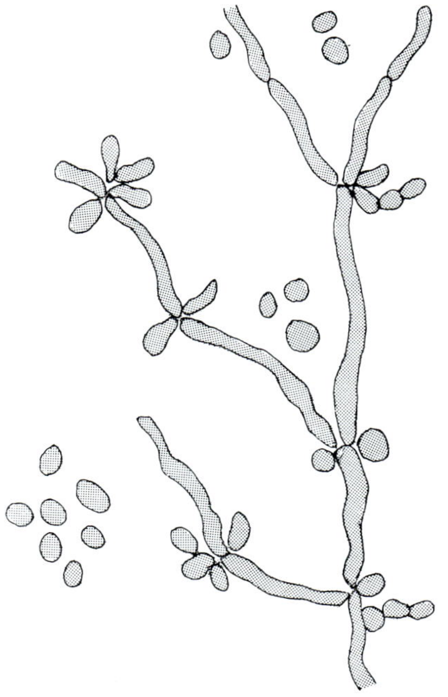

Abb. 8.**15** Candida albicans: Pseudomyzel, bestehend aus eiförmigen Sproßzellen und fadenförmigen Pseudohyphen.

Abb. 8.**16** Candida albicans: Über eine Gruppe von Intermediärzellen und Leukozyten gelagert, erkennt man im fixierten und nach Papanicolaou gefärbten Präparat einige zart hellbraun gefärbte Pseudohyphen. Am rechten Rand der Zellgruppe einige kleine dunkel gefärbte Sproßzellen (Obj. 40 ×, Ok. 10 ×).

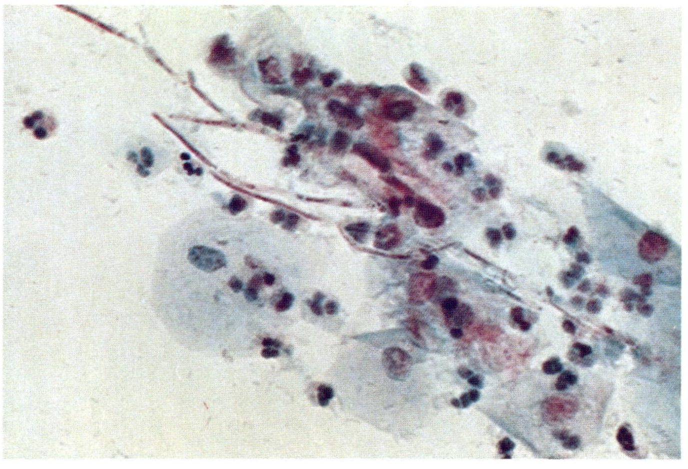

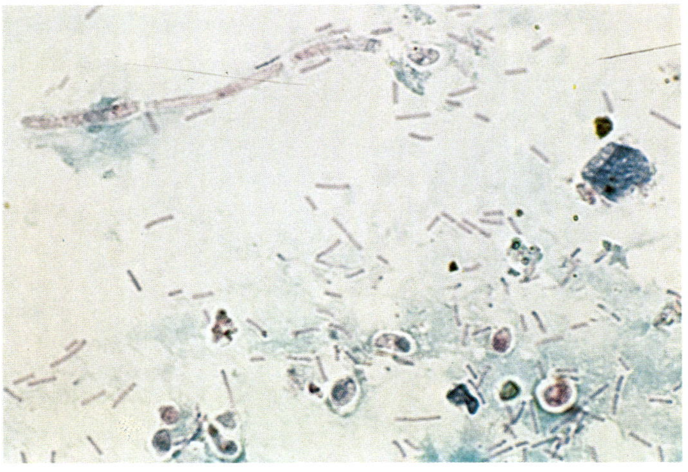

Abb. 8.**17** Konidien von Candida albicans neben Döderlein-Bakterien im fixierten und nach Papanicolaou gefärbten Präparat (Obj. Öl 100 ×, Ok. 10 ×).

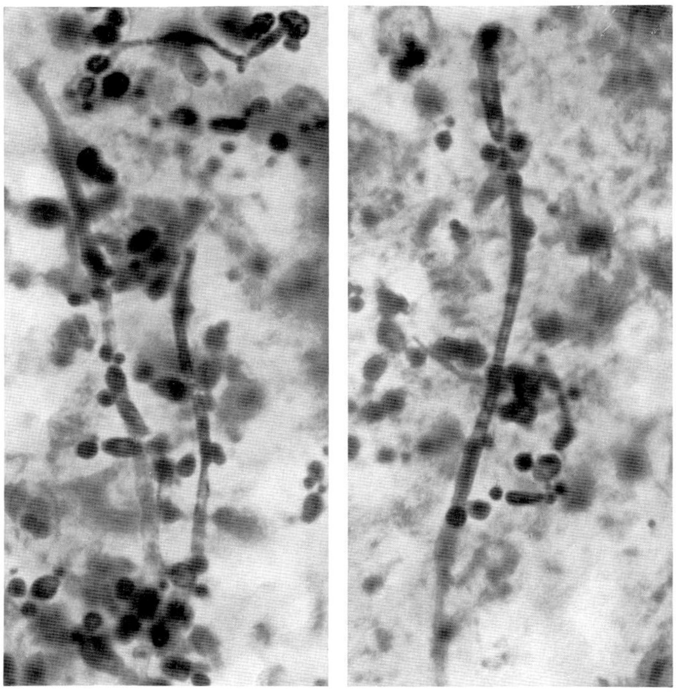

Abb. 8.**18** Candida albicans: Pseudohyphen und Sproßzellen im fixierten und gefärbten Vaginalabstrich (Obj. Öl 90 ×, Ok. 10 ×).

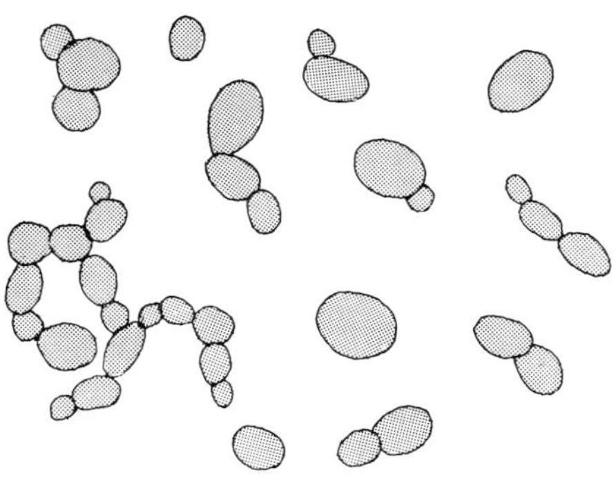

Abb. 8.**19** Torulopsis glabrata: Runde bis ovale Sproßzellen, höchstens rudimentär angedeutetes Pseudomyzel.

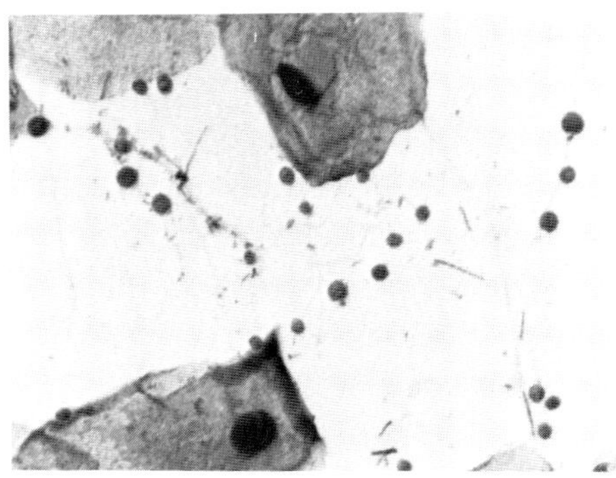

Abb. 8.**20** Torulopsis im fixierten und nach Papanicolaou gefärbten Vaginalabstrich. Die vorwiegend runden, etwas unterschiedlich großen Sproßzellen erscheinen in der Papanicolaou-Färbung graublau (Obj. 40 ×, Ok. 10 ×).

Toxoplasmose

Ein seltenes Ereignis ist der Nachweis von *Toxoplasma gondii* im Vaginalinhalt (Abb. 8.**21**). Ein solcher Fall wurde bei einer 53jährigen Patientin beschrieben (126). Im Abstrich fand sich eine pseudozystenartige Toxoplasmenansammlung innerhalb einer Wirtszelle. Der Zellkörper war dicht gefüllt mit kleinen Einzelzellen von ovaler bis runder Gestalt. Bei einigen war deutlich eine apfelsinenscheibenähnliche Form zu erkennen. Die Länge der kleinen Einzelzellen betrug durchschnittlich 4 µm, die Breite 10 µm. In ihrem Inneren wiesen sie einen konturlosen, runden bis länglichen, dunkel gefärbten Kern auf.

Virusinfektionen

Unter den Virusinfektionen des weiblichen Genitales spielen insbesondere zwei Erkrankungen eine Rolle:

- Infektionen mit dem *Human-Papilloma-Virus (HPV)*,
- Infektionen mit dem *Herpes-simplex-Virus Typ I und II (HSV)*.

Die Viren selbst sind lichtmikroskopisch nicht erkennbar. Sie dringen aber in Zellen und Zellkerne ein und können in diesen typische morphologische Veränderungen hervorrufen. Diese werden für HPV-Infektionen wegen ihrer Bedeutung bei der Kanzerogenese im Karzinomkapitel (s. S. 206ff), für HSV-Infektionen auf S. 170 besprochen.

Abb. 8.**21** Pseudozystenartige Toxoplasmenansammlung innerhalb einer Epithelzelle im Vaginalabstrich (Obj. Öl 100 ×, Ok. 10 ×).

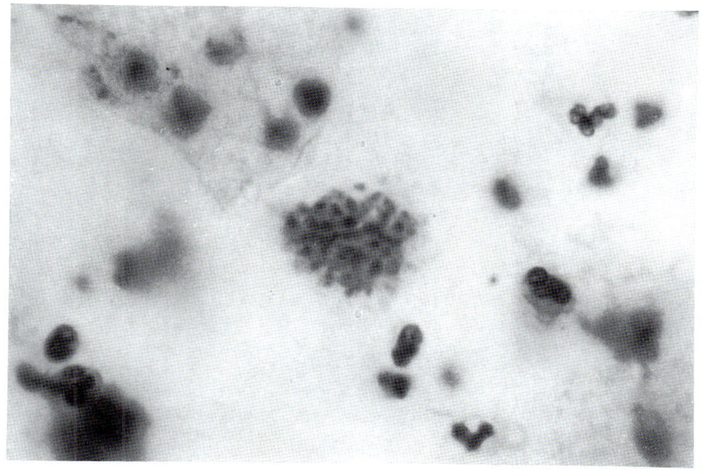

Das *Virus der AIDS-Erkrankung (HIV)* bewirkt an den Zellen des Genitaltraktes keine spezifischen, mit der Papanicolaou-Färbung erkennbaren zytologischen Veränderungen. Jedoch lassen sich bei HIV-positiven Patientinnen überdurchschnittlich häufig andere Erkrankungen wie Zytomegalie, Herpes und vor allem Pilzinfektionen diagnostizieren, die im Vaginalabstrich erkennbar sein können (53). Besonders auffällig sind die oft ausgeprägten Zeichen einer HPV-Infektion, die bei der Mehrzahl der HIV-positiven Frauen gefunden werden (1, 12, 19, 58, 124). Im Zusammenhang damit ist dann auch die enorm hohe Zahl von zervikalen intraepithelialen Neoplasien zu sehen, die bei den meist noch jungen Altersgruppen zwischen 10 und 50% angegeben werden (12, 19, 22, 58, 124, 132). Ein entscheidender Faktor dürfte dabei die zusätzlich noch reduzierte immunologische Abwehrlage sein. Wir kennen diese Beobachtungen auch bei anderen immunsupprimierten Patientinnen, wie z. B. nierentransplantierten oder chemotherapeutisch behandelten Frauen (3, 27, 124).

Sonstige im Vaginalabstrich nachweisbare Gebilde

Gelegentlich sind in Vaginalabstrichen, besonders bei Kindern, *Wurmeier,* vor allem von Oxyuren, nachzuweisen. Sie erscheinen in der Papanicolaou-Färbung als hellbraune, ovale Gebilde, etwa in der Größe mittlerer Intermediärzellen und mit einem hellen Rand an der Peripherie.

Durch *Infektion aus der Luft* können während der Aufbereitung und Färbung der Präparate andere Mikroorganismen auf die Abstriche gelangen (8). Hier sind zu nennen: *Alternaria,* ein Pilz mit dem Aussehen eines kurzen Schneeschuhs (Abb. 8.**22**) (Auch einzelne Teile aus dem Pilzkörper können im Abstrich in Erscheinung treten und sehen dann aus wie winzige Wurmeier.); *Hormodendrum,* tonnenförmige Pilze von der Größe kleiner Zellkerne; *Gaffky-Arten,* kokkenartige Parasiten; *Aspergillus-Arten,* gekennzeichnet durch die Gliederung der verzweigten Fäden.

Abb. 8.**22** Alternaria-Pilz, im Hintergrund eine Superfizialzelle (Obj. Öl 100 ×, Ok. 10 ×).

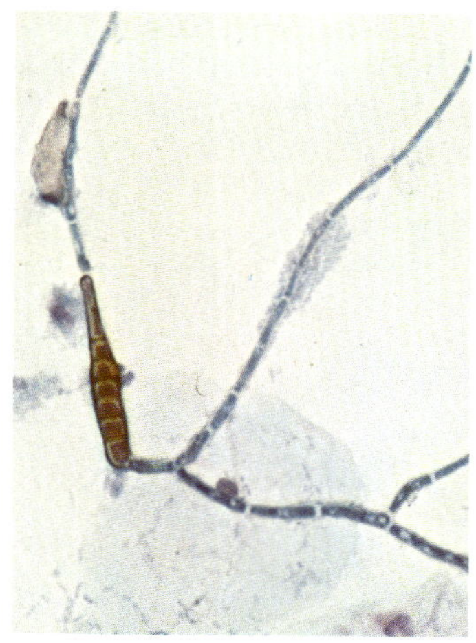

In tropischen Ländern können Eier von *Schistosoma haematobium (Bilharzia)* in Vaginalabstrichen gefunden werden (5, 147).

Selten sind *Pollen-* oder *Pflanzenzellen* in den Abstrichen zu entdecken.

Zytomorphologische Veränderungen bei entzündlichen Erkrankungen

Allgemeines Zellbild

Zellabstriche bei entzündlichen Erkrankungen im Bereich des weiblichen Genitales fallen gewöhnlich schon durch ihren reichlichen *Gehalt an weißen Blutzellen* auf. Bei akuten Entzündungen sind es vorwiegend relativ gut erhaltene, *polymorphkernige Leukozyten,* bei chronischen Entzündungen mehr *Lymphozyten, Histiozyten* oder auch *Plasmazellen.* Je nach Art und Virulenz der Infektionserreger ist der Gehalt an weißen Blutzellen verschieden. Es gibt bakterielle sowie Trichomonaden- und Pilzinfektionen mit kaum erhöhtem Leukozytengehalt in der Vagina. In anderen Fällen ist die Überlagerung des Zellbildes mit weißen Blutzellen so stark, daß eine Beurteilung der Epithelzellen schwierig wird. Die Leukozyten können gleichmäßig über den Abstrich verteilt sein oder auch in dichten Haufen liegen. Oft sieht man, daß sie sich um Epithelzellen konzentrieren oder diese dicht überlagern. In Abhängigkeit vom Ort der Entzündung kann der Gehalt an Entzündungszellen in den von verschiedenen Stellen entnommenen Abstrichen sehr unterschiedlich sein und damit Hinweise auf den Sitz der Erkrankung geben.

Stärkere Entzündungsprozesse werden meist von einem *entzündlichen Transsudat* oder *Exsudat* begleitet. Aus proteinreichen Flüssigkeiten bildet sich ein *granulierter, meist eosinophiler Niederschlag* auf den Präparaten. Bei gleichzeitig vermehrter *zervikaler Schleimsekretion* nimmt der Präparateuntergrund ein schmutziges Aussehen an. *Fibrinniederschläge* können in Form feiner eosinophiler Fibrillen auftreten. Infolge der leichten Verletzlichkeit des stark durchbluteten entzündlichen Gewebes können Erythrozyten in großer Zahl das Bild überschwemmen.

Nicht jedes vermehrte Auftreten von weißen Blutzellen im Zellabstrich darf jedoch als *Zeichen einer Entzündung* gewertet werden. So ist ein reichlicher Gehalt an polymorphkernigen Leukozyten während der menstruellen und prämenstruellen Phase durchaus normal. Physiologisch ist ferner das Auftreten von histiozytären Zellen in großer Zahl gegen Ende der Menstruation, auch als „Exodus" bezeichnet (108). Sie können zusammen mit Verbänden von Endometriumzellen auftreten. Man beobachtet sie bis etwa zum 10. Zyklustag. Die kleinen Histiozyten zeigen eine auffallende Ähnlichkeit mit den Stromazellen des Endometriums aus den oberen Schichten (114). Wahrscheinlich sind sie mit diesen identisch.

Veränderungen an Zellen des Platten- und Zylinderepithels

Infolge entzündlicher Vorgänge, die durch bakterielle, chemische oder physikalische Reize ausgelöst sein können, kommt es zu mehr oder weniger ausgeprägten *Veränderungen an den Zellen des Platten- und Zylinderepithels* (Abb. 8.**23**–8.**27**).

An den *Zellen* setzt eine vermehrte Flüssigkeitsaufnahme ein. Die *Kerne der Plattenepithelzel-*

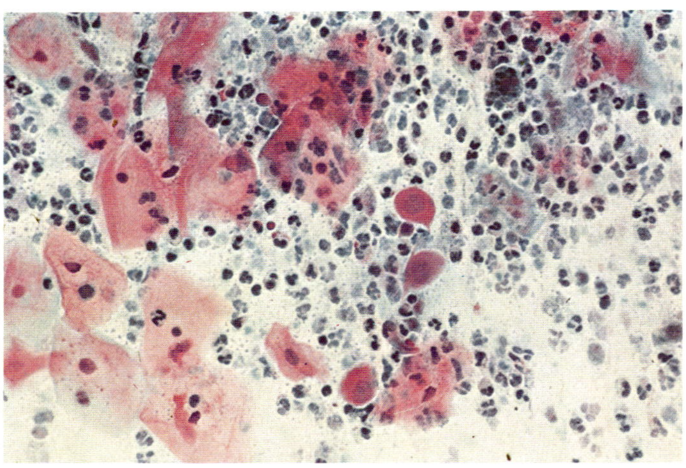

Abb. 8.**23** Übersicht über einen typischen entzündlich veränderten Vaginalabstrich mit zahlreichen Leukozyten. Die Plattenepithelzellen sind überwiegend eosinophil angefärbt, ebenfalls die aus tieferen Epithelschichten stammenden Zellen, die bei Entzündungen in vermehrtem Maße auftreten (Obj. 25 ×, Ok. 10 ×).

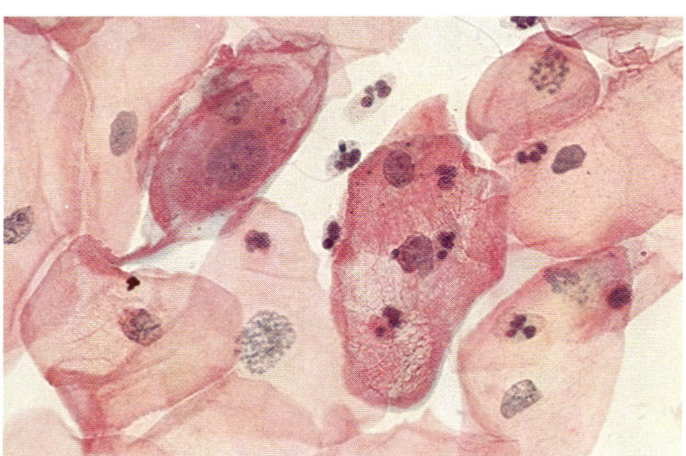

Abb. 8.**24** Entzündliche Kern- und Zellveränderungen an ausgereiften Zellen des Plattenepithels. In starker Vergrößerung sind besonders die Unregelmäßigkeiten in der Form der leicht vergrößerten Zellkerne zu erkennen, die teils hyperchromatisch sind oder unregelmäßige Chromatinverteilungen haben. An einigen Zellen autolytisch degenerative Kernveränderungen und Karyorrhexis (Obj. Öl 100 ×, Ok. 10 ×).

len können *leicht vergrößert* und verschieden stark *entrundet* sein (8.**24**–8.**27**). Der *Kernrand* erscheint durch Anlagerung von Chromatin am Inneren der Kernhülle *betont* (40). Vielfach weisen die Kerne aber auch Schrumpfungserscheinungen mit Faltungen und Auszackungen an den Kernrändern auf. Durch Verdichtung des Chromatingerüsts können die Kerne *leicht hyperchromatisch* erscheinen. Das *Chromatin* ist ungleichmäßig verteilt, jedoch *nicht wesentlich vergröbert.* An anderen Zellen erscheinen die *Kerne geschwollen,* blaß und weisen eine *verwaschene Struktur* auf. Mitunter findet man in entzündlich veränderten Zellen des Plattenepithels *Doppelkernigkeit* ohne Vergrößerung der Zellkerne.

Das *Zellplasma* zeigt in erhöhtem Maße eine Neigung zu eosinophiler Anfärbung, auch an den normalerweise zyanophilen Parabasal- und kleinen Intermediärzellen. Man spricht von einer *Pseudoeosinophilie.* An anderen Zellen findet sich eine *Amphophilie,* wobei sich der Zelleib teils zyanophil, teils eosinophil anfärbt.

Bei *Trichomonadeninfektionen* finden sich besonders häufig perinukleäre, helle Höfe um die meist geschrumpften hyperchromatischen oder präpyknotischen Kerne (Abb. 8.**27**). Die Hofbildung ist ein Hinweis dafür, daß Zellplasma oder Kern oder beide gequollen waren und bei der Fixierung, teilweise aber auch schon vorher, geschrumpft sind, wobei ein leerer Raum zwischen Endoplasma und Kernrand entstanden ist. Perinukleäre Höfe können aber auch bei bakteriell verursachten Entzündungen ohne die Anwesenheit von Trichomonaden vorkommen. Im übrigen erscheint das *Zellplasma* infolge toxisch-degenerativer Einflüsse oft *verwaschen,* und die *Zellgrenzen* werden *unscharf* (Abb. 8.**25**, 8.**27**).

Die Zellveränderungen in entzündlichen Abstrichen sind weitgehend durch *Heterolyse,* d.h. durch Einfluß von Toxinen pathogener Bakterien oder anderer Mikroorganismen bedingt. Im Gegensatz zur bakteriellen Zytolyse durch Döderlein-Bakterien beschränkt sich die Heterolyse jedoch nicht auf die glykogenhaltigen Intermediärzellen, sondern kann alle Zellen des Platten- und Zylinderepithels erfassen. Dabei sind die Zellauflösungserscheinungen an Intermediär- und Superfizialzellen vergleichsweise gering. Am stärksten werden davon die unreifen Zellformen des Plattenepithels in atrophischen Abstrichen betroffen.

Infolge degenerativer Einflüsse können bei entzündlichen Prozessen ferner *Vakuolen im Zellplasma* von Plattenepithelzellen auftreten (Abb. 8.**26** u. Abb. 8.**33**). Die Vakuolen kommen meist multipel

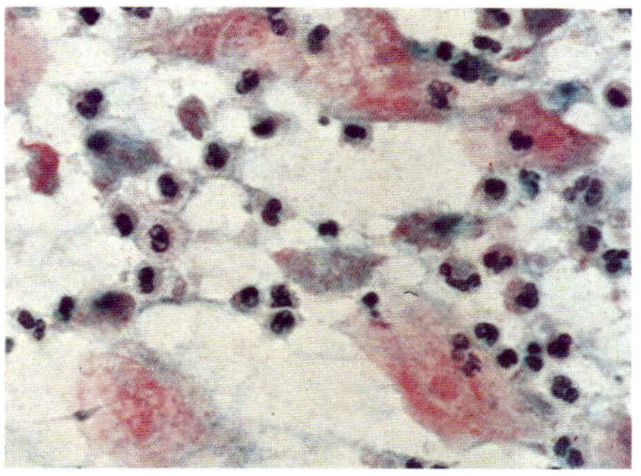

Abb. 8.**25** Entzündlich verändertes Zellbild mit durch Heterolyse bedingten Degenerationserscheinungen an Superfizial- und großen Intermediärzellen des Plattenepithels (Obj. 40×, Ok. 10×).

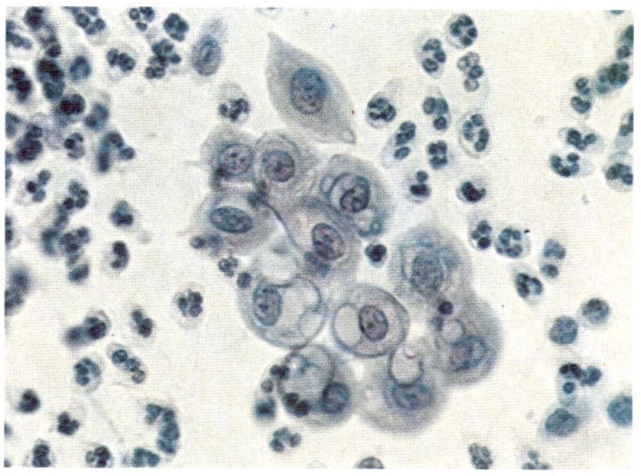

Abb. 8.**26** Entzündlich veränderte Parabasalzellen mit starker Vakuolisierung des Zellplasmas. Zahlreiche polymorphkernige Leukozyten (Obj. 40×, Ok. 10×).

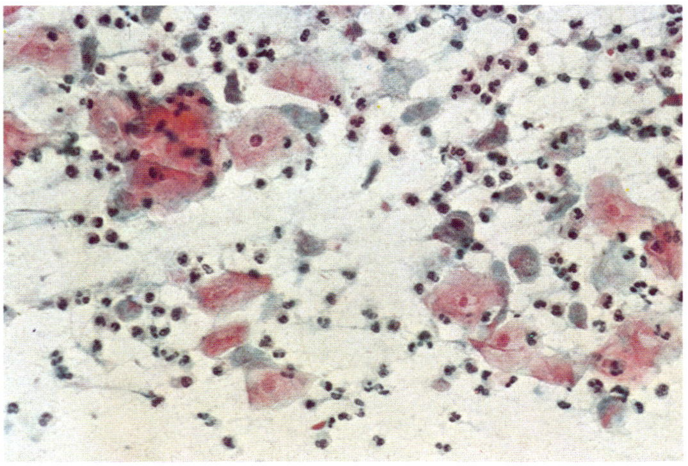

Abb. 8.**27** Typische Zellveränderungen bei Trichomonadeninfektion. Teilweise leichte Vergrößerung und Entrundung der Kerne. Hyperchromasie und unregelmäßige Chromatinverteilung. Deutliche helle perinukleäre Höfe. Zellplasma verwaschen, an den Rändern teilweise unscharf. Trichomonaden, polymorphkernige Leukozyten (Obj. 40×, Ok. 10×).

vor, hauptsächlich in Parabasalzellen, gelegentlich aber auch in Intermediärzellen.

Ein wichtiges *differentialdiagnostisches Kriterium* für die Beurteilung entzündlicher Veränderungen besteht darin, daß eine *stärkere Verschiebung der Kern-Plasma-Relation* stets *fehlt*. Dadurch lassen sich entzündliche Zellveränderungen von Zellatypien bei Karzinomen und deren Vorstadien am besten unterscheiden. Schwierig ist die Beurteilung der Kern-Plasma-Relation an veränderten Zellen aus atropischem Epithel und an unreifen metaplastischen Zellen, weil hier normalerweise schon die Kerne einen verhältnismäßig hohen Anteil der Zellen einnehmen.

Bei entzündlichen Prozessen kommt es häufig zu oberflächlichen *Erosionen des Epithels*, besonders des äußeren Muttermundes. Es zeigen sich daher bei Frauen im geschlechtsreifen Alter mit guter Follikelhormonwirkung bei Entzündungen in vermehrtem Umfang *Zellen aus den tiefen Schichten des Plattenepithels*. Diese Parabasal- und kleinen Intermediärzellen heben sich deutlich von dem übrigen Zellbild ab. Unter Umständen kann dadurch eine *herabgesetzte Follikelhormonwirkung* (Pseudohypofollikulinie) *vorgetäuscht* werden (Abb. 6.**74**). Die bei diesen Befunden abgestoßenen Zellen aus den tiefen Schichten des Plattenepithels sind, durch das entzündliche Milieu beeinflußt, vielfach nur schwer von kleinen Zellen aus regenerativem oder metaplastischem Gewebe zu unterscheiden.

An den *endozervikalen Zellen* zeigt sich bei stärkeren Entzündungen eine *deutliche Vergrößerung von Zellen und Zellkernen*. Vielfach zeigen die Kerne eine mäßige Hyperchromasie bei scharfer Chromatinzeichnung und auffallenden Nukleoli (aktive Kerne). Das Zellplasma verliert meist schnell seine typische Form. Die Zellgrenzen erscheinen unregelmäßig und verwaschen (Abb. 8.**28**).

Nackte oder fast völlig vom Zellplasma befreite Kerne sind häufig (Abb. 8.**29** u. 8.**30**). Ihre Chromatinstruktur ist dann meist nicht mehr deutlich erkennbar. Eine differentialdiagnostische Abgrenzung dieser Kerne von freiliegenden Kernen unreifer Plattenepithelkarzinome oder auch von Drüsentumorzellen kann äußerst schwierig sein. Der endozervikale Ursprung der Zellen ist meist nur durch den Vergleich mit anderen ähnlich aussehenden, aber besser erhaltenen Zellen der gleichen oder benachbarter Zellgruppen festzustellen.

Zwei- und mehrkernige endozervikale Zellen, die auf amitotische Kernteilung zurückzuführen sind, kommen vor. Häufiger aber findet man ein Zusammenfließen des Plasmas (Abb. 8.**31**) von in Autolyse befindlichen endozervikalen Zellen.

Ebenso wie an Plattenepithelzellen zeigen sich bei entzündlichen Vorgängen auch an den Zellen aus dem Bereich der Endozervix *Plasmavakuolen* (Abb. 8.**32**) als Folge degenerativer Einflüsse. Bisweilen wird der Kern durch eine große Vakuole vollständig an die Seite gedrängt und abgeflacht, so daß siegelringartige Zellen entstehen (Abb. 8.**33**).

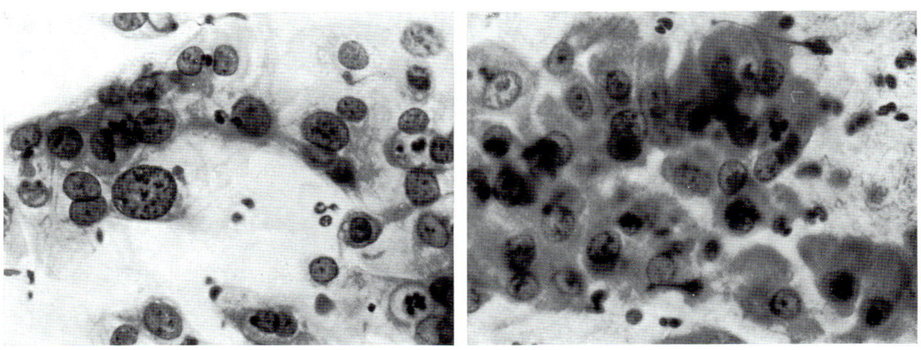

a b

Abb. 8.**28 a** u. **b** Entzündlich veränderte endozervikale Zellen mit aktiven Zellkernen, die teils auffallende Nukleoli und Chromozentren zeigen. **a** Deutliche Anisonukleose. Leukozyteneinschlüsse und weitgehend aufgelöstes, unscharf begrenztes Zytoplasma, so daß die Herkunft vom endozervikalen Epithel nur noch an einigen gut erhaltenen Zellen zu erkennen ist. **b** Zellen teilweise noch in aufgelöster Verbandstruktur, schlecht erhaltenes Zytoplasma (Obj. 40 ×, Ok. 10 ×).

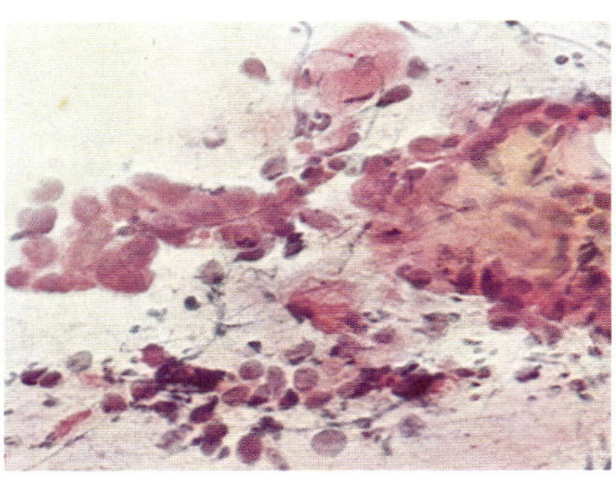

◂ Abb. 8.**29** Degenerativ veränderte endozervikale Zellen bei chronischer Zervizitis. Die Zellkerne liegen fast völlig frei. Teilweise erscheinen sie gedunsen, blaß und strukturlos. Daneben, in einer Schleimstraße liegend, ebenfalls einzelne endozervikale Zellkerne, die kleiner sind, teils hyperchromatisch und strukturlos (Obj. 40 ×, Ok. 10 ×).

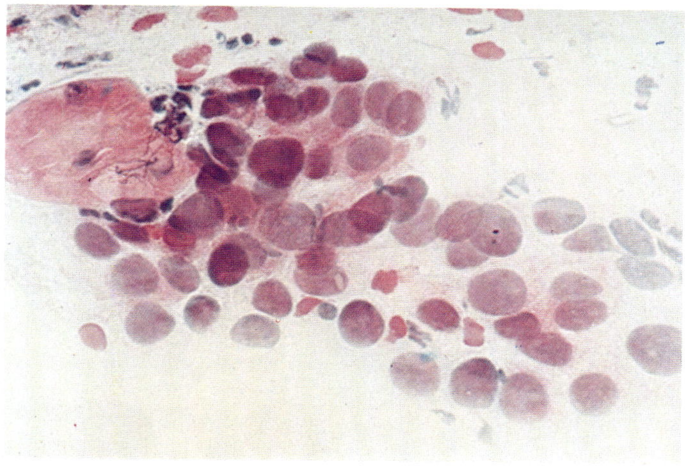

Abb. 8.**30** Ausschnitt aus dem gleichen Präparat wie Abb. 8.**29** mit autolytischen, überwiegend freiliegenden Kernen, die vergrößert und unregelmäßig gelagert sind. Sie zeigen eine deutliche Anisonukleose und sind teilweise entrundet. In einzelnen Zellkernen sind kleine Vakuolen zu erkennen. Zum Vergleich eine große Intermediärzelle mit präpyknotischem Kern sowie einige Erythrozyten (Obj. Öl 100 ×, Ok. 10 ×).

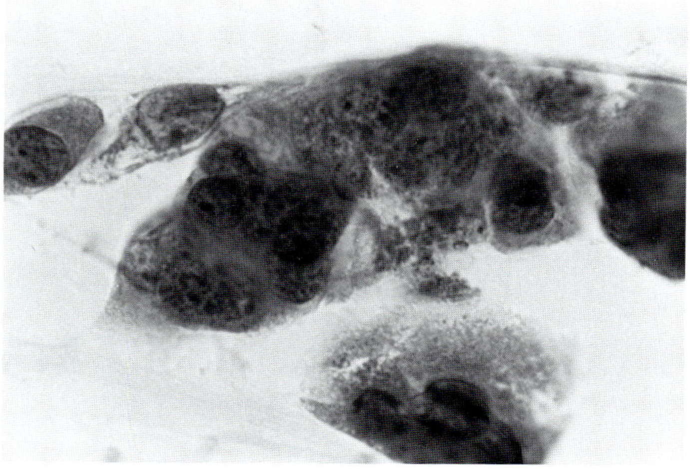

Abb. 8.**31** Mehrkernige endozervikale Zellen bei chronischer Zervizitis, wohl entstanden durch Zusammenfließen des Zytoplasmas (Obj. Öl 100 ×, Ok. 10 ×).

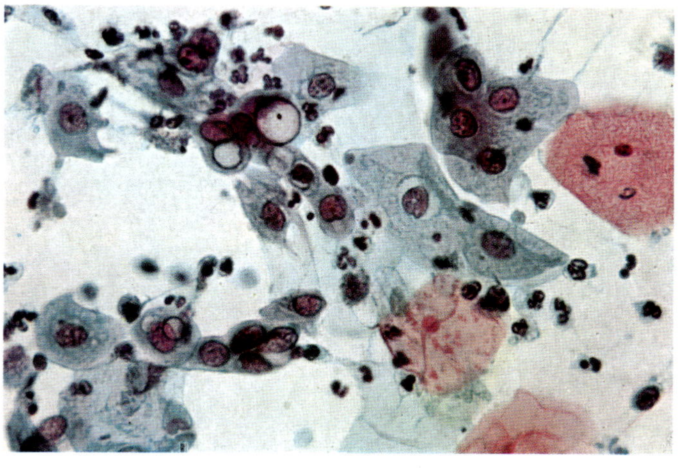

Abb. 8.**32** Entzündlich veränderte endozervikale Zellgruppe mit leicht hyperchromatischen, unregelmäßigen Kernen und deutlicher Vakuolisierung des Zellplasmas, daneben Intermediär- und Superfizialzellen (Obj. 40 ×, Ok. 10 ×).

Im Zuge der *Heilung von Gewebeschädigungen und -zerstörungen* kommt es bei entzündlichen Erkrankungen im Bereich der Ekto- und Endozervix regelmäßig zu *reparativen Vorgängen* mit Gewebsneubildung. Die *Zellen des Plattenepithels* können unter diesen Umständen erhebliche Formveränderungen aufweisen. So zeigen Zellen aus den tiefen Schichten des Plattenepithels, wenn sie frisch aus dem Gewebsverband herausgerissen sind, häufig *stachelförmige bis spinnenartige Ausläufer*. Es gibt *kaulquappenförmige Zellen*, langgestreckte *Spindelzellen* oder dünne *Faserzellen* (Abb. 8.**33**–8.**35**). Alle diese Veränderungen sind als gutartig anzusehen, solange die Zellkerne nicht vergrößert sind und keine wesentlichen Abweichungen von der Norm zeigen. Bei lang ausgezogenen Faserzellen kann es sich auch

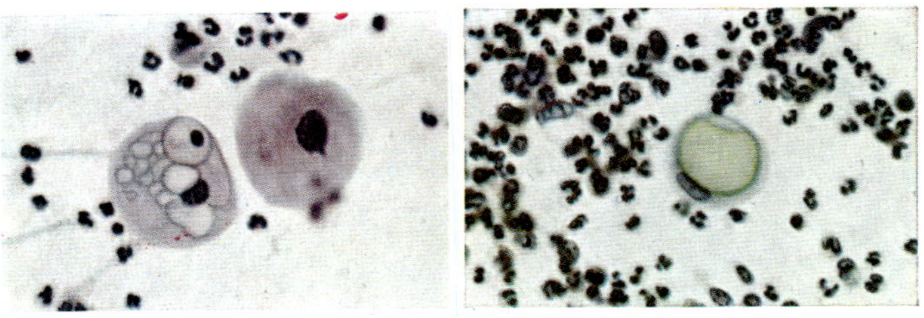

a b

Abb. 8.**33a** u. **b** Entzündliche Zellveränderungen.

a Starke Vakuolisation einer Plattenepithelzelle.

b Siegelringzelle mit großer Plasmavakuole und an den Zellrand gedrängtem, abgeflachtem Kern (Obj. 40 ×, Ok. 10 ×).

um Bindegewebszellen oder glatte Muskelzellen (Abb. 4.**32**) handeln.

Bei lokalen entzündlichen Vorgängen sind nicht nur Histiozyten, sondern auch Epithelzellen zur *Zytophagozytose,* d. h. zur Aufnahme von Zellen anderer Herkunft befähigt (Abb. 8.**36c**). So findet man in den Plasmavakuolen von Parabasalzellen oder kleinen Intermediärzellen gelegentlich Leukozyten oder Zelldetritus.

Von *Zellkannibalismus* oder *Engulfment* spricht man, wenn Zellen desselben Typs eingeschlossen werden (Abb. 8.**36d**). Man findet z. B. im Zytoplasma einer Epithelzelle eine weitere Epithelzelle eingeschlossen, wobei der Kern der umschließenden größeren Zelle oft sichelartig um die Peripherie des Zellkörpers gedrückt ist.

Der Ausdruck „Vogelaugenzellen", der in diesem Zusammenhang oft Verwendung findet, ist ein beschreibender. Das Bild kann auch durch Übereinanderlagerung und Eindrücken einer Zelle in eine andere verursacht sein.

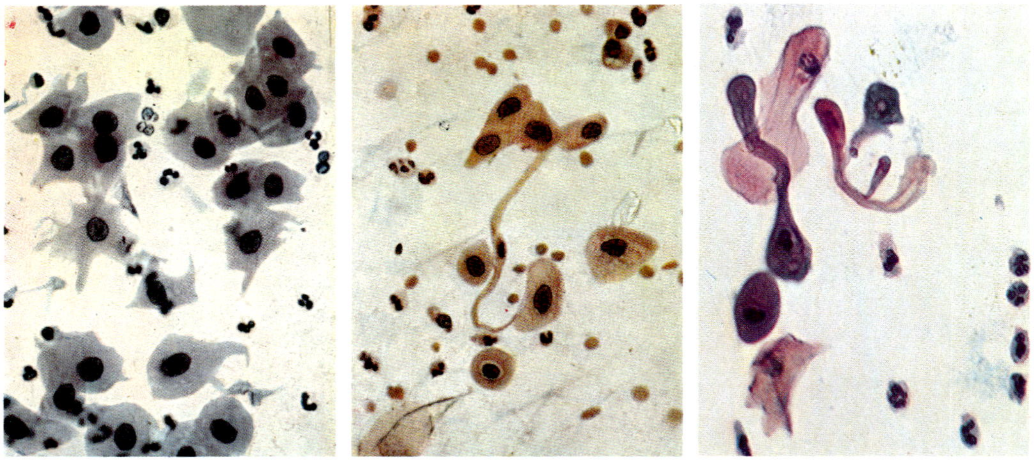

a b c

Abb. 8.**34a–c** Zellveränderungen bei reparativen Vorgängen des Plattenepithels. **a** Stachelzellförmige Zellen aus den tiefen Schichten des Plattenepithels mit amöboiden und spinnenartigen Ausläufern des Zytoplasmas. **b** Epitheliale Spindel- bzw. Faserzelle mit eosinophilem Zytoplasma und kleinen pyknotischen Kernen. **c** Stark polymorphe Zellen des Plattenepithels bzw. metaplastischen Epithels. Keine Verschiebung der Kern-Plasma-Relation. Auch diese Zellen haben nichts mit einer Epithelatypie zu tun (alle Abb. Obj. 40 ×, Ok. 10 ×).

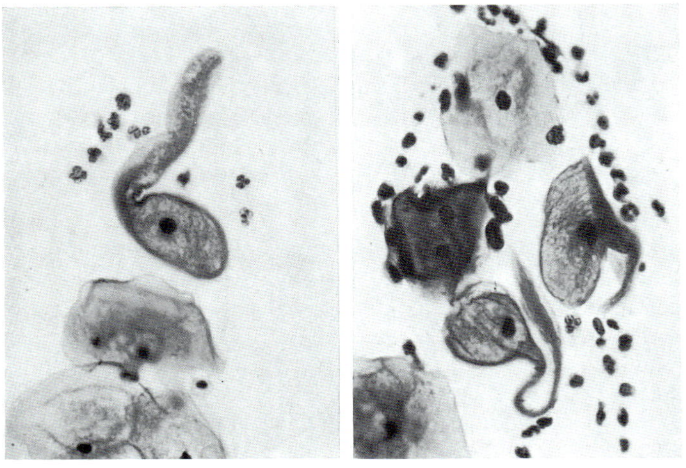

a b

Abb. 8.**35a** u. **b** Kaulquappenförmige Zellen des Plattenepithels mit normal großen pyknotischen Kernen. Ein unverdächtiger Befund, der nichts mit den Kaulquappenzellen (tadpol cells) bei verhornendem Plattenepithelkarzinom zu tun hat (Obj. 40 ×, Ok. 10 ×).

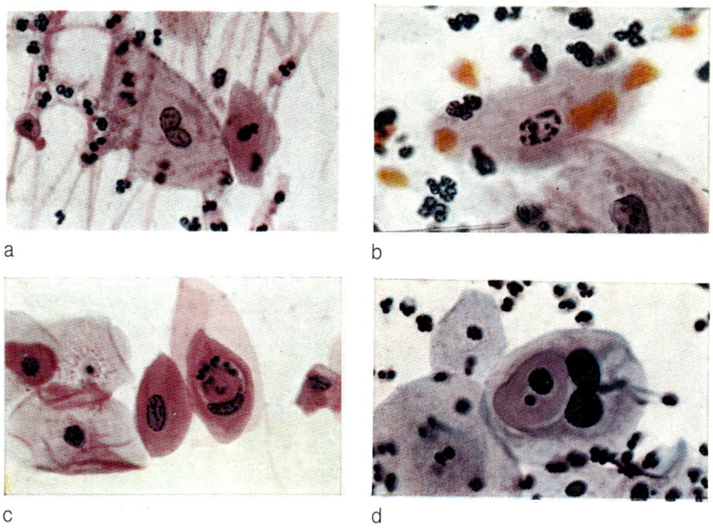

Abb. 8.**36a–d** Entzündliche Veränderungen.
a Doppelkernige große Intermediärzelle.
b Karyorrhexis einer Epithelzelle.
c Zytoplasmavakuole mit eingeschlossenem Leukozyten in unreifer metaplastischer Zelle (Phagozytose).
d Doppelkernige große Epithelzelle mit Einschluß einer kleinen Epithelzelle (Zellkannibalismus) (alles Obj. 40 ×, Ok. 10 ×).

Als Folge degenerativer Einflüsse kann es zur *Karyorrhexis* (Abb. 8.**36b**) und Autolyse von Zellen und Zellkernen kommen.

Zellbilder bei speziellen Formen der Entzündung

Trichomonadenkolpitis: Während bakterielle Infektionen als Ursache entzündlicher Vorgänge sowohl in der Vagina als auch in höheren Abschnitten des Genitales anzutreffen sind, spielt sich die Trichomonadeninfektion hauptsächlich im Bereich der Vagina, d. h. also am Plattenepithel ab.

Das allgemeine Zellbild zeigt gewöhnlich *deutliche Zeichen der Entzündung* mit zahlreichen Leukozyten und Lymphozyten. Diese können aber auch fehlen. Charakteristisch für Trichomonadeninfektionen sind im epithelialen Zellbild besonders die *perinukleären, hellen Höfe im Zytoplasma* (Abb. 8.**13**, 8.**25**, 8.**27**). Diese perinukleären Höfe sind *weitgehend pathognomonisch* für das Vorliegen einer Trichomonadeninfektion und geben oft den ersten diagnostischen Hinweis. Erst wenn man die Präparate dann einer genauen Durchsicht unterzieht, findet man auch die in der Papanicolaou-Färbung nicht immer gut zu erkennenden Trichomonaden.

Gleichzeitig liegt bei der lange bestehenden Trichomonadenkolpitis häufig eine *leichte Vergrößerung der Zellkerne mit Hyperchromasie und Unregelmäßigkeiten der Kernform und Chromatinstruktur* vor. Diese Veränderungen können durchaus den Schweregrad von leichten bis mäßigen Dysplasien oder atypischen Metaplasien erreichen. Doch sind die durch Trichomonadeninfektion ausgelösten Kern- und Zellveränderungen kaum mit Zellbildern beim Carcinoma in situ oder einem invasiven Karzinom zu verwechseln. In Zweifelsfällen muß eine *Wiederholung der Abstrichuntersuchung nach Behandlung der Trichomonadeninfektion* vorgenommen werden. Die durch Trichomonaden ausgelösten Veränderungen im Zellbild gehen in der Regel innerhalb von 6–8 Wochen nach erfolgreicher Behandlung zurück.

Bei klinischem Verdacht auf Trichomonadeninfektion wäre es wegen der dadurch häufig ausgelösten diagnostischen Schwierigkeiten natürlich am besten, den Nachweis der Erreger zunächst im Vitalpräparat zu führen und dann erst nach Behandlung der Infektion den Abstrich für die Krebsfährtenuntersuchung zu entnehmen.

Die bei Trichomonadeninfektionen auftretenden Kernveränderungen haben den Verdacht aufkommen lassen, daß es sich hierbei um *präkanzeröse Veränderungen* handelt (94). Von anderer Seite wird dies bestritten (77). Der relativ häufige Nachweis von Trichomonaden bei Karzinomen und Carcinomata in situ läßt noch keine Rückschlüsse auf die kanzerogene Wirkung der Mikroorganismen zu. Bei der über viele Jahre laufenden Entstehungszeit des Karzinoms müßte die Infektion lange zurückliegen.

Chronische Zervizitis: Bei der *Zervizitis* treten im *akuten Stadium* im Abstrich reichlich Leukozyten auf. Die endozervikalen Zellen zeigen die beschriebenen entzündlichen Veränderungen.

Bei der *chronischen Form der Zervizitis* kommen Zellen aus regenerativem und metaplastischem Gewebe hinzu. Besonders schwierig kann die Beurteilung bei der Zervizitis in Portiostümpfen sein. Infolge bakteriell-toxischer Einflüsse zeigen sich degenerative Veränderungen mit großen blassen Zellkernen. An anderen Zellen erscheinen die Kerne hyperchromatisch und weisen Unregelmäßigkeiten in Form und Struktur auf. An unreifen metaplastischen Zellen sieht man häufig eine auffallende Vakuolisierung des Zellplasmas. Die Vakuolen können Leukozyteneinschlüsse enthalten.

Die zytologische *Beurteilung* von Abstrichen bei schwerer chronischer Zervizitis kann äußerst *schwierig* sein (Abb. 8.**29**, 8.**30**, 9.**153–155**), weil *schlecht erhaltene Tumorzellen* aus nicht verhornenden Plattenepithelkarzinomen ganz *ähnlich aussehen* *können* und das Bild auch durch lokale antientzündliche Behandlung in vielen Fällen nur schwer zu beeinflussen ist. Die Befunde erfordern häufig langfristige Kontrollen. Besonders bieten Zellen aus regenerierendem Epithel wegen ihrer vergrößerten Nukleoli unter Umständen erhebliche differentialdiagnostische Schwierigkeiten gegenüber Tumorzellen. Das gleichzeitige Auftreten von Histiozyten und vielkernigen histiozytären Riesenzellen macht eine schwere chronische Zervizitis eher wahrscheinlich.

Lymphozytäre oder follikuläre Zervizitis: Eine besondere Form der Entzündung stellt die lymphozytäre oder follikuläre Zervizitis dar. Sie tritt vorwiegend nach dem 50. Lebensjahr, in einem Viertel der Fälle aber schon früher auf (118).

Histologisch handelt es sich um eine *Ansammlung von unreifen und reifen Lymphozyten* im Stroma der Cervix uteri, meist unmittelbar unter dem Platten- oder Zylinderepithel gelegen. Die Ansammlungen von lymphoidem Gewebe sind *teils uni- oder multilokulär, teils diffus*. In einem Drittel der Fälle finden sich *lymphoide Follikel* (118).

Im *Zellabstrich* (Abb. 8.**37**–8.**40**) findet man massenhaft *unreife und reife Lymphozyten, retikuläre Histiozyten* und gelegentlich Plasmazellen in unterschiedlichem Mischungsverhältnis (26, 37, 85, 118). Die Zellen sind *rasenartig* in bestimmten Bezirken des Präparates ausgebreitet.

Meist überwiegen die *unreifen Formen der Lymphozyten,* rundliche Zellen mit schmalem oder kaum erkennbarem Plasmasaum, deren Spektrum von den Promyelozyten bis zu den Lymphoblasten reicht. Die Zellen haben unterschiedliche Größe. Die Kerne sind rund oder oval. Das Kernchromatin erscheint in der Papanicolaou-Färbung häufig vergröbert. Es finden sich Chromozentren und teilweise vergrößerte Nukleoli. Die Kerne können, ebenso wie die Zellen, unterschiedliche Größe aufweisen.

Zwischen den verschiedenen Formen unreifer Lymphozyten liegen in mehr oder weniger großer Zahl *reife Lymphozyten,* die nur ½–⅓ so groß sind und durch ihre dunkleren Kerne auffallen.

Wesentlich größer sind die *Retikulumzellen.* Sie haben ein reichliches Zytoplasma und können phagozytiertes Material enthalten. Ihre Kernstruktur ist fein granuliert mit ein bis zwei Chromozentren.

Differentialdiagnostisch können unreife Lymphozyten unter Umständen mit Zellen eines nicht verhornenden Plattenepithelkarzinoms verwechselt werden. Bei genauer Betrachtung ist aber zu erken-

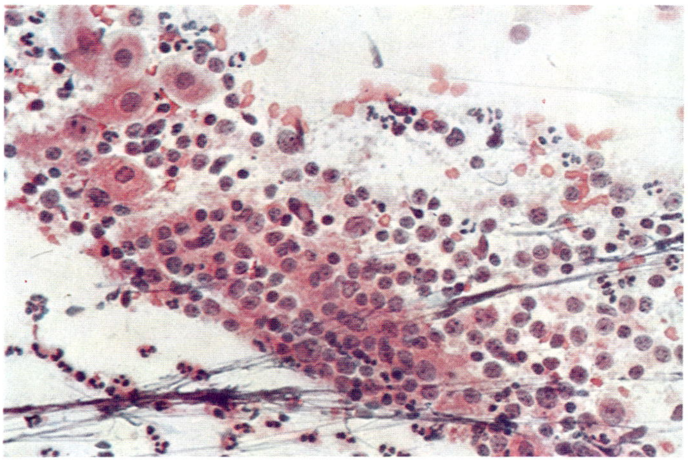

Abb. 8.**37** Zellbild bei follikulärer Zervizitis mit überwiegend unreifen und nur relativ wenigen dazwischen gelagerten reifen Formen von Lymphozyten. Die Zellen liegen alle einzeln. Einige polymorphkernige Leukozyten. Am linken Rand entzündlich veränderte Zellen aus den mittleren Schichten des Plattenepithels. Im übrigen zeigt das Bild in typischer Weise, wie die Zellen dicht gelagert nur in bestimmten Bezirken des Abstriches vorkommen (Obj. 25 ×, Ok. 10 ×).

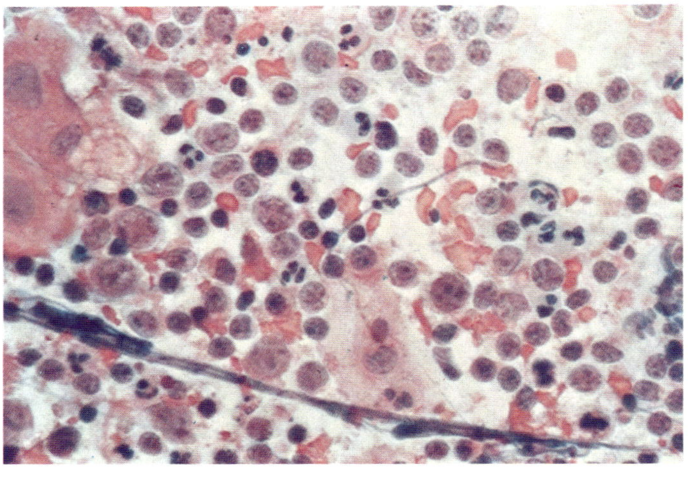

Abb. 8.**38** Follikuläre Zervizitis: Andere Stelle aus dem gleichen Präparat wie Abb. 8.**37** in stärkerer Vergrößerung. Der Ausschnitt zeigt vorwiegend unreife Formen von Lymphozyten mit runden bis ovalen, teils entrundeten, relativ hellen Kernen. Sie zeigen teilweise eine oder mehrere Chromatinverdichtungen. Der Kernrand tritt nicht hervor. Der Zellplasmasaum um die Kerne ist, soweit überhaupt erkennbar, schmal. Dazwischen gelagert einige reife Lymphozyten, erkennbar an den dunklen, wesentlich kleineren Kernen, sowie schlecht erhaltene polymorphkernige Leukozyten und Erythrozyten. Ferner in der Mitte des Präparates eine, am rechten Rand zwei eosinophile Plattenepithelzellen (Obj. 40 ×, Ok. 10 ×).

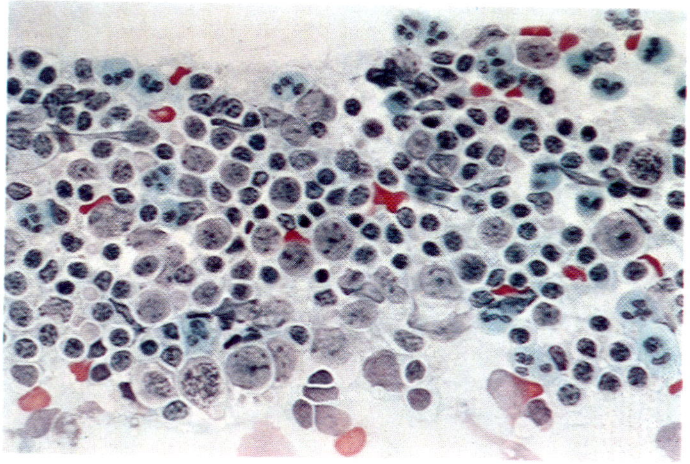

Abb. 8.39 Zellbild bei follikulärer Zervizitis. Zahlreiche unreife Formen von Lymphozyten mit unterschiedlich großen, relativ hellen Kernen, die gewöhnlich ein bis mehrere Chromatinverdichtungen enthalten. Dazwischen gelagert zahlreiche reife Lymphozyten mit kleinen dunklen Kernen. Die Zellen liegen alle isoliert (Obj. 40 ×, Ok. 10 ×).

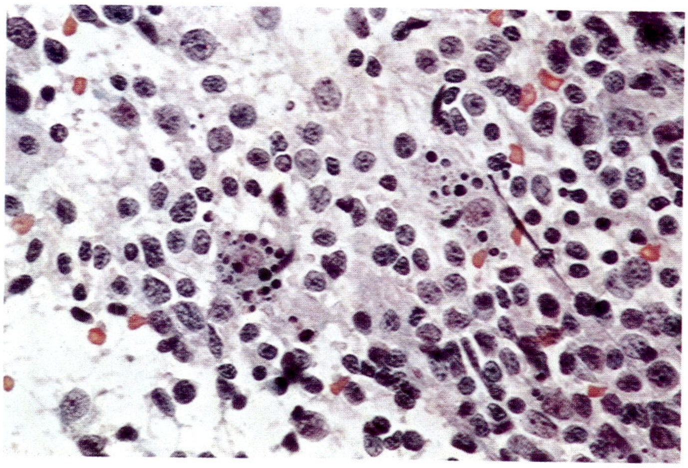

Abb. 8.40 Zellbild bei follikulärer Zervizitis. Vorwiegend unreife Lymphozyten. Zwei Makrophagen mit reichlich Zellplasma und Phagozytose von Kerntrümmern (Obj. 40 ×, Ok. 10 ×).

nen, daß die unreifen Lymphozyten im Vergleich zu Tumorzellen doch relativ klein sind und keine so deutlichen Kontraste zwischen Eu- und Heterochromatin aufweisen, sondern mehr eine verwaschene Chromatinzeichnung zeigen.

Ferner fällt auf, daß die Zellen der lymphozytären Zervizitis, *rasenförmig ausgebreitet, nur in bestimmten Abschnitten des Präparates* vorkommen. Die Zellen liegen *stets isoliert.* Sie bilden keine Verbände oder sich überlagernde Zellhaufen.

Weiterhin ist differentialdiagnostisch an einige in der gynäkologischen Zytologie sehr seltene Befunde zu denken. So wurde ein Fall von chronischer Plasmazellzervizitis mit zahlreichen großen und bizarren, teilweise zwei- oder mehrkernigen Zellen beschrieben (114). Maligne Lymphome können sich im Endstadium auf das Genitale ausbreiten, in sehr seltenen Fällen sind sie auch als Primärtumor an der Cervix uteri anzutreffen (68, 102). Ferner kann man bei Leukämien maligne Zellen in Zervixabstrichen finden (21).

Endometritis: Bei der *eitrigen Endometritis* post partum oder post abortum ist der Abstrich übersät mit Entzündungszellen, Erythrozyten und Zelldetritus. Soweit Teile von Endometriumdrüsen und Zellen des Stromas mit abgestoßen werden, zeigen sie erhebliche entzündliche Veränderungen. Da ebenfalls die Zellen der Ekto- und Endozervix in der Post-partum-Periode starken entzündlich-degenerativen Einflüssen ausgesetzt sind, ist es nicht ratsam, die zytologische Karzinomdiagnostik in diese Phase zu verlegen. In den ersten vier bis sechs Wochen nach der Entbindung sind kaum gut beurteilte Zellabstriche zu erwarten. Verdächtige Portioveränderungen in der Schwangerschaft sollten daher zytologisch in jedem Falle so weit vor der Entbindung abgeklärt werden, daß ein invasiver Prozeß ausgeschlossen werden kann.

Bei der *Pyometra,* die durch Verklebung des Zervikalkanals nach Abrasio, Konisation oder aus anderer Ursache auftreten kann, ist der Abstrich, wenn der Uterusinhalt Abfluß findet, mit Zelldetritus, Entzündungszellen und Fibrinniederschlägen übersät. Da sich hinter einer Pyometra nicht selten ein Endometriumkarzinom verbirgt, muß die Diagnostik mit besonderer Sorgfalt durchgeführt werden. Das Zellbild mit dem typischen „Tumorhintergrund" kann bei der Pyometra aber auch ohne malignen Tumor vorhanden sein.

Genitaltuberkulose: Über zytologische Befunde bei *Endometritis tuberculosa* gibt es nur wenige Veröffentlichungen (29, 60, 111, 140).

Gelegentlich wurden abgerundete Zellen von 40–80 μm Größe mit klaren Zellbegrenzungen, homogenem und dichtem Zytoplasma nachgewiesen, die jeweils 30–40 ovale, zum Teil hufeisenförmig angeordnete Kerne enthielten (111). Sonst wurden in lockeren Gruppen liegende Zellen mit unregelmäßigen oder langgestreckten Kernen, ähnlich Epitheloidzellen, oder auch große, multinukleäre Histiozyten beschrieben, die jedoch keine spezifischen diagnostischen Hinweise bieten.

Andererseits können bei fortgeschrittenen Tuberkulosen des Endometriums Verbände von Endometriumzellen mit hyperchromatischen und ungleich großen Kernen abgestoßen werden, die nur schwer von Zellen des Endometriumkarzinoms zu unterscheiden sind (75).

Über einen Fall von Tuberkulose der Cervix uteri wurde berichtet (25). Wir beobachteten einen ähnlichen Fall (unveröffentlicht), der klinisch als invasives Karzinom in Erscheinung trat. In einem Fall von Endometriumtuberkulose unter Mitbeteiligung der Vagina (89) konnte zytologisch eine Diagnose gestellt werden.

Herpes simplex genitalis: Klinisch finden sich bei dem am häufigsten im Genitalbereich auftretenden Herpes-Virus Typ II kleine Bläschen mit hellem Inhalt oder oberflächliche Erosionen am äußeren Genitale sowie an Zervix und Vagina.

Die infizierten Zellen (Abb. 8.**41**–8.**43**) fallen in Zervix- und Vaginalabstrichen meist durch *ballonartig aufgetriebene Kerne* auf. Die *Zellen* können eine *mäßige Vergrößerung* zeigen. Häufig treten *Mehrkernigkeit* und *Riesenzellbildung* mit zwei bis fünfzehn Kernen auf. Das Zellplasma erscheint hyalin verdichtet und oft purpurartig angefärbt. Der *Präparathintergrund* ist meist *entzündlich* verändert mit leukozytenhaltigem Exsudat.

Die Veränderungen an den *Zellkernen* sind besonders charakteristisch. Ihre *Struktur* ist *verwaschen* bzw. geht unter *Verlagerung des Chromatins an den Kernrand* weitgehend verloren. Die Kerne nehmen dadurch im Inneren ein relativ blasses, *mattglasfarbenes Aussehen (Mattglasphänomen)* an. Mitunter sieht man kleine nukleäre Vakuolen, in deren Umgebung sich feine basophile Partikel finden. Die in Größe und Form sehr unterschiedlichen Kerne liegen in multinukleären Zellen so dicht aneinander, daß die Kernmembranen sich gegenseitig eindellen *(molding),* ohne sich jedoch zu überlagern.

In einem Teil der Zellkerne bilden sich dichte, homogene *Einschlußkörperchen,* die *größer als Nukleoli* sein können und von einem breiten, hellen Hof umgeben sind.

Während sich bei primären Infektionen vorwiegend Zellen mit Mattglaskernen zeigen, wird das Auftreten von Einschlußkörperchen besonders auf rezidivierende Infektionen zurückgeführt (103). Beide Veränderungen, Mattglaskerne und Kerne mit Einschlußkörperchen, können jedoch nebeneinander auftreten.

Spätere Stadien der Entwicklung führen zu einer Vakuolisierung des Zellplasmas und zur Kerndegeneration.

Der Ursprung der virusinfizierten Zellen ist bei ausgeprägten Veränderungen meist kaum noch zu erkennen. Aus Vergleichen mit histologischen Schnitten läßt sich jedoch schließen, daß vorwiegend unreife Plattenepithelzellen, seltener Reservezellen und Drüsenzellen der Endozervix befallen werden (98).

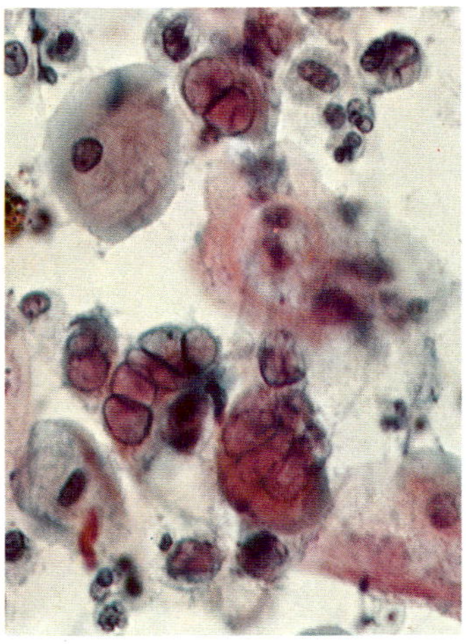

a

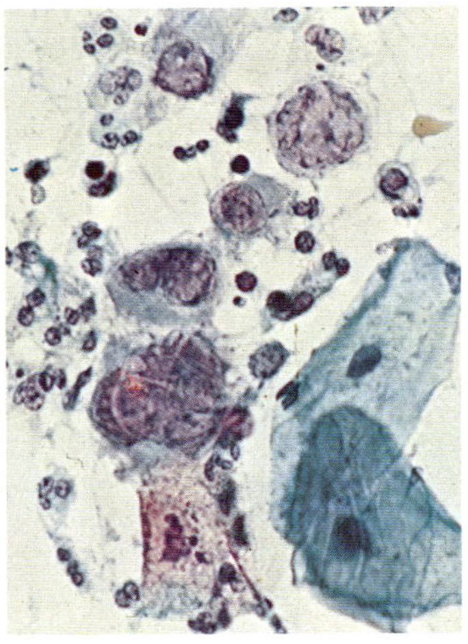

b

Abb. 8.**41 a** u. **b** Zellbild bei Herpes simplex genitalis.

a Entzündlich verändertes Zellbild mit polymorphkernigen Leukozyten und degenerativen Veränderungen an den Zellen des Plattenepithels. Mehrere zwei- bis vielkernige virusinfizierte Zellen. Die Kerne erscheinen im Inneren hell und strukturlos, während das Chromatin am Kernrand verdichtet ist (typisches Mattglasphänomen). Sie erscheinen dicht gepackt und dellen sich teilweise gegenseitig ein (molding). Ein Zellkern in einer multinukleären Zelle enthält ein kleines, aber deutlich erkennbares Einschlußkörperchen. Das purpur angefärbte Zytoplasma ist unscharf begrenzt.

b Entzündlich-degenerativ verändertes Zellbild mit mehreren virusinfizierten Zellen, darunter eine mehrkernige, eine zweikernige und einige einkernige Zellen. Die Kerne sind teils erheblich vergrößert und haben nur wenig unregelmäßig geformtes, zyanophiles Plasma ringsum. Die Chromatinverteilung ist völlig irregulär mit zum Teil auffallend chromatinhellen Partien (Obj. 40 ×, Ok. 10 ×).

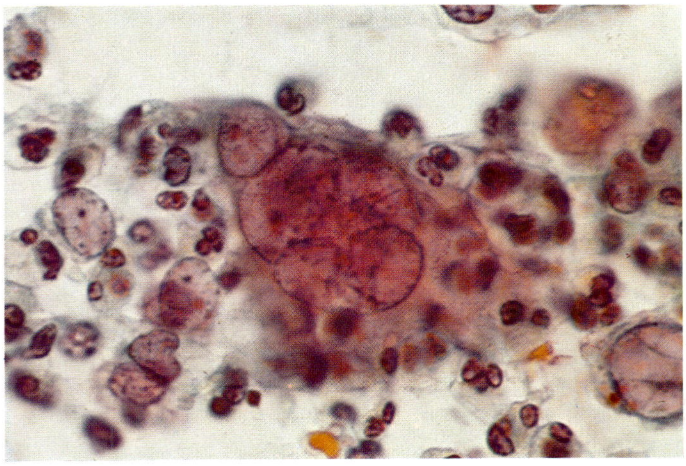

Abb. 8.**42** Zellbild bei Herpes simplex genitalis. Entzündlich verändertes Zellbild. In der Mitte eine mehrkernige Riesenzelle mit unscharf begrenztem, purpurartig angefärbtem Plasma. Die Kerne sind stark vergrößert (vgl. mit polymorphkernigen Leukozyten). Sie sind im Inneren weitgehend strukturlos mit Anlagerung des Chromatins an dem Kernrand und einzelnen Chromatinverdichtungen im Kerninneren. Die typische Kernstruktur fällt besonders an den in der Umgebung weitgehend freiliegenden Kernen virusinfizierter Zellen auf. Zwei Zellkerne zeigen kleine Einschlußkörperchen (Obj. Öl 100 ×, Ok. 10 ×).

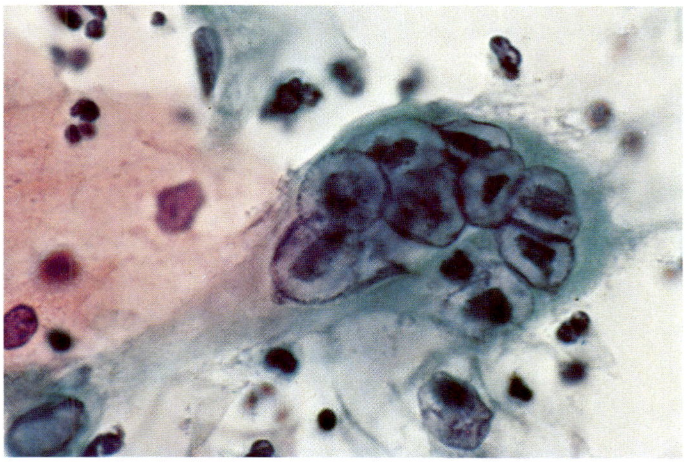

Abb. 8.**43** Zellbild bei Herpes simplex genitalis. Multinukleäre zyanophil gefärbte, unregelmäßig begrenzte Riesenzelle mit mindestens acht Kernen. Die Kerne sind relativ groß (vergleiche daneben den präpyknotischen Kern einer Epithelzelle). Jeder dieser Kerne enthält ein intensiv angefärbtes, unregelmäßig geformtes Einschlußkörperchen. Im übrigen erscheinen die Kerne völlig strukturlos und hell. Lediglich der Kernrand ist deutlich erkennbar und verdickt.
Die Größe der Einschlußkörperchen übertrifft bei weitem die von Makronukleoli an Tumorzellen, so daß man bei oberflächlicher Betrachtung auf den ersten Blick versucht sein könnte, die Kerne für Zellen und die Einschlußkörperchen für ihre Kerne zu halten (Obj. Öl 100 ×, Ok. 10 ×).

Die virusinfizierten, multinukleären Riesenzellen haben Ähnlichkeit mit *Synzytiotrophoblasten* (s. S. 136f) und *histiozytären Riesenzellen* (s. S. 44f). Die beiden letztgenannten Zellformen sind jedoch im allgemeinen größer als virusinfizierte multinukleäre Zellen, und ihre Kerne haben ein völlig anderes Aussehen. Sie zeigen nicht die für Virusveränderungen typische Struktur und Lagerung mit der gegenseitigen Eindellung der Kernränder. Die Gefahr einer Verwechslung mit Tumorzellen oder Zellen aus atypischem Epithelgewebe ist gering, wenn nicht degenerative Einflüsse die Beurteilung des Zellbildes zusätzlich erschweren.

Als diagnostisches Hilfsmittel bietet sich in Zweifelsfällen kurzfristige Wiederholung der Abstrichuntersuchung an. Virusbedingte Zellveränderungen sind in Vaginalabstrichen meist nicht länger als 10–14 Tage nachweisbar. Daß die Diagnose „Virusinfektion des Genitales“ so selten morphologisch gestellt wird, dürfte nicht zuletzt auf die Flüchtigkeit der Veränderungen zurückzuführen sein. Im amerikanischen Schrifttum (8, 69, 101, 145) wird die Häufigkeit von Virusinfektionen des weiblichen Genitales, die aufgrund zytologischer Untersuchungen entdeckt wurden, mit 1 auf 1000–10000 Frauen, bei Schwangeren mit bis zu 5 auf 1000 Frauen angegeben. An unserem eigenen Material beobachteten wir die Veränderungen seltener.

Praktische Bedeutung hat die Diagnostik genitaler Virusinfektionen besonders im letzten Drittel der Schwangerschaft wegen der Gefahr einer Übertragung der für das Kind unter Umständen lebensgefährlichen Infektion.

Bei *Herpes labialis* finden sich im Zellmaterial, das vom Rand der Bläschen abgekratzt wird, ähnliche zytologische Veränderungen. Das gleiche gilt für Herpes zoster.

Selten treten im Bereich des weiblichen Genitales Infektionen mit anderen Viren, z. B. dem *Zytomegalievirus* und dem *Adenovirus* auf (47, 80, 99, 119). Die Zellveränderungen sind durch auffallende intranukleäre Einschüsse gekennzeichnet.

In sehr seltenen Fällen können solche zytoplasmatischen Erscheinungen auch durch Kontaktübertragung in Zusammenhang mit Pockenimpfungen auftreten (8).

Gewebereparation und -regeneration

Bei Gewebeschäden und -zerstörungen, bei Entzündungen im Bereich der Endo- und Ektozervix, ebenso aber auch bei der Wundheilung nach Biopsien, nach Hysterektomien, nach Kauterisationen und nach kurz zurückliegender Strahlentherapie kommt es zu reparativen und regenerativen Vorgängen, die sich im Zellbild widerspiegeln.

Unter *Gewebereparation* versteht man die Wiederherstellung des geschädigten Gewebes in seiner ursprünglichen Struktur und Funktion. Dabei sind fast stets Bindegewebsneubildungen mit Gefäßsprossung und unterschiedliche Grade der Entzündung beteiligt. Bei der *Regeneration,* die vom Rande des gesunden Epithels ausgeht, erfolgt zunächst eine einschichtige Überhäutung des Epitheldefekts, der dann durch Zellvermehrung eine Wiederherstellung des Epithels in ganzer Dicke folgt (75). An der Cervix uteri sind regenerative Prozesse hauptsächlich bei der Abheilung von echten Erosionen und bei der aufsteigenden Überhäutung im Zusammenhang mit der Umwandlung von Ektopien zu beobachten.

Die Zellen aus regenerierendem Gewebe können vom *Plattenepithel,* vom *Zylinderepithel* und auch vom *metaplastischen Epithel* stammen. Bei reparativen Vorgängen mit Bindegewebsneubildung sind gelegentlich Fibroblasten oder Fibrozyten zu finden.

Die *Zellen aus regenerierendem Epithel* werden *überwiegend in Verbänden oder lockeren Gruppen* abgestoßen, seltener liegen sie einzeln (Abb. 8.**44**–8.**46**). Die Zellen sind in ihrer *Form* sehr *variabel,* häufig erscheinen sie langgestreckt. In anderen Fällen zeigen die Zellen ein ausgesprochen *polymorphes Aussehen* mit zahlreichen *pseudopodienartigen Ausläufern.* Das relativ helle Zellplasma zeigt dabei keine besonders scharfen, aber durchaus erkennbare Grenzen ohne Zeichen der Degeneration. Es färbt sich bei der Mehrzahl der Zellen zyanophil, vielfach aber auch eosinophil oder amphophil an.

Auffallendstes diagnostisches Kennzeichen sind die *relativ großen, gleichförmig ovalen bis runden Zellkerne.* Als Ausdruck dafür, daß sie aus einem biologisch aktiven, sich schnell vermehrenden Gewebe stammen, zeigen sie gewöhnlich einen, gelegentlich auch mehrere *deutlich vergrößerte Nukleoli.* Diese sind teils von unterschiedlicher Größe, aber meist regelmäßig geformt. Im übrigen erscheinen die

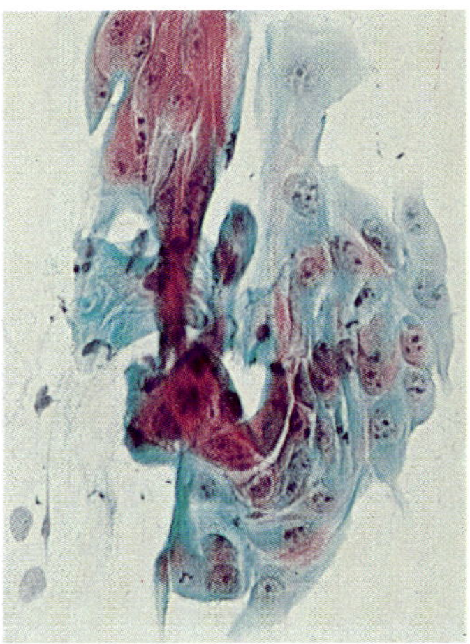

a

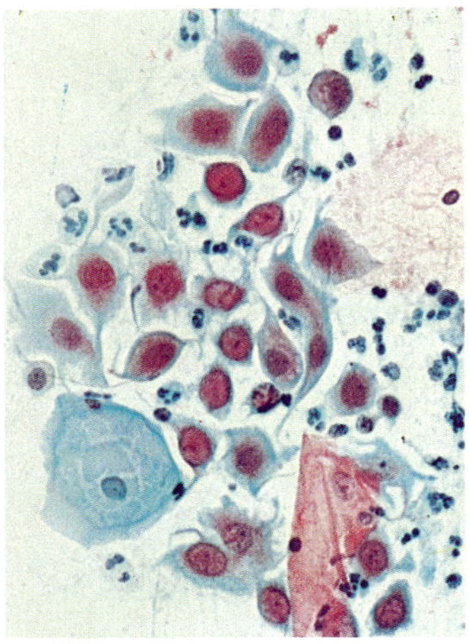

b

Abb. 8.**44a** u. **b** Regenerationsepithel.
a Geschlossener Verband von Regenerationsepithel, gekennzeichnet durch die gleichförmig ovalen bis runden Zellkerne mit auffallenden Nukleoli und Chromozentren (Obj. 25 ×, Ok. 10 ×).
b Vorwiegend einzeln gelagerte Zellen aus Regenerationsepithel mit deutlich erkennbaren Nukleoli in den runden bis ovalen Kernen. Auffallend ist die starke Variation der Zellformen mit zahlreichen stachel- und spinnenförmigen Ausziehungen. Das Zytoplasma ist amphophil bzw. zart zyanophil angefärbt (Obj. 25 ×, Ok. 10 ×).

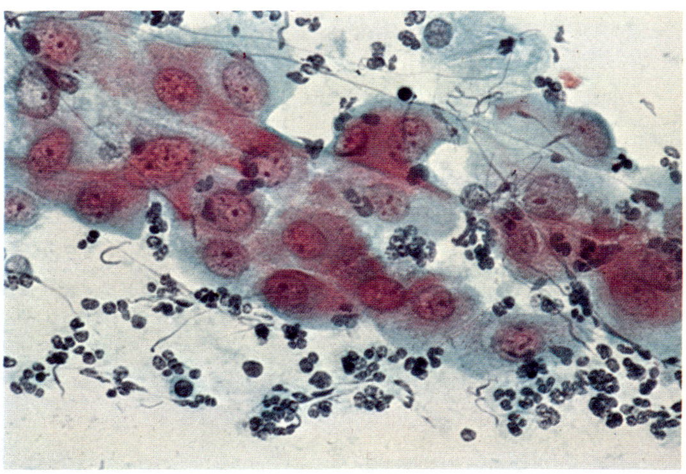

Abb. 8.**45** Lockerer Zellverband von Regenerationsepithel. Die Zellkerne sind gleichförmig oval bis rund. Sie fallen durch ihre deutlich erkennbaren Nukleoli und die oft daneben vorhandenen Chromozentren auf. Der Kernrand ist gegenüber dem Inneren der Kerne betont. Das die Kerne umgebende Zytoplasma ist reichlich vorhanden und fließt teilweise ineinander über (Obj. 40 ×, Ok. 10 ×).

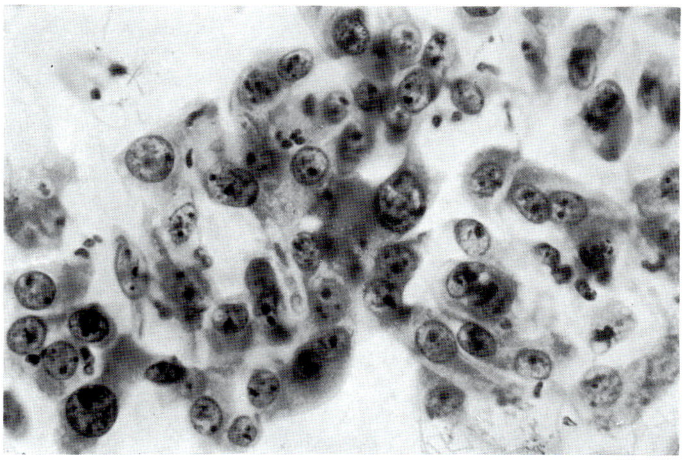

Abb. 8.**46** Hyperaktive Zellen aus regenerierendem Drüsenepithel.
Unregelmäßig gelagert, Verbandstruktur nur noch teilweise erhalten. Unregelmäßige Reste von Zellplasma. Charakteristisch sind die auffallenden Nukleoli und Chromozentren in den runden bis ovalen Zellkernen mit teilweise deutlich erkennbarem Kernrand (Obj. 40 ×, Ok. 10 ×).

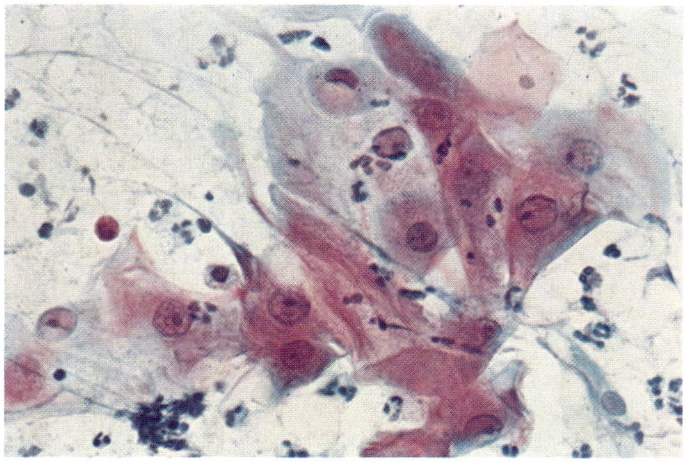

Abb. 8.**47** Zellen eines relativ hoch ausgereiften Plattenepithels mit vergrößerten, bläschenförmigen Kernen und einem deutlich erkennbaren Nukleolus, wie man es gelegentlich bei chronischen Entzündungsprozessen im Bereich der Cervix uteri findet (Obj. 40 ×, Ok. 10 ×).

Kerne relativ hell mit deutlich erkennbarem Kernrand, wobei neben dem Nukleolus im allgemeinen ein bis mehrere Chromozentren deutlich zu sehen sind. Gelegentlich sieht man bei chronischen Entzündungen auch weitgehend ausgereifte Zellen des Plattenepithels, welche die gleichen bläschenförmigen Kerne mit prominenten Nukleoli aufweisen (Abb. 8.**47**).

Die Anzahl der in einem Abstrich zu findenden Zellen aus regenerierendem Gewebe kann sehr verschieden sein. Mitunter sind es nur einzelne Zellen, sie können aber auch in sehr großer Zahl auftreten.

Zellen aus regenerierendem Gewebe müssen sorgfältig gegen *Tumorzellen* abgegrenzt werden. Sie können eine gewisse Ähnlichkeit mit diesen durch *Verschiebung der Kern-Plasma-Relation* und die *Makronukleoli* aufweisen. Was sie von Tumorzellen unterscheidet, ist, daß sie überwiegend in Verbänden vorkommen. Soweit sie in lockeren Gruppen liegen, ist zumindest die Polarität der Zellen erhalten. Die Kerne sind gleichförmig. Ihr Chromatin zeigt keine grobe Granulierung. Der Präparathintergrund ist im allgemeinen sauber, obwohl Zeichen einer Entzündung vorhanden sein können. Histiozyten können sich in größerer Zahl zeigen. Keinesfalls darf man also aus dem Auftreten von Makronukleoli allein auf Malignität schließen (109).

Reservezellhyperplasie und Plattenepithelmetaplasie

Histologie

Plattenepithelmetaplasien an der Cervix uteri sind *weitverbreitet.* Sie treten im Bereich des Drüsenepithels vor allem im unteren Drittel des Zervixkanals und bei der Umwandlung von Ektopien an der Ektozervix auf, vermutlich aufgrund chronisch entzündlicher, chemischer und physikalischer Reize. Der Vorgang der Metaplasie stellt offenbar einen Schutzmechanismus des Organismus dar, bei dem das empfindliche Zylinderepithel durch widerstandsfähigeres Plattenepithel ersetzt wird.

Es handelt sich dabei nicht, wie man aus dem Begriff schließen könnte, um die direkte Umwandlung einer reifen Zellart in eine andere. Vielmehr *geht der Prozeß von den Reservezellen aus,* undifferenzierten Zellen, deren Herkunft ungeklärt ist (39). Aus ihnen entwickelt sich dort, wo vorher Drüsenepithel war, auf dem Wege der *indirekten Metaplasie* (92, 93) ein metaplastisches Plattenepithel.

Die Reservezellen sind kleine, unreife Zellen, die in einer oder mehreren Schichten *(Reservezellhyperplasie)* zwischen Basalmembran und dem einreihigen Zylinderepithel der Zervix liegen (Abb. 8.**48** u. 8.**49**). Meist sind es 1–5 Schichten, gelegentlich mehr. Die Zellen ähneln am ehesten den Basalzellen des Plattenepithels. Die Kerne füllen weitgehend die Zellen aus. Zellgrenzen sind nicht deutlich zu erkennen. Es fehlen Zeichen der Ausreifung und Schichtung.

Durch weitere Differenzierung entsteht aus der Reservezellhyperplasie die *Plattenepithelmetaplasie* (Abb. 8.**50**). Zunächst bildet sich eine unreife Plattenepithelmetaplasie mit noch dicht gelagerten Zellen, bei der man eine Basalzellschicht und 8–12 darüberliegende Zellschichten, der tiefen Stachelzellschicht entsprechend, erkennt (109). Eine Zeitlang kann noch eine einreihige Schicht von endozervikalen Zylinderzellen darüber gelagert bleiben. Mit zunehmender Differenzierung kommt es zu einem höheren Aufbau und einer deutlicheren Schichtung des Epithels. Reife Plattenepithelmetaplasien sind in ihrem Aufbau kaum noch vom normalen Plattenepithel zu unterscheiden, sondern nur durch die Lokalisation. Metaplasien unterschiedlichen Ausreifungsgrades können nebeneinander vorkommen. Je ausgereifter die Epithelveränderungen sind, um so distaler, d. h. in Richtung auf die Ektozervix zu, liegen sie; je unreifer sie sind, um so häufiger liegen sie im Zervikalkanal.

Obwohl im Tierexperiment durch chemische Reize über den Weg der Metaplasie auch Karzinome induziert werden können (51), ist die Plattenepithelmetaplasie beim Menschen *nicht* als *präkanzeröse Veränderung* anzusehen. Histologisch sind Plattenepithelmetaplasien an der Cervix uteri bei über 40% der Frauen nachweisbar (17, 50). Rund 60–70% der Dysplasien und der Carcinomata in situ der Cervix uteri gehen wahrscheinlich von einer Plattenepithelmetaplasie bzw. Reservezellhyperplasie aus (109).

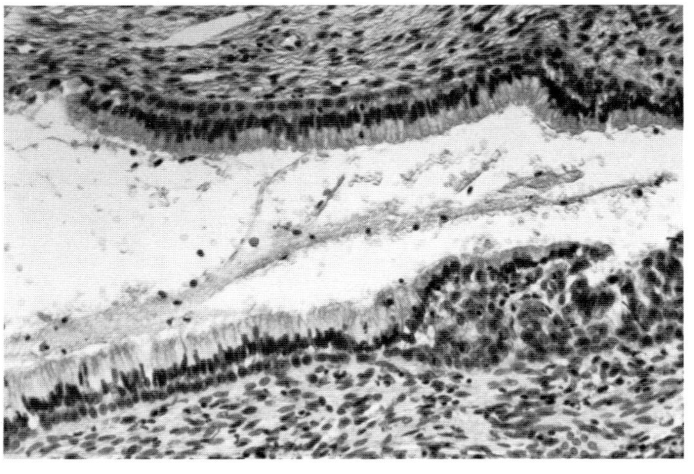

Abb. 8.**48** Reservezellen im histologischen Schnitt. Unter dem einschichtigen Zylinderepithel der Endozervix erkennt man eine Reihe undifferenzierter kleiner Zellen, die den Reservezellen entsprechen (Obj. 10 ×, Ok. 10 ×).

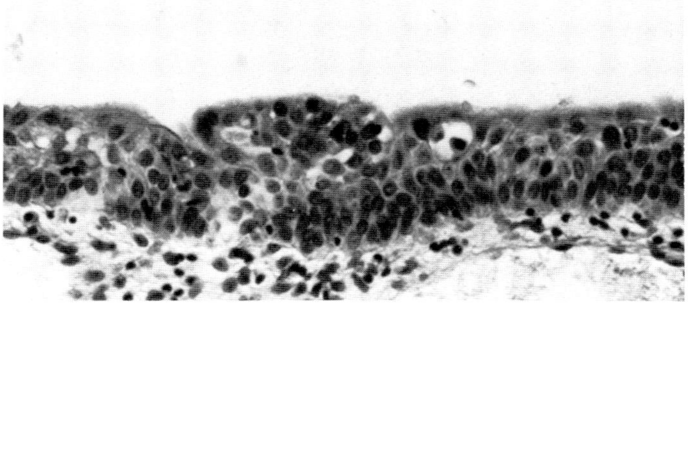

Abb. 8.**49** Reservezellhyperplasie im histologischen Schnitt. Unter dem noch teilweise erhaltenen Zylinderepithel der Endozervix mehrere Reihen gleichförmiger kleiner Zellen, die keine Zeichen einer Differenzierung erkennen lassen (Obj. 10 ×, Ok. 10 ×).

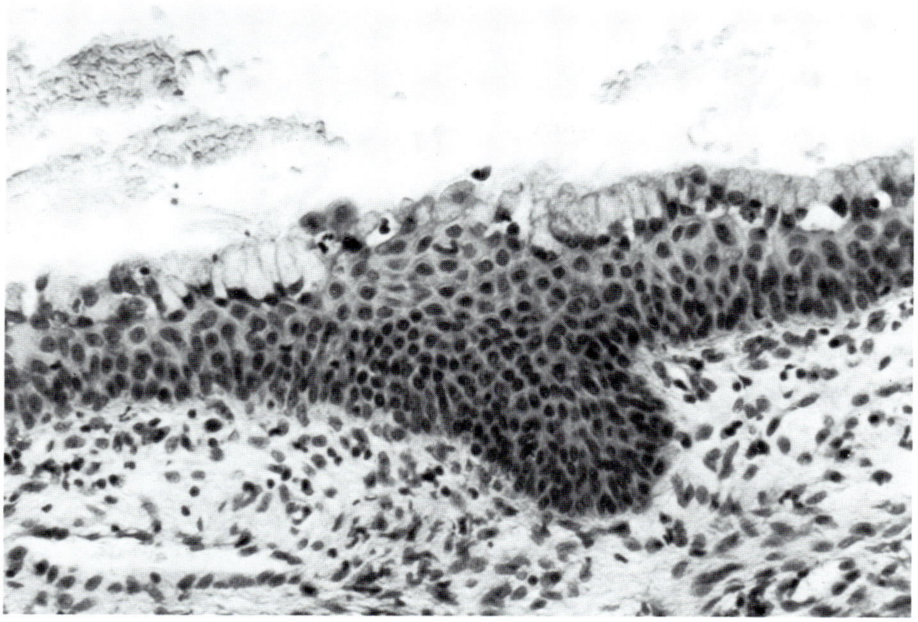

Abb. 8.**50** Unreife Plattenepithelmetaplasie im histologischen Schnitt. Die dem Bindegewebe anliegende Zellschicht zeigt eine beginnende Differenzierung zum Plattenepithel. Darüber gelagert ist noch die Schicht von Zylinderepithelzellen (Obj. 10 ×, Ok. 10 ×).

Zytologie der Reservezellhyperplasie

Im Abstrich sind die Zellen der Reservezellhyperplasie meist als kleine Verbände zu finden (Abb. 8.**51** u. 8.**52**). Sie machen wegen der unscharfen Begrenzung des Plasmas eher den Eindruck von Synzytien, in denen die Zellen jedoch geordnet liegen. Die *Kerne* sind *klein, rund, manchmal oval* oder *nierenförmig*. Das Kernchromatin ist *fein granuliert* mit einzelnen kleinen Chromozentren, *nicht hyperchromatisch* und zeigt *keine Nukleoli*. Der *schmale Plasmasaum* färbt sich zyanophil und kann fein vakuolisiert sein. Selten erscheinen die Zellen im Abstrich irregulär oder polygonal.

Die Reservezellen ähneln sehr den Zellen aus der Basalschicht des Plattenepithels. Nur fehlen ihnen die deutlich erkennbaren Zellränder, so daß es aussieht, als lägen die Zellkerne in einem Plasmasynzytium. Die Diagnose wird erleichtert, wenn man eine Schicht von endoverzikalen Zylinderzellen an einem Rand des Reservezellverbandes erkennt.

Die Zahl der im Abstrich nachweisbaren Reservezellen ist abhängig von der Ausdehnung der Veränderungen, ihrem Sitz und der Art der Abstrichentnahme. Wenn sie nicht in kleinen Verbänden liegen, ist es schwierig, sie als solche zu erkennen. Man findet sie meist nur in Direktabstrichen von der Zervix.

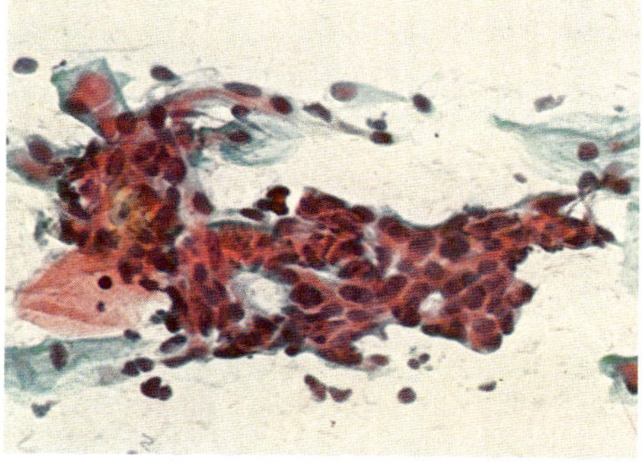

Abb. 8.**51** Zellen einer Reservezellhyperplasie. Die kleinen Zellen liegen in einem geschlossenen Verband. Die relativ dunklen Kerne lassen kaum Einzelheiten der Struktur erkennen und füllen weitgehend die Zellen aus. Zwischen den im Verband liegenden Zellen sind Zellgrenzen nicht mehr sichtbar. Ringsum einzelne freiliegende Kerne. Als Größenvergleich links und rechts große Intermediär- und Superfizialzellen (Obj. 25 ×, Ok. 10 ×).

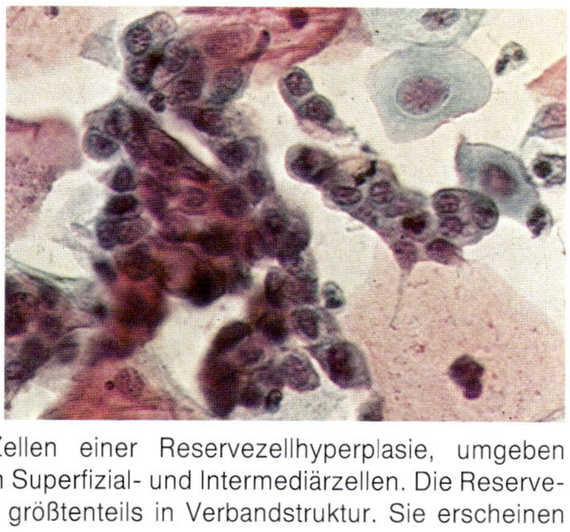

Abb. 8.**52** Zellen einer Reservezellhyperplasie, umgeben von normalen Superfizial- und Intermediärzellen. Die Reservezellen liegen größtenteils in Verbandstruktur. Sie erscheinen klein. Die runden Kerne sind nur von wenig Plasma umgeben (Obj. 40 ×, Ok. 10 ×).

Zytologie der Plattenepithelmetaplasie

Sehr viel häufiger als Zellen von Reservezellhyperplasien sind Plattenepithelmetaplasiezellen in Abstrichen zu finden. Sie liegen *isoliert oder in lockeren Verbänden.* Reifere Metaplasiezellen liegen fast ausschließlich einzeln. Zellen von *unreifen Metaplasien* (Abb. 8.**53** u. 8.**54**), oft kleiner als Parabasalzellen, sind meist *rund bis oval.* Nur wenn sie durch die Abstrichentnahme frisch aus dem Gewebsverband herausgerissen sind, können sie eine unregelmäßige, oft stachelzellartige Form aufweisen (Abb. 8.**53**). Das Chromatin der *runden Kerne* ist gleichmäßig und *fein granuliert,* selten enthält es kleine Chromozentren. Das *Zellplasma* ist *homogen, dicht,* meist zyanophil gefärbt. Bei manchen Zellen, die für kleine Parabasalzellen gehalten werden, handelt es sich in Wirklichkeit um unreife Metaplasiezellen.

Mit zunehmender *Ausreifung der Metaplasie* nehmen die Zellen mehr den *Charakter von Parabasal- und Intermediärzellen* an (Abb. 8.**54**–8.**56**). Die Kerne bleiben etwa gleich groß wie bei den unreifen Metaplasiezellen (115), zeigen aber häufiger Chromozentren. Nukleoli sind nicht zu erkennen. Die Kern-Plasma-Relation verhält sich wie bei den Zellen des normalen Plattenepithels. Das *Zytoplasma der reifen Metaplasiezellen* (Abb. 8.**57** u. 8.**58**) ist gegenüber den normalen Plattenepithelzellen dieser Ausreifungsstufe meist dichter und homogen. Die Zellen erscheinen kleiner und in der Form mehr abgerundet. Oft ist ein deutlicher Unterschied zwischen dem *hellen Endoplasma* und dem *dunklen Ektoplasma* zu erkennen. Bei völlig ausgereiften Plattenepithelmetaplasien sind die aus den oberen Schichten abgestoßenen Zellen nicht mehr von normalen Plattenepithelzellen zu unterscheiden.

Als Folge entzündlich-degenerativer Einflüsse finden sich an unreifen und mittelreifen Metaplasiezellen nicht selten *Plasmavakuolen unterschiedlicher Größe* (Abb. 8.**54** u. 8.**56**). Das Zytoplasma, auch das der unreifen Metaplasiezellen, kann eine amphophile oder eosinophile Färbung annehmen.

Während die reifen Plattenepithelmetaplasien diagnostisch keinerlei Probleme bieten, kann die *Abgrenzung unreifer Metaplasiezellen von Zellen der Dysplasie und des Carcinoma in situ schwierig* sein. Dies ist besonders dann der Fall, wenn infolge entzündlicher oder degenerativer Einflüsse (Abb. 8.**59**) feinere diagnostische Kriterien nicht ausreichend zu erkennen sind. Wichtigstes Unterscheidungsmerk-

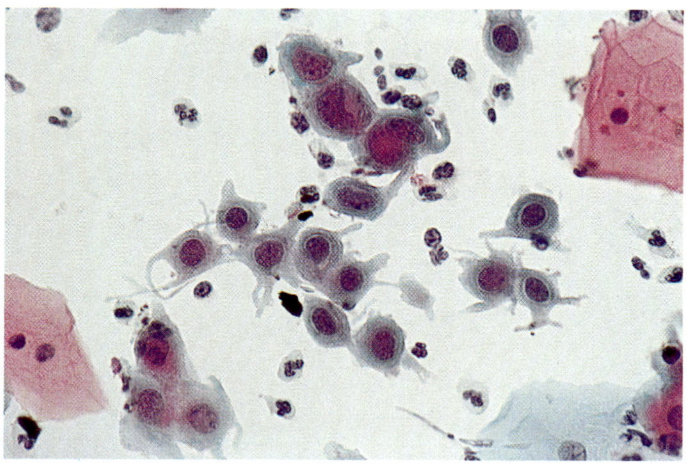

Abb. 8.**53** Unreife Metaplasiezellen mit spinnenförmigen Ausläufern des Plasmas. Rings um die rund-ovalen Kerne schmale Aufhellungen, wahrscheinlich durch Fixierungsartefakte entstanden. In der Umgebung Superfizial- und große Intermediärzellen (Obj. 40 ×, Ok. 10 ×).

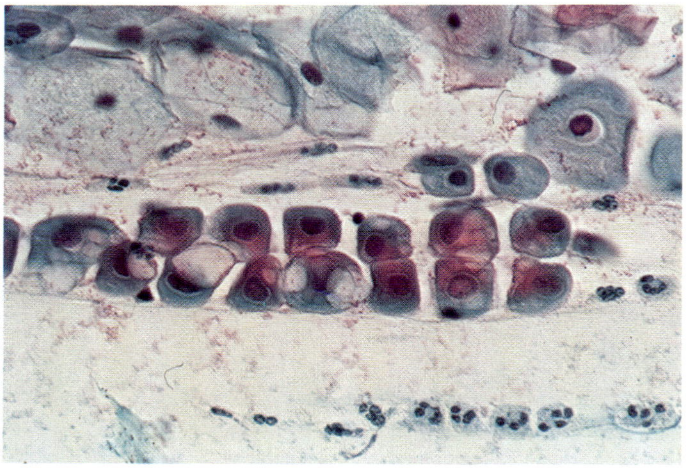

Abb. 8.**54** Unreife metaplastische Zellen mit zahlreichen großen und kleineren Vakuolen im Zytoplasma, das zyanophil bzw. amphophil gefärbt ist (vakuolige Degeneration). Die Kern-Plasma-Relation ist normal. Die Kerne zeigen eine normale feinkörnige Struktur, sind aber durch die großen Plasmavakuolen teilweise deformiert und aus der Mitte der Zellen verdrängt. Im übrigen ist das Zytoplasma intensiv angefärbt im Gegensatz zu dem transparenten Zytoplasma der daneben liegenden großen Intermediär- und Superfizialzellen (Obj. 40 ×, Ok. 10 ×).

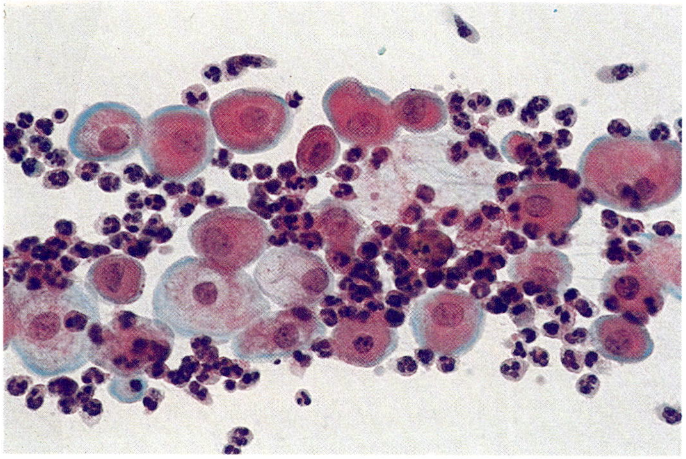

Abb. 8.**55** Entzündlich veränderte, überwiegend unreife metaplastische Zellen mit amphophiler Anfärbung. Während das Endoplasma vorwiegend rötlich gefärbt ist, erscheint das schmale Ektoplasma zart blau. Die Zellkerne sind nicht hyperchromatisch, etwas unterschiedlich in der Größe, wobei lediglich die kleineren Kerne infolge degenerativer Zusammenlagerung des Chromatins etwas dunkler erscheinen. Zahlreiche Leukozyten überlagern das Zellbild (Obj. 40×, Ok. 10×).

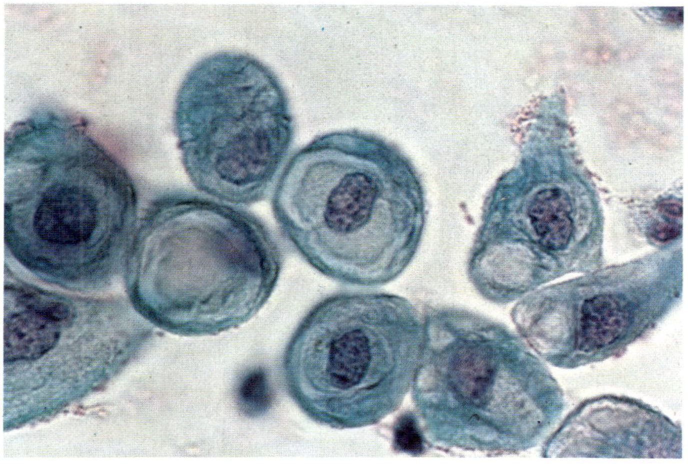

Abb. 8.**56** Unreife bis mittelreife metaplastische Zellen in starker Vergrößerung. Das Zytoplasma ist zyanophil gefärbt mit deutlicher Unterscheidung zwischen dem hellen Endoplasma und dem intensiver angefärbten Ektoplasma (Obj. Öl 100×, Ok. 10×).

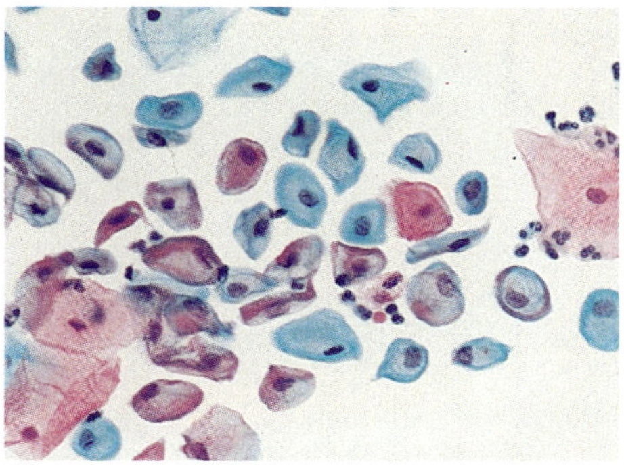

Abb. 8.**57** Vorwiegend reife metaplastische Zellen. Sie haben die Größe von kleinen Intermediärzellen erreicht. Ihre Form ist polygonal, und sie sind überwiegend zyanophil oder amphophil, vereinzelt eosinophil gefärbt. An den meisten Zellen ist mehr oder weniger deutlich der Unterschied zwischen dem hellen Endoplasma und dem dunkleren Ektoplasma zu erkennen. Die Kern-Plasma-Relation ist normal. Die Kerne sind bläschenförmig, teilweise degenerativ geschrumpft und langgestreckt bzw. deformiert. Die normalen großen Superfizial- und Intermediärzellen mit ihrem transparenteren Zytoplasma heben sich deutlich von den metaplastischen Zellen ab (Obj. 25×, Ok. 10×).

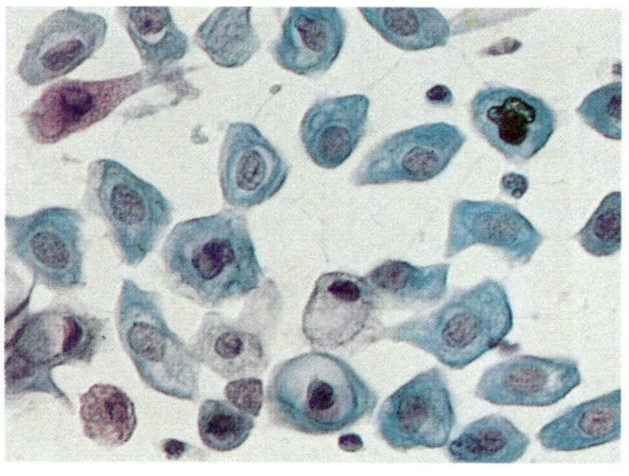

Abb. 8.**58** Vorwiegend reife metaplastische Zellen. Aus gleichem Präparat wie Abb. 8.**53**. Die Zellen sind zyanophil. Das Plasma ist relativ dicht und zeigt um die bläschenförmigen Kerne teilweise Aufhellungsherde (Obj. 40×, Ok. 10×).

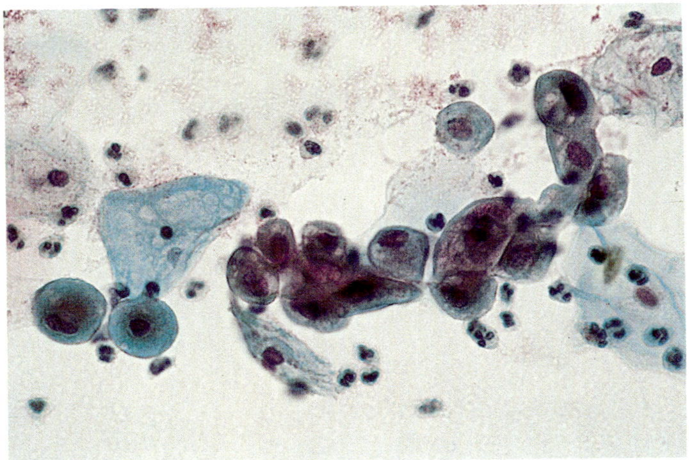

Abb. 8.**59** Entzündlich veränderte Metaplasiezellen. Zyanophile Zellen mit relativ dunkel angefärbten Kernen, jedoch normaler Kern-Plasma-Relation. Zellgrenzen scharf. Das Plasma ist intensiv angefärbt und zeigt einige kleine Vakuolen. Zum Vergleich einige ausgereifte Plattenepithelzellen (Obj. 40 ×, Ok. 10 ×).

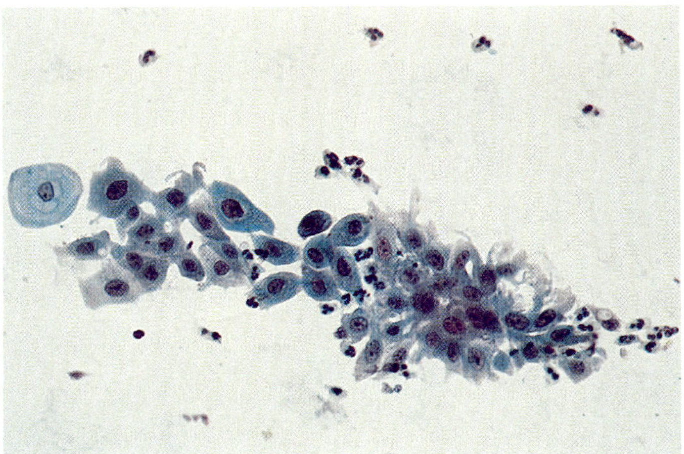

Abb. 8.**60** Unreife Metaplasiezellen und Zellen aus regenerierendem Epithel, nebeneinander liegend.
Links Zellen aus metaplastischem Epithel. Sie zeigen unregelmäßige Form und Größe bei relativ dichtem zyanophilem Zytoplasma und liegen überwiegend isoliert. Die Kerne sind verhältnismäßig dunkel ohne Verschiebung der Kern-Plasma-Relation, mit leichten Unregelmäßigkeiten in Form und Struktur. Das Zytoplasma ist teilweise leicht vakuolisiert. An einigen Zellen schmale helle Höfe rings um den Kern. Rechts Zellen aus Regenerationsepithel in lockerem Verband. Im Gegensatz zu den Metaplasiezellen zeigen die Kerne eine mehr aufgelokkerte Struktur mit auffallenden Nukleoli bzw. Chromozentren. Das Zellplasma ist ebenfalls zyanophil, aber im Vergleich zu den meisten metaplastischen Zellen unregelmäßig, zerfließlich mit zahlreichen zarten Plasmaausläufern (Obj. 25 ×, Ok. 10 ×).

mal ist dann die geringe objektive Größe der Kerne, die bei Metaplasiezellen deutlich geringer ist als bei dysplastischen Zellen, sowie die im allgemeinen fehlende Hyperchromasie und Vergröberung der Kernstruktur bei Metaplasiezellen.

Häufig findet man Metaplasiezellen und Zellen aus Regenerationsepithel in dem gleichen Abstrich nebeneinander (Abb. 8.**60**), was bei der Rolle, welche die Entzündung bei der Entstehung beider Zellveränderungen spielt, durchaus verständlich ist.

Zellbilder bei anderen gutartigen Veränderungen

Im folgenden sollen Besonderheiten der Zellbilder einiger weiterer gutartiger Veränderungen unter besonderer Berücksichtigung klinischer Gesichtspunkte dargestellt werden.

Ektopie, Ektropium

Bei der Ektopie an der Portio, früher häufig als Pseudoerosion bezeichnet, hat sich die Zylinderplattenepithelgrenze, die idealerweise am äußeren Muttermund liegt, auf die Oberfläche der Portio verschoben. Ein mehr oder weniger großer Bezirk der Ektozervix rings um den äußeren Muttermund ist mit Zylinderepithel bedeckt. Beim Ektropium liegt zusätzlich eine Auskrempelung des äußeren Muttermundes vor, und das Zylinderepithel der Endozervix wird sichtbar.

Zellabstriche von Ektopien und Ektropien enthalten folglich häufig endozervikale Zellen in größerer Menge. Doch ist dies vom zytologischen Bild her noch nicht beweisend für diese Veränderungen. Die Zylinderepithelzellen können bei völlig normaler Ektozervix ebenso gut aus dem Zervikalkanal stammen. Die von der Ektopie abgeschilferten Zellen des Zylinderepithels weisen gegenüber den aus dem Zervikalkanal stammenden kaum Besonderheiten auf. Die Zellen erscheinen teils in Verbänden, teils liegen sie einzeln. Die typische Form des Zellplasmas bleibt meist nicht erhalten. Nur selten sieht man Flimmerzellen. In besonders reichlichem Maße finden sich

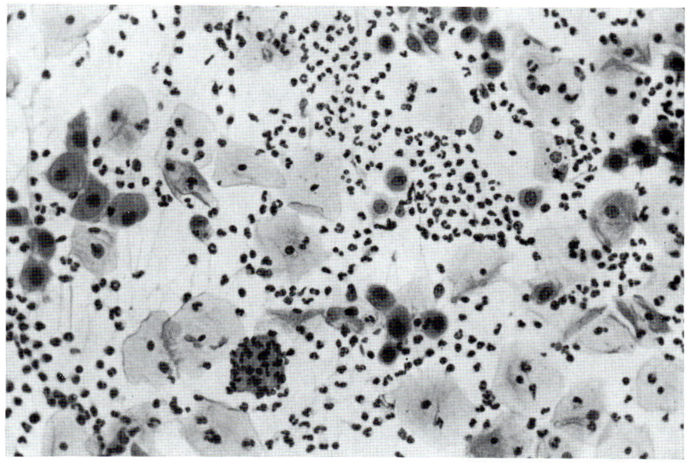

Abb. 8.**61** Zellbild bei einer Erosio vera. Durch die Epithelverletzung sind zahlreiche parabasale und basale Zellen aus den untersten Schichten des Epithels freigeworden und fallen neben den auf einen hohen Proliferationsgrad hinweisenden Superfizialzellen besonders auf. Intermediärzellen sind dabei kaum vorhanden. Zahlreiche Leukozyten deuten auf die begleitende Entzündung hin (Obj. 20 ×, Ok. 10 ×).

Verbände endozervikaler Zellen in typischer Lagerung bei Abstrichentnahme mit dem Spatel. Infolge der leichten Verletzlichkeit des ektopischen Epithels enthalten diese Abstriche oft reichlich Erythrozyten.

Umwandlungszone der Ektozervix

Das Zylinderepithel im Bereich der Ektopie, das in der Vagina einem fremden Milieu ausgesetzt ist, wird im Laufe der Zeit wieder durch Plattenepithel ersetzt. Die Umwandlung (Epidermisierung) erfolgt entweder durch Metaplasie oder durch aufsteigende Überhäutung (15).

Die Abstriche von frischen Umwandlungszonen enthalten daher neben Zylinderepithelzellen häufig unreife Metaplasiezellen und/oder Zellen aus Regenerationsepithel. Mit Fortschreiten des Umwandlungsprozesses werden die unreifen Metaplasiezellen durch reifere Zellen ersetzt. Bei alten geschlossenen Umwandlungszonen mit Retentionszysten (Ovula Nabothi) unterscheidet sich das Zellbild kaum noch von dem einer originären Portio.

Erosio vera

Bei der Erosio vera liegt ein echter Epitheldefekt mit Bloßlegung des subepithelialen Gewebes vor. Durch die Verletzung des die Ektozervix bedeckenden Plattenepithels kommt es aus dessen untersten Schichten zur Loslösung von basalen und parabasalen Zellen, die in größerer Zahl im Ausstrich auftreten können (Abb. 8.**61**). Besonders fallen sie dann auf, wenn der allgemeine Proliferationsgrad des Epithels hoch ist und man sie im Abstrich neben Superfizial- und großen Intermediärzellen findet.

Ziliozytophthorie

Selten sind in Zervixabstrichen Gebilde zu beobachten, die aussehen wie *abgelöste Zilienbüschel* (Abb. 8.**62**). In der Papanicolaou-Färbung scheinen sie aus einer bläulichgrau gefärbten Membran, der noch Reste von Zellplasma anhaften, mit rosa gefärbten Zilien zu bestehen. Die Gebilde finden sich häufig in der Nähe von straßenförmig gelagerten Histiozyten. Manchmal treten sie in einem Abstrich in größerer Zahl, manchmal nur ganz sporadisch auf.

Ähnliche Veränderungen sind aus der Lungenzytologie seit langem bekannt und wurden als degenerative Veränderungen an exfoliierten Zellen des Bronchialepithels (107) beschrieben. Aus der gynäkologischen Zytologie gibt es nur wenige Berichte darüber (62, 97). Anfangs wurden diese Gebilde für Parasiten gehalten (44). Wie man heute annimmt, handelt es sich wahrscheinlich um abgestoßene Teile von Flimmerepithelzellen der Tubenschleimhaut (16, 62, 97).

Die abgelösten Zilienbüschel treten unabhängig von Alter und Zyklusphase der Frauen auf. Die Häufigkeit, mit der sie beschrieben wurden, schwankt zwischen 1:5000 und 1:600 Untersuchungen (62, 97). Eine diagnostische Bedeutung kommt den beschriebenen Gebilden in Zervixabstrichen offenbar nicht zu.

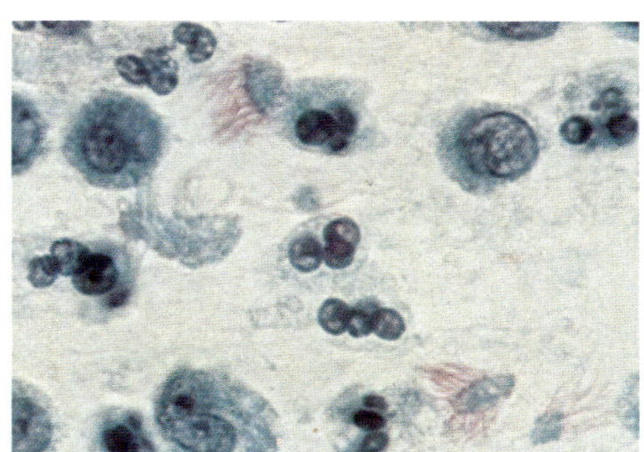

Abb. 8.**62** Ziliozytophthorie. Neben Histiozyten und polymorphkernigen Leukozyten sind drei „abgelöste Zilien" mit einer zarten Membran, der noch Plasmareste anhaften, zu erkennen. Wahrscheinlich handelt es sich um abgerissene Teile vom Flimmerepithel der Tube (Obj. Öl 100 ×, Ok. 10 ×).

Zervixpolyp, Zervixpapillom

Zellbilder von *Zervixpolypen* bieten gewöhnlich keine Besonderheiten. Dies ergibt sich aus ihrem histologischen Aufbau. Zervixpolypen sind normalerweise mit Zylinderepithel bedeckt, das aber metaplastisch umgewandelt sein kann. Vielfach sind Zervixpolypen von entzündlichen Prozessen begleitet, die entsprechende Veränderungen an den Zellen des Zylinder- und Plattenepithels hervorrufen. Man erkennt es besonders an größeren Zellhaufen, die gelegentlich in degenerativ verändertem Zustand abgestoßen werden.

Bei *Zervixpapillomen,* die der Portio breitbasig und isoliert aufsitzen, ist dagegen histologisch öfter ein atypisches Epithel nachzuweisen (48). Hier ist daher auch zytologisch mit dysplastischen oder atypischen Zellen zu rechnen.

Hyperkeratose, Parakeratose

Infolge chronischer Reize kann es an dem normalerweise nicht verhornenden Plattenepithel von Zervix und Vagina zur *Hyperkeratose* mit lokal begrenzter echter Verhornung kommen. Klinisch zeigt sich dies am Auftreten von *Leukoplakien.* Im Zellabstrich sieht man mehr oder weniger zahlreiche *eosinophile, meist orangefarbene, kernlose Gebilde, sog. Hornschollen,* in der Größe von Superfizial- und Intermediärzellen (Abb. 8.**63**).

Dem Auftreten von Hornschollen im Abstrich geht gewöhnlich eine *Verhornungsneigung am Plattenepithel* voraus. Die Superfizial- und großen Intermediärzellen zeigen eine goldgelbe Färbung des Zytoplasmas. Zwischen diesem Prozeß und der echten Verhornung bestehen fließende Übergänge. Häufig sind in den eosinophilen Zellen noch *schattenhafte Kernreste zu erkennen.*

Diese Zellveränderungen haben nichts mit einer erhöhten Follikelhormonwirkung zu tun. Hornschollen finden sich vielmehr, außer bei der Leukoplakie der Portio, vor allem als Folge mechanischer Reizung beim Descensus oder Prolaps uteri, bei Pessarträgerinnen und nach Verschorfungsbehandlung.

In Verbindung mit der Hyperkeratose oder unabhängig davon können *Parakeratosen* auftreten (Abb. 8.**64**). Dabei werden *relativ kleine, meist eosinophile Zellen des Plattenepithels mit leicht vergrößertem, stark hyperchromatischem oder pyknoti-*

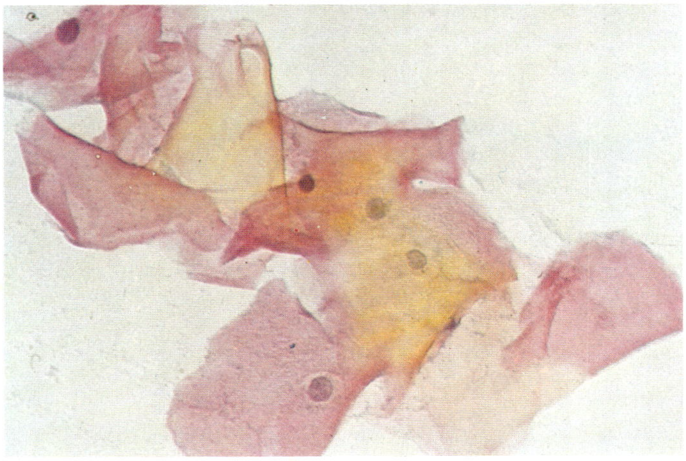

Abb. 8.**63** Hyperkeratosezellen. Mehrere goldgelb bis rosa gefärbte Zellen und kernlose Schollen von der Größe der Superfizial- bzw. Intermediärzellen (Hornschollen). Soweit noch Kerne erkennbar, erscheinen diese blaß bzw. sind dabei zu verdämmern (Obj. 40 ×, Ok. 10 ×).

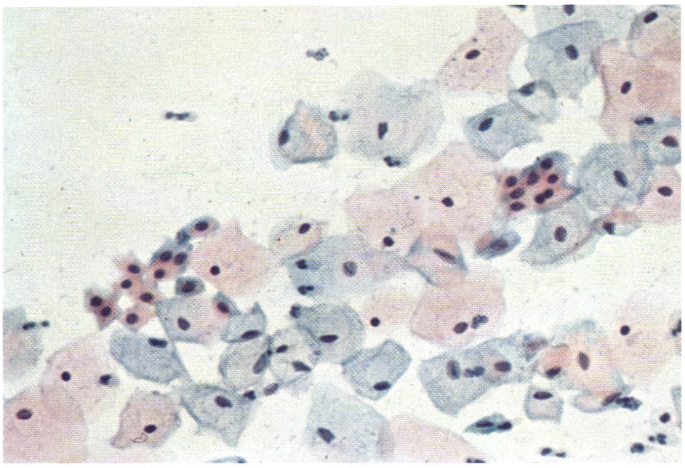

Abb. 8.**64** Parakeratosezellen. In der rechten Bildhälfte ein geschlossener Verband bzw. mehrere gleichförmige Kerne in einer eosinophilen Zytoplasmamasse. Links eine Gruppe einzeln liegender kleiner polygonaler Zellen mit dichtem Zytoplasma, das mit Ausnahme einer Zelle eosinophil angefärbt ist. Charakteristisch sind für beide Zellgruppen die leicht vergrößerten, stark pyknotischen, runden Zellkerne (Obj. 25 ×, Ok. 10 ×).

Abb. 8.**65a** u. **b** Zellabstrich bei Folsäuremangel.

a In dem hochproliferierten Zellbild sind zwei mehrkernige große Zellen mit amphophilem, teilweise vakuolisiertem Zellplasma zu erkennen. In der oberen Bildhälfte eine zyanophile Zelle vom Intermediär-Typ mit Vergrößerung von Kern und Plasma (Obj. 40×, Ok. 10×).

b Zwei weitere doppelkernige Zellen mit vergrößerten Kernen und teils vakuolisiertem Zytoplasma. Gleiches Präparat (Obj. 40×, Ok. 10×).

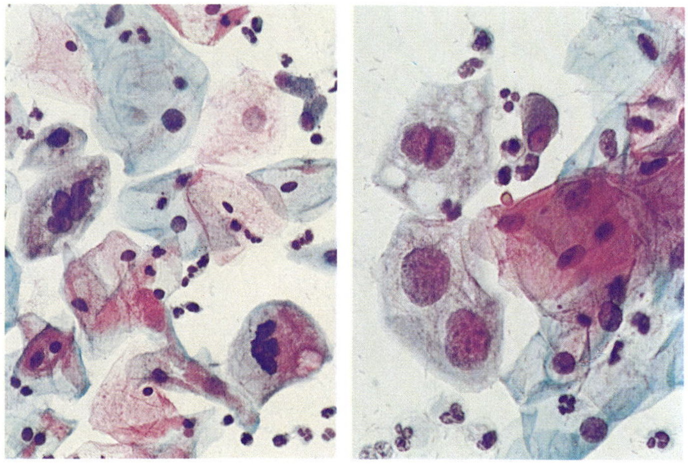

a b

schem Kern abgestoßen. Sie liegen in kleinen Verbänden, lockeren Gruppen oder auch einzeln. Wegen ihrer oft polygonalen Form und der scharfen Begrenzung ihres Plasmas wurden sie auch als Mini-Superfizialzellen bezeichnet.

Es handelt sich um eine Störung der Zelldifferenzierung, die offenbar überstürzt abläuft. Nicht selten sieht man bei alten Frauen nach Follikelhormongabe kleine, meist längliche Parakeratosezellen (Abb. 9.**166**), die neben reifen Metaplasiezellen auftreten.

Ebenso wie Hyperkeratosezellen können auch Parakeratosezellen Begleiterscheinung einer atypischen Epithelproliferation sein. Patientinnen mit diesen Befunden sollten daher stets zytologisch kontrolliert werden.

Folsäuremangel

Der Mangel an *Folsäure und Vitamin* B_{12}, wie er bei perziniöser Anämie, Megaloblastenanämie und tropischer Sprue auftritt, verursacht eine *Vergrößerung von Zellen und Zellkernen* am Plattenepithel von Vagina und Zervix, fener *Kernfaltung, Doppel- und Mehrkernigkeit* sowie *Zytoplasmavakuolisation* (71–73, 104). Die Veränderungen haben Ähnlichkeit mit Dyskariosen leichten Grades; doch zeigt sich bei Vitamin-B_{12}- bzw. Folsäuremangel im allgemeinen *zunächst keine Verschiebung der Kern-Plasma-Relation,* sondern eine gleichzeitige Vergrößerung von Zelle und Zellkern (Abb. 8.**65**). Die Veränderungen treten in der Regel *nur an wenigen, einzelnen Zellen des Abstriches auf. Zellveränderungen* wie bei einer Dysplasie mäßigen oder schweren Grades *zeigen sich auch bei* länger bestehenden, *schweren Formen des Folsäuremangels nur selten.*

Die Zellanomalien sind dadurch zu erklären, daß der Mangel an Folsäure bzw. Vitamin B_{12} zu Störungen in der DNS-Synthese führt (1). Die Zellveränderungen sind ebenfalls an anderen Organen, z. B. am Knochenmark und an der Mundschleimhaut, zu beobachten.

Da ein großer Teil der Anämien in der *Schwangerschaft* und im Puerperium auf Folsäuremangel beruht, sollte man bei der Beurteilung von Zellabstrichen in der Schwangerschaft besonders auf die beschriebenen Zellveränderungen achten. Sie können einen wichtigen Hinweis für die frühzeitige Erkennung eines latenten Folsäuremangels geben. Auf die Wirkung von Folsäureantagonisten (z. B. Methotrexat) wird an anderer Stelle eingegangen.

Zelldegeneration und Zelltod

Die Zeichen degenerativer Veränderungen an Zelle und Zellkern sind ein Ausdruck irreversibler Schädigungen, die in der Regel dem Zelltod vorausgehen. Sie werden ausgelöst durch den normalen Alterungsprozeß der Zelle, gestörte Ernährungsbedingungen, Auslösung der Zelle aus dem Gewebsverband, toxische Einflüsse pathogener Bakterien sowie chemische, physikalische und mechanische Einwirkungen.

Die wichtigsten *morphologischen Erscheinungsformen des Zellunterganges* sind (75):

- Zellauflösung (Zytolyse) und Kernauflösung (Karyolyse),
- Hyalinisierung des Zellplasmas mit Kernverdichtung (Karyopyknose) und Kernverfall (Karyorrhexis),
- Zellplasmavakuolisierung mit Kern- und Plasmaveränderungen.

Meist handelt es sich beim Zelltod um eine *degenerative Autolyse* durch zelleigene Fermente, die beim Absterben der Zelle frei werden. Die morphologischen Veränderungen zeigen sich sowohl am Plasma als auch am Kern. Von Ausnahmen abgesehen, ist der Kern dabei meist länger nachzuweisen.

Infolge vermehrter Flüssigkeitsaufnahme kommt es zunächst zu einer *ödematösen Schwellung,* wobei die Zellen sich um das 2- bis 3fache vergrößern können.

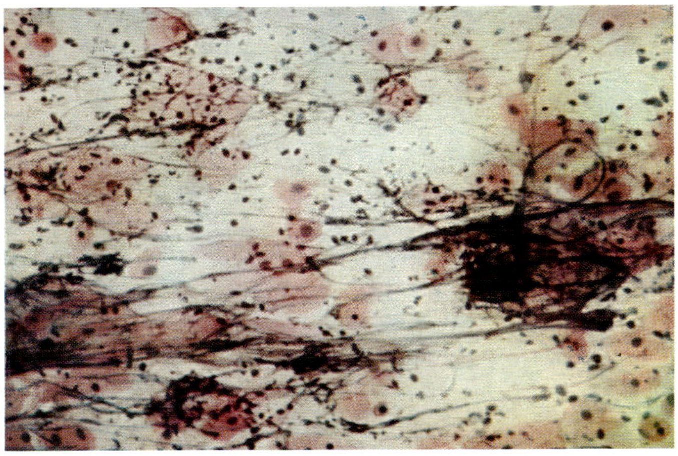

Abb. 8.**66** Atrophisches Zellbild nach der Menopause mit starken Autolyseerscheinungen. Die relativ hellen, rötlich tingierten Zellen sind verschwommen und lassen keine Feinheiten mehr erkennen. Die dunklen faden- und knollenartigen Gebilde rühren von autolysierten Zellkernen, besonders der Leukozyten, her (Obj. 20 ×, Ok. 10 ×).

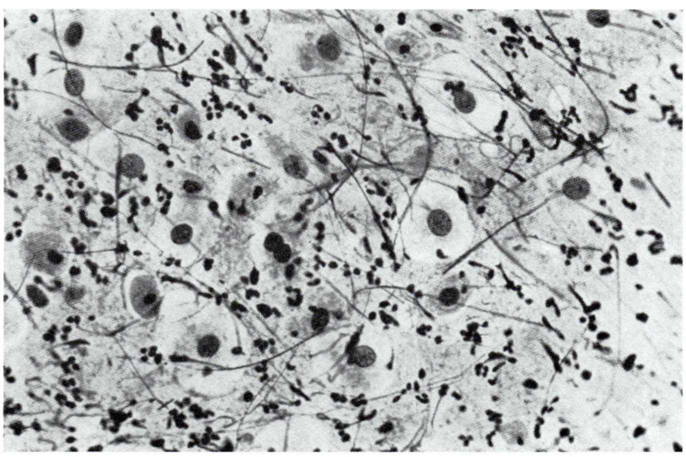

Abb. 8.**67** Atrophisches Zellbild in Autolyse. Gedunsen aussehende Parabasalzellen ohne scharfe Zellgrenzen. Zahlreiche Leukozyten, deren autolytische Kerne zu langen peitschenschnurartigen Fäden ausgelaufen sind. Sie erinnern zum Teil an Spermien, die jedoch wesentlich zartere und gleichmäßigere Schwänze besitzen (Obj. 40 ×, Ok. 10 ×).

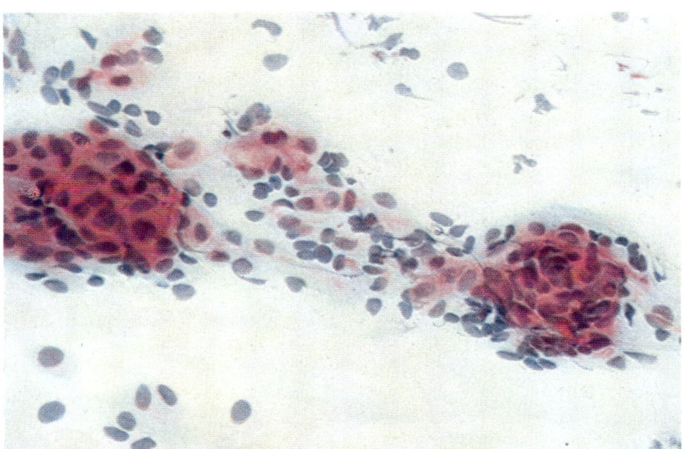

Abb. 8.**68** Atrophisches Zellbild mit Zellkohäsionen und zahlreichen freiliegenden Kernen von Parabasalzellen (Obj. 25 ×, Ok. 10 ×).

Dies bewirkt eine *schwächere, meist eosinophile Anfärbung*. Das Zellplasma nimmt ein trübes homogenes Aussehen an. Seine Grenzen werden unscharf.

Die *Zellen des Plattenepithels* sind gegenüber der degenerativen Autolyse um so empfindlicher, je unreifer sie sind. Während die degenerativen Einflüsse an den *Intermediär- und Superfizialzellen* meist darauf beschränkt bleiben, daß die scharfe Begrenzung der Zellränder aufgehoben wird, kommt es bei den *Parabasalzellen* ebenso wie bei den unreifen Metaplasiezellen vielfach zu weitgehender oder völliger Auflösung des Zellplasmas (Abb. 8.**66**–8.**69**). Übrig bleiben dann nur die ebenfalls degenerativ veränderten Kerne.

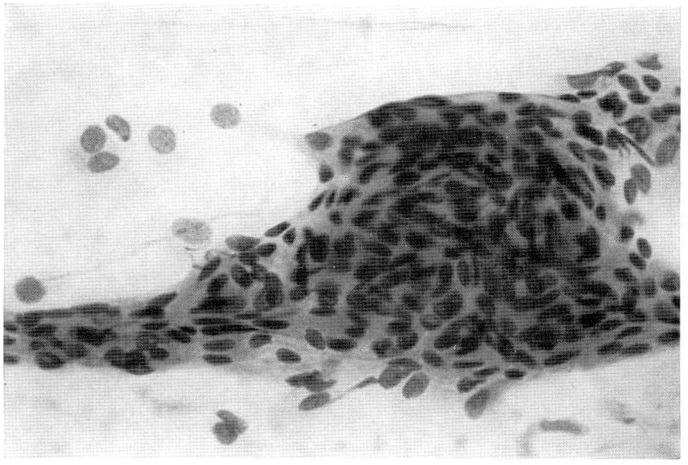

Abb. 8.**69** Atrophische Zellkohäsion. Die weitgehend autolytischen Parabasalzellen, von denen sich nur noch die teils gequollenen, teils fast schwarzen Kerne erkennen lassen, sind zu einer trüben Masse zusammengeschmolzen (Obj. 40×, Ok. 10×).

Gleichzeitig mit den Plasmaveränderungen beginnend, jedoch etwas langsamer verlaufend, zeigen sich meist die *degenerativen Veränderungen* an den *Zellkernen.* Heterochromatische Chromatinverdichtungen und der innere Rand des Kernes werden unscharf, während sich der äußere Rand durch die unsichtbare echte Kernhülle weiterhin scharf gegen das Zellplasma abhebt. Dieser Unterschied zwischen äußerem und innerem Kernrand kann den ersten Hinweis auf eine degenerative Zellveränderung geben (40).

Im Laufe der weiteren Entwicklung werden die Kerne größer. Die *Chromatinstruktur* erscheint *zunehmend verwaschener.* Die Anfärbbarkeit wird herabgesetzt, so daß die Kerne hypochromatisch wirken. Die *nackten Kerne autolytischer Parabasalzellen* erscheinen als weitgehend strukturlose, grau-blasse, rundliche bis ovale Gebilde im Ausstrich (Abb. 8.**68**). In höher ausgereiften Zellen des Plattenepithels kann die Karyolyse schon vor Zerfall des Zellplasmas sichtbar werden (Abb. 8.**63**).

In gleicher Weise wie an den unreifen Zellen des Plattenepithels fällt das empfindliche Zytoplasma der *Drüsenzellen der Endozervix und des Endometriums* der degenerativen Autolyse anheim. Die Auflösung geht besonders an den *sekretorischen Zellen,* wenn sie einmal aus dem Gewebsverband herausgelöst sind, schnell vor sich (Abb. 8.**70**). Das Zytoplasma blaßt zunehmend ab, die Zellgrenzen verschwinden. Schließlich bleiben die Kerne mehr oder weniger freiliegend übrig, bis auch diese durch Karyolyse verdämmern oder als pyknotisch geschrumpfte Gebilde zugrunde gehen.

Bei den *Flimmerzellen* gehen gewöhnlich erst die Zilien und die Basalmembran zugrunde (Abb. 8.**71**). An den Kernen macht sich eine knopfartige Vorwölbung zur distalen Zellseite hin bemerkbar, wobei das Chromatin immer mehr in diese Ausstülpung hineingezogen wird. Das ursprüngliche Kerninnere wird zunehmend strukturärmer, bis das deformierte Kerngebilde schließlich ganz zerfließt und gelegentlich auch zu einem amorphen Knöpfchen zusammenschrumpft.

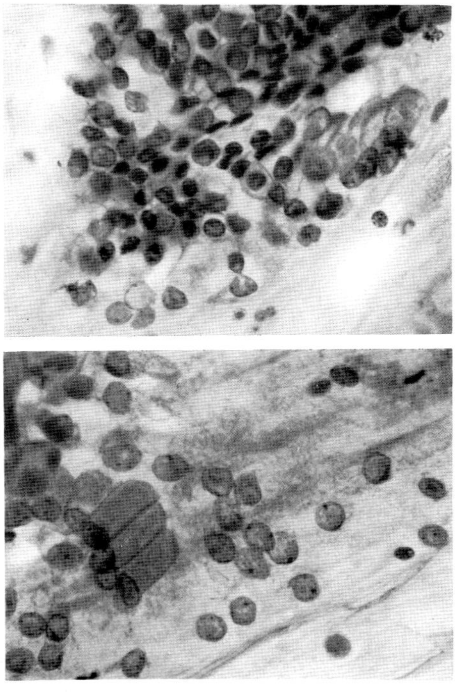

a

b

Abb. 8.**70 a** u. **b** Endozervikale sekretorische Zylinderzellen in Auflösung.

a Beginnende Auflösung im Verband.

b Bereits meist freiliegende Kerne (beide Abb. Obj. 40×, Ok. 10×).

Vielfach findet man in endozervikalen oder vom äußeren Muttermund gewonnenen Abstrichen, in einer Schleimstraße liegend, nur noch massenhaft freiliegende Kerne von Drüsenzellen (Abb. 8.**72**).

Von *atrophischer Zellkohäsion* spricht man, wenn in atrophischen Zellbildern das Zytoplasma autolytischer Parabasalzellen zu einer unstrukturierten, synzytiumartigen Masse zusammenfließt, in welcher die in Degeneration befindlichen Kerne in ungeordneten Haufen liegen (Abb. 8.**68** u. 8.**69**).

Durch Zusammenfließen des Zytoplasmas von Parabasalzellen kann es ferner zur Bildung von multinukleären *Pseudoriesenzellen* (127) kommen (Abb. 8.**73**), in denen die Zellkerne noch relativ gut erhalten erscheinen. Ebenfalls durch Zusammenfließen des Zellplasmas entstehen *endozervikale Riesenzellen* (138). Ihre Kerne sind im Vergleich zu histiozytären Riesenzellen meist größer und in der Struktur schlechter erhalten (Abb. 8.**31**).

Bei *Endometriumzellen* treten die ersten Zeichen der Zellauflösung ebenfalls unter Verblassen des schmalen Zytoplasmasaumes auf. Die Kerne verlieren im weiteren Verlauf ihre Struktur und imponieren oft noch einige Zeit als dunkle pyknotische Gebilde von rundlicher oder manchmal auch zackiger Form (Abb. 8.**74**).

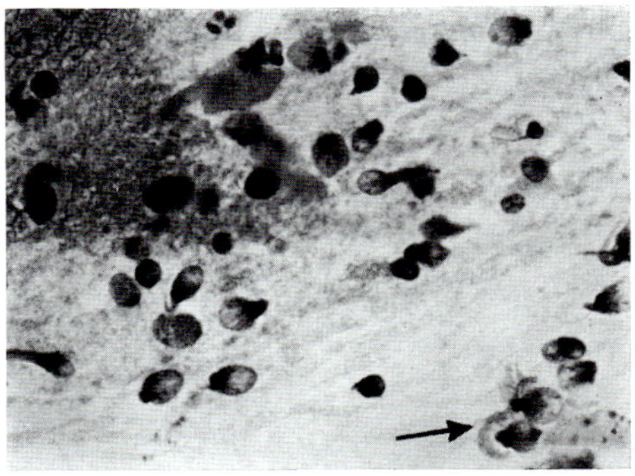
a

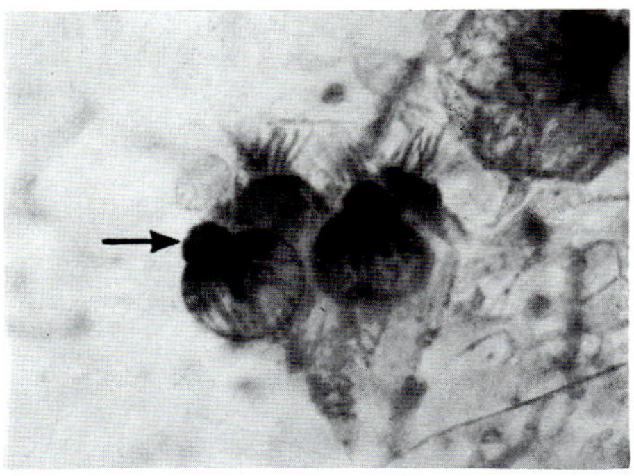
b

◀ Abb. 8.**71 a** u. **b** Flimmerzellen des endozervikalen Zylinderepithels in Auflösung.

a Freiliegende Kerne weitgehend aufgelöster Flimmerzellen. Zellart bei Pfeil noch erkennbar (Obj. 40 ×, Ok. 10 ×).

b Typische knopfartige Kernausstülpungen (bei Pfeil) als erstes Zeichen der Kernauflösung (Obj. Öl 90 ×, Ok. 10 ×).

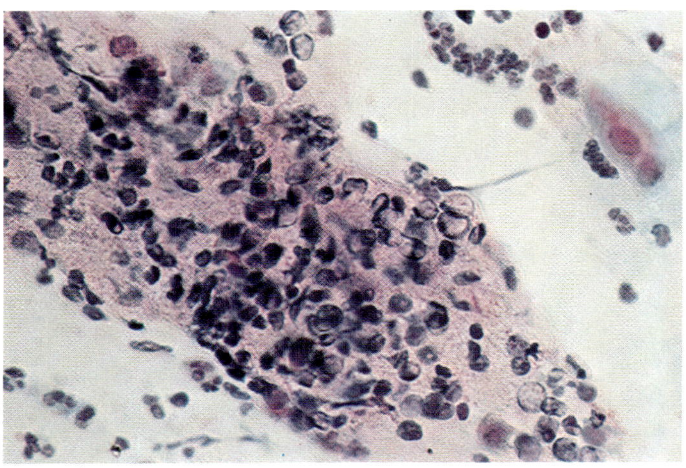

Abb. 8.**72** Endozervikaler Abstrich. In einer Schleimstraße liegend, zahlreiche degenerativ veränderte endozervikale Zellkerne. Durch Chromatindegeneration erscheinen sie teilweise deformiert und hyperchromatisch, teilweise sind sie aufgetrieben mit Chromatinanlagerungen am Kernrand bei völlig hellem Inneren. Zum Vergleich rechts oben eine kleine Intermediärzelle (Obj. 40 ×, Ok. 10 ×).

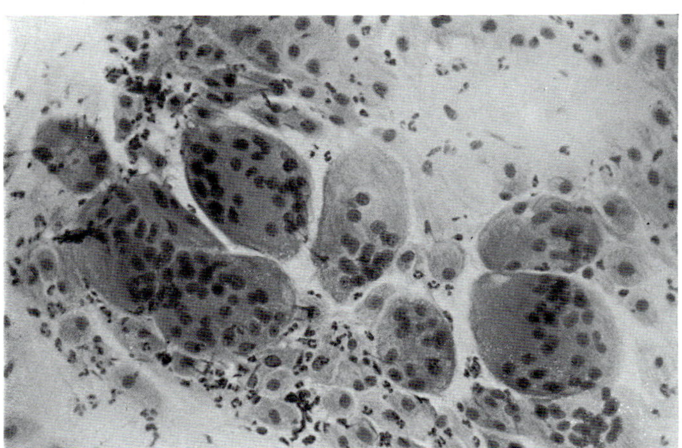

Abb. 8.**73** Multinukleäre „Pseudoriesenzellen", die durch Zusammenfließen des autolytischen Zytoplasmas von parabasalen Zellen zustande gekommen sind. Man erkennt stellenweise deutlich den Übergang zwischen noch erhaltenen Zellen und den synzytialen Produkten, die beide völlig gleichartige Kerne aufweisen (Obj. 20 ×, Ok. 10 ×).

Auch an *Zellen des weißen Blutbildes* sind Autolyseerscheinungen in Vaginal- und Zervixabstrichen häufig. Das Plasma der polymorphkernigen Leukozyten blaßt völlig ab. Man erkennt von ihnen oft nur noch die Reste der drei gelappten Kerne. Atrophische Abstriche der Postmenopause enthalten mitunter dadurch ein besonderes Aussehen, daß die Kerne beim Ausstreichen des Kernmaterials zu dunklen, peitschenschnurförmigen Fäden ausgezogen werden, deren eines keulenförmiges Ende noch auf den Ausgangspunkt ihrer Entstehung hinweist (Abb. 8.**66** u. 8.**67**).

Eine andere morphologische Erscheinungsform des Zelltodes ist die *Karyopyknose* (Abb. 8.**75**). Sie entsteht dadurch, daß sich in weitgehend hyalinisierten Zellen das Kernchromatin durch Flüssigkeitsverlust verdichtet. Die Kerne schrumpfen, bleiben aber im allgemeinen rund oder oval. Sie färben sich tief dunkel an, so daß man in ihrem Inneren keinerlei Strukturen mehr erkennt. Eine Verschiebung der Kern-Plasma-Relation zugunsten des Kernes erfolgt durch degenerative Einflüsse an normalen Zellen des Platten- und Zylinderepithels nicht. Eher sind die pyknotischen Kerne kleiner als an anderen Zellen gleicher Art.

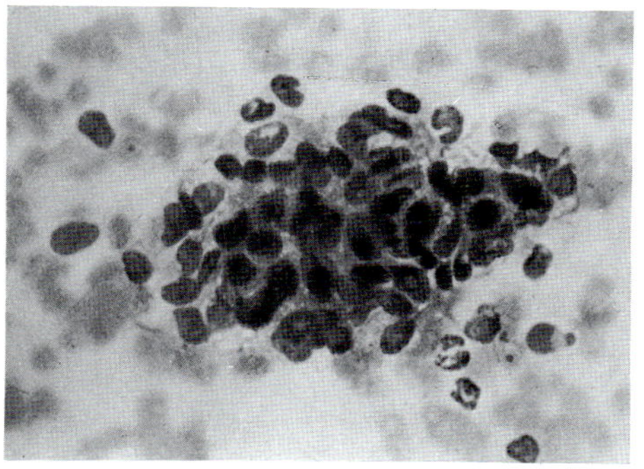

Abb. 8.**74** Autolysierte Endometriumzellen.
Die blaß und gedunsen aussehenden Kerne sind deformiert, zum Teil bereits weitgehend zerstört. Bei den grauen Schatten in der Umgebung handelt es sich um Erythrozyten (Obj. 40 ×, Ok. 10 ×).

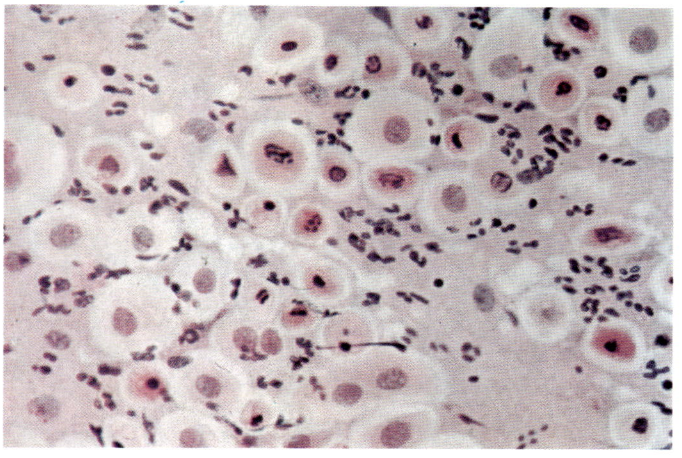

Abb. 8.**75** Atrophisches Zellbild mit autolytisch-degenerativen Veränderungen. Ausschließlich Parabasalzellen, deren Kerne teils blaß und strukturlos, teils hyperchromatisch und unregelmäßig geformt sind. Karyopyknose. Verschiedentlich Karyorrhexis. Verschiebungen der Kern-Plasma-Relation zugunsten des Kernes sind nicht vorhanden (Obj. 40 ×, Ok. 10 ×).

Eine *Karyorrhexis* liegt vor, wenn das verdichtete Chromatin der Kerne unter Verlust der Kernhülle in verschieden große, rundliche, oft auch völlig unregelmäßig geformte Teile auseinanderbricht (Abb. 8.**76**). Die Kerntrümmer bleiben im Zellplasma im Bereich des ehemaligen Kerns liegen. Die Karyorrhexis kann entweder primär oder sekundär nach vorausgegangener teilweiser Karyolyse auftreten. Die Gefahr einer Verwechslung der durch Karyorrhexis veränderten Zellen mit malignen Tumorzellen ist gering, weil die Kern-Plasma-Relation bei der Karyorrhexis meist nicht wesentlich verschoben ist. Die Kerntrümmer fallen durch ihre scharfe Abgrenzung gegenüber dem Zellplasma auf.

Nach vermehrter Flüssigkeitsaufnahme kann sich die *Plasmadegeneration* auch in einer verstärk-

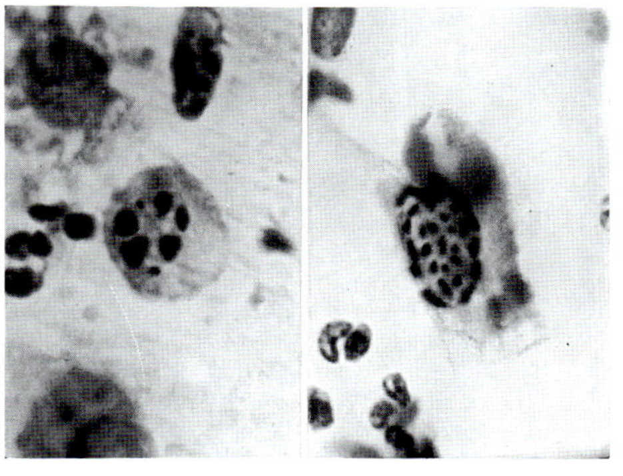

Abb. 8.**76** Karyorrhexis in parabasalen Zellen (Obj. Öl 90 ×, Ok. 10 ×).

ten *Vakuolisation* äußern. Die Plasmavakuolen treten gewöhnlich multipel auf und sind von unterschiedlicher Größe (Abb. 8.**33**, 8.**34**). Mitunter nehmen sie fast das ganze Zellplasma ein. Eine Vakuolisierung in den Kernen ist selten. Kern- und Plasmavakuolisierung kommen besonders bei Zellschädigungen nach Strahlentherapie vor. Unter dem inneren Druck von Plasmavakuolen können Zellen rupturieren, so daß Detritus und nackte Kerne als Endprodukt übrig bleiben.

Das Auftreten von Vakuolen im Zellplasma ist jedoch nicht immer ein Zeichen der Degeneration. Es kann ebenfalls Ausdruck gesteigerter Zellaktivität sein.

Exogen bedingt, durch toxische Einflüsse pathogener Bakterien, ist die *Heterolyse*. Man findet dabei dieselben Zellveränderungen wie bei der degenerativen Autolyse. Morphologisch sind beide Prozesse nicht voneinander zu unterscheiden. Beide Vorgänge gehen Hand in Hand.

Die Kenntnis der *durch degenerative Autolyse* hervorgerufenen Zell- und Kernveränderungen ist deshalb von Bedeutung, weil die *Beurteilung* zytologischer Präparate *in der Karzinomdiagnostik dadurch besonders erschwert* wird. Während entzündliche, regenerative und metaplastische Zellen in gutem Erhaltungszustand relativ leicht von Zellen bei Dysplasien, Carcinomata in situ und Karzinomen abzugrenzen sind, können diese Unterschiede durch degenerative Einflüsse weitgehend verwischt werden. *Zellen aus gutartigem Gewebe werden möglicherweise für schlecht erhaltene Tumorzellen gehalten. Tumorzellen können soweit verändert sein, daß die Zeichen der Atypie kaum noch erkennbar sind.* Verhängnisvolle diagnostische Irrtümer kann es vor allem durch *freiliegende Kerne* geben, da diese von *Parabasalzellen, von endozervikalen Zellen,* aber auch von *Tumorzellen* stammen können.

Dieselben Veränderungen wie bei degenerativer Autolyse können schließlich durch *Lufttrocknung des Abstrichmaterials* vor der Alkoholfixierung an Zellen und Kernen auftreten. Abstriche, in denen eine Antrocknung vor der Fixierung (Abb. 6.**78** u. Abb. 8.**77**) eingetreten war, fallen schon bei schwacher Vergrößerung durch ihre *mangelhafte Anfärbung* auf. *Rötliche,* manchmal ins orangefarben gehende *Tönungen überwiegen,* während bläuliche weitgehend fehlen. Die Präparate machen im ganzen einen blassen Eindruck, und die *Zellen sehen zum großen Teil gedunsen* aus. Ihre matten, meist der Farbe des Zytoplasmas angepaßten *Kerne weisen Deformierungen auf* und lassen, ebenso wie die ganzen Zellen, scharfe Begrenzungen vermissen. Mitunter werden von den Veränderungen nur dünne Stellen der Präparate oder die Ränder von Zellhaufen betroffen, welche den Antrocknungseinflüssen mehr ausgesetzt sind.

Die Frage, ob Zellschädigung oder *Zelltod bereits vor der Entnahme des Abstrichmaterials* eingetreten sind, ist oft schwierig zu beantworten. Der Prozeß des Absterbens der Zelle geht normalerweise langsam vor sich. Bei der Alkoholfixierung wird der Zelltod durch schnelle Protoplasmakoagulation künstlich herbeigeführt. Die Zellen werden also in dem Zustand fixiert, in dem sie sich gerade befinden.

Als *sichere Zeichen des Zelltodes* vor der Fixierung gelten (75) das Auftreten von Karyopyknose oder Karyorrhexis, die völlige Aufhebung der Kernstruktur und das Auftreten von Vakuolen im Kern.

Wahrscheinliche Zeichen des Zelltodes vor der Fixierung sind auffallende Vakuolisierungen im Zellplasma, Abrundung der Zellen aus den tiefen Schichten des Plattenepithels sowie der Verlust der Zilien an Flimmerzellen.

Als sicherer *Beweis für die Lebensfähigkeit von Zellen* ist der Nachweis von Mitosen anzusehen. Mit Wahrscheinlichkeit kann ferner angenommen werden, daß eine Zelle vor der Fixierung noch lebte, wenn die Erhaltung von Kern und Plasma einwandfrei sind, das Zellplasma sich zyanophil anfärbt und Zellularbrücken an Zellen des Plattenepithels erkennbar sind.

Im allgemeinen wird man davon ausgehen können, daß eine *mangelhafte Fixierung* vorliegt, wenn

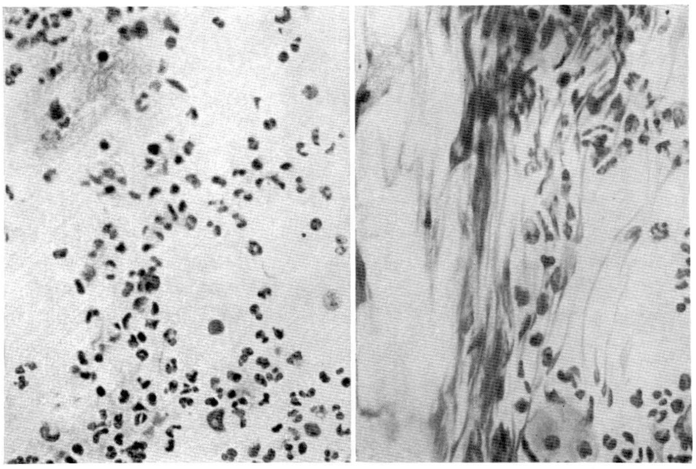

a b

Abb. 8.**77 a** u. **b** Ausstrichbild mit den Erscheinungen der Antrocknung des Zellmaterials vor der Fixierung. Die Zellen sind sehr hell, gedunsen und lassen keine Strukturen mehr erkennen. Oft sind die Kerne fadenartig zerlaufen. Diese Bilder sind schwer von der „degenerativen Autolyse" zu unterscheiden (Obj. 10×, Ok. 10×).

fast alle Zellen oder größere Abschnitte eines Abstrichs degenerative Veränderungen aufweisen. Sind dagegen nur einzelne Zellen davon betroffen, während andere ein normales Aussehen zeigen, so ist eher anzunehmen, daß die Zellveränderungen nicht artefiziell bedingt sind.

Literatur

1 Alberico, S., M. C. Facca, G. C. Conoscenti, P. Bogatti, L. Di Bonito S. Minutillo, G. P. Mandruzzato: CIN III coilocitotica in paziente con linfoma a cellule T ed HTLV I positivo. Descrizione di un caso clinico. Minerva ginecol. 40 (1988) 733

2 Allerding, T. J., S. W. Jordan, R. E. Boardman: Association of human papillomavirus and chlamydia infections with incidence cervical neoplasia. Acta cytol. 29 (1985) 653

3 Alloub, M.: A clinical study on the prevalence of abnormal smears and HPV infection in renal transplant recipients and characterisation of the types of HPV contained in their genital secretions. Paper presented at British Society for Colposcopy and Cervical Pathology. Oxford 1987

4 Beck, W. S.: Metabolic basis of megaloblastic erythropoesis. Medicine 43 (1964) 715

5 Berry, A.: A cytopathological and histopathological study of bilharziasis of the female genital tract. J. Pathol. Bacteriol. 91 (1966) 325

6 Beyer-Boon, M. E., M. L. Tabbers-Boumeester, C. F. H. M. Kneflé: Photographic Review of Gynecological Cytology. Lebo, Bunnik/Nl. 1977

7 Bibbo, M. L.: Leptothrix. Letter to the Editor. Acta cytol. 16 (1972) 2

8 Bibbo, M. L., M. J. Harris, G. L. Wied: Microbiology of the female genital tract. In Wied, G. L., L. G. Koss, S. W. Reagan: Compendium on Diagnostic Cytology. International Academy of Cytology, Chikago 1973 (p. 108)

9 Bibbo, M. L., C. M. Keebler, G. L. Wied: The cytologic diagnosis of tissue repair in the female genital tract. Acta cytol. 15 (1971) 133

10 Boon, M. E., C. J. A. Hogewoning, K. H. Tjiam, C. J. L. M. Meijer, J. Lindeman, C. Ruinaard, P. A. Kievit-Tyson: Cervical cytologie and chlamydia trachomatis infection. Arch. Gynecol. 233 (1983) 131

11 de Borges, R. J., O. Carmona, H. Machado, J. Esparza: Chlamydial infection in papanicolaou-stained cervical smears. Acta cytol. 28 (1984) 471

12 Bradbeer, C.: Is infection with HIV a risk factor for cervical intraepithelial neoplasia? Lancet 1987/II, 277

13 Braga, C. A., T. B. Teoh: Amoebiasis of the cervix and vagina. J. Obstet. Gynaecol. Brit. Cwlth 71 (1964) 299

14 de Brux, J. A., J. Dupre-Froment, R. M. Graham, E. van Haam: Exfoliative cytology of reserve cell hyperplasia, basal cell hyperplasia and dysplasia. Acta cytol. 5 (1961) 142

15 Burghardt, E.: Histologische Frühdiagnose des Zervixkrebses. Thieme, Stuttgart 1972

16 Cabanne, F., R. Michiels, C. Mottot, H. Bastien: Ciliated bodies in gynecologic cytopathology: Parasite or cellular debris? Acta cytol. 19 (1975) 407

17 Carmichael, R., B. L. Jeaffreson: Squamous metaplasia of the columnar epithelium in the human cervix. J. Pathol. Bacteriol. 52 (1941) 173

18 Carr, C. M., L. Hanna, E. Jawetz: Chlamydiae, cervicitis and abnormal papanicolaou smears. Obstet. and Gynecol. 53 (1979) 27

19 Carson, L. F., L. B. Twiggs, M. Fukushima et al.: Human genital papilloma infections: an evaluation of immunologic competence in the genital neoplasia-papilloma syndrome. Amer. J. Obstet. Gynecol. 155 (1986) 784

20 Carvalho, G., W. M. Kramer, S. Kay: The presence of leptothrix in vaginal smears. Acta cytol. 9 (1965) 244

21 Ceelen, G. H., M. Sakurai: Vaginal cytology in leukemia. Acta cytol. 6 (1962) 370

22 Clemmesen, J.: AIDS, Kaposi-sarkom, cervixcancer og folketing. Ugeskr. Laeg. 149 (1987) 2287

23 Clocuh, Y.: Ciliocytophthorie in der Lungen- und Vaginalzytologie. Med. Welt 29 (1978) 1044

24 Clocuh, Y.: Ciliocytophthorie im Zervikalabstrich. Geburtsh. u. Frauenheilk. 39 (1978) 229

25 Coleman, D. V.: A case of tuberculosis of the cervix. Acta cytol. 13 (1969) 104

26 Colmenares, R. F., Z. M. Naib: Significance of lymphocytic pools in the routine vaginal smears. Obstet. and Gynecol. 26 (1965) 909

27 Cordinger, J. W., F. Sharp, J. D. Briggs: Cervical intraepithelial neoplasia in immunosuppressed women after renal transplantation. Scott. med. J. 25 (1980) 275

28 Costa, S., D., Barnabé, A. Medori, C. Zanardi, B. Sangiorgi, R. Barrasso, G. Faccioli: Chlamydia trachomatis infection and cervical dysplasia. Europ. J. gynaecol. Oncol. 3 (1982) 107

29 Cramer, H.: Zytologische Befunde im zervikalen Smear bei Endometritis und Cervicitis tuberulosa. Geburtsh. u. Frauenheilk. 11 (1951) 809

30 Cristobal, A. S., S. Roset, C. Blay: Finding of ciliated protozoa genus vorticella on cervical and endocervical smears. Acta cytol. 20 (1976) 387

31 Donath, E.-M., R. Schrage, U. B. Hoyme: Chlamydia trachomatis-Untersuchungen zur Wertigkeit des Nachweises im Papanicolaou-Präparat. Geburtsh. u. Frauenheilk. 45 (1985) 402

32 Dorman, S. A., L. M. Danos, B. L. Caron, R. F. Smith, J. R. Goellner, P. M. Banks: Detection of chlamydia trachomatis in papanicolaou-stained cervical smears by an indirect immunoperoxidase method. Acta cytol. 29 (1985) 665

33 Duggan, M. A., C. Pomponi, D. Kay, S. J. Robboy: Infantile chlamydial conjunctivitis. A comparison of papanicolaou, giemsa and immunoperoxidase staining methods. Acta cytol. 30 (1986) 341

34 Dukes, C. D., H. L. Gardner: Identification of haemophilus vaginalis. J. Bacteriol. 81 (1961) 227

35 Dunkelberg jr., W. E., R. Skaggs, D. S. Kelloj jr.: A study and description of Corynebakterium vaginale (Haemophilus vaginalis). Amer. clin. Pathol. 53 (1970) 370

36 Dyroff, R., K. Michalzik: Untersuchungen über die Biologie von Trichomonas vaginalis. Geburtsh. u. Frauenheilk. 14 (1954) 36

37 Eisenstein, R., H. Battifora: Lymph follicles in cervical smears. Acta cytol. 9 (1965) 344

38 Figuerva, J. M., A. K. Huffaker, E. S. Diehl: Malignant plasma cells in cervical smear. Acta cytol. 22 (1978) 43

39 Fluhmann, F. C.: The Cervix Uteri and its Diseases. Saunders, Philadelphia 1961

40 Frost, J. K.: The Cell in Health and Disease. Karger, Basel 1969

41 Frost, J. K.: Trichomonas vaginalis and cervical epithelial changes. Ann. N. Y. Acad. Sci. 97 (1962) 792

42 Gardner, H. L., R. H. Kaufman: Benign Diseases of the Vulva and Vagina. Mosby, St. Louis 1969

43 Gardner, H. L.: Infectious vulvovaginitis: In Monif, G. R. G.: Infections Diseases in Obstetrics and Gynecology. Harper and Row, Philadelphia 1982 (p. 515)

44 Gaudefroy, M., D. Coliche: Deux cas de vazinite due à un parasite encose inconnue en pathologie gynecologique. C. R. Soc. franç. Gynecol. 40 (1970) 1

45 Geerling, S., J. A. Nettum, L. E. Lindner, S. L. Miller, L. Dutton, S. Wechter: Sensitivity and specificity of the papanicolaou-stained cervical smear in the diagnosis of chlamydia trachomatis infection. Acta cytol. 29 (1985) 671

46 Geirsson, G., F. E. Woodworth, S. F. Patten jr., T. A. Bonfiglio: Epithelial repair and regeneration in the uterine cervix. An analysis of the cells. Acta cytol. 21 (1977) 371

47 Glosely, Y. W., A. Nahmias, Z. M. Naib: Viral and viruslike infections of the female genital tract. Clin. Obstet. Gynecol. 12 (1969) 161

48 Goforth, J. L.: Polyps and papillomes of the cervix uteri. Tex. St. J. Med. 49 (1953) 81

49 Gupta, P. K., E. F. Lee, Y. S. Erozan, J. K. Frost, S. T. Geddes, P. A. Donovan: Cytologic investigations in chlamydia infection. Acta cytol. 23 (1979) 315

50 van Haam, E., J. W. Old: Reserve cell hyperplasia squamous metaplasia and epidermisation; In Gray, L. A.: Dysplasia, Carcinoma in Situ and Micro-Invasive Carcinoma of the Cervix Uteri. Thomas, Springfield/Ill. 1974 (p. 41)

51 van Haam, E., D. G. Scarpelli: Experimental carcinoma of the cervix: a comparative cytologic and histologic study. Cancer Res. 15 (1955) 449

52 Hare, M. J., D. Taylor-Robinson, P. Cooper: Evidence for an association between Chlamydia trachomatis and cervical intraepithelial neoplasia. Brit. J. Obstet. Gynecol. 89 (1982) 489

53 Hajdu, St. I.: Cytology and pathology of acquired immune deficiency syndrome. Acta cytol. 30 (1986) 599

54 Harnekar, A. B., G. Leiman, S. Markowitz: Cytologically Detected chlamydial changes and progression of cervical intraepithelial neoplasias. A retrospective case-control study. Acta cytol. 29 (1985) 661

55 Hasegawa, T., S. Izumi, S. Kurihara, Y. Sshizuka, Y Ito, A. Takechi, M. Tschuiya: Incidence of herpes infection of the uterine cervix observed in cytologic specimens in the Tokyo metropolitan area. Acta cytol. 29 (1985) 363

56 Heller, C. J.: Neisseria gonorrhoea in Papanicolaou smears. Acta cytol. 18 (1974) 338

57 Heller, C., V. Hoyt: Squamous cell changes with the presence of Candida sp. in cervical – vaginal Papanicolaou smears. Acta cytol. 15 (1971) 379

58 Henry, M. J., M. W. Stanley, S. Cruikshank, L. Carson: Association of human immunodeficiency virus-induced immunosuppression with human papillomavirus infection and cervical intraepithelial neoplasia. Amer. J. Obstet. Gynecol. 160 (1989) 352

59 Hilgarth, M., A. Roß: Chlamydien-Nachweis durch Vaginalzytologie. Fortschr. Med. 100 (1982) 391

60 Highman, W. J.: Cervical smears in tuberculos endometritis. Acta cytol 16 (1971) 16

61 Höffken, H.: Das zytologische Bild und die Differentialdiagnose bei Condylomata acuminata. Dtsch. med. Wschr. 103 (1978) 702

62 Hollander, D. H., P. K. Gupta: Detached ciliary tufts in cervicovaginal smears. Acta cytol. 18 (1974) 367

63 Hoyme, U. B.: Nachweis, Klinik, Komplikationen und Behandlung von Chlamydieninfektionen in der Gynäkologie und Geburtshilfe. Gynäkologe 18 (1985) 142

64 Huber, J.: Fertilitätsstörungen der Frau. Enke, Stuttgart 1986

65 Jagella, H. P., H. Stenger: Zur Dignität der Condylomata acuminata. Arch. Gynäkol. 216 (1974) 119

66 Jenny, J.: Der entzündliche und der atrophische Abstrich. Huber, Bern 1973

67 Jenny, J.: Die Phasenkontrastmikroskopie in der täglichen Praxis. Jenny und Artusi, Schaffhausen 1977

68 Johnson, G. E., E. H. Soule: Malignant lymphoma as a gynecological problem. Obstet. and Gynecol. 9 (1957) 149

69 Jordan, S. W., E. Erangel, N. L. Smith: Ethnic distribution of cytologically diagnosed herpes simplex genital infections in a cervical cancer screening program. Acta cytol. 16 (1972) 363

70 Kearns, P. R., J. F. Gray: Mycotic vulvovaginitis. Obstet. and Gynecol. 22 (1963) 621

71 Kitay, D. Z.: On the recognition, pathogenesis, consequences and therapy of the deficiency folate in human reproduction. Amer. J. Obstet. Gynecol. 104 (1969) 1067

72 Kitay, D. Z., W. B. Wentz: Cervical cytology in folic acid deficiency of pregnancy. Amer. J. Obstet. Gynecol. 104 (1969) 931

73 Klaus, H.: Quantitative criteria of folate deficiency in cervicovaginal cytograms, with report of a new parameter. Acta cytol. 15 (1971) 50

74 Korte, W.: Ätiologie, Diagnose und Therapie der Infektionen des Menschen mit Trichomonas vaginalis Donné 1836. Dtsch. Ärztebl. 61 (1964) 2665 u. 2731

75 Koss, L. G.: Diagnostic Cytology and its Histopathologic Bases, 3. Aufl. Lippincott, Philadelphia 1979

76 Koss, L. G., G. R. Durfee: Unusual pattern of squamous epithelium of the uterine cervix cytologic and pathologic study of koilocytotic atypia. Ann. N. Y. Acad. Sci. 63 (1956) 1245

77 Koss, L. G., W. H. Wolinska: Trichomonas vaginalis cervicitis and its relationship to cervical cancer; histological study. Cancer (Philad.) 12 (1959) 1171

78 Krebs, D., W. Schallenberg: Bakteriologische Untersuchungen unter besonderer Berücksichtigung der Anaerobier. Arch. Gynäkol. 206 (1971) 209

79 Kümmel, J., W. Ritzerfeld: Untersuchungen über die klinische Bedeutung von „Haemophilus vaginalis". Geburtsh. u. Frauenheilk. 21 (1962) 249

80 Lang, D.: Cytomegalovirus infections in pregnancy and the newborn. Clin. Obstet. Gynecol. 13 (1970) 348

81 Laverty, C. R., P. Russell, E. Hills, N. Booth: The significance of noncondylomatous Wart virus infection of the cervical transformation zone. A review with discussion of two illustrative cases. Acta cytol. 22 (1978) 195

82 Laverty, C. R., P. Russell, J. Black, N. Kappagoda, R. A. V. Benn, N. Booth: Adenovirus infection of the cervix. Acta cytol. 21 (1977) 114

83 Lewis, J. F., S. O'Brien: Diagnosis of haemophilus vaginalis by Papanicolaou smears. Techn. Bull. Reg. med. Technol. 39 (1969) 34

84 Lindner, L. E., S. Geerling, J. A. Nettum, S. L. Miller, K. H. Altman: The cytologic teatures of chlamydial cervicitis. Acta cytol. 29 (1985) 676

85 Lloyd, H. E., R. Fienberg: Lymphoid follicular cells of uterine cervix in vaginal smears. Acta cytol. 10 (1966) 167

86 Maiman, M., R. G. Fruchter, E. Serur, J. G. Boyce: Prevalence of human immunodeficiency virus in a colposcopy clinic. J. Amer. med. Ass. 260 (1988) 2214

87 Meisels, A.: Microbiology of the female reproductive tract as determined in the cytologic specimen. I. Influence of gonadal hormones. J. reprod. Med. 1 (1968) 603

88 Meisels, A., D. Ayotte: Cells from the seminal vesicles: Contaminants of the V-C-E smear. Acta cytol. 20 (1976) 211

89 Meisels, A., R. Fortin: Genital tuberculosis: cytologic detection. Acta cytol. 19 (1975) 79

90 Meisels, A., R. Fortin: Condylomatous lesions of the cervix uteri and vagina: I. Cytologic patterns. Acta cytol. 20 (1976) 505

91 Meisels, A., R. Fortin, M. Roy: Condylomatous lesions of the cervix: II. Cytologic, colposcopic and histopathologic study. Acta cytol. 21 (1977) 379

92 Meyer, R.: Die pathologische Anatomie der Gebärmutter. In Henke, F., O. Lubarsch: Handbuch der speziellen pathologischen Anatomie und Histologie, Bd. VII. Springer, Berlin 1930

93 Meyer, R.: Basis of histological diagnosis of Carcinoma; with special reference to carcinoma of cervix and similar lesions. Surg. Gynecol. Obstet. 73 (1941) 14

94 Michalzik, K.: Zur Genese des Plattenepithelkarzinoms an der Portio. Geburtsh. u. Frauenheilk. 18 (1958) 479

95 Miravete, A. P.: Estudios sobre flora vaginal IX. Classification de lactobacilli de origen vaginal. Rev. lat.-amer. Microbiol. Parasitol. 9 (1967) 11

96 Moulder, J. W.: The relation of basic biology to pathogenic potential in the genus Chlamydia. Infection Suppl. 1, 10 (1982) 10

97 Müller Kobold-Walterbeck, A. C., M. E. Beyer-Boon: Ciliocytophthoria in cervical cytology: Acta cytol. 19 (1975) 89

98 Naib, Z. M.: Exfoliative cytology of viral cervicovaginitis. Acta cytol. 10 (1966) 126

99 Naib, Z. M.: Exfoliative Cytopathologie. Little, Brown, Boston 1970

100 Naib, Z. M., N. R. Masukawa: The identification of Condyloma acuminata (SIC) cells in routine vaginal smears. Obstet. and Gynecol. 18 (1961) 735

101 Naib, Z. M., A. J. Nahmias, W. E. Josey: Cytology and histopathology of cervical herpes simplex infection. Cancer (Philad.) 17 (1966) 1026

102 Nasiell, M.: Hodgkin's disease limited to uterine cervix. Acta cytol. 8 (1964) 16

103 Ng, A. B. P., J. W. Reagan, E. Lindner: Cellular manifestations of primary and recurrent herpes genitalis. Acta cytol. 14 (1970) 124

104 van Niekerk, W. A.: Cervical cytological abnormalities caused by folic acid deficiency. Acta cytol. 10 (1966) 67

105 Oversohl, J.: Herpes genitalis der Frau unter besonderer Berücksichtigung der zytologischen Veränderungen. Geburtsh. u. Frauenheilk. 33 (1973) 812

106 Paavonen, J., E. Vesterine, B. Meyer, P. Saikku, J. Suni, E. Purola, E. Saksela: Genital chlamydia trachomatis infections in patients with cervical atypia. Obstet. and Gynecol. 54 (1979) 289

107 Papanicolaou, G. N.: Degenerative changes in ciliated cells exfoliating from bronchial epithelium as cytologic criterion in diagnosis of diseases of lung. N. Y. (St. J.) Med. 56 (1956) 2647

108 Papanicolaou, G. N., H. F. Traut: Diagnosis of Uterine Cancer by the Vaginal Smear. Commonwealth Fund, New York 1943

109 Patten jr., S. F.: Diagnostic Cytology of the Uterine Cervix, 2. Aufl. Karger, Basel 1969

110 Petzold, D.: Die genitale Chlamydieninfektion. Manifestationsformen in der Praxis. Sexualmedizin 4 (1986) 178

111 Pundel, J. P.: Particularites Cytologiques des frottis Vaginaux dans quelques cas de tuberculose genitale. Brux.-méd. 37 (1957) 1720

112 Purola, E., E. Savia: Cytology of gynecologic condyloma acuminatum. Acta cytol. 21 (1977) 26

113 Quinn, T. C., P. K. Gupta, R. T. Burkman, E. W. Kappus, M. Barbacci, M. R. Spence: Detection of Chlamydia trachomatis cervical infection: A comparison of Papanicolaou and immunofluorescent staining with cell culture. Amer. J. Obstet. Gynecol. 157 (1987) 394

114 Qizilbash, A. H.: Chronic plasma cell cervicitis. A rare pitfall in gynecological cytology. Acta cytol. 18 (1974) 198

115 Reagan, J. W.: The nature of the cells originating in so-called „precancerous“ lesions of the uterine cervix. Obstet. Gynecol. Surv. 13 (1958) 157

116 Reagan, J. W., A. B. P. Ng: The Cells of Uterine Adenocarcinoma, 2. Aufl. Karger, Basel 1973

117 Ritzerfeld, W.: Bakteriologie, Virologie und Parasitologie. In Käser, O., V. Friedberg, K. G. Ober, K. Thomsen, J. Zander: Gynäkologie und Geburtshilfe, Bd. III. Thieme, Stuttgart 1971

118 Roberts, T. H., A. B. P. Ng: Chronic lymphocytic cerviatis: Cytologic and histopathologic manifestations. Acta cytol. 19 (1975) 235

119 Ross, L.: Incidentical finding of cytomegalovirus inclusions in cervical glands. Amer. J. Obstet. Gynecol. 95 (1966) 956

120 Schachter, J., E. C. Hill, E. B. King, V. R. Coleman, P. Jones, K. F. Meyer: Chlamydial infection in women with cervical dysplasia. Amer. J. Obstet. Gynecol. 123 (1975) 753

121 Schneider, M.-L.: Die zytologischen Veränderungen des Herpes simplex genitalis. Geburtsh. u. Frauenheilk. 33 (1973) 576

122 Schnell, J. D.: Zytologie und Mikrobiologie der Vagina. Wissenschaftsverlag, Köln 1973

123 Shiina, Y.: Cytomorphologic and immunocytochemical studies of chlamydial infections in cervical smears. Acta cytol. 29 (1985) 683

124 Schneider, A., S. Kay, H. M. Lee: Immunosuppression as a high risk factor in the development of condyloma acuminatum and squamous neoplasia of the cervix. Acta cytol. 27 (1983) 220

125 Silverman, J. F., N. Smith, M. Unverferth, M. Carney: The value of immunoperocidase staining for chlamydia on Papanicolaou-stained smears. Letters to the editors. Acta cytol. 29 (1985) 903

126 Smolka, H.: Ein bemerkenswerter vaginaler Zellbefund bei latenter Toxoplasmose. Zbl. Gynäkol. 75 (1953) 730

127 Smolka, H.: Über multinukleäre Pseudoriesenzellen in Vaginalabstrichen. Zbl. Gynäkol. 78 (1956) 1769

128 Smolka, H.: Zervikale Zellelemente im Vaginalinhalt und ihre differentialdiagnostische Bedeutung in der zytologischen Abstrichbeurteilung. Arch. Gynäkol. 195 (1960) 53

129 Smolka, H.: Art und Entstehung der physiologischen Zerstörung endozervikaler Zylinderzellen. Proc. first Intern. Congr. Cytol., Wien 1961. Lippincott, Philadelphia 1962 (S. 254)

130 Solbach, W.: Therapie-Richtlinien bei Chlamydia trachomatis. Fortschr. Med. 104 (1986) 18

131 Spence, M. R., M. Barbacci, E. Kappus, T. Quinn: A correlative study of Papanicolaou smear, fluorescent antibody, and culture for the diagnosis of chlamydia trachomatis. Acta cytol. 68 (1986) 691

132 Spurrett, B., D. S. Jones, G. Stewart: Cervical dysplasia and HIV infection. Lancet 1988/I, 237

133 Stern, E., L. D. Longo: Identification of herpes simplex virus in case showing cytological features of viral vaginitis. Acta cytol. 7 (1963) 295

134 Stoll, P., J. Jaeger, G. Dallenbach-Hellweg: Gynäkologische Zytologie. Springer, Berlin 1968

135 Syrjänen, K., R. Mäntyjärvi, M. Väyrynen, O. Castrén, M. Yliskoski, S. Saarikoski: Chlamydial cervicitis in woman followed-up for human papillomavirus (HPV) lessions of the uterine cervix. Acta obstet gynecol. scand. 64 (1985) 467

136 Teplitz, R. L., Z. Valco, T. Rundall: Comparative sequential cytology changes following in vitro infection with herpes virus types I and II. Acta cytol. 15 (1971) 455

137 Timonen, S., O. P. Salo, B. Meyer, H. Haapoja: Vaginal mycosis. Acta obstet. gynecol. scand. 45 (1966) 232

138 Tweeddale, D. N., R. C. Scott, J. W. Fields, S. W. Roddick, M. J. Ball: Giant cells in cervico-vaginal smears. Acta cytol. 12 (1968) 298

139 Vesterinen, E., E. Purola, E. Saksela, P. Leinikki: Clinical and virological findings in patients with cytologically diagnosed gynecologic herpes simplex infections. Acta cytol. 21 (1977) 199

140 Vokaer, R., J. Boute, A. Ghislain: Le diagnostic de la tuberculose genitale est-il possible par la cytologie exfoliative? Brux.-méd. 33 (1953) 1311

141 Wahl, R. W.: Chlamydia repair and intraepithelial neoplasia. Letters to the editors. Acta cytol. 28 (1984) 89

142 Wied, G. L.: Interpretation of inflammatory reactions in vagina, cervix and endocervix by means of cytologic smears. Amer. J. clin. Pathol. 28 (1957) 233

143 Wied, G. L., W. Christiansen: Bedeutung und Einfluß der Bakterienflora im zytologischen Vaginalausstrich. Zbl. Bakteriol. 160 (1953) 413

144 Wied, G. L., W. Christiansen: Die Zytolyse von Epithelien des Vaginalsekretes. Geburtsh. u. Frauenheilk. 13 (1953) 986

145 Wolinska, W. H., M. R. Melamed: Herpes genitalis in women attending planned parenthood of New York City. Acta cytol. 14 (1970) 239

146 Yen, S. S. C., J. W. Reagan, M. S. Rosenthal: Herpes simplex infection in female genital tract. Obstet. and Gynecol. 25 (1965) 479

147 Youssef, A. F., M. M. Fayad, M. A. Shafeek: The diagnosis of genital bilharziasis by vaginal cytology. Amer. J. Obstet. Gynecol. 83 (1962) 710

9 Zytologie maligner Tumoren und ihrer Vorstufen

Grundlagen der zytologischen Malignitätsdiagnostik

Der Darstellung der speziellen Zytodiagnostik bösartiger Geschwülste des weiblichen Genitales und ihrer Vorstadien seien einige allgemeine Ausführungen über die Merkmale der Atypie vorangestellt.

Die Meinung, daß „ohne den Nachweis infiltrierenden Wachstums keine Krebsdiagnose möglich sei", die solange die Entwicklung der Zytodiagnostik aufgehalten hat (44), ist heute überholt. Seit langem sind eine Reihe von Merkmalen bekannt, mit deren Hilfe man auch aus dem Zellabstrich mit einem hohen Maß an Sicherheit die Diagnose eines Karzinoms, eines Carcinoma in situ oder einer Dysplasie stellen kann. Es hat sich damit eine weitere Dimension der morphologischen Diagnostik eröffnet.

Die bei der *Malignisierung der Zelle* ablaufenden pathophysiologischen Störungen finden ihren Ausdruck in morphologischen Veränderungen an Zelle und Kern, die zum großen Teil bereits lichtmikroskopisch zu erkennen sind. Bei der zytomorphologischen Diagnostik maligner Erkrankungen und ihrer Vorstadien spielen Veränderungen am Zellkern eine dominierende Rolle. *Der Kern ist das Steuerungszentrum von Zellstoffwechsel und Zellfunktion* (4). Auf die kritische Beurteilung von Veränderungen am Intermitosekern (Ruhekern) muß sich daher die Aufmerksamkeit des Zytopathologen in erster Linie richten. Veränderungen am Zellplasma sind von untergeordneter Bedeutung, wenn nicht gleichzeitig Kernveränderungen damit einhergehen. *Das Zellplasma gibt im wesentlichen Hinweise auf Ursprung und Differenzierungsgrad der Zellen.*

Die wichtigsten Merkmale der Atypie sind: erhöhter DNS-Gehalt der Kerne, Vergrößerung der Kerne, erhöhte Kern-Plasma-Relation, Hyperchromasie der Kerne, unregelmäßige Kernform, intranukleäre Veränderungen der Chromatinverteilung, vergrößerte und zahlenmäßige vermehrte Nukleoli, Anisonukleose und Polymorphie der Kerne, Zellplasmaveränderungen, Veränderungen im Präparathintergrund.

Erhöhter DNS-Gehalt der Kerne

Während die *Chromosomen* bei der *Zellteilung* in ihrer *inaktiven Transportform* in Erscheinung treten, bilden sie im *Intermitosekern* den *wesentlichen Anteil des Chromatins*, das von einer abgrenzenden Hülle umgeben ist und zusätzlich einen Nukleolus enthält (4). Das *Kerninnere der Intermitosekerne wird von den weitgehend entspiralisierten, hydratisierten und aufgelockerten Chromosomen ausgefüllt.* Die Chromatinsubstanz erscheint im Intermitosekern normalerweise *gleichmäßig verteilt* und *fein granuliert.* Im Zuge der Malignisierung der Zelle kommt es zur Vergröberung der Chromatinstruktur und zur unregelmäßigen Verteilung des Chromatins.

Die Kerne der Zellen maligner Tumoren und ihrer Vorstadien enthalten gewöhnlich eine *von der Norm abweichende Chromosomenzahl.* Sie schwankt in weiten Grenzen. Meist ist sie erhöht (6–8, 25, 32, 64, 65, 68, 69). Dies *spiegelt sich ebenfalls in Größe und Anfärbbarkeit im Intermitosekern wider.*

Das *Substrat des genetischen Codes der Chromosomen wird hauptsächlich von der DNS gebildet* (22). *Zwischen der Chromosomenzahl und DNS-Gehalt der Zellkerne besteht eine enge Korrelation* (5, 9, 10, 57, 61, 71, 77). Die DNS ist mit bestimmten Methoden, z.B. der Feulgen-Färbung, spezifisch anfärbbar und zytophotometrisch meßbar. *Aus den Ergebnissen zytophotometrischer DNS-Messungen an Intermitosekernen lassen sich daher weitgehende Rückschlüsse auf den Chromosomensatz der Zellkerne ziehen.* Bei malignen Tumoren kann jedoch die Korrelation zwischen Chromosomenzahl und DNS-Menge dadurch aufgehoben sein, daß maligne Tumoren neben der mehr oder weniger vermehrten Zahl von Chromosomen auch eine erhöhte Menge an DNS in einzelnen Chromosomen enthalten können (10).

Normale Zellkerne, z.B. von Intermediärzellen, Parabasalzellen, endozervikalen Zellen, haben einen diploiden Chromosomensatz. Im *Histogramm* dargestellt zeigt sich das Ergebnis der DNS-Messungen in einem Gipfel im 2c-Bereich (Abb. 9.**1**), der nur geringe Abweichung nach oben und unten zeigt. Als Testzellen mit einer stabilen Chromosomenzahl für einen diploiden Chromosomensatz haben sich vor allem kleine Lymphozyten (Thymuslymphozyten) bewährt (76).

Zellen aus der G1-Phase (postmitotisch ohne Zeichen der DNS-Synthese) *haben gewöhnlich einen geringeren* DNS-*Gehalt als Zellen aus der G2-Phase*

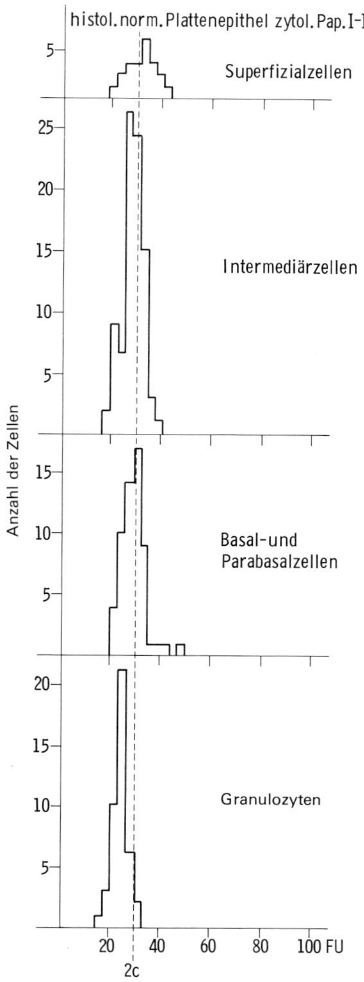

Abb. 9.1 DNS-Verteilungsmuster bei unverdächtigem vaginalem Zellbild mit Intermediär- und Superfizialzellen. FU = Fluoreszenzeinheiten (relativer DNS-Gehalt) (aus *Böhm* u. Mitarb. [17]).

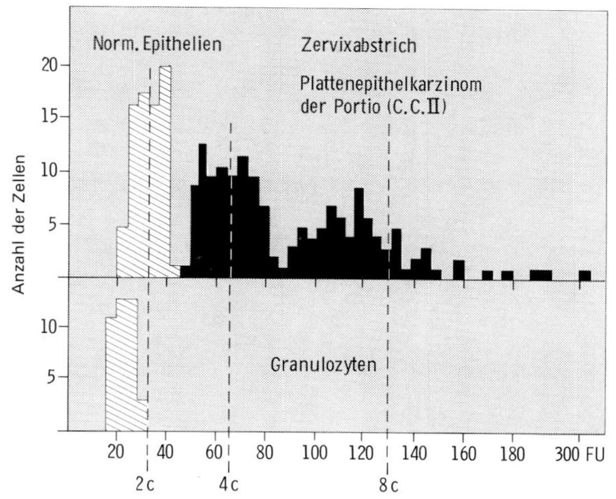

Abb. 9.2 DNS-Verteilungsmuster bei nicht verhornendem invasivem Plattenepithelkarzinom mit Stammlinienbildung im hypertetraploiden Bereich. FU = Fluoreszenzeinheiten (relativer DNS-Gehalt) (aus *Böhm* u. Mitarb. [17]).

(abgeschlossene DNS-Synthese vor der Zellteilung). Doch zeigen die Histogramme normaler Zellen gewöhnlich eine gleichmäßige Verteilung der DNS-Werte entsprechend der mitotischen Aktivität des jeweiligen Gewebes. Bei der Auswertung der Meßergebnisse an Tumorzellen muß aber die Variabilität der normalen Zellpopulationen berücksichtigt werden.

In *Karzinomzellen* ist der *DNS-Gehalt in mehr als 90% der Kerne erhöht.* Dies gilt auch für das Plattenepithelkarzinom der Cervix uteri (66, 73). Dabei erfolgt die Vermehrung der chromosomalen Substanz disproportional. Die *Kerne von Tumorzellen weisen hinsichtlich ihrer Chromosomenzahlen eine breite Streuung auf.* Die Zellen zeigen nicht anstelle des normalen Chromosomensatzes ein Mehrfaches des diploiden Chromosomensatzes (Euploidie) (38, 39), sondern die Chromosomenzahlen liegen breit gestreut im hyperdiploiden, triploiden, hypo- und hypertetraploiden Bereich oder noch höher. Die *DNS-Werte schwanken nicht nur von Tumor zu Tumor*, sondern sie weisen, im Gegensatz zu normalen Geweben, *auch in den pathologischen Zellkernen eines einzigen Tumors eine starke Variationsbreite* auf (50).

Trotzdem lassen die Histogramme bei invasiven Karzinomen meist eine Häufung der DNS-Werte in bestimmten aneuploiden Bereichen erkennen, die von Tumor zu Tumor verschieden sind. Diese werden als *Stammlinien* bezeichnet (47, 55, 68). Am häufigsten befinden sie sich im hypo- oder hypertetraploiden oder auch im oktoploiden Bereich (Abb. 9.2). Ähnliche Histogramme, wie beim invasiven

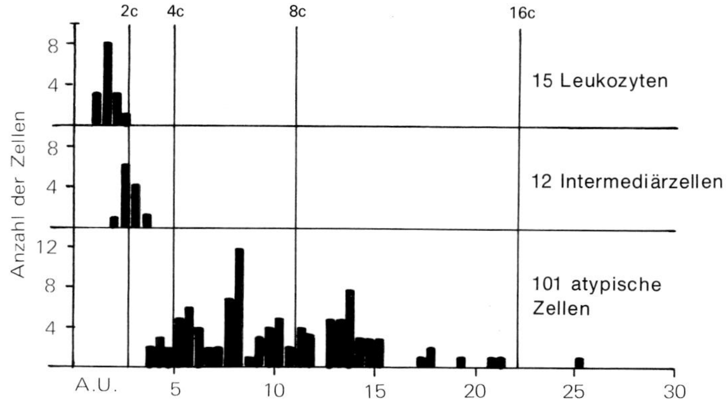

Abb. 9.3 DNS-Verteilungsmuster bei Carcinoma in situ der Cervix uteri (*Wagner* u. Mitarb. [79]).

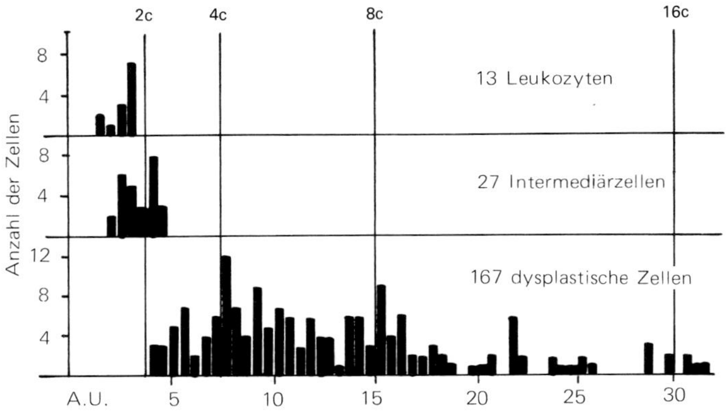

Abb. 9.**4** DNS-Verteilungsmuster bei schwerer Dysplasie (aus *Wagner* u. Mitarb. [79]).

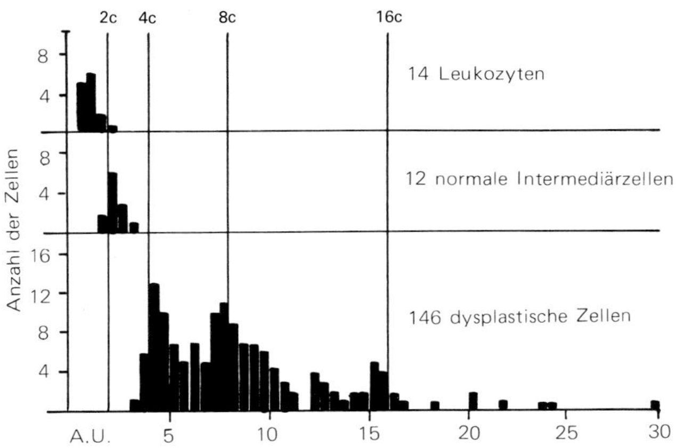

Abb. 9.**5** DNS-Verteilungsmuster bei leichter Dysplasie der Cervix uteri (aus *Wagner* u. Mitarb. [79]).

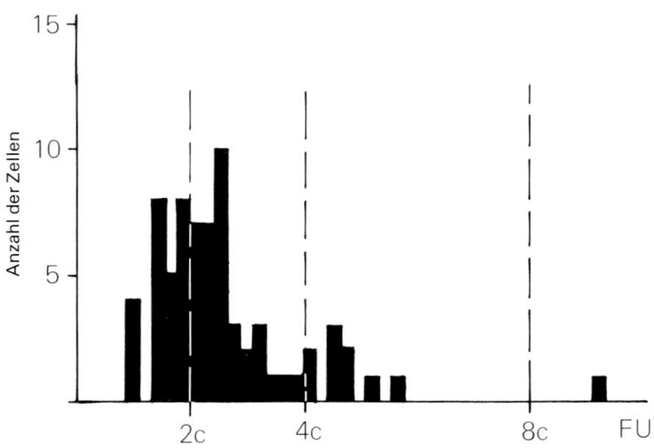

Abb. 9.**6** DNS-Verteilungsmuster bei Adenokarzinom des Endometriums. Feulgen-DNS-Histogramm (aus *Granberg* u. Mitarb. [29]).

Zervixkarzinom, zeigen sich beim Carcinoma in situ und häufig auch bei der schweren Dysplasie (Abb. 9.**3** u. 9.**4**) (43, 67, 81–83). Dysplasien leichteren Grades dagegen zeigen in den Histogrammen vielfach, jedoch nicht immer eine geringe Streuung und eine Häufung der DNS-Werte im Bereich diploider und tetraploider Werte. Die Aneuploidie fehlt (Abb. 9.**5**) (63, 66, 79, 81). Selten kommen hypodiploide Tumorzellen oder kleine Kerne vor, die nur wenige Chromosomen enthalten (Karyomeren). *Es gibt aber auch maligne Tumoren mit diploidem DNS-Gehalt der Zellkerne* und solche, die zumindest einen normalen diploiden Chromosomensatz vortäuschen (10, 28, 48, 68).

Polyploide Großkerne kommmen beim Menschen praktisch nur durch gestörte Mitosen zustande. Die gespaltenen, mehr oder weniger auseinandergewichenen Teilungschromosomen werden dabei sekundär zu einem einheitlichen Folgekern vereinigt (4).

Im Gegensatz zum Plattenepithelkarzinom der Cervix uteri zeigen *Adenokarzinome des Endometriums* (Abb. 9.**6**) zu 65% diploide oder hypodiploide DNS-Werte (11). Dies gilt besonders für die hochdifferenzierten Adenokarzinome.

Der Bestimmung des nach stöchiometrischer Färbung exakt meßbaren DNS-Gehalts steht *bei mikroskopischer Betrachtung* der nach Papanicolaou gefärbten Präparate die *subjektive Erfassung des Chromatingehalts durch Abschätzung von Kerngröße und Kerndichte* gegenüber. In den nach Papanicolaou gefärbten Abstrichen ist es nicht möglich, den DNS-Gehalt der Kerne exakt zu bestimmen; doch lassen sich bei mikroskopischer Betrachtung der Präparate aus strukturellen Veränderungen am Kern, wozu insbesondere die Kernvergrößerung und die intensivere Anfärbung des Chromatins gehören, ebenfalls weitgehende Rückschlüsse auf einen erhöhten DNS-Gehalt ziehen. Dies leitet über zur Betrachtung der für die mikroskopische Diagnostik zur Verfügung stehenden morphologisch erkennbaren Kriterien.

Vergrößerte Zellkerne

Die *Kerne von Tumorzellen und deren Vorstufen sind* im allgemeinen *größer als die normaler Zellen* (Abb. 9.**7**). Niemals ist das Kernvolumen von Tumorzellen kleiner als das einer gesunden Zelle des Ursprungsgewebes. Die Größe der Tumorzellkerne hat jedoch eine *erhebliche Schwankungsbreite*. Es gibt andererseits nichtmaligne Zellen, die, besonders wenn sie *entzündlich und degenerativ verändert sind, größere Kerne haben als kleine Tumorzellen*. Der Bereich, in dem sich maligne und nichtmaligne Zellen ihrer Größe nach überschneiden, ist relativ groß. Exakt meßbare Grenzwerte der Kerngröße zwischen normalen und pathologischen Zellen lassen sich nicht angeben (Abb. 9.**12**, 9.**13**, 9.**15**, 9.**21**, 9.**24**, 9.**25** u. 9.**73**).

Bei exakten Vergleichsmessungen von Kerndurchmesser und Kernfläche (60), die in Tab. 9.**1** dargestellt sind, zeigte sich eine signifikante Vergrößerung beider Werte. Sie waren bei Dysplasien und Carcinomata in situ sogar größer als beim invasiven Plattenepithelkarzinom der Cervix uteri. Die Kern-Plasma-Relation dagegen erwies sich bei den invasiven Karzinomen am höchsten.

Eine deutliche Verschiebung von Kerngröße und Kern-Plasma-Relation (Abb. 9.**8**) zeigt sich auch bei vergleichenden Messungen zwischen einem invasiven Plattenepithelkarzinom der Cervix uteri und einem normalen prämenopausalen Abstrich (42).

Die *Ursache* der Vergrößerung der Intermitosekerne von Tumorzellen ist in erster Linie in ihrem *erhöhten Chromatingehalt* zu sehen. Daneben spielen jedoch auch der *Auflockerungsgrad des Chromatins* in proliferativ-aktiven Zellen und die prämitotische Strukturreduplikation eine Rolle.

Eine *funktionelle Kernschwellung* (14) bei normalem Chromatingehalt ist von den Kernen des Regenerationsgewebes und anderen sich lebhaft vermehrenden Zellen bekannt. Selbstverständlich kann dies auch in den Kernen von Zellen aus malignen

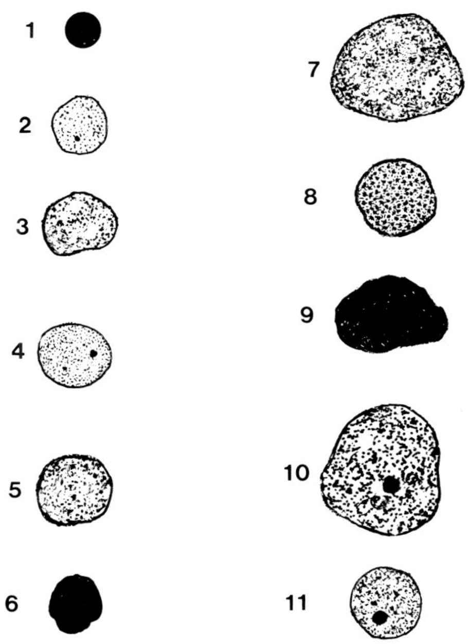

Abb. 9.**7** Vergleich der Kernflächen von verschiedenen Zellen.
1 Superfizialzellkern,
2 Intermediärzellkern,
3 Kern einer unreifen Metaplasiezelle,
4 Kern aus Regenerationsepithel,
5 Kern aus leichter Dysplasie,
6 Kern aus verhornender Dysplasie,
7 Kern aus schwerer Dysplasie,
8 Kern aus großzelligem Carcinoma in situ,
9 Kern aus verhornendem Plattenepithelkarzinom,
10 Kern aus nicht verhornendem Plattenepithelkarzinom,
11 Kern aus reifem Adenokarzinom des Endometriums.

Tabelle 9.**1** Messungen von Zell- und Kernfläche bei normalen Zervixepithelien sowie bei Zellen der Dysplasie, des Carcinoma in situ und des invasiven Zervixkarzinoms. Beachte das statistisch signifikante Anwachsen der Kernfläche beim Karzinom und seinen Vorstufen (aus *Reagan u. Mitarb.* [60]).

	normal	Dysplasien	Carcinoma in situ	invasives Karzinom
Fälle	50	100	100	100
Zahl der gemessenen Zellen	2500	5000	10 000	5000
Zelle				
Durchmesser in µm	44,93 ± 4,28	36,81 ± 5,59	20,85 ± 3,16	16,85 ± 2,94
Fläche in µm²	1604,15 ± 312,25	1087,59± 311,00	352,51 ± 115,78	229,49 ± 82,81
Kern				
Durchmesser µm	6,75 ± 1,20	14,52 + 1,57	11,67 ± 1,652	9,78 ± 1,59
Fläche in µm²	36,51 ± 13,31	167,20 ± 38,20	109,38 ± 33,04	77,04 ± 26,57
Relative Kernfläche (%)*	2,32 ± 0,84	16,45 ± 4,35	31,96 ± 6,040	34,44 ± 6,77

* Alle Flächen geben Mittelwerte pro Fall an und wurden aufgrund der gemessenen Durchmesser ermittelt, außer beim invasiven Karzinom, wo die Planimetrie herangezogen wurde.

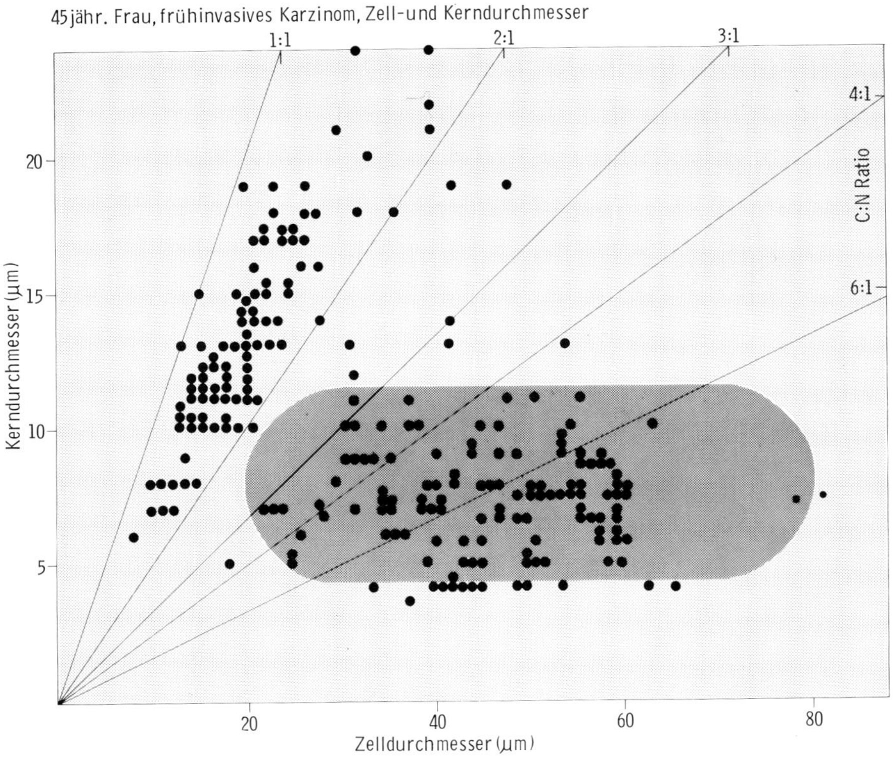

Abb. 9.**8** Das Diagramm zeigt die Verteilung von Kern- und Zelldurchmessern in Beziehung zur Zytoplasma-Kern-(CN-)Relation bei einem Fall eines invasiven Plattenepithelkarzinoms der Cervix uteri. Der dunkelgraue Bezirk zeigt die Verteilung normaler Plattenepithelzellen von einer Frau vor der Menopause an. Beachte die Häufigkeit der Zellen mit großem Kerndurchmesser und niedriger Kern-Plasma-Relation (aus *Koss* u. *Durfee* [42]).

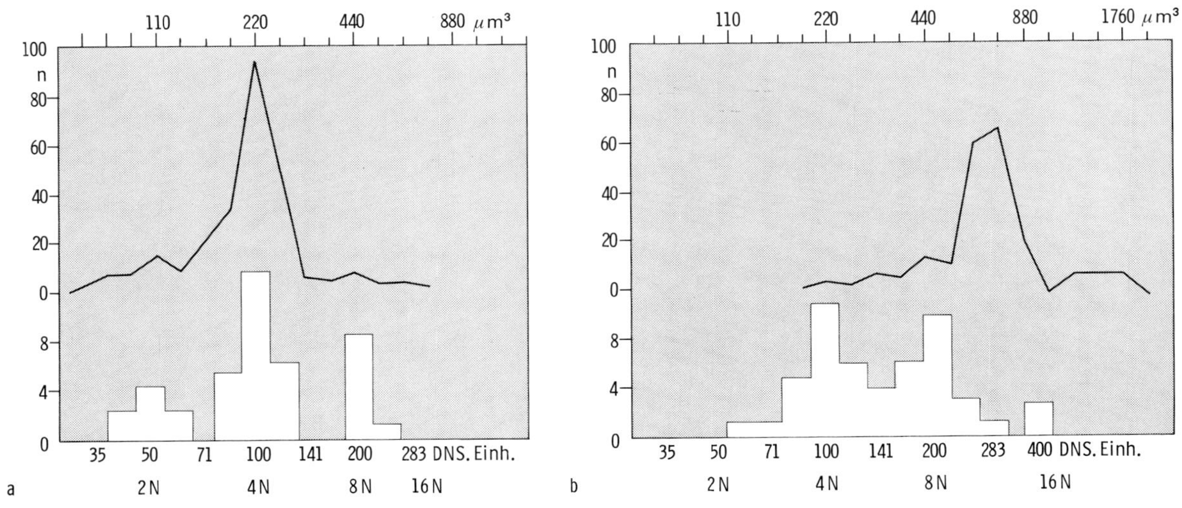

Abb. 9.**9a** u. **b** DNS-Klassen (weiße Säulen) und Kernvolumenverteilungskurven von Leberzellen (a) bei normalen Kontrollratten, (b) 30 Stunden nach Zwei-Drittel-Teilhepatektomie. Man erkennt, daß bei den hepatektomierten Tieren das Anwachsen des Kernvolumens nicht in Proportion zur Ploidie steht, sondern signifikant größer ist (aus *Grundmann* u. *Bach* [30]).

Tumoren oder atypischem Gewebe, zusätzlich zu dem erhöhten Chromatingehalt, zur Größenzunahme des Kerns in erheblichem Maße beitragen. Durch die *prämitotische Strukturduplikation* kommen Kernvergrößerungen bis zum doppelten Volumen vor (4, 20). Proliferationssynthesen pflegen neben einer Kernvergrößerung mit einer Vergrößerung des Nukleolus einherzugehen (4).

Während von verschiedenen Seiten (5, 9, 49, 52) eine direkte Korrelation zwischen Kerngröße und Zahl der Chromosomen angenommen wurde, fanden andere Untersucher (30) eine solche Korrelation z. B. an der regenerierenden Leber nach experimenteller partieller Hepatektomie nicht (Abb. 9.**9**). Sie stellten vielmehr eine erhebliche Zunahme des Kernvolumens bei den hepatektomierten Tieren fest, die nicht der Ploidie entsprach.

Die Abb. 9.**10** zeigt bei drei Zervixkarzinomen, trotz unterschiedlicher Stammlinien, gleiche Kerngröße (51). Ein malignes Melanom mit hoher Chromosomenzahl fällt deutlich davon ab.

Erhöhte Kern-Plasma-Relation

Ein wertvolleres diagnostisches Kriterium als die Vergrößerung der Kerne allein stellt die Beurteilung der *Kern-Plasma-Relation im Vergleich zu normalen Zellen gleicher Art und gleichen Differenzierungsgrades* dar (Abb. 9.**11**–9.**16**, 9.**19**, 9.**79**, 9.**95** u. 9.**102**). Es kommt bei Zellen aus malignen Geschwülsten und deren Vorstadien fast immer zu einer mehr oder weniger starken Verschiebung der Kern-Plasma-Relation zugunsten des Kernes. Anders ausgedrückt: Die Kern-Plasma-Relation (Nukleus-Zell-Ratio = NCR) erhöht sich. Die Kerne nehmen einen relativ großen Anteil der Zellen ein, da mit der Vergrößerung des Zellkerns eine Vergrößerung der Gesamtzelle nicht einhergeht. Diese erscheint infolge Funktionseinschränkung sogar eher kleiner. Vielfach zeigt das Zellplasma atypischer Zellen auch Auflösungserscheinungen infolge degenerativer Autolyse, so daß nur noch Reste von Zellplasma als schmaler Saum den Kern umgeben (Abb. 9.**17**, 9.**22**–9.**25**, 9.**82**, 9.**87** u. 9.**88**). Im extremen Fall sind die Kerne völlig nackt.

Nachdem das *Verhältnis von Kerngröße zu Zellgröße schon physiologischerweise* bei normalen Zellen außerordentlich *verschieden* ist – es sei vergleichsweise an die Kern-Plasma-Relation von Superfizialzellen, Parabasalzellen und endozervikalen Drüsenzellen erinnert –, ergibt sich, daß auch dieses diagnostische *Kriterium* nur *relativ zu bewerten* ist. An Zellen unreifer Tumoren ist die Verschiebung der Kern-Plasma-Relation in der Regel höher als an Zellen reifer Tumoren. So bringt die mehrfache Vergrößerung des Kernes in einer ausgereiften Plattenepithelkarzinomzelle bereits eine deutliche

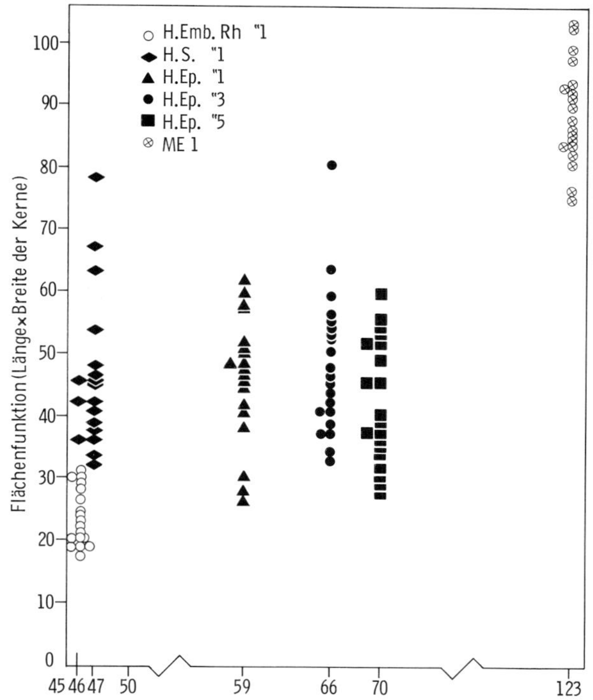

Abb. 9.**10** Vergleich der Kernfläche mit den Stammlinien der Chromosomenzahlen von 6 malignen menschlichen Tumoren in Kultur. Nur der diploide Tumor, ein embryonales Rabdomyosarkom, hatte kleine Kerne, die schwierig als maligne zu identifizieren waren. Alle anderen Linien waren morphologisch maligne. Die Kerngröße von 4 Tumoren, einem Weichteilsarkom und 3 Plattenepithelkarzinomen waren nahezu gleich, obwohl ihre Stammlinien deutlich voneinander abwichen. Ein malignes Melanom mit einer Stammlinie von 123 zeigte deutlich die größten Kerne (aus *Miles* u. *Koss* [51]).

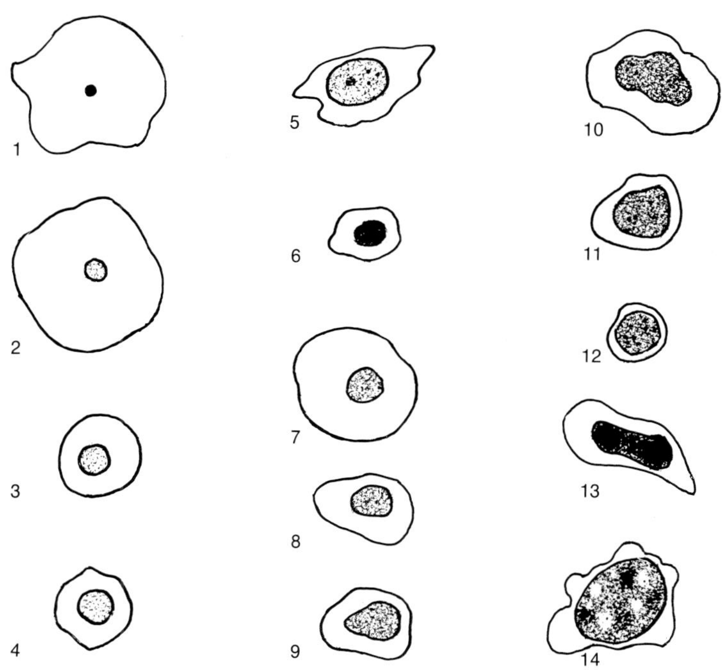

Abb. 9.**11** Kern-Plasma-Relation bei Zellen aus gutartigen, prämalignen und malignen Geweben.
1 Superfizialzelle,
2 Intermediärzelle,
3 Parabasalzelle,
4 unreife Metaplasiezelle,
5 Zelle aus Regenerationsepithel,
6 Parakeratosezelle,
7 Zelle aus leichter Dysplasie,
8 Zelle aus mäßiger Dysplasie,
9 Zelle aus atypischer Metaplasie,
10 Zelle aus schwerer Dysplasie,
11 großzelliges Carcinoma in situ,
12 kleinzelliges Carcinoma in situ,
13 verhornendes Plattenepithelkarzinom,
14 nicht verhornendes Plattenepithelkarzinom.

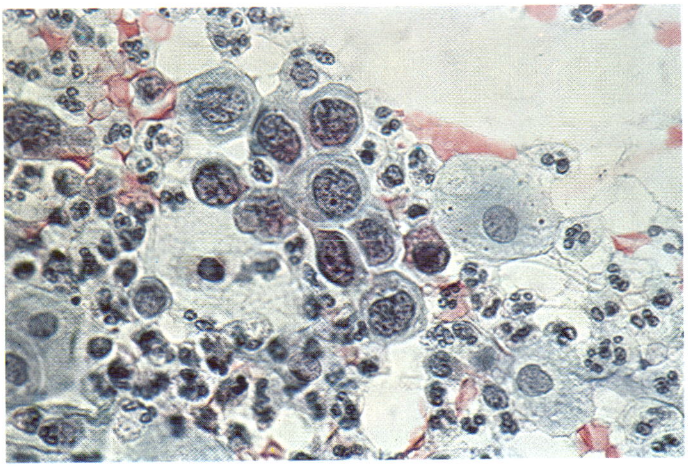

Abb. 9.**12** Zellbild bei Carcinoma in situ. In der Bildmitte eine typische Carcinoma-in-situ-Zellgruppe. Die Zellen zeigen deutlich vergrößerte Kerne und eine erhöhte Kern-Plasma-Relation. Dies kommt besonders zum Ausdruck im Vergleich mit den normalen Zellen des Ausstrichs (Obj. 40 ×, Ok. 10 ×).

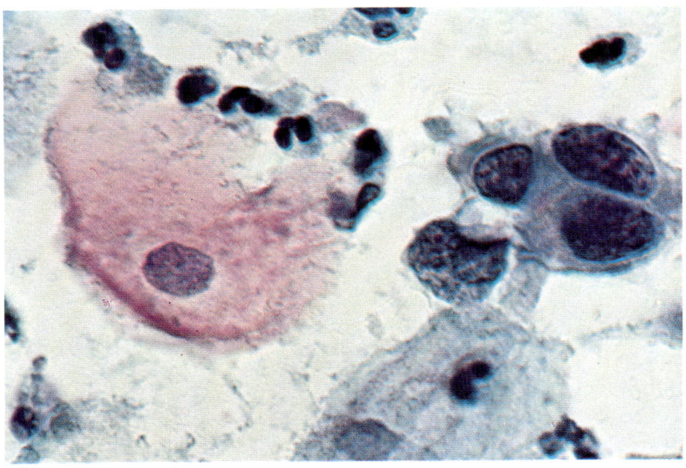

Abb. 9.**13** Zellbild bei schwerer Dysplasie. In der rechten Bildhälfte vier Zellen mit stark hyperchromatischen Kernen, die ein vergröbertes Chromatinmuster erkennen lassen. Starke Verschiebung der Kern-Plasma-Relation bei nur schmalem, teils unregelmäßig begrenztem Plasmasaum. Im übrigen Bildausschnitt eine eosinophile und eine zyanophile Intermediärzelle mit leicht vergrößerten Kernen. Ferner einige polymorphkernige Leukozyten und Bakterien. Auffallend sind die unterschiedliche Intensität der Kernfärbung und die unterschiedliche Kern-Plasma-Relation zwischen Dysplasiezellen und den nur leicht entzündlich veränderten Intermediärzellen
(Obj. Öl 100 ×, Ok. 10 ×).

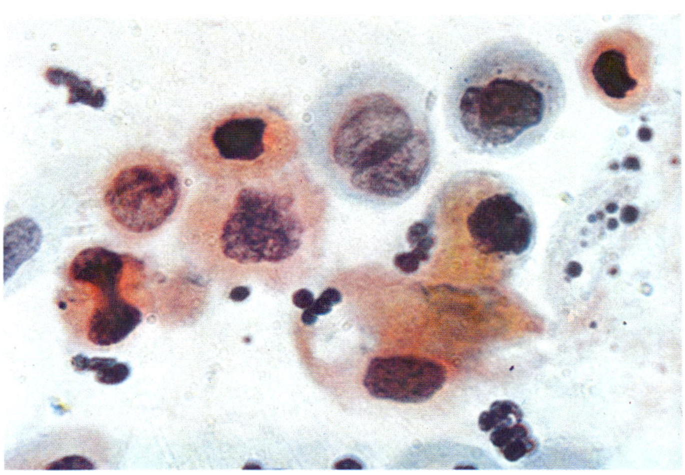

Abb. 9.**14** Zellbild bei Carcinoma in situ. Ausschließlich Carcinoma-in-situ-Zellen mit starker Verschiebung der Kern-Plasma-Relation. Teils eosinophiles, teils zyanophiles Plasma, dessen Ränder aber im wesentlichen noch erkennbar sind. Auffallend sind die Variabilität der Kernform (oval, ausgezackt, hantelförmig) und die sehr unterschiedliche Intensität der Kernanfärbung (leicht hyperchromatisch, stark hyperchromatisch bis völlig pyknotisch und strukturlos)
(Obj. Öl 100 ×, Ok. 10 ×).

Verschiebung der Kern-Plasma-Relation; dennoch ist diese, objektiv gemessen, niedriger als in einer gesunden Parabasalzelle oder unreifen Metaplasiezelle. Die Beurteilung der Kern-Plasma-Relation erfordert also in jedem Falle eine Identifizierung der Zellen nach ihrer Herkunft, was bei undifferenzierten Zellen gelegentlich Schwierigkeiten bereiten kann.

Hyperchromasie der Zellkerne

Infolge ihres erhöhten Chromatingehalts zeigen die Kerne von Zellen maligner Tumoren und ihrer Vorstadien meist eine *verstärkte Anfärbung mit basischen Farbstoffen*, wie *z. B. Hämatoxylin* (Abb. 9.**13**, 9.**14**, 9.**16**, 9.**19**–9.**21**, 9.**29**, u. 9.**88**). Man spricht von *Hyperchromasie*. Das Gegenteil ist die *Hypo-*

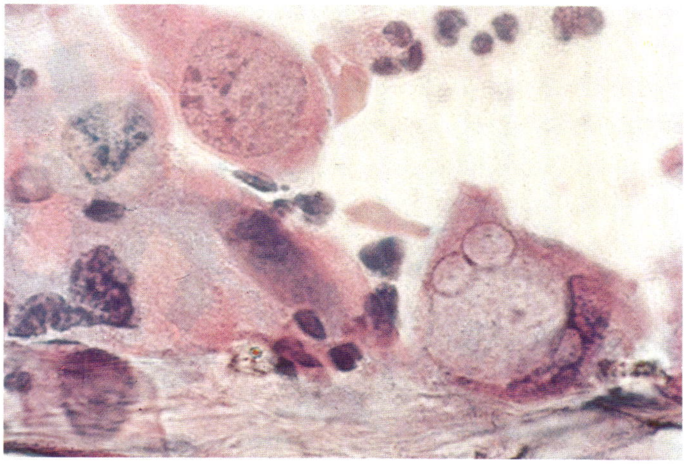

Abb. 9.**15** Zellbild bei nicht verhornendem Plattenepithelkarzinom. Der Bildausschnitt wird hauptsächlich wegen der beiden Tumorzellen in der linken oberen Ecke gezeigt. Die Kerne sind stark vergrößert bei hochgradig verschobener Kern-Plasma-Relation. Das Kernchromatin aber ist auffallend hell (hypochromatisch) mit zahlreichen verschieden großen Chromozentren. Darunter drei weniger charakteristische Tumorzellen. Rechts unten eine weitere Tumorzelle, die durch eine große und drei kleinere Plasmavakuolen stark aufgebläht ist. Der leicht hyperchromatische Kern wurde durch die Plasmavakuolen deformiert und an den Zellrand gedrängt. Einige Leukozyten, Schleim, Erythrozyten (Obj. Öl 100 ×, Ok. 10 ×).

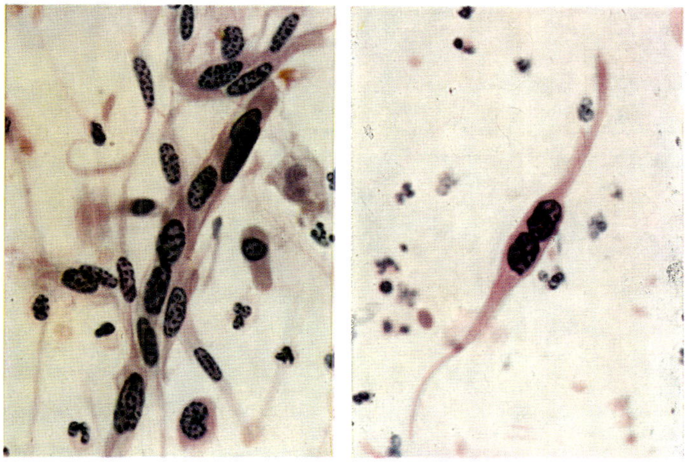

a b

Abb. 9.**16a** u. **b** Zellbilder bei differenziertem Plattenepithelkarzinom.

a Zahlreiche mehr oder weniger spindelförmige Tumorzellen in fischzugartiger Lagerung mit langgestreckten, stark hyperchromatischen Kernen von einem invasiven Plattenepithelkarzinom.

b Spindelförmige Tumorzelle mit zwei körnig strukturierten hyperchromatischen Kernen aus einem invasiven Plattenepithelkarzinom (beides Obj. 40 ×, Ok. 10 ×).

chromasie, die zu schwache Anfärbung des Kernes. Beides ist Ausdruck der bei lichtmikroskopischer Betrachtung unterschiedlichen Dichte des Chromatins. Die Anfärbung der Kerne kann in ihrer Intensität sehr unterschiedlich sein. Sie hängt einerseits vom Chromatingehalt der Kerne, andererseits vom Auflockerungszustand bzw. der Größe der Kerne ab. Je chromatinreicher ein Kern ist, um so dunkler färbt er sich an. Bei gleichem Chromatingehalt bzw. gleicher Polyploidiestufe jedoch färben sich kleine Kerne in der Regel dunkler und große Kerne heller an. Größere Kerne gleicher Ploidiestufe sind stärker aufgelockert als kleinere.

Die Begriffe *Hyperchromasie* und *Hypochromasie* werden im Sinne von *chromatindicht* und *chromatinlocker* gebraucht und würden besser dadurch ersetzt werden (4). Im internationalen Schrifttum sind die Begriffe „Hyperchromasie" und „Hypochromasie" jedoch für die Beschreibung zytologischer Befunde so fest verankert, daß es nicht sinnvoll erscheint, davon abzugehen.

Starke und schwache Anfärbbarkeit des Kernes allein geben jedoch noch keine Auskunft über seinen wirklichen Chromatingehalt. So ist der relativ kleine Kern einer Superfizialzelle infolge degenerativer Schrumpfung dunkel und pyknotisch; dennoch hat er einen völlig normalen diploiden Chromatingehalt. Der chromatinreiche Kern einer Tumorzelle aber kann dadurch, daß die Chromatinsubstanz stark aufgelockert und über einen großen Raum verteilt ist, u. U. sogar hypochromatisch erscheinen (Abb. 9.**15**). Die Chromatinsubstanz kann in seltenen Fällen lichtmikroskopisch fast unsichtbar werden.

Als *generelle Richtschnur* für die zytologische Diagnostik kann gelten, daß *bei Zellen, die entsprechend ihrem Differenzierungsgrad einen vergrößerten und zugleich hyperchromatisch angefärbten Kern haben, der Verdacht begründet ist, daß sie aus malignem oder prämalignem Gewebe stammen.* Man erkennt diese Zellen meist schon bei Durchmustern des Abstriches in schwacher Vergrößerung (Obj. 10 ×, Ok. 10 ×).

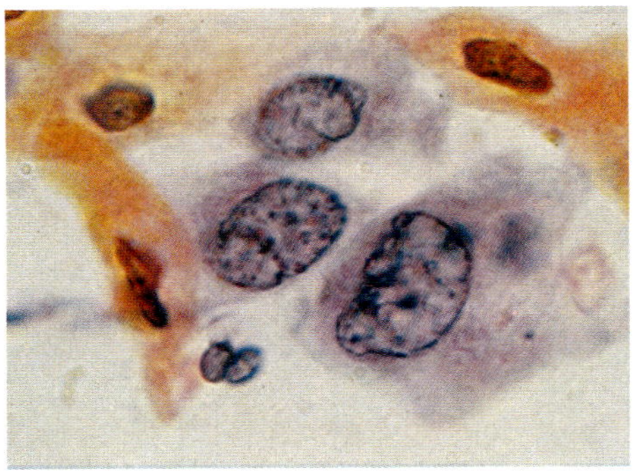

Abb. 9.**17** Carcinoma-in-situ-Zellen. Die drei zyanophilen Carcinoma-in-situ-Zellen zeigen stark vergrößerte Kerne und nur Reste eines schlecht erhaltenen, unscharf begrenzten Zellplasmas. Das Chromatinmuster innerhalb der Kerne ist unregelmäßig und deutlich vergröbert. Man hat den Eindruck einer „wolkigen" Auflockerung, wobei das Chromatin in den heterochromatischen Anteilen verklumpt ist. Stellenweise Verdickung der Kernränder und Einkerbung. Die ausgereiften atypischen Zellen zeigen ein gut erhaltenes eosinophiles, goldgelb angefärbtes Zytoplasma. Die Kerne dieser Zellen sind mäßig vergrößert, langgestreckt, irregulär und hyperchromatisch mit nur schlecht erkennbaren Einzelheiten der Struktur (Obj. Öl 100 ×, Ok. 10 ×).

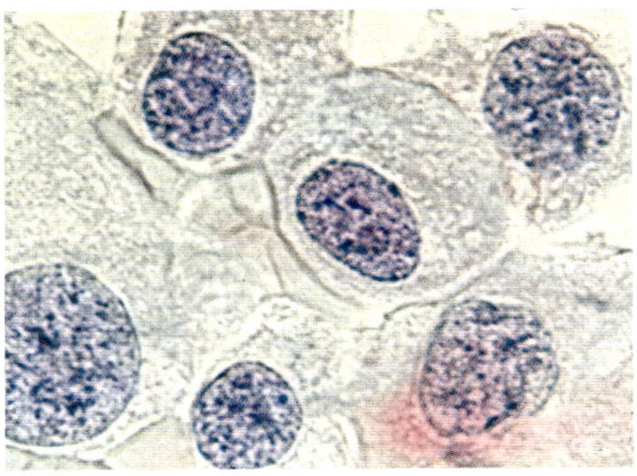

Abb. 9.**18** Carcinoma-in-situ-Zellen. Die Zellen zeigen stark vergrößerte Kerne bei deutlich erhöhter Kern-Plasma-Relation. Die Kerne sind aber nur leicht hyperchromatisch. Ihre Struktur ist leicht vergröbert bei relativ gleichmäßiger Verteilung des Chromatins und einigen auffallenden Chromozentren. Deutliche Anisonukleose (Obj. Öl 100 ×, Ok. 10 ×).

Unregelmäßige Form der Kerne

Im Gegensatz zu den Kernen normaler Zellen, die fast ohne Ausnahme rund oder oval sind, zeigen sich die Kerne von Tumorzellen und ihren Vorstadien häufig mehr oder weniger deformiert (Abb. 9.**13**, 9.**14**, 9.**15**, 9.**16**, 9.**27**, 9.**28**, 9.**29**, 9.**63**, 9.**74**, 9.**84**, 9.**85**, 9.**99**, 9.**115** u. 9.**116**). Sie können *verschieden stark entrundet, an den Rändern ausgezackt, vieleckig oder elongiert* sein, *Kernlappungen und -einbuchtungen sowie plasmatische Einschlüsse* aufweisen. Andererseits gibt es maligne Tumoren mit völlig gleichförmigen runden oder ovalen Zellkernen. Die Deformierungen der Zellkerne sind vermutlich in erster Linie direkte oder indirekte Folge vorausgegangener telophasischer Chromosomenanordnung (3, 62). Daneben dürften auch sekundäre Einflüsse mit degenerativ bedingter Kondensierung, Faltung oder Einschnürung des Kernplasmas eine Rolle spielen.

Unregelmäßigkeiten der intranukleären Chromatinstruktur

Von besonderer Bedeutung für die zytologische Diagnostik sind Veränderungen der *intranukleären Feinstruktur* des Chromatins. Die Chromatinsubstanz tritt in Intermitosekernen in mehr oder weniger aufgelockerter Form über das Kerninnere verteilt in Erscheinung. Dabei ist zwischen dem dunklen *Heterochromatin* und dem hellen *Euchromatin* zu unterscheiden (34, 35).

Im *Zuge der Malignisierung der Zelle kommt es* meist *zur Vergröberung der Chromatinstruktur* in unterschiedlichem Ausmaß. Die Chromatinverdichtungen färben sich intensiver an und heben sich dadurch deutlicher von der Umgebung ab als in normalen Zellen.

Einige und jeweils dieselben Chromosomenstrecken bleiben auch im Intermitosekern in stark spiralisiertem Zustand. Sie färben sich mit Hämatoxylin bzw. basischen Farbstoffen mehr oder weniger intensiv an und bilden das *Heterochromatin*. Es tritt in fixiertem Zustand *in Form dichter, dunkler Chromatinstrukturen* in Erscheinung.

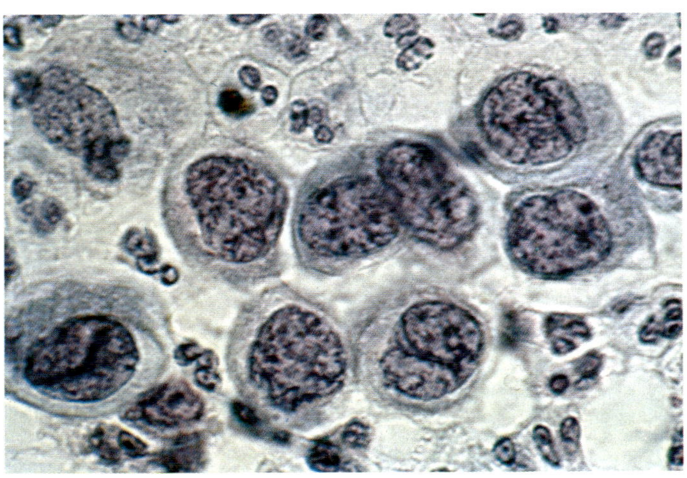

Abb. 9.**19** Carcinoma-in-situ-Zellen. Stark verschobene Kern-Plasma-Relation. Im Vergleich zu Abb. 9.**18** sind die Kerne wesentlich hyperchromatischer. Die Chromatinstruktur ist deutlich vergröbert. Die Kerne sind fast ohne Ausnahme leicht entrundet mit teils eingekerbten Kernrändern. Polymorphkernige Leukozyten (Obj. Öl 100 ×, Ok. 10 ×).

Heterochromasie und *Euchromasie* sind also ein *Ausdruck unterschiedlicher Spiralisation bzw. Hydratation* (2). Elektronenmikroskopisch bestehen die euchromatischen und heterochromatischen Strukturen aus einer Vielzahl kleiner Granula, die perlschnurartig aufgereiht erscheinen (73).

Heterochromatische Chromatinstrecken sind *genetisch inaktiv*. Ein Beispiel dafür stellen die als *Barr-Körperchen* in Erscheinung tretenden Anteile des zweiten X-Chromosoms in weiblichen Zellkernen dar. Sie können übrigens in atypischen Zellen bisweilen vergrößert sein (53). Das *Euchromatin* beinhaltet die *genetisch und biologisch aktive Kernsubstanz*, die jedoch nur einen Teil des Euchromatins einnimmt.

Die Chromosomen liegen offenbar auch im Intermitosekern nicht völlig wahllos durcheinander, sondern sind einem *Ordnungsprinzip* unterworfen, *das jedem Chromosom einen oder mehrere Orientierungspunkte an der Kernhülle garantiert* (24). Das Heterochromatin bevorzugt zur Anlagerung den Kernrand und die Umgebung des Nukleolus, ist aber sonst in normalen Zellen feinkörnig und gleichmäßig über das Kerninnere verteilt.

Die *Vergröberung des Chromatins* in malignen oder prämalignen Zellen findet in sehr verschiedenem Ausmaß statt (Abb. 9.**14**–9.**25** u. 9.**82**). Sie kann *gleichmäßig* über den Kern verteilt sein. *Häufiger aber* erscheint das Heterochromatin im Kerninneren *unregelmäßig* verteilt *und verklumpt*. Dabei entstehen meist auffallend *helle Zwischenräume* zwi-

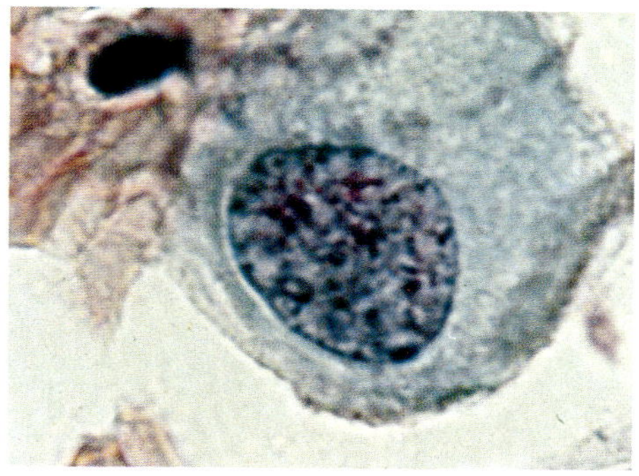

Abb. 9.**20** Zelle eines nicht verhornenden Plattenepithelkarzinoms. Stark vergrößerter Zellkern mit ungewöhnlich reichlichem, gut erhaltenem, zyanophilem Plasma. Typisch ist die Hyperchromasie des Kernes mit Vergröberung der Chromatinstruktur. Das dunkle Heterochromatin zeigt eine Granulierung und Bänderung. Dazwischen erkennt man das helle Euchromatin. Der innere Kernrand erscheint durch Anlagerung von Heterochromatin teilweise verdickt (Obj. Öl 100×, Ok. 10×).

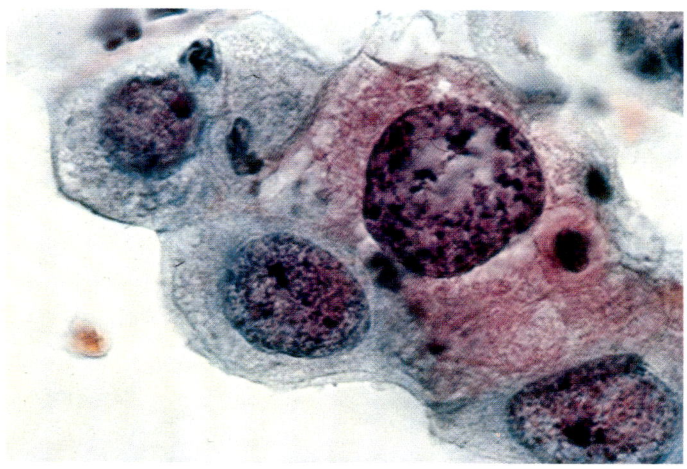

Abb. 9.**21** Gruppe von Zellen eines nicht verhornenden Plattenepithelkarzinoms. Stark vergrößerte Zellkerne mit deutlich verschobener Kern-Plasma-Relation. Das teils eosinophile, teils zyanophile Plasma der Zellen fließt ineinander über. Besonders auffallend sind in dem größten Zellkern dieser Gruppe die extreme Vergröberung der Chromatinzeichnung mit Verklumpung und unregelmäßiger Verteilung des Heterochromatins sowie die starken Kontraste zwischen Eu- und Heterochromatin. Die übrigen drei Kerne lassen vergrößerte Nukleoli erkennen (Obj. Öl 100×, Ok. 10×).

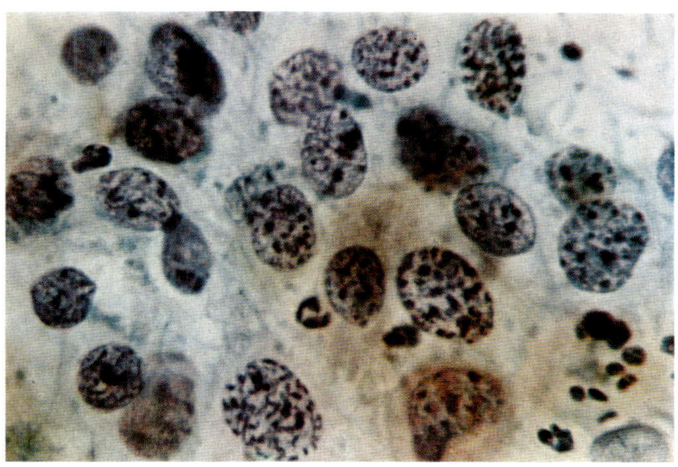

Abb. 9.**22** Zellen aus einer Vaginalmetastase bei einem Sarkom des Omentum majus. Auffallend sind die grobe Granulierung des Kernchromatins mit Chromozentren und vergrößerte Nukleoli bei leichter Anisonukleose und geringgradig ausgeprägter Polymorphie. Die Kerne sind nur von wenig Plasmaresten umgeben (Obj. Öl 90×, Ok. 10×).

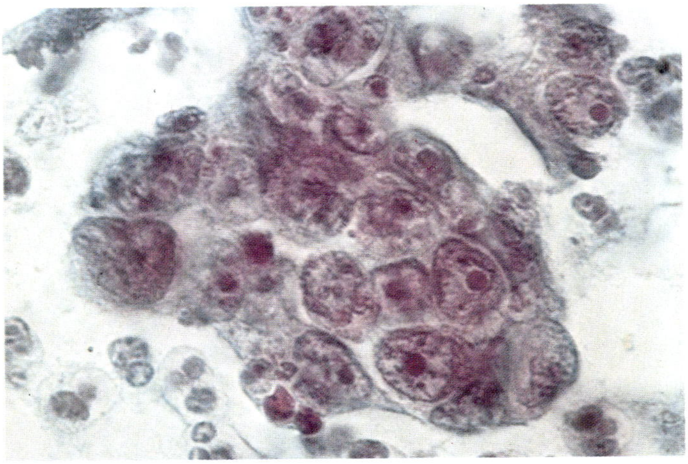

Abb. 9.**23** Lockerer Verband von Zellen eines Adenokarzinoms des Endometriums. Die Kerne sind unterschiedlich stark vergrößert, teils leicht entrundet. Sie fallen dadurch auf, daß sie fast alle einen großen runden Makronukleolus haben. Das Kernplasma ringsum ist mäßig hyperchromatisch mit unregelmäßiger Verteilung des Chromatins. Der Kernrand ist an einigen Kernen betont. Das Zellplasma rings um die Kerne ist schlecht erhalten (Obj. Öl 100 ×, Ok. 10 ×).

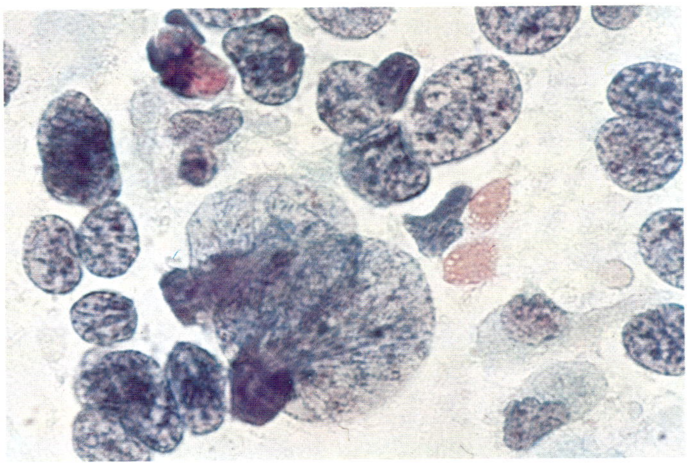

Abb. 9.**24** Nackte Zellkerne von einem nicht verhornenden Plattenepithelkarzinom. Nur mäßig hyperchromatisch. Das Zellplasma fehlt fast restlos. Die einheitlich runden bis ovalen Kerne zeigen eine sehr unterschiedliche Größe (Anisonukleose). In den teils stark aufgelockerten Kernen fällt der Kontrast zwischen dem hellen Euchromatin und dem körnigen dunklen Heterochromatin besonders auf. Die euchromatischen Kernbezirke erscheinen an einigen Stellen fast farblos. Kleinere Chromozentren. Vereinzelt Nukleoli. Kernränder teilweise betont (Obj. Öl 100 ×, Ok. 10 ×).

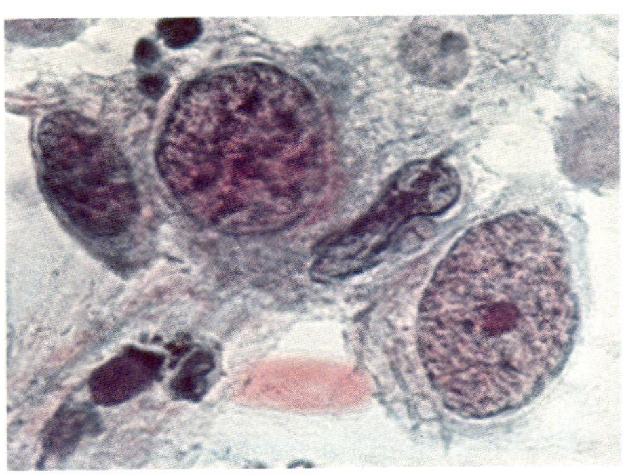

Abb. 9.**25** Zellen eines nicht verhornenden Plattenepithelkarzinoms. Mehrere hyperchromatische Tumorzellkerne mit Resten eines schlecht erhaltenen zyanophilen Zellplasmas. Zwei Kerne sind besonders groß. Der eine ist ziemlich stark hyperchromatisch mit unregelmäßiger und vergröberter Chromatinverteilung. Von den unregelmäßig geformten Chromatinverdichtungen läßt sich nicht sicher sagen, ob sie Makronukleoli oder Chromozentren entsprechen. Der andere Zellkern zeigt eine feinere und etwas hellere Chromatinzeichnung. In der Mitte des Kernes ein großer, rötlich schimmernder Makronukleolus. Im übrigen Kern einige kleinere Chromozentren (Obj. Öl 100 ×, Ok. 10 ×).

schen den dunkel angefärbten heterochromatischen Chromatinanteilen. Besonders große Chromatinverklumpungen werden als *Chromozentren* (12) bezeichnet. An ihrer Entstehung sind gewöhnlich heterochromatische Anteile mehrerer Chromosomen beteiligt. Die Zahl der Chromozentren ist variabel und hängt vom Zelltyp ab. Sie können einzeln oder in der Mehrzahl vorkommen. Ihre Größe ist ebenfalls unterschiedlich. Sie zeigen eine runde, entrundete oder bizarre Form. Mitunter ist es schwierig oder gar nicht möglich, sie von Nukleoli zu unterscheiden.

Im Zusammenhang mit der Änderung der Feinstruktur des Chromatins innerhalb atypischer Zellkerne zeigen sich oft *Verschiebungen im Verhältnis von Heterochromatin zu Euchromatin*.

Einerseits handelt es sich bei der zunehmenden Heterochromasie der Kerne nicht immer um eine Chromatinvermehrung, sondern nur um *zusätzliche Chromatinverdichtungen*. Eine größere Zahl sonst euchromatischer Genorte wird heterochromatisiert (4). Ähnlich wie die generelle Kondensation des Chromatins am Anfang einiger zum Kernuntergang führenden Prozesse steht, ist die Heterochromasie dieser Art ein morphologischer *Ausdruck des zellulä-*

ren Differenzierungsverlustes und daher für viele Tumorzellen kennzeichnend (32, 33, 62). Die Hyperchromasie der malignen Zellen ist also bereits als Zeichen der Funktionseinschränkung zu deuten.

Andererseits kann sich in Tumorzellen auch ein *Verschwinden des organspezifischen Zellbildes infolge eines Verlustes von Heterochromatin* (4) zeigen. Dieser Eindruck entsteht bei „hypochromatischen" Kernen (Abb. 9.**15**) mit nukleärer Funktionssteigerung, in denen offenbar selbst das konstitutive Chromatin (19) mit entfaltet wird. Die Erhöhung nukleärer Syntheseprozesse wird besonders durch die gleichzeitig auffallende Nukleolenvergrößerung angezeigt, wie dies vor allem bei Zellkernen von Adenokarzinomen (Abb. 9.**23**), aber auch von unreifen Plattenepithelkarzinomen (Abb. 9.**25**) auffällt.

Der normale Zellkern ist von einer intakten, aus zwei Blättern bestehenden Hülle umgeben, die während der Mitose und bei Degeneration verschwindet. Die Kernhülle ist lichtmikroskopisch normalerweise nicht sichtbar. Was als *Kernmembran* imponiert, *entspricht* vielmehr *dem am inneren Blatt der Kernhülle angelagerten Chromatin,* das sich hier in sehr unterschiedlicher Dicke befinden kann. „Verdickungen der Kernmembran" (Abb. 9.**17**, 9.**19**–9.**21**, 9.**23**, 9.**25** u. 9.**95**) sind also Ausdruck einer Zustandsänderung zumindest des randständigen karyoplasmatischen Chromatins (4). Sie zeigen sich besonders *häufig bei entzündlichen und beginnenden degenerativen Prozessen*, aber *natürlich auch bei karzinomatösen Veränderungen*. Da die Poren in der Kernmembran vom Chromatinbelag freibleiben, erscheint die Kernmembran mehr oder weniger deutlich unterbrochen.

Für die *Verankerung des Chromatins am Kernrand* sind offenbar in erster Linie gewisse Chromatinabschnitte verantwortlich, nämlich die *Spindelansatzstellen (Zentromere)* und stärker spiralisierte bzw. kondensierte heterochromatische Chromatinstrecken (4). Die Verankerung des Chromatins an der Kernmembran ist erstaunlich fest. Selbst bei Zelluntergang (*Karyorrhexis)* pflegt sich das kondensierte Chromatin membranwärts zu ziehen (13). Schließlich führen *degenerative Vorgänge* sowohl in benignen als auch in malignen Zellen zu einer *Kondensierung des Chromatins*. Die Kerne verlieren teilweise oder völlig ihre Struktur. Sie werden auch als *opak, transluzent* oder *pyknotisch* bezeichnet. Bei hohem Chromatingehalt erscheinen die *runden, ovalen* oder auch *bizarr geformten Kerne atypischer Zellen* stark *vergrößert und tief dunkel angefärbt* (Abb. 9.**14**, 9.**28**, 9.**29**, 9.**84** u. 9.**85**).

In der angewandten Zytodiagnostik kann man zur Analyse der *intranukleären Chromatinstrukturveränderungen grobschematisch* folgende Einteilung (Abb. 9.**26**) treffen. Das Kernchromatin kann sein:

- feinkörnig, gleichmäßig über das Kerninnere verteilt (z. B. normale Zellen),
- leicht vergröbert (mäßig granuliert) und regelmäßig verteilt (z. B. Dysplasie leichten und mäßigen Grades),
- leicht vergröbert (mäßig granuliert) und unregelmäßig verteilt (z. B. Carcinoma in situ, reife Adenokarzinomzellen),
- stark vergröbert (grob granuliert) und regelmäßig verteilt (z. B. Carcinoma in situ, nicht verhornendes Plattenepithelkarzinom),
- stark vergröbert (grob granuliert) und unregelmäßig verteilt (z. B. nicht verhornendes Plattenepithelkarzinom, unreifes Adenokarzinom).

Unabhängig von dem Grad der Vergröberung des Chromatins können einzelne oder mehrere Chromozentren im Kerninneren auch bei feiner Chromatinverteilung auftreten. Die in der vorstehenden Zusammenstellung als Beispiele genannten Diagnosen sind vielfach typisch, aber keineswegs beweisend für bestimmte Befunde.

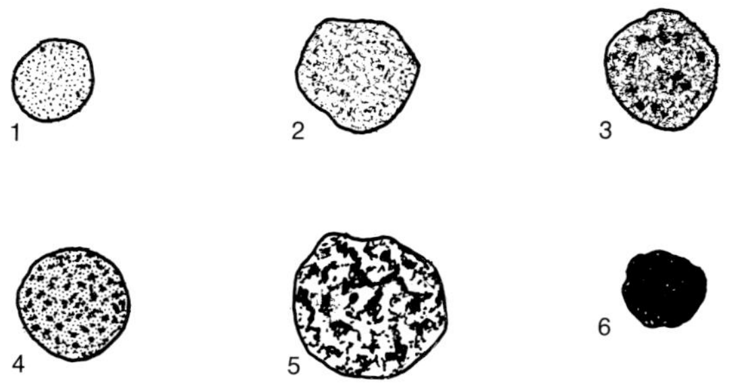

Abb. 9.**26** Chromatinverteilungsmuster in normalen und pathologischen Zellkernen.

1 Intermediärzellkern mit fein granuliertem, gleichmäßig verteiltem Chromatin.
2 Zellkern bei leichter Dysplasie mit fein granuliertem Chromatin und einigen Chromozentren.
3 Zellkern von mäßiger Dysplasie mit leicht vergröbertem, aber regelmäßig verteiltem Chromatin.
4 Zellkern von Carcinoma in situ mit grob granuliertem, aber regelmäßig verteiltem Chromatin.
5 Zellkern bei nicht verhornendem Plattenepithelkarzinom mit stark vergröbertem, unregelmäßig verteiltem und verklumptem Chromatin.
6 Zellkern bei verhornendem Plattenepithelkarzinom, der völlig strukturlos und pyknotisch ist.

Vergrößerte Nukleoli

Maligne Zellen enthalten häufig *mehrere Nukleoli oder einen stark vergrößerten Nukleolus (Makronukleolus)* (Abb. 9.**23**, 9.**25**, 9.**95**, 9.**103**, 9.**107**, 9.**108**, 9.**128**, 9.**129**). Die Volumenzunahme der Nukleoli ist in Tumorzellen oft stärker als die des ganzen Kernes (74). Form und Größe der Nukleoli spiegeln die Relation zwischen der Produktion ribosomaler RNS und dem Bedarf des Zytoplasmas daran wider. Die *Vergrößerung der Nukleoli* korreliert im allgemeinen gut *mit der Wachstumsgeschwindigkeit, der RNS-Produktion* und dem Grad der *Zytoplasmabasophilie* (15, 75, 78) und zeigt eine *erhöhte Proteinsynthese* und/oder *vermehrte Sekretion* an (26).

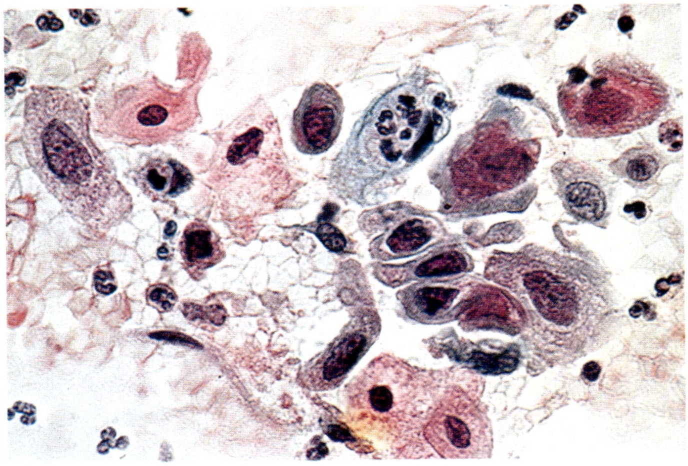

Abb. 9.**27** Zellbild bei schwerer Dysplasie. Ausschließlich dysplastische Zellen mit unterschiedlich verschobener Kern-Plasma-Relation neben zerfallenem Blut und einigen Leukozyten. Der Bildausschnitt zeigt besonders deutlich die unterschiedliche Größe der Kerne (Anisonukleose) und die starke Variation ihrer Form (Polymorphie) mit runden, ovalen, kantigen, langgestreckten oder vieleckigen Kernen (Obj. 40 ×, Ok. 10 ×).

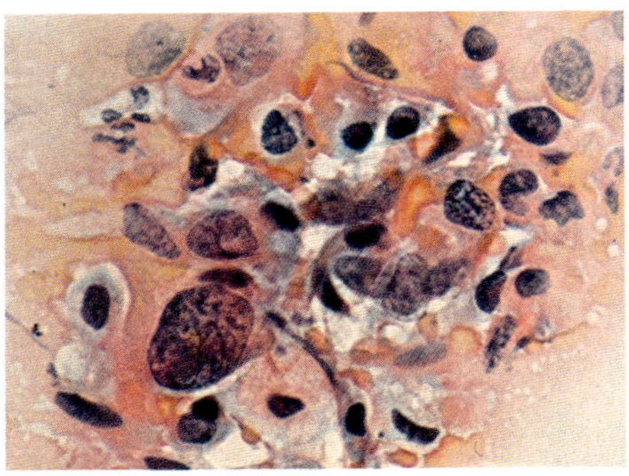

Abb. 9.**28** Zellen eines nicht verhornenden Plattenepithelkarzinoms, völlig unregelmäßig in einem lockeren Haufen liegend. Die Kerne zeigen unterschiedliche Größe (Anisonukleose), wobei einzelne Kerne auffallend vergrößert sind. Sie haben sehr unterschiedliche Formen (Polymorphie). Die Kernstruktur erscheint mehr oder weniger hyperchromatisch bis zur völligen Kernpyknose. Das Plasma der Zellen ist kaum abgrenzbar und von zerfallenem Blut überdeckt (Obj. 40 ×, Ok. 10 ×).

Infolgedessen treten *Makronukleoli am deutlichsten in den Zellen von Adenokarzinomen* hervor. Aber auch an den Zellen *unreifer Plattenepithelkarzinome* sind sie zu finden. In Dysplasie- und Carcinoma-in-situ-Zellen ist das Auftreten vergrößerter Nukleoli eine Seltenheit. Dagegen finden sich unter den nichtmalignen Geweben auffallend große Nukleoli in Zellen aus *Regenerationsepithel* und *aktivem endozervikalem Drüsengewebe*.

Die *Makronukleoli* färben sich teilweise deutlich eosinophil an und leuchten beim Spiel mit der Mikrometerschraube hellrot auf. Sie bestehen hauptsächlich aus RNS und anderen Proteinen, wie die Ribosomen. Vielfach zeigen die Nukleoli jedoch eine starke *Anlagerung von DNS (nucleus associated chromatine)*. Sie färben sich dann in der Papanicolaou-Färbung dunkel wie Heterochromatin an und sind nur schwer oder gar nicht von Chromozentren zu unterscheiden.

Die *Form der Nukleoli* ist gewöhnlich rund, wenn sie nicht durch äußere Einflüsse wie Kernfaltung oder Sekretvakuolen beeinflußt ist. Makronukleoli sind allerdings nicht selten auch irregulär geformt, entrundet, kantig oder elongiert. Dies allein ist jedoch noch kein Beweis für Malignität.

Im Tumorgewebe ist die Zahl der Zellkerne mit mehreren Nukleoli deutlich höher als in normalen Zellen. Zellen unreifer Tumoren zeigen mehr und stärker vergrößerte Nukleoli als die reifer Tumoren (45).

Hyperfunktionelle Nukleoli sind durch eine Zunahme ihres Volumens und Granula gekennzeichnet. Das Gegenteil stellen stark aufgelockerte Nukleoli dar, die lichtmikroskopisch zwar vergrößert, aber abgeblaßt und wenig dicht sind (1). Im übrigen sind Einzelheiten in der Struktur der Nukleoli, die in ihrem komplizierten Feinbau drei verschiedene Typen (Schalen-, Ring-, Schwammnukleolen) aufweisen können, in jedem Fall aber fibrilläre und granuläre Anteile haben, bei lichtmikroskopischer Betrachtung in fixierten und nach Papanicolaou gefärbten Präparaten nicht zu erkennen.

Mehrkernigkeit

Doppel- und Mehrkernigkeit kommen in Tumorzellen vor, sind aber kein typisches Zeichen der Malignität;, denn sie treten ebenso häufig in Zellen aus entzündlichen oder regenerierendem Gewebe auf. Unter den pathologischen Zellen zeigt sich Mehrkernigkeit *häufiger an dysplastischen Zellen* als an Carcinoma-in-situ-Zellen. Bei Zellen von invasiven Karzinomen ist es oft schwierig zu entscheiden, ob es sich um Kernteilungen mit ausgebliebener Zellteilung oder um ein Zusammenfließen mehrerer Zellen handelt.

Mitosen

Im Gegensatz zum histologischen Schnitt ist das Auftreten von *Mitosen in Zellabstrichen von Karzinomen und deren Vorstadien selten*. Ihr Vorkommen stellt keinerlei Hinweis auf Malignität dar. Wenn Mitosen

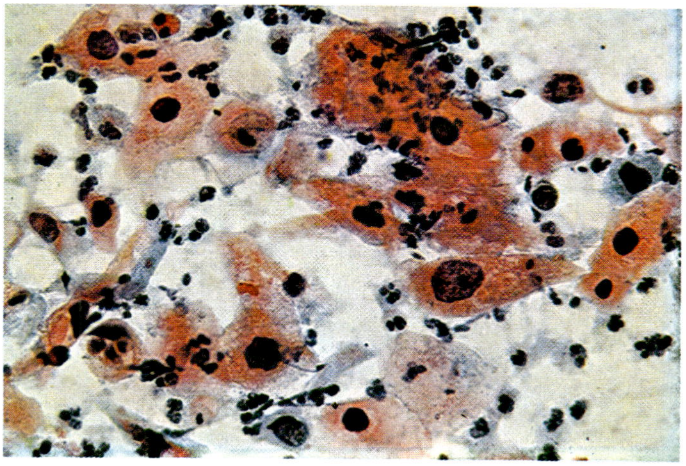

Abb. 9.**29** Zellbild bei verhornendem Plattenepithelkarzinom mit überwiegend eosinophilen Tumorzellen. Die Kerne sind unterschiedlich groß, gelegentlich stark vergrößert mit verschobener Kern-Plasma-Relation. Sie erscheinen hyperchromatisch, teilweise ohne erkennbare Struktur. Es fallen eine deutliche Anisonukleose sowie eine Entrundung der Kerne auf, deren Ränder teilweise ausgezackt sind. Ferner bestehen eine deutliche Anisozytose und Polymorphie der Zellen. Leukozyten, Bakterien, Eiweißniederschläge (Obj. 40×, Ok. 10×).

in Zellabstrichen überhaupt vorkommen, stammen sie am ehesten von Histiozyten oder endozervikalen Zellen (Abb. 4.**28a**). Selten sind atypische Mitosen mit einer größeren Zahl unregelmäßig liegender Chromosomen in Tumorzellen zu beobachten. Das seltene Vorkommen von Mitosen in zytologischen Abstrichen mag einerseits darauf zurückzuführen sein, daß für die Abstriche vorwiegend Material aus den oberen Gewebeschichten entnommen wird. Andererseits ist es denkbar, daß in Mitose befindliche Zellen „platzen", wenn sie aus dem Gewebeverband herausgelöst werden; denn man findet z. B. auch in Zellabklatschpräparaten von Gewebeschnitten maligner Tumoren nur selten Mitosen.

Anisonukleose und Polymorphie der Kerne

Sowohl der Vergleich mit den normalen Zellen des Abstrichs als auch der Vergleich der atypischen Zellen untereinander kann wichtige diagnostische Hinweise geben (Abb. 9.**27**–9.**29**).

Bei normalen Zellen gleichen Typs und gleichen Differenzierungsgrades zeigt die Größe der Kerne im allgemeinen keine wesentlichen Variationen. Bei Zellen aus malignen und prämalignen Geweben dagegen finden sich fast ohne Ausnahme *mehr oder weniger starke Unterschiede in der Größe der Zellkerne (Anisonukleose) innerhalb desselben Abstriches* (Abb. 9.**17**, 9.**24**, 9.**27**–9.**29**, 9.**87** u. 9.**88**). Die Größe der atypischen Zellkerne kann um das Fünf- bis Zehnfache variieren.

Desgleichen kommen *Abweichungen in der Form der atypischen Kerne* untereinander vor (*Polymorphie*). Die Kerne können *rund, oval, langgestreckt, vieleckig mit scharfen Kanten, maulbeerförmig, stechapfelförmig mit spitzen Ausziehungen* oder *stumpfen Ausstülpungen* sein (9.**14**, 9.**17**, 9.**19**, 9.**27**–9.**29**, 9.**71b** u. 9.**84**). Oft ist die Polymorphie sehr ausgeprägt. Im Gegensatz zur Anisonukleose, die fast stets vorhanden ist, kann die Polymorphie der Kerne jedoch bei Zellen aus malignen und prämalignen Veränderungen auch vollkommen fehlen.

Anisonukleose und Polymorphie der Kerne fallen natürlich besonders auf, wenn die Zellen in Gruppen oder Haufen zusammenliegen.

In gleicher Weise wie Größe und Form der atypischen Zellkerne *variieren auch Chromatingehalt und Chromatinmuster*, wobei mitunter nicht ein Kern dem anderen gleicht.

Zellplasmaveränderungen

Veränderungen des Zellplasmas (Abb. 9.**14**, 9.**17**, 9.**25**, 9.**28**, 9.**29**, 9.**63**, 9.**80**, 9.**84** u. 9.**88**) sind *regelmäßig an den Zellen maligner Tumoren* zu finden. In ihrer Bedeutung treten sie für die Diagnostik der Malignität gegenüber den Veränderungen an den Kernen stark zurück. Zellplasmamerkmale und die Lagerung der Zellen geben jedoch, wie schon erwähnt, Hinweise für die Klassifizierung der Tumoren.

Das nur knappe, die Kerne umgebende Plasma in atypischen Zellen *zeigt die eingeschränkte Funktion der Zelle* an. *Weniger ausgeprägt* sind die Plasmaveränderungen *bei den Vorstadien des Karzinoms*, am geringsten bei der leichten Dysplasie. *Unter den invasiven Karzinomen ist die Kern-Plasma-Relation am stärksten bei den unreifen Tumoren, am wenigsten bei den differenzierten Tumoren verschoben.*

Die Zellen sind sehr *unterschiedlich in der Größe (Anisozytose)* und *der Form (Polymorphie)*. Die stärksten Variationen zeigen meist Zellen von verhornenden Plattenepithelkarzinomen mit *runden, langgestreckten, vieleckigen* oder auch sehr *bizarren Zellformen* wie *Spindelzellen, Faserzellen, Kaulquappenzellen* und *Stachelzellen*.

Drüsenkarzinomzellen weisen oft eine *starke Vakuolisierung* auf, die den Zellen ein monströses Aussehen verleihen kann. Eine vakuolige Degeneration können ebenfalls die Zellen unreifer Plattenepithelkarzinome zeigen.

Bei unreifen malignen Tumoren ist das *Zellplasma gewöhnlich schlecht erhalten*. Es umgibt den Kern nur mit einem schmalen Saum, ist unregelmäßig, zerfließlich und unscharf begrenzt. *Vielfach fehlt das Zellplasma infolge degenerativer Autolyse völlig, so daß die Kerne nackt daliegen.*

Das Zellplasma maligner und prämaligner Zellen kann sich zyanophil und eosinophil anfärben. Häufig ist es amphophil wie bei entzündlichen Veränderungen. Zellen von *verhornenden Plattenepithelkarzinomen oder* von zur Verhornung neigenden *Vorstadien* fallen durch eine orange bis *goldgelbe Färbung des Zellplasmas* auf.

Für die Diagnostik spielen Veränderungen des Zellplasmas nur dann eine Rolle, wenn gleichzeitig Zeichen der Atypie an den Kernen vorhanden sind. Fehlen diese, so kommt den Plasmaveränderungen, auch wenn sie noch so ausgeprägt sind, *keine Bedeutung zu.*

Anzahl der atypischen Zellen und ihre Lagerung

Durch die herabgesetzte gegenseitige Haftfähigkeit (23) werden *Zellen aus malignem oder prämalignem Gewebe* meist *in vermehrtem Umfang abgeschilfert.* So ist es zu erklären, daß auch bei relativ kleinen Veränderungen oft zahlreiche atypische Zellen im Abstrich zu finden sind, was für die zytologische Diagnostik von Nutzen ist.

Die *Zahl der atypischen Zellen* im Abstrich ist *bei invasiven Karzinomen in der Regel höher* als beim Carcinoma in situ und bei diesem höher als bei der Dysplasie (56). Doch hängt dies auch von der Lokalisation der Veränderung und vor allem von der Sorgfalt der Entnahmetechnik ab. So können im Einzelfall bei einer leichten Dysplasie zahlreiche dysplastische Zellen im Abstrich vorkommen, während bei einem invasiven Karzinom möglicherweise nur wenige Tumorzellen zu erkennen sind oder diese ganz fehlen. Diagnostische Bedeutung hat die Zahl der im Abstrich auftretenden Zellen daher meist nicht.

Dagegen *kann die Art der Lagerung der atypischen Zellen im Abstrich zusätzliche Hinweise auf die Art der pathologischen Veränderung und ihren Schweregrad geben.* Im amerikanischen Schrifttum (56, 59) wird zwischen der *Lagerung in regelmäßigen Verbänden (sheet)*, in unregelmäßigen *lockeren Verbänden oder Gruppen (synzytium)*, in dichten, teils *dreidimensionalen Haufen (cluster)*, in *nicht näher definierten Zusammenlagerungen (aggregat)* oder *einzeln liegenden Zellen* unterschieden.

Beim *invasiven Plattenepithelkarzinom* und beim *Carcinoma in situ* liegen die Zellen überwiegend in lockeren Gruppen (synzytium). Die Zellpolarität ist verändert. Die Zellen sind unregelmäßig zueinander gelagert und zeigen oft unscharfe Plasmagrenzen. Die Zellen können jedoch besonders beim invasiven Karzinom auch in dichten Haufen (cluster) mit gewöhnlich schlecht begrenzten Zellrändern liegen. Dabei finden sich stets auch einzeln liegende atypische Zellen in mehr oder weniger großer Zahl. Beim *verhornenden Plattenepithelkarzinom* neigen die Zellen mehr zur Einzellagerung. Beim *Adenokarzinom* sieht man neben einzeln liegenden Zellen häufig typische dreidimensionale Drüsenzellformationen.

Bei *Metaplasien* dagegen werden neben einzeln liegenden Zellen häufig Zellen auch in regelrechten Verbänden (sheet) abgestoßen. Die Zellen *maligner Bindegewebstumoren* erscheinen gewöhnlich isoliert.

Tumordiathese

Schließlich ist es für die Diagnostik nützlich, das *Begleitzellbild* zu beachten. Bei invasiven Karzinomen findet sich meist eine sog. *Tumordiathese* (Abb. 9.**28**, 9.**29**, 9.**80** u. 9.**82**). Die Zellabstriche enthalten frische und alte Erythrozyten sowie weiße Blutzellen in größerer Zahl. Durch Fibrin- und Eiweißniederschläge aus Trans- und Exsudaten zeigen die Präparate meist einen feinkörnigen schmutzigen Untergrund. Nicht selten findet sich Zelldetritus.

Beim Carcinoma in situ und der Dysplasie fehlt dieser typische Tumorhintergrund. Unspezifische bakterielle Entzündungen und Trichomonadeninfektionen machen allerdings eine diagnostische Abgrenzung allein vom Präparathintergrund oft schwierig oder unmöglich.

Wertigkeit der zytologischen Malignitätskriterien

Wie aus den vorstehenden Ausführungen hervorgeht, beruht die zytomorphologische Malignitätsdiagnostik auf einer *Vielzahl von Einzelmerkmalen*, die zu beachten sind. Es gibt aber kein *spezifisches Merkmal der Atypie an der Einzelzelle, welches in jedem Fall die Diagnose maligner Zellen oder deren Vorstadien erlauben würde.* Für sich allein genommen, können alle diese Merkmale auch an gutartigen Zellen vorkommen. In bestimmter Kombination mit anderen Merkmalen aber sind sie mit hoher Wahrscheinlichkeit nur bei atypischen Zellen zu beobachten. Letztlich sind Erfahrungen in der visuellen Beurteilung der Zellbilder von besonderer Bedeutung.

In Abhängigkeit von Schweregrad und Lokalisation der pathologischen Veränderungen sind *die einzelnen Zeichen der Atypie nach Gewicht und Zahl sehr unterschiedlich zu beurteilen.* Dabei können nur wenige, aber sehr deutlich ausgeprägte Zeichen der Atypie u. U. für die Diagnosestellung ausschlaggebender sein als zahlreiche weniger gut erkennbare Veränderungen. Nicht zuletzt spielt der Vergleich der atypischen Zellen mit dem Gesamtzellbild eine Rolle.

Zur Genese des Zervixkarzinoms

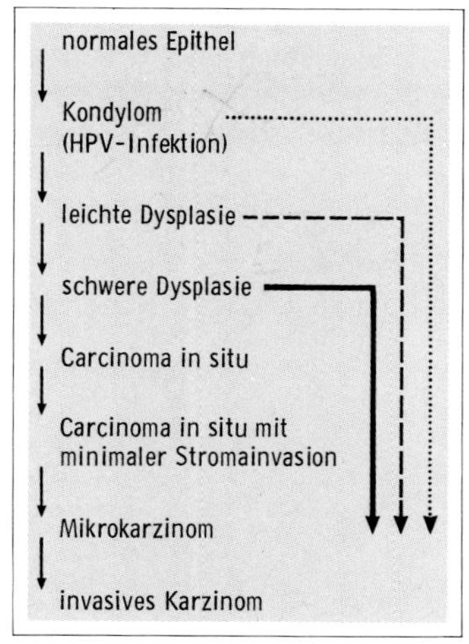

Abb. 9.**30** Schematische Darstellung der Entstehung des Plattenepithelkarzinoms der Cervix uteri über seine Vorstadien.

Entwicklung des Zervixkarzinoms

Es gilt heute als gesicherte Tatsache, daß das *Zervixkarzinom* in der weitaus überwiegenden Zahl der Fälle *im Laufe einer meist über lange Zeit gehenden Entwicklung entsteht. Vorstufen sind die Dysplasie und das Carcinoma in situ.*
Hierfür sprechen

- zytologische und histologische Langzeitbeobachtungen (9, 35, 52),
- die unterschiedlichen Altersgipfel für invasive Karzinome und ihre Vorstadien (s. S. 301),
- die deutlich niedrigere Rate an Zervixkarzinomen in zytologisch voruntersuchten Bevölkerungsgruppen (10, 17, 19, 51).

Das *Ziel* der zytologischen Krebsfrüherkennungs- und Vorsorgeunersuchungen ist es daher, *nicht nur Frühstadien invasiver Karzinome,* sondern vor allem auch *fakultative Vorstadien* derselben zu entdecken, um durch ihre rechtzeitige Beseitigung die Entstehung invasiver Karzinome zu verhindern.

Die Entwicklung des Zervixkarzinoms erstreckt sich meist über viele Jahre. In Untersuchungen, die über die Dauer des Bestehens von *Dysplasien* durchgeführt wurden (57), ergaben sich durchschnittlich für die leichte Dysplasie 78 Monate, für die mäßige Dysplasie 48 Monate und für die schwere Dysplasie 12 Monate.

Nach eigenen Beobachtungen (66) liegt die mittlere *Laufzeit des Carcinoma in situ zwischen 5 und 15 Jahren.* Von anderen Seiten wurden ähnliche Zahlen angegeben (36).

Dabei ist jedoch zu berücksichtigen, daß *nicht in jedem Falle die ganze Stufenleiter* der Veränderungen von der leichten Dysplasie über die mäßige und schwere Dysplasie, das Carcinoma in situ, die frühe Stromainvasion bis zum histologisch eindeutig invasiven Karzinom durchlaufen wird (Abb. 9.**30**). *Einzelne Entwicklungsstufen können übersprungen werden* (35, 69). Auch eine Dysplasie kann, unabhängig von ihrem Schweregrad, unmittelbar in ein invasives Karzinom übergehen.

Ungeklärt ist auch, wie hoch der Anteil schnell wachsender Karzinome ist, die z. B. innerhalb eines Jahres aus scheinbar normalem Epithel heraus entstehen. Es kann kein Zweifel darüber bestehen, daß es solche gibt (1, 42). In der Literatur schwanken die Angaben darüber zwischen 0,2 und 20% (15, 17, 31, 41, 52).

Zwischen Dysplasie und Carcinoma in situ bestehen nur *verschiedene Grade der Wahrscheinlichkeit zur malignen Entartung* (9). Wie sich in der schematischen Darstellung (Abb. 9.**31**) widerspiegelt, läßt sich aus Erfahrung folgendes sagen: Je schwerer der Grad der Dysplasie ist, um so eher ist mit einem Fortschreiten zum Carcinoma in situ bzw. zum invasiven Karzinom zu rechnen. Je geringer der Grad der Dysplasie ist, um so eher ist die Wahrscheinlichkeit einer Rückbildung gegeben. Bei Dysplasien leichten und mäßigen Grades kann man in mehr als der Hälfte der Fälle damit rechnen.

Beim klassischen Bild des Carcinoma in situ kommt eine Rückbildung selten oder so gut wie nie vor. Aber nicht aus jedem Carcinoma in situ wird ein invasives Karzinom. Im *Einzelfall* ist eine *prospektive Beurteilung* der voraussichtlichen Entwicklung präkanzeröser intraepithelialer Veränderungen leider *weder histologisch noch zytologisch mit Sicherheit möglich,* da der Grad der Zellatypie nicht unbedingt mit dem biologischen Verhalten korreliert.

Von verschiedenen Arbeitsgruppen wurde versucht, durch DNS-Messungen (4, 18, 58, 49, 68, 84) und bildanalytische Untersuchungen (58) an Zellen intraepithelialer Neoplasien, insbesondere leichten und mäßigen Dysplasien, zu erkennen, ob die Veränderungen zur Progression oder zur Regression neigen. Dabei ging man von der Vorstellung aus, daß Veränderungen mit aneuploiden Histogrammen eher eine Tendenz zur Progression besitzen als solche mit

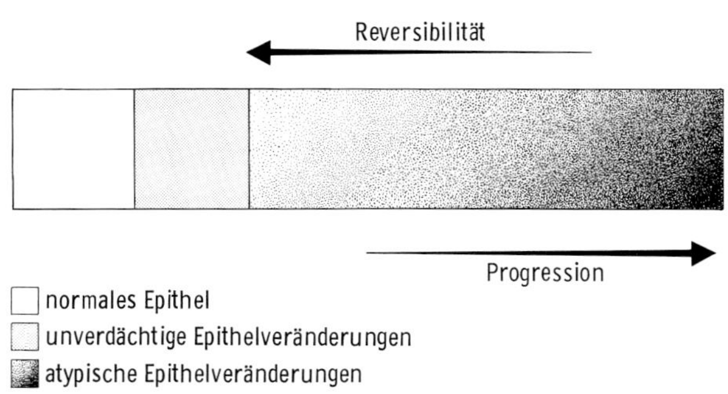

Abb. 9.**31** Schematische Darstellung zur Reversibilität und Progression atypischer Epithelveränderungen an der Cervix uteri.
Die Pfeile zeigen an, wie sich ein atypisches Epithel in Abhängigkeit von dem Ausmaß der Atypie zurückbildet oder zum invasiven Karzinom fortschreitet. Eine scharfe Grenze läßt sich nicht ziehen (aus *Burghardt* [9]).

euploiden oder polyploiden Histogrammen (18, 59, 68, 84). Untersuchungen mit längeren Nachbeobachtungszeiten bei mäßigen Dysplasien haben gezeigt, daß zwischen progredienten und regressiven Veränderungen offenbar keine Unterschiede in der DNS-Verteilung der Zellen bestehen (49). Eine abschließende Beurteilung ist deshalb schwierig, weil die Ergebnisse der Untersuchungen bei morphologisch gleich aussehenden Veränderungen natürlich auch von der Auswahl der im Einzelfall gemessenen Zellen abhängen. Auch eine Auswertung der DNS-Messungen nach der Vc überschreitenden Rate und der IIc-Abweichungsrate (4) dürfte bei kritischer Wertung des von den Autoren untersuchten Patientenkollektivs vorerst mit Skepsis zu beurteilen sein.

Solange eine exakte Voraussage über die biologische Aktivität intraepithelialer atypischer Veränderungen von der Morphologie her nicht möglich ist, müssen *jedes Carcinoma in situ und jede schwere Dysplasie als potentielle Karzinome angesehen und behandelt werden* (50). Aber auch zytologische Befunde von leichten und mäßigen Dysplasien bedürfen regelmäßiger zytologischer und kolposkopischer Kontrollen, da auch daraus sich gelegentlich innerhalb relativ kurzer Zeit ein Karzinom entwickeln kann.

Die unterschiedliche Entwicklung atypischer Epithelveränderungen zum Carcinoma in situ und zum Plattenepithelkarzinom der Cervix uteri in Abhängigkeit von der Lokalisation bzw. ihrem Ursprungsort findet in dem in Abb. 9.**32** dargestellten *Schema zur Morphogenese* ihren Ausdruck. Darin sind drei Entwicklungslinien zu erkennen, die letztlich zum verhornenden, zum großzellig nicht verhornenden und zum kleinzellig anaplastischen Plattenepithelkarzinom führen.

Das *verhornende Plattenepithelkarzinom* geht vom Plattenepithel der Ektozervix aus und entwickelt sich über verschiedene Grade der leichten, mäßigen und schweren Dysplasie. Das verhornende Carcinoma in situ ist dabei mit der schweren Dysplasie als identisch zu betrachten.

Das *großzellig nicht verhornende Plattenepithelkarzinom* ist am häufigsten. Es entsteht im allgemeinen endozervikal oder in Bereichen, die von Zylinderepithel bedeckt sind. Von der Reservezellhyperplasie ausgehend, entwickelt es sich über die metaplastische Dysplasie (atypische Metaplasie), in selteneren Fällen wahrscheinlich auch über vom Plattenepithel ausgehende Dysplasien.

Das *nicht verhornende kleinzellige, häufig anaplastische Plattenepithelkarzinom* entsteht über die atypische Reservezellhyperplasie und das kleinzellige Carcinoma in situ. Es sitzt ausschließlich im Zervikalkanal, meist relativ hoch oben. Die Zwischenstufe einer metaplastischen Dysplasie gibt es dabei offenbar nicht.

Bedeutung der Human-Papilloma-Virus-(HPV-)Infektion für die Kanzerogenese

Infektionen mit Human-Papilloma-Viren werden seit Mitte der 70er Jahre als möglicher *Co-Faktor für die Entstehung des Zervixkarzinoms* in verstärktem Maße diskutiert. Epidemiologisch handelt es sich bei der HPV-Infektion um eine sexuell übertragbare Erkrankung mit einer Latenzzeit von 6–8 Wochen (44). Dabei lassen sich in vielen Fällen charakteristische morphologische Veränderungen in Form von Kondylomen sowohl kolposkopisch als auch zytologisch und histologisch beobachten. In der Mehrzahl der Fälle bilden sich die Veränderungen nach 6–24 Monaten spontan zurück. Es handelt sich bei diesen Frauen aber auch später um eine Population mit erhöhtem Risiko zur Entwicklung eines Zervixkarzinoms. Bei männlichen Partnern von Frauen mit positiven HPV-assoziierten zytologischen Befunden konnten in hohem Maße HPV-Infektionen, teilweise auch entsprechende klinisch-morphologische Befunde nachgewiesen werden (63, 64, 81).

Die Kondylome an der Cervix uteri sind lange Zeit unbeachtet geblieben, vermutlich weil die von der Vulva her bekannten papillomatösen Formen virusinduzierter Kondylome an der Portio nur selten vorkommen. Erst 1976/77 wiesen Meisels u. Fortin (45) sowie Purola u. Savia (55) nahezu gleichzeitig darauf hin, daß es sich bei bestimmten Formen intra-

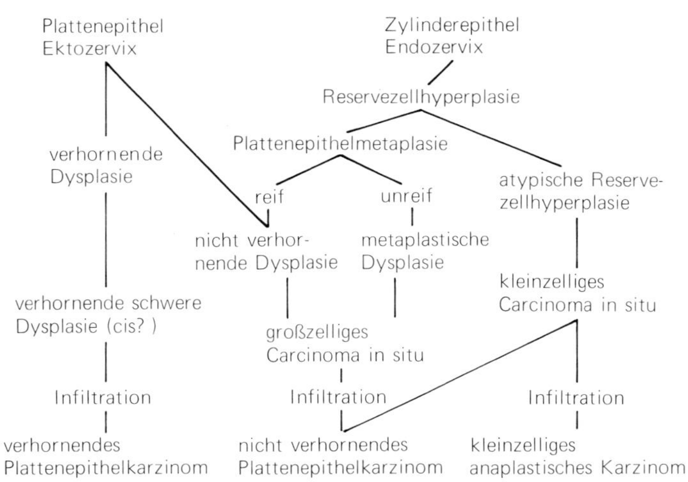

Abb. 9.**32** Schema zur Morphogenese des Zervixkarzinoms (nach *Patten jr.* [50]).

epithelialer Veränderungen an der Portio, die bisher als leichte und mäßige Dysplasien (CIN I + II) betrachtet wurden, in Wirklichkeit um virusinduzierte flache Kondylome handelte. Im zytologischen Bild wiesen sie dabei besonders auf Koilozyten und Dyskeratozyten als typische Zellformen hin.

Die Bedeutung der Kondylome an der Cervix uteri für die Kanzerogene wird dadurch unterstrichen, daß dabei HP-Viren in gleicher Weise nachzuweisen sind wie bei schweren intraepithelialen Neoplasien und Zervixkarzinomen.

Durch DNS-Hybridisierung konnten in Zelllinien von menschlichen Zervixkarzinomen wie He-La-Zellkulturen HPV-Sequenzen vom Typ 16 und 18 nachgewiesen werden (33).

In tierexperimentellen Untersuchungen konnte gezeigt werden (39), daß HPV-11-Infektionen charakteristische Veränderungen, wie bei koilozytotischen Dysplasien, an menschlichem Zervixgewebe induzieren, das unter die Nierenkapsel von Nacktmäusen gepflanzt wurde.

Virologische Nachweismethoden

Der *elektronenmikroskopische Nachweis* von Viruspartikeln in Koilozyten von Zervixabstrichen gelang 1979 erstmalig (32) und wurde später von vielen Seiten bestätigt (Zusammenfassung bei [47]), wobei die Viruspartikel nicht nur in Koilozyten, sondern auch in Dyskeratozyten gefunden wurden. 1980 gelang der Nachweis von papillomspezifischen Antikörpern *immunologisch* durch Peroxidase-Antiperoxidase-Reaktion (34).

Elektronenmikroskopisch und/oder immunologisch konnten Viruspartikel in etwa 50% der Abstriche und Biopsien mit deutlichen Zeichen einer Koilozytose nachgewiesen werden (47). Beide Methoden sind also relativ wenig sensitiv zur Erkennung von HPV-Infektionen.

Erst die Entwicklung molekularbiologischer Methoden der HPV-DNS-Klonierung und -Hybridisierung, mit denen auch der Nachweis virusspezifischer DNS-Sequenzen in den Chromosomen unreifer, noch teilungsfähiger Zellen möglich ist, zeigte, daß HPV-Infektionen an der Cervix uteri sehr viel häufiger vorkommen, als bis dahin angenommen wurde.

Molekularbiologische HPV-Nachweismethoden

Die verschiedenen *Untersuchungsmethoden für den molekularbiologischen Nachweis virusspezifischer DNS-Sequenzen* unterscheiden sich wesentlich nach Aufwand und Sensitivität (Übersichten bei [20, 61]). Als hochempfindliche Methode gilt nach wie vor die bereits 1975 entwickelte *Southern-blot-Methode* (67), die aber methodisch sehr aufwendig ist, so daß sie für Screeninguntersuchungen nicht in Frage kommt. Einen Fortschritt für die praktische Anwendung brachte besonders eine im Deutschen Krebsforschungszentrum Heidelberg entwickelte Methode der *In-situ-Filter-Hybridisierung* (20), die auch eine Diagnostik an Einzelzellen aus zervikalen Abstrichsuspensionen ermöglicht. Durch Verwendung verschiedener „DNS-Sonden“ (81, 82) können einzelne HPV-Typen identifiziert werden.

Bisher wurden fast 60 verschiedene HPV-Typen (53), die sich durch ihre DNS-Sequenzen unterscheiden, in Epithelzellen des Menschen nachgewiesen. Im Bereich des weiblichen Genitales waren es hauptsächlich die HPV-Typen 6 und 11 sowie 16 und 18, vereinzelt auch die Typen 31, 33, 35, 39 und 42.

Nach Untersuchungen von Wagner (81) an 283 Frauen mit Präkanzerosen und Karzinomen der Cervix uteri ergab sich mit der Hybridisierung eine deutlich *zunehmende Häufigkeit HPV-positiver Befunde* im Laufe der Kanzerogenese. In der Gruppe mit nur diskreten zytologischen Veränderungen (Definition s. S. 219) befanden sich 53% positive HPV-Befunde. Die Rate stieg bei zytologischen Befunden von leichten und mäßigen Dysplasien (IIID) auf 59%, bei schweren Dysplasien und Carcinomata in situ (IVa) auf 67% und bei invasiven Zervixkarzinomen (IVb u. V) auf 81% an. Ähnliche Befunde an kleinerem Material waren von verschiedenen Seiten (64, 82, 85) bereits in früheren Jahren mitgeteilt worden.

Interessant ist, daß mit der Hybridisierungstechnik *HPV-Infektionen auch bei klinisch gesunden und zytologisch völlig unverdächtigen Frauen* in beachtlicher Zahl nachgewiesen werden konnten. So fand Wagner (78) in einer Kontrollgruppe von 1997 klinisch gesunden Frauen 11% positive HPV-Befunde ohne zytologisches Korrelat. Schneider u. Mitarb. (64) stellten bei 2652 Frauen mit zytologisch negativen Abstrichen in 9,5% HPV-Infektionen fest, wobei die HPV-Typen 6 u. 11 etwas häufiger auftraten als 16 u. 18. De Villiers u. Mitarb. (37, 77) konnten bei der Untersuchung des Zervixabstrichmaterials von mehr als 10000 sexuell aktiven, aber sonst gesunden Frauen in 10% der Fälle HPV-Infektionen nachweisen, darunter in mehr als der Hälfte der Fälle auch die HPV-Typen 16 u. 18. Bei einem späteren virologischen Screening im Rahmen von Krebsvorsorgeuntersuchungen (80) bei 4058 klinisch gesunden Frauen wurde sogar über eine Rate von 15,4% HPV-positiven Befunden berichtet.

Es wird vermutet, daß sowohl die Rate HPV-positiver Befunde bei Zervixkarzinomen und deren Vorstadien als auch die „Durchseuchungsrate“ bei gesunden Frauen noch wesentlich höher, möglicherweise doppelt so hoch liegen würde, wenn man empfindlichere molekularbiologische Methoden für Screeninguntersuchungen einsetzen könnte.

Hinsichtlich der *Altersverteilung der HPV-positiven Befunde* ergaben sich deutliche Unterschiede zwischen kranken und gesunden Frauen (80). Während der Häufigkeitsgipfel der HPV-Infektionen bei Frauen mit positiven zytologischen und/oder kolposkopischen Befunden zwischen dem 21. und 40. Lebensjahr lag, also der Altersverteilung der zervikalen intraepithelialen Neoplasie entsprach, zeigte er sich bei klinisch unauffälligen Frauen im Alter zwischen 41 und 50 Jahren.

Bei virologischem Screening mit Hilfe der In-situ-Filter-Hybridisierung im Rahmen von Krebsvorsorgeuntersuchungen (80) in den Jahren 1985 bis 1987 wurden bei 4394 Frauen 781 HPV-positive Befunde erhoben. Nur bei 155 dieser Frauen jedoch konnte gleichzeitig ein zytologisch und/oder kolposkopisch auffälliger Befund festgestellt werden. Dies zeigt, daß Zytologie und Kolposkopie offenbar nur eine geringe Sensitivität zur Erfassung von HPV-Infektionen besitzen. ⅘ der HPV-positiven Befunde wurden nämlich bei klinisch gesunden und auch zytologisch bzw. kolposkopisch unauffälligen Frauen erhoben.

Die *Aufschlüsselung der positiven virologischen Befunde nach HPV-Typen* ergab, daß die Typen 16 und 18 vermehrt bei Carcinomata in situ und invasiven Zervixkarzinomen gefunden wurden, während die Typen 6 und 11 vorwiegend bei leichteren Formen der intraepithelialen Neoplasie auftraten (13, 54, 62, 64, 65, 74). In einer größeren Untersuchungsreihe an 283 Frauen mit positiven zytologischen Befunden (80) betrug der Anteil der HPV-16/18-Infektionen einschließlich der Doppelinfektionen mit HPV 6/11 bei latenten Erkrankungen (diskrete zytologische Veränderungen) 32%, bei leichten und mäßigen Dysplasien (IIID) 47%, bei schweren Dysplasien und Carcinomata in situ (IVa) 61% und bei invasiven Zervixkarzinomen (IVb u. V) 62%. Die HPV-Typen 16/18 wurden also um so häufiger gefunden, je schwerer die morphologische Veränderung war.

Aufgrund dieser Befunde wurde die *Hypothese von einem höheren „onkogenen Potential" (20) der HPV-Typen 16 und 18* aufgestellt. Man vermutete, daß intraepitheliale Atypien bei Infektionen mit HPV 16/18 eher zur Progression führen als solche mit HPV 6/11, und hat daher eine besonders sorgfältige Überwachung der Frauen gefordert, bei denen eine Infektion mit den HPV-Typen 16/18 nachgewiesen wurde.

Inwieweit diese Vorstellung berechtigt ist, müssen weitere Beobachtungen an größeren Fallzahlen zeigen. Aus den bisherigen Vergleichen zwischen Zervixmorphologie und Virusbefunden lassen sich, ebenso wie aus ersten prospektiven Beobachtungen (64, 74, 75), nur Tendenzen erkennen.

Wertung der Befunde

Die Rolle der HPV-Infektion bei der Kanzerogenese läßt sich nach dem gegenwärtigen Stand unserer Kenntnisse nicht abschließend beurteilen. Für ihre Bedeutung sprechen folgende Beobachtungen:

- HPV-Infektionen sind bei einer großen Anzahl von CIN und Zervixkarzinomen nachzuweisen und treten bei diesen wesentlich häufiger auf als bei gesunden Frauen.
- Der Nachweis gelingt um so häufiger, je schwerer die morphologische Veränderung ist.
- Die Annahme erscheint berechtigt, daß HPV-Infektionen mit sensibleren Nachweismethoden noch häufiger zu finden sind.

Die hohe „Durchseuchungsrate" der weiblichen Bevölkerung mit 9–15% und die Tatsache, daß bei Screeninguntersuchungen 4/5 der Frauen mit HPV-positiven Befunden klinisch und morphologisch völlig symptomlos sind, zeigen jedoch, daß die HPV-Infektion nicht die alleinige Ursache für die Induzierung kanzerogener Vorgänge sein kann.

Es spricht vieles für die Annahme, daß HPV-Infektionen als ein Co-Faktor bei der Kanzerogenese wirksam sind (26). Sie bilden möglicherweise die Voraussetzung für das „In-Gang-Kommen" eines Prozesses, der nur ausgelöst wird, wenn andere Einflüsse hinzutreten. Als solche wurden bakterielle und andere genitale Infektionen, Infektionen mit anderen Viren oder auch das Rauchen genannt (27, 28). In diesem Zusammenhang wurde auch die Theorie aufgestellt, daß die Krebsentstehung das Ergebnis einer fehlenden Abwehrkontrolle gegenüber persistierenden Virusgenen sei (30). Es könnte sich um einen intrazellulären Überwachungsmechanismus handeln, der HPV-Infektionen kontrolliert. Dies würde auch erklären, warum nur eine kleine Anzahl virusinfizierter Individuen ein Karzinom entwickelt und meist lange Latenzperioden zwischen der Infektion mit krebserzeugenden Viren und der Tumorentstehung liegen.

Histologie des Plattenepithelkarzinoms der Cervix uteri und seiner Vorstadien

Einteilung histologischer Befunde

Von dem Internationalen Referenz-Zentrum der *Weltgesundheitsorganisation* (WHO) für die zytologische Nomenklatur wurden – in Übereinstimmung mit dem Terminologiekomitee der Internationalen Akademie für Zytologie (Wien 1970) – die folgende histologische Einteilung als Grundlage für die Klassifizierung zytologischer Befunde bei Veränderungen an der Cervix uteri empfohlen (55). Sie wird, aufgrund von Forschungsergebnissen der letzten Jahre, ergänzt durch Vorschaltung der Kondylome bzw. der koilozytotischen Atypie:

- Kondylom,
- Dysplasie, leicht/mäßig/schwer,
- Carcinoma in situ des Plattenepithels,
- Carcinoma in situ mit minimaler Stromainvasion,
- Mikrokarzinom des Plattenepithels,
- invasives Plattenepithelkarzinom, verhornend, großzellig nicht verhornend, kleinzellig nicht verhornend,
- Adenokarzinom der Endozervix,
- hellzelliges (mesonephrisches) Karzinom der Zervix,
- Adeno-Plattenepithel-Karzinom.

Anstelle der vorstehend genannten Einteilung wurden in den letzten Jahren von verschiedenen Seiten *andere Nomenklaturvorschläge für die Bezeichnung der Vorstufen des Plattenepithelkarzinoms der Cervix uteri* (Tab. 9.**2**) gemacht. Die größte Verbreitung hat der Begriff der zervikalen intraepithelialen Neoplasie (CIN) (54) gefunden. Dabei wird zwischen drei Graden der CIN unterschieden. CIN I entspricht der leichten Dysplasie und CIN II der mäßigen Dysplasie. Unter CIN III werden schwere Dysplasie und Carcinoma in situ zusammengefaßt. Dieser Vorschlag wurde damit begründet, daß es sich bei Dysplasien und Carcinomata in situ nicht um verschiedene Erkrankungen, sondern um fließend ineinander übergehende Schweregrade desselben Krankheitsgeschehens handelt.

In den neuesten Vorschlägen des *National Cancer Institute* (NCI) in den USA zu den zytologischen Befunden in der gynäkologischen Zytologie (Bethesda-System, s. S. 277f) wird bei den intraepithelialen Neoplasien nur zwischen „low grade squamous intraepithelial lesion" und „high grade squamous intraepithelial lesion" unterschieden. Dies entspricht weitgehend den vor Einführung des „Carcinoma in situ" in Deutschland üblichen Begriffen des „einfach-atypischen" und „gesteigert-atypischen Epithels".

Nach der *Münchner Nomenklatur* von 1975 wurden einerseits die Befunde bei leichter und mäßiger Dysplasie, andererseits die Befunde bei schwerer Dysplasie und Carcinoma in situ zusammengefaßt. Diese Einteilung wurde in dem Vorschlag zur Münchner Nomenklatur II beibehalten (s. S. 281).

Tabelle 9.**2** Gegenüberstellung der verschiedenen histologischen und zytologischen Nomenklaturen für die intraepithelialen Neoplasien an der Cervix uteri.

WHO-Nomenklatur	CIN-Nomenklatur	Münchner Nomenklatur	Bethesda-Nomenklatur
Leichte Dysplasie	CIN I	leichte bis mäßige Dysplasie (III D)	low grade squamous intraepithelial lesion
Mäßige Dysplasie	CIN II		high grade squamous intraepithelial lesion
Schwere Dysplasie	CIN III	schwere Dysplasie oder Carcinoma in situ (IVa)	
Carcinoma in situ			

Vieles spricht dafür (10), daß es sich bei den morphologischen Bildern des „Carcinoma in situ" und der „schweren Dysplasie" nicht um unterschiedliche Entwicklungsstufen, sondern um standortabhängig verschiedene Manifestationen desselben Krankheitsbildes handelt (12). Während Epithelatypien intrazervikal, von einer Reservezellhyperplasie ausgehend, vorwiegend als klassische Formen des Carcinoma in situ in Erscheinung treten, entwickeln sie sich an der Ektozervix, vom ursprünglichen Plattenepithel ausgehend, vorwiegend in Form der schweren Dysplasie (9.**32**).

In den folgenden Ausführungen werden wir vorwiegend die Begriffe „Dysplasie" und „Carcinoma in situ" verwenden, da diese international immer noch weitverbreitet sind, aber ergänzend bzw. gelegentlich auch alternierend von „zervikalen intraepithelialen Neoplasien" (CIN) sprechen.

Kondylome

Histologisch lassen sich vier Formen von Kondylomen (30) unterscheiden:

- flache oder intraepitheliale Kondylome,
- papilläre („spitze") Kondylome,
- endophytische oder invertierte Kondylome,
- papillomatöse (klassische) Kondylome.

Flache oder intraepitheliale Kondylome sind am häufigsten, können aber auch am leichtesten übersehen werden, weil das Epithel in seiner Dicke meist völlig normal ist. Es kann aber auch verdickt sein. Die Unterscheidung von anderen Epithelveränderungen erfolgt durch den Nachweis von Koilozyten (Definition s. S. 217) in den oberflächlichen und mittleren Schichten des Epithels. Im histologischen Schnitt ist das feine Muster des normalen Epithels durch ein grobes Netzwerk infolge der peripheren Zytoplasmaverdichtungen an den Koilozyten ersetzt (52). Der Glykogengehalt der Koilozyten ist geringer als im normalen Plattenepithel.

Papilläre („spitze") Kondylome zeigen eine deutliche Ausbildung von intraepithelialen Gefäßen, die durch aufsteigendes Wachstum eine papilläre Oberflächenstruktur erzeugen. Diese stellen die Kuppen von hohen gefäßführenden Stromapapillen dar. Koilozyten trifft man bereits in den mittleren Zellschichten. Sie beherrschen das Bild der oberflächlichen Zellagen ganz. Manchmal sind die Epithelspitzen nur von wenigen Dyskeratozyten bedeckt.

Bei *endophytischen oder invertierten Kondylomen* kommt es zum „Einwachsen" in die meist ektopischen Zervixdrüsen. Diese werden oft nur teilweise von kondylomatösem Epithel eingenommen. Oberflächlich können spitze Exkreszenzen auftreten, die ausgeprägte Verhornungserscheinungen aufweisen.

Papillomatöse (klassische Kondylome) sind an der Cervix uteri selten. Es handelt sich um eine fibroepitheliale Wucherung, die von Plattenepithel bedeckt ist. Der Aufbau des Plattenepithels ist, ähnlich wie bei anderen Formen der Kondylome, charakterisiert durch Koilozyten, welche die mittleren und oberen Schichten des Epithels einnehmen, eventuell bedeckt durch dyskeratotische Zellagen an der Oberfläche.

Kondylome sind in der Regel mit *geringgradigen Atypien der Kerne,* die meist leicht vergrößert sind, verbunden. Manchmal sieht man im histologischen Schnitt auch nur wenige Koilozyten mit großen hyperchromatischen Kernen, während die Epitheloberfläche mit Dyskeratozyten bedeckt ist, deren Kerne irregulär geschrumpft sind.

Kondylomatöse Veränderungen sind im allgemeinen deutlich von Dysplasien oder Carcinomata in situ zu unterscheiden, die im gleichen Schnitt vorkommen können. Die Läsionen liegen vielfach, scharf abgegrenzt, direkt nebeneinander, können sich aber auch in völlig voneinander getrennten Bezirken der Zervixoberfläche befinden.

Kolposkopische Befunde bei Kondylomen

Kolposkopisch tritt das Kondylom meist als sog. weißes Epithel (Leukoplakie) leicht erhaben in Erscheinung. Es handelt sich um ähnliche Veränderungen, wie sie bei verschiedenen Formen der intraepithelialen Neoplasie zu finden sind. Ist die Oberfläche verhornt, so ergibt sich ein einheitlicher Überzug von perlmuttartigem Glanz. Je nach Anordnung der Stromapapillen und -leisten kann das Bild der Punktierung oder des Mosaiks entstehen. Diese Veränderungen der Oberflächenstruktur können ebenso stark ausgeprägt sein wie bei Dysplasien oder Carcinomata in situ. Vielfach findet man multiple Kondylome in unterschiedlichem Entwicklungszustand nebeneinander. Die Unterscheidung zwischen einem flachen Kondylom und einer Dysplasie oder auch einem Carcinoma in situ ist kolposkopisch in vielen Fällen nicht möglich. Bei Anwendung der Jodprobe wird deutlich, daß die Zellen bei Kondylomen vielfach noch Glykogen enthalten. So kann bei flachen Kondylomen das Bild eines „jodpositiven Mosaiks" (11) entstehen.

Durch die HPV-Hybridisierung sind aber auch eine Reihe von kolposkopischen Befunden (diskrete, essigweiße, scharfrandige jodnegativ begrenzte Epithelbezirke) als virusassoziiert erkannt worden, die bisher als metaplastische Veränderungen angesehen wurden (61). Bei der „kondylomatösen Zervizitis" und „Vaginitis", die zum Unterschied von anderen Veränderungen nicht in scharf begrenzten Arealen, sondern diffus ausgebildet sind, werden sich lediglich die leicht verhornten Papillenspitzen als weißliche Stippchen bemerkbar machen (11).

Auf die typischen kolposkopischen Befunde bei den verschiedenen Schweregraden der intraepithelialen Neoplasie soll hier nicht eingegangen werden, da ihr Erscheinungsbild aus zahlreichen einschlägigen Lehrbüchern (4, 11, 15, 34) als hinreichend bekannt vorausgesetzt werden darf.

Dysplasien

Unter „Dysplasie" versteht man atypische Veränderungen des Plattenepithels oder metaplastischen Epithels an der Oberfläche der Zervix und im Bereich der Zervixdrüsen, bei denen sich eine gesteigerte Zellproliferation auch außerhalb der physiologischen Germinativzone des Epithels zeigt. Infolge teilweiser Ausreifung des Epithels ist noch eine mehr oder weniger deutliche Schichtung zu erkennen. Unter Verlust des regelrechten Epithelaufbaus kommt es zu verschiedenen Graden der Zellatypie. Je mehr die Veränderung dem normalen Epithel ähnelt, um so leichter ist die Dysplasie, je weniger sie dem normalen Epithel ähnelt, um so schwerer ist sie.

Eine andere Definition der Dysplasie lautet (10): „Veränderungen des Plattenepithels an der Zervix, die die Zeichen der Atypie aufweisen, jedoch noch nicht als Carcinoma in situ einzustufen sind, werden als Dysplasien bezeichnet. Eine präzisere Definition der dysplastischen Veränderungen gibt es nicht."

Veränderungen wie basale Hyperplasie, Reservezellhyperplasie, Regenerationsepithel und einfache Metaplasie werden nicht zur Dysplasie gerechnet.

Bei der *Dysplasie leichten Grades* (Abb. 9.**33**) spielen sich die atypischen Zellveränderungen mit gesteigerter Proliferation, individueller Zellpolymorphie und Verlust der Richtungsorientierung der Zellen vorwiegend in den unteren Schichten des Plattenepithels ab und werden nach oben zu deutlich geringer, so daß man in den oberen Zellschichten nur verhältnismäßig wenige atypische Zellen in weitgehend ausgereiften Stadien findet.

Bei der *Dysplasie mäßigen* (mittleren) *Grades* (Abb. 9.**34** u. 9.**35**) nehmen die beschriebenen atypi-

Abb. 9.**33** Leichte Dysplasie (Obj. 10×, Ok. 10×).

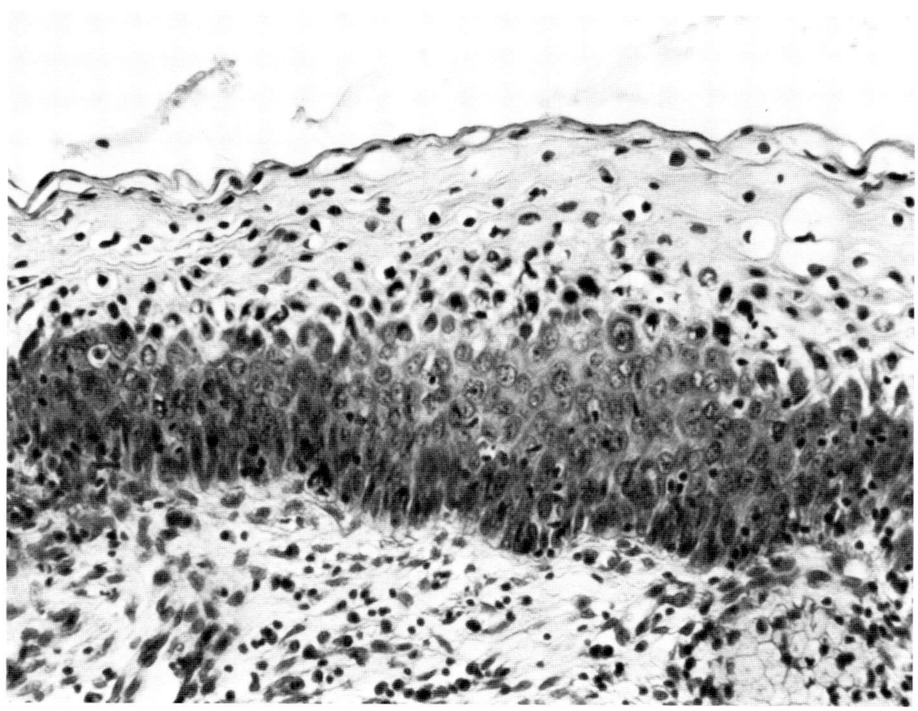

Abb. 9.**34** Mäßige Dysplasie (Obj. 10×, Ok. 10×).

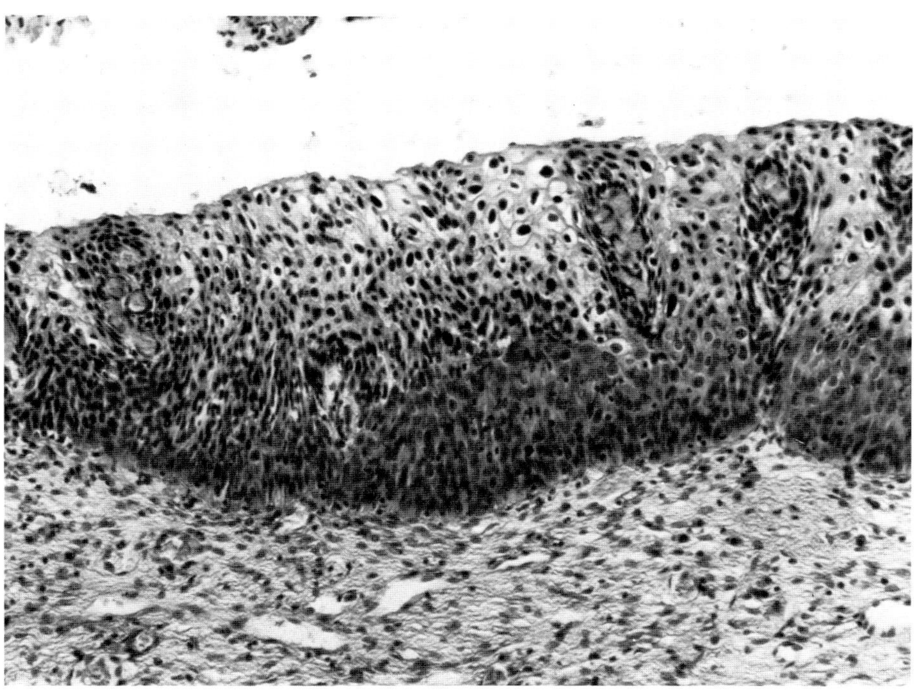

schen Zellveränderungen einen wesentlich breiteren Raum von der Basis bis weit in die mittleren Schichten des Epithels ein.

Bei der *Dysplasie schweren Grades* (Abb. 9.**36**) sind alle Schichten des Epithels ergriffen; nur läßt sich insofern noch ein Unterschied zum Carcinoma in situ (nach der klassischen Definition) feststellen, als eine Differenzierung in den oberen Schichten des Epithels noch erkennbar ist.

Natürlich gibt es zwischen den verschiedenen Graden der Dysplasie *fließende Übergänge*. Eine scharfe Abgrenzung ist objektiv nicht möglich. Neben dem unterschiedlichen Anteil der betroffenen Epithelschichten sind der Grad der Zell- und Kernpolymorphie, die Größe und Dichte der Zellen sowie die Zahl der Mitosen zu berücksichtigen.

Die Schaffung des Begriffes „Dysplasie“ war ein Versuch zur Vereinfachung der Nomenklatur mit

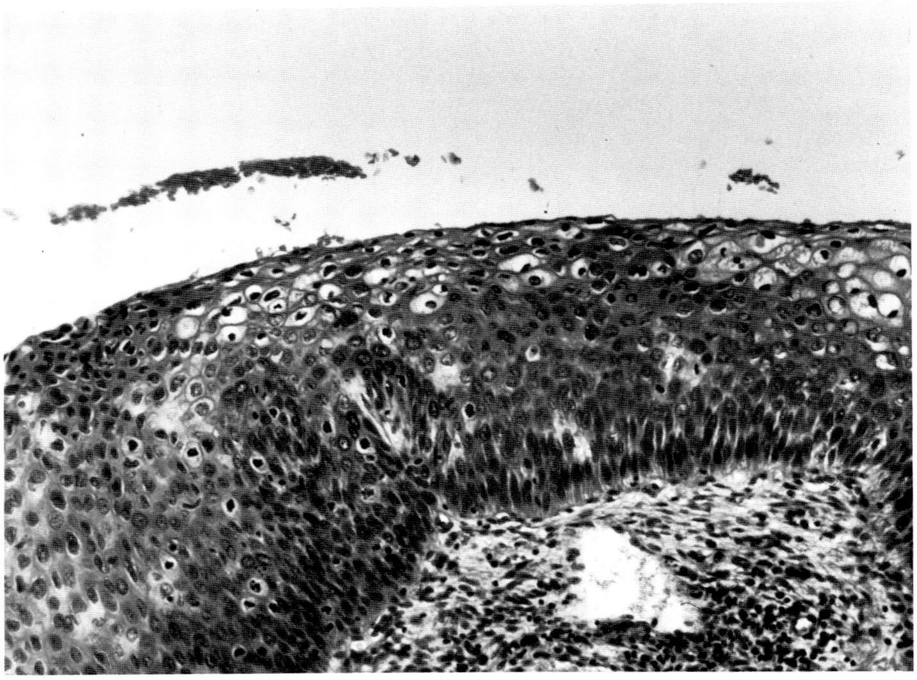

Abb. 9.**35** Mäßige bis schwere Dysplasie (Obj. 10 ×, Ok. 10 ×).

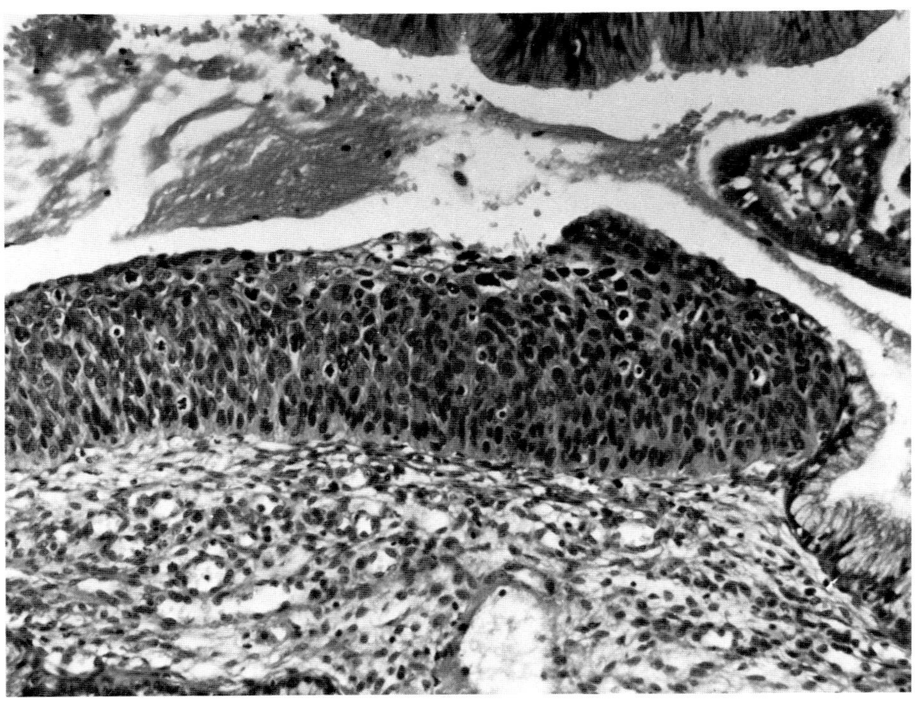

Abb. 9.**36** Schwere Dysplasie, ausgehend von einer atypischen Metaplasie (Obj. 10 ×, Ok. 10 ×).

dem Ziel einer besseren gegenseitigen Verständigungsmöglichkeit (1, 8, 43–46, 48, 51). Es mußte von vornherein klar sein, daß hier eine Reihe von Veränderungen in einen Topf geworfen wurden, die ihrer Genese und auch Ihrer Dignität nach verschieden waren. So ist es verständlich, daß auch die in der Literatur zu findenden Definitionen voneinander abweichen und insbesondere die Abgrenzung zum Carcinoma in situ unterschiedlich gehandhabt wird.

Carcinomata in situ

Unter Carcinoma in situ der Cervix uteri (Abb. 9.**37** u. 9.**38**) wird im internationalen Sprachgebrauch im allgemeinen eine Veränderung des Plattenepithels verstanden, bei der das Epithel in seiner ganzen Höhe von mehr oder weniger unreifen atypischen Zellen eingenommen wird, die eine erhöhte Mitoserate aufweisen und deren Polarität geändert ist, so

Abb. 9.**37** „Klassisches" Carcinoma in situ, kleinzellig, mit völlig aufgehobener Schichtung (Obj. 10 ×, Ok. 10 ×).

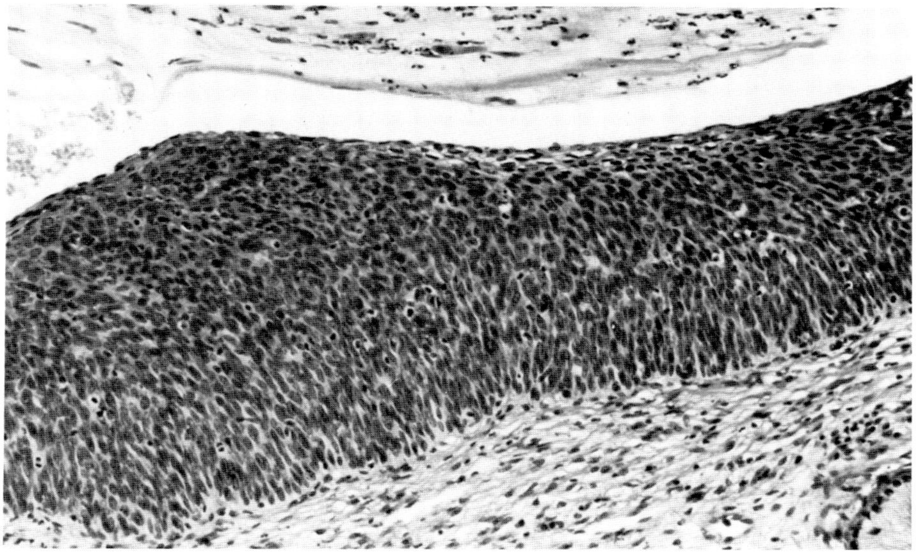

Abb. 9.**38** Carcinoma in situ, großzellig, mit Neigung zur Ausreifung an der Oberfläche. Plumpes Vorwuchern gegen das Bindegewebe (Obj. 10 ×, Ok. 10 ×).

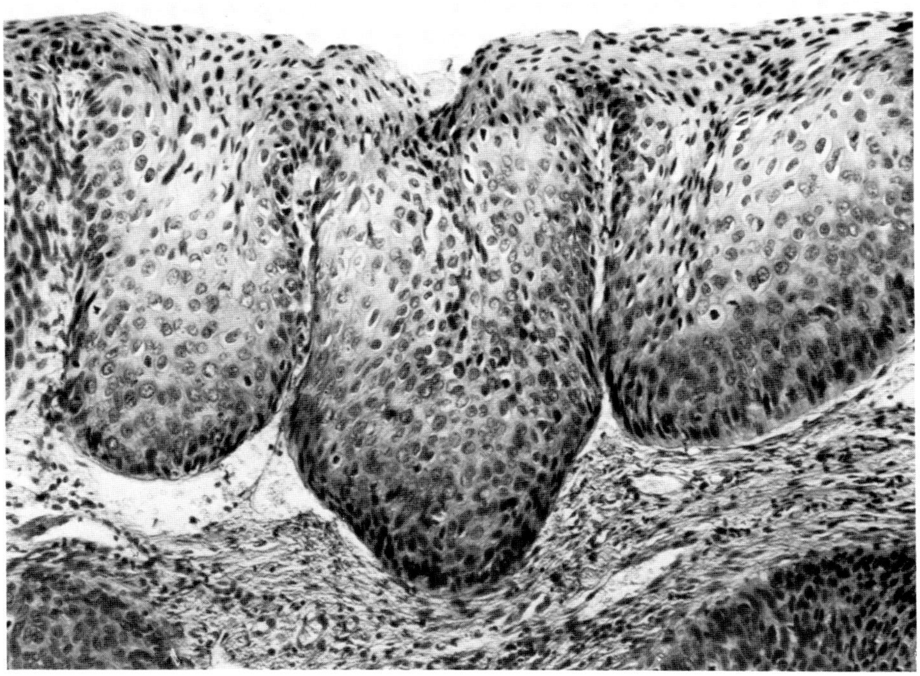

daß die Längsachse der Zellen vertikal oder inkonstant zur Oberfläche steht.

Die Definition der *Wiener Nomenklatur-Kommission* von 1961 (63) lautet: „Nur jene Fälle sollten als Carcinoma in situ klassifiziert werden, die bei Fehlen einer Invasion als Oberflächenbedeckung ein Epithel zeigen, in dem in seiner ganzen Dicke keine Differenzierung erfolgt. Der Prozeß kann die Auskleidung der zervikalen Drüsen einschließen, ohne damit eine neue Gruppe zu schaffen. Es wird festgestellt, daß die Zellen der obersten Schichten eine gewisse leichte Abflachung zeigen können.

Der sehr seltene Fall eines anderen Carcinoma in situ, charakterisiert durch einen höheren Differenzierungsgrad, gehört zu den Ausnahmen, für die keine Klassifikation vorgesehen werden kann."

Abb. 9.**39** zeigt in *schematischer Darstellung* nochmals die fließenden Übergänge der Vorstufen des Zervixkarzinoms von der leichten Dysplasie bis zum Carcinoma in situ. Die Entdifferenzierung äußert sich u. a. in der kontinuierlichen Änderung der Epithelschichtungsverhältnisse. Am Ende steht das „klassische" Carcinoma in situ mit vollständiger Aufhebung der Epithelschichtung. Wie sich die Ver-

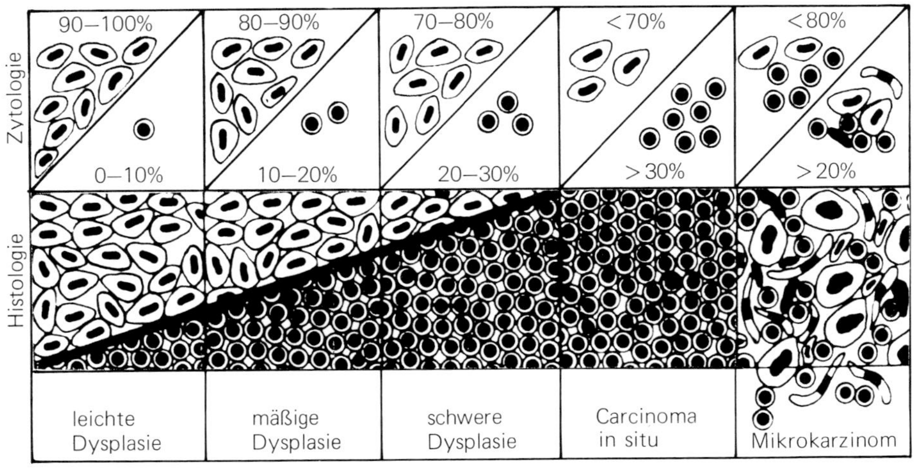

Abb. 9.**39** Schematische Darstellung der Korrelation zwischen zytologischen und histologischen Befunden (nach *Wagner* [61 a]).

änderungen im zytologischen Abstrich widerspiegeln, ist im oberen Teil der Abbildung durch das Verhältnis der pathologischen Zellen zu den normalen Zellen des Epithels dargestellt.

Sowohl beim Carcinoma in situ als auch bei den verschiedenen Graden der Dysplasie können die präformierten Räume der *Zervixdrüsen befallen* sein (Abb. 9.**40**). Dabei ist es aber offenbar nicht so, daß atypisches Epithel in die Drüsenräume hineinwächst. Vielmehr entstehen die Veränderungen jeweils an Ort und Stelle (2). Die Ausdehnung der Epithelatypien erfolgt durch Apposition.

So ist es zu verstehen, daß in zahlreichen Fällen verschiedene Schweregrade der Atypie gleichzeitig nebeneinander vorkommen, ebenso wie ja auch in den Randpartien von Karzinomen fast stets Bezirke von Carcinoma in situ oder Dysplasie nachweisbar sind. 80% der Carcinomata in situ zeigen gleichzeitig eine Dysplasie (40).

Dies gibt eine Erklärung für die *Vielfalt* zahlreicher *zytologischer Abstrichbilder* von Karzinomen oder Carcinomata in situ, die daneben auch Zellen leichterer atypischer Epithelveränderungen enthalten. Es zeigt aber auch, welche Probleme sich daraus für die Langzeitbeobachtungen von Vorstadien des Zervixkarzinoms mit zytologischen, besonders aber mit histologischen Methoden ergeben.

Hinsichtlich der *Lokalisation* der beschriebenen Veränderungen ist zu bemerken, daß sich das Carcinoma in situ mit völlig aufgehobener Differenzierung vorwiegend intrazervikal entwickelt (Abb. 9.**41**). Dysplastische Veränderungen sind mehr im distalen Bereich der Endozervix bzw. an der Ektozervix zu finden. ⅔ der Dysplasien liegen im Bereich der Ektozervix, ⅓ in der Endozervix (10, 40).

Plattenepithelkarzinome der Cervix uteri

Als invasives Karzinom wird nach den Empfehlungen der Wiener Terminologie-Kommission (63) jede atypische Epithelveränderung mit Einwachsen epithelialer Formationen in das darunterliegende Bindegewebe bezeichnet. Hierzu gehört auch das beginnende Plattenepithelkarzinom der Cervix uteri, das heute mehr und mehr als eine besondere Gruppe aufgefaßt wird.

Dabei kann man zwischen der *frühen Stromainvasion*, bei der von dem atypischen Plattenepithel

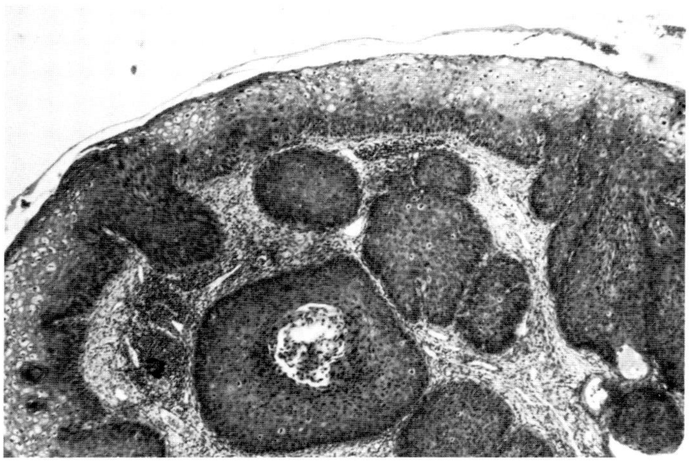

Abb. 9.**40** Ausgedehntes Carcinoma in situ im Bereich der Zervixdrüsen. An der Oberfläche der Portio dagegen nur eine leichte bis mäßige Dysplasie (Obj. 2,5 ×, Ok. 10 ×).

aus einzelne füßchen- oder zapfenförmige Epithelausläufer in das subepitheliale Bindegewebe eindringen, und dem *Mikrokarzinom*, bei dem bereits ein Netzwerk einwandfrei infiltrierender Epithelzüge und -verbände (netzige Infiltration) zu finden ist, unterscheiden (27). Als *Mikrokarzinome* werden kleine Karzinome mit einem maximalen Tiefenwachstum von 0,5 cm (20, 32) und einem Durchmesser von nicht mehr als 1 cm (32) bezeichnet. Auch bei den von unreifen Formen des Carcinoma in situ ausgehenden Mikrokarzinomen zeigt sich bei beginnender Infiltration häufig zunächst eine Ausreifung an den Spitzen der in das Bindegewebe eindringenden Karzinomzapfen. Veränderungen mit sog. „plumpen Vorwuchern" erwiesen sich oft nur als Carcinomata in situ mit weitgehender Ausfüllung der präformierten Zervixdrüsenräume (27). Die histologische Erfassung der Mikrokarzinome als gesonderte Gruppe hat in den letzten Jahren sowohl aus klinisch-therapeutischen als auch aus prognostischen Gründen zunehmend an Bedeutung gewonnen (27, 33, 38).

Die *histologische Einteilung der invasiven Plattenepithelkarzinome der Cervix uteri* in verhornende, großzellig nicht verhornende und kleinzellig nicht verhornende Karzinome, wie sie auch in das WHO-Schema aufgenommen wurde, geht hauptsächlich auf Arbeiten von Reagan u. Mitarb. (50, 62) zurück.

Das *verhornende Plattenepithelkarzinom* (Abb. 9.**42**) ist durch Hornperlenbildung und Verhornung einzelner Zellen charakterisiert. Ist auch nur eine einzige Hornperle im histologischen Schnitt nachweisbar, so wird die Veränderung zur Gruppe der verhornenden Karzinome gerechnet.

Beim *großzellig nicht verhornenden Plattenepithelkarzinom* (Abb. 9.**43**) handelt es sich um ein mehr oder weniger differenziertes Karzinom mit relativ großen Zellen. Innerhalb ein und desselben Tumors können erhebliche Größenunterschiede zwischen den Zellen vorkommen, und es gibt auch relativ kleinzellige Karzinome in dieser Gruppe. Eine Hornperlenbildung aber fehlt stets. Einzelne verhornte Zellen können vorkommen.

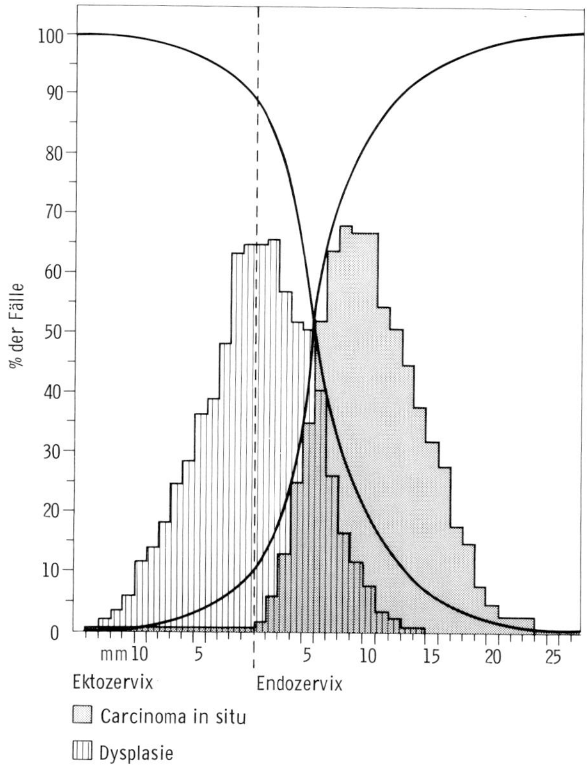

Abb. 9.**41** Anatomische Verteilung der Dysplasien und Carcinomata in situ in bezug auf die Lage des einfachen Zylinderepithels und des geschichteten Plattenepithels an der Cervix uteri (aus *Patten* jr., [33]).

Das *kleinzellig nicht verhornende Plattenepithelkarzinom* (Abb. 9.**44**) dagegen ist durch das Vorherrschen gleichförmiger kleiner, wenig differenzierter Zellen mit stark verschobener Kern-Plasma-Relation gekennzeichnet.

Unter den verschiedenen Wachstumsformen des Plattenepithelkarzinoms der Cervix uteri (47) sind heute mit 72% die großzelligen Karzinome am häufigsten. Die verhornenden Karzinome machen 21,5%, die kleinzelligen 6,5% aus. Im Zusammenhang mit einer Abnahme des invasiven Zervixkarzi-

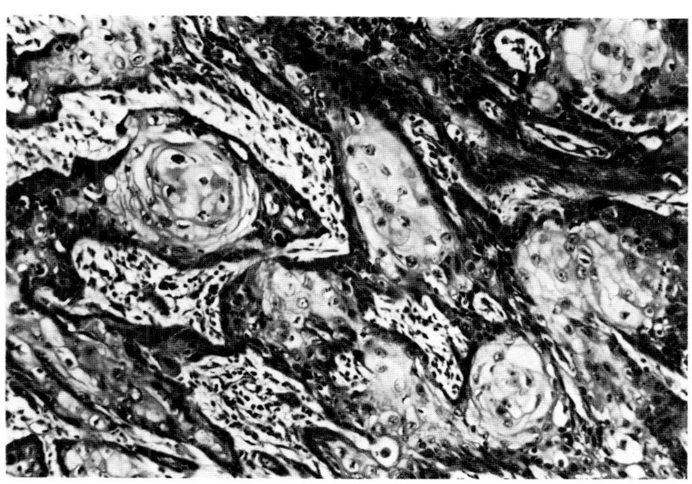

Abb. 9.**42** Verhornendes Plattenepithelkarzinom der Cervix uteri (Obj. 10×, Ok. 10×).

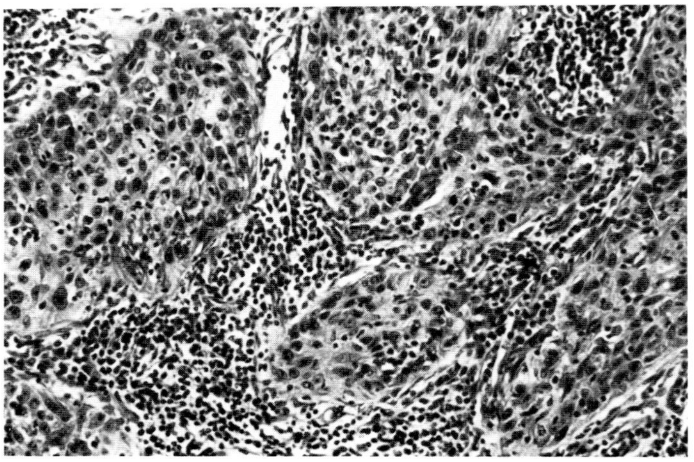

Abb. 9.**43** Nicht verhornendes, großzelliges Plattenepithelkarzinom der Cervix uteri (Obj. 10 ×, Ok. 10 ×).

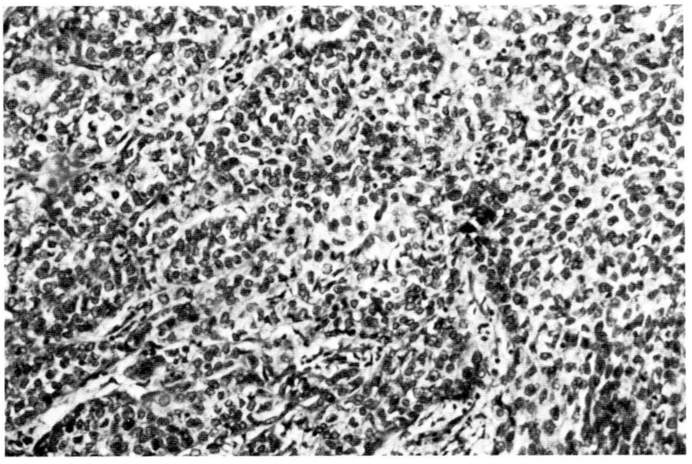

Abb. 9.**44** Nicht verhornendes, kleinzelliges Plattenepithelkarzinom der Cervix uteri (Obj. 10 ×, Ok. 10 ×).

Tabelle 9.**3** Verschiebung in der Häufigkeit verschiedener Formen des invasiven Plattenepithelkarzinoms der Cervix uteri (aus *Reagen u. Ng [47]*).

Periode	Zahl der Fälle	großzelliges Karzinom		verhornendes Karzinom		kleinzelliges Karzinom	
		No.	%	No.	%	No.	%
1941–45	221	85	38,5	95	43,0	41	18,5
1946–50	206	90	43,7	76	35,9	40	19,4
1951–55	161	82	50,9	61	37,9	18	11,2
1956–60	115	80	69,6	26	22,6	9	7,8
1961–65	101	70	69,3	24	23,8	7	6,9
1966–70	93	67	72,0	20	21,5	6	6,5
1941–70	897	474	52,8	302	33,7	121	13,5

noms um insgesamt 62,2% hat sich in den USA eine auffallende Verschiebung der Häufigkeit der genannten Wachstumsformen ergeben (Tab. 9.**3**). Die Zahl der verhornenden und der kleinzelligen Plattenepithelkarzinome hat besonders stark abgenommen, während der Anteil der großzelligen Plattenepithelkarzinome relativ zugenommen hat.

Zytologie von Kondylomen, Dysplasien, Carcinomata in situ und invasiven Plattenepithelkarzinomen der Cervix uteri

Zytologie der Kondylome

Die von HP-Viren befallenen Zellen des Plattenepithels und des metaplastischen Epithels zeigen meist deutlich degenerative Veränderungen sowohl am Kern als auch am Zytoplasma. Ein Hinweis auf eine HPV-Infektion bzw. das Vorliegen von Kondylomen wird insbesondere durch zwei Zellformen gegeben: Koilozyten und Dyskeratozyten.

1. Die *Koilozyten*, auch Ballonzellen genannt, fallen auf den ersten Blick dadurch auf, daß der Kern von einem hellen, optisch fast leer erscheinenden Bezirk (griechisch: koilos = Höhle) umgeben ist (Abb. 9.**45–47**, 9.**50**). Im Gegensatz zu den schmalen perinukleären Höfen z. B. bei Trichomonadeninfektionen nimmt dieser Bereich meist weite Teile der Zelle ein. Die Grenze zwischen dem hellen Endoplasma und dem dunklen Ektoplasma, welche die ganze Peripherie oder nur einen Teil davon umfaßt, ist meist scharf und unregelmäßig. Die Koilozyten erscheinen überwiegend deutlich eosinophil oder amphophil, können aber auch zyanophil gefärbt sein. Sie haben die Größe von Intermediär- oder reifen Superfizialzellen.
Die Kerne der Koilozyten sind meist gering vergrößert und fallen durch ihren erhöhten Chromatingehalt auf. Der Grad der Hyperchromasie variiert von leicht bis deutlich. Die Mehrheit der Kerne zeigt eine granuläre Struktur des Chromatins, doch weisen einige eine diffuse oder dichte Beschaffenheit auf, die keine Einzelheiten der Struktur mehr erkennen läßt. Die Verschiebung der Kern-Plasma-Relation bleibt relativ gering. Nukleolen oder Einschlußkörperchen sieht man nicht. Häufig finden sich zweikernige, gelegentlich auch vielkernige Koilozyten in den Abstrichen. Karyorrhexis kann ebenfalls vorkommen.

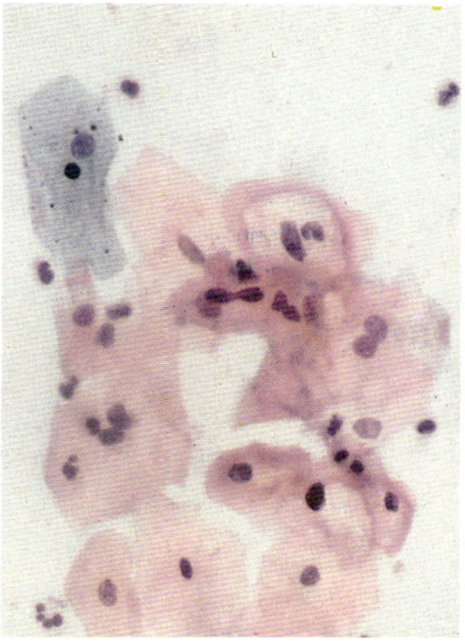

a

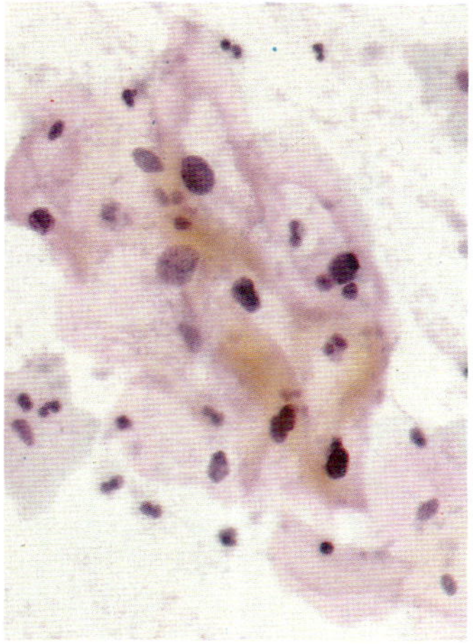

b

Abb. 9.**45** Zellbilder bei Kondylomen der Cervix uteri.

a Ein größerer und drei kleinere Koilozyten, teils mit deformiertem bzw. hyperchromatischem Kern. Eine große Plattenepithelzelle mit zwei bläschenförmigen Kernen (Obj. 25 ×, Ok. 10 ×).

b Mehrere Koilozyten mit leicht vergrößerten, teils hyperchromatischen Kernen. Eine doppelkernige Zelle (Obj. 25 ×, Ok. 10 ×).

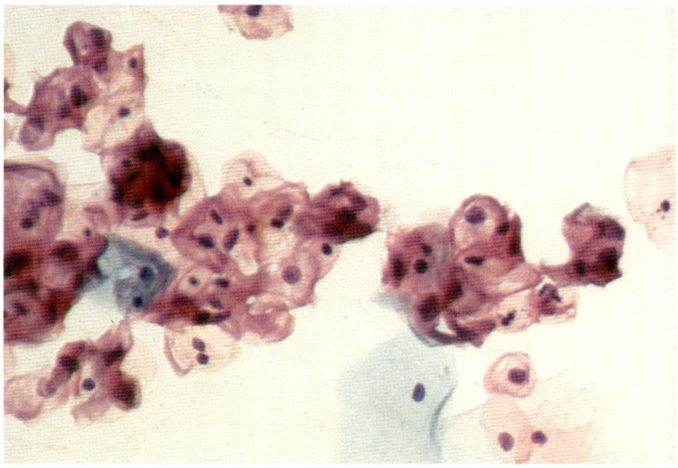

Abb. 9.**46** Zellbild bei Kondylomen an der Cervix uteri: Zahlreiche Koilozyten, überwiegend mit bläschenförmigen Kernen (teils auch mit kleinen pyknotischen Kernen). Eine doppelkernige Zelle. Zum Vergleich am unteren Bildrand zwei normale Plattenepithelzellen (Obj. 25 ×, Ok. 10 ×).

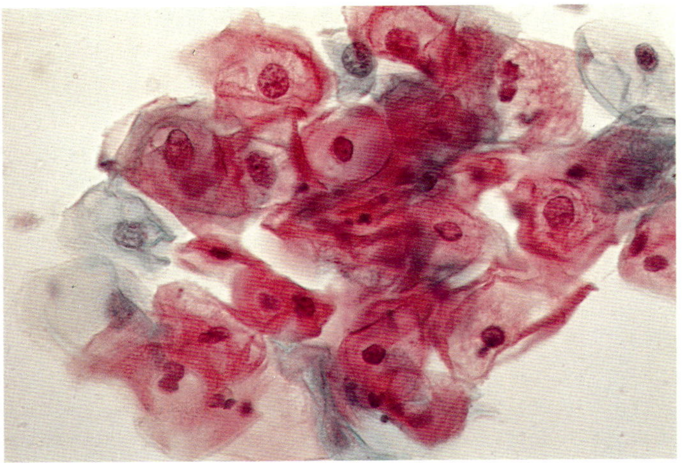

Abb. 9.**47** Zellbild bei Kondylomen der Cervix uteri: Zahlreiche Zellen aus den oberen Schichten des Plattenepithels mit mehr oder weniger deutlich ausgeprägter Koilozytose. Die Kerne sind teils leicht vergrößert, bläschenförmig und zeigen eine granuläre Struktur. Zwei doppelkernige Zellen (Obj. 40 ×, Ok. 10 ×).

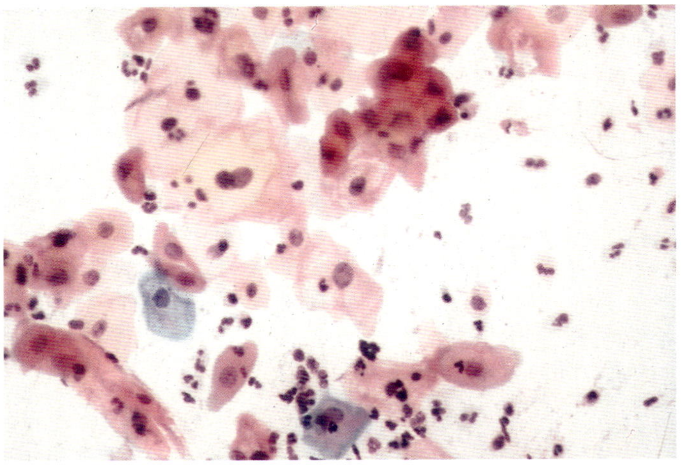

Abb. 9.**48** Zellbild bei Kondylomen (und leichter Dysplasie) an der Cervix uteri: Mittelgroße Dyskeratozyten mit leicht vergrößerten, bläschenförmigen Kernen. Das Zytoplasma ist wenig transparent. In der oberen Gruppe kleiner Zellen sind die Kerne degenerativ verändert. In der Mitte ein großer doppelkerniger Koilozyt (Obj. 25 ×, Ok. 10 ×).

Erstmals wurden Koilozyten in zytologischen Abstrichen von J.E. Ayre (2) beschrieben. Er sprach zunächst von „precancer cells" und zeigte entsprechende histologische Veränderungen, die flachen Kondylomen entsprachen. Später beschrieb er dieselben Zellen erneut in einer Monographie (3) als „early anaplastic cells" bzw. „nearo carcinoma cells". Papanicolaou (59) bildete in seinem Atlas ähnliche Zellen ab und sprach von Zellen des Navikulartyps mit Zeichen der Dyskaryose. In einer Arbeit über die „koilozytotische Atypie" diskutierten Koss und Durfee (34) die Bedeutung dieser Zellen für die Kanzerogenese. Der Verdacht, daß es sich um virusinfizierte Zellen handeln könnte, wurde erstmals von Ayre (4) geäußert und später von verschiedenen Autoren (16, 44, 63) wiederholt, bis er 1979/1980 durch elektronenmikroskopische (32) und immunologische (34) Untersuchungen bestätigt wurde.

2. Als *Dyskeratozyten* (Abb. 9.**48**, 9.**52**, 9.**55**) werden Zellen etwa von der Größe kleiner Intermediärzellen mit dichtem, wenig transparentem Zellplasma bezeichnet. Das Plasma färbt sich meist deutlich orange. Die Zellkerne sind in der Regel etwas größer als bei Superfizialzellen, hyperchromatisch mit verwaschener Struktur oder völlig pyknotisch. Zweikernige Zellen gibt es ebenso wie bei den Koilozyten. Dyskeratozyten kommen vielfach als dreidimensionale Zellverbände vor, im Gegensatz zu den zweidimensionalen Verbänden bei Parakeratosezellen, die nichts mit einer HPV-Infektion zu tun haben.

Koilozyten sind absterbende Zellen. Im elektronenmikroskopischen Bild zeigt sich in der Nähe des Kerns ein großer, heller Raum, frei von Zytoplasmaorganellen. Tonofilamente sind nicht erkennbar, sondern liegen grob verklumpt in den äußeren Zonen des Zytoplasmas (48). Der Prozeß beginnt, wie an Übergangsformen zu erkennen ist, offenbar perinukleär.

Im Gegensatz dazu enthält das Plasma der Dyskeratozyten viele dicke Bündel von Tonofibrillen, in denen einzelne Tonofilamente nicht zu erkennen sind. Zytoplasmaorganellen sind nicht sichtbar.

Typische Koilozyten sind leicht als solche erkennbar und gelten als pathognomonisch für Kondylome bzw. die HPV-Infektion (Markerzellen). Koilozyten kommen aber keineswegs in allen Abstrichen von Kondylomen bzw. HPV-Infektionen vor. Häufig finden sie sich neben Dyskeratozyten. In anderen Fällen findet man nur Dyskeratozyten in größerer Zahl. Dann kann es schwierig sein, aus dem zytologischen Bild einen sicheren Hinweis auf das Vorliegen einer HPV-Infektion zu geben, da die Abgrenzung von

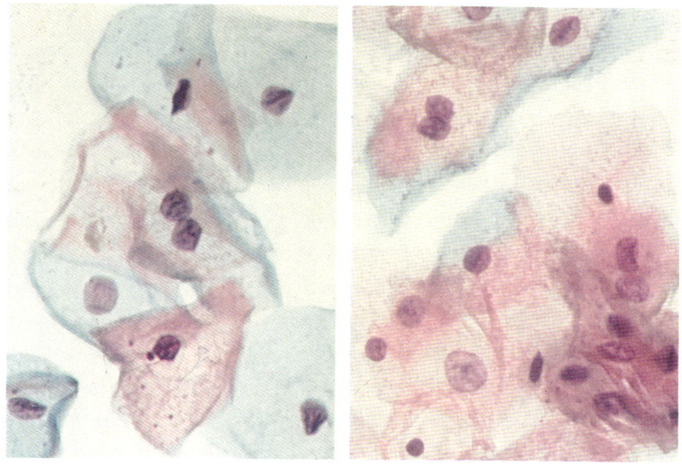

a b

Abb. 9.**49** Sog. „nicht klassische“ Merkmale der HPV-Infektion.

a In der Mitte eine mittelgroße, doppelkernige Intermediärzelle mit zwei leicht degenerierten, bizarren Kernen und angedeuteter Koilozytose. Links daneben eine eosinophile Zelle mit Granula im Zytoplasma. Im übrigen normale Zellen aus den oberen Schichten des Plattenepithels.

b Links eine doppelkernige, große Plattenepithelzelle. Rechts ebenfalls eine Zelle aus dem Plattenepithel mit bläschenförmigem, hellem Kern und angedeutetem Nukleolus (beides Obj. 40 ×, Ok. 10 ×).

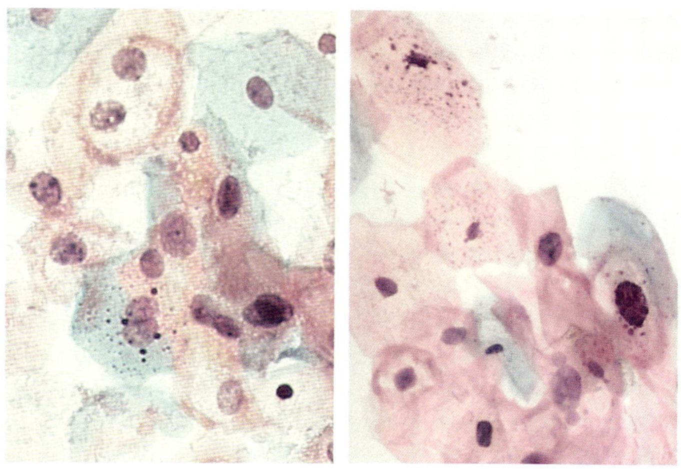

a b

Abb. 9.**50** Sog. „nicht klassische“ Merkmale der HPV-Infektion.

a Ausgereifte Zellen des Plattenepithels. Am rechten unteren Rand ein kleiner Koilozyt. Zwei der eosinophilen Superfizialzellen zeigen deutliche Granula im Zytoplasma. Außerdem ein Koilozyt mit vergrößertem, hyperchromatischem Kern und ebenfalls deutlichen Zytoplasmagranula (Obj. 25 ×, Ok. 10 ×).

b Zellen aus verschiedenen Schichten des Plattenepithels mit teils leicht vergrößerten Kernen und etwas unregelmäßiger Chromatinverteilung. Links ein schlecht erhaltener Koilozyt mit hellem Plasma und zwei bläschenförmigen Kernen. Rechts eine große zweikernige Intermediärzelle mit zyanophilem Zytoplasma und deutlichen Granula (Obj. 25 ×, Ok. 10 ×).

Dyskeratozyten gegenüber Parakeratosen oder anderen zur Verhornung neigenden Zellen nicht immer möglich ist.

„Nicht klassische“ bzw. „diskrete“ Merkmale: Aus der Erkenntnis heraus, daß durch den Nachweis von Koilozyten und Dyskeratozyten keineswegs alle HPV-Infektionen an der Cervix uteri zytologisch zu erfassen sind, suchte man nach weiteren diagnostischen Merkmalen. Tatsächlich treten bei Frauen mit nachgewiesener HPV-Infektion verschiedene Zellveränderungen, sog. „nicht klassische“ Merkmale (86) oder „diskrete“ Merkmale (109, 111) vermehrt auf (Abb. 9.**49**–**51**). Sie können neben Koilozyten und Dyskeratozyten, aber auch ohne diese vorkommen. Es handelt sich vorwiegend um zytoplasmatische Veränderungen:

- Koilozyten in weniger ausgeprägter Form, d. h. mit zentraler Aufhellung des Zytoplasmas, aber nicht so scharfer Begrenzung zwischen Endo- und Ektoplasma sowie normalen Kernen (dies gilt nicht bei Abstrichen mit bakterieller Zytolyse, da große Glykogendepots eine Koilozytose vortäuschen können);
- weniger ausgeprägte Formen von Dyskeratozyten, d. h. Zellen mit orangeophilem Plasma, häufig in dreidimensionaler Anordnung, jedoch mit kleinen und regelmäßigen Kernen;
- hyperchromatische Zellkerne, leicht vergrößert, jedoch mit regelmäßiger Chromatinstruktur und Kernmembran;
- Doppel- und Mehrkernigkeit in ausgereiften Plattenepithelzellen;
- eosinophile und zyanophile Granula im Zellplasma von Superfizial- und Intermediärzellen; mitunter ist in diesen Zellen der Kern kaum noch erkennbar;
- sog. „cracked cytoplasm“: fissurenähnliche Phänomene im Zytoplasma, die radiär oder zirkulär angeordnet sein können, vermutlich durch Kondensation von Filamenten.

Alle diese Merkmale sind jedoch sehr unspezifisch. Keines kann für sich alleine als pathognomonisch angesehen werden. Sie finden sich zwar bei Frauen mit HPV-positiven Befunden häufiger. Aber jedes dieser Kriterien kann auch, manche sogar fast ebenso häufig, bei Frauen mit virologisch negativen Befunden vorkommen. Dennoch wurde von einer

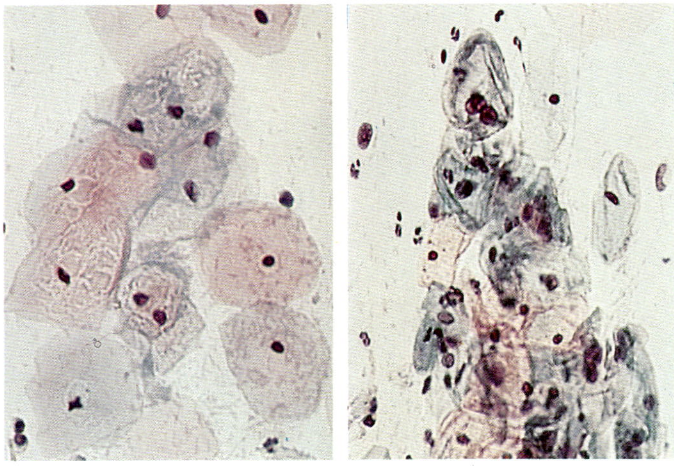

a b

Abb. 9.**51 a** u. **b** Sog. „nicht klassische" Merkmale der HPV-Infektion.

a Zellen aus den oberen Schichten des Plattenepithels mit sog. „cracked plasm", das von einigen Autoren ebenfalls als morphologischer Hinweis auf eine HPV-Infektion angesehen wird.

b Zellen vorwiegend aus den mittleren und oberen Schichten des Plattenepithels mit auffallend hellem Endoplasma. Eine doppelkernige Zelle (beides Obj. 25 ×, Ok. 10 ×).

Arbeitsgruppe (86) über eine hohe Erkennungsrate HPV-positiver Befunde durch statistische Diskriminanzanalyse unter Verwendung der 5 aussagekräftigsten Merkmale berichtet.

Entsprechend unseren eigenen Erfahrungen empfehlen wir, die primäre zytologische Verdachtsdiagnose einer HPV-Infektion allein aufgrund der „nicht klassischen" zytologischen Merkmale nur mit großer Zurückhaltung zu stellen. Die Befunde sind äußerst schwierig objektiv zu erfassen. Nützlich können diese diagnostischen Kriterien dagegen wahrscheinlich für eine Weiterverfolgung von Patientinnen sein, bei denen eine HPV-Infektion mit anderen Methoden bereits nachgewiesen wurde (109).

Zytologie der Dysplasien

Das Zellbild bei den Dysplasien verschiedenen Grades (29, 61, 67, 76, 78, 102, 103, 116) ist gekennzeichnet durch das Auftreten von Zellen, deren Kerne deutliche Zeichen der Irregularität aufweisen, ähnlich wie an malignen Zellen, während die Zellen als Ganzes noch ein weitgehend normales Aussehen haben können. Die Kerne zeigen Vergrößerungen, Hyperchromasie, Anisonukleose oder Polymorphie. Es finden sich Doppel- und Mehrkernigkeit. Die den verschiedenen Zellbildern der Dysplasie zugrundeliegende histologische Veränderung ist gewöhnlich um so leichter, je differenzierter die Zellen sind, und um so schwerer, je weniger differenziert sie sind.

Es handelt sich um Zellveränderungen, die im wesentlichen mit der früher weitverbreiteten Bezeichnung *Dyskaryose* übereinstimmen. Dieser ursprünglich von Papanicolaou (60) eingeführte Begriff wird heute von mancher Seite als zu ungenau abgelehnt (61) und auch in den Nomenklaturvorschlägen der WHO (78) und des Bethesdasystems (52, 53) nicht mehr gebraucht.

Soweit man sich des Wortes Dyskaryose in zytologischen Befundbeschreibungen heute noch bedient – was unserer Meinung nach durchaus möglich ist –, muß man sich jedoch darüber im klaren sein, daß es sich um eine rein deskriptive Bezeichnung handelt, die nur in der Zytologie üblich ist und mit der sich keine definitive morphologische Diagnose verbindet. Dyskaryotische Zellen sind am häufigsten mit Zellen aus Dysplasien verschiedenen Schweregrades identisch. Sie können als sog. basale Dyskaryosen auch beim Carcinoma in situ vorkommen. Und schließlich finden sich dyskaryotische Veränderungen, meist in leichterer Form, in entzündlich-degenerativ beeinflußten Abstrichen.

Die Verwendung des Begriffs der Dyskaryose in Befundbeschreibungen bietet den Vorteil, daß man sich nicht gleich auf einen definitiven morphologischen Befund festlegen muß, was häufig an der Einzelzelle auch gar nicht möglich ist.

Bei der *Dysplasie leichten Grades* (Abb. 9.**52**–9.**56**) finden sich zytologisch dysplastische Zellen vom Typ der Superfizial- und großen Intermediärzellen. Die Zellkerne sind vergrößert und leicht hyperchromatisch. Sie können entrundet sein. Es fällt auf, daß die Kern-Plasma-Relation im Vergleich mit normalen Zellen dieses Reifegrades deutlich erhöht ist. Die Kernstruktur ist regelmäßig und feingranuliert oder leicht vergröbert. Mitunter zeigen sich kleine Chromozentren in den Kernen. Soweit die Zellkerne pyknotisch sind, überschreiten sie in der Größe kaum diejenigen von Intermediärzellen. Die Zellen liegen gewöhnlich isoliert. Das Zellplasma ist gut erhalten. Es färbt sich zyanophil häufig aber auch eosinophil bis goldgelb an.

Bei Dysplasien *mäßigen (oder mittelschweren) Grades* (Abb. 9.**57**–9.**61**) findet man dysplastische Zellen, welche dem Reifegrad der kleinen Intermediär- und teils auch der Parabasalzellen entsprechen. Die Verschiebung der Kern-Plasma-Relation ist stärker ausgeprägt als bei der leichten Dysplasie. Es besteht ein erhöhter Chromatingehalt der oft entrundeten Kerne. Die Chromatinstruktur ist leicht bis mäßig vergröbert, bleibt jedoch im allgemeinen noch regelmäßig. Einzelne Chromozentren können vorkommen. Verklumpungen des Chromatins im Kerninneren, ebenso wie Anlagerungen am inneren Kernrand oder Schrumpfungen des Kernrandes, sind vielfach degenerativ bedingt.

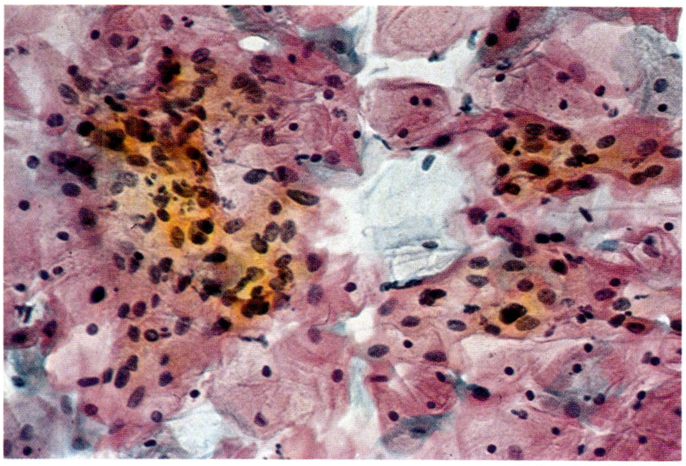

Abb. 9.**52** Leichte Dysplasie. Zahlreiche Dyskeratozyten. Kerne leicht vergrößert, hyperchromatisch und vielfach entrundet. Leichte Anisonukleose. Zellplasma teilweise goldgelb verfärbt (Obj. 25 ×, Ok. 10 ×).

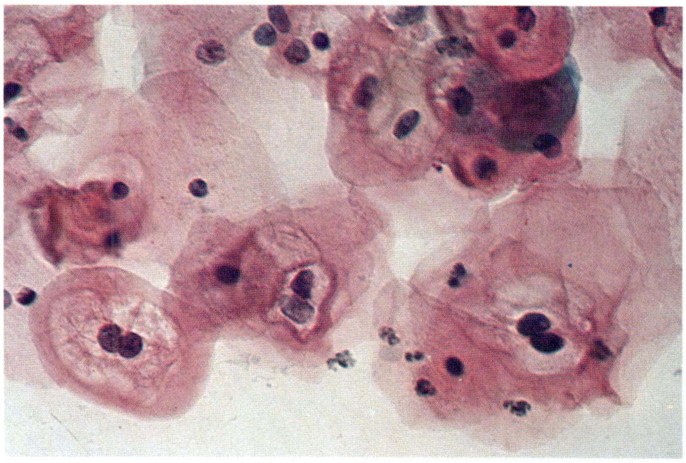

Abb. 9.53 Zellbild bei leichter Dysplasie mit Zeichen einer HPV-Infektion. Eosi- tenepithelzellen, von denen einige ne Koilozytose zeigen. Die Kerne ergrößert und teils deutlich hyper- . Mehrere doppelkernige Koilo- 0 ×, Ok. 10 ×).

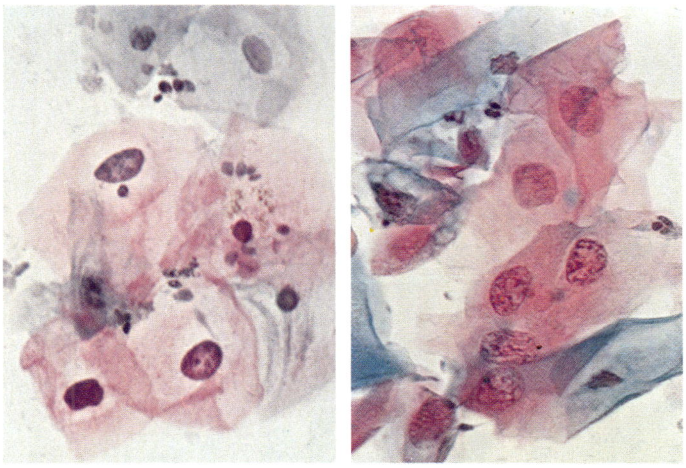

a b

Abb. 9.**54a** u. **b** Leichte Dysplasie.

a Einige Zellen aus den oberen Schichten des Plattenepithels mit deutlich vergrößerten Kernen bei jedoch nur mäßig verschobener Kern-Plasma-Relation. Kerne entrundet und in unterschiedlichem Grade hyperchromatisch. Sauberer Präparathintergrund.

b Ausgereifte Zellen des Plattenepithels mit vergrößerten, bläschenförmigen, leicht entrundeten Kernen. Chromatinstruktur unregelmäßig und leicht vergröbert (beides Obj. 40 ×, Ok. 10 ×).

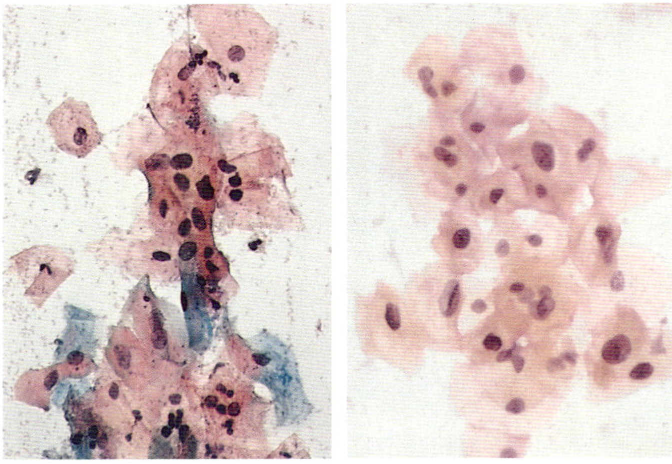

a b

Abb. 9.**55a** u. **b** Zellbilder bei leichter bis mäßiger Dysplasie mit morphologischen Zeichen einer HPV-Infektion.

a Neben großen eosinophilen Intermediärzellen eine Gruppe dicht zusammenliegender Dyskeratozyten. Das Zytoplasma dieser deutlich kleineren Zellen ist relativ wenig transparent. Die Kerne sind vergrößert, stark hyperchromatisch und irregulär in der Form (Obj. 25 ×, Ok. 10 ×).

b Eosinophile Zellen aus den oberen und mittleren Schichten des Plattenepithels, teils mit Verhornungstendenz. In der Mitte eine Zelle mit angedeuteter Koilozytose, aber normalem Kern (Obj. 25 ×, Ok. 10 ×).

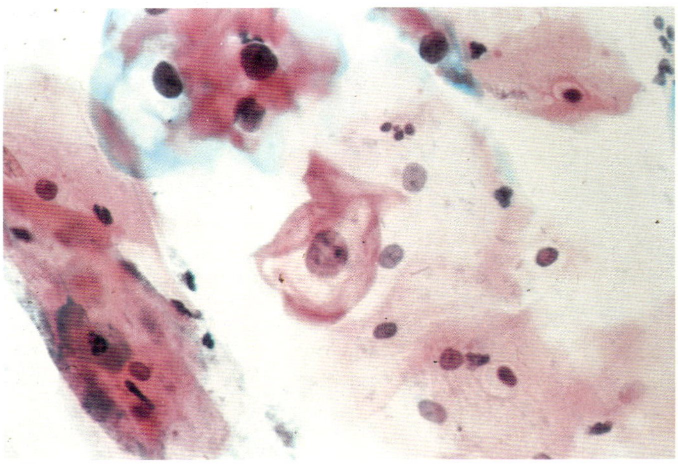

Abb. 9.**56** Zellbild bei leichter Dysplasie und deutlichen Zeichen einer HPV-Infektion. Zwei klassische Koilozyten, ein weniger deutlich ausgeprägter Koilozyt mit vergrößerten bzw. stark hyperchromatischen Kernen (Obj. 40 ×, Ok. 10 ×).

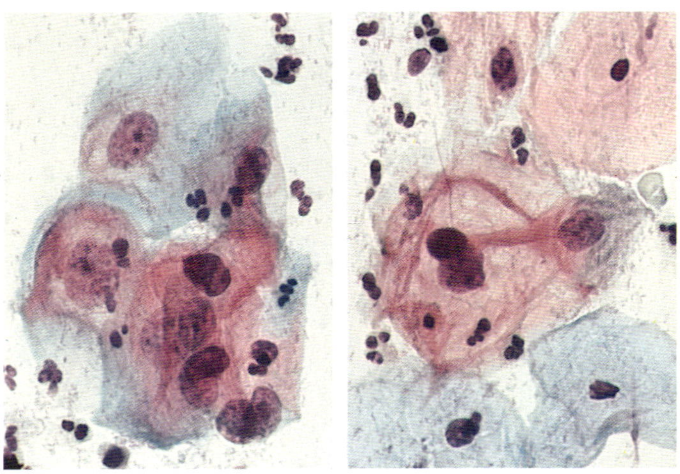

a b

Abb. 9.**57a** u. **b** Zellbild bei mäßiger Dysplasie mit Zeichen einer HPV-Infektion.

a Eine große eosinophile Plattenepithelzelle mit angedeuteter Koilozytose und zwei vergrößerten Kernen, einer davon stark hyperchromatisch. Daneben normale Zellen des reifen Plattenepithels, eine dysplastische Zelle aus den tiefen Schichten und eine kleine Zelle, vermutlich histiozytären Ursprungs.

b Eine Gruppe dicht beieinanderliegender bzw. sich teils überlagernder Zellen mit deutlich vergrößerten, teils hyperchromatischen Kernen. Die rechte Zelle zeigt eine Koilozytose (gleiches Präparat) (beides Obj. 40 ×, Ok. 10 ×).

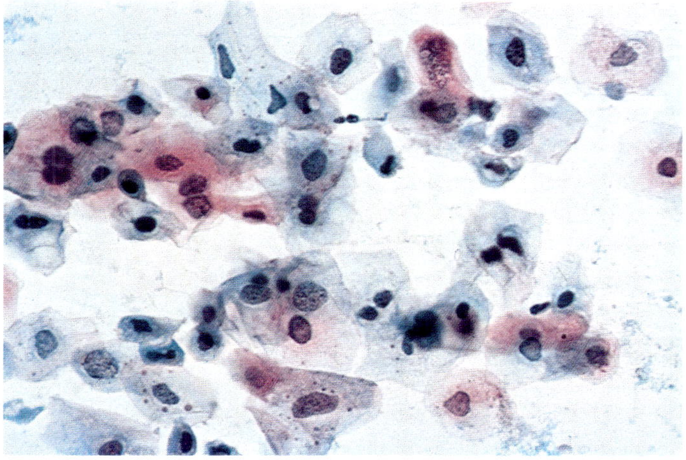

Abb. 9.**58** Mäßige Dysplasie. Zellen des Plattenepithels, überwiegend den mittleren Schichten zuzuordnen, mit deutlich vergrößerten Kernen. Mäßige Verschiebung der Kern-Plasma-Relation. Kerne hyperchromatisch, teils pyknotisch. Chromatinstruktur, soweit erkennbar, leicht vergrößert. Form der Kerne entrundet, teils mit scharfen Konturen. Deutliche Anisonukleose. Sauberer Präparathintergrund (Obj. 25 ×, Ok. 10 ×).

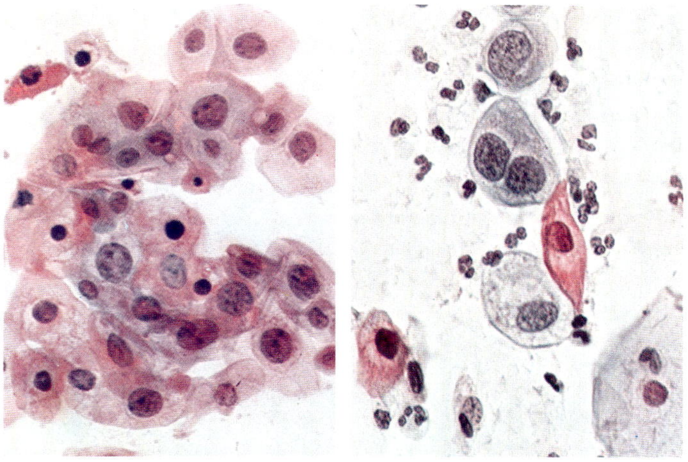

a b

Abb. 9.**59a** u. **b** Mäßige Dysplasie.

a Dysplastische Zellen, die bis zu den mittleren Schichten des Plattenepithels ausgereift sind. Kerne deutlich vergrößert, überwiegend rund bis oval mit leichter Vergröberung des Chromatinmusters und einigen kleineren Chromozentren. Kern-Plasma-Relation verschoben. In einigen höher ausgereiften Zellen sind die Kerne nur leicht vergrößert, aber pyknotisch. Sauberer Präparathintergrund.

b Ebenfalls Zellen aus einer mäßigen Dysplasie (anderes Präparat). In der Mitte mehrere Zellen von der Größe kleiner Intermediärzellen, mit vergrößerten rundlichen Kernen, die eine leicht vergröberte Struktur zeigen. Eine doppelkernige Zelle. Zum Vergleich einige polymorphkernige Leukozyten und rechts unten eine normale Intermediärzelle. Sauberer Präparathintergrund (beides Obj. 40 ×, Ok. 10 ×).

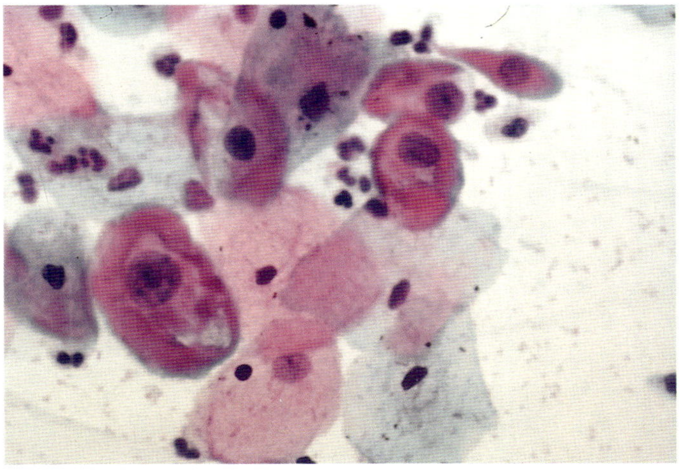

Abb. 9.**60** Zellbild bei mäßiger Dysplasie mit Zeichen einer HPV-Infektion. Neben normalen Superfizial- und großen Intermediärzellen mehrere relativ große koilozytotisch veränderte dysplastische Zellen mit stark vergrößerten, unterschiedlich hyperchromatischen Kernen. Im Vergleich mit den normalen Zellen des Plattenepithels fällt die geringe Transparenz des peripheren Zytoplasmas dieser Zellen auf, während zentral teils scharf begrenzte Aufhellungen zu erkennen sind (Obj. 40 ×, Ok. 10 ×).

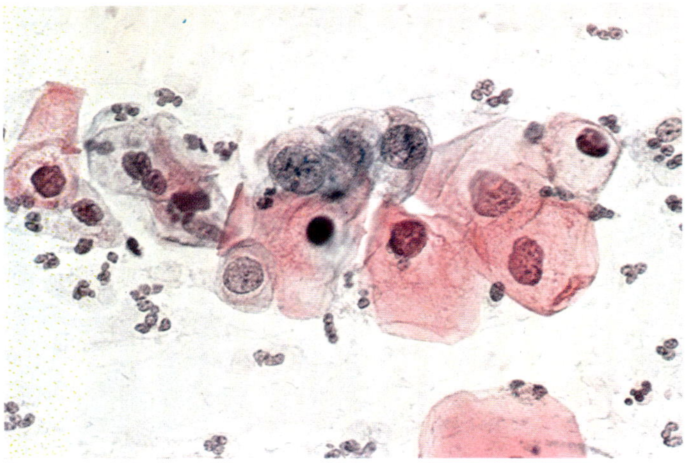

Abb. 9.**61** Mäßige bis schwere Dysplasie. Überwiegend eosinophile Zellen, weitgehend ausgereift. Deutlich vergrößerte, meist nur mäßig hyperchromatische Kerne mit unregelmäßig verteiltem, aber feingranuliertem Chromatin. Die Ränder der Zellkerne sind teils leicht geschrumpft und unregelmäßig gezackt. In der linken Bildhälfte eine doppelkernige Zelle. In der Mitte eine Zelle mit pyknotischem, leicht vergrößertem Kern. In ihrer Umgebung vier zyanophile Zellen vom Parabasalzelltyp mit vergrößerten, runden Kernen und stark verschobener Kern-Plasma-Relation. Sauberer Präparathintergrund (Obj. 40 ×, Ok. 10 ×).

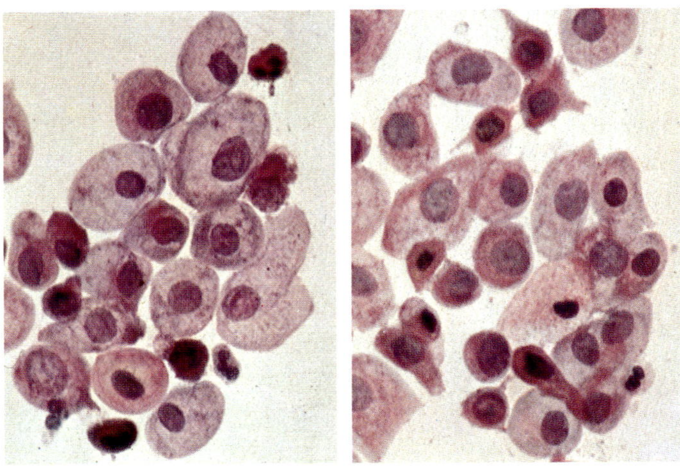

a b

Abb. 9.**62a** u. **b** Metaplastische Dysplasie mäßigen Grades.
Überwiegend rundliche bis ovale Zellen von der Größe der Parabasalzellen oder kleinen Intermediärzellen. Zellkerne vergrößert und leicht hyperchromatisch, teils entrundet. Anisonukleose. Zellplasma in einigen Zellen zentral heller, nach den Zellrändern zu dunkler. Einige kleinere Zellen zeigen intensive Plasmaanfärbung. Manche Kerne infolge degenerativer Veränderungen pyknotisch und unregelmäßig geformt. Sauberer Präparathintergrund (beides Obj. 40 ×, Ok. 10 ×).

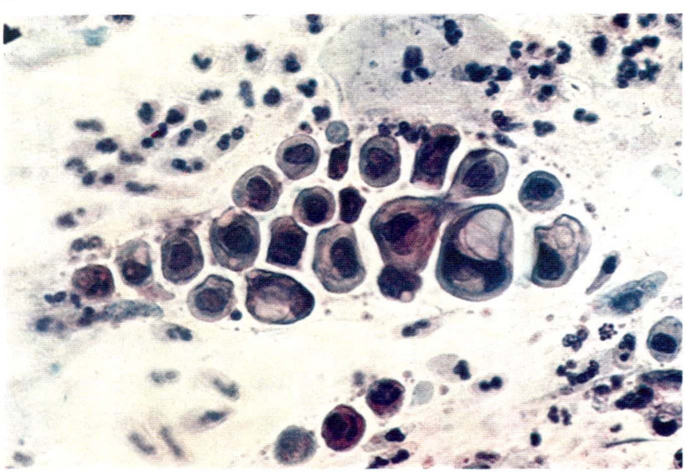

Abb. 9.**63** Metaplastische Dysplasie mäßigen bis schweren Grades.
Locker gelagerte Gruppe metaplastischer Zellen von unterschiedlicher Größe. Zellkerne vergrößert, hyperchromatisch. In allen Zellen eine mehr oder weniger deutliche Verschiebung der Kern-Plasma-Relation, Kerne deformiert, an den Rändern scharfkantig. Das Plasma mehrerer Zellen enthält Vakuolen, von denen einige sehr groß sind. Die Zellen erscheinen dadurch vergrößert, Kerne stark deformiert. Am oberen Bildrand eine große Intermediärzelle, am unteren Rand zwei Parabasalzellen mit Karyorrhexis. Leukozyten, Bakterien (Obj. 40 ×, Ok. 10 ×).

Zellen vom Typ der mäßigen Dysplasie gehen häufig von metaplastischem Gewebe aus. Man spricht daher auch von einer *metaplastischen Dysplasie* (Abb. 9.**62**, 9.**63**), wenn dies morphologisch deutlich ausgeprägt ist. Abgesehen von den beschriebenen Kernveränderungen haben die Zellen vielfach Ähnlichkeit mit Parabasal- oder kleinen Intermediärzellen, zeigen aber vorwiegend abgerundete Formen. Die Kerne lassen eine mehr oder weniger deutliche Anisonukleose und Polymorphie erkennen. Das meist zyanophile Zellplasma erscheint verdichtet und intensiv angefärbt. Mitunter ist es vakuolisiert.

Gehen die Zellveränderungen einer mittelschweren Dysplasie von einem nur mäßig ausgereiften Plattenepithel der Ektozervix aus, zeigen sich

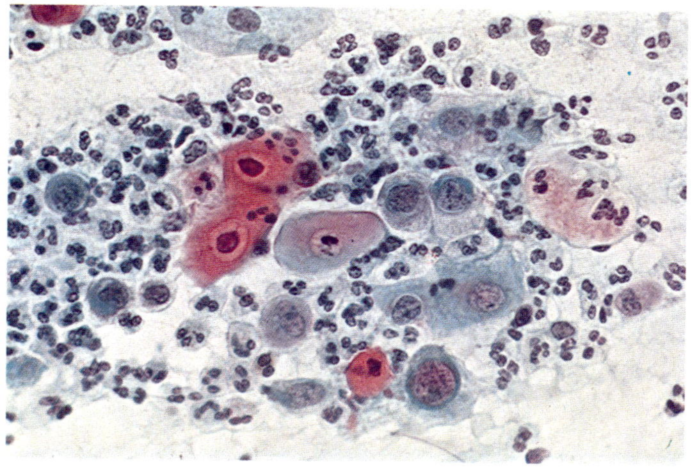

Abb. 9.**64** Schwere Dysplasie.
Zellen vom Typ der Parabasalzellen mit stark vergrößerten Kernen und extrem verschobener Kern-Plasma-Relation. Zellplasma zyanophil. Kernchromatin stark aufgelockert und unregelmäßig verteilt. Daneben dysplastische Zellen aus den höheren Schichten des Epithels. Zahlreiche Leukozyten, Kokken (Obj. 40 ×, Ok. 10 ×).

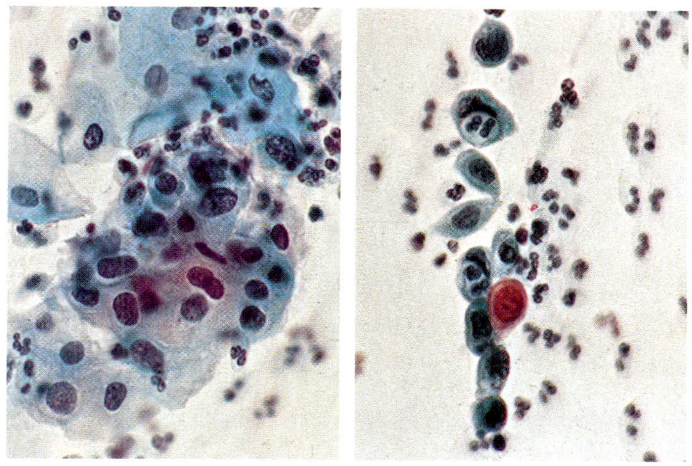

a b

Abb. 9.**65 a** u. **b** Schwere Dysplasie.

a Zahlreiche atypische Zellen, deren zyanophiles bzw. amphophiles Plasma ineinanderfließt, so daß die Zellgrenzen nicht zu erkennen sind. Kerne rund, oval, deformiert, von unterschiedlicher Größe. Sie sind hyperchromatisch, einige zeigen deutliche Chromatinvergröberungen.

b (Gleiches Präparat.) Straßenförmig gelagerte, unreife atypische Zellen. Zellplasma zyanophil, mit Ausnahme einer Zelle. Zellen haben knapp die Größe von Parabasalzellen, sind teils deformiert. Scharfe Zellgrenzen. Kerne deutlich vergrößert, stark hyperchromatisch, irregulär in der Form bei stark verschobener Kern-Plasma-Relation. Anisonukleose und starke Polymorphie der Kerne. Zwei Zellen mit in Plasmavakuolen eingeschlossenen Leukozyten. Zellkerne durch Plasmavakuolen stark deformiert. Leukozyten (beides Obj. 40 ×, Ok. 10 ×).

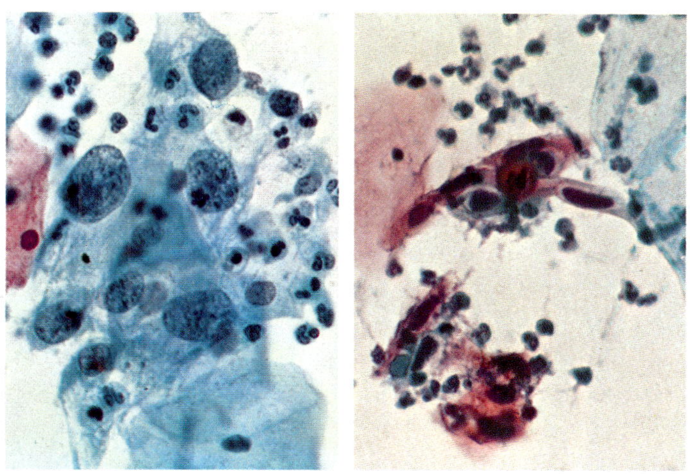

a b

Abb. 9.**66 a** u. **b** Schwere Dysplasie.

a Schwere Dysplasie, großzellig, nicht verhornend. Stark vergrößerte, rund-ovale Kerne, mäßig hyperchromatisch mit leichter Vergröberung und unregelmäßiger Verteilung des Chromatins. Sie liegen in unregelmäßig begrenztem, zyanophilem Zellplasma. Zellgrenzen nicht sicher erkennbar.

b Schwere Dysplasie mit differenzierten atypischen Zellen des Plattenepithels und eosinophilem Plasma. Relativ kleine Zellen, langgestreckt, teils unscharf begrenzt. Die überwiegend langgestreckten Kerne sind pyknotisch, ohne erkennbare Struktur. Einige Leukozyten (beides Obj. 40 ×, Ok. 10 ×).

eher polymorphe und eosinophil gefärbte dysplastische Zellen im Abstrich.

Bei der *Dysplasie schweren Grades* (Abb. 9.**64**–9.**67**) treten neben dysplastischen Zellen aus den mittleren Schichten des Epithels auch solche aus den basalen Schichten auf. Diese Zellen zeigen meist ein nur spärliches Plasma rings um den Kern. Die Kern-Plasma-Relation ist stark verschoben. Veränderungen von Struktur und Form der stärker hyperchromatischen Kerne können sehr ausgeprägt sein. Vielfach erkennt man in den relativ großen Kernen ein bis mehrere Chromozentren. Die Kernhülle kann durch Anlagerung von Chromatin unregelmäßig erscheinen. Freiliegende vergrößerte, hyperchromatische Kerne mit vergröberter Chromatinstruktur kommen gelegentlich vor.

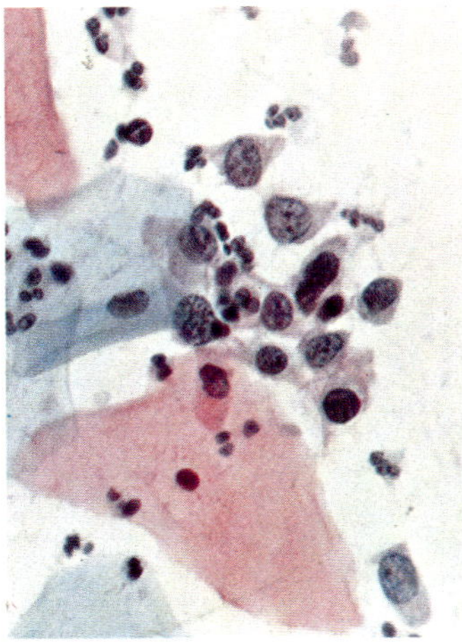

a

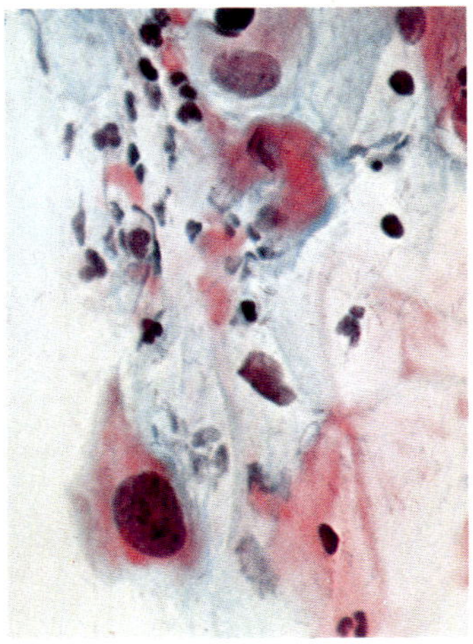

b

Abb. 9.**67a** u. **b** Schwere Dysplasie.

a Relativ kleine, unreife atypische Zellen mit vergrößerten Kernen und stark verschobener Kern-Plasma-Relation. Kerne unterschiedlich groß, rund-oval, teils deformiert. Chromatinverteilung unregelmäßig mit kleinen Chromozentren. Einige Kerne stark hyperchromatisch, mit spärlichem, unregelmäßig geformtem Zytoplasma. Sauberer Präparathintergrund.

b Nur wenige atypische Zellen, erkennbar an den schlecht erhaltenen, vergrößerten, mäßig hyperchromatischen Kernen. Im unteren Bildabschnitt eine große amphophile Zelle mit riesigem hyperchromatischem Kern. Chromatinstruktur deutlich vergröbert, mehrere Chromozentren (beides Obj. 40 ×, Ok. 10 ×).

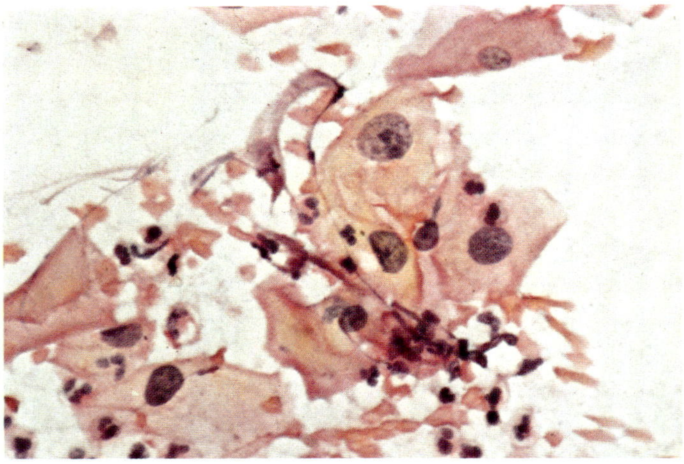

Abb. 9.**68** Schwere verhornende Dysplasie. Große polygonale Zellen des Plattenepithels mit vergrößerten hyperchromatischen Kernen. Zellplasma eosinophil mit Neigung zu goldgelber Anfärbung. Zellgrenzen scharf. Trotz der auffallenden Kernvergrößerung hält sich die Verschiebung der Kern-Plasma-Relation in Grenzen. In den hyperchromatischen Kernen deutliche Chromozentren. Schlecht erhaltene Erythrozyten (Obj. 40 ×, Ok. 10 ×).

Mitunter zeigt das Kernchromatin eine auffallende Verteilung (39) mit kleinen, regelmäßig geformten Chromozentren. Sie sind mit gebogenen bandförmigen Chromatinverdichtungen von gleichmäßiger Länge und Dicke verbunden und umgrenzen kleine Bezirke, welche völlig chromatinfrei erscheinen. Die Kerne nehmen dadurch ein siebartiges Aussehen an.

Mit besonderer Vorsicht sind Zellbilder bei der *verhornenden Dysplasie* zu beurteilen (Abb. 9.**68**). Die Abstriche zeigen neben Hornschollen meist ausgeprägte Kernveränderungen in hochausgereiften polymorphen Zellen des Plattenepithels mit teilweise goldgelber Anfärbung des Plasmas. Wegen ihres hohen Ausreifungsgrades und der nicht stark verschobenen Kern-Plasma-Relation mögen sie dem unerfahrenen Diagnostiker weniger gefährlich erscheinen als die vorher beschriebenen Zellbilder. In Wirklichkeit verbergen sich dahinter histologisch oft schwere Dysplasien mit der Dignität eines Carcinoma in situ, oder es handelt sich gar um invasive Karzinome.

Zwischen Zellbildern der verschiedenen Formen der Dysplasien bestehen *fließende Übergänge*. Vergleicht man die Zellbilder, so zeigt sich, daß die *Größe der pathologischen Zellen im allgemeinen mit zunehmender Schwere der Erkrankung abnimmt.* Gleichzeitig *verschiebt sich die Kern-Plasma-Relation*. Eine Ausnahme bilden oberflächlich verhornende Dysplasien, bei denen schwere Veränderungen ohne starke Verschiebung der Kern-Plasma-Relation in den oberflächlichen Zellen verlaufen können.

In Abstrichen von Dysplasien *fehlen in der Regel Zeichen der Gewebezerstörung*, wie sie bei invasiven Karzinomen zu finden sind. Der Präparatehintergrund ist gewöhnlich „sauber“, wenn nicht durch Entzündungen verschiedener Ursache mehr oder weniger zahlreiche Leukozyten, Erythrozyten und Zelldetritus in Erscheinung treten.

In Abstrichen von leichten Formen der Dysplasie *ist die Zahl der pathologischen Zellen* häufig niedriger als in solchen von schweren Dysplasien (56, 76). So wurden für die leichte Dysplasie im Durchschnitt 150, für die mäßige Dysplasie bis 300, für die schwere Dysplasie über 300, aber meist weniger als 500 atypische Zellen angegeben (61). Dies ist aber nur in vergleichsweise gegenübergestellten Kollektiven nachzuweisen. Im Einzelfall bietet die Zahl der im Abstrich nachweisbaren dysplastischen Zellen kein zuverlässiges diagnostisches Kriterium für den Schweregrad der Erkrankung. Die Zellzahl wird in der Routinediagnostik – abgesehen von der unterschiedlichen Güte der Entnahmetechnik – zu sehr von Sitz, Ausdehnung und Abschilferungstendenz des Tumors beeinflußt.

Die dysplastischen Zellen liegen im Abstrich überwiegend isoliert, seltener in lockeren Verbänden (67, 116). Bei schweren Dysplasien findet man eine synzytiumartige Lagerung der Zellen, wie sie häufig auch beim Carcinoma in situ anzutreffen ist.

Die *Färbung des Plasmas* bei dysplastischen Zellen ist überwiegend zyanophil, zu einem geringen Teil eosinophil oder amphophil (67). Die Zellgrenzen sind gewöhnlich deutlich. Bei gleichzeitigen entzündlich-degenerativen Einflüssen kommen Zellplasmavakuolen (Abb. 9.**63**) vor. Als Fixierungsartefakte kann man schmale perinukleäre Aufhellungen im Zellplasma sehen.

Der erhöhte *Chromatingehalt* in den Kernen dysplastischer Zellen fällt trotz der relativen Größe der Kerne durch ihre Anfärbung oft nicht besonders auf. Die Chromatinstruktur ist bei der überwiegenden Zahl der Zellen aus leichten bis mäßigen Dysplasien fein granuliert, und die Kernhülle scheint selten verdickt. Nur wenige Kerne zeigen eine grobe Granulierung des Chromatins. Völlig pyknotische, strukturlose Kerne finden sich vermehrt bei Dysplasien, die von der Ektozervix ausgehen.

Doppel- und Mehrkernigkeit ist bei Zellen aus Dysplasien häufiger zu finden als in Abstrichen von Carcinomata in situ und invasiven Karzinomen.

Sehr häufig sieht man als Begleiterscheinung in Abstrichen von Dysplasien auch hyperkeratotische und parakeratotische Zellen.

Die Kerne von dysplastischen Zellen können ein oder mehrere *Chromozentren* enthalten, besonders bei unreifen Formen der Dysplasie. Auffallende Nukleoli mit eosinophilen, intranukleären Strukturen gibt es dagegen bei Dysplasien normalerweise nicht. Ausnahmsweise können sie bei regenerativen Prozessen, die von dysplastischem Gewebe ausgehen, beobachtet werden. Dann kann eine Abgrenzung gegenüber unreifen Formen des invasiven Plattenepithelkarzinoms äußerst schwierig sein.

Differentialdiagnostische Probleme gegenüber dem Plattenepithelkarzinom der Cervix uteri können auch differenzierte Formen *schwerer Dysplasien* bieten. Das Vorkommen spindelförmiger Zellen in größerer Zahl (15% der atypischen Zellen [61]) oder von auffallend polymorphen atypischen Zellen, wie Kaulquappen- und Stachelzellen, läßt ein verhornendes Plattenepithelkarzinom nicht sicher ausschließen.

In der *Schwangerschaft* zeigen die Zellabstriche bei Dysplasien im allgemeinen dieselben Kriterien wie bei nichtschwangeren Frauen (13, 77, 88, 89, 112). In den frühen Schwangerschaftsmonaten herrschen jedoch mehr runde und ovale dysplastische Zellen mit stärker verschobener Kern-Plasma-Relation vor, so daß eine Überbewertung des Zellbildes im Sinne des Carcinoma in situ möglich ist. In den späteren Schwangerschaftsmonaten werden die dysplastischen Zellen oft größer und die Zellformen polymorpher. Das Fehlen von Zellen in synzytiumartiger Lagerung und von Zellkernen mit gröberer Körnelung des Chromatins spricht auch in der Schwangerschaft mehr für eine dysplastische Veränderung als für ein Carcinoma in situ oder ein invasives Karzinom. Das Auftreten mehrkerniger Zellen in den Abstrichen scheint bei Dysplasien in der Schwangerschaft häufiger zu sein als bei nichtschwangeren Frauen (75, 76).

Probleme können schließlich auch dezidual umgewandelte Zellen aus dem Zervixstroma bieten. Sie zeigen vergrößerte, meist blasse Kerne (Abb. 7.**10** u. 7.**11**) und dürfen nicht mit atypischen Zellen verwechselt werden (Abb. 9.**160** u. 9.**161**).

Ähnliche *Zellbilder* wie bei der Dysplasie können *als Folge therapeutischer Maßnahmen oder von Mangelzuständen* auftreten. So sind dysplastische Zell- und Kernveränderungen nach Behandlung mit *ionisierenden Strahlen* (s. S. 333), nach Gabe von *Zytostatika*, wie z. B. Myleran (s. S. 335f), und bei *Folsäuremangel* (s. S. 181) bekannt. Vor Stellung der endgültigen zytologischen Diagnose einer Dysplasie sollte man daher stets auch an diese Möglichkeit denken.

Zytologie der Carcinomata in situ

Die Zellbilder beim Carcinoma in situ (68, 69, 71, 75, 76, 116), sind gekennzeichnet durch das *Auftreten wenig differenzierter oder undifferenzierter atypischer Zellen*, die nach Größe und Form am ehesten an unreife Plattenepithelzellen oder metaplastische Zellen erinnern. Meist erreichen die Carcinoma-in-situ-Zellen jedoch nicht die Größe von Parabasalzellen. Sie sind also *relativ klein* im Vergleich zu den Zellen des normalen Plattenepithels, aber auch zu denen von Dysplasien (Abb. 9.**69**–9.**79**).

Die *Carcinoma-in-situ-Zellen* sind überwiegend rund oder oval (68, 69, 71, 116). Nur ein relativ kleiner Teil der Zellen zeigt eine polygonale Form. Das Zellplasma färbt sich zyanophil, seltener eosinophil oder auch amphophil (68, 69). Ist es gut erhalten, so machen die Zellen auf den ersten Blick oft einen relativ gleichförmigen Eindruck. Erst bei Betrachtung unter stärkerer Vergrößerung erkennt man die Variationen in Form und Größe von Zellen und Kernen. Vakuolen im Zellplasma kommen in geringem Umfang vor.

Die meisten Carcinoma-in-situ Zellen zeigen einen mehr oder weniger deutlichen Plasmasaum rings um die Kerne. Doch gibt es in den Zellabstrichen von Carcinomata in situ auch freiliegende, vergrößerte rundliche oder langgestreckte atypische Zellkerne.

Tweeddale u. Dubilier (103) unterscheiden beim Carcinoma in situ 8 *verschiedene Zelltypen:*

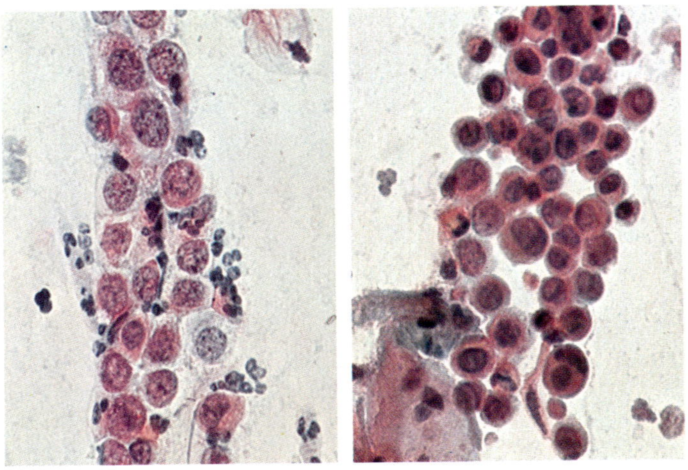

a b

Abb. 9.**69a** u. **b** Carcinoma in situ. Typische Bilder von undifferenzierten Formen des Carcinoma in situ, links etwas großzelliger, rechts relativ kleinzellig.

a Straßenförmig gelagerte, unreife, atpyische Zellen. Vergrößerte Zellkerne mit nur schmalem Plasmasaum. Extreme Verschiebung der Kern-Plasma-Relation zugunsten des Kerns. Zellgrenzen schlecht erkennbar. Kerne rund-oval bei leichter Anisonukleose. Mäßige Vergröberung der Chromatinstruktur und Chromozentren. Sauberer Präparathintergrund.

b Unreife atypische Zellen in lockerer Lagerung, ebenfalls straßenförmig. Zellen relativ klein, meist rundlich, aber mit scharf begrenztem Plasma. Relativ große, hyperchromatische Zellkerne mit deutlicher Verschiebung der Kern-Plasma-Relation. Kerne entrundet, Chromatinverteilung unregelmäßig, mäßige Anisonukleose (beides Obj. 40 ×, Ok. 10 ×).

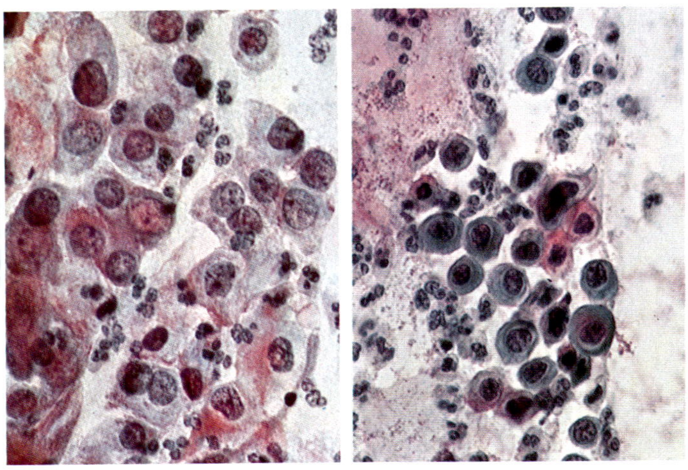

a b

Abb. 9.**70a** u. **b** Carcinoma in situ.

a In lockerer Gruppierung Zellen eines großzelligen Carcinoma in situ. Kerne vergrößert, rundlich, leicht hyperchromatisch. Chromatinverteilung unregelmäßig mit Chromozentren. Zellplasma zart zyanophil angefärbt, an den meisten Zellen aber doch klar begrenzt. Kokken.

b (Anderes Präparat.) Locker gelagerte Gruppe von Carcinoma-in-situ-Zellen, deren Plasma wesentlich intensiver angefärbt ist als das in der linken Bildhälfte. Zellgrenzen scharf. Die Kerne zeigen eine intensive hyperchromatische Anfärbung bei unregelmäßiger Verteilung der Chromatinsubstanz. Kerne infolge Degenerations- und Schrumpfungserscheinungen teils deformiert. Rings um die Kerne in zahlreichen Zellen schmale helle Höfe. Kokken. Eiweißniederschläge (beides Obj. 40 ×, Ok. 10 ×).

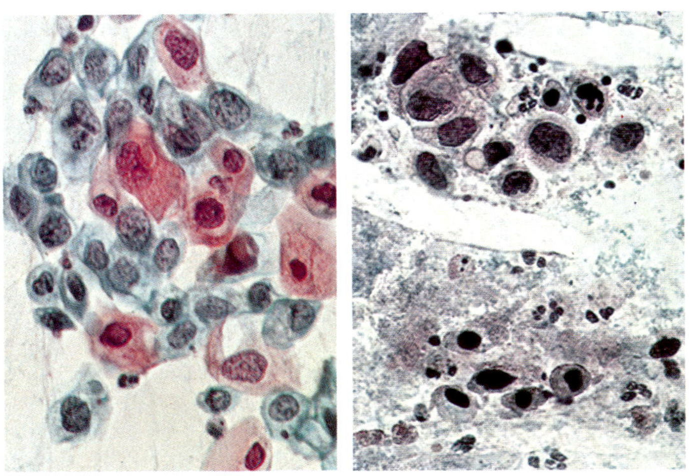

a b

Abb. 9.**71a** u. **b** Carcinoma in situ.

a Dichte Lagerung von Carcinoma-in-situ-Zellen. Das Plasma ist überwiegend zyanophil, in einigen ausgereifteren Zellen eosinophil. Besonders gut sind die typische mittelstarke Vergröberung und unregelmäßige Verteilung des Chromatins in den Kernen zu erkennen, mit Anlagerung von Chromatin auch an den Kernrändern. Anisonukleose. Deformierungen und Schrumpfungen der Kernränder an zahlreichen Zellen. Sauberer Präparathintergrund.

b Zwei kleinere Gruppen von Carcinoma-in-situ-Zellen mit auffallend hyperchromatischen, stark deformierten Kernen bei deutlicher Anisonukleose. Zellplasma zum Teil schlecht erhalten und unscharf begrenzt. Leukozyten, Kokken, Eiweißniederschläge
(beides Obj. 40 ×, Ok. 10 ×).

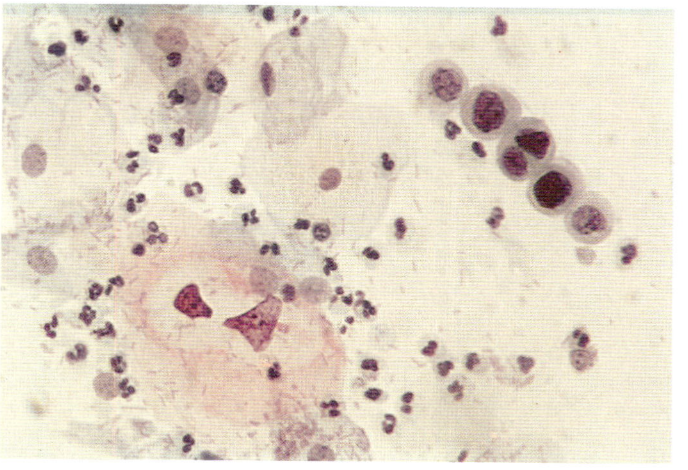

Abb. 9.**72** Zellbild bei Carcinoma in situ mit Zeichen einer HPV-Infektion. Links eine große blasse eosinophile Zelle mit einem ausgedehnten zentralen hellen Bereich, in dem zwei bizarre atypische Kerne liegen (doppelkerniger Koilozyt). Rechts eine Reihe typischer Carcinoma-in-situ-Zellen mit vergrößerten, teils stark hyperchromatischen und auch irregulär geformten Kernen bei starker Verschiebung der Kern-Plasma-Relation. Döderlein-Flora (Obj. 40 ×, Ok. 10 ×).

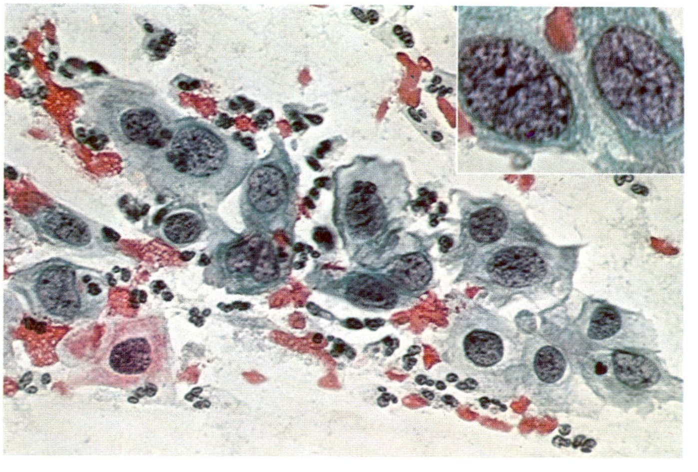

Abb. 9.**73** Carcinoma in situ. Zellen eines ausgesprochen großzelligen Carcinoma in situ. Plasma in fast allen Zellen zyanophil, unregelmäßig geformt, aber klar begrenzt. Kerne stark vergrößert, trotzdem Kern-Plasma-Relation nicht extrem verschoben. Die unregelmäßige Verteilung des Chromatins ist in den mäßig hyperchromatischen Kernen besonders deutlich zu erkennen. Einzelne kleine Chromozentren. Keine Nukleoli (Obj. 40 ×, Ok. 10 ×). Rechts oben: Carcinoma-in-situ-Zellen in starker Vergrößerung aus demselben Präparat.

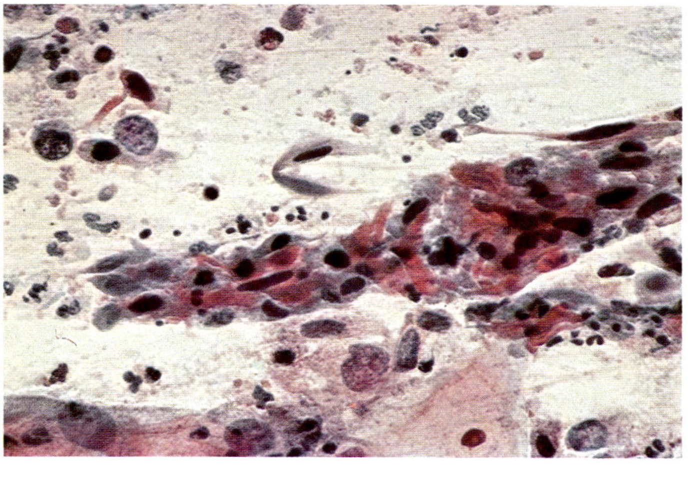

Abb. 9.**74** Carcinoma in situ. Zellbild mit starker Differenzierungsneigung. In der Mitte ein Streifen langgestreckter Zellen, deren überwiegend amphophiles Plasma ineinanderfließt. Die Kerne sind pyknotisch und strukturlos. Vereinzelt isoliert liegende Zellen mit auffallender Spindelform und extrem langgestreckten Kernen. Daneben weitgehend freiliegende, vergrößerte atypische Kerne mit leichter bis stark ausgeprägter Hyperchromasie. Unregelmäßigkeit der Chromatinverteilung. Wenige Leukozyten, Kokken, Eiweißniederschläge (Obj. 40 ×, Ok. 10 ×).

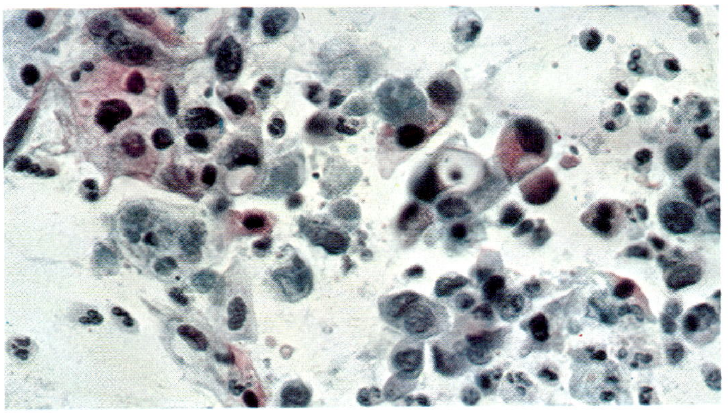

Abb. 9.**75** Carcinoma in situ. Zahlreiche unreife atypische Zellen mit hyperchromatischen Kernen. Deutliche Anisonukleose und Polymorphie der Zellkerne. Das Plasma der atypischen Zellen ist nur teilweise erhalten und scharf begrenzt. Einige Kerne liegen weitgehend frei. Über den Bildausschnitt verteilt, besonders in der rechten Bildhälfte, zahlreiche schlecht erhaltene Trichomonaden. Wenige Leukozyten (Obj. 40 ×, Ok. 10 ×).

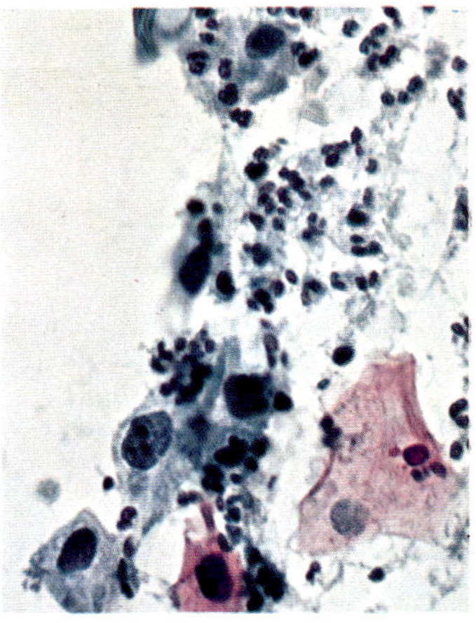

a

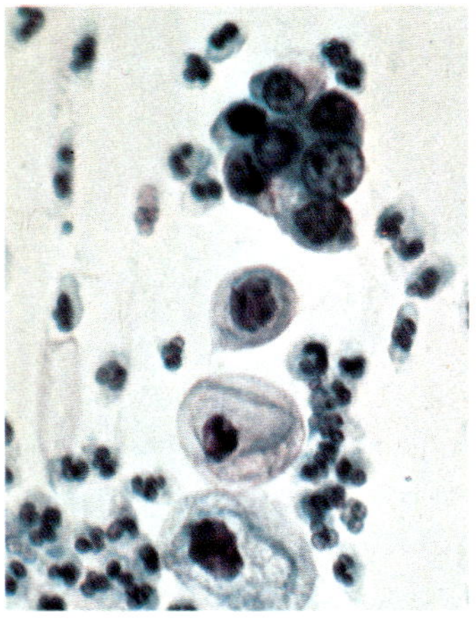

b

Abb. 9.**76a** u. **b** Carcinoma in situ.

a Zellbild mit relativ gut differenzierten atypischen Zellen, in Größe und Form an kleine Intermediärzellen erinnernd. Vereinzelt auch weitgehend freiliegende Kerne. Die vergrößerten Kerne sind stark hyperchromatisch und fallen durch ihre unregelmäßige Form auf. Am rechten Rand eine normale eosinophile Superfizialzelle. Leukozyten. Bakterielle Mischflora.

b Eine Zellgruppe mit dichtgelagerten Carcinoma-in-situ-Kernen, die nur von wenig Plasma umgeben sind. Kerne rund, von unterschiedlicher Größe, stark hyperchromatisch mit unregelmäßiger Chromatinverteilung, teils pyknotisch. Darunter im gleichen Bildausschnitt drei Dysplasiezellen. Sie haben ebenfalls deutlich vergrößerte, hyperchromatische Kerne. Die Zellen sind aber insgesamt wesentlich größer, und die Kern-Plasma-Relation ist infolgedessen nicht so stark verschoben. Leukozyten (beides Obj. 40 ×, Ok. 10 ×).

1. Maligne Parabasalzellen: Zellen vom sog. „Dritten Typ“ (19) die man von allen Zellformen am häufigsten in Carcinoma-in-situ-Ausstrichen sieht. Sie erinnern in Größe und Form am ehesten an Parabasalzellen des Plattenepithels, fallen aber durch einen großen und hyperchromatischen Kern auf.
2. In Haufen liegende Zellen: Dem vorigen Zelltyp ähnlich, zeigen sie eine dichte Lagerung in Gruppen bei meist schlecht erkennbaren Zellgrenzen oder fehlendem Zytoplasma.
3. Große nicht keratinisierte Zellen: Diese rund-oval oder unregelmäßig geformten, relativ großen Zellen liegen meist in lockeren Gruppen zusammen oder auch einzeln. Die Zellkerne erscheinen bläschenförmig mit unregelmäßig verteiltem Chromatin und Chromozentren, mitunter Nukleoli vortäuschend. Sie machen 5% der atypischen Zellen in Carcinoma-in-situ-Abstrichen aus und herrschen selten vor (79).
4. Keratinisierte maligne Zellen: Sie zeichnen sich durch unregelmäßige Formen und scharfe Zellgrenzen bei meist eosinophil gefärbtem Zytoplasma aus. Hauptsächlich kommen sie bei Frauen über 50 Jahren vor, bei jüngeren Frauen sind sie selten (116).
5. Kleine maligne Zellen: Die Zellen sind auffallend klein, in der Form rund, oval oder spindelig. Das Kernchromatin ist grobgranuliert oder opak.
6. Faserzellen: Sie fallen durch ihre lange, spindelige Form mit langgestreckten, hyperchromatischen Kernen auf. Sie machen weniger als 3% der atypischen Zellen in Carcinoma-in-situ-Abstrichen aus (103).
7. Undifferenzierte Tumorzellen: Sie fallen durch unregelmäßige Form und Größe sowohl des Zellplasmas als auch des Zellkerns auf; sehr selten bei jüngeren Frauen.
8. Kaulquappenzellen: Zellen mit großen hyperchromatischem Kern und ausgezogenem Zytoplasma; selten beim Carcinoma in situ.

Die Wiedergabe dieser Einteilung erfolgt nicht, um eine Grundlage zur Klassifizierung der Zellbilder beim Carcinoma in situ zu geben. Die genannten Zellformen kommen nur selten „reinrassig“, sondern fast stets gemischt in den Abstrichen vor. Die Beschreibung ist aber sicher geeignet, beim Lernenden den Blick für die Vielfalt der Zellen in Carcinoma-in-situ-Abstrichen zu schärfen.

Darüber hinaus fanden Tweeddale u. Dubilier (103) bei Frauen unter 50 Jahren in 72% der Abstriche geklusterte oder parabasale Tumorzellen und nur in 13% keratinisierte Tumorzellen, während bei älteren Frauen 57% der Abstriche keratinisierte Tumorzellen und nur 38% geklusterte oder parabasale Zellen zeigten. Kleine Tumorzellen kamen nur bei jüngeren Frauen vor.

Die *Kerne der Carcinoma-in-situ-Zellen* sind im Vergleich zu Zellen aus dysplastischem Gewebe *meist deutlich hyperchromatisch*. Ihre Form ist *rund bis oval, oft auch irregulär*. Durchschnittlich sind die Kerne von Carcinoma-in-situ-Zellen etwas *kleiner*

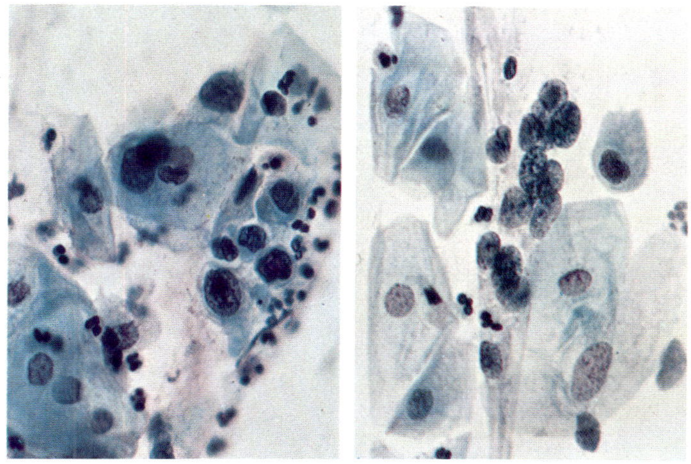

a b

Abb. 9.**77a** u. **b** Carcinoma in situ.

a Unreife atypische Zellen mit hyperchromatischen, irregulären Kernen, in der Größe unterschiedlich.

b (Gleiches Präparat.) Freiliegende atypische Zellkerne, oval, mit vergröberter Chromatinstruktur, aus demselben Carcinoma in situ stammend. Daneben normale zyanophile Intermediärzellen (beides Obj. 40 ×, Ok. 10 ×).

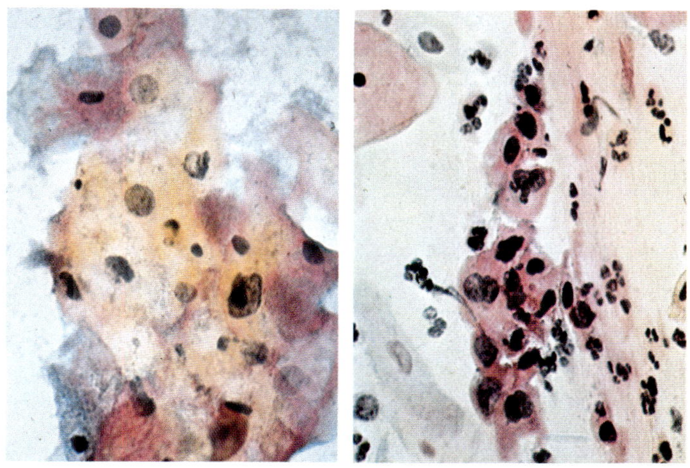

a b

Abb. 9.**78a** u. **b** Oberflächlich verhornendes Carcinoma in situ.

a Sich überlagernde, mit dem Plasma teils ineinanderfließende Zellen des Plattenepithels mit starker Verhornungstendenz. Einige vergrößerte hyperchromatische Kerne, jedoch ohne stärkere Verschiebung der Kern-Plasma-Relation. Andere Kerne kaum vergrößert oder nur als Kernschatten erkennbar.

b (Gleiches Präparat.) Differenzierte atypische Zellen von der Größe kleiner Intermediär- oder Parabasalzellen, jedoch in der Form unregelmäßig. Plasma eosinophil angefärbt, an den Rändern scharf begrenzt. Kerne stark hyperchromatisch, überwiegend tiefschwarz gefärbt. Sie zeigen eine starke Verschiebung der Kern-Plasma-Relation und sind bizarr geformt. Schleim. Leukozyten (beides Obj. 40 ×, Ok. 10 ×).

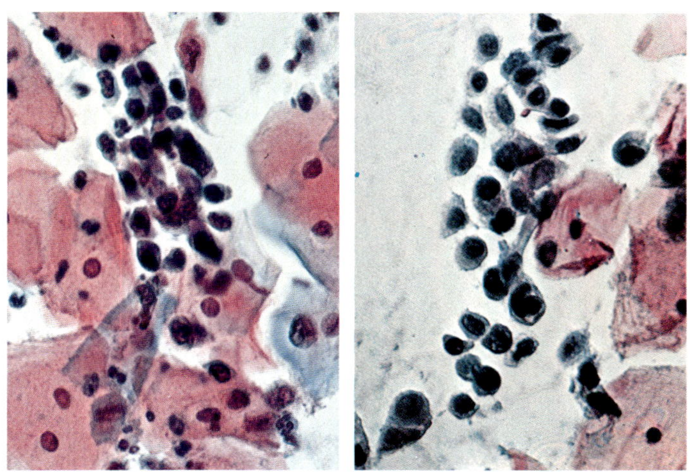

a b

Abb. 9.**79a** u. **b** Carcinoma in situ vom kleinzelligen Typ.

a Zwischen großen Intermediär- und Superfizialzellen eingelagert eine Gruppe kleiner unreifer atypischer Zellen in unregelmäßiger Lagerung. Die Kerne sind tief hyperchromatisch, rundlich oder etwas langgestreckt, nur von wenig Plasma umgeben. Sauberer Präparathintergrund.

b Ein ähnlicher Befund in einem Präparat von einer anderen Patientin (beides Obj. 40 ×, Ok. 10 ×).

als von Dysplasiezellen. Sie sind jedoch *größer als die Kerne von unreifen Metaplasiezellen* und von Reservezellen (61). Trotz Verschiedenheit der Größe der Zellen ist in jedem Falle die *Kern-Plasma-Relation extrem zugunsten des Kernes verschoben.*

Die *Chromatinstruktur* der Kerne von Carcinoma-in-situ-Zellen ist relativ grob und unregelmäßig im Vergleich zu normalen Zellen und zu Zellen von leichteren Formen der Dysplasie. Man findet oft ein bis mehrere teils unregelmäßig geformte *heterochromatische Chromatinverdichtungen (Chromozentren),* die durch *Chromatinbänder* von unterschiedlicher Länge und Breite miteinander verbunden sein können.

Die *Kernmembran* erscheint vielfach verdickt, wobei die unterschiedliche Dicke des angelagerten Heterochromatins an der Innenseite der Kernhülle den Eindruck erweckt, als sei die „Kernmembran“ unterbrochen. Die Kernränder können unregelmäßig verformt sein.

Im allgemeinen ist es so, daß *Carcinomata in situ vom großzelligen Typ* (Abb. 9.**69,** 9.**70**, 9.**73**) ein feiner granuliertes Kernplasma mit unregelmäßig darin verteilten Chromozentren aufweisen. Die Kerne des *kleinzellig anaplastischen Carcinoma in situ* (Abb. 9.**79**) dagegen sind chromatindichter und weisen ein grobgekörntes, gleichmäßig über den ganzen Kern verteiltes Chromatinmuster auf. Vielfach findet man auch völlig pyknotische, vergrößerte Zellkerne als Folge degenerativer Veränderungen.

Vergrößerte *Nukleoli* (Makronukleoli) sind in Zellen des Carcinoma in situ in der Regel nicht zu erkennen. Bei den umschriebenen Chromatinverdichtungen handelt es sich vielmehr meist um Chromozentren (basophile falsche Nukleoli). Findet man in Zellen vom Typ des Carcinoma in situ vergrößerte echte Nukleoli, so sollte man daran denken, daß möglicherweise doch schon ein beginnend invasives Karzinom vorliegt (54).

Zwei- und *mehrkernige Zellen* kommen beim Carcinoma in situ vor, sind jedoch seltener als bei Dysplasien.

Bei *Carcinomata in situ mit Verhornungstendenz* an der Oberfläche (Abb. 9.**74** u. 9.**78**) können ausschließlich mehr oder weniger differenzierte Formen atypischer Zellen auftreten. Diese Zellbilder sind zytologisch von denen bei schwerer Dysplasie mit Verhornungstendenz nicht zu unterscheiden. Bei sehr polymorphen Zellen kann auch die Abgrenzung gegenüber einem invasiven verhornenden Plattenepithelkarzinom schwierig oder unmöglich sein. Wie bereits erwähnt, weisen dysplastische Zellen in der frühen *Schwangerschaft* Ähnlichkeit mit Zellen des Carcinoma in situ auf. Das Vorkommen von unreifen atypischen Zellen mit grob granuliertem Chromatin der Kerne in synzytiumartiger Lagerung jedoch muß an ein Carcinoma in situ denken lassen.

Neben den charakteristischen, weitgehend undifferenzierten Zellen von Carcinomata in situ findet man in Abstrichen sehr häufig auch *dysplastische Zellen* verschiedenen Differenzierungsgrades (Abb. 9.**76b**). Sie stammen gewöhnlich von *Randpartien des Carcinoma in situ bzw. gleichzeitig vorkommenden Dysplasien.* Man muß sich darüber im klaren sein, daß für die Diagnose letztlich immer die schwersten zytologischen Veränderungen ausschlaggebend sind.

Die atypischen Zellen beim Carcinoma in situ liegen *überwiegend einzeln oder in lockeren Gruppen, oft* sind sie *straßenförmig gelagert* (68, 69, 71).

Die *Zahl der atypischen Zellen* ist in Abstrichen von Carcinomata in situ gewöhnlich höher als bei Dysplasien. Patten (61) gibt vergleichsweise mehr als 500 Zellen pro Abstrich an. Doch gilt, ebenso wie für die Dysplasien, daß auch beim Carcinoma in situ besonders bei schlechter Entnahmetechnik im Einzelfall nur ganz wenige atypische Zellen im Abstrich vorkommen können.

Das *allgemeine Zellbild* ist bei Zellabstrichen von Carcinoma in situ, ebenso wie bei den Dysplasien, relativ sauber, wenn nicht gleichzeitig entzündliche Veränderungen vorliegen. Eine sog. Tumordiathese besteht nicht. Die zytologische Diagnose ist deshalb gerade für die weniger Erfahrenen oft leichter zu stellen als beim invasiven Karzinom. Gelegentlich zeigen die Abstriche reine *Döderlein-Flora* mit mehr oder weniger ausgeprägter bakterieller Zytolyse. Beim invasiven Zervixkarzinom kommt dies kaum vor. Doch läßt sich durch den Nachweis von Döderlein-Stäbchen ein kleines invasives Zervixkarzinom noch nicht mit Sicherheit ausschließen.

Differentialdiagnostisch sind die Zellbilder des Carcinoma in situ einerseits gegenüber den verschiedenen Formen der Dysplasie, andererseits gegenüber invasiven Karzinomen zu unterscheiden. Eine ebenso große Bedeutung kommt jedoch in der zytologischen Diagnostik der Abgrenzung gegenüber ähnlichen Zellbildern zu, die nichts mit dem Karzinom und seinen Vorstadien zu tun haben. Sie werden besonders durch entzündlich veränderte unreife metaplastische Zellen, entzündlich degenerativ veränderte endozervikale Zellen, degenerierte Parabasalzellen in atrophischen Abstrichen und histiozytäre Elemente hervorgerufen.

Bedeutung des zytomorphologischen Nachweises von HVP-Infektionen

Zytomorphologische Merkmale der HPV-Infektion, wie sie bei den Kondylomen beschrieben wurden, kommen in Abstrichen von intraepithelialen Neoplasien in großer Häufigkeit neben Dysplasie- und Carcinoma-in-situ-Zellen vor (Abb. 9.**53**, 9.**55**, 9.**56**, 9.**57**, 9.**60**, 9.**72**). Dies kann durch Fortentwicklung von Kondylomen zu intraepithelialen Neoplasien verursacht sein, aber auch dadurch, daß Kondylome neben einer Dysplasie oder einem Carcinoma in situ bestehen (98).

Am häufigsten finden sich Koilozyten und Dyskeratozyten in Abstrichen von leichten und mäßigen Dysplasien, sehr viel seltener bei Carcinomata in situ und Mikrokarzinomen, nur gelegentlich bei klinischen Karzinomen. So gab Meisels (40) für Dysplasien eine Rate von 45,5%, für Carcinomata in situ von 36% und für Mikrokarzinome von 24% an. In der Literatur wurden sowohl niedrigere als auch – insbesondere bei leichten Formen der intraepithelialen Atypie – deutlich höhere Werte mitgeteilt (50, 62, 87, 91, 106). Übereinstimmung besteht bei allen Autoren, daß mit zunehmendem Schweregrad der epithelialen Atypie Koilozyten und/oder Dyskeratozyten in den Abstrichen seltener nachweisbar sind.

In Abstrichen von intraepithelialen Neoplasien können Koilozyten und/oder Dyskeratozyten ebenfalls erhebliche Kernatypien mit starker Verschiebung der Kern-Plasma-Relation aufweisen, vergleichbar mit denen bei schweren Dysplasien oder gar verhornenden Plattenepithelkarzinomen. Es wurde deshalb auch von „atypischen Kondylomen" (47) gesprochen. Wir halten dies nicht für richtig, weil dieser Begriff möglicherweise eine leichtere Form der Erkrankung vortäuscht. Tatsächlich gibt es bei Verlaufsbeobachtungen keine signifikanten Unterschiede zwischen intraepithelialen Neoplasien mit und ohne zytomorphologische Zeichen einer HVP-Infektion (7, 10, 40, unveröffentlichte eigene Untersuchungen). Auch Unterschiede in der Altersverteilung lagen, unter Berücksichtigung des Schweregrades der Atypie, zwischen Frauen mit und ohne zytomorphologische Zeichen einer HPV-Infektion nicht vor.

Außerdem ist zu berücksichtigen, daß die zytomorphologische Diagnostik nur eine relativ geringe Sensitivität für die Erfassung von HPV-Infektionen besitzt. Selbst wenn man die unspezifischen „diskreten" oder „nicht klassischen" zytologischen Merkmale mit heranzieht, wird man nicht alle HPV-Infektionen morphologisch erfassen können. Untersuchungen mit der Hybridisierungstechnik haben gezeigt, daß HPV-Infektionen sehr viel häufiger sind als bis dahin angenommen wurde (s. S. 207f). Es besteht eine hohe Durchseuchungsrate der weiblichen Bevölkerung von 9 bis 15%. Nur bei 20% der HPV-positiven Befunde fanden sich auch in Zervixabstrichen zytologische Hinweise dafür, hauptsächlich bei leichteren Formen der zervikalen intraepithelialen Neoplasie.

Dagegen konnten bei zytologisch positiven Befunden mit Hilfe der In-situ-Filter-Hybridisierung um so häufiger HP-Viren nachgewiesen werden, je schwerer die Erkrankung war (107, 109). Verglichen mit dem Schweregrad der Erkrankung, verhalten sich also zytomorphologische und molekularbiologische Befunde hinsichtlich des Vorliegens einer HPV-Infektion gerade umgekehrt. Darüber hinaus gibt es bisher keinen Hinweis dafür, daß die bei HPV-Infektionen auftretenden morphologischen Veränderungen sich in Abhängigkeit vom HPV-Typ unterscheiden.

Während bei leichten und mäßigen Dysplasien hauptsächlich die HPV-Typen 6 und 11 gefunden wurden, traten bei Carcinomata in situ und invasiven Zervixkarzinomen vermehrt die Typen 16 und 18 auf (87, 107, 109, 111). Man hat daraus den Schluß gezogen, daß Frauen mit HPV-Infektionen der Typen 16 u. 18 besonders gefährdet seien, ein Karzinom zu entwickeln (17), und für diese Fälle schon frühzeitig, d. h. auch bei leichten Formen der Dysplasie, operative Maßnahmen (Konisation, Hysterektomie) diskutiert (109). Sollte sich diese Theorie als richtig erweisen, so könnten sich daraus weitreichende Konsequenzen ergeben. Die Entscheidung über therapeutische Maßnahmen bei frühen intraepithelialen Neoplasien würde sich damit von der Morphologie auf molekularbiologische diagnostische Methoden verlagern. Unserer Ansicht nach besteht hierfür keine Berechtigung, zumal sich auch morphologische Veränderungen bei HPV-16/18-Infektionen in hohem Maße zurückbilden (87).

Entscheidend für das weitere diagnostische und therapeutische Vorgehen bei Frauen mit zytomorphologischen Zeichen einer HPV-Infektion kann vielmehr nur der Grad der zellulären Atypie sein. Dies wurde 1983 bereits in einer Stellungnahme der Internationalen Akademie für Zytologie (28) zum Ausdruck gebracht und hat unserer Meinung nach heute noch uneingeschränkt Gültigkeit. Zytomorphologische Zeichen einer HVP-Infektion gehören selbstverständlich in die Befundbeschreibung. Spricht jedoch der zytomorphologische Befund für eine leichte bis mäßige Dysplasie, so sollte man sich zunächst abwartend verhalten und die Patientin regelmäßig zytologisch und kolposkopisch kontrollieren. Liegt dagegen zytologisch der Befund einer schweren Dysplasie oder eines Carcinoma in situ vor, so muß eine histologische Klärung durchgeführt werden, unabhängig davon, ob gleichzeitig Zeichen einer HPV-Infektion vorliegen oder nicht.

Bei negativen zytologischen Befunden mit Koilozyten und/oder Dyskeratozyten ohne deutliche Zeichen einer Kernatypie raten wir, zytologische und kolposkopische Kontrollen in Zeitabständen von mindestens sechs Monaten vorzunehmen. Diese Frauen gehören sicher zu einer Risikogruppe mit erhöhter Gefahr, eine intraepitheliale Neoplasie oder ein Zervixkarzinom zu entwickeln.

Zytologie der invasiven Plattenepithelkarzinome

Zellabstriche von invasiven Zervixkarzinomen (Abb. 9.**80**–9.**90**) sind dadurch gekennzeichnet, daß sie in der weitaus überwiegenden Zahl der Fälle ein auffallendes *Begleitzellbild,* einen sog. *Tumorhintergrund* bzw. eine *Tumordiathese,* zeigen (21, 61). Diese Veränderung ist meist schon bei erster oberflächlicher Durchsicht der Präparate in schwacher Vergrößerung erkennbar. Aus den von ulzerierten Tumoren abgesonderten eiweißreichen Exsudaten bildet sich ein *fein granulierter Niederschlag,* der dem Abstrich insgesamt ein leicht schmutziges Aussehen gibt, besonders wenn gleichzeitig Schleim vorhanden ist. *Fibrinniederschläge* zeigen sich in Form meist eosinophiler Fibrillen. Infolge der vielfach bei invasiven Karzinomen vorhandenen begleitenden Entzündung enthalten die Abstriche oft reichlich *Leukozyten, Lymphozyten* oder auch *Histiozyten.* Erythrozyten in größerer Menge fehlen fast nie. Zum Teil sind sie zerfallen, und man sieht *Erythrozytenreste* oder Hämosiderinpigmente. Besonders charakteristisch ist bei nekrotisierenden Tumoren das Auftreten von *Zell- und Kerndetritus.*

Die *Zahl der atypischen Zellen* kann in Abstrichen von invasiven Karzinomen sehr groß sein (71). Mitunter findet man fast ausschließlich Tumorzellen in mehr oder weniger gutem Erhaltungszustand. Andererseits können in Abstrichen von ulzerierten oder nekrotisierten Tumoren auch nur sehr spärlich

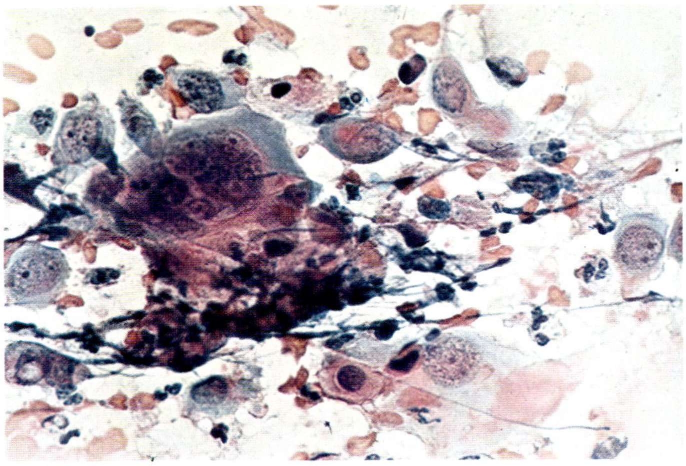

Abb. 9.**80** Großzelliges, nicht verhornendes Plattenepithelkarzinom der Cervix uteri. Polymorphes Zellbild mit schlecht erhaltenen atypischen Zellen. Auffallend in den vergrößerten, runden bis ovalen Kernen sind die vergrößerten Nukleoli. In linker Bildhälfte ein Zellkonglomerat mit einer amphophilen multinukleären Tumorzelle. Im Präparathintergrund Erythrozyten, zum Teil zerfallen, Schleim und Fibrinniederschläge (Obj. 40 ×, Ok. 10 ×).

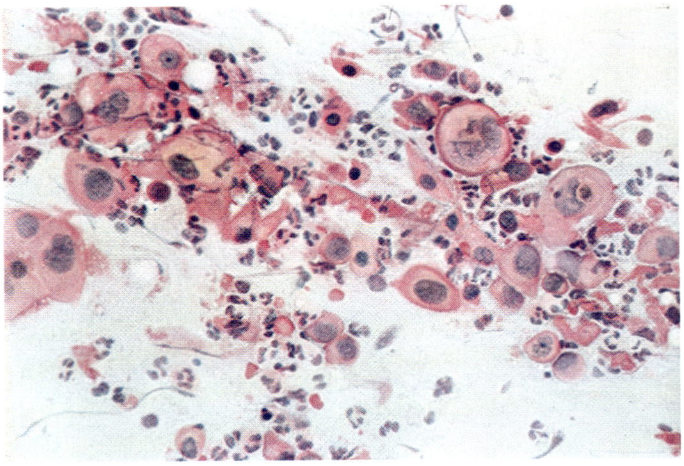

Abb. 9.**81** Plattenepithelkarzinom der Cervix uteri. Abstrich macht insgesamt einen blassen, verwaschenen Eindruck bei etwas „schmutzigem Präparathintergrund". Ausschließlich pathologische Zellen. Zellplasma blaßrosa gefärbt, im allgemeinen scharf begrenzt. Einige Zellen mit goldgelber Anfärbung des Plasmas. Deutliche Anisonukleose. Kerne vergrößert, teils rund-oval, teils deformiert. Mäßige Hyperchromasie der Kerne. Einzelheiten der Kernstruktur infolge degenerativer Einflüsse schlecht erkennbar. Einige pyknotische Kerne. Degenerativ veränderte Leukozyten (Obj. 25 ×, Ok. 10 ×).

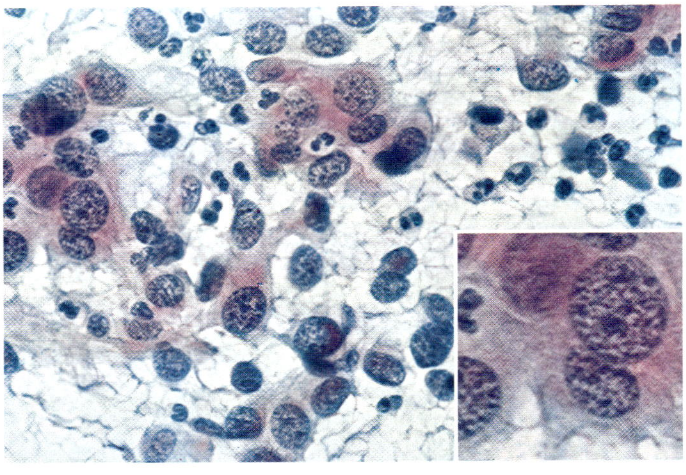

Abb. 9.**82** Großzelliges, nicht verhornendes Plattenepithelkarzinom der Cervix uteri. Zahlreiche, eindeutige Tumorzellen in unregelmäßiger Lagerung. Die überwiegend freiliegenden Kerne sind vergrößert, durchweg rund bis oval. Anisonukleose. Besonders charakteristisch ist in diesem Bild die grobe Granulierung des Kernchromatins mit Chromozentren und vereinzelten Makronukleoli. Die starken Kontraste zwischen Eu- und Heterochromatin fallen auf. Soweit die Kerne von Plasma umgeben sind, ist dieses unscharf begrenzt und fließt ineinander über. Im Präparathintergrund altes zerfallenes Blut. Einige Leukozyten (Obj. 40 ×, Ok. 10 ×). Rechts unten: Tumorzellen in stärkerer Vergrößerung (Ausschnitt).

atypische Zellen vorhanden sein, deren Zahl weit unter der bei Carcinomata in situ oder Dysplasien liegt. Sind diese wenigen Tumorzellen durch degenerativ-autolytische oder entzündliche Vorgänge geschädigt, so kann dies die Diagnostik sehr erschweren. In manchen Fällen ist eine Diagnosestellung dadurch unmöglich.

Von der *Morphologie der Tumorzellen* her (70, 71, 74, 116) kann man, in Analogie zur Histologie, drei verschiedene Abstrichformen unterscheiden, solche vom verhornenden Typ, vom großzellig nicht verhornenden Typ und vom kleinzellig nicht verhornenden Typ des Plattenepithelkarzinoms.

In Tab. 9.**4** sind vergleichende Angaben über Zell- und Kerngröße sowie über die Häufigkeit der

Abb. 9.**83** Plattenepithelkarzinom der Cervix uteri. Ansammlung von Tumorzellen von einem zur Verhornung neigenden Plattenepithelkarzinom. Zellen blaß, eosinophil gefärbt, teils goldgelb. Kerne stark vergrößert, rund-oval oder völlig unregelmäßig geformt. Starke Verschiebung der Kern-Plasma-Relation. In einem Teil der Kerne starke Hyperchromasie mit unregelmäßiger Verteilung des stark vergröberten Chromatins. Teils degenerativ veränderte, gedunsene, abgeblaßte Kerne (Obj. 40×, Ok. 10×).

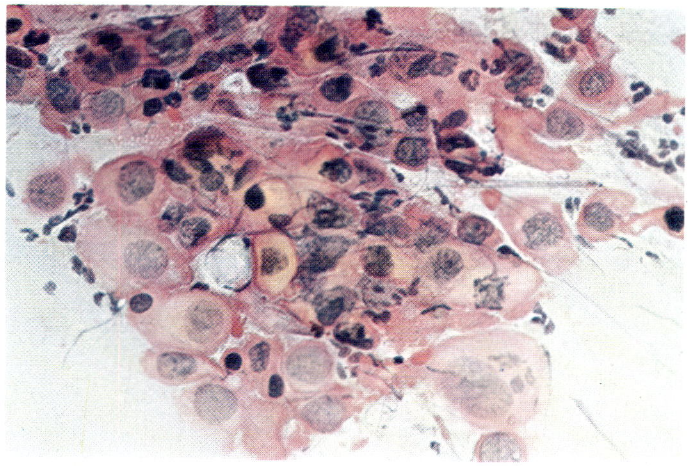

Abb. 9.**84** Verhornendes Plattenepithelkarzinom. Stark polymorphe Zellen mit eosinophil angefärbtem, teils goldgelbem Zytoplasma. Zellkerne unterschiedlich stark vergrößert, stark hyperchromatisch mit Chromatinverklumpungen. Rechts eine spindelförmige Zelle mit zigarrenförmigem pyknotischem Kern. In der Mitte eine blasse Spindelzelle, ebenfalls aus dem Tumor (Obj. 40×, Ok. 10×).

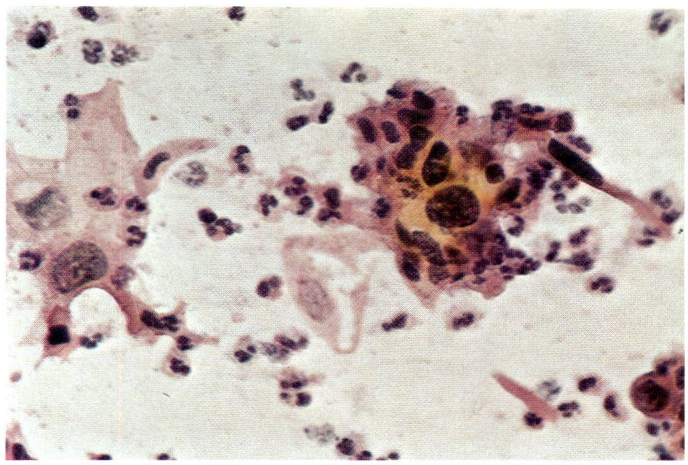

Kernmerkmale bei den drei beschriebenen Abstrichtypen des invasiven Zervixkarzinoms zusammengestellt.

Neben den typischen Tumorzellen finden sich in zahlreichen Abstrichen von invasiven Karzinomen ebenfalls Zellen, wie man sie in Abstrichen von Dysplasien und Carcinomata in situ zu sehen gewohnt ist. Sie stammen gewöhnlich aus den Randpartien des invasiven Karzinoms. Für die Diagnosestellung ist die schwerste im Abstrich nachweisbare zytologische Veränderung maßgebend.

Tabelle 9.**4** Vergleichende Gegenüberstellung der zytologischen Merkmale von verhornenden, großzellig nicht verhornenden und kleinzelligen invasiven Zervixkarzinomen (aus *Reagan u. Mitarb.* [74]).

	verhornend	nicht verhornend	kleinzellig
Zellfläche (μm^2)	275 ± 107	256 ± 69	169 ± 37
Kernfläche (μm^2)	77 ± 28	88 ± 30	65 ± 13
Relative Kernfläche	29 ± 6%	34 ± 6%	39 ± 5%
Geschwänzte und ausgezogene Zellen	15%	0,4%	0,2%
Synzytien	13%	23%	12%
Kernmerkmale			
fein gekörntes Chromatin	22%	20%	13%
grob gekörntes Chromatin	59%	77%	79%
opak	19%	3%	8%
Nukleoli pro Abstrich	5	24	20
freie Kerne pro Abstrich	22	123	51

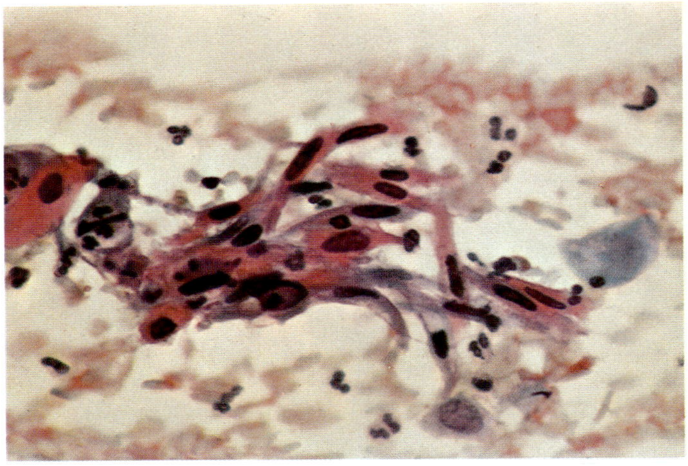

Abb. 9.**85** Verhornendes Plattenepithelkarzinom. Eine Gruppe langgestreckter spindelförmiger Tumorzellen. Scharf begrenztes eosinophiles Zellplasma. Die Zellen enthalten lange, stiftförmige, stark hyperchromatische bzw. pyknotische Kerne. Im Präparathintergrund altes zerfallenes Blut (Obj. 40 ×, Ok. 10 ×).

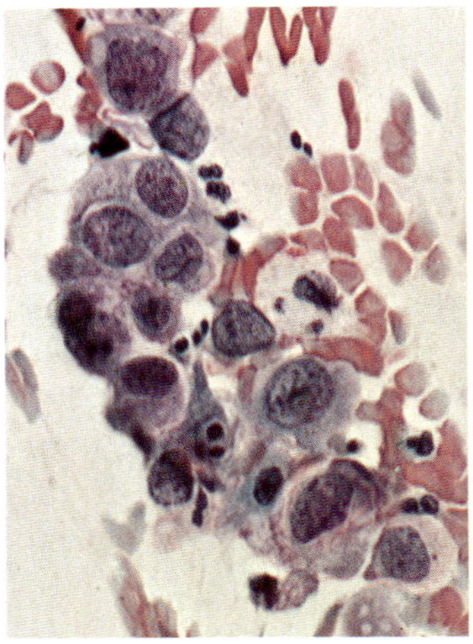

a

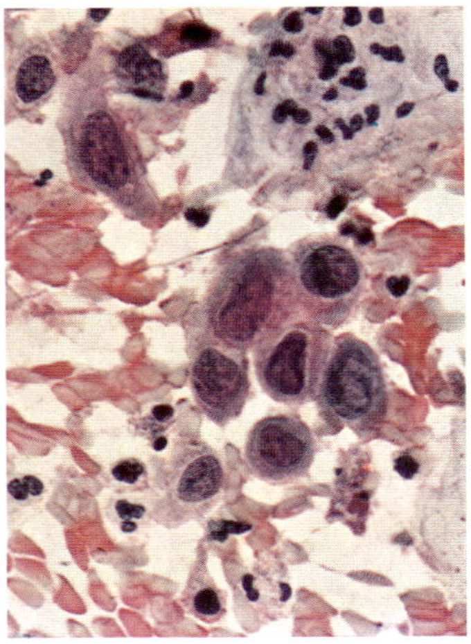

b

Abb. 9.**86 a** u. **b** Großzelliges, nicht verhornendes Plattenepithelkarzinom.

a Blutreicher Ausstrich mit einer Gruppe unregelmäßig gelagerter Tumorzellen. Kerne vergrößert. Leichte Anisonukleose und Polymorphie. Unregelmäßige Chromatinverteilung in den leicht bis mäßig hyperchromatischen Kernen. In einigen Kernen vergrößerte Nukleoli.

b (Gleiches Präparat.) Eine andere Gruppe von Tumorzellen. In den vergrößerten, entrundeten Zellkernen ist das Chromatin ebenfalls unregelmäßig verteilt (beides Obj. 40 ×, Ok. 10 ×).

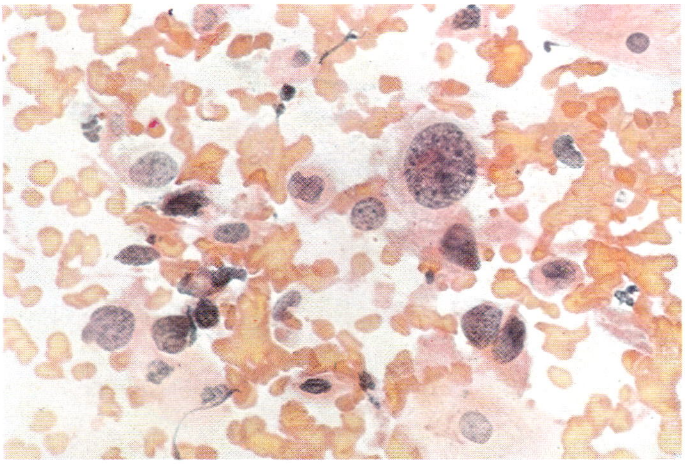

Abb. 9.**87** Nicht verhornendes Plattenepithelkarzinom der Cervix uteri. In dem blutreichen Präparat zahlreiche freiliegende Kerne von Tumorzellen. Die Kerne sind rund bis oval, deutlich hyperchromatisch und lassen eine grobe Granulierung des Chromatins mit zahlreichen Chromozentren erkennen. Auffallende Anisonukleose mit einem Riesenkern. Am oberen und unteren Bildrand je eine normale Intermediärzelle (Obj. 40 ×, Ok. 10 ×).

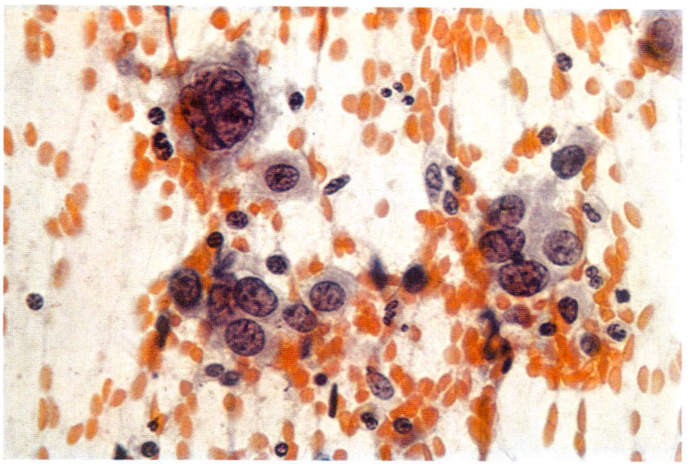

Abb. 9.**88** Nicht verhornendes Plattenepithelkarzinom der Cervix uteri. Blutreiches Präparat mit zahlreichen unregelmäßig gelagerten Tumorzellen. Die Kerne sind vergrößert, rund-oval und fallen durch die deutliche Hyperchromasie bei starker Vergröberung der Chromatinverteilung auf. Ein riesiger maulbeerförmiger Kern mit besonders groben Chromatinverklumpungen. Die Kerne sind nur von Resten eines schlecht erhaltenen Zellplasmas umgeben (Obj. 40×, Ok. 10×).

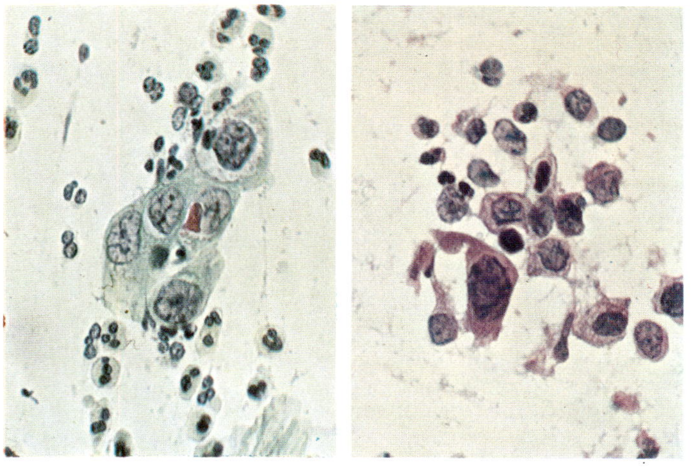

a b

Abb. 9.**89a** u. **b** Plattenepithelkarzinom der Cervix uteri.

a Tumorzellen eines nicht verhornenden Plattenepithelkarzinoms. Die Zellen haben reichlich zyanophiles Plasma. Die stark vergrößerten Kerne zeigen ein aufgelockertes Chromatin mit grob unregelmäßiger Verteilung, deutlichen Kontrasten zwischen Eu- und Heterochromatin und Nukleoli.

b Tumorzellen sehr verschiedener Größe und Form. Vergrößerte hyperchromatische Kerne mit stark verschobener Kern-Plasma-Relation. Unregelmäßige Chromatinverteilung. Eine Zelle mit hyperchromatischem Riesenkern (beides Obj. 40×, Ok. 10×).

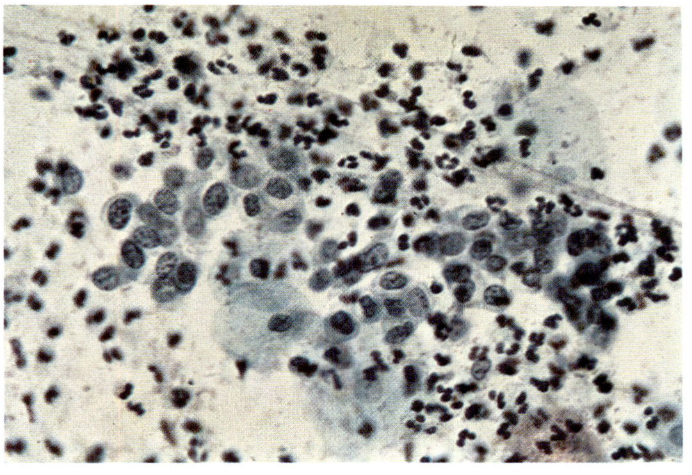

Abb. 9.**90** Kleinzelliges nicht verhornendes Plattenepithelkarzinom. In sehr lockerer Gruppierung liegend, zahlreiche kleine ovale bis runde, teils etwas entrundete Tumorzellkerne. Sie fallen durch deutliche Vergröberung des Kernchromatins auf. In der Größe sind sie relativ gleichförmig. Im übrigen reichlich Leukozyten, einige zyanophile Plattenepithelzellen (Obj. 40×, Ok. 10×).

Verhornendes Plattenepithelkarzinom

In Zellabstrichen von verhornenden Plattenepithelkarzinomen (Abb. 9.**29**, 9.**83**–9.**85**) fällt besonders die *Polymorphie der Tumorzellen* auf, die in der überwiegenden Zahl ein relativ gut erhaltenes Zellplasma zeigen. Die Zellen haben eine sehr *unterschiedliche Größe*. Diese schwankt zwischen der Größe kleiner Parabasalzellen und Zellen, die sogar größer als normale Superfizialzellen sind. Besonders auffallend aber ist die *Variabilität der Zellformen*. Sie können polygonal, abgerundet, langgestreckt, spindelig, stachelförmig oder auch kaulquappenförmig mit langen Plasmaausläufern sein. Das Zellplasma ist in der Regel gut erhalten und intensiv eosinophil, seltener zyanophil angefärbt. Manche Zellen zeigen in charakteristischer Weise eine *goldgelbe Anfärbung des Zellplasmas*. Vor allem langgestreckte Faserzellen, die oft fischzugartig im Abstrich liegen, sind charakteristisch für invasive Plattenepithelkarzinome. Beim Carcinoma in situ sind ähnliche Zellen nur selten anzutreffen.

Die *Zellkerne* zeigen eine *deutliche Hyperchromasie* mit auffallender *Verschiebung der Kern-Plasma-Relation* zugunsten des Kernes. Das *Kernchromatin* ist in der Mehrzahl der Zellen *vergröbert* und völlig unregelmäßig verteilt. Die Abstriche zeigen einen relativ hohen Anteil von etwa 20% Zellen mit *pyknotischen Kernen*, die rund, langgestreckt, aber auch völlig bizarr in ihrer Form sein können. Relativ wenige Tumorzellen zeigen ein feinstrukturiertes Kernchromatin.

Im Vergleich zu anderen Formen invasiver Karzinome sind *vergrößerte Nukleoli* in den Kernen verhornender Plattenepithelkarzinome selten (74).

Die Zellen liegen in der Regel einzeln. Nur ein geringer Anteil der pathologischen Zellen zeigt sich in synzytialer Lagerung. Ein *typischer Tumorhintergrund* findet sich in den Abstrichen *nicht immer*. Häufig machen die Präparate einen sauberen Eindruck.

Selten findet man in den Abstrichen *Hornperlen* oder eosinophile *Epithelperlen* (5). Wenn sie auftreten, sind sie jedoch noch kein Beweis für Malignität. Ähnlich aussehende Gebilde kommen auch bei entzündlichen Prozessen und Dysplasien, seltener beim Carcinoma in situ vor.

Eine Unterscheidung des zytologischen Bildes des verhornenden Plattenepithelkarzinoms von Abstrichen bei verhornender Dysplasie bzw. Carcinoma in situ kann äußerst schwierig sein. Eine stärkere Polymorphie der atypischen Zellen und Kerne spricht eher für ein Karzinom. Mitunter ist jedoch zytologisch nur die Diagnose „schwere Dysplasie, verhornendes Plattenepithelkarzinom nicht auszuschließen“ (61) möglich.

Nicht verhornendes großzelliges Plattenepithelkarzinom

Bei der wesentlich häufigeren Form des nicht verhornenden großzelligen Plattenepithelkarzinoms (Abb. 9.**80**, 9.**82**, 9.**86**) ist das Zellbild durch mehr gleichförmige Zellen mit *stark vergrößerten Kernen* gekennzeichnet. Die *Kern-Plasma-Relation ist extrem zugunsten der Kerne verschoben*. Es fehlt in den Abstrichen selten ein *typischer Tumorhintergrund*.

Die atypischen *Zellen* sind *rundlich, oval oder irregulär* geformt. Die Polymorphie der Zellen ist aber nie so stark ausgeprägt wie in den Abstrichen von verhornenden Plattenepithelkarzinomen. Das spärliche, meist blaß zyanophil, gelegentlich auch eosinophil gefärbte *Zellplasma* ist infolge degenerativer Autolyse *oft schlecht erhalten*. Die Zellränder erscheinen meist unscharf und verwaschen. Manchmal fehlt das Zellplasma ganz. Die Kerne liegen nackt, in Gruppen oder einzeln da.

Die meist *stark vergrößerten Kerne* sind *hyperchromatisch*. Sie überschreiten in der Größe die aller normalen Zellen des Plattenepithels. Gewöhnlich sind sie 3- bis 4mal so groß wie die Kerne von Carcinoma-in-situ-Zellen (39). Besonders stark vergrößert sind meist die degenerativ veränderten Kerne autolytischer Tumorzellen.

Deutliche *Unterschiede in der Größe von Zellen und Kernen* kommen von Tumor zu Tumor, aber natürlich auch innerhalb desselben Abstrichs vor. Die *Form der Kerne* ist vielfach rund oder oval. Sie können aber auch unregelmäßig sein und polymorphe Formen aufweisen.

Die *Chromatinstruktur* ist in der Mehrzahl der hyperchromatischen Kerne *vergröbert* und *unregelmäßig*. Der *Kernrand* erscheint vielfach *unregelmäßig verdickt*. Zwischen den zahlreichen verschieden großen und unregelmäßig geformten *heterochromatischen Verdichtungen der Chromatinsubstanz* erscheint das Euchromatin meist besonders hell. Stark vergrößerte Kerne können dadurch auf den ersten Blick sogar einen hypochromatischen Eindruck machen. Bei gleichmäßig grober Verteilung der Chromatinverdichtungen entsteht der Eindruck eines „Pfeffer- und Salzmusters“. Die starke Vergröberung des Chromatinmusters und seine unregelmäßige Verteilung sind oft ein wesentliches Unterscheidungsmerkmal gegenüber den Zellen von Vorstufen des invasiven Plattenepithelkarzinoms.

Infolge *degenerativer Einflüsse* kann es zu besonders groben und unregelmäßigen Verklumpungen des Heterochromatins kommen. An anderen Zellen zeigen sich durch Verdichtung der Chromatinsubstanz dunkle, fast schwarze, völlig strukturlose vergrößerte, mitunter runde, meist aber unregelmäßig geformte Keime. Dies ist jedoch seltener als bei den verhornenden Plattenepithelkarzinomen. *Nicht bei allen Tumorzellen* sind diese auffallenden *Chromatinunregelmäßigkeiten* zu finden. Zahlreiche Zellen aus invasiven Plattenepithelkarzinomen weisen auch eine feiner granulierte Struktur der Kerne auf. Die Diagnose des invasiven Karzinoms ist dann nur durch die erhöhte Chromatindichte der stark vergrößerten Kerne möglich.

Besonders häufig vermißt man die Vergröberung der Chromatinstruktur als diagnostisches Zeichen, wenn *infolge degenerativ-autolytischer Veränderungen* die *Struktur von Zelle und Kern schlecht erhalten ist.* Dies kann als Folge von Zerfallserscheinungen im Tumor selbst in Erscheinung treten oder auch sekundär nach Herauslösung der Tumorzellen aus dem Verband entstanden sein. Meist sind die autolytischen Veränderungen dadurch erkennbar, daß auch das Zellplasma stark geschädigt ist oder völlig fehlt.

Ein weiteres diagnostisches Kennzeichen in den Abstrichen von großzelligen, nicht verhornenden Plattenepithelkarzinomen ist das Auftreten von vergrößerten Nukleoli. Diese *Makronukleoli* zeigen sich in etwa 5–20% der Tumorzellen eines Abstrichs (74). Sie können aber auch gänzlich fehlen, was man bei der Diagnostik bedenken muß. Die Makronukleoli sind im allgemeinen rund, gelegentlich können sie unregelmäßig geformt sein. Sie treten gewöhnlich in der Einzahl, seltener multipel auf. Durch die Anlagerung von DNS an die RNS-haltigen Nukleoli ist ihre Unterscheidung von Chromozentren in den nach Papanicolaou gefärbten Abstrichen oft nicht sicher möglich.

Die *Lagerung der Tumorzellen* im Abstrich erfolgt *isoliert oder synzytiumartig* in lockeren Gruppen, wobei die Zellen meist *völlig regellos* zusammen liegen. Im Gegensatz zu den Zellen aus Regenerationsepithel, deren Kerne ebenfalls durch auffallende Nukleoli gekennzeichnet sind, finden sich fast nie regelmäßige Zellverbände.

Zellabstriche unreifer Plattenepithelkarzinome zeigen oft *zahlreiche freiliegende Kerne.* Zusammen mit der Hyperchromasie und der unregelmäßigen Chromatinverteilung in den Kernen *geben sie vielfach den ersten Hinweis auf das mögliche Vorliegen eines invasiven Karzinoms.* Beim Auftreten freiliegender atypischer Zellkerne muß man immer an einen invasiven Prozeß denken, wenngleich auch beim Carcinoma in situ, seltener bei der schweren Dysplasie, freiliegende atypische Zellkerne vorkommen. Die Kerne sind dann allerdings meist kleiner und regelmäßiger geformt als bei unreifen Plattenepithelkarzinomen.

Nicht verhornendes kleinzelliges Plattenepithelkarzinom

Das Abstrichbild beim kleinzelligen, anaplastischen Plattenepithelkarzinom (Abb. 9.**90**) zeigt ebenfalls regelmäßig einen mehr oder weniger deutlichen Tumorhintergrund. Die *Zellen sind kleiner* als bei dem oben beschriebenen Typ des großzelligen Plattenepithelkarzinoms, aber *von größerer Regelmäßigkeit.* Die *Kerne* erscheinen *meist oval oder rund.* Sie zeigen einen *hohen Chromatingehalt.* Die Chromatinstruktur ist meist relativ grobkörnig. Teilweise sind die Kerne pyknotisch.

Die *Kern-Plasma-Relation* ist *extrem zugunsten der Kerne verschoben,* die fast die ganze Zelle ausfüllen.

Vergrößerte *Nukleoli* sind etwa in gleicher Häufigkeit wie beim großzellig nicht verhornenden Plattenepithelkarzinom zu finden.

Die Zellen liegen meist isoliert, seltener in Synzytien. Es finden sich zahlreiche *nackte atypische Kerne* und solche mit nur geringen Mengen von Zellplasma.

Zellen von kleinzelligen anaplastischen Plattenepithelkarzinomen sind unter Umständen schwierig von solchen bei Carcinoma in situ, gelegentlich auch von Stromazellen aus den tiefen Schichten des Endometriums zu unterscheiden. Für das Vorliegen eines Karzinoms sprechen die vergröberte Chromatinstruktur in den Kernen, das Auftreten von vergrößerten Nukleoli und das Vorhandensein einer Tumordiathese.

Mikrokarzinom

Umstritten ist die Frage, wieweit Mikrokarzinome aus Zellabstrichen diagnostiziert werden können. Während dies einerseits bejaht wird (52, 54), wobei aus einem allerdings kleinen Material eine richtige Voraussage in 87% der Fälle gegeben werden konnte (53), wird es von anderer Seite (80, 103) abgelehnt bzw. nur bei einem wesentlich geringeren Teil der Fälle (40–45%) für möglich gehalten (94).

Als charakteristisch für die Zellbilder bei mikroinvasiven Plattenepithelkarzinomen (Abb. 9.**91**) wird besonders das vermehrte *Auftreten atypischer Zellen in unregelmäßiger, synzytiumartiger Lagerung* mit aufgehobener Polarität angesehen (54). Isolierte Zellen sollen bei mikroinvasiven Karzinomen seltener angetroffen werden als vergleichsweise beim Carcinoma in situ oder beim ausgedehnten Karzinom. Die Zellen ähneln am ehesten denen vom großzelligen nicht verhornenden Typ des Carcinoma in situ.

Das *Chromatin der Kerne* ist in der Mehrzahl der Fälle zwar *mehr oder weniger grob granuliert.* Im Gegensatz zu der auffallend unregelmäßigen Verteilung des vergröberten Chromatins in den Zellen invasiver Karzinome ist es aber *meist relativ gleichmäßig verteilt.* Außerdem enthält ein Teil der Abstriche *bis zu 10% Zellen mit Makronukleoli,* die beim Carcinoma in situ in der Regel fehlen.

In Tab. 9.**5** sind die wichtigsten Merkmale von Abstrichen bei mikroinvasiven Karzinomen in einer Übersicht zusammengestellt. Das *Zellbild ähnelt um so mehr dem eines Carcinoma in situ, je weniger der Prozeß fortgeschritten ist,* und um so mehr den typischen Zellbildern eines Karzinoms, je tiefer die Infiltration geht (53). Eine *Tumordiathese* ist in zwei Dritteln der Fälle zu erkennen. Zellbilder, die mehr oder weniger einem *Carcinoma in situ entsprechen, aber Makronukleoli bei aufgehobener Polarität der in*

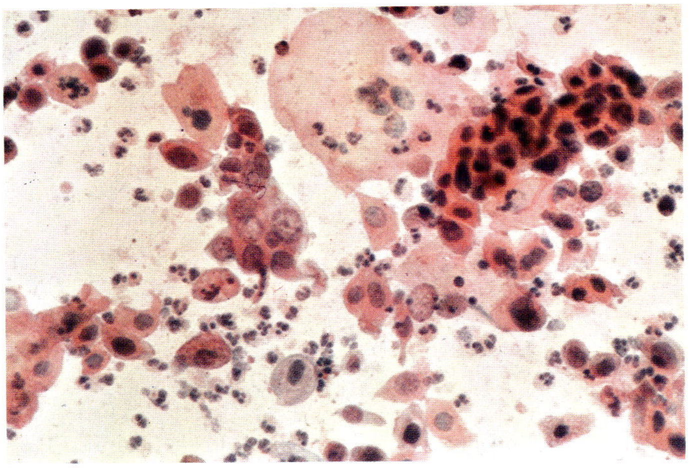

Abb. 9.**91** Mikrokarzinom der Cervix uteri. Zahlreiche, wenig differenzierte atypische Zellen in unregelmäßiger Lagerung über den Abstrich verteilt. In der rechten oberen Bildhälfte in dichter Lagerung kleine eosinophil angefärbte Zellen mit dichtem Plasma und stark hyperchromatischen Kernen. Links in der Bildmitte eine Zellgruppe mit mehr bläschenförmigen Kernen und angedeuteten Nukleoli. Leukozyten. Wenig Eiweißniederschläge im Präparathintergrund (Obj. 25 ×, Ok. 10 ×).

Synzytien gelagerten Zellen aufweisen, sind *verdächtig auf ein mikroinvasives Karzinom. Aber auch partielle zelluläre Differenzierungserscheinungen können einen Hinweis darauf geben.* Mehr kann man unserer Erfahrung nach nicht sagen. Hier hat die Zytodiagnostik ihre Grenzen, und die endgültige diagnostische Festlegung des Befundes für die Therapie sollte durch die Histologie erfolgen.

Differentialzytologische Hinweise für die zytologische Diagnostik des Plattenepithelkarzinoms der Cervix uteri und seiner Vorstadien

Nach detaillierter Besprechung der Zellbilder der Karzinome und ihrer Vorstufen sollen im folgenden die wichtigsten Unterscheidungsmerkmale zwischen den verschiedenen pathologischen Veränderungen nochmals gegenübergestellt werden.

Die verschiedenen Formen von *Kondylomen* sind erkennbar an dem Auftreten von Koilozyten und/oder Dyskeratozyten. Kernatypien fehlen dabei,

Tabelle 9.**5** Zell- und Kernmerkmale bei mikroinvasiven Zervixkarzinomen in Relation zur Tiefe der Infiltration (aus *Ng u. Reagan* [53]).

Zellmerkmale	0,1–2,0 mm %	2,1–3,0 mm %	3,1–5,0 mm %
Verteilung:			
isoliert	26,6	25,6	33,1
Sheets	25,3	4,8	3,4
Synzytien	61,0	69,6	63,5
Zellform:			
polygonal	21,5	78,9	8,1
rund/oval	74,5	81,9	79,0
irregulär	4,0	9,2	12,9
Chromatinmuster:			
gleichmäßig fein gekörnt	13,3	4,9	2,6
unregelmäßig fein gekörnt	16,5	25,6	10,9
gleichmäßig grob gekörnt	58,4	28,4	17,1
unregelmäßig grob gekörnt	9,8	28,3	62,1
pyknotisch	2,0	2,8	7,3
Nukleolus:			
Gesamtzahl	10,0	17,0	24,7
Mikronukleoli	7,2	10,8	11,4
Makronukleoli	2,8	6,2	13,3
einfach	8,2	14,5	20,7
mehrfach	1,8	2,5	4,0
Tumordiathese (% der Fälle)	42,8	90,9	90,9

oder sie sind nur in Form einer leichten Vergrößerung und Hyperchromasie der Kerne erkennbar.

Weisen Abstriche mit Koilozyten und/oder Dyskeratozyten gleichzeitig stärkere Kernatypien im Sinne einer Dysplasie oder eines Carcinoma in situ auf, so ist für die diagnostische Einstufung ausschließlich der Grad der Atypie maßgebend. Die auf eine HPV-Infektion hinweisenden zytomorphologischen Merkmale werden aber in der Befundbeschreibung erwähnt.

Die sog. „nicht klassischen" bzw. „diskreten" Merkmale einer HPV-Infektion sollten wegen ihrer Unspezifität in der Primärdiagnostik unberücksichtigt bleiben (s. S. 219f). Sie können aber bei einer HPV-Infektion, die mit anderen Methoden bereits nachgewiesen wurde, für Verlaufsbeobachtungen herangezogen werden.

Die Zellbilder bei der *Dysplasie* sind charakterisiert durch das Auftreten von dysplastischen Zellen. Je leichter die Veränderungen sind, um so ausgereifter sind im allgemeinen die pathologischen Zellen und umgekehrt. Das bedeutet: Bei der leichten Dysplasie findet man dysplastische Zellen aus den oberen und mittleren Schichten des Plattenepithels. Bei der Dysplasie mäßigen Grades findet man vorwiegend solche aus den mittleren Schichten des Plattenepithels. Bei der schweren Dysplasie finden sich dysplastische Zellen aus den tiefen Schichten des Plattenepithels, die jedoch stets von einer mehr oder weniger großen Zahl dysplastischer Zellen aus den höheren Schichten des Plattenepithels begleitet sind.

Die dysplastischen Zellen sind gewöhnlich um so größer, je leichter die Veränderung ist, und um so kleiner, je schwerer sie ist. Die Größe der Kerne, insbesondere die Kern-Plasma-Relation, nimmt jedoch mit zunehmender Schwere der Erkrankung zu. Die Zellen zeigen meist einen guten Erhaltungszustand und lassen noch eine Ähnlichkeit mit den Zellen des Plattenepithels verschiedener Differenzierungsstufen erkennen.

Das Zellbild beim *Carcinoma in situ,* das durch unreife atypische Zellen gekennzeichnet ist, die am ehesten Ähnlichkeit mit unreifen basalen und parabasalen Zellen des Plattenepithels oder atypischen Reservezellen haben, schließt sich daran an. Zahlreiche Zellen sind in ihrer Morphologie weitgehend mit unreifen dysplastischen Zellen vergleichbar. Von allen atypischen Zellen bei intraepithelialen Veränderungen sind die Carcinoma-in-situ-Zellen die kleinsten. Die Kern-Plasma-Relation ist am stärksten verschoben. Die Zellen haben gewöhnlich nur einen schmalen Plasmasaum. Die Zellränder sind meist weniger deutlich als bei dysplastischen Zellen zu erkennen. Zellbilder mit differenzierten, zur Verhornung neigenden Zellen sind selten und kaum von ähnlichen Veränderungen bei schwerer Dysplasie zu trennen.

Das Zellbild beim *invasiven Plattenepithelkarzinom* ist im Vergleich zu Dysplasien und auch Carcinomata in situ deutlich polymorpher. Unabhängig vom Differenzierungsgrad ist eine Zuordnung zu den normalen Zellen des Plattenepithels nicht mehr ohne weiteres möglich. In unreifen Tumoren sind die Kerne oft stark vergrößert, unregelmäßig in Größe und Form, während das Zellplasma weitgehend autolytisch und schlecht erhalten ist. Das Zellplasma kann reichlicher als in Carcinoma-in-situ-Zellen vorhanden sein, aber auch gänzlich fehlen. Bei den verhornenden Plattenepithelkarzinomen fällt die starke Polymorphie von Zellen und Kernen besonders auf.

Ein weiteres für die Beurteilung wichtiges Merkmal ist die unterschiedliche *Innenstruktur der Kerne.* Sie ist bei Zellen aus invasiven Karzinomen meist deutlich vergröbert, während die Kerne leichter und mäßiger Dysplasien eine relativ feingranulierte Kernstruktur zeigen. Dazwischen liegen die Zellen von schweren Dysplasien und Carcinomata in situ, d. h., sie haben häufig schon eine mehr oder weniger große Zahl von Zellkernen mit vergröberter Chromatinstruktur. Vergrößerte pyknotische oder opake Zellkerne als Folge der Kondensation des Chromatins in chromatinreichen Kernen können bei allen Veränderungen, sowohl beim Karzinom als auch beim Carcinoma in situ und der Dysplasie, vorkommen.

Vergrößerte Nukleoli (Makronukleoli) sind fast ausschließlich bei invasiven Karzinomen zu beobachten, und zwar kommen sie hauptsächlich bei unreifen Tumoren vor, bei verhornenden Karzinomen dagegen selten. *Chromozentren* und degenerative Chromatinverdichtungen in Zellen von Carcinomata in situ und Dysplasien sind in der Papanicolaou-Färbung oft schwierig von vergrößerten Nukleoli zu unterscheiden. Eindeutige Nukleoli leuchten beim Spielen mit der Mikrometerschraube gewöhnlich rötlich auf.

Während die pathologischen Zellen bei Dysplasien leichten bis mäßigen Grades einzeln oder auch in kleinen Verbänden im Abstrich zu finden sind, liegen sie beim Carcinoma in situ und bei invasiven Karzinomen, soweit sie nicht isoliert sind, in lockeren Gruppen unterschiedlicher Größe (Synzytien) bzw. in Haufen zusammen.

Als diagnostische Hilfe zur Unterscheidung zwischen invasiven Karzinomen und Vorstadien des Zervixkarzinoms kann schließlich die *Beurteilung des Präparathintergrundes* dienen. In Zellabstrichen von invasiven Karzinomen findet sich fast ausnahmslos eine Tumordiathese. Diese fehlt bei Carcinomata in situ und Dysplasien. Doch ist ein entzündliches Begleitzellbild bei Vorstadien des Zervixkarzinoms davon nicht immer sicher abzugrenzen.

Die *Zahl der pathologischen Zellen* im Abstrich bietet für die Diagnostik im Einzelfall keine zuverlässige Hilfe. Es kann durchaus sein, daß z. B. der Abstrich von einem Carcinoma in situ nur ganz vereinzelt atypische Zellen aufweist, während diese in einem Abstrich von einer leichten bis mäßigen Dysplasie sehr zahlreich vorkommen. Bei fortgeschrittenen Karzinomen mit nekrotischer Veränderung an der Oberfläche können Tumorzellen unter Umständen sogar ganz fehlen.

Adenokarzinom der Endozervix und des Endometriums mit ihren Vorstufen

Wegen der histologischen und zytologischen Ähnlichkeit der Karzinome der Endozervix und des Endometriums werden beide Veränderungen trotz ihrer unterschiedlichen Lokalisation in diesem Kapitel gemeinsam besprochen.

Adenokarzinom der Endozervix und Adenocarcinoma in situ

Histologie

Unter den Karzinomen der Cervix uteri gibt es etwa 5% Adenokarzinome (Abb. 9.**92**). In weiteren 8% ist mit sog. Mischkarzinomen zu rechnen, bei denen maligne Plattenepithel- und Drüsenepithelanteile nebeneinander vorkommen (28).

Die *Adenokarzinome der Endozervix* lassen sich ihrem Differenzierungszustand nach in verschiedene Grade einteilen. Die differenzierten Tumoren des Grades I zeigen in ihrem Aufbau die größte Ähnlichkeit mit dem normalen Drüsenepithel der Endozervix. Die Drüsen sind vermehrt, unterschiedlich in der Größe, oft klein und einander dicht genähert. Eine Faltung des Drüsenepithels fällt auf. Es handelt sich, ebenso wie bei Grad II, überwiegend um papillär-drüsige Strukturen. Bei undifferenzierten Tumoren der Grade III und insbesondere IV erscheinen die Zellen größer und variabler in ihrer Form, während die Drüsenstruktur, insbesondere bei den Tumoren des Grades IV, oft nur noch schlecht erhalten ist.

Bei den *Adeno-Plattenepithel-Mischkarzinomen* wechseln die histologischen Bilder von Fall zu Fall und innerhalb desselben Tumors sehr stark. Häufig kommt neben dem Adenokarzinom der Endozervix gleichzeitig ein Carcinoma in situ oder eine Dysplasie des Plattenepithels vor (19, 61).

Das *Adenocarcinoma in situ der Cervix uteri,* das bisher außerordentlich selten diagnostiziert wird, zeigt ausgeprägte Atypien des Drüsenepithels, die schon durch ihre intensive Anfärbung auffallen (18, 19, 25, 70). Die einzelnen Drüsen oder auch das zylinderzellige Oberflächenepithel werden ganz oder teilweise durch ein kernreiches, dunkles und überhöhtes Epithel ersetzt. Es hebt sich vom normalen Drüsenepithel deutlich ab. Hinzu kann eine Vermehrung der Drüsen mit Faltung des Epithels kommen, die aber auf ihre normale Lokalisation begrenzt bleiben.

Adenokarzinome mit mesonephrischen Strukturen gehen gelegentlich von embryonalen Überresten in den seitlichen Anteilen der Cervix uteri aus. Ihre Unterscheidung von den vom Drüsengewebe der Endozervix ausgehenden Karzinomen ist schwierig.

Schließlich gibt es an der Cervix uteri in seltenen Fällen *Metastasen* von Adenokarzinomen des Ovariums, der Mamma, des Magens, des Darmes, des Pankreas, der Nieren, der Lunge und anderer Organe.

Zytologie

Über zytologische Befunde beim *Adenocarcinoma in situ der Endozervix* (Abb. 9.**93**) gibt es bisher wenige Mitteilungen (3, 4, 14, 53, 73, 80, 105). In einer Arbeit mit einer größeren Zahl von Beobachtungen (58) wurde das Auftreten von Zellverbänden verschiedener Größen mit dicht gelagerten, sich teils überlappenden Kernen dargestellt. Die Zellen waren deutlich größer als normale endozervikale Zellen. Ihre Größe wechselte von Verband zu Verband. Die Kerngröße innerhalb der Verbände war ziemlich einheitlich. Doch ging mit der Vergrößerung der Zellen auch eine solche der Kerne einher. Die Kerne blie-

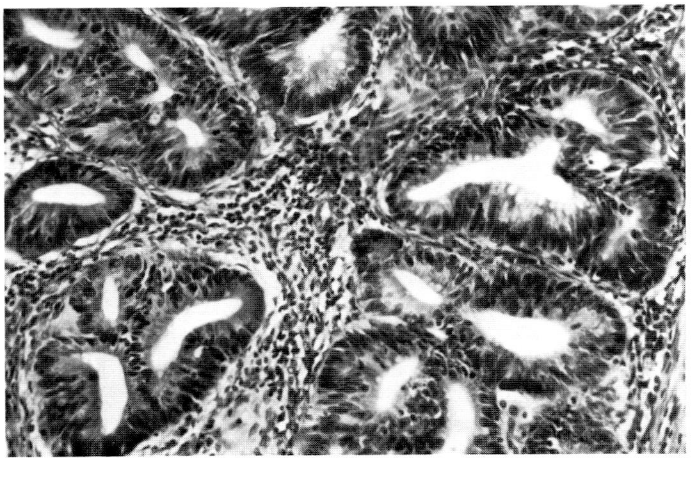

Abb. 9.**92** Adenokarzinom der Cervix uteri, hochdifferenziert (Obj. 10 ×, Ok. 10 ×).

ben rund bis oval. Das Chromatin zeigte teilweise eine mäßige Körnelung. Vergrößerte Nukleoli wurden selten beobachtet.

Beim *Adenokarzinom der Endozervix* (Abb. 9.**94**–9.**96**) ist die *Zahl der Tumorzellen im Abstrich* im allgemeinen *niedriger als beim Plattenepithelkarzinom* der Cervix uteri, aber deutlich *höher als beim Endometriumkarzinom.* Die Zellen liegen in lockeren Gruppen oder einzeln, nicht selten auch in azinärer oder papillärer drüsiger Anordnung, was die Diagnose erleichtert. Eine Tumordiathese ist meist vorhanden.

Die *Größe der Tumorzellen* ist *unterschiedlich.* Sie liegt vielfach *nicht wesentlich über der von normalen endozervikalen Zellen.* Der Plasmasaum um die Kerne ist schmal und schlecht erhalten, an den Rändern unscharf. *Spontan abgeschilferte Zellen* nehmen überwiegend eine *rundliche bis ovale,* teils unregelmäßige *Form* an. Soweit die Zellen bei der Entnahme mit Gewalt aus dem Gewebsverband entfernt wurden, zeigen sie meist Zylinderform, insbesondere wenn es sich um Zellen aus differenzierten Tumoren handelt. Fast ¾ der Zellen aus malignen Tumoren haben ein granuliertes Plasma, bei den übrigen ist es fein oder grob vakuolisiert (80). Auffallend große Vakuolen sind allerdings relativ selten.

Die *Kerne der Tumorzellen* sind, im Gegensatz zu den Gesamtzellen, meist *deutlich größer als die von normalen endozervikalen Zellen* (83, 109). Infolgedessen ist die Kern-Plasma-Relation erhöht. Die *Kerngröße steigt* besonders *mit zunehmender Entdifferenzierung* der Tumoren an. Die Korrelation zwischen Reifegrad der Tumoren und dem Zellbild beim Adenokarzinom der Endozervix ist jedoch nicht so deutlich wie beim Endometriumkarzinom.

Die meist ovalen oder runden Tumorzellkerne können unterschiedliche Grade von *Hyperchromasie* aufweisen, die aber *meist nicht sehr ausgeprägt* ist. Der Kernrand ist fein. Die Chromatinstruktur erscheint in der weit überwiegenden Zahl der Kerne relativ fein. Die unregelmäßig verteilten *Chromozentren* können etwas gröber sein als beim Endometriumkarzinom. Durch degenerative Einflüsse kann es zu *Verklumpungen des Chromatins* kommen. Infolgedessen verlieren die Kerne weniger differenzierter Karzinome oft ihre vesikuläre Form (98).

Hervorstechendstes *diagnostisches Merkmal* sind die *auffallenden Nukleoli* in den Kernen. Zu

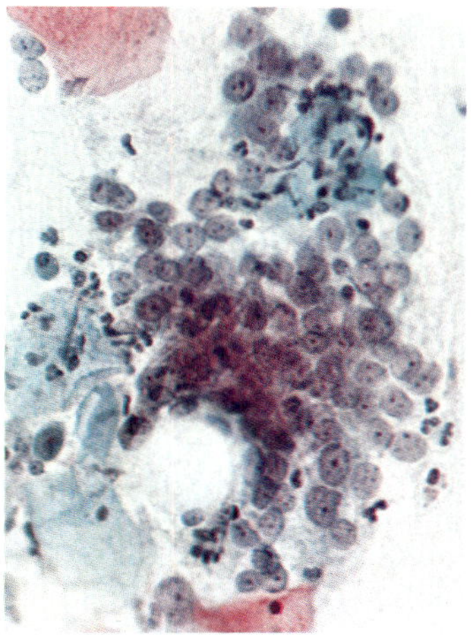
a

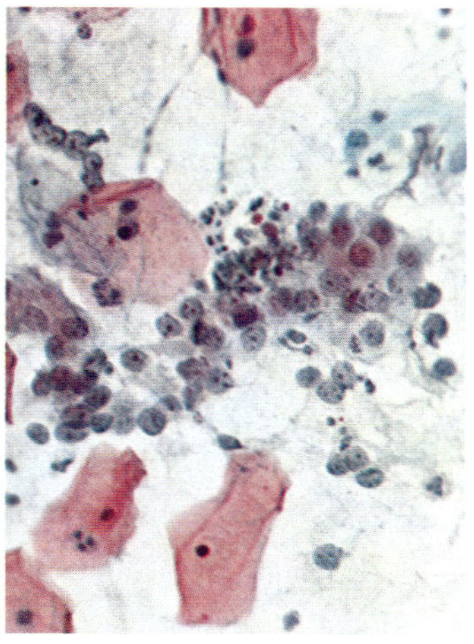
b

Abb. 9.**93a** u. **b** Adenocarcinoma in situ der Cervix uteri.

a Größere Ansammlung von weitgehend freiliegenden Kernen atypischer Drüsenzellen, rund bis oval, mit relativ hellen Kernen, die aber durch ihre Nukleoli und zahlreiche kleine Chromozentren auffallen. Zum Größenvergleich einige Superfizialzellen.

b (Gleiches Präparat.) Umgeben von eosinophilen Superfizialzellen eine Gruppe atypischer Drüsenzellen mit runden Kernen, die von wenig unregelmäßigem Plasma umgeben sind. Die hellen Kerne fallen durch zahlreiche Nukleoli und Chromozentren auf (beides Obj. 25 ×, Ok. 10 ×).

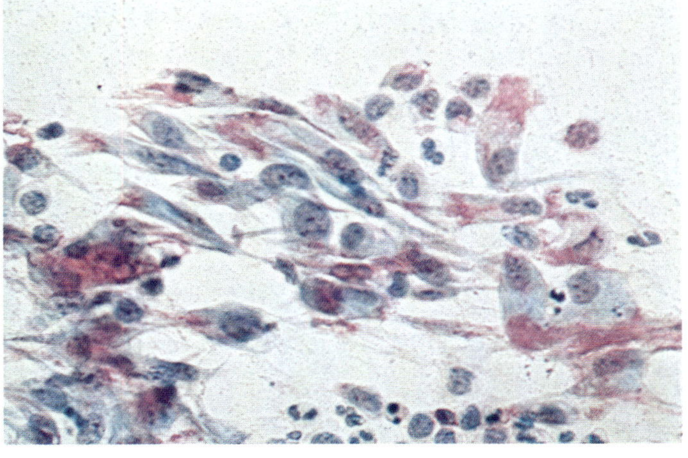

Abb. 9.**94** Adenokarzinom der Cervix uteri. Zellen eines hochdifferenzierten Adenokarzinoms in lockerer Gruppe. Die Zellen sind durch vergrößerte Kerne mit deutlichen Nukleoli bei sonst fehlender Hyperchromasie gekennzeichnet. Auffallend sind die noch stark an die drüsige Herkunft erinnernden Zellformen. Am unteren Bildrand einige freiliegende Zellkerne, die wahrscheinlich ebenfalls aus Tumorgewebe stammen. Präparathintergrund sauber (Obj. 40 ×, Ok. 10 ×).

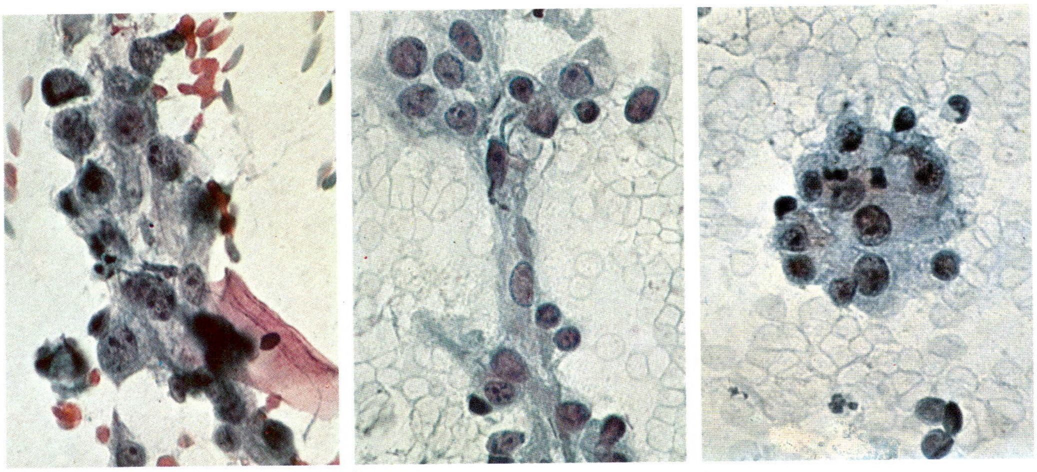

a b c

Abb. 9.**95a–c** Adenokarzinom der Cervix uteri.

a Zellen eines mäßig differenzierten Adenokarzinoms. Kerne vergrößert, mäßig hyperchromatisch bei feingranuliertem Chromatin. Sie enthalten fast ausnahmslos ein oder zwei Makronukleoli. Zellplasma formlos in einer Straße zusammengeflossen. Im Hintergrund einige Erythrozyten und eine Superfizialzelle.

b Zellen eines mäßig differenzierten Adenokarzinoms in papillärer Lagerung. Die Kerne sind vergrößert, zeigen aber nur eine leichte Hyperchromasie und keine Vergröberung der Chromatinstruktur. Auffallend sind die in fast allen Kernen erkennbaren Makronukleoli. Entfärbtes Blut im Hintergrund.

c Aus dem gleichen Präparat eine Gruppe rosettenartig gelagerter Tumorzellen. Ebenfalls deutliche Makronukleoli. Kerne etwas intensiver angefärbt (alle Abb. Obj. 40 ×, Ok. 10 ×).

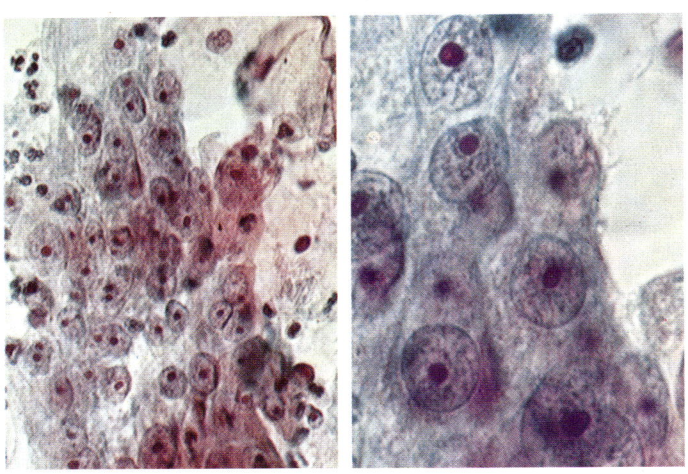

a b

Abb. 9.**96a** u. **b** Adenokarzinom der Cervix uteri.

a Zellen eines Adenokarzinoms in aufgelockerter, jedoch regelmäßiger, beinahe verbandsartiger Lagerung. Die Kerne zeichnen sich durch ihre gleichförmig runde bis ovale Gestalt und den meist zentral gelagerten, rötlich tingierten Nukleolus aus. Dieser sticht besonders hervor, weil das Kernchromatin auffallend hell und feingranuliert ist. Im übrigen zerfallendes Plasma, einige Leukozyten. Daneben normale Superfizialzellen (Obj. 40 ×, Ok. 10 ×).

b In starker Vergrößerung zeigt sich besonders deutlich die feine Granulierung des Chromatins in den hellen Kernen, die von einem schmalen, aber deutlich erkennbaren Kernrand begrenzt werden. Die Makronukleoli sind rund bis oval (Obj. Öl 100 ×, Ok. 10 ×).

einem Drittel handelt es sich um *Makronukleoli,* die wiederum *am deutlichsten,* teilweise auch irregulär, *in undifferenzierten Tumoren* auftreten. Ein großer Teil der Kerne läßt mehrere Nukleoli erkennen.

In den Tab. 9.**6** und 9.**7** sind die *Zell- und Kernmerkmale* von Zellen *endozervikaler Adenokarzinome in Relation zum histologischen Differenzierungsgrad* dargestellt (80). Dabei fällt auf, daß die Größe der Zellen und auch ihrer Kerne mit einer Entdifferenzierung des Tumors deutlich zunimmt. Der Erhaltungszustand der Tumorzellen ist bei den hochdifferenzierten Karzinomen am besten. Die Zellen können zu einem hohen Prozentsatz Zylinderepithelform zeigen. Plasmavakuolen kommen hauptsächlich in hochdifferenzierten Tumorzellen vor, während die undifferenzierten Zellen häufiger ein granuliertes Plasma haben. Alle Kerne zeigen Nukleoli. Die Zahl der Makronukleoli steigt mit zunehmender Entdifferenzierung an, die der Mikronukleoli nimmt ab. Gleichzeitig erhöht sich die Zahl der irregulär geformten Nukleoli in undifferenzierten Tumoren deutlich.

Bei *gemischten Adeno-Plattenepithel-Karzinomen* sind *maligne Elemente beider Epithelarten* nachweisbar, wobei die Plattenepithelelemente sich meist mehr entdifferenziert zeigen (80). Ein Teil der *Adenokarzinome der Endozervix* ist von *Carcinomata in situ oder Dysplasien des Plattenepithels begleitet*

(Abb. 9.**97**). In solchen Fällen kann es durchaus passieren, daß neben dem leicht erkennbaren Zellbild des Carcinoma in situ oder der Dysplasie vom Plattenepithel die vielfach diskreten Veränderungen eines hochdifferenzierten Adenokarzinoms der Endozervix zunächst übersehen werden.

Bei *mesonephrischen Karzinomen* sind zytologisch die Zeichen des Adenokarzinoms nachzuweisen (80). Spezifische Merkmale gibt es sonst nicht.

Tabelle 9.**6** Zellmorphologie in Relation zum histologischen Differenzierungsgrad von Adenokarzinomen der Cervix uteri. Die angegebenen Zahlen stellen Mittelwerte der gemessenen Zellmerkmale dar (aus *Reagan u. Ng* [80]).

	Grade			
Zellmerkmale	I	II	III	IV
Zellgröße (μm^2)	167,1	186,6	201,0	314,8
Scharfe Zellgrenzen (% der Zellen)	75,5	32,2	23,2	0
Unscharfe Zellgrenzen (% der Zellen)	24,5	67,8	76,8	100
Aufgelöstes Zellplasma (% der Zellen)	51,4	28,5	13,6	3
Schaumiges Zellplasma (% der Zellen)	48,6	71,5	86,4	97
Zylinderförmige Zellen (% der Zellen)	74,2	58,3	42,6	23,0
Fein vakuolisiertes Zellplasma (% der Zellen)	34,0	28,7	14,5	0
Granuliertes Zellplasma (% der Zellen)	66,0	71,3	85,5	100
Große Vakuolen (% der Zellen)	11,1	13,5	2,5	0

Tabelle 9.**7** Kernmorphologie in Relation zum histologischen Differenzierungsgrad von Adenokarzinomen der Cervix uteri. Die angegebenen Zahlen stellen Mittelwerte der gemessenen Kernmerkmale dar (aus *Reagan u. Ng* [80]).

	Grade			
Kernmerkmale	I	II	III	IV
Kernfläche (μm^2)	73,4	84,8	97,1	165,4
Relative Kernfläche (%)	43,7	45,5	49,9	52,8
Runde Kerne (% der Zellen)	24,5	19,0	16,2	8,0
Ovale Kerne (% der Zellen)	71,0	76,0	81,5	92,0
Eingekerbte Kerne (% der Zellen)	4,0	5,0	2,3	0
Unregelmäßige Kerne (% der Zellen)	0,5	0	0	0
Intranukleäre Vakuolen (% der Zellen)	0	0	3,0	5,0
Mikronukleoli (% der Zellen)	86,9	67,8	38,2	16,0
Makronukleoli (% der Zellen)	13,1	32,2	61,8	84,0
Irreguläre Nukleoli (% der Zellen)	0,4	3,2	4,8	35,0

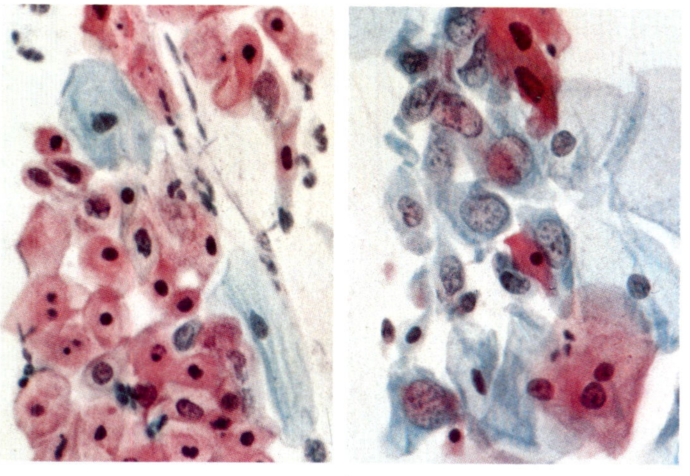

a b

Abb. 9.**97a** u. **b** Hochdifferenziertes Mikroadenokarzinom mit Carcinoma in situ der Cervix uteri.

a Der Abstrich zeigt neben normalen Zellen des Plattenepithels zahlreiche dysplastische Zellen aus den mittleren Schichten mit unterschiedlich vergrößerten, teils irregulären hyperchromatischen Kernen. Dazwischen einige unreife atypische Zellen auch aus den tieferen Schichten des Plattenepithels (Obj. 25 ×, Ok. 10 ×).

b (Gleiches Präparat.) Erst bei genauerer Durchsicht des Präparates in stärkerer Vergrößerung erkennt man zwischen den Zellen des Plattenepithels einige Zellgruppen eines hochdifferenzierten Adenokarzinoms. Die Kerne sind mäßig vergrößert, leicht entrundet und zeichnen sich durch eine unregelmäßige Granulierung des Chromatins bei fehlender Hyperchromasie aus. Angedeutete Nukleoli in einigen Kernen. Sauberer Präparathintergrund (Obj. 40 ×, Ok. 10 ×).

Adenokarzinom des Endometriums und seine Vorstufen

Das Verhältnis von Zervix- zu Endometriumkarzinomen betrug vor 50 Jahren bei uns noch 15:1. In den Jahren 1960–75 fiel es auf etwa 3–4:1 ab. Seit einer Reihe von Jahren wird das Endometriumkarzinom an großen gynäkologischen Kliniken des Auslandes (New York Genf, Cleveland) wie auch bei uns ebenso häufig (78, 110) oder noch häufiger (57) als das Zervixkarzinom beobachtet. Nach Untersuchungen am finnischen Krebsregister (86) kreuzten sich die Häufigkeitskurven von Zervix- und Endometriumkarzinomen schon 1971, und das Endometriumkarzinom wird heute als das häufigste weibliche Genitalkarzinom angesehen.

Die Ursachen für diese Entwicklung sind einerseits in der höheren durchschnittlichen Lebenserwartung zu sehen (das Endometriumkarzinom ist ein Alterskarzinom mit einem Häufigkeitsgipfel um das 60. Lebensjahr, das früher viele Frauen nicht erlebten) und in der Abnahme der Kinderzahl (Multipara haben seltener Endometriumkarzinome als Nullipara).

Andererseits macht sich die Abnahme des Zervixkarzinoms wohl als Folge der weltweit in immer größerem Umfang durchgeführten zytologischen Vorsorgeuntersuchungen bemerkbar.

Histologie

Bei den Endometriumkarzinomen des Corpus uteri handelt es sich fast ohne Ausnahme um Adenokarzinome. Reagan u. Ng (81) fanden 64,3% reine Adenokarzinome, 20,2% Adenoakanthome, 13,6% gemischte Adeno-Plattenepithel-Karzinome, 1,2% hellzellige Karzinome und 0,7% sekretorische Typen des Adenokarzinoms. Sehr selten sind reine Plattenepithelkarzinome zu beobachten.

Vorveränderungen

Als histologische *Veränderungen, die in erhöhtem Maße dem Adenokarzinom des Endometriums vorausgehen,* sind die zystische Hyperplasie, die adenomatöse Hyperplasie und die atypische Hyperplasie sowie das Adenocarcinoma in situ des Endometriums zu nennen (68, 80). Bei der *zystischen Hyperplasie des Endometriums* kann es sich um die früheste Manifestation einer Kanzerogenese am Endometrium handeln (81). Es liegt eine Überentwicklung des Endometriums mit unterschiedlicher zystischer Erweiterung der Endometriumdrüsen und hyperplastischem Stroma vor. 14,6% der unbehandelten Fälle gehen in ein Adenokarzinom über (103). Nach anderen Autoren ist die Gefahr einer malignen Entartung geringer (66). Größer ist die Gefahr der Malignisierung bei der *adenomatösen Hyperplasie,* die durch umschriebene Bezirke mit drüsiger Überentwicklung gekennzeichnet ist. Die Veränderung kommt häufig gleichzeitig mit der zystischen Hyperplasie des Endometriums vor.

Polypen des Endometriums gehen von der Basalis aus. Epithelatypien verschiedenster Art, einschließlich des Adenokarzinoms, können sich an ihrer Oberfläche entwickeln.

Die *zystische Atrophie des Endometriums* nach der Menopause ist durch eine dünne Schicht eines polypös veränderten Endometriums charakterisiert. Die Drüsen sind erweitert, gewöhnlich ziemlich groß und mit abgeflachtem Epithel ausgekleidet.

Von der *atypischen Hyperplasie des Endometriums* sollen rund 75% der Fälle in ein Adenokarzinom übergehen (103). Die Drüsen neigen in unterschiedlicher Weise zur Vergrößerung, bleiben aber durch Stroma voneinander getrennt. Die Drüsenepithelzellen und ihre Kerne sind häufig vergrößert. Sie können eine Pseudoschichtung aufweisen.

Beim *Carcinoma in situ des Endometriums* findet sich eine vermehrte Zahl von atypischen Drüsen, wobei aber kein Anhalt für ein invasives Wachstum besteht. Die Veränderung ist durch umschriebene Proliferation der Drüsen charakterisiert, deren vergrößerte Zellen und Kerne teils mehrschichtig liegen und eine gestörte Polarität aufweisen können. Papilläre Einfaltungen der Drüsen sind häufig. Seit-zu-Seit-Lagerung der Drüsen kommt nicht vor. Die Auffasssung, daß jedes Carcinomata in situ des Endometriums in ein invasives Karzinom übergeht, wird nicht allgemein geteilt.

Invasives Endometriumkarzinom

Das invasive Endometriumkarzinom des Corpus uteri läßt sich in verschiedene *Differenzierungsgrade* einteilen. Früher viel gebraucht wurde die Einteilung nach Broders (15), der vier Grade unterscheidet. *Je höher das Karzinom differenziert ist, um so mehr Ähnlichkeit besteht mit dem normalen Endometrium; je niedriger es differenziert ist, um so geringer ist die Ähnlichkeit* mit dem normalen Endometrium.

Mit Grad I werden die hochdifferenzierten Tumoren eingestuft. Die Drüsen sind vermehrt und liegen dicht nebeneinander mit nur wenig Stroma dazwischen. Sie haben eine unterschiedliche Größe und Form, vielfach sind sie kleiner als normale Endometriumdrüsen. Die Zellen sind bei hochdifferenzierten Adenokarzinomen oft nur geringfügig verändert.

Bei Grad II sind die Drüsen und Zellen größer, die Drüsenräume enger. Ein Drittel der Tumoren wächst papillär. Drüsenformationen sind jedoch noch stets deutlich zu erkennen.

Bei Grad III wächst das Karzinom ungeordneter, teils glandulär, teils papillär. In einem Drittel der Fälle fehlt eine typische Drüsenstruktur.

Bei Grad IV finden sich keine gut formierten Drüsenstrukturen mehr. Vom Stroma sind nur noch spärliche Reste zu erkennen.

Einer der wesentlichen Faktoren ist bei dieser Einteilung der Differenzierungsgrad der Zellen. Bei Grad I sind 75–100%, bei Grad II 50–75%, bei Grad III 25–50% und bei Grad IV 0–25% differenzierte Zellen vorhanden.

Nach den Empfehlungen der WHO (77) wird zwischen hoch-, mittel- und niedrigdifferenzierten Adenokarzinomen des Endometriums unterschieden. Dem entspricht auch die in Abb. 9.**98** wiedergegebene Darstellung.

Beim *Adenoakanthom* handelt es sich um ein Adenokarzinom des Endometriums mit einer gutartigen Plattenepithelkomponente, ausgehend von einer Plattenepithelmetaplasie. Dies kommt überwiegend bei reifen Karzinomen des Grades I und II vor. Bei der Hälfte der Adenoakanthome zeigt das Plattenepithel deutliche Ausreifungserscheinungen.

Bei den sehr viel selteneren *gemischten Karzinomen* kommen nebeneinander maligne Drüsenepithel- und Plattenepithelveränderungen vor.

Selten ist auch das *hellzellige Karzinom* des Endometriums.

Zytologie der Vorstufen des Adenokarzinoms des Endometriums

Über die zytologische Diagnostik der Vorstufen des Endometriumkarzinoms gibt es bisher relativ wenige Arbeiten (66, 68, 80), obwohl die Zunahme des Endometriumkarzinoms im Vergleich zum Zervixkarzinom es wünschenswert erscheinen läßt, darüber bessere Kenntnisse zu gewinnen; denn nur durch Erkennung früher Stadien des Endometriumkarzinoms und seiner Vorveränderungen wird man auch Morbidität und Mortalität des Endometriumkarzinoms senken können.

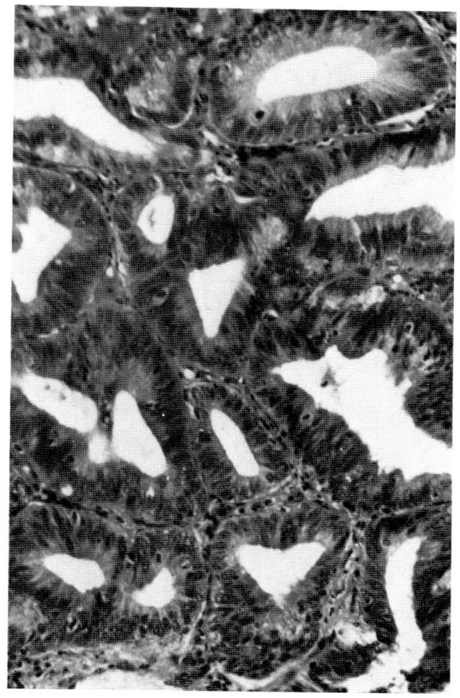
a

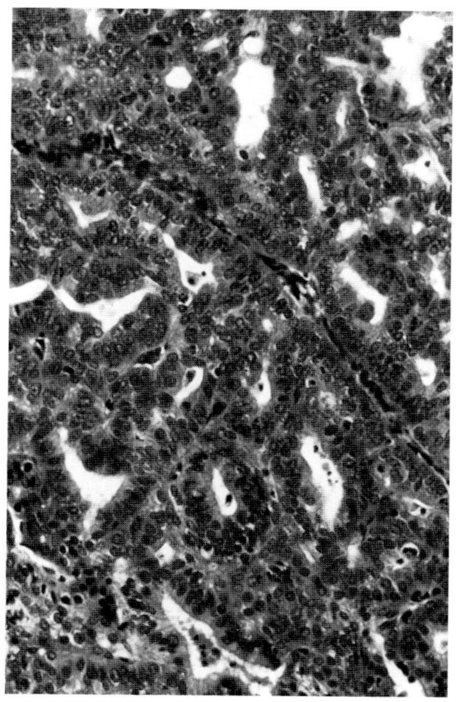
b

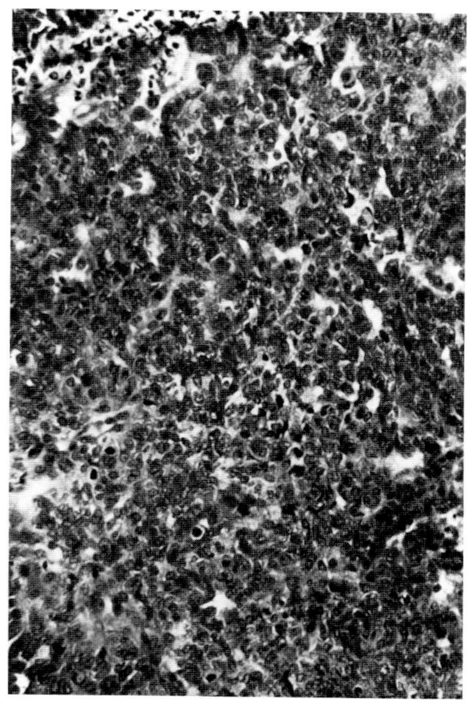
c

Abb. 9.**98a–c** Adenokarzinom des Endometriums.
a Hochdifferenziert (G1). **b** Mäßig differenziert (G2). **c** Niedrigdifferenziert (G3) (alles Obj. 10 ×, Ok. 10 ×).

Bei der *Hyperplasie des Endometriums* (Abb. 9.**99**) werden meist nur *wenige Endometriumzellen in unregelmäßigen Abständen* abgeschilfert. Dies gilt sowohl für die zystische als auch für die adenomatöse Hyperplasie. Die Zellen liegen überwiegend *in lockeren Verbänden* (Aggregaten) zusammen. *Zellen und Kerne* erscheinen gegenüber normalen Endometriumzellen *etwas vergrößert.* Die Kerne zeigen eine leichte Hyperchromasie, haben aber bei gutem Erhaltungszustand fast ausschließlich ein fein granuliertes und gleichmäßig verteiltes Chromatin. Das vaginale *Zellbild* bei der zystischen Hyperplasie *kann einen deutlichen Östrogeneffekt zeigen, muß es jedoch nicht* (s. S. 104f). Eine Unterscheidung zwischen zystischer und adenomatöser Hyperplasie aus dem hormonzytologischen Bild ist nicht möglich.

Bei der *atypischen Hyperplasie* ist die Zahl der abgeschilferten pathologischen Zellen vom Endometrium meist etwas größer. Die *Kernhyperchromasie* bei den ebenfalls gewöhnlich in *lockeren Gruppen zusammenliegenden Zellen* ist deutlicher. Das Kernchromatin erscheint überwiegend fein granuliert, in einem geringen Teil der Zellen jedoch unregelmäßig verteilt. *Nukleoli* sind zu erkennen, Makronukleoli dagegen kaum.

Beim *Adenocarcinoma in situ des Endometriums* (Abb. 9.**100**) sehen die abgeschilferten Endometriumzellen ähnlich aus wie bei der atypischen Hyperplasie, nur ist das *fein granulierte Chromatin der Kerne in annähernd der Hälfte der Zellen unregelmäßig verteilt. Nukleoli* sind *häufiger* zu sehen, *Makronukleoli* nur *selten.* Die morphologischen Zeichen stimmen im wesentlichen mit denen des hochdifferenzierten Endometriumkarzinoms überein.

Das *zytologische Bild* bei den möglichen Vorstufen des Endometriumkarzinoms ist also *um so deutlicher ausgeprägt, je schwerer die histologische Veränderung ist.* Während die Zellen bei der zystischen und glandulären Hyperplasie mehr den normalen Endometriumzellen ähneln, gleichen die Zellen der atypischen Hyperplasie und des Adenocarcinoma in situ eher den Zellen hochdifferenzierter Endometriumkarzinome. Allen genannten Veränderungen ist gemeinsam, daß eine sog. Tumordiathese fehlt, wie sie beim Endometriumkarzinom gewöhnlich vorliegt.

Eine *exakte Diagnose der Vorveränderungen des Endometriumkarzinoms* ist, *im Gegensatz zu den Vorstufen beim Plattenepithelkarzinom der Cervix uteri,* nach unserer Erfahrung in den meisten Fällen

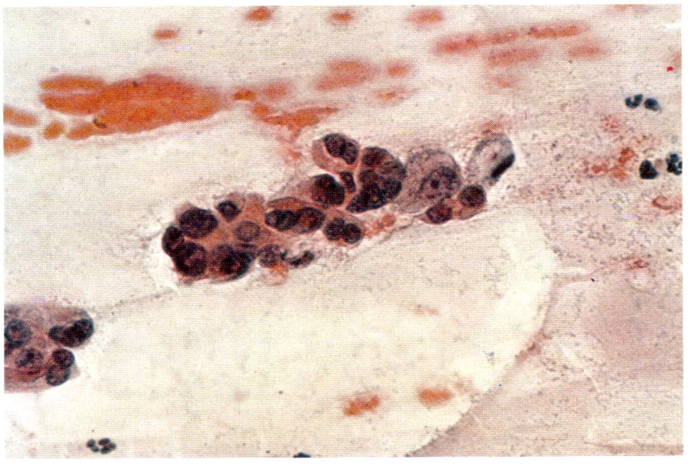

Abb. 9.**99** Zervixabstrich bei glandulärer Hyperplasie des Endometriums. Papillär gelagerte Drüsenzellen des Endometriums mit hyperchromatischen Kernen (Obj. 40 ×, Ok. 10 ×).

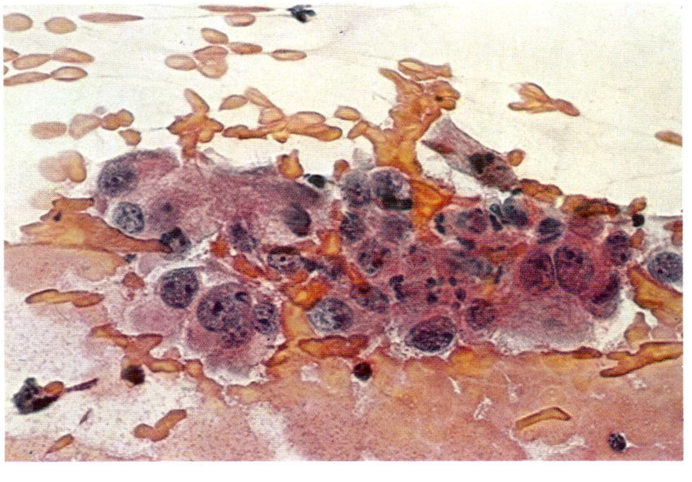

Abb. 9.**100** Zervixabstrich bei Adenocarcinoma in situ des Endometriums. In Blut eingebettet eine Gruppe atypischer Zellen. Vergrößerte, runde bis ovale Kerne mit unregelmäßig geformten Chromozentren und Nukleoli (Obj. 40 ×, Ok. 10 ×).

zytologisch nicht möglich. Nicht zuletzt spielt dabei natürlich auch eine Rolle, daß die aus dem hinteren Scheidengewölbe und auch aus der Endozervix gewonnenen Endometriumzellen oft nicht gut erhalten sind. Es bleibt daher meist bei einem Hinweis auf die Notwendigkeit weiterer diagnostischer Maßnahmen. Ng u. Reagan (66) haben in einer Untersuchungsreihe von 117 Fällen zwar in 71% zytologisch eine richtige Diagnose stellen können, doch zweifeln sie selbst daran, ob dies bei einem nicht vorselektierten Material reproduzierbar wäre.

Zytologie des Endometriumkarzinoms

Die Zellbilder von Endometriumkarzinomen (Abb. 9.**101**–9.**108**) fallen meist schon durch den typischen *Tumorhintergrund* in den Abstrichen auf, bestehend aus *feinkörnigen Exsudatniederschlägen, frischen und zerfallenden Erythrozyten, Fibrin und Zelldetritus.* Sehr häufig findet man Histiozyten in den Abstrichen. Die Zeichen der Tumordiathese fehlen bei undifferenzierten Endometriumkarzinomen nie. Bei Endometriumkarzinomen der Differenzierungsgrade I und II sind sie bei 90% der Fälle nachweisbar (80). Das Bild der Tumordiathese allein hat jedoch noch keine diagnostische Beweiskraft, da es auch bei der Pyometra ohne das Vorliegen eines Karzinoms und bei schweren Entzündungen auftreten kann.

Die *Zellen des Adenokarzinoms des Endometriums* sind im allgemeinen deutlich größer als die vom normalen Endometrium (5, 44, 45). Doch hängt dies weitgehend vom Differenzierungsgrad des Tumors ab. *Die Zellen hochdifferenzierter Tumoren nähern sich in ihrer Größe und ihrer mehr gleichförmigen Gestalt am meisten den normalen Zellen des Endometriums. Mit zunehmender Entdifferenzierung nimmt die durchschnittliche Zell- und Kerngröße zu.* Bei völlig undifferenzierten Tumoren sind besonders starke Unterschiede in der Zellgröße auffallend.

Das *Zellplasma* ist in der Mehrzahl der Zellen fein vakuolisiert, teilweise aber auch völlig homogen. Es kann eine oder mehrere *große Vakuolen* (Abb. 9.**101b**, 9.**105a**, 9.**106** u. 9.**107**) enthalten (5, 12, 26, 37, 55, 72). Die Vakuolisierung des Zellplasmas ist bei Zellen aus differenzierten Tumoren häufiger. Bei etwa einem Fünftel bis einem Zehntel der Tumorzellen zeigen sich ein bis mehrere große Plasmavakuolen, durch welche die Zellen stark vergrößert sein können. Diese nehmen dann oft eine unförmige Gestalt an.

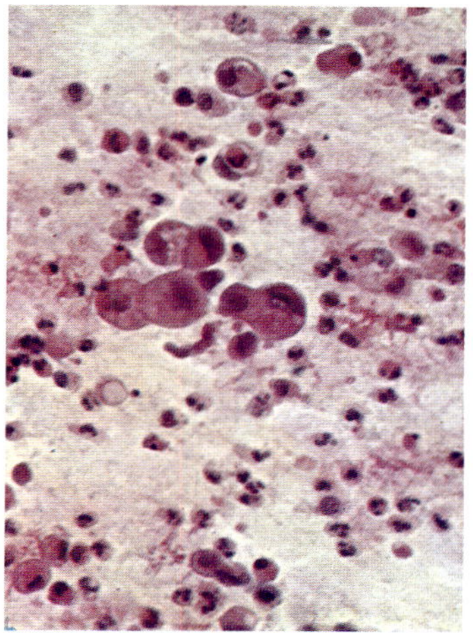

a

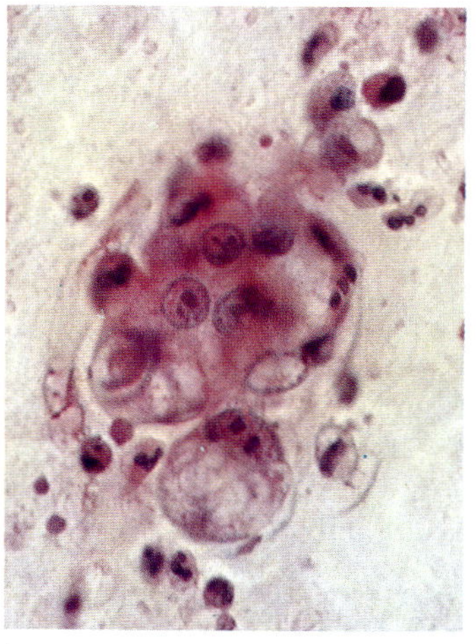

b

Abb. 9.**101a** u. **b** Adenokarzinom des Endometriums.

a Zervixabstrich (Übersichtsbild) bei mittelreifem Adenokarzinom des Endometriums. Tumorzellen verstreut in kleinen drüsigen Verbänden oder einzeln liegend. Im übrigen zahlreiche Leukozyten und Histiozyten. Zerfallenes Blut und Eiweißniederschläge (Obj. 25×, Ok. 10×).

b Eine Gruppe von Adenokarzinomzellen in starker Vergrößerung. Die Zellen liegen in rosettenartigem Verband. Ein Teil der Zellen zeigt riesige, teils mehrkammrige Plasmavakuolen. Die Kerne sind rund, soweit sie nicht durch die Vakuolen an den Zellrand gedrückt und abgeplattet sind, und haben einen oder mehrere Makronukleoli (Obj. Öl 100×, Ok. 10×).

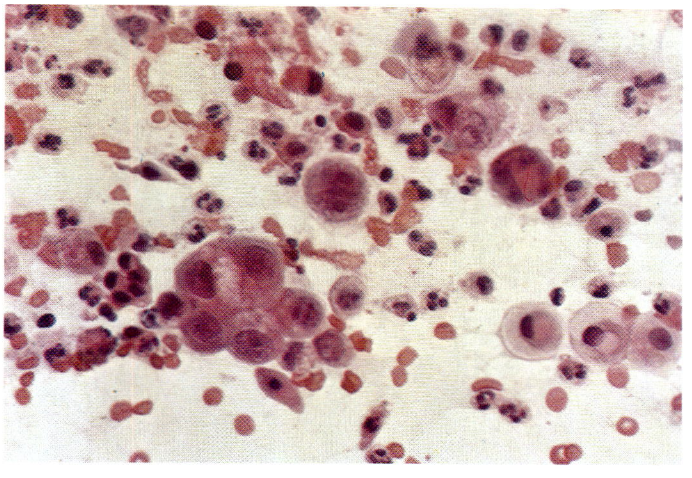

Abb. 9.**102** Anderer Ausschnitt desselben Präparates wie Abb. 9.**101**. Kleine Adenokarzinomverbände und einzeln liegende Tumorzellen. Erythrozyten, Leukozyten, Histiozyten (Obj. 40×, Ok. 10×).

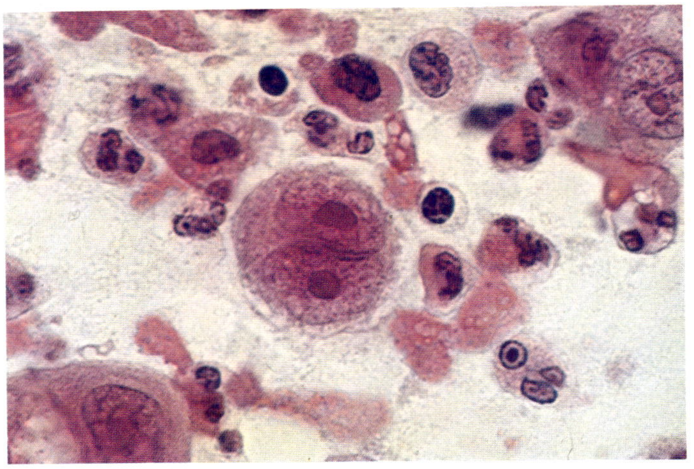

Abb. 9.**103** Ausschnitt in starker Vergrößerung aus gleichem Präparat wie Abb. 9.**101** und 9.**102**. Eine doppelkernige und zwei weitere Tumorzellen. Auch in starker Vergrößerung erkennt man, daß das Kernchromatin relativ fein granuliert und hell ist. Dafür stechen aber die großen Makronukleoli, die teils etwas entrundet sind, besonders deutlich hervor (Obj. Öl 100 ×, Ok. 10 ×).

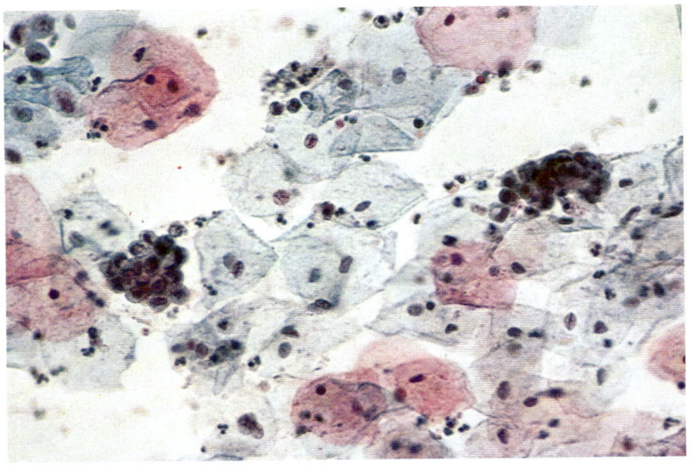

Abb. 9.**104** Adenokarzinom des Endometriums. Zervixabstrich mit zwei kleinen Verbänden eines hochdifferenzierten Adenokarzinoms des Endometriums. Zellen und Kerne sind gegenüber der Norm wenig vergrößert. Sie überlagern sich teilweise. Kerne hyperchromatisch, infolge degenerativer Einflüsse teilweise deformiert. Im Zytoplasma kleine Vakuolenbildungen. Sauberer Präparathintergrund (Obj. 25 ×, Ok. 10 ×).

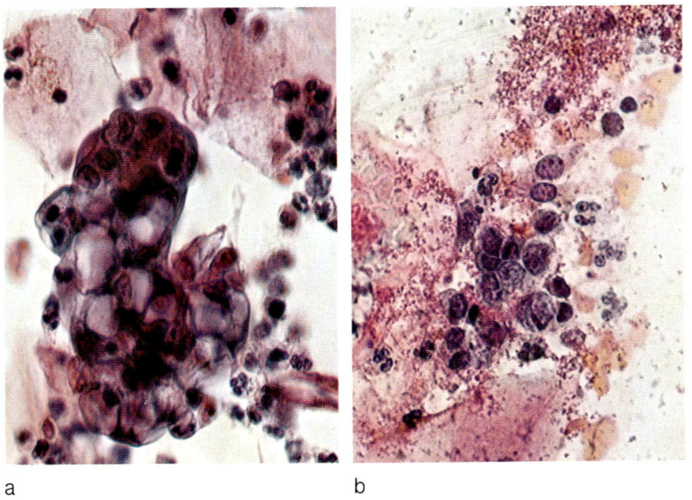

a b

Abb. 9.**105 a** u. **b** Adenokarzinom des Endometriums.

a Verband eines hochdifferenzierten Adenokarzinoms des Endometriums. Die Zellen sind durch große Plasmavakuolen deformiert. Kerne hyperchromatisch und deformiert. Normale Plattenepithelzellen. Sauberer Präparathintergrund.

b Ausschnitt aus dem Präparat eines weniger differenzierten Adenokarzinoms des Endometriums. Ein Bild, wie es häufig in Zervixabstrichen zu sehen ist. Die Tumorzellkerne liegen ungeordnet, überwiegend frei von Plasma. Deutliche Anisonukleose. Ein Teil der Kerne ist hyperchromatisch und deformiert. In den bläschenförmigen Kernen Chromozentren und angedeutete Nukleoli. Im Präparathintergrund Blut und Eiweißniederschläge (beides Obj. 40 ×, Ok. 10 ×).

Die *Zahl der spontan abgeschilferten Zellen* ist bei Endometriumkarzinomen weit geringer als in Direktabstrichen von Plattenepithelkarzinomen der Cervix uteri, bei denen in der Regel 10- bis 20mal so viele Tumorzellen gefunden werden.

Fast in allen Abstrichen finden sich neben einzeln liegenden *Tumorzellen* auch solche *in Gruppen oder kleinen Verbänden* (Abb. 9.**101**, 9.**102**, 9.**104**, 9.**105** u. 9.**108 b**). Teilweise liegen sie in *rosettenartiger* oder *papillärer Anordnung*. In anderen Abstrichen sieht man kompakte Massen, die wie *Zellbälle* gelagert sind. Es können auch Verbände abgestoßen werden, die wie mikroskopisch kleine Gewebeteile aussehen.

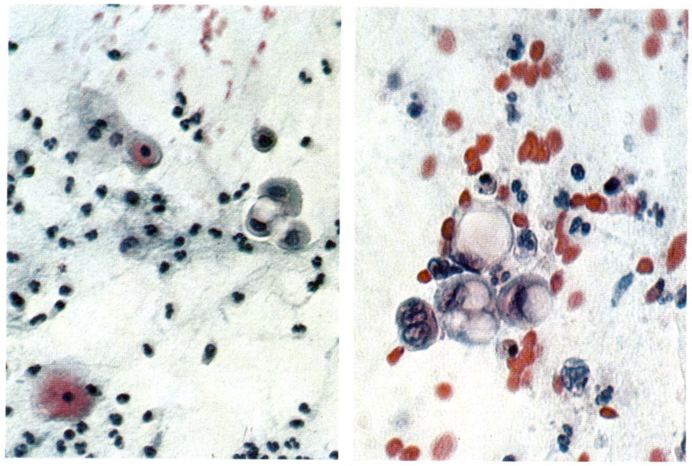

a b

Abb. 9.**106a** u. **b** Adenokarzinom des Endometriums.

a Übersichtsbild eines Zervixabstrichs mit zahlreichen Leukozyten, wenigen Histiozyten und einzelnen Plattenepithelzellen. Am rechten Bildrand ein Verband mit drei Zellen eines hochdifferenzierten Adenokarzinoms, charakterisiert durch die Vakuolenbildung im Plasma und die leicht hyperchromatischen Kerne (Obj. 25 ×, Ok. 10 ×).

b (Anderes Präparat.) Ebenfalls ein kleiner Verband eines hochdifferenzierten Adenokarzinoms. Auffallend sind zunächst die großen Plasmavakuolen, durch welche die Kerne an den Rand gedrängt wurden. Für die Diagnose wichtig sind ferner die beiden Zellen am Rand der Gruppe mit vergrößerten Kernen und grob unregelmäßiger Chromatinverteilung (Obj. 25 ×, Ok. 10 ×).

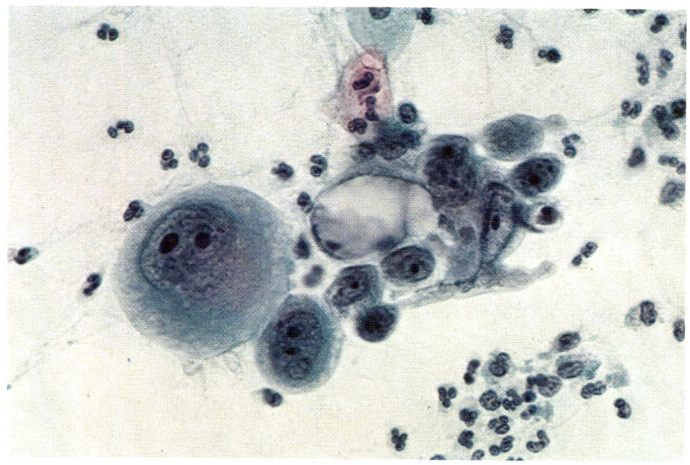

Abb. 9.**107** Adenokarzinom des Endometriums. Typisches Bild unregelmäßig gelagerter Adenokarzinomzellen. Riesige Plasmavakuole. Stark vergrößerte ovale Zellkerne. Deutliche Anisonukleose. Mäßige Hyperchromasie mit leichter Vergröberung des Kernchromatins. In den Kernen ein bis zwei vergrößerte Nukleoli (Obj. 40 ×, Ok. 10 ×).

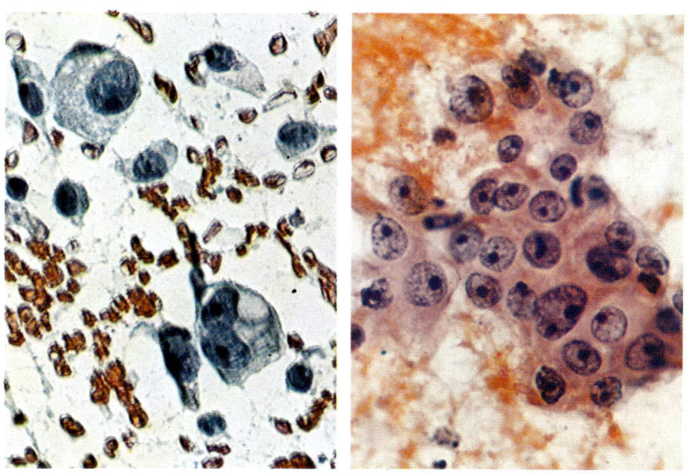

a b

Abb. 9.**108a** u. **b** Adenokarzinom des Endometriums.

a Polymorphe Zellen eines weitgehend undifferenzierten Adenokarzinoms. Auffallend große Nukleoli in vergrößerten, hyperchromatischen Kernen mit unregelmäßiger Chromatinverteilung. Erythrozyten.

b Ebenfalls Zellen eines undifferenzierten Adenokarzinoms in lockerer, unregelmäßiger Gruppierung. Die Kerne sind stark vergrößert und zeigen auffallend große Makronukleoli. Anisonukleose. Obwohl die Kerne hell erscheinen, sind Chromatinverklumpungen und Unregelmäßigkeiten in der Chromatinverteilung zu erkennen, teils mit deutlicher Anlagerung des Chromatins am Kernrand. Zerfallenes Blut (beides Obj. 40 ×, Ok. 10 ×).

Einzeln liegende Zellen von Endometriumkarzinomen haben eine runde bis ovale Form (12, 45, 74). Der Zellplasmasaum rings um den Zellkern ist gewöhnlich knapp, und die Zellränder erscheinen schlecht begrenzt. Zylindrische Zellen sind selten. Gelegentlich werden lang ausgezogene Zellen beobachtet. Liegen die Zellen in dichten Haufen zusammen, so ist ihre Form oft nicht mehr erkennbar.

Sowohl bei den einzelnen als auch bei den in Gruppen bzw. Verbänden abgestoßenen Zellen hängt die Zahl weitgehend vom *Differenzierungsgrad des Tumors* ab (Tab. 9.**8**). Sie ist am geringsten bei den hochdifferenzierten Karzinomen, am höchsten bei den niedrigdifferenzierten Karzinomen.

Tabelle 9.**8** Durchschnittliche Zahl der atypischen Zellen und Zellgruppen bei Endometriumkarzinomen pro cm^2 in Abhängigkeit vom Differenzierungsgrad des Tumors (aus *Reagan u. Ng [80]).*

Differenzierung	atypische Zellen	atypische Zellgruppen
Grad I	39	2
Grad II	70	4
Grad III	72	4
Grad IV	74	5
Total	53,8	2,9

Einen Einfluß auf die Abschilferung von Tumorzellen oder Tumorzellgruppen hat ferner das Vorhandensein von Nekrosen im Tumorbereich. Bei leichter Nekrose ist die Zahl der in den Abstrichen nachweisbaren Tumorzellen größer als bei fehlender Nekrose. Bei ausgedehnten schweren Nekrosen kann ihre Zahl allerdings wieder geringer sein.

Die Tumorzellen haben gewöhnlich nur *einen Kern*, der oft exzentrisch gelagert ist. Dieser ist *größer als in normalen Endometriumzellen.* Dies geht auch aus vergleichenden Messungen hervor, die in Abb. 9.**109** dargestellt sind. Jede spontan abgeschilferte Endometriumzelle, deren Kern größer als der einer Intermediärzelle ist, sollte mit Skepsis

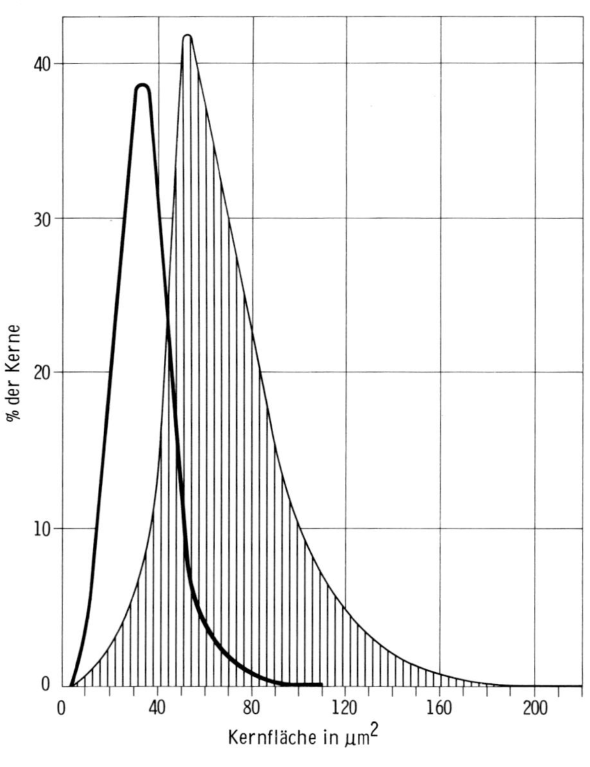

Abb. 9.**109** Verteilung der Kernflächen bei normalen und neoplastischen Endometriumzellen. Zellen des Endometriumkarzinoms in schraffierter Verteilungskurve (aus *Reagan* u. *Ng* [80]).

betrachtet werden (10, 80). Die *Kerne hochdifferenzierter Karzinome* sind *nicht so stark vergrößert und weniger variabel als die von undifferenzierten Karzinomen.* Bei Endometriumkarzinomen des Grades I sind z. B. nur ⅔ der Kerne etwa doppelt so groß wie die normaler Endometriumzellen (80). Die Form der Kerne ist, unabhängig vom Differenzierungsgrad, im allgemeinen rund oder oval. Mitunter liegen sie exzentrisch und sind von Plasmavakuolen eingedellt. Im Gegensatz zu normalen Endometriumzellen fällt ferner die *unterschiedliche Größe der Tumorzellkerne* (12, 30, 37, 44, 45, 74) und gelegentlich auch ihre unregelmäßige Form (12, 45, 53, 74) auf.

In der überwiegenden Zahl zeigen die Kerne eine *leichte bis mäßige Hyperchromasie* (35, 45, 72, 74, 100). Nur wenige Kerne lassen eine starke Hyperchromasie erkennen (12, 45, 55, 72, 74). Dem entspricht es auch, daß *DNS-Messungen an Zellen des Adenokarzinoms* zu 65% diploide und nur zu 25% tetraploide oder ähnliche Werte ergaben (2).

Beachtenswert ist, daß das *Chromatinmuster* in den Tumorzellen des Endometriumkarzinoms zwar *unregelmäßig,* aber zumindest *bei den differenzierten Tumoren* doch relativ *feingekörnt* ist (12, 21, 26, 55, 100). In dieser Hinsicht unterscheidet sich das Chromatinmuster der Endometriumkarzinomkerne deutlich von dem nicht verhornender Plattenepithelkarzinome, deren Kerne typischerweise ein grob gekörntes Chromatinmuster aufweisen. Die *Unregelmäßigkeiten in der Chromatinverteilung* und das Auftreten von *Chromozentren* werden mit *zunehmender Unreife des Tumors* auch beim Endometriumkarzinom *deutlicher.* Die Kerne undifferenzierter Tumoren können bis zu 20 Chromozentren enthalten (21). Die *Kernmembran* ist an den meisten Zellen deutlich erkennbar, aber selten verdickt und unregelmäßig.

Das *auffallendste Kennzeichen der Tumorzellen* aus Endometriumkarzinomen sind jedoch die in zahlreichen Kernen *deutlich erkennbaren* vergrößerten *Nukleoli* (Abb. 9.**103**, 9.**107** u. 9.**108**). 88% der Kerne zeigen ein oder mehrere Nukleoli (21). Im Vergleich zum normalen Endometrium sind die Nukleoli in Adenokarzinomzellen größer. In etwa 15% der Kerne finden sich *Makronukleoli* (Tab. 9.**9**). Sie treten *häufiger bei undifferenzierten Karzinomen* auf (5, 8, 16, 30, 44, 55, 74). Makronukleoli wurden nur in 3% der malignen Zellen von Endometriumkarzinomen bei Grad I, aber in 11% bei Grad II, in 36% bei Grad III und 45% bei Grad IV gefunden (80).

Die meisten *Nukleoli* sind *rund.* Aber auch längliche und *irreguläre Makronukleoli* kommen vor, besonders *bei sehr undifferenzierten Tumoren.* Gelegentlich sind intranukleäre Vakuolen und Einschlüsse zu beobachten. Während echte Nukleoli von falschen Nukleoli (Chromozentren) sonst ohne Spezialfärbungen nicht immer mit Sicherheit zu unterscheiden sind, gelingt die Identifizierung von Makronukleoli in den Kernen von Endometriumkarzinomen durch ihre besondere Größe und die eosi-

Tabelle 9.**9** Häufigkeit von Makronukleoli in den Zellen von Endometriumkarzinomen verschiedener Differenzierungsgrade (aus *Reagan u. Ng [80]*).

Differenzierung	Makronukleoli
Grad I	3%
Grad II	11%
Grad III	36%
Grad IV	45%

nophile Anfärbung meist leicht. Die *Makronukleoli in Drüsenkarzinomzellen* sind gewöhnlich *größer als* die *in den Kernen unreifer Plattenepithelkarzinome.*

Beim *Adenoakanthom* findet man neben atypischen Drüsenzellen im Abstrich auch Elemente vom Plattenepithel. Sie ähneln oft weitgehend den metaplastischen Zellen von der Cervix uteri. Eine zytologische Diagnose des Akanthoms ist nur möglich, wenn man Drüsen- und Plattenepithelelemente in festem Zusammenhang auch im Abstrich findet.

Bei *Adeno-Plattenepithel-Karzinomen* (sog. Mischkarzinome) des Endometriums werden in etwa ¾ der Abstriche maligne Zellen von beiden Epithelarten gefunden. Bei einem Viertel der Fälle treten nur Zellen aus Adenokarzinomen auf (80).

Physiologischerweise beschränkt sich die *Abstoßung von Endometriumzellen* auf die Zeit der Menstruation. Nur in geringem Umfang werden sie noch *bis zum 10. oder 12. Zyklustag* abgestoßen (Abb. 9.**110**). In der zweiten Zyklushälfte oder nach der Menopause sind Endometriumzellen normalerweise in Zervix-Vaginal-Abstrichen nicht zu finden. Ein *wichtiger diagnostischer Hinweis* auf einen pathologischen Befund ist daher bereits das Auftreten von Endometriumzellen in einer Zeit, in der sie physiologischerweise nicht vorkommen.

Finden sich bei Frauen im geschlechtsreifen Alter *nach dem 12. Zyklustag* oder bei Frauen *nach der Menopause Endometriumzellen im Abstrich* – gleichgültig, ob diese normal aussehen oder pathologisch verändert erscheinen –, so sollte die Patientin zumindest *kurzfristig beobachtet* werden.

Eine *Ausnahme* davon bilden *Frauen, welche die „Pille" nehmen oder ein Intrauterinpessar tragen.* Bei ihnen können Endometriumzellen auch um die Mitte des Zyklus oder später abgestoßen werden. Endometriumzellen treten ferner in der Post-partum- und Post-abortum-Periode auf. *Nach der Menopause* ist die *Abstoßung von Endometriumzellen stets* als *pathologisch* anzusehen.

Von manchen Autoren (29, 55) wird der *Nachweis einer erhöhten Follikelhormonwirkung* bei Frauen nach der Menopause als Verdachtszeichen für das Vorliegen eines Endometriumkarzinoms gewertet. Andere Autoren (11, 104) fanden keine Unterschiede in der Hormonlage im Vergleich zu gleichaltrigen Kollektiven von nicht krebskranken Frauen. Auf jeden Fall läßt sich durch das Fehlen

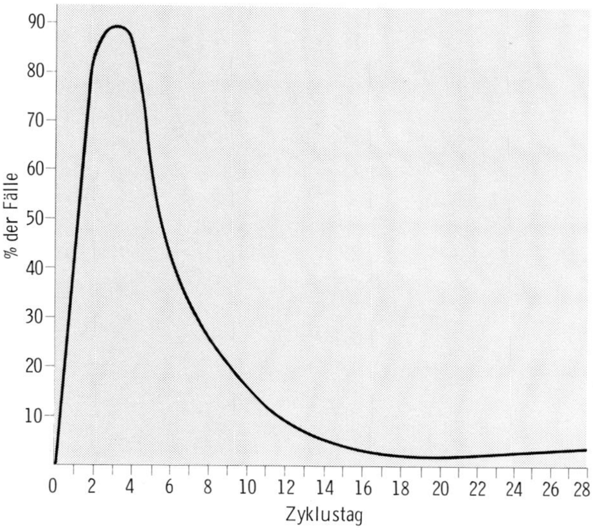

Abb. 9.**110** Vorkommen von Endometriumzellen in Aspiraten aus dem Zervikalkanal an den einzelnen Zyklustagen (aus *Reagan* u. *Ng* [80]).

einer erhöhten Östrogenwirkung ein Endometriumkarzinom nicht ausschließen.

Ein weiteres Verdachtsmoment kann das *Auftreten von Histiozyten* in größerer Zahl sein. Pathologische Bedeutung kommt ihnen *besonders in Abstrichen vom hinteren Scheidengewölbe* zu, während sie in Zervixabstrichen auch sonst häufiger zu finden sind. Das Auftreten zahlreicher kleiner Histiozyten in einem sonst „sauberen" Vaginalabstrich ohne eine größere Zahl von Leukozyten und Lymphozyten spricht dafür, daß sie aus dem Endometriumstroma stammen, auch wenn sonst keine Endometriumzellen sichtbar sind (59).

Eine erhöhte Östrogenwirkung, begleitet von kleinen Histiozyten in einem nicht entzündlich veränderten Abstrich, wird von Meisels (59) als Indikation zur weiteren Abklärung angesehen. Er hat auf diese Weise eine beachtliche Zahl von Endometriumkarzinomen und Vorstufen derselben entdeckt, auch wenn Endometriumdrüsenzellen im Abstrich fehlten.

Zellbild bei intrauteriner Materialentnahme

Das durch intrauterine Entnahme gewonnene Material kann in verschiedener Weise weiterverarbeitet werden (s. Kap. 3). Am einfachsten ist es, das *Material* direkt *auf* einem *Objektträger* auszubreiten (Abb. 9.**111**). Sofern es sich um Spülflüssigkeiten handelt, können diese nach der *Millipore-* bzw. *Nukleopore-Technik* oder in der *Zytozentrifuge* bearbeitet werden. Befinden sich in dem Material Gewebspartikel aus dem Endometrium, so wird zumindest ein Teil des Materials mit der Zellblocktechnik in *Paraffin eingebettet* und nach der histologischen Schnitttechnik bearbeitet (Abb. 9.**112** u. 9.**113**).

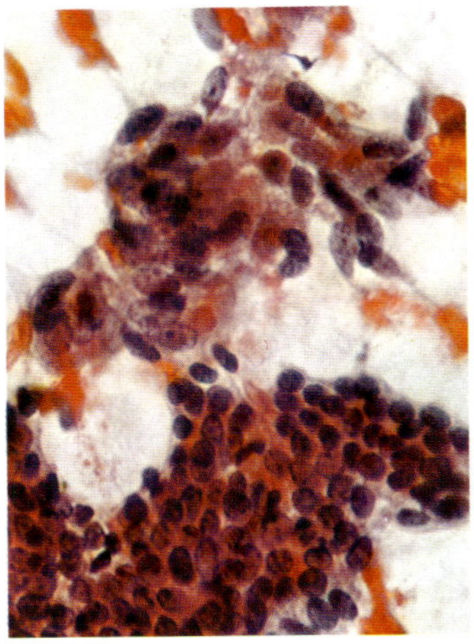

a

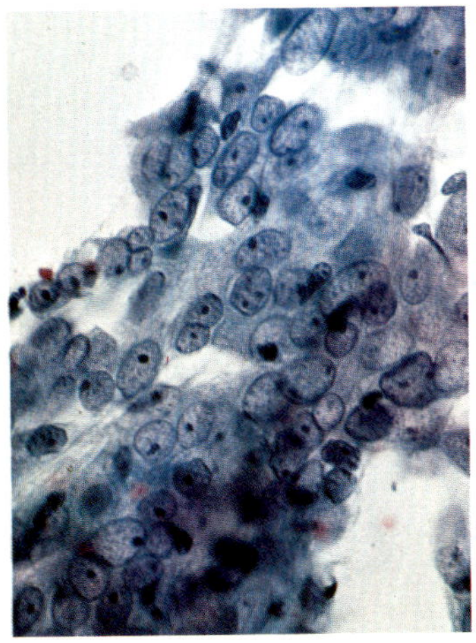

b

Abb. 9.**111a** u. **b** Adenokarzinom des Endometriums.

a Direktentnahme aus dem Uteruskavum mittels Nylonbürste. In oberer Bildhälfte locker gelagerte Zellen eines differenzierten Adenokarzinoms. Darunter entzündlich-degenerativ veränderte Endometriumzellen in regulärem Verband. Erythrozyten.

b In lockerer Verbandsanordnung gelagerte Endometriumkarzinomzellen, durch Jet-wash gewonnen. Ziemlich gleichförmige Kerne etwas unterschiedlicher Größe mit feingranuliertem Chromatin und deutlichem Kernrand. In fast jedem Kern ist ein Nukleolus zu erkennen (beides Obj. 40 ×, Ok. 10 ×).

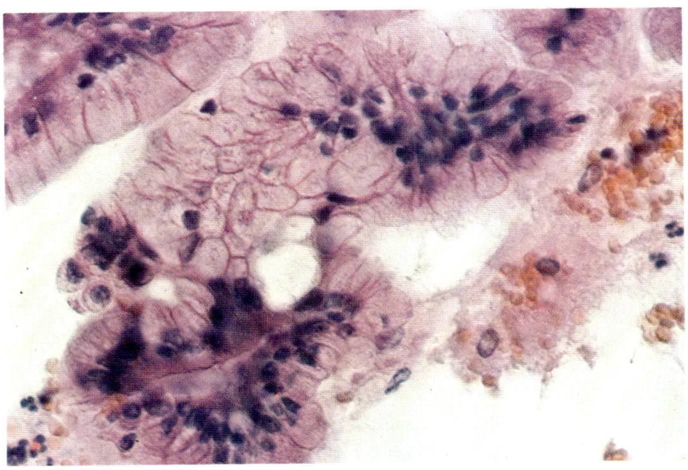

Abb. 9.**112** In Paraffin eingebettetes Gewebsmaterial (Jet-wash) von einem hochdifferenzierten Adenokarzinom des Endometriums, wobei vor allem die Dos-á-dos-Stellung des Epithels auffällt (Obj. 25 ×, Ok. 10 ×).

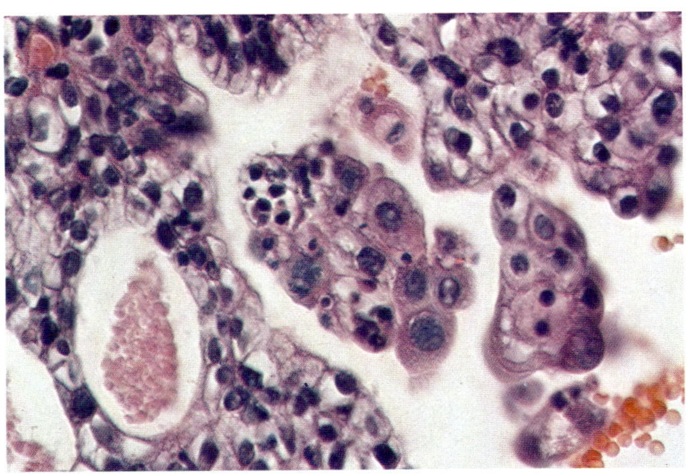

Abb. 9.**113** In Paraffin eingebettetes Gewebsmaterial (Jet-wash), von einem mäßig differenzierten Adenokarzinom des Endometriums mit auffallenden Kernatypien (Obj. 25 ×, Ok. 10 ×).

Unabhängig davon, in welcher Weise das intrauterin gewonnene Zellmaterial zur Diagnostik auf Objektträger gebracht wird, bietet sich in jedem Fall ein *völlig anderes Zellbild als bei Abstrichentnahme von der Cervix uteri.* Zellen des Plattenepithels kommen nur insoweit vor, wie sie bei der Entnahme in das Uteruskavum eingeschleppt werden. Mit einer Beimischung von endozervikalen Zellen ist häufig zu rechnen.

Die Abstriche enthalten *meist reichlich Epithel- und Stromazellen* des Endometriums. Dabei liegen die normalen Zellen zum Teil *in größeren oder kleineren, wohlgeordneten Verbänden oder auch einzeln,* aber selten in aufgelockerter Verbandsstruktur. Eine

Ausnahme bilden fortgeschrittene Atrophien des Endometriums, bei denen nur einige Gewebsbröckel vorhanden sein können.

Die *Zahl der vom Endometrium stammenden Tumorzellen* ist *wesentlich größer als in Zervixabstrichen.* Bei den Tumorzellen ist der *Zusammenhang der Zellen in Verbänden meist nicht so gut* wie im normalen Gewebe. Sofern die Tumorzellen in Haufen zusammenliegen, zeigt sich oft eine deutliche Überlappung.

Erythrozyten sind fast immer in reichlicher Zahl vorhanden. Im übrigen sind die Zellabstriche – außer bei fortgeschrittenen Karzinomen, bei schweren Entzündungsprozessen oder auch während der Menstruation – im allgemeinen frei von Zelldetritus und enthalten nur wenige Leukozyten.

Infolge des reichlichen Gehalts an Endometriumzellen und des in der Regel guten Erhaltungszustandes dieser Zellen ist die diagnostische Beurteilung an direkt entnommenem Material aus dem Uteruskavum leichter als in Zervixabstrichen. So lassen sich Kernstrukturen und Variationen der Kerne in Größe und Form deutlicher erkennen. Vor allem sind auch die Zellen hochdifferenzierter Endometriumkarzinome besser von normalen Endometriumzellen zu unterscheiden.

Eine außerordentlich *wertvolle Hilfe* bietet in vielen Fällen die *Untersuchung des eingebetteten und histologisch bearbeiteten Materials* (Abb. 9.**112** u. 9.**113**). An Gewebsverbänden ist meist auf den ersten Blick eine zystische oder glanduläre Hyperplasie oder auch ein Karzinom zu erkennen.

In jedem Falle erfordert die zytologische Beurteilung des durch Direktentnahme gewonnenen Materials spezielle diagnostische Erfahrungen (56, 57, 63, 87), *wobei auch die Kenntnis der durch die Präparation bedingten Artefakte von Bedeutung ist.*

Probleme der Materialgewinnung und diagnostische Treffsicherheit

Im Vergleich zur Zervixzytologie stellt die Materialgewinnung für die zytologische Diagnostik des Endometriumkarzinoms und seiner Vorstufen immer noch ein schwieriges Problem dar. *Nur bei 50 bis höchstens 60% der diagnostizierten Endometriumkarzinome zeigen sich in den Abstrichen von Ekto- und Endozervix Tumorzellen* (34, 41, 48). Dies deckt sich auch mit unseren Erfahrungen. Bei den Vorstufen sind die Aussichten, in Zervixabstrichen Endometriumzellen für die zytologische Diagnostik zu finden, noch schlechter.

Hinzu kommt, daß *auch bei positiven Befunden* die *Zahl der von Endometriumkarzinomen spontan abgeschilferten Zellen wesentlich geringer ist* als bei karzinomatösen Veränderungen an der Cevix uteri. Die *Zeichen der Atypie* sind, besonders bei differenzierten Tumoren und ihren Vorstufen, *oft wenig deutlich ausgeprägt,* so daß sie leicht übersehen oder verkannt werden können. Vielfach kann kein eindeutig positiver Befund, sondern nur ein Verdachtsbefund geäußert werden.

Tabelle 9.**10** Zytologische Entdeckungsrate des Endometriumkarzinoms mit verschiedenen Entnahmemethoden (Zusammenstellung nach 40 verschiedenen Arbeiten aus der Literatur).

Ort und Art der Materialentnahme	Zahl der Endometriumkarzinome	Entdeckungsrate n	Entdeckungsrate %
Entnahme von Portio	562	347	61,7
Entnahme aus hinterem Scheidengewölbe	848	581	68,5
Intrauterine Aspiration	548	489	89,2
Intrauterine Bürste	132	113	85,6
Graviee-jet-wash	298	275	92,2

Außerdem sind die Tumorzellen nach Herauslösung aus dem Gewebsverband auf dem Weg durch den Zervikalkanal *degenerativ-autolytischen Veränderungen* ausgesetzt und dadurch oft in einem für die Diagnostik schlechten Erhaltungszustand.

Nach einer Zusammenstellung aus der Literatur unter Berücksichtigung von 40 Veröffentlichungen aus den 60er und 70er Jahren (Tab. 9.**10**) betrug die zytologische Entdeckungsrate für das Endometriumkarzinom durchschnittlich bei Entnahme von der Portio 61,7%, aus dem hinteren Scheidengewölbe 68,5%, bei intrauteriner Aspiration 89,2%, bei intrauteriner Bürstenentnahme 85,6%, mit dem Gravlee-Jet-Washer 92,2%.

Die *Entnahme aus dem hinteren Scheidengewölbe* ist nach Ansicht einiger Autoren (54) für die Entdeckung von Endometriumkarzinomen zuverlässiger als der einfache Zervixabstrich. Von anderer Seite (80) wurde besonders die *Aspiration von Zellmaterial aus dem Zervikalkanal* mit Hilfe einer Glaspipette empfohlen. Diese Erfahrungen lassen es angesichts der Zunahme des Endometriumkarzinoms *ratsam* erscheinen, *eine dieser beiden Entnahmemethoden in allen Fällen zusätzlich anzuwenden, in denen aufgrund von Anamnese oder Befund ein erhöhtes Risiko für das Endometriumkarzinom besteht.* Man sollte sich auch bei zytologischen Wiederholungsuntersuchungen nach unklarem Vorbefund daran erinnern, wenn nicht sofort eine Abrasio zur Abklärung vorgenommen wird.

Der *Nachweis von Endometriumzellen in Zervix- und Vaginalabstrichen muß, auch wenn sie keine Zeichen der Atypie aufweisen, stets besondere Beachtung finden,* sobald sie zu einem unphysiologischen Zeitpunkt auftreten, d. h. nach der Menopause oder bei Frauen nach dem 40. Lebensjahr in der zweiten Zyklushälfte. Wir würden allerdings nicht so weit gehen, daraus die Forderung abzuleiten, bei allen diesen Befunden eine Abrasio vorzunehmen. Eine Zeitlang haben wir dies getan und dabei die Erfahrung machen müssen, daß der Eingriff meist unnötig war.

Eine *hohe diagnostische Treffsicherheit für die zytologische Erkennung von Endometriumkarzinomen* ist *nur durch direkte intrauterine Entnahmen* von Zellmaterial zu erreichen. Die technisch möglichen Verfahren wurden in Kap. 3 beschrieben. Die Sensitivität wurde mit 76–97% angegeben (Tab. 3.**1**). Die Ergebnisse stammen jedoch von retrospektiven Auswertungen, vielfach aus Studien bei Frauen mit Blutungsstörungen.

Zu bedenken ist ferner, daß es sich bei allen diesen Entnahmemethoden um einen intrauterinen Eingriff handelt mit den sich daraus ergebenden Komplikationsmöglichkeiten (intrauterine Infektion, Perforation der Uteruswand). Die Entnahme ist zeitraubend und wird ohne Narkose von den Frauen oft als schmerzhaft empfunden. Bei alten Frauen mit atrophischem Genitale, bei denen die intrauterine Entnahme besonders wichtig wäre, gelingt es nicht immer, das Instrument ohne Narkose durch den Zervikalkanal in das Uteruskavum einzuführen.

Die intrauterine Entnahme von Zellmaterial ist daher *keine Methode der Routinediagnostik zur Abklärung von Verdachtsbefunden bei Frauen mit klimakterischen Blutungsstörungen oder Blutungen nach der Menopause.* In diesen Fällen muß normalerweise eine Abrasio durchgeführt werden. Bei Frauen mit Symptomen sollte die intrauterine Entnahme von zytologischem Untersuchungsmaterial nur in Ausnahmefällen vorgenommen werden, z. B. wenn ein Narkoserisiko besteht oder die Patientin eine Abrasio ablehnt.

Die intrauterine Entnahme kann aber *bei symptomlosen Frauen, die einer Risikogruppe bezüglich des Endometriumkarzinoms angehören, sinnvoll* sein. Als solche Risiken sehen wir an:

- das Vorkommen von Genitalkarzinomen in der Familienanamnese,
- besonders späte Menopause sowie erhöhte Östrogenwirkung nach der Menopause,
- Frauen, die keine Schwangerschaften hatten, vom klimakterischen Alter ab,
- zytologische Vorbefunde mit Epithel- und Stromazellen des Endometriums in Zervix- und Vaginalabstrichen.

Eine interessante Studie zum Einsatz der intrauterinen Zellmaterialgewinnung für *Vorsorgeuntersuchungen bei symptomlosen Frauen* liegt von Koss u. Mitarb. (56, 57) vor. Sie untersuchten innerhalb eines Zeitraums von 3 Jahren 2586 symptomlose Frauen, die keine Blutungsstörungen hatten, vom 45. Lebensjahr an aufwärts (80% waren nach der Menopause). 1567 Frauen waren nach einem Jahr zu einer zweiten, 187 Frauen zu einer dritten Untersuchung erschienen. Die intrauterine Entnahme erfolgte alternierend mit der Mi-mark-Methode oder dem Isaaks-cell-sampler, wobei das gewonnene Material zytologisch und, soweit Gewebspartikel vorhanden waren, auch histologisch untersucht wurde.

Es wurden insgesamt 17 Endometriumkarzinome entdeckt. Die Prävalenzrate für das Endometriumkarzinom betrug, einschließlich 3 nicht entdeckter Fälle, 6,96‰, die kalkulierte Inzidenzrate 1,71‰. Bei der überwiegenden Zahl der entdeckten Karzinome waren nur das Stroma des Endometriums sowie die inneren Schichten des Myometriums infiltriert.

Außerdem wurden 24 Fälle mit vorwiegend fokalen Endometriumhyperplasien oder Polypen gefunden. Dies ist eine auffallend niedrige Zahl. Geht man davon aus, daß 12% der atypischen Hyperplasien des Endometriums in ein Karzinom übergehen (33), so hätten es achtmal mehr sein müssen. Es kann natürlich sein, daß einerseits bei Frauen mit Endometriumhyperplasien besonders häufig Blutungsstörungen auftreten und diese Frauen deshalb in dieser Studie nicht erfaßt wurden. Andererseits muß man daran denken, daß die zytologische Untersuchung, selbst bei intrauteriner Entnahme, möglicherweise nicht empfindlich genug für die Erkennung umschriebener hyperplastischer Veränderungen des Endometriums ist.

Zur Verhütung des Endometriumkarzinoms bzw. der Verbesserung seiner Heilungschancen wird daher der Gewinn durch zytologische Vorsorgeuntersuchungen symptomloser Frauen vermutlich nur gering sein (87), zumal das Endometriumkarzinom in der Mehrzahl der Fälle bei sofortiger Behandlung nach Auftreten der ersten Symptome noch eine relativ gute Prognose hat. Wegen des vermehrten Aufwandes bei der Entnahme und Auswertung des Zellmaterials wäre ein solches Programm, selbst bei einer Beschränkung auf Risikogruppen kaum kosteneffektiv (79).

Zytologische Unterscheidungsmöglichkeiten verschiedener Tumorarten

In vergleichender Übersicht sollen abschließend die Möglichkeiten einer zytologischen Unterscheidung der verschiedenen Tumorarten nochmals erörtert werden.

Adenokarzinom des Endometriums und der Endozervix

Ähnlich wie im histologischen Schnitt, so ist auch *zytologisch die Unterscheidung zwischen dem Adenokarzinom des Endometriums und der Endozervix schwierig.* Am leichtesten zu erkennen ist die unterschiedliche Zahl der Tumorzellen in den Abstrichen. Nach Untersuchungen von Reagan u. Ng (80) betrug die Zahl der malignen Zellen aus Zervixaspiraten bei Adenokarzinomen der Endozervix 1300 pro cm^3, während bei Endometriumkarzinomen nur 54 gezählt wurden. Wenngleich der Unterschied nicht in jedem Einzelfalle so groß ist, so fällt er doch bei genauer Durchsicht der Präparate deutlich auf.

Während die *Tumorzellen bei endozervikalen Karzinomen* teils auch in *größeren, mehr oder weni-*

ger unregelmäßigen Verbänden vorkommen, liegen sie bei *Endometriumkarzinomen* meist *in kleinen Verbänden oder Gruppen* zusammen.

Die *Zellen des Adenokarzinoms der Endozervix* sind *im allgemeinen größer* als die des Endometriumkarzinoms. Bedingt durch die Direktentnahme am Ursprungsort des Tumors sind die endozervikalen Zellen gelegentlich noch in Zylinderform erhalten. Dies trifft besonders für die differenzierten Karzinome zu.

Die *Zellkerne der Adenokarzinome der Endozervix* sind in der Regel ebenfalls *größer* als bei Endometriumkarzinomen. Die *Chromatingranulierung der Kerne* erscheint *sowohl in endozervikalen als auch in Endometriumkarzinomen relativ fein*. Eine *Ausnahme* bilden nur die *stark entdifferenzierten Formen,* die bei beiden Tumoren gröbere Chromatinpartikel erkennen lassen. Tumorzellen von *endozervikalen Karzinomen* haben häufiger multiple Nukleoli, und auch *Makronukleoli* sind in ihnen *häufiger* zu erkennen als in Zellen des Endometriumkarzinoms. Während das *Zytoplasma* endozervikaler Tumorzellen, je nach Differenzierungsgrad, ein granuliertes und nur zu einem Viertel ein fein vakuolisiertes Bild aufweist, zeigen Tumorzellen des Endometriumkarzinoms zu zwei Dritteln ein fein vakuolisiertes, bei dem Rest ein amorphes und nur zu 4% ein granuliertes Zellplasma (80). Ebenfalls größere Plasmavakuolen sind in Endometriumkarzinomzellen häufiger.

Adenokarzinom und Plattenepithelkarzinom der Cervix uteri

Die *Unterscheidung* zwischen Adenokarzinomen und Plattenepithelkarzinomen der Cervix uteri ist *leicht, wenn es sich um ein verhornendes Plattenepithelkarzinom handelt.* Ähnliche Zellbilder gibt es beim Adenokarzinom nicht. Hochdifferenzierte Adenokarzinome der Endozervix, deren Zellen teilweise noch Drüsenform haben, lassen sich ebenfalls leicht als solche erkennen.

Schwieriger ist es, wenn ein *großzellig nicht verhornendes Plattenepithelkarzinom vorliegt.* Die *Zellen des Plattenepithelkarzinoms und ihre Kerne* sind *im allgemeinen größer.* Die *Chromatinstruktur der Kerne* erscheint *gröber.* Die Zellen der *kleinzellig anaplastischen Plattenepithelkarzinome* nähern sich in der Größe mehr den Adenokarzinomen, doch zeigen die Kerne der ersteren in der Regel eine *deutlichere Hyperchromasie.*

Sehr undifferenzierte Tumoren können *auch bei Adenokarzinomen der Endozervix* eine *stark vergröberte und unregelmäßige Chromatinstruktur* zeigen. Beide Tumorarten können dann nur durch die *Nukleoli* unterschieden werden, die *bei Adenokarzinomen stets zahlreicher und deutlicher* zu erkennen sind. Während bei Adenokarzinomen der Endozervix ein Drittel der Zellen *Makronukleoli* zeigt, sind es bei nicht verhornenden Plattenepithelkarzinomen kaum mehr als 5%.

Zellen der großzellig undifferenzierten Plattenepithelkarzinome kommen häufig in synzytialer Lagerung vor, was bei den Adenokarzinomen selten ist.

Endometriumkarzinom und Plattenepithelkarzinom der Cervix uteri

Die *Unterscheidung* zwischen Endometriumkarzinom und Plattenepithelkarzinom der Cervix uteri ist *im allgemeinen leicht.* In Zervixabstrichen ist die *Zahl der Tumorzellen bei Plattenepithelkarzinomen* im allgemeinen *wesentlich höher.* Die Zellen liegen isoliert oder in lockeren Gruppen, während beim *Adenokarzinom des Endometriums neben einzeln liegenden Zellen fast stets auch solche in papillärer oder drüsiger Lagerung* abgestoßen werden.

Die *Zellen und Kerne des Plattenepithelkarzinoms* sind meist *deutlich größer* als die von Adenokarzinomen des Endometriums. Vakuolenbildung im Plasma der Plattenepithelkarzinomzellen ist relativ selten. An Zellen aus *Endometriumkarzinomen* sind dagegen *Plasmavakuolen,* teils von erheblicher Größe, häufig anzutreffen.

Die *Hyperchromasie der Zellkerne* ist in *Adenokarzinomzellen deutlich geringer,* und das *Kernchromatin* ist, im Gegensatz zu den Zellen aus Plattenepithelkarzinomen, *überwiegend fein granuliert.*

Dagegen zeigen die *Adenokarzinome des Endometriums* (unter Einbeziehung aller Reifegrade) in 15% *Makronukleoli,* während diese beim Plattenepithelkarzinom nur in etwa 5% der Zellen zu erkennen sind (82).

Schwierigkeiten können bei der Unterscheidung von Endometriumkarzinomen und Plattenepithelkarzinomen nur auftreten, wenn es sich um sehr undifferenzierte Tumoren mit besonders unregelmäßiger Chromatinstruktur handelt.

Zytologie anderer maligner Geschwülste des Genitales

Gelegentlich finden sich in Abstrichen von der Zervix und aus der Vagina auch Zellen von Ovarialkarzinomen, Tubenkarzinomen und extragenitalen Geschwülsten, die in der Bauchhöhle Metastasen gebildet haben (19, 30, 66, 75).

Ovarialkarzinom

In einer Untersuchungsreihe (66) wurden von 1953 bis 1972 bei 600000 Untersuchungen 66 extrauterine Karzinome, d. h. also 11 pro 100000, in zervikalen Zellabstrichen nachgewiesen. Es handelte sich *hauptsächlich* um *Ovarialkarzinome*. Ihr Anteil unter den positiven Befunden der extrauterinen Läsionen wird zwischen 23% und 73% angegeben (30, 31, 72, 75, 88). Die anderen Tumorzellen stammen von *Karzinomen der Tube* oder von Karzinomen *aus dem Bereich des Magen-Darm-Traktes*, der *Mamma*, der *Harnblase*, der *Lunge*, gelegentlich auch von *Leukämien*.

In einem Viertel der Fälle waren *Metastasen im Uterus oder in der Vagina* vorhanden (66). Bei den übrigen Patientinnen müssen die Tumorzellen vom Primärtumor oder von Metastasen in der Bauchhöhle durch die Tuben in das Uteruskavum und von dort durch den Zervikalkanal in die Vagina gelangt sein.

Die *Tumorzellen von Ovarialkarzinomen und extragenitalen Karzinomen* entsprechen gewöhnlich denen wenig differenzierter Drüsenzellkarzinome. Die Tumorzellen sind im Vergleich mit denen des Endometriums relativ groß und enthalten ein dichtes, unregelmäßig verteiltes Kernchromatin. Sie liegen in kleinen Gruppen zusammen oder einzeln. Papilläre Strukturen machen das Vorliegen eines Ovarialkarzinoms sehr wahrscheinlich (Abb. 9.**114**).

Das Auftreten von *Psammomkörperchen*, (Abb. 9.**115**, 9.**116**) kleinen konzentrisch kalzifizierten Gebilden, gibt gelegentlich einen diagnostischen Hinweis (3, 15). Psammomkörperchen können jedoch auch bei gutartigen Veränderungen vorkommen (43, 71). Im übrigen ist aber eine *eindeutige Korrelation zum Typ des Drüsenkarzinoms meist nicht möglich*. Die Zellen, die von serösen Adeno-

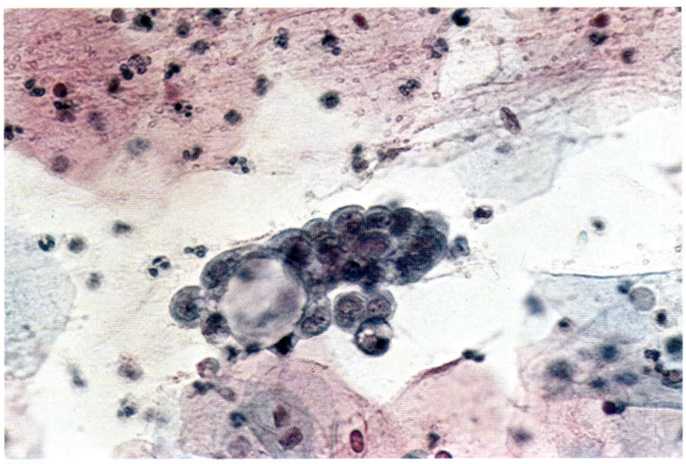

Abb. 9.**114** Zellverband von einem Ovarialkarzinom im Zervixabstrich.
Sauberer Präparathintergrund. Die Tumorzellen sind dicht gelagert in einem papillären Verband und haben unregelmäßig geformte, hyperchromatische Kerne. Man erkennt eine sehr große und verschiedene kleine Plasmavakuolen. Häufig sind die Adenokarzinomzellgruppen kleiner, so daß sie in dem sonst völlig unverdächtigen Zellbild leicht übersehen werden können (Obj. 40 ×, Ok. 10 ×).

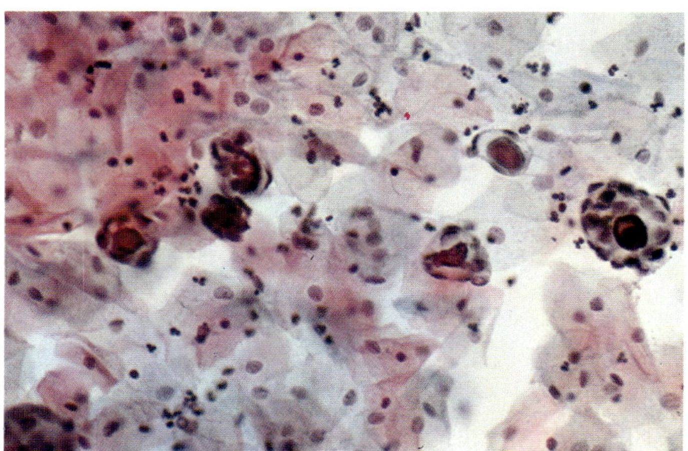

Abb. 9.**115** Mittelhoch proliferiertes Zellbild mit zahlreichen Psammomkörperchen, die von Drüsenepithel umgeben sind. Die 58jährige Patientin hatte ein pseudomuzinöses Ovarialkarzinom (Obj. 25 ×, Ok. 10 ×).

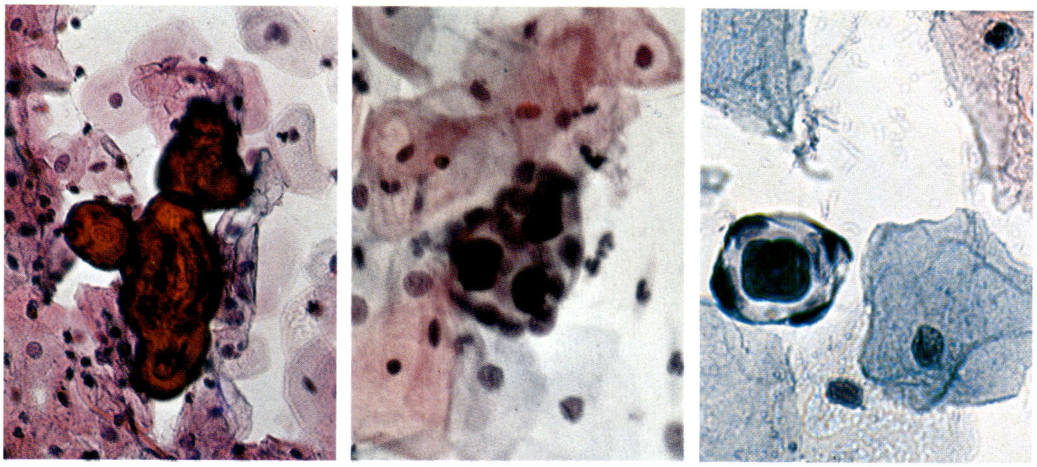

a b c

Abb. 9.**116a–c** Psammomkörperchen aus Zervixabstrich von einer Patientin mit Ovarialkarzinom. **a** Konzentrisch geschichtete Psammomkörperchen (Obj. 25 ×, Ok. 10 ×). **b** Psammomkörperchen, von Drüsenepithelzellen umgeben (Obj. 40 ×, Ok. 10 ×). **c** Einzelnes Psammomkörperchen, von Drüsenzellen umgeben (Obj. 63 ×, Ok. 10 ×).

karzinomen abgeschilfert werden, sind äußerst variabel in der Form.

Bei *Granulosazelltumoren* (42) ebenso wie bei *Thekazelltumoren* findet man häufig eine *hohe Östrogenwirkung* (Abb. 9.**117** u. 9.**118**).

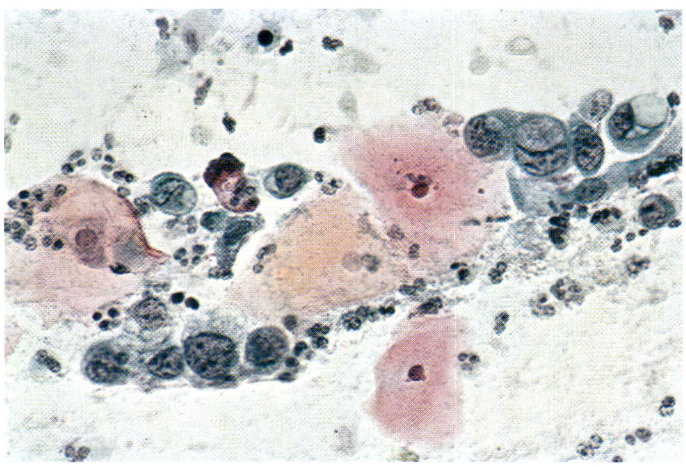

Abb. 9.**117** Zervixabstrich von einer 68jährigen Patientin mit einem Granulosazellkarzinom des Ovariums. Im Abstrich fällt zunächst die für das Alter der Patientin hohe Proliferation des Vaginalepithels auf. Die Tumorzellen liegen einzeln oder in lockeren Gruppen. Sie haben deutlich vergrößerte, hyperchromatische Kerne mit vergröberter unregelmäßiger Chromatinverteilung. Anisonukleose. Infolge Vakuolisierung des Zellplasmas teilweise starke Deformierung der Zellkerne (Obj. 40 ×, Ok. 10 ×).

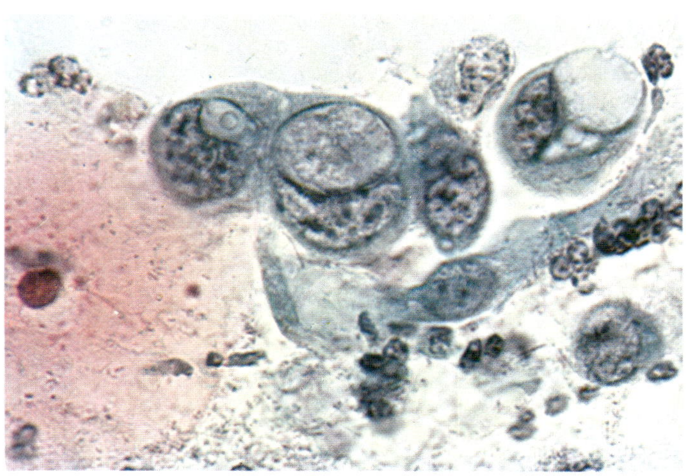

Abb. 9.**118** Granulosazellkarzinom des Ovariums (Ausschnitt aus Abb. 9. **117**). Bei starker Vergrößerung erkennt man besonders deutlich die Vergröberung der Chromatinstruktur und die unregelmäßige Chromatinverteilung mit deutlichen Kontrasten zwischen Eu- und Heterochromatin. In einigen Zellen große Plasmavakuolen (Obj. Öl 100 ×, Ok. 10 ×).

Auffallend ist, daß in der überwiegenden Zahl der Fälle eine *Tumordiathese fehlt* (72). Sie ist nur vorhanden, wenn die Tumorzellen von Metastasen im Bereich des Uterus und der Vagina ausgehen. Findet man daher *Elemente eines wenig differenzierten Adenokarzinoms in Zervix- und Vaginalabstrichen ohne gleichzeitigen Tumorhintergrund,* so sollte man immer daran denken, daß die *Zellen extrauterinen Ursprungs* sein können. Die Zahl der Tumorzellen, die vielfach erstaunlich gut erhalten sind, ist meist gering. Sie können daher bei oberflächlicher Durchsicht eines Abstriches leicht übersehen werden.

Die Zahl der Ovarialkarzinome, die durch Zervix- oder Vaginalabstriche zu entdecken sind, bevor sie Metastasen gebildet haben, ist gering. In seltenen Fällen können Tumorzellen von Ovarialkarzinomen offenbar aber lange Zeit, bevor irgendwelche Symptome auftreten, sporadisch in die Vagina abgeschilfert werden.

Zytologische Untersuchung von Peritonealflüssigkeit und Ovarialtumorpunktaten

Eine weitere Möglichkeit zur Verbesserung der Diagnostik von Ovarial- und Tubenkarzinomen stellt die zytologische Untersuchung der Peritonealflüssigkeit dar (12, 16, 24, 29, 51, 81, 99), die durch *Douglaspunktion* vom hinteren Scheidengewölbe aus gewonnen wird.

Technik der Punktion: Nach Einstellung der Cervix uteri mit Spekula wird die hintere Muttermundslippe mit einer Kugelzange gefaßt und nach vorn unten gezogen. Dann wird nach Auswischen und Desinfektion des hinteren Scheidengewölbes (z. B. mit Merfen) der Douglassche Raum mit einer langen, dünnen Kanüle, an die eine 10–20 cm^3-Spritze angesetzt ist, punktiert und, soweit möglich, Peritonealflüssigkeit aspiriert. Oft gewinnt man dabei nur wenige Tropfen Flüssigkeit. Diese werden in physiologischer Kochsalzlösung aufgeschwemmt. Das Sediment wird zytologisch untersucht.

Wichtig ist es, vor der Punktion das Scheidengewölbe sorgfältig von abgeschilferten Zellen zu reinigen, damit diese nicht in die Bauchhöhle verschleppt werden und Anlaß zu diagnostischen Irrtümern, z. B. durch eingeschleppte Endometriumzellen geben. Weiterhin muß die Punktionsnadel tief genug in die freie Bauchhöhle eingeführt werden, weil sonst u. U. nur Blutzellen aus dem Gewebe aspiriert werden.

Das *morphologische Bild* der aus einer gesunden Bauchhöhle durch Aspiration gewonnenen *Peritonealflüssigkeit* ist nicht ohne weiteres vergleichbar mit dem negativen zytologischen Befund bei serösen Ergüssen, da die Flüssigkeitsmenge meist gering ist.

Die *Epithelzellen von der Oberfläche des Ovariums* sind *kubisch bis kurzzylindrisch* mit einem oft *exzentrisch gelagerten Kern,* der eine *regelmäßige Chromatinverteilung* und einen *Nukleolus* zeigt. Sie kommen in *größeren Gruppen,* oft aber in Haufen von 3–6 Zellen vor.

Zellen des Tubenepithels sind demgegenüber *langgestreckter.* Die Kerne reichen bis an den Zellrand.

Mesothelzellen sind *nicht so häufig* wie zu erwarten wäre. Wenn sie vorkommen, liegen sie *oft in großen Verbänden,* so daß man den Eindruck hat, sie wären eher durch die Punktionsnadel aus dem Gewebsverband herausgelöst worden als abgeschilfert.

Der *Präparathintergrund* ist gewöhnlich *sauber.* Histiozyten kommen vor, Leukozyten sind selten.

Tumorzellen von serösen Adenokarzinomen oder pseudomuzinösen Karzinomen des Ovariums, von *Tubenkarzinomen* oder anderen *nichtgynäkologischen bösartigen Geschwülsten* mit Metastasen in der Bauchhöhle fallen meist durch die *vergrößerten Kerne* mit *unregelmäßiger, teils vergröberter Chromatinstruktur,* durch *unregelmäßige Zellformen* und *gelegentliche Vakuolisierung des Zellplasmas* auf. Eine Aussage über den Ursprungsort der Zellen ist zytologisch oft nicht möglich. *Psammomkörperchen können* bei Ovarialkarzinomen in der Peritonealflüssigkeit *vorkommen* (3, 7), sind aber noch kein Beweis für Malignität.

Die wichtigsten Ergebnisse sind in Tab. 9.**11** zusammengestellt. Daraus ergeben sich bei symptomlosen Frauen 0,06–1,9% positive Befunde. Bei nicht symptomlosen Frauen (99) lag die Rate mit 3,5% etwas höher. Die Rate falsch-positiver zytologischer Befunde betrug 0,24–1,8%. Sehr hoch wurde der Prozentsatz der nicht verwertbaren Präparate angegeben, der zwischen 10 und 47% lag.

Bessere Ergebnisse als mit der einfachen Douglaspunktion sind offenbar mit der *Douglasspülzytologie* zu erreichen (47). Man spitzt dabei 200 ml Ringer-Lösung in den Douglasschen Raum ein und aspiriert die Flüssigkeit 5 Minuten später wieder. (Näheres über die Technik der Bearbeitung der Spülflüssigkeit s. Kap. 13.) Bei einer Rate von nur 2,9% technisch nicht verwertbaren Befunden stieg die Rate der positiven Befunde auf 13,2% an. Falsch-positive Befunde wurden in 1,8% gefunden (47).

Außer der Aspiration von Peritonealflüssigkeit und der Spülung des Douglasschen Raumes besteht die Möglichkeit der *direkten Punktion von Ovarialtumoren* vom hinteren Scheidengewölbe aus. Angström (2) sowie Geier u. Mitarb. (27) haben sich besonders damit beschäftigt. Sie punktierten Ovarialtumoren mit Hilfe der Feinnadeltechnik von der Vagina oder vom Rektum aus.

Die Punktate *gutartiger Ovarialtumoren enthalten oft Makrophagen, aber sonst nur wenige Zellen.* Kleine Gruppen von Epithelzellen zeigen vielfach Degenerationserscheinungen. Punktate von *Ovarialkarzinomen* enthalten typischerweise *reichlich Zellmaterial,* wobei sich meist auch *Verbände mit adenopapillären Strukturen* befinden (Abb. 9.**119**).

Unter 80 Punktionen konnte zytologisch eine Übereinstimmung mit dem histologischen Befund bzw. dem klinischen

Tabelle 9.**11** Douglasaspirationszytologische Befunde (aus *Geier* [26]).

Autoren		Aspirationen	zytologisch positiv		zytologische falsch-positiv		nicht verwertbar	
		n	n	%	n	%	n	%
Graham et al.	(32)	576	6	1	2	0,3	–	–
McGowan et al.	(47)	1123	0	0	–	–	573	47
Graham, Graham	(28)	1149	22	1,9	–	–	115	10
Zervakis et al.	(86)	113	4	3,5	2	1,8	–	–
Caterini	(12)	5000	3	0,06	12	0,24	1332	27
Funkhouser et al.	(24)	1300	12	0,9	–	–	–	–
Keettel et al.	(44)	269	–	–	4	1,5	117	43

Verlauf für maligne Tumoren in 95%, für nichtmaligne Tumoren in 93% erzielt werden (2). Hinsichtlich der Typendiagnose lagen die Ergebnisse nicht ganz so gut. Unter 52 Fällen zeigten 9 zytologische Befunde keine volle Übereinstimmung mit der Histologie. Während seröse und pseudomuzinöse Zystadenokarzinome zytologisch überwiegend richtig klassifiziert wurden, gelang dies bei endometroiden Karzinomen nicht.

Von 63 histologisch gutartigen Tumoren wurden 62 zytologisch richtig, von 37 bösartigen Ovarialtumoren wurden 32 richtig erkannt (26, 27). Zwei typische adenopapilläre Ovarialkarzinome, ein maligner Thekazelltumor, ein Krukenberg-Tumor und ein nekrotisch verändertes Ovarialkarzinom wurden nicht erkannt. Ebenfalls als gutartig wurden vier papillär-seröse Ovarialkystome mit partieller maligner Entartung beurteilt.

Trotz dieser recht guten zytodiagnostischen Ergebnisse muß hinsichtlich der *Indikationsstellung zur Punktion von Ovarialtumoren* zu *großer Vorsicht* geraten werden. Es kann nach der Punktion von Ovarialtumoren, selbst wenn sie mit der Feinnadelpunktion erfolgt, zu akut bedrohlichen abdominalen Zuständen kommen, die eine sofortige Laparotomie erfordern (79). Bei malignen Tumoren kann eine Verschleppung von Tumorzellen in die freie Bauchhöhle erfolgen, wo sie einen guten Nährboden finden. Ohne Risiko ist die Punktion von Ovarialtumoren nur durchzuführen, wenn die Tumoren dem Douglas oder der Bauchwand anliegen.

Tubenkarzinom

Relativ selten sind in Zervix- und Vaginalabstrichen Zellen von *primären Tubenkarzinomen* zu finden (10, 18, 22, 70, 77, 80, 92). Bei dem primären Tubenkarzinom handelt es sich um ein typisches papilläres Adenokarzinom. Das *Zellbild gleicht dem des Endometriumkarzinoms*. Tubenkarzinome *schilfern in bis zu 40% der Fälle Tumorzellen in die Vagina ab* (80). Läßt sich bei positiven zytologischen Befunden mit Verdacht auf ein papilläres Adenokarzinom bei der histologischen Untersuchung des Abrasionsmaterials ein Karzinom nicht nachweisen, sollte man an das seltene Vorkommen eines Tubenkarzinoms denken.

Außer von Ovarialkarzinomen und Tubenkarzinomen können *Tumorzellen von intrauterinen Metastasen bei Mammakarzinomen* oder *abdominaler Ausbreitung maligner Geschwülste des Magen-Darm-Traktes* (Abb. 9.**120**) auftreten. Gelegentlich muß man bei Vorhandensein von Tumorzellen im Vaginalabstrich auch an *in die Vagina durchgebrochene Blasenkarzinome* denken. Anamnese und klinischer Befund werden hier einen Hinweis zur richtigen Deutung der morphologischen Befunde geben.

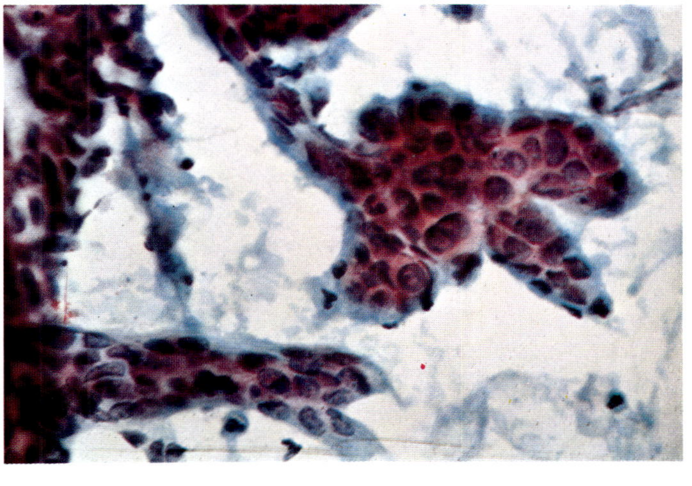

Abb. 9.**119** Feinnadelpunktat von serösem Ovarialkarzinom. Dicht gelagert papilläre Verbände von Tumorzellen, deren Kerne deutliche Nukleoli zeigen, aber sonst relativ gleichförmig sind (Obj. 25 ×, Ok. 10 ×). (Fall von Dr. T. Angström, Umeo.)

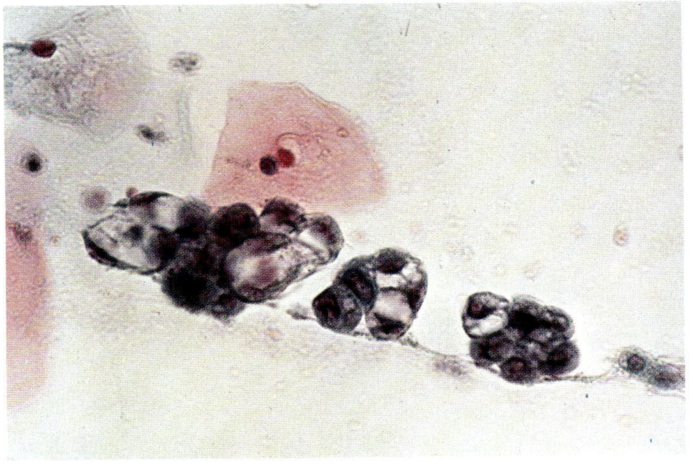

Abb. 9.**120** Zellen eines Rektumkarzinoms im Vaginalabstrich. In einem sauberen Abstrich mit gut aufgebautem Epithel finden sich kleine Drüsenkarzinomzellverbände. Sie fallen durch die teils großen Vakuolen im Zellplasma auf. Die Kerne sind hyperchromatisch und deformiert. Das Kernchromatin ist unregelmäßig verteilt (Obj. 40 ×, Ok. 10 ×).

Zytologie der Uterus- und Vaginalsarkome sowie der malignen Lymphome

Für das *vom Endometriumstroma ausgehende Sarkom* des Uterus stellen sich hinsichtlich der Früherkennung *die gleichen Probleme der Materialgewinnung wie für das Endometriumkarzinom.* Die vom Stromasarkom des Endometriums abgeschilferten Zellen zeigen *Ähnlichkeit mit endometrialen Stromazellen* (36). Zellen und Kerne sind oft relativ klein, gleichförmig und erinnern an Spindelzellen mit schlecht definierbarem Plasma. Infolge der Kohäsionsneigung des Zellplasmas liegen sie vielfach in dichten Haufen oder Synzytien (Abb. 9.**121**). Gelegentlich sieht man in den vergrößerten Kernen auch deutliche Makronukleoli (Abb. 9.**122**).

Beim *Leiomyosarkom des Uterus* werden Tumorzellen erst abgegeben, wenn der Prozeß fortgeschritten und in das Uteruskavum durchgebrochen ist. Auch dann bleibt die Zahl der abgestoßenen Zellen gering, wenn nicht eine massive Tumornekrose vorliegt.

Die gleichförmigen Zellen haben *langgestreckte, zigarrenförmige Kerne.* Dies ist u. U. ein guter diagnostischer Hinweis. Es können Haufen *neoplastischer Zellen in Bündeln* auftreten (Abb. 9.**123**). Vielfach zeigen die Zellen jedoch auch keinen besonderen Zytoplasmazusammenhang, sondern liegen isoliert. Die Kerne lassen eine *vergröberte Chromatinstruktur* und *ein oder mehrere Nukleoli* erkennen. Einzeln liegende Zellen können eine blasse Chromatinstruktur und extreme Variationen in Größe und Form zeigen. Der Präparatehintergrund ist teils entzündlich verändert mit Zelldetritus, in anderen Fällen völlig sauber.

Bei *Tumoren des Müllerschen Ganges, mesodermalen Mischgeschwülsten,* wurden positive zytologische Befunde in Vaginalabstrichen in der Hälfte bis vier Fünfteln der Fälle gefunden, in denen ein Abstrich vorlag (36, 41, 69). Die Abstriche zeigten Zellen wie bei hochdifferenzierten Adenokarzinomen und bizarre Spindelzellen.

Das *Sarcoma botryoides,* das sich, von der seitlichen Zervixwand ausgehend, im Scheidengewölbe entwickelt, gibt im Frühstadium keine Zellen ab, da es zunächst subepithelial wächst. Die Tumorzellen können sehr klein, ähnlich wie Lymphozyten, und dadurch schwer diagnostizierbar sein (88).

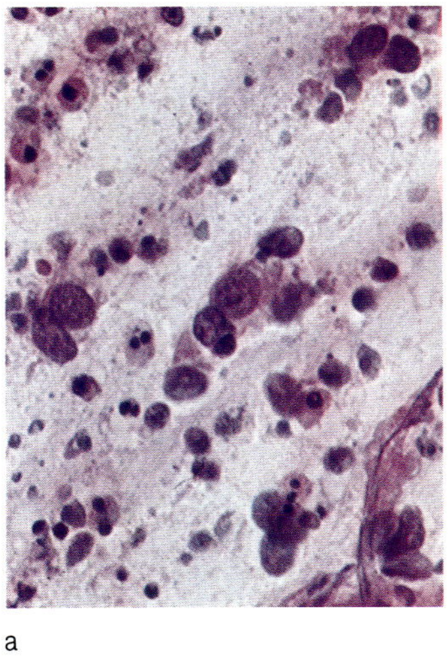

a

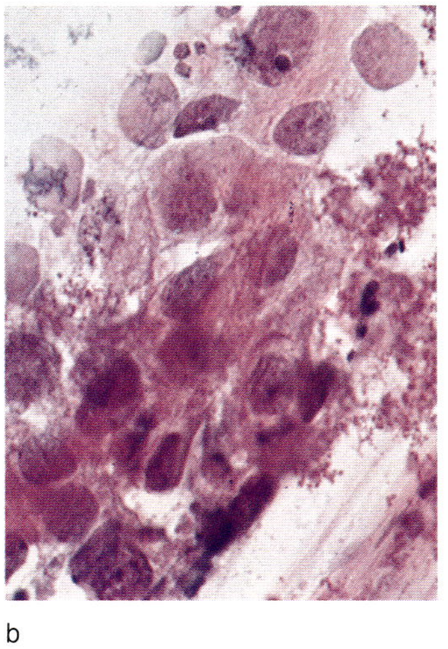

b

Abb. 9.**121 a** u. **b** Relativ kleinzelliges Sarkom, ausgehend vom Endometriumstroma.

a Vergrößerte, leicht hyperchromatische Zellkerne, rundlich, von unterschiedlicher Größe mit unregelmäßiger Chromatinverteilung. Sie liegen einzeln oder in kleinen Gruppen, nur von wenig Plasma umgeben. Präparathintergrund granuliert, Eiweißniederschläge (Obj. 40 ×, Ok. 10 ×).

b Anderer Ausschnitt in stärkerer Vergrößerung. Die Zellen liegen hier synzytiumartig. Die vergrößerten Kerne haben zum Teil eine verwaschene Struktur (Obj. Öl 100 ×, Ok. 10 ×).

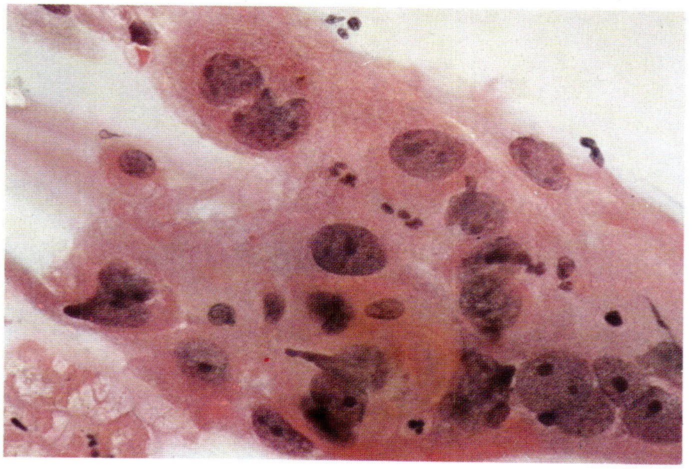

Abb. 9.**122** Polymorphzelliges Sarkom des Endometriumstromas. In einer synzytiumartigen Plasmamasse, die eine Abgrenzung einzelner Zellen voneinander nicht mehr möglich macht, liegen die vergrößerten, ovalen Tumorzellkerne, die in der Mehrzahl deutliche Makronukleoli zeigen (Obj. Öl 100×, Ok. 10×).

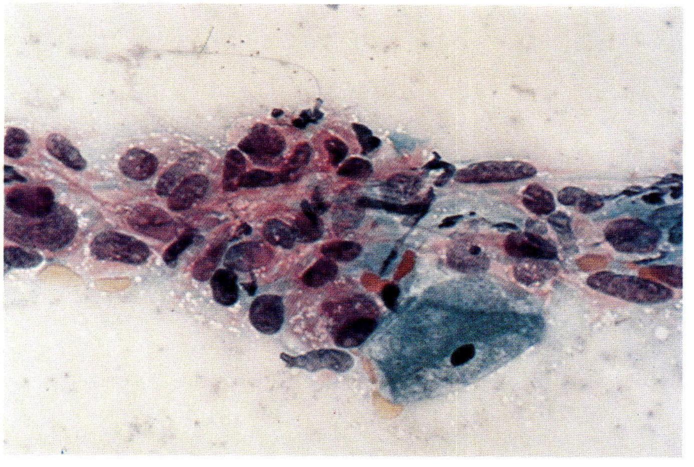

Abb. 9.**123** Leiomyosarkom. Abstrich einer Vaginalmetastase. Die überwiegend langgestreckten Zellkerne sind hyperchromatisch. Das sie umgebende Plasma ist unscharf begrenzt. Zum Vergleich eine große Intermediärzelle mit präpyknotischem Kern (Obj. 40×, Ok. 10×). (Fall von Dr. W. Herting, Essen.)

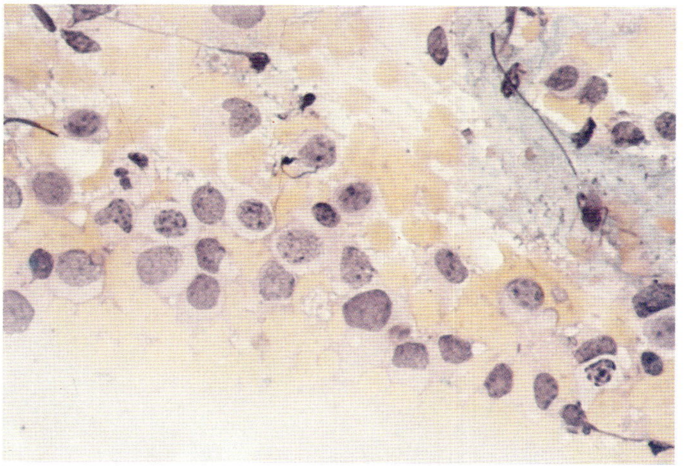

Abb. 9.**124** Zellen eines malignen Non-Hodgkin-Lymphoms im Zervixabstrich bei einer 48jähr. Patientin mit dem klinischen Bild eines Zervixkarzinoms. Vergrößerte, z. T. entrundete, freiliegende Zellkerne. Deutliche Anisonukleose. Die Kerne zeigen teils eine auffallende Granulierung des Chromatins und deutliche Nukleoli. Charakteristisch im Vergleich zum nicht verhornenden Plattenepithelkarzinom ist besonders die isolierte Lagerung der Tumorzellen! Im Hintergrund zerfallenes Blut (Obj. 40×, Ok. 10×).

Beim *Fibromyxosarkom* (9) wurden ungewöhnlich bizarre Zellveränderungen im Vaginalabstrich beschrieben. Eine Reihe von Einzelbeobachtungen über *Lymphosarkome, Retikulosarkome* und *Hodgkin-Befunde an der Cervix uteri,* bei denen auch zytologisch positive Befunde erhoben wurden, sind in den letzten 15 Jahren veröffentlicht worden (Lit. bei Whitaker [95]). Der Befund eines malignen Non-Hodgkin-Lymphoms aus unserem eigenen Material wird in Abb. 9.**124** gezeigt.

Zytologie maligner Geschwülste in der Vagina

Die Vaginalkarzinome machen etwa 1–2% der Genitalkarzinome aus (55, 76). 80% der Vaginalkarzinome sind sekundär, nur 20% primär in der Vagina entstanden.

Bei den vom *Plattenepithel ausgehenden Veränderungen* kann es sich sowohl um *invasive Karzinome* als auch um *Carcinomata in situ* handeln. Diese sind besonders häufig im Scheidenstumpf von Frauen zu finden, die vorher wegen eines Carcinoma in situ der Zervix behandelt wurden (52). Sie können multizentrisch entstehen.

Das *Zellbild des Plattenepithelkarzinoms und des Carcinoma in situ* der Vagina unterscheidet sich von den entsprechenden Veränderungen der Cervix uteri insofern, als mehr differenzierte pathologische Zellformen auftreten. Besonders deutlich zeigt sich dies beim *Carcinoma in situ*. Es werden *vorwiegend polymorphe Zellen mit eosinophilem Plasma und scharfen Zellgrenzen* abgeschilfert, die relativ groß sind. Bei *unterschiedlicher Verschiebung der Kern-Plasma-Relation* variieren die *Zellkerne* in der Form und sind *häufig völlig pyknotisch*. Es sind also Zellen, wie sie vorwiegend bei differenzierten Formen der schweren Dysplasie und des Carcinoma in situ an der Cervix uteri auftreten.

Beim *invasiven Plattenepithelkarzinom* der Vagina (Abb. 9.**125**) finden sich auffallend oft Zellbilder, in denen *undifferenzierte atypische Zellen neben differenzierten dysplastischen Zellen* in größerer Zahl vorkommen. Andere Zellbilder von invasiven Plattenepithelkarzinomen der Vagina gleichen denen von der Cervix uteri.

Das Zellmaterial wird am besten mit einem Holzspatel direkt von der verdächtigen Stelle an der Vaginalwand entnommen. Die diagnostische Treffsicherheit für die zytologische Entdeckung des Vaginalkarzinoms und seiner Vorstadien entspricht der bei Plattenepithelkarzinomen der Cervix uteri.

Selten kommen *hellzellige Adenokarzinome der Vagina* vor (23). Sie wurden aber gehäuft bei jungen Mädchen und Frauen im 2. und 3. Lebensjahrzehnt beobachtet, deren Mütter während der Schwangerschaft mit hohen Dosen *Diäthylstilböstrol* (DES) behandelt worden waren (40, 87, 91). Die Entwicklung geht dabei meist von subepithelialen Drüsenepithelherden einer sog. vaginalen Adenose aus, die bei solchen Frauen sehr oft gefunden wird (8, 39).

Das *vaginale Zellbild beim hellzelligen Karzinom stimmt mit dem eines Adenokarzinoms* (Abb. 9.**126**–9.**128**) *überein* (74, 84, 91). Die *Zellen* werden gewöhnlich *in Haufen oder kleinen Verbänden* abgestoßen. In mehr als der Hälfte der Abstriche werden aber *auch einzeln liegende Zellen* gefunden. Die Zellen sind *größer als normale endozervikale Zellen*. Sie variieren in Größe und Form. *Nackte Kerne* finden sich in einem Drittel der Abstriche. Die *Kerne* sind mäßig *hyperchromatisch,* zeigen ein *unregelmäßig verteiltes, aber fein granuliertes Chromatinmuster* und *große Nukleoli*. Diese bilden, wenn sie vorhanden sind, einen guten diagnostischen Hinweis. In schlecht erhaltenen Zellen sind sie oft nicht erkennbar. In drei Vierteln der Fälle (49 von 65) konnten Tumorzellen im Abstrich nachgewiesen werden (84).

Die zytologische Diagnose des hellzelligen Adenokarzinoms aus Vaginalabstrichen ist schwierig, wenn die Tumorzellen gutartigen Zylinderepithelzellen der Endozervix ähneln. Manchmal besteht Ähnlichkeit mit Carcinoma-in-situ-Zellen.

Durch systematische *Entnahme von Zellabstrichen aus* dem Scheidengewölbe rings um die Cervix uteri (8) *bei DES-exponierten jungen Frauen* wurden neben Plattenepithelzellen in 10% der Fälle Zylinderepithelzellen, in 40% metaplastische Zellen, in 20% kernlose Schollen, Parakeratosen und selten auch dysplastische Zellen gefunden, während sich in einem Vergleichskollektiv bei gleicher Entnahmetechnik nur einmal metaplastische Zellen zeigten. In einer anderen Untersuchungsreihe (39) wiesen 45% der Abstriche Zylinder- oder metaplastische Zellen auf. Die Zylinderepithelzellen ähnelten großen endozervikalen Zellen. Auch die metaplastischen

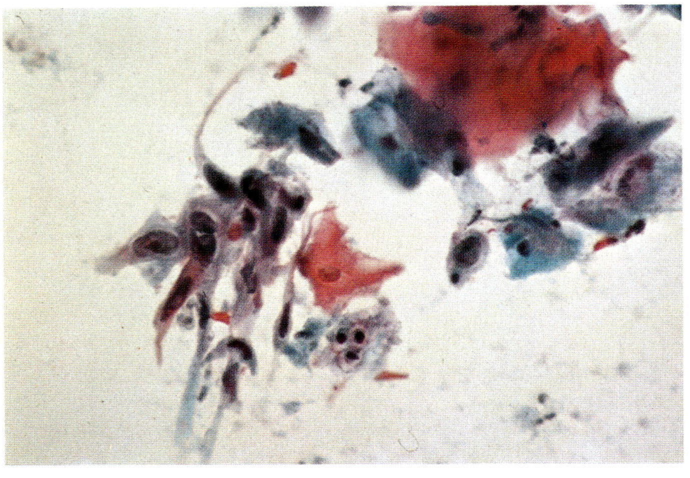

Abb. 9.**125** Zellbild bei hochdifferenziertem Plattenepithelkarzinom der Vagina. Auffallend polymorphe atypische Zellen des Plattenepithels, spindelförmig mit langen Plasmaausläufern. Die Kerne sind hyperchromatisch, überwiegend langgestreckt, mit unregelmäßiger Chromatinstruktur (Obj. 40 ×, Ok. 10 ×).

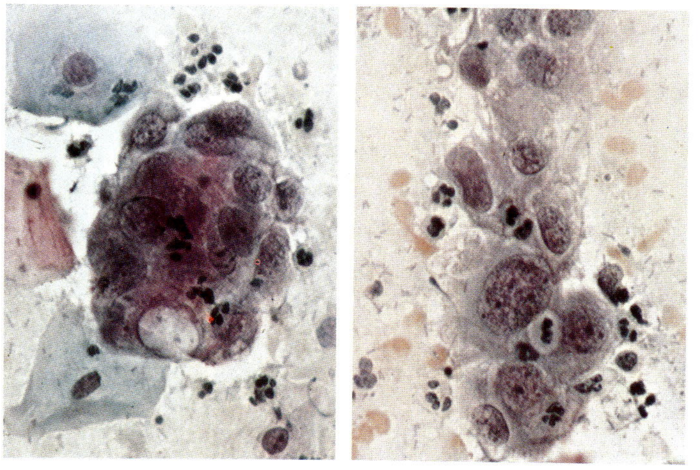

a b

Abb. 9.**126a** u. **b** Zellbild bei primärem Adenokarzinom der Vagina (nach Stilböstrolbehandlung der Mutter in der Schwangerschaft).

a Dreidimensionaler unregelmäßiger Verband atypischer Drüsenzellen mit vergrößerten Kernen, leichter Vergröberung der Chromatinstruktur und vergrößerten Nukleoli. Eine große Plasmavakuole. In der Umgebung Superfizial- und Intermediärzellen. Tumordiathese.

b (Gleiches Präparat.) Mehr aufgelockerter Tumorzellverband. Deutliche Anisonukleose der rund-ovalen Kerne mit vergrößerten Nukleoli. Zellplasma unregelmäßig, Grenzen verwaschen. Tumordiathese (beides Obj. 40 ×, Ok. 10 ×).

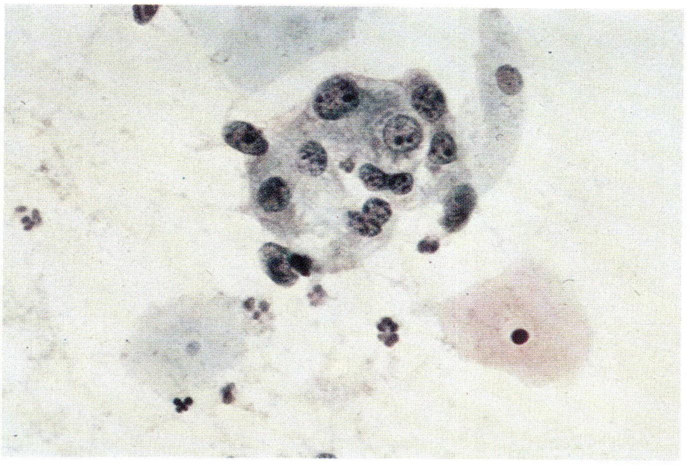

Abb. 9.**127** Zellbild bei hellzelligem Adenokarzinom der Vagina. Im sauberen Präparat ein aufgelockerter Drüsenzellverband, der bereits bei schwacher Vergrößerung auffällt (Obj. 40 ×, Ok. 10 ×).
(Fall von Frau Dr. R. Heyn, München.)

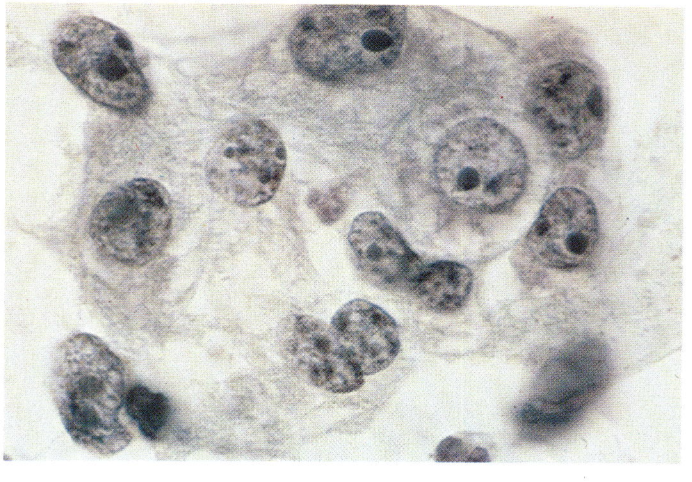

Abb. 9.**128** Ausschnitt aus Abb. 9.**127** in starker Vergrößerung. Bei nur leichter Vergröberung der Struktur in den relativ hellen Kernen treten besonders die Makronukleoli hervor. Deutliche Anisonukleose. Das reichliche Zellplasma ist zart (Obj. Öl 100 ×, Ok. 10 ×).

Zellen waren nicht von denen der Cervix uteri zu unterscheiden. Diese Ergebnisse zeigen, daß neben der Kolposkopie auch die Zytologie zur Früherkennung vaginaler Adenosen bei Frauen einzusetzen ist, die eine DES-Exposition durchgemacht haben.

Die Zellen *maligner Melanome* (25, 38, 53) sind unterschiedlich in der Größe. Ihre Form ist rund, oval oder irregulär. Sie liegen einzeln, weniger in Gruppen. Der *Mangel an zellulärer Kohäsion* fällt auf. Die *Kerne* sind *relativ groß*, oft exzentrisch

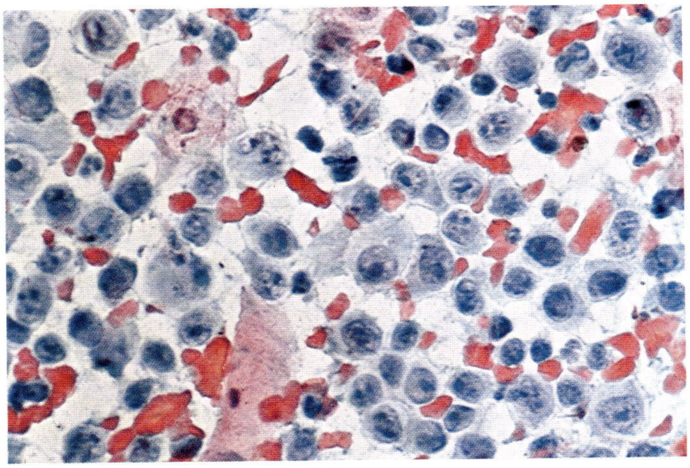

Abb. 9.**129** Zellbild bei malignem Melanom der Vagina. Ausschließlich maligne Zellen. Sie sind überwiegend rundlich, alle isoliert und zeigen ein zyanophiles Plasma. Die Kern-Plasma-Relation ist in den meisten Zellen extrem zugunsten des Kerns verschoben. Kernstruktur teilweise vergröbert. Zahlreiche Kerne mit großen Nukleoli. Melanineinlagerungen im Plasma sind nirgends erkennbar. Im Präparathintergrund Erythrozyten (Obj. 40 ×, Ok. 10 ×).

gelagert. Das *Kernchromatin* ist *im allgemeinen grob* (Abb. 9.**129**). Die Kerne enthalten *gewöhnlich ein oder zwei Nukleoli* (88). Selten sieht man große intranukleäre Vakuolen. Das Zellplasma erscheint relativ hell. *Bräunliche Melaningranula* sind in den Zellen *nur selten* nachweisbar.

Zytologie des Vulvakarzinoms

Die malignen Tumoren an der Vulva bilden 3,5% der bösartigen Geschwülste des weiblichen Genitales. Hierbei sind 68% Plattenepithelkarzinome, 14% intraepitheliale Karzinome vom Typ Bowen, 8% maligne Melanome, 6% extramamäre Paget-Erkrankungen (65). Eine multizentrische Entstehung ist möglich.

Obwohl es sich bei der Zytodiagnostik der Vulva ebenfalls um Veränderungen des Plattenepithels handelt, ist die Zellmorphologie, bei Gesunden wie auch bei Kranken, anders zu beurteilen als an der Cervix uteri. Dies ist darauf zurückzuführen, daß das Plattenepithel der Vulva an der Oberfläche weitgehend verhornt ist im Gegensatz zur Cervix uteri. Hinweise zur Herstellung von Vulvaabstrichen finden sich in Kap. 3, S. 13.

Hinsichtlich der Genese des Vulvakarzinoms gilt dasselbe wie für das Plattenepithelkarzinom der Cervix uteri. Sowohl bei präneoplastischen Veränderungen als auch bei Karzinomen der Vulva wurden HP-Viren vorwiegend der Typen 6, 11, 16, 18 und 31 gefunden (34, 45).

Für die **Beschreibung der Zellbilder** wurde empfohlen (60, 64), *in Vulvaabstrichen* zwischen Orthokeratosezellen, Parakeratosezellen, Dyskeratosezellen und Tumorzellen zu unterscheiden.

Unter *Orthokeratosezellen* (Hyperkeratosezellen der Zervixzytologie) versteht man Hornzellen, d. h. keratinisierte Zellen, die sich normalerweise orangeophil oder gelblich anfärben. Sie haben ihre Kerne verloren, oder man erkennt nur noch einen schemenhaften Schatten davon.

Von *Parakeratosezellen* spricht man, wenn bei dem Prozeß der Keratinisierung der Kern erhalten bleibt. Er ist immer pyknotisch und ohne erkennbare Chromatinstruktur. Im Gegensatz zu den normalen Zellen des Vaginalepithels zeigen die Zellen vom Vulvaepithel kein transparentes, sondern ein optisch dichtes Plasma. Die Zellformen sind scharfkantig. Gelegentlich zeigt das Plasma eine unterschiedliche Dichte bzw. eine Einlagerung von keratohyalinen Granula. Untereinander zeigen Parakeratosezellen meist keine stärkeren Größen- und Formunterschiede.

Kennzeichen der *Dyskeratosezellen* ist die stärkere Größen- und Formvariabilität des Zellkernes und insbesondere auch des Zellplasmas im Vergleich zu den Parakeratosezellen. Die hyperchromatischen Kerne erscheinen vergrößert, jedoch ist die Verschiebung der Kern-Plasma-Relation meist nicht so stark ausgeprägt wie bei intraepithelialen Neoplasien der Cervix uteri. Das Zellplasma ist eosinophil bzw. orangeophil angefärbt, nicht transparent; die Zellgrenzen sind scharf. Dyskeratosezellen in Vulvaabstrichen sollten stets als eine deutliche Abweichung von der Norm verstanden werden.

Das morphologische Bild der *Tumorzellen* entspricht häufig dem Bild des verhornenden Plattenepithelkarzinoms mit eosinophilen, teils stark polymorphen Zellen und vergrößerten, pyknotischen Kernen. Die Verschiebung der Kern-Plasma-Relation hält sich dabei gewöhnlich in Grenzen.

Daneben kann man, aus den tiefen Schichten stammend, anaplastische Zellen wie bei nicht verhornenden Plattenepithelkarzinomen beobachten. Die Kerne zeigen, soweit ihre Struktur erhalten ist, die von der Zervixzytologie her bekannten Malignitätskriterien wie Hyperchromasie, Vergröberung und Unregelmäßigkeiten der Chromatinstruktur, Chromozentren und vereinzelt auch vergrößerte Nukleoli. Das Zellplasma färbt sich zyanophil oder amphophil an. Es ist weniger stabil als das der eosinophilen, verhornten Tumorzellen. Nackte Tumorzellkerne können, wenn sie degenerativ verändert und gedunsen sind, schwierig einzuordnen sein.

Außer den genannten, für die Vulva typischen ortsständigen Zellformen finden sich in Vulvaabstrichen *verschleppte Zellen aus dem Vaginalraum* in unterschiedlicher Zahl sowohl unter physiologischen als auch unter pathologischen Bedingungen. Diese Vaginalepithelzellen sind für die Vulvadiagnostik nicht repräsentativ. Natürlich hängt die Beimischung von ortsfremden Zellen auch von dem Ort der Entnahme ab. Abstriche vom Introitusbereich enthalten mehr Vaginalzellen als Abstriche vom äußeren Bereich der Vulva, wo das Epithel verhornt ist. Bei Frauen nach der Menopause mit atrophischem Vaginalepithel ist der Anteil der Zellen aus der Vagina gering.

Zytologie bei gesunder Vulva: In Abstrichen von der gesunden Vulva (Abb. 9.**130**–9.**133**) kommen Orthokeratosezellen, Parakeratosezellen und Vaginalepithelien vor. Der „Parakeratose-Index" gibt den prozentualen Anteil der kernhaltigen Hornzellen unter der Gesamtzahl der Hornzellen an. Er unterliegt östrogenabhängigen Schwankungen (59). Bei der geschlechtsreifen Frau zeigen sich während des monatlichen Zyklus periodische Schwankungen mit Werten von 17–21% um die Zyklusmitte sowie von 7% am Zyklusanfang und -ende. Nach der Menopause beträgt der Parakeratose-Index nur ca. 3%, doch steigt er nach Gabe von Östrogenen deutlich an. Die Zufuhr von Gestagenen und Androgenen bewirkt keine Veränderungen der niedrigen Postmenopausewerte.

Normale ortsständige Zellen von der Vulva werden auch im hohen Lebensalter der Frauen nicht atrophisch (Abb. 9.**134**). Zeigen sich in einem Abstrich von der Vulva auffallend kleine Zellen mit verschobener Kern-Plasma-Relation, so spricht dies – wenn sie nicht aus der Vagina stammen – immer für einen pathologischen Prozeß, am häufigsten für eine intraepitheliale Atypie im Bereich der Vulva.

Zytologie bei gutartigen Erkrankungen der Vulva: Das Zellbild bei entzündlichen und dystrophischen Veränderungen unterscheidet sich vom normalen Zellbild der Vulva vor allem durch quantitative Verschiebungen. Der Parakeratose-Index liegt meist über 40% (59). Dies ist besonders bei Frauen nach der Menopause auffallend, die ja physiologischerweise in dieser Lebensphase einen niedrigen Parake-

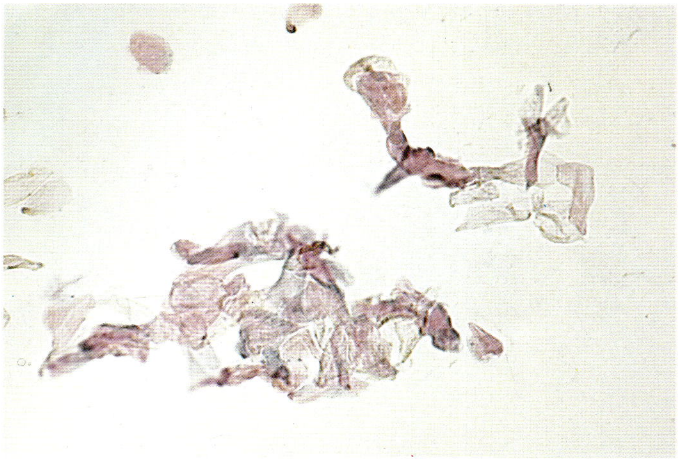

Abb. 9.**130** Zellbild bei normaler Vulva einer 65jähr. Frau. Orthokeratosezellen, fast ausschließlich eosinophil, teils etwas blaß angefärbt, einzeln und in Gruppen liegend (Obj. 40 ×, Ok. 10 ×).

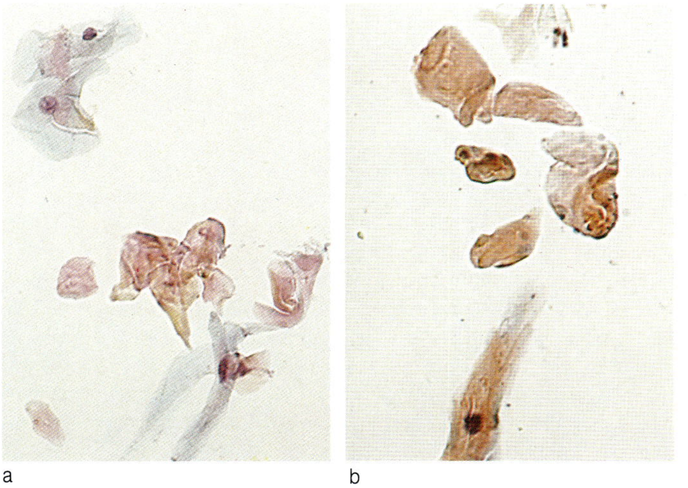

a b

Abb. 9.**131 a** u. **b** Zellbild bei normaler Vulva einer 56jähr. Frau.

a Unterschiedlich große eosinophile Orthokeratosezellen. Links zwei zyanophile Intermediärzellen mit bläschenförmigem Kern aus dem Bereich der Vagina.

b Unterschiedlich große eosinophile Orthokeratosezellen, links eine langgestreckte Parakeratosezelle (beides Obj. 25 ×, Ok. 10 ×).

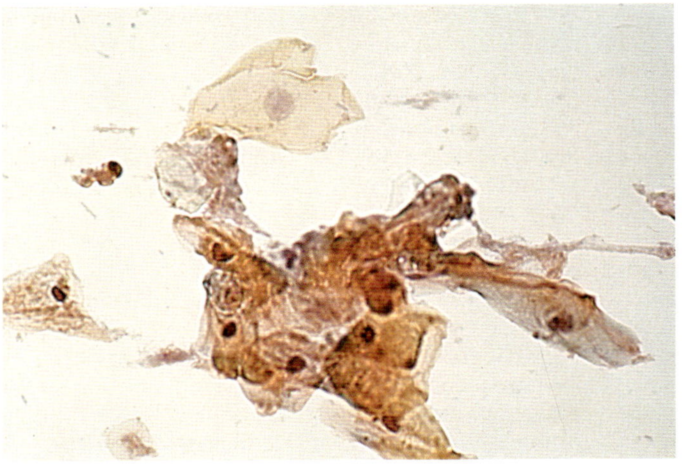

Abb. 9.**132** Zellbild bei Dystrophie der Vulva einer 58jähr. Frau. Eosinophil gefärbte Parakeratosezellen mit dunklen, aber nicht vergrößerten Kernen. Einige Orthokeratosezellen. Unten eine blaß eosinophil angefärbte Zelle mit bläschenförmigem Kern, wahrscheinlich aus der Vagina stammend (Obj. 40 ×, Ok. 10 ×).

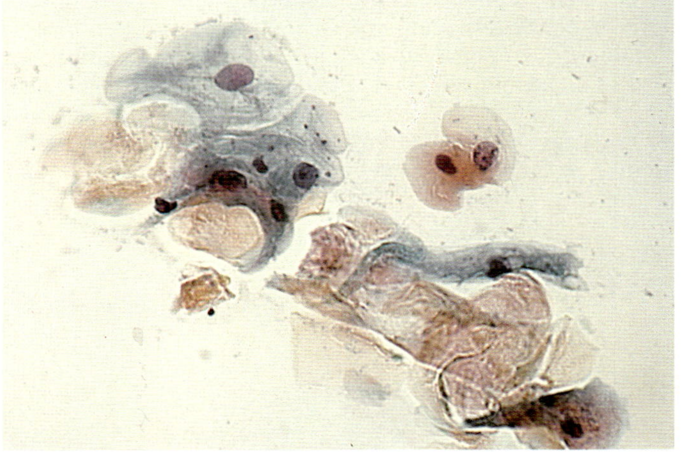

Abb. 9.**133** Zellbild bei Lichen sclerosus der Vulva einer 51jähr. Frau. Neben teils blaß eosinophil gefärbten Orthokeratosezellen einzelne Parakeratosezellen und zyanophile kernhaltige Zellen, teils mit pyknotischem Kern (Obj. 40 ×, Ok. 10 ×).

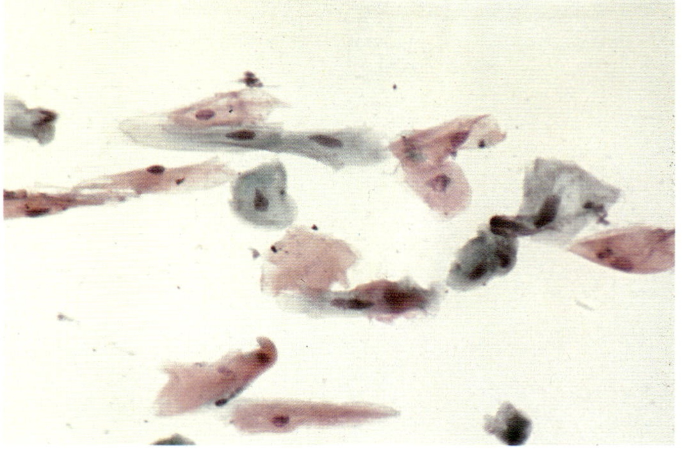

Abb. 9.**134** Zellbild bei normaler Vulva einer 82jähr. Frau. Überwiegend Parakeratosezellen, eosinophil und zyanophil. In der Mitte eine Orthokeratosezelle. Trotz des hohen Alters der Frau zeigt sich keine Atrophie am Vulvaepithel (Obj. 25 ×, Ok. 10 ×).

ratose-Index haben. Außerdem zeigt sich bei entzündlichen Vulvaerkrankungen (Abb. 9.**135** u. 9.**136**) oft eine Schwellung der parakeratotischen Zellkerne. Zur differentialdiagnostischen Abgrenzung wurde bei erhöhtem Parakeratose-Index die lokale Gabe von Androgenen (34) empfohlen, da diese die orthokeratotische Ausreifung der Zellen fördern sollen.

Interessanterweise zeigen Abstriche bei papillomatös wachsenden Condylomata acuminata (Abb. 9.**137**) der Vulva nur selten typische Koilozyten, sondern es finden sich meist dyskeratotische Zellen in größerer Zahl.

Abb. 9.**135** Zellbild bei Soor-Vulvitis. Die Pilzfäden sind deutlich erkennbar. Einzeln und in dichten Haufen liegende Plattenepithelzellen mit vergrößerten, teils entrundeten und hyperchromatischen Kernen als Ausdruck der entzündlichen Reaktion. Im Hintergrund blasse Orthokeratosezellen (Obj. 40 ×, Ok. 10 ×).

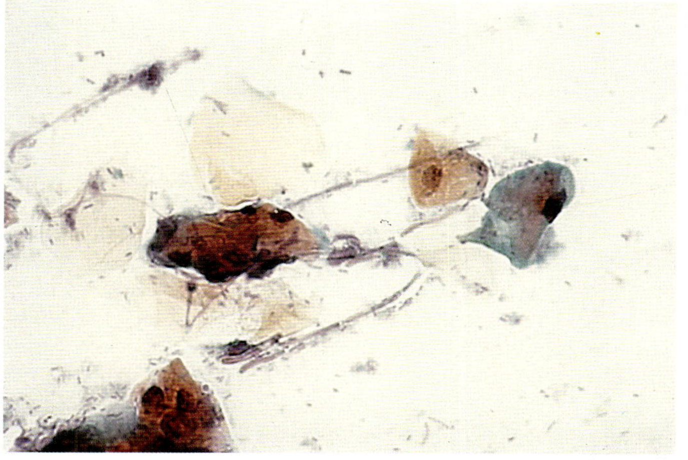

Abb. 9.**136** Zellbild bei Soor-Vulvitis (gleiches Präparat wie in Abb. 9.**135**). Übereinandergelagerte, teils eosinophile, teils zyanophile Zellen des Plattenepithels mit vergrößerten, entrundeten und teils hyperchromatischen Kernen. Neben einigen Pilzfäden sind auch Pilzsporen deutlich erkennbar (Obj. 40 ×, Ok. 10 ×).

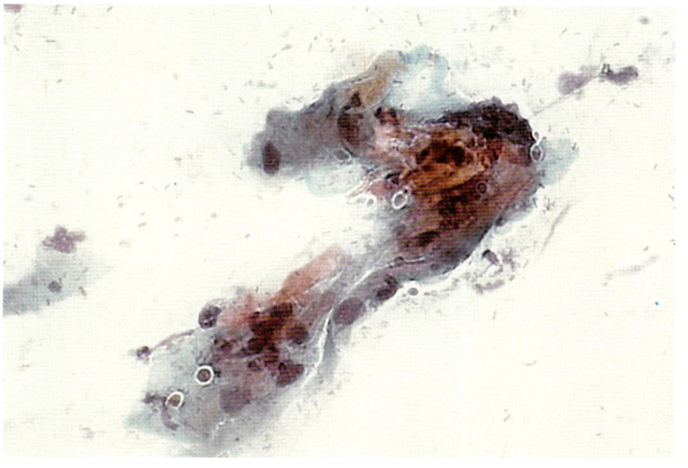

Abb. 9.**137** Zellbild bei papillomatös wachsenden Condylomata acuminata der Vulva. Zahlreiche eosinophile Dyskeratozyten mit recht dichtem Plasma. Kerne vergrößert, teils leicht entrundet, mit unregelmäßig verteiltem Chromatin, betonten Kernrändern, kleinen Chromozentren und vereinzelt Nukleoli. Zahlreiche Leukozyten. (Obj. 25 ×, Ok. 10 ×).

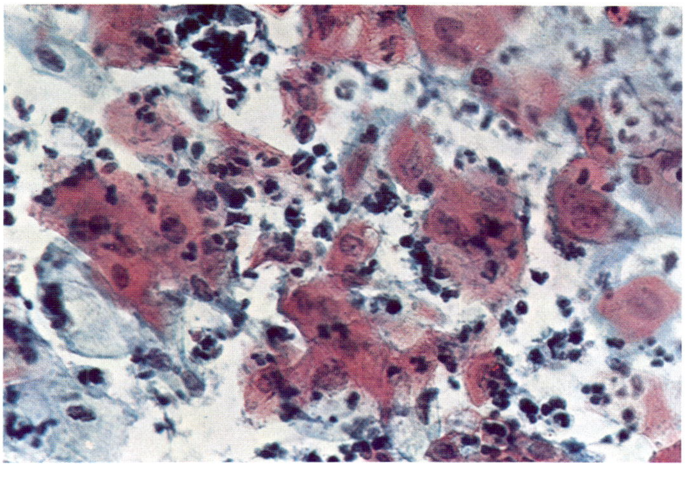

Zytologie bei intraepithelialen Neoplasien der Vulva: In Abstrichen von intraepithelialen Neoplasien der Vulva (Abb. 9.**138**–9.**145**) sind dyskeratotische Zellen in mehr oder weniger großer Zahl vorhanden. Häufig besteht eine Korrelation zwischen der Menge der dyskeratotischen Zellen und dem Schweregrad der intraepithelialen Neoplasie. Daneben dominieren jedoch meist Parakeratosezellen und gelegentlich auch Orthokeratosezellen. Soweit orthokeratotische Zellen auftreten, weisen sie eine ausgeprägte zytoplasmatische Polymorphie (59) auf.

Die Abgrenzung der Dyskeratosezellen von reaktiv-entzündlichen Parakeratosezellen kann äußerst schwierig oder unmöglich sein. Ein sauberer Präparathintergrund spricht eher für das Vorliegen einer Präneoplasie, während der Nachweis von Leukozyten, Detritus, Kokken oder Pilzflora eher für eine entzündliche Läsion spricht. Mitunter führt die antiinfektiöse Behandlung zur Klärung. Bei wiederholtem Nachweis von Dyskeratosenzellen ist eine histologische Klärung zu empfehlen (59). Die verstärkte zytoplasmatische Polymorphie, die nicht nur an Zellen mit abnormen Kernen, sondern auch an den kernlosen Hornzellen auftritt, ist ebenfalls als Zeichen der Atypie zu werten. Dieses Kriterium kann gelegentlich nur an einigen wenigen Zellen zu erkennen sein und ist bei der schweren Dysplasie bzw. beim Carcinoma in situ der Vulva meist deutlicher ausgeprägt als bei geringeren Atypiegraden. Infolge von entzündlichen Prozessen an der Oberfläche der Vulva können sich auch bei Carcinomata in situ ausgeprägte degenerative Veränderungen im Zellbild zeigen (Abb. 9.**143** u. 9.**144**), wie sie sonst nur bei invasiven Karzinomen zu finden sind.

Die für das Carcinoma in situ der Cervix uteri so typischen „basalen Dyskaryosen“ werden beim Carcinoma in situ der Vulva in der Regel vermißt (!), möglicherweise weil das stabile Keratingerüst an der Oberfläche des Vulvaepithels die Exfoliation unreifer Zellen aus den tiefen Schichten verhindert.

Der Morbus Paget der Vulva ist zytologisch selten zu diagnostizieren (49, 59), da die voluminösen Paget-Zellen nur ausnahmsweise die Epitheloberfläche erreichen. Wenn sie im Abstrich erscheinen, zeigen sie einen zyanophilen Plasmaleib und einen vergrößerten Kern.

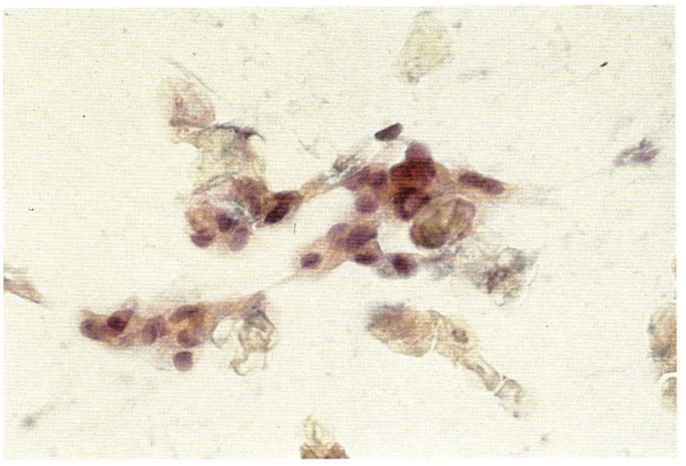

Abb. 9.**138** Zellbild bei mittelschwerer Dysplasie der Vulva. Mehrere Gruppen relativ kleiner dysplastischer Zellen mit vergrößerten, unterschiedlich hyperchromatischen Kernen und auffallender Verschiebung der Kernplasmarelation, umgeben von Orthokeratosezellen (Obj. 40 ×, Ok. 10 ×).

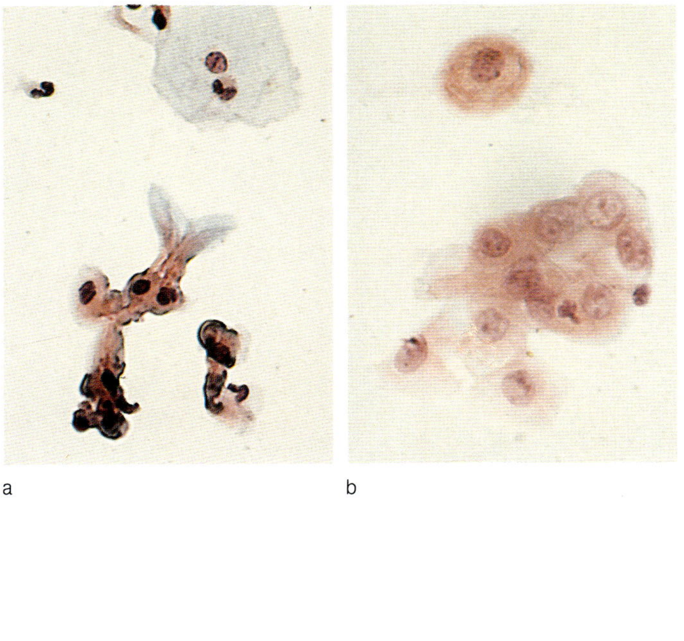

a b

Abb. 9.**139a** u. **b** Zellbild bei Dysplasie der Vulva.

a Kleine bis mittelgroße, teils polymorphe Dyskeratosezellen mit vergrößerten pyknotischen Kernen. Zum Vergleich eine große Intermediärzelle vom Vaginalepithel.

b Parakeratosezellen mit vergrößerten, bläschenförmigen Kernen und feinen Chromozentren (beides Obj. 40 ×, Ok. 10 ×).

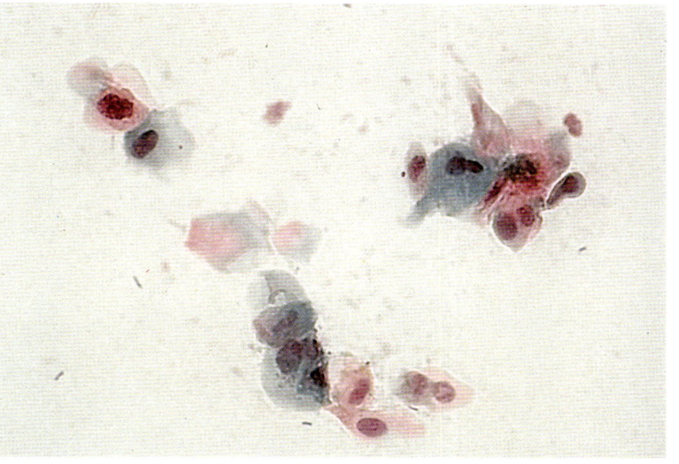

Abb. 9.**140** Zellbild bei Carcinoma in situ der Vulva. Neben Orthokeratosezellen in Gruppen gelagerte Carcinoma-in-situ-Zellen, teils eosinophil, teils zyanophil angefärbt mit deutlich vergrößerten, unterschiedlich hyperchromatischen, teils irregulären Kernen (Obj. 40 ×, Ok. 10 ×).

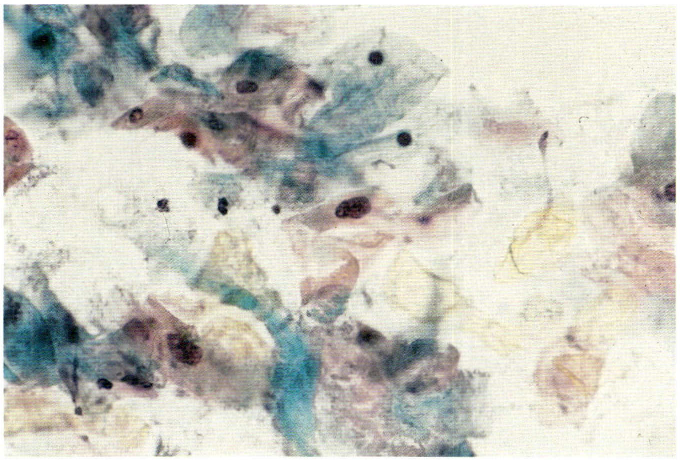

Abb. 9.**141** Zellbild bei Carcinoma in situ der Vulva. Für einen Vulvaabstrich ein relativ zellreiches Präparat. Einzelne Carcinoma-in-situ-Zellen, auffallend durch die vergrößerten hyperchromatischen Kerne. Daneben zahlreiche eosinophil bzw. goldgelb gefärbte Orthokeratosezellen sowie einzelne Vaginalepithelzellen (Obj. 40 ×, Ok. 10 ×).

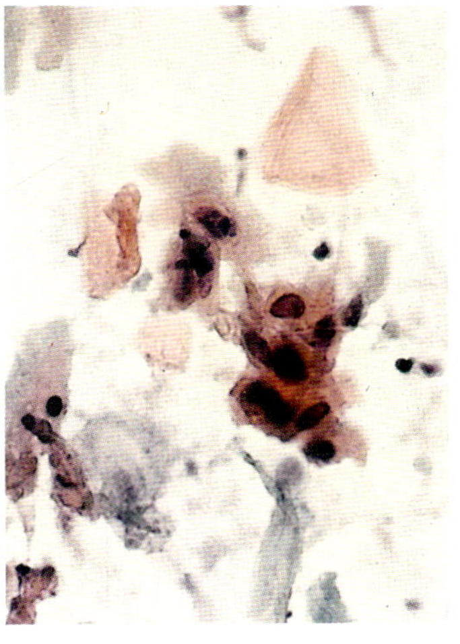

a

b

Abb. 9.**142 a** u. **b** Zellbild bei Carcinoma in situ der Vulva (gleiches Präparat wie in Abb. 9.**141**).

a Eine Gruppe eosinophiler Carcinoma-in-situ-Zellen mit vergrößerten, stark hyperchromatischen Kernen, daneben Orthokeratosezellen.

b Eine Gruppe von Ortho- und Parakeratosezellen. In der Mitte eine Carcinoma-in-situ-Zelle mit auffallend großem hyperchromatischen Kern (beides Obj. 40 ×, Ok. 10 ×).

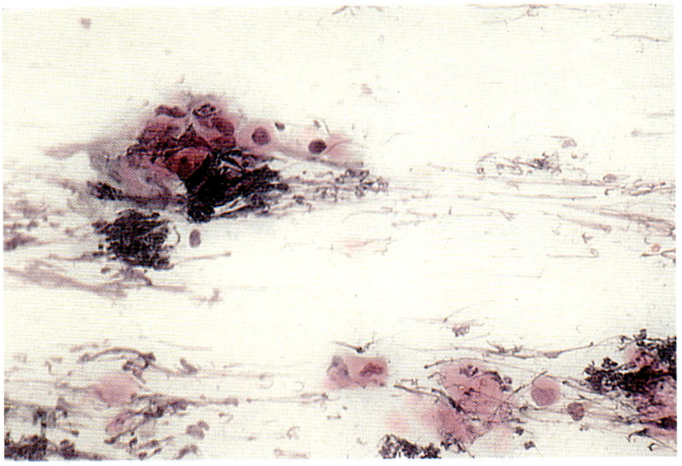

Abb. 9.**143** Zellbild bei Carcinoma in situ der Vulva mit stark degenerativen Veränderungen. Infolge der begleitenden Entzündung stark degenerativ verändertes Zellmaterial. Auch das eosinophile Plasma der Carcinoma-in-situ-Zellen ist teilweise aufgelöst (Obj. 25 ×, Ok. 10 ×).

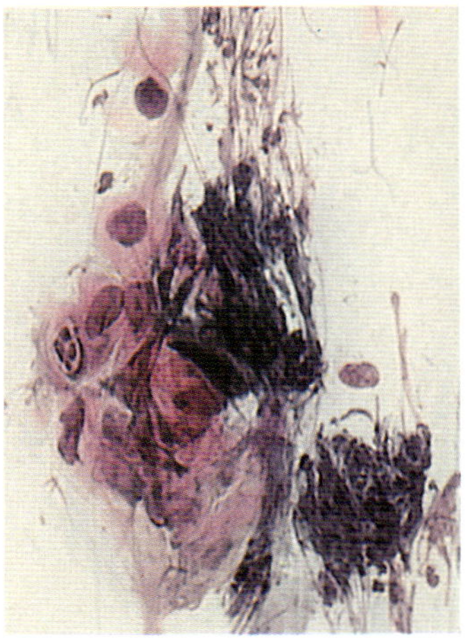

a

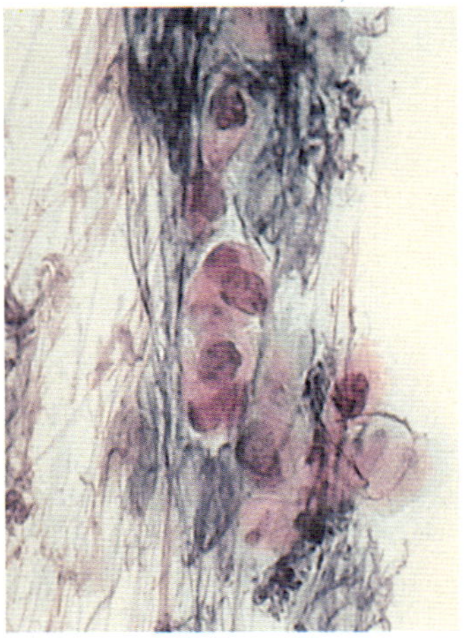

b

Abb. 9.**144 a** u. **b** Zellbild bei Carcinoma in situ der Vulva mit stark degenerativen Veränderungen (gleiches Präparat wie in Abb. 9.**143**). Eosinophil gefärbte Carcinoma-in-situ-Zellen mit vergrößerten, hyperchromatischen Kernen und teils aufgelöstem Zellplasma, umgeben von auch sonst stark degenerativ verändertem Zellmaterial (beides Obj. 40 ×, Ok. 10 ×).

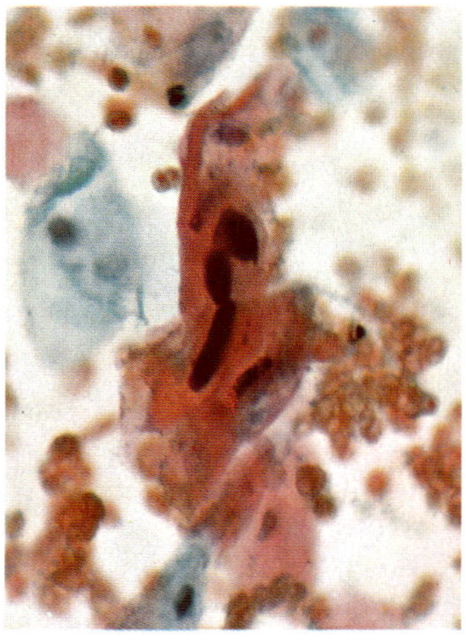

a

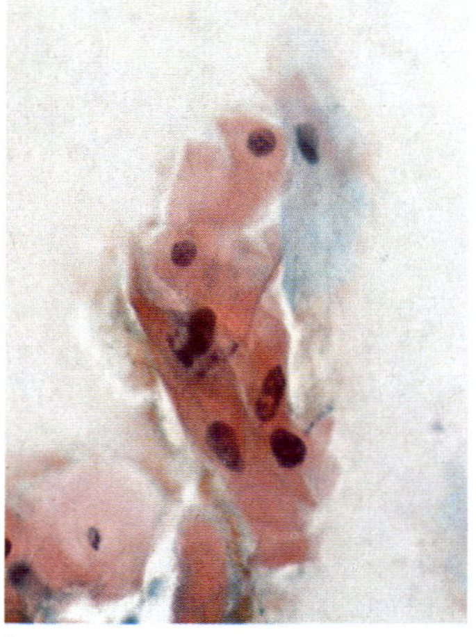

b

Abb. 9.**145 a** u. **b** Zellbild bei Carcinoma in situ der Vulva (Morbus Bowen).

a Blutreiches Präparat nach Spatelabstrich. Überwiegend eosinophile Zellen des Plattenepithels mit intensiv angefärbtem Plasma, das sich teils überlagert, teils ineinanderfließt. Auffallend sind die langgestreckten, vergrößerten und stark hyperchromatischen Kerne.

b Ähnlicher Bildausschnitt mit nur leicht vergrößerten, aber ebenfalls stark hyperchromatischen Kernen (beides Obj. 40 ×, Ok. 10 ×).

Zytologie bei malignen Vulvaerkrankungen: Für das verhornende Plattenepithelkarzinom der Vulva (Abb. 9.**146**–9.**148**) sind eosinophile bzw. goldgelbe polymorphe, häufig extrem lang gestreckte Zellen mit vergrößerten pyknotischen Kernen charakteristisch. Infolge von Kerndegenerationen sind Vergröberung der Chromatinstruktur und Nukleoli nur gelegentlich zu erkennen. Die verhornenden Zellen bei Vulvakarzinomen erscheinen meist deutlich größer als bei anderen Vulvaerkrankungen. Bei hochdifferenzierten Karzinomen können ausschließlich Orthokeratose-, Parakeratose- und Dyskeratosezellen das Abstrichbild beherrschen. Das hervorstechendste Merkmal ist dann die stark erhöhte Zellpolymorphie, die extreme Ausmaße erreichen kann.

Erst wenn unreife Tumoranteile die oberflächliche Hornschicht durchbrochen haben, sind anaplastische Tumorzellen in Vulvaabstrichen zu finden (Abb. 9.**149** u. 9.**150**). Nur bei jedem zweiten Vulvakarzinom lassen sie sich im Zellabstrich nachweisen. Ihre Zahl kann sehr schwanken. Oft sind es nur ganz wenige, die man bei sorgfältiger Suche findet. Abstriche, bei denen dieser Zelltyp vorherrscht, sind relativ selten. Polymorphe Zellen mit relativ starker Verschiebung der Kern-Plasma-Relation findet man auch beim Basaliom der Vulva (Abb. 9.**151**).

Bemerkenswert ist, daß die Abstriche von bestrahlten Hautbezirken keine typischen aktinischen Zellveränderungen (59) zeigen, wie sie von der Vagina und der Cervix uteri her bekannt sind. Allenfalls ist bei vorausgegangener Strahlentherapie ein erhöhter Parakeratose-Index erkennbar.

Diagnostische Aussagekraft und Differentialzytologie: Die Anzahl der Zellen in Vulvaabstrichen ist vergleichsweise wesentlich geringer als in Zervix- und Vaginalabstrichen. Dabei kann die Beimengung von vaginalen Plattenepithelzellen diagnostische Schwierigkeiten bereiten, besonders wenn diese in großer Zahl auftreten und eosinophil gefärbt sind.

Je mehr kernlose Hornschollen von isomorpher Form und Größe identifiziert werden können, desto weniger pathologische Bedeutung hat der Abstrich (59). Einzelne Parakeratosezellen gehören zu jedem Vulvaabstrich. Ein hoher Parakeratose-Index in der Postmenopause sowie leichte Kernvergrößerungen bei Gleichförmigkeit des Zytoplasmas weisen auf das Vorliegen einer dystrophischen Veränderung hin.

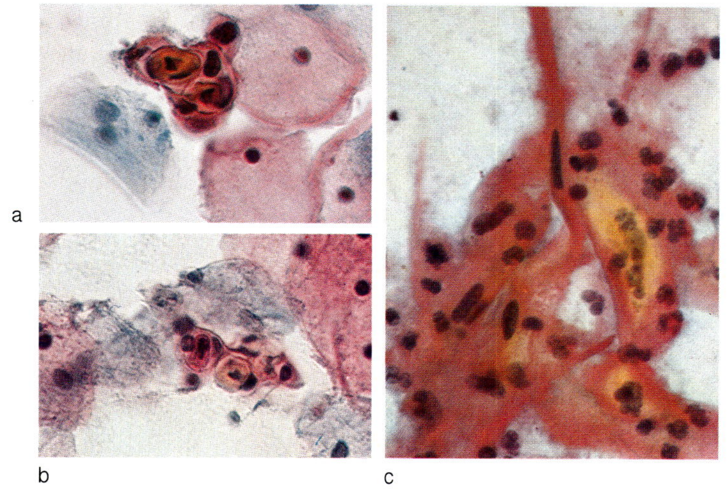

Abb. 9.**146a–c** Zellbilder bei malignen Vulvaerkrankungen.

a u. **b** Zellbilder bei Klitoriskarzinom. Neben normalen Plattenepithelzellen je ein an eine Hornperle erinnernder Verband atypischer Zellen des Plattenepithels mit goldgelber Anfärbung des Plasmas und vergrößerten, unregelmäßig geformten hyperchromatischen Kernen (Obj. 40 ×, Ok. 10 ×).

c Zellbild bei verhornendem Plattenepithelkarzinom der Vulva. Am auffallendsten eine lange Faserzelle mit langgestrecktem hyperchromatischem Zellkern. Daneben weitere atypische Zellen mit eosinophilem Plasma, das teils ineinanderfließt (Obj. 40 ×, Ok. 10 ×).

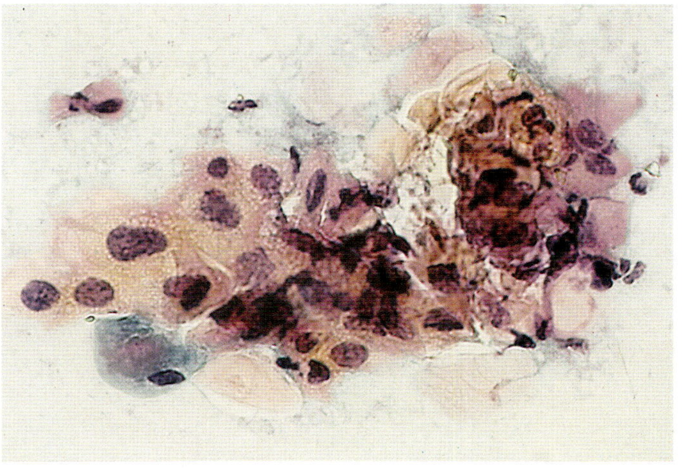

Abb. 9.**147** Zellbild bei verhornendem Plattenepithelkarzinom der Vulva. Eine größere Gruppe von Tumorzellen mit eosinophilem Plasma und vergrößerten, unregelmäßig geformten, unterschiedlich hyperchromatischen Kernen. Die Zellgrenzen sind unscharf. In der Umgebung überwiegend blasse, eosinophile Orthokeratosezellen (Obj. 40 ×, Ok. 10 ×).

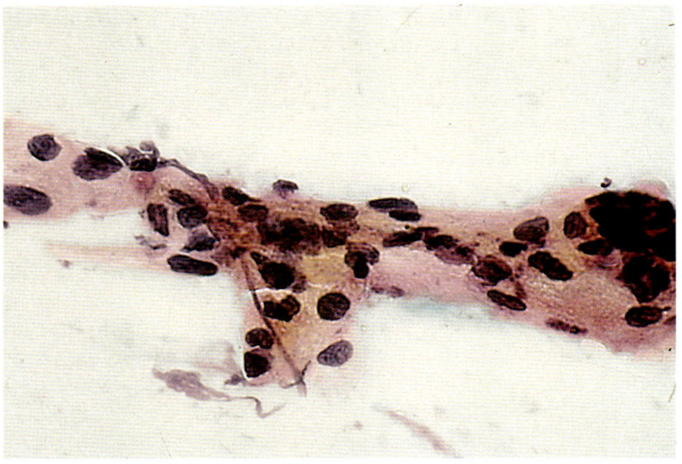

Abb. 9.**148** Zellbilder bei verhornendem Plattenepithelkarzinom der Vulva (gleiches Präparat wie in Abb. 9.**147**). Eine andere Gruppe von Tumorzellen mit vergrößerten, irregulären, teils stark hyperchromatischen Kernen (Obj. 40 ×, Ok. 10 ×).

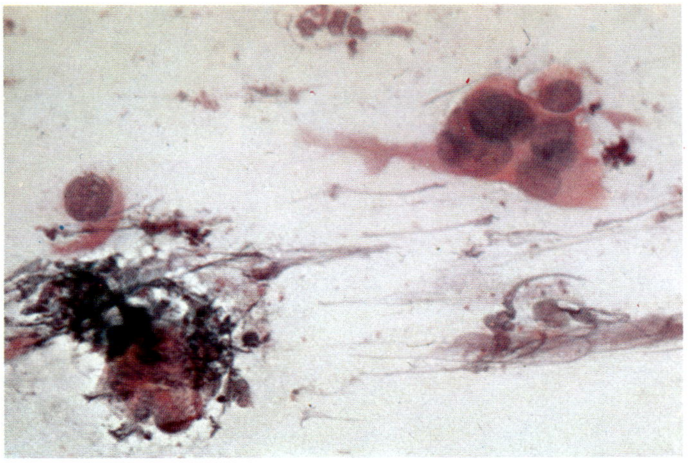

Abb. 9.**149** Zellbild eines mäßig differenzierten Plattenepithelkarzinoms der Vulva. Degeneriertes Zellmaterial, schmutziger Untergrund. In der rechten oberen Bildhälfte ein Konglomerat degenerativ veränderter Tumorzellen mit stark vergrößerten, mäßig hyperchromatischen Kernen. Am linken Bildrand eine einzelne Tumorzelle. Links unten degenerierte Leukozyten, eine Plattenepithelzelle überlagernd (Obj. 40 ×, Ok. 10 ×).

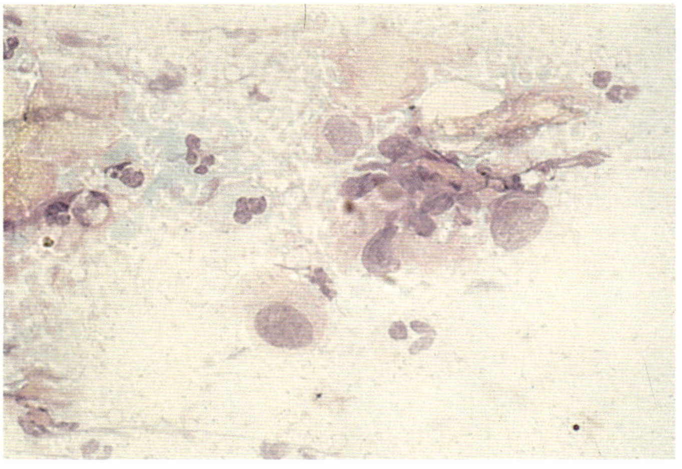

Abb. 9.**150** Zellbild bei ulzeriertem Plattenepithelkarzinom der Vulva. Auffallend das stark degenerativ veränderte, blaß angefärbte Zellmaterial mit den stark vergrößerten Tumorzellkernen. Blasse Orthokeratosezellen mit degenerativ geschwollenen Leukozytenkernen (Obj. 40 ×, Ok. 10 ×).

Beim Nachweis von dyskeratotischen Zellen mit leichter bis mäßiger Kernvergrößerung, gelegentlicher Hyperchromasie sowie plasmatischen Veränderungen in Form von Größen- und Formvariationen, auch wenn sie nur vereinzelt vorkommen, muß man an einen dysplastischen Prozeß im Sinne einer Präkanzerose denken. Die Abgrenzung reaktiv entzündlicher von dysplastischen Prozessen bereitet oft Schwierigkeiten. Im Zweifelsfalle muß eher ein falsch-positiver als ein falsch-negativer Befund in Kauf genommen werden (59). Sollte durch antientzündliche Behandlung keine eindeutige Klärung herbeigeführt werden können, so muß bei Vulvaveränderungen großzügig von der histologischen Klärung durch eine oder mehrere Probeexzisionen Gebrauch gemacht werden.

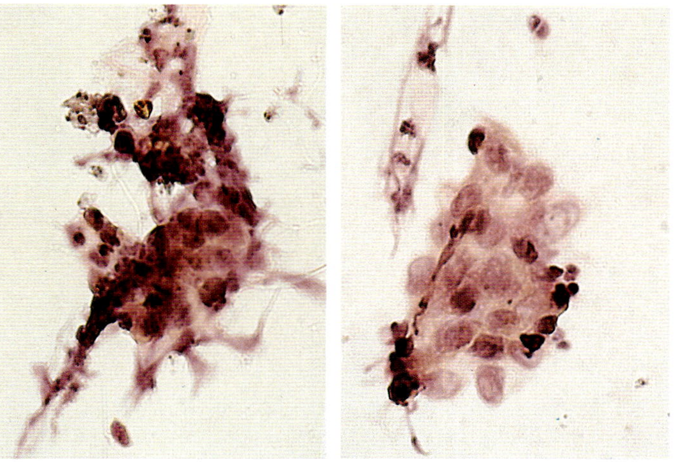

a b

Abb. 9.**151 a** u. **b** Zellbilder beim Basaliom der Vulva einer 82jähr. Frau.

a Eine Gruppe unregelmäßig gelagerter, polymorpher Tumorzellen mit teils extremer Verschiebung der Kern-Plasma-Relation.

b Eine andere Tumorzellgruppe mit vergrößerten, relativ hellen Kernen und extremer Verschiebung der Kern-Plasma-Relation (beides Obj. 40 ×, Ok. 10 ×).

Die Zunahme dyskeratotischer Zellen bei erhöhter Kern-Plasma-Relation weist auf das Vorliegen einer schweren intraepithelialen Neoplasie hin. Dabei ist zu bedenken, daß extreme Verschiebungen der Kern-Plasma-Relation, wie sie aus der Zervixzytologie bekannt sind, selbst beim Carcinoma in situ an der Vulva nicht zu erwarten sind, sondern daß diese höchstens ein Ausmaß wie bei mäßigen Dysplasien der Cervix uteri erreichen! Sollten sich basale Dyskaryosen in einem Vulvaabstrich finden, so muß nach einer intravaginal oder zervikal gelegenen Präkanzerose gefahndet werden. Der Nachweis großer polymorpher oder spindeliger Hornschollen mit häufig pseudopodienartigen Plasmaausläufern gilt als verdächtiges Merkmal für das Vorliegen eines Vulvakarzinoms (59). Obwohl die Kerne vergrößert sind, fällt dies oft nur wenig auf, weil das Zytoplasma meist ebenfalls um ein Vielfaches gegenüber der Norm vergrößert ist. Soweit anaplastische Tumorzellen in Abstrichen von Vulvakarzinomen auftreten, erscheinen diese wahllos verstreut zwischen den Dyskeratosezellen.

Über die *diagnostische Treffsicherheit* der Vulvazytologie liegen nur wenige, sich teils widersprechende Angaben vor. Eine prospektive Studie dazu gibt es bisher nicht.

So wurde über die Untersuchung von Vulvaabstrichen (60) in 203 Fällen (83 normal erscheinende Befunde, 23 benigne, 12 präkanzeröse und 83 maligne Veränderungen) berichtet. Bei den präkanzerösen Läsionen zeigten die Abstriche in 58% dyskaryotische Zellen und in weiteren 34% wiederholungsbedürftige Befunde. Bei den malignen Veränderungen wurden dyskaryotische Zellen in 66%, z. T. neben echten Karzinomzellen, gefunden. In weiteren 14% traten nur Karzinomzellen auf.

Später wurde aus demselben Arbeitskreis (59) über eine retrospektive Analyse von 104 Patientinnen (22 benigne, 12 präkanzeröse, 70 maligne Läsionen) berichtet und für die gutartigen Prozesse eine richtig-negative Diagnose in 63%, eine falsch-positive in 37% der Fälle genannt. Für die präkanzerösen Prozesse wurde eine richtig-positive Diagnose in 100%, für die Karzinome in 95% der Fälle angegeben. Diese Ergebnisse lassen erkennen, daß in der Vulvazytologie eine sichere Erfassung prämaligner und maligner Veränderungen offenbar nur mit Hilfe einer erhöhten Zahl falsch-positiver Befunde „erkauft" werden kann.

Im Gegensatz zur Zervixzytologie eignet sich die Vulvazytologie daher nicht für Vorsorgeuntersuchungen bei gesunden Frauen. Sie stellt aber eine diagnostische Methode dar, die bei klinisch auffälligen Befunden dazu beiträgt, die Früherkennung von Karzinomen und intraepithelialen Neoplasien an der Vulva zu verbessern. Durch negative zytologische Befunde von ulzerierten Veränderungen kann ein Karzinom nicht ausgeschlossen werden (11). Auch bei intraepithelialen Neoplasien kann die zytologische Diagnostik die histologische Untersuchung nicht ersetzen.

Wiedergabe zytologischer Befunde und ihre Abklärung

Befundwiedergabe

Grundlage der gegenseitigen Verständigung zwischen Zytologen, Klinikern und Pathologen sowie auch zwischen verschiedenen wissenschaftlich tätigen Arbeitsgruppen muß eine einheitliche, gegenseitig verständliche Nomenklatur und Befundwiedergabe sein.

Historische Entwicklung

Als Papanicolaou und Traut (58) ihre ersten Ergebnisse zur Früherkennung gynäkologischer Karzinome veröffentlichten, schlugen sie vor, die zytologischen Befunde in 5 Gruppen einzuteilen. Dabei waren Gruppe I und II negativ, Gruppe III unklar oder zweifelhaft, Gruppe IV und V positiv. Im positiven Bereich hieß dies, daß bei Gruppe IV einige atypische Zellen oder Zellgruppen, bei Gruppe V zahlreiche atypische Zellen oder Zellgruppen im Abstrich zu finden waren. Dieses Schema hat sich bei Einführung der Zytodiagnostik sehr bewährt und weite Verbreitung gefunden. Es muß aber heute als überholt betrachtet werden.

Seit langem wissen wir, daß *zwischen zytologischen und histologischen Befunden eine enge Korrelation besteht.* In der weitaus überwiegenden Zahl der Fälle kann an technisch einwandfreien zytologischen Präparaten mit einem hohen Grad an Sicherheit eine Aussage über die vorliegende histologische Veränderung gemacht werden.

Aus diesem Grunde wurden seit Mitte der 60er Jahre von zahlreichen Laboratorien in verschiedenen Ländern modifizierte Befundgruppeneinteilungen für die gynäkologische Zytodiagnostik entwickelt. Sie führten teils zu vereinfachten Formen der Befundwiedergabe mit nur 3 Untergruppen, überwiegend aber zu differenzierteren Einteilungen mit bis zu 10 Untergruppen. Allen diesen Bemühungen war gemeinsam, daß sie sich mehr oder weniger an die Histologie anlehnten.

Von der Weltgesundheitsorganisation (WHO) wurde 1973 vorgeschlagen, bei der zytologischen Befundwiedergabe auf jegliche Gruppeneinteilung mit Ziffern zu verzichten und statt dessen die Beurteilung, entsprechend der Einteilung histologischer Befunde (s. S. 209), nur in Worten vorzunehmen (62). Diese Empfehlung, die seinerzeit auch von der Internationalen Akademie für Zytologie befürwortet wurde, hat sich international nicht allgemein durchgesetzt.

Die Ursache dafür sehen wir weniger in der Forderung nach einem Verzicht auf eine Gruppenangabe bei der zytologischen Diagnostik als darin, daß die vorgegebene histologische Befundeinteilung für die Zytologie wenig geeignet war. Mit der differenzierten Aussage, ob eine leichte, mäßige, schwere Dysplasie oder ein Carcinoma in situ vorliegt, ob bereits eine Mikroinvasion, ob ein mesonephrisches Karzinom oder ein Adenoplattenepithel-Karzinom besteht, ist der Zytologe in vielen Fällen überfordert. Derart exakte Aussagen sind nur aufgrund histologischer Untersuchungen mit Sicherheit möglich. Im übrigen hätten solche differenzierten Angaben im zytologischen Befund wenig Konsequenzen für die weitere Abklärung und die Therapie.

Selbst in den USA, wo sich einige führende Laboratorien nie einer Gruppeneinteilung bedient haben, wurden nach einer 1988 erschienenen Veröffentlichung (44) zwar von 97% der Zytologen die Befunde deskriptiv wiedergegeben, von 72% aber immer noch zusätzlich die alten Gruppenbezeichnungen von Papanicolaou verwendet.

In der Bundesrepublik Deutschland wurde 1975 (73) von der Arbeitsgemeinschaft der Leiter der Schulen für Zytologieassistenten, einer Kommission der Deutschen Gesellschaft für Zytologie, nach jahrelang vorausgegangenen Diskussionen das sog. *Münchner Schema* (Tab. 9.**12**) für die Wiedergabe der Befunde in der gynäkologischen Zytologie empfohlen. Diese Einteilung hatte nichts mehr mit den alten Gruppen nach Papanicolaou zu tun, obwohl ähnliche Gruppenziffern für die Klassifizierung der Befunde verwendet wurden.

Die *zytologischen Befunde* wurden vielmehr, unter Berücksichtigung der Möglichkeiten der Zytodiagnostik,

- einerseits *auf die zu erwartenden histologischen Befunde bezogen,*
- andererseits *in therapierelevanten Gruppen zusammengefaßt.*

Mit der Bekanntgabe dieses Nomenklaturschemas wurde zugleich empfohlen, die verbale Beschreibung der Zellbilder mit einer abschließenden gutachtlichen Äußerung wie in der Histologie in den Vordergrund der Befundwiedergabe zu stellen. Die Klassifikation der Befunde in Gruppen sollte zusätzlich erfolgen. Tatsächlich wurde die deskriptive Wiedergabe der zytologischen Befunde von den meisten größeren Laboratorien bald übernommen. Ein völliger Verzicht auf die Gruppenbezeichnungen war u. a. deshalb nicht möglich, weil auf den Dokumentationsbögen des deutschen Krebsfrüherkennungsprogramms ein Ankreuzen von Befundgruppen zwingend vorgeschrieben war und wenig Platz für sonstige Bemerkungen blieb.

Durch die Einführung des „Münchner Schema", das auch verbindlich für den Unterricht an allen Schulen für Zytologieassistenten wurde, ist es in der Bundesrepublik in wenigen Jahren zu einer einheitlichen Form der Befundwiedergabe in der gynäkologischen Zytologie als Basis für die gegenseitige Verständigung zwischen Zytologen, Pathologen und Klinikern gekommen. Mit geringen Modifikatio-

Tabelle 9.**12** Befundwiedergabe in der gynäkologischen Zytodiagnostik (Münchner Schema von 1975).

Gruppe	Zytologischer Befund	Weitere Maßnahmen
I	Normales Zellbild	
II	Entzündliche, regenerative, metaplastische oder degenerative Veränderungen, Hyper- und Parakeratosezellen	evtl. Abstrichwiederholung
III	Schwere entzündliche oder degenerative Veränderungen und/oder schlecht erhaltenes Zellmaterial; Dysplasie, Carcinoma in situ oder invasives Karzinom nicht auszuschließen; abnorme Drüsen- und Stromazellen des Endometriums nach der Menopause	kurzfristige zytologische Kontrolle, wenn nötig, nach Aufhellungsbehandlung, evtl. auch histologische Klärung
III D	Zellen einer Dysplasie leichten bis mäßigen Grades	zytologische Kontrolle in 3 Monaten
IV a	Zellen einer schweren Dysplasie oder eines Carcinoma in situ	
IV b	Zellen einer schweren Dysplasie oder eines Carcinoma in situ, invasives Karzinom nicht sicher auszuschließen	histologische Klärung
V	Zellen eines invasiven Zervixkarzinoms oder anderer maligner Tumoren	
∅	Technisch unbrauchbar (z. B. zu wenig Material, unzureichende Fixierung)	sofortige Wiederholung

nen wurde die Nomenklatur auch in der DDR und in Österreich übernommen.

International ist die Diskussion um die Nomenklatur erneut durch das National Cancer Institute (NCI), Bethesda, Maryland (USA) in Gang gebracht worden. Im Rahmen der Maßnahmen zur „quality control" wurde das *Bethesda-System* (52, 53) zur Nomenklatur und Befundwiedergabe in der gynäkologischen Zytologie entwickelt. Es stellt einen wichtigen Beitrag zur Vereinheitlichung der Nomenklatur und zur Verbesserung der internationalen Verständigung dar. Das Hauptanliegen des Bethesda-Systems ist die Einführung einer für die zytologische Diagnostik standardisierten Terminologie, die einen klaren Bezug zur Patientenbehandlung hat. Die textliche Beschreibung der Befunde in dieser Terminologie tritt an die Stelle der alten Papanicolaou-Gruppen, die völlig verlassen werden sollen. Ein wesentlicher Punkt im Bethesda-System ist ferner, daß der diagnostischen Beurteilung eine Stellungnahme zur Qualifikation des Abstrichs vorangestellt wird.

Gleichzeitig wurde von der Internationalen Akademie für Zytologie, unter Berücksichtigung der umfangreichen Gliederung und Untergliederung der Befunde des Bethesda-Systems, ein Codierungsvorschlag für die Erstellung zytologischer Befunde über Computerausdruck veröffentlicht. Dieser Vorschlag (Tab. 9.**13**) wird in der Fassung vom 10.03.1989 (91) wiedergegeben. Die darin für die Klassifizierung der Befunde angegebenen Buchstaben und Ziffern erscheinen nicht im Befundtext, sondern dienen nur als Code für die Eingabe der Befunde in den Schreibautomaten.

Die NCI-Vorschläge wurden im Laufe des Jahres 1989 auf internationaler Ebene (10. Kongreß der Intern. Akademie für Zytologie, 14.–18.05.1989, Buenos Aires) und auf europäischer Ebene (17. Europ. Kongreß f. Zytologie, 01.–04.04.1989, Flims) lebhaft diskutiert. Auch die Deutsche Gesellschaft für Zytologie hat sich eingehend damit beschäftigt und beschlossen, die gegenwärtige Form der Befundwiedergabe für die gynäkologische Zytologie im deutschsprachigen Raum, unter Berücksichtigung der Vorschläge des Bethesda-Systems, zu ergänzen und der internationalen Entwicklung anzupassen. Ein entsprechender Vorschlag wurde auf dem 16. Kongreß der Deutschen Gesellschaft für Zytologie (Freiburg, 28.–30.09.1989) als „Münchner Nomenklatur II" vorgetragen und gemeinsam mit Vertretern der anderen deutschsprachigen wissenschaftlichen Gesellschaften für Zytologie (DDR, Österreich, Schweiz) diskutiert (Tab. 9.**14**).

Tabelle 9.**13** Bethesda-System zur Nomenklatur und Befundwiedergabe (mit Code-Ziffern für Computerausdruck).

The Bethesda System for Reporting Cervical/Vaginal Cytologic Diagnoses

Developed and Approved at the National Cancer Institute Workshop in Bethesda, Maryland, U.S.A.

Final Draft March 16, 1989

Preamble:

A Workshop convened by the National Cancer Institute (NCI) in Bethesda, Maryland, concluded with the recommendation that consultation reports on the cytologic evaluation of cervical/vaginal specimens utilize the following descriptive terminology and report format, referred to as *The Bethesda System.* The primary objective of the use of this system is to report the cytologist's interpretation in unambiguous diagnostic terms that will have clear implications for patient management. In addition, the The Bethesda System provides convenient groupings of diagnostic terms in current use and serves as a framework that can accommodate modifications that may be warranted by future developments.

While the Papanicolaou Classification has a significant historical association with the early development of cytology, it is no longer a reliable system to communicate clinically relevant information. In particular, the Papanicolaou Classification does not reflect current understanding of cervical neoplasia, does not provide for the diagnosis of noncancerous entities, and, as a result of numerous idiosyncratic modifications over the years, no longer reflects diagnostic interpretations uniformly. Therefore, the Working Group concluded that the use of the Papanicolaou Classification is not acceptable in the practice of diagnostic cytology. *The Bethesda System,* approved unanimously by the Workshop participants, replaces the Papanicolaou Classification.

Organization of the Cervical/Vaginal Cytopathology Consultation Report:

It is recommended that the report should adress the following elements:

(A) a **Statement on Adequacy of the Specimen** for diagnostic evaluation;
(B) a **General Categorization** of the diagnosis (*within normal limits* or *other*); and
(C) the **Descriptive Diagnoses,** using the following terminology and classification.

A. Statement on Specimen Adequacy[1]

A.I. Satisfactory
A.II Less than Optimal
A.III. Unsatisfactory

Explanation for less Than Optimal/Unsatisfactory

a) Scantly cellularity
b) Poor fixation or preservation
c) Presence of foreign material (e.g., lubricant)
d) Partially or completely obscuring inflammation
e) Partially or completely obscuring blood
f) Excessive cytolysis or autolysis
g) No endocervical component in a premenopausal woman
h) Not representative of the anatomic site
i) Other (specify): ______

B. General Categorization

B.I. Within Normal Limits
B.II. Other (see descriptive diagnosis)

B.II.A. No further action recommended
B.II.B. Further action recommended (specify): ______

C. Descriptive Diagnosis

C.I. Infections

C.I.A. Fungal
C.I.A.1. Fungal organisms morphologically consistent with *Candida sp.*
C.I.A.2. Other fungal organisms (specify): ______

C.I.B. Bacterial
C.I.B.1. Microorganisms morphologically consistent with *Gardneralla sp.*
C.I.B.2. Microorganisms morphologically consistent with *Actinomyces sp.*
C.I.B.3 Cellular changes suggestive of *Chlamydia sp.* infection, subject to confirmatory studies.
C.I.B.4. Other bacterial organisms (specify): ______

C.I.C. Protozoan
C.I.C.1. *Trichomonas vaginalis*
C.I.C.2. Other protozoans (specify): ______

C.I.D. Viral: Cellular changes consistent with effects of:
C.I.D.1. Cytomegalovirus infection
C.I.D.2. Herpes simplex virus infection
C.I.D.3. Other viral infection (specify): ______
[*Note:* for human papillomavirus (HPV) infection, *refer to* Epithelial Cell Abnormalities, Squamous]

C.I.E. Other (specify): ______

[1] Three responses are listed under Statement of Specimen Adequacy:
(1) Satisfactory indicates that the specimen is an adequate sample that can be interpreted without qualification.
(2) Less than Optimal indicates that the specimen may provide useful diagnostic information but is less than optimal (e.g., *partially* obscuring inflammation).
(3) Unsatisfactory indicates that the specimen is not acceptable for diagnostic evaluation and warrants repeated sampling.
An Explanation should be provided for any specimen designated either LESS THAN OPTIMAL or Unsatisfactory. The cytopathologist should RECOMMEND REPEAT SMEAR for all UNSATISFACTORY specimens, for LESS THAN OPTIMAL, specimens the cytopathologist may choose to recommend a repeat smear or other suitable follow-up, depending on clinical judgment.

Tabelle 9.**13** (Fortsetzung).

C.II. Reactive and Reparative Changes[2]

C.II.A. Inflammation

C.II.A.1. Associated cellular changes
C.II.A.2. Follicular cervicitis

C.II.B. Miscellaneous

C.II.B.1. Effects of therapy
C.II.B.1.a. Ionizing radiation
C.II.B.1.b. Chemotherapy
C.II.B.2. Effects of intrauterine device or other mechanical device, related to suppied history
C.II.B.3. Effects of diethylstilbestrol exposure, related to supplied history
C.II.B.4. Other (specify): ____________

C.III. Epithelial Cell Abnormalities

C.III.A. Squamous cell

C.III.A.1. A typical squamous cells of undetermined significance (recommend follow-up and/or further investigation[3]. ____________)
C.III.A.2. Squamous intraepithelial lesions[4]
[Comment on presence of cellular changes consistent with Human papillomavirus (HPV) if applicable]

C.III.A.2.a. Low-grade squamous intraepithelial lesions, *encompassing:*
Cellular changes consistent with HPV infection
Slight (mild) dysplasia/cervical intraepithelial neoplasia, grade 1 (CIN 1)
C.III.A.2.b. High-grade squamous intraepithelial lesions, *encompassing:*
Moderate dysplasia/CIN 2
Severe dysplasia/CIN 3
Carcinoma in situ/CIN 3
C.III.A.3. Squamous carcinoma

C.III.B. Glandular cell

C.III.B.1. Presence of endometrial cells in one of the following circumstances:
C.III.B.1.a. Out of phase in a menstruating woman
C.III.B.1.b. In a postmenopausal woman
C.III.B.1.c. Without menstrual history provided
C.III.B.2. Atypical glandular cells of undetermined significance (recommend follow-up and/or further investigative procedure[3]. ____________)
C.III.B.2.a. Endometrial
C.III.B.2.b. Endocervical
C.III.B.2.c. Not otherwise specified
C.III.B.3. Adenocarcinoma
C.III.B.3.a. Probable site of origin: endocervical
C.III.B.3.b. Probable site of origin: endometrial
C.III.B.3.c. Probable site of origin: extrauterine
C.III.B.3.d. Not otherwise specified

C.III.C. Other epithelial malignant neoplasm (specify): ____________

C.IV. Nonepithelial Malignant Neoplasms (specify): ____________

C.V. Hormonal Evaluation (applies to vaginal smears only)

C.V.A. Hormonal pattern compatible with age and history

C.V.B. Hormonal pattern incompatible with age and history (specify): ____________

C.V.C. Hormonal evaluation not possible:
C.V.C.1. Cervical specimen
C.V.C.2. Inflammation
C.V.C.3. Insufficient patient history

C.VI. Other (specify): ____________

[2] There are some changes that may be within normal limits or may be abnormal, depending on the site or circumstance (e.g., the presence of columnar cells in a vaginal specimen may be abnormal).

[3] Atypia is an acceptable term provided a recommendation for follow-up accompanies the report (e.g., "atypical squamous cells of undetermined significance associated with atrophy: request administration of estrogen followed by repear smear"). Atypia should not be applied to preneoplastic or neoplastic changes.

[4] *Low-grade squamous intraepithelial lesion* and *high-grade squamous intraepithelial lesion* are the only new diagnostic terms introduced in this terminology and classification. These two terms encompass the spectrum of HPV lesions and squamous neoplasia, including the grades of "dysplasia" and "CIN". *Discouraged* are such terms as "koilocytic atypia", "condyloma", "keratinizing atypia", "dyskaryosis", etc. In lieu of these various formulations, we propose the diagnoses of *low-grade squamous intraepithelial lesion* or *high-grade squamous intraepithelial lesion* (with an accompanying comment about *cellular changes consistent with HPV infection,* if applicable). However, the use of these terms does not preclude the use of grades of "dysplasia" of "CIN" for cytologists preferring to retain these equivalent designation. *Cellular changes consistent with HPV infection* (without features of "dysplasia" or "CIN") may be used as a separate diagnostic term, although it is recommended that it be included under the designation of *low-grade squamous intraepithelial lesion.*

Münchner Nomenklatur II

Der Vorstand der Deutschen Gesellschaft für Zytologie hat in seiner Sitzung vom 06.12.1989 die *„Münchner Nomenklatur II"* in der nachstehenden Formulierung (Tab. 9.**14**) beschlossen und sie den Mitgliedern zur Anwendung empfohlen. (Um für eine Übergangszeit den Bezug zu dem bisher in Deutschland üblichen Münchner Schema von 1975 zu ermöglichen, wird auch dieses in der vorliegenden Auflage des Buches (Tab. 9.**12**) nochmals unverändert abgedruckt.)

Die Münchner Nomenklatur II ermöglicht eine Wiedergabe der Befunde sowohl in konventioneller Weise als auch, unter Verwendung eines entsprechenden Code, über Computerausdruck. Verhandlungen mit der kassenärztlichen Bundesvereinigung über eine Änderung des Zytologieteiles in den Dokumentationsbögen für die gesetzlichen Krebsfrüherkennungs- und Vorsorgeuntersuchungen bei der Frau wurden eingeleitet.

Die folgenden Ausführungen sollen einer *Erläuterung der Befundwiedergabe nach der Münchner Nomenklatur II,* insbesondere im Vergleich mit der bisherigen deutschen Nomenklatur (Münchner Schema 1975) und den Vorschlägen des Bethesda-Systems, dienen:

1. Die *Wiedergabe der zytologischen Befunde* soll in Zukunft *grundsätzlich durch Beschreibung in Worten* erfolgen, wie es in der histologischen Diagnostik üblich ist. Der zytologische Befund stellt eine ärztliche Leistung dar. Die alleinige Angabe einer Gruppe kann nicht als ausreichend für die Wiedergabe eines morphologischen Befundes angesehen werden.
   Von der überwiegenden Mehrheit der befragten Experten wurde jedoch die Ansicht vertreten, daß *die zusätzliche Klassifikation der Befunde in diagnostischen Gruppen* im Rahmen des Deutschen Krebsfrüherkennungs- und Vorsorgeprogrammes weiterhin unerläßlich sei. Die Gruppen dienen neben der Befundklassifikation auch der statistischen Erfassung und der Qualitätssicherung.
2. Ein wesentlicher Bestandteil des zytologischen Befundes ist die *Beurteilung der Qualität des Abstrichs,* d. h. die Aussage, ob das Zellmaterial auf dem Objektträger für die Beurteilung „ausreichend" ist oder ob es nur „bedingt ausreichend" oder „nicht ausreichend" ist.
   Als „ausreichend" ist der Abstrich anzusehen, wenn er genügend Zellen in gut erhaltenem Zustand enthält. *Bei nur „bedingt" bzw. „nicht ausreichend" beurteilbaren Präparaten ist anzugeben, welches die Ursache dafür ist.* Die in Frage kommenden Möglichkeiten sind im Nomenklaturschema angegeben.
   Bei der Einstufung der Präparate als „ausreichend" beurteilbar muß ein strenger Maßstab angelegt werden. Bei nur „bedingt ausreichend" beurteilbaren Präparaten sollte der Zytologe dem Einsender mitteilen, in welcher Form und wann eine Abstrichwiederholung empfohlen wird. *Für qualitativ „nicht ausreichende" Präparate darf kein Befund abgegeben werden.*
   Das *Fehlen von endozervikalen Zellen im Abstrich* wird vielfach (s. S. 15) als Hinweis auf eine insuffiziente Entnahmetechnik angesehen und sollte daher vom Zytologen in jedem Falle im Befund vermerkt werden. Der einsendende Arzt kann daraus ersehen, daß seine Entnahme möglicherweise nicht optimal war. Es muß dem behandelnden Arzt jedoch überlassen bleiben, ob er deshalb den Abstrich wiederholen will. Die Forderung einer grundsätzlichen Wiederholung der Untersuchung wegen des Fehlens endozervikaler Zellen im Abstrich halten wir nicht für gerechtfertigt.
3. *Mikrobiologische Befunde,* soweit sie in nach Papanicolaou gefärbten Abstrichen erkennbar sind, sollten möglichst in die verbale Befundbeschreibung eingebunden werden: z. B. Döderlein-Stäbchen mit bakterieller Zytolyse, entzündliches Zellbild bei Kokkenflora, entzündlche Zell- und Kernveränderungen bei Trichomonadeninfektion usw.
4. Als *„normal"* (Gruppe I) sollten nur Befunde bezeichnet werden, bei denen – außer den empfohlenen regelmäßigen Krebsvorsorgeuntersuchungen – keine weiteren Kontrollen notwendig sind.
5. Bei den *entzündlichen, regenerativen und degenerativen Veränderungen* (Gruppe II) wurde der Text der bisherigen Münchner Nomenklatur ergänzt durch normale Endometriumzellen, auch nach der Menopause; ferner durch Hinweise auf spezielle Zellbilder wie follikuläre Zervizitis, Zellveränderungen bei IUP, Zeichen einer HPV-Infektion (Koilozyten und/oder Dyskeratozyten) ohne stärkere Kernveränderungen, Zeichen einer Herpes- oder Zytomegalievirusinfektion.
   Spezielle Befundgruppen II w oder II k sind nicht vorgesehen. Die Wiederholung einer zytologischen Untersuchung kann bei allen Befundgruppen angezeigt sein, selbst bei unverdächtigen zytomorphologischen Befunden, wenn anamnestische oder klinische Hinweise dafür sprechen.
6. Die Einteilung der *intraepithelialen zervikalen Neoplasien* ist gegenüber der bisherigen deutschen Nomenklatur unverändert geblieben. Unter *Gruppe III D* werden leichte und mäßige Dysplasien (CIN I u. II) zusammengefaßt, also Veränderungen, bei denen im allgemeinen kurzfristige zytologische und kolposkopische Kontrollen genügen, da die Läsionen sich in hohem Prozentsatz spontan zurückbilden. In *Gruppe IV a* werden schwere Dysplasien und Carcinomata in situ (CIN III) eingestuft, bei denen eine histologische Klärung für notwendig gehalten wird.

Tabelle 9.**14** Münchner Nomenklatur II für gynäkologische Zytodiagnostik.

Münchner Nomenklatur II

Das vorliegende Schema zur Nomenklatur und Befundwiedergabe in der gynäkologischen Zytologie stellt eine Ergänzung und Differenzierung der „Münchner Nomenklatur" von 1975 dar. Dabei ist eine textliche Beschreibung und/oder eine Wertung aller zytologischer Befunde obligatorisch. Die unter D angegebenen diagnostischen Gruppen dienen neben der Befundklassifizierung auch der statistischen Erfassung und der Qualitätssicherung.

A. Qualität des Abstrichs

1. ausreichend
2. bedingt ausreichend
3. nicht ausreichend

Bei Abstrichen mit bedingt ausreichender oder nicht ausreichender Qualität ist die Ursache hierfür anzugeben.
Beispiele für mögliche Ursachen einer bedingt ausreichenden oder nicht ausreichenden Qualität des Abstrichs:

- zu wenig Zellmaterial
- unzureichende Fixierung
- schwere degenerative Zellveränderungen
- starke Entzündung
- stark blutiger Abstrich
- starke Zellüberlagerungen
- keine endozervikalen Zellen

B. Proliferationsgrad

Angabe nach A. Schmitt

C. Mikroorganismen

- Döderlein-Flora mit oder ohne Zytolyse
- bakterielle Mischflora
- Kokkenflora/Gardnerella
- Pilze
- Trichomonaden
- sonstige

D. Klassifikation zytologischer Befunde

Gruppe	Begriffsdefinitionen der Gruppen
I	Normales Zellbild, dem Alter entsprechend, einschließlich leichter entzündlicher und degenerativer Veränderungen sowie bakterieller Zytolyse
II	Deutlich entzündliche Veränderungen an Zellen des Platten- und zervikalen Zylinderepithels. Zellen aus Regenerationsepithel, unreife metaplastische Zellen, stärkere degenerative Zellveränderungen, Para- und Hyperkeratosezellen. Normale Endometriumzellen, auch nach der Menopause. Ferner spezielle Zellbilder wie follikuläre Zervizitis, Zellveränderungen bei IUP. Zeichen einer HPV-Infektion ohne wesentliche Kernveränderungen, Zeichen einer Herpes- oder Zytomegalievirusinfektion *Empfehlung:* Gegebenenfalls zytologische Kontrolle, Zeitabstand je nach klinischem Befund – eventuell nach vorheriger Entzündungsbehandlung oder Aufhellung durch Hormongaben
III D	Zellen einer Dysplasie leichten bis mäßigen Grades (Zeichen einer HPV-Infektion sollten besonders erwähnt werden). *Empfehlung:* Kontrolle in 3 Monaten
IV a	Zellen einer schweren Dysplasie oder eines Carcinoma in situ (Zeichen einer HPV-Infektion sollten besonders erwähnt werden). *Empfehlung:* Histologische Klärung, ausnahmsweise zytologische Kontrollen
IV b	Zellen einer schweren Dysplasie oder eines Carcinoma in situ, Zellen eines invasiven Karzinoms nicht auszuschließen *Empfehlung:* Histologische Klärung
V	Zellen eines malignen Tumors – Zellen eines Plattenepithelkarzinoms (verhornend/nicht verhornend) – Zellen eines Adenokarzinoms, möglichst mit Hinweis, ob endometrialen, endozervikalen oder extrauterinen Ursprungs – Zellen sonstiger maligner Geschwülste *Empfehlung:* Histologische Klärung
III	Unklarer Befund: – Schwere entzündliche, degenerative oder iatrogene Zellveränderungen, die eine sichere Beurteilung zwischen gut- und bösartig nicht zulassen. – Auffällige Zellen eines Drüsenepithels, deren Herkunft aus einem Karzinom nicht sicher auszuschließen ist, möglichst mit Hinweis, ob die Zellen endometrialen, endozervikalen oder extrauterinen Ursprungs sind. *Empfehlung:* Je nach klinischem Befund kurzfristige zytologische Kontrolle oder sofortige histologische Abklärung

Dies entspricht im Prinzip auch der neuen Einteilung im Bethesda-System mit *„low grade"* und *„high grade cervical intraepithelial lesion"* (CIL), was an die alten deutschen Begriffe des einfach und gesteigert atypischen Epithels erinnert. Nur schlagen die Amerikaner vor, die Grenze der leichten zu den schweren Veränderungen zwischen CIN I und CIN II zu ziehen.
Die überwiegende Mehrzahl der im deutschen Sprachraum befragten Experten hat sich dafür ausgesprochen, dieser Empfehlung nicht zu folgen (Kommentar S. 286f), sondern *bei der bisher üblichen Vorgehensweise zu bleiben.*

7. Die morphologischen Zeichen einer *HPV-Infektion* (Koilozyten, Dyskeratozyten) sollen, soweit vorhanden, in der Befundbeschreibung bei den intraepithelialen Neoplasien verschiedenen Schweregrades mit erwähnt werden. Eine besondere Diagnosegruppe ist dafür, ebenso wie im Bethesda-System, nicht vorgesehen.
8. In *Gruppe IVb* sollen Befunde eingeordnet werden, bei denen mindestens eine schwere Dysplasie oder ein Carcinoma in situ anzunehmen ist, aber auch Zellen vorkommen, die möglicherweise aus einem bereits invasiven Karzinom stammen. Es handelt sich um *keine spezielle zytologische Befundgruppe für Mikrokarzinome,* obwohl diese Befunde erfahrungsgemäß häufig in dieser Gruppe zugeordnet werden.
9. Für *Veränderungen nach ionisierenden Strahlen oder zytostatischer Therapie* ist keine besondere Klassifikation vorgesehen. Sie können je nach Schweregrad der Veränderung den abnormen Befunden (Gruppe II), den dysplastischen Befunden (Gruppe IIID, evtl. IVa) oder auch den unklaren Befunden (Gruppe III) zugeordnet werden.
10. *Befunde, die für maligne Tumoren sprechen,* gleichgültig welchen Ursprungs, werden in *Gruppe V* zusammengefaßt. In der Befundbeschreibung soll zum Ausdruck gebracht werden, ob es sich um ein Plattenepithelkarzinom (verhornend/nicht verhornend), ein Drüsenzellkarzinom (Endometrium, Endozervix, extrauterin) oder einen sonstigen malignen Tumor handelt.
11. Die *Gruppe III* ist für *unklare Befunde* vorgesehen, *bei denen eine sichere Entscheidung zwischen gut- und bösartig zytologisch nicht möglich ist.* Es handelt sich hauptsächlich um zwei Gruppen von Zellbildern:
    - einerseits *Abstriche mit schweren entzündlichen, degenerativen oder iatrogenen Zellveränderungen,* vorwiegend vom Plattenepithel oder vom metaplastischen Epithel ausgehend, aber auch vom endozervikalen Drüsenepithel, die von schlecht erhaltenen atypischen Zellen nicht sicher zu unterscheiden sind,
    - andererseits *Abstriche mit auffälligen, oft schlecht erhaltenen Zellen eines Drüsenepithels,* deren Herkunft aus einem Endometriumkarzinom nicht sicher ausgeschlossen werden kann und bei denen daher meist eine Abrasio angezeigt ist.

Von einigen Zytologen wurde vorgeschlagen, die letztgenannten Befunde aus der allgemeinen Gruppe III herauszunehmen und sie in eine besondere Gruppe IIIg (= glandulär) einzuordnen. Doch konnte darüber in der Nomenklaturkommission kein Konsens erreicht werden.

Wir halten die *Eingruppierungsmöglichkeit unklarer zytologischer Befunde in eine besondere Gruppe für unbedingt notwendig. Auch der erfahrene Zytologe kann sich nicht immer klar festlegen,* selbst bei technisch einwandfrei entnommenen Abstrichen. Der Verzicht auf eine solche Gruppe, die im Bethesda-System nicht vorgesehen ist, würde vermehrt zu falsch-positiven oder falsch-negativen bzw. zu über- oder unterdiagnostizierten zytologischen Befunden führen.

Natürlich darf die Eingruppierung in eine Gruppe III (unklar) nicht als bequemer Ausweg bei mangelnder Fachkompetenz genutzt werden. *Bis zu einem gewissen Grade bildet der Anteil der in Gruppe III eingestuften Befunde zugleich einen Wertmesser für die Leistungsfähigkeit eines Laboratoriums.* Allgemein gültige Grenzwerte lassen sich leider mit Rücksicht auf die unterschiedliche Zusammensetzung des Untersuchungsmaterials (Klinik, Ambulanz, Erst- und Wiederholungsuntersuchung) nicht angeben.

Darstellung der Befunde

In den Tab. 9.**15**–9.**17** sind *Beispiele für die Möglichkeit der Wiedergabe zytologischer Befunde nach der „Münchner Nomenklatur II"* gezeigt.

Die Angabe, ob das zytologische Präparat von der Qualität her „ausreichend", „bedingt ausreichend" oder „nicht ausreichend" ist, erfolgt durch Ankreuzen. Bei nur bedingt oder nicht ausreichend beurteilbaren Abstrichen ist die Ursache dafür zusätzlich in Worten anzugeben. Ob endozervikale Zellen vorhanden sind oder nicht, wird ebenfalls angekreuzt. Der Proliferationsgrad wird nach dem Vorschlag von A. Schmitt (s. S. 115f) angegeben.

Es folgt dann die *Beschreibung des Zellbildes.* Sie kann bei normalen Befunden kurz und schematisch sein. Bei allen von der Norm abweichenden Befunden sollte sie ausführlicher sein und eine abschließende gutachtliche Beurteilung enthalten. Diese sollte, soweit möglich, einen Hinweis auf den zu erwartenden histologischen Befund geben.

Bei *entzündlichen, degenerativen oder iatrogenen Veränderungen* sollte aus der Befundbeschreibung hervorgehen, *welche Zellen davon betroffen sind.*

Bei intraepithelialen Neoplasien ist es *oft möglich, von Zellen einer leichten oder mäßigen Dysplasie* aus den oberen bzw. mittleren Schichten des Epithels oder *von* typischen *Carcinoma-in-situ-Zellen* zu sprechen, *bei Karzinomen von Tumorzellen* eines verhornenden oder nicht verhornenden Plattenepi-

Tabelle 9.**15** Wiedergabe zytologischer Befunde nach der Münchner Nomenklatur II (Beispiel 1).
Befundteil des Formblattes siehe Abb. 13.**7**, S. 365.

Zytologischer Befund Eingangsdatum: ____________

Ausgangsdatum: ____________ **Präp.-Nr.** [   ]

Qualität des Abstrichs:

☐ ausreichend

☒ bedingt ausreichend wegen starker Entzündung

☐ nicht ausreichend wegen ____________

Endozervikale Zellen: ja ☒ nein ☐ Proliferationsgrad: 3-4

Zytologischer Befund und Bewertung:

Entzündlich verändertes Zellbild bei Kokkenflora, stellenweise starke Leukozytenüberlagerung. Epithelaufbau dem Alter entsprechend. Leichte Kernvergrößerungen an Zellen aus den oberen Schichten des Plattenepithels.

Gruppe: I/II ☒ IIID ☐ IVa ☐ IVb ☐ V ☐ III ☐

Empfehlung: Wiederholung nach lokaler Entzündungsbehandlung

____
Unterschrift

Tabelle 9.**16** Wiedergabe zytologischer Befunde nach der Münchner Nomenklatur II (Beispiel 2).
Befundteil des Formblattes siehe Abb. 13.**7**, S. 365.

Zytologischer Befund Eingangsdatum: ____________

Ausgangsdatum: ____________ **Präp.-Nr.** [   ]

Qualität des Abstrichs:

☒ ausreichend

☐ bedingt ausreichend wegen ____________

☐ nicht ausreichend wegen ____________

Endozervikale Zellen: ja ☒ nein ☐ Proliferationsgrad: 3-4

Zytologischer Befund und Bewertung:

Dysplastische Zellen aus den mittleren und oberen Schichten des Plattenepithels, einzeln und in Gruppen liegend, vor allem im Portioabstrich. Die vergrößerten und etwas hyperchromatischen Kerne zeigen eine leichte Vergröberung der Chromatinstruktur. Anisonukleose. Mäßige Verschiebung der Kern-Plasma-Relation. Dyskeratozyten, vereinzelt Koilozyten.
Verdacht auf leichte bis mäßige Dysplasie bei HPV-Infektion.

Gruppe: I/II ☐ IIID ☒ IVa ☐ IVb ☐ V ☐ III ☐

Empfehlung: Zytologische und kolposkopische Kontrolle in 3 Monaten

____
Unterschrift

Zytologischer Befund Eingangsdatum: ____________

Ausgangsdatum: ____________ **Präp.-Nr.**

Qualität des Abstrichs:

☒ ausreichend

☐ bedingt ausreichend wegen ____________

☐ nicht ausreichend wegen ____________

Endozervikale Zellen: ja ☒ nein ☐ Proliferationsgrad: 3-4

Zytologischer Befund und Bewertung:

Dem Alter entsprechender Epithelaufbau. Vor allem im Abstrich aus dem Zervikalkanal zahlreiche basale atypische Zellen mit hyperchromatischen, irregulären Kernen mit vergröberter Chromatinstruktur und starker Verschiebung der Kern-Plasma-Relation, teilweise straßenförmig gelagert. Im Portioabstrich deutlich weniger atypische Zellen.
Verdacht auf intrazervikal sitzendes Carcinoma in situ.

Gruppe: I/II ☐ IIID ☐ IVa ☒ IVb ☐ V ☐ III ☐

Empfehlung: Histologische Klärung

____
Unterschrift

Tabelle 9.**17** Wiedergabe zytologischer Befunde nach der Münchner Nomenklatur II (Beispiel 3).
Befundteil des Formblattes siehe Abb. 13.**7**, S. 365.

thelkarzinoms oder eines Drüsenepithelkarzinoms, wobei ein Hinweis auf den Sitz des Karzinoms gegeben werden kann.

In vielen Fällen aber kann man sich bei der zytologischen Befundbeschreibung an Hand von Einzelzellen eines Abstrichs nicht so genau festlegen. *Man sollte dann nur von abnormen oder atypischen Zellen* oder einfach von „suspekten" Zellen sprechen.* Diese Zellen sind nach ihrem *Aussehen* (Größe, Form und Struktur der Kerne, Kern-Plasma-Relation, Form der Zellen usw.), ihrer *vermutlichen Herkunft* (z. B. obere, mittlere basale Schichten des Plattenepithels, des metaplastischen Epithels, des Drüsenepithels von Endozervix oder Endometrium) und ihrem *Erhaltungszustand* zu beschreiben. Damit wird zum Ausdruck gebracht, daß es sich um einen pathologischen Befund handelt, dessen endgültige Festlegung aber der histologischen Klärung oder zytologischen Kontrolluntersuchungen vorbehalten bleiben muß.

Von Papanicolaou wurde seinerzeit der Begriff der *dyskaryotischen Zelle* eingeführt. Man versteht darunter Zellen, deren Kerne deutliche Zeichen der Irregularität (Vergrößerung, Hyperchromasie, unregelmäßige Form) aufweisen – ähnlich wie bei malignen Zellen –, während die Zelle als Ganzes noch ein weitgehend normales Aussehen und unterschiedliche Differenzierungsgrade erkennen läßt. Es kann zwischen Dyskaryosen der oberflächlichen, mittleren und tiefen (basalen) Schichten des Plattenepithels unterschieden werden. Der Begriff der Dyskaryose wird heute hauptsächlich noch in England (30) für Zellen aus intraepithelialen Neoplasien gebraucht, ist aber sonst im angloamerikanischen Schrifttum weitgehend verschwunden. Wenn man ihn verwendet, muß man sich dessen bewußt sein, daß es sich um eine nur in der Zytologie übliche Bezeichnung handelt, die keinem bestimmten histologischen Bild zuzuschreiben ist. Dyskaryotische Zellen entsprechen vielfach dysplastischen Zellen. Unter den basalen dyskaryotischen Zellen können sich aber auch Carcinoma-in-situ-Zellen verbergen, oder es kann sich um ausschließlich entzündlich-degenerativ bedingte Zellveränderungen handeln.

* Im deutschen Sprachraum werden als „abnorme Zellen" seit jeher von der Norm abweichende Zellen bezeichnet, die von geringeren Veränderungen als einer Dysplasie stammen. Als „atypische Zellen" werden solche aus Karzinomen oder deren Vorstadien bezeichnet. Im angloamerikanischen Schrifttum dagegen werden diese Begriffe gerade im umgekehrten Sinne gebraucht! Wir haben überlegt, ob es zweckmäßig wäre, sich in dieser Auflage dem amerikanischen Sprachgebrauch anzupassen. Da es sich jedoch um Begriffe handelt, die ebenfalls für die Histologie Gültigkeit haben, sind wir zu der Meinung gekommen, daß eine Änderung dieser Begriffe nicht von der kleinen Gruppe der Zytologen, sondern nur von den Pathologen ausgehen kann.

Abklärung zytologischer Befunde

Die Zytodiagnostik ist in erster Linie eine Suchmethode zur Aufdeckung von klinisch noch nicht erkennbaren Karzinomen und deren Vorstufen. *Liegt bereits ein mit bloßem Auge erkennbares Karzinom vor, so hat es keinen Sinn, noch die Zytologie einzuschalten.* Die Patientin sollte vielmehr ohne Zögern zur histologischen Klärung und Therapie in die Klinik eingewiesen werden.

Das *Ergebnis der zytologischen Untersuchung kann nur im Zusammenhang mit dem Befund einer gleichzeitig durchgeführten gynäkologischen Untersuchung verwertet werden.* Gerade *bei fortgeschrittenen Zervixkarzinomen,* deren Oberfläche mit einer leukozytendurchsetzten Schicht von Gewebsnekrosen bedeckt ist, *fehlen oft gut erhaltene und diagnostizierbare Tumorzellen im Abstrich.* Da auch beim Endometriumkarzinom oft nur die Blutung in der Anamnese, beim Ovarialkarzinom fast ausschließlich der Tastbefund einen Hinweis auf das Vorliegen der Erkrankung geben, würden diese Fälle ohne gleichzeitige gynäkologische Untersuchung übersehen werden.

Gynäkologische Krebsvorsorgeuntersuchungen, die sich ausschließlich auf die Zytodiagnostik stützten, wobei der Abstrich womöglich noch von den Frauen selbst entnommen wird, sind daher abzulehnen.

Falsch-positive und *falsch-negative zytologische Befunde* sind immer unangenehm, sowohl für die Patientin als auch für den Arzt. Man muß sich aber darüber im klaren sein, daß es *weniger verhängnisvoll ist, eine falsch-positive Diagnose zu stellen,* weil sie schließlich im Verlauf der weiteren klinischen und histologischen Untersuchungen eine Aufklärung finden wird. *Durch eine falsch-negative zytologische Diagnose würden Arzt und Patientin in falscher Sicherheit gewiegt, die Entdeckung eines Karzinoms kann dadurch verzögert werden.*

Der Zytologe sollte es als seine Aufgabe betrachten, dem behandelnden Arzt in allen Fällen mit nicht völlig normalem Befund eine Empfehlung bezüglich einer eventuell notwendigen histologischen Klärung oder zytologischen Kontrolluntersuchungen zu geben. Ob der behandelnde Arzt sich daran hält, liegt allein in seiner Entscheidung, die er aufgrund der genauen Kenntnis von Anamnese und klinischem Befund treffen muß.

Befunde bei *entzündlichen, regenerativen und degenerativen Veränderungen* (Gruppe II) bedürfen häufig, aber keineswegs immer einer Kontrolle. In diesen Fällen sollte der Zytologe angeben, wann er eine eventuelle zytologische Wiederholungsuntersuchung empfiehlt. Häufig ist eine vorhergehende *lokale antientzündliche Behandlung* notwendig. Bei Trichomonadeninfektionen ist eine spezifische Behandlung angezeigt. Das gleiche gilt bei Pilzinfektionen. Die Abstrichuntersuchung sollte 2–8 Wochen danach wiederholt werden.

Tabelle 9.**18** Dosierungsvorschläge zur hormonalen Aufhellung.

Appl.-Art	Medikament	Dosierung	Kontrolle
i. m.	z. B. Progynon B 01	1 × 5 mg	7 Tage danach
oral	z. B. Progynon C	tgl. 1 Tbl. à 0,02 mg 7 Tage lang	3 Tage danach
	z. B. Ovestin	tgl. 2 Tbl. à 1 mg 14 Tage lang	anschließend
lokal	z. B. Oekolp-Supp.	mindestens 5 Tage lang	3–4 Tage danach
	z. B Dienoestrol-Ortho-Creme	5 Tage lang (einmal tgl.)	3–4 Tage danach

Bei Patientinnen, die wegen eines Mamma-, Ovarial- oder Endometriumkarzinoms behandelt wurden: Testosteron, z. B. Testoviron, eine Injektion à 25 mg i. m.; Kontrolle am 10. Tag.

Bei *atrophischen Abstrichen* erleichtert der *Aufbau des Vaginalepithels durch Östrogengaben* die diagnostische Beurteilung. Wir empfehlen hierfür die in Tab. 9.**18** zusammengestellten Hormondosierungen und Applikationsformen. Im allgemeinen wird die lokale Anwendung von Östrogenen für diesen Zweck bevorzugt. Es muß jedoch darauf hingewiesen werden, daß der Östrogeneffekt nach lokaler Anwendung am Vaginalepithel bei Kontrolluntersuchungen häufig vermißt wird, vermutlich weil die Frauen das Medikament nicht sachgemäß anwenden. Die orale oder parenterale Applikation ist daher oft sicherer.

Bei zytologischen Befunden mit Verdacht auf eine *Dysplasie leichten bis mäßigen Grades* bzw. einer atypischen Metaplasie (Gr. III D) genügt zunächst ein abwartendes Verhalten. Voraussetzung ist dabei allerdings, daß es sich um eindeutig beurteilbare Präparate handelt. Nur klare zytologische Befunde dürfen dieser Gruppe zugeordnet werden.

Wir empfehlen im allgemeinen regelmäßige *zytologische und kolposkopische Kontrollen in Abständen von 3 Monaten,* unabhängig davon, ob zytomorphologische Zeichen einer HPV-Infektion vorhanden sind oder nicht. Dabei gilt das für die Wiederholung empfohlene Zeitintervall nur als unverbindliche Norm. Bei leichten Dysplasien, die sich bereits über längere Zeit stationär gehalten haben, können die Untersuchungsabstände bis auf 6 Monate verlängert werden.

Zellbilder bei leichten und mäßigen Dysplasien bilden sich in mehr als der Hälfte der Fälle spontan wieder zurück. Ein Teil der Veränderungen hält sich über längere Zeit stationär. Nur ein relativ geringer Anteil dieser Befunde schreitet zum Carcinoma in

Tabelle 9.**19** Krankheitsverlauf bei 2845 Frauen mit zytologischen Befunden der Gruppe III D aus den Jahren 1971–1980.

	n	%
Regression wahrscheinlich:		
Histologische Untersuchung negativ	254	41,1
2 nachfolgende negative zytologische Befunde	914	
Regression möglich:	648	22,8
1 nachfolgender negativer zytologischer Befund		
Persistenz:		
Histologisch Dysplasie leichten bis mäßigen Grades.	381	13,4
Zytologisch weiter III D	177	6,3
Progression:		
Histologisch schwere Dysplasie, Ca. in situ, in einigen Fällen invasives Ca.	330	11,6
Zytologisch positive Befunde (Gruppe IVa–V)	51	1,8
Zytologisch verdächtige Befunde (Gruppe III).	27	1,0
Histologisch unzureichend geklärt	63	2,2
Summe	2845	100,0

situ oder zum invasiven Karzinom fort. Diese Fälle können durch regelmäßige Kontrollen meist noch rechtzeitig erfaßt werden, bevor ein invasives Karzinom daraus entsteht.

Von 2845 Frauen mit zytologischen Befunden der Gruppe IIID (Tab. 9.**19**), die wir aus den Jahren 1971 bis 1980 nachbeobachten konnten (78), zeigten 41,1% mit hoher Wahrscheinlichkeit eine „Regression", d. h., sie hatten mindestens zwei negative zytologische Folgebefunde oder erwiesen sich bei histologischer Untersuchung als unverdächtig. Bei weiteren 22,8% erscheint eine Rückbildung möglich. Wir sahen in der Nachbeobachtungszeit aber nur *einen* zytologischen Folgebefund. Bei 11,6% ergaben die weitere Beobachtung und spätere histologische Klärung eine „Progression" des Befundes zu einer schweren Dysplasie oder einem Carcinoma in situ (304 Fälle), einem Mikrokarzinom (11 Fälle) oder einem invasiven Zervixkarzinom (15 Fälle). In der letztgenannten Gruppe waren die empfohlenen dreimonatigen Untersuchungsintervalle nicht eingehalten worden. Die Begriffe „Regression" und „Progression" sind hier in Anführungsstriche gesetzt worden, da sowohl bei Erst- als auch bei Folgeuntersuchungen eine Unterbewertung des tatsächlichen Befundes durch Entnahmefehler nicht sicher auszuschließen ist.

Wenn sich nach 1–2 Jahren keine Rückbildungstendenz zeigt, sollte man der Patientin auch bei zytologischen Befunden einer leichten bis mäßigen Dysplasie zur histologischen Klärung raten, um sie von den immer wieder notwendigen Kontrollen und letztlich auch von der ständigen Sorge zu befreien. Ob bei dysplastischen Veränderungen an der Cervix uteri mit einer Rückbildung zu rechnen ist, zeigt sich nach unseren Erfahrungen meist schon innerhalb von 6–12 Monaten.

Selbst wenn die zytologischen Befunde bei leichten und mäßigen Dysplasien sich spontan zurückgebildet haben, ist es ratsam, diese Frauen auch später sorgfältig zu überwachen, da diese Befunde, wie langfristige Beobachtungen gezeigt haben, eine erhöhte Rezidivneigung haben.

Bei zytologischen Befunden mit Verdacht auf eine *schwere Dysplasie oder ein Carcinoma in situ* (Gruppe IVa) empfehlen wir im allgemeinen eine baldige histologische Klärung. Diese Veränderungen zeigen sehr viel seltener eine Rückbildung als leichte Formen der Dysplasie.

Natürlich ist es möglich, bei zytologischen Befunden, die für eine schwere Dysplasie oder ein Carcinoma in situ sprechen, und bei Vorliegen besonderer persönlicher Umstände, die histologische Klärung unter zuverlässiger zytologischer und kolposkopischer Kontrolle auch eine Zeitlang hinauszuschieben. *Kann jedoch ein invasives Karzinom zytologisch nicht sicher ausgeschlossen werden (IVb), so muß die histologische Klärung* in jedem Falle *sofort* durchgeführt werden.

Über die Frage, *wo bei intraepithelialen Neoplasien der Cervix uteri die Grenze zwischen kontrollbedürftigen Befunden und histologisch abklärungsbedürftigen Befunden liegt,* wurde weltweit vielfach diskutiert. Wir wissen einerseits, daß Carcinoma in situ über 20 Jahre und länger unverändert bestehen bleiben können, ohne in ein invasives Karzinom überzugehen. Andererseits kann sich auch aus leichten Dysplasien relativ schnell ein Carcinoma in situ oder ein invasives Karzinom entwickeln. Dies sind aber sehr seltene Fälle. Möglicherweise beruhen sie zum Teil darauf, daß die Erstbefunde infolge unsachgemäßer Entnahmetechnik unterbewertet wurden. Man kann sie bei regelmäßigen Kontrollen meist erfassen, bevor ein invasives Karzinom daraus entsteht.

Im deutschen Sprachraum war es in den letzten 10 bis 15 Jahren üblich, die Grenze zwischen leichten und schweren Formen intraepithelialer Neoplasien zwischen der mäßigen und schweren Dysplasie zu ziehen. Einerseits sollten nicht nur Carcinomata in situ, sondern auch Befunde bei schweren Dysplasien in jedem Falle zur Gruppe der histologisch abklärungsbedürftigen Fälle gerechnet werden, weil es sich bei der schweren Dysplasie wahrscheinlich nur um eine durch die Lokalisation an der Ektozervix bedingte andere Wachstumsform einer Epithelatypie mit der biologischen Aktivität eines Carcinoma in situ handelt. Im übrigen ist das zytologische Bild der verhornenden Dysplasie mitunter nur schwer von dem eines invasiven verhornenden Plattenepithelkarzinoms zu unterscheiden und bedarf schon aus diesem Grunde einer histologischen Klärung. Andererseits wurde es nicht für nötig gehalten, die Mehrzahl der mäßigen Dysplasien einer sofortigen histologischen Klärung zuzuführen.

Durch die Vorschläge im Bethesda-System, wonach mäßige Dysplasien bereits zu den „high grade intraepithelial lesions“ gerechnet werden, ist auch bei uns die Diskussion über diese Frage erneut in Gang gekommen. Die weitaus überwiegende Zahl der befragten deutschen Zytologen, Pathologen und Gynäkologen hat dabei die Auffassung vertreten, daß sich das bisherige Vorgehen bei uns bewährt hat, und empfohlen, dabei zu bleiben. Es wurde vor allem befürchtet, daß eine Verschiebung der Grenze zwischen der leichten und mäßigen Dysplasie in vielen Fällen zu unnötigen operativen Eingriffen führen würde.

Wichtig ist – wo man auch die Grenze zieht –, daß zwischen dem Zytologen und dem behandelnden Arzt ein klares Einverständnis darüber besteht, was gemeint ist. Die Diagnostik des Zytologen muß soweit wie möglich konstant bleiben. Eher kann man in den Konsequenzen, die sich aus einem zytologischen Befund ergeben, flexibel sein. Nicht jeder Befund der Gruppe IVa muß sofort histologisch geklärt werden. In der Schwangerschaft ist dies ohnehin so üblich. Es steht aber nichts im Wege, auch zytologische Befunde mit Verdacht auf leichte bis mäßige Dysplasie im Einzelfall einer sofortigen histologischen Klärung zuzuführen.

Die sicherste histologische Abklärung intraepithelialer Neoplasien der Cervix uteri besteht in der Durchführung einer *Konisation mit anschließender Zervixabrasio.* Zuvor sollten die Patienten in jedem Falle kolposkopiert werden, um möglichst genau die Lokalisation und Ausdehnung des Krankheitsprozesses festzustellen.

Wichtig ist die *richtige Schnittführung bei der Konisation* (Abb. 9.**152**). Bei jungen Frauen muß ein möglichst breiter Konisationskegel entnommen werden, der weit auf die Ektozervix reicht, bei älteren Frauen dagegen ein schmaler Konisationskegel, der hoch in den Zervikalkanal geht. Die Konisation für diagnostische Zwecke ist mit dem Skalpell oder einem speziellen Konisationsmesser durchzuführen. Durch Elektrokonisation „verschmort“ allzuleicht ein Teil des Gewebes am Schnittrand, so daß eine exakte histologische Diagnose bei wenig ausgedehnten pathologischen Veränderungen nicht mehr möglich ist.

Vielfach wurde in letzter Zeit die *Probeexzision unter kolposkopischer Sicht* zur Abklärung der Befunde vorgeschlagen. Von anderen Seiten wurde die *Probeabschabung der Portio,* in Kombination mit der Zervixkürettage, empfohlen (42, 49). Dies sind kleinere Eingriffe, die sich sicher bei den auf diesem Gebiet besonders erfahrenen Klinikern und Gynäkologen bewähren. Auf breiter Basis in der Praxis angewandt, sehen wir die Gefahr, daß es in vermehrtem Maße zu ungenauen oder gar „falsch-negativen“ histologischen Diagnosen bei wenig ausgedehnten Vor- und Frühstadien des Zervixkarzinoms kommt. Die Konisation bringt außerdem den Vorteil, daß bei einem Carcinoma in situ oder einer Dysplasie geringer Ausdehung das pathologische Gewebe vollständig entfernt wird und damit gleichzeitig eine ausreichende Therapie erfolgt.

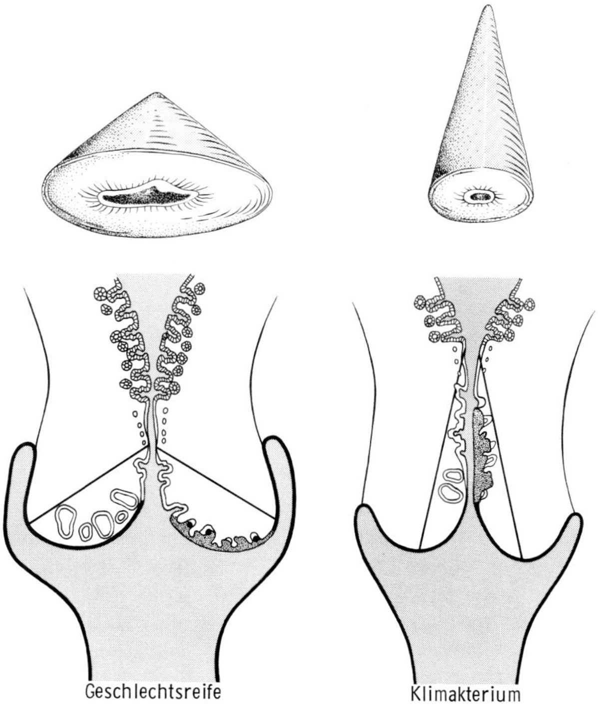

Abb. 9.**152** Schnittführung bei diagnostischer Konisation bei verschiedenem Sitz des Carcinoma in situ unter Berücksichtigung des Alters der Patientin (aus *Kern* [36]).

In besonders gelagerten Fällen ist in dafür spezialisierten Zentren auch eine Abklärung und Behandlung durch Laserung möglich.

Bei zytologischen Befunden mit *Verdacht auf ein invasives Karzinom* (Gruppe V) ergibt sich das Vorgehen für die bestmögliche Form der histologischen Abklärung meist durch die zytologische Befundbeschreibung über Art und Sitz des Karzinoms. Beim Plattenepithel- oder Adenokarzinom der Cervix uteri genügt meist eine Probeexzision oder eine Zervixkürettage. Sprechen zytologischer Befund, ebenso wie Anamnese und klinischer Befund, für ein Endometriumkarzinom, so kann man sich auf eine Abrasio des Uteruskavums beschränken. Selbstverständlich darf dies keine Strichabrasio sein, sondern es muß eine vollständige Abrasio durchgeführt werden, bei der insbesondere auch die Tubenecken erfaßt werden.

Besonders verantwortungsvoll ist die *Abklärung der zytologischen Befunde der Gruppe III (unklar),* die nicht eindeutig als negativ oder positiv beurteilt werden können. Sie sind hauptsächlich durch schwere entzündliche oder degenerative Veränderungen bedingt. *Es können aber auch Dysplasien, Carcinomata in situ oder gar invasive Karzinome des Platten- oder Drüsenepithels dahinterstekken, wenn deren Zellen durch entzündlich-degenera-*

tive Einflüsse ihr charakteristisches Aussehen verloren haben.

In unserem Material (Tab. 9.**20**) aus den Jahren 1971 bis 1973 (35) befanden sich unter den unklaren Befunden der Gruppe III 5,5% invasive Karzinome der Zervix und des übrigen Genitales, 9,5% Carcinomata in situ oder schwere Dysplasien und 6,8% leichte und mäßige Dysplasien. 63,9% der Befunde wurden bei zytologischen Kontrollen negativ. 14,3% zeigten bei histologischer Untersuchung ein negatives Ergebnis. Bezogen auf die Gesamtzahl der zytologisch entdeckten pathologischen Veränderungen, waren mit Gruppe III (unklar) jedoch 17% der invasiven Zervixkarzinome, 6% der schweren Dysplasien und Carcinoma in situ und annähernd die Hälfte der Endometriumkarzinome beurteilt worden. Ähnliche Zahlen wurden von anderer Seite (7) berichtet.

Da es sich um *Zellbilder* handelt, *hinter denen sich in beachtlicher Zahl auch invasive Karzinome verbergen können*, ist – im Gegensatz zur Gruppe III D – eine *kurzfristige Kontrolle* notwendig, ggf. nach antientzündlicher oder hormonaler Aufhellungsbehandlung (s. S. 285). Nur bei chronisch entzündlichen Prozessen wird die sofortige Wiederholung kaum eine zusätzliche Information bringen.

Bei *zytologischen Kontrolluntersuchungen nach unklaren Befunden* empfiehlt sich *stets die gleichzeitige Entnahme mehrerer Abstriche von verschiedenen Stellen* (Ektozervix, Endozervix, hinteres Scheidengewölbe), möglichst unter Benutzung von Cytobrush oder Spatel. Unterschiedliche Befunde von verschiedenen Entnahmestellen können dem behandelnden Arzt außerdem nützliche Hinweise auf die Lokalisation des Krankheitsprozesses geben.

Die *Kolposkopie sollte in jedem Falle eingeschaltet werden, um Lokalisation und Ausdehnung des Krankheitsprozesses zu bestimmen.* Sie ermöglicht ferner, bei langfristiger Beobachtung die *Progression oder Regression sichtbarer Veränderungen* zu beurteilen.

Bei klinischem Verdacht auf ein invasives Karzinom darf man, auch bei nur zweifelhaftem oder gar negativem zytologischen Befund nicht zögern, eine sofortige histologische Klärung vorzunehmen. Insbesondere *bei Verdacht auf Endometriumkarzinom reichen zytologische Kontrollen in der Regel nicht aus,* da beim Endometriumkarzinom von Zervix- und Vaginalabstrichen in höchstens 60% der Fälle positive oder verdächtige zytologische Befunde zu erwarten sind.

Sofern sich ein zweifelhafter zytologischer Befund durch zytologische und kolposkopische Kontrollen allein zur negativen Seite hin abklären läßt, darf man sich nie mit *einem* negativen zytologischen Befund zufrieden geben, sondern muß mindestens zwei negative Folgebefunde in Abständen von 2–3 Monaten fordern. Eine Ausnahme davon ist gelegentlich bei eindeutiger Abklärung nach antientzündlicher oder hormonaler Aufhellung zulässig.

Tabelle 9.**20** Ergebnisse der Nachuntersuchung von 1450 Frauen mit zytologischen Befunden der Gruppe III (unklar) aus den Jahren 1971–1973 (aus *Kattner, W.* [35]).

Zytologischer Wiederholungsbefund	n	%
negativ	927	63,9
Histologisch geklärt		
unverdächtig	207	14,3
leichte/mäßige Dysplasie	99	6,8
schwere Dysplasie u. Carcinoma in situ	138	9,5
invasive Zervixkarzinome	43	3,0
Endometrium- u. andere Genitalkarzinome	36	2,5
	1450	100,0

Die Rolle der Kolposkopie für die Abklärung positiver und unklarer zytologischer Befunde

Von besonderer Bedeutung für die weitere Abklärung *aller* auffälligen zytologischen Befunde ist der Einsatz der Kolposkopie als weitere Methode der Krebsfrüherkennung an der Cervix uteri.

Beide Methoden haben völlig unterschiedliche Ansätze. Die Zytologie ist eine Methode der mikroskopischen Beurteilung von Zellen, die durch Abstrichentnahme gewonnen wurden. Die Kolposkopie stellt eine lupenoptische Betrachtung der Portiooberfläche dar. Die *Ergebnisse beider Methoden decken sich daher in vielen Fällen nicht, können sich aber in wertvoller Weise ergänzen.*

Es ist seit langem bekannt, daß die Ergebnisse der Früherkennung an der Cervix uteri bei gleichzeitigem Einsatz beider Methoden besser sind als bei alleinigem Einsatz von Zytologie oder Kolposkopie. Dies haben z. B. die Untersuchungen von Navratil (55) gezeigt, der mit der Zytologie alleine eine Sensitivität von 87%, mit der Kolposkopie alleine von 79%, unter Einsatz beider Methoden aber eine Sensitivität von 98% erreichte. Eine gewisse Skepsis erscheint aus heutiger Sicht hinsichtlich der hohen Sensitivitäten für beide Methoden angebracht, da es sich nicht um prospektive Untersuchungen handelte.

Als *Screeningmethode* ist die *Kolposkopie der Zytologie unterlegen.* Einerseits hat die Kolposkopie im Vergleich zur Zytologie schon deshalb eine geringere Sensitivität, weil ihr alle intrazervikal lokalisierten Prozesse (10–20% der intraepithelialen Neoplasien) entgehen. Andererseits ist leider die Rate der *falsch-positiven Befunde* bei der Kolposkopie wesentlich höher als bei der Zytologie, was von den Verfechtern der Kolposkopie gerne verschwiegen wird. So fand Bajardi (3) unter 457 Frauen mit kolposkopisch verdächtigem Portiobefund nur in 23 Fällen eine leichte bis mäßige Dysplasie, in 22 Fällen eine schwere Dysplasie oder ein Carcinoma in situ und einmal ein invasives Zervixkarzinom, d. h. in 87% der Fälle war der kolposkopische Befund falsch-positiv. Würde man allein aufgrund positiver kolposkopischer Befunde die Indikation zur histologischen Klärung stellen, so würden viele Folgeeingriffe unnötig gemacht werden.

Auch hinsichtlich der Differentialdiagnostik intraepithelialer Neoplasien ist die Zytodiagnostik leistungsfähiger als die Kolposkopie, da selbst Kondylome oft kolposkopisch nicht von echten intraepithelialen Neoplasien zu unterscheiden sind. Auf der anderen Seite *kann man durch die Kolposkopie aber* auch in manchen Fällen *den ersten Hinweis auf einen neoplastischen oder präneoplastischen Prozeß erhalten, wenn* z. B. die *Zytologie* infolge unsachgemäßer Entnahme oder fehlerhafter Beurteilung *falsch-negativ* ist.

Weiterhin ist zu bedenken, daß die kolposkopische Untersuchung vom untersuchenden Gynäkologen eine sofortige Diagnose verlangt (die Kolpophotographie ist keine geeignete Methode für Massenscreeninguntersuchungen), also die Beherrschung der Methode erfordert. Auch in Deutschland, wo die Kolposkopie entwickelt wurde, trifft dies leider nicht für alle Gynäkologen zu. Für die zytologische Diagnostik dagegen genügt es, den Zellabstrich richtig zu entnehmen. Die mikroskopische Untersuchung kann in einem Speziallaboratorium vorgenommen werden.

Für eine optimale Abklärung positiver und verdächtiger zytologischer Befunde aber ist der Einsatz der Kolposkopie unentbehrlich. Dies gilt nicht nur bei Verdacht auf intraepitheliale Neoplasien an der Portio, sondern sollte bereits bei negativen zytologischen Befunden mit Wiederholungsempfehlung einsetzen.

Der besondere Vorteil der Kolposkopie besteht darin, daß man mit ihrer Hilfe *den Sitz und die Ausdehnung eines pathologischen Prozesses erkennen und verfolgen* kann, was mit der Zytologie nur sehr eingeschränkt möglich ist. Dies kann für die optimale Abstrichentnahme bei zytologischen Kontrolluntersuchungen von Bedeutung sein. Vor allem aber ist es für die *Planung und Durchführung operativer Eingriffe zur Abklärung positiver und verdächtiger zytologischer Befunde* wichtig. Unter kolposkopischer Sicht können kleine Probeexzisionen an optimaler Stelle entnommen werden. Es kann entschieden werden, ob eine Portioabschabung oder Laserbehandlung genügt oder besser eine Konisation vorgenommen wird. Vor der Konisation kann die Ausdehnung des Krankheitsprozesses an der Portiooberfläche bestimmt werden.

Bedeutung der Differentialzytologie

Für die *zytologische Diagnostik* besteht die *wichtigste Aufgabe* darin, *zwischen Befunden zu unterscheiden,* die
- *völlig unverdächtig* sind, bei denen also eine Kontrolle im üblichen Abstand der Vorsorgeuntersuchungen genügt,
- *einer sofortigen Kontrolle oder Wiederholungsuntersuchungen in kürzeren Zeitabständen bedürfen,*
- eine *sofortige histologische Klärung erfordern.*

Die Grenze zwischen Befunden, bei denen eine zytologische Kontrolle noch genügt, und solchen, bei denen bereits eine histologische Klärung notwendig ist, liegt zwischen der Dysplasie mäßigen und schweren Grades.

Differentialzytologische Befunde können und sollen natürlich nicht die Histologie ersetzen. Die endgültige Sicherung des Befundes muß durch histologische Klärung erfolgen. *Dennoch kommt den differentialzytologischen Befunden wesentliche Bedeutung zu:*
- Ein großer Teil der Zellveränderungen bei leichter und mäßiger Dysplasie ist rückbildungsfähig, so daß zytologische Verlaufskontrollen genügen. Es können dadurch unnötige Konisationen vermieden werden, was insbesondere bei jüngeren Frauen wichtig ist.
- Bei histologisch nachgewiesenem Carcinoma in situ oder schwerer Dysplasie bedeutet die vorausgegangene zytologische Diagnose eine doppelte Sicherung, wenn sie durch histologische Untersuchung bestätigt wird.
- Bei zytologischem Verdacht auf ein invasives Karzinom, der sich bei der histologischen Untersuchung nicht bestätigt, müssen weitere diagnostische Maßnahmen veranlaßt werden.
- Bei zytologischem Hinweis auf ein Adenokarzinom des Endometriums genügt zur histologischen Klärung eine Abrasio.
- In der Schwangerschaft kann man sich bei zytologischem Verdacht auf Carcinoma in situ oder Dysplasie abwartend verhalten, bei Verdacht auf invasives Karzinom dagegen nicht.

Mit Nachdruck muß darauf hingewiesen werden, daß die *Differentialzytologie keine Methode der prospektiven Diagnostik* ist, als welche diese vielfach fälschlich bezeichnet wurde. Die Differentialzytologie ermöglicht in einer hohen Anzahl von Fällen eine relativ sichere Aussage über den gegenwärtigen histologischen Befund, aber *keine Aussage über die voraussichtliche Entwicklungstendenz einer atypischen Epithelveränderung.*

Ein *Abweichen von der Regel, den zytologisch positiven Befund vor Einleitung der Therapie durch histologische Untersuchung zu sichern,* sollte an einem für die Gewebeentnahme so leicht zugänglichen Organ wie der Zervix und dem Corpus uteri *nur in Ausnahmefällen* erfolgen. Eine solche Situation kann gegeben sein, *wenn zytologisch Verdacht auf ein Carcinoma in situ oder eine Dysplasie besteht und aus anderer Indikation* (Uterus myomatosus, Descensus oder Prolaps uteri) *ohnehin eine Hysterektomie vorgesehen ist.*

In jedem Falle setzt ein solches Vorgehen eine *enge Zusammenarbeit zwischen dem behandelnden Arzt und dem Zytologen* und eine absolut zuverlässige zytologische Diagnose voraus! Ein *Wiederholungsabstrich mit der direkten Frage an den Zytologen, ob eine Hysterektomie ohne vorherige histologische Klärung gemacht werden kann,* sollte nie unterbleiben.

Ursachen fehlender Übereinstimmung zwischen Zytologie und Histologie

Obwohl theoretisch eine Übereinstimmung zwischen histologischem und zytologischem Befund bestehen müßte, findet man in der Praxis der Routinediagnostik doch immer wieder Abweichungen. Dies kann verschiedene Ursachen haben:

- Die *Entnahme und Anfertigung des zytologischen Präparates ist fehlerhaft.* Wird ein Abstrich an falscher Stelle entnommen oder wird die Portio vor der Abstrichentnahme abgewischt, so kann sich ein *falsch-negativer Befund* ergeben. Werden bei einem invasiven Karzinom nur Randpartien mit dysplastischen Veränderungen erfaßt, so kann ebenfalls keine Übereinstimmung des zytologischen Befundes mit einer exakt durchgeführten histologischen Klärung erwartet werden.
- Die *Gewebeentnahme für die histologische Untersuchung ist unzureichend.* Nur wenn das krankhafte Gewebe tatsächlich und im Bereich seiner schwersten Veränderung entfernt wird, kann der Histologe eine richtige Diagnose stellen. Eine oder mehrere Probeexzisionen, auch wenn sie unter Sicht des Kolposkops gemacht werden, oder eine Kürettage allein reichen oft nicht zur Abklärung eines verdächtigen Zervixbefundes aus.
- Die *histologische Aufarbeitung des entnommenen Materials ist unzureichend.* Trotz ausreichender Gewebeentnahme und Entfernung des krankhaften Gewebes kann dadurch die pathologische Veränderung unentdeckt bleiben, oder sie wird zumindest nicht in ihrer ganzen Schwere erkannt werden.
- Es gibt *fließende Übergänge zwischen verschiedenen pathologischen Veränderungen.* Der *subjektive Ermessensspielraum* kann *sowohl bei der zytologischen als auch bei der histologischen Beurteilung* zu unterschiedlichen Diagnosen bei verschiedenen Untersuchern und damit zu Abweichungen zwischen zytologischen und histologischen Befunden führen.

Diese „Unzulänglichkeiten" bei der technischen Bearbeitung und der mikroskopischen Beurteilung sowohl zytologischer als auch histologischer Präparate sind kein Grund, in der Zytologie auf eine der Histologie angepaßten Befundbeschreibung zu verzichten. Sie müssen vielmehr Anlaß sein, alles daran zu setzen, die Fehlerquellen auszuschalten, um zu einer besseren Diagnostik zu kommen.

Vorgehen bei fehlender Übereinstimmung zwischen Zytologie und Histologie

Wird ein positiver zytologischer Befund nicht sofort bestätigt, so ist dies noch kein Beweis dafür, daß der zytologische Befund falsch war. Diese Fälle bedürfen einer besonders sorgfältigen weiteren Beobachtung. Wir pflegen dabei folgendermaßen vorzugehen:

1. Als erstes wird der *Zellabstrich nochmals kritisch begutachtet.* Stellt sich heraus, daß eine zytologische Fehldiagnose vorlag bzw. der zytologische Befund zu hoch bewertet wurde, so können weitere Maßnahmen zunächst unterbleiben. Natürlich wird man sicherheitshalber die Patientin in kurzfristiger Kontrolle behalten.
2. Wird die zytologische Diagnose aufrechterhalten, so muß als nächstes das *histologische Untersuchungsmaterial nochmals überprüft* werden. Es sind, wenn möglich, weitere histologische Schnitte anzufertigen.
3. Ergibt auch die weitere Aufarbeitung des histologischen Untersuchungsmaterials keine Erklärung für den zytologischen Befund, *so muß überprüft werden, ob die Gewebeentnahme ausreichend war.* Die Patientin ist erneut klinisch, kolposkopisch und zytologisch zu untersuchen.
4. Findet sich *wiederum ein positiver zytologischer Befund,* so ist anzunehmen, daß die Gewebeentnahme nicht ausreichend war. Es muß *nochmals Gewebe für die histologische Untersuchung* gewonnen werden.
   In diesem Zusammenhang sei daran erinnert, daß positive zytologische Befunde nicht nur durch Veränderungen im Bereich der Zervix und des Corpus uteri, sondern auch durch andere *seltene Geschwülste* bedingt sein können: durch ein klinisch allzu leicht zu übersehendes *Vaginalkarzinom,* durch ein *Tubenkarzinom,* das in frühen klinischen Stadien kaum palpatorisch zu erfassen ist, und in seltenen Fällen durch ein *Ovarialkarzinom.*
5. Ist das Ergebnis der *zytologischen Kontrolluntersuchung negativ,* so wird man es bei weiteren *Nachuntersuchungen* der Patientin bewenden lassen, die in *Abständen von 3–6 Monaten* durchgeführt werden sollten. Beruhigt darf man jedoch erst sein, wenn die zytologischen Wiederholungsuntersuchungen über mindestens 2 Jahre negativ verlaufen sind.
6. Schließlich muß man, wenn auch sehr selten, *an technische Fehler denken,* nämlich
   - *Materialübertragung während der Fixierung und Färbung,* wobei einzelne Tumorzellen sich vom Objektträger lösen und an negativen Präparaten festhaften können,
   - *Präparatverwechslungen in Praxis oder Laboratorium,* die sowohl zu falsch-positiven als auch falsch-negativen Ergebnissen führen können.

Das gleiche Vorgehen, wie vorstehend geschildert, ist im Prinzip notwendig, wenn bei einem zytologischen Befund, der für ein invasives Karzinom spricht, die histologische Untersuchung nur ein Carcinoma in situ oder eine Dysplasie ergibt.

Die Erfahrung hat gezeigt, daß sich allzuoft eine Bestätigung des zytologischen Befundes erst nach systematischem Vorgehen in dieser Weise erreichen läßt und daß leider – wenn dies unterbleibt – trotz vorausgegangener positiver zytologischer Befunde immer wieder Karzinome erst in fortgeschrittenen Stadien entdeckt werden.

Schwierig zu beurteilende zytologische Befunde

Während der Beurteilung negativer und eindeutig positiver zytologischer Befunde bei Karzinomen und ihren Vorstufen relativ schnell erlernbar ist, erfordert die diagnostische Entscheidung bei unklaren Befunden große Erfahrung. Im folgenden sollen daher die *häufigsten Ursachen schwierig zu beurteilender gutartiger Veränderungen, die Anlaß zur Verwechslung mit malignen und prämalignen Zellbildern geben können* (oder auch umgekehrt), nochmals in Erinnerung gebracht und die Möglichkeiten ihrer differentialdiagnostischen Abklärung aufgezeigt werden.

Zellveränderungen bei **unspezifischen Entzündungen** gehören zu den *häufigsten Ursachen schwierig zu beurteilender Präparate.* Sie spielen sich im Bereich der Vagina, des Zervikalkanals und in höheren Abschnitten des Genitales ab. *Vergrößerung und Hyperchromasie der Zellkerne in Verbindung mit degenerativen Einflüssen können in seltenen Fällen ungewöhnliche Ausmaße annehmen* (Abb. 9.**153**–9.**156**). Zellen aus den tiefen Schichten des Plattenepithels, endozervikale Zellen sowie unreife Metaplasiezellen sind dann unter Umständen *nicht mehr sicher von Zellen aus malignen oder prämalignem Gewebe zu unterscheiden.* Damit ist insbesondere deshalb zu rechnen, weil *auch an Tumorzellen infolge entzündlicher oder degenerativer Einflüsse die charakteristischen Zeichen der Atypie weitgehend verlorengehen können.* So bereitet die *Unterscheidung freiliegender Kerne unreifer Tumorzellen von autolytischen Kernen endozervikaler Zellen* oft größte Schwierigkeiten. Werden solche Befunde nach wiederholten Kontrollen nicht negativ, so bleibt gelegentlich nichts anderes übrig, als zum Ausschluß eines Karzinoms doch eine histologische Klärung vorzunehmen.

Im übrigen enthalten Zellabstriche bei chronisch-entzündlichen Prozessen an der Cervix uteri häufig *Zellen aus regenerierendem Gewebe und unreife Metaplasiezellen,* deren Beurteilung bei gleichzeitigen entzündlich-degenerativen Einflüssen schwierig ist.

Zellen aus **regenerierendem Gewebe** (s. S. 172f) haben *mit Tumorzellen die vergrößerten, mitunter multiplen Nukleoli gemeinsam.* Eine Abgrenzung kann besonders gegenüber differenzierten Adenokarzinomen der Endozervix schwierig sein. Die Kernstruktur ist bei regenerierenden Zellen jedoch relativ fein. Die meist ovalen Zellkerne erscheinen regelmäßig. Die Zellränder sind, obwohl oft unregelmäßig, im allgemeinen doch scharf begrenzt. Vielfach liegen die Zellen in lockeren Verbänden.

Von den **Metaplasiezellen** bereiten im allgemeinen nur *unreife Formen* diagnostische Schwierigkeiten. Eine *Verwechslung* ist am ehesten mit *Dysplasiezellen oder Carcinoma-in-situ-Zellen* möglich, wenn nämlich die Kernstruktur der Metaplasiezellen und evtl. auch deren Plasma durch entzündliche Einflüsse geschädigt ist. Im Vergleich mit Zellen des Carcinoma in situ zeigen die *Kerne metaplastischer Zellen* gewöhnlich eine *feinere Chromatinstruktur* und sind kleiner. Vor einer Verwechslung mit Tumorzellen schützt meist ebenfalls die feinere Struktur der Kerne und das *Fehlen vergrößerter Nukleoli* in Metaplasiezellen.

Die Abklärung bei allen diesen Veränderungen erfolgt am besten durch *Wiederholung der Abstrichuntersuchung.* Dabei empfehlen wir im allgemeinen, *mehrere Abstriche gleichzeitig von verschiedenen Stellen* zu entnehmen: von der *Ektozervix* mit einem am Ende konkav ausgeschnittenen Holzspatel, aus dem *Zervikalkanal* mit Cyto-brush und vom *hinteren Scheidengewölbe* mit dem Watteträger. Der Zeitpunkt der Abstrichwiederholung hängt von der Schwere und Art des zytologischen Befundes ab. Bei Entzündungen, die sich im Bereich der Vagina

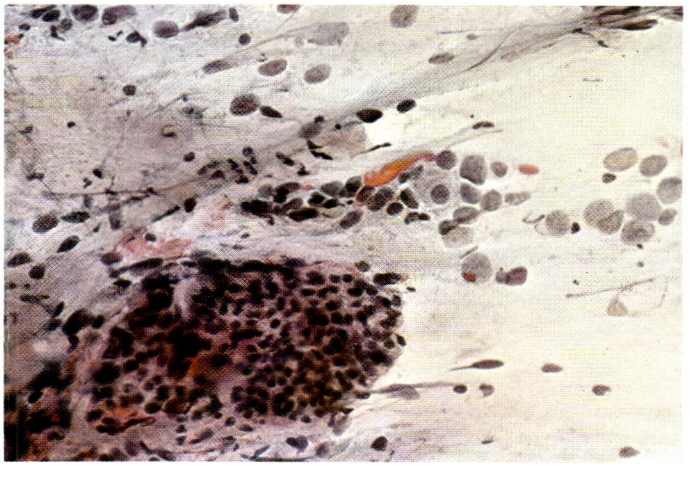

Abb. 9.**153** Degenerativ veränderte endozervikale Zellen mit reichlich Schleim. Links unten degenerativ geschrumpfte pyknotische Zellkerne. Rechts stark vergrößerte, freiliegende strukturlose Kerne, ebenfalls vom endozervikalen Epithel stammend. Solche Befunde sind häufig als unklar anzusehen und bedürfen der baldigen Kontrolle (Obj. 25 ×, Ok. 10 ×).

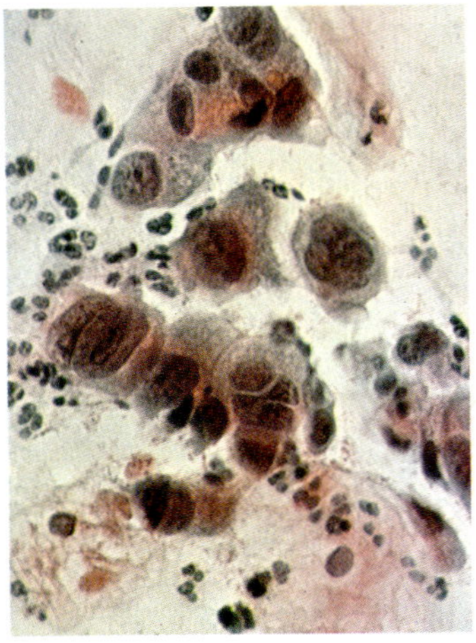

a

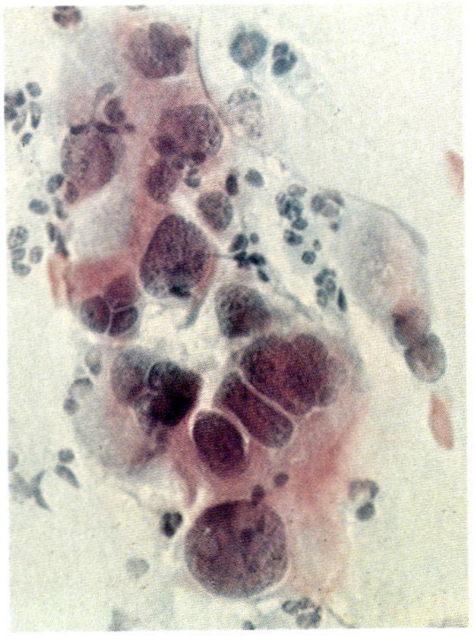

b

Abb. 9.**154a** u. **b** Zellbild bei chronischer Zervizitis.

a Unklare Zellen, wahrscheinlich endozervikalen Ursprungs, mit vergrößerten, unregelmäßig geformten und leicht hyperchromatischen Kernen. Mehrkernigkeit. Daneben zwei Superfizialzellen und Leukozyten (Obj. 40 ×, Ok. 10 ×).

b Degenerativ veränderte Zellgruppe mit unterschiedlich großen, unregelmäßig geformten, teils stark vergrößerten hyperchromatischen Kernen. Vom Zellplasma sind nur noch Reste vorhanden, die unscharf begrenzt sind (Obj. 40 ×, Ok. 10 ×).

Beide Zellbilder sind unklar und bedürfen der sofortigen zytologischen Kontrolle. Wenn dies keine Klärung bringt, histologische Untersuchung zum Ausschluß eines Karzinoms.

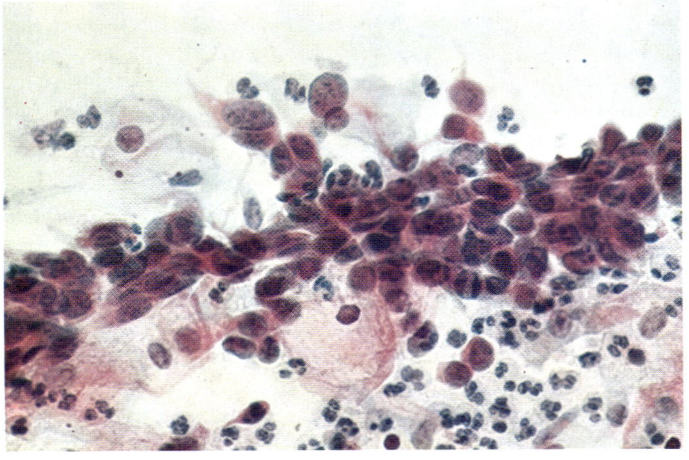

Abb. 9.**155** Chronische Zervizitis. Relativ kleine Zellen mit runden bis ovalen, hyperchromatischen Kernen und nur wenig Plasma in unregelmäßig aufgelockertem Verband. Wahrscheinlich vom endozervikalen oder unreifen metaplastischen Epithel stammend. – Der Befund ist unklar und bedarf der sofortigen Kontrolle (Obj. 40 ×, Ok. 10 ×).

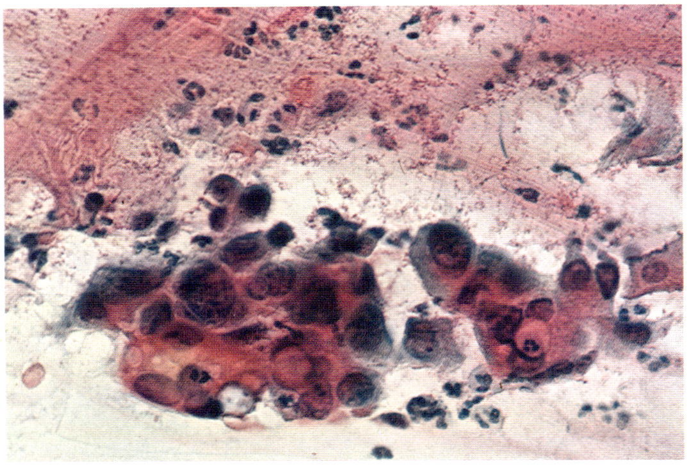

Abb. 9.**156** Unregelmäßiger Zellverband mit stark hyperchromatischen und teils auch stark vergrößerten Kernen. Das Zellplasma der einzelnen Zellen ist nicht zu trennen; es ist amphophil und zeigt große Vakuolen. Das Chromatin in den Kernen ist teilweise unregelmäßig verteilt. Zerfallenes Blut, Leukozyten. Der Befund wurde zytologisch als unklar eingestuft, wobei auch ein nicht verhornendes Plattenepithelkarzinom nicht sicher ausgeschlossen werden konnte. Die sorgfältige histologische Klärung (Konisation und fraktionierte Abrasio) ergaben jedoch lediglich eine Dysplasie mäßigen Grades bei gleichzeitiger chronischer Zervizitis (Obj. 40 ×, Ok. 10 ×).

abspielen, empfiehlt es sich, vor der Abstrichuntersuchung eine lokale antientzündliche Behandlung, z. B. durch intravaginale Einlage eines Antibiotikums, vorzunehmen.

Weniger differentialdiagnostische Schwierigkeiten als die schweren Formen unspezifischer Entzündungen bereiten gewöhnlich *Sonderformen der Entzündung,* deren spezifisches Zellbild bekannt ist.

Bei **Trichomonadeninfektionen** (s. S. 156ff), die durch hyperchromatische Zellkerne mit perinukleären Höfen auffallen, sollte man mit der Diagnose *Dysplasie leichten bis mittlern Grades* zurückhaltend sein. Die Zellveränderungen *bilden sich nach erfolgreicher Behandlung der Trichomonadeninfektion meist innerhalb weniger Wochen oder Monate völlig zurück.* Die zytologische Kontrolluntersuchung sollte nicht eher als in 8 Wochen stattfinden.

Bei **virusbedingten Zellveränderungen** durch Herpes genitalis (s. S. 170ff) wird eine Verwechslung mit Zellen aus malignem oder prämalignem Gewebe nur selten vorkommen. Die Befunde lassen sich am besten durch *Wiederholung der Abstrichuntersuchung* abklären, *da Virusveränderungen innerhalb weniger Wochen im Zellbild verschwinden.* Andere gutartige multinukleäre Zellen wie histiozytäre Riesenzellen oder Trophoblastzellen unterscheiden sich dadurch von den Virusveränderungen, daß die Kerne nicht das typische Mattglasbild und keine gegenseitige Eindellung der Kernmembran zeigen.

Zellbilder bei **lymphozytärer bzw. follikulärer Zervizitis** (s. S. 168f) sind durch die relative Gleichförmigkeit der Zellen, deren geringe Größe und den fast stets vorhandenen schmalen Plasmasaum der unreifen Lymphozyten von Tumorzellen zu unterscheiden. *Differentialdiagnostische Schwierigkeiten* können auftreten *bei der Abgrenzung*

- gegenüber *unreifen Plattenepithelkarzinomen,* wenn die Zellen aus dem unreifen lymphatischen Gewebe starken degenerativen Veränderungen ausgesetzt sind (Abb. 9.**157**),
- gegenüber den *seltenen Absiedlungen maligner Lymphome* im Bereich des Genitales (Abb. 9.**124**).

Bei **Trägerinnen von IUP** treten häufig Veränderungen in den Zellabstrichen auf (2, 5, 6, 8, 9). Man findet in vermehrtem Maße *metaplastische Zellen* mit mehr oder weniger ausgeprägten Zeichen der Atypie. Es zeigen sich *Zellen aus Regenerationsepithel, metaplastisch-dysplastische Zellen* und immer wieder auch *kleine Verbände von Endometriumzellen* (Abb. 9.**158** u. 9.**159**). Diese Befunde sind *irreführend, wenn man die Anamnese nicht kennt.* Es ist deshalb unbedingt notwendig, daß der behandelnde Arzt dem Zytologen in jedem Falle mitteilt, wenn eine Patientin ein IUP trägt. Die erwähnten *Befunde bilden sich nach vorübergehender Entfernung des IUP meist wieder zurück.* Selbst deutlich dysplastische Zellen verschwinden.

Im Gegensatz zu immer wieder geäußerten Vermutungen (1, 5) verursachen hormonale Ovulationshemmer am zervikalen oder vaginalen Zellbild keine unmittelbaren Veränderungen im Sinne der Atypie (11, 12). Das vermehrte Auftreten von Epithelatypien bei Frauen, welche die „Pille" nehmen, wird in erster Linie mit den in dieser Gruppe öfters ausgeübten anderen Sexualpraktiken (wie z. B. frühe Kohabitarche, häufig wechselnde Partner usw.) erklärt, die sehr wohl Einfluß auf die Kanzerogenese haben können.

In der **Schwangerschaft** können in seltenen Fällen stark *degenerativ veränderte Deziduazellen* auftreten (Abb. 9.**160** u. 9.**161**), die nur schwer von Zellen intraepithelialer Neoplasien oder gar von Tumorzellen abzugrenzen sind.

In **atrophischen Zellabstrichen** ist die Abgrenzung der Parabasalzellen von atypischen Zellen schon deshalb nicht leicht, weil die *Parabasalzellen, ähnlich wie Tumorzellen, schon normalerweise einen relativ großen Kern haben.* Sie sind besonders anfällig gegenüber *entzündlich-degenerativen Einflüssen.* Die Zellen, insbesondere aber die Kerne, erscheinen dann *gedunsen* und *vergrößert.* In anderen Fällen

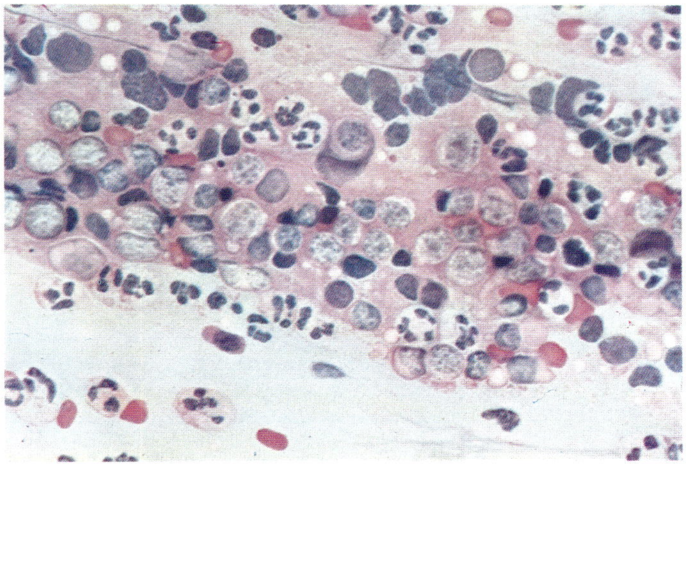

Abb. 9.**157** Degenerativ verändertes Zellbild bei follikulärer Zervizitis. Zahlreiche gedunsene, unreife Lymphozyten mit grob granuliertem Chromatinmuster. Die Zellen sind in rosa gefärbtem Schleim und zerfallenem Blut eingelagert. Daneben dunkel gefärbte, unterschiedlich große und polymorphe, freiliegende Zellkerne, deren Struktur meist völlig verwaschen ist. Beide Zellformen können Anlaß zur Verwechslung mit schlecht erhaltenen Tumorzellen geben. Einige Leukozyten (Obj. 40 ×, Ok. 10 ×).

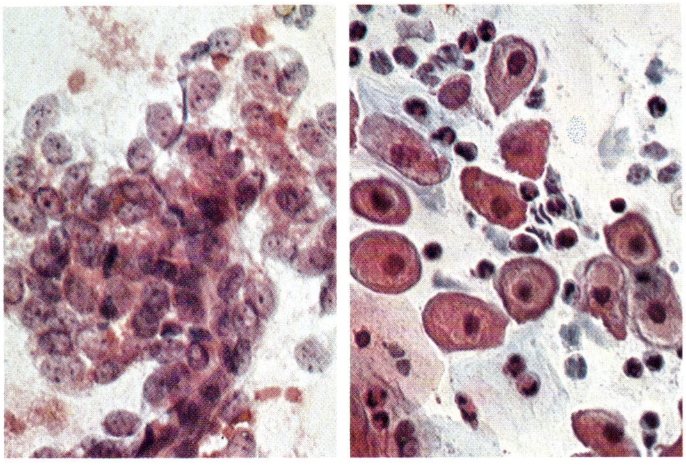

a b

Abb. 9.**158a** u. **b** Zellbildveränderungen bei IUP-Trägerin.

a Lockerer Zellverband, wahrscheinlich von einem regenerierenden endozervikalen Drüsenepithel ausgehend.

b Eosinophil angefärbte, relativ gut ausdifferenzierte metaplastische Zellen (beides Obj. 40 ×, Ok. 10 ×).

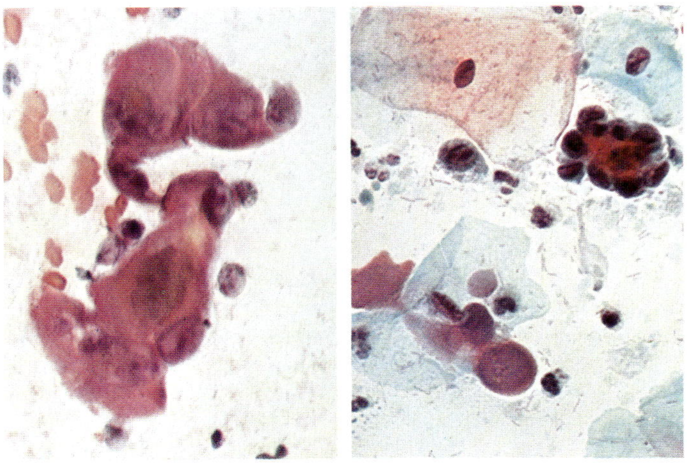

a b

Abb. 9.**159a** u. **b** Zellbildveränderungen bei IUP-Trägerin (gleiches Präparat wie Abb. 9.**158**).

a Degenerativ veränderte dysplastische Zellen. Die Kerne sind stark vergrößert mit verwaschener Struktur und ungleich groß. Das eosinophile Plasma ist milchig trüb.

b Endometriumzellgruppe und einige dysplastische Zellen neben gut erhaltenen Intermediär- und Superfizialzellen (beides Obj. 40 ×, Ok. 10 ×).

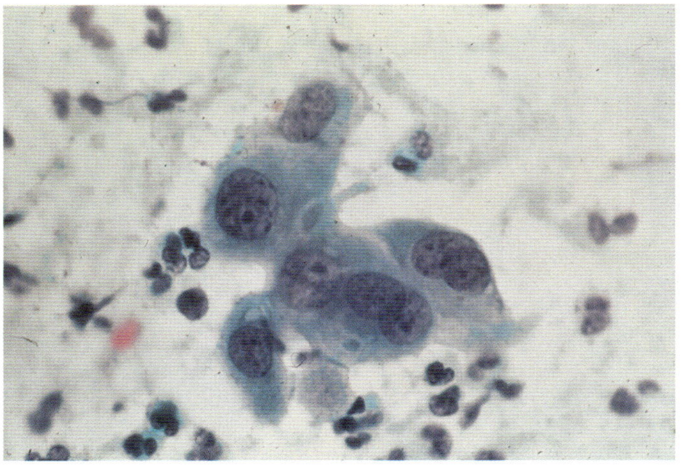

Abb. 9.**160** Deziduazellen in lockerem Verband aus dem Stroma der Cervix uteri bei einer 32jähr. Frau in der 26. Schwangerschaftswoche. Die vergrößerten runden Zellkerne sind von reichlich zyanophilem Plasma umgeben. Neben einer Vergröberung der Struktur der leicht hyperchromatischen Kerne fallen besonders die vergrößerten Nukleoli auf.
Ein ungewöhnlicher Befund! Normalerweise sind deziduale Zellen aus dem Zervixbindegewebe und ihre Kerne blaß angefärbt. Der Vergleich mit der Histologie, gewonnen durch mehrere kleine Probeexzisionen, zeigte jedoch eindeutig, daß es sich um dezidual umgewandelte Stromazellen aus der Cervix uteri handelte (Obj. 40 ×, Ok. 10 ×).

kann das *Kernchromatin verklumpen*. Die Kerne erscheinen tief schwarz, strukturlos und unregelmäßig in der Form (Abb. 9.**162**).

Eine *Beurteilung atrophischer Zellbilder mit entzündlich-degenerativen Veränderungen ist ohne Aufhellungsbehandlung nicht immer möglich*. Von der einfachen Wiederholung der Abstrichuntersuchung ist nicht viel zu erwarten, da sich meist dasselbe unklare Zellbild bietet.

Eine *Abklärung dieser Zellbilder* ist jedoch *relativ leicht durch Gabe von Follikelhormon* zum Aufbau des Vaginalepithels und anschließende Abstrichkontrolle möglich (s. S. 285). Dies ist stets dann angezeigt, wenn in atrophischen Abstrichen maligne

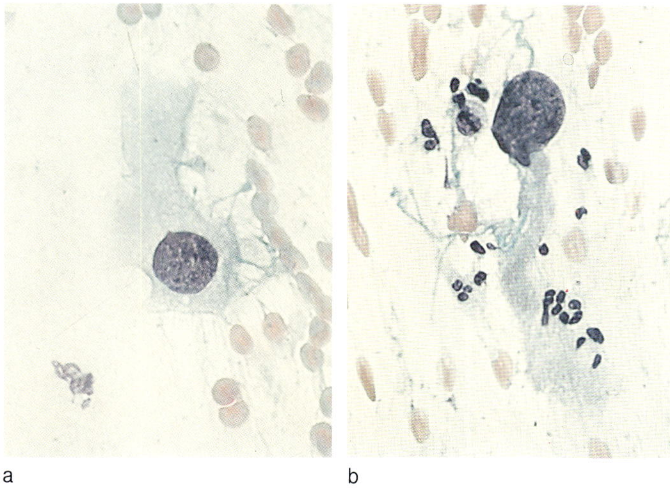

Abb. 9.**161 a** u. **b** Deziduazellen.

a Degenerativ veränderte Deziduazelle mit stark vergrößertem, hyperchromatischem, leicht granuliertem Kern und weitläufigem, blassem Zytoplasma.

b Freiliegender, stark vergrößerter Kern einer Deziduazelle. Stark hyperchromatisch mit granuliertem Chromatin und auffallendem Nukleolus. Links daneben Reste des degenerierten Zytoplasmas.
Beide Zellen aus dem Zervixabstrich einer 33jähr. Frau in der 26. Schwangerschaftswoche (Obj. 40 ×, Ok. 10 ×).

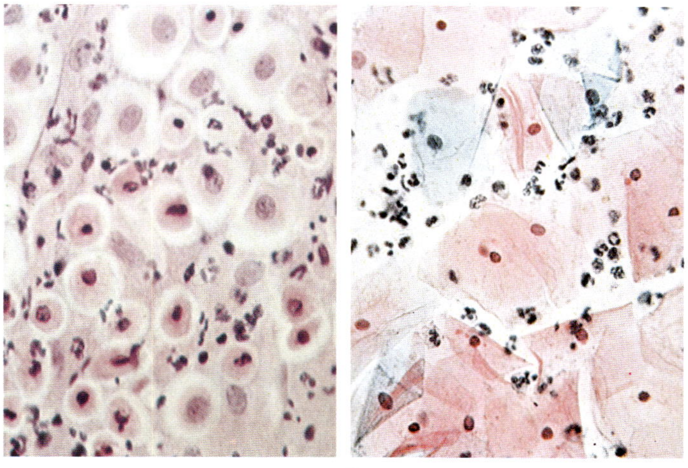

Abb. 9.**162 a** u. **b** Aufhellungsbehandlung mit Östrogenen.

a Atrophisches Zellbild mit entzündlich-degenerativen Veränderungen. Die Zellen erscheinen blaß, die Kerne sind überwiegend gebläht, zum Teil degenerativ geschrumpft und pyknotisch. Mäßig viele Leukozyten.

b Abstrich von derselben Patientin, eine Woche nach Gabe von 5 mg Östradiolbenzoat i.m., mit einem hochproliferierten Zellbild, das problemlos zu beurteilen ist (beides Obj. 40 ×, Ok. 10 ×).

Zellveränderungen nicht sicher auszuschließen sind oder deren Typ nicht zu bestimmen ist.

Bei *gesunden Frauen bietet sich nach Östrogengabe ein völlig normales Zellbild mit den Zeichen einer guten Follikelhormonwirkung* (Abb. 9.**162** u. 9.**163**). Es enthält Superfizial- und große Intermediärzellen. Der Präparathintergrund ist gewöhnlich sauber. *Tumorzellen sowie Zellen eines Carcinoma in situ oder einer Dysplasie, die gegenüber hormonalen Einflüssen „taub" sind, bleiben dagegen unverändert* und *heben sich nunmehr deutlich gegenüber dem normalen Zellbild ab.*

Sehr ähnliche unklare Zellbilder können sich, unabhängig von der Hormonlage, bei Antrocknung des Zellmaterials vor der Fixierung (Abb. 9.**164 a**) zeigen.

Gelegentlich sieht man in atrophischen Zellabstrichen *rundliche, dunkle Gebilde,* die von Artefakten schwer zu unterscheiden sind (Abb. 9.**165**). In stärkerer Vergrößerung erkennt man im Inneren der dunklen Gebilde mitunter eine stärkere Verdichtung, die dem degenerierten Zellkern einer Parabasalzelle entsprechen dürfte. Es handelt sich wahrscheinlich um *Schleimeindickungen* (inspissated mucus) auf Parabasalzellen mit degenerierten Zellkernen. Sie können auf den ersten Blick für freiliegende hyperchromatische Kerne eines invasiven Karzinoms gehalten werden. Auch diese Gebilde verschwinden nach Follikelhormongabe, treten aber nach einiger Zeit erneut auf, wenn das Vaginalepithel wieder atrophisch wird.

In seltenen Fällen können bei Frauen mit *atrophischem Abstrich nach Gabe von Follikelhormon* kleine, langgestreckte *Parakeratosezellen in größerer Zahl* auftreten (Abb. 9.**166**). Sie liegen einzeln oder in kleinen Verbänden. Ihre Abgrenzung gegenüber Dysplasie- und Carcinoma-in-situ-Zellen kann äußerst schwierig sein. In typischer Weise sind die Parakeratosezellen meist von reichlich Metaplasiezellen umgeben, die nur eine mäßige Reaktion auf die Follikelhormongabe zeigen.

Nicht selten bereitet die Beurteilung **freiliegender Zellkerne** diagnostische Schwierigkeiten. Hier muß systematisch überlegt werden, woher sie stammen können, und kritisch geprüft werden, zu welcher Zellart am ehesten Ähnlichkeiten bestehen.

Als erstes sollte man sich stets fragen, ob eine *bakterielle Zytolyse* durch Döderlein-Stäbchen vor-

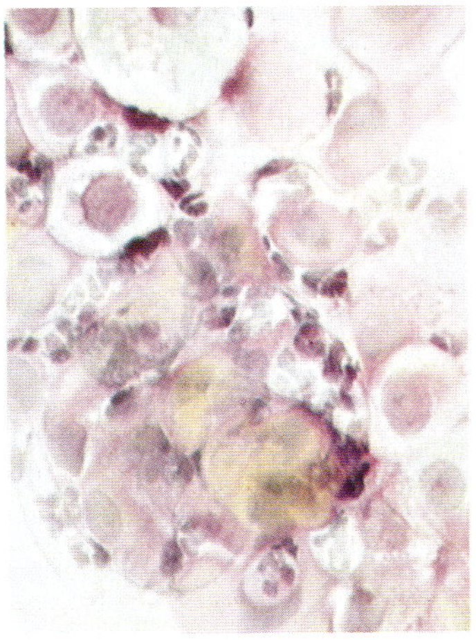
a

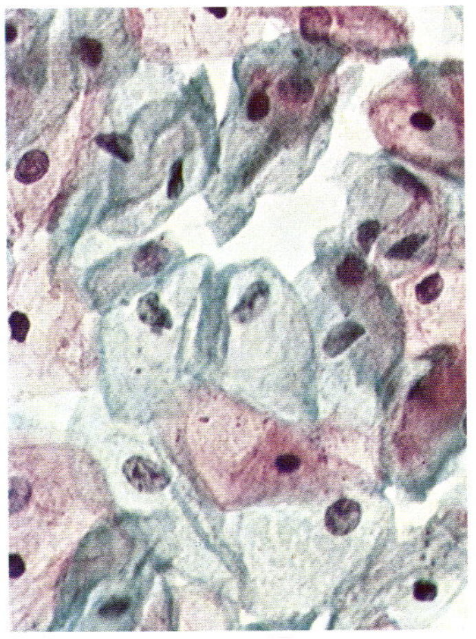
b

Abb. 9.**163a** u. **b** Aufhellungsbehandlung mit Östrogenen bei unklarem zytologischen Befund.

a Atrophisches Zellbild mit stark degenerativ veränderten Zellen; wahrscheinlich außerdem vor Fixierung angetrocknet. Der Befund ist unklar. Maligne Zellen lassen sich nicht ausschließen.

b Nach FH-Gabe (5 mg Östradiolbenzoat) völlig unverdächtiges Zellbild mit Superfizial- und Intermediärzellen. Es fällt besonders der saubere Präparathintergrund auf (beides Obj. 40 ×, Ok. 10 ×).

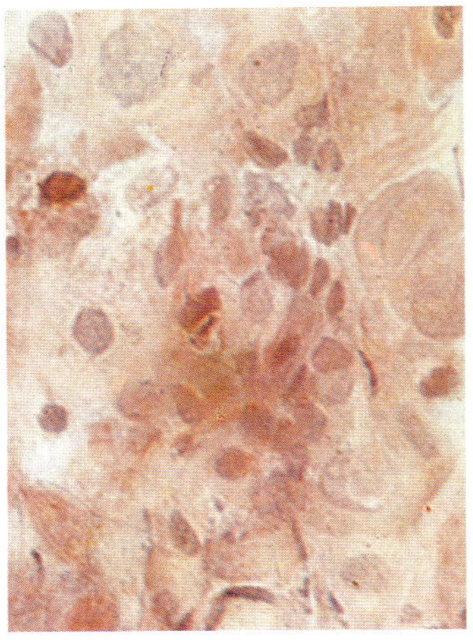
a

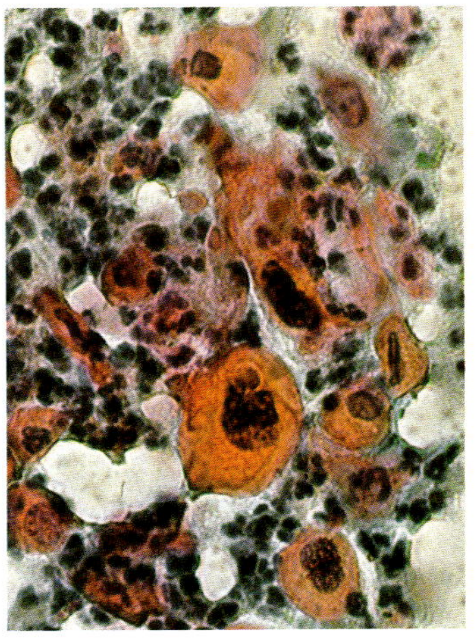
b

Abb. 9.**164a** u. **b** Abstrichkontrolle nach schlechter Fixierung.

a Stark degenerativ verändertes Zellbild mit ausschließlich abgeblaßten eosinophilen Zellen, teils aber deutlich vergrößerten Kernen. Antrocknung des Zellmaterials vor der Fixierung. Der Befund ist unklar und bedarf der sofortigen Wiederholung.

b Wiederholungsabstrich von derselben Patientin mit exakter Fixierung. Eindeutig erkennbarer Zellabstrich eines verhornenden Plattenepithelkarzinoms. Histologisch bestätigt. Klinisch Stadium I (beides Obj. 40 ×, Ok. 10 ×).

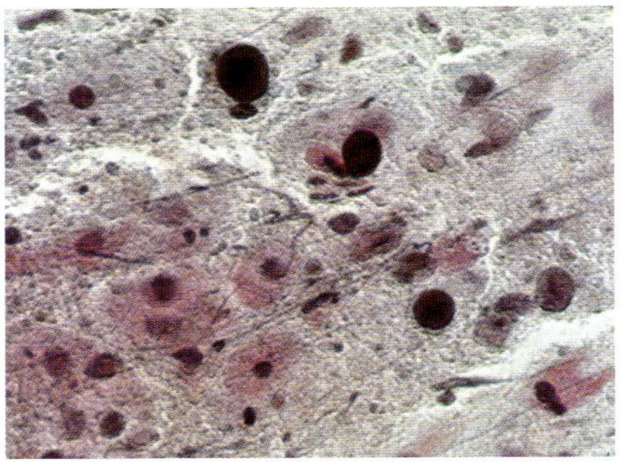

Abb. 9.**165** Atrophisches Zellbild mit auffallenden dunklen Gebilden, die freiliegende Tumorzellkerne vortäuschen können. Wahrscheinlich handelt es sich hierbei um eingedickten Schleim, der die Zellen überlagert (Obj. 40 ×, Ok. 10 ×).

liegt. Ist dies der Fall, so sind die freiliegenden Intermediärzellkerne gewöhnlich gut erhalten, und es bieten sich keine diagnostischen Probleme. *Invasive Zervixkarzinome sind bei bakterieller Zytolyse äußerst selten.* Wenn sie auftreten, dann handelt es sich gewöhnlich um Mikrokarzinome. Es *können aber atypische Zellen von Vorstufen des Zervixkarzinoms vorkommen,* die gewöhnlich leicht als solche zu erkennen sind. Soweit *freiliegende Kerne von* Zellen eines *Carcinoma in situ* (Abb. 9.**52b**) auftreten, sind diese *deutlich hyperchromatischer und größer als freiliegende Kerne von Intermediärzellen.*

Liegen dagegen *degenerativ-autolytische* oder *heterolytische Prozesse* vor, so ist die *diagnostische Beurteilung* freiliegender Kerne meist *wesentlich schwieriger.* Sie können von *unreifen Zellen des Plattenepithels,* von *Drüsenepithelzellen,* aber auch von *Tumorzellen* stammen. *Stark vergrößerte Zellkerne müssen daher, auch wenn sie keine atypischen Strukturen aufweisen, stets zur Vorsicht mahnen.* Dies gilt auch, wenn sie nur vereinzelt im Abstrich vorkommen.

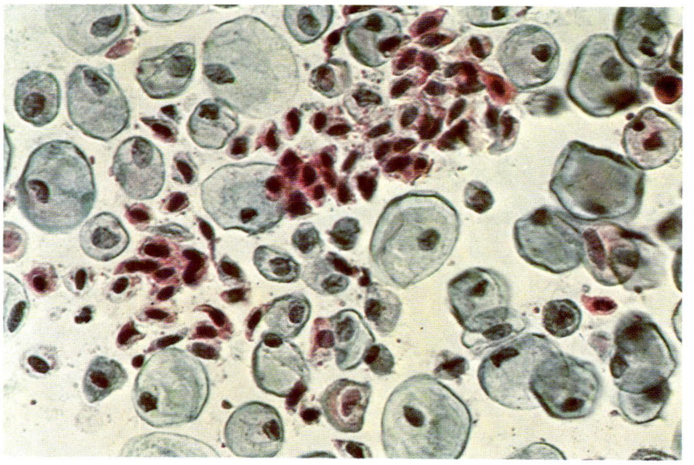

Abb. 9.**166** Parakeratosezellen nach Aufhellung eines atrophischen Abstrichs durch Follikelhormongabe. Zahlreiche zyanophil gefärbte mittelreife bis reife metaplastische Zellen. Dazwischen größere und kleinere Gruppen von langgestreckten, kleinen Parakeratosezellen mit eosinophilem Plasma und länglichen, stark hyperchromatischen Kernen. Charakteristisch für die Parakeratosezellen ist in diesem Falle ihre geringe Größe (Obj. 40 ×, Ok. 10 ×).

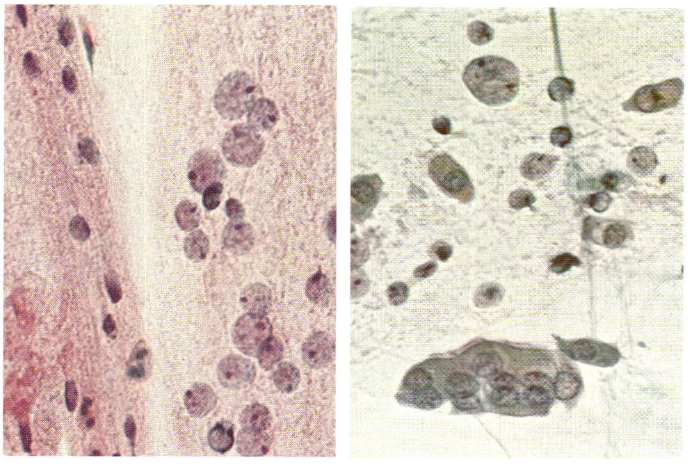

a b

Abb. 9.**167a** u. **b** Endozervikale Zellkerne mit auffallenden Nukleoli.

a Freiliegende Kerne von endozervikalen Zellen. Links, in Schleim eingebettet, kleine degenerierte Kerne, vermutlich von zugrundegegangenen Flimmerzellen. Rechts helle bläschenförmige nackte Kerne von sekretorischen Zellen. Die Kerne fallen durch ihre großen Nukleoli auf. – Vorsicht: Sehr ähnlich können Zellen aus reifen Adenokarzinomen (vgl. Abb. 9.**94**) aussehen, die nicht übersehen werden dürfen (Obj. 40 ×, Ok. 10 ×).

b In kleinem Verband und einzeln liegende endozervikale Zellen. Oben ein auffallend großer und mehrere kleine nackte Kerne. Der große Kern ist in diesem Falle durch die strukturelle Ähnlichkeit mit den in der Nachbarschaft liegenden normalen endozervikalen Zellen als eindeutig unverdächtig zu beurteilen (Obj. 40 ×, Ok. 10 ×).

Die *freiliegenden, degenerativ veränderten Kerne autolytischer endozervikaler Zellen* können Ähnlichkeit mit schlecht erhaltenen *Kernen und Kerngruppen nicht verhornender Plattenepithelkarzinome* haben. *Endozervikale Zellkerngruppen* sind jedoch *gewöhnlich einheitlicher in der Größe der Kerne.* In Zweifelsfällen muß danach gesucht werden, ob an einzelnen Stellen des Präparates Kerne mit deutlich erkennbarer Vergröberung und *Unregelmäßigkeiten der Chromatinstruktur* zu finden sind, die eindeutig *für Malignität sprechen,* oder aber einzelne in der Zellform *typisch erhaltene Zylinderzellgruppen,* die für die *Gutartigkeit sprechen* würden.

Ein weiteres *differentialdiagnostisches Problem* ergibt sich bei relativ gleichförmigen, gut erhaltenen, *hellen nackten endozervikalen Zellkernen mit auffallenden Nukleoli* (Abb. 9.**167**), die gelegentlich nur schwer von *Zellen eines reifen Adenokarzinoms oder Adenocarcinoma in situ der Cervix uteri* (Abb. 9.**93** u. 9.**94**) zu unterscheiden sind.

Histiozyten sind meist an ihrer typischen straßenförmigen Lagerung zu erkennen. Schwierig wird die Beurteilung, wenn *infolge degenerativer Einflüsse die Kerne hyperchromatisch oder vergrößert* sind. Dann ist eine *Verwechslung mit Zellen atypischer Metaplasien* oder bestimmter Formen des Carcinoma in situ leicht möglich. Die Diagnose der letztgenannten Veränderungen darf nur aus Bezirken im Abstrich gestellt werden, die einwandfrei erhalten sind. Sonst bleibt der Befund fraglich, und der Abstrich muß wiederholt werden.

Allzu oft sind leider schlecht erhaltene Präparate infolge **Antrocknung des Zellmaterials vor der Fixierung** als Ursache nicht sicher auswertbarer Abstriche anzusehen. Die Präparate fallen durch die *Pseudoeosinophilie der Zellen* und die *Blähung der Kerne* bei gleichzeitigem *Strukturverlust* auf. Die Veränderungen sind im Gegensatz zu dem durch andere Ursachen ausgelösten Störungen meist im ganzen Abstrich oder zumindest in weiten Abschnitten desselben in gleicher Weise erkennbar. Sie können schon an normalen Zellen die Beurteilung erschweren. Bei pathologischen Befunden ist eine exakte Beurteilung meist unmöglich (Abb. 9.**163** u. 9.**164**).

Es muß nachdrücklich davor gewarnt werden, an derart veränderten Abstrichen bei schlecht erhaltenen Kern- und Zellstrukturen eine endgültige zytologische Diagnose zu stellen. Die Abstriche bedürfen der sofortigen Wiederholung.

Bei allen schwierig zu beurteilenden Präparaten muß der Untersucher sich daher *zunächst stets fragen, ob technisch einwandfreie Abstriche vorliegen,* um nicht das Risiko einer falschen Diagnose auf sich zu nehmen, die durch Wiederholung des Abstrichs hätte vermeiden werden können. Das *gleiche gilt für Abstriche, die offensichtlich zu wenig beurteilbares Zellmaterial enthalten* und für *sehr blutreiche Präparate, in denen* zwar nicht die Überlagerung durch Erythrozyten stört, aber *das epitheliale Zellbild meist zu stark verdünnt ist.*

Leistungsfähigkeit der Zytodiagnostik als Krebsfrüherkennungsmethode

Aus Gründen der Qualitätssicherung ist es für jedes zytologische Laboratorium notwendig, alle Frauen mit positiven und verdächtigen zytologischen Befunden und, soweit möglich, natürlich auch mit negativen zytologischen Befunden weiterzuverfolgen und die Ergebnisse zytologischer Wiederholungsuntersuchungen, ebenso wie die der histologischen Untersuchungen, zu registrieren. Auf die Technik der Datenerfassung und -verarbeitung wird in Kap. 13 näher eingegangen. An dieser Stelle sollen aber sowohl aufgrund eigener Erfahrungen als auch unter kritischer Berücksichtigung der Literatur folgende Fragen besprochen werden:

- Welche Ergebnisse sind von Krebsfrüherkennungs- und Krebsvorsorgeuntersuchungen zu erwarten?
- Wie ist die Validität der Zytodiagnostik als Krebsfrüherkennungsmethode zu beurteilen?
- Welche Überlegungen ergeben sich daraus für die zukünftige Planung und Gestaltung von Krebsvorsorgeuntersuchungen bei der Frau?

Ergebnisse von Krebsfrüherkennungs- und Krebsvorsorgeuntersuchungen

In der Bundesrepublik Deutschland wurde 1971 ein gesetzliches Programm zur Durchführung von *Krebsfrüherkennungs- und Krebsvorsorgeuntersuchungen bei der Frau* eingeführt. Jede Frau, die einer gesetzlichen Krankenkasse angehörte, konnte sich vom 30. Lebensjahr, später vom 20. Lebensjahr an, einmal jährlich kostenlos auf Unterleibs- und Brustkrebs untersuchen lassen. Hierzu gehört u. a. die Entnahme und Untersuchung eines Zellabstrichs von der Cervix uteri.

Im Vordergrund des Krebsfrüherkennungsprogrammes stand von Anfang an die Fahndung nach dem Zervixkarzinom, weil hier durch den Einsatz der Zytodiagnostik die *Voraussetzungen* für die Durchführung wirksamer Vorsorgeuntersuchungen im besonderen Maße gegeben waren:

- Das Zervixkarzinom entsteht in der Regel langfristig über verschiedene Vorstadien.
- Die Zytodiagnostik ist in der Lage, nicht nur das frühe Zervixkarzinom, sondern auch seine Vorstadien mit einem hohen Grad an Sicherheit zu erkennen.
- Die Zytodiagnostik kann mit relativ geringem Kostenaufwand auf breiter Basis in der ärztlichen Praxis eingesetzt werden.
- Früh- und Vorstadien des Zervixkarzinoms können erfolgreich behandelt werden.

Vorausgegangen waren der Einführung des deutschen Krebsfrüherkennungsprogrammes seit Beginn der 50iger Jahre zytologische Mass-Screening-Programme in zahlreichen Ländern: in den USA (18, 19, 21, 23–25, 29, 31–35, 38, 50, 91, 102), in Kanada (10, 12, 13, 15, 16, 17, 27, 40, 41, 61, 106), in England (76, 78), in Norwegen (93, 94), in Finnland (137), in Dänemark (43), in Schweden (9). In der Bundesrepublik Deutschland waren systematische Screeninguntersuchungen besonders in Nordrhein-Westfalen, Baden-Württemberg und Bayern durchgeführt worden.

Im Rahmen des 1971 eingeführten Krebsfrüherkennungs- und Vorsorgeprogrammes bei der Frau wurden in der Bundesrepublik Deutschland bis Ende 1986 mehr als 92 Millionen Untersuchungen durchgeführt. Alle Untersuchungen wurden beim Zentralinstitut der Kassenärztlichen Versorgung der Bundesrepublik Deutschland in Köln statistisch erfaßt (62). Wie aus Tab. 9.**21** hervorgeht, nahmen jährlich etwa 30 bis 35% der anspruchsberechtigten Frauen an den Vorsorgeuntersuchungen teil. Es dürfte sich um die umfangreichste Dokumentation von Krebsvorsorgeuntersuchungen in der westlichen Welt handeln. Wegen des riesigen Materials konnten jedoch, neben Angaben zur Altersverteilung und Krankenkassenzugehörigkeit, zunächst nur die zytologischen Befunde und die klinischen Verdachtsbefunde in Sammelstatistiken ohne personengebundene Zusammenführung registriert werden. Erst in späteren Jahren war es möglich, zwischen Erst- und Wiederholungsuntersuchungen zu unterscheiden und wenigstens einen Teil der histologischen Folgebefunde zu erfassen.

Tabelle 9.**21** Zahl der gynäkologischen Krebsfrüherkennungsuntersuchungen auf Vorsorgeschein in der Bundesrepublik Deutschland von 1971–1986 (Zentralinstitut für die Kassenärztliche Versorgung, Köln).

Jahr	Zahl der Untersuchungen	%-Anteil der anspruchsberechtigten Frauen
1971 (Juli–Dez.)	1617257	–
1972	3997177	26,5
1973	4830717	–
1974	5552773	31,4
1975	ca. 5500000	35,1
1976	5707400	35,3
1977	6330229	35,7
1978	6389158	35,0
1979	6131957	33,5
1980	6233342	32,1
1981	6904304	31,2
1982	ca. 6700000	30,6
1983	6912577	30,9
1984	5780129	29,9
1985	7041443	31,1
1986	7342696	29,9
	92971159	

Der folgende Bericht stützt sich daher auf die Auswertung eigener Untersuchungen am Zytologischen Institut der Bayer. Krebsgesellschaft (BKG), wo seit Beginn des Jahres 1971 sämtliche zytologischen und histologischen Befunde mit modernen Methoden der EDV erfaßt werden konnten, so daß sie einer statistisch-epidemiologischen Auswertung in optimaler Weise zugänglich sind.

Eigene Untersuchungen

Von *1971 bis 1980* wurden *am Zytologischen Institut der BKG 748871 zytologische Untersuchungen bei 281705 Frauen* durchgeführt. Neben den im Rahmen des gesetzlichen Vorsorgeprogrammes durchgeführten Untersuchungen, die etwa 75% ausmachten, wurden ebenfalls die Untersuchungen von Krankenkassenpatienten im kurativen Bereich und von privatversicherten Frauen in die Auswertung einbezogen. Eine ausführliche Darstellung der Ergebnisse findet sich in einer Monographie über „Ergebnisse zytologischer Krebsfrüherkennungs- und Vorsorgeuntersuchungen bei der Frau" (127) sowie in verschiedenen Einzelveröffentlichungen (74, 103, 104, 124, 126, 128, 129).

Aus Abb. 9.**168** ist die *Anzahl der jährlich untersuchten Frauen* zu ersehen. Die Zahl der Untersuchungen lag durchschnittlich um 10–12% pro Jahr höher. Das Absinken der Untersuchungszahlen ab 1976 ist auf das Entstehen zahlreicher weiterer zytologischer Laboratorien in diesen Jahren zurückzuführen. Gleichzeitig geht aus dieser Abbildung hervor, ob es sich um *Erst- oder Wiederholungsuntersuchungen* handelte. Alle 1971 untersuchten Frauen wurden aus organisatorischen Gründen (Beginn der Erfassung durch EDV) als Erstuntersuchung bzw. Neuzugang registriert, obwohl bei einem Teil dieser Frauen bereits Untersuchungen aus früheren Jahren vorlagen. Die Zahl der Wiederholungsuntersuchungen stieg von Jahr zu Jahr an, während die Zahl der Erstuntersuchungen kontinuierlich abfiel bis auf 21,6% im Jahre 1979. Der erneute leichte Anstieg der Erstuntersuchungen im Jahre 1980 dürfte auf die Einbeziehung junger Frauen infolge Herabsetzung der unteren Altersgrenze für die gesetzlichen Krebsvorsorgeuntersuchungen zurückzuführen sein.

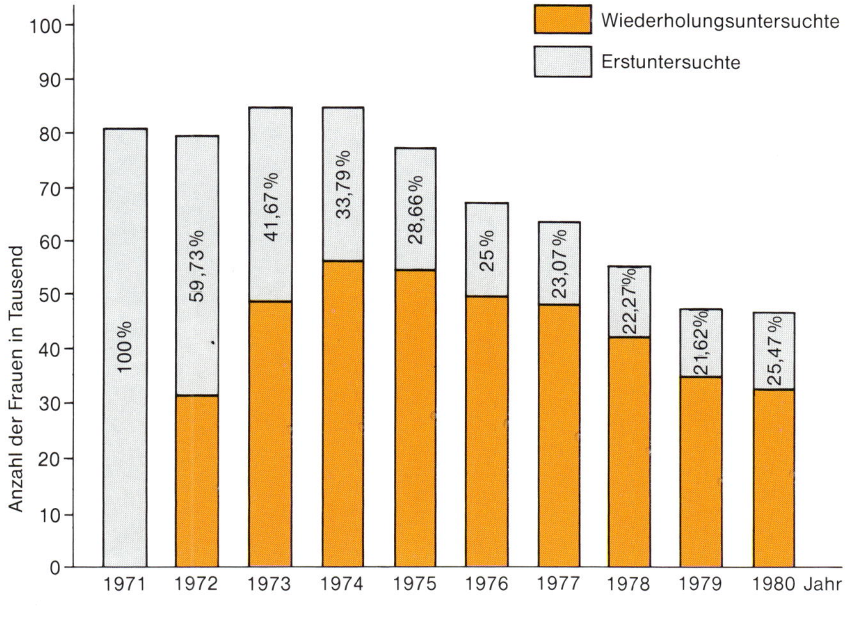

Abb. 9.**168** Zahl der Frauen mit zytologischen Erst- und Wiederholungsuntersuchungen in den Jahren 1971–1980 am Zytologischen Institut der BKG.

Tabelle 9.**22** Verteilung der individuellen zytologischen Höchstbefunde auf die verschiedenen Befundgruppen und ihr Anteil bezogen auf die untersuchten Frauen in den Jahren 1971–1980 am Zytologischen Institut der BKG.

Erfassungs-jahre	Befundgruppen												Gesamtzahl der Frauen = 100%
	Gr. I/II		Gr. III		Gr. III D		Gr. IVa		Gr. IVb		Gr. V		
	Anzahl	Prozent	Anzahl	Prozent	Anzahl	Prozent	Anzahl	Prozent	Anzahl	Prozent	Anzahl	Prozent	
1971	79106	97,67	820	1,01	523	0,65	242	0,30	224	0,28	74	0,09	80989
1972	77822	98,57	354	0,45	450	0,57	178	0,23	89	0,11	56	0,06	78949
1973	82681	98,73	264	0,32	432	0,52	226	0,27	104	0,12	43	0,05	83750
1974	83896	98,92	212	0,25	405	0,48	176	0,21	83	0,10	44	0,05	81816
1975	76303	99,06	223	0,29	320	0,42	96	0,12	51	0,07	34	0,04	73027
1976	65691	99,18	167	0,25	232	0,35	82	0,12	34	0,05	27	0,04	66233
1977	61649	98,76	268	0,43	334	0,54	117	0,19	29	0,05	24	0,04	62421
1978	53605	98,65	295	0,54	308	0,57	93	0,17	24	0,04	14	0,03	54339
1979	45938	98,59	234	0,50	295	0,63	90	0,19	24	0,05	16	0,03	40597
1980	45185	98,60	235	0,51	279	0,61	88	0,19	24	0,05	16	0,04	45827

In Tab. 9.**22** sind die *Ergebnisse der zytologischen Untersuchungen für die einzelnen Jahre* dargestellt, wobei von jeder Frau pro Jahr nur ein Befund, und zwar der Höchstbefund, gezählt wurde. Zur besseren Übersicht wurden die Befunde der Gruppen III, III D, IV a, IV b und V in Abb. 9.**169** zusätzlich graphisch dargestellt.

Der Anteil der negativen Befunde (Gruppe I/II) stieg von 97,7% (im Jahre 1971) bis auf 99,2% (im Jahre 1976) an und fiel dann bis 1980 wieder leicht auf 98,6% ab. Die positiven und verdächtigen Befunde sanken bis 1976 ohne Ausnahme kontinuierlich ab. Befunde der Gruppen III und III D, in geringem Umfang auch der Gruppe IV a, stiegen dann wieder an.

Als Ergebnis der Untersuchungen wurde im Gesamtzeitraum von 1971 bis 1980 insgesamt 346 Zervixkarzinome, einschließlich Mikrokarzinomen, 1270 Carcinomata in situ und schwere Dysplasien sowie 700 leichte und mäßige Dysplasien zytologisch entdeckt und histologisch bestätigt. Weiterhin wurden bei 2221 Frauen zytologische Befunde der Gruppe III D erhoben, ohne daß eine histologische Klärung erfolgte. Zusätzlich wurden bei den Untersuchungen 100 Endometriumkarzinome, 18 Vaginalkarzinome, 16 Vulvakarzinome und 4 Ovarialkarzinome gefunden.

Die *Häufigkeitsverteilung der zervikalen Veränderungen in Abhängigkeit vom Alter der untersuchten Frauen* ist in Abb. 9.**170** dargestellt. Bezogen auf die Anzahl der in den jeweiligen Altersgruppen untersuchten Frauen stieg die Rate der entdeckten *Carcinomata in situ und schwere Dysplasien* bei jungen Frauen zunächst steil an. Die Kurve erreichte bei den 30- bis 34jährigen Frauen mit 2,9‰ ihren Gipfel und sank dann allmählich wieder ab, wobei zwischen dem 60. und 65. Lebensjahr nochmals ein flacher Gipfel zu verzeichnen war. Bei den histologisch abgeklärten *leichten und mäßigen Dysplasien* lag der Häufigkeitsgipfel bereits im Alter von 20 bis 29 Jahren. Die relativ geringe Zahl der Dysplasien in dieser Darstellung ergibt sich daraus, daß hier nur die histologisch geklärten Fälle berücksichtigt wurden.

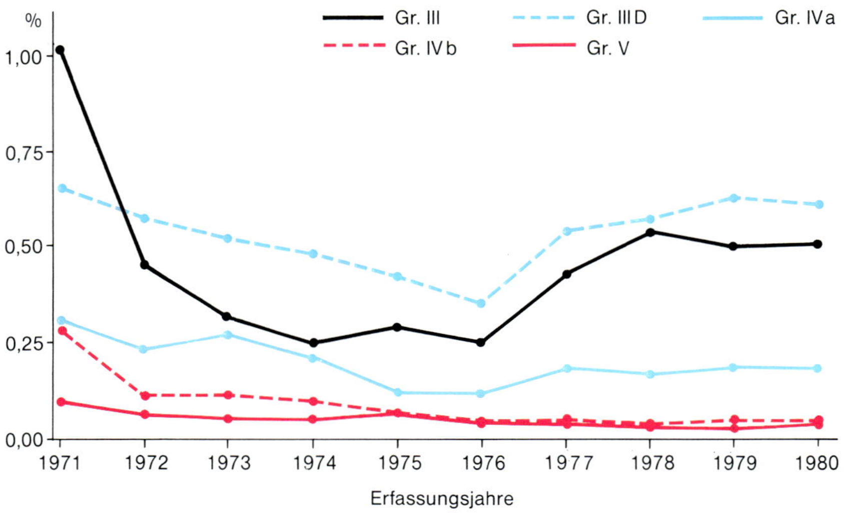

Abb. 9.**169** Graphische Darstellung der positiven zytologischen Höchstbefunde von Tab. 9.**22**.

Tabelle 9.**25** Häufigkeiten verdächtiger (Gr. III) und positiver (Gr. IV/V) zytologischer Befunde bei Erst- und Wiederholungsuntersuchungen auf Vorsorgeschein nach der Bundesstatistik des Zentralinstituts für die Kassenärztliche Versorgung in den Jahren 1974–1980 [62].

Jahr	Erstuntersuchungen		Wiederholungsuntersuchungen					
			nach 1 Jahr		nach 2 Jahren		nach 3 u. mehr Jahren	
	Gr. III*)	Gr. IV/V	Gr. III*)	Gr. IV/V	Gr. III*)	Gr. IV/V	Gr. III*)	Gr. IV/V
1974	1,09	0,31	0,82	0,13	0,94	0,19	1,04	0,25
1975	–	–	–	–	–	–	–	–
1976	0,27	0,16	0,19	0,05	0,29	0,09	0,33	0,13
1977	0,25	0,15	0,19	0,05	0,24	0,07	0,28	0,11
1978	0,25	0,13	0,16	0,04	0,23	0,06	0,23	0,09
1979	0,21	0,11	0,15	0,03	0,19	0,05	0,22	0,10
1980	0,23	0,10	0,14	0,03	0,19	0,05	0,22	0,09

*) einschl. Gr. III D

Tabelle 9.**26** Häufigkeit zytologischer Befunde nach verschieden langen Untersuchungsintervallen bei *negativen* zytologischen Vorbefunden (Prozentzahlen bezogen auf die Anzahl der untersuchten Frauen) am Zytologischen Institut der BKG in den Jahren 1971–1980.

Untersuchungs-intervall	Befundgruppen					
	I/II		III–V		unters. Frauen	
	Anzahl	Prozent	Anzahl	Prozent	Anzahl	Prozent
½–1 Jahr	172783	99,39	1060	0,61	173843	100
1–2 Jahre	169037	99,46	925	0,54	169962	100
2–3 Jahre	32628	99,22	257	0,78	32885	100
3–4 Jahre	10895	99,20	88	0,80	10983	100
4–5 Jahre	4878	99,21	39	0,79	4917	100
5–6 Jahre	2488	98,69	33	1,31	2521	100
6–7 Jahre	1326	98,44	21	1,56	1347	100
> 7 Jahre	940	98,53	14	1,47	954	100

3. Die *Verschiebung der Relation von Dysplasien, Carcinomata in situ und invasiven Zervixkarzinomen bei Erst-, Zweit- und Drittuntersuchungen:* Bei der Erstuntersuchung (Tab. 9.**27**) betrug die Rate der leichten und mäßigen Dysplasien 25,4%, die Rate der invasiven Zervixkarzinome 15,9%. Bei der Vieruntersuchung waren es 69,4% leichte und mäßige Dysplasien und nur noch 2,7% invasive Karzinome. Während also der Anteil der neuentdeckten leichten und mäßigen Dysplasien nahezu um das 3fache anstieg, fiel die Rate der invasiven Zervixkarzinome mit zunehmender Anzahl der Untersuchungen stark ab. Ebenfalls der Anteil der Carcinomata in situ und schweren Dysplasien sank um etwa die Hälfte.

Das Verhältnis der invasiven Zervixkarzinome zu den Carcinomata in situ (Abb. 9.**173**) verschob sich von 45:55 in den Jahren 1963/65 bis auf 15:85 im Jahre 1980. Wir schließen daraus, daß in einer Bevölkerung, die in einem Umfang laufend gescreent wird, wie es in der Bundesrepbulik Deutschland in den letzten Jahren geschah, nur noch jedes sechste Carcinoma in situ in ein invasives Karzinom übergeht.

Die *Effektivität eines Krebsvorsorgeuntersuchungsprogrammes ist letztlich nur am Absinken von Morbidität und Mortalität zu erkennen.* Als Beitrag zur Beantwortung dieser Frage sind in Abb. 9.**174** die jährlichen Neuentdeckungsraten der histologisch gesicherten Zervixkarzinome und Carcinomata in situ (einschließlich der schweren Dysplasien) in den Jahren 1963 bis 1980 zusammengestellt. Das starke Absinken sowohl der Zervixkarzinome als auch der

Tabelle 9.**27** Verteilung des Schweregrades der histologisch nachgewiesenen Erkrankungen nach zytologischer Erst-, Zweit- und Mehrfachuntersuchung bei negativen zytologischen Vorbefunden. Gesamtmaterial 1971–1980 am Zytologischen Institut der BKG.

	leichte + mittlere Dysplasie	Ca. in situ + schwere Dysplasie	invas. Zervix-karzinom	
Erstunt.	213 (25,4%)	491 (58,6%)	184 (15,9%)	838 (100%)
Zweitunt.	32 (40,5%)	38 (48,1%)	9 (11,4%)	79 (100%)
Drittunt.	17 (58,6%)	11 (37,9%)	1 (3,4%)	29 (100%)
Viertunt.	25 (69,4%)	10 (27,7%)	1 (2,7%)	26 (100%)

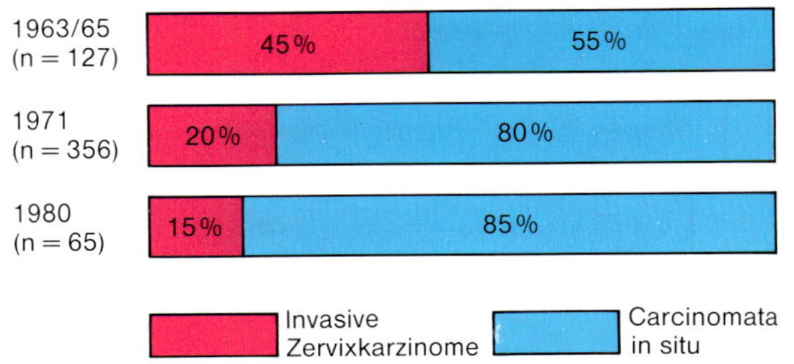

Abb. 9.**173** Verhältnis von zytologisch entdeckten invasiven Zervixkarzinomen zu Carcinomata in situ in verschiedenen Jahren (Zytologisches Institut der BKG).

Carcinomata in situ, das sich in diesen Kurven zeigt, ist natürlich nicht nur auf die Vorsorgeuntersuchungen zurückzuführen, sondern hat verschiedene Ursachen.

Änderungen in der Altersstruktur, der Krankenkassenzugehörigkeit, des sozialen Gefüges usw. haben sich im Laufe des Untersuchungszeitraums nicht in nennenswertem Ausmaß ergeben. Geändert hat sich aber einerseits die Zusammensetzung des Kollektivs der untersuchten Frauen hinsichtlich der potentiell Kranken, andererseits das Verhältnis von Erst- und Wiederholungsuntersuchungen.

Zu Beginn des Untersuchungszeitraums lag infolge des relativ geringen Anteils untersuchter Frauen sehr wahrscheinlich eine Selektion mit einer relativ hohen Anzahl potentiell Kranker vor. Die Erfassung von mehr Gesunden in späteren Jahren hat in dieser Hinsicht zu einer Verschiebung geführt. Allein dadurch kann das starke Absinken der Kurve der invasiven Karzinome in den ersten Jahren zu einem großen Teil erklärt werden. Wenn ein gleicher Abfall, wie bei den invasiven Zervixkarzinomen, nicht sofort auch bei den Carcinomata in situ eingetreten ist, so dürfte dies darauf zurückzuführen sein, daß Carcinomata in situ vor Einführung der Zytologie nur selten entdeckt wurden. Mit Beginn der Vorsorgeuntersuchungen wurden sie plötzlich in großer Zahl diagnostiziert. Der mit der ansteigenden Zahl der Untersuchungen eingetretene „Verdünnungseffekt" wurde dadurch vorübergehend aufgehoben, und die Kurve sank erst einige Jahre später ab.

Seit Beginn des Jahres 1971 blieb jedoch die Zahl der untersuchten Frauen pro Jahr gleich, sie ist in den letzten Jahren sogar abgesunken. Was aber ständig zunahm, war der Anteil der Wiederholungsuntersuchungen (Abb. 9.**168**), bei denen eine niedrigere Rate positiver Befunde zu erwarten war (Tab. 9.**24**, Abb. 9.**171**). Wenn man davon ausgeht, daß bei den Erstuntersuchungen bereits die Mehrzahl der schweren Veränderungen erfaßt wurde, so konnte es

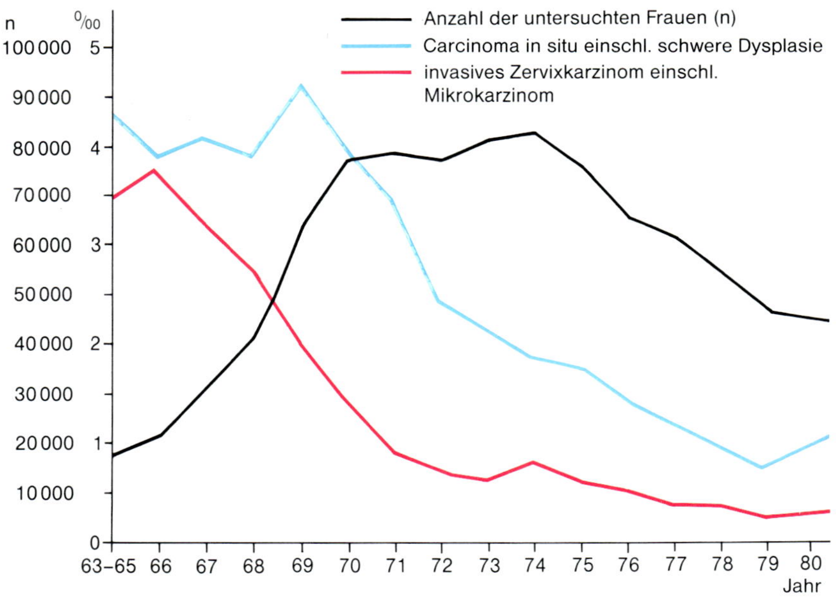

Abb. 9.**174** Rate der zytologisch entdeckten und histologisch bestätigten invasiven Zervixkarzinome, Carcinomata in situ und schweren Dysplasien bei 1053456 zytologischen Untersuchungen in den Jahren 1963–1980, bezogen auf die jährlich untersuchten Frauen (Zytologisches Institut der BKG).

sich bei den Wiederholungsuntersuchungen nur noch um Erkrankungen handeln, die bei vorausgegangenen Untersuchungen übersehen worden oder inzwischen neu entstanden waren.

Wir führen daher das *Absinken der Entdekkungsrate der Zervixkarzinome von 0,9‰* (1971) *auf 0,2‰* (1980), der *Carcinomata in situ und schweren Dysplasien von 3,5‰* (1971) *auf 1,2‰* (1980) im wesentlichen auf einen Rückgang der Morbidität als Folge der Vorsorgeuntersuchungen zurück. Für die *invasiven Zervixkarzinome* bedeutet dies in der untersuchten Bevölkerungsgruppe einen *Rückgang um 75%*, für die *Carcinomata in situ, einschließlich der schweren Dysplasien, um 66%*.

Dieser Abfall der Entdeckungsraten wäre natürlich nicht mit einer Beteiligung von nur 30–35% der anspruchsberechtigten Frauen zu erklären, wie sie in der Statistik des Zentralinstituts (Tab. 9.**21**) ausgewiesen ist. Neben den Untersuchungen im Screeningprogramm wurden zahlreiche weitere Frauen im Rahmen der kurativen Medizin oder als Privatpatientinnen untersucht. Vor allem aber waren es nicht in jedem Jahr dieselben Frauen, die zur Untersuchung kamen. Wenn man dies alles berücksichtigt, ergibt sich durch Hochrechnung aus unseren Zahlen, daß tatsächlich mindestens 60–70% der Frauen im Laufe der 10 Jahre wenigstens einmal an einer Vorsorgeuntersuchung teilgenommen haben.

Die *Untersuchungsergebnisse zahlreicher Screeningprogramme aus anderen Ländern* decken sich weitgehend mit unseren Beobachtungen. Als wichtigstes seien genannt die Untersuchungen in Britisch Kolumbien (11, 14, 16, 41, 143, 145), Ohmstedt-County/Rochester (31–33), Finnland (48, 49, 135, 137), Aberdeen, Schottland (76), Island (58, 59), Deutsche Demokratische Republik (5, 6, 7, 36, 37, 85, 89, 90), Schweden (95, 132), Dänemark (75), Nymegen, Holland (47).

In Regionen mit flächendeckenden Krebsregistern wie Britisch Kolumbien, Finnland, Aberdeen, Island, der DDR und Schweden konnte nachgewiesen werden (Einzelheiten siehe 127, S. 146–151), daß mit dem Absinken der Morbidität auch ein deutliches Absinken der Mortalität bei Zervixkarzinomen verbunden war.

Von mehreren Autoren (29, 77, 84, 133) konnte eine Korrelation zwischen der Intensität des zytologischen Screenings und der Mortalität des Zervixkarzinoms in bestimmten Regionen nachgewiesen werden. *Je intensiver das Screening war, um so deutlicher fiel die Mortalität ab* (vgl. auch 134). Interessant ist ferner der Verlauf der Inzidenz der Zervixkarzinome aus drei nordischen Ländern (72) mit verschiedenen Screeningraten (Abb. 9.**175**). Während die Inzidenz in Island mit einer nahezu 100%igen Beteiligung um 70%, in Dänemark mit einer etwa 40%igen Beteiligung um 33% sank, stieg sie in Norwegen mit einer Beteiligung von nur etwa 5% der Bevölkerung um 15% an.

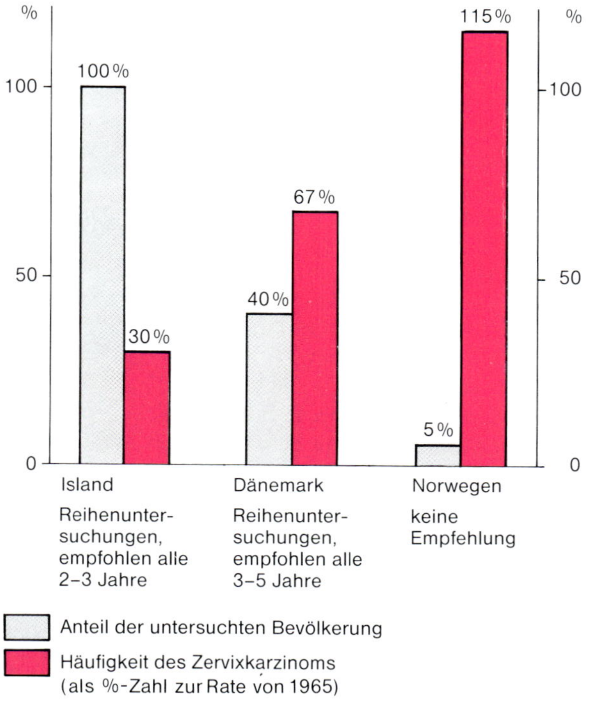

Abb. 9.**175** Inzidenzen des Zervixkarzinoms in Island, Dänemark und Norwegen 1980, dargestellt als Prozentzahl zur Rate von 1965. Schwarze Säulen: Teilnahme an der regelmäßigen Vorsorgeuntersuchung. Weiße Säulen: relative Inzidenz des Zervixkarzinoms (La Vecchia et al. [72]).

Validität der Zytodiagnostik

Für die Planung von Screeningprogrammen und die Beurteilung der Ergebnisse ist es wichtig, die Validität einer Untersuchungsmethode zu kennen.

Aus zahlreichen Veröffentlichungen der letzten 10–15 Jahre wissen wir, daß man von einer 95- bis 97%igen diagnostischen Treffsicherheit, wie sie seinerzeit von Papanicolaou und über lange Jahre auch von anderen Autoren angenommen wurde, nicht ausgehen kann. Dies trifft weder für die Zytologie des Zervixkarzinoms und seiner Vorstadien zu, noch weniger aber für das Endometriumkarzinom oder andere Tumoren des weiblichen Genitales.

Die Ermittlung von Sensitivität und Spezifität der Zytodiagnostik erfordert die Berücksichtigung einer Vielzahl von Faktoren. Die im folgenden vorgestellten Ergebnisse für das Zervixkarzinom und seine Vorstadien wurden anhand unseres Untersuchungsmaterials aus den Jahren 1971 bis 1980 erarbeitet.

Zur statistischen Methodik

Wird ein Screeningtest zur Auffindung einer Krankheit benutzt, kann man das Ergebnis in einer Vierfeldertafel (Tab. 9.**28**) zusammenfassen (143).

Unter *Sensitivität* versteht man den Anteil der richtig-positiven Befunde (a) unter der Gesamtzahl der Kranken (a + c). Den reziproken Wert bilden die falsch-negativen Befunde (c).

Unter *Spezifität* versteht man den Anteil der richtig-negativen Befunde (d) unter der Gesamtzahl der Gesunden (b + d). Den Anteil der falsch-positiven Befunde findet man unter b.

Unter dem *richtig-positiven prädiktiven Wert* (positive Korrektheit) versteht man den Anteil der tatsächlich Kranken (a) unter der Gesamtzahl der positiven Befunde (a + b).

Unter dem *richtig-negativen prädiktiven Wert* (negative Korrektheit) versteht man den Anteil der Gesunden (d) unter der Gesamtzahl der negativen Befunde (c + d).

Während also die Ermittlung der Sensitivität und Spezifität in diesem Schema in der Senkrechten erfolgt, wird die Ermittlung der positiven und negativen prädiktiven Werte in der Horizontalen vorgenommen.

Sensitivität und Spezifität sind Raten, die nur von der diagnostischen Qualität eines Tests abhängen, also an einer Stichprobe Kranker bzw. Gesunder geschätzt werden können. Da jedoch bei dem von uns untersuchten Personenkreis weder a priori der tatsächliche Krankheitszustand bekannt noch dieser a posteriori für alle Frauen sicher zu ermitteln war, konnte ein „direkter Ansatz" zur Ermittlung von Sensitivität und Spezifität nicht vorgenommen werden. Es mußten vielmehr, ausgehend von den zytologischen Erstbefunden, zunächst die prädiktiven Werte ermittelt werden, um daraus dann Sensitivität und Spezifität abzuschätzen.

Tatsächlich sind natürlich gerade die *prädiktiven Werte für die Beurteilung eines Screeningtests von besonderer Bedeutung, weil sie Auskunft darüber geben, wieviele Personen mit positivem Test wirklich krank und wieviele Personen mit negativem Test wirklich gesund sind.*

Die *prädiktiven Werte hängen* nach dem Bayes-Theorem *nicht nur von der diagnostischen Qualität* eines Tests ab, *sondern auch von der Prävalenz*. Dies mögen folgende Beispiele zeigen: In beiden Vierfeldertafeln der Tab. 9.**29** wurde sowohl für die Sensitivität als auch für die Spezifität ein Wert von 95% angenommen. Im oberen Beispiel waren von 200 untersuchten Frauen 100 krank und 100 gesund, d. h., die Prävalenz betrug 50%. Positiver und negativer prädiktiver Wert liegen bei 95%. Im unteren Beispiel wurde von einer Prävalenz von nur 1% ausgegangen, d. h., von 10000 Untersuchten waren

Tabelle 9.**28** Maßzahlen der Validität (nach *Lange* [143]).

		Krankheit*		Summe
		vorhanden	nicht vorhanden	
Test	pos.	a richtig-positiv	b falsch-positiv	a + b Testpositive
	neg.	c falsch-negativ	d richtig-negativ	c + d Testnegative
Summe		a + c Kranke	b + d Gesunde	a + b + c + d alle

* z. B. ermittelt aufgrund histologischer Untersuchung

Sensitivität (Sensibilität)	$\frac{a}{a+c}$	=	$\frac{\text{Anzahl der Richtig-positiven}}{\text{Anzahl der Kranken}}$
Rate der Falsch-negativen	$\frac{c}{a+c}$	=	$\frac{\text{Anzahl der Falsch-negativen}}{\text{Anzahl der Kranken}}$
Spezifität	$\frac{d}{b+d}$	=	$\frac{\text{Anzahl der Richtig-negativen}}{\text{Anzahl der Gesunden}}$
Rate der Falsch-positiven	$\frac{b}{b+d}$	=	$\frac{\text{Anzahl der Falsch-positiven}}{\text{Anzahl der Gesunden}}$
Positive Korrektheit	$\frac{a}{a+b}$	=	$\frac{\text{Anzahl der Richtig-positiven}}{\text{Anzahl der Testpositiven}}$
Negative Korrektheit	$\frac{d}{c+d}$	=	$\frac{\text{Anzahl der Richtig-negativen}}{\text{Anzahl der Testnegativen}}$
Übereinstimmung	$\frac{a+d}{a+b+c+d}$	=	$\frac{\text{Anzahl der Richtig-positiven und Richtig-negativen}}{\text{Anzahl aller Personen (Gesunde und Kranke)}}$

Tabelle 9.**29** Beispiele für unterschiedliche prädiktive Werte in Abhängigkeit von der Prävalenz (Spezifität und Sensitivität 95%).

	Krankheit +	Krankheit −				
Test +	95	5	100	Prävalenz	= 100/200	= 50%
				PW^+	= 95/100	= 95%
Test −	5	95	100	PW^-	= 95/100	= 95%
	100	100	200			

	Krankheit +	Krankheit −				
Test +	95	495	590	Prävalenz	= 100/10000	= 1%
				PW^+	= 95/ 590	= 16,1%
Test −	5	9405	9410	PW^-	= 9405/ 9410	= 99,95%
	100	9900	10000			

ebenfalls 100 krank, 9900 dagegen gesund, ein Zahlenverhältnis, wie es der tatsächlichen Situation bei Screeninguntersuchungen wesentlich mehr entspricht. Dadurch sinkt der positive prädiktive Wert enorm ab, während der negative prädiktive Wert sich weitgehend der 100%-Marke nähert.

Spezielle Probleme der statistischen Auswertung

Bei kritischer Auswertung der Ergebnisse zytologischer Untersuchungen ergaben sich zahlreiche Probleme:

1. Die *Rate der „falsch-positiven" zytologischen Befunde ist relativ leicht und sicher zu ermitteln,* da die Frauen in der Regel weiter verfolgt und, wenn nötig, einer histologischen Klärung zugeführt werden. Für die *„falsch-negativen" zytologischen Befunde dagegen ist dies außerordentlich schwierig,* da im allgemeinen kein Anlaß für weitere Kontrollen besteht.
2. Die *beste Methode zur Validierung* eines zytologischen Befundes besteht ohne Zweifel in einer nachfolgenden *histologischen Untersuchung,* die in angemessenem Zeitintervall der zytologischen Untersuchung folgen sollte. Diese Voraussetzung ist jedoch, insbesondere in einem Screeningprogramm, nur für einen kleinen Teil der zytologischen Befunde – hauptsächlich die positiven Befunde – gegeben. Von den zytologisch negativen Befunden der Gruppen I/II wurden in unserem Material nur ca. 1‰ histologisch kontrolliert. Eine Validierung der überwiegenden Zahl der zytologischen Untersuchungen aus einem Screeningprogramm ist daher auf diese Weise nicht möglich.
3. Versucht man *retrospektiv* – in Form einer Fall-Kontrollstudie durch Gegenüberstellung zytologischer und histologischer Befunde – die Sensitivität zu ermitteln, so *ergeben sich in der Regel völlig falsche Werte.* Aufgrund der uns von den Einsendern mitgeteilten histologischen Befunde fanden wir in unserem Material z. B. für schwere Dysplasien, Carcinomata in situ und invasive Zervixkarzinome nur 1,27% falsch-negative zytologische Befunde. Selbst unter Einbeziehung der leichten und mäßigen Dysplasien waren es nur 2,5%. Ähnliche Zahlen kann man aufgrund retrospektiver Erhebungen in Rechenschaftsberichten bzw. Jahresstatistiken zytologischer Laboratorien immer wieder lesen. Die Ursache dafür dürfte wohl sein, daß der Zytologe von seinen falsch-negativen Befunden nur etwas erfährt, wenn gleichzeitig ein klinisch verdächtiger Befund vorliegt, der Anlaß zur sofortigen histologischen Klärung gibt. Ist der klinische Befund unverdächtig, wird sich die Frau erst nach längerer Zeit – oder wenn sie Beschwerden bekommt – wieder melden. Dann aber wird an eine Korrelation mit älteren zytologischen Befunden meist nicht mehr gedacht.
4. Zu einer *annähernd richtigen Abschätzung der falsch-negativen zytologischen Befunde* kann man *aufgrund folgender Methoden* kommen:
   - durch den *Vergleich der Gesamtheit der zytologischen Befunde mit einem flächendeckenden Krebsregister,* das jedoch eine personenbezogene Identifizierung bieten und möglichst vollständig sein muß; eigenartigerweise wurde von dieser Möglichkeit zur Validierung der zytologischen Diagnostik bisher kaum Gebrauch gemacht, vermutlich weil auch die wenigen vorhandenen Register nicht vollständig sind;
   - durch *systematische Nachuntersuchung eines größeren Kollektivs gescreenter Frauen,* z. B. 3 Monate nach der Erstuntersuchung (55); dabei genügt es jedoch nicht, die zytologischen Präparate zu kontrollieren, sondern es müssen erneut Abstriche abgenommen werden, um auch die Entnahmefehler zu erfassen;
   - durch *retrograde Überprüfung eventuell vorhandener negativer Vorbefunde bei histologisch nachgewiesenen Karzinomen und Carcinomata*

in situ. Diese Methode wurde von verschiedenen Arbeitsgruppen (4, 45, 53, 54, 85, 86, 96, 105–107, 112, 127) gewählt.

5. Als weiterer Weg zur Validierung der großen Zahl der negativen zytologischen Befunde (Gruppe I/II) sowie der histologisch nicht untersuchten III- bis V-Befunde bietet sich die *Klärung durch Verlaufsbeobachtungen mit zytologischen Kontroll- und Wiederholungsuntersuchungen in Form einer prospektiven Studie.* Bei dieser Art der Validierung reicht natürlich *ein* negativer zytologischer Folgebefund nicht aus, sondern es müssen *mindestens zwei* Folgebefunde vorliegen. Alle Fälle mit nur einem oder gar keinem zytologischen Folgebefund fallen dadurch für die Validierung fort. Sind jedoch mindestens zwei zytologische Folgebefunde eindeutig negativ, so kann man mit hoher Wahrscheinlichkeit annehmen, daß der Ausgangsbefund richtig negativ war. Nur in 0,04%, d. h. bei 4 von 10000 untersuchten Frauen, traten in unserem Material danach noch positive zytologische Befunde der Gruppen IVa, IVb oder V auf.
6. Von Bedeutung für die Validierung ist das *Zeitintervall zwischen Ausgangs- und Folgebefunden.* Es darf nicht zu lang sein, da sonst in der Zwischenzeit Progressionen und/oder Regressionen, besonders bei leichteren Formen der intraepithelialen Neoplasie, eingetreten sein können. Faßt man die Zeitabstände zu kurz, so geht eine Anzahl von Befunden für die Validierung verloren, weil noch keine Folgebefunde vorliegen.
7. Auch bei histologisch abgeklärten Fällen muß man davon ausgehen, daß der *histologische Befund nicht immer beweisend für den „tatsächlichen Krankheitsstatus" ist, sondern er nur die Qualität eines „diagnostischen Tests" hat.*
   „Falsch-positive" histologische Befunde sind sicher extrem selten.
   „Falsch-negative" histologische Befunde kommen häufiger vor. Sie können bedingt sein durch
   - unzureichende Gewebeentnahme für die histologische Untersuchung,
   - unzureichende histologische Aufarbeitung des Gewebematerials.

   Diese Tatsache bringt also weitere Unsicherheiten in die Schätzungen.
8. Eine weitere Schwierigkeit kommt bei der Validierung zytologischer Befunde noch dadurch hinzu, daß sowohl die zytologischen als auch die histologischen Befunde nicht nur eine einfache Alternative „positiv" oder „negativ" zulassen, sondern im positiven Bereich mehrere Abstufungen haben. Zwischen ihnen gibt es fließende Übergänge. *Sowohl die histologische als auch die zytologische Diagnostik hat, besonders bei den intraepithelialen Neoplasien, einen subjektiven Ermessensspielraum.* Geringe Abweichungen in der Differentialdiagnostik dürfen daher noch nicht als diagnostische Fehlleistungen angesehen werden.

Eigenes Validierungsverfahren und Ergebnisse

Unter sorgfältiger Abwägung aller genannten Umstände haben wir folgendes Vorgehen für die Validierung gewählt:

Von einem prospektiven Ansatz ausgehend, wurden zur Validierung grundsätzlich die zytologischen Erstbefunde jeder Frau als Ausgangsbefunde gewählt.

Positive zytologische Befunde der Gruppen III bis V wurden *ausschließlich durch histologische Befunde validiert,* die innerhalb eines Jahres erhoben wurden.

Negative zytologische Befunde der Gruppen I/II wurden – sofern keine histologische Untersuchung innerhalb eines Jahres vorlag – *durch mindestens zwei weitere zytologische Befunde* validiert, und zwar die beiden ersten Befunde, die innerhalb von drei Jahren erhoben wurden.

Bei diesem Vorgehen blieben 4567 (75%) der positiven und verdächtigen Erstbefunde (Gruppe III bis V) und 69736 (25%) der negativen Erstbefunde (Gruppe I u. II) für die statistische Auswertung zur Verfügung.

Die ermittelten *prädiktiven Werte* sind in Tab. 9.**30** zusammengestellt:

Für die negativen zytologischen Ausgangsbefunde lag der prädiktive Wert, d. h. die Wahrscheinlichkeit, mit der eine Frau wirklich gesund ist, bei 99,8%.

Für die positiven zytologischen Befunde der Gruppen IVa, IVb und V lagen die prädiktiven Werte zwischen 90,6 und 95,5% und waren damit für ein Screeningverfahren außerordentlich hoch. Diese Schätzung der positiven Korrektheit darf als sehr zuverlässig angesehen werden, da nur histologisch geklärte Befunde zur Validierung herangezogen wurden.

Deutlich niedriger lagen die prädiktiven Werte für die Gruppen III und IIID mit 64% und 73,4%. Von den IIID-Fällen, die einer leichten bis mäßigen Dysplasie entsprechen, ist aber bekannt, daß sich innerhalb von 6–12 Monaten etwa die Hälfte spontan zurückbildet. Tatsächlich ist eine Validierung der III- und IIID-Befunde nur sehr eingeschränkt möglich.

Tabelle 9.**30** Prädiktive Werte zytologischer Befunde.

Negative Korrektheit:	PW^-	(I/II)	= 98,1%
			= 98,7%*
			= 99,8%*, **
Positive Korrektheit:	PW^+	(III)	= 64,0%
	PW^+	(IIID)	= 73,4%*
	PW^+	(IVa)	= 90,6%
	PW^+	(IVb)	= 94,4%
	PW^+	(V)	= 95,5%

* ohne Erstbefunde der Gruppe I/II mit Wiederholungsempfehlung

** ohne Folgebefunde der Gruppe III/IIID

Aus den prädiktiven Werten wurden nunmehr – unter Berücksichtigung bestimmter Annahmen und Hochrechnungen, auf die hier nicht im einzelnen eingegangen werden soll – *Sensitivität und Spezifität* geschätzt:

- als „krank" sollten dabei alle Frauen angesehen werden, die eine positive Histologie oder – was wegen der hohen positiven Korrektheit berechtigt erschien – eine maximale Zytologie der Gruppe IVa, IVb und V hatten. Als „zytologisch entdeckt" sollten alle diejenigen gelten, die bei der zytologischen Erstuntersuchung einen Befund der Gruppe III bis V hatten. Die Rate (zytologisch entdeckt/krank) ist dann eine Schätzung für die Sensitivität.
- Als „gesund" sollten alle Frauen angesehen werden, die eine negative Histologie innerhalb eines Jahres oder zwei negative zytologische Folgebefunde innerhalb von drei Jahren hatten. Als „zytologisch negativ" sollten diejenigen gelten, die bei der zytologischen Erstuntersuchung einen Befund der Gruppe I/II hatten. Die Rate (zytologisch negativ/gesund) ist dann eine Schätzung für die Spezifität.

Daraus ergibt sich **eine Spezifität von 99,95%,**
eine Sensitivität von 80,0%.

Für die *Ermittlung der Spezifität* wurden die nicht bestätigten Befunde der Gruppen IVa, IVb und V zu Grunde gelegt, unter Fortlassung der Befunde der Gruppen III und IIID. Dies erscheint uns berechtigt, weil in der Regel nur Befunde der Gruppen IVa bis V einer sofortigen histologischen Klärung zugeführt werden, während die Mehrzahl der III- und IIID-Befunde zunächst nur zytologisch und kolposkopisch beobachtet wird, so daß die Frauen dadurch nicht belastet werden. Aber selbst, wenn man alle nicht bestätigten Befunde der Gruppen III–V als falsch-positiv rechnen würde, ergäbe sich mit 99,4% immer noch eine hohe Spezifität.

Für die *Ermittlung der Sensitivität* wurden alle zytologisch nicht entdeckten Karzinome und intraepithelialen Neoplasien der Cervix uteri einschließlich der Dysplasien leichten und mäßigen Grades einbezogen. Die Unterschiede in der Sensitivität für die verschiedenen Schweregrade histologischer Veränderungen waren relativ gering. Wir fanden für das invasive Zervixkarzinom einschließlich des Mikrokarzinoms eine Sensitivität von 82,3%, für das Carcinoma in situ und die schwere Dysplasie von 81,4%. Am niedrigsten lag die Sensitivität für leichte und mäßige Dysplasien mit 78,1%. Auf die Ursachen der falsch-negativen zytologischen Befunde wurde bereits in Kap. 3 (S. 14f) ausführlich eingegangen.

Einer außerordentlich hohen Spezifität steht also eine relativ niedrige Sensitivität gegenüber. Daraus ergibt sich, daß *durchschnittlich mit 20%,* bei leichten Formen der Dysplasie wahrscheinlich mit noch mehr *falsch-negativen zytologischen Befunden zu rechnen ist.* Dies muß bei der Planung und Durchführung von Vorsorgeuntersuchungsprogrammen berücksichtigt werden, zumal bei flächendeckenden Screeningprogrammen unter Beteiligung zahlreicher, auch kleinerer Laboratorien möglicherweise mit noch größeren Schwankungen dieser Werte zu rechnen ist.

Gedanken zur zukünftigen Gestaltung von Vorsorgeuntersuchungsprogrammen

Aufgrund der heute vorliegenden internationalen Erfahrungen und ebenso der Ergebnisse unserer eigenen Untersuchungen, die wir als Teilausschnitt des in der Bundesrepublik Deutschland durchgeführten Krebsfrüherkennungs- und Vorsorgeprogrammes ansehen, kann kein Zweifel darüber bestehen, daß *systematisch durchgeführte zytologische Vorsorgeuntersuchungen beim Zervixkarzinom eine effektive Senkung von Morbidität und Mortalität zur Folge haben.*

Für die übrigen bösartigen Geschwülste des weiblichen Genitales sind die Möglichkeiten der Früherkennung mit Hilfe der Zytodiagnostik leider nicht im gleichen Maße gegeben, obwohl im Rahmen unseres Krebsfrüherkennungsprogrammes, wie bereits auf S. 300 erwähnt, neben einer größeren Zahl von Endometriumkarzinomen auch einzelne Vaginalkarzinome, Vulvakarzinome und Ovarialkarzinome entdeckt wurden.

Am günstigsten liegen die Verhältnisse noch für das Endometriumkarzinom. Die spezielle Problematik der begrenzten Einsatzmöglichkeit der Zytologie bei der Früherkennung von Endometriumkarzinomen wurde bereits auf S. 255f besprochen.

Vaginal- und Vulvakarzinome sind so selten, daß spezielle Screeningprogramme dafür nicht lohnen würden. Beim Vulvakarzinom ist außerdem zu berücksichtigen, daß aufgrund der Besonderheiten der zytomorphologischen Diagnostik eine annähernd vollständige Erfassung von Früh- und Vorstadien nur durch eine relativ hohe Rate falsch-positiver Befunde zu erkaufen wäre.

Zellen eines Ovarialkarzinoms sind in Zervixabstrichen nur extrem selten zu finden. Nie handelt es sich dabei um Frühstadien.

Aber auch für die Früherkennung des Zervixkarzinoms und seiner Vorstadien haben die heute vorliegenden Erfahrungen eine Reihe von Erkenntnissen gebracht, die bei der zukünftigen Gestaltung von Screeningprogrammen Berücksichtigung finden sollten. Auf internationaler Ebene hat es zahlreiche Diskussionen insbesondere darüber gegeben, *wie die Screeningprogramme in Relation zu den aufgewendeten Kosten möglichst effizient gestaltet werden können.*

Um die zytologischen Screeninguntersuchungen im Hinblick auf die Kosten zu rationalisieren, wurde vorgeschlagen, *Risikogruppen* in Abhängigkeit vom Sexualverhalten der Frauen zu bilden (133). Als Risikofaktoren wurden dabei vor allem früher erster Geschlechtsverkehr und multiple Sexualpartner (101) angesehen. Man sprach von „High-risk"-, „At-risk"- und „Low-risk"-Gruppen, für die unterschiedliche Empfehlungen hinsichtlich der

Inanspruchnahme der Vorsorgeuntersuchung gegeben wurden.

Diese Vorschläge, so interessant sie theoretisch erscheinen mögen, haben sich in der Praxis bald als nicht brauchbar erwiesen (121, 134). Alle sexuell aktiven Frauen sind als „at risk“ anzusehen.

Wenn aber die Bildung von Risikogruppen nicht möglich ist, so kann man nur durch die richtige Auswahl der Untersuchungsintervalle und des Untersuchungsalters erreichen, daß mit vertretbarem finanziellen Aufwand eine möglichst große Zahl von Zervixkarzinomen verhindert wird.

Die Frage des *Untersuchungsintervalls* wurde in den verschiedenen Screeningprogrammen sehr unterschiedlich gehandhabt und war ebenfalls Gegenstand lebhafter Diskussionen. Die Empfehlungen gehen von 1jährigen (z. B. Britisch Kolumbien) bis zu 5jährigen (z. B. Finnland) Untersuchungsintervallen.

Zu bedenken ist, daß es extrem schnell und extrem langsam wachsende Karzinome (2, 71, 82, 112) mit allen fließenden Übergängen gibt. Ebenso können die Latenzzeiten der Carcinomata in situ bis zum Übergang in ein invasives Karzinom sehr unterschiedlich sein (98).

Sind die Untersuchungsintervalle zu lang, so besteht die Gefahr, daß nur die langsam wachsenden Veränderungen erfaßt werden, die schnell entstehenden Karzinome aber der rechtzeitigen Entdekkung entgegen. Bei zu kurzen Zeitabständen werden die Untersuchungen bald ineffizient.

Wahrscheinlich ist es möglich, durch Untersuchungen in 2- bis 3jährigen Abständen 90 bis 95% aller Zervixkarzinome und Carcinomata in situ rechtzeitig zu entdecken (134, S. 584). Gegen zu lange Untersuchungsintervalle spricht die Erfahrung, daß die Ergebnisse in Screeningprogrammen mit mehr als 3jährigen Untersuchungsintervallen deutlich schlechter werden.

Für die Festlegung des *Untersuchungsalters* ist es wichtig, sich daran zu erinnern, daß es bei den Vorsorgeuntersuchungen weniger auf die Entdekkung früher Karzinome als auf die Erkennung der Vorstadien ankommt, um die Entstehung des eigentlichen Karzinoms zu verhindern.

Aus diesem Grunde sollten die Vorsorgeuntersuchungen bei sexuell aktiven Frauen nicht später als mit dem 20. Lebensjahr beginnen. Der Häufigkeitsgipfel für Dysplasien leichten und mäßigen Grades liegt bereits zwischen dem 25. und 30., für Carcinomata in situ zwischen dem 30. und 35. Lebensjahr.

Ein wichtiger Faktor bei der Planung von Vorsorgeuntersuchungsprogrammen ergibt sich daraus, daß die zytologische Diagnostik für das Zervixkarzinom und seine Vorstadien zwar eine *hohe Spezifität, aber eine relativ niedrige Sensitivität* hat. Man muß mit etwa 20% falsch-negativen zytologischen Befunden rechnen. Bei leichten und mäßigen Dysplasien ist die Rate möglicherweise noch höher.

Erfolgt die Wiederholungsuntersuchung nach einem Jahr, so können die bei der Erstuntersuchung übersehenen Befunde infolge der langfristigen Entstehung der meisten Zervixkarzinome in der Regel noch rechtzeitig erkannt werden. Aus diesem Grunde *sollten auf jeden Fall die beiden ersten Wiederholungsuntersuchungen,* unabhängig von den allgemein festgelegten Untersuchungsintervallen und unabhängig vom Alter der Frauen, *in nicht längeren Zeitabständen als einem Jahr durchgeführt werden.*

Bei langfristig laufenden Screeningprogrammen hängt die *Effizienz* nicht zuletzt davon ab, wie hoch der Anteil der Frauen ist, die mehr oder weniger regelmäßig an den Untersuchungen teilnehmen. Werden über Jahre hinweg immer wieder dieselben Frauen untersucht, so muß der Effekt – bei gleichen Kosten – niedriger werden (100, 113); oder anders ausgedrückt, die Verhütung jedes weiteren Karzinoms wird teurer. Bei Frauen, die nie oder nur gelegentlich zur Untersuchung kommen, aber bleibt die Karzinomrate unverändert hoch. Deshalb sollte versucht werden, durch Aufklärung oder persönliche Einladung zu den Untersuchungen möglichst breite Bevölkerungsschichten zu erreichen. Es wäre sicher effektiver, 90% der Frauen alle 3 Jahre, statt 30% jährlich zu untersuchen. Die Erfahrungen in der Bundesrepublik Deutschland haben aber gezeigt, daß die meisten Frauen trotz Empfehlung 1jähriger Untersuchungen nur in 1- bis 3jährigen Zeitabständen kommen.

Literatur

Grundlagen der zytologischen Malignitätsdiagnostik

1 Altmann, H.-W.: Der Intermitosekern. In Hirsch, G. Ch., H. Ruska, P. Sitte: Grundlagen der Cytologie. VEB G. Fischer, Jena 1973 (S. 135)

2 Altmann, H.-W., E. Grundmann: Phasenkontrastmikroskopische Untersuchungen zur Vitalstruktur tierischer Zellkerne. Beitr. pathol. Anat. 115 (1955) 313

3 Altmann, H.-W., J. Haubrich: Zur Genese hepatozellulärer Kerneinschlüsse bei Colchicinvergiftung. Experienta 20 (1964) 319

4 Altmann, H.-W., H. A. Müller: Grundlagen der Karyologie. Verhandlungen der Deutschen Gesellschaft für Pathologie, 57. Tagung, 12.–16.6.1973 Karlsruhe, Sonderbd. Fischer, Stuttgart 1973 (S. 2)

5 Atkin, N. B.: The relationship between the desoxyribonuclei of acid content and ploidy in Human tumors. Cytogenetics 1 (1962) 113

6 Atkin, N. B.: The chromosomal changes in malignancy and assessment of their possible prognostic significance. Brit. J. Radiol. 37 (1964) 213

7 Atkin, N. B.: The DNA-content of malignant cells in cervical smears. Acta cytol. 8 (1964) 68

8 Atkin, N. B.: Variant nuclear types in gynecologic tumors: Observations on squashes and smears. Acta cytol. 13 (1969) 569

9 Atkin, N. B.: Modal DNA value and chromosome number in ovarian neoplasia. A clinical and histopathologic assessment. Cancer (Philad.) 27 (1971) 1064

10 Atkin, N. B., G. Mattinson, M. C. Baker: A comparison of the DNA content and chromosome number of fifty human tumors. Brit. J. Cancer 20 (1966) 87

11 Atkin, N. B., B. M. Richards, A. G. Ross: The desoxyribonucleic acid content of carcinoma of the uterus: An assessment of its possible significance in relation to histopathology and clinical course based on data from 165 cases. Brit. J. Cancer 13 (1959) 773

12 Baccarini, J.: Sulle cinesi vegetative del „Cynomorium coccineum L.“. Nouve G. bot. Ital. (N. S.) 15 (1908) 189

13 Beams, H. W., S. Müller: Effects of ultracentrifugation on the interphase nucleus of somatic cells with special reference to the nuclear envelope-chromatin relationship. Z. Zellforsch. 108 (1970) 297

14 Benninghoff, A.: Funktionelle Kernschwellung und Kernschrumpfung. Anat. Nachr. 1 (1949/50) 50

15 Bernhard, W.: Ultrastructural aspects of the normal and pathological nucleolus in mammalian cells. Nat. Cancer Inst. Monogr. 22 (1966) 13

16 Böhm, N., W. Sandritter: DNA in human tumors: A cytophotometric study. Curr. Top. Pathol. 60 (1975) 151

17 Böhm, N., S. Roka, E. Sprenger, D. Wagner: Absorptions- und Fluoreszenzzytophotometrische DNS-Bestimmungen an vaginalzytologischem Material. Acta histochem., Suppl. 10 (1971) 233

18 Brandes, D., E. Schofield, E. Anton: Nuclear mitochondria. Science 149 (1965) 1373

19 Brown, S. W.: Heterochromatin. Science 151 (1966) 417

20 Bucher, O.: Caryometric studies of tissue cultures. Int. Rev. Cytol. 3 (1954) 69

21 Caspersson, T. O.: Quantitative cytochemical studies on normal, malignant, premalignant and atypical cell populations form the human uterine cervix. Acta cytol. 8 (1964) 45

22 Caspersson, T. O., J. Schultz: Nucleic acid metabolism of the chromosomes in relation to gene reproduction. Nature (Lond.) 142 (1938) 294

23 Coman, D. R.: Decreased mutual adhesiveness, a property of cells from squamous cell carcinoma. Cancer Res. 4 (1944) 625

24 Comings, D. E.: The rationale for an ordered arrangement of chromatin in the interphase nucleus. Amer. J. hum. Genet. 20 (1968) 440

25 Dehnhart, F.: Cytogenetische Untersuchungen an Praecancerosen und Carcinomen der Cervix uteri. Habil-Schr., Mainz 1974

26 Frost, J. K.: The Cell in Health and Disease. Karger, Basel 1969

27 Goerttler, K., D. Haag, C. Tasca: Cytophotometrische Untersuchungen an Zellkernen von experimentell erzeugten Neoplasmen. Z. Krebsforsch. 76 (1971) 155

28 Granberg, J.: Chromosomes in preinvasive, microinvasive and invasive cervical carcinoma. Hereditas 68 (1971) 165

29 Granberg, J., S. Gupta, J. Joelsson, E. Sprenger: Chromosome and nuclear DNA-study of a uterine adenocarcinoma and its metastases. Acta pathol. microbiol. scand., Sect. A. 82 (1974) 1

30 Grundmann, E., G. Bach: Amitosen, Endomitosen und Mitosen nach partieller Hepatektomie. Beitr. pathol. Anat. 123 (1960) 144

31 Grundmann, E., H. Siegburg: Die Histogenese und Cytogenese des Lebercarcinoms der Ratte durch Diaethylnitrosamin im lichtmikroskopischen Bild. Beitr. pathol. Anat. 126 (1962) 57

32 Grundmann, E., F. Stein: Untersuchungen über die Kernstrukturen in normalen Geweben und im Carcinoma. Beitr. pathol. Anat. 125 (1961) 54

33 Grundmann, E., H. G. Hillemanns, K. Rha: Cytophotometrische Untersuchungen am menschlichen Portioepithel während der Krebsentwicklung. I. Das Verhalten von Kernvolumen und DNS. Z. Krebsforsch. 64 (1961) 390

34 Heitz, E.: Das Heterochromatin der Moose. Jb. wiss. Brt. 69 (1928) 762

35 Heitz, E.: Heterochromatin, Chromozentren, Chromomeren. Ber. dtsch. bot. Ges. 47 (1929) 274

36 Heitz, E.: Die Herkunft der Chromozentren. Dritter Beitrag zur Kenntnis der Beziehung zwischen Kernstruktur und qualitativer Verschiedenheit der Chromosomen in der Längsrichtung. Planta (Berl.) 18 (1933) 571

37 Hillemanns, H. G., K. Rha: Quantitative Untersuchungen über den Beginn bösartigen Wachstums an der Portio uteri. Z. Krebsforsch. 64 (1961) 245

38 Jacobi, W.: Über das rhythmische Wachstum der Zellen durch Verdoppelung ihres Volumens. Arch. Entwickl.-Mech. Org. 106 (1925) 124

39 Jacobi, W.: Die Zellkerngröße beim Menschen. Z. mikr.-anat. Forsch. 38 (1935) 161

40 Koss, L. G.: Morphology of cancer cells. In: Handbuch der allgemeinen Pathologie, Bd. VI, hrsg. von H.-W. Altmann u. a. Springer, Berlin 1955

41 Koss, L. G.: Diagnostic Cytology and its Histopathologic Bases, 2. Aufl. Lippincott, Philadelphia 1968

42 Koss, L. G., G. R. Durfee: Unusual patterns of squamous epithelium of uterine cervix: cytologic and pathologic study of koilocytotic atypia. Ann. N. Y. Acad. Sci. 63 (1956) 1245

43 Kother, V. I., W. Sandritter: Über den DNA-Gehalt des Carcinoma in situ. Gynaecologia 157 (1964) 9

44 Lennert, K.: Begrüßungsansprache 57. Tagung der Deutschen Gesellschaft für Pathologie. Verhandlungsbd. Fischer, Stuttgart 1973 (S. XXIV)

45 Long, H. C. Taylor: Nucleolar variability in human neoplastic cells. Ann. N. Y. Acad. Sci. 63 (1956) 1095

46 Long, M. E., F. Doko, J. C. Taylor jr.: Nucleoli and nucleolar ribonucleic acid in non-malignant and malignant human endometria. Amer. J. Obstet Gynecol. 75 (1958) 1002

47 Makino, S.: Chromosome cytology of the ascites tumors of rats, special reference to the concept of stemline cell. Int. Rev. Cytol. 6 (1957) 25

48 Mellors, R. C., J. F. Keane, G. N. Papanicolaou: Nucleic acid content of the squamous cancer cell. Science 116 (1952) 265

49 Mellors, R. C., J. Hlinka, A. Kupfer, K. Segiura: Quantitative cytology and cytopathology. II. The quantity of nucleic acid in individual nuclei of normal and neoplastic tissues of the mouse. Cancer (Philad.) 7 (1954) 779

50 Miles, C. P.: The chromosomes: Structure, dynamics and pathology. In Koss, L. G.: Diagnostic Cytology and Its Histopathologic Bases, 2. Aufl. Lippincott, Philadelphia 1968 (p. 53)

51 Miles, C. P., L. G. Koss: Diagnostic traits of interphase human cancer cells with known chromosome patterns. Acta cytol. 10 (1966) 21

52 Mittwoch, U.: Nuclear sizes in human diploid/triploid cellcultures. Nature (Lond.) 219 (1968) 1074

53 Naujoks, H.: Sex chromatin in exfoliated cells of cervical carcinoma in situ. Acta cytol. 13 (1969) 634

54 Noeske, K., H. Ebner: Zum Problem der Hyperchromasie. Verh. Dtsch. Ges. Pathol. 49. Tagung, 1965. Fischer, Stuttgart 1965

55 Ohno, S.: Genetic implication of karyological instability of malignant somatic cells. Physiol. Rev. 51 (1971) 496

56 Patten jr., S. F.: Diagnostic Cytology of the Uterine Cervix, 2. Aufl. Karger, Basel 1969

57 Paulette-Vandrell, J.: DNA-content and chromosome number in twentifive human carcinomas. Oncology 24 (1970) 48

58 Pelzer, P., H. D. Pape: Characterization of tumor cell populations by DNA measurements. Acta cytol. 17 (1973) 19
59 Reagan, J. W., A. B. P. Ng: A systemic approach to cellular study. In Wied, G. L., L. G. Koss, S. W. Reagan: Compendium on Diagnostic Cytology, 3. Aufl. Tutorials of Cytology, Chikago 1974 (p. 1)
60 Reagan, J. W., M. J. Hamonic, W. B. Wentz: Analytical study of the cells in cervical squamous cell cancer. Lab. Invest. 6 (1957) 241
61 Richards, B. M., N. B. Atkin: The differences between normal and cancerous tissues with respect to the ratio of DNA content to chromosome number. Acta Un. int. Cancr. 16 (1960) 124
62 Romen, W., P. Bannasch: Karyokinosen und Kernstruktur während der Hepatocarcinogenese. Virchows Arch. Abt. B. 13 (1963) 267
63 Sachs, H., H. E. Stegner, J. Bahnsen: Cytophotometrische Untersuchungen an Epitheldysplasien des Collum uteri. Arch. Gynäkol. 212 (1972) 97
64 Sandritter, W.: Die Bedeutung der quantitativen Histochemie für die Zytodiagnostik. 1. Tagung der Dtsch. Ges. f. Zytologie, München 1963. Kongreßbericht Mueller, München 1964
65 Sandritter, W.: Cytophotometrische Untersuchungen am Portiocarcinom und seinen Vorstufen. In Giese, W.: Verhandlungen der Deutschen Gesellschaft für Pathologie, 48. Tagung, Salzburg 1964. Fischer, Stuttgart 1964
66 Sandritter, W.: Die Cytophotometrie in der Cytologie. In: Verhandlungen der Deutschen Gesellschaft für Pathologie, 57. Tagung, Karlsruhe 1973. Sonderbd. Fischer, Stuttgart 1973 (S. 42)
67 Sandritter, W., R. Fischer: Der DNA-Gehalt des normalen Plattenepithels, des Carcinoma in situ und des invasiven Carcinoma der Portio. In: Proc. First Int. Congr. Exfol. Cytol. Lippincott, Philadelphia 1962 (S. 189)
68 Sandritter, W., M. Carl, W. Ritter: Cytophotometric measurements of the DNA content of human malignant tumors by means of Feulgen reaction. Acta cytol. 10 (1966) 26
69 Sandritter, W., H. Cramer, M. Mondorf: Zur Krebsdiagnostik an vaginalen Zellausstrichen mittels cytophotometrischer Messungen. Arch. Gynäkol. 192 (1960) 293
70 Sandritter, W., D. Müller, G. Schierner: Über den Nucleinsäuregehalt und das Trockengewicht von haploiden und diploiden Zellen. Anat. Anz. 105 (1958) 146
71 Sandritter, W., S. Hilwig, K. Engelbert, G. Kiefer, R. Kiefer: Versuche zur Carcinogenese in vitro. Chromosomenanalysen und cytophotometrische Messungen des DNS-Gehaltes. Z. Krebsforsch. 67 (1965) 57
72 Schairer, E.: Kernmessungen und Chromosomenzählungen an menschlichen Geschwülsten. Z. Krebsforsch. 43 (1935) 1
73 Stegner, H.-E, H. Sachs: Gynäkologische Zytologie. Enke, Stuttgart 1973
74 Stöcker, E., H.-W. Altmann: Die Größe des Nukleolus und die Nukleolus-Karyoplasma-Relation als Ausdruck synthetischer Aktivitäten. Z. Krebsforsch. 65 (1963) 357
75 Stowell, R. E.: The relationship of nucleolar mass to protein synthesis. Exp. Cell. Res., Suppl. 9 (1963) 164
76 Sullivan, P. A., A. M. Garcia: Correlation between nucelar size and Feulgen-DNA volume in lymphocytes. Acta cytol. 14 (1970) 109
77 Vendrely, R.: The Desoxyribonucleic acid content of the nucleus. In Chargaff, E., J. N. Davidson: The Nucleic Acids, Bd. II. Academic Press, New York 1955 (p. 155)
78 Vincent, W. W., O. J. Miller jr.: International Symposium on the Nucleolus, its Structure and Function. Nat. Cancer Inst. Monogr. 23 (1966) 1–535
79 Wagner, D., E. Sprenger, M. H. Blank: DNA-content of dysplastic cells of the uterine cervix. Acta cytol. 16 (1972) 517
80 Wied, G. L., L. G. Koss, S. W. Reagan: Compendium on Diagnostic Cytology, 3. Aufl. Tutorials of Cytology, Chikago 1974
81 Wied, G. L., A. M. Messina, E. Rosenthal: Comparative quantitative DNS-measurements on Feulgen-stained cervical epithelial cells. Acta cytol. 10 (1966) 31
82 Wied, G. L., A. M. Messina, P. Meier, R. R. Blough: Fluorospectrophotometric analysis on cervical epithelial cells. Acta cytol. 8 (1964) 61
83 Wilbanks, G. D., R. M. Richart, J. V. Teruer: DNA content of cervical intraepithelial neoplasia studies by two wavelength Feulgen cytophotometry. Amer. J. Obstet. Gynecol. 98 (1967) 792
84 Yunis, J. J., W. G. Yasmineh: Heterochromatin satellite DNA and cell function. Science 74 (1971) 1200

Zur Genese des Zervixkarzinoms und seiner Vorstadien

1 Ashley, D. J. B.: Evidence for the existence of two forms of cervical cancer. J. Obstet. Gynecol. Brit. Emp. 73 (1966) 382
2 Bibbo, M., E. Alenghat, G. F. Bahr, P. H. Bartels, H. E. Dytch, A. L. Herbst, C. M. Keebler, F. T. Pishotta, G. L. Wied: A quality-control procedure on cervical lesions for the comparison of cytology and histology. J. Reprod. Med. 28 (1983) 811
3 Bibbo, M., P. H. Bartels, H. E. Dytsch, G. L. Wied: Computed cell image information. In Greenberg, S. D., G. L. Wied: Computer-Assisted Image Analysis Cytology. Monographs in Clinical Cytology, Bd. 9. Karger, Basel 1984 (S. 62)
4 Böcking, A., M. Hilgarth, M. Auffermann, Ch. Heuk-Werdier, D. Fischer-Becker, G. v. Kakreuth: DNA-Cytometric diagnosis of prospective malignancy in borderline lesions of the uterine cervix. Acta cytol. 30 (1986) 608
5 Boon, M. E., C. H. Fox: Simultaneous condyloma acuminatum and dysplasia of the uterine cervix. Acta cytol. 25 (1981) 393
6 Boshart, M., L. Gissmann, H. Ikenberg, A. Kleinheinz, W. Scheurlen, H. zur Hausen: A new type of papillomavirus DNA, its presence in genital cancer biopsies and in cell lines derived from cervical cancer. EMBO J. 3 (1984) 1151
7 de Brux, J., G. Orth, O. Croissant, E. Cohard, M. Ionesco: Lesions condylomateuses du col utérin, évolution chez 2466 patients. Bull Cancer 70 (1983) 410
8 Bryans, F. E., D. A. Boyes, S. R. Boyd., H. K. Fidler: The cytology program in British Columbia, Part. III. Canad. med. Ass. J. 90 (1964) 62
9 Burghardt, E.: Histologische Frühdiagnose des Zervixkrebses. Thieme, Stuttgart 1972
10 Calabresi, P., Arnold, N. V., Strowall, W. D.: Cytological screening for uterine cancer through physicians offices. J. Amer. med. Ass. 168 (1958) 243
11 Casas-Cordero, M., C. Morin, M. Roy, M. Fortier, A. Meisels: Origin of the koilocyte in condylomata of the human cervix. Acta cytol. 25 (1981) 383
12 Christopherson, W. M.: The control of cervix cancer. Acta cytol. 10 (1966) 6
13 Crum, C. P., H. Ikenberg, R. M. Richart, L. Gissmann: Human papillomavirus type 16 and early cervical neoplasia. New Engl. J. Med. 310 (1984) 880
14 Dürst, M., L. Gissmann, H. Ikenberg, H. zur Hausen: A new type of papillomavirus DNA from a cervical carcinoma and its prevalence in cancer biopsy samples from different geographic regions. Proc. nat. Acad. Sci. 80 (1983) 3812
15 Dunn jr., J. E., P. I. Martin: Morphogenesis of cervical cancer. Cancer (Philad.) 20 (1967) 1899
16 Erickson, C. C., B. E. Everett, L. M. Graves, R. F. Kaiser, R. A. Malingsen, I. Rube, P. C. Schreier, S. J. Cutler, D. H. Sprunt: Population screening for uterine cancer by vaginal cytology. J. Amer. med. Ass. 162 (1956) 167
17 Fidler, H. K., D. A. Boyes, A. J. Worth: Cervical cancer detection in British Columbia. J. obstet. gynaecol. Brit. Cwlth 75 (1968) 392
18 Fu, Y. S., J. W. Reagan, R. M. Richart: Definition of precursors. Gynecol. and Oncol. 12 (1981) 220
19 Gad, C., F. Koch: Population screening for cervical carcinoma in Frederiksberg borough: Results of second and third rescreening 1966–72. Dan. med. Bull. 20 (1973) 141
20 Gissmann, L.: Papillomaviruses and their association with cancer in animals and in man. Cancer Surv. 3 (1984) 161
21 Gissmann, L.: Kondylome – Hinweise für die Beteiligung der Papillomviren an der Entstehung des Zervixkarzinoms. Gynäkologe 18 (1985) 160
22 Gissmann, L., M. Boshart, M. Dürst, H. Ikenberg, H. zur Hausen, D. Wagner: Presence of human papillomavirus (HPV) DNA in genital tumors. J. invest. Dermatol. 83 (1984) 265
23 Gissman, L., E. Schwarz: Cloning of papillomavirus DNA. In Becker, Y.: Recombinant DNA Research and Virus. Nijhoff, Boston 1985 (p. 173)
24 Gissmann, L., E. M. de Villiers, H. zur Hausen: Analysis of human genital warts (condylomata acuminata) and other genital tumors for human papillomavirus type 6 DNA. Int. J. Cancer 29 (1982) 143
25 Gissmann, L., L. Wolnik, H. Ikenberg, U. Koldovsky, H. G. Schnürch, H. zur Hausen: Human papillomavirus types 6 and 11 DNA sequences in genital and laryngeal papillomas and in some cervical cancers. Proc. nat. Acad. Sci. 80 (1983) 560

26 zur Hausen, H.: Human papillomaviruses and their possible role in squamous cell carcinomas. Curr. Top. Microbiol. Immunol. 78 (1977) 1

27 zur Hausen, H.: Human genital cancer: Synergism between two virus infections or synergism between a virus infection and initiating events? Lancet 1982/II, 1370

28 zur Hausen, H.: Papillomviren, die „heimlichen“ Krebserreger? Umweltmedizin 4 (1983) 63

29 zur Hausen, H.: Herpes simplex virus in human genital Cancer. Int. Rev. exp. Pathol. 25 (1983) 307

30 zur Hausen, H.: Papillomviruses in Human Cancer. Cancer 59 (1987) 1692

31 Hillemanns, H.-C., M. Hilgarth: Diskussionsbeitrag. 2. Intern. Tutorial über das diagnostisch-therapeutische Vorgehen bei früher cervicaler Neoplasie. 29.–31.3.1979 Freiburg i. B.

32 Hills, E., C. R. Laverty: Electron microscopic detection of papilloma-virus particles in selected koilocytotic cells in a routine cervical smear. Acta cytol. 23 (1979) 53

33 Jee, C., I. Krishnan-Hewlett, C. C. Baker, R. Schlegel, P. Howley: Presence and expression of human papillomavirus sequences in human cervical carcinoma lines. Amer. J. Pathol. 117 (1985) 361

34 Jenson, A. B., I. R. Rosenthal, C. Olson, F. Pass, W. D. Lancaster, K. Shah: Immunological selatedness of papillomaviruses from different species. J. Nat. Cancer Inst. 1980 (64) 495

35 Koss, L. G.: Concept of genesis and development of carcinoma of the cervix. Obstet. gynecol. Surv. 24 (1969) 850

36 Koss, L. G.: Diagnostic Cytology and its Histopathologic Bases, 3rd ed. Lippincott, Philadelphia 1979

37 Koss, L. G.: Cytologic and histologic manifestations of human papillomavirus infection of the female genital tract and their clinical significance. Cancer 60 (1987) 1942

38 Koss, L. G., C. R. Durfee: Unusual patterns of squamous epithelium of the uterine cervix; Cytologic and pathologic study of koilocytotic atypia. Ann. N. Y. Acad. Sci. 63 (1956) 1245

39 Kreider, J. W., M. K. Howett, S. A. Wolfe, G. L. Bartlett, R. J. Zaino, T. V. Sedlacek, R. Mortel: Morphological transformation in vivo of human uterine cervix with papillomavirus from condylomata acuminata. Nature 317 (1985) 639

40 Ludwig, M. E., D. M. Lowell, V. A. Livolsi: Cervical condylomatous Atypia and its relationship to cervical neoplasia. Amer. J. clin. Pathol. 76 (1981) 255

41 Martin, P. L.: How preventable is invasive cervical cancer? Amer. J. Obstet. Gynecol. 113 (1972) 541

42 Meigs, J. W., P. W. Laskey, J. T. Flannerey: Hinweise auf eine Rückbildung des Carcinoma in situ sowie auf eine zweite Form des invasiven Zervixkarzinoms. Connecticut 1935–1973. Geburtsh. u. Frauenheilk. 36 (1976) 554

43 Meisels, A.: The Story of a Cell. The George N. Papanicolaou Award Lecture. Acta cytol. 27 (1983) 584

44 Meisels, A., L. Brochu-Lampron, M. Casas-Cordero, M. Fortier, S. Martel-Laflamme, C. Morin: Condylomata of the uterine cervix: a human papillomavirus infection, Vol. 19. Tutorials of Cytology, Chicago 1981

45 Meisels, A., R. Fortin: Condylomatous Lesions of the Cervix and Vagina. Acta cytol. 20 (1976) 505

46 Meisels, A., R. Fortin, M. Roy: Condylomatous lesions of the Cervix II. Cytologic, colposcopic and histopathologic study: Acta cytol. 21 (1977) 379

47 Meisels, A., C. Morin, M. Casas-Cordero: Lesions of the uterine cervix associated with papillomavirus and their clinical consequences. In Koss, L. G., D. V. Coleman: Advances in Clinical Cytology, vol. 2. Masson, New York 1984 (p. 1)

48 Meisels, A., M. Roy, M. Fortier, C. Morin, M. Casas-Cordero, K. V. Shah, H. Turgeon: Human papillomavirus infection of the cervix. Acta cytol. 25 (1981) 7

49 Nasiell, K., G. Auer, M. Nasiell, A. Zetterberg: Retrospective DNA analyses in cervical dysplasia as related to neoplastic progression or regression. Analyt. quant. Cytol. 1 (1979) 103

50 Patten jr., S. F.: Diagnostic Cytology of the Uterine Cervix, 2. Aufl. Karger, Basel 1969

51 Pedersen, E., K. Hoeg, P. Kolstad: Mass screening for cancer of the uterine cervix in Ostfold Country, Norway. Acta obstet. gynecol. scand. 50 (1971) 69

52 Peterson, O.: Spontaneous course of cervical precancerous conditions. Amer. J. Obstet. Gynecol. 72 (1956) 1063

53 Pfister, H., P. G. Fuchs: Papillomaviruses: Particles, genome organisation and proteins. In Syrjänen, K., L. Gissmann, L. G. Koss: Papillomaviruses and Human Diseases. Springer, Berlin 1987

54 Prakash, S. S., W. C. Reeves, G. R. Sisson, M. Brenes, J. Goddy, S. Bachetti, R. C. Britton, W. E. Rawls: Herpes simplex virus type 2 and human papilloma virus type 16 in cervicitis, dysplasia and invasive cervical carcinoma. Int. J. Cancer 35 (1985) 51

55 Purola, E., E. Savia: Cytology of Gynecologic Condyloma Acuminatum. Acta cytol. 21 (1977) 26

56 Reid, R.: Human Papillomavirus. Obstet. Gynecol. Clin. N. Amer. 14 (1987)

57 Richart, R. M., B. A. Barron: Follow-up study of patients with cervical dysplasia. Amer. J. Obstet. Gynecol. 205 (1969) 386

58 Rosenthal, D., St. Suffin: Predictive value of digitized cell images for the prognoses of cervical neoplasia. In Wied, G. L.: Computer Assisted Image Analysis in Clinical Cytology 9. Vol. Karger, Basel 1984

59 Sachs, H., H. E. Stegner, J. Bahnsen: Zytophotometrische Untersuchungen an Epitheldysplasien des Collum uteri. Arch. Gynäkol. 212 (1972) 97

60 Schenck, U.: Ergebnisse objektträgercytophotometrischer DNS-Messungen an Materialien der Cervix uteri. Med. Klin. 74 (1979) 1909

61 Schneider, A.: Methods of identification of human papillomavirus. In Syrjänen, K., L. Gissmann, L. G. Koss: Papillomaviruses and Human Diseases. Springer, Berlin 1987

62 Schneider, A., H. Kraus, R. Schuhmann, L. Gissmann: Papillomavirus infection of the lower genital tract: Detection of viral DNA in gynecological swabs. Int. J. Cancer 35 (1985) 443

63 Schneider, A., E. Sawada, L. Gissmann, K. Shah: Human papillomavirus in women with a history of abnormal PAP smears and their male partners. Obstet. and Gynecol. 69 (1987) 554

64 Schneider, A., R. Schuhmann, E.-M. de Villiers, W. Knauf, L. Gissmann: Klinische Bedeutung von humanen Papilloma-Virus-(HPV)-Infektionen im unteren Genitaltrakt. Geburtsh. u. Frauenheilk. 46 (1986) 261

65 Scholl, S. M., E. M. Kingslay Pillers, R. E. Robinson, P. J. Farrell: Prevalence of human papillomavirus type 16 DNA in cervical carcinoma samples in East Anglia. Int. J. Cancer 35 (1985) 215

66 Soost, H.-J.: Statistische Ergebnisse der Krebsvorsorgeuntersuchungen bei Frauen. Fortschr. Med. 92 (1974) 360

67 Southern E. M.: Detection of specific sequences among DNA fragments separated by gel electrophoresis. J. Mol. Biol. 98 (1975) 503

68 Sprenger, E., M. Hilgarth, M. Schaden: Die Zellkern-DNS-Bestimmung als Diagnostikhilfe bei Verlaufsbeobachtung unklarer zytologischer Befunde (a follow-up of doubtful findings in cervical cytology by Feulgen-DNA-cytophotometry). Beitr. Pathol. Bd. 152 (1974) 58

69 Stegner, H.-E., H. Sachs: Gynäkologische Zytologie. Enke, Stuttgart 1973

70 Syrjänen, K.: Human papillomavirus lesions in association with cervical dysplasias and neoplasias. Obstet. and Gynecol. 62 (1983) 617

71 Syrjänen, K., L. Gissmann, L. G. Koss: Papillomaviruses and Human Diseases. Springer, Berlin 1987

72 Syrjänen, K., S. Parkkinen, R. Mantyjarvi, M. Väyrynen, S. Syrjänen, H. Holopainen, S. Saarikoski, O. Castren: Human papillomavirus (HPV) type as an important determinant of the natural history of HPV infections in uterine cervix. Europ. J. Epidemiol. 1 (1985) 180

73 Syrjänen, K. J., U.-M. H. T. Kauraniemi: Cytologic Evidence of the Association of Condylomatous Lesions with Dysplastic and Neoplastic Changes in the Uterine Cervix. Acta cytol. 25 (1981) 17

74 Syrjänen, K. J., R. Mäntyjärvi, M. Väyrynen, M. Yliskoski, St. M. Syrjänen, S. Saarikoski, T. Nurmi, S. Parkkinen, O. Castrén: Cervical Smears in Assessment of the Natural History of Human Papillomavirus Infections in Prospectively Followed Women. Acta cytol. 31 (1987) 855

75 Syrjänen, K., M. Värynen, S. Saarikoski, R. Mäntyjarvi, S. Parkkinen, M. Hippelainen, O. Castren: Natural history of cervical human papillomavirus (HPV) infections based on prospective follow up. Brit. J. Obstet. Gynaecol. 92 (1985) 1086

76 Syrjänen, K., M. Värynen, R. Mäntyjärvi, S. Saarikoski, O. Castren: Natural history of HPV infections in the uterine cervix as determined by prospective follow-up. J. cell. Biochem., Suppl. 9c (1985) 68

77 de Villiers, E. M., D. Wagner, A. Schneider, H. Miklaw, E. Grussendorf-Conen, H. zur Hausen: A survey on the infection rate in a normal population with genital papillomaviruses. Meeting abstract, Cold Spring Harbor symposium on papillomaviruses, September 1986
78 Wagner, D.: Zervixveränderungen mit den HPV-Typen 16 und 18 sollten möglichst abschließend behandelt werden. Über die Häufigkeit von Papilloma-Viren an der Zervix. gyne 7 (1986) 301
79 Wagner, D.: Die HPV-Infektion der Cervix uteri – ihre Bedeutung für die gynäkologische Krebsvorsorge. gyne 8 (1987) 11
80 Wagner, D.: Papillomvirusinfektion und Zervix-Karzinom: Bedeutung für die gynäkologische Krebsvorsorge. GBK-Mitteilungsdienst 16 (1988) 33
81 Wagner, D.: CIS sexuell übertragbar? Zur Behandlung der zervikalen intraepithelialen Neoplasie. gyne 9 (1988) 21
82 Wagner, D., H. Ikenberg, N. Boehm, L. Gissmann: Identification of human papillomavirus in cervical swabs by deoxyribonucleic acid in situ hybridization. Obstet. and Gynecol. 64 (1984) 767
83 Wagner, D., E. Sprenger, H. M. Blenk: DNA-content of dysplasive cells of the uterine cervix. Acta cytol. 16 (1972) 517
84 Wagner, D., E. Sprenger, D. Merkle: Cytophotometric studies in suspicious cervical smears. Acta cytol. 20 (1976) 366
85 Wagner, D., E.-M. de Villiers, L. Gissmann: Der Nachweis verschiedener Papillomvirustypen in zytologischen Abstrichen von Präkanzerosen und Karzinomen der Cervix uteri. Geburtsh. u. Frauenheilk. 45 (1985) 226
86 Woodruff, J. D., L. Braun, R. Cavallieri, P. Gupta, F. Pass, K. V. Shah: Immunological identification of papillomavirus antigen in parrafin-processes condyloma tissues from the female genital tract. Obstet. and Gynecol. 56 (1980) 727

Histologie des Plattenepithelkarzinoms der Cervix uteri und seiner Vorstadien

1 Bajardi, F.: Histomorphology of reserve cell hyperplasia, basal cell hyperplasia and dysplasia. Acta cytol. 5 (1961) 133
2 Bajardi, F.: Histomorphology of carcinoma in situ. Acta cytol. 5 (1961) 271
3 Bajardi, F.: Über Wachstumsbeschränkungen des Collumcarcinoms in seinem invasiven und auch präinvasiven Stadium. Arch. Gynäkol. 197 (1962) 407
4 Bauer, Hk.: Farbatlas der Kolposkopie, 2. Aufl. Schattauer, Stuttgart 1981
5 Bolten, K. A., W. E. Jaques: Introduction to Colposcopy. Grune and Stratton, New York 1960
6 Boyes, D. A.: The British Columbia screening program. Obstet. gynecol. Surv. 24 (1969) 1005
7 Brett, A. J., F. J. Coupes: Colposcopie. Masson, Paris 1960
8 De Brux, J., J. Dupré-Froment: Essai d'histogenèse et prognostic des dysplasies et du prétendu carcinome intra-epithélial du col utérin. Presse méd. 68 (1960) 1753
9 De Brux, J. A., J. Dupré-Froment: Histomorphology of reserve cell hyperplasia, basal cell hyperplasia and dysplasia. Acta cytol. 5 (1961) 133
10 Burghardt, E.: Histologische Frühdiagnose des Zervixkrebses. Thieme, Stuttgart 1972
11 Burghardt, E.: Kolposkopie. Spezielle Zervixpathologie. Lehrbuch und Atlas. Thieme, Stuttgart 1984
12 Burghardt, E., E. Holzer: Die Lokalisation des pathologischen Cervixepithels. I. Carcinoma in situ, Dysplasien, und abnormes Plattenepithel. Arch. Gynäkol. 73 (1951) 558
13 Cartier, R.: Practical Colposcopie. 2. Aufl. Fischer, Stuttgart 1984
14 Coppleson, M., E. Prixley, B. L. Reid: Colposcopy. A Scientific and Practical Approach to the Cervix in Health and Disease. Thomas, Springfield 1971
15 Cramer, H., G. Ohly: Die Kolposkopie in der Praxis, 3. Aufl. Thieme, Stuttgart 1975
16 Fluhmann, C. F.: The Cervix Uteri and Its Diseases. Saunders, Philadelphia 1961
17 Ganse, R.: Einführung in die Kolposkopie. Fischer, Jena 1966
18 Hillemanns, H.-G, M. Hilgarth: Diskussionsbeitrag. 2. Intern. Tutorial über das diagnostisch-therapeutische Vorgehen bei früher cervicaler Neoplasie. 29.–31.3.1979 Freiburg i. B.
19 Hinselmann, H.: Colposcopy. Girardet, Wuppertal-Elberfeld 1955
20 Kaufmann, C., K. G. Ober, F. O. Huhn: Das beginnende Karzinom der Cervix uteri (sog. Mikrokarzinom). Ein Erfahrungsbericht zur Prognose und Therapie an Hand von 130 Beobachtungen. Geburtsh. u. Frauenheilk. 25 (1965) 112
21 Kolstad, P., A. Stafl: Atlas der Kolposkopie. Enke, Stuttgart 1983
22 Koss, L. G.: Concept of genesis and development of carcinoma of the cervix. Obstet. gynecol. Surv. 24 (1969) 850
23 Koss, L. G.: Precancerous changes of the epithelial of the uterine cervix. In Wied, G. L., L. Koss, J. W. Reagan: Compendium on Diagnostic Cytology, 3. Aufl. Tutorials of Cytology, Chikago 1974 (p. 107)
24 Koss, L. G.: Diagnostic Cytology and Its Histopathologic Bases, 3. Aufl. Lippincott, Philadelphia 1979
25 Koss, L. G., F. W. Stewart, F. W. Foote, jr., M. J. Jordan, G. M. Bader, E. Day: Some histological aspects of behaviour of epidemoid carcinoma in situ and related lesions of the uterine cervix. A long-term prospective study. Cancer (Philad.) 16 (1963) 1160
26 Lohe, K. J.: Vergleichende Untersuchungen zu Sitz und Ausdehnung von Dysplasien und Carcinomata in situ der Zervix. Arch. Gynäkol. 207 (1969) 470
27 Lohe, K. J.: Das beginnende Plattenepithelkarzinom der Cervix uteri. Habil.-Schr., München 1974
28 Martin, P. L.: How preventable is invasive cervical cancer? Amer. J. Obstet. Gynecol. 113 (1972) 541
29 Meigs, J. W., P. W. Laskey, J. T. Flannerey: Hinweise auf eine Rückbildung des Carcinoma in situ sowie auf eine zweite Form des invasiven Zervixkarzinoms. Connecticut 1935–1973. Geburtsh. u. Frauenheilk. 36 (1976) 554
30 Meisels, A., L. Brochu-Lampron, M. Casas-Cordero, M. Fortier, S. Martel-Laflamme, C. Morin: Condylomata of the uterine cervix: a human papillomavirus infection, Vol. 19. Tutorials of Cytology, Chicago 1981
31 Meisels, A., C. Morin, M. Casas-Cordero, M. Roy, M. Fortier: Condylomatöse Veränderungen der Cervix, Vagina und Vulva. Gynäkologie 14 (1981) 254
32 Mestwerdt, G.: Elektive Therapie des Mikrokarzinoms am Collum uteri. Zbl. Gynäkol. 73 (1951) 558
33 Mestwerdt, G.: Zur operativen Behandlung des Mikrocarcinoms am Collum uteri. Vorgehen und Ergebnisse. III. Weltkongreß für Gynäkologie und Geburtshilfe. Wien 1961, Sonderbd. I (S. 231)
34 Mestwerdt, G., R. Moll, D. Wagner-Kolb, H. J. Wespi: Atlas der Kolposkopie.5. Aufl. Fischer, Stuttgart-New York 1980
35 Meyer, R.: Die histologischen Grundlagen der Karzinomdiagnose. 90. Versammlung der Gesellschaft Deutscher Naturforscher und Ärzte in Hamburg. Zbl. Gynäkol. 52 (1928) 2792
36 Meyer, R.: Die pathologische Anatomie der Gebärmutter. In Hencke, F., O. Lubarsch: Handbuch der speziellen pathologischen Anatomie und Histologie, Bd. VII. Springer, Berlin 1930 (S. 1–624)
37 Novak, E. R., J. D.Woodruff: Gynecologic and Obstetric Pathology. Saunders, Philadelphia 1974
38 Ober, K. G., C. Kaufmann, H. Hamperl: Carcinoma in situ, beginnendes Karzinom und klinischer Krebs der Cervix uteri. – Ihre Diagnose und Therapie sowie ihr Einfluß auf Ergebnisse der Krebsbehandlung. Geburtsh. u. Frauenheilk. 21 (1961) 259
39 Patten jr., S. F.: Dysplasia of the uterine cervix. In Lewis, G. C., W. B. Wentz, R. M. Jaffe: New Concepts in Gynecological Oncology. Davis, Philadelphia 1966 (p. 33)
40 Patten jr., S. F.: Diagnostic Cytology of the Uterine Cervix, 2. Aufl. Karger, Basel 1969
41 Peterson, O.: Spontaneous course of cervical precancerous conditions. Amer. J. Obstet. Gynecol. 72 (1956) 1063
42 Pixley, E. C.: Colposcopic apperances of human papillomavirus of the uterine cervix. In Syrjänen, K., L. Gissmann, L. G. Koss: Papillomaviruses and Human Diseases. Springer, Berlin 1987
43 Reagan, J. W.: The nature of the cells originating in so-called precancerous lesions of the uterine cervix. Obstet. gynecol. Surv. 13 (1958) 157
44 Reagan, J. W.: Dysplasia of the uterine cervix. In Gray, L. A.: Dysplasia, Carcinoma in situ and Microinvasive Carcinoma of the Cervix uteri. Thomas, Springfield Ill. 1964
45 Reagan, J. W., M. J. Hamonic: The cellular pathology in carcinoma in situ, a cytohistological correlation. Cancer (Philad.) 9 (1956) 385
46 Reagan, J. W., M. J. Hamonic: Dysplasia of the uterine cervix. Amer. N. Y. Acad. Sci. 63 (1956) 1235
47 Reagan, J. W., A. B. P. Ng: The cellular detection of cervical

cancer. In Wied, G. L., L. G. Koss, S. W. Reagan: Compendium on Diagnostic Cytology, 3. Aufl. Tutorials of Cytology, Chikago 1974 (p. 101)
48 Reagan, J. W., S. F. Patten jr.: Analytic study of cellular changes in carcinoma in situ, squamous – cell cancer and adenocarcinoma of uterine cervix. Clin. Obstet. Gynecol. 4 (1961) 1097
49 Reagan, J. W., S. F. Patten jr.: Dysplasia: A basic reaction to injury in the uterine cervix. Ann. N. Y. Acad. Sci. 97 (1962) 662
50 Reagan, J. W., M. S. Hamonic, W. B. Wentz: Analytical study of the cells in cervical squamous cell cancer. Lab. invest. 6 (1957) 241
51 Reagan, J. W., I. L. Seidemann, Y. Sarcusa: The cellular morphology of carcinoma in situ and dysplasia or atypical hyperplasia of the uterine cervix. Cancer (Philad.) 6 (1953) 224
52 Recher, L., E. Srebnik: Histopathologic features of koilocytotic atypia. Acta cytol. 25 (1981) 377
53 Richart, R. M.: The influence of diagnostic and therapeutic procedures on the distribution of cervical intraepithelial neoplasia. Cancer (Philad.) 19 (1967) 1635
54 Richart, R. M.: The natural history of cervical intraepithelial neoplasia. Amer. J. Obstet. Gynecol. 10 (1967) 748
55 Riotton, G., W. M. Christopherson, R. Lunt: Cytology of the Female Genital Tract. World Health Organisation, Genf 1973
56 Schauenstein, W.: Histologische Untersuchungen über atypisches Plattenepithel an der Portio und an der Innenfläche der Cervix uteri. Arch. Gynäkol. 85 (1908) 576
57 Soost, H.-J.: Zur Frage der zytologischen Nomenklatur und Befundwiedergabe. 2. Fortbildungstagung für Klinische Zytologie, München 1973 (S. 1)
58 Soost, H.-J.: Zytologie der Vorstadien des Zervixkarzinoms. 2. Fortbildungstagung für Klinische Zytologie, München 1973 (S. 6)
59 Soost, H.-J.: Statistische Ergebnisse der Krebsvorsorgeuntersuchungen bei Frauen. Fortschr. Med. 92 (1974) 360
60 Stegner, H.-E., H. Sachs: Gynäkologische Zytologie. Enke, Stuttgart 1973
61a Wagner, D.: Zur Frage einer prospektiven Diagnostik bei Vor- und Frühstadien des Kollumkarzinoms. Bericht über die erste Tagung der Deutschen Gesellschaft für angewandte Zytologie. Müller, Müchen 1964 (S. 223)
61 Wagner, D.: Papillomvirusinfektion und Zervix-Karzinom: Bedeutung für die gynäkologische Krebsvorsorge. GBK-Mitteilungsdienst 16 (1988) 33
62 Wentz, W. B., S. W. Reagan: Survival in cervical cancer with respect to cell type. Cancer 12 (1959) 384
63 Wied, G. L.: An international agreement on histological terminology of lesions of the uterine cervix. Acta cytol. 6 (1962) 235
64 Worth, A. J., D. A. Boyes, H. K. Fidler: The acceptance of the cervical cytology screening program in the province of British Columbia. J. Obstet. Gynaecol. Brit. Cwlth. 74 (1967) 479

Zytologie von Kondylomen, Dysplasien, Carcinomata in situ und invasiven Plattenepithelkarzinomen der Cervix uteri

1 Alousi, M. A., L. A. Ballard, J. V. Reilly, S. S. Alousi: Microinvasive carcinoma and inflammatory lesions of the cervix uteri: Histologic and cytologic differentiation. Acta cytol. 11 (1967) 132
2 Ayre, J. E.: The vaginal smear: "Precancer" cell studies using a modified technique. Amer. J. Obstet. Gynecol. 58 (1949) 1205
3 Ayre, J. E.: Cancer Cytology of the Uterus. Grune & Stratton, New York 1951
4 Ayre, J. E.: Role of the halo cell in cervical cancerogenesis: A virus manifestation in premalignancy? Obstet. and Gynecol. 17 (1960) 175
5 Boschann, H.-W.: Are spindle-shaped squamous cells suggestive of a distinct type of carcinoma or of distinct degree of cellular maturity? Acta cytol. 2 (1958) 272
6 Boschmann, H. W.: Praktische Zytologie, 2. Aufl. de Gruyter, Berlin 1973
7 Boon, M. E., C. H. Fox: Simultaneous condyloma acuminatum and dysplasia of the uterine cervix. Acta cytol. 25 (1981) 393
8 Bourg, R., C. Gompel, P. Pundel: Diagnostic cytologique du cancer genital chez la femme. Masson, Paris 1954
9 de Brux, J. A., J. Dupré-Froment: Cytomorphology of carcinoma in situ. Acta cytol. 5 (1961) 422
10 de Brux, J., G. Orth, O. Croissant, E. Cohard, M. Ionesco: Lesions condylomateuses du col utérin, évolution chez 2466 patients. Bull. Cancer 70 (1983) 410
11 Casas-Cordero, M., C. Morin, M. Roy, M. Fortier, A. Meisels: Origin of the koilocyte in condylomata of the human cervix. Acta cytol. 25 (1981) 383
12 Christopherson, W. M.: Cytology of cervical lesions. In Lewis, G. C., W. B. Wentz, R. M. Jaffe: New Concepts in Gynecological Oncology. Davis, Philadelphia 1966
13 Dallian, G., A. Simatos, V. M. Nuovo: Exfoliative cytology of dysplasia during pregnancy. Acta cytol. 3 (1959) 80
14 Foraker, A. G., J. W. Reagan: Nuclear mass and allied phenomena in normal ectocervical mucosa, squamous metaplasia, atypical hyperplasia, intraepithelial carcinoma and invasive squamous cell carcinoma of the uterine cervix. Cancer (Philad.) 12 (1959) 894
15 Frost, J. K.: Gynecology and obstetric cytopathology. In Novak, F. R.: Gynecologic and Obstetric Pathology. Saunders, Philadelphia 1962 (p. 594)
16 De Girolami, E.: Perinuclear halo versus koilocytotic atypia. Obstet. and Gynecol. 29 (1967) 479
17 Gissmann, L.: Kondylome – Hinweise für die Beteiligung der Papillomviren an der Entstehung des Zervixkarzinoms. Gynäkologe 18 (1985) 160
18 Graham, R. M.: Cytomorphology of carcinoma in situ. Acta cytol. 5 (1961) 425
19 Graham, R. M.: The Cytologic Diagnosis of Cancer. Saunders, Philadelphia 1963
20 Grubb, Ch.: Colour Atlas of Gynaecological Cytopathology. HM + M Publishers, Aylesbury 1977
21 von Haam, E.: Some observations in the field of cytology. Amer. J. clin. Pathol. 24 (1954) 652
22 Höffken, H.: Vergleich der zytologischen Bilder bei verhornender Dysplasie und verhornendem Plattenepithelkarzinom. Geburtsh. u. Frauenheilk. 38 (1978) 431
23 Hughes, H. E., T. C. Dodds: Handbook of Diagnostic Cytology. Livingstone, Edingbourgh-London, 1968
24 Igel, H.: Gynäkologische Zytodiagnostik, Atlas und Leitfaden. de Gruyter, Berlin 1959
25 Ishizuka, Y.: Practical Cytodiagnosis. Urban & Schwarzenberg, München 1972; Igaku Shoin, Tokio 1972
26 Jimenez Ayala, M., F. Nogales Ortiz: Citopathologia Ginecologica. Editorial Cientifico-Medica, Barcelona 1977
27 Jimenez Ayala, M., J. L. Garcia Ferrer, E. Vilaplana: Aspecto citologico de la displasia de cervix. Ponencia oficial II Cong. de la World Ass. Gynec. for Prev. Cancer. Acta ginecol. 22 (1971) 257
28 Kaufmann, R., L. G. Koss, R. S. Kurman, A. Meisels, T. Okagaki, S. F. Patten jr., R. Reid, R.. M. Richart, G. L. Wied: Statement of caution in the intergretation of papillomavirus associated lesions of the epithelium of the Uterine cervix. Acta cytol. 27 (1983) 107
29 Kern, G.: Carcinoma in situ. Vorstadien des Gebärmutterhalskrebses; Grundlagen und Praxis. Springer, Berlin 1964
30 Klavius, S. V.: Intra-epithelial carcinoma with differentiated surface cells and dysplasia. Definition and separation of these lesions. Acta cytol. 7 (1963) 351
31 Koss, L. G.: Diagnostic Cytology and its Histopathologic Bases. 3. Aufl., Lippincott, Philadelphia 1979
32 Koss, L. G.: Cytologic and histologic manifestations of human papillomavirus infection of the female genital tract and their clinical significance. Cancer (Philad.) 60 (1987) 1942
33 Koss, L. G., G. R. Durfee: Cytological changes preceding appearance of in situ carcinoma of uterine cervix. Cancer (Philad.) 8 (1955) 295
34 Koss, L. G., G. R. Durfee: Unusual pattern of squamous epithelium of the uterine cervix, cytology and pathology study of koilocytotic atypia. Ann. N. Y. Acad. Sci. 63 (1956) 1245
35 Koss, L. G., M. R. Melamed, K. Mayer: The effect of busulfan on human epithelia. Amer. J. clin. Pathol. 44 (1965) 385
36 Lambert, B., S. D. Woodruff: Spinal cell atypia of the cervix; a clinicopathological study. Cancer (Philad.) 16 (1963) 1141
37 Lerch, V., T. Okagaki, J. H. Austin, A. Y. Kevarkian, P. A. Younge: Cytologic findings in progression of anaplasia (dysplasia) to carcinoma in situ: A progress report. Acta cytol. 7 (1963) 183
38 Louis, C., R. Poulsen, K. G. Marshall, R. de B. Johnston: The occurance of isolated dysplastic, carcinoma in situ and invasive type cells in cervical smears from patients with invasive squamous

cell carcinoma: Significance of prescreeening using image processing techniques. Acta cytol. 20 (1976) 158
39 Meisels, A.: Developing Carcinoma of the uterine cervix. In Wied, G. L., L. G. Koss, J. W. Reagan: Compendium on Diagnostic Cytology, 3. Aufl. Tutorials of Cytology, Chikago 1974 (p. 138)
40 Meisels, A.: HPV-bedingte Veränderungen im Genitalbereich. 8. Fortbildungstagung für Klinische Zytologie, München. Referateband (1980) 10
41 Meisels, A.: The story of a cell. The George N. Papanicolaou Award Lecture. Acta cytol. 27 (1983) 584
42 Meisels, A., R. Bourassa: Dysplasia and carcinoma in situ of the uterine cervix. Correlated cytologic and histologic study with special emphasis on vaginal micro-biology. Acta cytol. 13 (1969) 224
43 Meisels, A., L. Brochu-Lampron, M. Casas-Cordero, M. Fortier, S. Martel-Laflamme, C. Morin: Condylomata of the uterine cervix: a human papillomavirus infection, vol. 19. Tutorials of Cytology, Chicago 1981
44 Meisels, A., R. Fortin: Condylomatous lesions of the cervix and vagina. Acta cytol. 20 (1976) 505
45 Meisels, A., R. Fortin, M. Roy: Condylomatous lesions of the cervix II. Cytologic, colposcopic and histopathologic study. Acta cytol. 21 (1977) 379
46 Meisels, A., C. Morin, M. Casas-Cordero: Lesions of the uterine cervix associated with papillomavirus and their clinical consequences. In Koss, L. G., Coleman, D. V.: Advances in Clinical Cytology, vol. 2. Masson, New York 1984 (p. 1)
47 Meisels, A., M. Roy, M. Fortier, C. Morin, M. Casas-Cordero, K. V. Shah, H. Turgeon: Human papillomavirus infection of the cervix. The atypical condyloma. Acta cytol. 25 (1981) 7
48 Morin, C., A. Meisels: Human papillomavirus infection of the uterine cervix. Acta cytol. 24 (1980) 82
49 Nasiell, K., M. Nasiell, V. Vaclavinkova, V. Roger, A. Hjerpe: Follow-up studies of cytologically detected precancerous lesions (dysplasia) of the uterine cervix. Health Control in Detection of Cancer, Stockholm 1976 (p. 244)
50 Naujoks, H.: Cervical Dysplasia: Cytology class IIID and CIN I–II. Pathol. Res. Pract. 179 (1985) 401
51 Nesbitt jr., R. F., L. M. Hellman: Histopathology and cytology of cervix in pregnancy. Surg. Gynecol. Obstet. 94 (1952) 10
52 Ng, A. B. P., J. W. Reagan: Microinvasive carcinoma of the uterine cervix. Amer. J. Clin. Pathol. 52 (1969) 511
53 Ng, A. B. P., J. W. Reagan: Microinvasive carcinoma of the uterine cervix. In Wied, G. L., L. G. Koss, S. W. Reagan: Compendium on Diagnostic Cytology, 3. Aufl. Tutorials of Cytology, Chikago 1974 (p. 139)
54 Ng, A. B. P., J. W. Reagan, E. Lindner: The cellular manifestations of microinvasive squamous cell carcinoma of the uterine cervix. Acta cytol. 16 (1972) 5
55 Nieburgs, H. E.: Tissue and cell pathology of uterine cervix dysplasias and carcinoma in situ. Acta cytol. 15 (1971) 513
56 Okagaki, T., V. Lerch, P. A. Younge, D. G. McKay, A. Y. Kevorkian: Diagnosis of anaplasia and carcinoma in situ of differential cell counts. Acta cytol. 6 (1962) 343
57 Oota, K., M. Tanaka: On histogenesis of cervical cancers of the uterus. A histological study on in situ and early carcinomas. Gann 45 (1956) 567
58 Papanicolaou, G. N.: Atlas of Exfoliative Cytology. Commonwealth Fund, Cambridge 1954
59 Papanicolaou, G. N.: Atlas of Exfoliative Cytology. Cambridge, Massachusetts, Harvard University Press, 1954
60 Papanicolaou, G. N., H. F. Traut: Diagnosis of Uterine Cancer by the Vaginal Smear. Commonwealth Fund, New York 1943
61 Patten jr. S. F.: Diagnostic Cytology of the Uterine Cervix, 2. Aufl. Karger, Basel 1969
62 Purola, E. E., H. Halali, E. Vesterinen: Condyloma and cervical epithelial atypies in young woman. Gynecol. and Oncol. 16 (1983) 34
63 Purola, E. E., E. Savia: Cytology of gynecologic condyloma acuminatum. Acta cytol. 21 (1977) 26
64 Reagan, J. W.: The nature of the cells originating in socalled "precancerous" lesions of the uterine cervix. Obstet. gynecol. Surv. 13 (1958) 157
65 Reagan, J. W.: Recent advances in the use of cytological studies in the diagnosis of cancer of the uterus. Acad. Med. N. J. Bull. 8 (1962) 210
66 Reagan, J. W.: Presidental address, 12th Amer. Meeting. Amer. Soc. of Cytology. Acta cytol. 9 (1965) 265
67 Reagan, J. W., M. J. Hamonic: Dysplasia of the uterine cervix. Ann. N. Y. Acad. Sci. 63 (1956) 1236
68 Reagan, J. W., M. J. Hamonic: The cellular pathology in carcinoma in situ; a histopathological correlation. Cancer (Philad.) 9 (1956) 385
69 Reagan, J. W., D. J. Hicks: A study of in situ and squamous cell cancer of the uterine cervix. Cancer (Philad.) 6 (1953) 1200
70 Reagan, J. W., R. D. Moore: Morphology of the malignant squamous cell; a study of six thousand cells derived from squamous cell carcinomas of the uterine cervix. Amer. J. Pathol. 27 (1952) 105
71 Reagan, J. W., S. F. Patten jr.: Analytic study of cellular changes in carcinoma in situ, squamous cell cancer and adenocarcinoma of uterine cervix. Clin. Obstet. Gynecol. 4 (1961) 1097
72 Reagan, J. W., S. F. Patten jr.: Surface changes of the uterine cervix. In: A Manual of Cytotechnology, 3. Aufl. National Committee for Careers in Medical Technology, Washington 1967 (S. 28–1 bis 29–8)
73 Reagan, J. W., W. B. Wentz: Changes in desquamated cells in carcinogenesis. Arch. Pathol. 67 (1959) 287
74 Reagan, J. W., M. J. Hamonic, W. B. Wentz: Analytical study of the cells in cervical squamous cell cancer. Lab. Invest. 6 (1957) 241
75 Reagan, J. W., I. L. Seidemann, S. F. Patten jr.: Developmental stages of in situ carcinoma in uterine cervix: An analytical study of the cells. Acta cytol. 6 (1962) 538
76 Reagan, J. W., I. L. Seidemann, Y. Saracusa: The cellular morphology of carcinoma in situ and dysplasia or atypical hyperplasia of the uterine cervix. Cancer (Philad.) 6 (1953) 224
77 Reagan, J. W., B. A. Bell, J. L. Neumann, R. B. Scott, S. F. Patten jr.: Dysplasia of the uterine cervix during pregnancy: an analytical study of the cells. Acta cytol. 5 (1961) 17
78 Riotton, G., W. M. Christopherson, R. Lunt: Cytology of the Female Genital Tract. World Health Organisation, Genf 1973
79 Roberts, T. W., T. Linkins: Differentiation between intramucosal and invasive carcinoma of the cervix by cytologic smear. Is it reliable? Acta cytol. 8 (1964) 280
80 Rubio, C. A., G. Söderberg: Carcinoma in situ and microinvasive carcinoma of the cervix. Lancet 1969/II, 639
81 Rubio, C. A.: Cytologic studies in cases with carcinoma in situ and microinvasive carcinoma of the uterine cervix. Acta pathol. microbiol. scand. Section A 82 (1974) 161
82 Rutledge, C. F., W. M. Christopherson, J. E. Parker: Cervical dysplasia and carcinoma in pregnancy. Obstet. and Gynecol. 19 (1962) 351
83 Sandritter, W., R. Fischer: Der DNS-Gehalt des normalen Plattenepithels, des Carcinoma in situ und des invasiven Karzinoms der Portio. Proc. 1st Int. Congr. Exfol. Cytol. Lippincott, Philadelphia 1961 (p. 189)
84 Schneider, M. L., H.-J. Staemmler: Atlas der gynäkologischen Differentialzytologie. Schattauer, Stuttgart 1976
85 Schneider, A., H. Kraus, R. Schuhmann, L. Gissmann: Papillomavirus infection of the lower genital tract: Detection of viral DNA in gynecological swabs. Int. J. Cancer 35 (1985) 443
86 Schneider, A., G. Meinhardt, E. M. de Villiers, L. Gissmann: Sensitivity of the cytologic diagnosis of cervical condyloma in comparison with HPV-DNA Hybridization studies. Diagn. Cytopathology 3 (1987) 250
87 Schneider, A., R. Schuhmann, E. M. de Villiers, W. Knauf, L. Gissmann: Klinische Bedeutung von humanen Papilloma-Virus-(HPV)-Infektionen im unteren Genitaltrakt. Geburtsh. u. Frauenheilk. 46 (1986) 261
88 Slate, T. A.: Symposium on Cancer Cytology During Pregnancy. Acta cytol. 3 (1959) 29
89 Slate, T. A., J. W. Merritt: The Behaviour of Cervical Atypias and Carcinoma in Situ During Pregnancy: A Study of 120 Patients. Proc. 1st. Int. Congr. Exfol. Cytol. Lippincott, Philadelphia 1961 (p. 128)
90 Stegner, H.-E., H. Sachs: Gynäkologische Zytologie. Enke, Stuttgart 1973
91 Stegner, H. E.: Zur Klassifikation virusbedingter Dysplasien der Cervix uteri in der zyto-histologischen Routinediagnostik. Gynäkologe 14 (1981) 252
92 Stern, E., P. N. Neely: Dysplasia of the uterine cervix. Cancer (Philad.) 17 (1964) 508
93 Stoll, P., J. Jaeger, G. Dallenbach-Hellweg: Gynäkologische Cytologie. Springer, Berlin 1968

94 Sugimosi, H., T. Iwasaka, T. Yoshimura, W. Tsukamoto: Cytology of mikroinvasive squamous-cell carcinoma of the uterine cervix. Acta cytol. 31 (1987) 412
95 Symposium on Diagnosis. Acta cytol. 1 (1957) 23
96 Symposium on Probable or Possible Pre-malignant Cervical Lesions. Acta cytol. 5 (1961) 31 und 271
97 Symposium on Probable or Possible Malignant Cervical Lesions. Acta cytol. 6 (1962) 155
98 Syrjänen, K.: Human papillomavirus lesions in association with cervical dysplasias and neoplasias. Obstet. and Gynecol. 62 (1983) 617
99 Syrjänen, K. J., U.-M. Heinonen, T. Kauraniemi: Cytologic evidence of the association of condylomatous lesions with dysplastic and neoplastic changes in the uterine cervix. Acta cytol. 25 (1981) 17
100 Syrjänen, K. J., R. Mäntyjärvi, M. Väyrynen, M. Yliskoski, St. M. Syrjänen, S. Saarikoski, T. Nurmi, S. Parkkinen, O. Castrén: Cervical smears in assessment of the natural history of human papillomavirus infections in prospectively followed women. Acta cytol. 31 (1987) 855
101 Takahashi, M.: Color of Cancer Cytology. Thieme, Stuttgart 1971; Igaku Shoin, Tokio 1971
102 Takeuchi, A., D. G. McKay: The area of the cervix involved by carcinoma in situ and anaplasia (atypical hyperplasia). Obstet. and Gynecol. 15 (1960) 134
103 Tweeddale, D. N., L. D. Dubilier: Cytopathology of Female Genital Tract Neoplasms. Yearbook Medical Publishers, Chikago 1972
104 Tweeddale, D. N., S. R. Langenbach, J. W. Roddick, M. L. Holt: The cytopathology of microinvasive squamous cancer of the cervix uteri. Acta cytol. 13 (1969) 447
105 Wachtel, E. G.: Exfoliative Cytology in Gynaecological Practice. Butterworth, Washington 1964
106 Wagner, D.: Zur Häufigkeit virusbedingter Dysplasien der Cervix uteri. 13. Kongreß Dtsch. Ges. f. Zytologie, Freiburg. Abstracts, Demeter, Gräfelfing (1983) 5
107 Wagner, D.: Zervixveränderungen mit den HPV-Typen 16 und 18 sollten möglichst abschließend behandelt werden. Über die Häufigkeit von Papilloma-Viren an der Zervix. gyne 7 (1986) 301
108 Wagner, D.: Die HPV-Infektion der Cervix uteri – ihre Bedeutung für die gynäkologische Krebsvorsorge. gyne 8 (1987) 11
109 Wagner, D.: Papillomvirusinfektion und Zervix-Karzinom: Bedeutung für die gynäkologische Krebsvorsorge. GBK-Mitteilungsdienst 16 (1988) 33
110 Wagner, D., E. Sprenger, D. Merkle: Cytophotometric studies in suspicious cervical smears. Acta cytol. 20 (1976) 366
111 Wagner, D., E.-M. de Villiers, L. Gissmann: Der Nachweis verschiedener Papillomvirustypen in zytologischen Abstrichen von Präkanzerosen und Karzinomen der Cervix uteri. Geburtsh. u. Frauenheilk. 45 (1985) 226
112 Walters, W. D., J. W. Reagan: Epithelial dysplasia of the uterine cervix in pregnancy. Amer. J. clin. Pathol. 26 (1956) 1314
113 Ward, H. N., M. Konikoo, E. H. Reinhard: Cytologic dysplasia occuring after busulfan (Myleran) therapy. Ann. intern. Med. 63 (1965) 654
114 Wied, G. L., L. G. Koss, S. W. Reagan: Compendium on Diagnostic Cytology, Chicago 1974
115 Wied, G. L., A. M. Messina, E. Rosenthal: Comparative quantitative DNA-measurements on Feulgen-stained cervical epithelial cells. Acta cytol. 10 (1966) 31
116 Wied, G. L., G. Legorreta, D. Mohr, A. Raunzy: Cytology of invasive cervical carcinoma and carcinoma in situ. Ann. N. Y. Acad. Sci. 97 (1962) 759
117 Wied, G. L.: The potentialities of the smear technique for the differentiation of noninvasive and invasive cervical carcinoma. Amer. J. Obstet. Gynecol. 71 (1956) 793
118 Zimmer, S., D. Neuser, K. Kühndel: Vaginale und zervikale Zytodiagnostik. VEB Thieme, Leipzig 1978
119 Zinser, H. K.: Die Zytodiagnostik in der Gynäkologie, 2. Aufl. VEB Fischer, Jena 1957

Adenokarzinom der Endozervix und des Endometriums mit ihren Vorstufen

1 Abate, S. D., C. L. Edwards, F. Vellios: A comparative study of the endometrial jet-washing technique and endometrial biopsy. Amer. J. clin. Pathol. 58 (1972) 118
2 Atkin, N. B., B. M. Richards, A. J. Ross: The deoxyribonucleic adic content of carcinoma of the uterus: an assessment of its possible significance in relation to histopathology and clinical course, based on data from 165 cases. Brit. J. Cancer 13 (1959) 773
3 Ayer, B., F. Pacey, M. Greenberg, L. Bonsfield: The cytologic diagnosis of adenocarcinoma in situ of the cervix uteri and related lesions. I. Adenocarcinoma in situ. Acta cytol. 31 (1987) 397 II. Microinvasive adenocarcinoma. Acta cytol. 32 (1988) 318
4 Barter, R. A., E. D. Waters: Cyto- and histomorphology of cervical adenocarcinoma in situ. Pathology 2 (1970) 33
5 Berg, J. W., G. R. Durfee: The cytological presentation of endometrial carcinoma. Cancer (Philad.) 11 (1958) 158
6 Bibbo, M., P. H. Bartels, G. E. Bahr, A. B. P. Ng, J. W. Reagan, D. L. Richards, G. L. Wied: Data bank for endometrial cells. Operation of the TICAS file project. Acta cytol. 14 (1972) 574
7 Bibbo, M. L., F. R. Reale, J. C. Reale, F. Azizi, P. H. Bartels, G. L. Wied, S. N. Hajj, A. L. Herbst: Assessment of three sample technics to detect endometrial cancer and its precursors. A preliminary report. Acta cytol. 23 (1979) 353
8 Bickenbach, W., H.-J. Soost: Symposium on Endometrial Cytology. Acta cytol. 2 (1958) 538
9 Blumenfeld, W., E. A. Holly. D. L. Mansur, E. B. King: Histiocytes and the detection of endometrial adenocarcinoma. Acta cytol. 29 (1985) 317
10 Boschann, H. W.: Cytometry on normal and abnormal endometrial cells. Acta cytol. 2 (1958) 520
11 Boschann, H. W.: Hormonal evaluation, by means of vaginal cytology of patients with endometrial carcinoma. Acta cytol. 2 (1958) 630
12 Boschann, H. W.: The cellular detection of adenocarcinoma. Acta Un. int. contra Cancrum 14 (1958) 372
13 Boschann, H.-W.: Praktische Zytologie, 2. Aufl. de Gruyter, Berlin 1973
14 Bousfield, L., F. Pacey, L. Young, J. Krumins, R. Osborn: Expanded cytologic criteria for the diagnosis of adenocarcinoma in situ of the cervix and related lesions. Acta cytol. 24 (1980) 283
15 Broders, A. C.: The grading of carcinoma. Minn. med. 8 (1925) 726
16 de Brux, J. A.: Symposium on Endometrial Cytology. Acta cytol. 2 (1958) 538
17 Buschann, Ch., M. Hergenrader, D. Porter: Kertin bodies. A clue in the cytological detection of endometrial adenocanthoma. Report of two cases. Acta cytol. 18 (1974) 297
18 Burghardt, E.: Das Adenocarcinoma in situ der Cervix. Arch. Gynäkol. 203 (1966) 57
19 Burghardt, E.: Histologische Frühdiagnose des Zervixkrebses. Lehrbuch und Atlas. Thieme, Stuttgart 1972
20 Callies, R. P., F. Tauber, L. Heilmann, H. Ludwig: Das Endometriumkarzinom. Mitt.-Dienst GBK Nordrhein-Westfalen (1981) 6
21 Carter, J. J.: Nuclear morphology and mitotic activity in the human endometrium observed in squash preparations. Amer. J. Obstet. Gynecol. 85 (1963) 397
22 Christopherson, W. M., W. M. Mendez, S. E. Parker, F. E. Lundin, E. M. Ahuja: Carcinoma of the endometrium: a study of changing rates over a 15 year period. Cancer (Philad.) 27 (1971) 1005
23 Dallenbach-Hellweg, G.: Endometrium. Springer, Berlin1969
24 Dowling, E. A., L. C. Gravlee, K. E. Hutchins: A new technique for the detection of adenocarcinoma of the endometrium. Acta cytol. 13 (1969) 496
25 Friedell, G. H., D. G. McKay: Adenocarcinoma in situ of endocervix. Cancer (Philad.) 6 (1953) 887
26 Frost, J. K.: Concepts Basic to General Cytopathology, 2. Aufl. John Hopkins, Baltimore 1961
27 Frost, J. K.: Gynecology and obstetric cytopathology. In Novak, F. R.: Gynecologic and Obstetric Pathology. Saunders, Philadelphia 1962 (p. 594)
28 Glücksmann, A., C. P. Cherry: Incidence, histology, and response to radiation of mixed carcinomas of the uterine cervix. Cancer (Philad.) 9 (1956) 971

29 Graham, R. M.: Hormonal evaluation, by means of vaginal cytology of patients with endometrial carcinoma. Acta cytol. 2 (1958) 631
30 Graham, R. M.: The Cytologic Diagnosis of Cancer. Saunders, Philadelphia 1963
31 Gravlee, L. C.: Jet-irrigation method for the diagnosis of endometrial adenocarcinoma. Its principle and accuracy. Obstet. and Gynecol. 34 (1969) 168
32 Grubb, Ch.: Colour Atlas of Gynecological Cytopathology. HM + M Publishers, Aylesbury 1977
33 Gusberg, S. B., A. L. Kaplan: Precursors of corpus cancer. IV. Adenomatous hyperplasia as stage 0 carcinoma of the endometrium. Amer. J. Obstet. Gynecol. 87 (1963) 662
34 v. Haam, E.: Symposium of techniques for endometrial cytological examination. Acta cytol. 2 (1958) 580
35 Harris, H. R.: Foam cells in the stroma of carcinoma of the body of the uterus and uterine cervical polyp. J. clin. Pathol. 11 (1958) 19
36 Harris, M. J., M. L. Bibbo, Ch. Rao, G. L. Wied: Cytopreparatory techniques for the endometrial jet-wash specimens. Acta cytol. 16 (1972) 508
37 Hecht, E. L.: Cytological approach to uterine carcinoma; detection, diagnosis, and therapy. Amer. J. Obstet. Gynecol. 64 (1952) 81
38 Hertig, A. T., S. C. Sommers: Genesis of endometrial carcinoma. I. Study of prior biopsis. Cancer (Philad.) 2 (1949) 946
39 Hertig, A. T., S. C. Sommers, H. Bengloff: Genesis of endometrial carcinoma. III. Carcinoma in situ. Cancer (Philad.) 2 (1949) 964
40 Hibbard, L. T., C. E. Schwinn: Diagnosis by endometrial jet washings. Amer. J. Obstet. Gynecol. 111 (1971) 1039
41 Hilgarth, M.: Frühdiagnose des Corpuskarzinoms. Dtsch. Ärztebl. 72 (1975) 737
42 Hilgarth, M., R. F. J. Arbogast: Jet-wash-Technik zur zytologischen Frühdiagnose des Korpuskarzinoms. Geburtsh. u. Frauenheilk. 33 (1973) 994
43 Hopman, B. C.: Cytology of endocervical adenocarcinoma. Acta cytol. 4 (1960) 331
44 Hopman, B. C., S. C. Wersch: A cytologic clearing technic for endometrial diagnosis. Obstet. and Gynecol. 11 (1958) 167
45 Horava, A., J. C. de Neef, J. C. Boutselis, E. v. Haam: The exfoliative cytologic characteristics of the endometrium in health and disease. In: Rakoff, Exfoliative Cytology. Clin. Obstet. Gynecol. 4 (1961) 1128
46 Hughes, H. E., T. C. Dodds: Handbook of Diagnostic Cytology. Livingstone, Edinbourgh 1968
47 Ishizuka, Y.: Practical Cytodiagnosis. Urban & Schwarzenberg, München 1972; Igaku Shoin, Tokyo 1972
48 Jameson, M. H.: A clinical appraisal of techniques for obtaining fresh cells for endometrial cytology. N. Z. med. J. 60 (1961) 316
49 Jimenez Ayala, M., F. Nogales Ortiz: Citopathologia Ginecologica. Editorial Cientifico-Medica, Barcelona 1977
50 Jimenez Ayala, M., E. Vilaplana, E. Becerro de Bengoa, M. Zomeno, S. Romeno, R. Granados: Endometrial and endocervical brushing techniques with a Medhosa canula. Acta cytol. 19 (1975) 557
51 Kanbour, A., B. Klionsky, J. Dym: The Gravlee jet washer: evaluation of the reflux into the fallopian tubes. Acta cytol. 16 (1972) 199
52 Kattner, W., W. Bayrle, P. Krieglsteiner, St. Schneider: Die Praktikabilität der Gravlee-je-wash-Technik in der Einsendezytologie. Med. Klin. 72 (1977) 601
53 Koss, L. G.: Diagnostic Cytology and Its Histopathologic Bases, 3. Aufl. Lippincott, Philadelphia 1979
54 Koss, L. G.: The role of the vaginal pool smear in the diagnosis of endometrial carcinoma. In Wied, G. L., L. G. Koss, J. W. Reagan: Compendium on Diagnostic Cytology, 3. Aufl. Tutorials of Cytology, Chicago 1974 (p. 162)
55 Koss, L. G., G. R. Durfee: Cytologic diagnosis of endometrial carcinoma. Result of ten years of experience. Acta cytol. 6 (1962) 519
56 Koss, L. G., K. Schreiber, S. G. Oberlander, M. Moukhtar, H. S. Levine, H. F. Moussouris: Screening of asymptomatic women for endometrial cancer. Obstet. and Gynecol. 57 (1981) 681
57 Koss, L. G., K. Schreiber, S. G. Oberlander, H. Moussouris, M. Lesser: Detection of endometrial carcinoma and hyperplasia in asymptomatic women. Obstet. and Gynecol. 64 (1984) 1
58 Krumins, I., S. Young, F. Pacey, L. Bousfield, L. Mulhearn: The cytologic diagnosis of adenocarcinoma in situ of the cervix uteri. Acta cytol. 21 (1977) 320
59 Meisels, A.: Endometrial carcinoma. In Wied, G. L., L. G. Koss, J. W Reagan: Compendium on Diagnostic Cytology, 3. Aufl. Tutorials of Cytology, Chikago 1974 (p. 184)
60 Meisels, A., C. Jolicoeur: Criteria for the cytologic Assessement of hyperplasias in endometrial samples obtained by the endopap endometrial sampler. Acta cytol. 29 (1985) 297
61 Melnick, P. J., L. E. Lee jr., H. M. Walsh: Endocervical and cervical neoplasms adjacent to carcinoma in situ. Amer. J. clin. Pathol. 28 (1957) 354
62 Mestwerdt, W., D. Kranzfelder: Gegenwärtige Gesichtspunkte zur Epidemiologie und Ätiologie des Korpuskarzinoms. Med. Klinik 75 (1980) 333 u. 398
63 Naujoks, H., F. Weiss: Diagnostische Probleme bei der aspirationszytologischen Untersuchung des Endometriums. Med. Welt 34 (1983) 360
64 Ng, A. B. P., J. W. Reagan: The cellular manifestations of endometrial carcinoma. Advanc. Obstet. Gynecol. Bd. II.
65 Ng, A. B. P., J. W. Reagan: Incidence and prognosis of endometrial carcinoma by histologic grade and extent. Obstet. and Gynecol. 35 (1970) 437
66 Ng, A. B. P., J. W. Reagan: Precursors of endometrial carcinoma. In Wied, G. L., L. G. Koss, J. W. Reagan: Compendium on Diagnostic Cytology, 3. Aufl. Tutorials of Cytology, Chikago 1974 (p. 155)
67 Ng, A. B. P., J. W. Reagan: Changes simulating adenocarcinoma. In Wied, G. L., L. G. Koss, J. W. Reagan: Compendium on Diagnostic Cytology, 3. Aufl. Tutorials of Cytology, Chikago 1974 (p. 190)
68 Ng, A. B. P., J. W. Reagan, R. L. Cechner: The precursors of endometrial cancer: A study of their cellular manifestations. Acta cytol. 17 (1973) 439
69 Ng, A. B. P., J. W. Reagan, St. Hawliczek, B. W. Wentz: Significance of endometrial carcinoma and its precursors. Acta cytol. 18 (1974) 356
70 Novak, E. R., J. D. Woodruff: Gynecologic and Obstetric Pathology. Saunders, Philadelphia 1974
71 Nuovo, V. M.: Cytology of endocervical adenocarcinoma. Acta cytol. 4 (1960) 335
72 Nuovo, V. M.: Can one distinguish by means of cytology the endocervical and endometrial adenocarcinoma? Acta cytol. 4 (1960) 430
73 Pacey, F., B. Ayer, M. Greenberg: The cytologic diagnosis of adenocarcinoma in situ of the cervix uteri and related lesions. III. Pitfalls and diagnosis. Acta cytol. 32 (1988) 325
74 Papanicolaou, G. N.: Atlas of Exfoliative Cytology. Harvard University Press, Cambridge 1954
75 Papanicolaou, G. N., H. F. Traut: Diagnosis of Uterine Cancer by the Vaginal Smear. Commonwealth Fund, New York 1943
76 Pfleiderer, A., U. Paessler: Risk factors for endometrial cancer. In Brush, M. G., R. J. B. King, R. W. Taylor: Endometrial Cancer. Bailliere Tindall, London 1978
77 Poulsen, H. E., C. W. Taylor, L. H. Sobin: Histological Typing of Female Genital Tract Tumours. World Health Organization, Genf 1975
78 Reagan, J. W.: Endometrical carcinogenesis. In Wied, G. L., L. G. Koss, J. W. Reagan: Compendium on Diagnostic Cytology, 3. Aufl. Tutorials of Cytology, Chikago 1974 (p. 150)
79 Reagan, J. W.: Can Screening for endometrial cancer be justified? Acta cytol. 24 (1980) 87
80 Reagan, J. W., A. B. P. Ng: The Cells of Uterine Adenocarcinoma. 2. Aufl. Karger, Basel 1973
81 Reagan, J. W., A. B. P. Ng: Cellular detection of uterine adenocarcinoma. In Wied, G. L., L. G. Koss, J. W. Reagan: Compendium on Diagnostic Cytology, 3. Aufl. Tutorials of Cytology, Chikago 1974 (p. 162)
82 Reagan, J. W., A. B. P. Ng: Cells observed in endometrial carcinoma. In: Automation of Uterine Cancer Cytology, hrsg. von G. L. Wied, G. F. Bahr, P. H. Bartels. Tutorials of Cytology, Chikago 1976
83 Reagan, J. W., S. F. Patten jr.: Analytic study of cellular changes in carcinoma in situ, squamous-cell cancer, and adenocarcinoma of uterine cervix; in Rakoff, Exfoliative Cytology. Clin. Obstet. Gynecol. 4 (1961) 1097

84 Reagan, J. W., R. L. Sommerville: A cellular study of uterine aspirations. Amer. J. Obstet. Gynecol. 68 (1954) 781
85 Riotton, G., W. M. Christopherson, R. Lunt: Cytology of the Female Genital Tract. World Health Organisation, Genf 1973
86 Salmi, T.: Risk factors in endometrial carcinoma. Acta obstet. gynec. scand., Suppl. 86 (1979)
87 Schneider, M. L.: Möglichkeiten und Grenzen eines zytologischen Früherkennungsprogramms beim Endometriumkarzinom. Geburtsh. u. Frauenheilk. 45 (1985) 831
88 Schneider, M. L., H.-J. Staemmler: Atlas der gynäkologischen Differentialzytologie. Schattauer, Stuttgart 1976
89 Schneider, M. L., M. Wortmann, A. Weigel: Influence of the histologic and cytologic grade and the clinical and postsurgical stage on the rate of endometrial carcinoma detection by cervical cytology. Acta cytol. 30 (1986) 616
90 So-Bosita, J. L., T. B. Lebherz, O. M. Blair: Endometrial jet washer. Obstet. and Gynecol. 36 (1970) 287
91 Soost, H.-J.: Zur Zytodiagnostik des Endometriums. Fortschr. Med. 94 (1976) 291
92 Soost, H.-J.: Möglichkeiten der Früherkennung des Endometriumkarzinoms. Geburtsh. u. Frauenheilk. 42 (1982) 899
93 Stegner, H. E., H. Sachs: Gynäkologische Zytologie. Enke, Stuttgart 1973
94 Stoll, P., J. Jaeger, G. Dallenbach-Hellweg: Gynäkologische Cytologie. Springer, Berlin 1968
95 Taft, P. D., St. J. Robboy, A. L. Herbst, R. E. Scully: Cytology of clear-cell adenocarcinoma of genital tract in young females: Review of 95 cases from registry. Acta cytol. 18 (1974) 279
96 Takahashi, M.: Colour Atlas of Cancer Cytology. Thieme, Stuttgart 1971; Igaku Shoin, Tokyo 1971
97 Takashina, T., M. Ono, Y. Kanda, S. Sagae, O. Hagakawa, E. Ito: Cervicovaginal and endometrial cytology in Ovarian Cancer. Acta cytol. 32 (1988) 159
98 Tweeddale, D. N., L. D. Dubilier: Cytopathology of Female Genital Tract Neoplasms. Year Book Medical Publishers, Chikago 1972
99 Vellios, F.: Endometrial hyperplasia, precursors of endometrial carcinoma; in: Sommers Pathology Annual 1972. Appleton-Century-Crofts, New York 1972 (p. 201)
100 Wachtel, E.: Cytology of endometrial adenocarcinoma. Acta cytol. 2 (1958) 538
101 Wachtel, E.: Exfoliative Cytology in Gynecological Practice. Butterworth, Washington 1964
102 Weisbrot, I. M., C. Stabinsky, A. M. Davis: Adenocarcinoma in situ of the uterine cervix. Cancer (Philad.) 29 (1972) 1179
103 Wentz, W. B.: Progestin therapy in endometrial hyperplasia. Proc. Amer. Can. Soc.: New Directions for Research in Endometrial Cancer 1973
104 Wied, G. L.: Hormonal evaluation by means of vaginal cytology, of patients with endometrial carcinoma. Acta cytol. 2 (1958) 629
105 Wied, G. L., L. G. Koss, J. W. Reagan: Compendium on Diagnostic Cytology, 3. Aufl. Tutorials of Cytology, Chikago 1974
106 Wied, G. L., G. F. Bahr, D. G. Oldfield, H. P. Bartels: Computer-assisted identification of cells from uterine adenocarcinoma. A clinical feasibility study with TICAS. Acta cytol. 12 (1968) 357
107 Wied, G. L., P. H. Bartels, G. F. Bahr, J. W. Reagan: TICAS assessment of cells from atypical hyperplasia of the endometrium. Acta cytol. 13 (1969) 552
108 Wied, G. L., M. L. Bibbo, M. J. Haris, Ch. Rao: Endometrial jet-wash-techniques. In Wied, G. L., L. G. Koss, J. W. Reagan: Compendium on Diagnostic Cytology, 3. Aufl. Tutorials of Cytology, Chikago 1974 (p. 172)
109 Wied, G. L., G. Legorreta, D. Mohr, A. Rauzy: Cytology of invasive cervical carcinoma and carcinoma in situ. Ann. N. Y. Acad. Sci. 97 (1962) 759
110 Wyss, R., P. Vassilakos, G. Riotton: Zur Früherfassung endometrialer Veränderungen: Eine neue Aspirationsmethode mit Pistolet. Geburtsh. u. Frauenheilk. 35 (1975) 846
111 Young, S. A., N. F. Pacey: The cytologic diagnosis of clear cell adenocarcinoma of the cervix uteri. Acta cytol. 22 (1978) 3
112 Zimmer, S., D. Neuser, K- Kühndel: Vaginale und zervikale Zytodiagnostik. VEB Thieme, Leipzig 1978
113 Zinser, H. K.: Die Zytodiagnostik in der Gynäkologie, 2. Auf. Fischer, Jena 1957

Zytologie anderer maligner Geschwülste des Genitales

1 Abell, M. R., S. R. G. Goshug: Intraepithelial and infiltrative carcinoma of the vulva: Bowen's Type. Cancer (Philad.) 14 (1961) 318
2 Angström, T., O. Kjellgren, F. Bergmann: The cytologic diagnosis of ovarian tumors by means of aspiration biopsy. Acta cytol. 16 (1972) 336
3 Benson, P. A.: Psammoma bodies found in cervicovaginal smears. Acta cytol. 17 (1973) 64
4 Benson, P. A.: Cytologic diagnosis in primary carcinoma of fallopian tube. Acta cytol. 18 (1974) 429
5 Bercovici, B., R. Gallily: The cytology of the human peritoneal fluid. Acta cytol. 22 (1978) 194
6 Besserer, G.: Was leistet die Zytodiagnostik bei der Erkennung des primären Tubenkarzinoms? Geburtsh. u. Frauenheilk. 13 (1953) 660
7 Beyer-Boon, M.: Psammoma bodies in cervicovaginal smears: an indicator of the presence of ovarian carcinoma. Acta cytol. 18 (1974) 494
8 Bibbo, M. L., I. Ali, M. Al-Naqueb, I. Baccarini, L. Climaco, W. Grill, M. Sonek, G. L. Wied: Cytologic findings in female and male offspring of DES treated mothers. Acta cytol. 19 (1975) 568
9 Bonfiglio, Th. A., S. F. Patten jr., F. E. Woodworth: Fibroxanthosarcoma of the uterine cervix: cytopathologic and histopathologic manifestations. Acta cytol. 20 (1976) 501
10 Brewer, S. L., A. M. Guderian: Diagnosis of tubal cancer by vaginal cytology. Obstet. and Gynecol. 8 (1956) 664
11 Carter, B., L. A. Kaufmann, W. K. Cuyler: Smear preparations in the diagnosis of vulvar carcinoma. Surg. Gynecol. Obstet. 91 (1950) 600
12 Caterini, H.: Douglas-Punktion mit zytologischer Auswertung als Screening für Ovarial-Ca. Kongreß der Joint European Assembly on Cytology and Cancer Prevention, Salzburg 1973
13 Ces-Blanco, J. A.: Sarcoma of the vagina. An unusual cytologic diagnosis. Acta cytol. 21 (1977) 547
14 Dennerstein, G. J.: The cytology of the vulva. J. Obstet. Gynaecol. Brit. Cwlth 75 (1968) 603
15 Differding, J. T.: Psammoma bodies found in cervicovaginal smears. Acta cytol. 17 (1973) 64
16 Dupré-Froment, J., M. Mintz, J. de Brux: Cytologie peritoneale par prelevements par coelioscopie ou par ponction du Douglas. Gynécol. et Obstét. 66 (1967) 95
17 Ehrmann, R. L., P. A. Yiunge, V. L. Lerch: The exfoliative cytology and histogenesis of an early malignant melanoma of the vagina. Acta cytol. 6 (1962) 245
18 Fidler, H. K., D. R. Lock: Carcinoma of fallopian tube detected by cervical smear. Amer. J. Obstet. Gynecol. 67 (1954) 1103
19 Figge, D. C., R. de Alvarez: Diagnosis of ovarian carcinoma by vaginal cytology. Obstet. and Gynecol. 8 (1956) 655
20 Figuerva, J. M., A. K. Huffaker, E. S. Diehl: Malignant plasma cells in cervical smear. Acta cytol. 22 (1978) 43
21 Floyd, W. S., Ch. R. Boyce, P. Goodman, G. Mandell, T. N. Evans: Peritoneal lavage and filtration for cytology. Amer. J. Obstet. Gynecol. 115 (1969) 425
22 Freese, V.: Ein Beitrag zur Zytologie des Tubenkarzinoms. Geburtsh. u. Frauenheilk. 17 (1957) 173
23 Frick, H. C. H., H. W. Jacox, H. C. Taylor: Primary carcinoma of the vagina. Amer. J. Obstet. Gynecol. 101 (1969) 695
24 Funkhouser, J. W., K. K. Hunter, N. J. Thompson: The diagnostic value of cul-de-sac aspiration in the detection of ovarian carcinoma. Fifth Intern. Congr. of Cytology, Miami Beach (USA) 1974
25 Garcia-Valdecasas, R., L. Rico-Rodriguez, J. Linares, H. Galera, V. Savatierra: Malignant melanoma of the vagina. Acta cytol. 18 (1974) 535
26 Geier, G.: Der diagnostische Wert der Zytologie beim Ovarialkarzinom. Dtsch. med. Wschr. 101 (1976) 1463
27 Geier, G., H. Kraus, R. Schumann: Die Punktionszytologie in der Diagnostik von Ovarialtumoren. Geburtsh. u. Frauenheilk. 35 (1975) 48
28 Gissmann, L., A. Schneider: Human papillomavirus in preneoplastic and neoplastic genital lesions. In zur Hausen, H., R. Peto: Origins of Female Genital Cancer: Virological and Epidemiological Aspects. Banbury Report, Cold Spring Harbour, New York 1986 (p. 217)

29 Graham, J. B., R. M. Graham: Cul-de-sac puncture in the diagnosis of early ovarian carcinoma. J. Obstet. Gynecol. Brit. Cwlth 74 (1967) 371
30 Graham, R. M.: The Cytologic Diagnosis of Cancer. Saunders, Philadelphia 1963
31 Graham, R. M., W. A. v. Niekerk: Vaginal cytology in cancer of the ovary. Acta cytol. 6 (1962) 492
32 Graham, R. M., V. M. Nuovo: Cytology of uterine sarcoma and chorioepithelioma. Acta cytol. 3 (1958) 555
33 Graham, R. M., J. Bartels, J. B. Graham: Screening of ovarian cancer by cul-de-sac aspiration. Acta cytol. 6 (1962) 492
34 Gross, G., H. Ikenberg, E. M. de Villiers, A. Schneider, D. Wagner, L. Gissmann: Bowenoid papulosis: a venerally transmissible disease as reservoid for HPV 16. In zur Hausen, H., R. Peto: Origins of Female Genital Cancer: Virological and epidemiological aspects. Banbury Report, Cold Spring Harbour, New York 1986 (p. 149)
35 Grupta, P. K.: Cytohormonal studies in arrhenoblastoma. Acta cytol. 16 (1972) 1
36 Hajdu, St., E. O. Hajdu: Cytopathology of Sarcomas and Other Nonepithelial Malignant Tumors. Saunders, Philadelphia 1976
37 Hajdu, S. I., L. G. Koss: Cytologic diagnosis of metastatic myosarkomas. Acta cytol. 13 (1969) 545
38 Hajdu, S. I., I. A. Savino: Cytologic diagnosis of malignant melanoma. Acta cytol. 17 (1973) 320
39 Hart, W. R., I. Zaharvi, B. S. Kaplan, D. E. Townsend, S. O. Aldrich, B. E. Henderson, M. Roy, B. Benton: Cytologic findings in stilboestrol exposed females with emphasis on detection of vaginal adenosis. Acta cytol. 16 (1972) 336
40 Herbst, A. L., H. Alfelder, D. C. Poskanzer: Adenocarcinoma of the vagina. Association of maternal stilbestrol with tumor appearance in young women. New Engl. J. Med. 284 (1971) 878
41 Holmquist, N. D.: The exfoliative cytology of mixed mesodermal tumors of the uterus. Acta cytol. 6 (1962) 373
42 Hughes, H. E., T. C. Dodds: Handbook of Diagnostic Cytology. Livingstone, Edinbourgh 1968
43 Jenkins, D. M., R. Goulden: Psammoma bodies in cervical smears. Acta cytol. 21 (1977) 112
44 Jimenez Ayala, M., F. Nogales Ortiz: Citopatologia Ginecologica. Editorial Cientifico-Medica, Barcelona 1977
45 Kashimura, M., Y. Kashimura, T. Matsuyama, N. Taukamoto, H. Sugimosi, I. Taki: Adenocarcinoma of the uterine cervix metastatic from primary stomach cancer. Cytologic findings in six cases. Acta cytol. 27 (1983) 54
46 Katayama, J., G. Hajan, j. T. Evjy: Cytologic diagnosis of reticulum cell sarcoma of the uterine cervix. Acta cytol. 17 (1973) 498
47 Kettel, W. C., E. E. Pixley, H. S. Buchsbaum: Experience with peritoneal cytology in the management of gynecologic malignancies. Amer. J. Obstet. Gynecol. 120 (1974) 174
48 Koss, L. G.: Diagnostic Cytology and Its Histopathologic Bases, 3. Aufl. Lippincott, Philadelphia 1979
49 Kühn, W., C. Kübler, H. H. Rummel: Die zytologische Diagnose des Morbus Paget der Vulva. Geburtsh. u. Frauenheilk. 49 (1984) 67
50 Linthicum, C. M.: Primary malignant melanoma of the vagina. A case report. Acta cytol. 15 (1971) 179
51 McGowan, L., D. B. Stein, W. H. Miller: Cul-de-sac aspiration for diagnostic cytology. Amer. J. Obstet. Gynecol. 86 (1966) 413
52 McIndoe, W. A., G. H. Green: Vaginal carcinoma in situ following hysterectomy. Acta cytol. 13 (1969) 158
53 Masubuchi jr., S., I. Nagai, M. Hirata, H. Kubo, K. Masabuchi: Cytologic studies of malignant melanoma of the vagina. Acta cytol. 19 (1975) 527
54 Merchant, S., T. M. Murad, E. A. Dowling, J. Durant: Diagnosis of vaginal carcinoma from cytological material. Acta cytol. 18 (1974) 494
55 Merrill, J. A., W. T. Bender: Primary carcinoma of the vagina. Obstet. and Gynecol. 11 (1958) 3
56 Montalvo, L.: Contributión al dignóstico citológico de los tumores del ovaria. Acta ginceol. 19 (1968) 751
57 Naib, Z. M.: Exfoliative cytology of a primary Bartholin's gland adenocarcinoma. Report of a case. Obstet. and Gynecol. 22 (1963) 352
58 Nauth, H. F.: Zur lokalen Testosterontherapie des Lichen sclerosus der Vulva. Geburtsh. u. Frauenheilk. 42 (1982) 476
59 Nauth, H. F.: Vulva-Zytologie. Enke, Stuttgart 1985
60 Nauth, H. F., A. Böger: New Aspects of Vulvar Cytology. Acta cytol. 26 (1982) 1
61 Nauth, H. F., M. E. Boon: Significance of the morphology of annucleated squames in cytologic diagnosis of verious vulva lesions – a new approach in diagnostic cytology. Acta cytol. 27 (1983) 230
62 Nauth, H. F., M. Haas: Zytologische und histologische Untersuchungen zur Hormonabhängigkeit der Haut des äußeren Genitales. Geburtsh. u. Frauenheilk. 44 (1984) 451
63 Nauth, H. F., F. Schilke: Cytology of the exfoliative layer in normal and diseased vulvar skin: Correlation with histology. Acta cytol. 26 (1982) 269
64 Nauth, H. F., E. Schilke: Die zytologische Krebsvorsorge am äußeren weiblichen Genitale. Morphologische Studie an einem großen Untersuchungsgut. Geburtsh. u. Frauenheilk. 42 (1982) 739
65 Ng, A. B. P., J. W. Reagan: Vaginal and vulvar disease. In Wied, G. L., L. G. Koss, J. W. Reagan: Compendium on Diagnostic Cytology, 3. Aufl. Tutorials of Cytology, Chikago 1974 (p. 18)
66 Ng, A. B. P., J. W. Reagan: Cellular manifestations of extrauterine cancer. In Wied, G. I., L. G. Koss, J. W. Reagan: Compendium on Diagnostic Cytology, 3. Aufl. Tutorials of Cytology, Chikago 1974 (p. 198)
67 Ng, A. B. P., D. Teeple, E. A. Lindner, J. W. Reagan: The cellular manifestations of extrauterine cancer. Acta cytol. 18 (1974) 108
68 Papanicolaou, G. N.: Atlas of Exfoliative Cytology. Commonwealth Fund, Cambridge 1954
69 Parker, J. E.: Cytologic findings associated with primary uterine malignancies of mixed cell types (malignant mixed mullerian tumor). Acta cytol. 8 (1964) 316
70 Pascu, F., P. Müller, J. Kracht: Früherkennung des Tubenkarzinoms durch Exfoliativ-Zytologie. Dtsch. med. Wschr. 100 (1975) 1476
71 Picoff, R. C., C. I. Meeker: Psammoma bodies in the cervico vaginal smear in association with benign papillary structure of the ovary. Acta cytol. 14 (1970) 45
72 Reagan, J. W., A. B. P. Ng: The Cells of Uterine Adenocarcinoma. 2. Aufl. Karger, Basel 1973
73 Riotton, G., W. M. Christopherson, R. Lunt: Cytology of the Female Genital Tract. World Health Organisation, Genf 1973
74 Rosati, L. A., D. J. Jarzynski: Clear cell (mesonephric) adenocarcinoma of the vagina. A case report. Acta cytol. 17 (1973) 493
75 Rubin, D. K., J. K. Frost: The cytologic detection of ovarian cancer. Acta cytol. 75 (1963) 191
76 Rutledge, F.: Cancer of the vagina. Amer. J. Obstet. Gynecol. 97 (1967) 635
77 Schenck, S. B., A. Mackles: Primary carcinoma of fallopian tubes with positive smears. Amer. J. Obstet. Gynecol. 81 (1961) 782
78 Schneider, M. L., H.-J. Staemmler: Atlas der gynäkologischen Differentialzytologie. Schattauer, Stuttgart 1976
79 Schuhmann, R.: persönliche Mitteilung
80 Sedlis, A.: Primary carcinoma of the fallopian tube. Obstet. Gynecol. Surv. 16 (1961) 209
81 Spechter, H.-S.: Frühdiagnose bei Ovarialtumoren: Dtsch. med. Wschr. 94 (1969) 550
82 Stegner, H.-E., H. Sachs: Gynäkologische Zytologie. Enke, Stuttgart 1973
83 Stoll, P. J. Jaeger, G. Dallenbach-Hellweg: Gynäkologische Cytologie. Springer, Berlin 1968
84 Taft, P. D., S. J. Robby, A. L. Herbst, R. E. Scully: Cytology of clear-cell adenocarcinoma of genital tract in young females: Review of 95 cases from the registry. Acta cytol. 18 (1974) 279
85 Takahashi, M.: Color Atlas of Cancer Cytology. Thieme, Stuttgart 1971; Igaku Shoin, Tokio 1971
86 Taki, J., K. Aozase, K. Kusokawa: Malignant lymphoma of the uterine cervix. Cytologic diagnosis of a case with immunocytochemical corroboration. Acta cytol. 29 (1985) 607
87 Tsukada, Y., W. J. Hewlett, S. S. Barlow, S. W. Pikren: Clear-cell adenocarcinoma of the vagina (mesonephroma) associated with maternal non-steroid estrogen therapy. Cancer (Philad.) 29 (1972) 1208
88 Tweeddale, D. N., L. D. Dubilier: Cytopathology of Female Genital Tract Neoplasms. Yearbook Medical Publishers, Chicago 1972
89 Umiker, W., M. Steen: Carcinoma of ovary with malignant cells in the vaginal smear of an asymptomatic patient. Amer. J. Obstet. Gynecol. 66 (1953) 74

90 Valicenti, J., S. K. Priester: Psammoma bodies of benign endometrial origin in cervicovaginal cytology. Acta cytol. 21 (1977) 547
91 Vooijs, P. G., A. B. P. Ng, W. B. Wentz: The detection of vaginal adenosis and clear cell carcinoma. Acta cytol. 17 (1973) 59
92 Wachtel, E.: The cytology of tumors of the ovary and fallopian tube. Clin. Obstet. Gynecol. 4 (1961) 1159
93 Wachtel, E. G.: Exfoliative Cytology in Gynaecological Practice. Butterworth, Washington 1964
94 Wachtel, E., A. Plester: The vaginal smear as an aid to diagnosis of genital tract malignancy in women. J. Obstet. Gynecol. Brit. Cwlth. 59 (1952) 323
95 Whitaker, D.: The role of cytology in the detection of malignant lymphoma of the uterine cervix. Acta cytol. 20 (1976) 510
96 Wied, G. L., L. G. Koss, J. W. Reagan: Compendium on Diagnostic Cytology, 3. Aufl. Tutorials of Cytology, Chikago 1974
97 Yamada, T., U. Itou, Y. Watanabe, S. Ohashi: Cytologic diagnosis of malignant melanoma of the vagina – a case report. Acta cytol. 15 (1971) 179
98 Yamada, T., U. Itou, Y. Watanabe, S. Ohashi: Cytologic diagnosis of malignant melanoma. Acta cytol. 16 (1972) 70
99 Zervakis, M., W. M. Howdon, A. Howdon: Cul-de-sac needle aspiration: its normal and abnormal cytology and its value in the detection of ovarian cancer. Acta cytol. 13 (1969) 507
100 Zimmer, S., D. Neuser, K. Kühndel: Vaginale und zervikale Zytodiagnostik. VEB Thieme, Leipzig 1978

Wiedergabe zytologischer Befunde und ihre Abklärung

1 Bähr, B., F. Dehnhardt: Erste Erfahrungen mit der neuen zytologischen Nomenklatur, Gynäkol. Prax. 2 (1978) 265
2 Bajardi, F.: Zur Frage des kombinierten Einsatzes von Kolposkopie und Zytologie. Der Frauenarzt 3 (1979) 186
3 Bajardi, F.: Kolposkopische Befunde und ihre histologischen Korrelate. Geburtsh. u. Frauenheilk. 44 (1984) 84
4 Bauer, H. K.: Farbatlas der Kolposkopie, 2. Aufl. Schattauer, Stuttgart 1981
5 Benedet, J. L., D. A. Boyes, T. M. Nichols, A. Millner: Colposcopic evulation of patients with abnormal cervical cytology. Brit. J. Obstet. Gynaecol. 83 (1976) 177
6 Bergleiter, R., H. Bettzieche: Klinische und kolposkopische Befunde bei Präkanzerosen der Cervix uteri – ein Beitrag zur Wichtigkeit einer Auswahlzytologie. Zbl. Gynäkol. 97 (1975) 12
7 Bolten, K. A., W. E. Jacques: Introduction to Colposcopy. Grune and Stratton, New York 1960
8 Boschann, H.-W.: Praktische Zytologie, 2. Aufl. de Gruyter, Berlin 1973
9 Brett, A. J., F. J. Coupez: Colposcopie. Masson, Paris 1960
10 Bruke, L., B. E. Mathews: Colposcopy in Clinical Practice. Davis, Philadelphia 1977
11 Burghardt, E.: Kolposkopie. Spezielle Zervixpathologie. Lehrbuch und Atlas. Thieme, Stuttgart 1984
12 Burghardt, E., F. Bajardi: Ergebnisse der Früherfassung des Kollumkarzinoms mittels Zytologie und Kolposkopie an der Universitäts-Frauenklinik Graz 1954. Arch. Gynäkol. 187 (1956) 621
13 Burghardt, E., E. Holzer, J. A. Jordan: Cervical Pathology and Colposcopy. Thieme, Stuttgart 1978
14 Carneiro-de Siqueiraj, S. N. Holanda, G. M. Pereira Caetano: Colposcopic study of the uterine cervix of 5301 patients. J. bras. Ginecol. 75 (1973) 261
15 Cartier, R.: Practical Colposcopie, 2. Aufl. Fischer, Stuttgart 1984
16 Coppleson, M.: Die Stellung der Kolposkopie bei der Entdeckung und Behandlung des Ca in situ der Zervix. J. Obstet. Gynecol. Brit. Cwlth. 71 (1964) 854
17 Coppleson, M., E. Prixley, B. L. Reid: Colposcopy. A Scientific and Practical Approach to the Cervix in Health and Disease. Thomas, Springfield 1971
18 Coupez, F.: La place de la colposcopie dans l'examen gynecologique actuel. Rev. franç. Gynécol. 65 (1970) 209
19 Cramer, H., G. Ohly: Die Kolposkopie in der Praxis. 3. Aufl. Thieme, Stuttgart 1975
20 Frost, J. K.: Gynecologie and obstetric cytopathology. In: Novak, F. R.: Gynecologic and Obstetric Pathology. Saunders, Philadelphia 1962 (p. 594)
21 Ganse, R.: Einführung in die Kolposkopie. Fischer, Jena 1966
22 Gerli, M., D. Berlingieri: Die kombinierte Anwendung der Kolpozytologie und der Kolposkopie in der Frühdiagnose des Collumcarcinoms. Minerva ginecol. 14 (1962) 539
23 Hahnemann, N.: Anwendung der Kolposkopie zur Diagnose maligner Veränderungen der Cervix uteri. (Dänisch) Ugeskr. Laeg. 234, 1048–1053, 1972. Ref. in Ber. Gynäkol. Geburtsh. 106 (1973) 216
24 Hinselmann, H.: Verbesserung der Inspektionsmöglichkeiten von Vulva, Vagina und Portio. Münch. med. Wschr. 72 (1925) 1733
25 Hinselmann, H.: Die Essigsäureprobe ein Bestandteil der erweiterten Kolposkopie. Dtsch. med. Wschr. 40 (1938)
26 Hinselmann, H.: Über die Geschichte der Kolposkopie. Z. ärztl. Fortbild. 46 (1952) 702
27 Hinselmann, H., A. W. Schmitt: Die Kolposkopie. Girardet, Wuppertal-Elberfeld 1954
28 Hollyok, V. E., W. Chanen: The use of the colposcope in the selection of patients for cervical cone biopsy. Amer. J. Obstet. Gynecol. 114 (1972) 185
29 Hughes, H. E., T. C. Dodds: Handbook of Diagnostic Cytology. Livingstone, Edinbourgh 1968
30 Husain, O. A. N., E. B. Butler: A colour Atlas of Gynaecological Cytology. Wolfe Medical Publications Ltd. London 1989
31 Ishizuka, Y.: Practical Cytodiagnosis. Urban & Schwarzenberg, München 1972; Igaku Shoin, Tokyo 1972
32 Jakobs, A.: Geschichte der Kolposkopie in Argentinien. 1. Weltkongreß für Kolposkopie und Zervixpathologie. Sonderdruckband, 19–29, 1973. Molachino Estbl. Grafico S. A. San Martin 540, Rosario (Rep. Arg.).
33 Jansen, H. H.: Über eine neue Gruppeneinteilung in der gynäkologischen Zytodiagnostik. Hessisches Ärztebl. 5 (1976)
34 Jimenez Ayala, M., F. Nogales Ortiz: Citopatologia ginecologica. Editorial Cientifico-Medéca, Barcelona 1977
35 Kattner, W.: Verlaufsbeobachtungen bei unklaren zytologischen Befunden. Vortrag 7. Dreiländertagung für Klinische Zytologie, Salzburg, November 1977
36 Kern, G.: Carcinoma in situ. Vorstadien des Gebärmutterhalskrebses; Grundlagen und Praxis. Springer, Berlin 1964
37 Kolstad, P., A. Stafl: Atlas der Kolposkopie. Enke, Stuttgart 1983
38 Koss, L. G.: Diagnostic Cytology and Its Histopathologic Bases, 3. Aufl. Lippincott, Philadelphia 1979
39 Krupinski, L., J. Madej: Zytologische und kolposkopische Diagnose der dezidualen Ektopie der Zervix. Geburtsh. u. Frauenheilk. 41 (1981) 474
40 Limburg, H.: Vergleich zwischen Kolposkopie und Zytologie in der Krebsfrüherkennung (Symposium über die angewandte exfoliative Zytologie in Brüssel 1957), referiert in Geburtsh. u. Frauenheilk. 18 (1958) 97
41 Limburg, H.: Comparison between cytology and colposcopy in the diagnosis of early cervical carcinoma. Amer. J. Obstet. Gynecol. (St. Louis) 75 (1958) 1298
42 Lohe, K. J.: Vergleichende Untersuchungen zu Sitz und Ausdehnung von Dysplasie und Carcinomata in situ der Cervix. Arch. Gynäkol. 207 (1969) 470
43 Madej, J., K. Hanuszek: Zur Frage des kolposkopischen Gefäßbildes des Zervixkarzinoms. Zbl. Gynäkol. 100 (1978) 1478
44 Maguire, N. C.: Current use of the Papanicolaou class system in gynecologic cytology. Diagn. Cytopathol. 4 (1988) 169
45 Melamed, M. R., B. J. Flehinger: Non-diagnostic squamous atypia in cervico-vaginal cytology as a risk factor for early neoplasia. Acta cytol. 20 (1975) 108
46 Mestwerdt, G.: Im 6. Jahr unserer kolposkopischen Krebssprechstunde. Zbl. Gynäkol. 63 (1939) 2299
47 Mestwerdt, G., A. Majewski, W. Bentele: Die Kolpocytologische Untersuchungsstelle – ein neuartiges Aufgabengebiet am allgemeinen Krankenhaus. Münch. med. Waschr. 105 (1963) 2189
48 Mestwerdt, G., R. Moll, D. Wagner-Kolb, H. J. Wespi: Atlas der Kolposkopie, 5. Aufl. Fischer Stuttgart 1980
49 Michalzik, K., K. G. Ober: Positive Zytologie der Cervix, ihre histologische Abklärung und die anschließende Wahl der Behandlung. Geburtsh. u. Frauenheilk. 26 (1966) 202
50 Moll, R., D. Schlüter: Kolposkopie heute noch aktuell? Dtsch. Ärzteblatt 73 (1976)
51 Nasiell, K., M. Nasiell, V. Vaclavinkova, V. Roger, A. Hjerpe: Follow-up studies of cytologically detected precancerous lesions (dysplasia) of the uterine cervix. Health Control in Detection of Cancer, Stockholm 1976 (p. 44)
52 National Cancer Institute workshop: The 1988 Bethesda system for

reporting cervical/vaginal cytological diagnoses. J. Amer. med. Ass. 262 (1989) 931

53 National Cancer Institute: The 1988 Bethesda system for reporting cervical/vaginal cytological diagnoses. Acta cytol. 33 (1989) 567

54 Naujoks, H., F. Köpf, J. Leber: Präoperative kolposkopisch-zytologische Diagnostik bei zervikaler intraepithelialer Neoplasie (CIN). Geburtsh. u. Frauenheilk. 39 (1979) 372

55 Navratil, E.: Frühdiagnose des Uteruskarzinoms. In: Biologie und Pathologie des Weibes, Bd. 4. Urban & Schwarzenberg, München 1955 (S. 639)

56 Ostergard, D. R., B. Gondos: The incidence of false negative cervical cytology as determined by colpocopically directed biopsies. Acta cytol. 15 (1971) 292

57 Pang, J. C. K., C. Hsu, K. M. Kwan-Chau: Cytology and colposcopy in the diagnosis of cervical neoplasia. Gynecol. Oncol. 5 (1977) 134

58 Papanicolaou, G. N., H. F. Traut: Diagnose of Uterine Cancer by the Vaginal Smear. Commonwealth Fund, New York 1943

59 Patten jr., S. F.: Diagnostic Cytology of the Uterine Cervix, 2. Aufl. Karger, Basel 1969

60 Reagan, J. W.: Presidential address. Acta cytol. 9 (1965) 265

61 Reagan, J. W., Ng, A. B. P.: The Cells of Uterine Adenocarcinoma. 2. Aufl. Karger, Basel 1973

62 Riotton, G., W. M. Christopherson, R. Lunt: Cytology of the Female Genital Tract. World Health Organisation, Genf 1973

63 Rummel, H. H., R. Frick, D. Heberling, D. Schubert: Verlaufskontrolle bei Patientinnen mit suspekter Zytologie (Papanicolaou III D). Geburtsh. u. Frauenheilk. 37 (1977) 521

64 Rundschreiben d. Dtsch. Ges. f. Zytologie: Münchener Nomenklatur II. (Dez. 1989)

65 Sander, H., W. Kattner, H.-J. Soost: Die zytologische Diagnose einer Dysplasie leichten und mittleren Grades. Geburtsh. u. Frauenheilk. 38 (1978) 726

66 Scharnke, H.-D., A. Jorde, H. G. Peschel, E. Sielaff: Vergleichende kolposkopische, zytologische und histologische Untersuchungen der Cervix uteri in der Schwangerschaft. Zbl. Gynäkol. 98 (1976) 1547

67 Schmitt, A.: Colposcopy. American Academy of General Practice, 98 (1964) 98

68 Schneider, A., H. Kraus: The "suspicious" gynecologic smear. Acta cytol. 29 (1985) 795

69 Schneider, M. L., H.-J. Staemmler: Atlas der gynäkologischen Differentialzytologie, Schattauer, Stuttgart 1976

70 Scott, J., Ph. Brass, D. Seckinger: Colposcopy plus cytology. Amer. J. Obstet. Gynecol. 103 (1969) 925

71 Soost, H.-J.: Vorschlag einer modifizierten Einteilung zytologischer Befunde in der Krebsfährtensuche. 5. Akadem. Tagung für Geburtshilfe u. Gynäkologie, Graz 1968. Sonderb. Geburtsh. u. Frauenheilk. Thieme, Stuttgart 1971 (S. 284)

72 Soost, H.-J.: Probleme der zytologischen Nomenklatur Sonderb. 2. Fortbildungstagung für Klinische Zytologie, München 1973 (S. 221)

73 Soost, H.-J.: Nomenklatur und Befundwiedergabe in der gynäkologischen Zytologie. Rundschr. d. Dtsch. Ges. f. Zytologie, Juni 1975

74 Soost, H.-J.: Lehrbuch der klinischen Zytodiagnostik, 2. Aufl. Thieme, Stuttgart 1976

75 Soost, H.-J.: Detection of intraepithelial cervical lesions by mass-screening programs. Vortrag: II. Int. Symp. on Detection and Prevention of Cancer, New York 1976

76 Soost, H.-J.: Nomenklatur und Befundwiedergabe in der gynäkologischen Zytologie. 10. Fortb.-Tagung für Klinische Zytologie, München. Referate-Bd. 1989, S. 306

77 Soost, H.-J.: Befundwiedergabe in der gynäkologischen Zytodiagnostik – Münchner Nomenklatur II. Gynäkol. Prax. 14 (1990) 433

78 Soost, H.-J., unter Mitarbeit von H.-J. Lange, W. Lehmacher, B. Ruffing-Kullmann: Ergebnisse zytologischer Krebsfrüherkennungs- und Vorsorgeuntersuchungen bei der Frau – eine 10-Jahres-Studie. (Wissenschaftliche Reihe des Zentralinstituts für die Kassenärztliche Versorgung, Band 37) Deutscher Ärzte-Verlag, Köln 1987

79 Soost, H.-J., Y. P. Clocuh, H. Joswig-Priewe: Befundwiedergabe in der gynäkologischen Zytologie (Münchner Schema). Gynäkol. Prax. 5 (1981) 267

80 Soost, H.-J., W. Lehmacher, B. Ruffing-Kullmann: Wieweit haben die Krebsfrüherkennungs- und Vorsorgeuntersuchungen für das Karzinom der Cervix uteri die an sie gestellten Erwartungen erfüllt? Geburtsh. u. Frauenheilk. 49 (1989) 521

81 Stafl, A., F. Richard, Mattingly: Colposcopic diagnosis of cervical neoplasia. Obstet. Gynecol. 41 (1973) 168

82 Stegner, H.-E., H. Sachs: Gynäkologische Zytologie, Enke, Stuttgart 1973

83 Stoll, P., J. Jaeger, G. Dallenbach-Hellweg: Gynäkologische Cytologie. Springer, Berlin 1968

84 Stoll, P., Zur Bedeutung der Kolposkopie bei der frauenfachärztlichen Untersuchung und bei der Krebsvorsorgeuntersuchung der Frau. Fortschr. Med. 96 (1978) 1670

85 Symposium on the Papanicolaou Classifications. J. Reprod. Med. 1 (1968) 543

86 Takahashi, M.: Color Atlas of Cancer Cytology. Thieme, Stuttgart 1971; Igaku Shoin, Tokyo 1971

87 Timonen, S., B. Meyer: Correlation between colposcopy, cytology and histology. Ann. Chir. Cynaecol. Fenn. 52 (1963) 338

88 Wagner-Kolb, D.: Über den Wert der Kolposkopie hinsichtlich der Früherkennung des Zervixkarzinoms. Frauenarzt 21 (1980) 376

89 Wied, G. L.: The meaning of class III of the Papanicolaou classification (Editorial). Acta cytol. 8 (1964) 99

90 Wied, G. L., L. G. Koss, J. W. Reagan: Compendium on Diagnostic Cytology, 3. Aufl. Tutorials of Cytology, Chikago 1974

91 Wied, G. L.: Persönl. Mitteilung (16.03.1989)

Schwierig zu beurteilende zytologische Befunde

1 Dallenbach-Hellweg, G., W. Herting, F. Momber, V. Thorn: Zytologische und histologische Untersuchungen der Portio und Cervix uteri unter der Einnahme von Ovulationshemmern. Fortschr. Med. 89 (1971) 883

2 Engineer, A. D., J. S. Misra, P. Tandon: Long-term cytologic studies of Copper-IUD Users. Acta cytol. 25 (1981) 550

3 Gondos, B., L. R. Smith, D. E. Townsend: Cytologic changes in cervical epithelium following cryosurgery. Acta cytol. 14 (1970) 386

4 Gonzáles-Merlo, J., J. Ausin, J. A. Lejárcegui, M. Marquez: Regeneration of the ectocervical epithelium after its destruction by electrocauterization. Acta cytol. 17 (1973) 366

5 Guhr, O.: Kolposkopische, zytologische und histologische Portiobefunde bei ovulationshemmenden Medikamenten. Arch. Gynäkol. 202 (1969) 205

6 Hasegawa, T., F. Tsutsui, S. Kurihara: Cytomorphologic study on the atypical cells following cryosurgery for the treatment of chronic cervicitis. Acta cytol. 19 (1975) 533

7 Ishihama, A., T. Kagatu, T. Imai, M. Shima: Cytologic studies after insertion of intrauterine contraceptive devices. Acta cytol. 14 (1970) 35

8 Kobayashi, T. K., B. Casslén, N. Stormby: Cytologic atypies in the uterine fluid of intrauterine contraceptive device users. Acta cytol. 27 (1983) 138

9 Richart, R. M., B. A. Barron: The intrauterine device and cervical neoplasia. A prospective study of patients with cervical dysplasia. J. Amer. med. Ass. 199 (1967) 817

10 Schneider, M. L., H.-J. Staemmler: Atlas der gynäkologischen Differentialzytologie, Schattauer, Stuttgart 1976

11 Soost, H.-J., E. Bayer: Einfluß der Ovulationshemmer auf das Gebärmutterhalsepithel. Dtsch. med. Wschr. 92 (1967) 1789

12 Soost, H.-J., H. Joswig-Priewe: Einfluß oraler Ovulationshemmer auf die Kanzerogenese des Zervixepithels. Arch. Geschwulstforsch. 48 (1978) 345

13 Turnari, M. L.: Cellular changes in the glandular epithelium of patients using IUCD – a source of cytologic error. Acta cytol. 18 (1974) 341

14 Tweeddale, D. N., L. D. Dubilier: Cytopathology of Female Genital Tract Neoplasms. Year Book Medical Publishers, Chikago 1972

Leistungsfähigkeit der Zytodiagnostik als Krebsfrüherkennungsmethode

1 Anderson, G. H., D. W. Thompson, D. D. Kulcsar: Survey of cytological facilities in Canada, Can. med. Ass. J. 101 (1969) 279

2 Ashley, D. J. B.: Evidence for the existence of two forms of cervical carcinoma. J. obstet. gynaecol. brit. Cwlth. 73 (1966) 382

3 Attwood, M. E., C. B. J. Woodman, D. Luesley, J. A. Jordan: Previous cytology in patients with invasive carcinoma of the cervix. Acta cytol. 29 (1985) 108

4 Bayrle, W.: Kritische Betrachtungen zur Rate der „falsch negativen“ Befunde in der gynäkologischen Zytologie, Geburtsh. u. Frauenheilk. 10 (1977) 864

5 Berndt, H., K. Lehmann, D. Neuser: Das Zytologieprogramm der Hauptstadt der DDR, Berlin. Gesundh.-Wes. d. DDR 30 (1975) 1258

6 Berndt, H., D. Neuser: Epidemiologie des Zervixkarzinoms. Arch. Geschwulstforsch. 48 (1978) 250

7 Berndt, H., D. Neuser, K. Ebeling: Das Zytologieprogramm der Hauptstadt DDR, Berlin. 3. Mitteilung. Dtsch. Gesundheitsw. 36 (1981) 522

8 Bibbo, M. L., C. M. Keebler, G. L. Wied: Prevalence and incidence rates of cervical atypia; a computerized file analysis on 148,735 patients. J. Reprod. Med. 6 (1971) 184

9 Bjerre, B.: Studies on population screening of the early carcinoma of the uterine cervix. Acta obstet. gynecol. scand., Suppl. 6

10 Boyes, A. D.: The British Columbia screening program. Obstet. gynecol. Surv. 24 (1969) 1005

11 Boyes, D. A.: The impact of the pap smear on the morbidity and mortality from carcinoma of the uterine cervix. In Grundmann, E.: Cancer of the Uterine, Cancer Campaign, Vol. 8. Fischer, Stuttgart 1985 (p. 31)

12 Boyes, D. A., H. K. Fidler, D. R. Lock: The significance of in situ carcinoma of the uterine cervix. Brit. med. J. 1962/I, 203

13 Boyes, A. D., J. Knowelden, A. Philips: The evaluation of cancer control measures, Brit. J. Cancer 28 (1973) 105

14 Boyes, D. A., B. Morrison, E. G. Knox et al.: A cohort study of cervical cancer screening in British Columbia. Clin. invest. Med. 5 (1982) 1

15 Boyes, D. A., A. J. Worth, H. K. Fidler: The results of treatment of 4389 cases of preclinical squamous carcinoma. Brit. J. Obstet. Gynaecol. 77 (1970) 769

16 Boyes, D. A., T. M. Nichols, A. M. Millner, A. J. Worth: Recent results from the British Columbia screening program for cervical cancer. Amer. J. Obstet. Gynecol. 128 (1977) 692

17 Bryans, F. E., D. A. Boyes, S. R. Boyd, H. K. Fidler: The cytology program in British Columbia. Part III. Canad. med. Ass. J. 90 (1964) 62

18 Burns, E. L., E. C. Hammond, C. Percy, H. Seidman, T. W. Gorski: Detection of uterine cancer. Results of a community program of 17 years. Cancer (Philad.) 22 (1968) 1108

19 Calabresi, P., N. V. Arnold, W. D. Stowall: Cytological screening for uterine cancer through physicians offices. J. Amer. med. Ass. 168 (1958) 243

20 Cecchini, S., D. Palli, A. Casini: Cervical intraepithelial neoplasia III. An estimate of screening error rates and optimal screening interval. Acta cytol. 29 (1985) 329

21 Christopherson, W. M.: The control of cervix cancer. Acta cytol. 10 (1966) 6

22 Christopherson, W. M., M. A. Scott: Trends in mortality from uterine cancer in relation of mass screening. Acta cytol. 21 (1977) 5

23 Christopherson, W. M., F. E. Lundin, W. M. Mendez, S. E. Parker: Cervical cancer control. A study of morbidity and mortality trends over a twenty-one-year-period. Cancer (Philad.) 38 (1976) 1357

24 Christopherson, W. M., W. M. Mendez, E. M. Ahuja, F. E. Lundin, S. E. Parker: Cervix cancer control in Louisville, Kentucky. Cancer (Philad.) 26 (1970) 29

25 Christopherson, W. M., S. E. Parker, W. M. Mendez, F. E. Lundin jr.: Cervix cancer death rates and mass cytology screening. Cancer (Philad.) 26 (1970) 808

26 Collins, D. N., W. Kaufmann, W. Clinton: Quality evaluation of cytology laboratories in New York state: Expended program 1971–1973. Acta cytol. 18 (1974) 404

27 Constable, W. C., I. D. Trukett: Relationship of cytological screening facilities and cure rate in cancer of the cervix. Brit. J. Radiol. 40 (1967) 691

28 Coppleson, L. W., B. Brown: Estimation of the screening error rates from the observed detection rates in repeated cervical cytology. Amer. J. Obstet. Gynecol. 119 (1974) 953

29 Cramer, D. W.: The role of cervical cytology in declining morbity and mortality of cervical cancer. Cancer (Philad.) 34 (1974) 2018

30 Dawang, Y., Y. Jufang, X. Shontu, L. Yixian: Mass cytologic screening for cervical carcinoma in China. A review of 7.735.057 reported cases. Acta cytol. 29 (1985) 341

31 Dickinson, L., M. F. Mussey, E. H. Soule, L. T. Kurland: Evaluation of the effectiveness of cytology screening for cervical cancer. I. Incidence and mortality trends in relation to screening. Proc. Mayo Clin. 47 (1972) 534

32 Dickinson, L., M. E. Mussey, L. T. Kurland: Evaluation of the effectiveness of cytology screening for cervical cancer. II. Survival parameters before and after inception of screening. Proc. Mayo Clin. 47 (1972) 545

33 Dickinson L.: Evaluation of the effectiveness of cytology screening for cervical cancer. III. Cost-benefit analysis. Proc. Mayo Clin. 47 (1972) 550

34 Dunn jr., J. E., P. L. Martin: Morphogenesis of cervical cancer. Cancer (Philad.) 20 (1967) 1889

35 Dunn jr., J. E., P. L. Martin: Morphogenesis of cervical cancer. Findings from San Diego Country Cytology Registry. Cancer (Philad.) 20 (1967) 1899

36 Ebeling, K., H. Berndt, H.-G. Neumann, D. Neuser, P. Mischan, G. Seidenschnur: Screening zur Verhütung und Früherkennung des Zervixkarzinoms in der DDR – eine Analyse. Arch. Geschwulstforsch. 51 (1981) 663

37 Ebeling, K., P. Nischan: Organization and Results of Cervical Cancer Screening in the German Democratic Republic. In Hakama, M., A. B. Miller, N. E. Day: Screening for Cancer of the Uterine Cervix. IARC Scientific Pub. Nr. 76, Lyon 1986

38 Erickson, C. C., E. Ewerett, L. M. Graves, R. F. Kaiser, R. A. Malmgren, I. Rube, P. C. Schreier, S. J. Cutler: Population screening for uterine cancer by vaginal cytology. J. Amer. med. Ass. 162 (1956) 167

39 Evans, D. M. D., G. Shelley, B. Cleary, Y. Baldwin: Oberserver variation and quality control of cytodiagnosis. J. clin. Pathol. 27 (1974) 945

40 Fidler, H. K., D. A. Boyes, D. R. Lock u. Mitarb.: The cytology program in British Columbia. II. The operation of the cytology laboratory. Can. med. Ass. J 86 (1962) 823

41 Fidler, H. K., D. A. Boyes, A. J. Worth: Cervical cancer detection in British Columbia. J. Obstet. Gynecol. Brit. Cwlth. 775 (1968) 392

42 Frost, J. K.: Diagnostic accuracy of cervical smears. Obstet. gynecol. Surv. 24 (1969) 893

43 Gad, C., F. Koch: Population screening for cervical carcinoma in Frederiksberg borough: Results of second and third rescreenings 1966–1972. Dan. med. Bull. 20 (1973) 141

44 Gad, C., F. Koch: The limitation of screening effect. A review of cervical disorders in previously screened women. Acta cytol. 21 (1977) 719

45 Gay, J. D., L. D. Donaldson, J. R. Goellner: False-negative results in cervical cytologic studies. Acta cytol. 29 (1985) 1043

46 Goerttler, K., C. O. Köhler, G. Wagner, L. Wanzek: War die „Woche der Krebsvorsorge“ in Baden-Württemberg ein Erfolg? Med. Welt 26 (1975) 961

47 Graaf van der, Y.: Screening for Cervical Cancer. The Nijmegen Project. Diss. 1987

48 Hakama, M.: Effect of population screening for carcinoma of uterine cervix in Finland. Maturitas 7 (1985) 3

49 Hakama, M., J. Chamberlain, N. E. Day, A. B. Miller, P. C. Prorok: Evaluation of screening programmes for gynecological cancer. Brit. J. Cancer 52 (1985) 669

50 Hammond, E. C., E. L. Burus, H. Seidman, C. Percy: Detection of uterine cancer-high and low risk groups. Cancer (Philad.) 22 (1968) 1096

51 Herwig, E.: Krankheitsfrüherkennung Krebs – Frauen und Männer –. Schriftenreihe des Zentralinstituts für die Kassenärztliche Versorgung in der Bundesrepublik Deutschland, Bd. VI, Deutscher Ärzteverlag, Köln 1977

52 Hoeg, K., V. Roger: Dysplasia, carcinoma in situ and invasive carcinoma of the cervix uteri in previously screened women. Scand. J. clin. Lab. Invest. 22 (1968) 173

53 Hilgarth, M., R. Schultz: Ursachen und Ausmaß falsch negativer Befunde in der gynäkologischen Krebsvorsorge. Frauenarzt 5 (1981) 324

54 Husain, O. A. N.: Quality control in cytological screening for cervical cancer. Tumori 62 (1976) 303

55 Husain, O. A. N., E. B. Butler, M. D. Evans, J. E. MacGregor, R. Yule: Quality control in cervical cytology. J. clin. Pathol. 27 (1974) 935

56 Inhorn, S. L.: Governmental legislation affecting cytology laboratories. Acta cytol. 20 (1976) 197

57 Jenny, J.: Gedanken zur cytologischen Abstrichentnahme, 5. Arbeitstagung der schweizerischen Gesellschaft für Cytologie. Sonderbd. Zürich 1977 (S. 43)

58 Johannesson, J., G. Geirsson, N. E. Day: The effect of mass screening in Iceland, 1965–1974, on the incidence and mortality of cervical carcinoma. Int. J. Cancer 21 (1978) 418

59 Johannesson, G., G. Geirsson, N. Day, H. Tulinius: Screening for cancer of the uterine cervix in Iceland 1965–1978. Acta obstet. gynecol. scand. 61 (1982) 1199

60 Jones, H. W.: Editorial comment. Obstet. gynecol. Surv. 25 (1970) 177

61 Kaspar, T. A., E. S. O. Smith, P. Cooper, J. Clayton, D. Todd: An analysis of the prevalence and incidence of gynecologic cancer cytologically detected in an population of 175767 women. Acta cytol. 14 (1970) 261

62 Kassenärztliche Bundesvereinigung und Spitzenverbände der Krankenkassen: Gesetzliche Krankheits-Früherkennungsmaßnahmen. Dokumentation der Untersuchungsergebnisse 1976, 1977, 1978, 1979, 1980, 1981, 1982, 1983, 1984, 1985, 1986. Deutscher Ärzte-Verlag, Köln

63 Keil, U.: Problematik der Krankheitsfrüherkennung in der Bundesrepublik Deutschland. Med. Klin. 70 (1975) 1529

64 Kern-Bontke, E., H. Gräfin zu Eulenburg: Erfahrungen eines zytodiagnostischen Einsendelaboratoriums. Geburtsh. u. Frauenheilk. 34 (1974) 109

65 Kirschner, W.: Krebsfrüherkennungsuntersuchungen in der Bundesrepublik Deutschland. Gründe der Nichtinanspruchnahme und Möglichkeiten zur Erhöhung der Beteiligung. Hrsg. v. d. Deutschen Forschungs- und Versuchsanstalt für Luft- und Raumfahrt, Köln 1985

66 Kjärgaard, J., E. F. Poulsen: Scanning electron microscopy of cotton swab smears from ectocervix. Acta cytol. 21 (1977) 68

67 Koss, L. G., M. D. Hicklin: Standards of adequacy of cytologic examination of the female genital tract. Obstet. and Gynecol. 43 (1974) 792

68 Kulcsar, D. D.: Survey of cytological facilities in Canada. Can. med. Ass. J. 94 (1966) 1228

69 Lambourne, A., H. Lederer: Effects of observer variation in population screening of cervical carcinoma. J. clin. Pathol. 26 (1973) 564

70 Lange, H.-J.: Statistische und epidemiologische Aspekte der Früherkennung von Krankheiten. In Soost, H.-J., B. Bockmühl: Effektivität zytologischer Krebsvorsorgeuntersuchungen in der Gynäkologie. Dtsch. Ärzteverlag, Köln 1979 (S. 13)

71 Laskey, P. W., J. W. Meigs, J. T. Flannerey: Uterine cervical carcinoma in Connecticut, 1953–1973: Evidence for two classes of invasive disease. Nat. Cancer Inst. 57 (1976) 1037

72 La Vecchia, C., A. Decarli, G. Gallus: Epidemiological data on cervical carcinoma relevant to cytopathology. Appl. Pathol. 5 (1987) 5:32

73 Lehmacher, W., U. Keil: Prädiktionswerte – Eine Alternative zu den Referenzwerten in Diagnostik und Epidemiologie. In: Berger, J., K. H. Höhne (Hrsg.): Methoden der Statistik und Informatik in Epidemiologie und Diagnostik. Proceedings der 27. GMDS-Jahrestagung, Hamburg 1982

74 Lehmacher, W., H.-J. Lange, B. Ruffing-Kullmann, H.-H. Soost: Aussage zur Ermittlung von Prädiktiven Werten, Sensitivitäten und Spezifitäten zytologischer Krebsvorsorgeuntersuchungen in der Gynäkologie. Proc. 32. Jahrestagung der GMDS Tübingen 1987. In Selbmann, H.-K., K. Dietz: Medizinische Informationsverarbeitung und Epidemiologie im Dienste der Gesundheit. Springer, Berlin 1988

75 Lynge, E., Poll, P.: Risk of cervical cancer following negative smears in Maribo County, Denmark 1966–1982. In Hakama, M., A. B. Miller, N. E. Day: Screening of the Uterine Cervix. IARC Scientific Pub. Nr. 76, Lyon 1986

76 McGregor, J. E., S. Teper: Screening for cervical cancer. Lancet 1974/1, 1221

77 MacGregor, J. E., S. Teper: Mortality from Carcinoma of Cervix uteri in Britain. Lancet 1978/II, 774

78 McGregor, J. E., M. E. Fraser, E. M. F. Mann: Improved prognosis for cervical cancers due to comprehensive screening. Acta cytol. 16 (1972) 14

79 Majewski, A.: Wege und Ziele in der Früherkennung des Gebärmutterhalskrebses. VEB Fischer, Jena 1956

80 Martin, P. L.: How preventable is invasive cervical cancer? Amer. J. Obstet. Gynecol. 113 (1972) 541

81 May, D.: Error rates in cervical cytology screening tests. Brit. J. Cancer 29 (1974) 106

82 Meigs, J. W., P. W. Laskey, J. T. Flannergy: Hinweise auf eine Rückbildung des Carcinoma in situ sowie auf ein zweite Form des invasiven Zervixkarzinoms, Connecticut 1935–1973. Geburtsh. u. Frauenheilk. 36 (1976) 554

83 Messelt, O. T.: Mass screening for cancer of the uterine cervix in Østfolt county 1959–1954. Norwegian Cancer Society, Oslo 1968

84 Miller, A. B., J. Lindsay, G. B. Hill: Mortality from cancer of the uterus in Canada and its relationship to screening for cancer of the cervix. Int. J. Cancer 17 (1976) 602

85 Möbius, G., J. Geiling, G. Wittstock: 20 Jahre Erfahrungen und Ergebnisse der zytologischen Früherfassung des Zervixkarzinoms im Bezirk Schwerin. Z. Klin. Med. 42 (1987) 1499

86 Morell, N. D., J. R. Taylor, R. N. Snyder, H. K. Ziel, A. Saltz, S. Willie: False-negative cytology rates in patients in whom invasive cervical cancer subsequently developed. Obstet. and Gynecol. 60 (1982) 41

87 Naujoks, H., G. Leppien, R. Rogosaroff-Fricke: Negativer zytologischer Abstrich bei Carcinoma in situ der Cervix uteri. Geburtsh. u. Frauenheilk. 36 (1976) 570

88 Neumann, G.: Krebsregister und Krebsfrüherkennung. Med. Klin. 70 (1975) 181

89 Neuser, D., H. Berndt, Ch. Goldmann, E. Sieloff: Das Zytologieprogramm der Hauptstadt der DDR, Berlin. Gesundh.-Wes. d. DDR 30 (1975) 1441

90 Neuser, D., V. Prothmann, H. Berndt: Falsch negative Befunde im Berliner Zytologie-Programm zur Erfassung der Früh- und Vorstufen des Zervixkarzinoms. Fortschr. Med. 96 (1978) 346

91 Nieburgs, H. E., I. Stergus, E. M. Stephenson, B. L. Harbin: Mass screening of the total female population of a country for cervical carcinoma. J. amer. med. Ass. 164 (1957)1546

92 Nyirjesy, I.: Atypical or suspicious cervical smears. J. Amer. med. Ass. 222 (1972) 691

93 Pedersen, E., K. Høeg, P. Kolstad: Mass screening for cancer of the uterine cervix in Østfold County, Norway: Acta obstet. gynecol. scand. 50 (1971) 69

94 Pedersen, E., K. Høeg, P. Kolstad: Mass screening of cancer of the uterine cervix in Østfold County, Norway: an experiment. Second report of the Norwegian Cancer-Society. Acta obstet. gynecol scand., Suppl. 11 (1971)

95 Pettersson, F., E. Bjoerkholm, I. Naesslund: Evaluation of screening for cervical cancer in Sweden: Trends in incidence and mortality 1958–1980. Int. J. Epidemiol. 14 (1985) 521

96 Prendiville, W., J. Guilleband, P. Bamford, J. Beilby, S. J. Steele: Carcinoma of cervix with recent normal Papanicolaou tests. Lancet 1980 II, 853

97 Richart, R. M.: Evaluation of the true false negative rate in cytology. Amer. J. Obstet. Gynecol. (1964) 723

98 Richart, R. M., B. A. Barron: Screening strategies for cervical cancer and cervical intraepithelial neoplasia. Amer. Cancer Soc. 47 (1981) 1176

99 Richart, R. M., H. Vaillant: Influence of cell collection techniques upon cytological diagnosis. Cancer (Philad.) 18 (1965) 1474

100 Robra, B.-P., F. W. Schwartz, J. G. Brecht: Evaluation of the screening program for cervical cancer in the Federal Republic of Germany from an epidemiological perspective. In Grundmann, E.: Cancer of the Uterine Cervix, Cancer Campaign, vol. 8. Fischer, Stuttgart (1985) 23

101 Rotkin, I.D.: A comparison review of key epidemiological studies in cervical cancer related to current searches for transmissible agents. Cancer Res. 33 (1973) 1353

102 Ruch, R. M., C. Blake, A. Abou, M. Lado, W. A. Ruch jr.: The changing insidence of cervical carcinoma. Amer. J. Obstet. Gynecol. 89 (1964) 727

103 Ruffing-Kullmann, B., W. Lehmacher, H.-J. Soost: Procedure for validation of mass-screening by cervical cytology. In Goerttler, K., G. E. Feichter, S. Witte: New frontiers in Cytology. Moderne Aspects of Research and Practice. Springer, Berlin 1988

104 Ruffing-Kullmann, B., W. Lehmacher, H.-J. Soost: Validierung zytologischer Krebsvorsorgeuntersuchungen in der Gynäkologie: Prädiktive Werte, Spezifität, Sensitivität. Verh. Dtsch. Ges. Pathol. 71 (1987) 387

105 Ruffing-Kullmann, B., U. Schenck, H.-J. Soost: Häufigkeit falsch negativer zytologischer Befunde. 47. Kongr. d. Dtsch. Gesellschaft für Gynäkologie und Geburtshilfe, 1988 München. Kongreßbund 1988

106 Rylander, E.: Cervical cancer in women belonging to a cytologically screened population. Acta obstet. gynecol. scand. 55 (1976) 361

107 Rylander, E.: Negative smears in women developing invasive cervical cancer. Acta obstet. gynecol. scand. 56 (1977) 115

108 Sachs, H.: War die gesetzmäßige Einführung der Krebsvorsorgeuntersuchungen ungerechtfertigt oder nicht? In Egermann, H.: VIII. Akad. Tagung deutschsprachiger Hochschullehrer in der Gynäkologie und Geburtshilfe. Wien 1977 (S. 543)

109 Sander, H., W. Kattner, H.-J. Soost: Die zytologische Diagnose einer Dysplasie leichten und mittleren Grades. Untersuchungen über Validität und Praktikabilität der Gruppe IIID. Geburtsh. u. Frauenheilk. 38 (1978) 726

110 Sedlis, A., A. T. Walters, H. Balin, A. Hontz, L. L. Sciuto: Evaluation of two simultaneously obtained cervical cytolgical smears. Acta cytol. 18 (1974) 291

111 Seyboldt, J. F., W. D. Johnson: Cervical cytodiagnostic problems – a survey. Amer. J. Obstet. Gynecol 109 (1971) 1089

112 Schneider, M. L.: Zervixkarzinom trotz Vorsorge. Klinische und histomorphologische Untersuchung an 255 Zervixkarzinomen der Jahre 1974 bis 1980 zur Frage eines zweiten, aggressiv wachsenden Karzinomtyps. Geburtsh. u. Frauenheilk. 45 (1985) 610

113 Schwartz, F. W., J. G. Brecht: Evaluation of German cancer screening by cross-sectional data. Int. J. Epidemiol. 13 (1984) 283

114 Shingleton, H. M., H. Gose, M. Straughn, J. M. Austin, H. J. Littleton: The contribution of endocervical smears to cervical cancer detection. Acta cytol. 19 (1975) 261

115 Shulman, J., M. Leyton, R. Hamilton: The Papanicolaou smear. An intensive case finding procedure. Amer. J. Obstet. Gynecol. 120 (1974) 446

116 Shulman, J., A. Hontz, A. Sedlis, A. T. Walters, H. Balin, L. Losciuto: The Pap smear: take two. Amer. J. Obstet. Gynecol. 121 (1975) 1024

117 Soost, H.-J.: Vorsorgeuntersuchungen zur Früherkennung des weiblichen Genital- und Brustkrebses in Bayern. Bayer. Ärztebl. 25 (1970) 871

118 Soost, H.-J.: Statistische Ergebnisse der Krebsvorsorge. 2. Forbildungstagung für Klinische Zytologie, München, Sonderbd. 1973 (S. 12)

119 Soost, H.-J.: Statistische Ergebnisse der Krebsvorsorgeuntersuchungen bei Frauen. Fortschr. Med. 9 (1974) 360

120 Soost, H.-J.: Die Bedeutung der intraepithelialen Vorstufen des Zervixkarzinoms bei Krebsvorsorgeuntersuchungen. Med. Welt 30 (1979) 1065

121 Soost, H.-J.: Zervixkarzinom: Vorsorgeintervalle ändern? Kommentar zu den ACS-Empfehlungen. Münchn. Med. Wschr. 123 (1981) 728

122 Soost, H.-J.: Qualitätsssicherung in der Zytologie. In Selbmann, H. K., Schwartz, F. W., Eimeren van, W.: Qualitätssicherung in der Medizin. Springer, Heidelberg 1981

123 Soost, H.-J.: Possibilities of quality control in diagnostic cytology. In Bender, H. G., L. Beck: Cancer of the Uterine Cervix. Fischer, Stuttgart (1985) 15

124 Soost, H.-J., B. Bockmühl: Effektivität zytologischer Krebsvorsorgeuntersuchungen in der Gynäkologie. Schriftenreihe des Zentralinstituts für die Kassenärztliche Versorgung in der Bundesrepublik Deutschland, Bd. XIII. Deutscher Ärzteverlag, Köln 1979

125 Soost, H.-J., B. Bockmühl, H. Zock: Ergebnisse zytologischer Krebsvorsorgeuntersuchungen in der Gynäkologie. Vortrag 7. Dreiländertagung für Klinische Zytologie, Salzburg, November 1977

126 Soost, H.-J., B. Bockmühl, H. Zock: Wie effektiv sind zytologische Krebsvorsorgeuntersuchungen bei der Bekämpfung des Zervixkarzinoms? Dtsch. med. Wschr. 104 (1979) 1331

127 Soost, H.-J., unter Mitarbeit von H.-J. Lange, W. Lehmacher, B. Ruffing-Kullmann: Ergebnisse zytologischer Krebsfrüherkennungs- und Vorsorgeuntersuchungen bei der Frau – eine 10-Jahres Studie. (Wissenschaftliche Reihe des Zentralinstituts für die Kassenärztliche Versorgung in der Bundesrepublik Deutschland, Bd. XXXVII. Deutscher Ärzteverlag, Köln 1987

128 Soost, H.-J., H.-J. Lange, W. Lehmacher, B. Ruffing-Kullmann: Validation of gynecological cytology- sensitivity, specifity, predictive values. Acta cytol. (im Druck)

129 Soost, H.-J., W. Lehmacher, B. Ruffing-Kullmann: Wieweit haben die Krebsfrüherkennungs- und Vorsorgeuntersuchungen für das Karzinom der Cervix uteri die an sie gestellten Erwartungen erfüllt? Geburtsh. u. Frauenheilk. 49 (1989) 521

130 Spriggs, A. J.: Population screening by the cervical smear. Nature (Lond.) 238 (1972) 135

131 Statement: The international academy of cytology's policy statement on the frequency of gynecologic screening. Acta cytol. 24 (1980) 371

132 Stenkvist, B., R. Bergstroem, G. Eklund, C. H. Fox: Papanicolaou smear screening and cervical cancer. What can you expect? J. Amer. med. Ass. 252 (1984) 1423

133 Task Force on Cytological Screening: Cervical Cancer screening programs (Walton-Report I). Canad. med. Ass. J. 114 (1976) 1003

134 Task Force on Cervical Screening Programs: Summary of the 1982 Canadian task force report (Walton-Report II). Canad. med. Ass. J. 127 (1982) 581

135 Timonen, S., T. Pyrörälä: Incidence and mortality in cancer of cervix in Finland and mass screenings. Acta obstet. gynec. scand., Suppl. 67 (1977) 13

136 Thorn, J. B., E. M. Russel, J. E. MacGregor u. Mitarb.: Costs of detecting and treating cancer of the uterine cervix in north-east Scotland in 1971. Lancet 1975/I, 674

137 Timonen, S., U. Nieminen, T. Kauraniemi: Mass screening for cervical carcinoma in Finland. Ann. Chir. Gynaecol. Fenn. 63 (1974) 104

138 Wakefield, J.: Introduction of Seek Wisely to Prevent. HMSO, London 1972

139 Walton, R. J.: Publication of a cervical cancer screening report. Canad. med. Ass. J. 114 (1972) 979

140 Wied, G. L., G. F. Bahr, P. H. Bartels: The Automation of Uterine Cancer Cytology. Tutorials of Cytology, Chikago 1976

141 Wied, G. L., P. H. Bartels, M. L. Bibbo, C. M. Keebler: Frequency and reliability of diagnostic cytology of the female genital tract. Acta cytol. 25 (1981) 543

142 Wilson, M., J. Chamberlain, A. L. Cochrane: Screening for cervical cancer. Lancet 1971/I, 297

143 Worth, A. J.: The Walton Report and its subsequent impact on cervical cancer screening programs in Canada. Obstet. and Gynecol. 63 (1984) 135

144 Worth, A. J., D. A. Boyes: A case-control study into the possible effects of birth control pills on pre-clinical carcinoma of the cervix. J. obstetr. gynaecol. Brit. Cwlth 79 (1972) 673

145 Worth, A. J., D. A. Boyes, H. K. Fidler: The acceptance of the cervical cytology screening programm in the province of British Columbia. J. Obstet. Gynaecol. Brit. Cwlth. 74 (1967) 479

146 Zinser, H. K.: Folgerungen aus den Ergebnissen eines zytologischen Karzinom-Such-Programms. Geburtsh. u. Frauenheilk. 25 (1965) 781

10 Zellveränderungen durch ionisierende Strahlen und Zytostatika

Die Zell- und Kernveränderungen nach Anwendung ionisierender Strahlen, ebenso wie Veränderungen nach Gabe von Zytostatika, gehören zu den am schwierigsten zu beurteilenden zytologischen Befunden. Deshalb werden sie in einem besonderen Kapitel abgehandelt.

Biologische Grundlagen

Unter dem Einfluß ionisierender Strahlen kommt es zu einer mehr oder weniger deutlichen *Störung des genetischen Codes* in unreifen, noch teilungsfähigen Zellen. Bereits geringe Strahlendosen können die Synthese der Messenger-RNS stoppen, woraus sich eine Verminderung der Proteinsynthese ergibt (1). Durch höhere Strahlendosen wird die DNS-Synthese gestört. Dadurch werden die Zellen unfähig zu normaler mitotischer Teilung. Darüber hinaus kommt es zur Inaktivierung von Enzymsystemen, zur Koagulation von Protoplasmakolloiden sowie zur Denaturierung von Kernproteinen. Es treten typische *morphologische Veränderungen* an allen Zellen auf, die von den irreversibel geschädigten, aber noch teilungsfähigen Zellen abstammen.

Die *Strahlenempfindlichkeit* verschiedener Zellformen ist sehr *unterschiedlich*. Während Lymphozyten mit 100 rad zerstört werden, können Nervenzellen 5000 rad widerstehen (13). Im Bereich des weiblichen Genitales sind es besonders die unreifen Zellen aus den basalen Schichten des Plattenepithels und die Tumorzellen, welche gegenüber ionisierenden Strahlen empfindlich sind.

Im allgemeinen reagieren embryonale, unreife oder wenig differenzierte Zellen empfindlicher gegenüber Strahleneinwirkungen als höher differenzierte Zellen. Alle Zellen zeigen eine erhöhte Empfindlichkeit in der Zeit der mitotischen Teilung, besonders während der späten prämitotischen Phase. Dies erklärt auch die besondere Strahlenempfindlichkeit maligner Zellen.

Über die zellulären Veränderungen unter der Wirkung ionisierender Strahlen liegt ein umfangreiches Schrifttum vor. Darin zeigt sich eine Übereinstimmung in der Beschreibung der qualitativen Veränderungen. Lediglich die Angaben über ihr zeitliches Auftreten und die unterschiedliche Intensität der Veränderungen zeigen gewisse Schwankungen.

Soweit bisher bekannt, besteht kein qualitativer Unterschied zwischen der Strahlenwirkung durch Röntgenstrahlen, Betatron, Radium oder Isotopen, lokaler oder perkutaner Anwendung.

Bei den *Zellveränderungen durch ionisierende Strahlen* ist zu unterscheiden zwischen

1. der *primären Strahlenreaktion,* die akut unter der Bestrahlung auftritt und sehr unterschiedlich lange anhalten kann,
2. den *nach einem längeren Intervall* auftretenden zellulären Veränderungen der sog. *Strahlendysplasie.*

Ein besonderes Problem stellt bei der Nachuntersuchung strahlenbehandelter Tumorpatientinnen die Tatsache dar, daß eine eindeutige Unterscheidung von *benignen, aber stark strahlengeschädigten Epithelien* gegenüber *Tumorzellen,* die einen ungenügenden Behandlungserfolg oder das frühzeitige Auftreten eines Lokalrezidivs anzeigen, manchmal sehr schwierig sein kann.

Primäre Strahlenreaktion an normalen und pathologischen Zellen

Zeichen der primären Strahlenreaktion kommen sowohl an normalen als auch an pathologischen Zellen vor. Am deutlichsten sind sie an den Zellen des normalen Plattenepithels zu erkennen. Deshalb sollen diese Veränderungen zuerst besprochen werden.

Der Strahleneffekt hängt u. a. von der Dosis, der Dauer der Bestrahlung, dem Intervall seit Ende der Bestrahlung, dem Grad der Zellproliferation sowie der individuellen Reaktion ab (3).

Allgemeine Veränderungen der Zellmorphologie

Die *ersten Zeichen der Strahlenreaktion* sind gewöhnlich am Zellplasma zu erkennen, während die Veränderungen am Kern erst einige Tage später in Erscheinung treten. Es kommt am *Zellplasma* zur *Vakuolisierung,* die feinblasig oder auch grobblasig sein kann. Sie tritt besonders an den unreifen Zellen des Plattenepithels in Erscheinung. Gleichzeitig *nehmen die Zellen an Größe* zu. Einzelne sehr große Vakuolen können den Kern an den Zellrand drängen und deformieren.

Die Plasmavakuolen, von denen kleine und große gleichzeitig auftreten können, zeigen keine Neigung zu konfluieren. Sie nehmen eine leicht eosinophile oder zyanophile Farbe an und erscheinen nicht völlig hell. Es handelt sich um eine physikalische Alteration der Kolloide des Zytoplasmas, die von Lipid- oder Wasservakuolen unterschieden werden muß, wie sie beim Zellödem zu sehen sind (13). Im Gegensatz zu den Vakuolen bei entzündlichen Prozessen liegen sie bei der Strahlenreaktion gewöhnlich nicht perinukleär, sondern asymmetrisch über das Plasma verteilt.

Die *Größenzunahme der Zellen* ist unabhängig von der Vakuolisierung und als Folge der gestörten Zellteilung anzusehen. Das Zellplasma der bestrahlten Zellen zeigt eine pseudoeosinophile oder amphophile Anfärbung. Oft nimmt es einen bräunlichen oder rotbraunen Farbton an. Es erscheint dicht und weniger transparent als in ungeschädigten Zellen.

Die *Zellformen* können unregelmäßig sein und teilweise bizarre Ausmaße annehmen. Dabei sind die Zellgrenzen im allgemeinen scharf; bei gleichzeitig entzündlich-degenerativen Veränderungen an unreifen strahlengeschädigten Zellen sind sie vielfach aber auch unscharf und verwaschen. Die Verletzlichkeit der Zellmembran der bestrahlten Zellen zeigen die Zellausläufer an, die als Artefakte offenbar in dem Augenblick entstehen, in dem die Zellen auf den Objektträger gebracht werden.

Die *Veränderungen am Zellkern* treten gewöhnlich *erst einige Tage nach den ersten Zeichen der Strahlenreaktion* in Erscheinung. Die Kerne zeigen eine *deutliche Vergrößerung.* Sie sind dabei überwiegend rund oder oval. Vielfach sieht man *Doppel-* oder *Mehrkernigkeit.* Die Kernstruktur bleibt aber weitgehend normal, d. h. feingekörnt oder netzförmig, unter Umständen mit mäßiger Anlagerung von Chromatinsubstanz an die Innenseite der Kernhülle. An unreifen Zellen des Plattenepithels sowie bei gleichzeitig auftretenden entzündlichen Einflüssen kommt es häufig zu degenerativen Veränderungen. Die Zellkerne erscheinen „aufgeblasen" mit verwaschener Struktur *(Karyolyse),* oder es kommt zur Kondensation des Kernchromatins *(Karyopyknose).*

Das *charakteristische Merkmal* für die Strahlenreaktion ist, daß *mit der Vergrößerung des Zellkerns die Zunahme des Zellplasmas einhergeht.* Es kommt also zu keiner *wesentlichen Verschiebung der Kern-Plasma-Relation* zugunsten des Kerns wie an Zellen von Karzinomen, Carcinomata in situ oder Dysplasien, sondern *Zelle und Kern nehmen in gleicher Weise an Größe zu!*

Trotz monströser Formen erlauben ferner die feine Granulierung des Chromatins der Kerne und das Fehlen der Hyperchromasie meist die Unterscheidung von malignen Zellen.

Normale Zellen des Platten- und Zylinderepithels

Was die Reaktion einzelner Zellformen auf die Bestrahlung anbetrifft, so ist für die *Parabasalzellen* zu bemerken, daß an ihnen die Strahlenreaktion meist zuerst zu erkennen ist (Abb. 10.**1**). Es fällt in erster Linie die starke Vakuolisierung des Plasmas auf, die gelegentlich ein solches Ausmaß erreichen kann, daß das ganze Zellinnere blasig aufgetrieben erscheint. Der Zellrand gibt dabei dem Druck großer Vakuolen nach, so daß diese formbestimmend für die ganze Zelle werden. Häufig kann man die veränderten Parabasalzellen nur noch an der für sie als Strahlenwirkung charakteristischen Vakuolisierung erkennen. Dabei können die Zellen um das Sechs- bis Achtfache ihrer ursprünglichen Größe zunehmen. Bei den häufigen Zelldeformierungen bilden sich nicht selten pseudopodienartige, langgestielte Auswüchse. An anderen Zellen können die Plasmagrenzen unscharf und verwaschen aussehen. Abgesehen von Farbänderungen erscheint das Zellplasma als Zeichen der Bestrahlungsreaktion oft trüb homogenisiert. Mehrkernigkeit kommt vor. Die übliche Kern-Plasma-Relation kann leicht verschoben sein. Einschlüsse von Leukozyten in Parabasalzellen kommen vor und sind Ausdruck allgemein reparativer Maßnahmen. Die Leukozyten fallen innerhalb der Epithelzellen besonders durch ihre hellen Zellplasmahöfe auf. Oft findet man sie auch einzeln oder zu mehreren in Vakuolen eingeschlossen (Abb. 10.**5**).

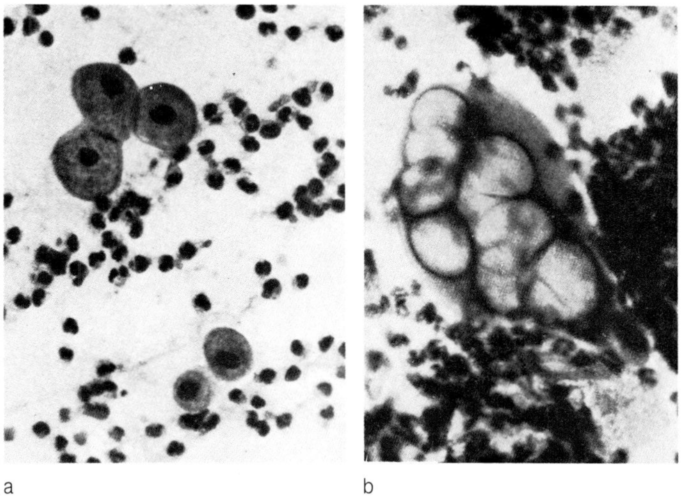

a b

Abb. 10.**1 a** u. **b** Nicht bestrahlte und bestrahlte Parabasalzellen.

a Normale Parabasalzellen.

b Bestrahlte Parabasalzelle. Erhebliche Zellvergrößerung. Zahlreiche große Vakuolen (beides Obj. 40 ×, Ok. 10 ×).

Bei den *kleinen Intermediärzellen* (Abb. 10.**2**) fällt zunächst eine Zellvergrößerung auf, wobei die Zellen oft eine langgestrecktere Form aufweisen als die großen Intermediär- und Superfizialzellen. Zelldeformierungen können starke Ausmaße annehmen. Das Zellplasma ist dunkler als in ausgereiften Zellen. Feine auffallende Plasmafibrillen sind mitunter konzentrisch rings um den Kern oder in radiären Streifen zwischen Kern und Zellrand zu erkennen. Eine Vakuolisation ist seltener als in den Zellen der tiefen Epithellagen. Die Kernveränderungen bestehen in mäßiger Vergrößerung und Deformierung unter zunehmendem Strukturverlust oder in Schrumpfungen bis zur Pyknose.

An den *großen Intermediär-* und den *Superfizialzellen* (Abb. 10.**3**) sieht man ebenfalls Vergrößerungen, die das Drei- bis Sechsfache ihrer normalen Fläche ausmachen können. Die Zellen erscheinen meist eosinophil oder amphophil gefärbt. Vakuolisierungen sieht man selten. Die Kerne, soweit sie im Zeitpunkt der Strahlenwirkung nicht bereits pyknotisch waren, werden strukturarm und blassen ab. Sie sind zuletzt nur noch als angedeutete Schatten zu erkennen.

Mehrkernigkeit (Abb. 10.**4**) auch in Zellen mit höherem Ausreifungsgrad ist ein Zeichen dafür, daß der Strahlenschaden die Zelle in einer früheren Stufe der Differenzierung getroffen haben muß. Als Folge gestörter Kernteilungsvorgänge sieht man oft einzelne Kernteile noch deutlich zusammenliegen.

Häufig ist es bei den großen flachen, durch Bestrahlung veränderten Epithelzellen nicht mit Sicherheit möglich, auf ihren Reifegrad zu schließen. Es ist jedoch anzunehmen, daß sich eine Zelle, die das Endstadium ihrer physiologischen Entwicklung erreicht hat, nach Bestrahlung unter Beibehaltung ihres Zellcharakters nicht mehr nennenswert vergrößern kann.

Normale *Zellen des Drüsenepithels* lassen – im Gegensatz zu den Zellen des Plattenepithels von Zervix und Vagina – nur eine sehr geringe oder gar keine Reaktion auf die Strahlenwirkung erkennen. Dies gilt sowohl für die Zellen der Endozervix als auch des Endometriums.

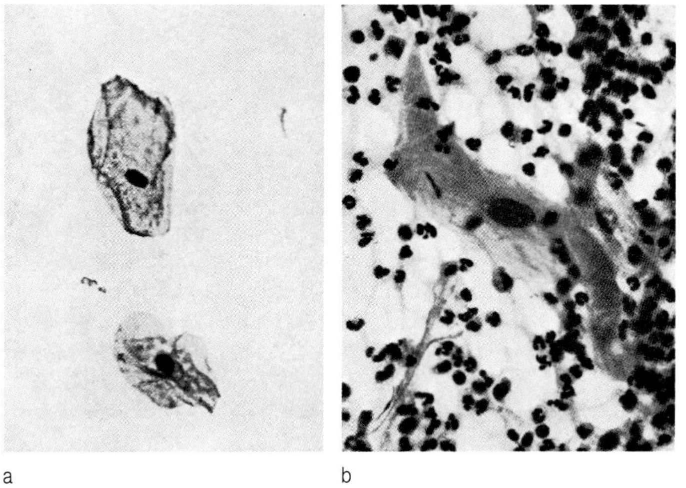

a b

Abb. 10.**2a** u. **b** Nicht bestrahlte und bestrahlte Intermediärzellen.

a Normale kleine Intermediärzellen.

b Bestrahlte Intermediärzelle. Starke Zell- und Kernvergrößerung, bei der die normale Kern-Plasma-Relation erhalten geblieben ist (beides Obj. 40 ×, Ok. 10 ×).

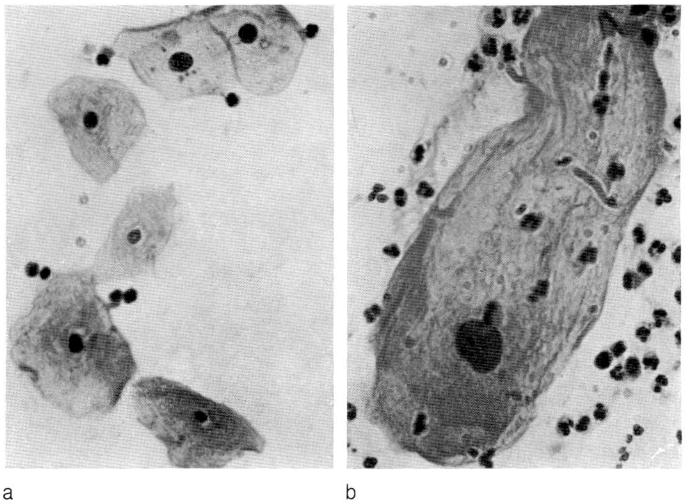

a b

Abb. 10.**3a** u. **b** Nicht bestrahlte und bestrahlte Intermediär- und Superfizialzellen.

a Normale große Intermediär- und Superfizialzellen.

b Bestrahlte große Intermediärzelle. Riesenhafte Vergrößerung bei gleichzeitiger Kernvergrößerung. Die normale Kern-Plasma-Relation ist dabei erhalten geblieben (beides Obj. 40 ×, Ok. 10 ×).

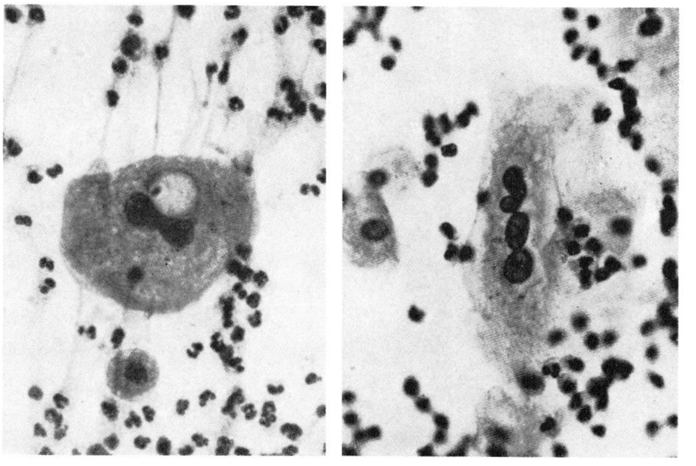

a b

Abb. 10.**4a** u. **b** Kernteilungsstörungen an bestrahlten Plattenepithelien.

a Pseudoamitose (gestörte Mitose) mit Hantelform des Kernes bei einer durch Bestrahlung vergrößerten Zelle aus den basalen Schichten des Epithels.

b Bestrahlte mehrkernige Epithelzelle, etwa vom Typ der großen Intermediärzellen (beides Obj. 40 ×, Ok. 10 ×).

Begleitzellbild

Im Zusammenhang mit der Bestrahlung, insbesondere der lokalen Anwendung von Radium, laufen fast stets *akute, subakute und chronische Entzündungsprozesse* ab. Es kommt zur Ausschwemmung von Leukozyten in großer Zahl. Ganz besonders typisch für den Zustand der akuten Strahlenreaktion ist die *Überlagerung zugrundegehender Epithelzellen* mit dichten Paketen von Leukozyten (Abb. 10.**5**). Sie können in die Epithelzellen eindringen, und man sieht dann vielfach nur noch *„Leukozytenpakete"*, ohne die darunterliegenden Zellen noch erkennen zu können. Infolge lokaler teils zur Nekrose führender Entzündungsprozesse zeigt der *Präparathintergrund* ein schmutziges, netzförmiges Muster, oft mit zerfallenem Blut. Später treten Histiozyten und Lymphozyten und auch histiozytäre Riesenzellen auf. Sie sind ein häufiger Befund unter der Bestrahlung und danach.

Die eitrige Reaktion verschwindet nach einiger Zeit. Als Folge *subakut-chronischer Entzündungsprozesse* sieht man im weiteren Verlauf nach der Bestrahlung in den Zellabstrichen fast stets in vermehrtem Umfang *Metaplasiezellen* und *Zellen aus regenerierendem Epithel* (Abb. 10.**6**–10.**8**). Vor allem die Zellen aus Regenerationsepithel mit ihren relativ großen aufgelockerten Kernen, die meist mehr oder weniger deutliche Nukleoli enthalten, können zu differentialdiagnostischen Problemen führen, wenn man ihr gehäuftes Vorkommen bei diesen Befunden nicht bedenkt. Soweit Metaplasiezellen deutliche Zeichen der Strahlenreaktion aufweisen, sind sie von unreifen strahlengeschädigten Plattenepithelzellen nicht zu unterscheiden. Gelegentlich findet man Fibroblasten in Abstrichen nach Bestrahlung (13).

Nicht selten sieht man sog. *Vogelaugenzellen,* ein Ausdruck, der nur beschreibend und ohne spezifische diagnostische Bedeutung ist. Man spricht von *Phagozytose,* wenn Zellen anderer Herkunft, von *Zellkannibalismus,* wenn Zellen desselben Typs eingeschlossen sind.

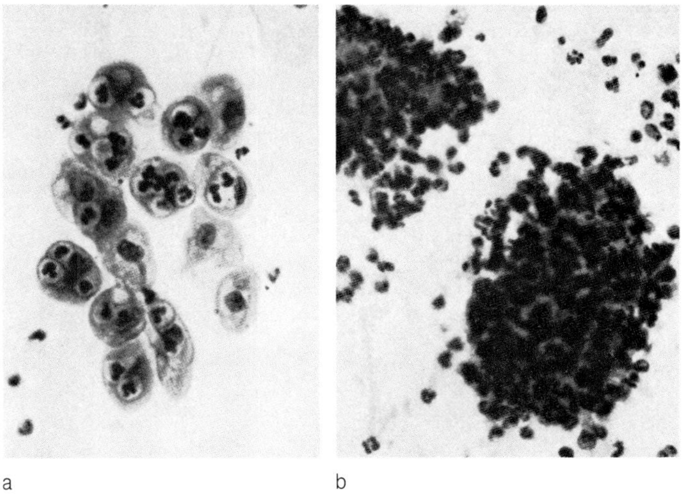

a b

Abb. 10.**5a** u. **b** Entzündliche Begleitreaktionen bei Strahlenbehandlung.

a Bestrahlte Parabasalzellen mit Einschlüssen zahlreicher polymorphkerniger Leukozyten.

b Starke Leukozytenansammlung auf bestrahlten großen Intermediär- oder Superfizialzellen. Die Zellen selbst sind nicht mehr zu erkennen, sondern treten nur noch als „Leukozytenpakete" in Erscheinung (beides Obj. 40 ×, Ok. 10 ×).

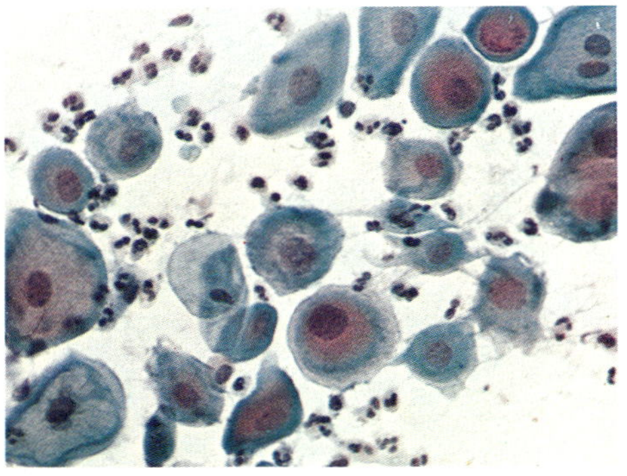

Abb. 10.**6** Metaplastische Zellen im Abstrich nach Radium-Röntgen-Therapie, gekennzeichnet durch das milchige, wenig transparente Zytoplasma, im Inneren teilweise rotviolett angefärbt. In einigen Zellen Doppelkernigkeit. In anderen ist das Plasma unregelmäßig ausgefranst (Obj. 25 ×, Ok. 10 ×).

Tumorzellen

Die gleichen Veränderungen wie an normalen Zellen des Plattenepithels spielen sich im Prinzip an *Tumorzellen* ab (Abb. 10.**9**–10.**12**). Da unter diesen schon ohne Bestrahlung eine große morphologische Variabilität besteht, ist es *äußerst schwierig, zu beurteilen, was durch Malignität allein und was durch die zusätzliche Bestrahlung bedingt ist.* Die Merkmale der Größenzunahme des Kerns, Kern- und Zelldeformierungen, degenerative Veränderungen mit Karyolyse oder -pyknose, Vakuolisation des Zellplasmas, die an normalen Zellen als Strahlenreaktion auftreten, können an Zellen von nicht bestrahlten Patientinnen Verdachtszeichen der Malignität sein.

Hat man die Vergleichsmöglichkeit mit dem Ausgangspräparat, so fällt auf, daß die *Tumorzellen durch die Bestrahlung in ihrer bizarren Deformierung und an Größe weiter zunehmen.* Die Vakuolisation verstärkt sich außerordentlich, und es werden oft verwaschene, synzytiale Zellgebilde gefunden. Die Zellen können phantastische und monströse Formen annehmen. Statt eines einzelnen Kernes können mehrere hyperchromatische Brocken im Plasma verstreut liegen. Dabei sieht man häufig eingewanderte Leukozyten. Die Zellen sind oft kaum noch als solche anzusprechen, sondern bestehen nur aus Fragmenten.

Im Gegensatz zu den normalen Zellen des Drüsenepithels sind an den Zellen von Endometriumkarzinomen und Adenokarzinomen der Endozervix deutliche Zeichen der Strahlenschädigung unter der Therapie mit ionisierenden Strahlen erkennbar.

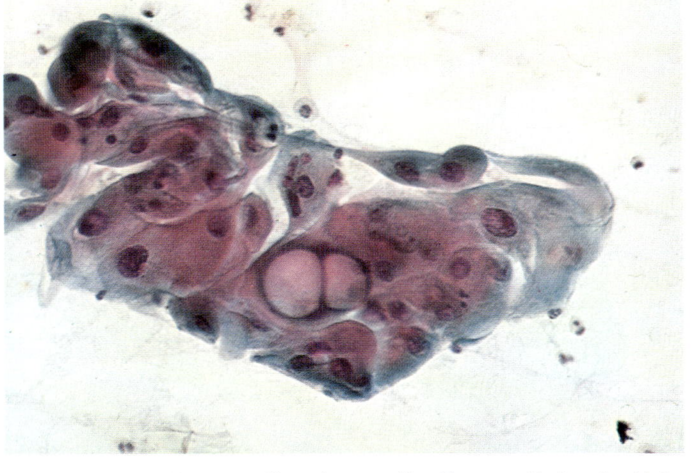

Abb. 10.**7** Geschlossener Komplex unreifer Plattenepithel- oder Metaplasiezellen im Abstrich nach Radium-Röntgen-Therapie. Das dichte, wenig transparente Plasma benachbarter Zellen fließt ineinander über. Die Zellkerne sind leicht vergrößert und lassen Zeichen der Degeneration mit unregelmäßiger Chromatinverteilung erkennen. Zwei große Plasmavakuolen (Obj. 25 ×, Ok. 10 ×).

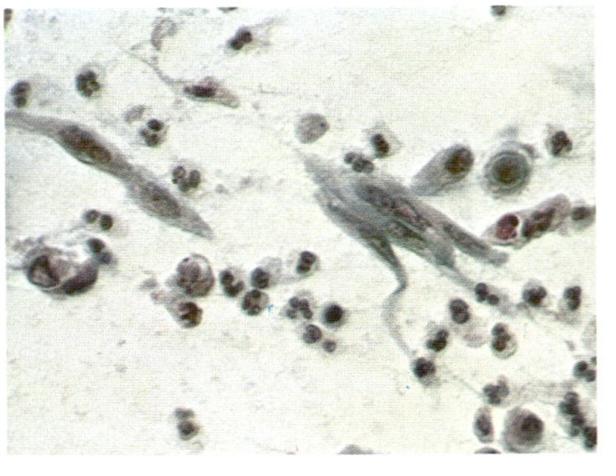

Abb. 10.**8** Langgestreckte spindelförmige Zellen, wie sie gelegentlich nach Behandlung mit ionisierenden Strahlen vorkommen. Sie sind weder ein Zeichen eines Karzinomrezidivs noch einer Strahlendysplasie (Obj. 25 ×, Ok. 10 ×).

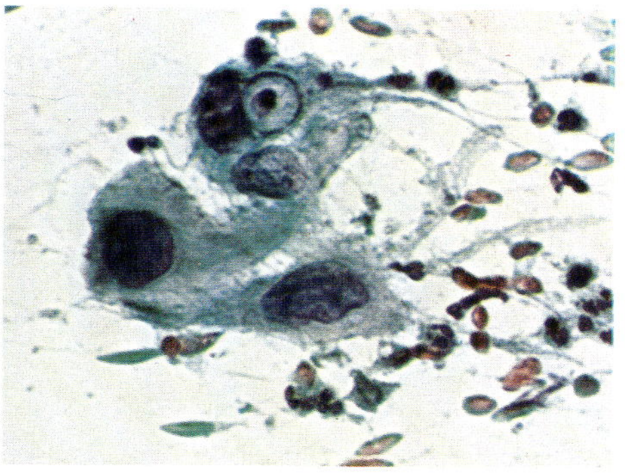

Abb. 10.**9** Tumorzellen eines unreifen Plattenepithelkarzinoms, 2 Wochen nach Beginn der Radium-Röntgen-Therapie. Die Zellkerne sind stark vergrößert, unterschiedlich stark hyperchromatisch mit verwaschener Chromatinzeichnung. Das reichliche Zellplasma ist unregelmäßig geformt. Oben eine Plasmavakuole mit Leukozyteneinschluß (Obj. 25 ×, Ok. 10 ×).

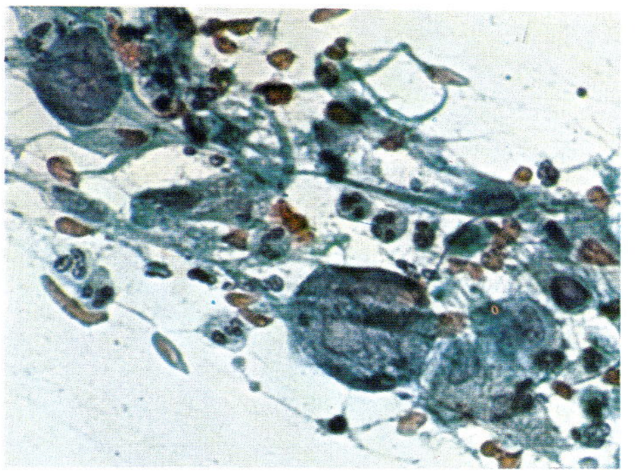

Abb. 10.**10** Gleiches Präparat wie Abb. 10.**9**: Vereinzelt stark aufgeblähte Zellkerne mit mäßiger Hyperchromasie, aber verhältnismäßig feiner Chromatinverteilung. Unregelmäßige, teils bizarre Zellplasmaausziehungen (Obj. 25 ×, Ok. 10 ×).

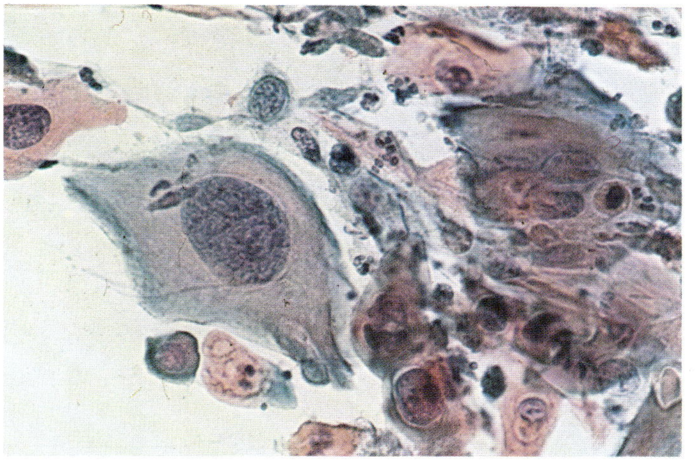

Abb. 10.**11** Strahlengeschädigte Tumorzellen eines nicht verhornenden Plattenepithelkarzinoms. Auffallend in der linken Bildhälfte die starke Vergrößerung sowohl der Zelle als auch des Kerns. Der Kern ist mäßig hyperchromatisch und zeigt eine leicht vergröberte, aber gleichmäßige Chromatinstruktur. Im übrigen Bild ebenfalls Zell- und Kernvergrößerungen mit verwaschener Struktur (Obj. 40 ×, Ok. 10 ×).

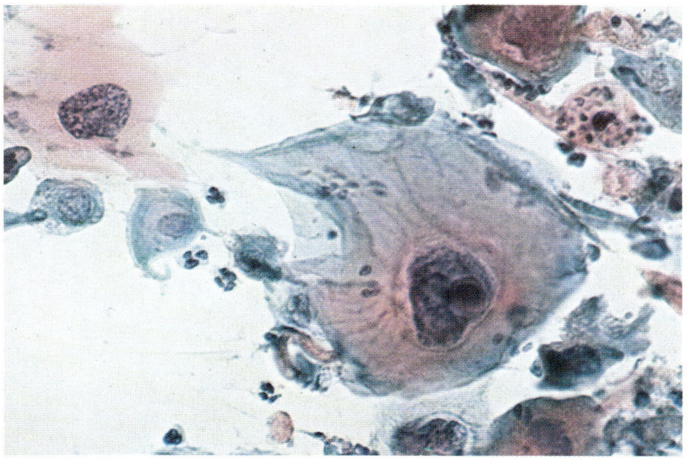

Abb. 10.**12** Strahlengeschädigte Tumorzellen (aus dem gleichen Abstrich wie Abb. 10.**13**). Auffallend ebenfalls die starke Vergrößerung von Zelle und Kern. In einigen Zellen noch eine stärkere Hyperchromasie der Kerne mit vergröberter Chromatinstruktur (Obj. 40 ×, Ok. 10 ×).

Zeitlicher Ablauf der zytologischen Veränderungen

Im Verlauf der oben geschilderten Strahlenreaktion kann man eine *akute* und eine *chronische Verlaufsphase* unterscheiden.

Bei *Radiumbestrahlung* z. B. mit *2000 mgeh* im Abstand von jeweils zwei Wochen treten die *ersten Veränderungen der akuten Strahlenreaktion bei der Hälfte der Patientinnen während der ersten Woche, bei der anderen Hälfte während der zweiten Woche* nach Beginn der Bestrahlung auf. Gleichzeitig zeigen sich als Abwehrreaktionen des Organismus vermehrt Leukozyten im Abstrich (Abb. 10.**13** u. 10.**14**).

Bei *erfolgreicher Strahlentherapie verschwinden* die *morphologisch ungeschädigten malignen Zellen* eine Woche nach Beginn der Bestrahlung allmählich. Sie werden meist zunächst durch *Tumorzellen mit Zeichen der Strahlenschädigung* ersetzt. Auch die strahlengeschädigten Tumorzellen, begleitet durch entzündliche Reaktionen, sollten in 8 Wochen verschwinden und durch das Bild der chronischen Strahlenreaktion bei *Fehlen von Karzinomzellen* ersetzt sein. Diese sollten in der weiteren Nachbeobachtungszeit auch nicht mehr auftreten. Wenn sich strahlengeschädigte Tumorzellen längere Zeit nach der Bestrahlung halten, ist es meist schwierig, zu beurteilen, wieweit sie noch lebens- und teilungsfähig sind.

Die Strahlenveränderungen an den normalen Zellen einer Patientin sind sehr verschieden. Manchmal zeigt sich eher eine kurzfristige oder gar keine Reaktion an den normalen Plattenepithelien, ein andermal bestehen die *Reaktionen über viele Jahre* fort (3, 4). Doch ist die Zahl dieser Patienten relativ gering. Sechs Monate nach Beendigung der Bestrahlung sind die meisten akuten Strahlenreaktionen verschwunden oder in eine *chronische Strahlenreaktion* übergegangen.

Bei Atrophie nach Bestrahlung zeigen sich im Gegensatz zur natürlichen Menopause häufiger Doppelkernigkeit, Riesenzellen und bizarre Zellformen (13). Zellnekrosen können über viele Jahre auftreten und mit eitrigem Ausfluß infolge rezidivierender Infektionen verbunden sein. Die Phase der geschilderten Zellveränderungen unter Vermehrung der Leukozyten wurde auch als *Intermediärreaktion* bezeichnet, während die nach Ende der Strahlenbehandlung auftretenden zytologischen Abstrichbilder als *Finalreaktion* zusammengefaßt wurden (24).

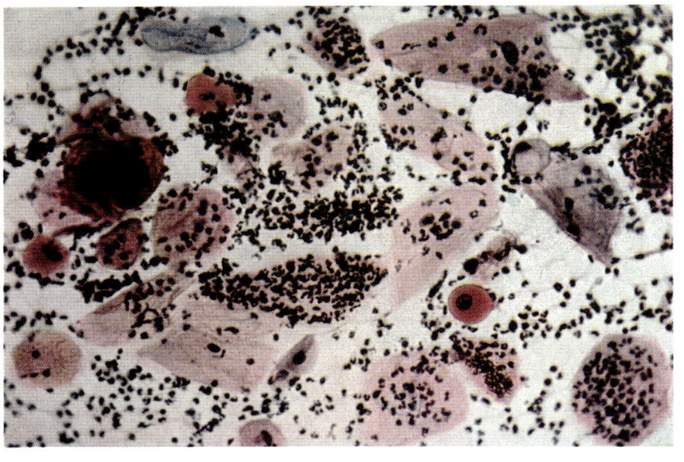

Abb. 10.**13** Vaginalabstrich am 12. Tag nach erster Radiumeinlage (2000 mgeh). Die Zellen weisen vorwiegend bräunliche Tönungen auf. Die großen Intermediär- und Superfizialzellen sind z. T. deutlich vergrößert. Links im Bild ein aus mehreren strahlenbeschädigten Epithelzellen bestehendes Konglomerat. Zahlreiche Leukozyten, die sich besonders um die großen ausgereiften Zellen konzentriert haben (Obj. 20 ×, Ok. 10 ×).

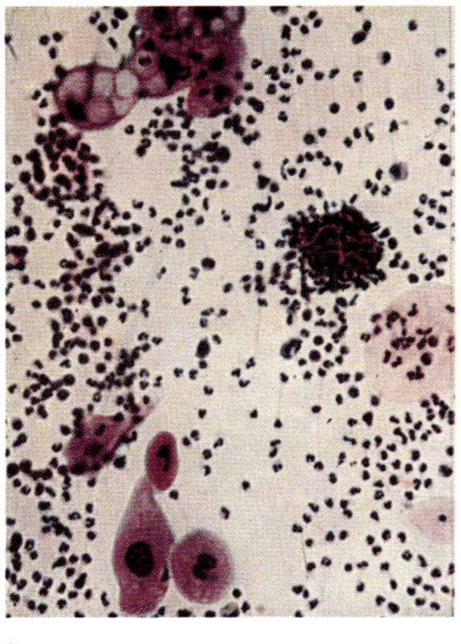

a

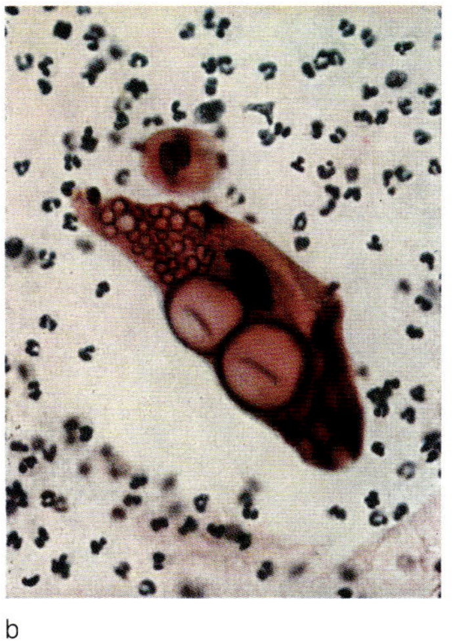

b

Abb. 10.**14a** u. **b** Epitheliale Veränderungen nach Radiumeinlage.

a Vaginalabstrich am 10. Tag nach erster Radiumeinlage (2000 mgeh). Am oberen Bildrand eine Gruppe strahlengeschädigter, stark vakuolisierter Parabasalzellen mit eingeschlossenen Leukozyten. Rechts im Bild eine ebenfalls mit Leukozyten dicht besetzte Epithelzelle. Bräunliche Zytoplasmafärbung der Zellen (Obj. 20 ×, Ok. 10 ×).

b Riesenhaft vergrößerte epitheliale Zelle mit bräunlicher Zytoplasmaanfärbung und starker Vakuolisation. Darüber eine doppelkernige Parabasalzelle. 13. Tag nach zweiter Radiumbestrahlung. Bisher zweimal 2000 mgeh (Obj. 40 ×, Ok. 10 ×).

11 Tumorzellen im Blut

Erste Mitteilungen über den Tumorzellnachweis im Blut gehen bis in die Mitte des vorigen Jahrhunderts zurück (25, 37). Von 1955 bis 1965 wurde das Problem von mehreren Arbeitsgruppen nahezu gleichzeitig in Dänemark, USA, England, Finnland, Italien, Frankreich und Deutschland aufgegriffen (1–4, 6, 7, 9, 11–20, 22, 26–30, 32–38, 44, 45, 47). Die Untersuchungen bezogen sich allerdings hauptsächlich auf Kranke mit nichtgynäkologischen Geschwülsten.

Anreicherungsmethoden

Eine wesentliche Voraussetzung für den Nachweis von Tumorzellen im Blut bildete die Entwicklung geeigneter Anreicherungsmethoden, da Tumorzellen – wenn sie überhaupt im Blut vorkamen – stets *nur in verschwindend geringer Zahl unter den Blutzellen* nachweisbar waren. Hierzu wurden verschiedene Formen der *Hämolyse* von Erythrozyten mit Essigsäure, Aqua dest., Saponin, Streptolysin-O (11, 21, 25, 42), ferner die *beschleunigte Sedimentation* der Erythrozyten durch eine *Fibrinogen-Heparin-Lösung* (22) und schließlich eine Trennung der einzelnen geformten Elemente des Blutes unter Ausnützung ihres verschiedenen spezifischen Gewichts durch *fraktionierte Zentrifugierung (Flotation)* über verschiedenen Medien (30, 36, 42) benutzt. Tumorzellen haben ein spezifisches Gewicht von 1052–1058 (43). Sie sind damit leichter als Erythrozyten und die Mehrzahl der polymorphkernigen Leukozyten.

Diagnostische Kennzeichen

Das wichtigste diagnostische Kennzeichen zur Erkennung der *Tumorzellen* im Blut (Abb. 11.**1**) stellt ihre *auffallende Größe* und *besonders* die *der Kerne* im Vergleich mit den Blutzellen dar. Dadurch ist es möglich, die Blutpräparate in mittlerer mikroskopischer Vergrößerung (Obj. 25 ×, Ok. 10 ×) durchzumustern, um verdächtige Zellen aufzuspüren, so daß die genauere Betrachtung in stärkerer Vergrößerung (Obj. 40 ×, gelegentlich Obj. Öl 100 ×, Ok. 10 ×) nur bei einer beschränkten Zahl von Zellen nötig ist. Weitere Kennzeichen der Mali-

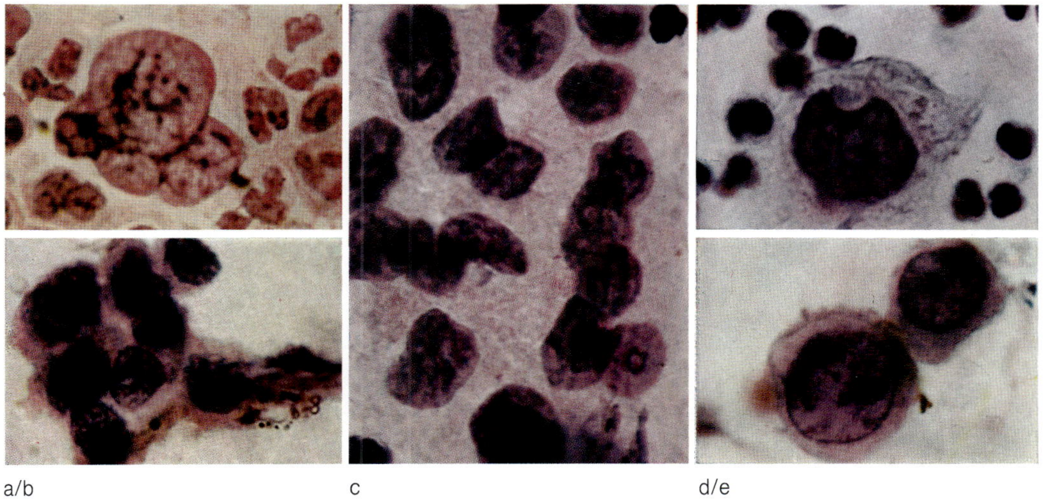

a/b c d/e

Abb. 11.**1 a–e** Tumorzellen aus dem strömenden Blut.
a Freiliegende Tumorzellkerne aus dem Armvenenblut bei einem Chorionepitheliom. **b** Tumorzellgruppe mit hyperchromatischen Kernen und deutlichen Nukleoli bei fortgeschrittenem Ovarialkarzinom, während der Operation aus einer Netzvene gewonnen. **c** Gruppe freiliegender Tumorzellkerne aus dem Armvenenblut derselben Patientin mit Ovarialkarzinom. **d** Große Tumorzelle aus der V. iliaca communis bei Zervixkarzinom III. **e** Tumorzellen aus dem Armvenenblut bei Uterussarkom (Cella-Filter-Präparate, Papanicolaou-Färbung) (alle Bilder Obj. Öl 100 ×, Ok. 10 ×).

gnität sind *Unregelmäßigkeiten der Kernstruktur*, verbunden mit Hyperchromasie, die an den Tumorzellen fast nie fehlen. Die unterschiedliche Größe und Form der Zellkerne wird im Blut allerdings meist nur deutlich, wenn die Zellen in Gruppen oder kleinen Verbänden liegen.

Mit Vorsicht ist die *Vergrößerung der Nukleolen* zu beurteilen, wenn sie nicht mit sonstigen Strukturanomalien des Kernes verbunden ist, da die Kerne unreifer Blutzellen ebenfalls deutlich erkennbare Nukleolen aufweisen können.

Der Nachweis von *Mitosen* im Blut ist kein absoluter Beweis dafür, daß die Zellen aus malignem Gewebe stammen. Sie kommen im peripheren Blut auch bei Plasmazellen und Zellen aus dem lymphatischen System vor.

Eher bilden *Unregelmäßigkeiten in der Form der Zellen* einen Hinweis auf Malignität, da sich unreife Blutzellen meist durch einen schmalen, regelmäßigen, runden bis ovalen Plasmasaum auszeichnen.

Die *Verschiebung der Kern-Plasma-Relation* zugunsten des Kerns, in der Exfoliativzytologie vieler Organe eines der wertvollsten Merkmale der Atypie, hilft leider bei der Suche nach Tumorzellen im Blut nicht weiter; denn an Lymphoblasten, unreifen Lymphozyten, Myeloblasten, Promyelozyten, unreifen Plasmazellen oder Histiozyten ist dieses Phänomen oft sogar noch extremer ausgeprägt als an Tumorzellen.

Neben eindeutigen Tumorzellen und gutartigen Blutzellen gibt es *zahlreiche zweifelhafte Zellelemente* (Abb. 11.**2**–11.**4**), deren sichere diagnostische Beurteilung schwierig oder unmöglich sein kann. Dies ist hauptsächlich darauf zurückzuführen, daß man infolge der starken Anreicherung weißer Blutzellen auch bei blutgesunden Personen immer wieder *Megakaryozyten*, einzelne *unreife Myelozyten, doppelkernige Lymphozyten, Plasmazellen* oder bei fortgeschrittenen Karzinomen auch *Erythroblasten* im peripheren Kreislauf findet. Die Untersuchungen erfordern also außer Erfahrungen in der Tumorzelldiagnostik genaue Kenntnisse der Blutmorphologie.

Ergebnisse

Die in der Literatur dargestellten Ergebnisse zeigten eine große Schwankungsbreite. Der Anteil der Patienten mit nachweisbaren Tumorzellen im Blut lag zwischen 5% (1) und 88% (15).

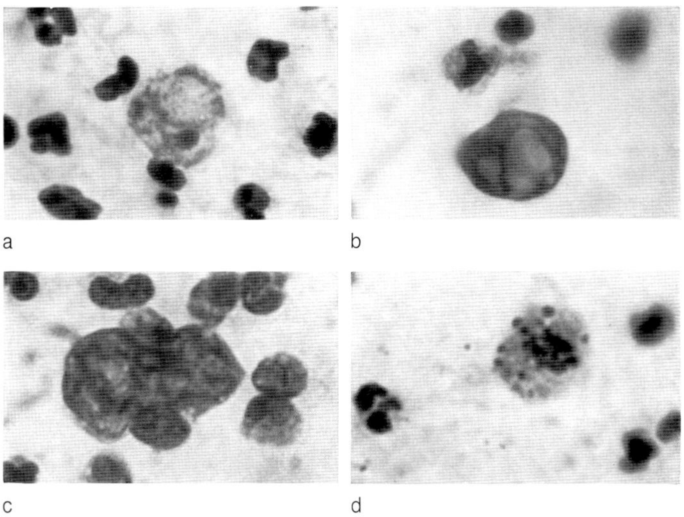

a b c d

Abb. 11.**2a–d** Nichtmaligne Zellen aus dem strömenden Blut.

a In Auflösung begriffene Zelle (Makrophage?) aus dem Armvenenblut bei Uterussarkom.

b Nekrobiotischer Zellkern mit großen Vakuolen. Herkunft unklar (gleiche Patientin wie bei **a**).

c Freiliegende Zellkerne von Megakaryozyten aus der V. iliaca communis bei Vaginalkarzinom.

d Nekrobiotische Zelle aus der V. ovarica, während der Exstirpation eines karzinomatösen Ovarialtumors gewonnen (alle Bilder Obj. Öl 100 ×, Ok. 10 ×).

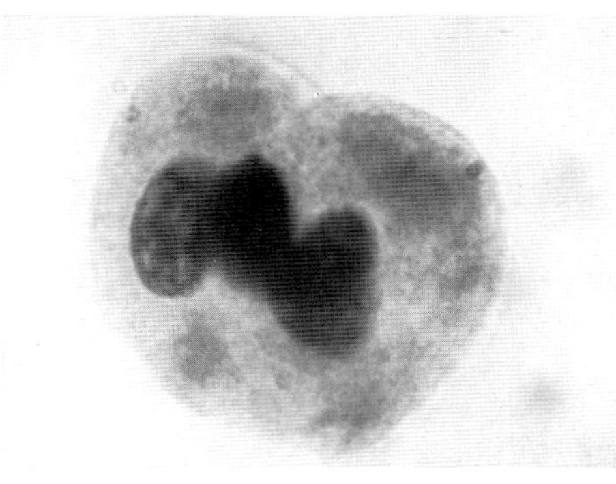

Abb. 11.**3** Gut erhaltener Megakaryozyt aus der V. iliaca communis bei Ovarialkarzinom (Obj. Öl 100 ×, Ok. 10 ×).

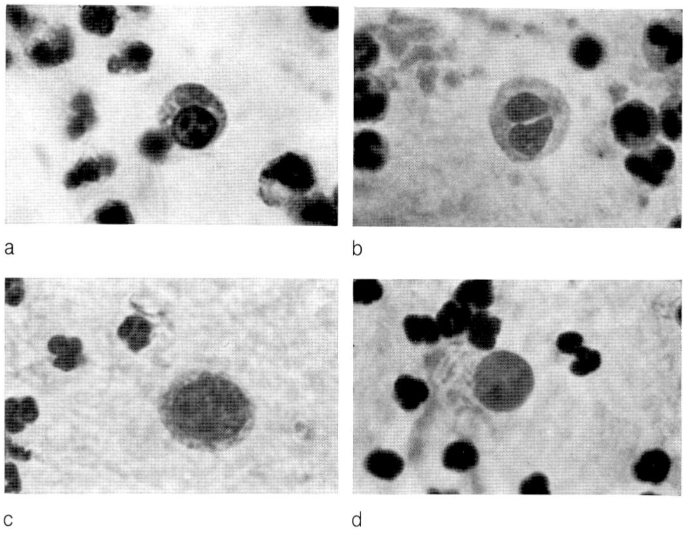

Abb. 11.**4a–d** Nichtmaligne Zellen aus dem strömenden Blut.

a Abnorme Blutzelle, wahrscheinlich reife Plasmazelle, aus der V. iliaca communis bei Endometriumkarzinom.

b Doppelkernige Blutzelle aus der V. iliaca communis bei Zervixkarzinom II.

c Unreife Blutzelle (myeloische Reihe?) aus der V. uterina bei Endometriumkarzinom.

d Freiliegender Zellkern aus dem Armvenenblut einer Gesunden, wahrscheinlich von einer Endothelzelle stammend (alle Bilder Obj. Öl 100 ×, Ok. 10 ×).

Auf dem Gebiet der *Gynäkologie* untersuchten wir von 207 Frauen mit *bösartigen Geschwülsten des Genitales* 451 Proben zu je 5–10 ml Blut (Tab. 11.**1**), teils aus den regionalen, vom Tumor abfließenden Venen, teils aus den peripheren Venen oder Arterien (38, 39). Bei 103 Zervixkarzinomen fanden sich in 30 Fällen Tumorzellen im Blut, also in knapp einem Drittel, bei 46 Endometriumkarzinomen in 11 Fällen, also einem Viertel, bei 45 Ovarialkarzinomen in 18 Fällen, also einem Drittel bis der Hälfte der Fälle. Auffallend hoch war die Zahl der positiven Befunde bei den Vaginal-, Vulva- und Urethralkarzinomen. Positive Befunde wurden ferner bei zwei von vier Uterussarkomen und bei einem malignen Melanom der Vulva erhoben.

Aus der *Literatur* gibt es vergleichbare Zahlen nur für das Zervixkarzinom (9, 12, 14, 26, 45). Über das Endometriumkarzinom (31) und das Ovarialkarzinom (29, 31, 36) wurden nur Einzelfälle erwähnt.

Im einzelnen zeigten unsere Untersuchungen, daß die *Zahl der Tumorzellen im regionalen, vom Tumor abfließenden Blut* wesentlich *höher* lag *als im peripheren Blut.* Im regionalen Venenblut konnten in 43% der Fälle, im peripheren Blut in 28% der Fälle Tumorzellen nachgewiesen werden. Ein Unterschied zwischen arteriellen und peripher-venösen Blutproben bestand nicht.

Die *Zahl der nachweisbaren Tumorzellen in einzelnen Blutproben* war *gering.* Die Zellen lagen in den Präparaten teils in Gruppen von 3–5 Zellen, ausnahmsweise bis zu 21 Zellen auf einem Haufen, vorwiegend aber einzeln. Die höchsten Werte an Tumorzellen betrugen beim Ovarialkarzinom 23, beim Zervixkarzinom 19, beim Endometriumkarzinom 9 Zellen pro ml Blut. Bei den meisten Kranken mit positiven Befunden im Blut waren die Zellzahlen niedriger. Vielfach beobachteten wir nur ein bis fünf Tumorzellen in der ganzen Blutprobe von 8–10 ml Blut.

Diese niedrigen Zahlen an nachweisbaren Tumorzellen im Blut, die wir trotz sorgfältigster methodischer Aufarbeitung der Blutproben erhielten, haben uns zunächst überrascht. Ebenso wunderten wir uns, selbst bei fortgeschrittensten Karzinomen mit einwandfrei nachgewiesenen, hämatogen entstandenen Metastasen in nicht mehr als zwei Dritteln der Fälle Tumorzellen im Blut zu finden. Eine Erklärung dafür boten tierexperimentelle Untersuchungen, aus denen zu erkennen war, wie außerordentlich rasch

Tabelle 11.**1** Tumorzellnachweis im regionalen und peripheren Blut bei 207 Frauen mit bösartigen Geschwülsten des weiblichen Genitales.

	Zahl der Kranken	davon positiv	regional Zahl der Fälle (davon positiv)	peripher Zahl der Fälle (davon positiv)
Zervixkarzinom	103	30	25 (9)	102 (24)
Endometriumkarzinom	46	11	10 (4)	46 (9)
Ovarialkarzinom	45	18	9 (5)	45 (15)
Vaginal,- Vulva- u. Urethralkarzinom	8	4	0 (0)	8 (4)
Uterussarkom	4	2	2 (1)	4 (2)
Malignes Melanom	1	1	0 (0)	1 (1)
	207	66	46 (19)	206 (55)

die in den Blutkreislauf eingeschwemmten Tumorzellen wieder daraus verschwinden (40). Nach intravenöser Injektion von 10 Mill. Zellen des Yoshida-Aszites-Tumors bei der Ratte konnten wir schon nach 1½ Stunden kaum noch Tumorzellen im Blut der Tiere nachweisen! Die Zellen verschwanden zwar nicht schlagartig, wie es bei einer rein mechanischen Filterwirkung z. B. im Lungenkreislauf zu erwarten gewesen wäre, ihre Zahl nahm aber fortlaufend ab. Bereits 10 Min. nach der Injektion wies ein beachtlicher Teil der Tumorzellen deutliche Zeichen einer morphologischen Schädigung auf. Die hämatogen gestreuten Zellen wurden also offenbar zum größten Teil sehr schnell am Ort ihrer ersten Ansiedlung oder im Blut selbst zerstört.

Die Möglichkeiten des Tumorzellnachweises im strömenden Blut hängen von zahlreichen Faktoren ab. So war *in fortgeschrittenen Stadien der Erkrankung die Zahl der positiven Befunde und der Tumorzellen im Blut größer als in frühen Stadien.* Aber auch bei „gerade beginnenden" Karzinomen ließen sich gelegentlich, z. B. bei operativen Eingriffen, im regionalen, vom Tumor abfließenden Blut schon Tumorzellen nachweisen.

Je mehr Blutproben von einer Patientin untersucht werden, um so eher gelang es, bei ihr Tumorzellen zu finden. Die Zellen werden also offenbar schubweise in das Blut eingeschwemmt. Der *Anteil der positiven Befunde* aller Blutproben *im regionalen, vom Tumor abfließenden Blut* lag ebenfalls mit 41% *deutlich höher als im peripheren Blut* mit 27%. Das gleiche gilt für die Zahl der Tumorzellen im Blut. Während wir bei einer Gruppe von Zervixkarzinomen mit positiven Befunden peripher in 18,6 ml Blut eine Tumorzelle fanden, war dies im regionalen Blut in 1,4 ml Blut der Fall.

In einigen Fällen konnte *unter dem Einfluß operativer und diagnostischer Eingriffe* eine *vermehrte Tumorzellaussaat* festgestellt werden (39), und zwar bei Operationen von Zervix- und Ovarialkarzinomen, bei intrauterinen Radiumeinlagen, bei Kürettagen in Fällen von Adenokarzinomen des Endometriums, aber auch bei einfachen Palpationsuntersuchungen, die übrigens in dieser Hinsicht gefährlicher zu sein scheinen als die Probeexzision oder Konisation an der Cervix uteri.

Klinische Konsequenzen

Die *Bedeutung des Tumorzellnachweises im Blut* ist, jedenfalls auf gynäkologischem Gebiet, mit großer Zurückhaltung zu beurteilen. Als Suchmethode für die Früherkennung symptomloser Fälle von malignen Geschwülsten kommt das Verfahren nicht in Frage. Eine gewisse Hilfe mag der Tumorzellnachweis im Blut in der Kombination mit klinischen Befunden bei der Überwachung des Therapieerfolges an Geschwulstkranken bieten. Solange sich bei einem Patienten, auch wenn er klinisch symptomfrei erscheint, noch eindeutig Tumorzellen im Blut nachweisen lassen, kann er nicht als endgültig geheilt betrachtet werden. Auch dabei ist allerdings zu bedenken, daß das Fehlen oder die Anwesenheit von Tumorzellen im Blut zumindest im Einzelfall keine Rückschlüsse auf die endgültige Prognose erlaubt. Eine wertvolle Unterlage mögen die Untersuchungen zweifellos für die Klärung allgemeinbiologischer Fragen der Tumorpathologie bieten.

Obwohl Zervix- und Endometriumkarzinome bekannterweise vorwiegend lymphogen, weniger aber hämatogen metastasieren und auch wir bei unseren 103 Zervixkarzinomen nur fünfmal, bei unseren 46 Endometriumkarzinomen ebenfalls fünfmal hämatogen entstandene Metastasen beobachteten, konnten bei 29% bzw. 24% der Kranken tumorverdächtige Zellen im Blut nachgewiesen werden. Die Annahme, daß Tumorzellstreuung nicht gleichbedeutend mit Metastasenbildung ist, wird damit gerade am Beispiel der gynäkologischen Geschwülste auch für den Menschen bestätigt.

Literatur

1 Alexander, R. E., A. I. Spriggs: The differential diagnosis of tumor cells in circulating blood. J. clin. Pathol. 13 (1960) 414

2 Baldus, F.: Über den Nachweis von Tumorzellen im strömenden Blut. Klin. Wschr. 38 (1960) 845

3 Boll, I.: Tumorzellennachweis im Blut und Knochenmark. Fortschr. Med. 80 (1962) 383

4 Bouvier, C. A., P. A. Maurice, R. Roch: Nature des cellules anormales trouvées dans le sang circulant en présence d'affections tumorales. Oncologia 15 (1962) 129

5 Capria, V., D. Palmara: Richerche di cellule tumorali nel sangue periferico di donne portatrizi de neoplasie maligne dell' apporato genitale. Clin. ginecol. 8 (1966) 359

6 Choné, B., J. Becker: Klinische Ergebnisse der Tumorzelldiagnostik im peripheren Blut. Strahlentherapie 115 (1961) 404

7 Colombo, C., G. Maggi, F. Rolfo: Cellule neoplastiche nel sangue arterioso periferico de portatori de cancro bronchiale. Minerva med. 49 (1958) 725

8 Colombo, C., F. Rolfo, G. Maggi: Further research on the isolation of tumor cells in the circulating blood. Panminerva med. 2 (1960) 14

9 Diddle, A. W., D. M. Sholes, J. Hollingsworth, S. Kinlaw: Cervical carcinoma: Cancer cells in the circulating blood. Amer. J. Obstet. Gynecol. 78 (1959) 582

10 Doran, T. A., D. W. Tompson: Malignant cells in the peripheral blood of patients with endometrial Carcinoma. Amer. J. Obstet. Gynecol. 94 (1966) 985

11 Engell, H. C.: Cancer cells in the circulating blood. Acta chir. scand., Suppl. 201 (1950)

12 Erdenen, S., J. Jaeger: Über den Nachweis von Tumorzellen im strömenden Blut bei gynäkologischen Malignomen. Zbl. Gynäkol. 85 (1963) 785

13 Fletcher, W. S., J. W. Stewart: Tumor cells in the blood with special reference to pro- and posthepatic blood. Brit. J. Cancer 13 (1959) 33

14 Friden-Kill, L., W. H. Minder: Recherche des cellules cancéreuses dans le sang circulant. Schweiz. med. Wschr. 92 (1962) 915

15 Gastpar, H., F. Graeber: Der Nachweis von Tumorzellen aus dem peripheren Venenblut. Krebsforsch. u. Krebsbekämpf. 4 (1961) 248

16 Grove, W. J., A. A. Watne, O. M. Jonasson, St. Roberts: Vascular dissemination of cancer in children. Arch. Surg. 78 (1959) 698

17 Kangas, S., S. Viikari: Cancer cell invasion of the blood of the pulmonary vein in operations for pulmonary cancer. Acta chir. scand. 119 (1960) 463

18 Kuper, S. W. A., J. R. Bignall, E. D. Luckcock: A quantitative method for studying tumour cells in blood. Lancet 1961/I., 852

19 Long, L., St. Roberts, E. McGrew, W. H. Cole: Cancer cells in the blood stream. Arch. Surg. 80 (1960) 639

20 Long, L., O. Jonasson, St. Roberts, R. McGrath, E. McGrew, H. W. Cole: Cancer cells in blood. Arch. Surg. 80 (1960) 910

21 Malmgren, R. A., J. C. Pruitt, P. R. Del Vecchio, J. F. Potter: A

method for the cytologic detection of tumor cells in whole blood. J. Nat. Cancer Inst. 20 (1958) 1203
22 Moore, G. E., A. Sandberg, J. R. Schubarg: Clinical and experimental observations of the occurence and fate of tumor cells in the blood stream. Ann. Surg. 146 (1957) 580
23 Moore, S., D. E. Townsend, J. D. Palmer, H. Sigman: The problem of tumor cells in the peripheral blood. Cand. J. Surg. 5 (1962) 366
24 Papadia, S., F. Mélica: L'isolamento di cellule neoplastiche nel sangue venoso periferico de postatrici di neoplasie maligne genitali. Minerva ginec. 14 (1962) 811
25 Pool, E. A., G. R. Dunlop: Cancer cells in the blood stream. Amer. J. Cancer 21 (1934) 99
26 Potter, J. F., G. Longenbraugh, E. Chu, J. Dillon, M. Romsdahl, R. Malmgren: The relationship of tumor type and respectability to the incidence of cancer cells in blood. Surg. Gynecol. Obstet. 110 (1960) 734
27 Pruitt, J. C., A. W. Hilberg, R. F. Kaiser: Malignant cells in peripheral blood. New Engl. J. Med. 259 (1958) 1161
28 Pruitt, J. C., A. W. Hilberg, R. P. Morehead, H. F. Mengoli: Quantitative study of malignant cells in local and peripheral circulating blood. Surg. Gynecol. Obstet. 114 (1962) 179
29 Reiss, R.: Demonstration of carcinoma cells in the blood stream. J. M. Sinai Hosp. 26 (1959) 171
30 Roberts, St., A. L. Watne, R. McGrath, E. McGrew, W. H. Cole: Technique and results of isolation of cancer cells from the circulating blood. Arch. Surg. 76 (1958) 334
31 Roberts, St., A. L. Watne, R. McGrath, E. McGrew, W. H. Cole: The response of cancer cells in the circulating blood of surgical stress and chemotherapy. Surg. Forum 9 (1958) 595
32 Salgado, I., J. F. Hopkirk, C. R. Long, A. C. Ritchie, S. Ritchie, D. R. Webster: Tumor cells in the blood. Canad. med. Ass. J. 81 (1959) 619
33 Sandberg, A. A., G. E. Moore: Examination of blood for tumor cells. J. Nat. Cancer Inst. 19 (1957) 1
34 Sandberg, A. A., G. E. Moore, L. H. Crosswhite, J. R. Schubarg: The frequency of tumor cells in the bone marrow and blood. Cancer (Philad.) 11 (1958) 1180
35 Scheinin, T. M.: Pulmonary cancer and circulating cancer cells. Ann. Chir. Gynaecol. Fenn. 51 (1962) 1
36 Seal, S. H.: Silicone flotation: A simple quantitative method for the isolation of free-floatin cancer cells from the blood. Cancer (Philad.) 12 (1959) 590
37 Soost, H.-J.: Über das Vorkommen von Tumorzellen im zirkulierenden Blut. Dtsch. med. Wschr. 85 (1960) 893
38 Soost, H.-J.: Zum Nachweis von Tumorzellen im strömenden Blut beim Genitalcarcinom der Frau. Geburtsh. u. Frauenheilk. 21 (1961) 1
39 Soost, H.-J.: Untersuchungen über das Vorkommen von Tumorzellen im Blut bei bösartigen Geschwülsten des weiblichen Genitale. I. Int. Kongr. f. Exfoliativ-Zytologie (Wien, 31. 8.–2. 9. 1961). Proceedings (1962) 217
40 Soost, H.-J.: Experimentelle Untersuchungen über das Schicksal der im Blut kreisenden Tumorzellen. Geburtsh. u. Frauenheilk. 22 (1962) 1065
41 Soost, H.-J.: Untersuchungen zum unterschiedlichen Verlauf bösartiger Geschwulsterkrankungen des weiblichen Genitale, unter besonderer Berücksichtigung strahlenbehandelter Collumcarcinome. Habil.-Schr., München 1964
42 Soost, H.-J., H. Mad: Methoden zur Isolierung von Geschwulstzellen aus dem strömenden Blut. Krebsarzt 15 (1960) 273
43 Soost, H.-J., S. Tranekjer: Untersuchungen über das spezifische Gewicht von Tumor- und Blutzellen. Z. Krebsforsch. 68 (1966) 131
44 Whang, J.: Über Krebszellen in Blut und Knochenmark. Z. Krebsforsch. 62 (1958) 397
45 Wimhöfer, H., D. Wagner, R. Schunck: Der Tumorzellnachweis im strömenden Blut während therapeutischer Maßnahmen beim Genitalkarzinom der Frau. Zbl. Gynäkol. 85 (1963) 10
46 Yagi, M.: Studies on tumor cells in the circulating blood of patients with malignant tumor. I. Cytological observating of tumor cells in the circulating blood. J. Jap. obstet. gynaecol. Soc. (Engl. Ed.) 10 (1963) 69
47 Zinser, H. K., H. Meissner: Nachweis von Tumorzellen im strömenden Blut. Zbl. Gynäkol. 85 (1963) 289

12 Zytologische Untersuchungen mit dem Phasenkontrast- und Interferenzkontrastmikroskop

Mit dem normalen Hellfeldmikroskop sind nur solche Objekte sichtbar zu machen, die das durchgehende Licht verschieden stark absorbieren und damit die Amplitude der Lichtwellen verändern (Amplituden- oder Absorptionsobjekte).

Die Objekte in ungefärbten zytologischen Präparaten lassen jedoch die Lichtwellen gleichmäßig durch, so daß die durch die fehlenden Amplitudenveränderungen nur minimalen Helligkeitsunterschiede für das Auge nicht wahrnehmbar sind, auch wenn sie Strukturen aufweisen, die verschiedene Brechungsindizes haben. Dagegen kommt es beim Durchtritt eines Lichtstrahles durch ein transparentes Objekt zu einer Verringerung der Lichtgeschwindigkeit, so daß die durch das Objekt laufenden Lichtwellen gegenüber den am Objekt vorbeilaufenden Wellen eine Phasenverzögerung erfahren. Da solche Phasenverschiebungen aber weder vom menschlichen Auge noch von der Photoemulsion wahrgenommen werden können, bleiben zytologische Nativpräparate im konventionellen Hellfeldmikroskop weitgehend undarstellbar. Die Abbildung solcher Objekte kann man grundsätzlich auf zwei verschiedene Arten bewerkstelligen:

1. Man greift am Objekt selbst ein, indem man durch Anfärbung desselben aus dem Phasenobjekt ein Absorptionsobjekt macht. Dies ist die klassische Methode der Gewebe- und Zelldarstellung.
2. Man greift anstatt am Objekt in den Abbildungsstrahlengang des Mikroskops ein und wandelt z. B. beim Phasenkontrastmikroskop nicht sichtbare Phasenunterschiede in Hell-dunkel-Unterschiede um (Abb. 12.**1**). Ähnliche Eingriffe in den Strahlengang erfolgen auch beim Interferenzkontrastverfahren (Abb. 12.**2**) und bei der Dunkelfeldbeleuchtung.

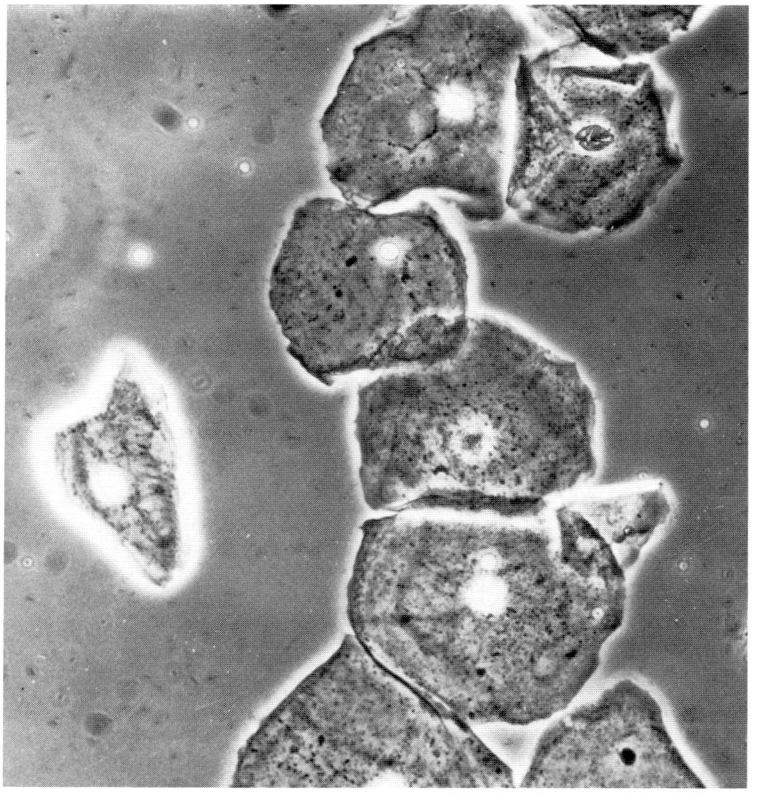

Abb. 12.**1** Phasenkontrastmikroskopie.
Eine Gruppe von Plattenepithelzellen aus den oberen Schichten im Nativpräparat. Man sieht im Zytoplasma Granulationen und Zellrippungen. Charakteristisch sind vor allem die hellen Lichthöfe um die Zellen und Kerne.

Abb. 12.**2** Interferenzkontrastmikroskopie.
Dieselbe Zellgruppe wie in Abb. 12.**1**.
Im Gegensatz zur Phasenkontrastmikroskopie stellt sich die Oberfläche der Zellen plastisch dar, wobei sich besonders die Kerne hervorwölben.

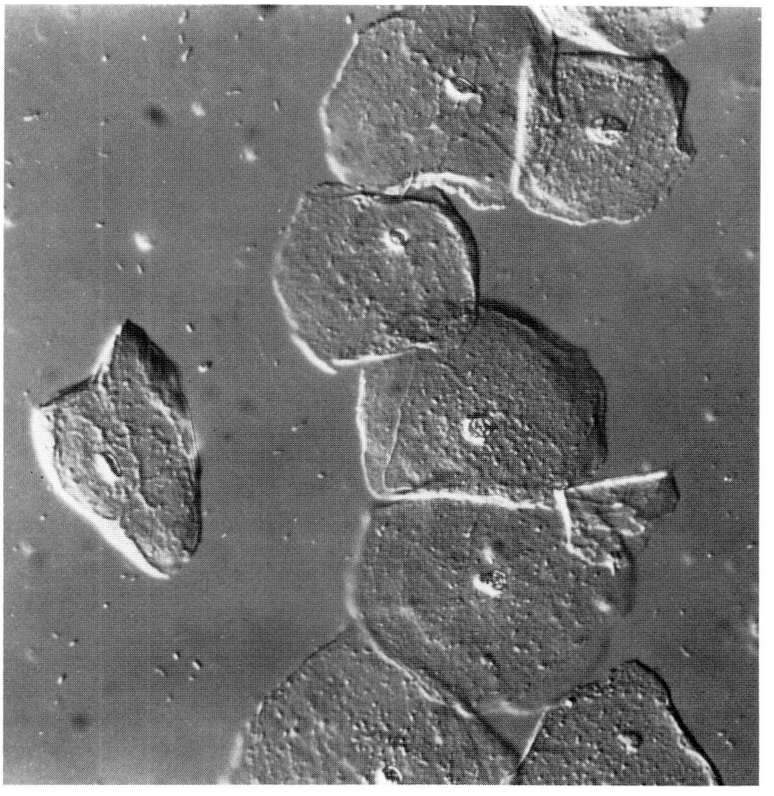

Während beim Phasenkontrastverfahren zahlreiche sich mitunter überschneidende Einzelheiten an Zellen und Kernen zur Darstellung kommen, lassen sich mit Hilfe des Interferenzkontrastverfahrens eng begrenzte optische Schnitte durch ein Präparat legen. Die Oberflächenstruktur der flach ausgebreiteten Zellen und Mikroorganismen ist wie in einem Reliefbild plastisch zu erkennen. Die Kerne erheben sich dabei innerhalb der Zellen als prominente Vorwölbungen ab. Im Gegensatz zur Phasenkontrastmikroskopie treten in Grenzbereichen der Objekte keine störenden Lichthöfe auf.

In Biologie und Medizin hat besonders die Phasenkontrastmikroskopie eine weite Verbreitung gefunden. Nachdem der holländische Nobelpreisträger Fritz Zernike (48, 49) 1934 die physikalischen und praktischen Grundlagen für diese Methoden geschaffen hatte, wurden sie zwischen 1935 und 1941 durch Köhler, Loos und Michel (23, 26) als Mitarbeiter von Carl Zeiss, Jena, zur apparativen Anwendungsreife weiterentwickelt.

Nach dem Kriege erschienen die ersten Arbeiten über phasenkontrastoptische Untersuchungen an histologischem und zytologischem Material von Albertini (1), Glatthaar (13), Lüdin (25) u. a. Schon sehr bald nach Bekanntwerden des zytologischen Abstrichverfahrens nach Papanicolaou in Deutschland wurde dann auch 1949 das phasenkontrastmikroskopische Verfahren von Runge, Voege, Haselmann (16, 32) sowie von Zinser (50–53) in die gynäkologische Zytologie eingeführt. Es folgten Erfolgsberichte von Roth (31), Stoll und Francke (41) sowie Wied (44).

Das 1955 von Nomarski (28) eingeführte Interferenzkontrastverfahren ist als eine dem Phasenkontrastverfahren sehr ähnliche, dieses sinnvoll ergänzende Methode anzusehen.

Physikalische Grundlagen

Phasenkontrastmikroskopie: Der Eingriff in den optischen Strahlengang geschieht im Phasenkontrastmikroskop an zwei verschiedenen Stellen (Abb. 12.**3**):

1. Im Bereich der Aperturblende des Kondensors wird die Irisblende durch eine ringförmige Lichtquelle ersetzt (Ringblende).
2. Eine in der hinteren Brennebene des Objektivs ringförmige phasenverschiedene Platte (Phasenplatte) muß genau auf die Kondensorblende abgestimmt sein.

Das Phasenobjekt hat bei dem nicht abgebeugten Lichtstrahl eine Phasenverschiebung von ¼ Wellenlänge bewirkt, und diese erfährt dann durch die Phasenplatte eine weitere Verschiebung von ¼ Wellenlänge (Abb. 12.**4**). Gegenüber dem vom Objekt abgebeugten Lichtstrahl ist nun eine Phasenverschiebung von ½ Wellenlänge eingetreten, wodurch sich die beiden Lichtwellen auslöschen und das im normalen Lichtmikroskop nicht mehr sichtbare Objekt dunkel auf hellerem Untergrund erscheint. Wegen

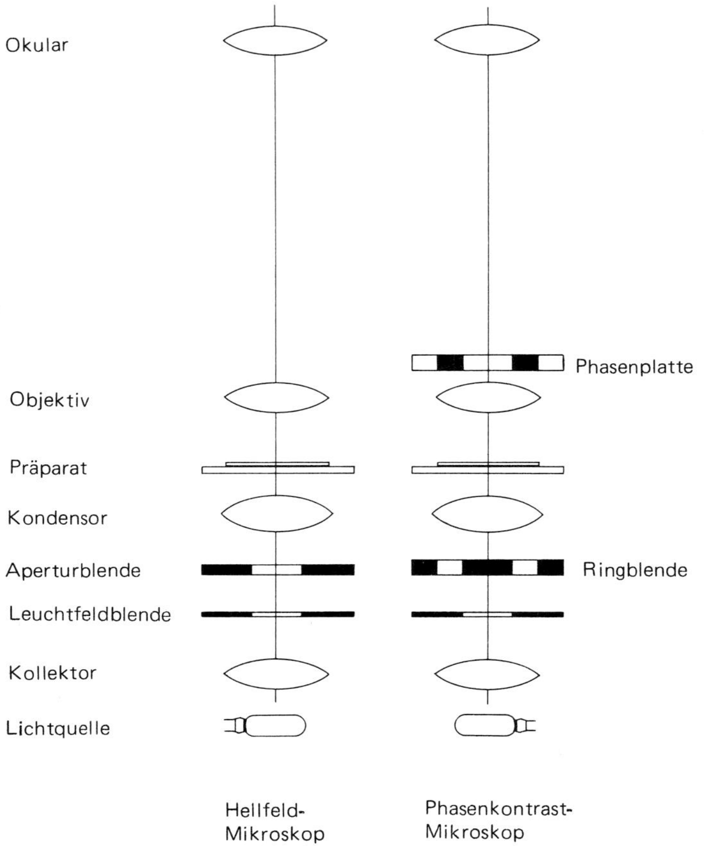

Abb. 12.**3** Unterschiedlicher Aufbau des Hellfeldmikroskops und des Phasenkontrastmikroskops (aus *Jenny* [21]).

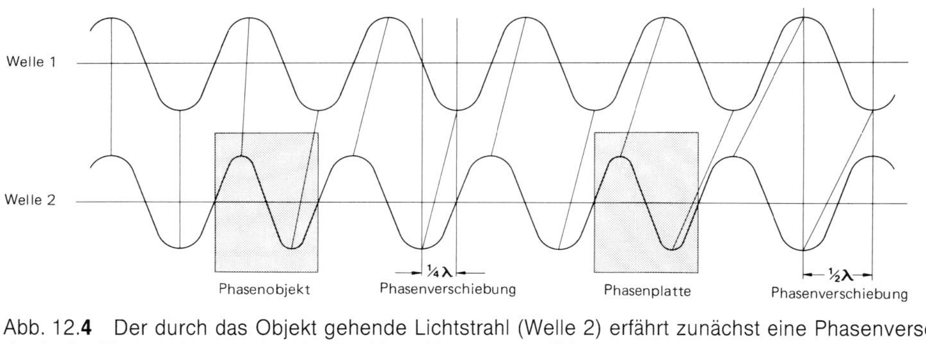

Abb. 12.**4** Der durch das Objekt gehende Lichtstrahl (Welle 2) erfährt zunächst eine Phasenverschiebung von ¼ λ und später durch die Phasenplatte nochmals eine Verschiebung von ¼ λ, so daß insgesamt eine Verschiebung von ½ λ zustande kommt. Es fällt nun der Wellenberg von Welle 2 auf das Wellental des vom Objekt abgebeugten Lichtstrahls (Welle 1), so daß sich die beiden Wellen auslöschen. Ein vorher kaum sichtbares Objekt erscheint deshalb dunkel auf hellerem Untergrund (aus *Jenny* [21]).

der unregelmäßigen Strukturen vieler biologischer Objekte werden direktes und gebeugtes Licht nicht immer gut voneinander getrennt, so daß vor allem ihre Umgrenzungen durch die sie umgebenden hellen Lichthöfe nur unscharf dargestellt werden können.

Interferenzkontrastmikroskopie: Beim Interferenzkontrastverfahren gehen zwei linear polarisierende Lichtwellenzüge senkrecht zueinander durch das Objekt. Der sehr geringe Abstand liegt noch etwas unter dem Auflösungsvermögens des jeweiligen optischen Systems. Interferenzerscheinungen ergeben sich an allen Objektstellen, an denen durch unterschiedliche Dicke oder durch unterschiedliche Brechzahlen optische Weglängendifferenzen auftreten.

Wie aus Abb. 12.**5** zu ersehen, ist ein Lichtmikroskop durch folgende Zusatzeinrichtungen zu erweitern (Witte [47]):

1. Polarisationsfilter, welches das linear polarisierte Licht liefert. Es wird zwischen Kollektor und Kondensor in den Strahlengang eingebracht.

2. Sog. Wollaston-Prisma, das aus zwei verkitteten Quarzprismen besteht. Es besorgt die Aufspaltung des polarisierten Lichtes in zwei senkrecht zueinander stehende, eng benachbarte Wellenzüge.
3. Zweites gleiches Wollaston-Prisma, welches hinter dem Objektiv im Mikroskoptubus sitzt und die beiden Strahlenzüge wieder vereinigt;
4. mit ihm ist ein Analysator verbunden, der die beiden Teilwellen zur Interferenz bringt.

Im Gegenssatz zur Phasenkontrastmikroskopie, die sich besonders für dünne Objekte mit optischen Weglängendifferenzen unter einem Zehntel der verwendeten Wellenlänge eignet, kommen bei der Interferenzkontrastmikroskopie dickere Objekte mit optischen Wellenlängenunterschieden zwischen einem Zehntel und einer ganzen Wellenlänge besser zur Darstellung. Ferner kann man durch die geringere Schärfentiefe übereinanderliegende Strukturen klar darstellen.

Abb. 12.**5** Strahlengang beim Interferenzkontrastmikroskop (aus *Witte* [47]).

Technik der Materialentnahme und Präparatherstellung

Die Gewinnung des Untersuchungsmaterials erfolgt am besten mit einer Platinöse vom hinteren Scheidengewölbe, der seitlichen Scheidenwand oder der Gegend des äußeren Muttermundes. Bei Verdacht auf Pilzinfektionen sollten die klinisch sichtbaren weißen Beläge abgekratzt werden. Das Zellmaterial wird auf einem Glasobjektträger in ein bis zwei Tropfen physiologischer Kochsalzlösung aufgeschwemmt und anschließend mit einem Deckglas eingedeckt. Die Präparate können dann ungefärbt sofort untersucht werden. Durch leichtes Andrücken des Deckglases werden bei der Phasenkontrastmikroskopie die hellen Höfe rings um die Objekte verringert.

Morphologie der Bestandteile des Vaginalsekrets

Wie in den fixierten und nach Papanicolaou gefärbten Abstrichen sind auch im vitalzytologischen Präparat epitheliale und nichtepitheliale Anteile zu unterscheiden.

Die **Basal- und Parabasalzellen** sind als kugelige oder etwas ovale Objekte erkennbar (Abb. 12.**6** u. **7**). Das Zytoplasma weist feinkörnige Granulationen auf, die konzentrisch um den Kern gelagert sind oder teilweise ihm anliegen. In ihrer äußeren Umgrenzung sind die Epithelien nicht abgeflacht, weshalb bei der phasenoptischen Darstellung besonders helle Säume bestehen. Ihre großen, meist zentral gelegenen Kerne zeigen durch auffallendes Hervortreten der Kernhülle eine ausgeprägte, bläschenförmige Erscheinung. In ihrer optisch meist homogenen Struktur finden sich ein oder zwei dunkel hervortretende Nukleoli.

Die **Intermediärzellen** sind gegenüber den Parabasalzellen größer und abgeflachter, oft etwas langgestreckt oder unregelmäßig geformt (Abb. 12.**8**–12.**10**). Durch ihr dünnes Zytoplasma erscheinen sie durchsichtiger. Auf ihrer Oberfläche kommen oft eine feine Faltung und Rippenbildung zur Darstellung. Die Granulationen nehmen zu und können über die ganze Zelle verteilt sein. Die Zellränder sind abgeplattet und scharf begrenzt, so daß die Höfe um die Zellen herum im Phasenkontrastmikroskop nicht mehr so hell aufleuchten. Man kann diese Einzelheiten besonders gut beobachten, wenn die Zellen im Flüssigkeitsstrom schwimmen. Gelegentlich erkennt man bei zusammenliegende Zellen die feinstacheligen Zytoplasmafortsätze, welche die Interzellularbrücken bilden. Die Kerne sind gegenüber denen aus tieferen Zellschichten meist kleiner und unregelmäßiger und erscheinen wegen der zunehmenden Chromatinverdichtung etwas dunkler. Nukleoli sind nur noch selten erkennbar.

Die **Superfizialzellen** erscheinen als flache, zarte Scheiben mit unregelmäßigen Rändern (Abb. 12.**8** u. **9**). Leistenbildung an ihrer Oberfläche und Granulationen in ihrem Zytoplasma kommen oft noch prägnanter zum Ausdruck. Ihr pyknotischer Kern erscheint rund oder leicht entrundet und strukturlos. Sein Zentrum ist dunkel und meist von einem hellen Hof umgeben (Abb. 12.**11**).

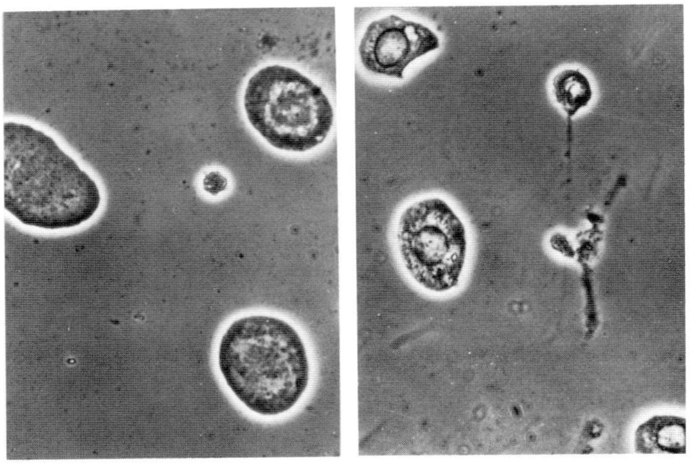

Abb. 12.**6** Parabasalzellen im Phasenkontrastmikroskop.

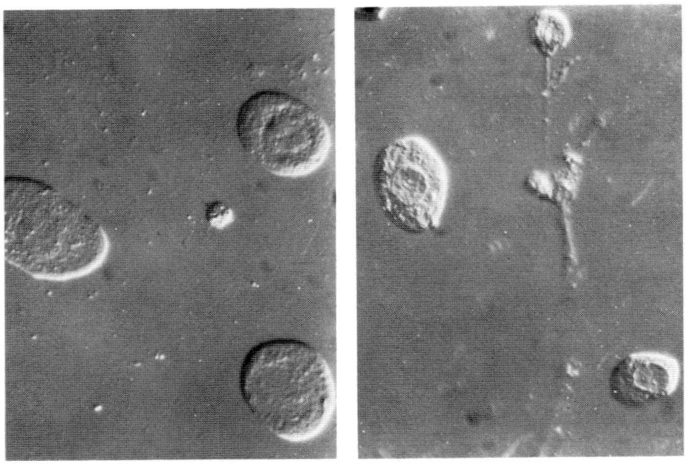

Abb. 12.**7** Dieselben Zellen wie in Abb. 12.**6** im Interferenzkontrastmikroskop.

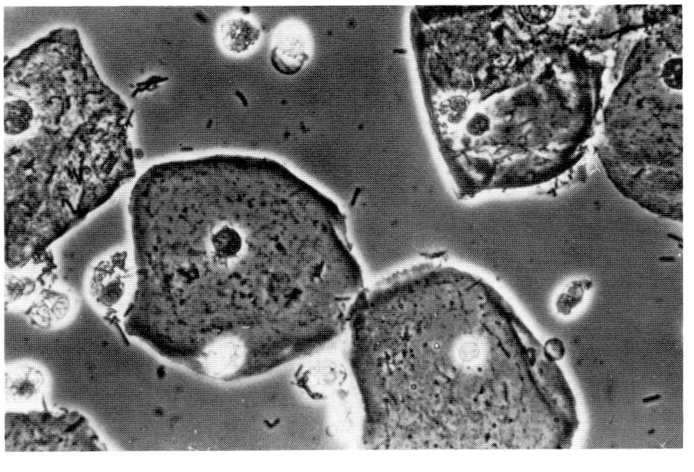

Abb. 12.**8** Intermediär- und Superfizialzellen im Phasenkontrastmikroskop.

Zellen des **endozervikalen Drüsenepithels** (Abb. 12.**10** u. 12.**11**) sind wegen ihrer raschen Degenerationstendenz im allgemeinen nur dann als solche erkennbar, wenn sie direkt von dem Drüsenepithelbereich der Zervix entnommen wurden. Sie weisen in ihrer becher- und zylinderförmigen Gestalt die ganze Variationsbreite auf, die von den fixierten und gefärbten Päparaten her bekannt ist.

Bei den *Flimmerepithelien* kann man gelegentlich die wellenartigen Bewegungen der Zilien längere Zeit beobachten. Unterhalb des Ziliensaumes sieht man meist eine stärkere Granulierung des Zytoplasmas. In dem in der Zellmitte liegenden Kern sind ein bis zwei Nukleoli zu beobachten.

Die *sezernierenden Zylinderzellen* sind meist plumper und polymorpher. Ihr Zytoplasma ist cha-

Abb. 12.**9** Dieselben Zellen wie in Abb. 12.**8** im Interferenzkontrastmikroskop.

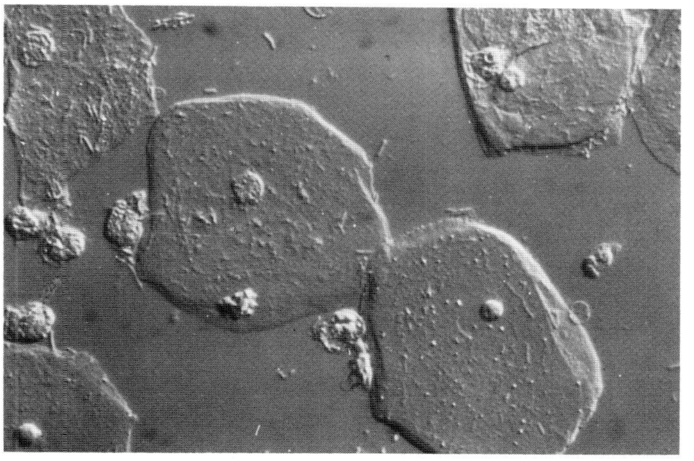

Abb. 12.**10** Verband von endozervikalen Drüsenzellen neben Intermediärzellen im Phasenkontrastmikroskop.

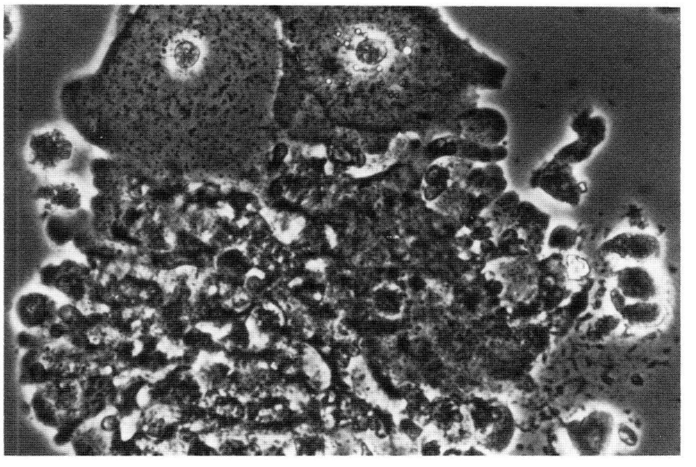

Abb. 12.**11** Endozervikale Becherzellen, Intermediär- und Superfizialzellen, Erythrozyten und Bakterien im Phasenkontrastmikroskop.

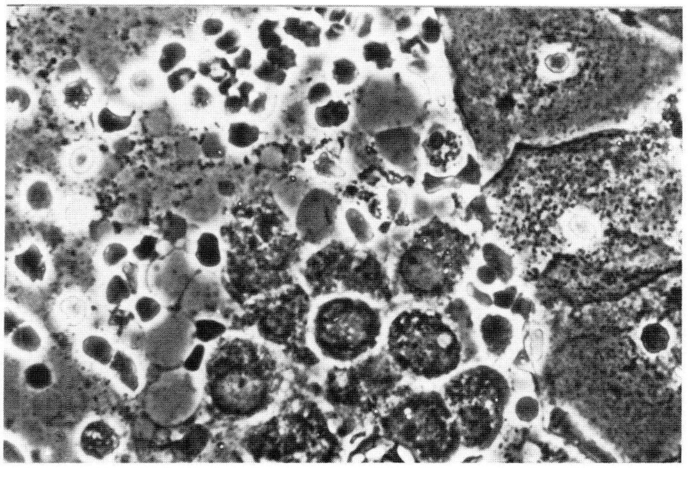

rakterisiert durch eine unterschiedlich stark ausgeprägte Vakuolisierung. Bei den stärker degenerierten Zellen ist eine genauere Differenzierung nicht mehr möglich.

Die Erkennung von **Tumorzellen** ist bei guten zytologischen Kenntnissen auch im Nativpräparat grundsätzlich möglich (Abb. 12.**12** u. **13**) (9, 13, 18–20, 34–37, 43, 52, 53). Die vitalzytologische Diagnose gründet sich im wesentlichen auf die Größen- und Formveränderungen des Zytoplasmas und der Kerne und auf die Verschiebung der Kern-Plasma-Relation. Das Plasma kann, je nach dem Karzinomtyp, von der vollständigen Degeneration bis zum weitgehend unveränderten Plattenepithel alle Ausdifferenzierungsgrade aufzeigen, die auch bei den gefärbten Präparaten zu finden sind.

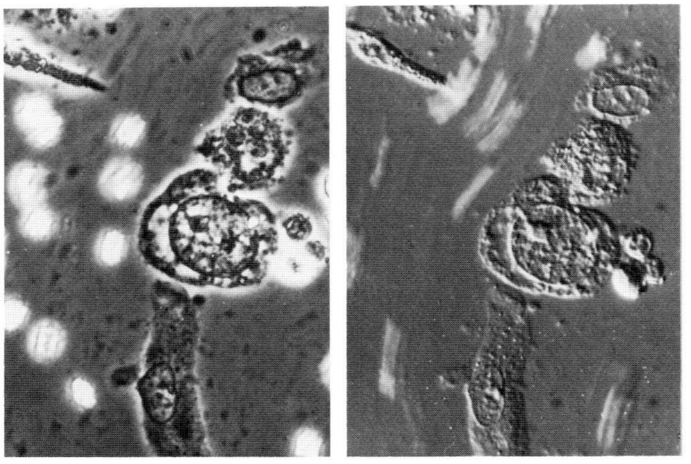

a b

Abb. 12.**12a** u. **b** Tumorzellen aus einem Plattenepithelkarzinom,

a im Phasenkontrastmikroskop,

b im Interferenzkontrastmikroskop.

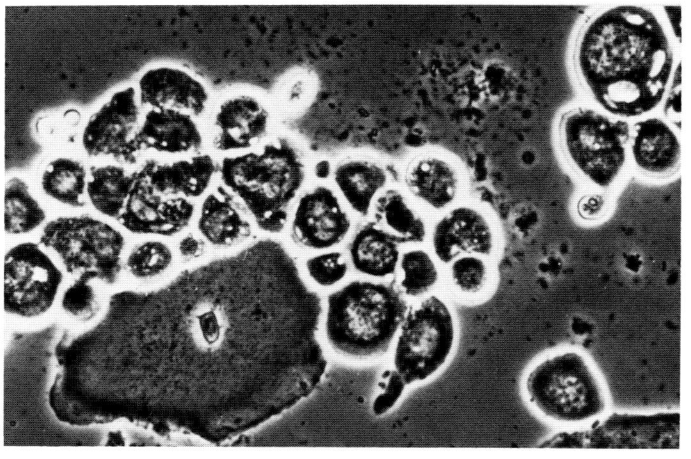

Abb. 12.**13** Zellen eines Carcinoma in situ im Phasenkontrastmikroskop.

An den meist vergrößerten Kernen imponiert im Phasenkontrastmikroskop vor allem die deutlich hervortretende unregelmäßige Kernhülle. Das Kerninnere zeigt neben den oft stark vergrößerten Nukleoli höchstens einige grobkörnige, dunkle Granulationen, ansonsten erscheint es relativ hell und uncharakteristisch. Vor allem die bei der Papanicolaou-Färbung so deutliche Hyperchromasie der Kerne, die schon bei schwacher Vergrößerung zu erkennen ist, fällt hier ganz weg. Die Gefahr ist daher sehr groß, daß bei Durchmusterung ungefärbter Präparate im Phasenkontrast- oder im Interferenzkontrastmikroskop bei schwacher Vergrößerung Tumorzellen übersehen oder nicht als solche erkannt werden. *Beide Methoden sind daher für die zytologische Krebsfährtensuche nicht geeignet, insbesondere auch, da sich die Präparate nicht archivieren lassen.*

Neben den Epithelzellen sind bei der vitalzytologischen Untersuchung des Vaginalsekrets auch die nichtepithelialen Elemente deutlich zu erkennen. Die **Leukozyten** lassen sich meist eindeutig durch ihre hell aufleuchtenden, typisch segmentierten Kerne identifizieren, während die rundlichen bis ovalen Kerne der **Histiozyten** weniger charakteristisch hervortreten. Die Zellgrenzen werden durch die hellen Lichthöfe überstrahlt, so daß bei stärkerer Zellanhäufung Einzelheiten nicht mehr erkennbar sind. Als Mikro- und Makrophagen beinhalten diese beiden Zellarten in ihrem Zytoplasma oft zahlreiche kleinste Partikelchen, deren lebhafte Bewegungen bei starker Vergrößerung wahrnehmbar werden. Frische **Erythrozyten** zeigen ihre typische doppelkonturierte Form mit zentraler Aufhellung, während ältere homogen rund oder in Stechapfelform auftreten.

Hervorragend geeignet sind Phasenkontrast- und Interferenzkontrastverfahren zur Beurteilung mikrobiologischer Bestandteile in Zervix- und Vaginalabstrichen. Dies gilt insbesondere für die Erkennung von Trichomonaden und Pilzen, aber auch für die Diagnostik der Bakterienflora. **Trichomonaden** sind in der Regel im Phasenkontrastmikroskop besonders gut zu erkennen (Abb. 12.**14**) (21, 24, 29, 42). Ihre typischen, ruckartigen Bewegungen sind neben den Geißelschlägen unverkennbar. Es gibt sehr kleine runde oder ovale Formen (8–10 μm), die vor allem in der akuten Entzündungsphase vorherrschen und sehr lebhafte Bewegungen aufweisen. Im chronischen Stadium sind oft sehr große birnen- oder sackartige Gestalten (30–40 μm) zu finden, die eher träge Geißelschläge zeigen (5).

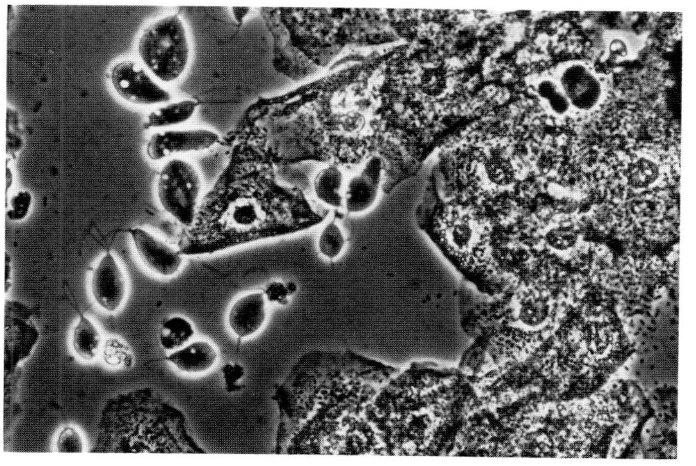

Abb. 12.**14** Zahlreiche Trichomonaden im Phasenkontrastmikroskop.

Bei stärkerer Vergrößerung (Abb. 12.**15**) sind am vorderen Pol deutlich die 4 Geißeln zu sehen, ebenso die nach hinten ziehende undulierende Membran und der den Zelleib durchziehende Achsenstab mit seinem den hinteren Pol überragenden Ende. Der im vorderen Teil der Zelle liegende Kern ist oval oder spindelig. Das Zytoplasma enthält zahlreiche Granula, gelegentlich phagozytierte Bestandteile und bei degenerativen Formen unterschiedlich ausgeprägte Vakuolen.

Die mikroskopische Diagnose von Trichomonadeninfektionen ist im Vitalpräparat im allgemeinen leichter und sicherer möglich als im fixierten, nach Papanicolaou gefärbten Präparat. Voraussetzung ist allerdings, daß die Präparate frisch nach der Entnahme des Zellmaterials untersucht werden, solange die Trichomonaden noch lebhafte Bewegungen zeigen. Die Trichomonaden sind gegen Unterkühlung empfindlich und können innerhalb weniger Minuten unbeweglich werden. Dann sind sie, zumindest bei schwacher Vergrößerung, nur schwer von weißen Blutzellen zu unterscheiden. Schwierig kann die Diagnostik von Trichomonaden auch in sofort untersuchten Vitalpräparaten sein, wenn sich nur wenige kleine Trichomonaden im Präparat befinden.

Die Diagnose von **Vaginalmykosen** (z. B. Candida albicans) im Vitalpräparat ist leicht, wenn große *Geflechte von Pseudohyphen* zu sehen sind (Abb. 12.**16** u. **17**) (10, 38). Sie fallen durch mehr oder weniger lange Fäden mit lichtbrechenden Konturen und einzelnen Abschnürungen bzw. Sproßbildungen auf. Größere Erweiterungen an den Hyphenenden werden als *Chlamydosporen* bezeichnet.

Eine genaue Durchsicht erfordern die Präparate, wenn nur *Sproßzellen (Blastosporen)* vorhanden sind (Abb. 12.**18** u. **19**). Sie stellen je nach Pilzart unterschiedlich große, kugelige bis ellipsoide Gebilde dar, die einzeln oder in kleinen Gruppen gelagert sind. Auffallend sind die hellen sie umgebenden Lichthöfe. Verwechslungsmöglichkeiten mit Spermienköpfen, Luftbläschen, Medikamentenresten und vor allem mit degenerativ veränderten Leukozytenkernen sind jedoch möglich (4, 21, 40). Man sollte dann nach typischen Sproßzellen mit frischen Tochterausstülpungen suchen. Bei dichten Epithelhaufen sollten besonders die Ränder der Zellverbände nach herausragenden Hyphenenden abgesucht werden.

Pilzinfektionen sind, ähnlich wie Trichomonadeninfektionen, im Phasenkontrastpräparat leichter als in den nach Papanicolaou gefärbten Abstrichen zu erkennen. In Zweifelsfällen muß jedoch eine Kultur angelegt werden, da die diagnostische Treffsicherheit auch der phasenkontrastmikroskopischen Methode den kulturellen Ergebnissen unterlegen ist.

Bei der Beurteilung der **Bakterienflora** lassen sich die plumpen, unterschiedlich langen *Döderlein-Bakterien* (Abb. 12.**20**) relativ leicht von den übrigen Bakterien unterscheiden, vor allem wenn eine mehr oder weniger ausgeprägte bakterielle Zytolyse dabei vorhanden ist.

Die meisten anderen Bakterien stellen sich als runde, stäbchen- oder kommaförmige Gebilde dar (Abb. 12.**21**). Eine genauere Identifizierung ist jedoch nicht möglich, für die gynäkologische Routinediagnostik im allgemeinen aber auch nicht erforderlich (22, 30, 33).

Typische Zellbilder mit wenig Leukozyten im Abstrich bieten sich meist bei *Kokkenflora* oder *Gardnerella vaginalis.* Dichte Bakterienrasen bedekken dabei oft die Zellen oder lagern sich in haufenartigen Gruppierungen den Zellrändern an (Abb. 12.**22** u. **23**).

Morphologie und Motilität von **Spermien** sind im Nativpräparat ganz ausgezeichnet zu beobachten (Abb. 12.**24**). Bei der Untersuchung des Sekrets der Scheide und des Zervikalkanals finden sich nach einer Kohabitation noch über einen längeren Zeitraum hinweg gut bewegliche Spermien. Im Zervixschleim von präovulatorischen Frauen konnte eine Motilität bis zu 204 Stunden post coitum nachgewiesen werden (12). Entzündliche Erscheinungen, das pH-Milieu der Sekrete und immunologische Faktoren bestimmen hier weitgehend die Überlebensdauer. Neben der Qualitätskontrolle des Spermas bzw. des Zervixschleimes in der Sterilitätssprechstunde kann das Auffinden von Spermien bzw. ihre eventuell noch vorhandene Beweglichkeit bei forensischen Fragen im Rahmen einer mutmaßlichen Vergewaltigung eine Rolle spielen.

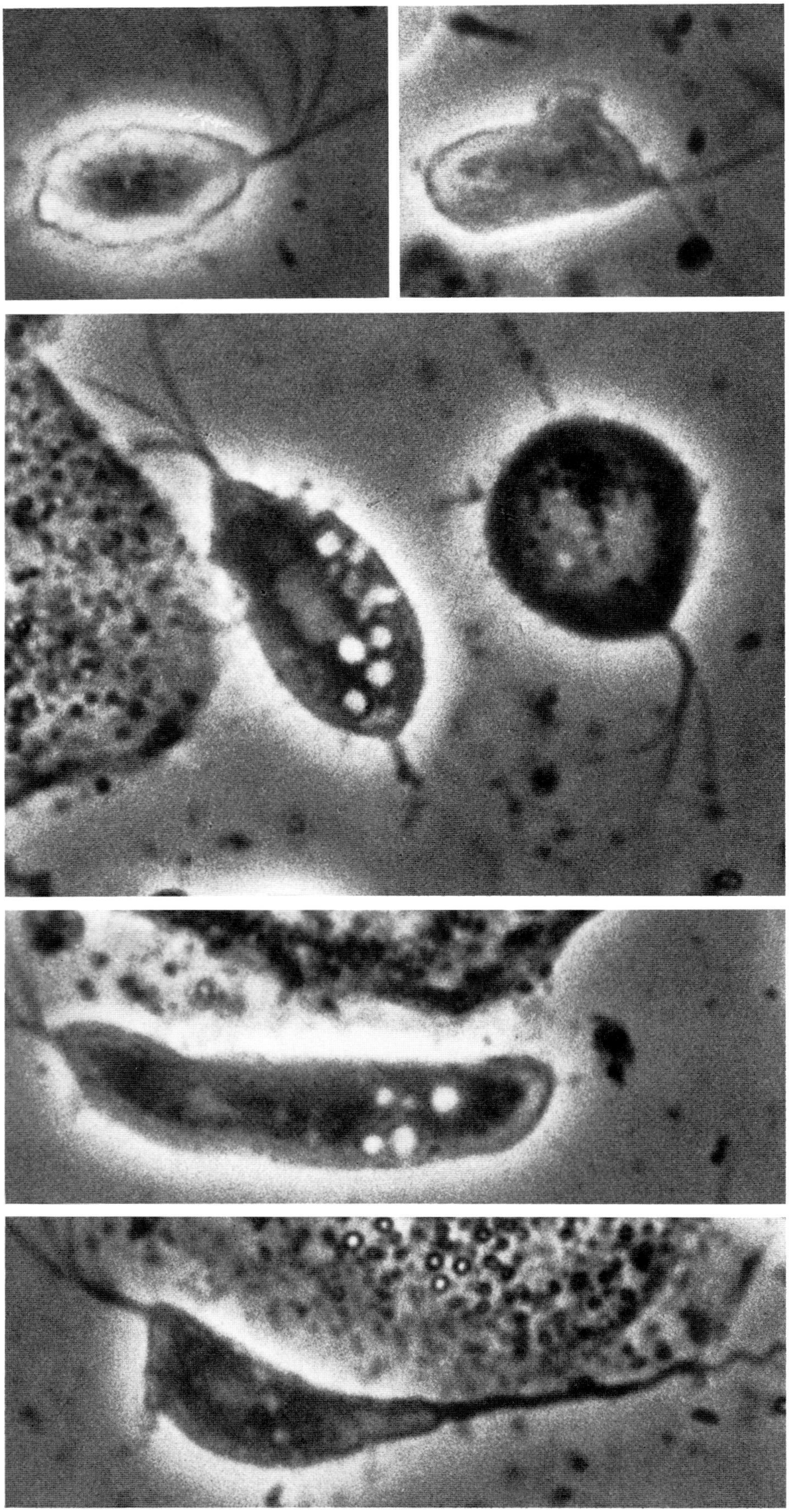

Abb. 12.**15a–e** Verschiedene Formen von Trichomonaden bei starker Vergrößerung im Phasenkontrastmikroskop.

a Trichomonade mit ihren 4 Geißeln.

b Trichomonade mit sichtbarer undulierender Membran.

c Rechts kugelförmige Trichomonade, links Trichomonade mit ausgeprägter Vakuolisation im Zytoplasma.

d Wurstförmig ausgezogene Trichomonade mit Vakuolen.

e Sackförmige Trichomonade mit auffallend langem Achsenstab.

Abb. 12.**16** Pseudomyzelien von Candida albicans über einer Gruppe von Plattenepithelzellen liegend (Phasenkontrastmikroskop).

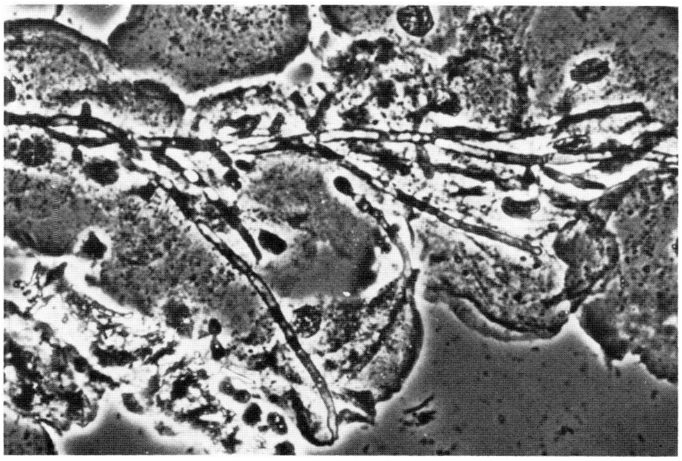

Abb. 12.**17** Pseudomyzelien von Candida albicans mit einer Chlamydospore (Phasenkontrastmikroskop).

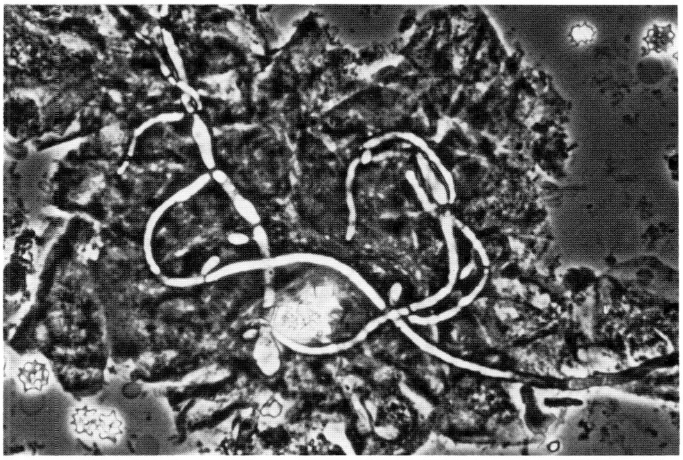

Abb. 12.**18** Zahlreiche Blastosporen von Candida albicans im Phasenkontrastmikroskop.

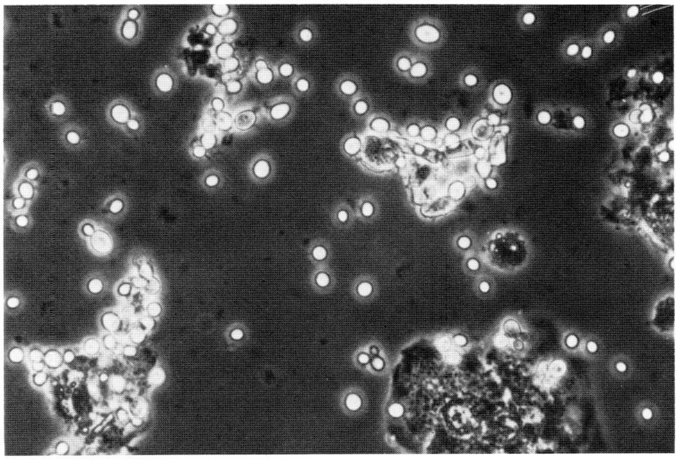

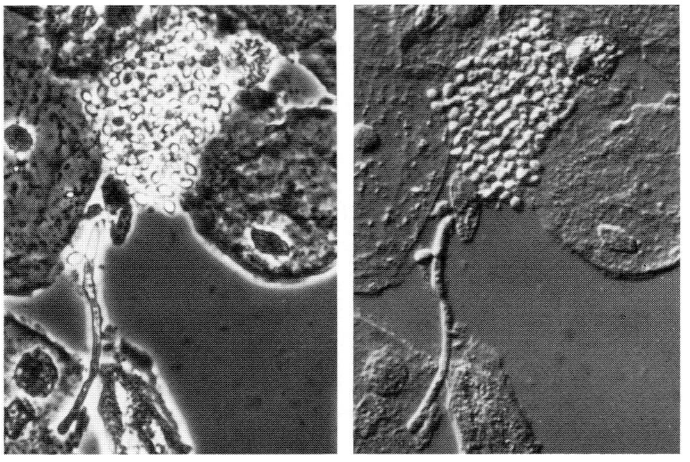

Abb. 12.**19a** u. **b** Dichter Haufen von Blastosporen neben einer Hyphe,

a im Phasenkontrastmikroskop,

b im Interferenzkontrastmikroskop.

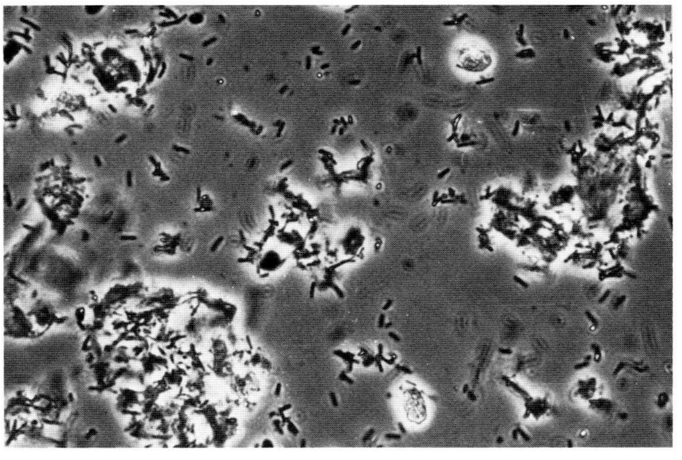

Abb. 12.**20** Döderlein-Flora mit ausgeprägter bakterieller Zytolyse im Phasenkontrastmikroskop.

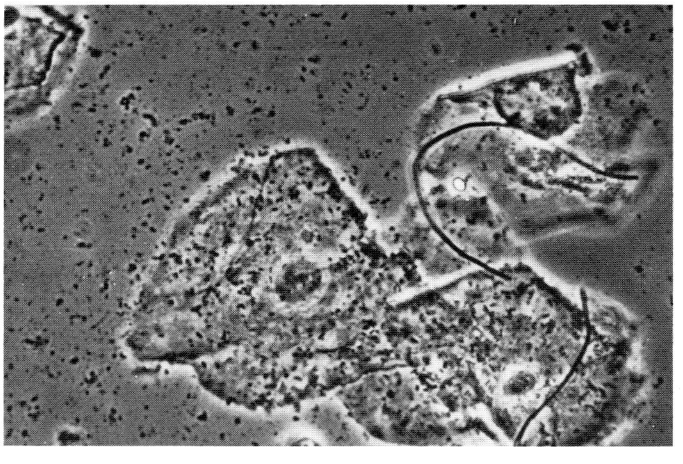

Abb. 12.**21** Mischflora mit Leptothrixfäden im Phasenkontrastmikroskop.

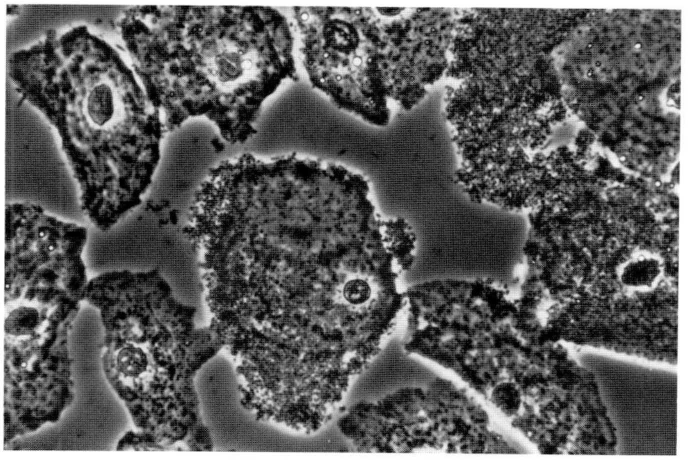

Abb. 12.**22** Kokkenflora im Phasenkontrastmikroskop.

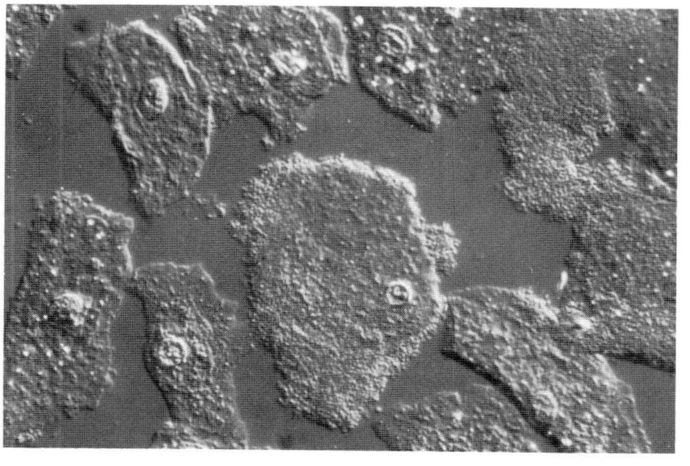

Abb. 12.**23** Kokkenflora im Interferenzkontrastmikroskop (gleiche Präparatestelle wie in Abb. 12.**22**).

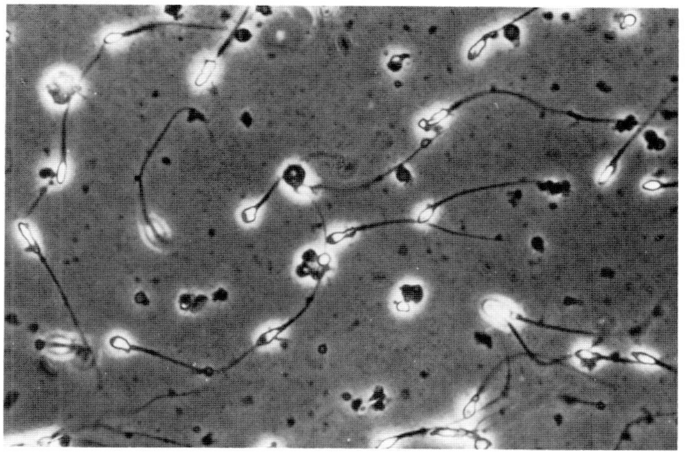

Abb. 12.**24** Spermien im Phasenkontrastmikroskop.

Anwendungsbereiche der Phasenkontrast- und Interferenzkontrastmikroskopie

Wichtigstes Anwendungsgebiet in der Routine ist die *Fluordiagnostik* in der Sprechstunde des Gynäkologen. Der große Vorteil von Phasenkontrast- und Interferenzkontrastmikroskopie besteht in der einfachen Technik, die es dem Arzt erlaubt, eine Schnelldiagnose unmittelbar nach Untersuchung der Patientin zu stellen und dann sofort eine gezielte Therapie einzuleiten. Hinsichtlich der *diagnostischen Treffsicherheit* ist die *vitalzytologische Untersuchung* bei der Erkennung von *Trichomonaden-* und *Pilzinfektionen der Untersuchung fixierter Präparate* sogar *überlegen,* da sowohl Trichomonaden als auch Pilze sich nach Papanicolaou oft schlecht anfärben lassen. Die Beurteilung der Bakterienflora reicht für die praktischen Bedürfnisse in der Therapie in der Regel aus. Bei klinisch feststellbarem Fluor wäre es zweckmäßig, grundsätzlich vor der Abstrichentnahme für die Krebsfährtensuche eine vitalzytologische Untersuchung des Vaginalsekretes vorzunehmen.

Ebenfalls bei der *hormonalen Diagnostik* kann die Untersuchung ungefärbter, vitalzytologischer Präparate sehr nützlich sein (4, 14, 21, 39, 40). Sie erlaubt eine ungefähre Orientierung, ob z. B. ein schwerer Follikelhormonmangel, eine gute Follikelhormonwirkung oder eine ausgeprägte Corpusluteum-Hormonphase vorliegt.

Die subtilere hormonale Diagnostik erfordert allerdings fixierte und gefärbte Präparate; denn Indexbestimmungen sind wegen der oft in Bewegung befindlichen Zellen und der fehlenden Eosinophilie kaum möglich. Ebenfalls als Nachteil erweist es sich, daß die Präparate nicht aufbewahrt werden können und somit bei Verlaufsbeobachtungen nicht für spätere Vergleiche zur Verfügung stehen. Die Dokumentation durch Photos hat sich als zu aufwendig erwiesen.

In der *Sterilitätsberatung* lassen sich mit Hilfe des Sims-Huhner-Tests und des Kurzrock-Miller-Tests Motilitätsstörungen der Spermien im Zervikalsekret nachweisen. Die zytologische Beurteilung, ob bereits eine Ovulation erfolgt ist oder nicht, kann schwierig sein.

Nicht geeignet sind Phasenkontrast- und Interferenzkontrastmikroskopie für die *Krebsfährtensuche* (4, 21)! Da die Zeichen der Atypie nicht so deutlich zum Ausdruck kommen wie im gefärbten Präparat, ist die Gefahr sehr groß, pathologische Zellen zu übersehen. Die angefertigten Präparate müßten außerdem sofort angesehen werden, da sie nicht aufbewahrt werden können. Es fehlt damit auch die Möglichkeit der Dokumentation und späteren Nachprüfung der Befunde.

Dagegen haben sich in der Forschung sowohl Phasenkontrast- als auch Interferenzkontrastmikroskopie auf vielen Gebieten als sehr nützlich erwiesen (3, 4, 7, 8, 15, 47), weil die Beurteilung von nicht durch Fixierung und Färbung beeinflußten Zellen und Mikroorganismen Einblicke in biologische Vorgänge der lebenden Zellen verschafft, die sonst nicht möglich wären.

Literatur

1 v. Albertini, A.: Zur Anwendung der Phasenkontrastmikroskopie in der pathologischen Histologie. Schweiz. Z. Pathol. 8 (1945) 298

2 Benett, A. H.: Phase Microscopy. Principles and Applications. Wily, New York u. Chatman & Hall, London 1951

3 Bessis, M.: Das Absterben der Zellen. Triangel 9 (1970) 191

4 Breinl, H.: Die Phasenkontrastmikroskopie als morphologische Untersuchungsmethode in Biologie und Medizin. In Witte, S., F. Ruch: Moderne Untersuchungsmethoden in der Zytologie. Witzstrock, Baden-Baden 1976 (S. 11)

5 Bruckner, S.-B., U. Mikel: Unusual and giant forms of trichomonas vaginalis. Acta cytol. 27 (1983) 549

6 Caly, R.: Das Mikroskop und seine Anwendung. In Soost, H. J.: Lehrbuch der klinischen Zytodiagnostik. 3. Aufl. Thieme, Stuttgart 1978

7 Domagala, W., J. Lubinski, K. Weber, M. Osborn: Intermediate filament typing of tumor cells in fine needle aspirates by means of monoclonal antibodies. Acta cytol. 30 (1986) 214

8 Domagala, W., K. Weber, M. Osborn: Differential diagnosis of lymph node aspirates by intermediate filament typing of tumor cells. Acta cytol. 30 (1986) 225

9 Dolff, J. J. C., E. Weißenfels: Zur Vitalzytologie des Mammakarzinoms. Münch. med. Wschr. 115 (1973) 1139

10 Effendy, I., U. Gieler: Genitalmykosen auf dem Vormarsch. Sexualmedizin 13 (1984) 452

11 Gansler, H., Th. Nemetschek: Phasenkontrast bei der Abbildung biologischer Objekte. Zeitschr. f. Naturforsch. 13 (1958) 190

12 Georgiades, E., W. Schneider: Über die Nachweisbarkeitsdauer von Spermien im Zervixsekret der Frau nach einmaliger Kohabitation. Zbl. Gynäkol. 94 (1972) 1553

13 Glatthaar, E.: Über Versuche zur cytologischen Differenzierung des atypischen Portioepithels mit Hilfe von Gewebezüchtung und Phasenkontrastmikroskopie. Schweiz. med. Wschr. 78 (1948) 720

14 Guggisberg, W., U. Herrmann: Hormonale Zytodiagnostik mit Hilfe der Phasenkontrastmikroskopie. Gynaecologia 144 (1957) 11

15 Gundlach, H.: Diskussion zum Beitrag: Interferenzkontrastmikroskopie. In Witte, S., F. Ruch: Moderne Untersuchungsmethoden in der Zytologie. Witzstrock, Baden-Baden 1976 (S. 35)

16 Haselmann, H.: Beiträge zur Phasenkontrast-Mikroskopie. Mikrosk. 5 (1950) 214

17 Haselmann, H., D. Wittekind: Phasenkontrast-Fluoreszenz-Mikroskopie. Zeitschr. f. wissensch. Mikrosk. u. mikrosk. Techn. 63 (1957) 216

18 Hermanek, P.: Morphologische Schnellschnittmethoden zur intraoperativen Untersuchung. Fortschr. Med. 89 (1971) 1118

19 Hermanek, P., H. Bünte: Die intraoperative Schnellschnittuntersuchung. Urban & Schwarzenberg, München 1972

20 Hermanek, P., H. Bünte: Intraoperative zytologische Untersuchung. Wien. klin. Wschr. 84 (1972) 353

21 Jenny, J.: Die Phasenkontrastmikroskopie in der täglichen Praxis. Jenny & Artusi, Schaffhausen 1977

22 Jenny, J. W.: Diagnostic Problems. Gynäkol. Rdsch. 23 (1983) 16

23 Köhler, A., W. Loos: Das Phasenkontrastverfahren und seine Anwendung in der Mikroskopie. Naturwiss. 29 (1941) 49

24 Koralewski, F., K. Fegeler, S. Nolting: Die Bedeutung der Trichomoniasis heute. Castellania 7 (1975) 127

25 Lüdin, H.: Tumorzellnachweis in Organpunktaten mit dem Phasenkontrastverfahren. Schweiz. med. Wschr. 78 (1948) 710

26 Michel, K.: Das Phasenkontrastverfahren. In: Hbd. wiss. angew. Photogr. Erg. Bd. Wien 1943

27 Michel, K.: Phasenkontrast. Zeiss-Mitt. 1 (1959) 243

28 Nomarski, G.: Microinterferométrie differentiel à ondes polariseés. J. Phys. Radium 16 (1955) 9

29 Nürnberger, F., J. Bantunek, M. Schultze: Erste Versuche zur Darstellung von Trichomonas vaginalis-Formen mit Hilfe des Raster-Elektronenmikroskops. Castellania 2 (1974) 33

30 Petersen, E. E.: Die Aminkolpitis. Gynäkologe 18 (1985) 131

31 Roth, O. A.: Zytologische Untersuchungen mit dem Phasenkontrastverfahren. Gynaecologia 135 (1953) 222

32 Runge, H. A., H. Vöge, H. Haselmann: Untersuchungen des Vaginalsmears mittels Phasenkontrastmikroskopie. Geburtsh. u. Frauenheilk. 9 (1949) 627
33 Schieck, R.: Schnellzytologie mittels Phasenkontrast- und Interferenzkontrastmikroskopie in der gynäkologischen Sprechstunde. Zbl. Gynäkol. 101 (1979) 1208
34 Schnell, J. D.: Möglichkeiten der Phasenkontrastzytologie bei der Schnelldiagnostik des Mammakarzinoms. Kongr. d. Österr., Deutschen u. Schweizer Gesellschaft für Zytologie, Baden (Wien) 1971
35 Schnell, J. D., W. Herting: Die Phasenkontrastzytologie bei der intraoperativen Diagnose. Geburtsh. u. Frauenheilk. 35 (1975) 450
36 Schrage, R.: Phasenkontrastmikroskopie und Imprintzytologie zur intraoperativen Schnelldiagnostik. Med. Welt 27 (1976) 1570
37 Schrage, R.: Die Phasenkontrastmikroskopie in der gynäkologischen Diagnostik (1.) Gynäkol. prax. 2 (1978) 623
38 Siapco, B. J., B. J. Kaplan, G. S. Bernstein, D. L. Moyer: Cytodiagnosis of Candida Organisms in Cervical Smears. Acta cytol. 30 (1986) 477
39 Stoll, P.: Die Schnelldiagnose mittels Phasenkontrastmikroskopie in der gynäkologischen Sprechstunde. Zeiss-Mitt. 2 (1960) 33
40 Stoll, P.: Gynäkologische Vitalzytologie in der Praxis. Springer, Berlin 1969
41 Stoll, P., D. Francke: Die vitalzytologische Beurteilung des Reifegrades beim Portiokarzinom. Arch. Gynäkol. 181 (1952) 391
42 Walther, H.: Trichomoniasis. Fortschr. Med. 95 (1977) 809
43 Wever, H., J. D. Schnell: Vergleichende Untersuchungen im Phasenkontrastverfahren und Schnellschnitt zur Diagnose des Mammakarzinoms. Arch. Gynäkol. 211 (1970) 51
44 Wied, G. L.: Eine Untersuchung über die Zweckmäßigkeit gefärbter und vitaler Präparate für die Zytodiagnostik. Geburtsh. u. Frauenheilk. 11 (1951) 897
45 Wied, G. L.: Phase-contrast microscopy, an office technique for prescreening of cytologic vaginal smears. Amer. J. Obstet. Gynecol. 71 (1956) 806
46 Witte, S.: Vital- und Fluoreszenzmethoden in der klinischen Zytologie. Dtsch. med. Wschr. 92 (1967) 1777
47 Witte, S.: Das Interferenzkontrastverfahren. In Witte, S., F. Ruch: Moderne Untersuchungsmethoden in der Zytologie. Witzstrock, Baden-Baden 1976 (S. 28)
48 Zernike, F.: Beugungstheorie des Schneideverfahrens und seiner verbesserten Form der Phasenkontrastmethode. Physika 1 (1934) 689
49 Zernike, F.: Das Phasenkontrastverfahren bei der mikroskopischen Beobachtung. Phys. Zeitschr. 36 (1935) 848
50 Zinser, H. K.: Cytologische Karzinomdiagnose mit dem Phasenkontrastverfahren. Zbl. Gynäkol. 71 (1949) 843
51 Zinser, H. K.: Die vitalcytologische Karzinomdiagnose. Z. Geburtsh. 133 (1950) 74
52 Zinser, H. K.: Die extreme Frühdiagnose des Collum-Carcinoms mit dem Abstrichverfahren nach Papanicolaou und der Phasenkontrastmikroskopie. Zbl. Gynäkol. 72 (1950) 1647
53 Zinser, H. K.: Kolposkopie und Phasenkontrastmikroskopie im Dienst der Krebsbekämpfung. Röntgen-Bl. 4 (1951) 198
54 Zinser, H. K.: Phasenkontrast-Mikroskopie. In Antoine, T.: Klin. Fortschr. Gyn., Urban u. Schwarzenberg, Wien 1954

13 Organisation und Arbeitsweise eines zytologischen Laboratoriums

Einrichtung und Organisation eines zytologischen Laboratoriums, das in Abhängigkeit von den räumlichen Gegebenheiten dem Umfang des anfallenden Untersuchungsmaterials angepaßt sein muß, soll die Bewältigung von drei wesentlichen Aufgaben ermöglichen:

- die technische Bearbeitung und Färbung der Präparate,
- die mikroskopische Beurteilung der Präparate,
- die Archivierung von Befunden und Präparaten.

Technische Bearbeitung und Färbung

Grundsätzliches zur Fixierung und Färbung

Zur Färbung der Abstriche wird in der gynäkologischen Zytologie fast ausschließlich die Papanicolaou-Färbung in einer ihrer zahlreichen Modifikationen verwendet. Diese von Papanicolaou empirisch entwickelte Färbemethode hat sich sowohl für die Karzinomdiagnostik als auch für die hormonale Diagnostik bewährt.

Die Anwendung der Papanicolaou-Färbung setzt eine *Fixierung des Zellmaterials* in einer hochprozentigen Alkohollösung voraus. Die Fixierung des Zellmaterials muß, wie in Kap. 3 ausführlich besprochen, sofort nach der Abstrichentnahme erfolgen. Wegen der Bedeutung der richtigen Fixierung für Färbung und Beurteilung der Abstrichpräparate sei nochmals darauf hingewiesen.

Die Fixierung ist ein Versuch, die Struktur der Zelle möglichst ohne Zerstörung zu erhalten. Unfixiert bleiben die Zellen nur über kurze Zeit in ihrem Zustand erhalten. Durch die Alkoholfixierung werden die biologischen und mechanischen Aktivitäten der Zelle mit größtmöglicher Geschwindigkeit gestoppt. Man arbeitet also im Prinzip mit Artefakten, die sich dabei nicht ganz vermeiden lassen. Da die Artefakte jedoch stets in gleicher Weite herbeigeführt werden, sind sie miteinander vergleichbar, und es lassen sich zuverlässige Rückschlüsse daraus auf die Funktion der Zelle im Augenblick der Fixierung ziehen. In natürlichem Zustand sind alle Zellen, ob lebendig oder tot, transparent und farblos. Einzelheiten sind nur durch den unterschiedlichen Lichtbrechungsindex der verschiedenen Zellelemente zu erkennen.

Bei der Färbung nehmen einzelne Teile der Zelle und des Kernes, je nach Zytochemie und Funktionszustand, unterschiedliche Farben an, so daß zahlreiche Einzelheiten der Morphologie besser erkennbar werden.

Papanicolaou-Färbung

Die Papanicolaou-Färbung wird von uns in folgender Weise durchgeführt (diese Vorschrift lehnt sich an eine Veröffentlichung von Papanicolaou [18] aus dem Jahre 1942 an). Die 20–30 Minuten in 96%igem Äthylalkohol oder 99%igem Isopropylalkohol fixierten Ausstriche werden wie folgt weiterbehandelt:

1. 80%iger Alkohol (½ Minute),
2. 70%iger Alkohol (½ Minute),
3. 50%iger Alkohol (½ Minute),
4. Aqua dest. (½ Minute),
5. Hämatoxylin (Harris) (3–6 Minuten)*,
6. Aqua dest. (½ Minute),
7. 0,25%ige wäßrige Salzsäure (6mal eintauchen),
8. fließendes Wasser (6 Minuten),
9. Aqua dest. (½ Minute),
10. 50%iger Alkohol (½ Minute),
11. 70%iger Alkohol (½ Minute),
12. 80%iger Alkohol (½ Minute),
13. 95%iger Alkohol (½ Minute),
14. Orange G 6 (1½ Minuten),
15. 95%iger Alkohol (½ Minute), } getrennte Küvetten
16. 95%iger Alkohol (½ Minute), }
17. EA 50 (1½ Minuten),
18. 95%iger Alkohol (½ Minute), } getrennte Küvetten
19. 95%iger Alkohol (½ Minute), }
20. 95%iger Alkohol (½ Minute), }
21. absoluter Alkohol (½ Minute),
22. Xylol-Alkohol (zu gleichen Teilen) (½ Minute),
23. Xylol (½ Minute),
24. eindecken in Caedax, Eukitt oder Kanadabalsam.

* Die Hämatoxylin-Färbestufe mußte 1975 verlängert werden, da der Farbstoff seitdem in geringerer Konzentration geliefert wird.

Bei Fixierung mit einem Polyäthylenglykolspray können die beiden ersten Stufen der absteigenden Alkoholreihe wegfallen.

Die *Papanicolaou-Färbung* zeichnet sich durch eine sehr distinkte, feine Zeichnung der Kerne und eine hohe Transparenz der Plasmafärbung aus, so daß auch bei den regelmäßig in den Abstrichen vorkommenden Überlagerungen die Zellen gut zu erkennen sind. Das Zytoplasma der ausgereiften Zellen des Plattenepithels nimmt eine eosinophile, d. h. rosa bis hellrote Farbe an. Keratinisierte Zellen färben sich leuchtend orange bis gelblich. Das Zytoplasma der Zellen aus den tiefen Schichten des Plattenepithels, wie Parabasalzellen und kleine Intermediärzellen sowie ein Teil der großen Intermediär- und auch einzelne Superfizialzellen, färben sich zyanophil, d. h. hellblau bis grünlich, manchmal gering ins Violette gehend. Die Zellkerne zeigen sich graublau bis violett, manchmal schwarzbraun. Die Kernkörperchen färben sich rötlich an. Erythrozyten erscheinen leuchtend rot. Das Zellplasma der Leukozyten wird blaßrosa.

Die Papanicolaou-Färbung kann in *verschiedenen Modifikationen* durchgeführt werden. Feste Bestandteile der Färbung sind in jedem Falle die Farbstoffe Hämatoxylin, Organe G 6 sowie ein Polychromfarbstoff. Vorangestellt bzw. dazwischengeschoben sind absteigende und aufsteigende Alkoholreihen. Modifiziert werden können jedoch die Färbezeiten, die Konzentration des Hämatoxylins sowie die Zwischenschaltung verschiedener Alkohole. Unterschiedlich kann ferner die Differenzierung im Anschluß an die Hämatoxylinstufe durchgeführt werden.

Zur *Erläuterung der Papanicolaou-Färbung* ist folgendes zu sagen: Nach Eingang im Laboratorium werden die in Alkohol fixierten Präparate zunächst durch eine absteigende Alkoholreihe geführt und in Aqua dest. gespült. Dies ist notwendig, weil Hämatoxylin eine wäßrige Lösung ist. Hämatoxylin bewirkt die Kernfärbung. Es folgen nach nochmaligem Bad in Aqua dest. die Differenzierung mit 0,25%iger wäßriger Salzsäure und das Spülen unter fließendem Wassser. Anschließend werden die Präparate wieder durch eine aufsteigende Alkoholreihe geführt, weil sie vor dem Färben mit alkoholhaltigen Farbstoffen dehydriert werden müssen. Es folgt die Färbung mit Organge G und nach Zwischenschaltung von Alkohol mit dem Polychromfarbstoff EA 50. Die beiden letztgenannten Farbstoffe dienen der Plasmafärbung. Während Orange G das Zellplasma orange bis rötlich anfärbt, gibt der Polychromfarbstoff EA 50 den Zellen die mehr bläuliche Tönung. Es handelt sich in beiden Fällen um alkoholische Lösungen, durch welche die besondere Transparenz des Plasmas bewirkt wird. Anschließend werden alle Spuren von Wasser durch mehrfaches Spülen in hochprozentigem Alkohol und Alkohol-Xylol extrahiert. Xylol dehydriert weiter und klärt das Zellbild für die Eindeckung. Als Alkohol wird, wenn nicht anders erwähnt, Äthylalkohol verwendet, der mit Benzol oder Ketylketon vergällt sein darf.

Bei der hier beschriebenen Färbetechnik wird das Hämatoxylin regressiv eingesetzt, d. h., die Zellen werden überfärbt, dann wird ihnen mittels Salzsäurelösung der Farbstoff teilweise wieder entzogen. So erhalten die Kerne die gewünschte Farbintensität, und die überflüssige Farbe aus dem Plasma verschwindet. Das fließende Wasser neutralisiert die Säure und gibt den Kernen ein tiefes Blau. Wenn das Spülwasser Verunreinigungen enthält oder warm ist, kann nach dem fließenden Wasser eine verdünnte Lithiumcarbonatlösung zum Bläuen der Kerne eingeschaltet werden.

Eine vielfach benutzte Modifikation der oben dargestellten Färbung besteht darin, daß die Hämatoxylinfarbstufe kürzer gewählt und dann mit Ammoniakalkohol (1,5% Ammoniumhydroxyd in 70%igem Alkohol) differenziert wird. Bei dicken Ausstrichen bleibt ziemlich viel Hämatoxylin im Plasma zurück.

Wir verwenden im allgemeinen den Farbstoff EA 50. An seiner Stelle können Polychromfarbstoffe mit anderer Zusammensetzung gebraucht werden. EA 36 ist, abgesehen von der etwas stärkeren Konzentration, mit EA 50 identisch. EA 31 bringt die Zyanophilie deutlicher hervor. Bei EA 65 ist die Lichtgrünlösung lediglich 0,25%ig statt 0,5%ig. Im ganzen sind die färberischen Unterschiede zwischen allen genannten Polychromfarbstoffen gering.

Die Zusammensetzung der wichtigsten Farbstoffe für die Papanicolaou-Färbung ist Tab. 13.**1** zu entnehmen. Alle Farbstofflösungen können fabrikfertig bezogen werden. Es ist daher heute nur noch in wenigen Laboratorien üblich, die Farbstofflösungen selbst herzustellen.

Tabelle 13.**1** Zusammensetzung der wichtigsten Farbstoffe für die Papanicolaou-Färbung.

Hämatoxylin Harris	
Hämatoxylin	1,0 g
Alkohol, 95%ig	10,0 ml
Aluminium- oder Ammoniumsulfat	20,0 g
Aqua dest.	200,0 ml
Gelbes Quecksilberoxyd	0,5 g
Eisessig	8,0 ml
Orange G 6	
Orange G, 0,5%ige Lösung in 95%igem Alkohol	100,0 ml
Phosphorwolframsäure	0,015 g
Polychromfarbstoffgemisch nach Papanicolaou EA 50	
Lichtgrün, gelblich	0,375 g
Bismarckbraun	0,4 g
Eosin, gelblich	2,5 g
Aqua dest.	50,0 g
Äthanol, 96%ig, rein	609,0 g
Methanol, rein	160,0 g
Phosporwolframsäure 1,7 g, gelöst in 50%igen Äthanol	5,0 ml
Lithiumkarbonatlösung, gesättigt	0,5 ml
Eisessig	1,0 ml

Praktische Hinweise zur Durchführung der Färbung

Um die Arbeit des Färbens rationell zu gestalten, ist es zweckmäßig, die Präparate im Laboratorium zu sammeln und in *Objektträgerwiegen,* die jeweils 10–30, eventuell bis 50 Präparate fassen, durch die Färbereihe hindurchzuführen. In größeren Laboratorien lohnt sich die Anschaffung einer automatischen Färbeeinrichtung.

Der Vorteil des Einsatzes *automatischer Färbemaschinen* besteht nicht nur darin, daß sie personal- und zeitsparend sind, sondern die Färbungen werden im allgemeinen auch gleichmäßiger als die per Hand ausgeführten.

Mit frisch angesetzten Farblösungen lassen sich in der Regel 750–1000 Präparate färben. Fallen in einem Laboratorium weniger Präparate an, so sollte die Färbung schon nach einem geringeren Durchgang, mindestens wöchentlich einmal, erneuert werden.

Die Qualität der Färbung muß laufend überwacht werden. Läßt die Intensität der Kernfärbung nach, so muß das Hämatoxylin erneuert werden. Andererseits muß unbedingt vermieden werden, daß durch Überfärbungen mit Hämatoxylin Hyperchromasie und Verdacht auf Malignität vorgetäuscht werden. Gegebenenfalls ist die Hämatoxylinfärbestufe zu verkürzen oder die Farbe zu verdünnen.

Hämatoxylin muß täglich filtriert werden, um Niederschläge und die an der Oberfläche sich absetzende Oxidationsschicht zu beseitigen. Es gibt sonst störende Farbstoffniederschläge auf den Präparaten. Bei den anderen Farbstoffen genügt es, sie jeden zweiten bis dritten Tag zu filtrieren. Sämtliche Farbstoffe sollten kühl und lichtgeschützt aufbewahrt werden.

Alkohol und Spülflüssigkeiten müssen regelmäßig aufgefüllt bzw. erneuert werden. Dabei ist darauf zu achten, daß auch der Bodensatz aus den Färbegefäßen, wie den Gefäßen mit Fixierungsflüssigkeiten, entfernt wird, um eine Verschleppung abgelöster Zellen auf andere Objektträger zu vermeiden.

Alle Gefäße mit Lösungen sollten, außer während der Färbung, geschlossen gehalten werden, um zu verhüten, daß Flüssigkeit verdunstet oder Luftfeuchtigkeit absorbiert wird. Xylol trübt sich leicht durch Wasserzusatz. Es muß dann erneuert werden. Trübes Xylol ist unbrauchbar.

Erfolgt die Abstrichentnahme im Anschluß an eine gynäkologische Untersuchung, so finden sich gelegentlich Stärkekörner oder Talkumkristalle (vom Untersuchungshandschuh) in den zytologischen Präparaten. Die *Stärkekörner* erscheinen als hellrosa oder hellblau gefärbte, diskusartige Scheiben von verschiedener Größe (Abb. 13.**1**). Sie zeichnen sich durch charakteristische Einrisse aus. *Talkumablagerungen* treten in den nach Papanicolaou gefärbten Präparaten als farblose bis gelbliche, flache Kristalle in Erscheinung (Abb. 13.**2**). Im Gegensatz zu den intensiv violett gefärbten Hämatoxylinausfällungen stören sie die Auswertung der Abstriche nicht.

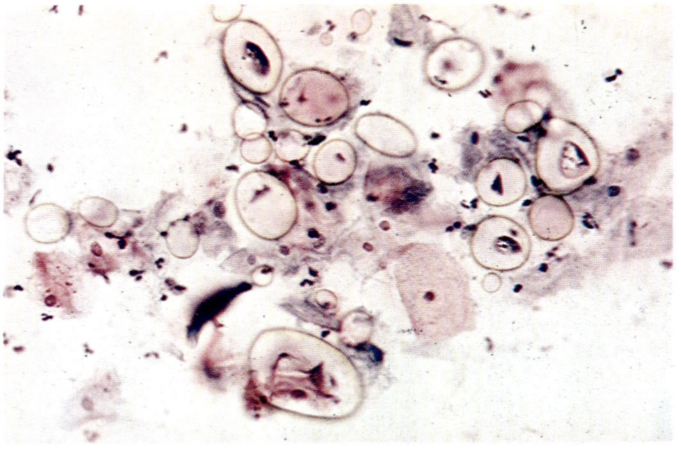

Abb. 13.**1** Stärkekörner im Vaginalabstrich (Obj. 25 ×, Ok. 10 ×).

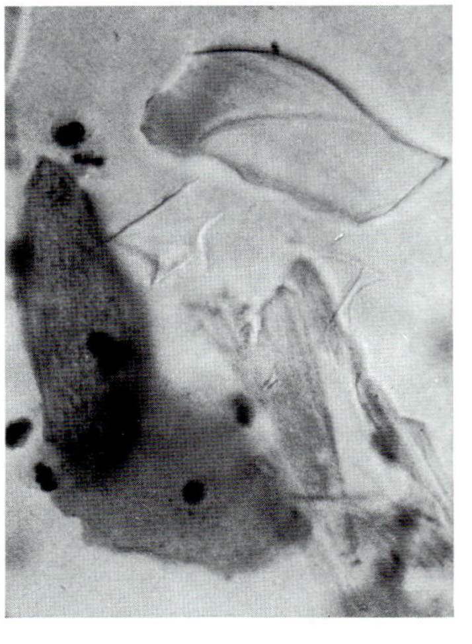

Abb. 13.**2** Talkumkristalle im Vaginalabstrich (Obj. Öl 40 ×, Ok. 10 ×).

Eindecken der Präparate

Das *Eindecken der Präparate* erfolgt in der Regel mit Caedax, Eukitt oder Kanadabalsam. Darüber wird ein Deckglas gedeckt, in der Größe von mindestens 5,0 × 2,5 cm, damit ein genügend großer Anteil des Präparates beurteilt werden kann.

Um die Verschleppung von Zellmaterial zu vermeiden, ist es schließlich wichtig, daß beim Auftragen des Eindeckmittels die Präparatoberfläche nicht mit Glasstäbchen oder Pipetten berührt wird.

Anstelle der genannten Eindeckmittel kann auch ein Lack (z. B. Diatex, Fa. Svensson, Malmö) verwendet werden, der in wenigen Minuten erhärtet. Man benötigt dann keine Deckgläser. Die Zellen liegen jedoch nicht immer in einer Ebene, was beim Mikroskopieren stört und für die Anfertigung von Mikrofotos ungünstig ist. Außerdem ist die Haltbarkeit der Präparate über längere Zeit nicht gut, weil der Lack aufreißt.

Als *„Eindeckungsartefakte"* zeigen sich auf den großen Zellen des Plattenepithels gelegentlich goldgelbe bis dunkelbraune Granula, die beim Spielen mit der Mikrometerschraube als lichtbrechende Tropfen erscheinen (Abb. 13.**3**). Mitunter zeigen sie eine längliche Form oder myzelartige Zusammenhänge. Es handelt sich wahrscheinlich um kleine Flüssigkeitströpfchen, die sich auf der Zelloberfläche infolge mangelhafter Dehydrierung des Zellmaterials beim Eindecken bilden.

Das Härten des Eindeckmittels kann dadurch beschleunigt werden, daß die Präparate auf eine Wärmeplatte gelegt oder in einen Brutschrank bei ca. 37 °C gebracht werden. Um in dieser Phase der Präparatebearbeitung Zeit einzusparen und den Umgang mit den Chemikalien zu verkürzen, wurde auch schon versucht, mit einer automatischen Eindeckmaschine zu arbeiten. Die Erfahrungen hiermit sind aber nicht sehr befriedigend, so daß nur wenige Labors ihre Präparate routinemäßig damit eindecken.

Zerbrochene Objektträger werden mit Eukitt auf einen leeren Objektträger geklebt und lassen sich dann meist noch gut auswerten.

Schließlich sei darauf hingewiesen, daß die *Räume für die technische Bearbeitung* und das Färben der Präparate wegen der entstehenden Xylol- und eventuell Ätherdämpfe gut lüftbar sein müssen. Die Arbeiten, bei denen ätzende und brennende Gase oder Dämpfe freiwerden, sind unter einem Abzug auszuführen.

Die Gefäße mit Fixierungsflüssigkeiten müssen die Aufschrift „feuergefährlich" tragen. Die Lagerung der Farbstoffe muß kühl und lichtgeschützt erfolgen.

Andere Färbungen

Für die hormonale Diagnostik kann, außer der Papanicolaou-Färbung, auch die Shorr- oder Shorr-Hämatoxylinfärbung verwendet werden.

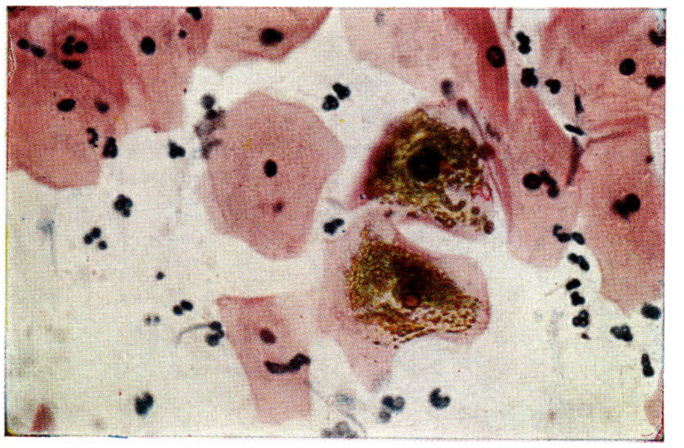

Abb. 13.**3** Gelbbraune, granulaartige Gebilde auf Epithelzellen. Eindeckungsartefakt durch unzureichende Dehydrierung vor Einbettung in Caedax, Eukitt oder Kanadabalsam (Obj. 40 ×, Ok. 10 ×).

Bei der **Shorr-Färbung** färbt sich das Plasma der eosinophilen Zellen leuchtend orange, das der zyanophilen grün, wobei die jüngeren Zellen tiefgrün, die älteren mehr blaßgrün erscheinen. Die Kerne weisen Tönungen in einem verschieden dunklen Rot auf.

Die Ausstriche werden nach der Fixierung in Äther-Alkohol (die Fixierung wird zum Teil nur mit 1–2 Minuten als ausreichend angegeben) wie folgt weiterbehandelt:

1. Färbung in der Shorr-Lösung „S III" (1–5 Minuten),
2. 70%iger Alkohol, 10mal eintauchen,
3. 95%iger Alkohol, 10mal eintauchen,
4. absoluter Alkohol, 10mal eintauchen,
5. Xylol (½ Minute),
6. Einbetten in Caedax, Eukitt oder Kanadabalsam.

Bei der **Shorr-Hämatoxylinfärbung** erscheint das Zellplasma hellrosa bzw. blauviolett, der Zellkern vorwiegend dunkelviolett. Nach Fixierung der Präparate

1. Alkohol 70%ig, 10mal eintauchen,
2. Aqua dest., 10mal eintauchen,
3. Färben in Hämatoxylin Harris (1½ Minuten),
4. Leitungswasser, vorsichtiges Spülen,
5. Lithiumcarbonatlösung (gesätt. Lösg. zur Hälfte mit Aqua dest. verdünnt) (½ Minute),
6. Aqua dest., 10mal eintauchen,
7. Alkohol 70%ig, 10mal eintauchen,
8. Alkohol 96%ig, 10mal eintauchen,
9. Färben in der Shorr-Lösung S III (4–6 Minuten),
10. Alkohol 96%ig, 10mal eintauchen,
11. absol. Alkohol, 10mal eintauchen, } getrennte Küvetten
12. absol. Alkohol, 10mal eintauchen, } getrennte Küvetten
13. Xylol (½ Minute),
14. Einbetten in Caedax, Eukitt oder Kanadabalsam.

Zusammensetzung der Shorr-Lösung „S III“

Alkohol, 50%ig	100,0 ml
Biebricher Scharlach, wasserlöslich	0,5 g
Orange G	0,25 g
Fast Green FCF	0,075 g
Phosphorwolframsäure	0,5 g
Phosphormolybdänsäure	0,5 g
Eisessig	1,0 ml

Als **Fluoreszenzmethode** ist die **Acridinorangefärbung** sehr verbreitet, die sowohl an vitalem als auch an fixiertem Zellmaterial angewandt werden kann. Die folgende Färbevorschrift wurde von Bertalanffy angegeben:

1. Fixierung der Ausstriche in üblicher Weise in Äther-Alkohol 1:1;
2. Überführung durch die absteigende Alkoholreihe 80%ig, 70%ig und 50%ig in Aqua dest.;
3. kurzes Abspülen in 1%iger Essigsäure und Auswaschen in Aqua dest.;
4. Färbung in einer 0,01%igen Akridinorangelösung für 3 Minuten (eine Stammlösung von Akridinorange [0,1%ig in Aqua dest.] wird im Dunkeln aufbewahrt und nach Bedarf mit Phosphatpuffer pH 6 [11 ml $\frac{1}{15}$ mol/l KH_2PO_4 + 80 ml $\frac{1}{15}$ mol/l Na_2HPO_4; Kontrolle mit pH-Meßgerät] verdünnt);
5. Auswaschen in Phosphatpuffer, 1 Minute,
6. Differenzierung mit $CaCl_2$-Lösung ($\frac{1}{10}$ mol/l), 1½ Min.;
7. nochmals gründliches Auswaschen in Phosphatpuffer, 2 Min.;
8. Beobachtung des Zellmaterials in Phosphatpuffer unter Deckglas im Fluoreszenzmikroskop.

Nach üblicher Entwässerung (aufsteigende Alkoholreihe und Xylol) kann durch Einbetten in Caedax oder Eukitt eine Verarbeitung zu Dauerpräparaten erfolgen. Diese behalten für längere Zeit ihre Fluoreszenz.

Färbungen zur Darstellung der X-Chromatine (Methode von Klinger u. Ludwig):
Nach Fixierung der Präparate

1. 15 Min. in 95%igen Alkohol,
2. 3 Min. in absol. Alkohol,
3. 3 Min. in 1%iges Zelloidin in Äther gelöst, absol. Alkohol zu gleichen Teilen,
4. 10 Min. in 70%igen Alkohol,
5. Durchführen durch 50%igen Alkohol,
6. Durchführen durch Aqua dest., } getrennte Küvetten
7. Durchführen durch Aqua dest., }
8. 20 Min. Hydrolyse in 5 n HCl (bei 20–24 °C),
9. Auswaschen in Aqua dest., } muß vor jeder Färbung wegen der Verunreinigung mit HCl gewechselt werden!
10. Auswaschen in Aqua dest., }
11. Auswaschen in Aqua dest., }
12. 45 Min. in die Farblösung
13. Auswaschen in Aqua dest.,
14. Auswaschen in 50%igem Alkohol,
15. bis keine Farbwolken mehr abgehen in 70%igen Alkohol,
16. bis keine Farbwolken mehr abgehen in 95%igen Alkohol,
17. 3 Min. in absol. Alkohol,
18. 3 Min. in absol. Alkohol,
19. 3 Min. in Xylol,
20. 3 Min. in Xylol.

Anschließend erfolgt die Eindeckung in ein neutrales Einschlußmittel, z. B. Kanadabalsam.

Die *Farblösung* setzt sich zusammen aus 28 ml Michaelis-Puffer, 32 ml 0,1 mol/l HCl und 40 ml Thioninlösung. Die Thioninlösung wird durch Sättigung von 50%igem Alkohol mit Thionin und anschließender Filtrierung hergestellt. Der pH-Wert soll 5,7 ± 0,2 betragen.

Weniger kompliziert ist die Methode von Eskelund:

1. Fixieren für mindestens ½ Stunde (bis höchstens 2 Tage) in modifizierter Davidson-Lösung:
   Formaldehyd, 37%ig 20 ml,
   Alkohol, 96%ig 30 ml,
   Eisessig 10 ml,
   Aqua dest. 30 ml,
2. Färben für 10 Minuten in folgender Lösung, die mindestens 2 Wochen alt sein muß:
   Karbolfuchsin 75 ml,
   Eisessig 10 ml,
   Formaldehyd, 40%ig 10 ml,
3. Differenzieren in absol. Alkohol (evtl. unter mikroskopischer Kontrolle),
4. Aufhellen in Xylol (10 Minuten),
5. Einbetten in Caedax oder Eukitt.

Eine weitere einfache Methode zur Färbung der Barr-Körperchen ist die *Kresylechtviolettfärbung* (Methode von Naujoks):
Fixieren der Präparate in 95%igem Alkohol 30 Minuten:

1.	70%iger Alkohol	5 Minuten,
2.	50%iger Alkohol	5 Minuten,
3.	Aqua dest.	5 Minuten,
4.	Hydrolysieren	3–4 Minuten in HCl bei 56–60 °C,
5.	Spülen in Aqua dest.,	
6.	Kresylechtviolett-lösung 1%ig	8 Minuten,
7.	Differenzieren in 95%igem Alkohol	1- oder 2mal kurz eintauchen,
8.	absol. Alkohol	1 Minute,
9.	Xylol	mindestens 5 Minuten

Fluoreszenzfärbung zur Darstellung der Y-Chromatine (nach Pearson):

1. Fixierung der Präparate in 96%igem Äthylalkohol oder 99%igem Isopropylalkohol, mindestens 5–10 Min. (Eihäute 20 Min.),
2. Pufferlösung (Phosphat-Citrat-Puffer nach Mc Ilvaine pH 4,2) 1 Min.,
3. Fluoreszenzfarbstofflösung bestehend aus: 0,02% Atebrin (Quinacrindihydrochlorit) gelöst in Aqua dest., Pufferlösung nach Mc Ilvaine ca. 2½–3 Min.,
4. Abwaschen unter fließendem Wasser 2½–3 Min.,
5. Entwässern in Aqua dest. 5–10 Min. (Eihäute 20 Min.).

Zum Mikroskopieren Eindecken unter Verwendung der Pufferlösung nach Mc Ilvaine.

Verarbeitung von Flüssigkeiten und Sedimenten

Die direkte Entnahme von Zellmaterial aus dem Uteruskavum durch Spül- und Saugverfahren, die Douglas-Punktion und die Punktion von zystischen Ovarialtumoren erfordern spezielle Verfahren der Materialbearbeitung. Die in der Flüssigkeit suspendierten Zellen müssen durch Zentrifugierung konzentriert werden. Bei großem Materialanfall sind histologische Methoden für die weitere Bearbeitung anzuwenden.

Sedimentverarbeitung

Durch Punktion gewonnene Flüssigkeiten müssen sofort, etwa 15 Min. bei 2000 U/Min. (Umdrehungen pro Minute) zentrifugiert werden. Das Sediment wird auf Objektträger ausgestrichen. Um ein Abgleiten des Zellmaterials zu verhüten, ist es zweckmäßig, die Objektträger vorher mit Eiweißglycerin zu bestreichen. Statt dessen können auch Rauhglasobjektträger verwendet werden. Die Zellverluste können ferner dadurch geringer gehalten werden, daß die Präparate nicht in Fixierungslösung gegeben, sondern mit einem Spray fixiert werden.

Ist ein sofortiges Zentrifugieren und Ausstreichen des Sedimentes nicht möglich, so muß das Material bis zur Bearbeitung im Kühlschrank aufbewahrt werden. Für den Versand wird die Flüssigkeit in mindestens gleicher Menge mit 50%igem Äthylalkohol versetzt. Die endgültige Fixierung des auf den Objektträger aufgebrachten Zellmaterials erfolgt dann später in 95%igem Alkohol.

Filtertechnik

Für das Auffangen des in größeren Flüssigkeitsmengen enthaltenen Zellmaterials bedient man sich am besten der *Zytozentrifuge,* oder man fängt das Material auf Filtern auf. Hierfür gibt es *Milliporefilter* und *Nukleporefilter.* Der Vorteil dieser Methoden besteht darin, daß es möglich ist, das Zellmaterial ohne Gefahr von Zellverlusten auf relativ kleiner Fläche gleichmäßig verteilt zur Darstellung zu bringen. Es gibt Filter mit verschiedener Porengröße. Für zytologische Untersuchungen eignen sich solche mit einer Porengröße von 5 µm am besten. Wenn eine sofortige Bearbeitung des Materials möglich ist, werden die Proben ohne vorherige Fixierung filtriert. Andernfalls wird eine Vorfixierung mit 50%igem Äthylalkohol vorgenommen.

Zellblocktechnik

Fällt von einer Punktionsflüssigkeit oder einer Saugbiopsie reichlich Zell- und Gewebsmaterial an, so ist es zweckmäßig, dieses einzubetten und histologisch zu bearbeiten. Das Sediment wird zusätzlich mit einer Pikrinsäurelösung (13 g Pikrinsäure auf 1000 ml 70%igen Äthylalkohol) für mindestens 4 Stunden fixiert. Anschließend wird das Material dehydriert, in Paraffin eingebettet und in 4–6 µm dicke Schnitte verarbeitet. Die Färbung der Schnitte erfolgt mit Hämatoxylin-Eosin.

Mikroskopische Auswertung der Präparate und Befundwiedergabe

Nach dem Eindecken werden die Präparate, in Mappen geordnet, zusammen mit den Befundzetteln der mikroskopischen Auswertung zugeführt.

Allgemeine Hinweise

Bei der mikroskopischen Auswertung der Abstriche ist es zweckmäßig, sich zunächst mit schwacher Vergrößerung (Obj. 10×, Ok. 10×) einen Überblick zu verschaffen. Dabei fällt bereits auf, ob der Abstrich technische Mängel aufweist, ob ausreichend Zellmaterial vorhanden ist oder ob dieses zu dick oder zu dünn gelagert ist, ob die Präparate gut fixiert oder bei Alkoholfixierung vor der Fixierung an der Luft getrocknet sind – also Veränderungen vorliegen, die eine Beurteilung schwierig machen oder gar zu fehlerhaften Diagnosen führen können.

Mit dieser schwachen Vergrößerung wird der ganze Abstrich systematisch durchgemustert, wobei am besten im Mäandermuster das ganze Präparat abgesucht wird (Abb. 13.**4**). Man erkennt dabei die Zellzusammensetzung des Abstriches, die Bakterienflora und eine gegebenenfalls vorliegende bakterielle Zytolyse oder degenerative Autolyse. Es fallen bei dieser Vergrößerung auch bereits karzinomverdächtige Zellgruppen auf, die meist durch die intensive Färbung und Größe der Zellkerne sowie ihre Lagerung in Gruppen charakterisiert sind.

Zur genaueren Beurteilung einzelner verdächtiger Zellen oder Zellgruppen ist es notwendig, eine stärkere Vergrößerung einzuschalten. Das Objektiv 25 oder höchstens Objektiv 40 bei gleicher Okularvergrößerung genügt hierfür. Der Lernende begeht oft den Fehler, daß er von vornherein mit zu starken

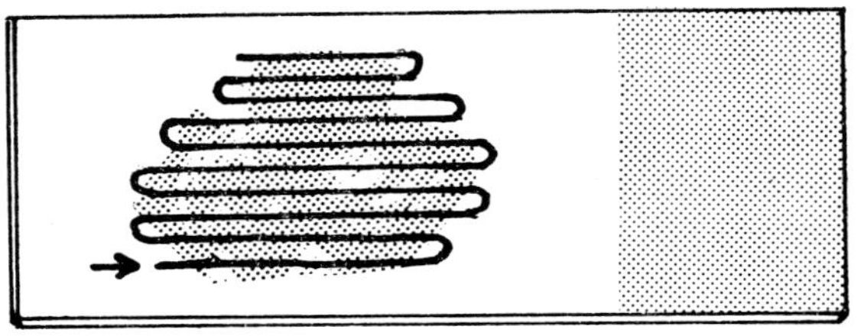

Abb. 13.**4** Durchmustern des zytologischen Präparates in Mäanderform.

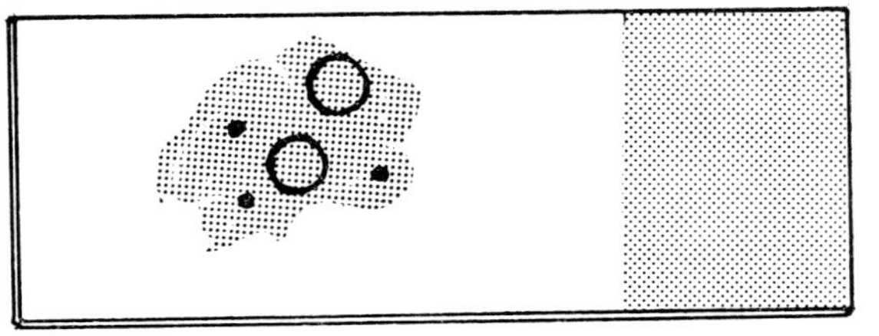

Abb. 13.**5** Markierung verdächtiger Stellen auf dem zytologischen Präparat.

Vergrößerungen zu mikroskopieren beginnt und sich dadurch allzusehr in Einzelheiten verliert, die eine richtige Deutung der Befunde erschweren. Eine Ausnahme bilden einige Gebiete der nichtgynäkologischen Zytologie.

Wichtig ist es vor allem, den ganzen Abstrich durchzumustern und sich nicht nur auf wenige Blickfelder zu beschränken. In manchen Zellabstrichen von Karzinomen und Vorstadien desselben finden sich nur sehr wenige atypische oder dyskaryotische Zellen, die übersehen werden würden, wenn man sich bei der Diagnostik auf wenige Gesichtsfelder beschränkte. Aber auch in der hormonalen gynäkologischen Diagnostik könnte ein falsches Bild entstehen, wenn bei ungleichmäßiger Verteilung des Zellmaterials der Abstrich nicht ganz durchgesehen wird.

Es ist zweckmäßig, bei Vormusterung eines Zellabstriches verdächtige oder schwer zu beurteilende Stellen im Präparat durch Anpunkten oder Einkreisen zu markieren (Abb. 13.**5**). Sie können dann für eine abschließende Beurteilung des Präparates nochmals aufgesucht und miteinander verglichen werden.

Vor allem findet auch der Nachuntersucher die verdächtigen Stellen leichter wieder.

Einsatz von Zytologieassistentinnen

In allen größeren zytologischen Laboratorien ist es heute üblich, daß die zytologischen Präparate in der Krebsfährtensuche durch speziell ausgebildete Zytologieassistentinnen vorgemustert werden. *Dies entbindet den Arzt jedoch nicht von seiner Verantwortung für die endgültige Beurteilung der Präparate.*

Der Arzt muß sich daher regelmäßig das gesamte Untersuchungsmaterial vorlegen lassen. Anhand der klinischen Angaben auf dem Befundzettel, der Vormusterungsnotizen und des Erfahrungsstandes der Zytologieassistentin hat er im Einzelfall zu entscheiden, wie genau er einzelne Präparate selbst ansieht: ob er sich darauf beschränkt, die von der Zytologieassistentin als auffällig gekennzeichneten Stellen zu kontrollieren oder ob er das ganze Präparat selbst noch einmal sorgfältig screent.

Eine ausführliche und *genaue Durchmusterung der Präparate durch den Arzt ist notwendig* in allen Fällen,

- bei denen in der *Vormusterung positive oder zweifelhafte Befunde* erhoben wurden und
- bei denen eine *Diskrepanz zwischen den klinischen Angaben* auf dem Befundzettel *und dem negativen zytologischen Vormusterungsbefund* besteht.

Zur Sicherung einer guten Qualität des Laboratoriums ist es darüber hinaus unerläßlich, daß *der Arzt regelmäßig in Stichproben einen Teil der als negativ vorgemusterten Präparate kontrolliert,* um sich von der Sorgfalt der Arbeit der Zytologieassistentin zu überzeugen. Der Anteil der Präparate die er genauer nachmustert, sollte je nach Erfahrung der Zytologieassistentin zwischen 10 und 100% liegen. Eine generell durchgeführte sog. 10%-Kontrolle genügt im allgemeinen nicht.

Man wird häufig gefragt, wie hoch die *Arbeitskapazität einer Zytologieassistentin* liege. Wir stimmen mit zahlreichen internationalen Experten, mit denen wir über diese Frage gesprochen haben, überein, daß eine Zytologieassistentin in der gynäkologischen Zytologie täglich etwa 60 Fälle (teils auch mit mehreren Abstrichen) vormustern kann. Bei frisch examinierten Zytologieassistentinnen wird man eine etwas niedrigere Zahl ansetzen müssen. Von einer erfahrenen Zytologieassistentin aber kann man bei hohem Präparateanfall vorübergehend auch erwarten, daß sie bis zu 80 Fälle am Tag vormustert. Diese Zahl wurde kürzlich auch in den Qualitätsrichtlinien des National Cancer Institute (NCI) als Norm für einen 8-Stunden-Tag genannt (5). Über diese Norm sollte man jedoch über längere Zeit nicht hinausgehen, weil darunter die Zuverlässigkeit der Arbeit leiden würde. Interessante Aufschlüsse über das Screenverhalten von erfahrenen und in Ausbildung befindlichen Zytologieassistentinnen konnten durch die exakte Registrierung der Kreuztischbewegungen und damit der Gesichtsfelder (23) sowie durch die Registrierung der Augenbewegungen (22) gewonnen werden. Daraus ergeben sich Hinweise zur Arbeitsphysiologie und den Grenzen der Screenleistung. Auch die Notwendigkeit, die tägliche Arbeitsbelastung für Zytologieassistentinnen zu begrenzen, wird durch diese Untersuchungen kalkulierbar (24).

Wichtig ist eine rationelle *Arbeitseinteilung* im zytologischen Laboratorium. Ein konzentriertes Arbeiten am Mikroskop ist im allgemeinen nur über 5 bis 6 Stunden am Tage möglich. Die Mikroskopierarbeiten sollten daher durch sinnvolle Pausen unterbrochen werden, in denen andere Arbeiten ausgeführt werden. Hierzu gehören die in jedem zytologischen Laboratorium anfallenden Arbeiten des Färbens, der Archivierung und der Dokumentation. In größeren Laboratorien kommt vielfach die Mitarbeit bei wissenschaftlichen Arbeiten hinzu.

Zytologische Befundformulare

Für die zytologische Befundwiedergabe wurden zahlreiche Formulare entworfen. Darunter sind umfangreiche Vorschläge, die allen Bedürfnissen einer wissenschaftlichen Dokumentation genügen, aber auch sehr einfache, die praktisch nur die Enddiagnose wiedergeben.

Notwendig ist in jedem Falle, daß vom behandelnden Arzt die wichtigsten Angaben zur Person, zur Anamnese und zum klinischen Befund gemacht werden. Im Laboratorium wird dann auf demselben Formblatt der zytologische Befund eingetragen. Zwei Formblätter sollen als Beispiel gezeigt werden.

a) Das Formblatt der *gynäkologischen Krebsvorsorgeuntersuchungen* in der Bundesrepublik (Abb. 13.**6**) enthält außer den Angaben des überweisenden Arztes zur Person der Patientin eine Reihe von Fragen zu Anamnese und klinischem Befund, die durch Ankreuzen der entsprechenden Felder auf dem Formblatt gekennzeichnet werden. Dies dient zur Information des Zytologen, darüber hinaus aber auch dem behandelnden Arzt als „Check-Liste", um ihn an alle wichtigen Punkte bei der Untersuchung immer wieder zu erinnern. Unzureichend ist auf diesem Formblatt der Teil für die Eintragung des zytologischen Befundes. Eine Neufassung in Anpassung an die „Münchner Nomenklatur II" befindet sich in Bearbeitung.

b) Für die *kurative Medizin* und Nachuntersuchungen aus dem Vorsorgeprogramm in der Gynäkologie schlagen wir das in Abb. 13.**7** abgedruckte Formblatt vor.

Organisatorischer Arbeitsablauf, Dokumentation und Archivierung

Organisatorischer Arbeitsablauf und Dokumentation

In Kliniken und überall dort, wo der behandelnde Arzt seine Zytologie selbst macht, werden die Präparate gewöhnlich in den Gefäßen mit der Fixierungslösung zur Weiterverarbeitung in das Laboratorium gebracht. Bei Einsendung aus der Praxis müssen die Präparate nach der Fixierung in der auf S. 21 beschriebenen Weise versandt werden.

Nach Eintreffen im Laboratorium erhält jedes Präparat eine *Nummer,* die zunächst *auf dem Befundzettel* eingetragen oder, besser, *mit Datumstempel eingedruckt* wird. Sofern ein oder zwei Durchschläge des Befundes angefertigt werden, ist es zweckmäßig, einen Paginierstempel zu verwenden, der, mit Datum versehen, jede Nummer zwei- oder dreimal druckt und sich dann verschiebt.

Der Objektträger mit mattiertem Endstück kommt, mit dem Namen der Patientin beschriftet, im Laboratorium an. *Nach Abschluß der Färbung* wird die *gleiche Nummer,* die auf den Befundzettel aufgebracht wurde, mit einem kleinen *Schild auf das Präparat* geklebt. Der mit Bleistift auf dem mattierten Endstück des Objektträgers eingetragene Name sollte bei Aufkleben des Nummernschildes bestehen bleiben. So kann man auch später von der Unterseite des Präparates her in Spiegelschrift die Übereinstimmung von Präparatnummer und Namen kontrollieren.

Die Numerierung erfolgt am besten fortlaufend, nach Jahrgängen. Liegen mehrere gleichzeitig von einer Patientin entnommene Abstriche vor, so erhalten sie die gleiche Nummer, aber zusätzlich die Buchstaben a, b, c usw.

Im *Laboratorium werden alle eingehenden Untersuchungsaufträge in geeigneter Form registriert.* Nur so ist es möglich, bei Anfragen von behandelnden Ärzten jederzeit Auskunft geben zu können. Besser als ein Laboratoriumseingangsbuch mit alphabetischem Register hat sich bei uns dafür die *Registrierung nach Einsendeärzten* und *Datum* auf einem *Lose-Blatt-System* bewährt. Hier werden bei Ausgang der Befunde auch die Ergebnisse der Untersuchungen eingetragen.

Erst nach Registrierung des Eingangs der Präparate werden diese in den Färberaum weitergegeben. Hier erfolgen die *Färbung und das Eindecken* der Präparate. Die Nummernschildchen werden erst nach Abschluß der Färbung auf die Objektträger aufgeklebt, weil sie sich sonst während des Färbevorganges wieder ablösen würden. Anschließend können *Vormusterung und diagnostische Beurteilung* erfolgen.

Archivierung

Zytologische Befunde und Präparate müssen ebenso wie Krankengeschichten, Röntgenaufnahmen usw. über *eine Reihe von Jahren aufgehoben werden.* Nach der Berufsordnung für deutsche Ärzte ist eine *Aufbewahrungspflicht für ärztliche Aufzeichnungen von 10 Jahren* vorgesehen. Dementsprechend sollte auch die Aufbewahrungsfrist von zytologischem Untersuchungsmaterial (Objektträger) vorgeschrieben sein.

Einsatz von konventionellen Methoden

Die Archivierung der Befunde wird in den meisten deutschen zytologischen Laboratorien noch mit althergebrachten Methoden durchgeführt, wobei die Art des Vorgehens weitgehend von der Größe des Laboratoriums abhängt.

Für kleinere Laboratorien ist es am einfachsten, Durchschriften der Befunde alphabetisch abzu-

AOK	LKK	BKK	IKK	VdAK	AEV	Knappschaft

Name des Versicherten — Vorname — geb. am

Ehegatte/Kind/Sonst. Angeh. — Vorname — geb. am

Mitgl.-Nr.

Wohnung des Patienten

Krankenkassen-Nr. lt. Berechtigungsschein: — Geburtsjahr: 19 — Tag der Untersuchung:

Ausfüllung links beginnend — 23 24 — 25 30

Anamnese

Wurde bereits eine Krebsfrüherkennungsuntersuchung durchgeführt? nein ☐ 1 (31) ja ☐ 2 (31) zuletzt 19 (32 33)

Ggf. Nr. des letzten zyt. Bef.: ______ Gruppe: ______

Gyn. Op., Strahlen- oder Chemotherapie des Genitale: nein ☐ 1 (34) ja ☐ 2 (34)

welche? wann? ______

Zahl der Schwangerschaften (auch Fehlgeburten): (35 36)

Jetzt:

	nein 1	ja 2	
Letzte Periode: ______			
Gravidität	☐	☐	37
Path. gyn. Blutungen	☐	☐	38
z. B. Zwischen den normalen Regeln, Dauer- oder Schmierblutung im Klimakterium, in der Postmenopause, bei Verkehr, blutig-bräunlicher Ausfluß			
Sonstiger Ausfluß	☐	☐	39
IUP	☐	☐	40
Ovulationshemmer	☐	☐	41
sonstige Hormon-Anwendung	☐	☐	42

welche? warum? ______

Befund

	nein 4	ja 5	
Vulva: Inspektion auffällig	☐	☐	43
Portio: Spiegeleinstellung auffällig	☐	☐	44
Inneres Genitale: Gyn. Tastbefund auffällig	☐	☐	45
Inguinale Lymphknoten auffällig	☐	☐	46
Bish. unbek. behandlungsbed. Nebenbefunde	☐	☐	47

	nein 7	ja 8		
Wachstum, Verfärbung oder Blutung eines Pigmentfleckens oder Knotens der Haut	☐	☐	48	zusätzl. ab 30. Lebensjahr
Mamma: Inspektions-/Tastbefund auffällig	☐	☐	49	
Axilläre Lymphknoten auffällig	☐	☐	50	

Rektum/Colon:	nein 1	ja 2		
Abgang von Blut oder Schleim mit dem Stuhl	☐	☐	51	zusätzl. ab 45. Lebensjahr
Neu aufgetr. Unregelmäßigkeiten im Stuhlgang	☐	☐	52	
Tastbefund auffällig	☐	☐	53	
Stuhltest positiv	☐	☐	54	
nicht zurückgegeben		☐	55	

Krebsfrüherkennung – Frauen

Zytologischer Befund

Eingangsdatum: ______

Untersuchungs-Nr. ______

Ausgangsdatum: ______

Gruppe I/II	☐ 1	Gruppe IV	☐ 4
Gruppe III	☐ 2	Gruppe V	☐ 5
Gruppe III D	☐ 3 (56)	Zellmaterial nicht verwertbar	☐ 6 (56)

Döderleinflora ☐ — Mischflora ☐ — Kokkenflora ☐

Trichomonaden ☐ — Mykosen ☐

Proliferationsgrad: ______

Empfehlung:

zytologische Kontrolle ☐ 2 (57) — nach Entzündungsbehdlg. ☐ — nach Östrogenbehandlung ☐ — nach ______

histologische Klärung ☐ 2 (58)

Bemerkungen: ______

Arztstempel — Unterschrift des zytologisch tätigen Arztes

Gyn. Diagnose: ______

Weitere Diagnostik wegen Krebsverdacht erforderlich: **nein** ☐ 1 (59) **ja** ☐ 2 (59)

falls Krebsverdacht:

Krebsverdacht bei:	Ergebnis: Histologisch gesicherte(s)	Verd. nicht bestät.	Diagnostik nicht abgeschlossen *
Mamma ☐ 7 (60)	Mamma-Ca ☐ 2 (61)	☐ 8 (61)	☐ 9 (61)
Cervix uteri ☐ 7 (62)	Dysplasie, CIN I-II ☐ 2; Ca in situ, CIN III ☐ 3; invasives Ca ☐ 4 (63)	☐ 8 (63)	☐ 9 (63)
Corpus uteri ☐ 7 (64)	Corpus-Ca ☐ 2 (65)	☐ 8 (65)	☐ 9 (65)
übr. Genitale ☐ 7 (66)	Ca des übr. Genit. ☐ 2 (67)	☐ 8 (67)	☐ 9 (67)
Rektum/Colon ☐ 7 (68)	Rektum-Ca ☐ 2; Colon-Ca ☐ 3 (69)	☐ 8 (69)	☐ 9 (69)
Haut ☐ 7 (70)	Melanom ☐ 2; sonst. Malignom der Haut ☐ 3 (71)	☐ 8 (71)	☐ 9 (71)

RR

(bei Werten über 140/90 bitte 2. Messung eintragen)

Lymphknotenbefall nein ☐ 1 (72) ja ☐ 2 (72)

Grund: Patient entzog sich weiterer Diagnostik ☐ 2 (73) — Abrechnungszeitpunkt erreicht* ☐ 2 (74)

Diagnose ______

* bei ausstehendem Ergebnis bitte mindestens 1 Quartal abwarten!

Kassenarztstempel — Datum/Unterschrift — 39 a

Ausfertigung für KV

Abb. 13.**6** Zytologisches Formblatt für die gynäkologische Krebsvorsorge.

Zytologisches Institut der BKG
8000 München 80, Prinzregentenplatz 14
Postfach 800411, Telefon 476067

Einsender:

KV.-Nr.:

Zuname Vorname

Geburtsname

bzw. ledig: ja/nein
(Zutreff. unterstreichen)

Geburtsdatum

Postleitzahl, Wohnort und Straße

Datum d. Entnahme: ________

Kasse: ________

Privat: ________

Letzter Befund Präp.-Nr.: ________

Gruppe: ________ Datum ________

Angaben zu klin. Befund und Anamnese:

Kolposkopie:

L.P.: Menopause (wann?):

IUP: ☐ Pille: ☐ Strahlen- od. zytostat. Therapie (wann?):

Entnahmeort:
Portio / Zerv.-K. / hint. oder seitl. Scheidenw. / Sonstiges:

Entnahmeart:
Wtr. / Spatel / Bürstchen / Sonstiges:

Fragestellung:
Karzinom / Funktion (f. Funktionsdiagn. getrennten Abstrich v. d. seitl. Scheidenw.)

Zytologischer Befund

Eingangsdatum: ________

Ausgangsdatum: ________

Präp.-Nr.

Qualität des Abstrichs:
☐ ausreichend
☐ bedingt ausreichend wegen ________
☐ nicht ausreichend wegen ________

Endozervikale Zellen: ja ☐ nein ☐ Proliferationsgrad: ________

Gruppe: I/II ☐ III D ☐ IVa ☐ IVb ☐ V ☐ III ☐

Empfehlung:

Unterschrift

Abb. 13.**7** Formblatt für die gynäkologische Zytodiagnostik in der kurativen Medizin.

legen. Statt der Ablage nach dem Namen können die Befunde auch nach dem Geburtsdatum, innerhalb gleicher Geburtsdaten alphabetisch, abgelegt werden.

Dieses System der Ablage der Befunde in alphabetischer Reihenfolge oder nach dem Geburtsdatum hat den Vorteil, daß man eventuell ein Laboreingangsbuch mit alphabetischem Register sparen kann. Das System funktioniert jedoch nur, solange der tägliche Anfall an Befunden nicht zu groß ist. Es kommt sonst allzu häufig vor, daß Befunde falsch abgelegt werden und dann kaum wieder auffindbar sind.

Bei *größerem Präparateanfall* ist es ratsamer, die Befundzettel *nach fortlaufender Nummer* abzulegen. Dies geht wesentlich schneller, und es kommen nur selten Verwechslungen vor. Außerdem muß dann aber ein Eingangsbuch mit alphabetischem Register oder eine Kartei geführt werden, auf welche die Befunde übertragen werden. Man findet sonst alte Befunde einer Patientin nicht, wenn die Präparatenummer fehlt. Wird das Eingangsbuch nach einsendenden Ärzten geführt, so kann notfalls auf ein alphabetisches Register verzichtet werden.

Unbedingt muß für alle positiven und verdächtigen Befunde eine Sonderkartei, z. B. in Form von Randlochkarten, *angelegt werden.* In ihr sind *auch Wiederholungsbefunde derselben Patientin und histologische Untersuchungsergebnisse einzutragen.* Diese Kartei dient zugleich als Unterlage für die Anmahnung ausstehender Kontrolluntersuchungen und zur statistischen Auswertung.

Eine weitere Möglichkeit der Befundregistrierung für ein mittelgroßes Material bietet die Eintragung aller Befunde auf Sichtlochkartensysteme, die jedoch durch EDV-Methoden heute weitgehend überholt sein dürften.

Einsatz von EDV-Methoden

Für die Zukunft ist für alle zytologischen Laboratorien, unabhängig von der Größe, *eine Registrierung der Befunde mit Methoden der elektronischen Datenverarbeitung zu fordern.* Nur dies gewährleistet eine optimale Qualitätssicherung.

Von einer bestimmten Mindestgröße eines zytologischen Laboratoriums an, die bei 20000–30000 Untersuchungen pro Jahr liegen mag, ist eine exakte Statistik ohne moderne Methoden der *elektronischen Datenverarbeitung* kaum möglich.

Dabei werden Name, Vorname, Geburtsdatum, bei Verheirateten der Geburtsname, Angaben zur Anamnese, einsendender Arzt, Entnahmedatum sowie zytologischer Befund, Empfehlungen aufgrund der zytologischen Untersuchung, ferner der histologische Befund in allen Fällen, in denen ein solcher erhoben wird, über ein Terminal in die Datenbank eingegeben.

Der *Vorteil des EDV-Systems* besteht darin, daß

- Die Daten personengebunden zusammengeführt werden,
- alte Untersuchungsbefunde bei Eingang neuer Untersuchungsaufträge jederzeit abgerufen werden können,
- histologische Untersuchungsbefunde den zytologischen Befunden mühelos zugeordnet werden können,
- ausstehende histologische Befunde und zytologische Wiederholungsbefunde automatisch angemahnt werden können,
- eine ständige laboratoriumsinterne Qualitätssicherung durch Abrufen von Informationen über die Tätigkeit ärztlicher und nichtärztlicher Mitarbeiter des Laboratoriums, einsendender Ärzte usw. möglich ist,
- statistische Auswertungen der zytologischen Untersuchungen im Vergleich mit Histologie und klinischem Verlauf, einschließlich epidemiologischer Längsschnittbeobachtungen, ausgeführt werden können.

Im übrigen können von einem *Kleinrechner im Laboratorium* auch administrative Aufgaben übernommen werden. Die Bedienung einer solchen EDV-Anlage ist leicht erlernbar. Die Arbeiten können von einer Zytologieassistentin oder einer Sekretärin nach Absolvierung eines Informationskurses übernommen werden.

Qualitätssicherung

Die Zytodiagnostik ist eine Methode, die ohne großen apparativen Aufwand in der Praxis durchführbar ist. Schwerwiegende Fehler der Diagnostik, vor allem falsch-negative Befunde, aber sind oft schwierig zu erkennen. Aus diesem Grunde ist eine Sicherung der Qualität zytologischer Untersuchungen besonders wichtig.

Dies wurde in den letzten Jahren von vielen Seiten erkannt, u. a., in den USA, wo Fehlleistungen der Einsendezytologie durch Berichte einer überregionalen Tageszeitung (2, 3) in der Bevölkerung bekannt wurden und zu einem Vertrauensverlust gegenüber zytologischen Vorsorgeuntersuchungen geführt haben. Der amerikanische Kongreß verabschiedete am 31. 1. 1988 ein Gesetz mit strengen Auflagen zur Qualitätssicherung für die Laboratoriumsmedizin (Clinical Laboratory Inprovement Act [5]), in das auch die zytologische Diagnostik mit einbezogen wurde.

Welche *Probleme* sich *bei der Qualitätssicherung zytologischer Untersuchungen* ergeben, zeigen bereits *zwei Fakten:*

1. Die *Rate der positiven und verdächtigen zytologischen Befunde liegt in der gynäkologischen Zytologie außerordentlich niedrig,* in den meisten Laboratorien durchschnittlich bei etwa 1,5–3%, bei reinen Vorsorgeuntersuchungen in einer teilweise

schon voruntersuchten Bevölkerung sogar nur bei 0,5–1%. Ein Zytologe, der bei gynäkologischen Vorsorgeuntersuchungen alle Abstriche – ohne sie anzusehen – mit negativem Befund herausgeben würde, könnte statistisch immer noch auf eine Rate von über 99% richtig-negativen Befunden verweisen.

2. *Zytologische Befunde sind weder meßbar noch wägbar oder durch bestimmte Farbreaktionen erkennbar,* wie viele andere Befunde in der Laboratoriumsmedizin. *Bei der Beurteilung der zytologischen Befunde ist* vielmehr, ähnlich wie in der Histologie, in Abhängigkeit von den Erfahrungen des Untersuchers, *mit einem gewissen subjektiven Ermessensspielraum zu rechnen.*

Aus diesen Gründen mußte auch der Versuch einer Qualitätssicherung durch Ermittlung von Richtzahlen für verschiedene zytologische Befundgruppen, wie es von der Kassenärztlichen Bundesvereinigung geplant war, scheitern.

Welche Maßnahmen bieten sich unter diesen Voraussetzungen für eine erfolgreiche Qualitätssicherung in der gynäkologischen Zytologie?

Ausbildungsvoraussetzungen

Die *wichtigste Voraussetzung* für eine qualifizierte Zytodiagnostik ist eine *ausreichende Ausbildung auf diesem Gebiet.* Dies gilt *sowohl für Ärzte als auch für Zytologieassistentinnen.*

Für Ärzte wird in der Bundesrepublik seit 1980 nach den *Zytologierichtlinien der Kassenärztlichen Bundesvereinigung für gynäkologische Krebsfrüherkennungsuntersuchungen* (11) eine sechsmonatige ganztägige oder zweijährige berufsbegleitende Tätigkeit in der Zytologie mit Beurteilung von mindestens 5000 Fällen verlangt. Ein solcher Tätigkeitsnachweis alleine bietet, wie die Erfahrungen der letzten Jahre gezeigt haben, keine ausreichende Gewähr für die Qualifikation des Arztes. *Die Ausbildung müßte zusätzlich durch eine praktische Prüfung,* z. B. durch Beurteilung von 20 zytologischen Präparaten im Rahmen eines Kolloquiums, *abgeschlossen werden.*

Die *Vormusterung zytologischer Präparate* darf *nur durch Zytologieassistentinnen* ausgeführt werden, die eine abgeschlossene Ausbildung auf diesem Gebiet mit erfolgreich abgelegter Prüfung nachweisen können.

Laboratoriumsinterne Qualitätssicherung

Die Maßnahmen, die laboratoriumsintern zur Kontrolle der Qualität der Leistung durchgeführt werden können, sind vielfältig.

1. Eine unerläßliche Voraussetzung für eine qualifizierte Diagnostik ist eine *ausreichende technische Ausstattung des Laboratoriums.* Hierzu gehören *geeignete Arbeitsplätze mit binokularen Mikroskopen,* eine *gut funktionierende Färbeeinrichtung,* Vorrichtungen für die *Registrierung* und *Archivierung,* die *statistische Erfassung der Befunde* und das *Mahnsystem.* Diese Voraussetzungen *müssen vom Leiter des Laboratoriums nicht nur geschaffen, sondern auch fortlaufend überwacht werden.*
   Besonders wichtig ist eine exakte Färbung, da *ein Teil der Fehldiagnosen auf Fixierungs- und Färbefehlern beruht. Eine zu schwache Färbung kann zum Übersehen oder zur Fehldeutung von atypischen Zellen, eine zu starke Färbung zur Überbewertung gutartiger Veränderungen führen.* Dabei kommt es gar nicht darauf an, daß alle Zytologen die gleiche Modifikation der Papanicolaou-Färbung verwenden. Hier sind durchaus Variationen möglich. *Jeder Zytologe muß aber die Besonderheiten seiner Färbung genau kennen und muß für eine exakte Reproduzierbarkeit der Färbung sorgen.* Dazu gehört vor allem, daß Farbstoffe und Alkohole regelmäßig und rechtzeitig erneuert werden.

2. *Zur Kontrolle der Leistungsfähigkeit* eines zytologischen Laboratoriums ist die *laufende Führung einer Statistik* unerläßlich, die jährlich ausgewertet werden muß. *Kein Zytologe kann seinen diagnostischen Standard aufrecht erhalten, ohne seine Befunde ständig anhand der Statistik zu kontrollieren.*
   Im *Rahmen der Statistik* sollten
   - *zytologische und histologische Befunde zusammengeführt werden,*
   - *alle positiven und verdächtigen zytologischen Befunde bis zu ihrer endgültigen Klärung weiterverfolgt werden,*
   - *überfällige histologische Klärungen oder zytologische Kontrolluntersuchungen angemahnt werden.*

   Darüber hinaus ist es ratsam *in allen Fällen mit positiven histologischen Befunden, sämtliche eventuell vorhandenen negativen Vorbefunde zu kontrollieren.*

3. Die *Vormusterung der Abstriche durch Zytologieassistentinnen* (s. S. 362) *muß vom Leiter des zytologischen Laboratoriums laufend überwacht werden.* Dabei sollte man sich jedoch im klaren sein, daß es nicht möglich ist, der Zytologieassistentin dadurch statistisch gesicherte verminderte Leistung nachzuweisen (15). Um bei 10000 Untersuchungen im Jahr eine mehr als 10%ige Fehlerrate herauszufinden, würde man bei einer Rate von 5 pro Tausend positiver Befunde 13 Jahre benötigen.
   Dennoch ist die Nachmusterung eines Teils der zytologischen Abstriche durch den Arzt eine wichtige Maßnahme der laboratoriumsinternen Qualitätssicherung. *Abgesehen von dem psychologischen Effekt,* den jede Kontrolle hat, *erhält der Arzt durch zahlreiche Einzelheiten in der Beschreibung des Vormusterungsbefundes Hinweise auf die Leistungsfähigkeit und Zuverlässigkeit der Zytologieassistentin.*
   Ebenso wichtig wie das Nachmustern einer bestimmten Zahl von Präparaten ist die *ständige*

Überwachung des Arbeitseinsatzes der Zytologieassistentinnen mit dem Ziel der Begrenzung der Tagesleistung im Screenen. *Überlastungen durch zu hohe Fallzahlen müssen vermieden werden.* In den amerikanischen Richtlinien (5) ist deshalb zwingend vorgeschrieben, daß *vom Laborleiter* in einer später jederzeit kontrollierbaren Form *registriert wird, wieviele Präparate eine Zytologieassistentin täglich angesehen hat.* Dies ist sicher eine sehr wirksame Maßnahme der laboratoriumsinternen Qualitätssicherung.

Die Vormusterung zytologischer Präparate darf nach den neuen amerikanischen Vorschriften nur unter Aufsicht im Laboratorium erfolgen. *Eine Vormusterung in Heimarbeit ist nicht erlaubt.* Es fehlt dabei in der Regel der notwendige Kontakt zum Arzt. Vor allem aber ist völlig unübersehbar, wieviele Präparate eine Zytologieassistentin von wieviel verschiedenen Ärzten täglich vormustert.

4. Eine besonders wichtige, bisher in vielen Laboratorien vernachlässigte Maßnahme der Qualitätssicherung ist die *Beurteilung der Qualität des Abstrichs.* Hier sollte ein *strenger Maßstab* angelegt werden. Alle technisch nicht einwandfreien Präparate müssen vom Zytologen zurückgewiesen werden, ohne falsche Rücksichtnahme auf den einsendenden Arzt.

   Der *Zytologe kann dadurch einen wesentlichen Beitrag zur Verbesserung der Qualität der zytologischen Diagnostik leisten.* Mehr als zwei Drittel der falsch-negativen Befunde sind vermutlich auf unzureichende Entnahmetechniken zurückzuführen (s. S. 14). Im übrigen *muß dem Zytologen auch im eigenen Interesse geraten werden, hohe Anforderungen an die Qualität der Abstriche zu stellen; denn wenn er einen technisch schlechten Abstrich für die Beurteilung akzeptiert, wird er sich im Falle einer Fehldiagnose später nicht rechtfertigen können.*

5. Zur laboratoriumsinternen Qualitätssicherung im weiteren Sinne gehört schließlich die *regelmäßige laboratoriumsinterne Fortbildung,* z. B. durch *gemeinsames Mikroskopieren am Doppelmikroskop* und *regelmäßige Besprechungen interessanter Fälle aus der Routinediagnostik* mit den Mitarbeitern unter besonderer Berücksichtigung falsch-positiver und falsch-negativer Befunde.

   Darüber hinaus sollten in der Zytologie tätige *Ärzte und Zytologieassistentinnen* ihre Kenntnisse durch *regelmäßige Teilnahme an Fortbildungsveranstaltungen mit praktischen Übungen* auf dem Laufenden halten. Dies gilt insbesondere für kleinere Laboratorien mit einem geringen Anfall positiver zytologischer Befunde.

Laboratoriumsexterne Qualitätssicherung

In den *amerikanischen Richtlinien* zur Qualitätssicherung sind *ebenfalls laboratoriumsexterne Maßnahmen* enthalten. Hierfür sind regelmäßige *Institutsbesichtigungen durch Kommissionen* vorgesehen. Dabei sollen überprüft werden

- einerseits die *Einrichtungen und der Arbeitsablauf im Laboratorium,*
- andererseits die *diagnostische Sicherheit der zytologisch tätigen Ärzte und Zytologieassistentinnen.*

Auch in Deutschland wurde in jüngster Zeit durch die KV Niedersachsen ein Modell zur *Qualitätssicherung durch Ringversuche* (Beurteilung von je 10 ausgewählten Präparaten) eingeführt, an denen alle zytologisch tätigen Ärzte verpflichtet sind, regelmäßig teilzunehmen (8). Es kann u. E. kein Zweifel bestehen, daß es sich dabei um eine wirksame Maßnahme zur Qualitätssicherung handelt. Zahlreiche Erfahrungen der letzten Jahre (20, 29, 30) haben gezeigt, daß eine Prüfung der diagnostischen Sicherheit eines zytologisch tätigen Arztes durch Beurteilung von 10 bis 20 ausgewählten Testpräparaten möglich ist. Voraussetzung ist allerdings, daß Täuschungsmöglichkeiten bei der Durchführung des Tests ausgeschlossen sind, d. h., die Präparate dürfen nicht zugeschickt, sondern müssen unter Aufsicht mikroskopiert werden.

Dennoch muß man sich fragen, ob derartige strenge Maßnahmen einer laboratoriumsexternen Qualitätssicherung in der Zytologie wirklich notwendig und wünschenswert sind. Außerdem handelt es sich auch um ein sehr zeit- und kostenaufwendiges Verfahren, das – wenn es nicht auf Einzelfälle mit schwerwiegenden Fehlleistungen beschränkt wird – in regelmäßigen Zeitintervallen nur schwer zu bewältigen sein dürfte.

Unserer Meinung nach ließe sich durch Anlegung eines wirklich *strengen Maßstabes* bei der *Zulassung der Ärzte zur zytologischen Tätigkeit,* durch *Unterbindung des Screenens in Heimarbeit* und durch *konsequente laboratoriumsinterne Qualitätssicherung* (mit gelegentlichen laboratoriumsexternen Stichproben) auf die Dauer der gleiche Effekt mit wesentlich geringerem Aufwand erreichen.

Literatur

1 Anderson, G. H., K. J. Flynn, L. A. Hickey, J. C. Le Riche, J. P. Matisic, K. C. Suen: A comprehensive internal quality control system for a large cytology laboratory. Acta cytol. 31 (1987) 895

2 Bogdanich, W.: Medical labs, trusted as largely error-free, are far from infallible. Wall Street J., 2. November 1987

3 Bogdanich, W.: Inaccuracy in testing cholesterol hampers war on heart disease. Wall Street J., 5. November 1987

4 Boschann, H. W.: Gynäkologische Zytodiagnostik für Klinik und Praxis, 2. Aufl. de Gruyter, Berlin 1973

5 Clinical Laboratory Improvement Act. Public Law 100–578, 100th Congress of the USA. Government Printing Office, Washington D.C.

6 Collins, D. N., D. P. Patacsil, jr.: Proficiency testing in cytology in New York. Analysis of a 14-year state program. Acta cytol. 30 (1986) 633

7 Curry, H., D. W. Thompson, M. Dietrich, M. Lispa, G. R. Massarella, J. R. Taves, D. E. Wood, E. Zuber: Proficiency testing in cytology laboratories in Ontario, Canada: I. A decade of experience. Acta cytol. 31 (1987) 203. II. Res. of initial surveys. Acta cytol. 31 (1987) 215. III. A precision study of consistency and reproducibility in cytology reporting. Acta cytol. 31 (1987) 220

8 Flenker, H., F. Hinrichs, H. Sander, G. Woltering: Externes Evaluationsprogramm für die zytologische Diagnostik. Niedersächs. Ärztebl. 62 (1989) 21

9 Graham, R. M.: The Cytology Diagnosis of Cancer, 3. Aufl. Saunders, Philadelphia 1972

10 Hicklin, M. D., J. C. Watts, A. E. Plott, R. J. Wood, S. A. Coleman, W. W. Johnston, Z. M. Naib, P. R. Ashton, J. F. Rube, A. L. Recalde, J. M. Longdield, A. Y. Huong: Retrospective evaluation of gynecologic cytodiagnosis: I. Reproducibility using on experimental diagnostic scale. Acta cytol. 28 (1984) 58

11 Kassenärztliche Bundesvereinigung: Richtlinien der Kassenärztlichen Bundesvereinigung über Voraussetzungen zur Durchführung von zytologischen Untersuchungen im Rahmen der Krebsfrüherkennungsmaßnahmen bei Frauen (Zytologie-Richtlinien). Dtsch. Ärztebl. 77 (1980) 154

12 Kassenärztliche Bundesvereinigung: Qualitätssicherung zytologischer Untersuchungen. Dtsch. Ärztebl. 86 (1989) 1794

13 Koss, L. G.: Diagnostic Cytology and its Histopathologic Bases. 3. Aufl. Lippincott, Philadelphia 1979

14 KVN: Qualitätssicherung durch Zytologie-Ringversuche. Niedersächsisches Ärztebl. 61 (1988) 10

15 Melamed, M. R.: Presidential Address, 20th Annual Scientific Meeting, American Society of Cytology. Acta cytol. 17 (1973) 285

16 Melamed, M. R.: Quality control in the cytology laboratory. Acta cytol. 20 (1976) 203

17 Melamed, M. R.: Quality control in cytology laboratories. Gynecol. Oncol., Suppl. 12 (1981) 206

18 Papanicolaou, G. N.: A new procedure for staining vaginal smears. Science 95 (1942) 438

19 Pearson, P. L., M. Bobrow, C. G. Vosa: Technique for indentifying Y-Chromosomes in human interphase nuclei. Nature 226 (1970) 78

20 Pfitzer, P., R. Hanke: 1. Freiwillige Ringstudie: Qualitätssicherung auf dem Gebiet der Zytologie. Dtsch. Ärztebl. 84 (1987) 1910

21 Plott, A. E., F. J. Martin, S. W. Cheek, A. R. Yobs, R. J. Wood: Measuring screening skills in gynecologic cytology. Results of voluntary self-assessment. Acta cytol. 31 (1987) 911

22 Reuter, B., U. Schenck: Investigation of the visual cytoscreening of conventional gynecologic smears. II. Analysis of eye movement. Analytical and Quantitative Cytology and Histology 8 (1986) 210

23 Schenck, U., B. Reuter, P. Vöhringer: Investigation of the visual cytoscreening of conventional gynecologic smears. I. Analysis of slide movement. Analytical and Quantitative Cytology and Histology 8 (1986) 36

24 Schenck, U.: Analyse des Screenvorgangs. 10. Fortbildungstagung für Klinische Zytologie (3.–9. 12. 1989, München), Referateband (1989) 115

25 Soost, H.-J.: Qualitätssicherung zytologischer Untersuchungen. 5. Fortbildungstagung für Klinische Zytologie (4.–11. 11. 1979, München), Referateband (S. 4)

26 Soost, H.-J.: Maßnahmen zur Qualitätssicherung in der gynäkologischen Zytologie. In Stark, G.: Problematik der Qualitätssicherung in der Gynäkologie. Demeter, München-Gräfelfing 1980

27 Soost, H.-J.: Qualitätssicherung in der Zytologie. GMDS-Frühjahrstagung Tübingen, Sonderband. Springer, Berlin 1981 (S. 144)

28 Soost, H.-J.: Possibilities of quality control in diagnostic cytology. In Grundmann, E.: Cancer of the Uterine Cervix. Fischer, Stuttgart 1985 (S. 115)

29 Soost, H.-J.: Spielbreite zytologischer Befunde von verschiedenen erfahrenen Zytologen. Vortrag auf dem Symposium „Qualitätssicherung in der Zytologie" 19. 11. 1988, Düsseldorf

30 Wagner, D.: Ergebnisse der gynäkologischen Zertifikationsprüfungen. Vortrag auf dem Symposium „Qualitätssicherung in der Zytologie". 19. November 1988, Düsseldorf

31 Wied, G. L., P. H. Bartels, G. F. Bahr: Laboratory organization in the detection and diagnosis of early cervical neoplasia. Obstet. Gynecol. Surv. 7 (1969) 935

32 Wied, G. L.: Quality assurance measures in cytopathology. Acta cytol. 32 (1988) 287

33 Yobs, A. R., A. E. Plott, M. D. Hicklin, S. A. Coleman, W. W. Johnston, P. R. Ashton, J. E. Rube, J. C. Watts, Z. M. Naib, R. J. Wood, A. L. Recalde, Ch. A. Mangum: Retrospective evaluation of gynecologic cytodiagnosis. II. Interlaboratory reproducibility as shown in rescreening large consecutive samples of reported cases. Acta cytol. 31 (1987) 900

14 Monographien über die gynäkologische Zytologie

1 Ayala, M. J., F. N. Oritz: Gynecological Cytopathology. Mosby, St. Louis 1978
2 Ayre, J. E.: Cancer Cytology of the Uterus. Introducing a Concept of Cervical Cell Pathology. Grune & Stratton, New York 1951
3 Beyer-Boon, M. E., M. L. Tabbers-Boumeestu: Gynaecological Cytology: A Textbook and Atlas. Macmillan, Londen 1980
4 Boschann, H.-W.: Praktische Zytologie, 2. Aufl. de Gruyter, Berlin 1973
5 Bourg, R., C. Gompel, P. Pundel: Diagnostic cytologique du cancer genital chez la femme. Masson, Paris 1954
6 Cavallero, C.: Citopatologia e Citodiagnostica. Marrapese Editore-Demi-Roma, 1976
7 Frost, J. K.: Gynecologic and obstetric cytopathology. In Novak, F. R.: Gynecologic and Obstetric Pathology. Saunders, Philadelphia 1962 (p. 594)
8 Frost, J. K.: The Cell in Health and Disease. Karger, Basel 1969
9 Gates, O., S. Warren: Handbook for the Diagnosis of Cancer of the Uterus by the Use of Vaginal Smear, 3. Aufl. Harvard University Press, Cambridge/Mass. 1949
10 Gompel, C.: Atlas of Diagnostic Cytology. Wiley, New York 1978
11 Graham, R. M.: The Cytologic Diagnosis of Cancer. Saunders, Philadelphia 1963
12 Grubb, Ch.: Colour Atlas of Gynaecological Cytopathology. M + M Publishers, Aylesbury 1977
13 Hajdu, St., E. O. Hajdu: Cytopathology of Sarcomas and Other Nonepithelial Malignant Tumors, 9. Aufl. Saunders, Philadelphia 1976
14 Hilgarth, M.: Zytologie in der Gynäkologie: Rocom Editiones Roche, 1982
15 Hughes, H. E., T. C. Dodds: Handbook of Diagnostic Cytology. Livingstone, Edingbourgh 1968
16 Husain, O. A. N., E. B. Butler: A Colour Atlas of Gynaecological Cytology. Wolfe Medical Publications Ltd., London 1989
17 Igel, H.: Gynäkologische Zytodiagnostik, Atlas und Leitfaden. de Gruyter, Berlin 1959
18 Ikle, A. F., Yi-Jing Shu: Color Atlas of Uterine Cancer Cytology. The People' Medical Publishing House Bejing, China 1985. China and Cancer Society of Switzerland Section, St. Gallen-Appenzell, 1985
19 Ishizuka, Y.: Practical Cytodiagnosis. Urban & Schwarzenberg, München 1972; Igaku Shoin, Tokio 1972
20 Jenny, J.: Der entzündliche und der atrophische Abstrich. Huber, Bern 1973
21 Jenny, J.: Die Phasenkontrastmikroskopie in der täglichen Praxis. Jenny u. Artusi, Schaffhausen 1977
22 Jenny, J.: Gynäkozytologie. Hug, Zürich 1987
23 Jimenez Ayala, M., F. Nogales Ortiz: Citopatologia Ginecologica. Editorial Cientifico-Medica, Barcelona 1977
24 Kern, G.: Carcinoma in situ. Vorstadien des Gebärmutterhalskrebses; Grundlagen und Praxis. Springer, Berlin 1964
25 Koss, L. G.: Diagnostic Cytology and its Histopathologic Bases, 3. Aufl. Lippincott, Philadelphia 1979
26 Lopes Cardozo, P.: Atlas of Clinical Cytology. 's-Hertogenbosch, Netherlands, Targa, 1975
27 Nauth, H. F.: Vulva-Zytologie. Thieme, Stuttgart 1986
28 Osborn, G. R.: Applied Cytology. Butterworth, London 1953
29 Papanicolaou, G. N.: Atlas of Exfoliative Cytology. The Commonwealth Fund, Cambridge 1954
30 Papanicolaou, G. N., H. F. Traut: Diagnosis of Uterine Cancer by the Vaginal Smear. The Commonwealth Fund, New York 1943
31 Patten jr., S. F.: Diagnostic Cytology of the Uterine cervix, 2. Aufl. Karger, Basel 1969
32 Pundel, J. P.: Les frottis vaginaux endocriniens. Masson, Paris 1952
33 Pundel, J. P.: Acquisitions récentes en cytologie vaginale hormonale. Masson, Paris 1957
34 Pundel, J. P., F. van Meensel: Gestation et cytologie vaginale. Masson, Paris 1951
35 Reagan, J. W., A. B. P. Ng: The Cells of Uterine Adenocarcinoma. Karger, Basel 1973
36 Riotton, G., W. M. Christopherson, R. Lunt: Cytology of the Female Genital Tract. World Health Organisation, Genf 1973
37 Sani, G., U. Citti, G. Caramazza, P. Ruinto: Fluorescense Microscopy in the Diagnosis of Cancer. Thomas, Springfield/Ill. 1964
38 Schneider, M. L., V. Schneider: Atlas der gynäkologischen Differentialzytologie. 2. Aufl. Schattauer, Stuttgart 1981
39 Schnell, I. D.: Zytologie und Mikrobiologie der Vagina. Wissenschaftsverlag, Köln 1973
40 Stegner, H.-E., H. Sachs: Gynäkologische Zytologie. Enke, Stuttgart 1973
41 Stoll, P.: Gynäkologische Vitalcytologie in der Praxis. Springer, Berlin 1969
42 Stoll, P., J. Jaeger, G. Dallenbach-Hellweg: Gynäkologische Cytologie. Springer, Berlin 1968
43 Szalay, L.: Zervix-Zytologie. Magyar Tavirati Iroda, Budapest 1987
44 Takahashi, M.: Color Atlas of Cancer Cytology. 2. Aufl., Igaku Shoin, Tokio 1981
45 Takahashi, M.: Farbatlas der onkologischen Zytologie. Perimed, Erlangen 1987
46 Tweeddale, D. N., L. D. Dubilier: Cytopathology of Female Genital Tract Neoplasms. Year Book Medical Publishers, Chikago 1972
47 Wachtel, E. G.: Exfoliative Cytology in Gynaecological Practice. Butterworth, Washington 1964
48 Wied, G. L., L. G. Koss, J. W. Reagan: Compendium on Diagnostic Cytology, 3. Aufl. Tutorials of Cytology, Chikago 1974
49 Zimmer, S., D. Neuser, K. Kühndel: Vaginale und zervikale Zytodiagnostik. VEB Thieme, Leipzig 1978
50 Zinser, H. K.: Die Zytodiagnostik in der Gynäkologie, 2. Aufl. VEB Fischer, Jena 1957

Sachverzeichnis

A

Abnorme Zellen 284
Abort, Zytologie 134
Abstrichentnahme (s. auch Materialgewinnung) 10ff, 69, 110, 113, 253ff, 288, 290
- cyto-brush 12f, 288, 291
- Endometriumkarzinom 13, 16ff, 253ff
- hormonale Diagnostik 15, 69, 110, 113
- Kolposkopie 13f, 287ff
- Ort 10, 13, 15, 69, 110, 113, 253ff
- Spatel 12f, 15, 288, 291
- Treffsicherheit 14, 255, 290
- Watteträger 11f, 15, 291
Abstrichwiederholung 13, 280, 285f, 290
Adenoakanthom 247, 253
Adenocarcinoma in situ, Cervix uteri 242f
- Endometrium, Histologie 246
- - Zytologie 247
Adenokarzinom, hellzelliges 264
- Endometrium, Histologie 246
- - Zytologie 249ff
- Endozervix, Histologie 242
- - Zytologie 242ff
Adenomatöse Hyperplasie 246, 248
Adeno-Plattenepithel-Karzinom 242, 253
Adenose, vaginale 264
Adenovirus 171
AIDS-Virus 161
Akridinorangefärbung 360
Alternaria 161
Altersverteilung histologisch positiver Veränderungen der Portio 301
Amenorrhoen 57, 99f
Amitose 6
Amnion 139, 141
Amnionepithel im Fruchtwasser 141f
Amnionzellen, Eihaut 142
- Nabelschnur 142
Amniozentese, Chromosomenanalyse, Geschlechtschromosomen 146
Amphophilie 30, 163, 172
Anatomische Verhältnisse der Portio in verschiedenen Lebensaltern 10
Androgene 75, 84
- Einfluß auf das Vaginalepithel 75, 85ff
Androgener Proliferationstyp 71
Androgenes Zellbild 86
Anfärbung des Zytoplasmas s. Zytoplasma
- amphophile 30, 163, 172
- eosinophile 30, 32
- zyanophile 30, 32
Anisonukleose 203
Anisozytose 203
Anorexia nervosa 102
Anovulatorische Zyklusstörungen 92
Antiöstrogener Effekt 81f, 83, 88, 91f, 97, 107
Antrocknung des Zellmaterials 297
Archivierung 363ff
Artefakte 295
Aspergillus-Arten 161
Aspiration s. Materialgewinnung
Äthyl-Alkohol, Fixierung 20f
Atrophische Abstriche, hormonelle Aufhellung 285
- Zellabstriche 31, 80, 183, 288, 294
Atypie 190, 214, 284
- Kernform 203
- Lagerung 204
- - einzeln liegende Zellen 204
- - Haufenbildung (cluster) 204
- - regelmäßige Verbände (sheet) 204
- - unregelmäßige Verbände, Gruppen (synzytium) 204, 241
- - Zusammenlagerung (aggregat) 204, 241
- Zellen 204, 284
Atypische Hyperplasie 246, 248
Aufbau einer Zelle 4ff
Aufbaudosis des Vaginalepithels 77f
Aufhellungsbehandlung 285
Auftreten von Hornschollen 33, 180, 264
Auswertung zytologischer Ausstriche 361f
Autolyse, degenerative 31, 36, 182, 186, 195

B

Bakterielle Zytolyse s. Zytolyse
Bakterienflora 151ff
- Phasenkontrastmikroskop 158, 348
Ballonzellen s. Koilozytose
Barr-Körperchen s. X-Chromatin
Basalmembran 174, 183, 201
Basaltemperaturkurve 70, 112
Basalzellen 30
Befundbeschreibung 117, 276ff
Befundformulare 283f, 364f
Befundgruppeneinteilung s. Gruppeneinteilung
Befundwiedergabe 107, 276ff
- Hormonzytologie 107, 114
- Karzinomzytologie 276ff
Bethesda-System 277ff, 287
Bilharzia 161
Bindegewebszellen 45
Blasenkarzinom 261
Blasenmole 137
Blasensprungdiagnostik 143
Blastosporen 158, 349
Blutpigmentgranula 33

C

Caedax 356, 359
Candida albicans 158f, 349
Carcinoma in situ, Endometrium, Histologie 246
- - Zytologie 248
- Endozervix 242
- Plattenepithel der Cervix uteri, Histologie 212
- - Zytologie 227
- - - differentialdiagnostische Probleme 233ff, 240f
- - - Differenzierungstypen 227ff
- - - Schwangerschaft 227
- Vagina 264f
- Vulva 270f
Chiari-Frommelt-Syndrom 102
Chlamydien 155f
Chlamydosporen 349
Chromatin 5
- Feinstruktur 198
Chromatingehalt 192f, 197f
Chromatingerüst 30, 243
Chromosomen 5, 190ff
Chromosomenzahl bei Geschlechtschromatinaberrationen 52ff, 57
- Tumorzellen 190f
Chromozentren 5, 173, 175f, 200, 243
CIN s. zervikale intraepitheliale Neoplasie
Clomiphen 92f
Clue cells 154
Cluster 204
Condylomata acuminata 210, 268f
Conidien 158
Cracked cytoplasm 219
Crowded menopausal type 71, 82
Cyproteronacetat 98

D

Danazol 97
Datenverarbeitung, elektronische 366f
Degeneration 30, 36, 181ff, 195
Depot-Präparate, hormonale 79, 82, 86, 92
Descensus vaginae et uteri 74
Desmosomen 4, 28
Desoxycorticosteron 97
Desoxyribonukleinsäure 5, 190ff
Desquamation 28, 80
Detritus s. Zelldetritus
Deziduazellen 133, 293f
Diagnostische Treffsicherheit an verschiedenen Entnahmestellen 14, 255
Diäthyläther, Fixierung 20
Diäthylstilböstrol, kanzerogene Wirkung 264

Differentialdiagnose gutartiger und atypischer Zellen 45, 167f, 171, 173, 176, 186, 290f
Differentialzytologie, Bedeutung 289f
Differenzierung des Plattenepithels 29
Digitalis, Wirkung auf das Vaginalepithel 97
DNS s. Desoxyribonukleinsäure
DNS-Synthese 190f
Döderlein-Vaginalbakterien 31, 71, 108, 130, 151
– bakterielle Zytolyse 109, 130, 151, 280
– Phasenkontrastmikroskop 349
Döderlein-Zytolyse 71
Dokumentation 363ff
Doppelkernigkeit 163, 202, 219, 227, 332
Douglaspunktion, Technik 260
Douglasspülzytologie 260
Drohender Abort, Hormonzytologie 134ff
Drumsticks 53f
Drüsenepithel, Zellen der Endozervix 35f, 280
– – des Endometriums 37f
– – – Phasenkontrastmikroskop 346
Dyskaryotische Zellen 220ff, 270, 275, 284
Dyskeratozyten 210, 218, 266, 269f, 273f, 282
Dysplasie, Histologie 210f
– Rückbildungstendenz 285f, 301
– Zytologie 220ff, 333
– – differentialzytologische Probleme 227, 238, 334
– – leichten Grades 220, 335
– – mäßigen (mittleren) Grades 181, 220, 335
– – postradiale 227, 333f
– – Schwangerschaft 227
– – schweren Grades 181, 225
– – verhornende 226, 238

E

Eihaut, Kerngeschlechtsbestimmung 56
Eindecken zytologischer Präparate 359
Eindeckungsartefakte 359
Einschlußkörperchen bei Virusinfektion 170, 217
Ektopie 178
Ektoplasma 176
Ektozervix, Histologie 28
– Zytologie 29, 179
Elektronische Datenverarbeitung 366ff
Endokrinologische Störungen, Hormonzytologie 98ff
– – geschlechtsreife Zeit 99ff
– – Kindheit 98
– – Postmenopause 106
Endometritis 169
Endometrium 36ff, 242ff
– Direktmaterialgewinnung s. Entnahme
– Epithelzellen 37
– Exodus 40, 44, 162, 253
– Histologie 36
– Proliferationsdosis 36, 78
– Proliferationsphase 36
– Sekretionsphase 36
– Stromazellen 38ff
– Zytologie 8, 37
– – physiologische Abstoßung 253
Endometriumkarzinom 16ff, 246ff
– Histologie 246
Endometriumkarzinom, Histologie, Einteilung nach Broders 246
– – WHO-Einteilung 246f
– Zytologie 247ff
– – Treffsicherheit 20, 255f
Endoplasma 176
Endoplasmatisches Retikulum 4
Endozervikale Aspiration s. Materialgewinnung
Endozervix, Histologie 33
– Zytologie 14, 35, 178
Engulfment 166
Enterokokken 153
Entnahmemethoden 10ff
Entnahmeort 14f, 110
Entnahmetechnik s. Materialgewinnung
Entnahmeutensilien 11ff
Eosinophilie-Index 47f, 65ff, 69, 78, 90, 95f, 105, 109, 113, 131, 133, 136
Epidermisierung 179
Erosio vera 109, 179
Erythroblasten 338
Erythrozyten 42, 162, 233, 249, 298
Erythrozytenüberlagerung 298
Escherichia coli 153
Euchromatin 5, 198
Eukitt 356, 359
Exfoliation 28
Exodus s. Endometrium
Exsudat 162
Extrauteringravidität, Zytologie 133

F

Falsch-negative Befunde, zytologische 22, 285, 307
– Entnahmefehler 285
– Fehldeutung 285
Färbungen 356ff
– Akridinorange 360
– Eskelund 360
– Feulgen 190
– Fluoreszenzfärbung nach Pearson 361
– Harris-Shorr 20, 143, 359
– Klinger und Ludwig 360
– Kresylechtviolett 360
– Methylenblau 143
– Nilblausulphat 143
– Papanicolaou 20, 30, 143, 356
– Pinacyanol 143
Farnkrautphänomen 70
Faserzellen 165
Fehlermöglichkeiten durch Fixierung 20f
Fetale Reifegradbestimmung 144
Fettzellen 140
– Fruchtwasser 144
Feulgen-Färbung 190
Fibrinniederschlag 162, 233
Fibroblasten 45, 172, 329
Fibromyxosarkom 263
Fibrozyten 46, 172
Filtertechnik 361
Fixierung 11, 20, 111, 186, 297, 356
– Fehler 21f, 111
– Geschlechtschromatinbestimmung 55
– Technik 21
Fixierungslösung 20
Fixierungsspray 21
Flimmerepithelzellen 4, 33ff, 179, 183
Flimmerhaare 4
Fluordiagnostik 354
Follikelhormonmangel 117
Follikelhormonwirkung 75ff
Follikelpersistenz 104
Follikelphase 65ff
Follikuläre Zervizitis 168
Folsäuremangel 181, 335
– Schwangerschaft 181, 336
Fraktionierte Zentrifugierung (Flotation) 337
Fruchtwasserzytologie 139ff
– Amnionepithel 141
– Färbemethoden 143
– Fettzellen 144
– Geschlechtschromatinbestimmung 146
– Plattenepithel 140
Frühstadien des Zervixkarzinoms 205f, 209ff

G

Gaffky-Arten 161
Gardnerella vaginalis 154
– Phasenkontrastmikroskop 349
Geburtstermin, Hormonzytologie 131f
Genetischer Code, Störung 326
Genitaltuberkulose 169
Geschichte der Zytologie 1ff
Geschlechtschromatin 52ff
– Anomalien 56f
– Drumsticks 53
– Eihautpräparate 56
– Fruchtwasserzellen 146
– Haarwurzelzellen 55
– Mundschleimhaut 55
– bei Neugeborenen 56
– Technik der Präparateherstellung 55
Geschlechtschromosomen 52, 146
– Aberrationen 53, 56
Gestagene 80f
– Dosierung 81f
– Effekt 90f, 96
Gestationsalter 144f
Gewebereparation 172
Glandulär-zystische Hyperplasie 105, 246, 248
Glykogeneinlagerung 31, 38, 108
Golgi-Apparat 5
Gonadendysgenesie 57
Gonadotropinbehandlung 94ff
Gonokokken 153
Gonosomale Aberration 56ff, 103
Granulosa-Zelltumor 104, 106, 259
Gruppeneinteilung 276ff
– Gruppe I und II 277, 280ff, 285
– Gruppe III (unklar) 277, 281f, 287f
– Gruppe IIID (D = Dysplasie) 277, 280ff, 285f
– Gruppe IV a 277, 281f, 284, 286f
– Gruppe IV b 277, 281f, 286
– Gruppe V 277, 281f, 287
– technisch unbrauchbar 277, 280ff

H

Haarwurzelzellen, Geschlechtschromatin 55f
Haemophilus vaginalis s. Gardnerella vaginalis
Hämatoxylin 30, 356
Hämolyse von Erythrozyten, Aqua dest. 337
– Essigsäure 337
– Saponin 337
– Streptolysin-0 337
Harris-Shorr-Färbung 140, 359

Haufenbildungs-Index 49, 115
Hellzelliges Karzinom 264
Hermaphroditismus 57
Herpes simplex genitalis 160, 170f, 278, 293
Herpes simplex labialis 160, 171
Herzglykoside 97
Heterochromatin 5, 198ff
Heterolyse 163, 186
Histamin, Einfluß auf das Vaginalepithel 97
Histiozytäre Riesenzellen 44, 168, 171
Histiozyten 40, 43f, 138, 161, 168, 171, 233, 253
Histogramme 190ff
HIV s. AIDS-Virus
Holzspatel s. Spatel
Hormodendrum 161
Hormonale Zytodiagnostik 15, 40, 61ff, 354
- Abstrichentnahme 15, 110
Hormonanalytische Untersuchungen 96, 113
Hormonelle Aufhellung 285, 294
Hormonrezeptoren 7f, 76, 113
Hormonzufuhr, exogene, androgenwirksame Substanzen 84ff
- - gestagenwirksame Substanzen 80ff
- - natürliche Östrogene 76
- - östrogenwirksame Substanzen 75ff
- - Progesteron-Derivate 83f, 92
- - synthetische Östrogene 76
Hormonzytologie, Abstrichentnahme 15, 110ff
- Befundwiedergabe 107ff, 114
- Grenzen der Diagnostik 107
- Materialentnahme, Mundhöhle 69, 113
- - Portio 110
- - Urethralabstrich 113
- - Urin 69, 114
- - Vaginalabstrich 15, 69, 110, 112
- - Vulva 69, 113
- Phasenkontrastmikroskop 354
- Präparateherstellung 15, 110
- Wertigkeit 112f
Hornperlen 238
Hornschollen 33, 180, 264, 266ff
- im Fruchtwasser 141, 143
HPV-Infektion 160, 206ff, 217, 221ff, 232, 279, 283
Huffman-Spekulum 13
Human-Chorion-Gonadotropin (HCG) 95
Human-Menopausal-Gonadotropin (HMG) 95
Hyalinisierung 181
Hydramnion 145
Hydrolyse von Glykogen 151
Hyperchromasie 167, 196f, 291
Hyperfollikulinie 104, 106, 108
Hyperkeratose 180, 264, 266ff
Hyperplasie, adenomatöse 105f, 246, 248
- atypische 246, 248
- zystische 105f, 246, 248
Hypofollikulinie 104, 110

I

Indirekte Metaplasie 174
Interferenzkontrastmikroskopie 342ff, 354
Intermediärzellen 29, 31f, 65, 71f, 76ff, 81, 84f, 115, 182
Intermediärzellen im Fruchtwasser 140f
Intermitosekern 190, 199
Interphase 6, 52
Intersexualität 56f
Intraepitheliale Neoplasie
- Vagina 264
- Vulva 270
- Zervix s. Zervikale intraepitheliale Neoplasie
Intrauterine Materialentnahme s. Materialgewinnung
Intrauteriner Fruchttod, Hormonzytologie 133
Intrazervikaler Abstrich 12
Isopropylalkohol 20f, 356, 361
IUP (Intrauterinpessar) 293

J

Jet-wash-Verfahren nach Gravlee 18, 254

K

Kanadabalsam 356, 359
Karyolyse 181, 185, 327
Karyoplasma 5, 47f
Karyopyknose 31f, 181, 185, 327
Karyopyknose-Index 47, 65ff, 78, 82, 85, 87, 89, 91, 95f, 109, 114, 129, 133, 136
Karyorrhexis 167, 181, 185, 201
Karzinom, Adenokarzinom der Endozervix 242ff
- - Endometriums 246ff
- - Tube 261f
- - Vagina 264f
- Ovarialkarzinom 258f, 260f
- Plattenepithelkarzinom der Cervix uteri 214ff, 233ff
- - der Vagina 264f
- - der Vulva 266ff
Kaulquappenzellen165f, 230
Kerneinschlüsse 6, 170f
Kerngeschlechtsbestimmung s. Geschlechtschromatin
Kernhülle 5, 199, 232, 348
Kernmembran s. Kernhülle
Kern-Plasma-Relation 30f, 173, 195f, 238f, 338
Kernpyknose s. Karyopyknose
Kernschwellung, degenerative 181f
- funktionelle 193
Kernteilung 6
Kindheit, Hormonzytologie 62f, 98
Kinozilien 4
Klimakterium, Hormonzytologie 70ff
Klinefelter-Syndrom 55, 57
Koilozyten 207, 217ff, 282
Kokkenflora 109, 153
- Karyopyknose-Index 109, 153
- Phasenkontrastmikroskop 353
- Pseudoeosinophilie-Index 109, 153
Kolposkopie 14, 210, 288f
Kondylome, Histologie 209f
- Zytologie 217ff
Konisation 287
Körnchenzellen, Endometriumstroma 38
Kornifikations-Index 48
Koryne-Bakterien 153
Krebsfährtensuche 354
Krebsvorsorgeuntersuchungen, Ergebnisse 298ff, 363
Künstliche Menopause, Hormonzytologie 74
- Ovarektomie 74
- Röntgenkastration 74

L

Laktationsabstrich 139
Langhanssche Riesenzellen 45
Leiomyosarkom 262
Leptothrix 154, 352
Leukämie 169
Leukoplakie 180
Leukozyten 42, 161, 167, 185, 233
- Einschlüsse 167, 329
- Pakete 329
LH-RH 97
LH-RH-Analoga 97
Lipidgranula 32
Lufttrocknung 186, 297
Luteinphase 65, 81
Lymphoblasten 168
Lymphogranuloma venerum 155
Lymphosarkom 262, 293
Lymphozytäre Zervizitis (s. auch follikuläre Zervizitis) 168f
Lymphozyten 42, 161, 167, 233, 338

M

Makronukleolus 173, 201, 232, 239, 244, 291
Makrophagen 43, 260
Maligne Lymphome 169, 293
Materialgewinnung, Endometriumkarzinom 13, 16ff, 253ff
- - diagnostische Treffsicherheit 20, 255f
- - endozervikale Aspiration 255
- - intrauterine Entnahme 16ff, 253ff
- - - Abschabetechniken 18f, 256
- - - endouterine Aspiration 16
- - - Nylonbürstchen 16, 254f
- - - Spülmethoden 18, 254f
- - - Vabra-Aspirator 20
- - Zervixabstrich, Treffsicherheit 16, 255
- Ovarialkarzinom 258, 260
- Vulvakarzinom 13, 266
- Zervixkarzinom, Histologie, Abschabung 289
- - - Konisation 287, 289
- - - Laser 287, 289
- - - Probeexzision 287, 289
- - Zytologie 10ff, 287ff
- - - Cyto-brush 12f, 288, 291
- - - Kolposkopie 13f, 287ff, 290
- - - Spatel 12, 288, 291
- - - Watteträger 11, 291
Mattglaskerne 170
Maturations-Index 48, 78, 114
Maturations-Value 48, 78
Maurice-Goldblatt-Preis 2
Megakaryozyten 338
Mehrkernigkeit 44, 170, 181, 202, 328
Meiose 7
Melanom 194, 265f
Menarche, Vaginalzytologie 64
Menstruationsphase 65, 67
Mesonephroides Karzinom 245
Mesothelzellen 261
Metaplasie 173ff, 179
Metaplasiezellen 176f, 291, 329
- reife 176f

Metaplasiezellen, unreife 179
Metastasen im Uterus 242, 258
Methotrexat 335
Methylenblau-Färbung 143
Mikrokarzinom 215, 239f, 301
Mikrovilli 4
Milliporefilter 253, 361
Minipille 91
Mischflora, bakterielle 153, 349
Mitochondrien 5
Mitose 6, 28, 44, 203, 338
Molding 170
Morbus Bowen 272
Morbus Paget 270
Multinukleäre Zellen s. Mehrkernigkeit
Münchner Schema s. Nomenklatur
Mundhöhle, Hormonzytologie 69, 113
Mundschleimhaut, Geschlechtschromatin 55
Muskelzellen 45

N

Nackte Kerne 164, 182ff, 195, 230, 239, 241
Nativpräparat 157, 342ff
Navikularzellen 32, 129ff
Neugeborenes, Kerngeschlechtsbestimmung 56
– Zytologie 62f
Nexen 4
Nilblausulphat-Färbung 143
Nomenklatur, Histologie des Plattenepithels 28, 209, 213
– Zytologie des Plattenepithels 29, 276ff
– – Bethesda-System 277ff, 287
– – Münchner Schema I 276f
– – Münchner Schema II 280ff
– – WHO 276
Normofollikulinie 104
Nukleolus 4, 30, 43, 201f, 235, 248
– Anlagerung von DNS 202
– Auftreten 201
– Häufigkeit 201
– prominent 173, 201, 243
– vergrößert 199, 201, 232, 238f, 241, 252, 338
Nukleoporefilter 253, 361

O

Objektträger 11
Orange fat cells 140
Orange G-6 357
Organisation der klinischen Zytodiagnostik 356ff
Orthokeratosezellen 266, 273
Östrogene 75ff
Ovarialkarzinom 258f, 260
– Psammomkörperchen 258, 260
Ovarialtumoren, Hormonzytologie 103
Ovula Nabothi 179
Ovulationsauslösende Medikamente, Clomiphen 92f
– Gonadotropine 94f
Ovulationshemmer 89ff, 293
Ovulationsterminbestimmung 69f
Oxyphile Zellen 38
Oxyuren, Wurmeier 161

P

Papanicolaou 1f, 29, 129
Papanicolaou-Färbung 20, 30, 32, 45, 140, 158ff, 202, 357ff
Papillom-Virus s. HPV-Infektion
Parabasalzellen 30f, 44, 76, 81, 84, 111, 183, 195, 293, 327f
Parakeratose 180, 264, 295
Parakeratose-Index 267, 273
Parakeratosezellen 181, 266, 273
Paraplasma 5
„Peg-cells" 37
Perinuklearer Hof 32, 163, 167
Peritonealflüssigkeit, Zellbild 260
Pessarulkus 109
Pflanzenzellen 161
Phagozytose 43ff, 329
Phasenkontrastmikroskop 32, 47, 342ff, 354
– Fluordiagnostik 348f
– Hormonzytologie 354
– Materialentnahme 345
– Tumorzellen 354
Pille, Einfluß auf Vaginalepithel 85, 89ff, 293
Pilze 158f, 349
Pinacyanol-Färbung 143
Pistolet Methode 16
Plasmavakuolen 163, 165, 167, 176, 186, 244, 258f
– nach Strahlentherapie 186, 326ff
Plasmazellen 39, 43, 161, 168, 338
Plasmazellzervizitis 168
Plattenepithel, Ausdifferenzierung 6
– – Histologie 28f
– – Zytologie 30f
Plattenepithelkarzinom (s. auch Karzinome), differentialdiagnostische Probleme 227, 240f, 289
– – frühe Stromainvasion 214, 239
– Häufigkeit 215f
– – großzellig nicht-verhornend 206, 215, 235ff, 257
– – kleinzellig anaplastisch, nichtverhornend 206, 215, 235ff, 257
– – verhornend 206, 215, 235ff, 257
Plattenepithelmetaplasie s. Metaplasie
Plattenzylinderepithel-Grenze der Cervix uteri 10, 33f, 178
Plazenta-Insuffizienz, Hormonzytologie 133
Pockenimpfungen 171
Pollen 161
Polyäthylenglykole 21
Polymorphie, Kern 193, 203
– Zytoplasma 195, 203, 227, 234, 238, 270
Polypen 180, 246
Portio s. Ektozervix
Postkoitale Kontrazeption 92
Postmenopause, Hormonzytologie 71ff, 77
Postovulatorische Phase 65, 69, 96
Post-partum-Zellen 30, 138
Postpill-Amenorrhoen 103
Postradiale Dysplasie 326, 333
Prädeziduale Stromazellen 38
Präkeratose 33, 266
Prämature Thelarche 98
Pränatale Geschlechtsdiagnostik 146
Präovulatorische Phase 65, 69, 95, 104
Präparathintergrund 170, 173, 233, 238, 241, 260, 329
Primäre Amenorrhoe, Geschlechtschromatin 57, 100
Primäre Amenorrhoe, Zytologie 100f
Progesteron 80f
Proliferation, Vaginalepithel 75ff, 80, 84f
Proliferationsdosis des Endometriums 78f
Proliferationsgrad 114ff
Proliferationshemmung 75, 80ff, 88
Proliferationsphase des Endometriums 36f
Promyelozyten 168
Proteinsynthese 4, 201, 326
Psammomkörperchen 258f
Pseudoeosinophilie 47, 109, 112, 115, 163, 297
Pseudohyphen 160, 349
Pseudohypofollikulinie 164
Pseudomyzelien 159
Pseudopupertas praecox 98
Pseudoriesenzellen 45, 184
Pubertät, Zytologie 62ff
Pubarche 98
Pupertas praecox 98
Pyometra 169

Q

Qualitätssicherung 298ff, 366ff

R

Radiation-Response 335
Regeneration des Gewebes 172
Regenerationsepithel 172ff, 291, 329
Reifegradbestimmung des Feten 143f
Reifewert 48, 78
Reifungs-Index 48, 78, 114
Reservezellen 29, 173ff
Reservezellhyperplasie 174f
Retikulumzellen 168
Ribonukleinsäure 5f
Riesenzellen, histiozytäre 44, 168, 171
– karzinomatöse 45
– Langhanssche 45
– Pseudoriesenzellen 45, 184
– strahlenbedingt 328, 330f

S

Sarcoma botryoides 262
Sarzine 153
Schlüsselzellen s. Clue cells
Schmittsche Gradeinteilung 115
Schwangerschaft, Histologie 129
– Zytologie 129ff
Sedimentverarbeitung 361
Sekretionsphase des Endometriums 36f
Sekretorische Zellen des Endometriums 36ff
– Endozervix 33ff
Sekundäre Amenorrhoe 102
– atrophisches Zellbild 102
– Geschlechtschromatin 56f, 103
– hyperfollikulines Zellbild 104
– normales Zellbild 103f
Senium, Hormonzytologie 70ff
Sensitivität (Sensibilität), statistische 305ff
Sensitization-Response 335
Sertoli-Leydig-Zelltumor 106
Sexchromatin 52
Sheehan-Syndrom 102
Sheet 204

Shorr-Färbung 359
Shorr-Hämatoxylin-Färbung 359
Spatelabstriche 12f, 291
Spermien 45f
- Nachweis 46
- Phasenkontrastmikroskop 349
Spezifität, statistische 305ff
Spindelzellen 165
Spinnbarkeit des Zervixschleims 70
Sproßpilze, Candida albicans 158, 349
- Torulopsis glabrata 159
Sproßzellen 159, 349
Staphylokokken 153
Stein-Leventhal-Syndrom 103
Sterilitätsberatung 354
Steroide 7, 75
Stillperiode, Hormonzytologie 138
Strahlendysplasie s. postradiale Dysplasie
Strahlenempfindlichkeit 326
Strahlenreaktion 326f, 330, 334
- Verlaufsphasen 332
Strahlensensibilität 335
Stratum basale 28
- corneum 29
- germinativum 28
- spinosum profundum 28
- - superficiale 29
- superficiale 29
Streptokokken 153
Stroma des Endometriums 36
Stromazellen 38
Superfizialzellen 29, 32, 76, 81, 84, 140, 180, 328
Superfizialzell-Index 48, 78, 80
Synzytio-Trophoblast 45, 136, 171
Synzytium 204

T

Testikuläre Feminisierung 57, 101
Testosteron 86ff
Theka-Zelltumor 104, 106, 259, 261
Torulopsis glabrata 159
Toxoplasmose 160
Transsudat 162
Treffsicherheit, diagnostische, Zytologie, Endometrium 255
- - Vulva 273ff
- - Zervix 305ff
- - - Sensitivität 309
- - - Spezifität 309
Trichomonaden 156, 348
- Phasenkontrastmikroskop 348, 350, 354
- vaginales Zellbild 157f, 349
Trophoblastzellen 136
Tubenepithelzellen 260
Tubenkarzinom 261
Tumor-Diathese 233, 239, 249
Tumorhintergrund s. Tumor-Diathese
Tumorzellen im Blut 337ff
Turner-Syndrom 56f, 100

U

Übereinstimmung zwischen Zytologie und Histologie 289f, 299ff
Überhäutung, aufsteigende 179
Übertragungsdiagnostik in der Schwangerschaft 131f
Umwandlungszone 179
Urethralabstrich, Hormonzytologie 113
Urin, Hormonzytologie 69, 114
Uterussarkom 262

V

Vabra-Aspirator 20
Vaginale Adenose 264
Vaginalepithel, Histologie 28f, 61, 112, 129
- hormoneller Einfluß 75ff, 112
- Phasenkontrastmikroskop 345f
- in verschiedenen Lebensaltern 61ff, 98ff, 129
- Zyklusdiagnostik 65f
- Zytologie 30f, 113
Vaginalkarzinom 264f
Vaginalsarkom 262f
Vaginalzyklus 64f
Vakuolisation s. Plasmavakuolen
Validität der Zytodiagnostik 305ff
Verhornung s. Hyperkeratose
Versand 22
Virusinfektionen 160, 170f, 207, 209, 217, 278, 293
Vogelaugenzellen 166, 329
Vorstadien des Zervixkarzinoms 205, 209, 220, 300ff
Vulvakarzinom 266ff

W

Watteträger 11ff, 15, 291
Wiedsches Schema 114
Wochenbett, Hormonzytologie 138

X

X-Chromatin 52ff, 199
- Färbungen 360
X-Chromosom 52

Y

Y-Chromatin 54ff
- Färbung 361
Y-Chromosom 54

Z

Zellblocktechnik 253, 361
Zelldetritus 81, 166, 204, 233, 249
Zellen in der Vitalzytologie 345f
Zellfaltungs-Index 49, 115
Zellindizes 47ff, 114
Zellkannibalismus 166, 329
Zellkern 5, 190ff
Zellkohäsion, atrophische 183
Zellmembran 4
Zellplasma s. Zytoplasma
Zellteilung 6
Zelltod 186
Zellveränderungen durch Folsäuremangel 181, 335
- ionisierende Strahlen 326ff
- Zytostatika 335
Zentromere 201
Zentrosome 5
Zervikale intraepitheliale Neoplasie 205, 207f, 209ff, 217ff, 240, 279f, 300ff
Zervixkarzinom (s. auch Karzinom), Morphogenese 205f
- Vorstufen 205f, 209ff, 220ff, 279
Zervixpapillom 180
Zervixpolypen 180
Zervixschleim 70
Zervixschleimhaut, Histologie 33
- Zytologie 35
Zervizitis, chronische 167, 292
- follikuläre 168f, 293
Zilien 4, 35
Ziliozytophthorie 179
Zyklusanomalien 98, 104
Zyklusdiagnostik 65f, 69
Zyklusphasen 65
Zylinderepithel 35, 36
Zylinderplattenepithelgrenze s. Plattenzylinderepithelgrenze
Zystische Hyperplasie 246, 248
Zytologie-Assistentin 362
Zytologische Ausstriche, Auswertung 361f
Zytolyse, bakterielle 71, 82, 86, 108f, 130, 151f, 296
- toxische 163, 181
Zytomegalievirus 161, 171, 278
Zytophagozytose 166
Zytoplasma 4
- Anfärbung, amphophil 30, 163, 172
- - eosinophil 30, 32
- - zyanophil 30, 32
Zytostatika 335
Zytozentrifuge 253, 361